卓越法律人才培养规划教材

Modern Administrative Law Pandect

现代行政法总论

（第3版）

章剑生 著

法律出版社
LAW PRESS·CHINA
——北京——

图书在版编目（CIP）数据

现代行政法总论 / 章剑生著. -- 3 版. -- 北京：法律出版社, 2025. --（卓越法律人才培养规划教材）. ISBN 978 - 7 - 5244 - 0599 - 3

Ⅰ. D922.104

中国国家版本馆 CIP 数据核字第 2025LP6010 号

现代行政法总论（第 3 版）	章剑生 著	策划编辑 李沂蔚
XIANDAI XINGZHENGFA ZONGLUN(DI-3 BAN)		责任编辑 李沂蔚
		装帧设计 李 瞻

出版发行 法律出版社	开本 787 毫米×1092 毫米 1/16
编辑统筹 法律应用出版分社	印张 38　　字数 943 千
责任校对 裴 黎 李慧艳	版本 2025 年 8 月第 3 版
责任印制 刘晓伟	印次 2025 年 8 月第 1 次印刷
经　　销 新华书店	印刷 三河市兴达印务有限公司

地址:北京市丰台区莲花池西里 7 号(100073)

网址:www.lawpress.com.cn　　　　　　销售电话:010 - 83938349

投稿邮箱:info@ lawpress.com.cn　　　　客服电话:010 - 83938350

举报盗版邮箱:jbwq@ lawpress.com.cn　　咨询电话:010 - 63939796

版权所有·侵权必究

书号:ISBN 978 - 7 - 5244 - 0599 - 3　　　　定价:98.00 元

凡购买本社图书,如有印装错误,我社负责退换。电话:010 - 83938349

序

　　章老师把新修订的《现代行政法总论》(第三版)文稿发给我,并请我为他的这部专著写一个序。我的心里是惶恐和忐忑的,学生给老师的专著撰序,这不是我的辈分与学识可以允许的。我推辞后,章老师仍旧坚持。我心里知道,这是章老师对学生的关爱与提携,一如跟随章老师学习的过往时光里我时时刻刻感受到的。

　　2006年初秋,我在紫金港校区的"法学大讲堂"上第一次见到章老师。章老师穿一件黑色的T恤、戴一副黑框眼镜,在黑板上写下了大大的三个字——"民告官"。大一的我听不太懂行政诉讼的起诉条件和诉讼程序,但心里面铭记下两个字——"控权"。2009年秋天,来到之江校区,我选上了章老师的"行政诉讼法"课程,整整一个学期跟随章老师学习行政诉讼法的内容。章老师的课让人印象深刻,以法条为体系结构,以判例为论据素材,条理清晰、层层深入,让行政诉讼这项离我们遥远的制度生动熟悉起来。上完行政诉讼法课我就下定决心要留在本校继续跟随章老师读研。感谢章老师不弃收留,我如愿在2010年9月正式成为章门弟子,并在博士毕业以后能够留在杭州继续受到章老师的点拨和教导。

　　在章门修习行政法的岁月如果有一位见证者,我想就是章老师的这本《现代行政法总论》。过去十五年间,我从这本书的学习者,到研习者,再到讲习者。最早接触这本书应当还是章老师给博士生讲课时的讲稿,当时书尚未出版,但章老师已经开始一章一章给我们讲书的内容。那时候大多数教科书还在用"具体行政行为"的概念,但章老师讲课用的是"行政决定",让人耳目一新;大多数教科书讲复议就是讲复议,讲诉讼就是讲诉讼,但章老师在此之前给我们专门讲了行政救济的原理,其中讲到行政救济的目标时,章老师点出"实效性权利保护"和"无漏洞权利保护",听课的我们都有种豁然开朗的感觉。章老师用了整整两个学期时间讲完了行政法的整个体系,我也记下了厚厚两大本的笔记,后来在对照学习《现代行政法总论》时,我才发现章老师早已给我们讲过一遍,所以我想我是最早的《现代行政法总论》的学习者之一。2014年年初,《现代行政法总论》第一版出版发行。2014年11月,第一届"行政法学的概念与体系"学术研讨会在杭州花家山庄举行,会议以《现代行政法总论》作为主题,用了整整两天时间逐章分析和讨论了本书。作为会议工作人员和记录者,也从单向吸收该书的养分的学习者开始慢慢转换到与该书内容对话的研习者。2015年6月,我博士毕业后到浙江工业大学法学院工作,负责讲授本科生的"行政法与行政诉讼法"课程。在不断地备课和讲课过程中,《现代行政法总论》成为我最为重要的参考书目。印象很深的是,毕业多年的同学还总跟我说起,我那时候讲的"行政法适用"的内容是他们迄今最为受用的行政法知识。实际上,我只是将《现代行政法总论》"行政法适用"一章中行政认定、行政裁量的相关内容讲授给同学们听。从这个角度来看,现在的我是《现代行政法总论》的讲习者,通过课堂讲习,将书中的知识传授给一届一届的同学们。《现代行政法总论》贯穿了我进入章门至今的所有时光,见证了我的成长历程。

　　《现代行政法总论》同样是很多法科生、法学研究者、法律实务工作者手边最为重要的行政法学参考书目,无论是行政法学的入门、行政法学理论研究还是行政法实务都能从中获益良多。之所以能够贯通教学与科研、连接理论与实务,成为最具影响力的行政法教材之一,我认为与本书在以下三方面的重要贡献是分不开的:

第一,体系的客观描述。章老师曾说过,我国当下的行政法学理论体系是"混合式"的。所谓"混合式"主要表现在,国内学者在学术论著和教科书中对于行政法学理论体系的阐述往往各不相同,最典型的就是对于"行政行为"概念的理解,学界至少存在最广义说、广义说、较广义说、较狭义说、狭义说、最狭义说六种不同的观点,在最广义说看来,行政机关所从事的所有活动均为行政行为,而在最狭义说那里,只有单方法律行为才是行政行为。可想而知,在不同的界定下,行政行为的分类、行政行为的效力、行政行为的司法审查等内容均会有不同的构造。"混合式"的理论体系不仅容易造成学术研究上各说各话,更会使行政法学的初习者如坠烟海。鉴于此,《现代行政法总论》的重要任务是,通过明确清晰的体系性说明,让读者对行政法学理论体系有客观全面的认识。为此,本书主要作了两方面努力:首先,系统梳理理论的"到达点",叙述我国行政法学的理论现状;其次,在"延长线"上作进一步的剖析和论述,对于理论存在分歧的内容,在分析的基础上给出更具合理性的理论构造。章老师总是告诫我们,所谓的理论创新不是不顾已有的理论体系,完全重新塑造一个体系,而是在现有的理论体系上生发出一个新的"枝丫"。诚然,中国的行政法学研究尚未达到给一幅名画装裱的阶段,但也绝不再停留于在一张白纸上作画的阶段,我们当下面临的主要任务是,在一张已有各色涂鸦的画作上继续作画,让原来不一致的笔触统一为一幅作品。

第二,理论的本土生成。我国的行政法学理论中充斥着各国舶来的法学概念,比如"行政行为"源于德国、"公定力"源于日本、"正当程序"源于美国、"司法审查"源于英国等,这些概念的生长土壤大不相同,却共同居于我国理论体系之中。法律概念的简单移植不仅会造成制度的水土不服,还将造成理论体系的紊乱,因此所谓的法律移植不应只是"照搬照抄",而应是基于国情的理论改造,从而生成真正适合于本土的行政法学理论。这即是章老师这一辈学人孜孜不倦追求的行政法学的"主体性"。在《现代行政法总论》第二版后记中章老师对"主体性"有过非常形象的描述:"主体性意味着我们不再是'照着讲',而是'接着讲';不再是做别人的'小跟班',而是他们的'同行者';不再是别人'这样做',我们也应该'这样做'。"为此,本书作了两方面努力:其一,基于"历史—现实"的对照,寻找本土行政法学的根基。印象中,章老师好几次评价我们的习作时总说"深度不够"。到底什么是"深度不够"?这些年慢慢体会,我理解章老师的意思是:对历史的关注不够、对现实的关注不够。章老师的研究特别重视"历史—现实"的对照,在对照中发现中国行政法的传统承继、运作逻辑,而这是一切行政法学理论生发的根基所在。其二,基于"个案—规范"的互动,发现本土行政法学的思想。作为"判例研读沙龙"的发起人之一,章老师自2008年以来特别关注对本土判例的研究,并提出"在'个案—规范'的互动中发现行政法的思想;在'个案—规范'的分析框架中解释行政行为的合法性"。本书是这一思想的集中体现,立足于规范法学的基本立场,以判例为媒介,分析如何正确地解释与适用法律规范,从而系统地阐释本土行政法学理论。

第三,实践的精准回应。行政法学是"形而下学",行政法学理论应当积极地回应行政实践。然而,长久以来行政法学理论的宏大叙述与行政实践的琐碎繁杂之间存在巨大鸿沟,理论无法回应实践,实践缺乏理论指引。与此同时,我国的行政法是"转型期的行政法",它所面临的实践问题往往是复杂的、叠加的。在应对这些问题时,一方面需要建构本土的理论体系,另一方面也要不断提升该理论体系的厚度与广度。为此,章老师提出了"合法性—治理"的分析框架,并指出:"通过阅读裁判文书来理解法律的实施过程,进而理解我国行政实践的运作逻辑,为'合法性—治理'提供一个可行的实践方案。"在我看来,对"合法性"的重塑旨在增加理论回应实践的厚度,对"治理"的吸纳旨在拓宽理论回应实践的广度。具言之:其一,对于"合法性"的理解和判断应当随着社会发展不断变化。作为"转型期的行政法",我国行政法学理论体系中的"合法性"的内涵是多元的、弹性的,形式合法性、实质合法性均具有解释的空间。可以看到,本书对"行政法的法源"的阐述与其他教科书有明显不同,在章老师看来行政规定是行政法的成文法法源、公共政策是行政法的不成文法法源,这些认知是符合行政实践的,将其纳入进来也是有利于回应实践的。其二,通过增加"治理"维度的观察,避免行政法学对实践的回应只有"解构"而没有"建构"。对实践作出合法性判定之后,尚需给出更具治理效能的方案,这同样是行政法学所面临的任务。本书中突出的表现是,对依法行政原理的诠释在一般理解的"有限制"的行政之外,始终强调"有效率"的行政,而这正是"现代行政法"区别于"传统行政法"的核心所在。

应该来说,《现代行政法总论》的学术贡献集中体现在对"传统与现代""本土与域外""理论与实践"三组关系的处理上,可以归纳为体系性、本土性、回应性三个方面。如今,期待了六年的《现代行政法总论》(第三版)终于面世,作为读者自然是欣喜万分。在新版中,章老师主要作了以下内容的调整:(1)更新理论体系。主要可以归纳为两个方面:其一,基于行政实践发展,拓宽理论边界。比如在本书第一章、第六章中增加了关于"数字行政""数字行政法"的内容,即对现实中大数据、人工智能在行政管理中广泛应用的回应。其二,基于理论体系需要,加厚理论阐释。比如在本书第六章中增加了"行政行为的基本功能"一节、在第七章中增加了"行政决定的补正和转换"一节,均是进一步完善行政行为的理论构造。(2)更新法律规范。第二版出版以后,2021年《行政处罚法》修改、2023年《行政复议法》修改,两次修法对行政处罚和行政复议的理论体系均产生较大的影响,因此第三版也对应修改了行政处罚、行政复议相关章节的大量内容。(3)更新司法判例。第二版出版以后,指导性案例、公报案例和典型案例均有发布,第三版吸收和更换了大量新的司法判例,以反映行政法治之最新面貌。可以说,第三版在之前版本的基础上对理论、规范、判例均进行了全面更新,相信无论是初读本书还是再读本书,都能从新的版本中获得新的素材、观点和思想。

行文至此,心中仍有忐忑,但更多的是感恩。毕业十年,仍能在章老师身边,时时听老师教导,常让我倍感幸运。感谢老师在行政法学研习上对我的点拨,更感谢老师为我指引人生方向。我能够拜入章老师门下,源于上文所述2006年初秋一场关于"民告官"的学术讲座,但实际上缘分可以追溯到更早的时候。2004年章老师写过一篇短文,叫作《恶法的恶果》,这篇文章是章老师在周一超案后写的评论文章,批判了当时公务员招录中的乙肝歧视。周一超是我在嘉兴一中的学长,也是嘉兴市秀洲区的同乡,在网上关注这个案子时,看到了章老师的这篇文章。文章中章老师写下的这句话从那时到现在一直激励着我成为一名行政法学研习者:"法治国家的目标是让每个人都过上好日子,各种制度不是用来否定个人的基本价值,而是让个人实现自身的价值,否则这些制度就失去了存在的正当性基础。"

黄 锴

2024年11月24日

杭州·留下

凡 例

最高人民法院《关于适用〈中华人民共和国行政诉讼法〉的解释》,简称《行诉解释》

最高人民法院《关于执行〈中华人民共和国行政诉讼法〉若干问题的解释》(已失效),简称《行诉若干解释》

最高人民法院《关于贯彻执行〈中华人民共和国行政诉讼法〉若干问题的意见(试行)》(已失效),简称《行诉若干意见》

最高人民法院《关于行政诉讼证据若干问题的规定》,简称《行诉证据规定》

最高人民法院《关于审理行政案件适用法律规范问题的座谈会纪要》,简称《适用规范纪要》

最高人民法院《关于审理行政许可案件若干问题的规定》,简称《行政许可规定》

最高人民法院《关于审理行政协议案件若干问题的规定》,简称《行政协议规定》

最高人民法院《关于行政诉讼撤诉若干问题的规定》,简称《撤诉规定》

最高人民法院《关于审理政府信息公开行政案件适用法律若干问题的解释》,简称《政府信息公开若干解释》

最高人民法院《关于审理行政赔偿案件若干问题的规定》,简称《行政赔偿规定》

目 录

第一章 行政、行政权和行政法 (1)

第一节 行政 (1)
- 一、行政的边界 (1)
- 二、难以定义的行政 (5)
- 三、可以描述的行政 (7)
- 四、行政的分类 (14)

第二节 行政权 (17)
- 一、行政权与社会秩序 (17)
- 二、不确定的行政权 (18)
- 三、行政权的类型 (21)

第三节 行政法 (23)
- 一、行政法的概念 (23)
- 二、行政法的内外结构 (25)
- 三、行政法的逻辑基点 (27)
- 四、行政法的类型 (28)
- 五、行政法的相邻关系 (33)

第二章 依法行政原理 (37)

第一节 依法行政原理的宪法基点 (37)
- 一、引言 (37)
- 二、法治国家 (37)
- 三、基本人权 (40)

第二节 依法行政原理的基本内容 (42)
- 一、引言 (42)
- 二、行政必须有法律依据 (43)
- 三、行政必须有行政相对人参与 (45)
- 四、行政必须接受司法监督 (46)

第三节 依法行政原理支配的基本原则 (48)
- 一、引言 (48)
- 二、行政实体法基本原则 (49)

三、行政程序法基本原则 …………………………………………………（ 51 ）
　　四、行政诉讼法基本原则 …………………………………………………（ 52 ）

第三章　行政法的法源 ………………………………………………………（ 55 ）

第一节　行政法法源的一般理论 …………………………………………（ 55 ）
　　一、引言 ……………………………………………………………………（ 55 ）
　　二、行政法法源的概念 ……………………………………………………（ 55 ）
　　三、行政法法源的特殊性 …………………………………………………（ 56 ）

第二节　成文法源 …………………………………………………………（ 56 ）
　　一、宪法 ……………………………………………………………………（ 56 ）
　　二、法律、地方性法规 ……………………………………………………（ 59 ）
　　三、行政法规、行政规章 …………………………………………………（ 61 ）
　　四、法律解释 ………………………………………………………………（ 63 ）
　　五、国际条约 ………………………………………………………………（ 64 ）
　　六、行政规定 ………………………………………………………………（ 65 ）
　　七、社团章程、村规民约 …………………………………………………（ 67 ）

第三节　不成文法源 ………………………………………………………（ 69 ）
　　一、指导性案例 ……………………………………………………………（ 69 ）
　　二、惯例 ……………………………………………………………………（ 71 ）
　　三、法的原则 ………………………………………………………………（ 75 ）
　　四、公共政策 ………………………………………………………………（ 76 ）

第四节　行政法法源的位阶 ………………………………………………（ 78 ）
　　一、成文法源之间冲突的适用规则 ………………………………………（ 78 ）
　　二、成文法源之间冲突的裁决 ……………………………………………（ 82 ）
　　三、成文法源与不成文法源之间冲突的适用规则 ………………………（ 83 ）

第五节　行政法法源的效力范围 …………………………………………（ 84 ）
　　一、时间效力 ………………………………………………………………（ 84 ）
　　二、空间效力 ………………………………………………………………（ 86 ）
　　三、对人效力 ………………………………………………………………（ 87 ）

第四章　行政法的适用 ………………………………………………………（ 89 ）

第一节　行政法适用的一般理论 …………………………………………（ 89 ）
　　一、行政法过程中的法适用 ………………………………………………（ 89 ）
　　二、行政法适用的基本模式：手段—目的 ………………………………（ 91 ）
　　三、行政法适用的基本模式：要件—效果 ………………………………（ 91 ）

第二节　行政认定 …………………………………………………………（ 93 ）
　　一、行政认定的概述 ………………………………………………………（ 93 ）

二、法的解释 (94)
　　三、事实认定 (104)
　　四、判断余地 (104)
　第三节　行政裁量 (107)
　　一、行政裁量的概述 (107)
　　二、裁量基准 (109)
　　三、裁量分类 (112)
　　四、裁量余地 (113)

第五章　行政法的主体 (115)
　第一节　引言 (115)
　　一、行政法律关系主体 (115)
　　二、行政主体 (116)
　第二节　行政机关 (118)
　　一、行政机关的概念 (118)
　　二、行政机关的类型 (119)
　　三、行政机关的内部组织 (120)
　　四、行政机关的外部关系 (121)
　　五、具有行政机关法律地位的组织 (123)
　第三节　行政相对人 (126)
　　一、行政相对人及其类型 (126)
　　二、行政相对人的法律地位 (127)
　第四节　国家公务员 (130)
　　一、国家公务员及其任职条件 (130)
　　二、国家公务员的法律地位 (132)
　　三、国家公务员的职位关系 (133)
　　四、国家公务员的权利救济 (133)

第六章　行政行为原理 (136)
　第一节　引言 (136)
　　一、行政行为的概念 (136)
　　二、行政行为的演变 (136)
　第二节　行政行为的基本功能 (140)
　　一、法规范内容的具体化 (140)
　　二、行政救济对象的特定化 (140)
　　三、行政法构造的体系化 (140)
　第三节　行政行为的分类 (141)

一、分类标准与内容 … (141)
　二、公、私法行为 … (143)
　三、相关问题的展开 … (145)

第七章　行政行为：行政决定 … (148)

第一节　行政决定的一般理论 … (148)
　一、行政决定的概念 … (148)
　二、行政决定的要素 … (149)
　三、行政决定的分类 … (154)

第二节　行政决定的合法要件 … (156)
　一、职权要件 … (156)
　二、事实要件 … (158)
　三、依据要件 … (159)
　四、程序要件 … (160)

第三节　行政决定的效力 … (161)
　一、行政决定的生效 … (161)
　二、行政决定效力的内容 … (163)
　三、行政决定效力的变动 … (167)

第四节　行政决定的变更 … (167)
　一、行政决定变更的概念 … (167)
　二、行政决定变更的类型 … (168)
　三、行政决定变更的规则、方式与效力 … (170)

第五节　行政决定的消灭 … (170)
　一、行政决定消灭的概念 … (170)
　二、行政决定撤销 … (172)
　三、行政决定撤回 … (177)

第六节　行政决定的补正和转换 … (178)
　一、行政决定补正 … (178)
　二、行政决定转换 … (180)

第七节　定型化的行政决定 … (180)
　一、行政处罚 … (180)
　二、行政许可 … (190)
　三、行政强制 … (193)

第八章　行政行为：非行政决定行为 … (197)

第一节　引言 … (197)
　一、行政行为的多样化 … (197)

二、非行政决定行为体系的开放性 …………………………………………（197）
三、非行政决定行为的法控制 ……………………………………………（198）

第二节 制定行政规范行为 …………………………………………………（198）
一、引言 ……………………………………………………………………（198）
二、制定行政法规 …………………………………………………………（202）
三、制定行政规章 …………………………………………………………（204）
四、制定行政规定 …………………………………………………………（206）
五、对制定行政规范行为的监督 …………………………………………（208）

第三节 行政双方行为 ………………………………………………………（210）
一、行政双方行为的一般理论 ……………………………………………（210）
二、行政协议 ………………………………………………………………（211）
三、区域合作协议 …………………………………………………………（217）

第四节 行政事实行为 ………………………………………………………（218）
一、行政事实行为的一般理论 ……………………………………………（218）
二、行政指导 ………………………………………………………………（222）
三、信息提供 ………………………………………………………………（225）
四、行政强制执行 …………………………………………………………（226）

第九章 行政程序的原理 …………………………………………………（230）

第一节 行政程序的一般理论 ………………………………………………（230）
一、行政程序 ………………………………………………………………（230）
二、行政程序法 ……………………………………………………………（232）

第二节 正当程序 ……………………………………………………………（234）
一、引言 ……………………………………………………………………（234）
二、听取意见 ………………………………………………………………（236）
三、防止偏见 ………………………………………………………………（242）
四、信息公开 ………………………………………………………………（246）

第三节 程序制度 ……………………………………………………………（253）
一、行政管辖 ………………………………………………………………（253）
二、行政调查 ………………………………………………………………（256）
三、行政证据 ………………………………………………………………（257）
四、行政期间 ………………………………………………………………（258）
五、行政送达 ………………………………………………………………（260）

第十章 行政程序的类型 …………………………………………………（262）

第一节 普通程序 ……………………………………………………………（262）
一、程序开始 ………………………………………………………………（262）

二、程序进行 …………………………………………………………（266）
　　三、程序终结 …………………………………………………………（273）
　　四、程序延续 …………………………………………………………（274）
　第二节　特别程序 ………………………………………………………（276）
　　一、行政规范制定程序 ………………………………………………（276）
　　二、重大行政决策程序 ………………………………………………（277）
　　三、行政裁决程序 ……………………………………………………（278）
　　四、行政简易程序 ……………………………………………………（280）

第十一章　行政违法与行政责任 ……………………………………………（282）
　第一节　引言 ……………………………………………………………（282）
　　一、行政违法的概念 …………………………………………………（282）
　　二、行政违法的认定机关 ……………………………………………（284）
　　三、违法判断基准时 …………………………………………………（285）
　第二节　行政违法的认定 ………………………………………………（288）
　　一、主体资格违法 ……………………………………………………（288）
　　二、认定事实违法 ……………………………………………………（292）
　　三、适用依据违法 ……………………………………………………（295）
　　四、违反法定程序 ……………………………………………………（305）
　第三节　行政违法与效力 ………………………………………………（310）
　　一、行政违法的分类 …………………………………………………（310）
　　二、行政决定无效 ……………………………………………………（314）
　　三、行政违法性继承 …………………………………………………（317）
　第四节　行政责任 ………………………………………………………（319）
　　一、引言 ………………………………………………………………（319）
　　二、行政赔偿 …………………………………………………………（319）
　　三、行政补偿 …………………………………………………………（325）

第十二章　行政救济的原理 …………………………………………………（332）
　第一节　行政救济的一般理论 …………………………………………（332）
　　一、行政救济的概念 …………………………………………………（332）
　　二、行政救济的功能 …………………………………………………（333）
　第二节　行政救济的目标 ………………………………………………（335）
　　一、实效性权利保护 …………………………………………………（335）
　　二、无漏洞权利保护 …………………………………………………（336）
　第三节　行政救济的体系 ………………………………………………（338）
　　一、行政救济的多样化 ………………………………………………（338）

二、司法最终裁判 ··· (338)
三、宪法救济保障 ··· (339)

第十三章 行政救济的类型 (340)
第一节 行政诉讼 (340)
一、引言 ·· (340)
二、行政诉讼模式 ··· (343)
三、与其他诉讼的关系 ·· (344)
四、行政诉讼法 ··· (345)
第二节 行政复议 (347)
一、引言 ·· (347)
二、行政复议的主体 ··· (348)
三、行政复议的客体 ··· (349)
四、行政复议的申请 ··· (350)
五、行政复议的受理 ··· (353)
六、行政复议的审理 ··· (354)
七、行政复议的决定 ··· (356)
八、行政复议调解和和解 ··· (359)
第三节 行政申诉 (360)
一、行政申诉的概念 ··· (360)
二、行政申诉的程序 ··· (360)

第十四章 行政诉讼的主体 (362)
第一节 法院 (362)
一、行政审判权 ··· (362)
二、行政审判组织 ··· (363)
三、行政审判管辖 ··· (364)
第二节 行政诉讼的原告 (370)
一、原告的概念 ··· (370)
二、原告的判断标准 ··· (372)
三、原告的情形 ··· (380)
四、原告的承继 ··· (389)
第三节 行政诉讼的被告 (390)
一、被告的概念 ··· (390)
二、被告的判断标准 ··· (391)
三、被告的情形 ··· (392)
四、被告的承继 ··· (397)

第一章　行政、行政权和行政法

第一节　行　　政

一、行政的边界

任何思想的开始,总是以概念为基点。[1] 行政法的思想基点是"行政"。

对于稍微有一些法学、政治学或者行政学等学科常识的人来说,一提到"行政",总会联想起"立法""司法"等概念,并能说出它们之间不同的若干内容。但是,如果要界定行政的概念,很多人或许会说,这并不是一件容易的事。拉德布鲁赫认为:"将有关内容分为立法、司法与行政,并非出于对三者定义的目的,而仅仅是为了阐述的方便。"[2]这话并非没有道理。为了与私人管理中的"行政"相区别,行政法上的行政经常被称为"公行政"或者"公共行政"。[3] 这个说法基本上是正确的。

中国历史上没有产生过西方国家法学、政治学上的分权概念。帝王君权中"三公九卿""三省六部"之类的国家组织体系,与源于西方国家基于洛克、孟德斯鸠的分权思想而形成的法律制度大异其趣。迟至 1912 年《中华民国临时约法》颁布实施,与立法、司法相对的"行政"一词才第一次出现在中国法律制度之中,[4]并为 1954 年《宪法》所承继。[5] 1982 年修宪没有以西方国家"三权分立"为构建国家组织体系的法理基础,但国家组织体系也体现了国家机关之间的权力分工原则,如国家立法权属于全国人大及其常委会,审判权属于人民法院,检察权归于人民检察院。2018 年《宪法》第 85 条规定:"中华人民共和国国务院,即中央人民政府,是最高国家权力机关的执行机关,是最高国家行政机关。"这一宪法条款虽然没有明确规定国家行政权属于国务院,但行政作为一种宪法上独立的国家行政机关活动已经获得了宪法确认。

行政是一个难以作出界定的概念。尽管许多人曾经为此作过学术努力,试图作出一个可以为大多数人可接受的概念,但时至今日,行政也没有一个具有通说地位的概念。对行政概念的表述,不同的人是有不同解释的。形成这个状况的原因是国家之间的历史传统、政治体

---

[1] "概念乃是解决法律问题所必需的和必不可少的工具;没有限定严格的专门概念,我们便不能清楚地和理性地思考法律问题;没有概念,我们便无法将我们对法律的思考转变为语言,也无法以一种可以理解的方式把这些思考传达给他人。"参见[美]博登海默:《法理学　法律哲学与法律方法》,邓正来译,中国政法大学出版社 1999 年版,第 486 页。"对一个概念下定义的任何企图,必须要将表示该概念的这个词的通常用法当作它的出发点。"参见[奥]凯尔森:《法与国家的一般理论》,沈宗灵译,中国大百科全书出版社 1996 年版,第 4 页。
[2] [德]拉德布鲁赫:《法学导论》,米健、朱林译,中国大百科全书出版社 1997 年版,第 130 页。
[3] 参见姜明安:《行政法》,北京大学出版社 2017 年版,第 9 页;余凌云:《行政法讲义》(第 4 版),清华大学出版社 2024 年版,第 2~6 页。
[4] 《中华民国临时约法》第 8 条规定:"人民有陈诉于行政官署之权。"第 49 条第 2 款规定:"但关于行政诉讼及其他特别诉讼,别以法律定之。"
[5] 《宪法》(1954)第 47 条规定:"中华人民共和国国务院,即中央人民政府,是最高国家权力机关的执行机关,是最高国家行政机关。"

制、社会结构、文化甚至风俗习惯的差异性,所以,一个放之四海而皆准的行政概念客观上可能并不存在。当下一些已经制定了行政程序法典的国家或者地区通过设置排除条款,对行政作消极性的边界划定,不采用下定义的立法方式。[6] 这种立法例多少也可以佐证,对行政作一个概念界定,难度是客观存在的。

对于行政,虽然我们不能直接给出一个精致的定义,但可以通过分类、列举和排除等逻辑方法大致给它划出一个认知边界,给行政法确定一个大致的调整范围,从而理顺行政与法的基本关系,否则,作为独立学科的行政法学能否存在,也可能成为一个被人质疑的问题。[7] 行政的疆域一旦划定,行政法所调整的法律关系范围也大致可以确定。在中国,行政诉讼由法院行政审判庭审理,因此,在处理与民事审判庭案件管辖关系等问题上,厘清行政的边界实益显著。

(一) 实质行政与形式行政

1. 实质行政。实质行政的基本模式是"命令—服从",如行政处罚、行政许可和行政强制措施等。现代社会因行政民主的兴起而产生的"平等—协商"新型行政模式,是"命令—服从"行政模式的一种补充,具有软化国家强制力的功能,它们体现了行政机关与公民、法人或者其他组织之间的沟通、对话,协助行政机关完成行政任务,如行政协议。在一定程度上,"平等—协商"新型行政模式可以看作私法对公法的影响结果,是现代行政法中一个引人注目的法现象,它们已经成为现代行政法体系中不可或缺的组成部分。

实质行政着眼于行为中的"处理性",[8] 不看重实施行为主体的性质,因此它将人民代表大会、法院、检察院、监察委以及军事机关等国家机关的某些行为纳入行政的范围。[9] 如人民代表大会对其他国家机关的监督、[10] 批准预算;法院对妨碍诉讼行为采取的强制措施、对不履行生效裁判义务的当事人实施强制执行、维持法庭秩序等。虽然可以把这类行为看作法院诉讼活动的一部分,但它们都不是法院居于中立地位作出的司法行为。同样,检察机关代表国家起诉刑事犯罪的检察行为和国家监察委员会的监察行为,也都不是具有中立性的司法行为。因此,以上行为在内容上更接近于"命令—服从"式的实质行政。另外,一些非国家机关组织经法律、法规或者规章授权也可以作出行政行为,[11] 如高等院校、科研机构颁发毕业证、学位证书,[12] 甚至国有企业的某些行为也具有行政的性质,如城市水、电、气的公共供给。[13] 认识实质行政需要引入分权原则,也只有在分权原则之下才能真正划清行政法上的"行政"边界。

---

[6] 参见德国《行政程序法》第1条、第2条和中国台湾地区"行政程序法"第3条。

[7] 一直以来,许多人都想在内容上给"行政"作一个具有普适性的定义,但基本上是不成功的。如在日本,"放弃了从内容上予以定义的学说,在日本成为多数派"。参见[日]盐野宏:《行政法总论》,杨建顺译,北京大学出版社2025年版,第2页。

[8] "实质意义上的公共行政是指在特定条件下或者为了特定的目的,对外自主地以决定的方式,具体地或者创造性地执行共同体事务的各种活动,以及共同体为此而任用的工作人员。"参见[德]汉斯·J.沃尔夫、[德]奥托·巴霍夫、[德]罗尔夫·施托贝尔:《行政法》(第1卷),高家伟译,商务印书馆2002年版,第25页。

[9] 根据《宪法》第三章第四节的规定,中华人民共和国中央军事委员会是独立于国务院的国家军事机关,它不是国家行政机关。将国家军事机关从国家行政机关分离出来,虽然不是分权理论的必然结果,但也体现了分权思想。

[10] 如根据《宪法》第71条第1款的规定,人大常委会组织特定问题调查委员会的行为。

[11] 参见《行政诉讼法》第2条第2款规定:"前款所称行政行为,包括法律、法规、规章授权的组织作出的行政行为。"

[12] 田某诉北京科技大学拒绝颁发毕业证、学位证行政诉讼案,最高人民法院指导案例38号(2014)。

[13] 2009年11月13日,《法制日报》以《中国供热改革蜀道难行 突围尚需借力法律》为题,报道了如下一个案例:2008年12月北京市丰台区一小区业主何先生对开发商提供的供暖协议不满,在入住后要求停止供暖并在遭拒后起诉至法院,但法院判决驳回了何先生的诉讼请求,理由是供热合同不同于其他民事合同,具有公共服务性、行政强制性和强制继续履行等特点。

2. 形式行政。凡是行政机关作出的行为都是行政,无论它的法依据是公法还是私法,也无论它是否与行政权有关。行政机关依据公法作出的行为是行政,毋庸赘言。

《民法典》第 97 条规定:"有独立经费的机关和承担行政职能的法定机构从成立之日起,具有机关法人资格,可以从事为履行职能所需要的民事活动。"在民事主体的分类上,行政机关属于民法上的"特别法人",具有民事主体的法律地位。行政机关基于民事主体身份实施的行为是形式行政的一部分,但通说认为它不属于行政法所调整的对象。例如,公安机关采购电脑等办公用品与它对违反道路交通安全法的行人作出行政处罚是不同的,后者具有公益性。但是,与个人购买电脑相比,公安机关采购电脑等办公用品在行为性质上还是有所不同的,因为公安机关采购电脑等办公用品是使用公共财政行为,多少有些公益性。又如,行政机关通过招投标方式兴建公共图书馆、博物馆等,在法律没有特别规定的情形下可以适用私法规范。如果考虑到行政机关"采购""兴建"也具有"公益性"的话,那么调整这类民事行为的规则应当有别于仅有"私益性"的其他民事行为。另外,行政机关制定行政法规、规章,如同人民代表大会的立法,有起草、审议、公布等方式和步骤,但它们是行政行为,不是立法行为;行政机关如同法院一样居于中立地位,依法裁决当事人之间有关民事争议的行为,[14] 同样也是行政行为而不是司法行为。另外,行政机关根据宪法和法律授权,以国家名义实施的有关国防和外交的行为,称为"国家行为"。[15] 如《宪法》授权国务院依照法律规定决定省、自治区、直辖市的范围内部分地区进入紧急状态。[16]

小结:行政法上行政,宜在实质行政中采用主体标准,将人民代表大会、法院、检察院、监察委以及军事机关的"行政行为"划出行政的范围,而在形式行政中采用内容标准,将行政机关以民事主体身份从事的不具有公益性的"行政行为"以及"国家行为"划出行政的范围,保留它具有立法性质的"立法性行政"和居中裁决的"司法性行政"。

(二)外部行政与内部行政

1. 外部行政。产生在行政机关和与其不具有法律上从属关系的行政相对人之间的行为,即外部行政。也就是说,在外部行政中,行政相对人与行政机关之间没有法律上的从属关系,如公安机关依照公民甲的申请向其签发护照,市场监管机关对销售假冒伪劣产品的公民乙作出没收其违法所得的行政处罚决定等。从属于行政机关的公务员在不以公务员身份与行政机关发生行政法律关系时,行政机关作出的行政行为也是"外部行政",因为,此时该公务员是已经"脱去了制服"的行政相对人,如警察为自己刚刚出生的儿子到自己工作的派出所申报户口,该派出所依其申请为其儿子办理户籍登记行为。有时,一个行政机关对另一个行政机关作出行政处罚也是外部行政,因为,此时的"行政机关"的法律地位是行政相对人,如原生态环境保护局对交通运输局在办公大楼院子里焚烧落叶作出行政处罚。有时,行政机关之间因执行职务需要而实施的委托行为,因它直接涉及行政相对人的合法权益,也属于外部行政。[17] 在日本法上,国家或地方自治团体机关相互之间关于权限是否存在或者行使权限引起的争议,可以提起机关

---

[14]《水法》第 56 条规定:"不同行政区域之间发生水事纠纷的,应当协商处理;协商不成的,由上一级人民政府裁决,有关各方必须遵照执行。在水事纠纷解决前,未经各方达成协议或者共同的上一级人民政府批准,在行政区域交界线两侧一定范围内,任何一方不得修建排水、阻水、取水和截(蓄)水工程,不得单方面改变水的现状。"

[15] 参见《行政诉讼法》第 13 条第 1 项。

[16] 参见《宪法》第 89 条第 16 项。

[17]《行政许可法》第 24 条第 1 款规定:"行政机关在其法定职权范围内,依照法律、法规、规章的规定,可以委托其他行政机关实施行政许可。委托机关应当将受委托行政机关和受委托实施行政许可的内容予以公告。"

诉讼。[18] 而在我国,行政机关之间因管辖权发生争议,由其共同的上一级行政机关裁决,不能提起"机关诉讼",这种裁决行为也是外部行政。当然,有的行政外部性十分明显,但它不属于行政法上的"行政"。[19] 如宪法上的"国家行为",通常由宪法加以规范,若引起争议,在有的国家中是由宪法法院审查、裁决的。基于行政法的控权目的,外部行政是行政法上——无论是传统还是现代——"行政"的核心内容,整个行政法体系都是基于这个核心而展开的。

2. 内部行政。产生在行政机关内部或者行政机关之间的行为,为内部行政。[20] 前者如行政机关任命本机关某公务员为法制处处长,后者如上一级行政机关对下一级行政机关进行考核。内部行政不属于传统行政法的调整范围。但是,随着现代社会的变迁与法治观念的革新,传统行政法基于"行政机关—行政相对人"关系框架所构成的法调整范围显得过于狭窄,不足以有效地保护行政相对人的合法权益,且现代行政法所保护的法益,也不应该仅仅限于行政相对人的合法权益。因行政机关内部行政不仅与公共财政合法支付有关,更重要的是,它有时还会直接或者间接地影响行政机关对外作出行政行为的合法性,故现代行政法应当将"行政机关—行政机关""行政机关—行政机构""行政机关—行政机关工作人员"这三种内部关系也纳入行政法体系加以调整。内部行政法通常具有担保行政机关对外作出行政行为合法性的功能,所以,现代行政法应当逐步将内部行政纳入其规范体系。从发展趋势看,内部行政不受行政法控制的范围应该会越来越小。

有些内部行政,如政府"会议纪要""抄告单"等作出之后产生了对外法效果,即对不具有从属关系的行政相对人合法权益产生影响,这些内部行政应当划入外部行政范围。这种情形在学理上称为"内部行为效力外化",判例将其纳入行政诉讼受案范围。如在魏某高、陈某志诉来安县人民政府收回土地使用权批复案中,法院认为:

> 根据《土地储备管理办法》和《安徽省国有土地储备办法》以收回方式储备国有土地的程序规定,来安县国土资源行政主管部门在来安县人民政府作出批准收回国有土地使用权方案批复后,应当向原土地使用权人送达对外发生法律效力的收回国有土地使用权通知。来安县人民政府的批复属于内部行政行为,不向相对人送达,对相对人的权利义务尚未产生实际影响,一般不属于行政诉讼的受案范围。但本案中,来安县人民政府作出批复后,来安县国土资源行政主管部门没有制作并送达对外发生效力的法律文书,即直接交来安县土地储备中心根据该批复实施拆迁补偿安置行为,对原土地使用权人的权利义务产生了实际影响;原土地使用权人也通过申请政府信息公开知道了该批复的内容,并对批复提起了行政复议,复议机关作出复议决定时也告知了诉权,该批复已实际执行并外化为对外发生法律效力的具体行政行为。因此,对该批复不服提起行政诉讼的,人民法院应当依法受理。[21]

---

[18] 参见日本《行政事件诉讼法》第6条。
[19] 《宪法》第92条规定:"国务院对全国人民代表大会负责并报告工作;在全国人民代表大会闭会期间,对全国人民代表大会常务委员会负责并报告工作。"
[20] 在德国行政法上,行政有内部、中间和外部三分法理论。中间行政,指行政主体之间的活动,包括行政机关和机构之间在行政过程和程序方面的正式或者非正式的合作、附和、参与等活动。参见[德]汉斯·J.沃尔夫、[德]奥托·巴霍夫、[德]罗尔夫·施托贝尔:《行政法》(第1卷),高家伟译,商务印书馆2002年版,第30页。
[21] 参见最高人民法院指导案例22号。又如,在建明食品公司诉泗洪县政府检疫行政命令纠纷案中,法院认为:"审查行政机关内部上级对下级作出的指示是否属于人民法院行政诉讼受案范围内的可诉行政行为,应当从指示内容是否对公民、法人或者其他组织权利义务产生了实际影响着手。在行政管理过程中,上级以行政命令形式对下级作出的指示,如果产生了直接的、外部的法律效果,当事人不服提起行政诉讼的,人民法院应当受理。"参见《最高人民法院公报》2006年第1期。延安宏盛建筑工程有限责任公司诉陕西省延安市安全生产监督管理局生产责任事故批复案,载最高人民法院行政审判庭编:《中国行政审判指导案例》(第1卷)第1号案例,中国法制出版社2010年版,第1页以下。

将内部行政纳入现代行政法体系,可以担保行政机关对外作出行政行为的合法性,更为重要的是,它是一个关涉现代政府治理结构如何适应法治国家建设的基本问题。现代行政法不能仅仅是外部行政,与其相关联的内部行政法也是它不可或缺的一部分,在相当程度上,内部行政法是现代行政法"成长"的一种必然。

小结:外部行政是行政法上"行政"的核心内容,是行政法的调整范围。内部行政不属于传统行政法所规范的范围。但是,基于担保外部行政合法性的考虑,行政机关内部组织、公务员管理等内部行政也是现代行政法的调整范围。[22]

二、难以定义的行政

(一)行政的由来

在中外历史上,国家最初大多是由"一权独大"的君(皇)权统辖。"溥天之下,莫非王土,率土之滨,莫非王臣。"[23] 在历史的某一个阶段,司法权、立法权从君(皇)权中分离出来,剩余下来的权力便是行政权。关于行政的由来,从历史过程来看,情况大致如此。

国家权力依照其性质可以分为立法权、行政权和司法权,这是近、现代西方国家法治的基本观念。在宪法体制的架构中,行政是一项极其重要的国家行为,尤其在现代社会中,行政的作用——行政立法——几乎代替了立法(代议制机关),同时还可以牵制司法,行政已经成为国家权力的中心,几乎可以成为国家的代名词——行政控制了我们每一个人从摇篮到坟墓的全过程。

国家的存续需要正常的社会秩序。社会秩序主要依赖国家权力的作用,无论是独裁专制政体还是民主法治国家都无一例外。行政权不仅是维持社会秩序的国家权力之一,而且还是最为重要的国家权力。总体而言,在世界范围内行政经历了由专制向民主发展的一个历史过程,这个过程大致也与市场经济体制建立、发展和完善过程相当。比如,德国的行政经历了"专制行政"[24]到"自由法治国行政",再到20世纪之后"社会法治国行政"的过程。中国法规范意义上的行政是由1912年《中华民国临时约法》所确立的,之前没有所谓的"行政",虽然古典文献里面并不缺少"行政"两字。中国行政法是在《中华民国临时约法》的基础上,借鉴由日本行政法转接来的德国行政法逐步建立、发展起来的。[25] 在1949年之后,《宪法》中的国家权力也被分为立法权、行政权、审判权、检察权、监察权和军事权等。[26]

行政的逻辑起点与终极目的在于保护和实现公共利益。即使基于"保护公民、法人或者其他合法权益"原则作出的个案处理,也需要充分考虑私人利益与公共利益之间的某种平衡关系。孙中山先生的"天下为公"思想诠释了现代行政的基本内涵。当然,行政的公益性并不是否定私人正当利益的理由,相反,行政应当承担实现私人正当利益的任务——"国家尊重和保障人权"。行政"在追求公共利益的同时,必须注意个人利益,甚至有时实现个人利益本身就是公共任务(例如社会救济)"[27]。如果行政因为只顾及公共利益而对私人利益造成损害

---

[22] 在日本行政法上,这部分内容被当作"行政手段论"处理。参见[日]盐野宏:《行政组织法》,杨建顺译,北京大学出版社2008年版,第2页。

[23] 《诗经·小雅·北山》。

[24] 德国在"专制行政"下有所谓"福利国家"崇尚的理念,在1912年之前的历史中,中国是否也存在这种理念,可以作进一步论证。

[25] 参见陈新民:《公法学札记》(增订新版),法律出版社2010年版,第209页以下。

[26] 参见《宪法》第3章。

[27] [德]哈特穆特·毛雷尔:《行政法学总论》,高家伟译,法律出版社2000年版,第7页。

或者损失,国家应当对此承担赔偿或者补偿责任。

(二)行政的含义

在英文世界中,"administration"有"管理""经营"等含义。在讨论与行政法有关的问题时,我们将其译为"行政"。在汉语世界中,"行",意为"实行""施行",如所谓"令行禁止";"政",意为"权力"或外化为一种"命令"的权力,如"于是帝尧乃求人,更得舜。舜登用,摄行天子之政"。[28] 所以,汉语世界中的"行政"都与国家权力或者事务有关。不过,在西方国家宪法体制中,基于分权理论而产生的"行政"概念,在中国古代法律制度上并不存在。

关于行政,在行政法学术史上至少有以下几种定义:(1)消极说。即行政是除了立法、司法以外的国家活动。(2)积极说。即行政在法之下,以实现国家目的为目标,是整体上具有统一性的、连续的形成性国家活动。(3)综合说。即在上述两种观点的基础上,对行政作综合性定义。(4)特征描述说。即从功能、组织、行为方式等方面对行政作描述。[29] 上述几种学说先后出现在行政法学发展的某一个历史过程中,它们与当时的政治、经济和文化发展的条件相关联,所以它们各自有存在的合理性。"对于行政的界定,乃至对于行政法的研究,除应参酌上述各说之外,更应关注行政的环境变迁以及行政任务、组织、行为程序、救济、赔偿、补偿等相关面向的变革。总之,行政并非仅是单纯的执行法律,更应包含政策拟定与决定的成分,以及变迁中的周边条件。"[30]本书同意特征描述说。[31]

在约定俗成的汉语意义上,行政一般都是指与公众相关的事务,尤其与行政机关所从事的公共事务有关。一些非行政机关组织内部诸如"行政科""行政处"等部门,它们从事的是该组织自身的后勤护卫、福利保障等事务,与这里所说的"行政"毫无关联。

(三)不断变动中的行政

行政是一个动态、开放的概念,是一个在内容上与国内外政治、经济与社会发展之间双向流变的概念,所以,只有在历史和社会发展过程中考察行政,才能把握行政的全部内容。例如,中国1979年之前搞社会主义革命和建设,并没有所谓的"中外合资企业"经营活动,直到1979年《中外合资经营企业法》(已失效)实施之后,工商行政管理(现为市场监管)中才增加了管理"中外合资企业"生产经营活动的行政内容。又如,在迟至1978年农业经济占主导地位的计划经济年代中,中国一直没有当今作为基本国策的"生态环境保护",也没有"环境行政"。[32] 但自20世纪70年代末以来工业化过程中,因环境保护的需要,1979年国家颁布了《环境保护法(试行)》(已失效),各级政府开始设立环境保护行政主管部门,为行政增加了新的内容。再如,自20世纪90年代以来,因具体行政行为"违反法定程序"被《行政诉讼法》(1989)明文规定为撤销判决要件之一,行政程序开始成为行政中不可或缺的内容之一。[33] 尤其需要指出的是,21世纪以来,因互联网、人工智能和大数据等兴起与发展,数字行政成为

---

[28] 参见范忠信:《中国传统行政法制文化研究导论》,载《河南省政法管理干部学院学报》2008年第2期。

[29] 参见翁岳生:《行政的概念与种类》,载翁岳生主编:《行政法》(上),台北,元照出版有限公司2020年版,第2~8页;[日]盐野宏:《行政法总论》,杨建顺译,北京大学出版社2008年版,第2~5页。

[30] 翁岳生:《行政的概念与种类》,载翁岳生主编:《行政法》(上),台北,元照出版有限公司2020年版,第10页。

[31] 德国行政法学家福尔斯特霍夫说:"行政只能描述,而不能界定。"参见[德]哈特穆特·毛雷尔:《行政法学总论》,高家伟译,法律出版社2000年版,第6页。

[32] 《宪法》(1978)第11条第3款规定:"国家保护环境和自然资源,防治污染和其他公害。"《宪法》(2018)第26条第1款规定:"国家保护和改善生活环境和生态环境,防治污染和其他公害。"

[33] 参见《行政诉讼法》(1989)第54条第2项。

行政不可或缺的内容,"数字行政法"的提出,正是学界对行政内容变化作出的积极回应。[34] 2017年以来,在地方对职能相近的党政机关探索合并设立或合署办公,也为行政增加了新内容。

行政是一种面向未来的、有延续性的形成社会的过程,它的功能一直处于不断嬗变之中,以应对日益复杂多变的国内外政治、经济需求。传统行政中的某些功能在现代社会中需要作适当的剥离,才能适应政治、经济发展的变化。这种现象在中国当下经济、社会转型期过程中表现得特别明显。例如,《行政许可法》第28条规定:"对直接关系公共安全、人身健康、生命财产安全的设备、设施、产品、物品的检验、检测、检疫,除法律、行政法规规定由行政机关实施的外,应当逐步由符合法定条件的专业技术组织实施。专业技术组织及其有关人员对所实施的检验、检测、检疫结论承担法律责任。"根据这一规定,在行政许可中行政机关不再直接实施"检验、检测、检疫",而是应当通过法律设立的"专业技术组织及其有关人员"实施,行政机关要监督这些"专业技术组织及其有关人员"进行"检验、检测、检疫"的活动。又如,由企业、事业单位的保安人员分担部分行政维护社会治安的职能,行政机关则对保安公司的活动进行法律监管;在食品、药品、环保等风险领域,行政机关依法组织、建立由企业参与的各种专业委员会,共同承担监管可能产生的法律责任等。这种行政向社会分流的现象显示了现代行政不断变动的功能。

三、可以描述的行政

美国联邦最高法院大法官卡多佐说:"在定义有风险的地方,描述就可以崭露头角了。"[35] 可见,在相当程度上,描述也是厘定概念的一种方法,甚至它可能比定义更好地说清楚一个概念。下面从若干个面向来描述行政这个概念。[36]

(一)行政成为国家活动的中心:行政国家

在"管得最少的政府就是最好的政府"的年代里,国家权力中心是通过一人一票的民主方式集中了民意的代议制机关。美国宪法中使用执行权(executive power)而不是行政权(administrative power)来指称"行政",多少也可以说明在那个时代中行政对于代议制机关的从属性。在相当长的历史中,行政一直活在代议制机关的影子中,德国法上的"法律保留原则"和"法律优位原则"也可以佐证这一点。但20世纪之后,人们开始意识到"一个持续的危险是当代政府对议会的严格控制"。[37] 这意味着以代议制机关为国家权力中心的立法国家时代宣告结束,行政国家时代随即到来——行政成为国家权力的中心。

在行政国家中,国家权力的中心是行政。虽然立法、司法有制约行政的功能或者宪法使命,但它们经常要向行政妥协,以便让行政能够及时回应国家经济与社会发展的需要。当行政走向国家和社会这个舞台的中央之后,立法、司法则在两侧随行政翩翩起舞,尽管在某些具体事务上还会与行政抗争,但总体上还是配合行政,与行政保持协调一致。现代国家中,发展经济、保障民生是行政的中心任务。随着科学技术的不断发展,"'排除危险'仍然是国家法

---

[34] 参见姜明安主编:《行政法与行政诉讼法》(第8版),北京大学出版社、高等教育出版社2024年版,第82~87页。

[35] [美]卡多佐:《司法过程的性质及法律的成长》,张维编译,北京出版集团公司、北京出版社2012年版,第106页。

[36] 关于对行政的描述方法,参见翁岳生:《行政的概念与种类》,载翁岳生主编:《行政法》(上),台北,元照出版有限公司2020年版,第1章第2节。

[37] [英]韦德:《行政法》,徐炳等译,中国大百科全书出版社1997年版,第7页。

定的和不可变更的任务,但该任务通过社会、经济、文化等领域的供应、给付和补贴等任务而得到补充。急剧扩张和膨胀的行政使人们认为,当代的国家是'行政国家'。从行政的扩张及行政机构的膨胀来看,这种看法是正确的"[38]。行政从过去较为单一的执行代议制机关的意志(法律),到以积极的、主动的姿态全方位地介入各个社会领域,逐渐形成了一个以行政为中心的现代国家,而立法、司法却成了国家政治、经济活动的配角。20世纪之后世界范围内绝大多数国家的权力状态与结构基本如此。

(二)行政的合目的性:裁量控制

行政要依法而行,此为法治国家当然结论。然而,纵使行政有法的依据,有时也不足以完成行政任务,因为,行政还必须兼顾合目的性。我们知道,司法是对已经发生的争议作出裁判,定分止争,具有过去面向性,而行政即使是对争议作出处理,也须同时考虑个案处理对当下及未来秩序的影响,以及通过个案处理形塑秩序。"因为行政是追求利益的作用,所以除了要具备合法性之外,还要具备合目的性。此点与司法不同,司法的唯一目的——如果司法也有目的可以追求外——即是最可能正确、迅速地为法的判断,因此与行政以法律作手段,适用法律只是要达成其目的之情形不同。"[39]

行政合目的性与司法审查范围之间具有相当密切的关联性。如在"手段—目的"关联框架中,目的对于手段的选择具有制约作用,但选择何种手段来达到目的则是一个裁量问题。早先,行政的合目的性是作为一个裁量问题不受司法审查的,但在现代行政法中,与合法性一样,行政合目的性也要受到司法审查。"行政机关认定的必要性和合目的性只不过是相对的,不允许实现本来目的所不必要的、对私人权利的过度侵害。进而,也不允许行政机关只追求行政目的,而不考虑当事人的私益。如此,行政机关所主张的必要性和合目的性实际上也受到法院的全面审查,与其他裁量同样适用裁量界限论。"[40]

行政若能以说明理由的方式,让行政相对人了解行政的目的,可以彰显行政行为的公正性,提升行政行为的可接受性。从这个意义上说,行政合目的性具有说服行政相对人接受不利行政结果的法律意义。但是,实务中行政机关在说明理由方面的表现总体上不尽如人意,从而影响了行政行为可接受性。如在梧州市国土资源局与化某申请强制执行行政处罚决定案中,法院认为:

申请人作出本案的行政处罚决定,认定事实清楚,适用法律正确,程序合法。对被申请人提出的其他违法占地建设同样也应拆除的意见,虽不属于本案的审查范围,但为避免相对人产生对行政主体是否存在选择性执法的合理怀疑,若行政主体能将其作出行政行为的合目的性的理由予以表明,则更能体现行政处罚的公正原则。[41]

(三)行政的多元性:执行兼及立法、司法

在西方传统的宪法理论框架中,一幅理想的法治图景是:人民的意志通过代议制机关预定的立法程序凝聚成为法律,行政是法律的忠实执行者,而司法则是法律争议的中立裁判者。但在现代社会中,西方这种宪法理论框架发生了重大现实危机:代议制机关和司法机关对处理原本属于自己职责范围内的许多事务感到力不从心,如对具有高度专业性的行政事务,代

---

[38] [德]哈特穆特·毛雷尔:《行政法学总论》,高家伟译,法律出版社2000年版,第17页。

[39] 翁岳生:《行政的概念与种类》,载翁岳生主编:《行政法》(上),台北,元照出版有限公司2020年版,第15~16页。

[40] [日]田村悦一:《自由裁量及其界限》,李哲范译,中国政法大学出版社2016年版,第212页。

[41] 参见广西壮族自治区梧州市万秀区人民法院行政裁定书[(2016)桂0403行审4号]。

议制机关难以及时制定行之有效的法律,司法也难以作出准确、合理的判断。于是,对这种行政事务的"处理权"——立法权或者司法权——逐步转向行政,或者是由行政机关制定具有普遍约束力的法规范,或者是由行政机关居中作出法裁决。到此,在内容上现代行政除了保留传统上的执行性行政(就个别事件作出处理决定)之外,又兼及立法和司法,即行政机关可以如同立法机关那样制定面向未来统一实施的法规范,如司法机关那样针对已经发生的争议,在当事人之间居中作出具有约束力的法裁决。

在我国《宪法》中,行政除了执行之外,同样也具有立法内容,[42]全国人大常委会还多次将部分立法权授予国务院,因此,行政机关有立法性行政权具有宪法依据。[43]《宪法》中没有司法的概念,而是用"审判""检察"来指代"司法"内容。如果我们不承认"检察"是一种行政权的话,那么《宪法》中的行政的确没有任何"审判""检察"的内容。但是,这并不影响全国人大及其常委会将某些类似的或者具有"审判"功能的权力授予行政机关。[44] 所以,行政机关拥有司法性行政权也是有法律依据的。这里需要关注的问题是,面对行政的多元性与行政执行性之间的紧张关系,我们需要通过相关法律制度的作用予以缓解,即立法性行政需要导入公众参与、民主表决等制度,使立法性行政——制定行政法规和行政规章——获得足够的民主性基础;司法性行政需要导入防止偏见、听取意见等制度,使司法性行政具有相对中立的地位,确保行政机关作出公正裁决。

(四)行政的形成性:整合社会秩序

社会由个人组合而成。所谓社会秩序,本质上是个人之间关系的总和。人与生俱来追求利益的利己本性,决定了社会秩序的不稳定是一种常态。行政作为一种国家权力的基本职责是整合社会秩序,使紊乱的社会秩序得以恢复正常。这里的"整合"不仅在于行政要修复失衡的社会秩序,更要有目的地去形成、塑造一种有利于国家与个人全面发展的社会秩序。除了依法行政之外,行政还需要关注公共政策的实现,因为单纯以法规范为导向的行政,可能会导致行政脱离社会需求,难以达成行政目的。公共政策具有面向未来的功能,可以引导行政因应社会的变迁,也可以有目的地推动社会的发展。在相当程度上,公共政策影响甚至决定了现代行政法的发展方向。

个人之间、个人与国家之间的利益冲突是社会秩序不稳定的根源,行政要采取各种合乎法律的手段来消解这些不稳定的根源。例如,相邻关系的一方违法建造房屋,另一方认为其相邻权受到侵害而指责一方违法建房,从而引起相邻权关系的冲突。行政机关对违法建造房屋的一方作出限期拆除决定,旨在使该相邻权关系恢复到原来稳定的状态。又如,企业违法向河道排放未经处理的不符合国家标准的污水,严重污染了城市饮用水的水源,行政机关作出责令限期治理决定,旨在保障城市饮用水的安全性,以免引发市民用水秩序的混乱。同时,行政还是一种面向未来形成社会秩序的国家活动,如行政机关在"春运"期间整顿客运秩序,维护交通安全,都是旨在形成一种良好的"春运"秩序,保障乘客的合法权益。无论如何,社会秩序的稳定总是行政最优先考虑的目标,所以,行政总是将实现社会秩序正常化当作它的首

---

[42] 参见《宪法》第89条第1项。

[43] 1983年全国人大常委会《关于授权国务院对职工退休退职办法进行部分修改和补充的决定》;1984年全国人大常委会《关于授权国务院改革工商税制发布有关税收条例草案试行的决定》(已失效);1985年《关于授权国务院在经济体制改革和对外开放方面可以制定暂行的规定或者条例的决定》。

[44] 《专利法》第62条规定:"取得实施强制许可的单位或者个人应当付给专利权人合理的使用费,或者依照中华人民共和国参加的有关国际条约的规定处理使用费问题。付给使用费的,其数额由双方协商;双方不能达成协议的,由国务院专利行政部门裁决。"

要任务。没有稳定的秩序,经济与社会发展也就没有基础。

在传统行政法上,行政的形成性主要是通过"命令—强制"方式来实现的。这种方式具有十分明显的压制性,因此,有时它并不能真正化解引起社会秩序混乱的根源。在现代行政法上,除了"命令—强制"方式外,行政的形成性又增加了一种行政机关与行政相对人之间"平等—协商"的方式,这种方式在今天显得越来越重要。同时,行政合法性原则对于行政的形成性依据也不再"斤斤计较",行政机关被授予了广泛的裁量权,获得了通过行政形成社会秩序的法空间,尤其在给付行政领域中,行政的裁量空间更大。在这里,"法律希望(如有可能)对司法中合乎法律的裁决作出明确的规定,却尽可能有意地给行政留出自由选择的余地,使行政在其中可进行合目的性的行为"[45]。在国家治理中,行政的形成性使它与司法分担了不同的角色。

(五)行政强制性的弱化:沟通协商

作为国家权力之一的行政具有强制性,[46]此为国家制度逻辑当然结论。20世纪90年代之后,因民主法治观念的不断扩散,个人在行政法上的主体性地位得到了国家的承认,个人不再是行政权可以任意支配的客体。1996年《行政处罚法》首次引入听证制度,为个人可以和国家行政机关平等对话提供了法律保障,行政机关也渐渐懂得了与个人商量办事的重要性和必要性。由此,"沟通协商"制度通过行政程序这一载体进入了行政过程,原有行政的强制性渐渐软化,去行政法律关系上"不对等性"成了传统行政法向现代行政法转型的一个重要标志。当然,去行政法律关系上"不对等性"并不否定行政行为的强制性,行政机关保护个人权利的任务主要是由行政行为强制性来完成的,只不过在现代行政法中,这种行政强制性正在渐渐软化。

在现代社会中,国家与个人之间的利益对立格局是客观存在的,也是不可避免的。但是,无论是国家还是个人都能够在不同程度上获得一种共识:利益的互相依赖决定了沟通、协商是实现各自利益最大化的最好选择。为此,国家与个人就必须都学会以沟通、协商的方式解决争议。在行政法上,"合作国家"的概念应运而生,在一定程度上可以看作对这种沟通、协商方式的回应。[47] 在"合作国家"的概念框架下,知识、信息与能力的大致相当,是国家与个人之间能够沟通、协商的前提。但也必须看到,由于行政专业化导致国家与个人之间在知识、信息与能力上的不对称性,双方之间的沟通、协商也经常会发生梗塞。如2009年在上海磁悬浮项目规划过程中,依照专业测评,22.5米的距离足以让磁悬浮的辐射对人体无害,但沿线居民仍然以"散步"方法表示反对。行政的专业性所带来的沟通、协商上的障碍,有时必须通过政府信息公开、第三部门参与或者独立的专家委员会的专业解释等方法加以化解。

(六)行政主动性的强化:生存照顾

干预是行政的传统本质,它旨在维持一个稳定的社会秩序,为社会存在与发展提供基础。在近代社会中,除了担当警察(秩序维护)职能外,行政干预主要是为私人在生产、生活中获得一个公平竞争的机会,至于个人在竞争中是胜或败,则与行政无关。这是一种与自由市场经

---

[45] [德]拉德布鲁赫:《法学导论》,米健、朱林译,中国大百科全书出版社1997年版,第130页。
[46] 在大陆法系行政法学上,有所谓的"高权行政",它与行政相对人之间构建了一个具有强制性的命令与服从关系。但是,"今日之高权行政,已不再重视行政单方设定人民权利义务之权威。公行政虽根据公法而行动,但抛弃威权之命令与强制时,亦属高权行政。惟学说称之为'单纯之高权行政',以与传统之'威权行政'相区别"。参见陈敏:《行政法总论》(第10版),台北,新学林出版有限公司2019年版,第16页。
[47] 张桐锐:《合作国家》,载翁岳生教授祝寿论文编辑委员会:《当代公法新论——翁岳生教授七秩诞辰祝寿论文集》(中),台北,元照出版有限公司2002年版,第549页以下。

济发展相适应的行政模式。但 20 世纪之后,西方国家的行政开始担当起对个人"生存照顾"的服务行政之职责。[48] 行政在保留干预之外,又发展出了有关福利给付的内容。"一旦行政部门受福利国家立法者的要求而承担进行计划和政治导控的任务,古典意义上的法规就不足以为行政部门的实践提供规划了。古典的干预性行政的特点是反应性的、两极性的和选择性的;在这种政府行政之外,出现了具有完全不同实践方式的计划性的、服务性的政府行政。现代的服务性行政设施、制订计划和预防风险,也就是说承担广义的政治导控任务。"20 世纪中叶以来,福利、环保、资讯与高科技等社会发展要素,使行政内涵也发生了重大变化,"生存照顾"构成了行政中与干预相对应的另一个核心内容。

中国行政中关于"生存照顾"有一个历史发展的过程。在计划经济年代中,国家在生存照顾方面主要惠及城市户口的居民。在社会主义国家"充分就业"政策下建立起来的"单位"福利制,行政包揽了所有"单位人"的生老病死。同时,行政也兼及农村"五保户"养老、"合作医疗"以及因公伤亡的农村居民及其家属的生活困难补助等事务,除此之外的其他农村居民的生老病死则不在当时行政的生存照顾范围之内。[49] 20 世纪 90 年代以来,因市场经济竞争出现了大量的"失败者"以及贫富差异导致社会中部分人基本生活发生危机,同时,风险社会也给个人带来许多不确定的伤害。这些事实都在客观上要求行政扩大生存照顾对象的范围,满足个人生存权的需要。1999 年国务院《城市居民最低生活保障条例》的公布实施回应了上述部分的需求,且以关注民生,推进公平、正义的《2007 年国务院政府工作报告》,则在中国的行政中新添了"社会保障"、"社会救助"与"促进就业"的内容,由此,我们迎来了福利国家时代。《宪法》第 45 条关于公民"物质帮助权"的规定获得了国家实质性的重视,并明确把它纳入了行政的内容。当下的社会保障、公共教育和公共医疗卫生等都是行政"生存照顾"的主要内容。

(七)行政的公益性:公共利益

行政向代议制机关负责,更要向选民负责,因此,由不确定的多数人利益凝聚的公共利益构成了行政目的的核心。"立法创制法律,司法和行政则以不同方式遵守法律。在法律限定的范围内,司法所实现的是争议中的法律,行政实现的则是公共利益。"[50]《元照英美法词典》中的"公共利益"(public interest)有两项内容:(1)应予认可和保护的公众普遍利益;(2)与作为整体的公众休戚相关的事项,尤其是证明政府管制正当性的利益。[51] 公共利益是一个不确定概念,抽象的、具有普适性的判断是否属于公共利益的标准或许并不存在。一般情况下,公共利益的内容应当在个案中予以界定,当然,立法机关也可以兜底条款的方法,列出若干例示性的规定。[52] 这种立法例在具有成文法传统的中国是有法律意义的。在特殊情况下,一定范围内非排他享受的不可分利益是一种基于中间利益所代表的公共利益。[53] 在我国,如物业小区道路、绿化等作为公共利益加以保护的情况,尚未引起各方足够的重视。

公务员因有共同利益而结成一个利益群体,当然,它没有具体的组织形式,也没有具体负

---

[48] 参见陈新民:《"服务行政"及"生存照顾"的原始概念——谈福斯多夫的"当作服务主体的行政"》,载陈新民:《公法学札记》(增订新版),法律出版社 2010 年版,第 39 页以下。
[49] 参见成海军:《计划经济时期中国社会福利制度的历史考察》,载《当代中国史研究》2008 年第 5 期。
[50] [德]拉德布鲁赫:《法学导论》,米健等译,中国大百科全书出版社 1997 年版,第 130 页。
[51] 参见薛波主编:《元照英美法词典》,法律出版社 2003 年版,第 1116 页。
[52] 参见《国有土地上房屋征收与补偿条例》第 8 条。
[53] 仲野武志:「行政法における公益・第三者の利益」高木光、宇贺克也编『行政法の争点』(有斐阁,2014 年)14 页参照。

责人。在行政过程中,这个利益群体可能会利用行政便利谋取利益,或者在实现公共利益过程中顺便搭上本群体的利益。如在公务员集中居住的生活小区附近,规划建设优质教育设施和便捷的市政公共交通站点等,甚至开通点对点的公共交通班车。这种谋利行为和行政公益性之间是有冲突的,它需要通过政府信息公开、公众参与等制度加以化解,否则将严重损害政府的公众形象,影响政府施政的权威性。

行政对公共利益的追求,并不意味着行政可以随意否定个人的正当利益需要,或者要求个人无条件地服从公共利益的需要,相反,行政在追求公共利益的同时,必须关注个人利益量的增长和质的提升,以回应"国家尊重和保障人权"这一宪法条款的要求。个人利益的范围是行政追求公共利益时不可逾越的边界。公共利益有时是全体个人的利益,有时是部分个人的利益,甚至还可以是特定个人的利益,如由警车引导运送危重病人的救护车为其提供快速通行道路,高考期间警察专程护送有特殊需要的考生。个人固然应当服从公共利益的需要,但个人利益服从公共利益需要受到损失,必须以国家的合理补偿为前提。这种"损失"与"补偿"构成一种"唇齿"关系,是在行政实现公共利益前提下对个人利益的合理保护。

(八)行政的多样性:应对复杂的现代社会

不同于刑法、民法,我们至今还不能制定一部统一的"行政法典",主要原因是行政的多样性难以用一部法律加以调整。在行政统管一个人从摇篮到坟墓全过程的现代社会中,行政已经渗透到了社会的每个角落,而不同的行政事务用单一的手段加以调整,有时难以取得良好的效果。同时,科学技术知识的"不确定性"给我们的生产、生活等带来了难以预测的风险,如药品、食品和核设施安全等,这就需要行政发展出多种方式以应对风险。所谓"风险",即未来发生某种对人、社会或者自然环境不安全事件的可能性或者盖然性。若风险成为客观事实再来补救,则社会不可避免地要为此付出代价。因此,行政需要采用多种手段进行预防,才能回应现代社会发展的需要。在全球化时代的当下,行政仅限于国内事务的时代已经一去不复返了。面对复杂的国际社会事务,行政还需要具有国际视野并能够迅速作出有效的决断,才能维护国家利益,保护本国公民在外国的正当权益。

行政的多样性要求国家依照行政事务类别设置相应的行政机关,以回应行政多样性的客观需求。这在客观上造成了人们对行政机关设置有"杂乱无章"的感观,初识行政机关体系的人,面对名目繁多的行政机关可能会不知所措,更不知道每个行政机关的职能。在没有相对完备的行政组织法体系的中国,即使是行政机关体制内的人,有时也不太能够正确地对林林总总的行政机关进行分门别类,弄清楚它们各自的职责。行政这种多样性带来认知上的困难,需要我们通过主观努力加以克服,比如制定体系完整、结构合理的"行政组织法",精简行政机构等。

行政的多样性并不能否定行政机关之间的整体性和一致性的要求。在"行政一体化"的原则下,各行政机关之间应当精诚合作,行政机关上下级之间监督与服从,同级行政机关之间协力与配合,所有的行政机关都必须在国家确定的一个总体目标下进行活动,才能应对复杂的现代社会,实现国家总体的行政任务。对于如中国这样的大国,在坚持行政整体性和一致性原则下,必须容许行政的多样性,才能适应地区差异性的需要。如过分强调行政整体性与一致性,有可能会导致行政僵直、机械,部分地方行政可能还会出现"死水微澜"的现象。

(九)行政的科技性:行政手段的科技化

20世纪以来,随着现代科学技术的发展,行政手段的科技化也应运而生。科技发展给人类社会带来巨大财富与人文进步,同时也带来了许多负面效果;这些负面效果有的甚至影响到了人类社会的正常发展。因此,科技的安全性和伦理性日益受到人们的关切,前者如高速铁路、民航客运、移动手机和互联网等,后者如"克隆人"、"安乐死"、"机器人"以及人体器官的移植等。行政需要采用与科技发展相适应的手段,解决科技的安全性和伦理性所带来的各种问题,保护人类免受科技发展所带来的伤害。

在"信息就是力量"的现代社会中,互联网技术的发达和政府信息公开使个人可以便捷地获得其所需要的信息,从而决定自己行动的内容与方式。电子政务、大数据等是行政手段科技化的基本趋势之一,国家相关的立法也随之而出,如《电子签名法》《电子商务法》《电子认证服务管理办法》等,《行政许可法》也有"电子政务"的相关规定。[54] 因此,行政机关只有改变行政手段的式样,提高行政手段的科技化含量,才能适应个人与社会的发展需要。如在北京希优照明设备有限公司不服上海市商务委员会行政决定案中,法院认为:

> 该案系电子政务引发的新类型案件,原、被告双方对被诉具体行政行为是否符合法定程序的争议,实质上是基于对传统与现代政府行政方式的不同认识。当今社会信息技术高速发展,电子政务的出现是信息技术影响政府行政方式的结果。电子政务,可以理解为现代政府行政的新方式,这种通过应用信息技术的方式有利于改善公共服务,增强公共参与、政务公开和民主程度,促进政府办公自动化、电子化、网络化和信息资源的全面共享,有利于提高公共管理效率、公共决策科学性。电子政务有别于传统行政方式的最大特点在于行政方式的无纸化、信息传递的网络化、行政法律关系的虚拟化等。[55]

行政手段的科技化提升,扩展了行政处理事务的能力,在个人合法权益受到更好保护的同时,个人信息也面临受侵害的危险。如行政机关通过公共监控装置收集海量的信息,为行政机关查处违法犯罪提供了便利,但保护个人隐私问题也不可以忽视,对此,《个人信息保护法》对国家机关处理个人信息活动作出了进一步的规范。

(十) 行政的私法化

所谓行政私法化,即私法向行政领域渗透的一种现象。在传统行政法的视野中,公法和私法有着各自的历史使命,从目的、内容到方法都有自己独立的法体系。行政机关履行职责时,其合法性依据限于公法。但是,在现代国家中,单一的公法不能适应经济与社会发展的需要,尤其是在经济领域中,私人的经营活动并不能完全满足社会需要。"国家通过采用私法的法律形式直接作为经济活动的主体,或者通过由国家控制的公司经营工商业,从而扩大了国家对于经济生活的干预。这样,私法就不再需要依靠传统的行政机关作为中介,而是通过国营工商业的代表或者由国家控制的公司直接渗入公共活动之中。这种趋势被一些行政法学家总结为公法的'私法化'。"[56]

在公法的私法化过程中,私法原则和精神不断为现代行政法所吸收的现象是十分明显的:(1)作为私法核心原则和精神的平等、自愿、协商、诚信等原则,被行政法所吸收之后形成了诚实信用、信赖保护等原则,在行政法中具有不可或缺的地位;[57](2)吸收私法的合同原理,创设行政协议制度。行政机关通过行政协议代替某些行政行为,可以减少行政成本,降低行政相对人的对抗性,更好地实现行政任务。

行政的私法化并不意味着用私法代替公法,而是在局部的行政领域中,私法作为公法调

---

[54] 《行政许可法》第33条规定:"行政机关应当建立和完善有关制度,推行电子政务,在行政机关的网站上公布行政许可事项,方便申请人采取数据电文等方式提出行政许可申请;应当与其他行政机关共享有关行政许可信息,提高办事效率。"

[55] 参见《最高人民法院公报》2011年第7期。

[56] [美]约翰·亨利·梅利曼:《大陆法系》(第2版),顾培东、禄正平译,法律出版社2004年版,第100页。

[57] 参见2004年国务院公布的《全面推进依法行政实施纲要》将"诚实守信"列为依法行政六个基本原则之一。

整手段的一种补充。这样的判断或许更加符合这种行政现象的本质。也就是说,借助私法来完成行政任务是有条件的,不可以在行政领域中随意采用。"采用私法完成公共任务适用的范围在公共行政发挥其对社会经济发展调控功能的领域,具体地说主要集中在以下领域:(1)经济扶植;(2)社会保障;(3)公共服务;(4)文教科技;(5)发展合作领域。"[58] 上述领域中的行政任务,若行政机关采用"命令—服从"的传统行政法调控方式,可以形成正常的社会秩序,但未必能够较好地完成行政任务,更何况有些行政任务并不适合用"命令—服从"方式来完成。如在文教领域中,国家应当向欠发达地区提供符合义务教育要求的师资,满足适龄儿童实现受义务教育的基本权利。与通过强制分配师资方式相比,采用与个人签订行政协议方式或许更能确保行政机关完成这一行政任务。

四、行政的分类

基于不同的分类目的、标准,行政可以作很多分类,如为了界定行政的概念,依照主体等标准作了实质行政与形式行政、外部行政与内部行政之分。在这里,基于对行政相对人合法权益的影响,将行政分为干预行政、给付行政和混合行政,分述如下。

(一)干预行政

干预行政是行政机关以限制、剥夺行政相对人合法权益的方式来达到维护社会秩序,实现行政任务目的的一种行政行为。干预行政通常发生在三种情形之下:(1)对可能发生的危险或者风险实施预防、控制,如颁发许可证、约束人身自由等;(2)对正在发生的违法行为予以制止,如责令停止建设、责令停止排污等;(3)对已经发生的违法行为作出的处置,如警告、罚款和责令改正等。

干预行政是传统行政法上的一个核心概念。它在德国行政法学上被称为"管制行政",[59] 在日本行政法学上被称为"规制行政",[60] 在中国台湾地区,把具有强烈的命令、禁止、干涉、取缔及强制色彩的行政手段,称为干预行政。干预行政的功能在于排除危害,消除混乱以实现维护正常社会秩序的目的。"不利行政"并不完全等同于干预行政,因为在与之相对应的"有利行政"中,有时也有干预行政的内容,如强制治疗、强制戒毒等。因干预行政的目的在于维护社会秩序,故也可以称为"秩序行政"。[61] 由于干预行政对行政相对人合法权益具有限制、剥夺的法效果,因此,它必须严格遵循依法行政原理以及其所支配的基本原则。

对于个人来说,干预行政的最大影响是他的合法权益受到限制或者剥夺,因此,它需要有明确的法依据,否则行政机关不得实施。对干预行政作这样的限制,其法效果是保护了个人的自由。如在2003年传染性非典型肺炎蔓延期间,一些地方政府对居民小区采取隔离和暂停文化娱乐场所经营活动等措施,在学界就发生过有关其合法性的争议。[62] 2019年至2022年新冠疫情期间,有关防疫措施的合法性争议也并不少见。为了确保防疫措施的合法性,一些省级地方人大常委会授权本级政府采取临时性应急管理措施,制定政府规章或者发布决定、命令、通告等,以满足防疫的需要。如上海市人民代表大会常务委员会《关于全力做好当前新型冠

---

[58] 王维达主编:《以私法完成公共任务》,百家出版社2003年版,第13页。

[59] 参见 Eberhard Schmidt-Aβmann:《行政法总论作为秩序理念——行政法体系建构的基础与任务》,林明锵等译,台北,元照出版有限公司2009年版,第182页。

[60] 参见[日]盐野宏:《行政法总论》,杨建顺译,北京大学出版社2008年版,第6页。

[61] 参见[德]汉斯·J.沃尔夫、[德]奥托·巴霍夫、[德]罗尔夫·施托贝尔:《行政法》(第1卷),高家伟译,商务印书馆2002年版,第30~31页。

[62] 参见朱芒:《功能视角中的行政法》,北京大学出版社2004年版,第188页以下。

状病毒感染肺炎疫情防控工作的决定》第 4 条规定:"市人民政府可以在不与宪法、法律、行政法规相抵触,不与本市地方性法规基本原则相违背的前提下,在医疗卫生、防疫管理、隔离观察、道口管理、交通运输、社区管理、市场管理、场所管理、生产经营、劳动保障、市容环境等方面,就采取临时性应急管理措施,制定政府规章或者发布决定、命令、通告等,并报市人大常委会备案。"在法治行政理念下,对于个人做出的即使一般人可能都不能理解的言行,只要没有越出法律边界和公序良俗范围,国家仍然没有理由对其进行干预。如北京市石景山区金顶街二中教师王某隆向公安机关申请改名为"奥古辜耶",公安机关根据公安部治安管理局《关于执行户口登记条例的初步意见》第 9 条的规定,不同意他改名,于是他向法院提起行政诉讼。在诉讼过程中,被告认识到自己拒绝原告申请改名于法无据,便同意其改名的申请。[63] 但是,同样涉及姓名权的问题,在"北雁云依"诉济南市公安局历下区分局燕山派出所公安行政登记案中,因有全国人大常委会对《民法通则》(已失效)第 99 条第 1 款和《婚姻法》(已失效)第 22 条作出的法律解释,法院支持了被告拒绝原告用"北雁云依"提出的户口登记申请。法院认为:

> 原告"北雁云依"的父母自创"北雁"为姓氏、选取"北雁云依"为姓名给女儿办理户口登记的理由是"我女儿姓名'北雁云依'四字,取自四首著名的中国古典诗词,寓意父母对女儿的美好祝愿"。此理由仅凭个人喜好愿望并创设姓氏,具有明显的随意性,不符合立法解释第 2 款第(3)项所规定的正当理由,不应给予支持。[64]

当干预行政可能难以实现行政目的时,"转换"行政方式可能是一种比较好的策略性的选择。如在国家废除机动车报废年限规定之后,为了保证车辆的安全性能,通过缩短年检年限的方式,提高车辆使用成本,促使车辆所有人及时更新车辆,旨在达到原有规定报废年限的目的。这种行政方式的"转换",在相当程度上也减少了个人与国家之间的对抗情绪。中国自 20 世纪 80 年代以来的行政审批制度改革,试图放松政府对个人与社会的高度监管,以期释放个人创造社会财富的动力。需要叙明的是,这里的"放松监管"所面向的是原有计划经济体制遗留下的压制,与西方国家的自 20 世纪中叶以来"规制缓和"改革的价值取向并不相同,后者是政府对自由市场经济过度干预而引发的一种反思与改革。

(二)给付行政

给付行政是行政机关以给予行政相对人利益的方式来实现行政任务的一种行政行为。如果说干预行政是传统行政法体系的基点,那么给付行政则是现代行政法体系中与干预行政并列的另一个基点。在现代行政法中,给付行政的发展与发达,使传统行政法某些原理可能需要修正或者重写,现代行政法的重心不再以干预行政为基点展开法体系,也不再围绕干预行政设立法制度。因给付行政在行政中的比重不断增加,基于干预行政设计的法制度需要修正,针对给付行政的特性新设相关的法制度,从而形成一个"双轮驱动"的现代行政法体系。

第二次世界大战之后,照顾个人生存,提携个人发展成为西方国家的基本职责之一,给付行政由此也获得了发展的空间。因为涉及国家财政的支出,给付行政的关注点主要是给付的公平性。在社会行政法相对成熟的德国,据日本学者分析,在现代行政法上,公物法、社会法(社会保障、社会救助、社会福利)、资助法(补贴)共同构成了给付行政的"三驾马车"。给付行政被分为设施行政、社会行政和资助行政。[65]

在中国,给付行政一般可以分为三个面向:(1)针对特定人的经济资助。特定人因经济等

---

[63] 参见北京市石景山区人民法院行政判决书[(2002)石行初字第 15 号]。
[64] 最高人民法院指导案例 89 号。
[65] 参见[日]大桥洋一:《行政法学的结构性变革》,吕艳滨译,中国人民大学出版社 2008 年版,第 192 页。

原因发生了生存或者发展的困难时,国家就负有给付义务,以缓解其困难,如给大学毕业生发放"创业基金",解决其创业初期资金不足的困难;对符合法定条件的个人发放最低生活保障费、提供社会养老保险,解决其基本生活的困难;对残疾人参加职业技能培训按规定给予学费补贴,解决其提升自己生活、生产技能的困难。[66] 这类给付有时附带某些法定条件,个人若不具备法定条件,就不能获得经济资助。在这类给付中,由于受资助者属于弱势群体,处于社会边缘,在人格上多具有脆弱、逃避、偏执等特征,对其实施给付行政时,要以其提出申请为前提,一般不宜主动给付,要充分尊重他们的人格,对其隐私必须严格保护。(2)针对特定人的财政补贴。政府基于一定时期社会政策和产业政策的需要,给特定企业或者个人提供财政补贴,提升其市场竞争力,以实现一定的政治、经济目的,如亏损补贴、价格补贴等。财政补贴是政府调节经济的一种手段,具有调节供求关系、稳定市场物价和扩大出口等功效。财政补贴一直以来游离于行政法调整范围之外,将其纳入给付行政范围加以研究,实益显著。财政补贴影响生产经营成本,不利于市场公平竞争,因此,它应当要有法律、行政法规的依据。(3)针对不特定公众的给付。基于改善和提升公众物质和精神生活,行政机关负有举办公共图书馆、博物馆等公共设施和供水、电等基本生活设施的给付义务,它们具有"普遍而稳定提供"特性。与(1)有所不同的是,有的给付需要受益人支付价格,有的可以通过私法方式给付,后者通常表现为"民营化"。对此,西方国家的一条经验教训不可不提:"把公行政任务以私法方式来达成会立即遭到一个危险:经济的原则(营利目的)会优先于行政任务之考虑。"[67] 此种危险,我们不可不察。"民营化"作为一种给付方式并非不可,需要指明的是,"民营化"不是政府放弃给付义务的理由,相反,政府必须履行对"民营化"的指导、监督,并对"民营化"承担托底给付的责任。与干预行政不同的是,给付行政中针对特定人的经济资助,行政相对人一般具有给付请求权,故当行政机关不履行给付义务时可以提起给付之诉,请求法院判令行政机关履行给付义务或者宣告行政机关有给付作为的义务。如在郭某欣诉山东省巨野县人民政府等房屋征收补偿决定案中,最高人民法院认为:

> 义务之诉却不像撤销之诉那样源于经典的干预行政,而是产生于给付行政。义务之诉的原告,总是希望通过他的请求获得授益,总是希望通过判决达到一种较之于初始状态更佳的境况。义务之诉中也可能有一个撤销行政决定的请求,但撤销行政决定本身不是目的,也不是必须,原告的终极目的是要求法院判决行政机关履行他所期待的某项义务。正因如此,法院在义务之诉中并非只是对行政机关已经作出的决定进行合法性审查并一撤了之,而要进一步对行政机关的义务进行裁判。只要原告对所申请的行政行为有请求权,法院就应当直接宣布行政机关的义务。[68]

(三)混合行政

干预行政和给付行政并不是两个完全分离的场域,有些行政同时具有干预和给付的效果,无法完全归于干预行政或者给付行政,这类行政可以被称为混合行政,如规划行政。规划行政是行政机关基于行政任务而面向未来作出预先安排的一种行政行为。规划行政的核心是行政机关在法律框架内,为了完成行政任务而作出的政策性判断,其具有强烈的合目的性导向。规划行政所指的对象具有较大的时空跨越性[69] 范围不确定性,所以,规划行政有立

---

[66] 参见吴某敏诉北京市朝阳区残疾人联合会要求报销培训学费案,载最高人民法院行政审判庭编:《中国行政审判案例》(第2卷)第41号案例,中国法制出版社2011年版,第5页以下。
[67] 陈新民:《公法学札记》(增订新版),法律出版社2010年版,第53页。
[68] 参见最高人民法院行政裁定书[(2016)最高法行申2621号]。
[69] 《城乡规划法》第17条第3款规定:"城市总体规划、镇总体规划的规划期限一般为二十年。城市总体规划还应当对城市更长远的发展作出预测性安排。"

法的某些特征。在社会发展充满不确定性和自然资源匮缺性的现代社会中,规划行政的重要性正日益突出。规划行政中如城市规划、土地利用规划等具有一种法拘束效果,但这种法拘束效果对于特定人来说并不是当即发生的,因此难说它是一种行政决定。

与土地等不动产有关的规划是规划行政中最为重要的类别。它与个人利益关系密切,有时涉及财产权、生存权的保障问题。[70] 如将集体所有土地规划为建设用地的土地利用规划,对有该土地使用权的农民正常的生产、生活将产生重大影响。因为规划行政形成过程中所涉利益状况复杂,所以引入公众参与机制、[71] 政策说明机制、异议处理机制、公开答疑机制等十分必要。比如,旧城改造规划可能涉及原住户向近郊区搬迁的问题,如果政府不能及时建成相关的公共交通、商业服务、医疗教育等配套设施,那么搬迁对他们的日常生活、子女上学和医疗服务等影响是不言而喻的,行政机关必须理性对待他们正当的诉求。行政机关在规划行政中需要平衡各方利益,通过这种方法将可能发生的利益冲突尽可能消解在规划行政过程中,确保规划行政的平稳实施。

第二节 行 政 权

一、行政权与社会秩序

(一)社会秩序的重要性

社会秩序是人们在各种社会规范约束下的社会实践产物。社会是由人构成的,人的本性决定了人与人之间的冲突不可避免。[72] 因此,无论何种性质、处于何种阶段的社会都需要有一种正常的秩序,保证社会不发生崩溃,维系人类生活、生产的可持续性。维护社会秩序"意味着按照一定的规范和准则,对社会系统进行有准备的控制,使社会按其特定的秩序轨道正常运行"。[73] 将社会秩序形成的核心动力定位于国家(权力)单向活动而不是与个人(权利)之间良性互动,是非法治国家治理政策与方法的基本思路,由此形成的国家集权体制、削弱个人力量机制(如禁止结社)以及阻隔信息的自由流通等都是这一基本思路的制度逻辑产物。现代社会利益多元化导致的冲突现象日趋增多,尤其是社会财富分配不公导致社会财富流向单极化,贫富差距拉大,已经成为不少国家社会秩序不稳定的首要因素。因此,对社会秩序的控制是现代国家的一项基本任务。

中国经济的高速发展为社会创造了巨大的财富,人们生活水准总体上有了大幅度提升,但利益冲突与财富增长呈正比关系,社会正常秩序也因此受到了重创。比如,城市国有土地上房屋征收和农村集体土地征收过程中产生出来的"破坏力",一直是社会秩序不稳定的主要

---

[70] 2008年日本最高法院在一个行政案件中认定"土地区划整理事业计划"是行政处分,属于抗告诉讼的对象。这一判例的基本理由是,"土地区划整理事业计划"的决定已经给区域内宅地所有者等私人的法律地位带来变动,如果不让这些私人在此时间点进行争议,那么这些私人很可能因为"事情判决"而丧失获得实效性权利救济的机会。参见王天华:《行政诉讼的构造:日本行政诉讼法研究》,法律出版社2012年版,第48~49页。

[71] 《城乡规划法》第26条第1款规定:"城乡规划报送审批前,组织编制机关应当依法将城乡规划草案予以公告,并采取论证会、听证会或者其他方式征求专家和公众的意见。公告的时间不得少于三十日。"

[72] "礼起于何也? 曰:人生而有欲,欲而不得,则不能无求;求而无度量分界,则不能不争;争则乱,乱则穷。先王恶其乱也,故制礼义以分之,以养人之欲,给人之求,使欲必不穷于物,物必不屈于欲,两者相持而长,是礼之所起也。"参见方勇、李波译注:《荀子》,中华书局2011年版,第300页。

[73] 参见邢建国、汪青松、吴鹏森:《秩序论》,人民出版社1993年版,第17页。

"震源"。多年以来"维稳"作为地方各级政府的要务之一,其目的在于使社会秩序回归稳定。社会秩序动荡不安,经济、政治与文化的全面发展就失去了前提,人的幸福生活与人的尊严也就无从保障。这个教训对于中国来说相当深刻,必须切记毋忘。

(二)作为控制社会秩序的行政权

权力本质上是一种支配力,其基础是暴力、财富或者身份。权力——无论是国家权力还是社会权力——是社会秩序正常化的力量。但权力有时可能变异为社会秩序混乱之源,为此,我们需要通过法律来规范权力,驱使其服务于社会秩序的正常化目的。正是从这个意义上说,庞德的"通过法律的社会控制"命题是成立的。"在近代世界,法律成了社会控制的主要手段,在当前的社会中,我们主要依靠的是政治组织的社会强力。我们力图通过有秩序地和系统地适用强力,来调整关系和安排行为。"[74]

在现代国家中,行政权是国家权力的中心,社会控制的基本力量必然是行政权。行政权是行政法的"知识核心",它构成了行政法体系的内核。在中国宪法框架中,国家最高立法机关制定的法律为行政权控制社会秩序提供了基本的合法性依据,但行政机关行使行政权的大部分依据都是行政机关自己创设的,如行政法规、行政规章与行政规定。法院恪守"不告不理"的原则,通过裁判来恢复失态的社会秩序。行政机关每天都在积极地面对着失态的社会秩序,通过法律赋予的行政权将争议加以消解,将失态的社会秩序控制在人们可以容忍的限度之内;没有行政权日常的作用,社会就难以形成一个良好的秩序。中国正处于社会转型期,社会秩序的失态现象比较严重,它需要强有力的行政权在法律框架内有效地发挥作用,我们不可轻易削减、克扣行政权,使行政机关面对失态的社会秩序有心无力。所以,作为西方国家治理模式的"大社会、小政府",未必完全适合处于转型期的当下中国。也就是说,处于转型过程中的当下中国,或许更需要有一个强有力的政府来有效率且有限制地行使行政权,才能有效地控制社会秩序。

(三)回应民主的行政权

在行政权处于国家中心的宪法框架中,行政民主性涉及行政有无合法性基础的问题。行政机关的行政权源于人民的授予,行政权的行使只有回应人民的意愿,它的合法性才能获得认可。在人民代表大会制度中,人民代表的选票决定政府的去留,这是行政民主性的核心。关于这个部分的制度性保障,《宪法》和相关法律都已经作了明确的规定,这里不再赘述。21世纪以来日益高涨的"决策民主化"诉求,转换为作为一种行政体制改革的口号被提了出来,有关重大行政决策程序的法规和规章也渐次实施,但具体落实的机制仍有待于改进,相关的法规、规章的实施效果也并不那么显著。

选举作为一种体现民主的机制,它的功能正在日渐式微。在既定的宪法框架中,选民或者人民代表的选票投向自由度受到了一些不当的限定,如没有公开的竞选机制,再加上人情世故等原因,他们的选票是可能被某些利益集团所"俘获"的,也可能基于其他考虑而放弃投票。现代行政法上行政程序的发达,可以为行政权获得更为广泛的民主基础提供制度性保障。就此而言,中国制定统一的行政程序法典十分必要。

二、不确定的行政权

(一)开放的行政权

社会变迁导致国家权力的内容与格局发生流变,这种流变在行政权领域最为明显。这与

---

[74] [美]罗斯科·庞德:《通过法律的社会控制》,沈宗灵译,商务印书馆1984年版,第10页。

行政国家的成形与发展之间有着十分密切的关系。应当说,立法权和司法权的内涵是相对稳定的,前者为行政权、司法权提供合法性依据,后者在个案中行使判断权,定分止争。由立法权衍生出来的监督权和司法权衍生出来的司法解释权,相对于行政权从立法权、司法权中"获取"的立法性行政权、司法性行政权,它们的影响力是不可同日而语的。开放性是现代行政法上行政权的特征之一。

行政权的发展总是呈现一种开放的趋势,这种开放主要面向立法权、司法权。行政事务繁杂多变,行政权始终保持一种开放的姿态,以适应经济和社会发展的需要。凡有助于完成行政任务的方法、工具,行政权就会把它们同化、融合为自己的一部分。在宪法框架中的军事权、检察权和监察权虽然不是行政权,但它们具有行政权的血统与性格,未来也可能是行政权吸收的对象。如果广义上的行政权概念可以成立的话,那么将军事权、检察权和监察权置于其中,也是一种妥当之策。

开放的行政权应该吸纳社会行政权。在中国计划经济管制年代中,国家权力"一统天下",无处不在,没有给"社会"的生存和发展留出空间。改革开放之后,为了适应市场经济发展的需要,国家开始逐步将一些事务下放给社会组织进行管理,如从司法行政中分离出来的律师协会等。这种社会组织在法定范围内行使权力,决定着相关个人的权利和义务。正如有学者所言,"从国家任务清单中剔除的公共性较强的事务,由非政府组织等社会主体承接后实行自我管理,形成社会治理整体上的二元结构:国家行政管理和社会自我管理。存在于社会自我管理领域的公行政权,与国家行政权相对应,一般称为社会行政权。享有社会行政权的非政府组织等社会主体从事公共事务的根据是该组织的自治规约"[75]。与国家行政权一样,社会行政权同样要受到行政法的规范。[76]

(二)扩张的行政权

不断扩张自己的"势力范围"是行政权的天然性格。在"政治国家与市民社会"这一政治学理论分析框架中,国家权力受到市民社会自治的限制——只有在市民不能自治的领域中,国家权力才有合法存在的空间。这是西方国家发展过程中形成的一个经典理论,具有很强的解释力。中国没有这个理论框架所依赖的实证事实,但并不能得出行政权可以无限扩张的结论。因为,个人自由度与社会发展程度之间的正比关系,已经在中国改革开放中获得了有效验证。无限扩张的行政权会挤压个人活动的自由,窒息社会发展的动力,因此,扩张的行政权必须加以适度的限制,有所为有所不为。

中国没有市民社会的自治传统。帝制时代,我们没有西欧中世纪的城市自治、商人造反、和教会抗衡的社会格局。民国时期,因外强入侵我们喊出的"救亡图存"口号,为行政权扩张提供了正当性。后来社会主义计划经济体制下的人民公社制度,打通了行政权通往每个家庭的管道,因没有法律制度的保障,个人无法抵挡行政权的长驱直入,行政权决定了每个人的一切。这种传统所形成的惯性至今仍然在局部行政领域中发生作用。2003年国家颁布《行政许可法》,试图在遏制行政权的扩张方面有所作为,但实际效果并不乐观。在缺乏自治传统的中国,在预设的一个理想图景引领下,我们用自治方式来收复行政权的疆域是否切实可行,并非已有不可争辩的结论。当然,扩张的行政权并没有受到现代行政法原理的支持,从中国实际情况看,现代行政法总的势态是应当确保行政权有效率且有限制地控制社会秩序,这或许

---

[75] 江必新、邵长茂:《社会治理新模式与行政法的第三形态》,载《法学研究》2010年第6期。
[76] 参见张某秀诉温州市律师协会案,浙江省温州市中级人民法院行政判决书[(2015)浙温行终字第476号];杨某诉广州市律师协会案,广东省广州市铁路运输中级人民法院行政判决书[(2016)粤71行终字第35号]。

与中国正处于社会发展转型期有关。

(三)裁量的行政权

行政权与裁量形影相随,无裁量,即无行政。随着现代社会日趋复杂多变,立法机关赋予行政裁量权的范围越来越大,无裁量的行政权越来越少。然而,裁量引起人们的关注则是司法获得对行政行为合法性审查权开始的。

裁量的行政权服务于"个案正义"。裁量意味着行政机关在特定的场景中如何行政有了多种选择,但这种选择如同戴着脚镣跳舞,不可越出法定边界。当然,没有裁量的行政权也是有的,如驾驶员造成交通事故后逃逸,由公安机关交通管理部门吊销机动车驾驶证,且终生不得重新取得机动车驾驶证。[77] 但是,这样不具有裁量的行政处罚权在《道路交通安全法》中也是极少的。在绝大多数情况下,法律总是要为行政机关行使行政权留下一些根据个案的特殊情况有权作出选择性决定的空间,非机动车驾驶人拒绝接受罚款处罚的,公安机关交通管理部门可以扣留其非机动车。[78] 在这里,"可以"意味着是否作出扣留决定,由公安机关交通管理部门视个案具体情况而定。除此之外,裁量的行政权还具有另外两种价值:(1)调和立法万能主义与公务员万能主义;(2)输入行政政策,促进制度的正义。[79]

裁量的行政权容易被滥用,所以,控制裁量的行政权正当行使成为现代行政法上的难题之一。提升公务员的素养作为防止滥用裁量的行政权的对策,一直受到法律的肯定和推行,但实际效果并不理想。控制裁量的行政权不被滥用更为可靠的方法还是规则与制度。现代行政法上的裁量基准、行政听证、说明理由、平等对待等都是这种规则与制度的具体内容,它们在现代行政法上占有重要的地位。

(四)数字化的行政权

人类社会从农耕时代、工业时代迈入了数字化时代。数字化时代中,在物理空间之外,互联网以数据、算法和平台等要素为我们构造了一个电子空间,从而形成了一个虚实同构的双层空间。在这个双层空间中,我们每一个人都能感受到数字化引发了社会各个领域从物质到精神的深刻变化,而正是这种变化在相当程度上改变了我们每一个人生活的方式。数字化生存成了一种常态,相应地,数字化也引发了行政权的嬗变,进而波及围绕治理手段的一切制度体系。数字化的行政权应运而生。

数字化的行政权行使,我们必须认真对待如下几个问题:(1)数字化的行政权行使需要匹配新的思维方式。在民众普遍对数字化技术与知识缺少基本理解的情况下,数字化的行政权行使一方面应当确立"源头治理"思维,即充分利用大数据的优势,回溯产生问题的源头,强化风险预防;另一方面要有"动态稳定"的思维,即稳定并不是让社会变得死水一滩,而是如流水那样只要控制其不横溢,就达到了治理目标。(2)数字化的行政权行使需要受制于法治框架。在数字化时代,信息技术提升了行政权的治理能力,也为公众参与政府治理的途径、方式提供了更多的选项。但是,随着自动化行政的扩展,公众参与的空间可能会被收缩,原有的途径、方式可能会失效,甚至公众主体性沦落最终可能成为数字化行政权可以(在信息不对称的情况下)随意支配的客体。因此,强化公众参与数字化的行政权行使作为一项法治原则必须坚持,不得改变、废弃,公众参与数字化的行政权行使的有效性更不能轻视。(3)数字化的行政权行使需要坚守以人为中心的法治价值。数字化的行政权行使充满技术主义,个人一旦成为

---

[77] 参见《道路交通安全法》第101条第2款。

[78] 参见《道路交通安全法》第89条。

[79] 参见王贵松:《行政裁量的构造与审查》,中国人民大学出版社2016年版,第20~21页。

技术(数字与机器)支配的客体,个人的尊严就因此丧失。个人信息保护在数字化时代之所以如此重要,正是为了对抗数字技术主义对人的尊严可能带来的的损害。数字化的行政权行使往往呈简单、高效之特点,但它往往欠缺个案正义的考量。因此,数字化的行政权并非一种完美治理手段,它不仅有个人隐私被泄露的缺陷,而且算法也存在不透明的风险。无论如何,数字化的行政权行使的有效性、便利性和可视性都必须接受合法性的拷问,这是法治国家的题中应有之义。

三、行政权的类型

(一)执行性行政权

执行性行政权,即行政机关执行立法机关制定法律的权力。国务院和地方各级人民政府由本级人民代表大会产生,是其执行机关,对其负责,受其监督。在这一宪法框架中,行政权是执行人民代表大会意志的国家权力,即执行性行政权。在传统行政法上,行政权的全部内容集中于它的执行性。

执行性行政权是行政机关的基本权力,它的基本功能是实现人民代表大会的意志。它主要体现在两个方面:(1)行政机关在行政法律关系中作为一方当事人,依法处理与行政相对人有关的个别性行政事务,明确行政相对人具体的权利和义务。在传统行政法上,执行性行政权的行为方式主要有行政处罚、行政强制、行政许可等,在现代行政法上又增加了行政协议、行政指导等新类型行为。(2)行政机关基于维护公共利益的需要行使执行性行政权。行政权的公共性决定了执行性行政权必须履行保护、实现公共利益的职责。如市场监管机关检查食品市场,打击假冒伪劣食品;公安机关节假日临检酒驾,确保交通运输安全;生态环保机关布置执法大检查,确保城市空气质量符合国家标准等。

(二)立法性行政权

立法性行政权,即行政机关依法创制具有普遍约束力的法规范的权力。传统的宪法理论认为,立法是创制涉及公民权利和义务法规范的一种国家权力,基于"人民主权"的原理,它必须以全体公民同意为前提。[80] 因此,它只承认行政机关执行人民代表大会制定法律的权力;若它又拥有了制定法规范的权力,则会被视为是对个人自由和权利的最大威胁。所以,由人民选择自己的代表组成的人民代表大会行使立法权,是立宪主义的核心内容。行政机关没有民意基础,它不能创制涉及公民权利和义务的法规范,这是从传统宪法理论中可以推断出来的一个当然结论。[81]

但是,基于现代社会的重大变迁,现代宪法理论已经修正了上述理论,承认行政机关在法定条件下具有立法性行政权。[82] 它的理由大致是:(1)行政事务复杂、多变,使得立法机关的立法"供不应求",影响了行政机关维护社会秩序的合法性、有效性;(2)中央政府施政所需要的统一性与地方差异性所需要的灵活性之间具有紧张关系,所以,必须下放给地方政府部分立法权,才能缓解这种紧张关系;(3)行政事务常识性与专业技术性之间的紧张关系,使得人民代表大会不能制定出解决行政专业性问题的法规范。这些法规范的制定权应当赋予行政

---

[80]《宪法》第2条第1款规定:"中华人民共和国的一切权力属于人民。"

[81]《宪法》(1954)第49条第1项规定,国务院"根据宪法、法律和法令,规定行政措施,发布决议和命令,并且审查这些决议和命令的实施情况"。根据这一规定,国务院没有立法性行政权。

[82]《宪法》第89条第1项规定,国务院有权"根据宪法和法律,规定行政措施,制定行政法规,发布决定和命令"。第90条第2款规定,国务院"各部、各委员会根据法律和国务院的行政法规、决定、命令,在本部门的权限内,发布命令、指示和规章"。

机关。

立法性行政权分为制定行政法规权和制定行政规章权。制定行政规定权是否属于立法性行政权,没有成文法上的依据加以明确。但在实务中,行政规定有事实上的法规范效力,获得法院的认可。如在北京国玉大酒店有限公司(以下简称国玉酒店公司)诉北京市朝阳区劳动和社会保障局工伤认定行政纠纷案中,原劳动和社会保障部的《关于实施〈工伤保险条例〉若干问题的意见》(劳社部函〔2004〕256号)被法院作为裁判的理由依据。法院认为:

劳动和社会保障部《关于实施〈工伤保险条例〉若干问题的意见》(劳社部函〔2004〕256号)第1条规定:"职工在两个或两个以上用人单位同时就业的,各用人单位应当分别为职工缴纳工伤保险费。职工发生工伤,由职工受到伤害时其工作的单位依法承担工伤保险责任。"根据该规定,下岗、待岗职工又到其他单位工作的,该单位也应当为该职工缴纳工伤保险费;下岗、待岗职工在其他单位工作时发生工伤的,该单位应依法承担工伤保险责任。本案中,陈某东从馄饨侯公司下岗后,到上诉人国玉酒店公司担任停车场管理员,并与该公司签订了劳动协议。陈某东作为劳动者,国玉酒店公司作为用人单位,双方的劳动关系清楚。因此,国玉酒店公司也应当为陈某东缴纳工伤保险费。如果陈某东在国玉酒店公司工作期间发生工伤事故,国玉酒店公司应依法承担工伤保险责任。[83]

其实,在司法实务中这样的个案并非少见。行政规定在行政领域中,它有两个功能:(1)法律、法规和规章具体化;(2)填补法律、法规和规章空白点。因此,它是实质意义上的"法",是执行性行政权的合法性依据。

(三)司法性行政权

司法性行政权,即行政机关依法居中裁决相关民事争议的权力。《宪法》中并没有所谓的"司法"概念,它只有"审判""检察"。[84] 所谓司法,在法理上是指法院在个案中适用法规范并作出裁判的一种国家权力。为了保证司法的公正、公平,法院必须是独立于法律争议双方当事人的第三方,与该法律争议没有任何法律上的利害关系。这种超然于法律争议双方当事人的独立性是由宪法规范加以保障的。《宪法》第131条规定:"人民法院依照法律规定独立行使审判权,不受行政机关、社会团体和个人的干涉。"行政机关在宪法上因没有这样的独立地位,它不能行使司法权,但它可以行使司法性行政权。与司法权不同的是:(1)行使司法性行政权的公务员不需要具备《法官法》规定的行使司法权的法官任职条件;(2)行使司法性行政权的行政机关上下级之间的关系不是如法院上下级之间的监督关系;(3)行政机关行使司法性行政权作出的行政决定,除非有法律规定,否则它必须接受司法权的合法性审查。

或许是专业性所限,或许是为了减轻法院的负担,当然也可能是为了提高解决法律争议的效率,立法机关通过立法将某些法律争议的"首次裁断权"交给行政机关,由此行政机关获得了如同法院那样居中处理法律争议的权力。如《土地管理法》第14条第1款、第2款规定:"土地所有权和使用权争议,由当事人协商解决;协商不成的,由人民政府处理。单位之间的争议,由县级以上人民政府处理;个人之间、个人与单位之间的争议,由乡级人民政府或者县级以上人民政府处理。"由于行政机关行使司法性行政权的地位和法院相同,它也需要遵循诉讼法上的一些原则性规定,如听取意见、回避、管辖、证据审查等。对"首次裁断权"不服的,当事人可以依法向法院提起行政诉讼。

---

[83] 参见《最高人民法院公报》2008年第9期。
[84] 但在法律上,"司法"的概念并不缺少。例如,《刑法》第94条规定:"本法所称司法工作人员,是指有侦查、检察、审判、监管职责的工作人员。"又如,《刑法》第314条规定:"隐藏、转移、变卖、故意毁损已被司法机关查封、扣押、冻结的财产,情节严重的,处三年以下有期徒刑、拘役或者罚金。"

第三节 行 政 法

一、行政法的概念

(一)有关行政权的"法"

行政法是规范行政权的法规范的总称。[85] 用于规范行政相对人的法规范,与行政机关是否合法行使行政权有关,所以也是行政法的组成部分。行政法的全部内容都是围绕着控制行政权,保护权利这一基本核心展开其法体系的,所以,行政机关行使的行政权只要与权利有关系,行政法就必须介入;即使行政机关是为了维护公共利益,也直接或者间接与权利有关。与行政权相关的其他行政法律关系也属于行政法调整的范围,如行政机关与其所属的公务员之间的关系、行政机关之间的关系等,学理上称为"内部行政法",它是现代行政体系中不可或缺的一部分,从而使其在内容构造上有别于传统行政法。内部行政法的价值是:(1)确保行政机关对外作出行政行为的合法性;(2)为公务员提供权利保障;(3)协调行政机关之间的关系,共同完成行政任务。总体上,规范行政权的法规范在数量上远远超过了刑法、民法,这与现代行政事务的广泛性、复杂性与多变性有关。规范行政权的法规范必须由行政法原理和原则统率、协调,才能使行政法发挥应有的调节功能。

行政法产生于历史发展到行政权基于某种原理必须受到法律约束之时,在这之前,无论中外,法制史上并不存在所谓的行政法。学理上有不少有关"古代行政法"的论著,但所谓"古代行政法"与近、现代的行政法在内涵、价值取向等方面完全不同。故有学者认为:"把这种东西名为行政法,足以表明中国人在现代法常识上的欠缺。"[86] "行政权必须受到法律约束"意味着行政权必须依法行使并受到司法审查。在国家不承认个人可以将行政机关推到法庭上当被告之前,行政法产生的制度基础是不存在的。[87] 在世界范围内,许多国家的行政法都起源于司法审查这一制度性的事实也可以说明这一点。"只有赋予与国家利益相对立的私人利益在法律上的请求权,并尊重它,赋予相互义务与权利,才有产生这一法律的根本基础。"[88] 没有司法审查制度,也就没有以正当法律程序理念为指引的"行政法",即使有作为行政管理依据的法规范,充其量只是作为一种国家的"管治工具"。在中国 2000 多年历史上,这些国家"管治工具"是存在的,但它不叫行政法。所以,中国自 1949 年以来迟至 20 世纪 80 年代之初的 30 多年中,以控制行政权,保护权利为要旨的行政法是不存在的。

如果一个国家还有不能在法庭上作被告的行政机关,那么这个国家的法治是有缺陷的;即使有所谓的"依法行政"的理念、原则,最终都可能沦为中国法律传统上法家式的"治法"。独立的司法审查对于行政法来说的确是至关重要的,甚至可以说它是其他任何法律制度无法

---

[85] 也有学者将"公权力"作为行政法规范的对象,其实,两者在内容上没有实质性差别。因在成文法上我们没有这样的概念,所以,此处仍使用"行政权"。参见罗豪才、姜明安:《我国行政法的概念调整对象和法源》,载《法学研究》1987 年第 4 期。

[86] 梁治平:《新波斯人信札》,贵州人民出版社 1998 年版,第 44 页。

[87] 早在 1950 年政务院就颁布了《契税暂行条例》《商标注册暂行条例》《社会团体登记暂行办法》(均已失效),但有关司法审查的规定一直付之阙如,因此,很难说当时中国已经有了行政法。

[88] [德]拉德布鲁赫:《法学导论》,米健等译,中国大百科全书出版社 1997 年版,第 131 页;徐以祥:《行政法上请求权的理论构造》,载《法学研究》2010 年第 6 期。

替代的。1980年9月10日,第五届全国人民代表大会第三次会议通过的《中外合资经营企业所得税法》《个人所得税法》分别规定了合营企业、扣缴义务人或者纳税人与税务机关在纳税问题发生争议时,可以申请复议;对复议决定不服的,可以向法院提起行政诉讼。[89] 1982年《民事诉讼法(试行)》在制度上把纠正行政违法的职权部分交给了法院,即由法院通过民事诉讼程序审理行政案件。至此,中华人民共和国才开始有了行政法。

(二)有关行政权的"公法"

行政法是公法,这是现代行政法学上一个具有共识性的基本命题。一般来说,法规范所调整的法律关系主体之间为上下关系的是公法,对等关系的则是私法。但是,在社会保障法、教育法、税法等法域中,这种区分可能是不明显的。因为,在这些法域中,只要是行政权发生的作用,都必须受到这些法规范限制,此时,我们可能并不需要先区分何为公法或私法再来考虑是否行使行政权。也就是说,即使依照某种标准认定为私法规范,它也会对行政权产生限制作用,这种现象在给付行政领域中尤其明显。"私法的出发点,粗略地说,是自利优先的行为;而行政法与此不同的出发点是公益(或者其他考虑)优先的行为。"[90]所以,我们还需要再结合该法律关系是否涉及公共利益才能作出正确的判断。

依照大陆法系国家的法律(罗马法)传统,法可以分为公法与私法。关于划分的标准至今已形成了数十种学说,如主体说、利益说、目的说等。[91]尽管公、私法之间的界分标准有多种学说并且还有不断问世的新学说,但它们从来都不会影响到"行政法是公法"这一命题的成立。实务中行政机关有时利用私法来实现行政目的,这种私法在形式上也是"有关行政权的法",比如,用以调整国有建设土地有偿出让合同的法规范,不少是《民法典》中的相关法规范。当然,这部分法规范并不是行政法的主要内容,但它的确是行政法不可或缺的。在一些行政案件由无专业要求的普通法院审理的国家中,强调公、私法的二元结构的实意似乎并不彰显。

(三)有关行政的"公产""公物"

在德国、日本等大陆法系国家的行政法体系中,有"公产法""公物法"等相关内容。中国行政法体系框架是以行政权以及与行政权相关行为为中心展开的,有关公产、公物的利用等法律关系,一直留在私法领域之中,如政府采购、兴建公共设施、公共停车泊位、图书馆和博物馆利用等。因受到比较法上相关国家制度的启示,有的学者提出了"行政公产"的概念,并将它作为行政管理需要的"物的手段"纳入行政法体系。[92] 还有的学者提出"公物法"的概念,并展开了较为系统的研究。[93] 虽然他们的观点尚未成为主流思想,但都是有一定价值的学术主张。

将与行政机关行使行政权无关的"公产""公物"交由私法来调整,很难说这样的制度安排有多少法原理予以支撑,倒不如说更多的是受到一种人为设计与历史传统的影响。虽然我

---

[89] 《中外合资经营企业所得税法》(已失效)第15条规定:"合营企业同税务机关在纳税问题上发生争议时,必须先按照规定纳税,然后再向上级税务机关申请复议。如果不服复议后的决定,可以向当地人民法院提起诉讼。"《个人所得税法》(1980)第13条规定:"扣缴义务人和自行申报纳税人同税务机关在纳税问题上发生争议时,必须先按照规定纳税,然后再向上级税务机关申请复议。如果不服复议后的决定,可以向当地人民法院提起诉讼。"

[90] [新西兰]迈克尔·塔格特编:《行政法的范围》,金自宁译,中国人民大学出版社2006年版,第5页。

[91] 参见蔡志方:《行政救济与行政法学》(2),台北,三民书局1993年版,第1~88页。

[92] 参见张树义:《行政法与行政诉讼法学》,高等教育出版社2002年版,第51~67页。

[93] 参见肖泽晟:《公物法研究》,法律出版社2009年版。

们不能断言中国行政法未来发展的方向是否依然如今,但是,如果私法调整这类法律关系未出现很大的不适应性,那么维持目前这样的制度安排或许是一种较优的制度性选择。

二、行政法的内外结构

(一)与宪法的关系

宪法是国家的根本大法,具有最高的法律效力。行政法作为一国的部门法,它与宪法的关系究竟如何? 一直是宪法学与行政法学所关注的问题。当龚祥瑞教授说"行政法是宪法的一部分,并且是宪法的动态部分"[94]时,人们似乎一下子领悟了两者之间的关系状态。如前所述,行政法始于行政权要受法律约束之时。行政权之所以要受法律的约束,最为根本的原因是国家承认公民有一种可以限制国家权力的基本权利,基本权利是行政权的边界;没有宪法公开确认公民的基本权利,行政法也就无从生根。"行政法总论之作用乃系宪法的转换器。行政法总论若未能作为继受(宪法)工具或进一步为处置之手段时,则宪法贯彻于行政实务的要求,将非当然得以实现。"[95]由于不能法典化的原因,行政法在内容上是法律、法规和规章等法规范的总称,且数量巨大。多头的行政法规范创制主体,尤其是行政机关在创制行政法规范时,更需要关注宪法规范的法拘束力,不可为了部门利益、本位利益而置宪法规范的法拘束力于不顾。[96]比如,虽然"国家尊重和保障人权"是一种概括式的宣示性条款,但是,它对行政法创制主体具有法约束力:国家机关有义务通过创制具有可执行性的法规范落实这一"人权条款"。行政法是一种"实现宪法价值的技术法"[97],但宪法价值可以引领行政权的走向。将宪法价值"投影"于行政法之中,并通过行政法加以落实,也是行政法与宪法关系的题中应有之义。

中国宪法早先比较重视国体、政体、国家形式以及国家机构等内容的规定,公民基本权利部分受到不应有的忽视。21世纪之后,宪法学研究重点移向公民基本权利,并把这部分内容提升到了应有的高度,民主、自由、法治等理念也随着宪法文本的修正成了宪法学的核心价值,并在此基础上展开了以国家权力与公民权利为主轴的宪法学体系。这些主轴内容需要行政法予以具体化,才能使宪法发挥它应有的调节功能。"行政法为具体的宪法,故宪法基本权利规定及其所蕴含的人性尊严与立国精神等价值基础,应构成行政法学研究的重心,并透过立法、行政与司法的方式,不断地阐微与落实。"[98]行政法上的许多制度归根结底是保障宪法实施的制度,尤其是保护公民基本权利的行政复议、行政诉讼制度。宪法的成熟度基本上决定了行政法发展的深度与广度。从功能上讲,"宪法既起着授权作用,也就包括限制权力的作用在内了。授权就意味着限制。从法律上讲,真正有效的宪法一定具有下列明确的规定:(1)各种政治机构是怎样组成的;(2)对这些机构赋予什么职权;(3)这些职权是如何行使的"[99]。然而,宪法毕竟具有原则性之特点,它对国家和社会发生作用的路径只能借助于从属于它的民法、刑法和行政法等部门法。

---

[94] 龚祥瑞:《比较宪法与行政法》,法律出版社1985年版,第5页。
[95] [德]Eberhard Schmidt-Aβmann:《行政法总论作为秩序理念——行政法体系建构的基础与任务》,林明锵等译,台北,元照出版有限公司2009年版,第6页。
[96] 《立法法》第98条规定:"宪法具有最高的法律效力,一切法律、行政法规、地方性法规、自治条例和单行条例、规章都不得同宪法相抵触。"
[97] [日]盐野宏:《行政法总论》,杨建顺译,北京大学出版社2025年版。
[98] 翁岳生:《行政的概念与种类》,载翁岳生主编:《行政法》(上),台北,元照出版有限公司2020年版,第35页。
[99] 龚祥瑞:《比较宪法与行政法》,法律出版社1985年版,第33~34页。

(二)非法典化的部门法

行政法在客观上不存在如同民法、刑法那样的统一法典,国外的状况也大致如此。行政法的"非法典化"是一个描述性概念,大意是指在世界范围内至今尚未有国家能制定出与民法、刑法一样的"行政法典"。在行政法中,具有相对独立的内容是可以被法典化的,如主体部分的人民政府组织法、公务员法等;行政行为部分的行政处罚法、行政许可法、行政强制法、政府信息公开法等;行政程序部分的行政程序法;[100] 行政救济部分的行政复议法、行政诉讼法和国家赔偿法等。至于行政具体领域中某一部门的法典化,更是不计其数,如《治安管理处罚法》《土地管理法》《城乡规划法》《环境保护法》等。中国在《民法典》之后兴起了一个"法典化"的热潮,《全国人大常委会2021年度立法工作计划》提出"研究启动环境法典、教育法典、行政基本法典等条件成熟的行政立法领域的法典编纂工作"的计划,[101] 助推了"法典化"的热潮,行政法学界开始研究制定"行政基本法典"。"推进行政法法典化,一方面可以对已有法规范进行系统整合,在实体和程序两方面建立起清晰的公法权利体系,解决公民寻求救济时所面临的法律规范庞杂分散、无法清楚了解自身权利等问题;另一方面也可以借助编纂法典的契机,系统梳理主观法和客观法的关系,推进主观法和客观法的协调统一,在维护公共利益的同时,为公民、法人和其他组织的合法权益提供更加全面、充分、有效的保护。"[102] 从这个意义上讲,行政基本法典是值得期待的。

与民法、刑法另一个不同的是,行政法仅仅是一个学理上的概念,它并无成文法上的依据。把行政法看作由法律、法规和规章等汇合而成的一个部门法,是比较接近实务现状的。行政法的内容不外乎是行政机关首次适用法规范和行政复议机关、法院对这种首次适用法规范的行为是否合法进行复审时所应当遵守的法规范。行政法不同于民法、刑法仅仅是一种裁判规范,它也包括了一些裁判规范,但主要是行为规范。另外,民法与民事诉讼法,刑法与刑事诉讼法之间在知识点上可以作适当分离,后者不以前者为基础,或者说,不研习民法、刑法而直接研习民事诉讼法、刑事诉讼法并没有多大困难,但行政诉讼法却是行政法不可分离的一部分;没有行政实体法、行政程序法知识作基础,就难以研习行政诉讼法。

(三)部门行政法

行政法包括行政法总论和以问题为导向的行政法分论(或称为部门行政法)。[103] 行政法总论指导部门行政法的研究,而部门行政法则反过来可以修正、推进行政法总论的发展,它们之间形成了一个良性互动、促进的关系。行政法总论为部门行政法解决具体问题提供了一个学理框架,这并不是低估行政法总论的实用价值,而是给行政法总论一个正确的学理定位。

依照行政法所涉的行政领域不同,可以划分出公安行政法、环境行政法、教育行政法、交通行政法等部门行政法。部门行政法是行政法中最活跃的部分,它们的发展、变化经常会引起行政法总论中一般性原理的产生、修正[104] 和消亡。行政法总论是在部门行政法的"个案—

---

[100] 2008年10月1日湖南省正式实施中国第一个属于地方政府规章的《湖南省行政程序规定》。尽管它的法律位阶很低,但它对全国性的行政程序法立法是有示范意义的。德国、日本、美国、奥地利、西班牙国家都已经完成了行政程序法典化。

[101] 参见《中华人民共和国全国人民代表大会常务委员会公报》2021年第4号,第921页。

[102] 马怀德:《中国行政法典的时代需求与制度供给》,载《中外法学》2022年第4期。

[103] 这一方面的代表性著作,如宋华琳:《药品行政法专论》,清华大学出版社2015年版;张红:《证券行政法专论》,中国政法大学出版社2017年版。

[104] 如《兽药经营质量管理规范》第37条规定:"本规范自2010年3月1日起施行。本规范施行前已开办的兽药经营企业,应当自本规范施行之日起24个月内达到本规范的要求,并依法申领兽药经营许可证。"这一部门行政法的规定,具有修正法不溯及既往原理之效果。

规范"之间互动中获得不断发展的动力。行政法总论如同一棵大树,它必须从部门行政法这一土壤中充分吸收养料,才能长高变粗,充满活力。现代行政法在关注行政行为结果的同时,必须关注行政行为的过程以及行政行为结果所产生的影响面,将对这种影响面的控制也纳入行政法的调控范围。通过对这种影响面的关注,并使之能够迅速反馈到行政规范的制定层面,更可以上游到立法机关制定法律过程之中,引导其制定的法规范更加面向实务的需要。对于影响面的认知,必须借助于部门行政法的探知。传统行政法没有深入部门行政法,所以对行政的影响面感受并不深切,当然也就不可能对实务作出及时的反应,这使得传统行政法在变动的现代社会中日趋僵硬、痴呆。部门行政法对于实务的变化如"春江水暖鸭先知",所以,如果将部门行政法放逐于行政法的边陲地带,那么现代行政法就可能会失去吐故纳新的内在动力。

行政法总论的基本任务是塑造一个符合现代行政理念的体系性框架。现代行政法的基本理念是,在行政权受到法约束的前提下,确保行政权有效率且有限制地行使,个人的主体性地位因此获得了确认,个人权利受到法的无漏洞保护和实效性救济。通过这个体系性框架将现代行政法的基本理念传输到各个部门行政法之中,并借助于各个部门行政法的发展丰满行政法总论的理论体系(见图1-1)。

```
                宪法
                 ↓
               行政法
           ↙    ↓    ↘
     行政实体法 行政程序法 行政诉讼法
           ↘    ↓    ↙
              部门行政法
```

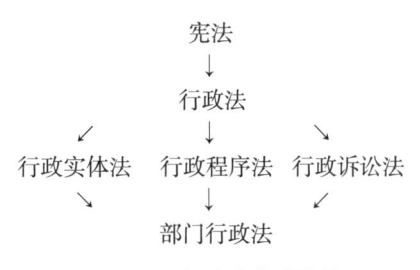

图1-1 行政法内外结构

三、行政法的逻辑基点

(一)有效率的行政权

在现代社会中,行政法必须确保行政权的效率性,即它能够有效率地控制社会秩序,确保社会正常发展。对此,行政法必须授予行政机关足够的行政权,满足其控制社会秩序的基本需要。在这里,对于行政权来说,行政法如同机动车的"发动装置",它为行政权提供充足的动力。

行政法要服务于国家完成行政任务,因此,行政法必须适应国家行政任务的变化。国家行政任务的变化会对既有行政法体系提出挑战,有时,行政权会因为这种变化需要脱离法规范的约束,从而使行政权合法行使与国家完成行政任务之间产生紧张关系。这种紧张关系会动摇法治原则,尤其是处于转型时期的当下中国,这种紧张关系更为引人注目。在转型过程中,一方面国家试图将部分行政权功能转移给社会,扶助或者扩大社会自治,以减轻国家行政的负担,如除了原有村(居)民委员会外,还有城市居住小区业主委员会、律师协会等各种社会中介组织和行业协会等;另一方面因转型时期的各种行为规则的脆弱性使国家要强化它的政府治理功能,将行政权影响尽可能扩大到社会各个领域,达成有效率地控制社会秩序的行政任务,如政府实施的楼市调控政策、环境治理措施、基层网格治理和优化营商环境服务等。行政机关不能再恪守所谓的"管得最少的政府就是最好的政府"之政治格言,它必须在法授权的范围内积极、主动地行使行政权;如果有行政相对人的请求,那么它更应当通过行使行政权来满足行政相对人的需要。[105]

行政权必须合法行使,但是一个没有效率的行政权可能会失去它的合法性。一个没有效率的行政权,不可能提供一个稳定的社会秩序,社会发展与进步也就失去了前提基础,因此,确立行政法效能原则是有意义的。[106] 基于有效率的行政权要求,"行政若留有空间,则应以效率性之考量加以填充;在此程度内也可称为效率原则;其有宪法层次意义,不得被任意割舍;向来公法学的理论于强调法治国、社会国、民主国等立国精神时,并未能充分认识到效率原则的重要性。没有效率,则国家与行政无法永续发展"[107]。此言甚明。

(二) 有限制的行政权

在现代社会中,行政法也必须强调行政权的有限制性,即对行政权必须加以控制,从而减少行政机关滥用行政权的可能性。控制行政权不能仅仅限于事后,更要重视事中、事先,如公众参与行政过程已经成为一种重要的控权机制,并为不少立法所确认。在这里,对于行政权来说,行政法如机动车的"刹车装置",随时制止行政机关违法行使行政权。

控制行政权合法行使是传统行政法的基本使命。"无论在大陆法系还是在普通法系国度,贯穿于行政法的中心主题是完全相同的,这个主题就是对政府权力的法律控制。"[108] 这个命题预设的一个基本前提是国家与人民的对立,它的历史背景是近代以来西欧国家形成的"政治国家与市民社会"的二元结构。20 世纪民主宪政观念传播以来,这一预设所依赖的事实发生了重大变化,由此衍生出的行政法理论体系也发生了"合法性"危机。这种危机主要表现在,仅仅控制行政权行使的行政法是无法回应 20 世纪之后激剧动荡的现代社会。中国没有这样的宪法基本前提,也没有这样的历史背景,[109] 但这并不意味着中国不需要控制行政权合法行使的行政法。我们必须注意到,在儒家文化中形成的充满"父爱"情怀的行政权,有时它的过度"关心"也会使人民不得安宁,因此,控制行政权行使也是中国行政法的基本使命。

行政法是"控制行政权的法"这一命题,即使在今天也没有过时,但它需要随着社会的发展作出必要的修正,如增加确保行政权有效率地行使的内容。这里的"控制行政权"已经不再是传统行政法上那种单一的事后司法审查,而是包括了事前、事中的行政程序内、外部控制行政权的多元的、积极的各种制度性机制。

四、行政法的类型

(一) 全球视角

行政法源起于大约 19 世纪后半期的欧洲大陆。当然,它的思想渊源可以追溯到中古时期,甚至更为久远的古希腊与古罗马。依照法律传统、行政审判制度的不同,行政法的类型可以分为以法德为代表的大陆法系行政法和以英美为代表的普通法系行政法。其他国家如日

---

[105] "翻开义乌市场的发展史,审视义乌经济的发展轨迹,可以清晰地发现政府有形之手的'斧凿之迹'。义乌市场历经 8 次搬迁、11 次扩建,市场向前走的每一步都带有浓浓的'计划'色彩。这让一些经济学家很不以为然:政府计划调控、强势而为,是把'双刃剑',调控得当,事半功倍;调控不当,贻误时机,损失不可估量。决策者承认,此话一点不假,说得极有道理。但是,凡事决定在人。这就要看义乌市政府在市场发展的每个关键时刻,是否都能够把握好方向,使市场朝着健康的目标发展。令人称奇的是,义乌市党政领导 20 多年间换了 7 次,而每一任都恰到好处的'踏在节拍上了'。在历史发展的节点上,总是'顺势推了一把,促成了质变'。"参见黄平:《发现义乌》,浙江人民出版社 2007 年版,第 170 页。
[106] 参见沈岿:《行政法基础理论:传统与革新》,清华大学出版社 2022 年版,第 166~197 页。
[107] 黄锦堂:《行政法的发生与发展》,载翁岳生主编:《行政法》(上),台北,元照有限公司 2006 年版,第 70 页。
[108] [德] 赛夫:《德国行政法》,周伟译,台北,五南图书出版有限公司 1998 年版,第 104 页。
[109] 陈端洪教授认为,1989 年《行政诉讼法》标志着中国进入了一个国家与社会分离,是对峙式政治模式的开始。

本,它在"二战"之前师从法国、德国行政法,设立专门行政法院审理行政案件,在"二战"之后则转向美国,改由普通法院审理行政案件。所以,日本行政法具有"混合法"的特征。纵观世界行政法史,大约以20世纪之初为时间点,行政法大致可以分为传统行政法和现代行政法。

1. 传统行政法。随着西欧工业化、都市化发展引起的社会变革,尤其是以分权理论为基础的近代宪法在法国、美国等国家诞生,逐渐形成了行政权必须受立法权制约的宪政观念和实定法基本框架。在这个基本框架中,以自由主义为核心的传统行政法得以形成。传统行政法以个人自由与消极行政作为一种普适性的法律价值观,并由此支撑起以限制干预行政为中心的行政法理论框架体系。"法律保留—行政决定—行政救济"构成了传统行政法的基本框架,这个基本框架则又以"议会(法制定)—政府(法适用)—法院(法裁判)"三者之间的基本宪法关系为基础。

传统行政法的基本特征是:(1)由议会提供行政权行使的合法性依据,行政机关不得创设行政权的依据,以法律保留、法律优位为基本原则的"依法律行政"原理由此形成。(2)以司法审查为核心的行政救济制度对行政权进行控制,旨在全面落实宪法规定的基本权利保障制度。(3)以规范行政权结果为重心,着力于行政处罚、行政许可、行政强制等行政行为的合法性审查。(4)在"管得最少的政府就是最好的政府"的理念支配下,将行政权(政府)定位于"守夜人"角色,消极行政为其主要特征。

2. 现代行政法。从宪法与行政法的关系上看,1919年德国《魏玛宪法》可以看作传统行政法转向现代行政法的一个重要临界点。《魏玛宪法》规定了公民受教育权、获得工作及失业救济权等大量所谓的"社会基本权利"。这些社会基本权利要求国家积极行政,为个人提供"生存照顾",行政法不再仅仅是消极控制行政权侵害公民自由的法。"二战"后,德国《基本法》仍然沿着《魏玛宪法》的方向发展,法兰西第四共和国《宪法》、意大利1948年《宪法》和日本1947年《宪法》等也都受到它的影响。作为"当作是具体化宪法的行政法",担当起了将宪法的原则性规定加以具体化的重任,传统行政法由此获得了转型的内在动力和外在压力。

现代行政法的基本特征是:(1)国家立法机关经常只提供一个框架性的行政权法律依据,由行政机关在此法律框架内作出细化规则,或者直接授权行政机关创制行政权依据,及时回应现代社会发展的需要。传统行政法上的"依法律行政原则"发展成为"依法行政原则"。(2)在稳固法院司法审查的基础上,现代行政法将控制行政权的着力点从行政机关作出的行政行为向前延伸到行政行为作出的过程之中,行政程序因此获得了现代行政法的高度重视,行政程序法典化成为现代行政法发展的一个增长点。(3)行政过程可以分为制定行政规范和作出行政行为两部分。制定行政规范实际上是行政机关为实现行政目的而在现有多种方案中作出的一种决策选择。现代行政法必须确保行政机关借助经济学、公共管理学、行政学、政治学等知识所选择的决策方案是合法的。(4)除了原有定型化了的行政决定(大陆法系国家行政法称为"行政处分")外,其他非定型化的行政行为方式如行政调查、信息提供等程序性行为也被纳入行政法体系。行政过程论与行政法律关系论出现,[110]补充了以行政决定为中心的传统行政法理论体系的不足,它们的共性都是将行政法从专注于行政决定转向同时关注行政决定之外的其他行政行为,并在行政过程和行政法律关系中思考行政法问题。(5)在不

---

[110] 参见赖恒盈:《行政法律关系论之研究——行政法学方法论评析》,台北,元照出版有限公司2003年版,第77~158页。

放弃控制行政权的基础上,现代行政法通过行政程序提升行政权行使的效率,以适应现代社会发展和个人生存照顾的需要。

(二)中国范围:1949年之前

1. 古代"行政法"。在1912年之前的帝制时代中,因国家管理需要有行政,也有与之相关的法律规范,如《唐六典》等。但是它没有行政法,或者说没有近、现代意义上作为控制行政权的行政法。[111] 因为帝制时代的行政从来不是在服从代表"公意"的法律之下展开的,它的违法性也从来不是通过一个独立的法院体系,由个人提起诉讼的方式来纠正的。类似的"登闻鼓""京控"一样的"民告官"制度的确也不少见,但"无论何种情形,京控人的目的是一样的,即争取皇帝对本案的关注。既然皇帝似乎有仁慈之心,倾向于接受京控,这种希望就不完全是遥不可及的。他们的推理是,如果不是地方官确实无能或歪曲真相,人们不会使自己遭受因长途跋涉进京告状而产生的在经济和身体上的磨难,然后启程回家(在监督之下)接受地方高级官员或钦差大臣的审判"[112]。在古代,因法家思想的影响,"中国很少甚至没有发展出民法保护公民;法律大部分是行政性和刑事的,是民众避之犹恐不及的东西。"[113] 1906年(光绪三十二年)9月,清政府在"预备立宪"中仿照德国、日本等国家的行政诉讼模式,拟定了《行政裁判院官制草案》,1911年以日本《行政裁判法》为蓝本,又正式议订了《行政审判编制法草案》,共计21条。但是,在清政府改朝换代之前,这些草案最终并没有颁行。这一史实尚难谓帝制时代就已经有了行政法。

2. 民国行政法。1912年辛亥革命之后建立了中华民国,颁布了《中华民国临时约法》,立宪体制形式上获得了社会各界的认同,它为中国行政法的生成提供了制度基础。下面分三个时期予以简述:(1)南京临时政府时期(1912)。《中华民国临时约法》第10条规定:"人民对于官吏违法损害权利之行为,有陈诉于平政院之权。"由于局势变化等原因,临时约法规定的平政院并没有正式设立。(2)北洋政府时期(1913~1927)。1914年北洋政府颁布了作为行政审判机关组织法的《平政院编制令》,在北京设置了实行一审终审的行政法院——平政院。[114]同年,仿日本公布了第一部《行政诉讼法》,由此中国近代行政诉讼制度初步建立。鲁迅诉北洋政府教育部违法免职案是这个时期有较大影响力的一起行政诉讼案件。[115] (3)国民政府时期(1927~1949.9)。国民政府先后公布实施了《行政法院组织法》、《诉愿法》和《行政诉讼法》,进一步完善了北洋政府时期建立起来的行政诉讼制度。关于当时行政法院的实际效果,有"统计表明,从行政法院成立到1935年9月的两年日子里,行政法院共收到诉讼书404件,被驳回的就有179件,占总数的44%,正式审理的225件中,百姓胜诉者仅43件,占正式受理数的19%,占提出行政诉讼总数的1%"[116]。

自清末起,中国为了"图强"而"变法",引入西方国家的法律制度,以代替2000余年来帝制时代的法制。1912年建立中华民国及《中华民国临时约法》颁行后,民国行政法才得以产

---

[111] 有关以"行政法"为题研究中国古代行政法制的著作如柳正权:《中国古代行政程序研究》,人民出版社2012年版;蒲坚:《中国古代行政立法(修订本)》,北京大学出版社2007年版;陈国平:《明代行政法研究》,法律出版社1998年版;钱大群、艾永明:《唐代行政法律研究》,江苏人民出版社1996年版。

[112] [美]高道蕴等编:《美国学者论中国法律传统》,中国政法大学出版社1994年版,第477页。

[113] [美]高道蕴等编:《美国学者论中国法律传统》,中国政法大学出版社1994年版,第2~3页。

[114] 参见张生:《中国近代行政法院之沿革》,载《行政法学研究》2002年第4期。

[115] 参见武乾:《论北洋政府的行政诉讼制度》,载《中国法学》1999年第5期。

[116] 张庆军、孟国祥编著:《民国司法黑幕》,江苏古籍出版社1997年版,第36页。

生和发展。[117]"乱世无法治。"由于时局动荡不安,中华民国时期的行政法发展极为有限,但也留下了不少论著,它们代表了民国行政法的水平。[118] 由于它主要是经由日本借鉴德国的行政法,所以,从法系类型上看,民国行政法可以归属大陆法系行政法。1949 年从清末民初发展而来的民国行政法转移到了中国台湾地区,经过几十年的发展形成了具有浓厚的大陆法系特色的中国台湾地区"行政法"。20 世纪 90 年代之后,英美行政法对其的影响显著增加,如行政程序中有关听证、资讯公开等正当法律程序的规定,先后都通过"行政程序法""政府资讯公开法"入法。因此,中国台湾地区的"行政法"呈现出了一种兼有两大法系内容的"混合法"特征。[119]

(三) 中国范围:1949 年之后

1."行政管理"的行政法。1949 年 2 月中共中央发布了《关于废除国民党的"六法全书"与确立解放区司法原则的指示》之后,中国法制尤其是清末民初随西学东渐而来的近、现代中国法制到此戛然而止。在延续革命根据地法制和移植苏联社会主义国家法制的基础上,中国开始了一种全新的法制建设。《中国人民政治协商会议共同纲领》和《宪法》(1954)为行政法的发展提供了宪法基础,基本满足了行政法生长和发展的基本条件。如《中国人民政治协商会议共同纲领》第 19 条第 2 款规定,人民和人民团体有权向人民监察机关或人民司法机关控告任何国家机关和任何公务人员的违法失职行为。在 20 世纪 50 年代之初,国家对法制建设总体上来说是不轻视的,但也不能说已经有了较为清楚的目标。当时中国法制发展的基本路线是亦步亦趋地跟随社会主义国家苏联,而对西方资本主义国家的法律制度与理论基本上是排斥的。为了行政管理的需要,除 1967 年到 1978 年外,国家也颁布了为数不少的行政管理法规范。[120] 这些行政管理法规范在内容上受到了中国古代法家思想和苏联"维辛斯基法学"的影响,成为无产阶级手中进行阶级斗争的一种工具。若去掉政治化的色彩,也可以表述为行政机关单向管理个人的强制性手段。尽管 1949 年 12 月中央人民政府批准了《最高人民法院试行组织条例》,规定在最高人民法院设立行政审判庭,[121]但直到 20 世纪 70 年代末,作为行政法基石性制度的行政诉讼仍然没有建立起来。此阶段中,虽有用于行政管理的法规范,但难谓有行政法已经产生的事实。

2."管理行政"的行政法。1978 年之后,中共中央在总结"文革"教训和顺应改革开放需要的基础上,提出了要"依法办事"的工作指导方针,提升了法律在国家经济、政治和文化发展中的地位。"有法可依,有法必依,执法必严,违法必究"成为法制建设的指导方针。为了加强行政立法工作,全国人大常委会法制工作委员会下设"国家法行政法室"。为适应对外开放而在 1980 年颁布的《中外合资经营企业所得税法》(已失效)和《个人所得税法》规定了行政复议和行政诉讼制度,标志着中国行政法在本质上从"行政管理"转向"管理行政",控制行政权的法治思想隐约可见。1982 年《民事诉讼法(试行)》第 3 条第 2 款规定:"法律规定由人民法院审理的行政案件,适用本法规定。"这应当看作为了承接 1980 年有关行政复议和行政诉讼立法的诉讼程序性制度安排。至此,中国行政诉讼制度在 1978 年《宪法》的框架内被激活了。

---

[117] 参见蒲坚:《中国古代行政立法(修订本)》,北京大学出版社 2007 年版;陈国平:《明代行政法研究》,法律出版社 1998 年版;钱大群、艾永明:《唐代行政法律研究》,江苏人民出版社 1996 年版。这三本专著虽名为行政法,但并非现在我们所说的"行政法"。

[118] 参见王贵松:《中国行政法学说史》,中国人民大学出版社 2023 年版,第 9~73 页。

[119] 参见王贵松:《论近代中国行政法学的起源》,载《法学家》2014 年第 4 期。

[120] 参见《行政法概要》编写组编:《行政法资料选编》,法律出版社 1984 年版,第 3~204 页。

[121] 参见江必新、梁凤云:《行政诉讼法理论与实务》(上)(第 3 版),法律出版社 2016 年版,第 146~147 页。

1986年10月,湖南省汨罗县法院成立了全国第一个基层法院行政审判庭,湖北省武汉市中级法院成立了全国第一个中级法院行政审判庭。1987年1月1日施行的《治安管理处罚条例》关于治安行政诉讼的规定以及随后各级人民法院行政审判庭的设立,进一步推进了行政诉讼制度的发展。但是,不可否认的是,恢复行政法制(其实是整个法制)的最初动因是为了"整顿社会秩序",虽然《民事诉讼法(试行)》规定了法院可以受理"行政案件",但是经法院审理的行政案件其实并不多。"自《民事诉讼法(试行)》生效到临近《行政诉讼法》施行的1990年6月,全国各级法院共受理一审行政案件31,626件,审结29,432件,涉及公安、土地、工商、税务、海关、林业、城市规划、食品安全、环境保护等20多个行政部门。"[122]1989年年初最高人民法院公布了第一个行政诉讼公报案例。[123] 必须指出的是,因法制"饥渴症"而制定的大量法律、行政法规和规章编织起来的重重法网,个人自由范围仍然受到了严重的限制;因行政执法需要又使国家行政机构体系体态臃肿,行政法的"工具"性功能——秩序维护而不是权利保护——依然极为明显。

1989年《行政诉讼法》的颁布,可以看作行政法作为一个部门法形成的重要标志。即使在今天看来,我们无论如何评价《行政诉讼法》的意义也都是不过分的。王名扬先生对"行政诉讼法草案"的评说,可以说是入木三分:"保证行政法的实施最有效的手段是建立行政诉讼,有了行政诉讼制度以后,行政机关不合法的决定才有可能被法院撤销;行政机关除依法办事以外,没有其他可能。行政诉讼法是其他行政法的保障,是行政法律中的基本法。"[124]在这之前,所有与行政法有关的人与事都可以看作为中国行政法成为一个独立部门法作了厚厚的铺垫与积淀,如1983年第一部行政法学统编教材《行政法概要》的出版,1985年中国法学会行政法研究会成立,1986年美国学者施瓦茨撰写的《行政法》中文版的出版和1988年农民包某照状告浙江省苍南县人民政府行政强制执行案等。[125] 在1989年《行政诉讼法》实施之后,随着《国家赔偿法》《行政处罚法》《行政复议法》《行政许可法》《政府信息公开条例》《行政强制法》《行政法规制定程序条例》《规章制定程序条例》《重大行政决策程序暂行条例》等法律、法规的制定和实施,中国行政法体系与内容逐渐定型。

(四)中国范围:当下和未来

涉外行政法所要解决的是关于具有涉外性因素的行政事务如何适用法律的问题。只要与其他国家有政治、经济和文化的交往,涉外行政事务就需要有专门的行政法加以调整,如涉外婚姻登记、外国人出入境管理等。与调整国内行政事务相比,涉外行政事务增加了国际条约、国际惯例等法规范。《行政诉讼法》第9章规定了"涉外行政诉讼",对涉外行政诉讼作出原则性规定。中国加入世界贸易组织(WTO)尤其是2013年提出"一带一路"倡议之后,涉外行政法有了更大的客观需要。随国际贸易行政案件、反补贴行政案件和反倾销行政案件的出现与增加,涉外行政法体系与内容也获得了更大的发展空间。[126]

以行政任务为导向,以组织、程序为中心并注重有效率的行政治理结果,将是现代行政变

---

[122] 何海波、晏翔、严驰恒编著:《法治的脚步声——中国行政法大事记(1978—2014)》,中国政法大学出版社2015年版,第18页。

[123] 区某不服九龙海关行政处罚决定案,载《最高人民法院公报》1989年第1期。

[124] 王名扬:《评行政诉讼法草案》,载《政法论坛》1989年第1期。

[125] 参见何海波、晏翔、严驰恒编著:《法治的脚步声——中国行政法大事记(1978—2014)》,中国政法大学出版社2015年版,第1~82页。

[126] 最高人民法院有关三个涉外行政诉讼的司法解释是:《关于审理国际贸易行政案件若干问题的规定》《关于审理反补贴行政案件应用法律若干问题的规定》和《关于审理反倾销行政案件应用法律若干问题的规定》。

迁的一个方向。这种现象在高度工业化的国家已经出现,引发了行政法学界对行政法体系建构基础与任务的全面反思。[127] 对于中国而言,行政法的发展需要顺应农业社会、工业社会和数字社会并存的国情,不可强行为之。如下几个方向可能是未来行政法的发展势态:(1)因为行政任务的复杂性,行政行为在方式上呈现多元化,行政过程将进一步被纳入行政法视野。在行政法解释学之外,规制理论、法政策学和法社会学为现代行政法提供了一个新的视角,但一时难以改变行政法仍然以定型化了的行政行为作为规范重心的事实。(2)行政权仍然是行政法体系展开的中心,但某些现在属于私法领域的"行政行为"在特别情况下,将可能被纳入行政法体系的调控范围,但前提是私法的调整方法出现了自身不可克服的危机,如政府采购、公物利用等。(3)基于整合社会秩序的客观需求,法院可能在行政诉讼中呈现更多的能动性。行政诉讼的目的既不是客观秩序的维护,也不是单纯的权利保护,而是解决行政争议。同时,法院将通过行政审判促进政府良好治理,法院自身也可能成为一个治理主体,与行政机关共同参与国家和社会治理。法院的职能将发生重大嬗变。(4)行政将通过与私人合作的方式,共同承担社会治理的风险,因此,政府信息公开、行政程序等制度的重要性明显提升,对非政治性的结社自由的管制可能也会缓和。(5)更为重要的是,如何完成从行政本位到司法本位的转换,或许是未来行政法的基本方向。行政法发展的生命源泉是司法裁判。无论如何行政最终都需要法院对其作出合法性评价,如果行政不受法院合法性的评价,那么行政也就不成为行政法上的"行政"了。[128] (6)数字行政的大幅度增加带来了很多数字行政法的问题,这是现代行政法必须直面的问题。对于数字行政法的归属,我们如果将其定位于领域法,未尝不可。[129] 当然,在行政法体系内消解数字行政法问题,也许是一个更为可取的方案。毕竟,数字技术提升了行政的治理能力,但围绕数字行政的基础性法律关系并没有质的变化。当行政法体系不能消解数字行政法问题时,也许就是引发行政法体系变革的力量,而不是抛开行政法体系另立一个"数字行政法"的理由。

五、行政法的相邻关系

(一)民法

行政法律关系的一方当事人是代表国家行使行政权的行政机关,与它作为民事法律关系的当事人是有所差别的。这种差别导致了民事法律规范不能完全适用于行政法律关系。比如,行政机关为更新办公设施购买电脑,形式上这也是一种"行政行为",但它受民事法律规范调整。当然,以意思自治为核心,保障财产权和交易安全的民法也并不是一个自洽的法律体系,它仍然需要行政法外在的协力。行政法对意思自治限制的法律规范,如《民法典》第153条第1款的规定,被看作对财产权和交易安全的保障,[130]对法人成立采用许可制也具有相同的功能。[131] 平等主体之间的民事活动,在现代社会中并非单纯是两者之间的私事,它还必须

---

[127] 参见[德]Eberhard Schmidt-Aßmann:《行政法总论作为秩序理念——行政法体系建构的基础与任务》,林明锵等译,台北,元照出版有限公司2009年版,第2页。
[128] 参见江必新、邵长茂:《社会治理新模式与行政法的第三形态》,载《法学研究》2010年第6期。
[129] 参见于安:《论数字行政法——比较法视角的探讨》,载《华东政法大学学报》2022年第1期;黄锫:《数字行政法的兴起:学科定位与研究结构》,载《行政法学研究》2024年第3期。
[130] 《民法典》第153条第1款规定:"违反法律、行政法规的强制性规定的民事法律行为无效。但是,该强制性规定不导致该民事法律行为无效的除外。"
[131] 《行政许可法》第12条规定:"下列事项可以设定行政许可……(五)企业或者其他组织的设立等,需要确定主体资格的事项……"

兼顾国家管制的目的,如私房出租要附随行政法上的消防安全义务等。[132] 这些规定都是行政法在民事活动中发生影响的法依据。因此,行政法与民法并不是"天敌",而是协助与互补的"伙伴",保护国家利益、公共利益,平衡国家利益、公共利益与个人利益的关系,构成了现代行政法与现代民法共同的目标和任务。

行政法介入私法自治领域是行政权对平等主体之间私法自治内容和范围的限制。在现代民法上,"国家在私法关系的形成到消灭过程中,从来就不是一个旁观者,从民法典到外于民法典的民事规范,国家强制处处可见,只是强制的性格、目的和效果不尽相同而已"[133]。《民法典》已经不可能筑成一个将国家权力挡在门外的自由"城堡",尤其在具有浓重国家主义传统文化历史的中国,行政权介入私法自治领域具有难以否定的正当性。当民事立法将基本权利具体化为民事权利之后,宪法上的"国家权力—基本权利"关系形态就转化为部门法上的"行政权力—民事权利"关系形态。在这个关系中,介入与限定构成了两个基础关系。私法自治导不出排除国家(行政)适度的干预的必要。一方面,私法自治离不开国家的存在,如同社会离不开国家那样。"在现代社会,民法典无法自足地实现私法自治,故而需要向宪法借力,同时需要能够对传统公法与私法间的冲突进行统筹与斡旋裁处、有效限制高权随意进出市民社会的更高位阶法制手段的存在。"[134] 另一方面,基于国家利益、公共利益和保护第三方利益的需要,国家必须对私法自治领域加以适度限定。当然,在国家本位观念之下,国家对私法自治领域的干预有时可能会出现"过度"状况,由此,行政法作为控制行政权之法,可以在这样的界面上发挥其调控作用。在这里,民法和行政法不再互相排斥,而是互为补充。一方面,民法(任意性规范)先天的"软性"导致其调整功能难以应对复杂的现代社会,从而损及民法平等、自由等基本价值;另一方面,行政法固有的"硬性"可以矫正民事主体越出私法自治领域间的行为,平衡民事主体各方利益。

行政法相当长时期内缺少总则性的法典,在行政法缺漏之处,民法规范是否可以适用,并非当然。基于公、私法分立的理论框架,其逻辑结论当然是否定的。但是,如果无视公、私法混合的现象,固执于民法、行政法之间的楚汉之界,可能也不适应实务发展的需要。比如,民法中的公序良俗原则,即使在行政法规范中毫无踪迹,也不能否认它在行政法中发挥规范调节作用。[135] 民事活动违反强制性——不得或者禁止——的行政法规范,它的法效力可能会被否认,即要件效力否认、结果效力否认或者构成民事损害赔偿责任。反过来,民法对行政法也有这样的作用。[136] 如在不动产登记中,民法上的行为可作为行政决定的构成要件,或者补充行政法的适用,如《公路法》第85条第1款规定:"违反本法有关规定,对公路造成损害的,应当依法承担民事责任。"有时,行政机关不履行对"公物"的保护义务,应当承担民事责任。如在王某凤诉千阳县公路管理段人身损害赔偿案中,法院认为:

> 参照交通部《公路养护管理暂行规定》,公路两旁的护路树属公路设施。千阳县公路管理段对这段公路及路旁护路树负有管理及保护的责任。护路树被虫害已3年之久,直接威胁着公路上的车辆行人的安全。在上级批文决定采伐更新的1年多时间内,千阳县公路管理段不履行自己的职责,导致危害结

---

[132] 《浙江省消防条例》第29条第1款第1句规定:"用于居住的出租房屋,应当符合消防安全要求;居住人数较多的出租房屋,应当提高消防安全要求。"
[133] 苏永钦:《私法自治中的国家强制》,中国法制出版社2005年版,第2页。
[134] 张力:《民法典"现实宪法"功能的丧失与宪法实施法功能的展开》,载《法制与社会发展》2019年第1期。
[135] 参见"北雁云依"诉济南市公安局历下区分局燕山派出所公安行政登记案,最高人民法院指导案例89号(2017)。
[136] 参见王贵松:《民法规范在行政法中的适用》,载《法学家》2012年第4期。

果发生,是有过错的。[137]

基于上述事实,无论是民法还是行政法的制定者都要有一种立法"大视野"。在举目四顾皆为政府监管的法律框架中,中国民法如何为"意思自治"争取一个更大的法律空间,可以说是30多年来民法发展的基本进路。这一点与西方国家先有民法典,然后再从20世纪政府开始慢慢地扩大监管范围的进路完全不同。在当下,中国行政法正在为减少政府监管而努力,以便为民法让出更多的空间。[138] 拉德布鲁赫在1929年曾经预言道:"行政法是社会的法律,在将来社会主义的福利国家中,如我们所料,民法可能会完全融合在行政法之中。"[139] 在中国,从《民法典》规定的内容看,拉德布鲁赫这个预言似乎真有成为现实的点点迹象。

(二) 经济法

民法与行政法之间叠加的法现象,使得在两者调整范围上泾渭分明的现象不再重现。在这两者重叠之处成长起来的法规范,即所谓的"经济法"。它是行政法介入民法调整涉及国家经济领域那部分法律关系的法律规范总称。经济法作为一个领域法的出现,是行政法必须面对的客观法律现象。经济法的本质是国家对经济的一种法律干预。[140] 凡有"大政府、小社会"传统的国家,都比较容易出现经济法。一般而言,当国家需要在短期内振兴与发展经济时,经济法作为国家干预经济的一种手段便应运而生,如"一战"之后的德国和"二战"之后的日本等国家。中国20世纪80年代初的国情也具备了经济法产生的条件,所以,尽管还存有争议,但在中国领域法中有经济法却是一个难以否定的事实。

经济法律关系的主体一方是行政机关,即行政机关介入私人之间的经济法律关系,旨在维护私人之间的公平竞争。在行政机关作为法律关系一方主体这一点上,经济法与行政法是相同的。有所不同的可能是,经济法是行政机关基于市场秩序而实施的各种干预活动所应当遵守的法规范;市场秩序以外的干预活动不属于经济法调整的范围。市场有序竞争是现代市场经济体制的灵魂,以保护公平竞争为要旨而发展起来的经济法,如德国的《反对限制竞争法》、美国的《反托拉斯法》和日本的《反垄断法》等都是具有代表性的经济法典。中国的《反不正当竞争法》《反垄断法》等构成了中国经济法的核心内容。不过,经济法仅仅是指经济法的实体规定,经济法的程序规定由行政程序法提供,经济法的诉讼程序由民事诉讼法和行政诉讼法提供。由于没有独立的法律程序,经济法有时又被称为"经济行政法",列入现代行政法总论之下的一个部门行政法。从经济法与行政法之间的关系看,这样的称呼倒也是名副其实的。

(三) 刑法

刑法与行政法没有血缘关系,它们是在各自独立的法律原理支持下发展起来的部门法。但是,两者之间的关系却是剪不断的。这种关系主要体现在它们的功能互补之上:(1)《刑法》中有的罪名的构成要件需要根据行政法的规定加以确定,行政法在这里具有补充刑法的功能。这种刑法的立法方式本质上是将部分犯罪构成的认定权转让给行政机关,也是刑罚向行政法领域延

---

[137] 参见《最高人民法院公报》1990年第2期。
[138] 《行政许可法》第13条规定:"本法第十二条所列事项,通过下列方式能够予以规范的,可以不设行政许可:(一)公民、法人或者其他组织能够自主决定的;(二)市场竞争机制能够有效调节的;(三)行业组织或者中介机构能够自律管理的;(四)行政机关采用事后监督等其他行政管理方式能够解决的。"
[139] [德]拉德布鲁赫:《法学导论》,米健等译,中国大百科全书出版社1997年版,第137页。
[140] 在日本,"经济法,是指在市场机制下建立的经济政策立法体系,它的核心是维护市场竞争秩序,即国家对'自由竞争的限制(市场支配)'和'阻碍公平竞争(不公平竞争)'行为进行规制的法律。"参见[日]丹宗昭信、[日]伊从宽:《经济法总论》,[日]吉田庆子译,中国法制出版社2010年版,第8页。

伸的表现。《刑法》中有的法条规定了以违反行政法义务为前提的犯罪构成要件，[141]所以，对违反行政法义务的认定，就直接影响到犯罪嫌疑人罪名是否成立，如公安机关作出的交通事故责任划分，将直接决定犯罪嫌疑人是否构成交通肇事罪。所以，罪刑法定中的"法"有拓展到法规、规章之倾向。(2)行政法有时需要由刑法加以保障。当对违法行为施以行政处罚不足以消除其社会危害性时，就需要由刑法来代替行政法的功能。在《刑法》之外的其他法律甚至法规、规章中，我们也经常可以看到"构成犯罪的，依法追究刑事责任"之类的法规范。在这个意义上，刑法其实是行政法的"特别法"。如《行政处罚法》第8条第2款规定："违法行为构成犯罪，应当依法追究刑事责任的，不得以行政处罚代替刑事处罚。"这是针对行政相对人的行政处罚与刑罚衔接的规定。又如，《行政许可法》第75条第2款规定："截留、挪用、私分或者变相私分实施行政许可依法收取的费用的，予以追缴；对直接负责的主管人员和其他直接责任人员依法给予行政处分；构成犯罪的，依法追究刑事责任。"这是针对国家公务员在履行职责过程中的行政处分与刑罚相衔接的规定。

---

[141] 如《刑法》第133条规定："违反交通运输管理法规，因而发生重大事故，致人重伤、死亡或者使公私财产遭受重大损失的，处三年以下有期徒刑或者拘役；交通运输肇事后逃逸或者有其他特别恶劣情节的，处三年以上七年以下有期徒刑；因逃逸致人死亡的，处七年以上有期徒刑。"

第二章 依法行政原理

第一节 依法行政原理的宪法基点

一、引言

依法行政原理的核心是，行政权必须依法行使，否则行政行为不具有合法性。基于依法行政原理而展开的行政法，在功能上是一个用于担保行政机关合法行使行政权的框架性法律制度。无论如何，行政法是控制行政权的法，尽管行政相对人的权利也要受到行政法的"控制"，但这不是行政法的要旨。

依法行政原理的逻辑基点是，由人民代表大会及其常务委员会制定的法律为行政机关提供行政权的依据，行政机关必须在法律规定的范围内行使行政权。当行政机关、司法机关也拥有了"立法权"之后，依法行政中的"法"从初始的"法律"扩大到了包括法律在内的所有法规范。

作为"动态宪法"的行政法，它的发展必须体现其所依赖的两个宪法条款，即法治国家和基本人权。[1] 前者所指的是行政要服从法的统治，后者则指行政是人权实现的基本手段，人权是行政的终极目的。在宪法规范的框架中，依法行政原理是行政法体系的核心，所有行政法的基本问题都是基于此原理得以展开。依法行政原理是行政法的生命之源，它具有相对稳定的核心内容，但它又是一个开放性的法体系，在现代社会变迁中不断地吐故纳新。

二、法治国家

(一)规范表述

法治国家，即法统治国家(权力)。关于"法治国家"的法规范表述，《宪法》第5条第1款规定："中华人民共和国实行依法治国，建设社会主义法治国家。"1982年制定《宪法》时，没有写入这一款的规定，它是1999年宪法修改的内容之一。"法治国家"入宪具有如下宪法意义：它划出了与"法制国家"的界限，进一步消解了法的工具色彩，改变了法与国家之间的关系，"法律至上"获得了宪法规范的支持。

---

[1] 据检索，自1978年中共十一届三中全会到1990年13年间，中共全会文件报告、全国人大常委会工作报告、全国政协会议工作报告、最高人民法院工作报告、最高人民检察院工作报告、国务院政府工作报告、地方政府工作报告中均未出现"依法行政"一词。最早正式提出"依法行政"一词是1991年4月最高人民法院工作报告，即"做好民事、行政审判和告诉申诉工作，保护公民、法人的合法权益，维护国家行政机关依法行政"。故有学者认为："这在一定程度上表明，是行政诉讼法颁行敦促官方关注政府依法行政问题，而非行政机关主动确立依法行政原则，政府在依法行政原则确立初期表现得比较被动。"参见王敬波：《行政法关键词三十年之流变》，载《法学研究》2008年第6期。第一部行政法学统编教材《行政法概要》在基本原则中，有"依法办事"的提法，但无"依法行政"的概念。

(二) 规范解释

1. 法产生国家权力。法治国家,即法统治国家(权力)。一方面,所有国家权力产生于法,并受法的约束与支配。为防止国家专断、恣意地行使权力,国家在行使权力时要受到法的约束与支配。另一方面,个人不是国家权力可以任意支配的客体,也不是国家行使权力的辅助工具,而是有权参与国家行使权力过程的独立主体,以权利制约权力。在法治国家中,个人当然必须服从法规范,必须履行国家依法设定的义务,在法规范下行使权利,享受自由。

行政机关只有依法行政,其行政行为才能获得合法性。个人因法所确认的权利获得了主体地位,这种主体地位既会与国家权力对立,又能与国家权力合作。为确保行政机关依法行政,宪法需要在国家机关之间创设一种分权机制,以避免国家权力集中于某一个国家机关之手。这种分权机制在行政法上表现为:人民代表大会为行政机关提供行使权力的法依据,司法机关通过行政诉讼监督行政机关依法行使权力,个人的基本权利获得保障。因此,在法治国家中,"永恒不变的是,权利使得权力对抗权力"[2]。

2. 产生国家权力的法是"良法"。法治国家可以分为形式法治国家和实质法治国家。形式法治国家的要求之一是,国家机关行使权力要有相关的法规范,形式上表面为有具体的法依据,即满足了合法性的要求;实质法治国家不仅要求国家机关行使权力有形式上的法依据,而且还要求国家权力所依据的法是"善良之法"。所谓"良法",是旨在保护和促进个人自由发展的法。简言之,实质法治国家,即"良法"之治的国家。

"良法"产生的充分条件是民主立法程序。如果没有民主立法程序,那么所制定的法就有可能被加入助长国家"作恶"的条款[3] 因现实生活中各种利益群体的客观存在与活动,有时立法程序不可避免地会受到它们"游说"的影响,立法机关甚至可能被利益群体俘获。为了及时消除因民主立法程序挫折而产生的"恶法",违宪审查(宪法诉讼)则是法治国家的一项不可阙如的制度[4] 拉德布鲁赫在1946年发表的《制定法的不法与超制定法的法》一文中,他提出了著名的判断恶法的"拉德布鲁赫公式"。这个公式由两个子公式组成:(1)"不能容忍公式"。即当实在法同正义的矛盾达到了"不能容忍程度",以至于法律已经成为"非正确法"时,实在法就失去了它的法律效力。(2)"否定公式"。即凡正义根本不被追求的地方,凡构成正义之核心的平等在实在法制定过程中有意地不被承认的地方,法律不仅仅是"非正确法",它甚至根本就缺乏法的性质[5] "拉德布鲁赫公式"对于判定实在法是否属于"恶法"具有十分重要的法理价值和方法论意义。就现代行政法而言,国家缺失违宪审查制度,必然影响其控制行政法功能的充分发挥。

---

[2] [美]史蒂芬·霍尔姆斯、[美]凯斯·R. 桑斯坦:《权利的成本——为什么自由依赖于税》,毕竞悦译,北京大学出版社2004年版,第35页。

[3] 毕业于武汉科技学院艺术系艺术设计专业孙某刚,2003年2月24日被广州市达奇服装有限公司雇用,但未办理暂住证。同年3月17日晚上他出门上网,没带身份证,在当晚11点左右,他在路上被查暂住证的警察送往黄村街派出所,后被转送往广州市民政局收容遣送中转站,3月20日孙某刚死于一家收治收容人员的医院。同年6月20日,国务院总理温家宝签署国务院令,公布《城市生活无着的流浪乞讨人员救助管理办法》,《城市流浪乞讨人员收容遣送办法》同时废止。

[4] 《宪法》第67条第1项规定,全国人大常委会行使"解释宪法,监督宪法的实施"的职权。2023年12月第十四届全国人民代表大会常务委员会第七次会议通过的《关于完善和加强备案审查制度的决定》,旨在"充分发挥备案审查制度保障宪法和法律实施、维护国家法制统一的重要作用,提高备案审查能力和质量,坚决纠正和撤销违反宪法、法律的规范性文件"。备案审查制度是一个消除"恶法"的法律监督制度。

[5] 参见雷磊编:《拉德布鲁赫公式》,中国政法大学出版社2015年版,第26~27页。

(三)法治国家的基础

1. 民主。民主不仅是少数服从多数的数字表达,它还需要遵守预定的程序规则,更重要的是必须尊重与保护少数意见;没有少数意见的生存空间,所谓"民主"基本上都是虚假的民主。民主是一种意思表达的过程,个人意志自由以及保障这种意志自由的制度不可或缺。在这个过程中,"沟通""论证""妥协"等构成了民主的核心内容。民主在法治国家中的要旨是国家权力接受民意的控制。就中国而言,即由人民代表组成的人民代表大会通过制定法律控制行政、司法等国家权力。[6] 人大立法是以人民意志为基础的,因为人大代表或者人大常委会委员直接或者间接来自人民的选择,体现了人民的意志。相对来说,立法性行政的民意基础比较软弱,故它的正当性一直为人所质疑。为此,行政法上一些补充性的权利保护机制应运而生,如公众有权参与立法性行政过程、行政规章备案审查和行政诉讼中法院"参照规章"审理行政案件等。这些补充性权利保护机制或事先或事后,提升了立法性行政的民主程度。

2. 自由。相对于国家权力的干预而言,个人自由是为国家行使权力设置了一道不依法则不可逾越的边界。它的本意是个人在法定范围内没有被强制作为或者不作为的一种状态。在西方国家中,它与自由市场经济体制的生成、发展相适应,成为法学、政治学等社会科学的基础性概念。20世纪之后因自由市场经济产生了大量的社会弊病,国家开始承担了面向个人"生存照顾"的职责,旨在为个人自由发展提供保障。就中国而言,在国家权力退出的若干社会领域中,个人自由决定自己事务的同时,自由更需要国家积极主动地履行社会保障(服务)职责,避免个人陷入为他人"奴役"的状态。在现代社会中,没有国家积极履责作为,个人自由就难以实现。

3. 分权。相对于集权来说,分权作为防止专制的一种制度性手段,成为法治国家的制度基础。因为,"当立法权和行政权集中在同一个人或同一个机关之手,自由便不复存在了……如果司法权不同立法权和行政权分立,自由也就不存在了"[7]。历史经验告诉我们,个人自由是需要通过分权来保障的。分权在技术层面上有两种:(1)横向分权。即在一级政权组织中的立法权、行政权、审判权、检察权、监察权分开。(2)纵向分权。即中央与地方分权。如货币发行是属于中央权力,地方不得行使。中国并无分权的政治传统,故数千年来一直都是"皇权独大",民众苦久矣。1912年中华民国后受西方国家法治思想的影响,其宪法也采用分权技术。1949年中华人民共和国成立之后,人民成为国家权力主体,为了保障个人权利和自由,国家机关设置亦采用了分权技术。正是这样的分权技术,支撑起法治国家的基本制度框架。

(四)法治国家与依法行政

1. 法治国家与行政权。行政权是人民有权要求行政机关依法履行其法定职责的基础,"以权谋私""滥用职权"等都与行政权本质相悖。行政权必须依法行使,否则法治国家不能形成。进言之,行政权必须受法的约束,同时,它也受行政机关自己根据法律制定的行政法规、行政规章和行政规定的约束,地方行政权还同时要受到地方性法规的约束。但是,在法律有意或者无意留下的法规范空白处,就需要行政权通过创造性的技术手段发展出符合法治原则、行政合目的原则的,并与经济和社会发展相适应的秩序。行政机关通过积累个案的处理经验形成的一般性规则,补充成为行政合法性的依据。在现代国家中,行政机关除了原有的

---

[6] 除法律外,地方性法规以及行政机关制定的行政法规、行政规章、行政规定乃至行政法的不成文法源等都具有控制行政、司法权的功能。当然,宪法、国际条约等也不例外。

[7] [法]孟德斯鸠:《论法的精神》(上册),张雁深译,商务印书馆1982年版,第153页。

执行法律权力外,还获得了一部分立法、司法的权力,行政权已经成为国家权力的中心。这些现象并非对法治国家的反动,而是法治国家的发展结果。行政权必须遵守依法行政原理,在一些判例中,法院对此也提出了明确的要求。如在张某文、陶某等诉四川省简阳市人民政府侵犯客运人力三轮车经营权案中,法院认为:

关于张某文、陶某等人实际享受"惠民"政策的问题。简阳市政府根据当地实际存在的道路严重超负荷、空气和噪声污染严重、"脏、乱、差"、"挤、堵、窄"等问题进行整治,符合城市管理的需要,符合人民群众的意愿,其正当性应予肯定。简阳市政府为了解决因本案诉讼遗留的信访问题,先后作出两次"惠民"行动,为实质性化解本案争议作出了积极的努力,其后续行为也应予以肯定。本院对张某文、陶某等人接受退市营运的运力配置方案并作出承诺的事实予以确认。但是,行政机关在作出行政行为时必须恪守依法行政的原则,确保行政权力依照法定程序行使。[8]

2. 法治国家与行政法。行政法体系是以依法行政原理为核心展开的,它旨在确保行政权行使的合法性。行政法源于行政需要受法律约束之时,因此,它是法治国家理论的产物。至少在西方国家法律史上,这个命题是成立的。中国到了1999年《宪法》修改时才增加"法治国家",但这并不意味着之前没有行政法。其实,在20世纪80年代初,中国法学界就已经开始讨论相关法治理论,在中央提出法制建设的"十六字"方针中,[9]已经包含了法治理论的基本内容。至于20世纪90年代以来颁布的《行政诉讼法》《国家赔偿法》《行政处罚法》《行政复议法》《行政许可法》《公务员法》《行政强制法》等法律,更是可以看作法治国家理论的产物。与此同时,1999年国务院发布的《关于全面推进依法行政的决定》,尤其是2004年发布的《全面推进依法行政实施纲要》,为依法行政确立的基本要求,对中国行政法的发展产生了很大影响。面对今天拥有包括立法性行政权、司法性行政权的"巨无霸"式的行政机关,现代行政法需要发展出多种控制行政权的法律机制,以满足法治国家的需求。与西方国家可能的不同是,它们的行政法要旨是限制行政权伸进个人领域,而中国行政法除了恪守这一限制之外,还要把行政机关过度伸进个人自由领域的行政权收回来,或者是把行政权收缩在某个范围之内。就此而言,中国行政法应该有自己的特性和内容。

三、基本人权

(一)规范表述

人权,即人应当享有的权利。基本人权的核心是生命权,由此产生维持生命的财产权和表现生命的自由权,并在此基础上产生各种具体权利。关于"基本人权"的规范表述,《宪法》第33条第3款规定:"国家尊重和保障人权"。1982年制定《宪法》时没有这一规定,它是2004年宪法修改的内容之一。"人权"入宪,改变了中国以往国家与个人之间的基础关系,也为中国与西方国家进行人权对话提供了宪法规范基础。1991年中国政府发表的《中国的人权状况》白皮书首次正面肯定"人权"概念,承认人权具有普适性价值,意义非凡。1997年中国政府在《经济、社会及文化权利国际公约》上签字,2001年2月28日第九届全国人大常委会第二十次会议作出批准《经济、社会及文化权利国际公约》的决定,标志着国家全面接受人权的普适性价值。《国家人权行动计划》(2009—2010)宣称,"实现充分的人权是人类长期追求的理想,也是中国人民和中国政府长期为之奋斗的目标"[10]。《国家人权行动计划》(2012—

---

[8] 参见最高人民法院指导案例88号。
[9] 这十六字方针是"有法可依,有法必依,执法必严,违法必究"。
[10] 国务院新闻办公室:《国家人权行动计划》(2009—2010),载《人民日报》2009年4月14日,第7版。

2015)宣称,"继续把保障人民的生存权、发展权放在首位,着力保障和改善民生,着力解决人民群众最关心、最直接、最现实的权利和利益问题,切实保障公民的经济、政治、社会和文化权利,促进社会更加公正、和谐,努力使每一个社会成员生活得更有尊严、更加幸福"[11]。《国家人权行动计划》(2016—2020)宣称,"坚持以人民为中心的发展思想,把保障人民的生存权和发展权放在首位,将增进人民福祉、促进人的全面发展作为人权事业发展的出发点和落脚点,维护社会公平正义,在实现中华民族伟大复兴中国梦的征程中,使全体人民的各项权利得到更高水平的保障"[12]。《国家人权行动计划》(2021—2025)宣称,"依法推进,将人权事业纳入法治轨道;协调推进,使各项人权全面协调发展;务实推进,把人权的普遍原则与中国实际相结合;平等推进,充分保障所有社会成员平等参与、平等发展的权利;合力推进,政府、企事业单位、社会组织共同促进人权事业的发展;智慧推进,充分利用数字技术拓展所有人自由全面发展的空间"[13]。国家连续多年发布《国家人权行动计划》,可以看作国家为落实宪法"人权条款"而制定具体方案的一种努力。

(二)规范解释

1. 尊重人权。尊重人权,本质上是尊重个人与国家关系上的主体地位,而不是把个人当作国家行使权力的工具。中国自秦汉以降,国家(帝王)主义思想高扬不衰,成为主导法律制度构建的指导思想,个人因此受到国家极度的藐视,一直不能站着与国家说话,更遑论向国家主张权利。"凡是具体的个人被贬为客体、纯粹的手段或是可任意替代的人物,便是人性尊严受到侵害。"[14]当"基本人权"条款入宪之后,在人权面前,"尊重"要求国家必须保持一种消极的姿态,如对作为人权核心的生命、自由和财产等权利,国家尤其应如同守夜人一样履行好看护职责,非经法律程序不可剥夺或者限制个人上述权利。尊重人权,应当遵循比例原则。由此,在尊重人权面前,行政权若要有所作为,必须具有法的依据。

2. 保障人权。保障人权本质上是个人可以借助国家权力为其体面地、有尊严地生存和发展获得一切所需要的条件。"保障"要求国家在人权面前必须有积极的作为。如作为人权中发展权下位的受教育权,国家应当主动提供财政等各方面的条件,举办各种教育机构,提供合格的师资力量,保障个人充分实现受教育权。在当下风险领域中,诸如环境、食品与药品的安全和隐私保护等方面,也需要国家努力为之。保障人权,应当遵循保护充分原则,由此,在保障人权面前,行政权若不作为必须要有法的依据。在保障人权手段上,私法也可以被纳入行政法体系内加以考察。当然,个人保障请求权通常是有限的,因为它与国家财政状态关系十分紧密。因此,保障请求权需要有较高位阶的法加以确认。

基本人权是一种法律价值,它通过国家立法可以被具体化为若干权利。基本人权是一种基于道德维度而面向国家权力的最低诉求,因此国家负有实现基本人权的义务。在国家立法或者政策形成过程中,基本人权是国家在众多价值中进行取舍的一种基本价值,它究竟在国家所信奉的价值谱系中处于何种地位,取决于国家所面临的经济、政治和文化等诸多因素。这些因素构成了众多价值"各得其所"的底色,从而使各种价值之间的冲突不至于过度激烈,国家也因此可以从容地作出合理的取舍。《宪法》规定的"人权条款"具体化的进路也大致如此。

---

[11] 国务院新闻办公室:《国家人权行动计划》(2012—2015),载《人民日报》2012年6月12日,第14版。
[12] 国务院新闻办公室:《国家人权行动计划》(2016—2020),载《人民日报》2016年9月30日,第13版。
[13] 国务院新闻办公室:《国家人权行动计划》(2021—2025),载《人民日报》2021年9月10日,第10版。
[14] 翁岳生主编:《行政诉讼法逐条释义》,台北,五南图书出版有限公司2023年版,第3页。

(三) 基本人权与依法行政

1. 基本人权与行政权。行政权的终极目的是实现基本人权。行政权既是基本人权的侵害者，又是基本人权的保障者。现代社会中，对基本人权最大的威胁莫过于行政权，如限制人身自由的行政强制措施、剥夺不动产所有权或者使用权的行政征收等，所涉的权利与个人的生存权具有相当密切的关系。生存与发展在中国的人权发展进程中被置于优先地位，在相关条件成熟后，再向其他权利与自由伸展，这样的基本人权保障策略是正确的。与此同时，"稳定"一直是人权扩展过程中国家不可舍去的前提；没有社会稳定，人权就没有存在的基础。行政权是社会秩序的稳压器。行政权由此产生的压制有时可能会蜕变为一种反人权的官方力量，与基本人权保护之间会产生紧张关系，如利用行政权压制公民的正常的信访，阻断公民权利的正当诉求等。因此，依法行政中如何处理好人权保障与社会稳定之间的紧张关系，构成了转型期中国现代行政法发展过程中一种无法抹去的底色。

2. 基本人权与行政法。在与宪法的关系上，行政法可以被当作基本人权的保护法、实现法来看待，如《行政诉讼法》《行政处罚法》《行政许可法》《行政强制法》《国家赔偿法》等。《民法典》物权编是保障财产权的基本法律，财产权在基本人权中与自由处于相同地位。虽然它的内容在整体上或者在学说上属于私法，但它的许多条款却属于行政法。[15] 可见，在私法的具体法律中也存在大量行政法的条款。这是研习行政法时必须要关注的。行政法一方面为行政权划定了它的合法范围，旨在防止行政权侵害基本人权；另一方面通过各种制度与程序促进行政机关积极地行使行政权，以满足个人实现基本人权的需要，如行政程序的参与机制、行政救济机制等。

第二节　依法行政原理的基本内容

一、引言

《宪法》确立的人民代表大会制度是国家的根本政治制度。人民代表大会是人民行使权力的国家机关，由人民代表大会产生的"一府一委两院"构成了一个国家框架性基本制度。为了使行政能够体现民主原则，行政机关必须依照人大通过的法律行使权力，即依法行政原理。依法行政原理旨在要求行政机关行使行政权时受立法机关制定的法律约束，并接受法院、检察院和监察委的合法性监督，实现保障人权的目的。

依法行政最早见于1991年《最高人民法院工作报告》。[16] 1993年《国务院政府工作报告》正式提出依法行政原则。[17] 在以后的30多年中，国务院为落实依法行政原则先后单独发布了四个文件，即《关于全面推进依法行政的决定》(1999)、《全面推进依法行政实施纲要》(2004)、《关于加强市县政府依法行政的决定》(2008)和《关于加强法治政府建设的意见》(2010)(已失效)；之后，与中共中央联合发布两个文件，即《法治政府建设实施纲要(2015—

---

[15] 《民法典》第243条第1款规定："为了公共利益的需要，依照法律规定的权限和程序可以征收集体所有的土地和组织、个人的房屋以及其他不动产。"第358条规定："建设用地使用权期限届满前，因公共利益需要提前收回该土地的，应当依据本法第二百四十三条的规定对该土地上的房屋以及其他不动产给予补偿，并退还相应的出让金。"

[16] "做好民事、行政审判和告诉申诉工作，保护公民、法人的合法权益，维护国家行政机关依法行政"。

[17] "各级政府都要依法行政，严格依法办事。一切公职人员都要带头学法懂法，做执法守法的模范。"

2020年)》和《法治政府建设实施纲要(2021—2025年)》。上述文件是中国行政法的重要内容,是宪法、法律和法规的具体化,部分内容获得司法认可,具有法规范效力。[18]

二、行政必须有法律依据

(一)法律高于行政

1. 行政受法律的拘束,不得违反法律。《宪法》第85条规定:"中华人民共和国国务院,即中央人民政府,是最高国家权力机关的执行机关,是最高国家行政机关。"第105条第1款规定:"地方各级人民政府是地方各级国家权力机关的执行机关,是地方各级国家行政机关。"由此,最高国家权力机关制定的法律,应当拘束国务院和地方各级人民政府的行政;为了确保法律与《宪法》的一致性,同时让《宪法》的内容在行政法中得以落实,法律本身也应当受《宪法》的拘束,不得违反《宪法》的规定。《立法法》第98条对此已有明确规定。

2. 尚未制定法律的行政领域,由行政机关或者地方人大依法提供法依据。它的具体内容是:(1)凡专属法律规定的事项且尚未制定法律的行政领域,行政机关或者地方人大不具有立法权,在此种情形下,若没有法律就没有行政。鉴于《宪法》"具有最高的法律效力",[19]它应当可以直接拘束行政,宪法规范也可以是行政的法依据。关于《宪法》是否具有直接拘束行政的法效力,在学理上一直是存在争议的,从务实性角度看,由于《宪法》规范具有原则性的特点,有直接拘束行政的法效力的情形应当是一个例外,即只有专属法律规定事项缺少具体化的法律时,《宪法》规范才具有直接拘束行政的法效力。[20] 当然,全国人大及其常委会也可以依法授权国务院制定行政法规,[21]以缓和"法制定—法适用"之间的紧张关系。(2)凡不专属法律规定事项且尚未制定法律的行政领域,行政必须受行政法规、行政规章和行政规定拘束;地方行政还必须受地方人大及其常委会制定的地方性法规、自治条例和单行条例的拘束。为了确保行政的法依据统一性,行政法规、地方性法规、自治条例、单行条例、行政规章和行政规定都不得与宪法、法律相抵触。

3. 尚未制定法律的行政领域,如行政机关、地方人大也尚未提供行政的法依据,行政除应当受《宪法》规范的拘束外,还应当受法的一般原则等不成文法的拘束。当然,随着国家法律体系逐步完善,这种情形应会逐步减少。需要指出的是,由于法律中存在大量的不确定法律概念和裁量空间,这使由人大立法导控的行政有时显得"有气无力",许多法律规范如空空的躯壳,需要由行政机关在个案中填补其内容,才能发挥法规范调控作用。行政机关在个案中的"造法"情况不可见,需要有相关的制度、程序加以规范。法律有时是给行政画了一个圆圈,只要行政不越出边界,在这个圆圈内,行政机关基于完成行政任务的需要而创造性地处理行政事务,也应该是符合依法行政原理的。当然,最终仍需要由司法作出合法性判断。

(二)法律产生行政

1. 无法律即无行政。无法律即无行政是基于行政机关产生于人大,并作为人大执行机关这一宪法规定而确立的原则。行政机关与个人之间的关系本质上是宪法关系,应当由法律加

---

[18] 在《全面推进依法行政实施纲要》中,依法行政基本要求之一的"程序正当",它已成为法院在行政诉讼中进行司法审查时适用的基准之一,如张某银诉徐州市人民政府房屋登记行政复议决定案,载《最高人民法院公报》2005年第3期。

[19] 参见《宪法》序言第13段。

[20] 涉及这一部分宪法条款的内容,《立法法》第11条已有明确的规定。

[21] 参见《立法法》第12条。

以具体规定,才能确保个人的基本权利不受行政权的侵害,行政权也只有在法律范围行使内才具有合法性。法律产生行政的方式有:(1)直接产生。即由法律或者地方性法规直接规定行政的法依据。凡《立法法》第 11 条规定的事项,原则上都必须由法律直接规定行政的法依据。有关犯罪和刑罚、对公民政治权利的剥夺和限制人身自由的强制措施和处罚、司法制度等事项除外,全国人民代表大会及其常务委员会有权作出决定,授权国务院可以根据实际需要,对其中的部分事项先制定行政法规。(2)间接产生。即由全国人大及其常委会依法授权行政机关创制行政的法依据。间接产生行政的法律授权之所以具有合法性,是因为面对行政的需求,全国人大及其常委会制定的法律或者地方性法规有时"供不应求",或者一些专业性行政的法依据,由行政机关来创制更加符合实际需求。在特殊情况下,在行政缺少行为法依据情况下,组织法依据有时也可以产生行政,但行政必须遵守正当程序。

  法的授权有两种方式:一是法案授权。原本属于应当制定法律的事项,全国人大及其常委会以决定的方式授权国务院制定行政法规。[22]《立法法》这一"授权立法条款"可以看作国家最高立法机关为适应现代行政的需要而作出的一种回应。为了确保授权立法的合法性,授权决定应当明确授权的目的、范围等,国务院应当严格按照授权目的和范围等行使该项权力,不得将该项权力转授给其他机关行使。[23] 二是法条授权。全国人大及其常委会通过法律的个别条款授权国务院制定行政法规或者省、自治区、直辖市和设区的市人民政府制定行政规章。如《道路交通安全法》第 55 条第 1 款规定:"高速公路、大中城市中心城区内的道路,禁止拖拉机通行。其他禁止拖拉机通行的道路,由省、自治区、直辖市人民政府根据当地实际情况规定。"《立法法》第 11 条之外的立法事项,不能被反向解释为是行政机关固有制定法规范的事项,行政机关制定行政法规、行政规章的事项仍然需要获得法的授权。为执行法律、法规和规章而制定的程序性、技术性的规定,如听证程序办法等,由行政机关依法在职权范围内以行政规定的形式发布实施,可以不需要法的授权。

  2. 给付行政也由法律产生。法律产生行政的要旨是防止干预行政侵犯个人的权利和自由。与西方国家不同的是,在中国,这一观念起初并不主要来自发展市场经济的需要,而是"文革"等灾难性社会运动形成的历史经验教训。给付行政是一个域外法概念,在中国计划经济体制下,国家给每个家庭发放购买日常生活品票证和给部分人提供劳保福利等行为,虽然也具有受益性,但难谓是"给付行政",毋宁是《宪法》规定的"物质帮助权"的具体落实。大约在 21 世纪初,行政法学引进了"给付行政",并使之成为与干预行政相对应的概念。当我们用给付行政来说明"最低生活保障费"发放等行为时,它们是否也必须与干预行政一样都要由法律产生,学理上一直语焉不详。有时,行政机关对依靠"最低生活保障费"生活的个人拒绝给付,可能直接影响到个人及其家庭的生存权;因为给付行政中个人受益源于公共财政的支出或者公共财政的第二次分配,所以,为保障个人基本生存权,限制行政机关滥用公共财政的分配权,保护公平竞争等,确立给付行政也应由法律产生的原则是十分必要的。[24] 况且,这也是有宪法依据的,如《宪法》第 44 条规定:"国家依照法律规定实行企业事业组织的职工和国家机关工作人员的退休制度。退休人员的生活受到国家和社会的保障。"这里的"依照法律",可以佐证有关退休人员的给付是需要有法律依据的。

---

[22] 参见《立法法》第 12。
[23] 参见《立法法》第 13 条、第 15 条。
[24] 在德国行政法上,"禁止赠送给付。任何重要的公共资金支出都不得出于随意,都不得没有大众福祉方面的收益或者对待给付。"参见[德]汉斯·J. 沃尔夫、[德]奥托·巴霍夫、[德]罗尔夫·施托贝尔:《行政法》(第 1 卷),高家伟译,商务印书馆 2002 年版,第 339 页。

在内容上,给付行政更多的是一种"保障"。所谓"保障"就是要求国家以积极行政为个人提供各种生存和发展的条件,其目的是让个人自立、自强,而不是让他躺在给付行政上睡觉、度日。有时,如果行政机关怠于给付行政,个人所受侵害并不小于干预行政,如不及时发放"最低生活保障费",可能中断受领人的正常生活来源。所以,以法律要求行政机关积极行政,在现代行政法中意义重大。2007 年中国政府开始了一个重大的政府职能转型过程之后,地方各级政府实施了大量的给付行为。[25] 当然,给付行政毕竟不同于干预行政,所以在法律产生行政的要求上,可以降低对给付行政的法规范密度,为给付行政保留更多的裁量空间。在实务中,作为法律、法规和规章延伸的行政规定在给付行政中可以发挥更大的作用,如在社会保障行政的法依据中,由各级行政机关制定的行政规定事实上一直占有相当大的比例。但这并不是"给付行政由法律产生"的例外,在确保行政规定与法律一致性的前提下,毋宁将其看作"给付行政由法律产生"的另一种式样。

三、行政必须有行政相对人参与

(一) 行政参与的类型

传统行政法将行政过程封闭起来,只要求行政机关将行政结果依法告知行政相对人,并通过设置行政诉讼制度为行政相对人提供权利救济,就符合依法行政原理的基本要求。现代行政法将行政过程开放给行政相对人、公众,他们在参与行政过程中,对可能形成的行政结果有权表达自己意见,学理上称之为行政参与。行政参与分两种类型:(1)权利保护型。即行政相对人参与行政是为了保护自己的合法权益不受行政机关拟作出的行政行为的侵害,具有预防功能。如行政处罚、行政许可中的行政听证,为行政相对人就行政机关拟作出行政处罚、行政许可的内容有一个表达自己不同意见的机会。行政机关通过斟酌行政相对人提出的意见,有机会重新审视拟作出的行政行为是否合法,避免作出违法行政行为。它主要适用于"要件—效果"型的行政决定。(2)意见征集型。即公众参与行政过程并不完全是为了保护自己的合法利益,更多的是出于保护公共利益的目的,对行政机关拟制定具有普遍约束力的规范性文件发表自己的意见,供行政机关在作出行政行为时予以考虑。它主要适用于"手段—目的"型的行政决策。[26]

(二) 行政参与的价值

1. 为行政机关提供反思行政行为合法性的机会。与传统行政法不同的是,在现代行政法体系中,行政实体法、行政程序法和行政救济法"三分天下"。行政程序在现代行政法中凸显的原因是基本人权理论与实践的发达,改变了行政法律关系中行政相对人原先行政客体的地位,从而使行政相对人获得了与行政机关一样的主体性,有权参与行政过程。但是,在现代行政法上"参与"并非基于行政相对人与行政机关之间的利益对立,毋宁应当倡导的"合作行政"。依法行政不仅仅要求行政行为结果的合法性,还包括行政过程的合法性。这种过程合法性体现在有行政相对人参与行政过程。传统的民主是通过人民代表大会制度监督行政来实现的,它的不足之处今天已经显现。这主要表现为行政过程中民主的欠缺与滞后,有时民主甚至不能通过人民代表大会传送到行政过程之中,致使行政的民主基础十分脆弱。比如政府施政的短期决策、随意变动的城市规划等,这都难以为人民代表大会的民主所控制。行政程序可以让行政相对人越过自己选出的人民代表直接介入行政过程,

---

[25] 参见 2007 年《国务院政府工作报告》。
[26] 参见《重大行政决策程序暂行条例》第二章第 2 节"公众参与"。

向行政机关当面表达自己的意见、建议与要求。在这个过程中,行政相对人的权利成为约束行政权合法、正当行使的一种外在规范力量,行政相对人可以在法定范围内对行政机关行使行政权是否合法、正当提出异议。[27] 这种民主控制的法律价值在于,它为行政机关依法行使职权提供了一个反思的机会。行政机关如能理性地对待,则能够发现违法行政行为并及时加以纠正。

2. 可以提高行政相对人对行政行为的可接受程度。传统行政法并不那么关注行政行为的结果能否为行政相对人所接受,如果行政相对人不服行政行为的结果,传统行政法已经为其安排好了事后行政救济的途径——行政复议或者行政诉讼。但是,传统行政法这种制度安排所引发的消极后果,比如权利侵害的不可恢复性、行政效率的减损等,有时会引发行政相对人的强烈不满。为此,现代行政法提供了解决这个问题的对策,即通过行政相对人参与行政过程以提高行政行为的可接受性。行政行为可接受性的前提是其合法性。然而,在现代行政权基本上都是裁量权的情况下,行政行为仅仅在形式上合法显然是不够的。事实证明,行政行为是以"力"服人还是以"理"服人,直接决定了行政行为的实际效果。行政行为的合法性仅仅解决了以"力"服人的问题,行政相对人如有不服,行政机关可以强制其服从,但这不能解决行政行为以"理"服人的问题。这个问题能否解决取决于行政行为是否有"理",尤其是对行政相对人不利的行政行为,只有合"理"的行政行为才能让行政相对人心服口服地接受,从而使行政行为的实际效果最大化。行政机关作出有"理"的行政行为的前提是,行政法应当为行政相对人提供一个可以事先说理的过程,让行政相对人在这个过程中有秩序地"发泄"不满。这个说理过程只有行政程序才能提供,也只有在行政程序中的说理,行政行为才能产生可接受性的效果。[28]

四、行政必须接受司法监督

(一) 基本前提

《宪法》中没有"司法"的概念,这里使用的"司法"概念相当于《宪法》第128条中的"审判"(机关)。[29] 在《宪法》规定的国家框架性基本制度中,司法是独立于行政之外的一种国家权力。在法治国家中,没有司法监督行政,依法行政原理是残缺不全的。行政接受司法监督需要有两个基本条件:

1. 行政对法律争议没有最终决定权。凡是行政机关与行政相对人之间发生的行政争

---

[27] 《行政法规制定程序条例》第13条第1款规定:"起草行政法规,起草部门应当深入调查研究,总结实践经验,广泛听取有关机关、组织和公民的意见……听取意见可以采取召开座谈会、论证会、听证会等多种形式。"《行政许可法》第46条规定:"法律、法规、规章规定实施行政许可应当听证的事项,或者行政机关认为需要听证的其他涉及公共利益的重大行政许可事项,行政机关应当向社会公告,并举行听证。"

[28] 参见国务院《关于加强法治政府建设的意见》规定:行政机关要"严格遵守法定权限和程序,完善公众参与政府立法的制度和机制,保证人民群众的意见得到充分表达、合理诉求和合法利益得到充分体现。除依法需要保密的外,行政法规和规章草案要向社会公开征求意见,并以适当方式反馈意见采纳情况。建立健全专家咨询论证制度,充分发挥专家学者在政府立法中的作用","制定对公民、法人或者其他组织的权利义务产生直接影响的规范性文件,要公开征求意见,由法制机构进行合法性审查,并经政府常务会议或者部门领导班子会议集体讨论决定;未经公开征求意见、合法性审查、集体讨论的,不得发布施行","要把公众参与、专家论证、风险评估、合法性审查和集体讨论决定作为重大决策的必经程序。作出重大决策前,要广泛听取、充分吸收各方面意见,意见采纳情况及其理由要以适当形式反馈或者公布。完善重大决策听证制度,扩大听证范围,规范听证程序,听证参加人要有广泛的代表性,听证意见要作为决策的重要参考"。

[29] 公安机关、检察机关在刑事诉讼中的侦查、检察活动不在这里的"司法"范畴之内。

议,应当遵循司法最终解决原则,不得由行政机关自己作最终决定。《行政诉讼法》第13条把"法律规定由行政机关最终裁决的行政行为"划出行政诉讼受案范围,但并没有相关法律衔接,使之受到大致与行政诉讼一样的合法性审查,应当说这是一个立法缺陷,也与我国在加入世界贸易组织的议定书中作出的公开承诺不一致。[30] 司法最终原则是法治原则的根本体现,也是法治精神的最重要的支柱,司法救济的范围越广泛,越是有利于维护行政相对人的合法权益。但是,司法最终原则与法律原则一样,都有例外作为其必要的组成部分。[31]

2. 行政服从司法作出的裁判。一切组织和个人都必须服从司法作出的裁判,这是法治国家的基本要义。行政机关遵守这一规则的法治意义尤为重大。行政机关如果对法院作出的裁判有异议,必须在服从司法的前提下通过法定程序来表达,不得在诉讼程序之外向法院施加压力,谋求有利于自己的裁决。[32] 行政机关在行使行政权时,不得作出与法院最终裁判相悖的行政决定,损害法的安定性。[33] 如果行政机关藐视法院的裁判,必将直接动摇法治国家的根基,基本人权更无着落。

(二) 基本保障

要实现行政接受司法监督,宪法规定的国家框架性基本制度必须提供一个独立行使审判权的司法体制,保证有足够强大的司法权行使司法审查权。司法在现代国家中,它的基本功能除了在个案中的定分止争外,还有两种功能:(1)通过判例发展出一般的法规则,统一裁判尺度,类似案件作相同处理;[34](2)通过司法审查促进良好行政。依法行政原理预设了这样

---

[30] 参见《中华人民共和国加入议定书——世界贸易组织》第 2 条(D)之 1 规定:"中国应设立或指定并维持审查庭、联络点和程序,以便迅速审查所有与《1994 年关税与贸易总协定》('GATT1994')第 10 条第 1 款、GATS 第 6 条和《TRIPS 协定》相关规定所指的法律、法规、普遍适用的司法决定和行政决定的实施有关的所有行政行为……"
[31] 陈某花诉湖北省人民政府土地行政批复再审案,最高人民法院行政裁定书[(2018)最高法行申 539 号]。
[32] 陕西省横山县一起关于矿权纠纷的官司,在最高人民法院审理过程中,收到一份来自陕西省政府办公厅的"秘密公函"。公函称,"省高级人民法院一审判决对引用文件依据的理解不正确","如果维持省高级人民法院的判决,将会产生一系列严重后果……对陕西的稳定和发展大局带来较大的消极影响"。知情人士透露,该函虽以陕西省政府办公厅的名义发送,但实际上是由陕西省国土资源厅起草。参见《中国青年报》2010 年 8 月 2 日。又如,重庆市涪陵区李渡新区管委会为一件民事案件给区法院发函,称如果不按管委会意思判决,"将会造成原告缠诉或者上访……这也是一二审法院都不希望发生的后果!"以此种方式来给法院施加压力。参见《新京报》2010 年 6 月 2 日。
[33] 广州市千金一有限公司与江苏省南通市工商行政管理局行政纠纷案,法院认为:"千金一公司销售给贸源公司的 3201.84 吨伊朗螺纹钢,未经海关监管,南通市工商局有权对在境内流通的该批钢材进行查处。但是,千金一公司与贸源公司及贸源公司与甬发公司之间因购销该批钢材而产生的纠纷及涉及的有关法律问题,江苏省南通市中级人民法院及江苏省高级人民法院已分别作出民事判决和民事调解。南通市工商局在南通市中级人民法院作出民事判决前,亦曾具函该院认定该批钢材不属于走私物品。而该局在人民法院的裁判发生法律效力后,又认定千金一公司与贸源公司、贸源公司与甬发公司购销上述钢材的行为属于倒卖走私钢材的违法行为,并作出与人民法院生效法律文书明显抵触的处罚决定,缺乏法律依据,属于超越职权的行为。"参见最高人民法院行政判决书[(1998)行终字第 5 号]。
[34] 为进一步统一裁判尺度,《最高人民法院司法责任制实施意见(试行)》新创设了类案与关联案件检索机制,明确承办法官在审理案件时,应当依托办案平台、档案系统、中国裁判文书网、法信、智审等,对最高人民法院已经审结或正在审理的类案与关联案件进行全面检索,制作检索报告,并分情形作出处理:拟作出的裁判结果与本院同类生效案件裁判尺度一致的,经合议庭评议后即可制作、签署裁判文书;拟作出的裁判结果将形成新的裁判尺度的,由院庭长决定或建议提交专业法官会议、审判委员会讨论;对拟作出的裁判结果将改变本院同类生效案件裁判尺度的,应当按程序提交专业法官会议、审判委员会讨论;如发现本院同类生效案件裁判尺度存在重大差异的,应层报审判委员会讨论决定。参见《最高人民法院司法责任制实施意见》。

的一个规则;只要行政相对人提起行政诉讼,行政行为就必须接受司法审查。司法不能受制于行政,否则司法审查将一事无成。

在法治国家中,法院不是政府的法院,而是政府旁边的法院。在我国,司法的独立性主要体现为人民法院依法独立行使审判权。《宪法》第131条规定:"人民法院依照法律规定独立行使审判权,不受行政机关、社会团体和个人的干涉。"独立行使审判权旨在实现司法意志不受其他权力的支配,保证司法机关能够在国家框架性基本制度内对法律争议作出独立的判断。独立行使审判权是抵制外部其他权力干预法院独立判断的制度性理由,也是保护法官不被外部其他权力随意支配,为法官提供一种职位的制度性保障。独立行使审判权为当事人预测法院的裁判结果提供了可能性,是当事人接受不利裁判的心理基础,有助于将裁判对社会的不利影响降至最低限度。

行政因集国家人、财、物于一身而成为现代国家中最强大的一种权力。在行政法上,作为行政诉讼被告的行政机关与审理行政案件的法院之间的关系是十分清晰明了的,但在实务中这种状况却有很大的改善余地。如果司法不能独立地纠正行政机关依法行政的错误,那么法治国家与基本人权的宪法价值将可能因行政的恣意而毁灭。

第三节 依法行政原理支配的基本原则

一、引言

现代行政法基本原则是在依法行政原理支配下塑成的,而不是信手拈来的、或多或少没有逻辑关联性的"原则"堆积而成。现代行政法在内容、形式上的分散、多元与法制统一要求之间的矛盾,需要借助行政法基本原则来消解。作为现代行政法基本原则,它应当是基于行政权的基本功能和基本规律,对调整行政权与行政相对人权利、行政权与司法权以及行政权与立法权之间的关系具有高屋建瓴的指导意义。它上承依法行政原理,下系行政法基本制度与基本规范,从而构成一个具有相当稳定性、开放性的现代行政法体系。

基于国家权力源于人民授予的命题,行政权必须是有限制的,现代行政法的基本使命是控制行政权,否则法治国家、基本人权如同沙滩上的楼阁。但是,行政权又必须是有效率的,才能回应复杂多变的现代社会需求,现代行政法需要发展出一系列的制度来满足这一需要。因此,有效率的但必须是有限制的行政权是现代行政法所关注的核心命题,是构建现代行政法基本原则的逻辑起点。

现代行政法内部结构可以分为行政实体法、行政程序法和行政诉讼法,这是推导现代行政法基本原则的逻辑结构。行政实体法所要解决的问题是行政机关有什么权力,即行政机关能做什么;行政程序法所要解决的问题是行政机关如何行使权力,即行政机关怎么做;行政诉讼法所要解决的问题是行政相对人不服行政权时的法律救济,即行政机关做错了怎么办。行政诉讼法前承一个行政复议程序(尽管我们不采用行政复议前置制度,但毕竟在行政诉讼之前存在一个可能需要经过的行政复议程序),后连一个行政赔偿程序(当然,并不是每一个行政诉讼都会发生行政赔偿)。这两个救济制度在逻辑上都属于行政诉讼法的内容。

现代行政法内分行政实体法、行政程序法和行政诉讼法三个部分,它们之间具有相对独立性。这种独立性使现代行政法的任何一项基本原则都不能贯穿整个行政法所规范的行政行为的全过程,但它们之间的关联性不可忽视;只有基于这种独立性和关联性所确立的现代行政基本法原则,才具有科学性和解释力。因此,以现代行政权"有效率的但必须是有限制的"为逻辑起点,在行政法内部结构的每一个相对独立的部分中分别提炼现代行政法基本原则,从而形成一个具有内在联系的、开放性的现代行政法基本原则体系。

二、行政实体法基本原则

(一)行政效力推定原则

行政效力推定,是指行政机关作出的行政决定,只要不存在重大且明显的违法情形,就应当推定其为有效,所有人都必须给予尊重,行政相对人必须履行行政决定所设定的义务。此原则为行政机关提供了一个作为手段的行政决定,旨在保障社会秩序的稳定、发展。当然,更为深层次的法理念是源于法规范的法的安定性。行政实体法是授予行政机关有什么权力的法,其根本目的是要求行政机关通过行政权为经济和社会发展提供所需要的稳定秩序。行政效力推定原则构成了行政法上行政决定法效力理论中"存续力"的法理基础。

这一基本原则有如下内容:(1)立法应当根据经济和社会发展的客观需要给予行政机关充分授权,如海关用于缉私的警察权,[35]生态环境主管部门对排污单位停止、限制供水、供电的决定权等。[36] 经济和社会发展的客观需要构成了行政机关获得充分行政权的正当理由,立法授权必须充分、全面。一个强有力的行政机关是现代社会稳定发展的基本前提。(2)行政决定效力推定具有相对性,行政机关的行政权足以将社会秩序失范状态控制在社会可以容忍的限度之内即可。行政机关以"重大且明显违法"的行政决定作为手段追求社会秩序稳定,该行政决定的法效力将被否定。[37] (3)对已经依法送达的行政决定,在法定期限届满后行政相对人仍没有提起行政救济的,该行政决定的法效力得以确定。但是,行政机关有权通过法定程序并依据法定事由变更、消灭行政决定,这为信赖利益保护和诚实信用作为现代行政法具体原则奠定了法理基础。[38]

(二)行政职权法定原则

行政职权法定,是指行政机关的行政权必须依法授予,任何法外行政都不具有合法性。在依法行政原理之下,作为可以支配行政相对人权利的行政权,必须由人民代表大会以法律、地方性法规授予。虽然行政机关也具有为其行政权制定依据的立法性行政权,但这种"立法性行政权"仍然源于人民代表大会的授权。这一基本原则明确了行政权是有限的、可数的,同

---

[35]《海关法》第4条第1款规定:"国家在海关总署设立专门侦查走私犯罪的公安机构,配备专职缉私警察,负责对其管辖的走私犯罪案件的侦查、拘留、执行逮捕、预审。"

[36]《浙江省水污染防治条例》第51条规定:"排污单位拒不履行县级以上人民政府或者生态环境主管部门作出的责令停产、停业、关闭或者停产整顿决定,继续违法生产的,县级以上人民政府可以作出停止或者限制向排污单位供水、供电的决定。"

[37]《行政处罚法》第38条规定:"行政处罚没有依据或者实施主体不具有行政主体资格的,行政处罚无效。违反法定程序构成重大且明显违法的,行政处罚无效。"

[38]《行政许可法》第8条第2款规定:"行政许可所依据的法律、法规、规章修改或者废止,或者准予行政许可所依据的客观情况发生重大变化的,为了公共利益的需要,行政机关可以依法变更或者撤回已经生效的行政许可。由此给公民、法人或者其他组织造成财产损失的,行政机关应当依法给予补偿。"

时,它划定了行政机关行使行政权的外围边界。虽然行政机关自己也可以"立法",但这种行政的法依据在绝大多数情况下仅仅是行政机关对法律、地方性法规中原则性规定的细则化,它们仍要受到法律、地方性法规的约束。因此,以依法行政原理为核心所展开的现代行政法中,不论行政机关的组织形式如何,最能达成的一个共识是不允许存在一个没有法依据的行政权。[39]

这一基本原则包含如下内容:(1)"法定"之中的法,既包括人民代表大会制定的法律、地方性法规,还包括行政机关在法律授权下所制定的行政法规、行政规章。宪法的某些规范虽然也具有授权功能,但将它看作国家机关之间的权力划分可能更为妥当;行政规定是法律、法规和规章的具体化,它可以成为行政机关行使行政权的法依据之一。[40] 如在济南市长清区亨达搪瓷厂诉济南市长清区环境保护局处罚案中,法院认为:

> 《中华人民共和国环境影响评价法》第31条第1、2款规定,建设单位未依法报批建设项目环境影响评价文件,由有权审批该项目环境影响评价文件的环境保护行政主管部门作出相应的行政处罚。《山东省实施〈中华人民共和国环境影响评价法〉办法》第13条规定,"建设项目环境影响评价文件实行分级审批制度。下列建设项目的环境影响评价文件,除依法应当由国家审批的以外,由省环境保护行政主管部门负责审批……设区的市和县级环境保护行政主管部门审批建设项目环境影响评价文件的范围,由设区的市人民政府确定"。《济南市建设项目环境影响评价文件分级审批规定》(济政发[2011]17号)第3条规定,"建设项目环境影响评价文件的分级审批权限,原则上按照建设项目的审批、核准和备案权限及建设项目对环境的影响性质和程度确定。"本案中,申请人亨达搪瓷厂所建设项目类别为金属制品加工制造,该建设项目的环境影响评价文件由哪级环境保护主管部门审批没有明确规定。经审查,国家、省、市级对建设项目的环境影响评价文件审批权限都有明确规定,而申请人亨达搪瓷厂所建设项目未在国家、省、市级的环境影响评价文件审批范围内。因此,考虑到我国目前环境污染所面临的严峻形势,各级环境保护部门对本行政区域环境保护工作具有监督管理职责。申请人亨达搪瓷厂住所地位于被申请人辖区内,涉案建设项目的环境影响评价文件审批权限应该由被申请人进行审批。故被申请人对本案具有相应的行政处罚职权。[41]

本案中,亨达搪瓷厂所建设项目未在国家、省、市级的环境影响评价文件审批范围内,但根据《济南市建设项目环境影响评价文件分级审批规定》的规定,法院认为长清区环境保护局"对本行政区域环境保护工作具有监督管理职责",因此对亨达搪瓷厂"未依法报批建设项目环境影响评价文件"的行为有行政处罚权。(2)法定行政职权之外的事务由个人之间通过意思自治解决,行政机关可以站在权利的边界上站岗放哨,没有法依据不得擅自踏进个人权利的自治领地。行政职权法定意味着个人有了一个广阔的权利空间,在这个空间里,个人活动只要不损害他人利益,行政权就不能干涉。没有法的禁止性规定,行政机关就可以行使行政权之

---

[39] 在路某伟不服靖远县人民政府行政决定案中,法院认为:"退一步说,即便是清算组有权不敢行使,或者认为存在种种客观情况不便独立行使,非要拿自己分内的工作去向被上诉人县政府请示,而且县政府也乐于管这种不属于自己管的事,那也只能形成清算组与县政府二者之间的独特关系。县政府无权用这种于法无据的独特关系去影响他人,去为他人设定新的权利义务,去妨碍他人的合法权益。县政府在靖政发(1999)172号文件中实施的这些具体行政行为,不仅超越职权,更是滥用职权。"参见《最高人民法院公报》2002年第3期。

[40] 《浙江省行政程序方法》第9条规定:"行政机关的职权依照法律、法规、规章以及县级以上人民政府依法制定的行政规范性文件确定。"

[41] 参见山东省高级人民法院行政裁定书[(2017)鲁行申401号]。

观点是值得商榷的。[42] (3)虽然给付行政能使个人获得利益,但这种行政行为实质上是以支付公共财政为前提的,因此,它同样应受到行政职权法定原则的约束。

三、行政程序法基本原则

(一)行政裁量合理原则

行政裁量合理,是指行政机关在法授权范围内,将一般性原则或者条款适用于个案所作的一种最适当的法效果选择。确立这一基本原则的法理基础是成文法固有的局限性与个案之间的差别性。"自由裁量权是程序正义的一个核心问题。"[43]在传统行政法中,行政裁量情形也是存在的,当"积极行政"理念导入现代行政法之后,没有裁量的行政越来越不适应现代行政的需要;而立法机关面对复杂多变的行政事务,也只能通过大量"无固定内容的条款和普遍标准"[44]的条款向行政机关授权。行政裁量已经构成了现代行政法上行政权的核心内容,可以说,没有裁量就没有行政权。在通过行政程序控制行政裁量权的命题之下,行政裁量合理原则被浓缩为现代行政法的基本原则之一。

行政裁量合理原则包含如下内容:(1)行政裁量本质上是法为行政权保留了一个"自我决定"的法空间。这意味着行政机关在法定条件下可以根据自己的判断作出其认为最为合理、妥当的行政行为,从而提高行使行政权的效率。过去,人们在强调通过行政程序控制行政裁量时,往往忽视行政程序的另一个功能,即保障行政裁量权有效率地行使,如行政程序的时效制度、简易程序和行政文书送达方式等。现代行政法已经充分注意到了这一点,并把它们塑成了行政程序法的具体制度。(2)行政裁量是在行政程序规范下的一个行为过程,但"规范"并不能简单地理解为"束缚""限制"行政裁量权,积极地促进行政裁量权有效率地行使同样是"规范"这枚硬币的另一面。当然,我们不否认行政裁量合理原则也具有限制行政权的功能,居于其下位的比例原则、禁止不当联结原则、禁止恣意等具体原则都具有限制行政裁量权的功能。[45] (3)行政裁量合理要求行政机关必须给行政相对人出示可理解的裁量理由,即行政行为所依据的事实、法律和裁量时所考虑的各种因素。说明理由不仅仅表明行政行为的合法性,更为重要的是为行政相对人接受对其不利的行政行为提供一种认同基础。行政机关应

---

[42] 在夏某荣诉徐州市建设局行政证明违法案中,法院认为:"对集体土地上住宅小区的竣工综合验收,现行法律、法规和规章尚无禁止性规定。徐州市建设局作为地方人民政府房地产开发主管部门和建设行政主管部门,依恒信公司申请而对世纪花园进行竣工综合验收,并不违反有关法律规范的立法本意。"参见《最高人民法院公报》2006年第9期。

[43] [美]迈克尔·D.贝勒斯:《程序正义——向个人的分配》,邓海平译,高等教育出版社2005年版,第76页。

[44] [美]昂格尔:《现代社会中的法律》,吴玉章、周汉华译,中国政法大学出版社1994年版,184页。

[45] 在黑龙江汇丰实业发展有限公司诉哈尔滨市规划局行政处罚案中,法院认为:上诉人提出汇丰实业发展有限公司建筑物遮挡中央大街保护建筑新华书店(原外文书店)顶部,影响了中央大街的整体景观,按国务院批准的"哈尔滨市总体规划"中关于中央大街规划的原则规定和中央大街建筑风貌的实际情况,该案可以是否遮挡新华书店顶部为影响中央大街景观的参照标准。规划局所作的处罚决定应针对影响的程度,责令汇丰实业发展有限公司采取相应的改正措施,既要保证行政管理目标的实现,又要兼顾保护相对人的权益,应以达到行政执法目的和目标为限,尽可能使相对人的权益遭受最小的侵害。而上诉人所作的处罚决定中,拆除的面积明显大于遮挡的面积,不必要地增加了被上诉人的损失,给该上诉人造成了过度的不利影响。原审判决认定该处罚决定显失公正是正确的。参见最高人民法院行政判决书[(1999)行终字第20号]。比例原则在制定法上也有体现,例如,《无线电管制规定》第4条规定:"实施无线电管制,应当遵循科学筹划、合理实施的原则,最大限度地减轻无线电管制对国民经济和人民群众生产生活造成的影响。"又如,《行政处罚法》第5条第2款规定:"设定和实施行政处罚必须以事实为依据,与违法行为的事实、性质、情节以及社会危害程度相当。"

当尽可能多地展示其作出行政行为的理由,因为这可以促进行政相对人心服口服地认同行政行为,减少事后行政复议或者行政诉讼的可能性,提升行政效率。

(二)行政程序正当原则

行政程序正当,是指通过设置正当程序规范行政权,为行政相对人提供一个最低限度的程序正义,促使行政机关在实现行政目的时采取更温和的手段,从而提高行政相对人对行政行为的可接受程度。法定程序如果失去了正当性的支持,可能就会成为行政机关作"恶"的合法性借口。[46] 一直以来,《宪法》规定的国家框架性基本制度缺陷导致人民代表大会对行政机关的授权立法不能得到有效的监督,即使作为《宪法》规定具体化的《各级人民代表大会常务委员会监督法》也不能提供一个有效的监督制度,致使正当程序理念有时无法得到弘扬。由行政机关自己设计的"行政程序"经常以维护行政权便利性为要旨,同时为行政相对人保护权利设置各种较为困难的程序障碍。法治国家的行政程序应当以正当性为价值取向,以限制权力、权利保护为核心。

这一基本原则包含如下内容:(1)公平。即行政机关作出任何不利于行政相对人的行政行为之前,必须充分听取其意见。基于行政的特殊性,听取意见的方式应当根据行政行为对行政相对人的影响程度而定。对行政相对人可能产生重大不利影响的行政行为,应当采用较为正式的听证方式,对其他行政行为则可以采用相对灵活的方式,给行政相对人一个表达意见的机会就满足了程序公平的要求。不仅如此,对于行政相对人表达的意见,行政机关若不予采纳,必须给出理由,否则听取意见难免流于形式。(2)公正。即行政机关与所处理的争议有利害关系的,应当回避,对相关事实的判断不可以先入为主。"自己做自己案件的法官"无论做得多么公正,在形式上就不可能为行政相对人和社会民众所接受。虽然诉讼程序有别于行政程序,但这一规则在行政程序中仍然适用。回避确保了行政机关形式上的公正,从而驱使行政相对人认同行政程序的结果。(3)公开。即行政机关在行政程序中应当依法公开所有的政府信息。公开政府信息可以提升行政过程的透明度,有利于社会对行政权的监督,也有利于行政相对人在行政过程中维护自己的合法权益。

四、行政诉讼法基本原则

(一)司法审查有限原则

司法审查有限,是指在行政诉讼中司法权在监督行政权时,其介入行政权领域的深度和广度上必须保持一个限度,旨在保证行政权的行使有足以控制社会秩序的基本效率。确立这一基本原则的法理基础是,行政诉讼制度建立的前提应当是保证行政权有足够的控制社会秩序的能力,只有在这样的情况下,才能允许行政相对人通过合法程序挑战行政权的合法性;如果司法权覆盖了行政权的所有范围,行政权可能处处受到司法权牵制,那么行政权控制社会秩序的能力可能被不慌不忙的行政诉讼程序彻底耗尽。这一基本原则划定了司法权介入行

---

[46] 在时某荣诉镇江市人民政府不服限期拆迁决定案中,法院认为:上诉人时某荣不服镇江市建设局裁决,向人民法院提起诉讼的主要理由是裁决确认的房屋面积以及房价报告有误,该争议当属事后不能补充救济的争议。有关部门对上诉人时某荣的房屋在实施强制拆迁前,应采取相应的保全措施,暂时不予强制拆迁。而被上诉人镇江市人民政府没有考虑上述因素,在裁决诉讼期间启动行政强制拆迁程序,对上诉人时某荣作出限期拆迁决定,违反了正当行使职权、充分保护被拆迁人合法权益的原则。参见江苏省高级人民法院行政判决书[(2004)苏行终字第016号]。

政权领域的范围,旨在司法审查过程中为行政权保留一个不受司法权牵制的"自由空间",以满足行政权控制社会秩序的需要。

这一基本原则包含如下内容:(1)受案范围的有限。无论立法是采用列举还是概括的方式确定行政诉讼的受案范围,都不可能将所有的行政行为都纳入司法审查。行政诉讼受案范围对法院来说意味着司法审查权的外围边界,对于行政机关来说则是它接受司法审查的法定义务范围,对于行政相对人来说是他可以提起诉讼的客体范围。(2)原告的限定。行政诉讼原告是发起行政诉讼程序的唯一力量;没有原告就不可能有行政诉讼,司法审查也就失去了前提。如果为了更加严格地控制行政权,那么对原告不作任何限定是最佳方案,即使与自身合法权益无关的行政行为,任何人只要愿意都可以诉诸法院请求司法审查,若此,行政诉讼可能会彻底地瓦解行政机关有效控制社会秩序的能力。因此,虽然有的国家或者地区的行政诉讼法规定了公益诉讼等客观诉讼,但对原告也并不是没有任何限制的。[47] 在我国,即使可以提起行政公益诉讼,能够提起诉讼的主体也只限于检察机关。[48] (3)审查范围的有限。在一些行政案件中,法院只能就被诉行政行为的部分内容进行合法性审查。因为,有的行政行为内容对于法官来说,其不具有相关专业知识难以作出判断,故只能作有限度的合法性审查。如在武某玉诉华中农业大学教育行政行为案中,其裁判要旨为:

高等学校有权依照《学位条例暂行实施办法》第25条的规定,在不与上位法相冲突的情况下,结合该校实际情况制定学位授予工作细则,并据此作出相应的行政行为。司法机关应就以上行为证据是否充分、程序是否合法进行有限度的司法审查。[49]

(4)判决功能的有限。司法判决的基本功能在于,它应当能够彻底解决法律争议,否则司法判决就失去了其所存在的法律价值。然而,在行政诉讼中,司法判决的一个最大特点就在于其不彻底性,表现在法院原则上不能直接代替行政机关通过司法判决作出行政行为。这种司法判决的不彻底性正是司法审查有限原则的具体体现,它并不损害行政诉讼司法判决的权威性。行政诉讼中撤销附带重作判决、履行法定职责判决以及变更判决等都是司法判决功能有限的体现。

(二)司法审查必要原则

司法审查必要,是指应当由法院对行政权进行事后控权,以确保行政权的行使符合法律规定。司法审查的法理基础是分权理论。尽管司法审查是传统行政法上的基本制度,但是,现代行政法仍然需要这样的法律制度来控制日益扩张的行政权。现代行政法上控制行政权的法律机制呈多元化趋势,但法院的司法审查仍然是主要的且是必不可少的。即使现代行政法承认行政权需要效率,但司法审查作为国家分权结构的逻辑必然,仍然是现代行政法不可放弃的基本原则之一。通过司法审查可以抵消"巨无霸"式现代行政权对行政相对人合法权益的不利影响,以回应现代行政法保护基本人权这一终极的需求。

---

[47] 日本的民众诉讼中最具代表性的是《地方自治法》中的居民诉讼、《公职选举法》中的选举诉讼。在这种诉讼中存在居民或者选民意义上的人的界限,只要在其范围内成为原告是没有限定的;原告是以居民或者选民的资格进行诉讼的,而不是主张自己的个人性权利和利益。参见[日]盐野宏:《行政救济法》,杨建顺译,北京大学出版社2008年版,第182~186页。

[48] 参见《行政诉讼法》第25条第4款。

[49] 参见最高人民法院行政审判庭编:《中国行政审判指导案例》(第1卷),中国法制出版社2010年版,第43页以下。

这一基本原则包含如下内容:(1)司法审查客体不仅是行政机关作出的行政决定,而且还包括行政机关作出的事实行为、行政协议等其他行政行为。这是现代行政法拓展司法审查范围的重要内容之一。以行政决定为中心的传统行政法,其司法审查局限于行政决定范围。随着与行政职权有关的事实行为、行政协议、行政规范性文件等纳入现代行政法体系之中,这类行政行为开始纳入司法审查的范围。[50] (2)由法院通过司法审查来确定行政机关行使行政权是否合法,在法院具有公正社会形象的前提下,可以提升行政相对人认同行政权的程度。也可以把行政相对人的不满情绪化解在司法审查过程中,从而达到稳定社会秩序的作用。(3)以撤销主义为中心的司法判决种类已经不能满足司法审查的需要。为此,现代行政法需要发展出多元的司法判决种类,如在政府信息公开诉讼中,禁止性或者反公开诉讼的司法判决是不可或缺的。[51]

---

[50] 有关事实行为的行政诉讼,如在余某斌诉湘阴县公安局交通警察大队违法扣押车辆及行政赔偿案中,法院认为:"第三人的亲属是经被上诉人工作人员同意并从其手中接管车辆钥匙并最终控制车辆的,被上诉人县交警大队虽然没有开出暂扣凭证,产生的后果也并非出于被上诉人的本意,但其实施的上述行为对上诉人权利产生了实际影响,符合行政事实行为的特征。因此,被上诉人暂扣事故车辆并将车辆交由第三人保管的行政事实行为成立,该事实行为违反了法律、法规对交通事故处理的规定,构成违法。"参见湖南省高级人民法院行政判决书[(2005)湘高法行终字第9号]。有关行政合同的行政诉讼,如海南南庄装饰工程有限公司诉海口市人民政府违法批转土地、不履行土地经营权交付义务以及请示行政赔偿上诉案中,法院认为:海口海滩开发管理公司(以下简称海滩管理公司)根据海口市政府海府函[1995]56号关于'同意滨海大道西延线海滩由海口中大置业总公司下属的海滩管理公司代市政府负责进行管理'的授权,与海南南庄装饰工程有限公司签订《假日海滩项目开发合同书》,属于受委托实施行政管理的行为。虽然海滩管理公司是以其自己的名义签订的合同,但海口市政府未提出该公司的行为超出政府授权范围的证据,因此应当由海口市政府承担相应的法律后果。合同双方在该合同履行过程中发生的争议,属于行政争议,海南南庄装饰工程有限公司认为海口市政府不履行合同义务并将涉诉土地批转给第三人的行为侵犯其合法权益,有权向人民法院提起行政诉讼。参见最高人民法院行政裁定书[(2002)行终字第8号]。

[51] 徐某华诉江苏省靖江市人民政府信息公开案,参见最高人民法院行政审判庭编:《中国行政审判指导案例》(第1卷),中国法制出版社2010年版,第115页以下。

第三章　行政法的法源

第一节　行政法法源的一般理论

一、引言

在依法行政原理中，作为行政依据的"法"所要表达的意思是，行政只要有"法"的依据，它就具有了合法性。但是，此处的"法"是什么？或者它的范围是什么？这是行政法法源所要解决的问题。《宪法》将国务院和地方各级人民政府定位于本级人民代表大会的执行机关，且《立法法》又确立了一元多层次的国家立法体制，所以，依法行政原理中的"法"除了法律、地方性法规外，还包括为数更多的行政法规、行政规章。但是，如果"法"的范围仅止步于此的话，上述论断恐怕与行政、司法实务状况相距甚远，无法解释其中出现的问题。因为，在这个范围之外，我们还发现了大量的、一直在默默地支持行政合法性的"法"，没有这些"法"，行政机关尤其是县、乡镇基层依法行政寸步难行。在现代行政法上讨论行政法的法源问题，不可不及于这部分的"法"，如行政规定、指导性案例、公共政策等，唯有这样，我们才能勾勒出一幅依法行政的全景图。

二、行政法法源的概念

关于法源，法理学上一直存在多种表述。如从法的生成所需要的"原材料"方面看，它是指道德、习俗、宗教等；从法的价值认知层面看，它是指公平、正义、理性观念等；从法的效力依据方面看，它是指可以成为判断行为是否合法的依据；从法的形式方面看，它是指法规范的各种载体，如法律、法规等。对于作为部门法的行政法来说，法规范的拘束力是它的生命所在。所以，从法效力的角度来认识行政法法源，或许能够更好地把握它的本质与功能。

基于行政法内在的逻辑结构，行政法法源应当是涵盖行政、司法两个法领域的法规范，不存在或者不应该存在行政实体法、行政程序法和行政诉讼法有各自独有法源的状况，否则依法行政原理会发生断裂，难以统帅拘束行政的法规范一致性。在行政过程中，行政法法源是行政机关作出行政行为的法依据；在司法过程中，它是法院作出行政裁判的法依据——若有例外，应该是涉及行政诉讼审判权的诉讼法规范。无论是行政行为还是行政裁判都必须以"理由"为基础支撑"主文"的合法性，所以，凡是可以证成"理由"的一切法规范都是行政法法源。行政法法源是可以解释行政权、司法权合法性的一切"有说服力的论据"[1]，是判断行政行为、行政裁判合法性的基准。

行政法法源可以分为成文法源和不成文法源。行政法成文法源是指有立法权的国家机关——也可以是行政机关——通过预定程序制定的法规范，如《行政许可法》《行政处罚法》

---

[1] 关于"有说服力的论据"的证成，参见何海波：《行政法的渊源》，载应松年主编：《当代中国行政法》（第1卷），人民出版社2018年版。

等。最高人民法院不针对个案制定的司法解释也属于成文法源。行政法不成文法源是以非法条形式呈现的行政法规范,如最高人民法院公布的"指导性案例"、法的原则等。行政法不成文法源原则上应当有文字表述与载体,只不过它不是由有立法权的国家机关以法条形式呈现的法规范;特殊情况下,有的行政法不成文法源还存在于特定群体的共识之中,由特殊群体以日常行为遵守之,如惯例等。

三、行政法法源的特殊性

由于行政法涉及行政、司法两个不同性质的法领域,且行政机关拥有立法性行政权,所以,行政法法源有如下特殊性:

1. 行政法法源所及的法规范,主要是指立法机关、行政机关制定的法规范和最高人民法院制定的司法解释,如《行政处罚法》、《娱乐场所管理条例》和《政府信息公开规定》等,它们是行政法法源的主干部分。最高人民法院公布的"指导性案例"以及公共政策、惯例和法的原则等也是行政法法源不可或缺的一部分。虽然它们不是被"制定"出来的,但是,它们和被"制定"的法规范一样都是行政法法源。

2. 因现代行政法中干预行政占据重要位置,基于基本人权保障的需要,行政机关实施干预行政时需要有明确的法律、法规和规章等法依据。因此,与不成文法源相比,成文法源具有更为重要的地位。在成文法源没有覆盖到的行政领域或者给付行政中,不成文法是重要补充法源。干预行政适用不成文法源时,应当从严解释。

3. 行政机关作出行政行为引用的法依据,在行政诉讼中要接受法院的审查。但是,并非所有的行政法法源都是司法裁判的依据。[2]在行政实体法和行政程序法所涉及的行政领域与行政诉讼法所涉及的司法领域中,同一种行政法法源的地位与功能是有差异性的。如行政规章在行政领域中是行政行为的法依据,但它在司法领域中需要经过法院"参照"之后,才能确定其是否可以作为认定行政行为合法性的依据。另外,法院对行政规定还可以一并作合法性审查。

4. 行政法法源所涉的法规范一般只及于行政机关与行政相对人之间的外部关系,如《治安管理处罚法》《行政许可法》等。但在特殊情况下,它也及于行政机关的内部关系,如《公务员法》《行政机关公务员处分条例》等,即内部行政法法源。总之,凡具有法源性的法规范,无论是否成文,对行政法律关系的当事人来说都具有不同程度的拘束力。

第二节 成 文 法 源

一、宪法

(一) 宪法的法律效力

《宪法》在序言中称,"本宪法以法律的形式确认了中国各族人民奋斗的成果,规定了国

---

[2] 最高人民法院《关于裁判文书引用法律、法规等规范性法律文件的规定》(法释〔2009〕14号)第5条规定:"行政裁判文书应当引用法律、法律解释、行政法规或者司法解释。对于应当适用的地方性法规、自治条例和单行条例、国务院或者国务院授权的部门公布的行政法规解释或者行政规章,可以直接引用。"《行诉解释》第100条规定:"人民法院审理行政案件,适用最高人民法院司法解释的,应当在裁判文书中援引。人民法院审理行政案件,可以在裁判文书中引用合法有效的规章及其他规范性文件。"

家的根本制度和根本任务,是国家的根本法,具有最高的法律效力"。[3] 由此可知,宪法是有法律效力的,且它的法律效力是"最高的"。[4] 作为列于行政法法源之首的宪法,这种"最高的法律效力"可以从两个面向展开:(1)作为判断其他行政法法源合宪性的基准。宪法在根本法意义上构成了高居于行政法之上的一个合宪性框架,并将行政法的其他法源严格限定于这一框架之内,确保它们的合宪性。在具体适用过程中,它涉及合宪性审查问题,这里不作展开论述。(2)作为行政、司法的法依据。宪法既然具有"法律效力",那么在法理上它就可以作为行政、司法的法依据——既可以作为论证行政决定、司法裁判的理由,也可以用来支持行政决定、司法裁判的主文。当然,将宪法作为行政、司法的法依据只是一种例外情形,即只有在没有其他行政法法源可供行政、司法之用时,宪法才会出场以补充这一"空缺"——宪法规范越过立法机关直入法院或者行政机关,并由法院或者行政机关在个案中解释并执行。当然,这样的逻辑推论与当下的通说不合,但它有司法判例为证,应该是宪法发展的一个方向。"法律的生命力在于实施,法律的权威也在于实施。"宪法也应是如此。

(二) 宪法的解释权

宪法作为行政、司法的法依据时,必然涉及适用机关对宪法规范的解释问题。根据《宪法》第67条第1款的规定,宪法解释权属于全国人大常委会。这应该是一种抽象性解释,它并不否定行政、司法在引用宪法处理个案时应当拥有的、不同于全国人大常委会的一种宪法适用性解释权。这如同行政解释权属于国务院及主管部门,司法解释权属于最高人民法院一样,我们从未否定各级人民政府及其职能部门和各级人民法院在处理个案过程中的法律解释权。[5] 没有解释,就没有法律的适用。另外,《法官法》第3条规定:"法官必须忠实执行宪法和法律,维护社会公平正义,全心全意为人民服务。"法官既然有执行宪法的职责,解释宪法必是该法规范的题中应有之义——法官在个案处理中对所涉的宪法规范拥有适用性解释权。

(三) 实务中的"宪法适用"

因资料有限,行政决定中引用宪法规范处理的个案尚未寻得。但不可否认,宪法的某些条款是可以直接作为行政行为的法依据的,虽然实务中极少有行政机关引用宪法条款处理个案,但这并不能否定宪法某些条款具有直接作为行政行为法依据的可能性。《宪法》第108条规定:"县级以上的地方各级人民政府领导所属各工作部门和下级人民政府的工作,有权改变或者撤销所属各工作部门和下级人民政府的不适当的决定。"如政府是否有权改变或者撤销所属各工作部门和下级人民政府的违法或者不当的行政处罚决定,因《行政处罚法》没有作出明确规定,一旦发生此种情形,根据《宪法》第108条的规定,县级以上的政府有权改变或者撤销所属各工作部门和下级人民政府的违法或者不当的行政处罚决定。[6]

实务中"宪法适用"的情形,更多发生在司法领域之中。在我国,法院在裁判中一般不引用宪法规范。这个问题可以追溯到1955年最高人民法院《关于在刑事判决中不宜援引宪法作论罪

---

[3] 《宪法》序言最后1段第1句。
[4] 《立法法》第98条规定:"宪法具有最高的法律效力,一切法律、行政法规、地方性法规、自治条例和单行条例、规章都不得同宪法相抵触。"
[5] 《关于加强法律解释工作的决议》(1981年6月10日第五届全国人民代表大会常务委员会第十九次会议通过)。
[6] 《行政处罚法》第75条第2款规定:"行政机关实施行政处罚应当接受社会监督。公民、法人或者其他组织对行政机关实施行政处罚的行为,有权申诉或者检举;行政机关应当认真审查,发现有错误的,应当主动改正。"该款是行政机关自我纠错的规定,不包括政府依职权改变或者撤销所属各工作部门和下级人民政府的违法或者不当的行政处罚决定的情形。

科刑的依据的复函》。但之后，无论是《行政诉讼法》还是最高人民法院的司法解释，都从来没有明确法院不可以在判决中引用宪法。[7] 在实务中，法院引用宪法规范作为裁判法依据的案件并非个案。[8] 在行政诉讼中，法院引用宪法规范裁判个案的情况是客观存在的。如在孟某斌诉兖州市建设委员会颁发建设规划许可证、行政赔偿案中，最高人民法院认为：

> 你以祖留宅基地1953年土地改革发过证为由，主张涉案宅基地所有权、使用权缺乏事实和法律根据。国家早已取消了土地个人所有制度，《宪法》第10条明确规定，村民的宅基地属于集体所有；同时，涉案宅基地已经被依法征收，你大哥孟某顺、二哥孟某成签字领取了拆迁、安置、租房费，你们对原宅基地的使用权已经丧失。综上，你的再审申请不符合《中华人民共和国行政诉讼法》第63条第2款的规定，决定不对该案提起再审。[9]

尽管这是一份申诉审查通知书，但它是最高人民法院对申诉人主张权利的一种判定。该案直接引用《宪法》第10条第2款的规定否定了申诉人的主张，宪法具有最高法律效力在该案中得以充分体现。在地方法院裁判中，适用宪法也并不少见。如在王某清等诉武汉市江岸区人民政府撤销案中，法院认为：

> 根据《中华人民共和国宪法》《中华人民共和国立法法》的相关规定，省级人民政府、省会所在地的市级人民政府有权依照法律、行政法规和地方性法规制定地方政府规章，行政机关有权发布具有普遍约束力的决定、命令。制定具有普遍约束力的规范性文件的行政行为属于抽象行政行为。本案中，岸政（2006）6号文件系武汉市江岸区人民政府传达武汉市民政局武民政（2005）134号《关于撤销江岸区后湖乡设立后湖街道办事处的批复》精神而所作通知。后湖撤乡设街事项系经武汉市民政局报请武汉市人民政府研究并报经湖北省人民政府批准同意实施，后经武汉市人民政府批准同意设立后湖街道办事处。该行政行为属于调整行政区划的抽象行政行为，依据《中华人民共和国行政诉讼法》第13条第2项之规定，人民法院不应受理王某清对该行政行为及相关行政赔偿提起诉讼。[10]

该案中，《宪法》《立法法》中有关省级人民政府、省会所在地的市级人民政府有权制定地方政府规章和行政机关有权发布具有普遍约束力的决定、命令的职权规范，都被法院作为论证案涉"岸政（2006）6号文件"是调整行政区划的抽象行政行为的法依据，进而得出"岸政（2006）6号文件"不属于行政诉讼受案范围的司法审查结论。又如，在孙某仁诉重庆市人民政府高新区管委会企业产权性质认定案中，法院认为：

> 根据当时颁布的宪法规定，亦无私营企业存在。因此，高新区管委会作出对石桥铺橡胶制品厂系城镇企业所有制企业的性质认定是正确的，但其所作出的渝高技委发（2000）263号函未适用任何法律依据不当。原告要求确认石桥铺橡胶制品厂归原告所有的私营企业理由亦不能成立。[11]

---

[7] 最高人民法院《关于裁判文书引用法律、法规等规范性法律文件的规定》（法释〔2009〕14号）第5条规定："行政裁判文书应当引用法律、法律解释、行政法规或者司法解释。对于应当适用的地方性法规、自治条例和单行条例，国务院或者国务院授权的部门公布的行政法规解释或者行政规章，可以直接引用。"《行诉解释》第100条规定："人民法院审理行政案件，适用最高人民法院司法解释的，应当在裁判文书中援引。人民法院审理行政案件，可以在裁判文书中引用合法有效的规章及其他规范性文件。"

[8] 参见王禹编著：《中国宪法司法化：案例评析》，北京大学出版社2005年版。该书共收集了我国2003年之前援引宪法作出判决的案例，即所谓"宪法司法化"的案例共计33个。另参见江西省上饶市人民检察院诉张某明、张某、毛某明生态破坏民事公益诉讼案，最高人民法院指导案例208号。

[9] 参见最高人民法院申诉审查通知书〔(2013)行监字第174号〕。

[10] 参见湖北省高级人民法院行政裁定书〔(2017)鄂行申291号〕。

[11] 参见最高人民法院中国应用法学研究所编：《人民法院案例选2001年第4辑》，人民法院出版社2002年版，第430页。

该案中,因"当时颁布的宪法规定"中没有私营企业的规定,所以,原告的诉讼请求不能得到法院的支持。我们今天可以推断,如果当时颁布的宪法中有私营企业规定的话,那么,法院将会依据宪法规定支持原告的诉讼请求。从法院这段裁判理由的逻辑中,我们可以看到审理该案的法院并不否认在行政诉讼中引入宪法规范作为裁判的法依据。

二、法律、地方性法规

(一) 法律

法律是全国人大或者全国人大常委会制定的,并由国家主席签署主席令予以公布的规范性文件。[12] 在名称上,法律通常称"……法",如《治安管理处罚法》,但个别也称为"……条例",如《中国人民解放军军官军衔条例》《人民警察警衔条例》等。《宪法》第 62 条第 3 项规定,全国人大"制定和修改刑事、民事、国家机构的和其他的基本法律"。《宪法》第 67 条第 2 项规定,全国人大常委会"制定和修改除应当由全国人民代表大会制定的法律以外的其他法律"。根据所涉事务的重要性程度,学理上将法律分为"基本法律"和"其他法律"两类。当然,"重要性程度"标准是模糊的,至今尚未有可操作性的客观标准。[13] 作为行政法法源的法律,依照它们的内容大致可以分为:(1) 一般法律,即适用于所有行政机关的法律,如《行政处罚法》《行政许可法》《行政强制法》等;(2) 部门法律,即仅适用于某个或者几个行政机关的法律,如《道路交通安全法》《产品质量法》《公路法》等;(3) 组织法律,即有关行政机关设置、人员等法律,如《国务院组织法》《公务员法》等。

在立法实务中,全国人大常委会根据实际需要通过一些涉及专门事项的"决定",它们未经国家主席签署主席令,由全国人大常委会公布。[14] 关于这些"决定"是否属于法律性质,《立法法》没有给它们"名分",但第 68 条规定"全国人民代表大会及其常务委员会作出有关法律问题的决定,适用本法的有关规定",《宪法》在第 67 条关于全国人大常委会的职权中没有明确规定,但在实务中,这些"决定"具有与法律相同的法效力,故可以称为"实质意义上的法律"。在 2009 年全国人民代表大会常务委员会公布的《关于修改部分法律的决定》中,法律分为"法律"、"法律解释"和"有关法律问题的决定"三种形式。

(二) 地方性法规

地方性法规是省、自治区、直辖市和设区的市人大及其常委会制定的规范性文件。中国是一个幅员辽阔的国家,东西南北地方差异性大,中央统一立法有时难以适应地方政治、经济与社会发展的需要。为此,《宪法》《立法法》等法律赋予了省、自治区、直辖市和设区的市人大及其常委会制定地方性法规的权力。地方性法规是行政法的重要法源。

地方性法规分为两种:(1) 省、自治区、直辖市地方性法规。《立法法》第 80 条规定:"省、自治区、直辖市的人民代表大会及其常务委员会根据本行政区域的具体情况和实际需要,在

---

[12] 参见《立法法》第 28 条、第 47 条。
[13] 如《行政处罚法》是由全国人大通过的,但《行政许可法》、《行政强制法》和《行政处罚法》的修订版本则是由全国人大常委会通过的,这三部法律依照不同立法程序制定的原因,有关部门也没有"正式"的解释或者说明。
[14] 如《关于维护互联网安全的决定》(2000 年 12 月 28 日第九届全国人民代表大会常务委员会第十九次会议通过)和《关于加强网络信息保护的决定》(2012 年 12 月 28 日第十一届全国人民代表大会常务委员会第三十次会议通过)等。

不同宪法、法律、行政法规相抵触的前提下,可以制定地方性法规。"[15] 省、自治区、直辖市地方性法规从属于宪法、法律乃理所当然,但从属于行政法规,即省、自治区、直辖市人大及其常委会立法要服从于国务院行政法规,在法理上如何解释,实属不易。在合宪性审查制度正式建立之前,我们姑且把它看作为保障国家法制统一而创设的暂缓之计。(2) 设区的市地方性法规。《立法法》第81条第1款第1句规定:"设区的市的人民代表大会及其常务委员会根据本市的具体情况和实际需要,在不同宪法、法律、行政法规和本省、自治区的地方性法规相抵触的前提下,可以对城乡建设与管理、生态文明建设、历史文化保护、基层治理等方面的事项制定地方性法规,法律对设区的市制定地方性法规的事项另有规定的,从其规定。"设区的市地方性法规从属于省、自治区地方性法规。为了确保这一"从属"关系,《立法法》第81条第1款第2、3句规定了一道保障性的"批准"程序,即"设区的市的地方性法规须报省、自治区的人民代表大会常务委员会批准后施行。省、自治区的人民代表大会常务委员会对报请批准的地方性法规,应当对其合法性进行审查,认为同宪法、法律、行政法规和本省、自治区的地方性法规不抵触的,应当在四个月内予以批准"。

经省、自治区的人民代表大会常务委员会"批准"的设区的市地方性法规,与省、自治区地方性法规是否具有同等法律效力,目前没有明确的法律规定。若设区的市地方性法规与本省、自治区政府的规章相抵触的,省、自治区的人民代表大会常务委员会"应当作出处理决定"。[16] 从"相抵触"的表述看,设区的市地方性法规是省、自治区政府规章的下位法,即设区的市地方性法规要服从省、自治区政府规章。但在行政诉讼中,省、自治区政府规章是"参照"适用,设区的市地方性法规是"依据"适用。[17]《立法法》《行政诉讼法》关于设区的市地方性法规和省、自治区政府规章的法律地位规定不一致,可能会影响国家法制统一性,期待修法时加以调适。

(三) 自治条例和单行条例

自治条例是民族自治地方的人民代表大会依照当地民族的政治、经济和文化的特点制定的全面调整本自治地方事务的综合性规范性文件,如《凉山彝族自治州自治条例》。单行条例是民族自治地方的人民代表大会依照当地民族的政治、经济、文化的特点制定的调整本自治地方某方面事务的规范性文件,如《新疆维吾尔自治区农田水利条例》。它们是民族区域自治地方政府及其工作部门依法行政的法依据。《宪法》第116条第1句规定:"民族自治地方的人民代表大会有权依照当地民族的政治、经济和文化的特点,制定自治条例和单行条例。"这是民族区域自治机关制定自治条例和单行条例的宪法依据。《立法法》第85条第2款规定:"自治条例和单行条例可以依照当地民族的特点,对法律和行政法规的规定作出变通规定,但不得违背法律或者行政法规的基本原则,不得对宪法和民族区域自治法的规定以及其他有关法律、行政法规专门就民族自治地方所作的规定作出变通规定。"这是自治条例和单行条例可以变通执行法律和行政法规的限制性规定。

《行政诉讼法》第63条第2款规定:"人民法院审理民族自治地方的行政案件,并以该民族自治地方的自治条例和单行条例为依据。"这一规定确立了自治条例和单行条例在行政诉讼法中的法源地位。

---

[15] 《宪法》第100条第1款规定:"省、直辖市的人民代表大会和它们的常务委员会,在不同宪法、法律、行政法规相抵触的前提下,可以制定地方性法规,报全国人民代表大会常务委员会备案。"相比之下,《立法法》第80条增加了"自治区"。

[16] 参见《立法法》第81条第2款。

[17] 参见《行政诉讼法》第63条。

三、行政法规、行政规章

（一）行政法规

行政法规是国务院制定并以国务院令的形式由总理签署发布的规范性文件。"行政法规"作为一个法律概念首次出现于1982年《宪法》。[18] 1987年国务院制定的《行政法规制定程序暂行条例》（已失效）是一部规范行政法规制定的内部程序性行政法规。2001年国务院以《宪法》、《立法法》和《国务院组织法》为依据制定的《行政法规制定程序条例》，首次对外开放了行政法规制定程序，如向社会公布行政法规送审稿或者修改稿，采取座谈会、论证会、听证会等方式，广泛听取意见。行政法规是仅次于法律的一类行政法法源，在行政法法源中具有十分重要的地位。

在实务中，国务院以"国发"或国务院办公厅以"国办发"名义发布规范性文件，即所谓的"法规性文件"。这类规范性文件是否具有与行政法规一样的法效力，学理上存有争议。[19] 从最高人民法院在个案中所表现出来的态度看出，这些"法规性文件"的法效力与行政法规相当。如在广东省汕尾市汽车配件公司武汉分公司诉武汉海关行政处罚决定及行政赔偿案中，最高人民法院认为：

国办函〔1994〕86号文明确指出："国办发〔1993〕55号文件是国务院批准下发的，应当作为国家行政机关的执法依据。"国务院办公厅《关于执行国办发〔1993〕55号和国函〔1996〕69号文件有关问题的复函》又明确指出："这两个文件是经国务院批准发布的，具有行政法规效力，可以作为行政机关实施行政处罚的依据。"上诉人认为国办发〔1993〕55号文件不具有法律、法规效力，海关无权查处被扣车辆的理由亦不能成立。由于上诉人不能提供被扣车辆的合法证明，武汉海关根据国办发〔1993〕55号的规定，作出予以没收有处罚决定是正确的。[20]

又如，在山东省莱芜发电总厂诉山东省莱芜市莱城区水利水产局行政征收再审案中，最高人民法院认为：

《水法》第34条第3款规定："水费和水资源费的征收办法，由国务院规定。"也就是说，水费、水资源费的征收范围、征收标准等，应由国务院规定，其他部门无权规定。但目前国务院尚未制定水费和水资源费的征收办法。根据国务院办公厅发出的国办发〔1995〕27号文件的规定，在国务院发布水资源费征收和使用办法前，各省级人民政府制定的水费和水资源费的征收办法，可以作为各所在行政区域内征收水费和水资源费的依据，但不包括对中央直属水电厂的发电用水和火电厂的循环冷却水水资源费的征收。该文件是经国务院同意，以国务院办公厅名义下发的；根据《水法》的授权，国务院有权对征收水资源费的问题作出规定；国办发〔1995〕27号文件应当作为行政机关执法和人民法院审理有关行政案件的依据。[21]

在上述两案中，根据当时有效的《行政法规制定程序暂行条例》的规定，国办发〔1993〕55号文件和国办发〔1995〕27号文件都不是行政法规。但是，在前案中，最高人民法院同意国务

---

[18] 参见《宪法》第89条第1项规定：国务院有权"根据宪法和法律，规定行政措施，制定行政法规，发布决定和命令"。

[19] 在实务中，还有一种由中共中央、国务院制定发布的规范性文件，如1982年各地颁发"林权证"的依据不是法律、法规和规章，而是1981年3月8日中共中央、国务院发布的《关于保护森林发展林业若干问题的决定》。参见坑贝元村民小组诉广东省惠州市人民政府林业行政复议决定案，载最高人民法院行政审判庭编：《中国行政审判案例》（第2卷）第46号案例，中国法制出版社2011年版，第34页以下。

[20] 参见最高人民法院行政判决书〔（1999）行终字第8号〕。

[21] 参见最高人民法院行政判决书〔（1998）行再字第1号〕。

院认为国办发〔1993〕55号文件"具有行政法规效力"的观点,在后案中,最高人民法院认为国办发〔1995〕27号文件是"人民法院审理有关行政案件的依据",间接认可了它具有行政法规的法律地位。

另外,最高人民法院在一些行政审判"答复"中也表达了相同的观点。如最高人民法院在给河南省高级人民法院的《关于对审理农用运输车行政管理纠纷案件应当如何适用法律问题的答复》(法行〔1999〕第14号)称:"你院(1999)豫法行请字第1号'关于审理农用运输车行政管理纠纷案件应当如何适用法律的请示报告'收悉。经研究,答复如下:机动车道路交通应当由公安机关实行统一管理;作为机动车一种的农用运输车,其道路交通管理包括检验、发牌和驾驶员考核、发证等,也应当由公安机关统一负责。人民法院审理农用运输车行政管理纠纷案件,涉及相关行政管理职权的,应当适用《中华人民共和国道路交通管理条例》和《国务院关于改革道路交通管理体制的通知》和有关规定。"在这个答复中,《国务院关于改革道路交通管理体制的通知》属于"国发"文件,最高人民法院认为其在行政诉讼中是"应当适用"的。

(二) 行政规章

行政规章是国务院各部、委员会、中国人民银行、审计署和具有行政管理职能的直属机构以及法律规定的机构,省、自治区、直辖市和设区的市、自治州的人民政府制定的,以行政首长令的形式发布的规范性文件。依据制定的主体不同,行政规章分为部门规章和地方政府规章。2001年国务院制定的《规章制定程序条例》是规范行政规章制定的一部程序性行政法规。它在程序上对行政规章制定作了较为详细的规定,首次对外开放行政规章制定程序,吸收公众意见。在行政过程中,行政规章是行政的法依据,但是在司法过程中,行政规章是须经法院"参照"并认定合法之后才能成为裁判的法依据。"参照"隐含着法院对行政规章与上位法是否抵触有合法性审查权,但在行政程序中,行政机关并没有这样的"参照"权。这是行政规章作为行政法法源的特殊性。如在任某国诉山西省吕梁行署劳动教养管理委员会劳动教养复查决定案中,法院认为:

> 国务院有关劳动教养的行政法规中,对劳动教养的适用对象已有明确的规定,山西省人民政府《关于保护企业厂长、经理依法执行职务的规定》第8条第2项,把劳动教养的适用范围作了扩大的规定。对于这样的规章,人民法院只在符合行政法规规定的范围内参照适用,即行政法规规定的劳动教养适用对象有以暴力、威胁方法阻碍厂长、经理依法执行职务的行为时,可对其实行劳动教养。若不属于劳动教养适用对象,则不能仅参照规章对其适用劳动教养。对于法律和行政法规中的实体与程序规定,都应当全面、准确无误地适用,才是依法办案。仅适用程序而不适用实体规定,或者仅适用实体而不适用程序规定,都不是依法办案。原审以适用法律错误为由,判决撤销上诉人山西省吕梁行署劳动教养管理委员会对被上诉人任某国作出的劳动教养一年的决定,是正确的。[22]

这是《行政诉讼法》(1989)实施不久最高人民法院发布的首个关于"参照规章"的公报案例,具有十分重要的示范意义。后来,在鲁潍(福建)盐业进出口有限公司苏州分公司诉江苏省苏州市盐务管理局盐业行政处罚案中,案涉的《江苏省〈盐业管理条例〉实施办法》是江苏省政府制定的地方政府规章,对此,法院明确指出,盐业管理的法律、行政法规对盐业公司之外的其他企业经营盐的批发业务没有设定行政处罚,地方政府规章不能对该行为设定行政处罚。地方政府规章违反法律规定设定许可、处罚的,人民法院在行政审判中不予适用。[23]

---

[22] 参见《最高人民法院公报》1993年第3期。
[23] 参见最高人民法院指导案例5号。

四、法律解释

法律解释是法定机关对法律规范作出的一种非个案适用的说明。在法律体系中，法律解释是一种必不可少的适用技术。为了确保国家法制统一，法律解释的主体、内容等应当遵循法定原则。根据主体不同，法律解释可以分为如下两种。

（一）立法机关的法律解释

《立法法》第48条规定："法律解释权属于全国人民代表大会常务委员会。法律有以下情况之一的，由全国人民代表大会常务委员会解释：（一）法律的规定需要进一步明确具体含义的；（二）法律制定后出现新的情况，需要明确适用法律依据的。"根据这一规定，立法机关的法律解释可以分为"明确具体含义的解释"和"明确适用法律依据的解释"两种。上述两种法律解释与被解释的法律具有同等效力。如在北雁云依诉济南市公安局历下区分局公安户口行政登记案中，被告认为：

依据法律和上级文件的规定不按"北雁云依"进行户口登记的行为是正确的。《民法通则》规定公民享有姓名权，但没有具体规定。而2009年12月23日最高人民法院举行新闻发布会，关于夫妻离异后子女更改姓氏问题的答复中称，《婚姻法》第22条是我国法律对子女姓氏问题作出的专门规定，该条规定子女可以随父姓，可以随母姓，没有规定可以随第三姓。行政机关应当依法行政，法律没有明确规定的行为，行政机关就不能实施，原告和行政机关都无权对法律作出扩大化解释，这就意味着子女只有随父姓或者随母姓两种选择。从另一个角度讲，法律确认姓名权是为了使公民能以文字符号即姓名明确区别于他人，实现自己的人格和权利。姓名权和其他权利一样，受到法律的限制而不可滥用。新生婴儿随父姓、随母姓是中华民族的传统习俗，这种习俗标志着血缘关系，随父姓或者随母姓，都是有血缘关系的，可以在很大程度上避免近亲结婚，但是姓第三姓，则与这种传统习俗、与姓的本意相违背。全国各地公安机关在执行《婚姻法》第22条关于子女姓氏的问题上，标准都是一致的，即子女应当随父姓或者随母姓。综上所述，拒绝原告法定代理人以"北雁云依"的姓名为原告申报户口登记的行为正确，恳请人民法院依法驳回原告的诉讼请求。

因案件涉及《民法通则》《婚姻法》相关法律条款的适用问题，需要送请有权机关作出解释或者确认，法院于2010年3月11日裁定中止审理。2014年11月11日全国人大常委会就《民法通则》第99条第1款和《婚姻法》第22条作出了"明确具体含义的解释"，法院于2015年4月就该案作出一审判决。法院依照全国人民代表大会常务委员会《关于〈中华人民共和国民法通则〉第九十九条第一款、〈中华人民共和国婚姻法〉第二十二条的解释》之规定，判决驳回原告"北雁云依"要求确认被告燕山派出所拒绝以"北雁云依"为姓名办理户口登记行为违法的诉讼请求。[24]

（二）司法机关的法律解释

《立法法》第119条第1款规定："最高人民法院、最高人民检察院作出的属于审判、检察工作中具体应用法律的解释，应当主要针对具体的法律条文，并符合立法的目的、原则和原意。遇有本法第四十八条第二款规定情况的，应当向全国人民代表大会常务委员会提出法律解释的要求或者提出制定、修改有关法律的议案。"该条款前一句规定了司法解释种类、范围和要求，后一句把司法解释限于"法律的规定需要进一步明确具体含义"，如果涉及"法律制定后出现新的情况，需要明确适用法律依据"，最高人民法院、最高人民检察院无权解释，只能向全国人民代表大会常务委员会提出法律解释的要求或者提出制定、修改有关法律的议案。

---

[24] 参见最高人民法院指导案例89号。

司法机关的法律解释分为"审判法律解释"和"检察法律解释"。司法机关的法律解释主体仅限于最高人民法院和最高人民检察院,地方各级人民法院、各级人民检察院都不得进行"具体应用法律的解释"。司法机关的法律解释是为了"具体应用法律",即"法律的规定需要进一步明确具体含义",不是"法律制定后出现新的情况,需要明确适用法律依据",但是,实务中司法机关的法律解释有向"法律制定后出现新的情况,需要明确适用法律依据"扩张的倾向。在法律制定技术等因素的限制下,成文法难以避免进行"框架性"立法,因此,司法机关法律解释的扩张性有时就变得"理所当然"了。

最高人民法院的"审判法律解释"分为"解释"、"规定"、"规则"、"批复"和"决定"五种。[25] "审判法律解释"必须经最高人民法院审判委员会讨论通过,并以最高人民法院公告的形式在《最高人民法院公报》上公开发布。它具有法律效力,是各级人民法院的审判依据。最高人民检察院的"检察法律解释"分为"解释""规定""规则""意见""批复"五种。"检察法律解释"必须经最高人民检察院检察委员会审议通过,并以最高人民检察院公告的形式在《最高人民检察院公报》上公开发布,它具有法律效力,各级人民检察院在起诉书、抗诉书等法律文书中,可以引用司法解释的规定。

1981年6月10日全国人民代表大会常务委员会通过《关于加强法律解释工作的决议》,首次确立我国法律解释制度的基本框架。因《立法法》未明确废止该《决议》,故在《立法法》之外应该还有如下两种法律解释:

1. 地方立法机关法律解释。凡属于地方性法规条文本身需要进一步明确界限或作补充规定的,由制定地方性法规的省、自治区、直辖市人民代表大会常务委员会进行解释或作出规定。《立法法》将地方性法规制定主体扩大到"设区的市""自治州",故设区的市、自治州地方立法机关也是地方性法规解释主体。

2. 行政机关的法律解释。凡不属于审判和检察工作中的其他法律规范如何具体应用的问题,由国务院及主管部门进行解释。凡属于地方性法规如何具体应用的问题,由省、自治区、直辖市和设区的市、自治州人民政府主管部门进行解释。凡属于地方政府规章如何具体应用的问题,由制定的人民政府或者其授权的主管机关进行解释。[26]

实务中,司法机关和行政机关联合发布的法律解释是一种司法、行政法律解释的混合体,如2014年最高人民法院、最高人民检察院、公安部和民政部联合发布的《关于依法处理监护人侵害未成年人权益行为若干问题的意见》。这种由不同性质国家机关联合作出的法律解释,可能会导致国家机关之间的职权越位,且也没有明确的法律依据,所以,应当逐步减少直至取消这种联合发布的法律解释方式。

五、国际条约

国际条约是国际法主体之间以国际法为准则,为确立其相互间权利和义务关系而缔结的书面协议。凡我国缔结或者加入的国际条约,都具有行政法法源地位,如《中华人民共和国加入世界贸易组织议定书》及附件中的行政许可、反倾销和反补贴等准则。[27]《缔结条约程序法》第2条规定:"本法适用于中华人民共和国同外国缔结的双边和多边条约、协定和其他具

---

[25] 参见最高人民法院《关于司法解释工作的规定》(法发〔2021〕第20号)。

[26] 《海南省城镇生活垃圾处理费征收使用管理办法》第15条规定:"本办法具体应用中的问题,由省价格主管部门会同省财政、建设主管部门负责解释。"

[27] 《人民日报》2002年1月26日,第5版。

有条约、协定性质的文件。"此法律是调整我国缔结或者加入国际条约活动的一部基本法律。

国际条约作为行政法法源,需要处理好与国内法的关系。《涉外海洋科学研究管理规定》第14条规定:"中华人民共和国缔结或者参加的国际条约与本规定有不同规定的,适用该国际条约的规定;但是,中华人民共和国声明保留的条款除外。"这一规定可以导出我国采用有条件的优先适用国际条约的原则,即当国内法与国际条约发生冲突时,适用国际条约,但我国声明保留的条款除外。这一原则也适用于行政诉讼,如最高人民法院《关于审理国际贸易行政案件若干问题的规定》第9条规定:"人民法院审理国际贸易行政案件所适用的法律、行政法规的具体条文存在两种以上的合理解释,其中有一种解释与中华人民共和国缔结或者参加的国际条约的有关规定相一致的,应当选择与国际条约的有关规定相一致的解释,但中华人民共和国声明保留的条款除外。"

六、行政规定

行政机关制定的但不属于行政法规、行政规章的行政规范性文件,可以称为"行政规定"。[28] 行政规定有的是为了执行法律、法规和规章而制定的细则性规定,如《天津市公安局行政处罚裁量基准》;有的是在与法律、法规和规章不相抵触的前提下制定的创设性规定,如工业和信息化部《关于加强智能网联汽车生产企业及产品准入管理的意见》;还有一些是程序性规定,如《北京市交通委员会行政处罚听证程序实施办法》。行政规定在《立法法》中没有地位,不具有法的属性。《行诉解释》第100条第2款规定:"人民法院审理行政案件,可以在裁判文书中引用合法有效的规章及其他规范性文件。"这一司法解释明确了行政规定在行政诉讼中的法律地位,法院可以在裁判文书中引用合法有效的行政规定。如在重庆市南岸区节节木业有限公司诉重庆市人民政府土地行政裁决行政纠纷案中,最高人民法院认为:

节节木业公司厂房和办公用房所在集体土地被征收的实际启动时间为南岸府征公〔2014〕1号《征地公告》下发之时。征地程序启动后,南岸区国土局于2014年8月27日发布南岸国土征公〔2014〕30号《征地补偿方案公告》,着手补偿安置事宜,表明相关征地部门并未怠于履行实施征地补偿安置法定职责,节节木业公司所有房屋不符合前述司法解释规定的应当参照国有土地上房屋征收标准进行补偿安置的情形。故一审、二审法院认定节节木业公司房屋征收补偿标准应适用《重庆市征地补偿安置办法》及渝府发〔2013〕58号《关于进一步调整征地补偿安置标准有关事项的通知》,对其要求撤销原行政裁决的诉讼请求不予支持并无不当,其要求参照国有土地上房屋征收补偿标准进行补偿安置的申请再审理由不成立。[29]

该案中,除了《重庆市征地补偿安置办法》外,最高人民法院还引用了具有行政规定位阶的重庆市人民政府《关于进一步调整征地补偿安置标准有关事项的通知》作为裁判依据。这样的判例在地方各级人民法院中也并非少见。

除了法效力方面不同外,行政规定的规定范性与法律、法规和规章可能并没有多大的区别,它们都是行政机关作出行政行为的法依据,况且,由于行政规定的内容更为具体,操作性强,更受到行政机关的青睐。有时,没有行政规定,行政机关几乎难以"依法行政"。在遵守

---

[28] 行政规定又称为"其他规范性文件",如《行政处罚法》第16条规定:"除法律、法规、规章外,其他规范性文件不得设定行政处罚。"

[29] 参见最高人民法院行政裁定书〔(2017)最高法行申163号〕。当时有效的《行诉若干解释》第62条第2款规定:"人民法院审理行政案件,可以在裁判文书中引用合法有效的规章及其他规范性文件。"

"法条授权"的规则下,行政规定可以认为是法的自然延伸。所以,凡是与法律、法规和规章不相抵触的行政规定都是法的组成部分——实质意义的法。《行政复议法》《行政诉讼法》规定公民、法人或者其他组织在申请行政复议和提起行政诉讼时可以"一并请求"审查行政规定,由复议机关或者法院在个案中对行政规定进行合法性审查。[30]

根据内容的不同,行政规定可以分为:(1)创设性规定。它是在没有上位法的情况下行政机关依照法定程序制定的规范性文件。从依法行政原理要求看,我们不应当承认这种创设性行政规定的合法性。但是,基于行政管理的客观需要,并在配置必要的合法性审查制度前提下,有限度地承认创设性行政规定的合法性是必要的,尤其是在涉及地方性事务的行政管理中,这种创设性行政规定更具有生存的空间。如徐某明诉湖南省益阳市大通湖区管理委员会不履行行政复议法定职责案中,最高人民法院认为:

> 合法、有效并合理、适当的其他规范性文件,人民法院可以作为判断被诉行政行为是否合法的根据。目前我国尚未实施养老待遇全国统筹,没有对退休待遇核准的统一规定,各地退休待遇核准的标准尚存在地域差别,对于退休待遇的标准应当适用相关的地方法规及规范性文件。湖南省人民政府办公厅《关于转发省劳动保障厅、省财政厅、省农业厅〈湖南省国有农垦企业职工基本养老保险实施办法〉的通知》,文件内容合法、合理,不存在与上位法有冲突的情形,可以作为判断被申请人及其下属大通湖区劳动和社会保障局(现大通湖区人社局)进行社会保险待遇相关行政行为是否合法的根据。[31]

(2)执行性规定。它是行政机关为执行法律、法规和规章而制定的规范性文件。学理上不承认它对法院有拘束力,但若与法律、法规和规章的规定不相抵触,法院可以适用,反之,法院则可以拒绝适用。在徐某英诉山东省五莲县社会医疗保险事业处不予报销医疗费用案中,五莲县社会医疗保险事业处依据五莲县卫生局、五莲县财政局《2014年五莲县新型农村合作医疗管理工作实施办法》第5条第2款的规定,认为刘某喜就诊的医疗机构不属于政府举办的医疗机构,决定不予报销。对此,法院认为:

> 案涉实施办法第5条第2款规定"参合农民到市外就医,必须到政府举办的公立医疗机构",该款规定对行政相对人的权利作出了限缩性规定,不符合上位法规范性文件的相关规定,不能作为认定行政行为合法的依据,书面答复应予撤销。[32]

该案涉及的上位依据是《山东省新型农村合作医疗定点医疗机构暂行管理规定》。该管理规定第12条第1句规定:"参合农民在山东省行政区域内非新农合定点医疗机构就医的费用不得纳入新农合基金补偿。"同时,山东省卫生厅《关于巩固和发展新型农村合作医疗制度的实施意见》规定:"完善省内新农合定点医疗机构互认制度,凡经市级以上卫生行政部门确定并报省卫生行政部门备案的三级以上新农合定点医疗机构,在全省范围内互认;统筹地区根据参合农民就医流向,通过签订协议互认一、二级新农合定点医疗机构,享受当地规定的同级别新农合定点医疗机构补偿比例。"根据上述规定,案涉《2014年五莲县新型农村合作医疗管理工作实施办法》第5条第2款关于"参合农民到市外就医,必须到政府举办的公立医疗机构"的规定,限缩了行政相对人选择就医的权利,不符合上位依据的相关规定,不能作为认定涉案行政行为合法的依据。

(3)解释性规定。它是行政机关对适用法律、法规和规章中的具体问题作出解释的规范

---

[30] 参见《行政复议法》第13条、《行政诉讼法》第53条。
[31] 最高人民法院行政裁定书[(2018)最高法行申4810号]。
[32] 参见行政诉讼附带审查规范性文件典型案例(最高人民法院2018年10月30日发布)。

性文件。解释法律是法院的当然职责,与审判权具有不可分割的联系,但考虑到行政机关的解释性规定有时可能更接近于行政实务的需求,所以,在个案中如遇有行政机关解释性规定的适用时,法院可以对其进行审查,并就其是否合法表达自己的意见。若认定它与法律、法规和规章不相抵触,法院可以在裁判文书引用。在方某女诉浙江省淳安县公安局治安管理行政处罚案中,方某女经营的出租房违反《治安管理处罚法》第39条的规定,淳安县公安局对其作出行政拘留3日的治安处罚决定。当事人在提起诉讼时申请一并审查浙江省公安厅《关于解决消防监督执法工作若干问题的批复》第5条是否对《治安管理处罚法》第39条规定的"其他供社会公众活动的场所"进行了扩大解释。对此,法院认为:

> 从内容来看,该条是对居住的出租房屋能否视为《治安管理处罚法》第39条规定的"其他供社会公众活动的场所"的解释。由于"其他供社会公众活动的场所"为不确定法律概念,其内容与范围并不固定。居住的出租房物理上将毗邻的多幢、多间(套)房屋集中用于向不特定多数人出租,并且承租人具有较高的流动性,已与一般的居住房屋只关涉公民私人领域有质的区别,已经构成了与旅馆类似的具有一定开放性的公共活动场所。对于此类场所的经营管理人员,在出租牟利的同时理应承担更高的消防安全管理责任。因此,该第五条规定之内容与《中华人民共和国治安管理处罚法》第39条规定并不抵触。[33]

对外公开发布的行政规定属于行政法法源,但未对外公开发布的内部性行政规定是否属于行政法法源,需要在个案中结合相关情况综合考虑。如行政机关内部公文的流程、合议制机关合议规则等,与行政相对人没有直接利害关系,可以排除在行政法法源之外。但是,有的内部性行政规定内容涉及裁量规则的指导、不确定法律概念解释等,客观上有拘束下级行政机关处理个案的法效力,在个案中引用会影响行政相对人的合法权益,即产生所谓"内部效力外部化"的法效果。此时,该内部性行政规定也可以成为行政法法源。在华中轴承厂诉无锡市滨湖区劳动局社会保障行政确认案中,法院认为:

> 根据《江苏省城镇企业职工工伤保险规定》第8条第(5)项的规定:职工蓄意违章、违法,造成负伤、致残、死亡的,不应认定为工伤。劳动和社会保障部《关于解释〈企业职工工伤保险试行办法〉中"蓄意违章"的复函》规定:"蓄意违章"是专指十分恶劣的、有主观愿望和目的的行为。在处理认定工伤的工作中,不能将一般的违章行为,视为"蓄意违章"。蒋某林主观上不追求伤害的发生,而是有侥幸心理。蒋某林负伤事故的发生虽与其未按操作规范切割管料弯头有一定关系,但蒋某林的违规操作行为,只能构成一般违章行为,其目的仍是为完成其日常所从事的管料切割工作,事故的性质是职工从事本单位日常生产、工作时造成的伤害,符合认定工伤的条件。且蒋某林被聘后未经岗前培训即被安排为管料切割操作工。故蒋某林擅自切割弯管的行为,不属于"蓄意违章"等不能被认定工伤的情形。[34]

该案中,原劳动和社会保障部的"复函"是针对黑龙江省人民政府《关于请求解释〈企业职工工伤保险试行办法〉有关规定的函》所作出的内部答复,不是原劳动和社会保障部公开对外发布的行政规范性文件,但在该案中,无锡市滨湖区劳动局引用此"复函"认定蒋某林不是工伤。这一引用导致"复函"产生了外部化的法效果,无异于公开对外发布的行政规范性文件。因此,法院将它当作裁判的法依据之一。

七、社团章程、村规民约

社团章程,即用于规范社团内部成员活动的基本规则。社团章程的效力仅及于它的成员,但因它涉及其成员的权利和义务,且并非纯粹的私法契约,具有行政法法源的性质。如在

---

[33] 参见行政诉讼附带审查规范性文件典型案例(最高人民法院2018年10月30日发布)。
[34] 参见江苏省无锡市中级人民法院行政判决书[(2005)锡行终字第50号]。

吴某敏诉北京市朝阳区残疾人联合会要求报销培训学费案中,《中国残疾人联合会章程》是确定北京市朝阳区残疾人联合会是否具有行政诉讼被告资格的依据之一。[35] 又如,《中国足球协会章程》第63条第1项规定:"会员协会、注册俱乐部及其成员,应保证不得将他们与本会、其他会员协会、会员俱乐部及其成员的业内争议提交法院,而只能向本会的仲裁委员会提出申诉。"该条第3项规定:"仲裁委员会作出的上述范围外的裁决,可以向执行委员会申诉,执行委员会的裁决是最终裁决。"2002年发生的长春亚泰俱乐部诉中国足协处理决定案,尽管法院没有受理,但它已经涉及《中国足球协会章程》在行政法上是否具有法源地位的问题。[36] 再如,高校关于学位授予的内部规定在行政诉讼中已经成为法院的裁判依据。何某强诉华中科技大学拒绝授予学位案中,针对被告制定的《华中科技大学武昌分校授予本科毕业生学士学位实施细则》第3条的规定符合上位法规定,法院认为:

《中华人民共和国学位条例》第4条规定:"高等学校本科毕业生,成绩优良,达到下述学术水平者,授予学士学位:(一)较好地掌握本门学科的基础理论、专门知识和基本技能……"《中华人民共和国学位条例暂行实施办法》第25条规定:"学位授予单位可根据本暂行实施办法,制定本单位授予学位的工作细则。"该办法赋予学位授予单位在不违反《中华人民共和国学位条例》所规定授予学士学位基本原则的基础上,在学术自治范围内制定学士学位授予标准的权力和职责,华中科技大学在此授权范围内将全国大学英语四级考试成绩与学士学位挂钩,属于学术自治的范畴。高等学校依法行使教学自主权,自行对其所培养的本科生教育质量和学术水平作出具体的规定和要求,是对授予学士学位标准的细化,并没有违反《中华人民共和国学位条例》第4条和《中华人民共和国学位条例暂行实施办法》第25条的原则性规定。因此,何某强因未通过全国大学英语四级考试不符合华中科技大学学士学位的授予条件,武昌分校未向华中科技大学推荐其申请授予学士学位,故华中科技大学并不存在不作为的事实,对何某强的诉讼请求不予支持。[37]

村民自治章程和村规民约是农村基层群众性自治组织规范村民活动的行为规则,它的效力也仅及于自治组织内部的村民。《村民委员会组织法》第27条第2款规定:"村民自治章程、村规民约以及村民会议或者村民代表会议的决定不得与宪法、法律、法规和国家的政策相抵触,不得有侵犯村民的人身权利、民主权利和合法财产权利的内容。"根据这一规定,在行政诉讼中,村民自治章程和村规民约在与宪法、法律、法规和国家政策不相抵触,不侵犯村民的人身权利、民主权利和合法财产权利的前提下具有约束力;反之,它不能获得法院的支持。如在广州市番禺区市桥街沙坛一村村民委员会诉广州市番禺区人民政府市桥街道办事处行政处理纠纷案中,沙坛一村于2001年1月1日经表决通过《番禺区市桥镇沙坛一村股份经济合作社章程》,该章程第11条第4点规定,股权确认"每年12月31日为截止日,已死亡、迁出、出嫁(含已登记未迁出户口)的不计算股权"。由于第三人陈某凤已出嫁,原告广州市番禺区市

---

[35] 参见最高人民法院行政审判庭编:《中国行政审判案例》(第2卷)第41号案例,中国法制出版社2011年版,第5页以下。
[36] 此案情是:中国足球协会纪律委员会经调查后认定,2001年中国足球甲B联赛进行过程中,四川绵阳、成都五牛、长春亚泰、江苏舜天和浙江绿城俱乐部队在甲B联赛最后两轮的三场比赛中,有严重违背体育公平竞争精神的情形发生。经中国足球协会批准,中国足球协会纪律委员会对上述五支俱乐部队中国足纪字(2001)14号处理决定,取消长春亚泰队晋级甲A联赛的资格,取消长春亚泰队在2001年全国足球甲B联赛最后一轮与浙江绿城队比赛中上场国内球员2002年的注册资格和2002年、2003年的转会资格,并停止主教练2002赛季工作一年。长春亚泰俱乐部于2002年1月7日向北京市第二中级人民法院正式提起行政诉讼,请求人民法院依法撤销"足纪字(2001)14号处理决定"。北京市第二中级人民法院经过审查后,认为该起诉不符合《行政诉讼法》规定的受案范围,于2002年1月23日作出不予受理的裁定。
[37] 参见最高人民法院指导案例39号。

桥街沙圩一村民委会根据该条款不给予第三人陈某凤、李某贤、李某辉股份分配权。对此,法院认为:

《广东省实施〈中华人民共和国妇女权益保障法〉规定》第 12 条规定:"结婚后户口和居住地仍在原村的农村妇女及其按计划生育的子女,其居住、户籍、生产劳动和计划生育等权利受法律保护。在责任田和宅基地划分、股权分配等方面与当地其他村民享有同等权利。违反前款规定的,由镇(乡)人民政府责令改正;造成当事人损失的,侵害人应当予以赔偿。"……原审第三人陈某及其子女户口和居住地均在原村,同时具备"户口仍在原村"和"居住地仍在原村"的条件,在股权分配和福利待遇等方面理应与该村其他村民享有同等权利。被上诉人经调查后认为上诉人不给予原审第三人股权分配违反了法律规定,并作出责成上诉人给予原审第三人与本村村民同等的股权分配和福利待遇的行政决定是正确的。上诉人要求撤销被上诉人作出的行政处理决定书,不予支持。[38]

该案中,《番禺区市桥镇沙圩一村股份经济合作社章程》因违反《村民委员会组织法》、《广东省实施〈中华人民共和国妇女权益保障法〉规定》的相关规定,不能成为被上诉人广州市番禺区人民政府市桥街道办事处依法行政的法依据,上诉人广州市番禺区市桥街沙圩一村民委会的诉讼请求也没有获得法院的支持。

第三节 不成文法源

一、指导性案例

指导性案例源于最高人民法院发布的《人民法院第二个五年改革纲要(2004—2008)》第 13 条规定,即"建立和完善案例指导制度,重视指导性案例在统一法律适用标准、指导下级法院审判工作、丰富和发展法学理论等方面的作用。最高人民法院制定关于案例指导制度的规范性文件,规定指导性案例的编选标准、编选程序、发布方式、指导规则等"[39]。根据 2010 年最高人民法院《关于案例指导工作的规定》,指导性案例是指裁判已经发生法律效力,并符合以下条件的案例:(1)社会广泛关注的;(2)法律规定比较原则的;(3)具有典型性的;(4)疑难复杂或者新类型的;(5)其他具有指导作用的案例。[40] 最高人民法院发布的指导性案例,各级人民法院审判类似案件时应当参照。[41]

"审判类似案件时应当参照"具体包含了如下内容:法院审理的案件在基本案情和法

---

[38] 广东省广州市中级人民法院行政判决书[(2006)穗中法行终字第 431 号]。又如,在垦利县垦利镇南十井村村民委员会与胡某香等农业行政给付上诉案中,法院认为:依据《村民委员会组织法》第 5 条第 3 款、第 20 条第 2 款规定,村民委员会具有依法管理村集体财产的行政主体资格,因行使职权而与村民发生的纠纷,是不平等主体之间发生的纠纷,属于行政诉讼受案范围。村民委员会在行使村民自治过程中,违反法律规定,侵犯村民合法权益的行为,应当接受司法审查。被上诉人胡某香与非农业户口的袁某顶结婚后,按照国家户籍管理的规定,不便迁往已全部转为非农业户口的前李埠,继续留在上诉人处,符合法律法规的规定,两被上诉人的合法村民待遇应当得到法律的保障。上诉人以村民自治的名义,剥夺被上诉人平等享有的村民待遇,违反了《村民委员组织法》第 20 条第 2 款的规定,应当予以撤销。山东省东营市中级人民法院行政判决书[(2004)东行终字第 42 号]。
[39] 指导性案例的前身是"典型案件"。它源于最高人民法院颁布的《人民法院五年改革纲要》,即"2000 年起,经最高人民法院审判委员会讨论、决定有适用法律问题的典型案件予以公布,供下级法院审判类似案件时参考"。
[40] 参见最高人民法院《关于案例指导工作的规定》第 2 条。
[41] 参见最高人民法院《关于案例指导工作的规定》第 7 条。

律适用方面,与最高人民法院发布的指导性案例相类似的,应当参照指导性案例的裁判要点作出裁判。参照指导性案例,应当将指导性案例作为裁判理由引述,但不作为裁判依据引用。在办理案件过程中,案件承办人员应当查询相关指导性案例。在裁判文书中引述相关指导性案例,应在裁判理由部分引述指导性案例的编号和裁判要点。公诉机关、案件当事人及其辩护人、诉讼代理人引述指导性案例作为控(诉)辩理由,案件承办人员应当在裁判理由中回应是否参照了该指导性案例并说明理由。[42] 参照指导性案例,主要是法院在指导性案例中对有关法的解释与适用所形成的规则,在类似案件中如何适用的问题。如最高人民法院指导案例 6 号即黄某富、何某琼、何某诉四川省成都市金堂工商行政管理局行政处罚案的"裁判要点"是"行政机关作出没收较大数额涉案财产的行政处罚决定时,未告知当事人有要求举行听证的权利或者未依法举行听证的,人民法院应当依法认定该行政处罚违反法定程序"。[43] 这一"裁判要点"内容在《行政处罚法》(1996)中尚未见有明确规定。在指导案例 6 号发布之后,各级法院在审判类似案件时,应当参照执行这一"裁判要点",统一法律适用的标准。如在张某刚诉新泰市城市管理行政执法局规划行政处罚纠纷案中,法院认为:

  原告认为,被告在作出限期拆除违法建筑行政处罚决定之前,未告知原告有要求举行听证的权利,剥夺了原告的听证权利。被告认为限期拆除违法建筑不属于必须听证的范围,故不予告知。本院认为,根据《中华人民共和国行政处罚法》第 42 条第 1 款第 1 句"行政机关作出责令停产停业、吊销许可证或者执照、较大数额罚款等行政处罚决定之前,应当告知当事人有要求举行听证的权利;当事人要求听证的,行政机关应当组织听证"的规定,参照最高人民法院指导案例 6 号黄某富、何某琼、何某诉四川省成都市金堂工商行政管理局行政处罚一案裁判观点,本条表述虽未明确列举限期拆除违法建筑行政处罚属于法定听证的类型,但本条中"等"系开放式不完全列举,包括了与明文列举的"责令停产停业、吊销许可证或者执照、较大数额罚款"类似的其他对相对人权益产生较大影响的行政处罚行为。限期拆除违法建筑属于对相对人权益产生较大影响的行政处罚类型,应当根据《中华人民共和国行政处罚法》第 42 条的规定适用听证程序,被告未告知原告有要求听证的权利,违反了法定程序,构成程序违法。[44]

  指导性案例的"裁判要点"是否具有"造法"功能,并非没有争议。我国法学理论一直不承认"判例法",也不承认"法官造法",但是,指导性案例却具有某种"判例法"的类似性,这一点几乎无人否定。指导性案例在于"指导",但在法院审理类似案件"应当参照"所产生的"事实上的拘束力"则是客观存在的。这种"事实上的拘束力"反射到行政程序之中,指导性案例就是依法行政原理中"法"的内容。"事实上的拘束力"意味着行政机关必须考虑指导性案例的"裁判要点",否则,它所作出的行政行为在之后发生的行政诉讼中,可能会受到法院的否定性评价。指导性案例公布之后,如果其所关涉的法规范被制定机关修改或者废除,该指导性案例也就失去了它的"指导"功能。[45]

  在实务中,指导性案例作为裁判理由论证依据的判例越来越多,如在重庆市涪陵洪源房地产开发有限公司(以下简称洪源公司)诉重庆市涪陵区人民政府行政批复案中,最高人民法院认为:

---

[42] 参见《〈最高人民法院关于案例指导工作的规定〉实施细则》(法〔2015〕130 号)第 11 条第 2 款。
[43] 最高人民法院指导案例第 6 号。
[44] 参见山东省新泰市人民法院行政判决书〔(2014)新行初字第 72 号〕。
[45] 如李某雄诉广东省交通运输厅政府信息公开案(指导案例 26 号)的"裁判要点"与 2019 年修订的《政府信息公开条例》第 31 条第 3 项规定相冲突,该指导案例应当通过法定程序废除。

再审申请人洪源公司还主张本案情形应当适用22号指导案例。依照最高人民法院《关于案例指导工作的规定》第7条"最高人民法院发布的指导性案例,各级人民法院审判类似案例时应当参照"及《〈最高人民法院关于案例指导工作的规定〉实施细则》第9条"各级人民法院正在审理的案件,在基本案情和法律适用方面,与最高人民法院发布的指导性案例相类似的,应当参照相关指导性案例的裁判要点作出裁判"、第11条第2款"公诉机关、案件当事人及其辩护人、诉讼代理人引述指导性案例作为控(诉)辩理由的,案件承办人员应当在裁判理由中回应是否参照了该指导性案例并说明理由"的规定,本案裁判应当结合本案情形与22号指导案例在基本案情和法律适用方面的类似性,在裁判理由中对是否参照22号指导案例作出回应并说明理由……在行政机关内部行文上,批复属于一种公文种类,多用于上级行政机关答复下级行政机关的请示事项。下级行政机关在工作中遇到疑难问题、不能自行决定的事项时,向上级行政机关请求指示、批准,上级行政机关就请求指示、批准的事项作出答复。行政批复本质上体现的是上级行政机关就请示事项如何处理作出的意思表示。若下级行政机关接到行政批复之后,落实上级行政机关的意思表示,再以自身名义对公民、法人或者其他组织作出行政行为,则行政批复纯为内部行为,终止于上下级行政机关内部,不直接对外产生法律效果。若下级行政机关接到实际影响公民、法人或者其他组织权利义务的行政批复之后,奉之而行,直接将行政批复付诸实施,未再以自身名义对外作出行政行为,则行政批复就跨越内部行为范畴,构成了可诉的行政行为。为依法准确把握行政批复行为的可诉性,统一法律适用,22号指导案例便应运出台……在基本案情和法律适用上,本案与22号指导案例相类似,应予参照。本案所涉296号批复亦为地方人民政府对其所属行政管理部门呈报的请示作出的批复,涉及的内容是案涉工程投入补偿……形式上看,再审被申请人涪陵区政府所作296号批复仅是同意按该请示载明的祥瑞公司和金禾苗公司工程投入金额作为两家企业的协商补偿金额,并敦促原涪陵区××委尽快完成搬迁任务,不涉及再审申请人洪源公司的补偿问题。但是,结合《关于审定西客站二期拆迁补偿费用的请示》实质上看,再审被申请人涪陵区政府所作296号批复直接对再审申请人洪源公司的权利义务产生了实际影响,已跨越"行政机关作出的不产生外部法律效力的行为"或者"上级行政机关基于内部层级监督关系对下级行政机关作出的听取报告、执法检查、督促履责等行为"之范畴。《关于审定西客站二期拆迁补偿费用的请示》载明将再审申请人洪源公司工程投入"审定为0元",再审被申请人涪陵区政府所作296号批复未明确提及再审申请人洪源公司的补偿问题,也就意味着默示同意将再审申请人洪源公司排除在案涉工程投入补偿之外,不给予再审申请人洪源公司补偿……这实际上就是直接将再审被申请人涪陵区政府所作296号批复的内容付诸实施。故本案亦属于直接将行政批复内容付诸实施并对行政相对人权利义务产生实际影响的情形,完全对应了22号指导案例的裁判要点……基于本案现有证据,参照22号指导案例的裁判要点,再审被申请人涪陵区政府所作296号批复属于人民法院行政诉讼受案范围,再审申请人洪源公司对再审被申请人涪陵区政府提出的本案起诉符合《中华人民共和国行政诉讼法》第49条规定的起诉条件,未显示存在《最高人民法院关于适用〈中华人民共和国行政诉讼法〉的解释》第69条第1款规定的消极情形,应当依法受理。[46]

该案中,最高人民法院基于再审申请人主张该案情形应当适用22号指导案例,围绕该案与22号指导案例是否符合"类似案件"进行了充分的说理论证,积极回应了再审申请人的主张。

二、惯例

惯例是一种调整人与人之间关系的自发性行为规范。根据它生成方式的不同,它可以分为民间惯例和行政惯例。与成文法不同的是,它没有国家强制力作实施担保,一般也没有文

---

[46] 参见最高人民法院行政裁定书[(2023)最高法行再7号]。

字记载。但是,一旦成文法明确它的法律地位,它就有了法的属性。《民法典》第 10 条规定:"处理民事纠纷,应当依照法律;法律没有规定的,可以适用习惯,但是不得违背公序良俗。"《民法典》承认了习惯可以作为处理民事纠纷的规则,从这个意义上说,至少在私法领域,中国存在着习惯法。"就原始意义而论,习惯法系指:长时期,事实上被普遍遵循之人际关系上的行为规则,循行者并具有借此满足法律命令的意识。"[47] 在行政法上,惯例没有如《民法典》那样有明确的法律地位。但在某些行政领域中,也承认惯例可以作为行政机关行使职权的法依据。如《企业名称登记管理规定》第 9 条规定:"企业名称中的行业或者经营特点应当根据企业的主营业务和国民经济行业分类标准标明。国民经济行业分类标准中没有规定的,可以参照行业习惯或者专业文献等表述。"又如,《退耕还林条例》第 39 条第 1 款规定:"省、自治区、直辖市人民政府应当根据当地口粮消费习惯和农作物种植习惯以及当地粮食库存实际情况合理确定补助粮食的品种。"传统法观念认为,由依法行政原理可以推断,行政机关的权力必须来自成文法的授予,但从今天的立法、执法实务观察,这种观念可能有些没落了。在一定条件下惯例具有行政法上不成文法源的地位。

(一)民间惯例

民间惯例是形成于人们长期共同生活过程中的行为规范。[48] 依照老百姓的生活话语,民间惯例即"规矩"。虽然这种"规矩"没有国家强制力作为执行的担保,但依靠人们的认同、评价等维持一定范围内人们的生活秩序。有时,即使是国家法律也无法否认民间惯例的存在,并且还要尊重它的作用。如《人民警察法》第 20 条第 4 项规定,人民警察必须做到尊重人民群众的风俗习惯。这一规定确认了风俗习惯构成了一种对警察权的限制。在中国传统社会中,"有许多乡规、俗例和流行的惯习完全不为官府承认和支持,但它们有着极强的生命力,结果不但官府屡禁不止,而且它们往往迫使各地官府在有关场合作出妥协"[49]。在今天的司法实务中,"一些法院将民间的善良风俗引入裁判过程,这是对司法视野下民俗习惯应用的积极探索,是对提高司法公信、促进社会和谐的有益尝试。同时,它对法官适用法律的能力提出了更高的要求,法官将善良的民俗习惯引入审判实践,是建立在法官对法律全面、系统、准确理解的基础上,是通过适用善良的民俗习惯弥补法律出现的空白和不足"[50]。

民间惯例一旦出现在行政过程中,并获得行政机关的认可,它在客观上就可能具有规范行政权的法效力。在实务中,民间惯例作为法院判定行政行为合法性的法依据也并不少见。如在胡某女诉浙江省宁海县人民政府土地行政确认行政争议案中,原告胡某女的儿子潘某明未经她委托授权,将她名下的房屋卖给同村村民潘某兵,被告宁海县人民政府为其办理了过户登记。对此,法院认为:

> 被上诉人宁海县人民政府认可上诉人之子潘某明与原审第三人潘某兵之间的房屋买卖契约合法有效,是在综合分析所掌握的证据材料的情况下作出的。此项认定符合当地农村村民的生活习惯。被

---

[47] [德]卡尔·拉伦茨:《法学方法论》,陈爱娥译,商务印书馆 2003 年版,第 230 页。
[48] "根据罗马法传统,习惯成为法,须具备三项要件:第一,长期稳定的习惯(longa consuetudo);第二,普遍的确信(consensus omnium);第三,观念上认为其具有法律拘束力之规范(opinio necessitatis)。"参见朱育庆:《民法总论》,北京大学出版社 2013 年版,第 40 页。
[49] 梁治平:《梁治平自选集》,广西师范大学出版社 1997 年版,第 182 页。
[50] 曹建明:《和谐司法视野下民俗习惯的运用》,载《人民法院报》2007 年 8 月 30 日,第 5 版。

上诉人宁海县人民政府据此作出的颁证行为,并无错误。[51]

在该案中,"当地农村村民的生活习惯"构成了被告颁发房屋所有权证的合法依据之一。这个民间惯例大意是,儿子"当家作主"后,有权处分父母名下的家产,出嫁的女儿不可再回娘家主张父母名下的家产。该案中,潘某明未经他母亲同意将她名下的房产卖给第三人潘某兵,宁海县人民政府为其办理了房产登记。法院依照"当地农村村民的生活习惯"判决被告作出的房产过户登记合法。

如在李某灵等诉西峡县国土资源局等土地行政纠纷案中,原告诉称:西峡县国土资源局在2016年11月7日给第三人颁发了不动产权第0000019号不动产权证书,将该宗违法占用的土地面积确认给第三人使用,其行为没有事实和法律依据,此确认行为明显违法,且侵害了三原告的民事权益,对此,法院认为:

> 结合本案,被告给第三人核发的不动产证与三原告李姓祖坟地东西相邻,最短距离距李姓祖坟地边缘电杆处1.2米,在国家法律没有明确规定坟地与相邻建筑物间距的情况下,根据公序良俗习惯,结合1995年12月17日《协议书》第1条"以李姓坟园边电线杆西侧壹米处为界……"之约定,及该坟地地形、周边环境,按照农村坟地受法律限制,也受法律保护和节约坟地使用并有效利用资源的理念,应当不认为被告之行政行为对三原告正常使用李姓祖坟地构成明显实际影响,主要理由是该行政行为的实施一是没有造成对坟地建筑物(墓穴)或构筑物(拜台、墓碑等)的实际明显毁损;二是明显不影响三原告按照日常民间习惯开展正常的祭拜活动和有利于公序良俗的文明操作。[52]

(二)行政惯例

行政惯例是行政机关在行政过程中某种习惯性"做法"的积沉,是行政机关在一个较长时期内处理相同行政事务时的重复行为逐渐形成的一种行为规则,且这一行为规则得到了一定范围内公众的认知、确信。它是一种"实际有效的法律"。[53] 如在沈某萍诉海宁市人民政府行政复议决定案中,村民沈某萍向所在街道办事处申请建房,街道办事处以自己没有法定职责为由拒绝,对此,法院认为:

> 申请人申请建房审批,需村(居)民小组、村(社区)和镇(街道)出具相关意见后,再逐级转呈海宁市规划建设局,是海宁市规划建设局审批建房申请的惯例。海宁市海洲街道办事处对原告申请建房不予转呈上报,有违公平原则。[54]

该案的制度背景是,经济发展导致的一些县级城市规划区扩张,将原来周边的乡镇人民

---

[51] 参见浙江省宁波市中级人民法院行政判决书[(2005)甬行终字第17号]。
[52] 参见河南省内乡县人民法院行政判决书[(2018)豫1325行初25号]。
[53] 参见[德]奥托·迈耶:《德国行政法》,刘飞译,商务印书馆2002年版,第91页。
[54] 参见浙江省海宁市人民法院行政判决书[(2007)海行初字第7号]。在张某秀等诉宜昌市房地产管理局违法颁发拆迁许可案中,法院认为:"关于规划建筑红线图问题,规划部门的说明,已经充分证实在颁证之前已有规划文件,原告要求出示原件异议理由均不充分。原告对旧《条例》第8条第2款之规定有歧解,依照被告所提供的规范性文件及惯例,可先办'房屋拆迁许可证',后办理土地使用权变更手续,故被告有关的辩论意见法院支持。"参见湖北省宜昌市西陵区人民法院行政判决书[(2002)西行初字第23号]。在许某青诉兴国县人民政府劳动行政管理案中,法院认为:第三人钟某芊提供的其所在学校应科院于2008年12月17日、18日出具的证明材料,证明第三人在报名当时已完成在校全部课程,成绩合格,准予毕业,取得本科学历,并且在校期间思想道德品质良好,被告据此认为第三人具备本科学历,符合招聘考试的报名条件并无不当。而且,允许应届毕业生参加当年的公务员考试及事业单位工作人员考试成为实践中的惯例。被告在本次公开招聘考试公告中没有明示,是引起该案行政争议的原因,被告应当在今后的公开考试招聘时注意完善自身行政行为,以避免行政争议的发生。参见江西省兴国县人民法院行政判决书[(2009)兴行初字第2号]。

政府改为县、市政府的派出机关——街道办事处，由其管辖原属乡镇人民政府的村民委员会。依照《村庄和集镇规划建设管理条例》的规定，村民自建住房的审批机关之一是乡人民政府。沈某萍所在的乡镇人民政府被改为海洲街道办事处后，多年来一直承担着它所管辖的村民自建住房的审批职责。该案中，被告声称原告要求它责令海洲街道办事处履行审批职责没有法依据。从成文法上看，街道办事处的确没有这项法定职责，但是，沈某萍已经没有了可以为她审批建房申请的"乡镇人民政府"，且海洲街道办事处一直在行使这项审批职权。据此，法院认定海洲街道办事处审批村民建房申请是一个"行政惯例"。

在吴某琴等诉山西省吕梁市工伤保险管理服务中心履行法定职责案中，吴某琴的丈夫因公出差遭车祸死亡，在申请核定工伤保险待遇时，为被告所拒，理由是，吴某琴的丈夫所在单位是在他们死亡后才交纳工伤保险费。对此，法院认为：

> 上诉人丈夫所在兴无煤矿从2002年开始为企业的固定工缴纳工伤保险费，缴费方式为不定期缴纳。这种缴费方式一直为柳林县主管机关认可。从2007年开始，吕梁市开始实行工伤保险全市统筹，但工伤保险费用缴纳的具体业务仍在柳林县办理，工伤保险费直接交到吕梁市工伤中心的账上。2007年12月，兴无煤矿仍按往年的缴费方式一次向吕梁工伤保险中心缴纳了2007年度固定工的工伤保险费用，吕梁工伤保险中心给兴无煤矿出具了山西省社会保险费征收专用票据，并没有按《工伤保险经办业务管理规程》第3章（工伤保险费征缴）第21条第2款的规定按照兴无煤矿2006年度缴费数额的110%确定2007年度的缴费数额，也没有按照国务院《社会保险费征缴暂行条例》第13条的规定加收滞纳金，应当认定工伤保险中心认可了这种缴费方式。同时，这种缴费方式并不仅是兴无煤矿一家企业，而是柳林县大多数企业的做法。柳林县医疗保险管理中心出具的2007年12月工伤保险费征缴情况表上，除了兴无煤矿外，还有柳林建行、王家沟煤矿、文安煤业有限责任公司、刘家垣煤矿等企业也是于2007年12月一次性缴纳2007年度全年工伤保险管理费。可见，这种不定期缴费方式在工伤保险管理实际工作中已形成一种习惯性做法，这种做法需要在以后的工伤保险管理工作中逐步地加以规范，但并不能因此否定用工主体为本单位职工缴纳保险费用的法律事实。[55]

该案中，行政机关一直认可企业可以不依照法律规定定期缴纳工伤保险金的缴费方式，但这种不定期缴费方式有利于该案原告。最高人民法院在公布该案时提炼的裁判要旨是，行政机关对特定管理事项的习惯做法，不违反法律、法规的强制性规定且长期适用形成的行政惯例，公民、法人或其他组织基于该行政惯例的合理信赖利益应予适当保护。由此可见，在行政诉讼中是否认可行政惯例，最高人民法院在该案中至少确立如下两个标准：(1)有利于行政相对人；(2)不违反法律、法规的强制性规定。这两个标准在后来的王某诉柳林县民政局给付上诉案中得到体现。法院认为：

> 本案上诉人已审核认定被上诉人系革命烈士子女，争议焦点在于漏报、补报之前是否仍应当享受定期生活补助？参照民办发[2012]3号文件精神，上诉人应严格掌握政策、执行政策，深入细致地做好调查摸底工作，认真准确地界定相关人员的身份，做到不错、不漏、不留死角，对政策落实过程中遇到的问题要及时请示报告。但在本案中，上诉人始终未提供漏报、补报的人员，在身份确定之前不应当享受生活补助的法律或政策性依据，仅在庭审中口头陈述，行政实践中的审核认定需经上报审批、然后下拨款项才能支付。本院认为，上诉人实践中内部的习惯性做法，作为行政惯例不能成为减损相对人权利或增加相对人义务的依据，故其主张不予给付的理由不能成立，本院不予支持。[56]

---

[55] 吴某琴等诉山西省吕梁市工伤保险管理服务中心履行法定职责案，载最高人民法院行政审判庭编：《中国行政审判案例》（第4卷）第135号案例，中国法制出版社2013年版，第77页以下。

[56] 参见山西省吕梁市中级人民法院行政判决书[(2017)晋11行终字第46号]。

事实上，无论成文法有多么完善，它总是有漏洞的，这就给行政惯例的生成提供了空间。尽管在实务中与行政惯例有关的判例并不多见，但是，它的行政法法源功能却是客观存在的。行政惯例适用于成文法出现缺漏的地方，具有补充法律漏洞的功能。如"三定"方案（定职责、定机构、定编制）作为法定职责的补充，已作为一种行政惯例而存在，[57]这在履行之诉中并不少见。成文法的大量增加，使行政惯例作用的空间大大缩小。但是，行政法领域的不断拓展，也给行政惯例留下了生存、发展的空间。若行政惯例纯粹是行政机关内部业务操作上的习惯性做法，不涉及行政相对人合法权益，则不具有行政法法源的地位。

三、法的原则

法的原则，是指尚未被成文法所吸纳并用法条表达出来的法理。[58]它与法律原则不同的是，后者是法理在成文法上已经被表述为法条，性质上属于成文法的一部分，或可称为"一般性条款"。如《行政处罚法》第5条第1款规定："行政处罚遵循公正、公开的原则。"又如《行政强制法》第5条规定："行政强制的设定和实施，应当适当。采用非强制手段可以达到行政管理目的的，不得设定和实施行政强制。"该条间接地表述了比例原则。法的原则可以源于社会伦理道德的要求，如诚信，也可以源于学理上的证成，如法的安定性。在这里，法的原则中的"法"不是成文法，它更接近于如同中国传统法文化中"礼"那样的一种形而上的法观念，具有不证自明的正当性、伦理性。

在法理学的通识中，一个法律规范需要由"构成要件"和"法律效果"两部分组成。法的原则不具备这样的构造，但这并不妨碍法院将法的原则作为个案处理的法依据。如正当程序原则作为一个法的原则，早在20世纪末的田某诉北京科技大学拒绝颁发毕业证、学位证行政诉讼案中，法院就将其作为裁判的法依据，否定北京科技大学对田某作出的退学处理决定的合法性。法院认为：

> 按退学处理，涉及被处理者的受教育权利，从充分保障当事人权益的原则出发，作出处理决定的单位应当将该处理决定直接向被处理者本人宣布、送达，允许被处理者本人提出申辩意见。北京科技大学没有照此原则办理，忽视当事人的申辩权利，这样的行政管理行为不具有合法性。[59]

该案是《最高人民法院公报》发布的判例。法院从"充分保障当事人权益的原则"导出了"宣布"、"送达"和"申辩意见"等正当程序要素，这些程序要素被学者们提炼为"正当法律程序原则"当然内容。[60] 2014年，最高人民法院将它作为指导性案例38号发布，足见此判例的意义是何等重要。最高人民法院提炼的裁判要点是：(1)高等学校对受教育者因违反校规、校纪而拒绝颁发学历证书、学位证书，受教育者不服的，可以依法提起行政诉讼。(2)高等学校依据违背国家法律、行政法规或规章的校规、校纪，对受教育者作出退学处理等决定的，人民法院不予支持。(3)高等学校对因违反校规、校纪的受教育者作出影响其基本权利的决定时，应当允许其申辩并在决定作出后及时送达，否则视为违反法定程序。

---

[57] 参见李大勇：《论行政公益诉讼"不依法履职"的评判标准》，载《行政法学研究》2023年第3期。

[58] 日本南博方教授称之为"条理法"。"条理，是指事物的本质、事理。禁止权利滥用的法理，信义则[信赖保护的原则，禁反言的法理，无可疵议（clean hand）的原则]、合理性、正义公平、平等原则，比例原则，利益衡量原则等法的一般原则，都是这里所说的条理法。行政法有许多矛盾及不足，而且以解释技术来予以弥补也存在界限。在这种情况下，则必须将条理作为裁判的基准来进行判断。"参见[日]南博方：《行政法》（第6版），杨建顺译，商务印书馆2020年版，第15页。

[59] 参见《最高人民法院公报》1999年第4期。

[60] 参见何海波：《实质法治：寻求行政判决的合法性》，法律出版社2009年版，第127页以下。

有些法律原则因成文法限缩了它的适用范围,导致该法律原则不能适用某种情形,此时,法的原则可以发挥其作用。如在曾某伙、潘某花诉佛山市禅城区人民政府祖庙街道办事处征收社会抚养费决定案中,"一事不再重复处理"作为法的原则,其涉及罚款部分已被《行政处罚法》(1996)第 24 条明确规定,但是,对于罚款之外的如行政收费等情形,行政机关是否可以重复处理呢? 对此,法院认为:

> 新丰县遥田镇计生办作出的计生罚字〔1999〕001 号计划生育行政处罚决定书、新丰县遥田镇计生办开具的三份计划外生育费收据、新丰县遥田镇计生办 2001 年 3 月 8 日出具的证明、新丰县丰城镇城区计生办给祖庙街道办事处的复函,以上证据相互印证,可以证明上诉人已经因为计划外生育第二个孩子而被新丰县遥田镇计生办处理的事实。虽然新丰县遥田镇计生办作出处理的法律文书名称为行政处罚,但从实质内容和处理依据来看,其对上诉人计划外生育行为作出的是征收社会抚养费的处理决定……由于上诉人计划外生育的行为已经被征收了社会抚养费,被上诉人就上诉人同一违法行为作出相同的处理决定,违反了一事不再重复处理的基本法的原则,应予撤销。[61]

《行政处罚法》(1996)第 24 条规定:"对当事人的同一个违法行为,不得给予两次以上罚款的行政处罚。"但在该案中,被告对原告的违法行为作出了两次"征收社会抚养费的处理决定",不是"罚款",所以《行政处罚法》(1996)第 24 条"一事不二罚款"的原则不能适用于该案。但法院认为,被告征收社会抚养费的处理决定违反"一事不再重复处理"的原则,应予撤销。

有时,法院并没有直接引用某个法的原则,但在裁判理由中隐含了法的原则内容。在黄某棠诉衢州市衢江区高家镇人民政府土地整理及行政赔偿案中,镇政府在土地整理过程中移栽原告的桔树等农作物,但没有全部成活,原告以财产权受到损害为由,诉请法院判令镇政府承担行政赔偿责任。对此,法院认为:

> 高家镇人民政府于 2006 年 3 月 15 日向上诉人所在的林家村各农户发出公告,告知农户施工时间,要求在指定时间将桔树等农作物搬迁完毕,同时也告知如有困难提前书面申请,说明理由,逾期则作为放弃移栽处理。由于经过沟通与协商,大部分农户已领取了迁移费,且在施工前,高家镇人民政府未收到任何书面申请。基于此种情况,高家镇人民政府在土地整理时,对未搬迁的包括上诉人在内的农户的桔树用挖掘机整棵挖移,其行为并无不当。同时,高家镇人民政府也尽了合理注意义务,即将施工时间选择在春季,考虑了适宜移植的时间,尽可能兼顾公共利益和私人利益,在保障标准化农田建设政策落实的同时,尽可能地使私人的合法利益不受损害或少受损害。故被上诉人高家镇人民政府实施的上述一系列行为符合法律原则、精神和政策。[62]

该案中,我们可以看到,在"尽可能兼顾公共利益和私人利益,在保障标准化农田建设政策落实的同时,尽可能地使私人的合法利益不受损害或少受损害"这段裁判理由背后,隐含了"比例原则"中最小侵害原则,它成为法院驳回上诉的法依据之一。

四、公共政策

公共政策作为国家行使权力的一种行为准则、指引,"其基本的价值衡量标准,是要设计出既符合社会大众的利益和政治、经济、文化、伦理观念,即既具有社会可行性,又符合政策者的既得利益和意识、目标,即组织可行性的政策。"[63]公共政策具有执行上的裁量性和面向未

---

[61] 广东省佛山市中级人民法院行政判决书〔(2003)佛中法行终字第 40 号〕。
[62] 浙江省衢州市中级人民法院行政判决书〔(2006)衢中行终字第 17 号〕。
[63] 张国庆:《现代公共政策导论》,北京大学出版社 1997 年版,第 6 页。

来的开放性。在许多情况下,公共政策起着诠释成文法的功能,许多并不确定的法律概念都是通过公共政策加以廓清的。同时,公共政策是政治进入行政法,进而影响行政走向的基本管道之一。

在实务中,公共政策对行政的影响是极其显著的。如2005年5月,为了抑制房价过快上涨,《国务院办公厅转发建设部等部门〈关于做好稳定住房价格工作的意见〉的通知》(国办发〔2005〕26号)颁布,这是国家调整商品房价格的重大公共政策之一。这一公共政策对于有关房地产方面的法律、法规的适用产生了很大的影响,如国有建设土地使用权的拍卖、城市房屋拆迁和农村集体土地征收等,波及整个社会的经济层面。又如,国务院办公厅《关于坚定不移推进长江十年禁渔工作的意见》(国办发〔2024〕12号)作为推动长江经济带高质量发展和恢复长江母亲河生机活力的重要举措,在解决存在非法捕捞隐患较多、部分地方工作弱化、执法监管能力不足、水生生物多样性恢复缓慢等问题,对于属地政府依法行使"禁渔"权,促进当地经济发展,都具有十分重要的影响。

在行政诉讼中,公共政策可以决定行政案件的处理结果,它的行政法法源效果十分明显。如在蔡某丽等诉四川省司法厅行政处理决定上诉案中,最高人民法院认为:

四川省司法厅作为原四川省经济律师事务所的主管机关,根据国务院批转的司法部《关于深化律师工作改革的方案》,为加快全省律师工作改革的步伐,建立适应社会主义市场经济需要的律师体制,选择该所作为转制的首批试点单位,进行整所转制,是履行司法行政管理职责的行为,有利于律师事业的发展,符合改革的方向。四川省司法厅在对原四川省经济律师事务所进行转制试点过程中,委托四川省审计事务所和四川大华审计事务所对原四川省经济律师事务所的财产状况进行了审计,并就财产和编制问题向四川省国有资产管理局和四川省编制委员会进行了报告,得到了两部门的认可。四川省司法厅对原四川省经济律师事务所人员的住房按当时的购买价出售给个人,符合国务院发布的房改政策。鉴于律师体制改革的深入发展,四川省司法厅应对原四川省经济律师事务所转制过程中的未尽事宜予以完善。[64]

在该案法院处理案件的思路中,国务院发布的"房改政策"构成了法院作出判决的重要依据,且法院在裁判理由中直接明示。正是基于这样的考虑,法院作出了驳回蔡某丽等诉讼请求的判决。在何某兵诉襄阳市人社局不履行监督检查法定职责案中,法院明确认可了涉案《湖北省城镇用人单位职工基本养老保险费补缴暂行办法》是公共政策,"公共政策属于非正式的行政法渊源范畴",具有"行政法规范效力"。法院认为:

针对上诉人所在单位不能按时足额缴纳社会保险费的实际情况,被上诉人采取退休一名职工补缴一名职工养老保险费的方式缴费,并将上诉人实际缴费工资基数和应划入个人账户的金额一律计入实际补缴的当年,而非欠费的年度,虽存在正式的法律、法规上的空白,但符合湖北省劳动和社会保险厅《湖北省城镇用人单位职工基本养老保险费补缴暂行办法》(鄂劳社文〔2003〕190号)的规定。该办法系湖北省地方制定的公共政策,属于非正式的行政法渊源范畴,与正式的上位行政法效力并不抵触,且具有填补法律规范空白性质。有条件地承认非正式行政法渊源的规范效力,与行政法治原则并不发生价值冲突。故该办法作为非正式行政法渊源,在湖北行政区域产生的行政法规范效力,应予以尊崇和施行。被上诉人的这一征缴管理措施,不仅存在非正式的行政法根据,还是对上诉人社会养老权利的保护。上诉人实际养老待遇的降低,是用人单位欠缴社会养老保险费所致,与被上诉人的征缴管理监督检查行为并无法律上的直接利害关系。上诉人诉称其用人单位和个人不欠缴社会保险费,没有提供

---

[64] 最高人民法院行政判决书〔(1997)行终字第3号〕。

确凿的证据予以证明。综上,上诉人的上诉理由均不能成立,不予支持。[65]

互联网时代中,政府对新业态的监管往往无成文法依据可循,如果政府以此为由拒绝给新业态"出路",可能会与社会发展需求相悖。在陈某诉济南市城市公共客运管理服务中心客运管理行政处罚案中,济南市城市公共客运管理服务中心否定了网约车合法性,但法院基于"竞争理念和公共政策"作出了自己的判断。法院认为:

> 网约车这种客运服务的新业态,作为共享经济产物,其运营有助于提高闲置资源的利用效率,缓解运输服务供需时空匹配的冲突,有助于在更大程度上满足人民群众的实际需求。因此,当一项新技术或新商业模式出现时,基于竞争理念和公共政策的考虑,不能一概将其排斥于市场之外,否则经济发展就会渐渐缓慢直至最后停滞不前。但是同样不容否认的是,网约车的运营需要有效的监管。网约车这种客运行为与传统出租汽车客运经营一样,同样关系到公众的生命财产安全,关系到政府对公共服务领域的有序管理,应当在法律、法规的框架内依法、有序进行。只要是有效的法律、法规,就应当得到普遍的尊重和执行,这是法治精神的基本要求、法治社会的重要体现。因此,在本案当中,我们既要依据现行有效的法律规定审查被诉行政行为的合法性,以体现法律的权威性和严肃性,同时也要充分考虑科技进步激发的社会需求、市场创新等相关因素,作出既符合依法行政的当下要求,又为未来的社会发展和法律变化留有适度空间的司法判断。[66]

第四节　行政法法源的位阶

一、成文法源之间冲突的适用规则

（一）同位法之间的"不一致"

同位法是指同一机关制定的法。"不一致"是指同一机关针对同一事项作出不同规定,导致在法适用上发生冲突的情形。同位法之间"不一致"时,并不是要确定其中一个同位法无效,而是要依照某种适用规则在几个同位法之间择一适用。《立法法》第103条规定:"同一机关制定的法律、行政法规、地方性法规、自治条例和单行条例、规章,特别规定与一般规定不一致的,适用特别规定;新的规定与旧的规定不一致的,适用新的规定。"根据《立法法》的这一规定,同位法之间因"不一致"发生冲突时,应当遵循如下适用规则:

1. 特别法优于一般法。本规则适用于特别法规定的事项（A）为一般法规定的事项（B）所包含时,两者形成的特别法与一般法关系情形。如在福建省龙岩市天泉生化药业有限公司诉龙岩市人民政府药品监督管理行政复议案中,法院认为:

> 我国的《产品质量法》与《药品管理法》属于一般法与特别法的关系,按照特别法优于一般法的原则,凡是我国《药品管理法》规定的事项,均应当适用《药品管理法》,而不应当适用《产品质量法》。《中华人民共和国药品管理法》第49条第1款规定,禁止生产、销售劣药;第2款规定,药品成分的含量不符合国家药品标准的,为劣药;第3款规定,有下列情形之一的药品,按劣药论处:(1)未标明有效期或者更改有效期的;(2)不注明或者更改生产批号的……上诉人将已在2003年4月过期失效的生产批号为0103231等六批次的5%18种氨基酸注射液生产日期更改为2003年9月8日、9日、10日、11日,标示批号为0309081、0309091、0309101、0309111,已构成更改生产日期、生产批号,上诉人主观上具有故意,客

---

[65] 参见湖北省襄阳市中级人民法院行政判决书[(2016)鄂06行终27号]。
[66] 参见《最高人民法院公报》2018年第2期。

观上又实施了上述行为,被上诉人认为龙岩药监局认定0309081等4个批次的5%18种氨基酸注射液为劣药,事实清楚,证据充分。上诉人认为这是"产品"而非"药品",受《中华人民共和国产品质量法》所拘束,而不受《中华人民共和国药品管理法》第49条规定所拘束的诉由,有悖法理,不予采纳。[67]

该案中,"药品"(A)被包含在"产品"(B)之中,本应属《产品质量法》调整,但是,因为居于同位法的《药品管理法》有特别规定,所以,法院认为该案应当适用作为相对于《产品质量法》具有特别法地位的《药品管理法》。

特别法优于一般法的适用规则在成文法中有两种不同情形:(1)在同一部法中,特别规定优先适用于一般规定。如《行政许可法》第51条规定:"实施行政许可的程序,本节有规定的,适用本节规定;本节没有规定的,适用本章其他有关规定。"(2)在同一机关制定的不同法中,特别规定优先适用于一般规定。如福建省龙岩市天泉生化药业有限公司诉龙岩市人民政府药品监督管理行政复议案中《产品质量法》与《药品管理法》的关系。

特别法优于一般法的适用规则有以下两种排除情形:(1)本法明确排除适用的情形。如《国家通用语言文字法》第9条规定:"国家机关以普通话和规范汉字为公务用语用字。法律另有规定的除外。"又如,《食品安全法》第84条第1款规定:"食品检验机构按照国家有关认证认可的规定取得资质认定后,方可从事食品检验活动。但是,法律另有规定的除外。"这里的"法律另有规定的除外"是本法收缩适用范围的一种特别规定,即使"法律另有规定的除外"中的"法律"是一般法,本法为特别法也不适用。(2)本法明确排除特别法的适用。如《行政复议法》(1999)第42条规定:"本法施行前公布的法律有关行政复议的规定与本法的规定不一致的,以本法的规定为准。"依照这一规定,《行政复议法》(1999)之前有关行政复议的特别规定,在本法生效之后即失效,不得依照特别法优于一般法规则,优先适用特别法。

早在2000年《立法法》出台之前,最高人民法院在有关的"答复"中就已经确认了本适用规则。1999年最高人民法院行政审判庭在答复山西省高级人民法院时发布的《关于对乡镇企业管理局是否有权对电业局非法收取农村分类综合电价外的费用的行为进行处罚的答复》(行他[1999]第6号)称:"你院[1999]晋法行字第9号'关于对乡镇企业管理局是否有权对电业局非法收取农村分类综合电价外的费用的行为进行处罚的请示'收悉。经研究,答复如下:原则同意你院倾向性意见。即遵循特别法规定优于普通法规定的原则,对违法收取电费的行为,根据《电力法》第66条的规定,应由物价行政管理部门监督管理。"当时最高人民法院的"答复"没有成文法的依据,它是基于作为不成文法源的"法的原则"给出的结论。

2. 新法优于旧法。本规则适用于新法规定的事项(A)和旧法所规定的事项(A)为同一事项,两者不存在包含关系的情形。如2000年《行诉若干解释》第26条第2款规定:"被告应当在收到起诉状副本之日起10日内提交答辩状,并提供作出具体行政行为时的证据、依据;被告不提供或者无正当理由逾期提供的,应当认定该具体行政行为没有证据、依据。"2002年《行诉证据规定》第1条规定:"根据行政诉讼法第三十二条和第四十三条的规定,被告对作出的具体行政行为负有举证责任,应当在收到起诉状副本之日起十日内,提供据以作出被诉具体行政行为的全部证据和所依据的规范性文件。被告不提供或者无正当理由逾期提供证据的,视为被诉具体行政行为没有相应的证据。"在最高人民法院这两个司法解释中,关于行政诉讼中被告举证时,若没有提供作出被诉行政行为"依据"的法律后果,前后作了不一致的规定。依照本规则,应当适用新法,即《行诉证据规定》。

在实务中,法院适用本规则处理的个案并不少见。如在卢某章等诉永定县工商局行政处

---

[67] 参见福建省龙岩市中级人民法院行政判决书[(2005)岩行终字第41号]。

罚案中,针对卢某章等11人于2001年3月9日参加由永定县商业总公司举办的永定县副食品公司坎市批发站土地使用权及房产招标活动时,实施的内定中标人、压低投标标价行为如何适用法律的争点,法院认为:

《反不正当竞争法》与《招标投标法》系不同法律,工商行政部门对不正当竞争行为依法享有管辖权,运用《反不正当竞争法》处理本案,不违反"后法优于前法"的原则,故被告依照《反不正当竞争法》第5条、第6条规定,依法对11位原告作出行政处罚,属适用法律、法规正确。[68]

在蒋某奎、西安中通网络有限公司诉余庆县人事劳动和社会保障局工伤认定纠纷案中,西安中通网络有限公司认为,蒋某奎的行为属违反治安管理的行为,因为1994年《治安管理处罚条例》(已失效)第27条将无驾驶证驾驶机动车辆列入治安管理处罚的范围,故其认为无驾驶证驾驶机动车辆属违反治安管理的范围,不能认定为工伤。对此,法院认为:

《道路交通安全法》(第十届全国人民代表大会常务委员会第五次会议于2003年10月28日通过)自2004年5月1日起施行,《道路交通安全法》对未取得机动车驾驶证驾驶机动车辆的行为定性为道路交通安全违法行为并作出了新的处罚规定,蒋某奎无机动车驾驶证驾驶车辆的行为发生在《道路交通安全法》施行之后,根据《立法法》第83条关于"同一机关制定的法律、行政法规、地方性法规、自治条例和单行条例、规章,特别规定与一般规定不一致的,适用特别规定;新的规定与旧的规定不一致的,适用新的规定"的规定,《道路交通安全法》对未取得机动车驾驶证驾驶机动车辆的行为的规定属于新的规定,故对蒋某奎行为性质的认定应依照《道路交通安全法》的规定认定为违反道路交通安全的行为,而不应依照《治安管理处罚条例》的规定认定为违反治安管理的行为。所以,西安中通网络有限公司主张蒋某奎违反治安管理受伤不得被认定为工伤的理由不能成立。[69]

同位法之间"不一致"时,无论是适用特别法优于一般法还是适用新法优于旧法,一个重要前提是必须正确认定"同位法",否则,就可能产生法律适用错误。如在陈某翔诉泰州市公安局交通警察支队行政处罚案中,法院认为:

关于"3日"的送检期间规定主要见于公安部《关于公安机关办理醉酒驾驶机动车犯罪案件的指导意见》。该指导意见第5条规定:"规范血样提取送检交通民警对当事人血样提取过程应当全程监控,保证收集证据合法、有效。提取的血样要当场登记封装,并立即送县级以上公安机关检验鉴定机构或者经公安机关认可的其他具备资格的检验鉴定机构进行血液酒精含量检验。因特殊原因不能立即送检的,应当按照规范低温保存,经上级公安机关交通管理部门负责人批准,可以在3日内送检。"但,本案应当适用《道路交通安全违法行为处理程序规定》,主要基于以下两点理由:第一,《道路交通安全违法行为处理程序规定》与《关于公安机关办理醉酒驾驶机动车犯罪案件的指导意见》均属于部门规章,前者于2020年5月1日施行,后者于2011年9月19日施行,依照新法优于旧法的效力等级原则,本案应当适用《道路交通安全违法行为处理程序规定》。[70]

该案中,法院认定《道路交通安全违法行为处理程序规定》与《关于公安机关办理醉酒驾驶机动车犯罪案件的指导意见》为同位法是错误的,因为《关于公安机关办理醉酒驾驶机动车犯罪案件的指导意见》不是部门规章,与《道路交通安全违法行为处理程序规定》不构成同位法,该案应当适用《道路交通安全违法行为处理程序规定》。

在某些特殊情形中,两部具有同级效力的地方性法规,法院不采用本规则,而是创设了调整范围较小的法优于调整范围较大的法之规则。如在吴某宝等诉福州市房地产管理局房屋

---

[68] 参见福建省龙岩市中级人民法院行政判决书[(2002)岩行终字第27号]。
[69] 参见贵州省遵义市中级人民法院行政判决书[(2007)遵市法行再字第2号]。
[70] 参见江苏省泰州市中级人民法院行政判决书[(2024)苏12行终102号]。

拆迁管理案中,法院认为:

1993年8月1日起施行的《福建省城市房屋拆迁管理办法》第33条第2项规定:被拆迁的区域用于商品房综合开发、职工住宅建设的,一般应实行就地或就近安置。2000年8月9日施行的《福州市城市房屋拆迁管理办法》第6条第1款规定:房屋拆迁实行货币安置或一次性房屋安置,鼓励货币安置。上述两部办法均由福建省人民代表大会常务委员会通过或批准,属同级效力。因本案发生在福州市内,应优先适用《福州市城市房屋拆迁管理办法》。[71]

该案涉及的法律适用问题,至今未见《立法法》等成文法上的明确规定,但法院必须对此作出裁判。该案中,尽管它们不是由"同一机关"制定,但法院基于这两部地方性法规均由福建省人民代表大会常务委员会通过或批准的,因此认定为"属同级效力",在适用上创造了所谓调整范围较小的法优于调整适用范围较大的法的"就近适用"规则。《立法法》第81条第1款规定设区的市地方性法规须报省级人大常委会批准后施行,但是,若施行后发现设区的市地方性法规和省级地方性法规"不一致"时如何适用,《立法法》没有给出适用规则。该案创设的"就近适用"规则是否可行,有待实务观察。

(二)异位法之间的"相抵触"

异位法是指不同机关制定的法。"相抵触"是指不同机关针对同一事项作出的不同规定,导致在法适用上发生冲突的情形。异位法之间"相抵触"时,下位法必然无效,除非上位法作出特别规定。依照《宪法》《立法法》的规定,国家立法体制可以表述为"一元多层次",其中"一元"即国家立法权属于全国人大及其常委会;"多层次"即《宪法》之下人大与政府、中央与地方各有制定法律、法规和规章的权力。在国家立法体制中,"多层次"的法之间构成了异位法关系。

为了确保国家法制统一,异位法之间应当形成一个法效力自上而下的位阶:(1)宪法具有最高的法律效力,一切法律、行政法规、地方性法规、自治条例和单行条例、规章都不得同宪法相抵触。(2)法律的效力高于行政法规、地方性法规、规章。(3)行政法规的效力高于地方性法规、规章。(4)地方性法规的效力高于本级和下级地方政府规章。(5)省、自治区的人民政府制定的规章的效力高于本行政区域内的设区的市的人民政府制定的规章。(6)自治条例和单行条例依法对法律、行政法规、地方性法规作变通规定的,在本自治地方适用自治条例和单行条例的规定。经济特区法规根据授权对法律、行政法规、地方性法规作变通规定的,在本经济特区适用经济特区法规的规定。(7)部门规章之间、部门规章与地方政府规章之间具有同等效力,在各自的权限范围内施行。[72] 异位法之间发生"相抵触"时,应当遵循如下适用规则:

1. 上位法优于下位法。根据法效力不同确定的位阶,如宪法具有最高的位阶,法律其次。位阶的功能在于法之间如有"相抵触"情形发生时,应当适用上位法。如在无锡美通食品科技有限公司诉无锡质量技术监督局高新技术产业开发区分局行政处罚案中,法院认为:

《食品安全法》是由全国人大常委会制定的法律,于2009年6月1日施行,较之之前由国务院制定的《工业产品生产许可证管理条例》及原国家质量监督检验检疫总局制定的部门规章《食品生产加工企业质量安全监督管理实施细则》,具有更高阶位的法律效力。并且,原国家质量监督检验检疫总局《关于贯彻实施〈中华人民共和国食品安全法〉若干问题的意见》(国质检发〔2009〕365号)亦明确:《国务院关于加强食品等产品安全监督管理的特别规定》《工业产品生产许可证管理条例》《认证认可条例》是国

---

[71] 参见福建省福州市中级人民法院行政判决书〔(2004)榕行终字第156号〕。
[72] 参见《立法法》第87~91条。

务院行政法规。按照上位法优于下位法的规定为准,对同一事项食品安全法有规定的,应当以食品安全法的规定为准。因此,无锡美通食品科技有限公司的违法行为符合《食品安全法》规定的处罚情形,应适用上位法《食品安全法》的规定。[73]

下位法与上位法之间无抵触情形时,可以优先适用下位法,因为下位法的规定往往更加具体、明确,有更好的针对性、可操作性。[74]但是基于上位法所衍生的下位法,在其上位法被修改、废止的情形下是否仍然有效,《立法法》等尚无明确规定。那么,在实务中法院是如何处理呢?如在博坦公司诉厦门海关行政处罚决定纠纷案中,法院认为:

《海关法》是法律,《海关法行政处罚实施细则》是行政法规。行政法规当然要服从法律,但不等于说法律修改了,根据修改前法律制定的行政法规就自然失效。法律无论是否修改,根据法律制定的行政法规中,凡是与修改前或者修改后法律相抵触的条文都是无效的,其他条文必须由法律、行政法规或者国务院的命令废止才会失去法律效力。2000年7月8日,第六届全国人民代表大会常务委员会第十九次会议修改了《海关法》。2004年9月19日,国务院公布《中华人民共和国海关行政处罚实施条例》,其中第68条规定:"本实施条例自2004年11月1日起施行。1993年2月17日国务院批准修订、1993年4月1日海关总署发布的《中华人民共和国海关法行政处罚实施细则》同时废止。"028号行政处罚决定于《海关法行政处罚实施细则》未被废止之前作出,以《海关法行政处罚实施细则》第6条第2款作为法律依据,适用法律并无不当。[75]

该案系《最高人民法院公报》发布的案例,对法院审理类似案件具有重要的参考意义。该案导出的判断基准是:"法律无论是否修改,根据法律制定的行政法规中,凡是与修改前或者修改后法律相抵触的条文都是无效的,其他条文必须由法律、行政法规或者国务院的命令废止才会失去法律效力。"这种有条件地承认下位法在上位法修改、废止后的法效力,可以避免增加法律体系内的空白点,符合法制统一原则。

2. 上位法认可下位法。此为解决异位法之间"相抵触"情形的一种特例。之所以需要确立这一规则,是因为客观上有时需要排除上位法的适用,但又不能适用同位法之间"不一致"的规则。这种特例有:

(1)下位法作为上位法的例外规定。因上位法认可下位法可以作出不同的规定时,可以排除上位法适用的法效力。在这个规则之下,一旦出现下位法与上位法"相抵触"的情形,就可以直接适用下位法。如《产品质量法》第73条第1款规定:"军工产品质量监督管理办法,由国务院、中央军事委员会另行制定。"2010年国务院和中央军委制定、发布了《武器装备质量管理条例》,在武器装备质量的管理上,排除了《产品质量法》的适用。

(2)下位法变通上位法。在法定条件下,下位法有权作出变通上位法的规定,并在特别区域内适用。如《立法法》第101条规定:"自治条例和单行条例依法对法律、行政法规、地方性法规作变通规定的,在本自治地方适用自治条例和单行条例的规定。经济特区法规根据授权对法律、行政法规、地方性法规作变通规定的,在本经济特区适用经济特区法规的规定。"《立法法》中"变通"是一种允许下位法作出与上位法"相抵触"规定的授权,它的法效果是下位法在特定区域内可以优先适用。

二、成文法源之间冲突的裁决

当不能依照成文法源之间冲突适用规则解决问题时,《立法法》特别设置了如下裁决

---

[73] 参见《最高人民法院公报》2013年第7期。
[74] 参见最高人民法院《关于印发〈全国经济审判工作座谈会纪要〉的通知》(法发[1993]8号)。
[75] 参见《最高人民法院公报》2006年第6期。

程序。

（一）同一机关制定的新的一般规定与旧的特别规定不一致

同一机关制定的新的一般规定与旧的特别规定不一致时，由制定机关裁决。它分为：（1）法律之间对同一事项的新的一般规定与旧的特别规定不一致，不能确定如何适用时，由全国人民代表大会常务委员会裁决。（2）行政法规之间对同一事项的新的一般规定与旧的特别规定不一致，不能确定如何适用时，由国务院裁决。其实，在此种情形之下，依法理，原则上应当适用新的一般法，理由不外是新的一般法更加符合当下的实际情况。但是，既然《立法法》有了法定裁决程序，那么在此种情形下如何适用法规范，应交给裁决机关来决定。（3）地方性法规、规章在同一机关制定的新的一般规定与旧的特别规定不一致时，由制定机关裁决。在成文法中，也有创设不同于《立法法》适用规则的情形，如《行政处罚法》第29条第2句规定："同一个违法行为违反多个法律规范应当给予罚款处罚的，按照罚款数额高的规定处罚。"如果这里的"多个法律规范"属于"同一机关制定的新的一般规定与旧的特别规定不一致"情形，那么《行政处罚法》第29条第2句规定创设的"择重适用"规则可以替代《立法法》"裁决程序"。

（二）不同机关对同一事项的规定不一致，不能确定如何适用

不同机关对同一事项的规定不一致，不能确定如何适用时，应当遵守下列程序：（1）地方性法规与部门规章之间对同一事项的规定不一致，不能确定如何适用时，由国务院提出意见，国务院认为应当适用地方性法规的，应当决定在该地方适用地方性法规的规定；认为应当适用部门规章的，应当提请全国人民代表大会常务委员会裁决；（2）部门规章之间、部门规章与地方政府规章之间对同一事项的规定不一致时，由国务院裁决；（3）根据授权制定的法规与法律规定不一致，不能确定如何适用时，由全国人民代表大会常务委员会裁决。

三、成文法源与不成文法源之间冲突的适用规则

（一）成文法源优于不成文法源

不成文法源是成文法源的补充，它的功能也只有在欠缺成文法源的情形下才得以发挥。基于不成文法源的补充性法源地位，我们可以导出它与成文法源在效力位阶上的适用规则：适用与成文法源不相抵触的不成文法源。但是，对于作为不成文法源的法的原则，有时并不当然受此适用规则约束。因为法的原则所体现的价值有时高于成文法规范，甚至具有宪法位阶，如正当程序、法的安定性等。行政机关、法院在个案处理中必须正确适用法的原则，不可机械适法。

（二）不成文法源之间的冲突

成文法的法效力位阶取决于它的制定机关在国家机关权力体系中的法律地位，但是，不成文法源的生成却不依赖国家权力体系；不成文法源的生成并无统一的路径。如果遵照成文法法源效力位阶确定因素——国家机关在权力结构中的地位——的思路，那么在不成文法源中，它们的法效力位阶从高到低一般依次可以排列为公共政策、指导性案例、行政惯例。当然，这种列序也仅仅是一种参考，在个案中也是可以适当调整的。如一个省级政府工作部门生成的行政惯例与省内某县政府制定的公共政策发生冲突时，该公共政策是否当然高于该行政惯例，也并非当然。此时，我们需要引入法律价值进行权衡之后才能作出判断与选择。法的原则源于法学说的发展，它的形成没有国家权力因素介入，与前三种不成文法源没有可比性。不过，它可以作为一种法律价值进入上述不成文法源效力冲突的权衡之中，引导适用机关作出正确的判断与选择。

第五节　行政法法源的效力范围

一、时间效力

时间效力是指行政法效力所及于的起止时间,它包括生效、失效时间以及它是否对生效之前的行为或者事件有溯及既往的效力。

(一)生效、失效的时间

1.生效时间。通常"施行"是行政法生效的法律用语,有时,"公布"并不是生效时间。[76]生效时间有三种情形:(1)规定生效时间。如《行政许可法》第 83 条第 1 句规定:"本法自 2004 年 7 月 1 日起施行。"(2)公布后经过法定时间之后生效。《行政法规制定程序条例》第 29 条规定:"行政法规应当自公布之日起 30 日后施行;但是,涉及国家安全、外汇汇率、货币政策的确定以及公布后不立即施行将有碍行政法规施行的,可以自公布之日起施行。"[77]根据这一规定,行政法规至少在公布之日起 30 日后施行。这一生效时间规则保留的 30 日缓冲期,有利于公民、法人或者其他组织了解即将生效的行政法规,及时调整自己的行为,也有利于行政法规的顺利实施。(3)公布之日起生效。如国务院《关于废止部分行政法规的决定》规定:"本决定自公布之日起生效。"此种生效时间的规定不具有第二种情形的优点,可以作为一种例外存在。

2.失效时间。"废止"是法律失效的常用语。它主要有以下几种情形:第一,新法规定施行的同时废止旧法。如《促进个体工商户发展条例》第 39 条规定:"本条例自 2022 年 11 月 1 日起施行。《个体工商户条例》同时废止。"此种规定确保了新旧法之间的衔接。第二,因不合实务需要废止而失效。2023 年 3 月《国务院关于废止部分行政法规和文件的决定》称:"为进一步推进'放管服'改革,促进境内企业依法合规利用境外资本市场规范发展,国务院决定废止以下行政法规和文件:(一)国务院关于股份有限公司境外募集股份及上市的特别规定(1994 年 8 月 4 日中华人民共和国国务院令第 160 号发布);(二)国务院关于进一步加强在境外发行股票和上市管理的通知(国发〔1997〕21 号)。"第三,因违法被撤销而失效。《立法法》第 107 条规定:"法律、行政法规、地方性法规、自治条例和单行条例、规章有下列情形之一的,由有关机关依照本法第一百零八条规定的权限予以改变或者撤销:(一)超越权限的;(二)下位法违反上位法规定的;(三)规章之间对同一事项的规定不一致,经裁决应当改变或者撤销一方的规定的;(四)规章的规定被认为不适当,应当予以改变或者撤销的;(五)违背法定程序的。"依照这一规定被撤销的,一般自撤销之日起失效。第四,因施行时间届满而失效。如《一九九一年国库券条例》。

关于法律解释的生效时间如何确定问题,《立法法》未作明确规定。法律解释是发现、揭示原本蕴含于所解释的法律规范之中的意思,它的效力源于该法律规范,所以,法律解释生效时间应当是自公布之日。实务中,也有法律解释自行确定生效时间,如《行政协议规定》第 29 条前一句规定:"本规定自 2020 年 1 月 1 日起施行。"被解释的法律规范一旦废止,该法律解释也应随之失效。不成文法源的时间效力,如指导性案例、公共政策可以参照成文法规定执

---

[76]　《立法法》第 62 条第 1 款规定:"签署公布法律的主席令载明该法律的制定机关、通过和施行日期。"
[77]　《规章制定程序条例》第 32 条也有类似的规定。

行,惯例、法的原则一般需经行政机关、法院的确认,有的转化为指导性案例,所以,时间效力难以作出统一规定。

(二) 法不溯及既往

《立法法》第 104 条规定:"法律、行政法规、地方性法规、自治条例和单行条例、规章不溯及既往,但为了更好地保护公民、法人和其他组织的权利和利益而作的特别规定除外。"此为法律不溯及既往适用规则。法不溯及既往包含如下几个方面的内容。

1. 实体从旧。即用于处理争议的实体法规范必须是在争议发生时已经生效的,无论该实体法规范在作出处理时是否已经废止。换言之,今天生效的实体法规范不得适用于处理昨天发生的争议。[78] 如在株式会社友迪诉中华人民共和国国家知识产权局商标撤销复审行政纠纷案中,法院认为:

> 鉴于诉争商标的核准注册、本案连续三年停止使用的指定期间、被诉决定的作出以及本案的审理跨越了 2001 年商标法和 2014 年商标法的施行期间,故本案涉及商标法修改施行前后的法律适用问题。具体来说,因诉争商标为 2014 年 5 月 1 日商标法修改决定施行前已经核准注册的商标,虽然指定期间跨越了 2014 年 5 月 1 日,但修改前后的商标法对于注册商标连续 3 年停止使用而予以撤销的规定未发生变化,故依据法律不溯及既往的基本原则,本案相关实体问题的审理适用 2001 年商标法。因原告向被告申请商标撤销复审时 2014 年商标法已施行,故本案相关程序问题的审理适用 2014 年商标法。[79]

2. 法不溯及既往的例外。任何规则都存在某种例外情形,以便解决适用中如公平性等特别问题。法不溯及既往有如下例外:

(1) 新法对公民、法人和其他组织有利,且新法为此作出特别规定的,适用新法;若新法没有作出特别规定,适用旧法。[80] 在实务中,如果当事人主张应当适用"特别规定"时,应当对"特别规定"所涉事实承担举证责任,否则,法院不予支持。如在厦门育进宁水电站诉厦门市环境保护局同安分局环保行政处罚案中,原告于 2001 年 3 月开工建设育进宁水电站,同年 7 月完成该水电站的建设,并投入使用。2007 年被告经调查认定原告所建项目未报批环境影响评价文件,违反了《厦门市环境保护条例》(2004)第 17 条第 1 款的规定,对原告作出行政处罚决定。对此,法院认为:

> 因原告的违法建设及投入使用的行为均发生在 2001 年间,根据《中华人民共和国立法法》第 80 条"法律、行政法规、地方性法规、自治条例和单行条例、规章不溯及既往,但为了更好地保护公民、法人和其他组织的权利和利益而作的特别规定除外"的规定,被告不能证明对原告适用新的法规进行处罚符合"特别规定"的情况时,对原告违法行为的处罚应当适用违法行为发生时的法律、法规。因此,被告适用违法行为发生后颁布实施的规定对原告进行处罚,适用法律、法规不当,依法应予撤销。[81]

有时,法院在审理案件时可能意识到这个问题,在说理时没有引用《立法法》的有关规定,但体现了法不溯及既往的法律精神。如在徐某娇诉丽水市建设局房屋拆迁补偿安置行政争议案中,法院认为:

---

[78] 参见青岛五龙橡塑制品有限公司诉中华人民共和国青岛海关行政处罚案,载最高人民法院行政审判庭编:《中国行政审判案例》(第 2 卷)第 57 号案例,中国法制出版社 2011 年版,第 104 页以下;徐某娟诉黑龙江省大庆市林甸县住房和城乡建设局行政处罚案,载最高人民法院行政审判庭编:《中国行政审判案例》(第 4 卷)第 134 号案例,中国法制出版社 2013 年版,第 74 页以下。

[79] 参见北京知识产权法院行政判决书[(2019)京 73 行初 14230 号]。

[80] 参见坑贝元村民小组诉广东省惠州市人民政府林业行政复议决定案,载《中国行政审判案例》(第 2 卷)第 46 号案例,中国法制出版社 2011 年版,第 34 页以下。

[81] 参见福建省厦门市中级人民法院行政判决书[(2007)厦行终字第 79 号]。

行政裁决是对平等主体的民事争议进行处理的准司法行为,可以借鉴司法活动中的合理规则。本案中行政机关在受理争议一方提出裁决的申请后,履行了一系列的法定程序,在裁决作出之日,省条例才公布并施行。参照民事审判实践中人民法院对《民法通则》施行前已经受理的案件不适用《民法通则》的做法,行政机关作出的具体行政行为未适用变化后的法律并无不当。[82]

(2)程序从新。因程序不直接涉及公民、法人和其他组织实体性权利的增减,所以,新的程序法规范一般可适用于新法实施后尚未终结的争议。如对于起诉期限计算,《行政诉讼法》(1989)规定的起诉期限计算方式可能更有利于原告,故法院采用程序从旧规则。如在张某义等诉辽宁省鞍山市岫岩满族自治县人民政府征收决定案中,最高人民法院认为:

最高人民法院《关于执行〈中华人民共和国行政诉讼法〉若干问题的解释》第41条第1款规定,行政机关作出行政行为时,未告知公民、法人或者其他组织诉权或者起诉期限的,起诉期限从知道或者应当知道具体行政行为内容之日起最长不得超过2年。最高人民法院《关于〈中华人民共和国行政诉讼法〉适用若干问题的解释》第26条规定,2015年5月1日前起诉期限尚未届满的,适用修改后的行政诉讼法关于起诉期限的规定。也就是说,2015年5月1日行政诉讼法实施之后,当事人对修改后的行政诉讼法实施之前的行政行为提起行政诉讼的,人民法院首先要审查,至2015年5月1日,其起诉期限是否届满。超过法定起诉期限的,人民法院不再立案受理;未超过法定起诉期限的,按照修改后的行政诉讼法规定的起诉期限计算。根据法不溯及既往原则,人民法院应当适用修改前的行政诉讼法及其司法解释,对当事人的起诉期限至2015年5月1日是否届满进行审查。至2015年5月1日,当事人起诉期限尚未届满,剩余起诉期限超过修改后的行政诉讼法规定的六个月期限的,以六个月为限;剩余期限不足六个月的,原则上以剩余起诉期限为限。本案中,岫岩县政府于2014年4月做出房屋征收决定,即便张某义等人当时就知道房屋征收决定的主要内容,至2015年5月1日,以修改后的行政诉讼法为准,张某义等人仍然还有六个月的起诉期限,张某义等人于2015年6月提起诉讼,并未超过法定的起诉期限。因此,张某义等人主张未超过法定起诉期限的理由成立,本院予以支持。[83]

(3)不真正的溯及既往。当法律事实或者法律关系在新法生效时尚未结束,该新法对旧法下形成的"法律事实或者法律关系"即刻产生法效力,学理上称为"不真正的溯及既往"。因为,在此种情形下,尚未结束的"法律事实或者法律关系"并没有成为法律上的"既往",而是一种"当下"法律状态,因此,应当适用新法。"不真正的溯及既往"客观上可能有悖于法的安定性原则,所以,立法时应当采用"过渡条款"或者"缓冲适用期限"等立法技术,缓解两者之间的紧张关系。如《兽药经营质量管理规范》第37条规定:"本规范自2010年3月1日起施行。本规范施行前已开办的兽药经营企业,应当自本规范施行之日起24个月内达到本规范的要求,并依法申领兽药经营许可证。"

二、空间效力

空间效力,亦称地域效力,是指行政法效力所及的地域与空间的范围。根据行政法制定机关所管辖的范围大小,空间效力可以分为两种情形。

(一)全国范围

全国范围效力,也可称为"领域效力"。领域是指领陆、领海、领空以及延伸意义上的"领域",如驻外使领馆等。原则上,行政法效力及于一国的全部领域。如《治安管理处罚法》第5条规定:"在中华人民共和国领域内发生的违反治安管理行为,除法律有特别规定的外,适用本法。"

---

[82] 参见浙江省丽水市中级人民法院行政判决书[(2002)丽中行终字第19号]。
[83] 参见最高人民法院行政裁决书[(2017)最高法行再第1号]。

在中华人民共和国船舶和航空器内发生的违反治安管理行为,除法律有特别规定的外,适用本法。"但是,由于特殊的政治、历史等原因,中国香港、澳门特别行政区内适用由全国人大制定的"特别行政区基本法"。中国台湾地区人员在中国大陆有效管辖范围的活动,适用中国大陆行政法。如在台湾"光大二号"轮船长蔡某雄诉拱北海关行政处罚案中,法院认为:

> 被上诉人拱北海关查获"光大二号"轮的地点,是在我国内海水域。上诉人蔡某雄签字的拱北海关缉私艇测定截停方位的图纸、笔录,"光大二号"轮被截停时蔡某雄亲自用铅笔在海图上标明的截停地点和时间,均证明该轮是在我国内海水域东经114度35分45秒、北纬22度10分50秒的海域被查获。上诉人称"光大二号"轮运载的大量外国香烟,有"香港特区政府出口许可证"一节,经查这只能证明所运载的香烟是香港允许出口的,不能证明该轮装载运输合法。"光大二号"轮的载货清单上根本没有运载香烟的记录。依照《海关法》第49条第1款第2项的规定,在内海、领海运输、收购、贩卖国家禁止进出口的物品的,数量较大,没有合法证明的,根据《海关法行政处罚实施细则》第4条第2项的规定,按走私行为论处,海关有权没收走私货物。[84]

该案中,法院认定上诉人的行为发生在中国内水海域,所以,上诉人主张其实施的行为不在中华人民共和国内海水域的理由不成立,被上诉人拱北海关对此案有管辖权,适用《海关法》作出的行政处罚决定合法。又如,在林某娥诉中华人民共和国珠海出入境检验检疫局行政行为纠纷案中,针对法的空间效力争议问题,法院认为:

> 澳门虽属于中华人民共和国的领土,但澳门亦属于特别行政区,实行"一国两制""高度自治"。根据《澳门特别行政区基本法》第2条有关"中华人民共和国全国人民代表大会授权澳门特别行政区依照本法的规定实行高度自治,享有行政管理权、立法权、独立的司法权和终审权"的规定,澳门特别行政区享有除国防和外交之外其他事务的高度自治及参与国际事务的权利。因此,将来往珠海与澳门之间的人员、交通工具和货物的口岸通行视同国际进行出入境管理合法合理。[85]

(二)部分区域

地方性法规、自治条例、单行条例和地方政府规章的法效力及于制定机关所管辖的"地方"。相对于全国范围的"地方",它可以是一个行政区域,如浙江省、西藏自治区,也可以是特定区域,如风景名胜区、经济开发区等。行政区域的变动(扩大或者缩小)也会引起行政法地域效力范围的变化。地方性法规、自治条例、单行条例、地方政府规章的法效力限于制定机关的管辖区域,如《浙江省法律援助条例》法效力仅限于浙江省行政区域范围之内。但也有法律、行政法规和部门规章效力仅及于某个特定的"地方",如《青藏高原生态保护法》第2条规定:"从事或者涉及青藏高原生态保护相关活动,适用本法;本法未作规定的,适用其他有关法律的规定。本法所称青藏高原,是指西藏自治区、青海省的全部行政区域和新疆维吾尔自治区、四川省、甘肃省、云南省的相关县级行政区域。"

指导性案例、中央政府制定的公共政策、法的原则等不成文法源,其空间效力为全国范围,中央政府为特定地方制定的公共政策除外。地方政府制定的公共政策、惯例具有较为明显的地方性,宜适用于它形成的部分区域。

三、对人效力

对人效力,是指行政法效力所及的公民、法人或者其他组织的范围。在一定条件下,也包括外国人、无国籍人。对人效力的内容有。

---

[84] 参见《最高人民法院公报》1990年第1期。
[85] 参见广东省高级人民法院行政判决书[(2013)粤高法行终字第369号]。

(一) 一般规则

1. 属地规则。即凡是在中国境内的人都适用中国行政法。有的地方性法规、地方政府规章也采用属地原则。《浙江省人口与计划生育条例》第 2 条规定:"本条例适用于具有本省户籍或者在本省行政区域内居住的公民。"根据这一规定,如一位四川省籍的农民到浙江省居住务工,应受浙江省有关计划生育的地方性法规约束。港澳台居民在中国内地(大陆)从事经商、旅游、求学等时,应当遵守中国内地(大陆)的行政法规定。

2. 属人规则。凡中国公民无论是否在国内,其行为都受中国行政法约束。有的地方性法规对即使不在本省内居住的本省户籍居民也适用,如《浙江省人口与计划生育条例》第 2 条规定中"具有本省户籍"的公民,无论其是否在浙江省内居住,都适用本条例。

在行政法适用中,无论选择哪种对人效力的规则,客观上都有可能发生不能、不宜适用的情况,所以,在属地规则中有时要排除外国人、无国籍人适用中国行政法的情形,如《公务员法》;在属人规则中有时要排除中国公民、法人或者其他组织在国外的行为不适用中国行政法的情形,如出国旅游的中国公民违反他国道路交通管理法的行为。

(二) 例外情形

1. 享有外交特权和豁免权的外国人。根据国际法的规定,享有外交特权和豁免权或法律有另外规定的外国人,在中国境内的行为不适用中国行政法。

2. 适用对等原则的外国人。根据对等原则,凡他国给予中国公民、法人或者其他组织什么样的法律地位,中国也给予该国公民、法人或者其他组织相同的法律地位。如《国家赔偿法》第 40 条第 2 款规定:"外国人、外国企业和组织在中华人民共和国领域内要求中华人民共和国国家赔偿的,适用本法。外国人、外国企业和组织的所属国对中华人民共和国公民、法人和其他组织要求该国国家赔偿的权利不予保护或者限制的,中华人民共和国与该外国人、外国企业和组织的所属国实行对等原则。"

3. 中国香港、澳门特别行政区公民、法人或者其他组织的行为不在内地时,不属于内地行政法的适用对象,但下列全国性法律在当地公布或立法实施:(1)《关于中华人民共和国国都、纪年、国歌、国旗的决议》;(2)《关于中华人民共和国国庆日的决议》;(3)《中央人民政府公布中华人民共和国国徽的命令》;(4)《中华人民共和国政府关于领海的声明》;(5)《中华人民共和国国籍法》;(6)《中华人民共和国外交特权与豁免条例》。[86] 中国台湾地区人民、法人或者其他组织的行为不在中国大陆时,也不是中国大陆行政法的适用对象,但有法律特别规定的除外。

---

[86] 参见《香港特别行政区基本法》(附件三)和《澳门特别行政区基本法》(附件三)。

第四章 行政法的适用

第一节 行政法适用的一般理论

一、行政法过程中的法适用

行政法适用是指行政机关就具体行政事务依据法规范作出处理的过程或者活动。行政法适用是依法行政原理的核心内容,是法规范作用于具体事项的基本方式;没有行政法适用,法规范就不能产生法的调节作用。行政法适用构成了现代行政法体系的基本架构,行政法概念、原则和制度都是或者应该是围绕行政法适用展开。行政法的实践性决定了行政法的适用处于现代行政法体系中不可或缺的地位,现代行政法体系在行政法的适用过程中不断被校验,从而塑成一个统一的行政法秩序。

(一)行政法过程的关联框架

行政法过程是由"法制定—法适用—法裁判"构成一个三阶次的关联框架,它不同于民法、刑法,后者的关联框架是"法制定—法裁判",它们没有"法适用"阶次。基于行政法过程的内在逻辑,这一关联框架又可以分为"法制定—法适用"、"法适用—法裁判"和"法制定—法裁判"三个子框架,分述如下。

1. 法制定—法适用

在宪法规范的层面上,行政机关被定位于人民代表大会的执行机关——执行人大制定的法律、地方性法规;同时,行政机关也执行自己依据法律制定的行政法规和依据法律、法规制定的行政规章以及行政规定。行政机关作为"执行机关"的基本职责就是法适用,即依照人民代表大会的意志(法规范)处理具体事务。

行政机关适用行政法可以分为"手段—目的"和"要件—效果"两个基本模式。前者是行政机关选择以何种手段达成行政目的,后者是行政机关在法定要件满足后选择以何种法效果来维护秩序,完成行政任务。现代社会中,由于行政事务繁杂多变,且多有专业性要求,仅凭人民代表大会的立法能力时常难以回应行政要求,即使行政机关自己制定的法规范,也不得已在立法中使用大量不确定法律概念和一般性条款,法定要件高度抽象化,使得行政机关获得了相当大的解释和裁量的法空间。

2. 法适用—法裁判

行政法适用的"手段—目的"模式主要解决行政机关选择何种手段实现行政目的的问题。通常情况下,行政机关往往有多个可以现实某一行政目的的手段,此时,行政机关必须在多个手段中作出最优选择。这种手段选择结果的外在表现是多样的,或是制定一个行政规定,或是作出一个行政决定,所以,"手段—目的"模式也可以称为行政决策模式。"手段—目的"模式涉及对象一般是不特定的人,如在节假日或者旅游旺季中,为了确保安全行政机关决定对著名景点游览采用预约制手段,缓解景区管理压力;特殊情况下也可以针对特定人,但所选定的手段往往需要行政机关通过另一个行政行为才会影响该特定人。如针对某一历史原因形成的违法建筑,政府在权衡保留补办手段、拆除或者迁移等手段优劣后选择"拆除",交由有法定职责的部门组织实施。在"手段—目的"模式中,因行政机关选择的手段涉及对象是不特定人,即使是特定人时,也不产生实际影响,所以,它不是行政诉讼客体。当然,如果行政机关所选择的手段构成后续实施行为的依据时,如"会议纪要"、"工作方案"和"实施计划"等,可以在行政诉讼中由法院作一并审查。

行政法适用的"要件—效果"模式主要解决行政机关对个案进行行政认定和行政裁量的问题。"要件—效果"模式涉及对象是特定人,它的外在表现一般是行政决定,因此,在行政诉讼中它要受到法院的合法性审查。行政诉讼是行政法不可缺失的一部分,法院对"要件—效果"进行司法复审与行政法适用之间存在密不可分的关联性。在"要件—效果"模式中,行政机关不仅要关注法适用效果,更要关注法适用要件。因行政事务的复杂、多变,立法把大量不确定法律概念和一般性条款塞进法适用要件之中,给行政机关留下了相当大的解释空间。行政机关在解释不确定法律概念和一般性条款时,不可机械、刻板,需要有一定的灵活性。行政机关有时需要用历史视野来理解法规范,因为,行政法是一个伴随经济与社会转型而逐步形成的法秩序,因此,不能单纯地用现在的法规范来处理基于历史原因而发生的行为。如"土地使用权"作为一个法概念,它最早出现在 1982 年《宪法》中,将它具体化的法律是 1986 年《土地管理法》。在《土地管理法》之前有关土地使用权的取得、变动等都是以当时的国家政策为依据。今天有的因"土地使用权"归属发生的争议,其原因可能早在 1986 年或者 1982 年之前就已经存在,行政机关必须基于尊重历史的原则,对这类"土地使用权"的争议作出妥当处理。

3. 法制定—法裁判

行政法适用的法依据,有的是由人大及其常委会制定的,如法律、地方性法规。法律作为行政法适用的法依据,在法裁判中法院无权审查它的合法性,它是未来宪法诉讼关涉的问题。基于宪法规定的国家框架性制度,法律是否违反宪法以及如何处理,属于全国人大常委会的职权范围。在法裁判中,当地方性法规与法律、行政法规相抵触时,法院可以选择法律、行政法规对被诉行政行为进行合法性审查,但不得对地方性法规的法效力作出评价或者宣告违法、无效。

行政法适用的法依据,有的是行政机关制定的,如行政法规、行政规章和行政规定。行政法规是仅次于法律的行政法适用的法依据,在法裁判中,它与法律并列,具有相同的法律地位,法院无权审查它的合法性。以往个案中也有例外情况,但十分罕见,难以成为一条可循的规则。行政规章是行政法规之下的行政法适用的法依据,由于制定机关往往同时也是适用机关,所以,在法裁判中应当加大监督力度,法院可以"参照规章"审理行政案件。如果法院认为行政规章违反上位法的,有权排除该行政规章在案件中的适用,但不能宣告行政规章违法、无效或者判决撤销行政规章。行政规定严格意义上不是法,但是,它在行政法适用中具有法依据的地位,是一种实质意义上的法依据。在法裁判中,原告有权请求法院对行政规定与被诉行政行为作一并审查,即使原告没有提出这样的诉讼请求,法院也可以依职权审查行政规定。法院认为行政规定不合法时,应当把它从被诉行政行为的法依据中排除出去,并向制定机关提出修改或者废止的处理建议。

(二)行政机关法规范的合法性审查权

每一项行政事务都有或者应该有行政机关可以用来处理的法规范,这是依法行政原理所预设的一个基本前提;即使出现所谓"无法可依"的情形,可能并不是客观上没有法规范,而是行政机关没有找到它。"寻找法规范"是行政机关在行政法适用过程中应当具备的基本能力。面对众多的法规范,行政机关首先必须找到与行政事务有关联性的法规范。当获得有关联性的法规范之后,必须确定它在法体系中的法效力位阶,并对它作出是否合法的判断。在确保该法规范合法的前提下,行政机关才能进行行政认定和行政裁量。因此,行政机关适用法规范,必须确保适用具有合法性的法规范。这是依法行政原理导出的一个当然结论。

基于依法行政原理,行政机关有对所适用的法规范是否合法进行审查、判断的职权。但行政机关这一审查、判断职权是有限的,一般情况下,行政机关不得对它认为不合法的法规范直接作出处理。若行政机关认为所适用的法规范不合法,应当根据审查对象的不同在自己职权范围内作出处理:(1)凡是没有撤销、变更权的,行政机关可以建议法定机关审查,[1]或者向上一级行政机关请示;(2)基于行政统一性原则,行政机关有撤销、变更权的,可以直接依职权撤销、改变。[2]

二、行政法适用的基本模式:手段—目的

(一)行政决策

"手段—目的"是行政决策采用的模式。行政决策是行政机关为了实现行政目的,在调查、收集相关事实和信息的基础上,运用一定的方式、工具拟定、选择采用何种手段的行政行为。国务院2019年颁布实施的《重大行政决策程序暂行条例》,旨在确保行政决策科学、民主和合法,降低行政决策风险。2023年浙江省政府率先公布《浙江省行政合法性审查工作规定》,建立了重大行政决策合法性审查制度。

现代行政法调控范围从传统行政法下游端的司法审查向行政决策形成的上游扩展,全面调控行政权。因此,现代行政法理所当然要把行政决策纳入它的体系范围,不能把它当作内部行政而置于调控对象范围之外。

(二)行政决策的结构

行政决策的核心是行政机关为了实现行政目的拟定多种、选择何种行政手段的问题。通常,行政目的是单一性的,也有兼及若干次要目的的,但是,拟定的手段应该是复数的,以供行政机关评价与选择。在评价与选择中,行政机关可以借助于法学之外的知识,如经济学、公共管理学、行政学和政治学等理论,引入成本效益分析工具辅助决策,在充分听取各方意见的基础上根据实现行政目的的需要选择一种或者若干种手段。

现代行政法的主要任务是确保行政机关选择的手段具有合法性。由此,行政决策的结构可以改造为"目的—手段—合法性确保"。如为了缓解决城市交通拥堵问题,同时兼及环境保护,行政机关拟采用限制私家车数量的手段。对此,行政机关拟定、选择的方案(手段)可能有:(1)车牌拍卖;(2)车牌摇号;(3)依照车牌号尾数限行;(4)收取拥堵费;(5)增加、拓宽道路;(6)公共交通车辆优先通行等。行政机关在评价、权衡上述几种手段后,根据要实现的行政目的需求,选择一种或者多种手段。对于行政机关所选择的手段,必须通过法定机构的合法性审查,行政决策的合法性由此获得确保。

三、行政法适用的基本模式:要件—效果

(一)适用框架:个案—规范

"要件—效果"是法规范在个案中具体化的一种适用模式,在行政法理论上,可以将它提炼为"个案—规范"的适用框架。

1.个案。个案,即客观上已经发生了的个别化争议。"要件—效果"模式的适用前提是存

---

[1] 参见《立法法》第110条第2款。
[2] 参见《宪法》第108条、《立法法》第107条。

在着个案,没有个案的发生,"要件—效果"模式也就无用武之地。行政机关通过法定程序认定的个案事实,我们以 S 代称。在下面这个拟制的治安管理处罚案件中,警察已经查明的 S 是:

> 某甲丧偶无子女,与一只吉娃娃小狗为伴。吉娃娃经常狂叫,使得上夜班的邻居某乙无法休息。一日,某乙报警,前来处理争议的警察要求某甲管好吉娃娃,不得再发生此类事情。没过几天,吉娃娃的叫声又把正在休息的某乙吵醒,某乙再次报警。警察到场后查明某乙的投诉属实,某甲也不予否认。

2. 规范。即行政法规范。依照法理,法规范由行为的构成要件和法的效果两个部分组成。我们把行为的构成要件以 X 代称,把法的效果以 Y 代称。一个法规范既可以是一个法条文,也可以由多个法条文组合而成。《治安管理处罚法》第 75 条第 1 款规定:"饲养动物,干扰他人正常生活的,处警告;警告后不改正的,或者放任动物恐吓他人的,处二百元以上五百元以下罚款。"这是由一个法条文组成的法规范。在这个法规范中,"饲养动物,干扰他人正常生活的……警告后不改正的,或者放任动物恐吓他人的",属于 X(这里存在两个 X);"……处警告……处二百元以上五百元以下罚款"为 Y(这里有两个法的效果)。它们构成了"要件—效果"模式中一个逻辑推理结构:即若 X,则 Y。[3]

3. 推断。此时,对上述拟制个案中的 S,公安机关需要判断它是否能为法规范中 X 所涵摄。这是"要件—效果"模式适用的关键阶段。若 S 为 X 所涵摄,则公安机关可以对某甲在 200～500 元选择某一额度的罚款(Y)。到此,我们在"个案—规范"的行政法适用框架中,完成了一个较为典型的"要件—效果"模式适用的过程。

(二) 适用方法:认定与裁量

换一个角度看,在"个案—规范"的适用框架中,方法论上可以分为认定与裁量,两者由此构建了一个"要件—效果"的关联框架。在这个关联框架中,行政机关的法适用表现为"目光流转往返于事实与规范之间"。

我们知道,法不能脱离社会生活空转,尽管形式逻辑很重要,但它毕竟不是生活的全部内容。也就是说,无论是行政认定还是行政裁量,法规范固然相当重要,但是,法规范之上的价值不可失落于我们的视野之外,法规范之下的常理也必须纳入我们的思考之中。法作为实现某种目的的工具性是客观存在的,但法本身也承载着某种价值性的内容,并以这种价值支配法作为工具时的运作方向;没有这种价值性内容的支配,工具性的法有可能会失去其自身的价值,进而沦为"恶法"。在法适用中,如果我们获得的结果失去常理的支持,甚至有悖于常理,那么,这种法适用结果不可能获得社会认同,更遑论被社会接受。因此,无论是认定还是裁量,都必须畅通联结社会主流价值观的管道,不可作纯粹形式逻辑推理。

1. 行政认定。行政机关适用法规范处理个案时,应当在法定程序规范下进行调查、核实个案的事实,同时,分析、解释法规范中的构成要件,在此基础上完成个案中认定的事实与法规范中的构成要件之间的逻辑勾连。上述过程被称为"行政认定"。在行政认定中,事实问题只存在一个有或者无的选择答案,它需要行政机关通过认定作出选择;对构成要件中的不确定法律概念解释,可能存在多个可选的答案。行政认定的核心在于:确定事实、解释不确定法律概念。

2. 行政裁量。若个案中认定的事实与法规范中的构成要件之间逻辑勾连成功,则产生相对应的法效果。如果这种法效果是复数的,那么行政机关就必须基于个案情形作出适当性选择。上述过程被称为"行政裁量"。在行政裁量中,存在多个可供行政机关选择的答案。裁量

---

[3] 对于大前提是否成立,涉及立法理由的正当性问题。如在这里饲养动物的自由为什么要受到他人过正常生活的限制? 或者说,饲养动物的自由为什么必须让位于他人的正常生活,这样的问题需要我们追索更高层面的命题,已超出了行政法适用问题而转入了行政立法的正当性问题思考。

的价值在于实现个案正义。在黑龙江哈尔滨市规划局与黑龙江汇丰实业发展有限公司行政处罚纠纷上诉案中,[4]最高人民法院首次将比例原则引入了该案,作为审查行政裁量是否适当的准则。对法效果的裁量,核心在于作出适当性的选择。

由于"要件—效果"模式直接影响行政相对人的合法权益,相对于"手段—目的"模式而言,前者一直是行政法规范的重点。以下两节分别讨论"要件—效果"模式中的"行政认定"和"行政裁量"。

第二节 行政认定

一、行政认定的概述

行政认定是"要件—效果"模式适用的第一个阶段。在这个阶段中,它要求行政机关的目光不断地来回于法规范与个案事实之间,寻求两者是否能够产生一致性的结果。若两者一致,则法适用可以从行政认定进入行政裁量的阶段,否则,法适用过程终止。

行政认定所涉的内容是:(1)法规范构成要件中的事实认定。如《治安管理处罚法》第89条第1款中"饲养动物,干扰他人正常生活",在个案中是否存在饲养动物,是否干扰他人的正常生活,这些事实都需要行政机关通过调查并运用行政证据规则加以认定。(2)构成要件中的不确定法律概念的解释。如上述法条中的"动物""正常生活"等概念可能存在多义性的理解,行政机关需要通过解释加以明确。解释不确定法律概念在学理上被当作立法机关授予行政机关的一种"判断权",行政机关有权运用法解释方法,依照政策、专业知识、经验等对不确定法律概念在个案中的具体含义作出解释。行政机关基于专业知识对事实作出的认定和对不确定法律概念的解释,在司法审查中应该受到法院"尊重",从而形成所谓的"判断余地",即司法尊重行政机关作出的认定、解释,并对行政机关得出的认定、解释结论不作实体审查。如在夏某秀等诉重庆市潼南区人民政府征收行政决定案中,法院认为:

> 国有土地上房屋征收时行政机关如何界定具体征收范围,涉及国有土地总体用地布局,合理规划土地资源以及私人利益减损与公共利益之间衡量等因素,行政机关基于行政目的和公共利益的实现,可根据客观形势和环境等面向未来进行综合预判,只要是出于合理的行政目的的考量并有助于行政目的的实现,司法应当尊重行政机关所行使的必要专业判断,并由行政机关权衡决定。本案中,夏某秀等人208房地证2011字第00406号房地产权证房屋位于重庆市潼南区桂林街道办事处莲花村9组,即处于污水泵站建设项目附近2米处左右,并与西十二路相邻,行政机关基于社会公益设施建设,未来城市永续发展,合理规划利用土地空间布局等因素将西十二路及污水泵站建设项目等周边区域纳入征收范围内,系出于合理的行政目的的考量,法院对行政机关享有的行政规划判断余地应当予以尊重。[5]

在立法中大量使用不确定法律概念,从消极面向上看,这是立法机关面对复杂多变的现代社会表现出来的一种"立法无奈";从积极面向上看,这是立法机关向行政机关作出的一种"立法授权",本质上是一种立法权的转让。不确定法律概念可以看作立法机关给了行政机关一个空盒子,其内容由行政机关在适用中填装。由于作为空盒子的不确定法律概念是有边框的,故不确定法律概念同时也具有了"限权"功能。为了实现这种"限权"功能,法院在行政诉

---

[4] 参见最高人民法院行政判决书[(1999)行终字第20号]。
[5] 参见重庆市高级人民法院行政判决书[(2018)渝行终271号]。

讼中保留了对行政机关解释不确定法律概念的审查权,除非这种解释属于"判断余地"范围。至于这里是否存在裁量,即所谓要件裁量,学理上是有讨论的。唯一需要指出的是,要件裁量是指对事实评价过程中存在的主观活动,具有一定的自由性,而不是不确定法律概念的解释。

二、法的解释

(一)法概念与法解释

人类语言表达能力的局限性、客观世界的复杂性与多变性,使行政法上——其实是所有法上的法概念,除了时间、地点与数量等少数概念之外,绝大多数都充满了不确定性。这种不确定性使法概念需要借助于具体个案的特定场景才能固定其内容,继而发挥法规范的调控作用。

法概念大致可以分为两类:(1)经验性概念,如水、土地、建筑物等。这类法概念具有客观性、可感知性,可以借助于物体呈现其内容;(2)价值性概念,如公共利益、严重后果等。这类法概念需要通过主观评价并引入某种价值后才能确定其内容。法概念的不确定性本质上是立法机关放松对行政机关拘束程度的产物,但并不是放弃对行政机关的拘束,更不是给予行政机关没有边界的解释空间。在这里,我们需要区分"拘束程度"和"解释空间"两个不同的概念,因为它们各自所面向的关系是不同的。前者是基于"法制定—法适用"关联框架,后者则是基于"法适用—法裁判"关联框架。法解释有时会影响事实的认定,因为法解释内容不同,构成要件也会随之有变化,进而影响构成要件事实的认定。

当构成要件中出现法概念时,行政机关就必须把它的内容"确定"下来,以便确定支撑构成要件成立的事实。如工伤认定中的"工作场所"如何解释,在孙某兴诉天津新技术产业园区劳动人事局工伤认定案中,最高人民法院认为:

> 《工伤保险条例》第14条第1项规定,职工在工作时间和工作场所内,因工作受到事故伤害,应当认定为工伤。该规定中的"工作场所",是指与职工工作职责相关的场所,在有多个工作场所的情形下,还应包括职工来往于多个工作场所之间的合理区域。本案中,位于商业中心8楼的中力公司办公室,是孙某兴的工作场所,而其完成去机场接人的工作任务需驾驶的汽车停车处,是孙某兴的另一处工作场所。汽车停在商业中心一楼的门外,孙某兴要完成开车任务,必须从商业中心8楼下到一楼门外停车处,故从商业中心8楼到停车处是孙某兴来往于两个工作场所之间的合理区域,也应当认定为孙某兴的工作场所。园区劳动局认为孙某兴摔伤地点不属于其工作场所,系将完成工作任务的合理路线排除在工作场所之外,既不符合立法本意,也有悖于生活常识。[6]

法概念的不确定性源于立法者有限的主观认知能力和客观事物的复杂性。但是,如果法适用者都具有共同的法学教育背景,那么法概念的不确定性在适用过程中的共识性就比较容易达成。这对于行政机关来说尤为重要。因为,行政机关在适用中对法概念作出的解释,要面临在行政诉讼中法院的合法性审查。如果行政机关的执法人员与法官来自"五湖四海",那么行政机关对法概念所作的解释,在行政诉讼中可能变得更加"不确定"。为了能在"法适用—法裁判"中对不确定法律概念解释达成最大限度的共识,我们需要从法制度上加以保障,如《公务员法》第25条规定:"国家对行政机关中初次从事行政处罚决定审核、行政复议、行政裁决、法律顾问的公务员实行统一法律职业资格考试制度,由国务院司法行政部门商有关部门组织实施。"对于这类岗位的公务员应当有不同于一般公务员的管理制度,才能充分发挥他们的作用。

(二)法解释方法

通常意义上,解释是使不确定概念变得可确定且能被理解的一种方法。"解释的标的是'承

---

[6] 参见最高人民法院指导案例40号。

载'意义的法律文字,解释就是要探求这项意义。假使要与字义相联结,则'解释'意指,将已包含于文字之中,但被遮掩住的意义'分解'、摊开并且予以说明。"[7]法解释不是对法规范中的文字进行"诂训"式的释义,而是在法目的可控范围内解释法规范的旨意,获得个案处理的法依据。

因法目的创造了全部法规范,法规范解释就不能背离法目的。法解释任务是法规范在适用过程中因遇到不明确、不完整情形而无法适用时,法适用者应当作出释明。法解释不能解决法规范本身是否正当、合理等问题,在一定意义上,法解释也是对法规范的一种评价,是对立法者修法的一种指引。阐明理由是法解释的基本要求,它可以增强法解释理性,限制解释恣意。同时,阐明理由是司法审查的基础;没有阐明理由,法院就无法知道作出解释的原因。那么,有什么办法可以使行政机关的法解释尽可能与法院保持一致,并获得法院的认同呢?在这里,除了行政机关的执法人员与法官尽可能有共同的法学教育背景外,遵守通用的法解释方法是一个基本前提。

《适用规范纪要》第4条第1款规定:"在裁判案件中解释法律规范,是人民法院适用法律的重要组成部分。人民法院对于所适用的法律规范,一般按照其通常语义进行解释;有专业上的特殊涵义的,该涵义优先;语义不清楚或者有歧义的,可以根据上下文和立法宗旨、目的和原则等确定其涵义。"根据这一规定,法解释方法有文义解释、体系解释和目的解释,在司法实务中以及法学方法论上还有历史解释、判例解释和合宪性解释等,分述如下。

1. 文义解释

文义解释,即依照法概念的文字意义,在该文字意义可及范围内确定法概念的含义。每一个法概念都有它的核心含义和射程。对于法概念的"含义",在适用时一般比较容易达成共识,因为它往往以人们日常生活经验为基础,并不需要专业法学知识。如"杀人",一般人都认可"用刀剥夺他人生命"是其核心含义,但以"不作为"方式使他人丧失生命,如驾车将他人撞成重伤后不送医院救治,而是拖至偏僻的山沟藏匿,伤者最终不治死亡。这就需要通过解释来确定这一事实是否还在"杀人"这个法概念的"射程"之内。如果已经越出了"射程"边界,那法规范可能出现了漏洞。此时法解释已经无能为力,只有通过"造法"才能弥补此法规范的漏洞。

法解释的基本立场是文义解释,即任何法解释总是首先从文义开始,从法概念的文字意义中寻找法的旨意。从这个意义上说,文义解释又是一种"新华字典解释"。但无论采用何种解释方法,其解释结果都不得违背法概念的基本文义。如果严格采用文义解释,有时会造成个案之间的不公平,因此,法概念解释还需要借助其他法解释方法。如同法院判决一样,行政机关适用法的结果(通常表现为一个"决定")只有获得行政相对人和社会民众的认同,才能产生法实效(不是法效力)。"为什么说首要要重视文理解释,是因为通过法律,外行可以知道自己的行为在法律上的效果而期待这样的效果,或者是采取应该避开的行为。"[8]所以,对法概念解释首先应当遵从一般人依照日常经验所作出的解释,并尽可能与之保持一致。文义解释的价值也就在于此。如在杨某峰诉无锡市劳动和社会保障局工伤认定行政纠纷案中,对于如何理解"事故伤害发生之日",法院认为:

> 工伤认定是工伤职工享受工伤保险待遇的基础,而提出工伤认定申请是启动工伤认定程序的前提。《工伤保险条例》第17条第2款规定:"用人单位未按前款规定提出工伤认定申请的,工伤职工或者其直系亲属、工会组织在事故伤害发生之日或者被诊断、鉴定为职业病之日起1年内,可以直接向用人单位所在地统筹地区劳动保障行政部门提出工伤认定申请。"该规定明确了提出工伤认定申请的主

---

[7] [德]卡尔·拉伦茨:《法学方法论》,陈爱娥译,商务印书馆2003年版,第192页。
[8] [日]星野英一:《现代民法基本问题》,段匡、杨永庄译,上海三联书店2012年版,第218页。

体、申请时效及其起算时间,以及受理申请的行政部门。其中的"事故伤害发生之日",即是关于工伤认定申请时效起算时间的规定。在通常情况下,工伤事故发生后,伤害结果也随即发生,伤害结果发生之日也就是事故发生之日,故对于"事故伤害发生之日"的理解不会产生歧义,但在工伤事故发生后,伤害结果并未马上发生,而是潜伏一段时间后才实际发生,即伤害结果发生之日与事故发生之日不一致的特殊情况下,"事故伤害发生之日"应当理解为伤害结果发生之日,并以之作为工伤认定申请时效的起算时间。首先,文义解释是正确理解法律条文的首选方法。《工伤保险条例》第17条第2款规定的"事故伤害发生之日",从字面含义上看,"事故"是对于"伤害"的修饰和限制,即这里的"伤害"是基于工伤事故而发生的,伤害结果与工伤事故之间存在因果关系。据此理解,"事故伤害发生之日"就是指伤害结果发生之日,而不是事故发生之日。其次,工伤职工或者其直系亲属、工会组织提出工伤认定申请的前提,是工伤事故伤害结果已经实际发生。工伤事故发生后,如果伤害后果尚未发生,上述工伤认定申请主体无法预知是否会产生伤害后果、会产生什么样的伤害后果,也无法预知伤害后果会引发什么样的损失,当然也就无从提出工伤认定申请。因此,正确理解《工伤保险条例》第17条第2款规定的"事故伤害发生之日",应当认定"事故伤害发生之日"即为工伤事故伤害结果实际发生之日,而不是工伤事故发生之日。[9]

该案中,如何解释"事故伤害发生之日",涉及杨某峰工伤鉴定申请权是否超过法定期限的问题。由于该案中"事故"与"伤害"并不是同时发生,其中的"时间差"是否应该计算在工伤鉴定申请期限之中,构成了该案的争点之一。法院采用文义解释方法,将"事故伤害发生之日"解释为工伤事故伤害结果实际发生之日,而不是工伤事故发生之日,符合文义解释的方法。

2. 体系解释

体系解释,即根据与法概念相关法条的内容,或者该法概念在法律体系中的地位来确定它的含义。体系解释忌断章取义,不顾及法文本的整体内容。因任何一个法规范总是处于与其他法规范互相关联的法律体系之中,所以,该法规范的旨意有时需要借助于其他法规范的含义加以确定,从而确保法律体系内法概念的统一性;或者说,为了确保法律体系的一致性,法解释必须遵守体系解释方法。"适用一个法条,就是在运用整部法典",此为体系解释的精髓教义。

一个被预设为完整、统一、符合逻辑规律的法律体系是体系解释的基本前提。在这个法律体系中,任何一个法概念与上、下位法及同位法中同一法概念应当作同一解释,除非法有特别规定。如《行政强制法》第43条第1款规定:"行政机关不得在夜间或者法定节假日实施行政强制执行。但是,情况紧急的除外。"在这里,"夜间"应当作何解释,《行政强制法》没有作出具体规定。《噪声污染防治法》第77条规定:"违反本法规定,建设单位、施工单位有下列行为之一,由工程所在地人民政府指定的部门责令改正,处一万元以上十万元以下的罚款;拒不改正的,可以责令暂停施工:(1)超过噪声排放标准排放建筑施工噪声的;(2)未按照规定取得证明,在噪声敏感建筑物集中区域夜间进行产生噪声的建筑施工作业的。"本条第2项中,立法机关也使用了"夜间"的概念。《噪声污染防治法》第88条第2项规定:"夜间,是指晚上十点至次日早晨六点之间的期间,设区的市级以上人民政府可以另行规定本行政区域夜间的起止时间,夜间时段长度为八小时。"依照体系解释,《行政强制法》中的"夜间"可作相同的解释。在实务中,法院先可以从文义解释中得到解释结果,但当这种解释结果偏离立法旨意时,法院就应当转向体系解释方法,寻找更为妥当的解释结果。如在株式会社东洋克斯诉国家知识产权局商标争议行政纠纷案中,最高人民法院认为:

对司法解释第28条的适用,仍然应当考虑规范本意及个案适用的具体情况。司法解释第18条同时规定,2013年《商标法》第32条规定的在先权利,包括当事人在诉争商标申请日之前享有的民事权利

---

[9] 参见《最高人民法院公报》2008年第1期。

或者其他应予保护的合法权益。诉争商标核准注册时在先权利已不存在的,不影响诉争商标的注册。按照体系解释方法,在探寻某一规范本意时,需要关照不同法条之间,以及法条各款之间的相互关系,以维护规范体系的统一性。因此,当司法解释第 28 条的无效宣告等事由涉及在先权利问题时,当然应同时兼顾司法解释第 18 条的规定。本案中,各方当事人无争议的事实是,诉争商标的申请日为 2004 年 2 月 10 日,2009 年 2 月 21 日经商标局核准注册。涉案专利的保护期限至 2012 年 9 月 2 日止,即于一审诉讼期间权利自然失效。结合司法解释第 18 条的规定,在诉争商标的核准注册日即 2009 年 2 月 21 日,涉案专利权的效力仍合法存在,即仍为形式上有效的合法在先权利。虽然涉案专利权于一审诉讼期间自然失效,但权利自然失效不产生自始无效的法律后果,不影响涉案专利在诉争商标的核准注册日,可作为 2013 年商标法第 32 条(2001 年商标法第 31 条)规定的"在先权利"进行评价的资格。因此,东洋克斯以涉案专利权至一审诉讼阶段已自然失效,应据此认定现代塑胶公司据以主张的在先权利已不存在,从而直接适用司法解释第 28 条规定的主张,与司法解释规定的原意不符,并将导致同一司法解释中不同规定之间的冲突,对此不予支持。[10]

3. 目的解释

耶林说,目的是整个法律的创造者,没有赋予法条一个目的,也就没有赋予其来源一个实践的动机,就没有法条。[11] 法规范产生于它的目的,法规范的功能在于助成实现它的目的。在方法论上,目的解释分为主观主义的目的解释和客观主义的目的解释。主观主义的目的解释是一种基于法制定过程中保留下来的立法资料,探究立法者当时立法意图的解释方法。客观主义的目的解释是基于当下客观现实来确定法概念的解释方法。从法的实效性看,客观主义的目的解释可能更有助于实现法的目的。

法解释是为了获得法规范的旨意,并适用于个案的处理,满足实现法目的之需要。它不是创设或者变更法规范,所以,法解释必须服从法目的,并实现法目的。如在刘某丽诉广东省英德市人民政府行政复议案中,最高人民法院认为:

将"包工头"纳入工伤保险对象范围,符合"应保尽保"的工伤保险制度立法目的。《工伤保险条例》第 2 条第 1 款关于"本单位全部职工或者雇工"的规定,并未排除个体工商户、"包工头"等特殊的用工主体,他们也应当参加工伤保险。易言之,无论是工伤保险制度的建立本意,还是工伤保险法规的具体规定,均没有也不宜将"包工头"排除在工伤保险范围之外。"包工头"作为劳动者,处于违法转包、分包等行为利益链条的最末端,参与并承担着施工现场的具体管理工作,有的还直接参与具体施工,其同样可能出现在工作时间、工作地点因工作原因而伤亡的情形。"包工头"因工伤亡,与其聘用的施工人员因工伤亡,就工伤保险制度和工伤保险责任而言,并不存在本质区别。如人为限缩《工伤保险条例》的适用范围,不将"包工头"纳入工伤保险范围,将形成实质上的不平等;而将"包工头"等特殊主体纳入工伤保险范围,则有利于实现对全体劳动者的倾斜保护,彰显社会主义工伤保险制度的优越性。[12]

该案中,"包工头"是一个不确定法律概念,是否属于"本单位全部职工或者雇工",各方都有不同看法。法院在对"包工头"的地位、作用作了全面分析之后,基于《工伤保险条例》的立法目的,认为应将"包工头"解释为"本单位全部职工或者雇工"中的特殊主体,纳入工伤保险范围。

又如,《重庆市城市规划管理条例》(已失效)第 45 条第 2 款规定:"建设单位或个人在领取临时建设工程规划许可证前,应向城市规划行政主管部门按每平方米五十元至二百元交纳临时建设工程保证金。临时建(构)筑物在规定期限内自行拆除的,城市规划行政主管部门应

---

[10] 参见最高人民法院行政裁定书[(2019)最高法行再 51 号]。
[11] 参见吴从周:《概念法学、利益法学与价值法学:探索一部民法方法论的演变史》,中国法制出版社 2011 年版,第 125~126 页。
[12] 参见最高人民法院指导案例 191 号。

退还临时建设工程保证金本息。"在一个行政案件中,当事人逾期拆除临时建筑后,城市规划部门以"逾期拆除"为由没有退还当事人的保证金本息。为此,当事人向法院提起行政诉讼。法官在审理此案时对上述法条作了如下目的解释:

> 临时建筑保证金制度是一项既维护公共利益又适当照顾私人利益的制度,作为被允许从事临时建设的当事人,有权在许可期间内通过临时建设获取利益,但也有义务在许可期限届满前自觉拆除临时建筑,以维护公共利益。保证金的作用在于督促从事临时建设的当事人在规定期间内自觉拆除临时建筑。如果无论当事人是否逾期拆除临时建筑,规划部门都予以退还保证金,那么,条例的规定将不能起到引导当事人自觉守法的作用,反而无形中降低了违法成本,为当事人规避法律提供了可能。因此,虽然条例第45条第2款没有逾期未拆除临时建筑保证金不予退还的表述,但该表述显然已蕴含于第45条第2款的规定中,否则就可能违背该规定的立法原意。[13]

再如,《北京市残疾人职业技能培训学费补贴暂行办法》(已失效)第8条规定:"北京市在职在岗的残疾人为稳定就业,提高职业技能水平和学习第二职业技能,参加职业技能培训一次性补贴学费50%。"在吴某敏诉北京市朝阳区残疾人联合会要求报销培训学费案中,法院对该条中"在职在岗"作了应包含"在职但不在岗"和"在职并在岗"的解释。吴某敏属于"在职但不在岗"情形,可以补贴其参加职业技能培训学费的50%。[14] 该暂行办法第1条规定:"为提高残疾人的职业技能水平和学习职业技能的积极性,进一步推动按比例安排残疾人就业工作……"法院将"在职但不在岗"也解释为"在职在岗",有悖于该暂行办法的立法目的。

与其他部门法的法解释方法可能有所不同的是,行政机关在采用目的解释方法时,应当将下列因素纳入权衡的范围:(1)与所解释法规范有关的全部行政规定;(2)行政机关制定的——无论是否公布——各种行政认定和行政裁量的基准;(3)所涉个案中的公共政策、行政效率、社会影响以及一般价值观念等。比如,在行政机关个案处理中,经常遇到"情节严重"这样的法概念,如果有违法所得、销售金额和行为结果等情形时,一般是比较容易认定的。如在伊尔库公司诉无锡市工商局工商行政处罚案中,法院认为:

> 上诉人伊尔库公司经销价值190余万元的240余吨丁苯橡胶,经销金额与数量巨大,不按产品质量法要求在产品外包装上正确标识,且已将这种产品标识不合法的丁苯橡胶部分销往山东,被上诉人无锡市工商局据此认定伊尔库公司违法行为"情节严重",有事实根据。[15]

但是,在没有上述情形时,如何认定个案中的事实属于"情节严重"呢?此时,文义、体系解释方法常常是有心无力的,而目的解释可能会给出比较妥当的解释结论。如在武隆县兴环游网吧诉武隆县文化广电新闻出版局文化行政处罚决定案中,法院认为:

> 虽然《互联网上网服务营业场所管理条例》第31条并未罗列情节严重的具体情形,但行政主体有权根据案件的具体情况依照立法精神作出情节是否严重的判断。从法理上讲,判断一个违法行为是否情节严重,应从违法者的动机、所采取的手段、当时的客观环境和条件、危害程度以及所产生的社会影响等因素进行综合考量。只要该种判断是理性的,除非被证明是行政机关的妄断外,一般应得到法院的尊重。就本案而言,兴环游网吧为牟利违规接纳3名武隆中学在校未成年学生进入网吧,其行为已经构成违法。武

---

[13] 参见樊非、王彦:《浅议行政法官法律推理中的价值判断》,载《行政执法与行政审判》(2006年第2集)(总第18集),法律出版社2006年版。另参见路某新诉广东省珠海市城市管理行政执法局城建行政处罚案,载最高人民法院行政审判庭编:《中国行政审判指导案例》(第1卷)第11号案例,中国法制出版社2010年版,第53页以下。

[14] 参见最高人民法院行政审判庭编:《中国行政审判案例》(第2卷)第41号案例,中国法制出版社2011年版,第10页。

[15] 参见《最高人民法院公报》2006年第3期。

隆中学校长牟某林在得知该校学生进入网吧的消息后,为防止学生因进网吧耽误学业而去网吧查找,是履行校长职责的正当之举;作为网吧经营负责人的刘某在本身已经违法的情况下,本应积极配合,却采取粗暴方式阻止并动手将牟某林推倒致其伤害,造成不良的社会影响,是错之又错。因此,被告根据上述事实作出违法行为情节严重的认定是恰当的,并据此作出行政处罚正确,依法应当予以维持。[16]

该案中,被告武隆县文化广电新闻出版局判断武隆县兴环游网吧违法行为是否具有"情节严重"时,其所考虑的因素有:(1)武隆中学校长牟某林去网吧查找学生是履行校长职责;(2)网吧经营负责人刘某对正在履行校长职责的牟某林采取粗暴方式阻止并动手将牟某林推倒致其伤害;(3)学生家长及社会民众对未成年学生进网吧的态度(尽管这一点未在裁判理由中出现)。法院在裁判理由中,用了"错之又错"一词,支持了被告对原告违法行为构成"情节严重"的认定。

有时,在同一行政案件中,对所涉的不确定法律概念需要采用多种法解释方法,才能得出妥当性的结论。如在舒某荣诉浙江省海盐县公安局交通警察大队道路行政处罚案中,法院认为:

闯黄灯行为是否违法,涉及对《道路交通安全法实施条例》第38条第1款第2项"黄灯亮时,已越过停止线的车辆可以继续通行"的理解,是一个法律解释问题。法律解释应当具有合目的性,即法律解释应当符合立法的目的与宗旨,同时要以法律体系与语义的内在逻辑为基础……所谓"黄灯表示警示",既不是完全禁止通行,也不是等同绿灯一样通行,其具体含义应当为"附条件谨慎通行"。在这种语义环境下,与1955年公安部发布的《城市交通规则》和1988年的《道路交通管理条例》相关法条相比,《道路交通安全法实施条例》第38条第1款第2项省略掉"黄灯亮时禁止车辆通行"字样,直接规定"黄灯亮时,已越过停止线的车辆可以继续通行",言简意赅,更加符合立法语言的要求。同时,《道路交通安全法》第1条开宗明义确定了该法的立法目的,在于"维护道路交通秩序,预防和减少交通事故,保护人身安全,保护公民、法人和其他组织的财产安全及其他合法权益,提高通行效率"。而基于《道路交通安全法》产生的法规《道路交通安全法实施条例》自然亦秉承该立法宗旨。黄灯作为绿灯充分放行之后向红灯的过渡,其设置目的应当是缓冲绿灯转换为红灯的时间,使得在绿灯放行过程中正常驶入交叉口但还没有通过的车辆迅速安全通过,清空交叉口的滞留车辆,为冲突方向的绿灯放行作好准备。此时的通行重心已转移到冲突方向。因此,出于安全驾驶目的,对该条文的理解应当基于"谨慎规范"之理念,即黄灯亮时,只有已经越过停止线的车辆可以继续通行,除此之外,车辆不得继续通行。若认为"黄灯亮时没有禁止未越线车辆继续通行,因此所有车辆均可继续通行",不仅违反了该法条语义及体系上的内在逻辑,还使得黄灯与绿灯指示意义雷同,更违背了道路交通安全法的立法目的。该项规定实际上意味着,黄灯亮时驾驶人的通行权受到限制,限制的目的在于维护道路交通的安全。立法的价值取向在此非常明显,即为了保障公共安全,必须在合理范围内限制个人的通行权利。因此,现有道路交通安全法体系下,闯黄灯系违法行为。[17]

4.历史解释

历史解释,即用立法过程中保存下来的立法资料来解释法概念的含义。这里的"立法资料"应限于公开出版物或者图书馆、档案馆可供查阅的文献。历史解释一般是在文义、体系解释不能确定法概念含义时才正式出场。这是因为文义、体系解释都是以法规范为解释对象,而法规范则是立法者意图最为直接的表达,因此,一般情况下通过文义、体系解释方法就能够找到立法者的真正意图,而历史解释则是通过立法资料来确定法概念的含义,所获的解释结论可能与立法者的真实意图并不完全一致。历史解释欲探求的是立法者的真实意图,这种真实意图一般沉淀于当时形成的立法资料之中,因此,它与目的解释中主观主义目的解释相当。

---

[16] 参见重庆市武隆县人民法院行政判决书[(2005)武行初字第14号]。
[17] 参见浙江省嘉兴市中级人民法院行政判决书[(2012)浙嘉行终字第15号]。

由于历史解释结论有时可能与当下经济与社会发展需要不合,因此,历史解释作为一种法解释方法具有相当局限性,其适用范围有限。实务中,运用历史解释方法的个案有但并不多见。如在董某芳诉宁波市江东区人力资源和社会保障局社会保障行政确认案中,法院认为:

> 本案中,再审申请人在1988年2月4日的报告中提出"自动离职",其原用人单位宁波市东风木制品厂作出关于对董某芳同志提出自动离职报告的决定函也最终确认再审申请人的离职为自动离职。关于"辞职""自动离职"的解释应根据其特定历史背景进行历史解释,不应仅从词义进行解释。原劳动部办公厅《关于自动离职与旷工除名如何界定的复函》中关于"自动离职"的解释是对1993年8月1日起施行的《中华人民共和国企业劳动争议处理条例》第2条第1项中"自动离职"的解释,对再审申请人1988年3月的"自动离职"行为不具有法律溯及力。再审申请人复查期间提供的证明不属于新证据,且与宁波市东风木制品厂作出的关于对董某芳同志提出自动离职报告的决定函明显不符。据此,被申请人认定再审申请人离开宁波市东风木制品厂的行为系自动离职行为并无不妥,一审、二审法院予以确认亦无不当。再审申请人认为其离职行为属于辞职的再审申请理由不能成立,不予支持。[18]

5. 判例解释

判例解释,即当判例被适用于类似案件时适用机关对该判例所作的解释。这里所说的判例解释,不是将判例作为司法解释类型之一的"判例解释"。[19] 如指导性案例在适用类似案件时,法院有时需要对包含在判例中的一般性裁判规范进行解释,找出可以适用案件的裁判规则。卡尔·拉伦茨对此认为,"可能被视为'判例'的法院裁判,同样也需要解释。它们需要解释的程度,恐怕还高于法律。因为它们与案件事实紧密相关,因此,显现在裁判中的准则,其适用范围如何,能否适用于其他事例,将更滋疑义……解释法院裁判主要涉及:理解法院思考过程,清楚地表达其中的思想并划定其界限,及区别支持裁判的主要理由与'装饰性特件'"。[20] 一直以来,在我国由于没有足够的行政、司法实践,学理上也无"判例解释"方法之说。但是,随着指导性案例制度的建立与发展,判例及其判例适用经验的不断积累,判例解释方法必然会引起学理和实践的关注。实务中,判例解释方法在个案中动用并不多见,如在珠海市人才资源与就业服务中心等诉珠海市不动产登记中心登记案中,法院认为:

> 最高人民法院为了让抽象的正当程序原则获得适用的统一性和确定性,自1999年以来作了诸多努力并取得相应成效,如发布权威案例、司法解释和《行政审判办案指南(一)》(法办〔2014〕17号),尤其是发布全国法院"应当参照"的指导案例38号,即田某诉北京科技大学拒绝颁发毕业证、学位证案。指导案例的"关键词"首次出现"正当程序"字眼;该案例"裁判要点"指出,在大学作出影响基本权利的决定时,应当保障相对人的参与权,否则视为违反法定程序。从司法适用看,正当程序原则经历了从一般案例到指导性案例、从指导案例到《行政审判办案指南(一)》、案例指导实践到司法解释的提升或质变。显然,与正当程序原则密切关联的程序权利,已经进入行政诉讼应当保护的权益。正当程序原则运用于行政诉讼,本质上是关于行政程序合理性的审查。尽管程序合理性的边界模糊,但是,正当程序原则之核心内涵或"最大公约数"是明晰的,这就是"中立标准"和"参与标准"。"中立标准",即"公正作为义务",更直白说法是避嫌或"自己不做自己的法官"。"参与标准",其基本要求是赋予相对人或利害关系人程序参与权;保障参与权的最低要求是履行告知义务,最高标准是告知听证权并组织听证。
>
> 本案中没有依据正当程序原则应予救济的程序权利。本案房屋(海联大厦附楼)产权登记之更名,的确是在登记中心未通知人才服务中心的情况下而为。从现有证据和人才服务中心的主张来看,本案程序问题显然不涉及"中立标准",但与"参与标准"密切相关。本案企业改制必定会引起案涉房屋(海

---

[18] 参见浙江省高级人民法院行政判决书〔(2016)浙行申379号〕。
[19] 参见董皞主编:《中国判例解释构建之路》,中国政法大学出版社2009年版,第8页。
[20] [德]卡尔·拉伦茨:《法学方法论》,陈爱娥译,商务印书馆2003年版,第232页。

联大厦附楼)变更,人才服务中心对此知悉且不可逆转,在此情况下,登记中心通知人才服务中心参与并听取其申辩,从实际效果而言,不仅多此一举,而且会增添人才服务中心负担。从参与标准出发,通常在损益行政行为作出时,行政机关有保障最低参与权的要求,而在授益行政行为中则未必。被诉登记行为因并未对人才服务中心的权益产生实际影响,显然不属于损益行政行为。所以,本案登记中心未履行告知手续,并不当然背离参与标准的法理。即便从程序参与权内含的尊重相对人之价值而言,案涉房屋(海联大厦附楼)更名的登记时及登记后均未告知人才服务中心,登记行为程序确有疏漏。不过,依照改制背景下的行政程序,此疏漏应视为可以忽略不计的瑕疵。所以,登记中心依照政策性、指令性的通知,将权属并无争议的房屋更名登记,并不背离行政程序的合理性。尽管前述行政程序疏漏,与2015年5月1日开始实施的《行政诉讼法》第74条第1款第2项规定的确认违法判决方式所指情形类似,即行政程序轻微违法,但对原告权利不产生实际影响的,人民法院判决确认违法。但是,该判决方式并非单纯的审判程序,实质是对行政行为进行审查的实体判决,因而不具有当然的溯及力。所以,本案不应径行根据《行政诉讼法》第87条规定的全面审查原则,直接对被诉登记行为作出确认违法判决。一审、二审法官断案理由有所不同,但结论归一。说理至此,并非周全无漏。本裁定的说理伴随公开,必然面对受众依照常识与常理的评论。合议庭深知,充分说理,开示心证,兼听臧否,正是正当程序原则应有之义。[21]

该案中,法院基于指导案例38号确立的正当程序原则作出了裁判。但是,"正当程序原则"的具体内容是什么,指导案例38号其实并没有明确宣示,为此,案审法院在裁判理由中对"正当程序原则"作出了具体解释,即"正当程序原则之核心内涵或'最大公约数'是明晰的,这就是'中立标准'和'参与标准'。'中立标准',即'公正作为义务',更直白的说法是避嫌或'自己不做自己的法官'。'参与标准',其基本要求是赋予相对人或利害关系人程序参与权;保障参与权的最低要求是履行告知义务,最高标准是告知听证权并组织听证"。

6. 合宪性解释

合宪性解释,即除宪法之外的法规范在适用于个案发生合宪性疑义时,适用者应当就该法规范作出是否符合宪法规范、原则和精神的解释。合宪性解释并不判断法规范与宪法之间是否存在冲突,而是在对法规范作解释时,要融入宪法原则、精神,与宪法规范、原则和精神保持一致。"法律解释应使其不逾越宪法范围,始为解释之正鹄。"[22] 宪法是国家的根本大法,具有最高的法律效力。无论采用哪种法解释方法,其内容都必须符合宪法。因此,合宪性解释具有某种控制功能,即"确保法律解释的结果不逸出宪法所宣示之基本价值决定的范围之外"。

源于最高人民法院"齐某苓案批复"而兴起的"宪法司法化运动"失败之后,学界转向如何引入和推进合宪性解释的讨论。[23] 作为一种法解释方法,"合宪性解释的特别之处在于:它并不是宪法解释,当然也就不是依照宪法裁判具体个案,但却依然是在具体案件中对宪法所确立的价值的贯彻,这个贯彻所凭借的就是法律解释的方法。"[24] 在合宪性解释方法的具体运用上,"在多数可能的解释中,应始终优先选用最能符合宪法原则者"[25]。实务中,法院引用宪法规范作为裁判理由论证依据的判例并不少见,但是,采用合宪性解释方法的判例却未曾发现。

(三)法漏洞的填补

当穷尽所有法解释方法之后仍得不到适当的解释结论时,法漏洞即刻呈现。解释尽,漏

---

[21] 参见广东省珠海市中级人民法院行政判决书[(2016)粤04行终93号]。
[22] 苏永钦:《合法性控制的理论与实际》,台北,月旦出版股份有限公司1994年版,第79页。
[23] 参见黄卉:《法学通说与法学方法:基于法条主义的立场》,中国法制出版社2015年版,第135页。
[24] 张翔:《两种宪法案件:从合宪性解释看宪法对司法的可能影响》,载《中国法学》2008年第3期。
[25] [德]卡尔·拉伦茨:《法学方法论》,陈爱娥译,商务印书馆2003年版,第217页。

洞现。对处理法漏洞的方法是填补，不是解释。因法漏洞填补具有法的创制意义，又称"造法"或者"法的续造"，故传统行政法上并不承认行政机关、法院有权"造法"，但这种观念在现代行政法之下可能需要更新。如在内蒙古秋实房地产开发有限责任公司诉呼和浩特市人民防空办公室人防行政征收案中，最高人民法院认为：

> 国务院《关于解决城市低收入家庭住房困难的若干意见》第16条规定"……廉租住房和经济适用住房建设、棚户区改造、旧住宅区整治一律免收城市基础设施配套费等各种行政事业性收费和政府性基金……"建设部等七部委《经济适用住房管理办法》第8条第1句规定"经济适用住房建设项目免收城市基础设施配套费等各种行政事业性收费和政府性基金"。上述关于经济适用住房等保障性住房建设项目免收各种行政事业性收费的规定，虽然没有明确其调整对象，但从立法本意来看，其指向的对象应是合法建设行为。《人民防空法》第22条规定"城市新建民用建筑，按照国家有关规定修建战时可用于防空的地下室"。《人民防空工程建设管理规定》第48条规定"按照规定应当修建防空地下室的民用建筑，因地质、地形等原因不宜修建的，或者规定应建面积小于民用建筑地面首层建筑面积的，经人民防空主管部门批准，可以不修建，但必须按照应修建防空地下室面积所需造价缴纳易地建设费，由人民防空主管部门就近易地修建"，即只有在法律法规规定不宜修建防空地下室的情况下，经济适用住房等保障性住房建设项目才可以不修建防空地下室，并适用免除缴纳防空地下室易地建设费的有关规定。免缴防空地下室易地建设费有关规定适用的对象不应包括违法建设行为，否则就会造成违法成本小于守法成本的情形，违反立法目的，不利于维护国防安全和人民群众的根本利益。秋实房地产公司对依法应当修建的防空地下室没有修建，属于不履行法定义务的违法行为，不能适用免缴防空地下室易地建设费的有关优惠规定。[26]

对此，有学者评价道："指导性案例21号中法院对法律漏洞的认知是有道理的。'建设单位应建防空地下室而不建，且试图不缴易地建设费'的情况，没有被法律规范（《若干意见》和《管理办法》）所预见却现实发生了，且严重威胁到法律规范本身目的的实现。在此意义上，该法律规范'本身不圆满'，可称之为'规范漏洞'。"[27] 可见，在个案中法院作法漏洞的填补已是客观事实。

在法漏洞的填补过程中，法的安定性是必须考虑的一个重要原则。在全国人大及其常委会垄断立法权、行政机关没有固有立法权的宪法体制下，承认行政机关、法院在行政法上有法漏洞填补的权力，可能会引起合宪性的争议。但是，当立法机关不能及时供给行政、司法足够的，且没有法漏洞的法律规范时，若不承认行政机关、法院有法漏洞填补的权力，那么，又有何种更好方法解决这个问题呢？因此，若在承认法院有法漏洞填补权力的前提下，对行政机关所作的法漏洞填补，借助于法院的司法审查权加以合法性控制，或许比简单地否定行政机关、法院有法漏洞填补的权力更为妥当。如关于共同违法行政处罚问题，《行政处罚法》没有作出明确规定，但是，在证券违法行为中存在大量共同违法的情形，2016年至2021年中国证券监督管理委员会（以下简称中国证监会）公布的752份行政处罚决定中，涉及操纵证券市场违法行为作出的116份处罚决定，共同违法的有28份；涉及内幕交易违法行为作出的271份处罚

---

[26] 参见最高人民法院指导案例21号。
[27] 王天华：《案例指导制度的行政法意义》，载《清华法学》2016年第4期；黄锴：《"目的性限缩"在行政审判中的适用规则——基于最高人民法院指导案例21号的分析》，载《华东政法大学学报》2014年第6期；石磊、阎巍：《〈内蒙古秋实房地产开发有限责任公司诉呼和浩特市人民防空办公室人防行政征收案〉的理解与参照》，载《人民司法》2014年第6期。

决定，共同违法的有 26 份。[28] 因此，在行政诉讼中，针对行政机关的法适用，法院通过对法漏洞填补来肯定或者否定行政机关的法解释，实质上就是"法的续造"。这样的判例在实务中并不少见。法漏洞填补的方法主要有：

1. 目的性扩张。即对法概念作超过其文义范围的解释，使其包含法概念原本没有的含义。如在王某诉某区劳动和社会保障局工伤认定结论案中，法院认为：

> 韦某驾驶的汽油机助力自行车具有动力装置，其设计最高时速为 50km，远远大于非机动车 20km 的最高时速，故该类车具有与机动车同样高速行驶功能，同样具有高度交通安全风险，将该车机械理解为《工伤保险条例》第 14 条第 6 项规定中所排斥的非机动车，显然不符合立法原意。[29]

该案中，依照文义解释，对"非机动车"概念无论如何作解释，都不可能将"汽油机助力自行车"也包括其文义之中，2003 年《工伤保险条例》第 14 条第 6 项中的法漏洞相当明显。法院借助于《工伤保险条例》的立法目的，将"汽油机助力自行车"填补进入"非机动车"这一概念，使得"汽油机助力自行车"也成为 2003 年《工伤保险条例》第 14 条所调整的范围，达到了最大限度地保护了王某合法权益的立法目的。

2. 目的性限缩。即将法概念中部分文义排除出去，使法概念不包含这部分含义。如地铁中禁止"饮食"，但基于此规范目的应当排除禁止"饮水"。在实务中，如在王某芳诉呼和浩特市人力资源和社会保障局、呼和浩特市人民政府工伤行政确认案中，法院认为：

> 《工伤保险条例》第 15 条第 1 款第 1 项"突发疾病死亡"中的"突发"是对疾病的限制性条件，劳动者在工作时间和工作岗位突然发生疾病或者疾病暴发造成死亡。"疾病"则囊括各类疾病，实践中应该包含崔某辉患有先天性心脏病的情形。医疗机构记录的发病时间或初次诊断、抢救时间作为突发疾病或者疾病暴发的起算时间，就本案而言应作目的性限缩解释，不能因为崔某辉患有先天性心脏病，并且多次于阜外医院检查并服用药物治疗就否认其 2016 年 8 月 17 日突发疾病或者疾病暴发。[30]

3. 当然解释。即依照既定法规范所适用的一种情形，推出另一种情形应当适用此法规范的情形。当然解释的基本方法是"举重以明轻"和"举轻以明重"，它蕴含了出"罪"时举重以明轻，入"罪"时举轻以明重的当然道理。[31] 如《行政处罚法》第 32 条规定："当事人有下列情形之一，应当从轻或者减轻行政处罚……（四）配合行政机关查处违法行为有立功表现的……"若有 A 配合司法机关查处 B 的犯罪行为且有立功表现，那是否应当适用该项情形予以 A 从轻或者减轻行政处罚呢？此情形属于《行政处罚法》第 32 条"规整范围中特定案件类型缺乏适当的规则"。[32] 当文义、体系解释对该项中的"行政机关"和"违法"不能解释出"司法机关"和"犯罪"含义，法漏洞即现。依照当然解释之方法，A 的情形应当适用该条规定，该法漏洞由此得到了填补。

---

[28] 参见陈良刚：《证券监管中对共同违法行为的认定与处罚》，载最高人民法院行政审判庭编：《行政执法与行政审判（总第 98 集）》，中国法治出版社 2024 年版。

[29] 参见王振清主编：《行政诉讼案例研究（六）》，中国法制出版社 2010 年版，第 143 页。另参见最高人民法院在《关于〈中华人民共和国拍卖法〉第二十二条如何适用问题的答复》（[2003]行他字第 20 号）中称："根据拍卖法规定的拍卖活动应当遵循公开、公平、公正和诚实信用的原则，拍卖法第二十二条规定的'拍卖人及其工作人员不得以竞买人的身份参与自己组织的拍卖活动'，包括拍卖人及其工作人员不得在自己组织的拍卖活动中接受他人委托，以自己的行为代为竞买的情形。"它将"竞买人"扩大到"代为竞买人"。

[30] 参见内蒙古自治区呼和浩特市新城区人民法院行政判决书[（2017）内 0102 行初 11 号]。

[31] 参见张明楷：《罪刑法定与刑法解释》，北京大学出版社 2010 年版，第 138 页。

[32] [德]卡尔·拉伦茨：《法学方法论》，陈爱娥译，商务印书馆 2003 年版，第 249 页。

三、事实认定

事实认定,即将事实涵摄到构成要件事实之中,使之具有法规范意义的法律事实。法律事实是由法规范规定的要件事实,是法适用的基础。在事实认定中,首先,事实是客观存在的,它不是人的主观想象,不以人的意志为转移。其次,事实需要通过证据加以证实之后,才有成为法律事实的可能,因此,事实范围总是大于法律事实。最后,可以作为事实认定的证据必须是合法证据,即行政机关通过法定程序调查、收集的证据;非法取得的证据不能将事实转化为法律事实。上述三条规则并不一定遵循人们的日常生活逻辑,由此产生的法律职业思维与常人生活逻辑之间的冲突,往往是人们不服行政决定或者法院裁判的主观原因。如行政机关以"钓鱼执法"[33]等违法手段取得的证据,可以证实当事人有违法行为的事实,但它不能成为法律事实,不能作为法适用的事实基础。这是证据合法性导出的一个必然结论。所以,"以事实为依据"中的"事实"应当要用"法律"加以限定,即"以法律事实为依据"。

在事实认定中,行政机关的主要任务是运用合法调查、收集的证据,确认构成要件事实在法律上是否存在。它要解决的主要问题是:谁(who),在什么地方(where),什么时间(when),用何种方式(how),做了什么事(what)。由于行政机关作出的事实认定在行政诉讼中要受法院的审查,所以,有关行政程序中的证据及其规则,原则上可以适用行政诉讼证据规定,如果考虑行政的特殊性,那至少可以作为一个重要的参照依据。《行诉证据规定》中对上述要求已有明确规定,行政机关必须认真对待。行政法适用若有需要特别处理的证据问题,如行政程序证明责任分配规则、现场执法证明标准等,可以由单行法作出具体规定。

行政法适用过程中所要认定的事实,有时可能已经被其他国家机关依法加以认定。在这样的情况下,行政机关是否可以直接采信其他国家机关的认定结论,并非没有争议。如民事判决中认定的侵权事实,在王某诉某公安派出所不予治安处罚决定案中,公安机关作了采信处理,但法院给出了否定性意见。法院认为,承担民事责任的事实依据不必然构成承担行政责任的事实依据,其理由是:基于化解民事争议之目的所作出的民事判决书所认定的事实,与基于惩罚目的的行政处罚所必须具备的事实要件,不具有必然的对应性。[34] 如果这一理由可以接受,那么同样基于惩罚的刑事判决书中所认定的事实,在行政处罚中被行政机关直接采信,应该说没有多大的法理障碍。[35]

四、判断余地

在法解释中,有的解释结论是行政机关根据专业知识、技能和经验作出的,如"道德品

---

[33] 一种隐瞒身份的行政取证方式,如行政机关扮演乘客查处没有运营证的"出租汽车"。如张某不服上海市闵行区城市交通行政执法大队交通行政处罚案,上海市闵行区人民法院行政判决书[(2009)闵行初字第76号]。

[34] 参见王振清主编:《行政诉讼案例研究》(五),中国法制出版社2009年版,第5页。但是,在最高人民法院看来,如果这种情形发生在诉讼中,它似乎并不在于诉讼目的上的差异性。《行诉证据规定》第70条规定:"生效的人民法院裁判文书或者仲裁机构裁决文书确认的事实,可以作为定案依据。但是如果发现裁判文书或者裁决文书认定的事实有重大问题的,应当中止诉讼,通过法定程序予以纠正后恢复诉讼。"

[35] 《刑法》第37条规定:"对于犯罪情节轻微不需要判处刑罚的,可以免予刑事处罚,但是可以根据案件的不同情况,予以训诫或者责令具结悔过、赔礼道歉、赔偿损失,或者由主管部门予以行政处罚或者行政处分。"根据这一规定,刑事判决书中认定的事实,基于"事实认定一致性"原则,可以直接作为行政处罚或者行政处分的事实依据。

行"[36]；有的解释结论作出之后具有不可重复性，如"风险评估"[37]"面试成绩"。在这样的个案处理中，一旦行政相对人不服处理结论提起行政诉讼，法院就应当在实体法上充分尊重行政机关的解释结论，使其有一个"有限的决定自由空间"[38]。这就是现代行政法理论上所谓的"判断余地"。也就是说，行政机关通过适用不确定法律概念获得了一种判断余地，即独立的、法院不审查的权衡领域或者判断领域。法院应当接受行政机关在该领域内作出的行政决定，但可以审查该领域界限是否得到行政机关的遵守。

比较法上，"判断余地"是德国行政法学上的一个基础性概念。[39] 引入中国之后，在中国行政法实务中，有的法院把它转换成一个行政合理性问题，从而排除在行政诉讼合法性审查之外。如在赵某某等诉北京市公安局消防局海淀消防监督处消防审核意见案中，法院认为：

> 根据上述说明，"高规"对于"受条件限制"的规定，显然具有不确定性。被告海淀消防处作为消防行政主管部门，在其职权范围内对于不确定因素享有判断余地，其根据经验法则作出的判断、推论，系行政合理性问题。依据《行政诉讼法》第5条的规定，人民法院审理行政案件，对具体行政行为是否合法进行审查。因此，行政合理性问题，不属于人民法院对于行政行为合法性进行审查的范围。[40]

该案中，"高规"即《高层民用建筑设计防火规范》（GB 50045—95，已废止）的简称。在"高规"条文说明中，对于第4.1.2条的理由一的说明："根据劳动部新颁布的《热水锅炉安全技术监督规定》的要求，并参考了国外的一些做法，本条对锅炉房的设置部位做了规定。即如受条件限制，锅炉房不能与高层建筑脱开布置时，允许将其布置在高层建筑内。"理由三的说明："由于受到规划要求、用地紧张、基建投资等条件的限制，如必须将可燃油油浸变压器等布置在高层建筑内时，应采取符合本条要求的防火措施。"可见，被告作出的"应采取符合本条要求的防火措施"结论是基于专业知识得出来的，它已经超出了法院的审查能力，所以法院以属于"合理性问题"为由不作审查。

也有法院以行政合理性替代判断余地，从而将判断余地问题排除在法院的合法性审查之外，达到了殊途同归的目的。当然，也有法院直接引用判断余地理论，将自己的审查权止步于判断余地的边界，表达了对行政机关专业判断的一种尊重。如在赵某诉重庆市公安局渝中区分局履行法定职责案中，法院认为：

> 公安机关实施治安管理处罚时，在法律法规授权的范围内，结合案件具体情况，运用其专业能力，对行政相对人违反治安管理处罚法的情节轻重作出自主判断，继而作出处罚属于行使裁量权的行为。一般情况下，人民法院对公安机关的行政裁量权进行审查时，应当尊重公安机关在其专业范围内的判断余地，除非其行使裁量权明显不当。本案中，重庆市公安局渝中区分局在接到报警后，指令大阳沟派出所民警出警、处警，民警将冲突双方带回派出所进行调查，对相关人员进行询问，制作询问笔录，并调取事发路段沿途监控视频及电梯内部视频。后重庆市公安局渝中区分局根据《中华人民共和国治安管理处罚法》第43条第1款的规定，对赵某、周某洋、胡某昆、郑某科等人分别作出行政处罚决定书。综上所述，重庆市公安局渝中区分局已经依法履行了其职责，对违反治安管理处罚法的人员依法给予了行

---

[36] 参见《公务员法》第13条第4项。
[37] 《农产品质量安全法》第14条第2款规定："国务院农业农村主管部门应当设立农产品质量安全风险评估专家委员会，对可能影响农产品质量安全的潜在危害进行风险分析和评估。国务院卫生健康、市场监督管理等部门发现需要对农产品进行质量安全风险评估的，应当向国务院农业农村主管部门提出风险评估建议。"
[38] [德]哈特穆特·毛雷尔：《行政法学总论》，高家伟译，法律出版社2000年版，第136页。
[39] 参见[德]哈特穆特·毛雷尔：《行政法学总论》，高家伟译，法律出版社2000年版，第134页。
[40] 参见赵某某等与北京市公安局消防局海淀消防审核意见纠纷上诉案，北大法宝引证码：CLI.C.193209。

政处罚。上诉人提出的上诉理由不能成立,本院不予支持。[41]

行政机关对判断余地享有"有限的决定自由空间",法院应当给予尊重,[42]但这并不意味着法院可以袖手旁观。在行政诉讼中,一旦判断余地构成一个诉讼争点,法院也可以从以下几个方面进行审查:(1)是否遵守法定程序;(2)是否有不相关的考虑;(3)是否明显违反常理等。若有上述情形之一,则构成"判断逾越""判断不足""未遵守判断程序"等违法情形,法院可以作出不利于行政机关的裁判。[43] 如"农产品质量安全风险评估专家委员会"组织人员不符合规定,那么它的"风险评估"在法律上就不能成立。这种程序性审查也可以适用于学位评定委员会、职称评审委员会等合议制组织的决定。如在韦某吉诉广西工学院行政决定纠纷案中,法院认为:

> 根据《广西工学院普通高等教育本科毕业生学士学位授予办法》第 6 条学士学位授予由"系(二级学院)学位评定委员会根据以上条件,逐个审核本系(二级学院)毕业生的学习成绩和毕业鉴定等材料,将初审名单提交教务处复审后,报校学位评定委员会审查通过,由学校授予学士学位并颁发学位证书"的程序性规定,该事项依法应当经过学校相关职能部门的一系列审核后报校学位评定委员会审查并作出决定。但在诉讼过程中,被上诉人并未能向法庭提供充分证据证实其已按照自己制定的规则对上诉人的学士学位授予资格依法履行了相应的审查职责,故其作出不授予上诉人学位的具体行政行为的主要证据是不足的,程序上存在明显不当,已构成不履行法定职责。[44]

该案中,因有"未遵守判断程序"的情形,故被告作出不授予上诉人学位证书的行政行为主要证据不足,程序上存在明显不当。可见,判断余地领域并非行政机关对事实判断可以作一锤定音的"王国",它仍然在法院的审查范围之内,法院也可以要求行政机关遵守某些实体性原则。如在上海大易云计算股份有限公司诉上海市浦东新区市场监督管理局行政处罚决定案中,法院认为:

> 行政处罚中行政机关对行为要件的认知存在判断余地,但仍要受到比例原则的羁束。法律注重衡平,对当事人违法使用绝对化用语的广告进行处罚,其目的在于保证市场正常竞争秩序,保障消费者的知情权。因此,使用绝对化用语的广告是否构成违法,既要准确认定当事人的客观违法情形,也要根据社会常理对行为当罚性进行综合评判。尤其随着社会信息传播检索日渐迅捷,消费者正确获知商业产品、服务信息的能力不断提高,单纯使用绝对化用语对消费者误导的可能性也在不断降低。被告浦东市场局实施行政处罚过程中应当正确判断行为要件,充分考虑前述因素,而不应课予当事人过度的关注义务。因此,本案中被告仅因原告引用所获奖项名称即认定其构成违法,并作出罚款 10 万元的处罚,有违法益相称性,属于适用法律错误,依法应予撤销。[45]

---

[41] 参见重庆市第五中级人民法院行政判决书[(2018)渝 05 行终 384 号]。
[42] "社会、经济、政治、法律、技术、文化、财政等现实状况需要赋予行政机关自主活动的空间。行政机关自行决定和实施为执行计划所需要的手段,即使在适用法律时——在法定目的、任务、目标、界限和财政手段的范围之内,行政机关往往享有或多或少的自我塑造的、司法不能剥夺的判断余地。"参见[德]汉斯·J. 沃尔夫、[德]奥托·巴霍夫、[德]罗尔夫·施托贝尔:《行政法》(第 1 卷),高家伟译,商务印书馆 2002 年版,第 26 页。
[43] 参见伯阳:《德国公法导论》,北京大学出版社 2008 年版,第 143 页。
[44] 参见广西壮族自治区柳州市中级人民法院行政判决书[(2010)柳市行终字第 3 号]。
[45] 参见上海市静安区人民法院行政判决书[(2019)沪 0106 行初 349 号]。

第三节 行政裁量

一、行政裁量的概述

(一)行政裁量的概念

当法规范构成要件成立时,就会产生 N 种法效果,由行政机关从中选择一种或者多种适当的法效果,即为行政裁量。行政裁量的核心在于选择。行政裁量源起于司法审查边界如何确定,即在法适用—法裁判的关联框架中,对法适用中的行政裁量,司法能否审查的问题。之后,它又出现在法制定—法适用的关联框架中,即立法机关如何授予行政机关裁量权的问题。因此,讨论行政裁量问题,必须置其于法制定—法适用—法裁判这一法过程的关联框架之中,方可处理好相关的理论与实务问题。

行政裁量存在的前提是法规范。它"恰如面包圈中间的那个洞,如果没有周围一圈的限制,它只是一片空白,本身就不会存在"[46]。在法制定—法适用关系中,立法机关可以根据具体情况授予行政机关是否有在法规范内作选择的权力,从而形成了羁束行政和裁量行政之分。裁量行政分为法定裁量和自由裁量(便宜裁量),但这里的"自由裁量"并非"行政自由裁量"的简称,而是"法尽裁量生"的一种法现象。随着国家法律体系的逐步完善和立法技术的提升,在行政领域中法规范的覆盖面越来越大,越来越密,自由裁量的存在空间也就越来越小。不过,在规划行政、给付行政等领域中,因立法原因行政机关的"自由裁量"还有存在的可能性。当我们将行政裁量置于法适用—法裁判的关系之中时,即产生了司法审查能否审查行政裁量以及审查范围多大的问题。在这个问题上需要考虑的是,一方面司法有没有审查行政裁量的能力,另一方面行政必须保持必要的、基本的效率,"裁量余地"问题由此产生,即司法有权审查行政裁量,但必须有一个限度,在这个限度内司法必须尊重行政裁量所作出的选择。

行政裁量主要发生在行政决定之中,但它并不限于行政决定,其他行政行为中也存在行政裁量,如行政立法、行政规划和行政协议等。在现代行政法中,"行政行为中的裁量依然是行政法学中最具有实用性的重要课题"[47]。行政机关是立法机关的执行机关,依法行政不是行政机关机械地适用法规范。虽然行政机关机械地适用法规范可以减少越出法规范的可能性,但这样的"依法行政"是不可能完成行政任务的。现代社会的复杂性、多变性需要行政的灵活性来应对,行政裁量可以说是行政灵活性的另一种说法。此时,行政裁量所面临的不仅仅是一个司法审查问题,更重要的是行政形成过程中实质合法性能否实现的问题。

(二)行政裁量的三个面向

在现代行政法上,控制行政裁量权不被滥用仍是一个世界性的难题,至今"尚未出现一个普遍的解决方案——无论是从程序机制看还是从权威性的决定规则角度看"[48]。如下观察行政裁量的三个面向,可能有助于我们更加全面地理解什么是行政裁量,进而找到更加有效地控制行政裁量权的法律方案。

---

[46] [美]罗纳德·德沃金:《认真对待权利》,信春鹰、吴玉章译,上海三联书店 2008 年版,第 53 页。
[47] [日]盐野宏:《行政法总论》,杨建顺译,北京大学出版社 2008 年版,第 80 页。
[48] [美]理查德·B. 斯图尔特:《美国行政法的重构》,沈岿译,商务印书馆 2002 年版,第 189 页。

1. 立法的规范密度。立法可以提高规范行政裁量的密度。如原本法律设定20万元以上100万元以下的罚款,执行性立法可以通过区分情节轻重细分为,情节严重的,处50万元以上100万元以下罚款;情节较轻的,处20万元以上不满50万元罚款。对于涉及设定罚款的立法,国务院提出了原则性指导意见,要符合行政处罚法和相关法律规范的立法目的,一般要明确罚款数额,科学采用数额罚、倍数(比例)罚等方法。规定处以一定幅度的罚款时,除涉及公民生命健康安全、金融安全等情形外,罚款的最低数额与最高数额之间一般不超过10倍。[49] 当然,立法不可能收尽行政裁量的空间,执行性立法也是如此。确定立法规范密度需要考虑两个因素:一是立法能力与技术。就中国地方差异性悬殊的国情,中央立法是难以制定高密度的法规范,而地方立法、行政立法则是可以弥补中央立法的局限性。二是行政机关的自我控制。如果行政机关具有较高的自我控制能力和严密的匹配制度,那么,立法规范密度可以适当下降。

2. 司法的审查限度。行政裁量是立法留给行政机关的自主决定的法空间,那么司法要审查行政裁量就缺少了法律正当性,所以,行政法学理论上一直就有"裁量不予审查"之说。行政机关超越行政裁量范围作出的行政行为与行政裁量有关,但它不是行政裁量的问题,"裁量不予审查"在此不适用,司法对这类行政行为进行审查没有任何法理障碍。但是,如果司法对行政机关在行政裁量范围内作出的行政行为完全放弃司法审查,那么这个行政裁量范围可能会变成行政机关专断、独行的"王国"。这与立法授予行政机关行政裁量权要旨不合。因此,较优的方案是司法可以审查行政裁量,但它要有一个限度。如在施某兵诉南通市公安局开发区分局等行政处罚纠纷案中,法院认为:

> 本案法律适用的关键是《治安管理处罚法》第17条"参与赌博赌资较大的、情节严重的"具体应当如何适用。由于法律、法规、司法解释尚未有明确界定,其实质就属于行政裁量范围,但即便是依自由裁量作出的行政行为,也要受依法行政原则的限制,以保持行为的合法律性,且本案裁量结果关涉人身自由,故仍有司法审查的必要。[50]

该案中,法院强调了即使是行政机关在行政裁量范围作出的行政行为,且裁量结果关涉人身自由,故仍有司法审查的必要。当然,这种司法审查的必要性并不能否定司法审查的有限性。如在张某生诉辉县市人民政府提高抚恤金标准争议案中,法院认为:

> 涉案水利伤残抚恤金的标准由辉县市当地人民政府根据当地的经济发展状况和居民收入水平等因素综合确定,没有可直接适用或参照的法定标准,属于当地人民政府的行政裁量权范围。因人民法院不能替代行政机关直接行使行政裁量权,对行政机关行使自由裁量权行政行为的司法变更限于该行为畸轻或畸重的情形,故在辉县市人民政府没有对该标准调整的情况下,人民法院不宜通过裁判方式直接确定抚恤标准。[51]

该案中,水利伤残抚恤金标准是辉县市人民政府在没有直接适用或参照的法定标准制定的,属于当地人民政府的行政裁量权范围。对此,法院不宜通过裁判方式直接确定抚恤标准。这里的"不宜"暗含了法院在确定抚恤标准方面缺少专业知识、政策能力,无法履行司法审查之职。

3. 行政的自我控制。除了外部的立法、司法控制外,行政机关也设置了多种自我控制行政裁量

---

[49] 参见国务院《关于进一步规范和监督罚款设定与实施的指导意见》(国发〔2024〕5号)第6条。
[50] 参见江苏省南通市中级人民法院行政判决书[(2016)苏06行终55号]。
[51] 参见河南省高级人民法院行政判决书[(2017)豫行终310号]。

的制度与规则,如行政裁量基准。[52] 在这一点上,美国学者戴维斯始终坚信,对行政裁量的控制不能仅仅依赖于立法,还要靠行政机关自己制定的行政裁量基准。[53] 行政裁量基准属于内部规则,但经过个案适用后产生了外部控制的效力。自我控制行政裁量的方法除了行政裁量基准外,实务中还有行政指导性案例、[54] 内部行政责任追究和行政执法业绩考核制等。

(三)行政裁量之价值:实现个案正义

法律正义是个案正义的总和,没有个案正义的日月积淀,就不可能有抽象的法律正义为人们所信仰。无论如何,行政机关总是可以用裁量去"合法"地伤害行政相对人,因此,唯有良知支配下的裁量才可能实现个案正义。裁量基准固然可以收缩行政机关滥用裁量的空间,但最严密的裁量基准也取代不了良知的作用。立法制定普遍适用的法规范,但个案是千差万别的,由此在法规范与个案之间形成了一种紧张关系。经验证明,缓解这一紧张关系较好的方法是赋予行政机关行政裁量权。但是,在实务中,行政机关有时并不擅长采用这个方法来实现个案正义,致使个案正义经常落空。在这里,司法审查可以找回个案正义。如在新乡方园建设监理有限公司诉濮阳市安全生产监督管理局行政处罚纠纷案中,法院认为:

> 但"7·21"触电事故发生的直接原因是中原油田建设集团公司安全生产管理不到位,施工方与分包方违规作业。上诉人对工程违规分包失察,对安全生产的监理不到位,是此次事故发生的间接原因。本次事故导致两人死亡,按照《生产安全事故报告和调查处理条例》第3条第1款的规定,属一般事故,对事故发生单位应处10万元以上20万元以下的罚款。在本次事故中,被上诉人对事故中负主要责任的中原油田建设集团公司罚款18万元,考虑本案上诉人在这次事故中应负的责任及被上诉人对其他各方责任人的处罚情况,被上诉人对上诉人罚款15万元显失公正,一审法院维持不当,应予判决变更。[55]

该案中,依照《生产安全事故报告和调查处理条例》第37条第1项的规定,对事故发生单位依法给予行政处罚的裁量幅度是10万元以上20万以下的罚款。被告对负有主要责任的中原油田建设集团公司罚款18万元,但上诉人的行为仅仅是事故发生的间接原因,却被处15万元罚款,与负有主要责任的中原油田建设集团公司的罚款仅差3万元。原本该条例规定10万元以上20万元以下的罚款空间,被告可以结合个案的具体情况,"各得其所"地决定行政处罚的罚款数额,但是,该案被告的行政处罚决定并没有使个案正义得以实现,法院依法判决变更行政处罚数额,为上诉人找回了个案正义。

二、裁量基准

(一)裁量基准的概念

行政机关在行政裁量范围内设置若干阶格,以不同的情节与后果对应不同的法效果,即裁量基准。有时,立法保留给行政裁量范围过大,如发布有《广告法》第9条、第10条规定的禁止情形的广告,由市场监督管理部门责令停止发布广告,对广告主处20万元以上100万元以下的罚

---

[52] "省、自治区、直辖市和设区的市、自治州人民政府及其部门可以依照法律、法规、规章以及上级行政机关制定的行政裁量权基准,制定本行政区域内的行政裁量权基准。县级人民政府及其部门可以在法定范围内,对上级行政机关制定的行政裁量权基准适用的标准、条件、种类、幅度、方式、时限予以合理细化量化。"参见国务院办公厅《关于进一步规范行政裁量权基准制定和管理工作的意见》(国办发〔2022〕27号)第4条。

[53] See K. C. Davis, *Discretionary Justice: A Preliminary Inquiry*, University of Illinois Press, 1971, p. 104.

[54] 如《国家金融监督管理总局行政处罚裁量权实施办法》(2024)、《河北省行政裁量权基准制定和管理办法》(2023)和《黑龙江省规范行政裁量权办法》(2023)等。

[55] 参见河南省濮阳市中级人民法院行政判决书〔(2010)濮中法行终字第043号〕。

款[56]。由于类似这样的法定罚款上下限之间差距太大，在实务中类似个案处理结果发生严重偏差的现象时有发生。为了体现行政公正、公平，通过在行政裁量中设置阶格的方式，收缩行政机关在个案处理中的裁量选择范围，是一种限制行政裁量权较好的策略方案。

裁量基准不是要消灭裁量选择范围，它仍然为行政机关在个案处理过程中权衡各种因素保留了选择空间。相对于法规范来说，裁量基准只不过是缩小了裁量选择范围，使得裁量结果更接近于个案正义。但不能否认的是，有时裁量基准也会成为束缚行政机关有效维持社会秩序的因素，所以，裁量基准需要保留一个让行政机关行使裁量权时有足够回旋的余地[57]。同时，行政裁量基准也要为将来可能发生的情形保留可适用的空间。裁量基准是为了约束行政机关行政裁量权并使之正当行使这一目的而制定的，但我们不能用过密的阶格塞满行政裁量的空间，致使行政机关机械式地行使行政裁量权。

(二)裁量基准的效力

裁量基准是行政机关对法规范中裁量部分内容的细则化，旨在收缩行政机关在个案处理中的裁量选择范围，是具有面向未来的、能反复适用的规则。如果是以规章形式制定，那它本身就是法规范；如果是以行政规定的形式制定，那它是法规范的延伸部分，但它本身不是法规范。因为，这里"延伸"的不是法规范的效力，而是法规范的内容。

基于行政统一性的要求，裁量基准经行政机关制定、发布之后，对行政机关产生一种自我拘束效力，本行政机关和下级行政机关原则上应受裁量基准的拘束。如果行政机关适用裁量基准可能发生极不公正的结果，也可以偏离裁量基准作出行政行为，但必须通过程序并附有理由才能排除适用裁量基准。裁量基准的拘束效力通过行政复议、执法检查、个案指导和考核机制等方式加以担保，旨在确保裁量基准在制定机关辖区内得到统一实施。

裁量基准可以成为行政相对人的一种抗辩理由。不言而喻，在行政诉讼中，以行政规定方式制定的裁量基准对法院没有拘束效力，但法院可以"参考"裁量基准，并使之成为论证裁判理由的法依据。如在李某青诉北京市交通执法总队、北京市人民政府交通行政处罚案中，法院认为：

根据上述法律规定精神，行政机关执法，应当遵循公正、善意、合乎情理原则，合理行使自由裁量尺度，做到维护公共利益、社会秩序和保护公民合法权益相统一，以真正实现法律制定精神和实施目的。基于现实情况的不断发展变化及其复杂性，立法机关赋予了行政执法机关根据相关法律法规政策、具体环境、相对人违法情节等情况，依法决定选择何种处罚形式、处罚幅度的裁量权，除非明显不当，一般情形下，司法审判应尊重行政机关根据执法实践作出的判断。本案发生于我国春运期间，正值执法总队与公安、城管等多部门联合开展北京南站地区交通环境秩序综合整治行动，在此从严整治的情况下，李某青仍然违反规定，在北京市南站巡游出租汽车非营业站点且属进出站主要干道上载客，执法总队根据辖区社会形势要求、市场秩序状况及李某青的违法情节、性质及严重程度进行综合判断，在法律规定的处罚幅度范围内进行处罚，处罚金额合理，并无明显不当。关于李某所称依据《裁量基准》，其违法情节不足以从重顶格处罚的主张。参考《裁量基准》第5条规定，违法情节恶劣，对公共安全、社会秩序造成危害后果或者较大不良社会影响的，可以从重处罚。经审查执法总队作出的涉案处罚决定书不存在明显不当的情形，故李某青上述主张，不予支持。[58]

---

[56] 参见《广告法》第57条。

[57] "适用本行政机关制定的行政裁量权基准可能出现明显不当、显失公平，或者行政裁量权基准适用的客观情况发生变化的，经本行政机关主要负责人批准或者集体讨论通过后可以调整适用，批准材料或者集体讨论记录应作为执法案卷的一部分归档保存。"参见国务院办公厅《关于进一步规范行政裁量权基准制定和管理工作的意见》第12条。

[58] 参见北京市通州区人民法院行政判决书[(2019)京0112行初371号]。

该案中,经参考了《裁量基准》后,法院没有支持原告的主张。这里的"参考"是否含有"合法性审查"之意,法院没有明确表示。在许昌某某公司诉许昌市某局撤销质量监督行政处罚纠纷案中,法院对被告提供的裁量基准作了合法性审查。法院认为:

《河南省质量技术监督行政处罚裁量标准》第1章第1节第2部分规定:"违反《产品质量法》第50条的行政处罚……违法行为的情形和处罚标准:(1)轻微违法行为的表现情形:在产品中掺杂、掺假,以假充真、以次充好,或者以不合格产品冒充合格产品,初次违法生产,且产品尚未销售的。处罚标准:责令停止生产、销售,没收违法生产、销售的产品,并处货值金额50%以上等值以下的罚款;有违法所得,并处没收违法所得。"该部分规定符合《中华人民共和国产品质量法》第50条规定。被告没有对原告作出没收违法生产、销售的产品的行政处罚,且被告没有证据证明其具有此项行政处罚的自由裁量权,故被告以原告违法生产的产品仍有使用价值,可降级处理而不予没收原告违法生产、销售的产品的理由不能成立,被告作出的行政处罚超出了合法的自由裁量权范围。[59]

该案中,经过合法性审查之后,法院认为被告引用裁量基准部分内容合法,可以作为本案裁判的法依据。但因被告作出的行政处罚超出了合法的裁量范围,遂判决撤销被告作出的行政处罚决定。

(三)裁量基准的技术

作为法规范的细则化,裁量基准是以它特有的技术来规范行政裁量权的,否则它就失去了存在的价值。我们以浙江省公路路政行政处罚自由裁量执行标准中对"擅自挖掘公路"设定的行政处罚裁量基准为例,[60] 解释裁量基准的技术见下表4-1。

表4-1 浙江省公路路政行政处罚自由裁量执行标准中对"擅自挖掘公路"设定的行政处罚裁量基准

法律依据	违法程度	情节与后果	处罚幅度
《公路法》第76条:"有下列违法行为的,由交通主管部门责令停止违法行为,可以处以三万元以下的罚款:(一)违反本法第四十四条第一款规定,擅自占用、挖掘公路的……"《路政管理规定》第二十三条、《浙江省公路路政管理条例》第四十九条、《浙江省高速公路运行管理办法》第四十九条	轻微	擅自挖掘公路2平方米以下,或挖掘深度在30厘米以下	责令停止违法行为,处3000元以下的罚款
	一般	擅自挖掘公路2平方米以上5平方米以下,或挖掘深度在30厘米以上	责令停止违法行为,处3000元以上5000元以下的罚款
	较重	擅自挖掘公路5平方米以上10平方米以下	责令停止违法行为,处5000元以上10,000元以下的罚款
	严重	擅自挖掘公路10平方米以上15平方米以下	责令停止违法行为,处10,000元以上20,000元以下的罚款
	特别严重	擅自挖掘公路15平方米以上,或造成其他严重后果的	责令停止违法行为,处20,000元以上30,000元以下罚款

从上述裁量基准的内容中我们可以发现,裁量基准的技术主要有:(1)阶格划分,如"违法程度"、"情节与后果"和"处罚幅度"中的5个阶格;(2)数量刻度,如"处罚幅度"和"情节与后果"中的具体数量;(3)权衡因素,如"违法程度"中"轻微"等。不过,我们可以发现,裁量基准无论设计得如何精致,都不可能收尽行政裁量空间。比如,在"擅自挖掘公路2平方米以下"中,仍然存在相对较小的行政裁量空间。为此,在行政程序中课以行政机关说明裁量理由及公开义务,或

---

[59] 参见河南省许昌市魏都区人民法院行政判决书[(2010)魏行初字第13号]。
[60] 《浙江省交通厅关于印发〈浙江省交通行政处罚自由裁量权实施办法(试行)〉和〈浙江省交通行政处罚自由裁量执行标准(试行)〉的通知》(浙交[2008]299号)。

许是一种补强性控制行政裁量的技术。如对于适用某一阶格最低量罚刻度进行处罚仍然过重的话，那么行政机关可以在通过一定的行政程序并附有理由情况下，在下一个阶格中选择量罚刻度，即所谓"减轻"处罚。可见，裁量基准是收缩行政机关的裁量空间，不是剥夺它的裁量权。

需要指出的是，裁量基准若过度细化、格式化，容易挤缩法定裁量空间，损伤行政裁量的灵活性。在裁量框架中，"技术→目标"必须作为一个结构性整体来认识，不能在控制裁量技术的选择中迷失裁量的目标。消除裁量滥用最彻底的办法是消灭裁量，但是，没有裁量的行政至少在现代社会中是不可能的，更遑论完成"整肃秩序""生存照顾""规划未来"等行政任务。因此，裁量基准可以有，但制定者不能丢掉行政裁量目标，在迷恋控制裁量技术精细化的道路上歧途亡羊。

三、裁量分类

（一）决定性裁量

决定性裁量是行政机关在"做"还是"不做"两者之间的选择。它的法规范模式是"可以"式。如《价格法》第42条规定："经营者违反明码标价规定的，责令改正，没收违法所得，可以并处五千元以下的罚款。"在这里，"可以"一词赋予了行政机关根据个案在"并处"与"不并处"两者之间的选择权。如果法规范中没有"可以"，那么是否也存在决定性裁量呢？如《禁止传销条例》第24条第1款规定："有本条例第七条规定的行为，组织策划传销的，由工商行政管理部门没收非法财物，没收违法所得，处50万元以上200万元以下的罚款；构成犯罪的，依法追究刑事责任。"基于体系解释的方法，当法规范中没有"可以"时，应解释为"必须"为妥。立法欲给行政机关行政裁量空间，当以明示方式行之。

（二）选择性裁量

选择性裁量是行政机关"如何做"的选择。通过整理法律体系中的立法技术，选择性裁量模式主要有：（1）种类选择。即在几种法效果中作出选择的裁量。如《道路交通安全法》第90条规定："机动车驾驶人违反道路交通安全法律、法规关于道路通行规定的，处警告或者二十元以上二百元以下罚款。本法另有规定的，依照规定处罚。"在这里，"警告""二十元以上二百元以下罚款"是供公安机关交通管理部门在个案中选择的处罚种类。（2）幅度选择。即在一个法定幅度内作具体刻度的选择。《广告法》第62条规定："违反本法第四十三条规定发送广告的，由有关部门责令停止违法行为，对广告主处五千元以上三万元以下的罚款。"在这里，5000元以上3万元以下的罚款是市场监管部门可以选择罚款的幅度。（3）期间选择。即在法定期限内作一个时间点的选择。《行政处罚法》第60条规定："行政机关应当自行政处罚案件立案之日起九十日内作出行政处罚决定。法律、法规、规章另有规定的，从其规定。"在这里，行政机关可以选择该法定期间内任何一个时间点结案。（4）程序裁量。即在几种可以适用的程序中作出选择。如《行政许可法》第34条第3款规定："根据法定条件和程序，需要对申请材料的实质内容进行核实的，行政机关应当指派两名以上工作人员进行核查。"在这里，是否需要对申请材料进行实质性审查，由行政机关根据个案的"需要"而定。

（三）裁量收尽

当某一事实出现后，行政机关在作出行政行为时没有了可以裁量的选择，此种情形称为"裁量收尽"。如《道路交通安全法》第89条规定："行人、乘车人、非机动车驾驶人违反道路交通安全法律、法规关于道路通行规定的，处警告或者五元以上五十元以下罚款；非机动车驾驶人拒绝接受罚款处罚的，可以扣留其非机动车。"若交警发现该非机动车牌照不全，且行车人无合法证明，或者安全行驶不能保障，则必须作出扣留的行政决定。有时，因形势政策的需要,也会出现收尽行政裁量的情况。如行政机关在"运动式执法"中"一律式"的顶格处罚便是例证。[61]

四、裁量余地

裁量余地,即不属于司法可以审查的裁量空间。如同行政认定中的判断余地一样,裁量余地也是基于相同的理由为行政机关保留免受司法审查的裁量空间。在裁量余地中,对行政机关作出的行政裁量行为,法院不会进行司法审查;对行政机关未作行政裁量行为的,法院也不会代替行政机关作出裁量行为。如在公主岭市万来养殖农民专业合作社(以下简称养殖合作社)诉吉林省公主岭市人民政府撤销行政行为并补偿案中,最高人民法院认为:

2004 年吉林省人民政府《关于印发吉林省城镇生活饮用水水源保护区划(第一批)的通知》及 2017 年 7 月公主岭市人民政府批准实施的《公主岭市畜禽养殖禁养区划定方案》对吉林省公主岭市卡伦水库生活饮用水水源保护区的范围进行划分。冯某来经营的养殖场位于生活饮用水水源保护区范围内,属于畜禽养殖禁养区。公主岭市政府作出《公主岭市禁养区内畜禽养殖场(小区)关闭或搬迁工作实施方案》后,作出关闭决定符合法律、法规及政府相关文件的规定,养殖合作社关于撤销关闭决定的主张,于法无据。关于本案补偿问题。养殖合作社请求撤销关闭决定,并要求公主岭市政府履行补偿职责,给付补偿款。因公主岭市政府在关闭决定中并未涉及补偿内容,这两个诉讼请求涉及两个不同的行政行为,不宜在一个案件中一并审理。养殖合作社提起的金钱补偿请求,属于给付之诉。如果人民法院对于当事人的损失能够查清,相关补偿方式和数额依据比较明确,人民法院应当作出切合当事人诉求的一般给付判决,以便尽快稳定行政法律关系。但如果相关补偿方式和数额依据并不明确,行政机关在实际给付之前尚有优先判断或者裁量余地的,应待行政机关先行处理后,法院再对其是否合法以及明显不当进行审查。在行政机关没有就补偿问题作出决定的情况下,不宜由法院运用司法权判定补偿一事。二审法院未支持养殖合作社该项主张,亦无不当。[62]

裁量余地属于法定裁量中的问题,不存在便宜裁量之中。关于裁量余地在行政裁量与司法审查框架中的关系,如图 4-1 所示。

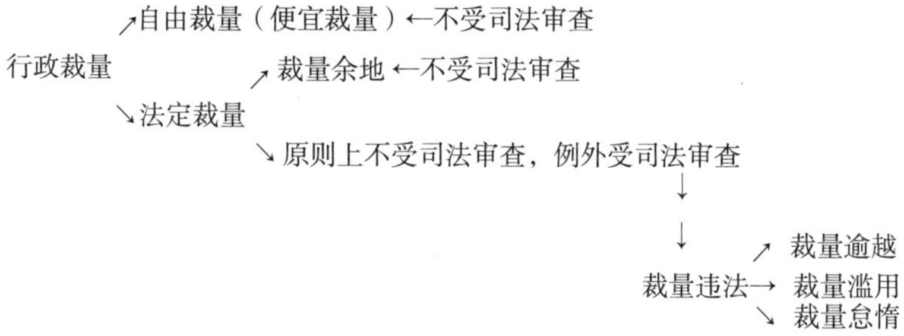

```
              ↗自由裁量(便宜裁量)←不受司法审查
行政裁量        ↗裁量余地←不受司法审查
              ↘法定裁量
                ↘原则上不受司法审查,例外受司法审查
                        ↓
                                ↗裁量逾越
                        裁量违法→裁量滥用
                                ↘裁量怠惰
```

图 4-1 行政裁量与司法审查框架

---

[61] 如 2009 年 8 月 14 日,公安部召开的电视电话会议上部署了自 2009 年 8 月 15 日起在全国开展为期两个月的严厉整治酒后驾驶交通违法行为专项行动,要求集中整治期间,公安交通管理部门将调集优势警力,针对高发区域和高发时段,高密度部署勤务,提高拦查频率,对有酒后驾驶嫌疑的车辆和驾驶人严格检查。对酒后驾驶的,将严格按照《道路交通安全法》的规定从严处罚,坚决做到"四个一律",即对酒后驾驶机动车的,一律暂扣驾驶证 3 个月;对醉酒驾驶机动车的,一律拘留 15 日,暂扣驾驶证 6 个月;对 1 年内 2 次醉酒驾驶的,一律吊销驾驶证,2 年内不得重新取得驾驶证,属营运驾驶员的,5 年内不得驾驶营运车辆;法律法规规定有罚款处罚的,一律从重处罚。

[62] 参见最高人民法院行政裁定书[(2020)最高法行申 6824 号]。

在行政诉讼中,当原告提出被告作出的行政裁量有违法情形时,法院可以纳其入审查范围。经审查,法院认为行政裁量没有违法的,驳回原告诉讼请求;认为行政裁量有违法的,法院应当进一步审查是否存在裁量逾越、裁量怠惰和裁量滥用的情形。法院是否可以主动审查行政裁量,从监督行政机关依法行政角度,答案应当是肯定的。自由裁量(便宜裁量)往往涉及政策性考量,裁量余地超出了法院审查能力,这两者都不属于司法审查范围。

当行政裁量超过法规范的边界时,构成裁量逾越。判断裁量逾越并不需要考虑行政机关的主观状况,仅仅依照法规范即可获得结论,所以,判断裁量逾越标准具有客观性。当行政机关基于不正当目的等主观意图作出行政裁量时,构成裁量滥用。由于造成裁量滥用的因素是行政机关的主观意图,判断裁量滥用的标准具有主观性。这种主观意图存在于行政过程之中,需要由证据加以证实,因此,判断裁量滥用需要将审查目光回到整个行政过程之中,而不限于裁量结果。当行政机关在法定裁量范围内不作裁量时,构成裁量怠惰,其本质上是一种消极性裁量滥用。

第五章 行政法的主体

第一节 引 言

一、行政法律关系主体

(一)概念与法律关系

行政法主体,即行政法律关系主体。依照主体法律地位的不同,行政法律关系可以分为内、外部行政法律关系,行政法主体也有内、外之分。内部行政法主体是行政机关与国家公务员(包括具有事业编制的工作人员),它们由《国务院组织法》《地方各级人民代表大会和地方各级人民政府组织法》《公务员法》《公职人员政务处分法》《地方各级人民政府机构设置和编制管理条例》等法律、法规和规章调整;外部行政法主体是行政机关和行政相对人,它们由《行政处罚法》《行政许可法》《行政强制法》等法律、法规和规章调整。也有同时调整内、外部行政法律关系的法律、法规和规章,如《行政法规制定程序条例》《重大行政决策程序暂行条例》等。在行政法上,行政机关具有内、外双重主体的法律地位,从这个角度看,现代行政法可以分为内部行政法和外部行政法。不过,我们通常说的行政法,主要是外部行政法。作为担保行政机关对外作出行政行为合法性的内部行政法,部分内容如行政组织法、公务员法等已经成为外部行政法的重要组成部分。

在行政法律关系中,一方的主体形式上是行政机关,实质上是行政机关所代表的国家。国家是一个抽象的或者观念上的"物体",出于便宜性的考虑,国家通过设置行政机关来表达它与行政相对人或者公务员之间的意志,并由国家强制力保证执行,由此产生的法律责任则归国家承担。这种行为主体与责任主体的分离,构成了国家赔偿和补偿的理论基础。这也就是行政法上的赔偿、补偿我们可以称为"国家赔偿""国家补偿"的原因。[1] 当我们说"国家"时,其实它是存在于我们观念之中的一个抽象物,但说"行政机关"时,都能想到它是坐落于某个地点的办公楼,可以感知到它的具体存在,但它是个物体,不能表达自己的意志。所以,只有将公务员纳入行政法主体,[2] 才可以弥补行政机关这一制度性缺陷。行政机关的意志(其实也就是国家意志)通过它所属的公务员来表达,与行政相对人形成、变更和消灭行政法律关系。由此,行政法律关系中的主体结构,如图5-1所示。

---

[1] 《国家赔偿法》第2条第1款规定:"国家机关和国家机关工作人员行使职权,有本法规定的侵犯公民、法人和其他组织合法权益的情形,造成损害的,受害人有依照本法取得国家赔偿的权利。"
[2] 参见《公务员法》第106条规定:"法律、法规授权的具有公共事务管理职能的事业单位中除工勤人员以外的工作人员,经批准参照本法进行管理。"所以,作为行政法主体的"国家公务员"还包括了上述工作人员。

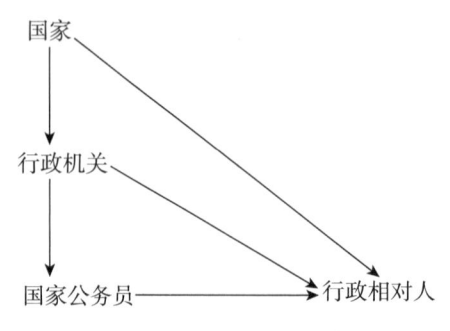

```
        国家
         ↓ ↘
       行政机关
         ↓    ↘
      国家公务员 → 行政相对人
```

图 5-1　行政法律关系主体结构

(二) 分类

对事物分类的目的在于把握事物的本质。行政法主体有多种式样,为了便于认识,我们可以从形态上把它们分为:

1. 组织。组织是"按照一定的宗旨和系统建立起来的集体"[3]。从法律上讲,组织可以分为法人组织和非法人组织。依照《民法典》的规定,法人可以分为营利法人、非营利法人和特别法人。如《民法典》第97条规定:"有独立经费的机关和承担行政职能的法定机构从成立之日起,具有机关法人资格,可以从事为履行职能所需要的民事活动。"行政机关属于特别法人的一种。在立法中,"非法人组织"通常表述为"其他组织"。如《公务员法》第112条规定:"法律、法规授权的具有公共事务管理职能的事业单位中除工勤人员以外的工作人员,经批准参照本法进行管理。"这里的"组织"也包括外国、联合国在中国依法设立的各种组织。

2. 个人。有生命的个体,即自然人。它可以分为:(1)公民,即具有中华人民共和国国籍的自然人。在法律上,个体工商户、农村承包经营户是个人的一种特殊形态,具有个人的法律地位。[4] (2)外国人(包括无国籍人),即在中国境内不具有中国国籍的自然人。他们或者是具有他国国籍,或者没有任何国籍(无国籍人)。基于国家主权原则,外国人在中国从事经商、旅游、求学等活动必须遵守中国的行政法。如《出境入境管理法》第3条第2款规定:"在中国境内的外国人的合法权益受法律保护。在中国境内的外国人应当遵守中国法律,不得危害中国国家安全、损害社会公共利益、破坏社会公共秩序。"所以,外国人也是行政法主体。

二、行政主体

(一) 外国的理论

行政主体是大陆法系国家行政法上的一个基础性概念。它是指具有行政法上权利义务的,可以设置行政机关以便行使一定行政职权的组织体,并承担行政机关因行使行政职权产生的法律责任。它是一种具有法律人格的组织体。如在法国,行政主体有国家、地方团体以及独立于国家、地方团体的,且不以地域为基础的公务法人。德国的行政主体有联邦、各邦、地方自治团体、公营造物等。日本、韩国等大陆法系行政法制的继受国或者地区,也基本上接

---

[3] 中国社会科学院语言研究所词典编辑室编:《现代汉语词典(2002年增补本)》,商务印书馆2002年版,第1679页。

[4] 《促进个体工商户发展条例》第2条规定:"有经营能力的公民在中华人民共和国境内从事工商业经营,依法登记为个体工商户的,适用本条例。"《农村土地承包法》第16条第1款规定:"家庭承包的承包方是本集体经济组织的农户。"

受了这一行政主体理论。

行政主体的核心在于它有权利能力,它的行为能力是通过其依法设置的行政机关来体现的,所以,行政机关仅仅是行政主体的"器官"(organ)。若将行政主体比喻为人的话,行政机关就是行政主体的手足。如果依法赋予这个"器官"对外行使行政职权,那么它就是一个行政机关。行政机关可以自己的名义对外行使职权,但它行使行政职权所产生的法律责任则归于它所属的行政主体。一个行政主体可以有多个行政机关,但一个行政机关必须归属某一个行政主体。将行政诉讼被告确定为行政主体而不是行政机关,就是基于上述行政主体理论。

(二)中国的误读

在20世纪80年代末,借助于王名扬先生撰写的《法国行政法》的媒介,[5]大陆法系国家行政法上的"行政主体"概念被引入中国,成为中国行政法上一个继受性的法学概念。[6] 随着《行政诉讼法》的实施,这个概念对中国行政法的理论与实务产生了相当大的影响。但中国行政法上使用的行政主体概念与它的原产地国家相比,可以说是差异巨大。这种状况其实就是我们误读的产物。这一误读的路径开始于民法中的"民事主体"和"法人"理论——认为既然民法上有民事主体的概念,行政法上也应该有行政主体概念,终结于行政诉讼被告资格的确认——既然是行政主体,就应该在行政诉讼中当被告,如民法上"法人"那样自己承担法律责任。结果是,前者把行政机关当作可以独立承担法律责任的主体,后者则把行政主体直接等同于行政诉讼被告,即只有行政主体才能成为适格的行政诉讼被告。这种误读产生了较大的负面性影响——行政机关之间各自为政,各司其职,成为政府之下一个个"独立王国",政府整体性、行政一体化被全面解构。正如有学者指出:"既然我们的法秩序建构还要倚重法律继受,这种继受就应当建立在重视理解,尤其是重视脉络性和完整性理解的基础上。唯有如此,我们的继受才不会是'画虎不成反类犬',或者贸然以自我为本位,通过破坏脉络而对外国制度进行随意剪裁和取舍。"[7]

在中国行政法理论上,凡是行政主体都可以作为行政诉讼的被告;凡是行政诉讼中的被告必须是行政主体。这几乎可以说是行政法上的"公理"——无论是学理还是司法实践。根据《行政诉讼法》的规定,行政诉讼的被告是行政机关和法律、法规、规章授权的组织,[8]所以,中国行政法上的行政主体也被学理归纳为:行政机关就是行政主体,而其他组织若要获得行政主体资格,则必须要有法律、法规或规章的授权。

中国行政法并非不需要行政主体理论,否则,如国家赔偿、补偿等的基础性法理问题就不能自圆其说。服务于行政诉讼的行政主体理论,并不能为我们对国家赔偿、补偿制度作出自洽的解释,因此,改造现有的行政主体理论应是中国行政法学界的一项重任。既然政府对人大负责,那么,政府必须是以自己名义向人大负责,即政府整体性;政府必须统一执掌行政权,统率所属的工作部门,即行政一体化。但是,现有行政法的"行政主体理论"却肢解了政府整体性、行政一体化,对此,必须切割行政主体与行政诉讼被告之间的必然联系,让行政主体理论服务于政府整体性、行政一体化的功能实现。

---

[5] 参见王名扬:《法国行政法》,中国政法大学出版社1989年版,第38页以下。
[6] 参见张树义:《行政主体研究》,载《中国法学》2000年第2期。
[7] 赵宏:《法治国下的目的性创设——德国行政行为理论与制度实践研究》,法律出版社2012年版,第4页。
[8] 参见《行政诉讼法》第2条。

第二节 行政机关

一、行政机关的概念

行政机关通常是代表本级人民政府在法定管辖权范围内对外作出行政行为,并具有独立法律地位的组织。[9] 它们有的是本级人民政府的组成部门,如国务院的外交部、公安部;有的是本级人民政府设置的直属机构,如国务院的国家市场监督管理总局、中国证监会;还有的是本级人民政府组成部门或者直属机构所属的机关,如国家烟草专卖局(由工业和信息化部管理)、国家铁路局(由交通运输部管理)。但也有若干个行政机关是不依照行政区划设置的,且上下级之间实行垂直领导,与所在地人民政府之间没有从属关系,如海关、金融、外汇管理等行政机关。广义上,人民政府也是行政机关,如在《行政诉讼法》中,行政机关也包含了各级人民政府。[10] 狭义上,行政机关专门是指"人民政府",[11] 它在宪法层面上与立法机关、监察机关、审判机关、检察机关等国家机关相对应,是一种分权意义上行政机关概念。

行政机关有两个基本要素:(1)独立的法律地位。行政机关属于国家,代表国家对外表示意思,因此它需要有独立的法律地位。这个独立的法律地位包括编制、预算、组织法依据和印章等。编制是指机构编制管理机关核定的行政机关人员数额和领导职数。预算主要涉及行政机关的收入与支出的预期核算,它是行政机关行使职权的物质保障,同时,它也具有控制行政职权的功能。组织法依据是设立行政机关的基础性法规范,通常包括了编制和经费等内容。理论上,每一个行政机关都应该有一个"组织法",但实践中并不多见,如中央层面上的《公安机关组织管理条例》《工商行政管理所条例》等,地方层面上的《上海街道办事处条例》等。在组织法中,印章是行政机关独立对外行文的法定标识。如《行政处罚法》第59条第2款规定:"行政处罚决定书必须盖有作出行政处罚决定的行政机关的印章。"(2)法定管辖权。具有特定的法定管辖权是行政机关的另一个基本要素。如《道路交通安全法》第5条第1款规定:"国务院公安部门负责全国道路交通安全管理工作。县级以上地方各级人民政府公安机关交通管理部门负责本行政区域内的道路交通安全管理工作。"根据这一规定,如浙江省人民政府公安厅"交警总队"具有全省范围内"道路交通安全管理"的法定管辖权。法定管辖权是划定行政机关职权的边界,行政机关不得超越法定管辖权范围行使职权。在实务中,有时关于法定管辖权的判断是一个比较复杂的问题,需要综合考虑相关因素之后才

---

[9] 如《行政处罚法》第22条规定:"行政处罚由违法行为发生地的行政机关管辖。法律、行政法规、部门规章另有规定的,从其规定。"
[10] 《行政诉讼法》第1条规定:"为保证人民法院公正、及时审理行政案件,解决行政争议,保护公民、法人和其他组织的合法权益,监督行政机关依法行使职权,根据宪法,制定本法。"
[11] 《宪法》第85条规定:"中华人民共和国国务院,即中央人民政府,是最高国家权力机关的执行机关,是最高国家行政机关。"

能妥当地确定。[12] 若同时具有上述两个要素的组织,即为行政法上的行政机关。[13]

设置行政机关是否需组织法的依据,从《立法法》第 11 条第 2 项的规定看,若是人民政府的产生、组织和职权,必须有法律依据,人民政府工作部门设置则没有这一要求。一直以来,在现代行政法中,行政组织法研究偏冷,在实践中,有关行政组织法的立法远不如行政行为法、行政诉讼法那么受到重视。如 1982 年的《国务院组织法》共计 11 条,内容十分简陋,一直用了 42 年,直到 2024 年才第一次修订,条文也只有 20 条。至今我们的"地方人民政府组织法"还没有独立成法,更遑论省政府、市政府和县政府"组织法"。可见,要求行政机关"依法设置",应当以足够的法规范基础为前提。

二、行政机关的类型

(一)人民政府

人民政府是本级人民代表大会的执行机关,其行政首长由本级人民代表大会选举产生。国务院是中央人民政府,地方人民政府分为省、市、县(区)和乡(镇)四级人民政府。《国务院组织法》《地方各级人民代表大会和地方各级人民政府组织法》是人民政府的组织法。人民政府可以依法行使法定职权。如《突发事件应对法》第 17 条第 1 款规定:"县级人民政府对本行政区域内突发事件的应对管理工作负责。突发事件发生后,发生地县级人民政府应当立即采取措施控制事态发展,组织开展应急救援和处置工作,并立即向上一级人民政府报告,必要时可以越级上报,具备条件的,应当进行网络直报或者自动速报。"在有的法律规定中,为了在行政职权上有所区别,人民政府与行政机关同时出现在一个法条中,但这并不是说人民政府不是行政机关。如《行政处罚法》第 18 条第 2 款规定:"国务院或者省、自治区、直辖市人民政府可以决定一个行政机关行使有关行政机关的行政处罚权。"该款法律所强调的是,国务院或者省、自治区、直辖市人民政府对所属工作部门有调整法定处罚权的决定权,并不能解释出国务院或者省、自治区、直辖市人民政府不是行政机关。

(二)人民政府的组成部门

人民政府的组成部门是人民政府依法设置的行政机关,如国务院的部、委,地方人民政府的厅、局、委等。设置人民政府的组成部门决定权,由本级人民代表大会行使。人民政府的组成部门依法分别行使本行政区域内行政管理事务的法定职权。如《安全生产法》第 10 条第 1

---

[12] 在谢某全诉屏南县种子管理站种子行政管理案中,法院认为:根据《种子法》第 3 条之规定,农作物种子管理权由县级以上地方人民政府农业行政主管部门行使。种子法实施后,由于我国农作物种子产业发生了重大变化,为了加强种子市场的监管,2006 年 5 月 19 日国务院办公厅作出《关于推进种子管理体制改革加强市场监管的意见》(国办发[2006]40 号)对种子管理体制进行改革,其第 7 条规定:"各级种子管理机构要依法履行种子行政许可、行政处罚、行政管理等职责,加强对本行政区域内种子市场和种子质量的监管。"赋予种子管理机构行政职权,同时,《农作物种子质量纠纷田间现场鉴定办法》第 3 条明确规定:现场鉴定由田间现场所在地县级以上地方人民政府农业行政主管部门所属的种子管理机构组织实施。据此,被告屏南县种子管理站具有组织种子质量纠纷田间现场鉴定的法定职权。参见福建省屏南县人民法院行政判决书[(2007)屏行初字第 03 号]。

[13] 根据《宪法》规定,军事机关不属于行政机关。在实务中,法院也是持这一观点。在张某武诉中国人民解放军总政治部、海军政治部侵权案中,起诉人在诉状中称:"1995 年我已任满现任职级的最低任职年限,由于本人所学专业与现任工作不对口,即向本单位提出了转业申请。本单位向我收取了培训费 3 万元之后,但总政治部最终未批准我转业。为此,请求法院判决中国人民解放军总政治部准许我退出现役,并确认收取我的培训费是否为合同。"法院审查后认为:因中国人民解放军总政治部和海军政治部属于军事机关,故张某武认为总政治部和海军政治部侵犯其合法权益而提起的诉讼,不属于人民法院主管范围。参见北京市高级人民法院行政裁定书[(1996)高行审初字第 7 号]。在此案的上诉审中,最高人民法院驳回了起诉人张某武的上诉。参见最高人民法院行政裁定书[(1996)行终字第 3 号]。

款规定:"国务院应急管理部门依照本法,对全国安全生产工作实施综合监督管理;县级以上地方各级人民政府应急管理部门依照本法,对本行政区域内安全生产工作实施综合监督管理。"根据这一规定,人民政府的安全生产管理部门行使本行政区域内安全生产工作的综合监督管理职权。

(三)人民政府的直属机构

人民政府的直属机构是人民政府根据工作需要设置的主管专门行政事务的行政机关。《国务院组织法》第13条规定:"国务院可以根据工作需要和优化协同高效精简的原则,按照规定程序设立若干直属机构主管各项专门业务,设立若干办事机构协助总理办理专门事项。每个机构设负责人二至五人,由国务院任免。"根据这一规定,国务院设置如海关总署、国家税务总局、国家市场监督管理总局等直属机构。除此之外,人民政府还可以依法特设直属机构,如国有资产监督管理委员会。[14] 另外,国务院还可以设置直属事业单位,如中国社会科学院、中国气象局等,经法律、法规或者规章授权,它们可以行使相关的行政职权。

(四)人民政府组成部门的所属机构

人民政府组成部门的所属机构是人民政府针对某些更为专业性的行政事务所设置的、并将其隶属于本级政府某一组成部门之下的一种行政机关。这类行政机关具有很强的专业性,如国家粮食和物资储备局(由国家发展和改革委员会管理)、国家文物局(由文化和旅游部管理)和国家烟草专卖局(由工业和信息化部管理)等。

(五)人民政府的派出机关

人民政府的派出机关是行政公署、区公所和街道办事处。它们分别由省、自治区人民政府,县、自治县人民政府和市辖区、不设区的市人民政府依照法定程序设置。《地方各级人民代表大会和地方各级人民政府组织法》第85条规定:"省、自治区的人民政府在必要的时候,经国务院批准,可以设立若干派出机关。县、自治县的人民政府在必要的时候,经省、自治区、直辖市的人民政府批准,可以设立若干区公所,作为它的派出机关。市辖区、不设区的市的人民政府,经上一级人民政府批准,可以设立若干街道办事处,作为它的派出机关。"随着经济与社会的发展,行政公署、区公所越来越少,目前基本上分布在人口稀少但区域广大的新疆、内蒙古和西藏等自治区。

县级以上人民政府可以根据需要设置若干办事机构和议事协调机构。《国务院组织法》第13条规定:"国务院可以根据工作需要和优化协同高效精简的原则,按照规定程序设立若干直属机构主管各项专门业务,设立若干办事机构协助总理办理专门事项。每个机构设负责人二至五人,由国务院任免。"如国务院研究室。根据《地方各级人民政府机构设置和编制管理条例》第11条第1款规定:"地方各级人民政府设立议事协调机构,应当严格控制;可以交由现有机构承担职能的或者由现有机构进行协调可以解决问题的,不另设立议事协调机构。"如爱国卫生运动委员会、绿化委员会等。

三、行政机关的内部组织

(一)行政机构的类别

行政机构即行政机关内部相对独立的组织体,如司、处、科、股、室、办、队等。[15] 有的行

---

[14] 《企业国有资产监督管理暂行条例》第6条第1款规定:"国务院,省、自治区、直辖市人民政府,设区的市、自治州级人民政府,分别设立国有资产监督管理机构。国有资产监督管理机构根据授权,依法履行出资人职责,依法对企业国有资产进行监督管理。"

[15] 《公安机关组织管理条例》第7条第2款规定:"执法勤务机构实行队建制,称为总队、支队、大队、中队。"

政机构也对外挂牌,但并不表明它是"行政机关",如"监察大队""办证中心"等。行政机关设置行政机构,必须遵守合法、效率、精简、便民原则,不得因人设机构。中共中央办公厅发布的《"三定"规定制定和实施办法》是规范行政机构设置的规范性文件。行政机关内部组织及其活动,有时会直接影响到行政机关对外作出行政行为的合法性,如行政相对人就行政机关是否具有某一法定职责的争议,在行政诉讼中法院引用的判断依据往往是行政机关一方提供的"三定"方案。所以,根据《"三定"规定制定和实施办法》制定的行政机关"三定"方案也是现代行政法应当研究的内容。

(二) 行政机构的职位

职位是根据管理行政事务需要设置的工作岗位。一个行政机构必须确定一个科学、合理的职位、职级体系。如一个县公安局的法制科,可设科长职位一个,副科长职位、科员职位若干个。这里的"若干"是多少,可以视该县公安局法制工作量大小而确定。职位、职级涉及公共财政支出,所以职位、职级的设置必须体现合法、效率、精简、便民原则。

(三) 行政机构的活动原则

基于行政事务管理统一性的要求,行政机构必须严格依照层级制运行。为此,所有行政机构负责人对本机关行政首长负责,行政机构内所有成员对行政机构负责人负责。除法律、法规和规章授权外,行政机构不得独立对外行使行政职权。

(四) 派出机构

有时,行政机关因行政管理需要,将所属的行政机构分设到若干区域,行使该行政机关的一部分行政职权。这种行政机构称为派出机构。如《工商行政管理所条例》第2条规定:"工商所是区、县(含县级市,下同)工商行政管理局(以下简称区、县工商局)的派出机构。工商所的人员编制、经费开支、干部管理和业务工作等由区、县工商局直接领导和管理。"[16]在改革开放之后,各地政府为区域经济发展而设置的各种"开发区管理委员会",也可以确定为本级人民政府的派出机构。

四、行政机关的外部关系

(一) 领导关系

领导关系存在于行政机关的上下级之间和一级人民政府与其所属的行政机关之间。为了确保政府整体性、行政一体化,领导关系是行政机关之间的外部基本关系。《宪法》规定,国务院"统一领导全国地方各级国家行政机关的工作"[17];"县级以上的地方各级人民政府领导所属各工作部门和下级人民政府的工作"[18]。基于行政管理的特殊需要,某些行政机关实行垂直领导,如海关、金融、外汇管理等。行政机关之间的领导关系不同于法院上下级之间的监督关系,因为在后者关系中,上一级法院不能对下一级法院作出命令,只能在诉讼程序中对下一级法院的审判活动进行监督。

---

[16] 2018年国家工商行政管理总局改为国家市场监督管理总局,工商行政管理所改为市场监督管理所,虽然名称不同,但《工商行政管理所条例》仍是设立市场监督管理所的法律依据。类似的有关派出机构的法律还有如《中国人民银行法》第13条规定:"中国人民银行根据履行职责的需要设立分支机构,作为中国人民银行的派出机构。中国人民银行对分支机构实行统一领导和管理。中国人民银行的分支机构根据中国人民银行的授权,维护本辖区的金融稳定,承办有关业务。"

[17] 《宪法》第89条第4项前半句。

[18] 《宪法》第108条前半句。

(二)指导关系

指导关系存在于人民政府所属的工作部门上下级之间的业务关系之中。如《地方各级人民代表大会和地方各级人民政府组织法》第 83 条第 1 款规定:"省、自治区、直辖市的人民政府的各工作部门受人民政府统一领导,并且依照法律或者行政法规的规定受国务院主管部门的业务指导或者领导。"省级人民政府的工作部门上承中央人民政府各部门,下接地方市、县,接受国务院主管部门的"业务指导"。这种业务指导有助于行政一体化。

(三)监督关系

除了行政诉讼等外部监督机制外,在行政系统内部,也设置若干承担监督职能的行政机关,依法行使监督其他行政机关的法定职责,如审计机关。虽然行政复议有行政救济的功能,但是它和被申请行政机关之间也构成了一种监督关系。[19] 除此之外,因备案具有报备待查的功能,所以行政机关之间的备案关系也是监督关系之一。[20] 行政机关之间的监督关系是为了保证政令畅通,所以,它具有整合行政机关之间行政一体性的功能。

(四)合作关系

一个行政机关作出的行政决定,具有拘束其他行政机关的法效果,这种拘束法效果是确保行政一体性的制度基础。一个行政机关必须在法定权限范围内行使职权,不得逾越其他行政机关的权限,以确保行政机关之间的适度分权。基于有效履行行政管理职责的需要,行政机关之间应当依法合作,才能有效完成行政任务。这种合作关系主要有:

1. 征求意见。即一个行政机关在作出行政决定之前,依法需要征求另一个行政机关的意见。如《取水许可管理办法》第 19 条规定:"取水审批机关在审查取水申请过程中,需要征求取水口所在地有关地方人民政府水行政主管部门或者流域管理机构意见的,被征求意见的地方人民政府水行政主管部门或者流域管理机构应当自收到征求意见材料之日起 10 个工作日内提出书面意见并转送取水审批机关。"征求意见是因为行政决定的事项与其他行政机关管理事项有关,通过征求意见可以使行政机关作出决定时考虑更为周全。

2. 事务协助。即一个行政机关在法定管辖事务之内协助另一个行政机关履行行政管理职责。如《食品安全法》第 121 条第 3 款规定:"公安机关商请食品安全监督管理、生态环境等部门提供检验结论、认定意见以及对涉案物品进行无害化处理等协助的,有关部门应当及时提供,予以协助。"有时,行政机关履行行政管理职责涉及其他行政机关的职权领域,因职权法定原则使得本行政机关无法独立完成法定职责,对此,可以依法请求其他行政机关协助,被请求协助的行政机关无法定理由不得拒绝协助。

3. 信息通报。即一个行政机关在行政管理过程中所获得的信息,依法应当告知相关的行政机关或者行政机关之间就某项信息互相通报。前者如《港口法》第 34 条规定:"船舶进出港口,应当依照有关水上交通安全的法律、行政法规的规定向海事管理机构报告。海事管理机构接到报告后,应当及时通报港口行政管理部门。"后者如《突发事件应急预案管理办法》第 13 条规定:"相邻或相关地方人民政府及其有关部门可以联合制定应对区域性、流域性突发事件的联合应急预案,侧重明确地方人民政府及其部门间信息通报、组织指挥体系对接、处置

---

[19] 《行政复议法》第 1 条规定:"为了防止和纠正违法的或者不当的行政行为,保护公民、法人和其他组织的合法权益,监督和保障行政机关依法行使职权,发挥行政复议化解行政争议的主渠道作用,推进法治政府建设,根据宪法,制定本法。"

[20] 《食品安全法》第 102 条第 2 款规定:"县级以上地方人民政府应当根据有关法律、法规的规定和上级人民政府的食品安全事故应急预案以及本行政区域的实际情况,制定本行政区域的食品安全事故应急预案,并报上一级人民政府备案。"

措施衔接、应急资源保障等内容。"行政机关无论是作出行政决策还是行政决定,都需要有足够的信息为基础。信息通报可以使得行政决策更为科学,行政决定更为可行。

(五)委托关系

为了降低行政成本,便利于行政职权行使,行政机关依法将部分行政职权委托给非行政机关的组织或者个人行使。前者如《行政处罚法》第20条第1款规定:"行政机关依照法律、法规、规章的规定,可以在其法定权限内书面委托符合本法第二十一条规定条件的组织实施行政处罚。行政机关不得委托其他组织或者个人实施行政处罚。"后者如《测量标志保护条例》第12条第2款规定:"设置永久性测量标志的部门应当将永久性测量标志委托测量标志设置地的有关单位或者人员负责保管,签订测量标志委托保管书,明确委托方和被委托方的权利和义务,并由委托方将委托保管书抄送乡级人民政府和县级以上地方人民政府管理测绘工作的部门备案。"法律、法规和规章有特别规定时,行政机关也可以委托其他行政机关行使行政职权。如《行政许可法》第24条第1款规定:"行政机关在其法定职权范围内,依照法律、法规、规章的规定,可以委托其他行政机关实施行政许可。委托机关应当将受委托行政机关和受委托实施行政许可的内容予以公告。"

在特殊情况下,行政相对人与行政机关之间也可以构成一种临时性的行政委托关系。如在张某不服内蒙古自治区通辽市公安局道路交通行政处理案中,唐某东因驾驶无号牌货车被被告的执勤民警当场扣押后,被指令将车开到交通支队停车场。在途中,唐某东将原告张某撞伤。因车被扣押之后唐某东被指令继续开车,此时唐某东开车行为实质上是受被告委托实施的行政行为,由此引起张某被撞伤的法律责任应当由被告承担。[21]

受委托的组织或者个人应当以委托的行政机关名义行使所委托的职权,委托的行政机关要为其法律后果承担法律责任。[22] 受委托组织或个人在委托权限之外实施的行为,由其自己承担法律责任。为了确保委托行政的合法性,遵循节约成本、便民服务等原则,行政机关委托他人行使行政职权应当具有法定依据,并将委托事项向社会公告。

五、具有行政机关法律地位的组织

(一)法定授权的界定

法律、法规或者规章直接规定一个非行政机关的组织依法具有行政机关的法律地位,行使法律、法规或者规章规定的行政职权。这一法定授权的法效果是直接产生了一个具有行政机关法律地位的组织,它和行政机关一样有独立行政职权,且能够以自己的名义行使法律、法规或者规章规定的行政职权。在行政关系上,它隶属于一个行政机关,受其领导。如获得法律授权的省级公路管理局是从属于省交通运输厅(局)的一个具有管理公共事务职能的事业单位,在法定授权范围内对全省公路行使行政管理职权。[23] 以下两种情形,不产生法定授权的法效果。

1. 行政规定授权。在行政法上,只有法律、法规或者规章才能授予非行政机关行政职权。行政规定"授权"可以视为行政委托。如广东省质量技术监督局颁布的《关于省级授权产品

---

[21] 参见最高人民法院行政审判庭编:《中国行政审判案例》(第4卷)第125号案例,中国法制出版社2013年版,第21页以下。

[22] 《行政处罚法》第20条第3款规定:"委托行政机关对受委托组织实施行政处罚的行为应当负责监督,并对该行为的后果承担法律责任。"

[23] 《公路法》第8条第4款规定:"县级以上地方人民政府交通主管部门可以决定由公路管理机构依照本法规定行使公路行政管理职责。"

质量监督检验机构规划与能力建设的管理办法》(粤质监〔2010〕138号)第2条规定:"本办法所称省级授权质检机构,是指由具有独立法人资格的组织(以下称该组织为承建单位)承建并由该组织承担相关法律责任,经广东省质量技术监督局(以下简称省局)授权承担广东省范围内的某类产品质量监督检验任务,或者某类产品的某类项目监督检验任务,具有第三方公正地位的检验机构。"虽然这里用了"授权"一词,但在法效果上应当是委托关系。

2. 行政职权变动。一种允许行政机关将某一行政职权转移给另一行政机关的法律、法规或者规章的规定,性质上属于行政机关之间的行政职权变动,不属于"法定授权"。在立法中,主要有如下几种情形:(1)授权。如《动物防疫法》第36条规定:"国务院农业农村主管部门向社会及时公布全国动物疫情,也可以根据需要授权省、自治区、直辖市人民政府农业农村主管部门公布本行政区域的动物疫情。其他单位和个人不得发布动物疫情。"(2)交由。如《行政处罚法》第24条第1款规定:"省、自治区、直辖市根据当地实际情况,可以决定将基层管理迫切需要的县级人民政府部门的行政处罚权交由能够有效承接的乡镇人民政府、街道办事处行使,并定期组织评估。决定应当公布。"(3)确定。如《国有土地上房屋征收与补偿条例》第4条第2款规定:"市、县级人民政府确定的房屋征收部门(以下称房屋征收部门)组织实施本行政区域的房屋征收与补偿工作。"(4)下放。如《优化营商环境条例》第40条第3款规定:"对实行行政许可管理的事项,行政机关应当通过整合实施、下放审批层级等多种方式,优化审批服务,提高审批效率,减轻市场主体负担。符合相关条件和要求的,可以按照有关规定采取告知承诺的方式办理。"(5)指定。如《浙江省土地管理条例》第43条第1款规定:"拟被征收土地的所有权人、使用权人应当在征地补偿安置公告载明的期限内,持不动产权属证明材料向设区的市、县(市、区)人民政府指定的部门、机构或者乡镇人民政府、街道办事处办理补偿登记。"上述情形都是两个行政机关之间的行政职权变动,由接受行政职权的行政机关独立行使相关的行政职权,并承担相应的法律责任。

(二)被授权组织类型

1. 行政机构。行政机构是行政机关的内部组织,本无行政机关的法律地位,不能对外行使行政职权。但是,当它获得法律、法规或者规章授权之后,则具有了与行政机关一样的法律地位,如《税收征收管理法》第14条规定:"本法所称税务机关是指各级税务局、税务分局、税务所和按照国务院规定设立的并向社会公告的税务机构。"根据这一规定,"按照国务院规定设立的并向社会公告的税务机构"与税务局一样有了行政机关的法律地位。

2. 社会组织。社会组织分为事业单位和社会团体,它们分别由《事业单位登记管理暂行条例》《社会团体登记管理条例》加以规范。社会组织是非国家机构体系内的组织体,它们依照法定程序成立,具有特定的活动宗旨。经法律、法规或者规章授权后,它们可以行使相关的行政职权。如《学位法》第5条规定:"经审批取得相应学科、专业学位授予资格的高等学校、科学研究机构为学位授予单位,其授予学位的学科、专业为学位授予点。学位授予单位可以依照本法规定授予相应学位。"根据这一规定,高等学校授予学生学位证书时,它具有行政机关的法律地位。律师协会也是被授权组织,如在张某秀诉温州市律师协会案中,法院认为:

《行政诉讼法》第2条规定:"公民、法人或者其他组织认为行政机关和行政机关工作人员的行政行为侵犯其合法权益,有权依照本法向人民法院提起诉讼。前款所称行政行为,包括法律、法规、规章授权的组织作出的行政行为。"《律师法》第43条第1款规定,律师协会是社会团体法人,是律师的自律性组织。该法第46条第1款第5项规定,律师协会应当履行"组织管理申请律师执业人员的实习活动,对实习人员进行考核"的职责。可见,律师协会不仅是律师的自律性组织,其依据上述法律规定行使"组织管理申请律师执业人员的实习活动,对实习人员进行考核"的职权时,则属于法律授权的组织。这有别于律师协会行使其章程规定授予的自律性管理职权的情形。本案中,被上诉人温州市律师协会正是基于《律师法》第46条第1款第5项的规定,才作出关于撤销张某秀实习登记、实习考核合格意见的决定》(温律协〔2015〕2号),符合《行政诉讼法》第2条规定,属于法律授权的组织作出的行政行为。[24]

另外,如残疾人联合会[25]等在性质上都是事业单位,但它们依照相关法律、法规或者规章授权,可以行使相关领域中的行政职权。

3. 企业。企业是民商事法上的法律主体,经工商登记后依法成立,独立承担民事责任。有时,经法律、法规或者规章授权,它们具有与行政机关一样的法律地位。如《城市供水条例》第32条第1款规定:"禁止擅自将自建设施供水管网系统与城市公共供水管网系统连接;因特殊情况确需连接的,必须经城市自来水供水企业同意,并在管道连接处采取必要的防护措施。"在这里,城市自来水供水企业的"同意权"是一项行政职权。又如,《中国人民银行货币鉴别及假币收缴、鉴定管理办法》第14条规定:"金融机构在办理存取款、货币兑换等业务时发现假币的,应当予以收缴。"在这里,金融机构是企业,规章授予其收缴假币的行政职权。故该办法第20条规定:"被收缴人对收缴单位作出的有关收缴具体行政行为有异议,可以在收到《假币收缴凭证》之日起60日内向直接监管该金融机构的中国人民银行分支机构申请行政复议,或者依法提起行政诉讼。"

4. 基层群众性自治组织。村民委员会和居民委员会是法律规定的基层群众性自治组织,它们在法律规定的范围内自我管理、自我教育、自我服务。有时,法律、法规或者规章根据需要可以授予它们行使部分行政职权。《土地管理法实施条例》第34条第1款规定:"农村村民申请宅基地的,应当以户为单位向农村集体经济组织提出申请;没有设立农村集体经济组织的,应当向所在的村民小组或者村民委员会提出申请。宅基地申请依法经农村村民集体讨论通过并在本集体范围内公示后,报乡(镇)人民政府审核批准。"在实务中,如在陈某飞诉宁波市鄞州区横溪镇梅岭村村民委员会不履行建房用地上报法定职责案中,法院认定"横溪镇梅岭村村民委员会"是法律、法规授权组织,具有该案被告资格。[26]

(三)特别情形:拟制组织

在特别情况下,机长、船长等职位作为一种拟制组织在法律、法规或者规章授权下可以行使行政职权。如《民用航空法》第46条规定:"飞行中,对于任何破坏民用航空器、扰乱民用航空器内秩序、危害民用航空器所载人员或者财产安全以及其他危及飞行安全的行为,在保证安全的前提下,机长有权采取必要的适当措施。飞行中,遇到特殊情况时,为保证民用航空器及其所载人员的安全,机长有权对民用航空器作出处置。"又如,《海商法》第36条规定:"为保障在船人员和船舶的安全,船长有权对在船上进行违法、犯罪活动的人采取禁闭或者其他必要措施,并防止其隐匿、毁灭、伪造证据。船长采取前款措施,应当制作案情报告书,由船长和两名以上在船人员签字,连同人犯送交有关当局处理。"在这里,"适当措施""必要措施"都是法律授予机长、船长在特定的时空中为了维持必要秩序而行使的行政职权。此时,机长、船长等职位作为拟制组织具有行政机关的法律地位。

---

[24] 参见浙江省温州市中级人民法院行政判决书[(2015)浙温行终字第476号]。
[25] 参见吴某敏诉北京市朝阳区残疾人联合会要求报销培训学费案,载《中国行政审判案例》(第2卷)第41号案例,中国法制出版社2011年版,第5页以下。
[26] 参见浙江省宁波市中级人民法院行政判决书[(2007)甬行终字第112号]。

第三节 行政相对人

一、行政相对人及其类型

(一) 行政相对人的界定

行政相对人是在行政法律关系中相对于行政机关另一方的公民、法人或者其他组织。行政相对人原本是一个学理概念，2014 年《行政诉讼法》将其作为法律概念指代"公民、法人或者其他组织"。该法第 25 条第 1 款规定："行政行为的相对人以及其他与行政行为有利害关系的公民、法人或者其他组织，有权提起诉讼。"在立法上，关于行政相对人的概念表述并没有统一，有时用"公民、法人和其他组织"，如《政府信息公开条例》第 25 条第 1 款规定："各级人民政府应当在国家档案馆、公共图书馆、政务服务场所设置政府信息查阅场所，并配备相应的设施、设备，为公民、法人和其他组织获取政府信息提供便利。"有时使用"单位、个人"或者"任何人"，如《消防法》第 54 条规定："消防救援机构在消防监督检查中发现火灾隐患的，应当通知有关单位或者个人立即采取措施消除隐患；不及时消除隐患可能严重威胁公共安全的，消防救援机构应当依照规定对危险部位或者场所采取临时查封措施。"除此之外，"企业""事业单位""社会团体""工厂""村民委员会""居民委员会"等也经常在立法上被用来指称行政相对人。物是否可以作为"行政相对人"，如"船舶""海上设施"，学理上并没有统一的共识。《海上交通安全法》第 29 条规定："海事管理机构应当及时向船舶、海上设施播发海上交通安全信息。船舶、海上设施在定线区、交通管制区或者通航船舶密集的区域航行、停泊、作业时，海事管理机构应当根据其请求提供相应的安全信息服务。"在法律上，"船舶""海上设施"是物，但在该条中它们能否作拟制的"其他组织"，值得研究。

从"国家尊重和保障人权"的宪法条款中，我们可以推导出行政相对人具有独立于国家的法律地位。这种法律地位具有限制、促进行政机关依法行使行政职权的功能。若行政相对人没有这样的一种国家承认的独立法律地位，他就可能沦为行政权任意支配的客体。"国家尊重(干预防御权)和保障(给付请求权)人权"在一定程度上可以看作行政权影响行政相对人合法权益的一条不可跌破的底线，而不仅是为了阻却行政机关违法作出行政行为。现代行政法的基本立场应当是：行政相对人在法律框架内的权利，必须获得行政机关的充分尊重与保障；而对于行政相对人越出法律框架的行为，应赋予行政机关有足够的强制干预权。

行政相对人是行政法上的主体，不是行政法上的客体。这种(公法上)法律地位使行政相对人获得了行政法上的请求权，即依法请求行政机关作为或者不作为，也使其与行政机关之间展开合作行政有了必要性和可能性。现代行政法必须发展出一套行政合作的对话机制，并使之融入现代行政结构之中。现代行政法必须弱化行政机关与行政相对人之间的对立关系，并使之具有"伙伴关系"的法律精神。对于行政相对人而言，行政法除了关注其在干预行政下的服从行为，在给付行政下的受益行为外，还需要关注行政机关通过合作方式，行政相对人自愿实施的行为以及其他行为。行政相对人在行政法上的多元化行为，增加了行政法律制度的多元性，也为行政法创造不同的规制技术与方法提供了依据与理由。

(二) 行政相对人的类型

在行政法律关系中，基于公民、法人或者其他组织不同的法律地位，行政法律关系可以区分为两面关系和三面关系,行政相对人相应地分为行政对象人和行政相关人。

1. 两面关系中的行政对象人

即由行政机关和行政对象人构成的行政法律关系。行政对象人是指行政行为直接指向的公民、法人或者其他组织。在行政程序中,行政对象人通常表述为"当事人"。如《行政处罚法》第61条第1款规定:"行政处罚决定书应当在宣告后当场交付当事人;当事人不在场的,行政机关应当在七日内依照《中华人民共和国民事诉讼法》的有关规定,将行政处罚决定书送达当事人。"有时,法律并不明确规定行政对象人,但通过行政法律关系是可以确定行政对象人。如在一幢古宅被行政机关确定为文物保护单位的行政法律关系中,形式上行政机关作出的行政行为指向该古宅,但实质上该古宅的所有人、使用人或者管理人是行政对象人。行政机关和行政对象人之间的两面关系如图5-2所示。

行政机关──→行政对象人

图5-2 两面关系中的行政对象人

2. 三面关系中的行政相关人

即由行政机关和行政对象人、行政相关人构成的行政法律关系。行政相关人是与行政行为有利害关系的公民、法人或者其他组织。在行政程序中,行政相关人通常表述为"利害关系人"。在已有行政对象人的行政法律关系中,有时,行政行为除了影响行政对象人外,它还会波及其他的公民、法人或者其他组织,这种具有第三人法律地位的公民、法人或者其他组织,即为行政相关人。如《行政许可法》第36条规定:"行政机关对行政许可申请进行审查时,发现行政许可事项直接关系他人重大利益的,应当告知该利害关系人。申请人、利害关系人有权进行陈述和申辩。行政机关应当听取申请人、利害关系人的意见。"确定行政相关人的难题在于,如何判定其与行政行为之间的利益"相关性"或者"利害关系"。行政机关和行政对象人、行政相关人之间的三面关系如图5-3所示。

行政机关──→行政对象人
　　　　　 ↘行政相关人

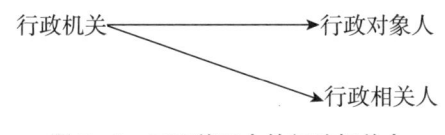

图5-3 三面关系中的行政相关人

二、行政相对人的法律地位

行政相对人的法律地位是其法定权利和义务的总称。它是基于抵挡行政权侵害或者请求行政机关作为或者不作为而为宪法、法律确认的权利主体。虽然"抵挡"之说可能不符合我们的传统政治文化观念,但是,它却是法治国家题中应有之义。在现代行政法上,行政相对人与行政机关之间不应仅仅只是"命令—服从"的从属关系,还应当有平等、合作的法律关系。当然,这种平等关系不是建立在私法意义上"意思自治"的法律关系,而是一种平等关系中"不对称"的权利义务关系。以这样的视角来看待行政相对人的法律地位,与现代行政法的基本功能——控制行政权——大致相当。中国社会具有"集体""家族"等团体性的组织观念,个人主体意识相对薄弱甚至空白,所以,个人向行政机关主张自己的权利时,有时往往会被行政机关、所在单位、周边的人视为"异端"。这种观念至今仍然有相当的社会基础,并且已经影响到了法律层面上权利保护机制的生成与发展。因此,现代行政法需要进一步提升行政相对人的法律地位,确立行政相对人在行政法上的主体地位。

(一) 行政相对人的权利

权利是由法直接规定,并为法所保护并加以实现的。一种权利之所以可被称为"权利",是因为权利主体在权利不能实现时,可以请求国家助他实现。所以,权利的核心功能在于它是一种由法加以确保的意志力,可以支配国家权力的行使、不行使以及如何行使。基本权利由宪法加以规定,法律、法规或者规章对之加以具体化。此外,法律、法规或者规章也会规定一些非基本权利,扩展权利谱系。有时,判例也可以确认行政相对人新的权利,但基本权利总是这整个权利谱系的核心。

行政相对人的权利源于法律、法规或者规章的权利性规定,若法律、法规或者规章为了保护公共利益而作出行政机关应当作为或者不作为的规定,一般不能成为行政相对人主张权利的法规范基础。当然,有时也存在兼顾保护公、私利益的法规范,这种兼顾性法规范也可以成为行政相对人主张权利的法依据。有时,法规范保护公共利益并不当然排斥私人利益,公、私利益在行政法上并不是一种"你死我活"的对峙,而是一种互相依存、互相促进的关系。行政相对人的权利具有防御、请求功能,权利与行政权的关系,在现代行政法上构成了一个基础性关系,它具有拱顶石的功能;所有行政法上的制度都衍生于这一基础性关系,并框定这个基础性关系的互动边界。行政相对人的权利能否实现,需要借助于法创设的各种制度。在行政法上,行政复议、行政诉讼和国家赔偿是实现权利的保障性基本制度。所谓"有权利,必有救济"的意思大致如此。

传统行政法中的干预行政所面向的是行政相对人的自由权。这种干预性行政行为在现代行政法上仍然占有重要地位,不可或缺。与此同时,现代行政法发展出给付行政,它所面向的是行政相对人的社会权。现代行政法的基本框架是在行政行为这一"二元构造"之下展开的。在现代行政法上,行政相对人权利的基础性分类是自由权和社会权。无论是自由权还是社会权,从"国家尊重和保障人权"的宪法条款中,我们可以在逻辑上导出权利的两种基本功能:消极权利和积极权利。把这两种权利置于权利的基础性分类中,可以获得如下一个行政相对人的权利分析框架(见表5-1)。

表5-1　行政相对人的权利分析

行政行为	权利类型	例证	消极面向	积极面向
干预行政	自由权	人身权 财产权	尊重:如不禁止农民进城务工、居住	保障:如排除自由的妨碍
给付行政	社会权	受教育权 物质帮助权	尊重:如不强制受教育的内容	保障:提供资金、物资与相应设施

基于这一权利分析框架,行政相对人在行政法上的权利是由部门行政法加以具体化的,而部门行政法上的每一项具体权利都可以在这一分析框架中加以解释。为了行政相对人实现行政法上的权利,国家有义务建立一套完整的制度性法律保障体系,为行政相对人提供有实效性的、无漏洞的权利保障。

唯一需要注意的是,在行政法上,因为行政法律关系不具有民事法律关系的对等性,行政机关的职责并非当然对应于行政相对人的权利,行政机关的部分职责并非为了特定行政相对人实现权利,而是为了满足不特定公众利益的需求,如整顿交通秩序、打击假冒伪劣产品等。行政相对人如因行政机关整顿交通秩序所获得通行便利的利益,不是权利,而是一种

"反射利益"。[27]

另外,行政机关提供基本公共服务是受到公共财政限制的,因此,行政机关能否提供、何时提供以及提供多少,取决于公共财政的支付能力。如《居住证暂行条例》第12条规定:"居住证持有人在居住地依法享受劳动就业,参加社会保险,缴存、提取和使用住房公积金的权利。县级以上人民政府及其有关部门应当为居住证持有人提供下列基本公共服务:(一)义务教育;(二)基本公共就业服务;(三)基本公共卫生服务和计划生育服务;(四)公共文化体育服务;(五)法律援助和其他法律服务;(六)国家规定的其他基本公共服务。"在这一规定中,居住证持有人有"依法享受劳动就业,参加社会保险,缴存、提取和使用住房公积金"三项法定权利,相应地,行政机关有保障其实现的职责。但是对于以上六项基本公共服务,居住证持有人并不具有请求权。

(二)行政相对人的义务

行政相对人服从行政权,并不意味着行政权可以随意支配他的活动。基于权利义务相一致的原则,行政相对人在行政法律关系中必须履行与其权利相适应的义务,行政机关科以行政相对人义务时也必须遵守这一原则。有的行政相对人义务如接受人身自由的限制,还需要有法律的依据。[28] 所谓行政相对人在行政法上的义务,从性质上我们可以解释为协助行政机关实现行政任务的一种负担。这种负担可以分为:

1. 容忍。对行政行为所产生的不利影响,行政相对人负有不抗拒、不阻止的义务。如在龚某甦等诉深圳市宝安区环保局不履行法定职责纠纷案中,法院确认:

> 为解决该工地噪声扰民问题,今年1月22日被告会同区建设局召集开发商和施工单位的协商会议,制订了解决办法,明令施工单位应严格按照环保局依法规定的施工时间组织施工,如不遵守将依法严处。经过协调会后至本案庭审期间,该工地的噪声已降至原告及附近居民可以容忍的程度。[29]

该案中,法院认为,即使被告要求施工单位在法定时间内施工,也会对原告产生噪声影响,但是,被告在客观上不可能要求施工单位消除发出的施工噪声。因经被告监管下的施工噪声已经在原告可以容忍的程度之内,属于原告应当履行的义务,故法院驳回原告的诉讼请求。另外,如警察在执行公务中警车发出的警笛声,正在休息中行政相对人必须容忍;容许在自己合法拥有的房屋地下规划建设地铁,并忍受施工时可能发出的震动声等。法律规定行政相对人的容忍义务,应当符合比例原则。若行政相对人承受容忍的义务超过限度使得合法权益受到损失,则有向许可他人行为的行政机关请求财产补偿;如果行政相对人对行政行为的不利影响没有法定容忍义务,那么行政相对人就有排除这些"妨碍"的请求权。

2. 作为。即要求行政相对人以作为的方式履行义务,如依法服兵役、缴纳税费、协助行政机关调查等。有时,法律还明确规定了行政相对人具体履行义务的方式。如《公共场所卫生管理条例》第7条前一句规定:"公共场所直接为顾客服务的人员,持有'健康合格证'方能从事本职工作。"行政相对人不依照法定方式履行义务,就构成行政违法,依法应当承担相关的法律责任。

3. 不作为。即要求行政相对人在某种情况下以不作为的方式履行义务,如不在禁放地点

---

[27] 反射利益,是指法律基于保护公共利益或者不特定多数人利益的目的,要求行政机关作为或不作为,个人因此在事实上所享受到的利益。他所享受的这种利益实际上只是一种事实上的期待与机会,所以,法律未赋予他有对行政机关这种作为或者不作为在公法上的请求权。

[28] 参见《立法法》第11条第5项。

[29] 广东省深圳市宝安区人民法院行政判决书[(2002)深宝法行初字第31号]。

燃放烟花爆竹,不得将房屋出租给他人用于违法犯罪活动等。与"容忍"不同的是,前者是放弃作为,后者则是不采取行动,两者构成要件差异明显。

第四节 国家公务员

一、国家公务员及其任职条件

(一)国家公务员的概念

国家公务员是依法履行公职、纳入国家行政编制、由国家财政负担工资福利的工作人员。[30] 行政法上的国家公务员是依法履行行政法上公职、纳入国家行政编制、由国家财政负担工资福利待遇的行政机关工作人员。在《行政诉讼法》等若干法律、法规中使用的"行政机关工作人员",[31] 因为它在范围上还包括事业编制但又有行政执法身份的工作人员,所以,它在内涵上并不等同于《公务员法》上的"公务员"。规范国家公务员制度的基本法律是《公务员法》。国家公务员可以分为以下几类:

1. 依照是否适用《公务员法》规定,国家公务员分为行政机关公务员、非行政机关公务员(如法官、检察官、监察官等)和参照公务员管理的人员。法官、检察官和监察官还分别适用《法官法》《检察官法》《监察官法》,这三部法律是《公务员法》的特别法。参照公务员管理的人员不具有公务员的法律身份,但是,他们在履行公共事务管理职责过程中具有公务员的法律地位,[32] 如综合行政执法机关中属于事业编制的行政执法人员。

2. 依照是否具有领导职务,国家公务员分为领导职务的公务员和非领导职务的公务员。有组织、决策和指挥等职能的公务员,即领导职务的公务员,反之,则为非领导职务的公务员。如行政机关中部长、厅长、局长等是领导职务的公务员,而巡视员、调研员等则是非领导职务的公务员。这种分类有利于减少领导职数,解决部分年资与待遇不对等的公务员福利待遇问题。

2. 依照公务员职位的性质不同,国家公务员分为综合管理类公务员、专业技术类公务员和行政执法类公务员。综合管理类公务员所从事的事务具有综合性,如在行政机关办公室等从事行政管理的公务员。专业技术类的公务员以某一方面的专业技术从事行政管理,如公安机关中的法医、计算机操作员等。行政执法类的公务员是从事行政执法、监管事务的公务员,如税务机关的稽查人员等。

4. 依照公务员产生的条件不同,国家公务员分为选任制公务员、委任制公务员和聘任制公务员。依照法定程序选举而当选的、具有法定任期的公务员,为选任制公务员,如省长、市长、县长等。通过公务员管理权限而任命的公务员,为委任制公务员,如公安机关中的法制支队长等。以合同的方式任用的公务员,为聘任制公务员,如金融、财会、法律、信息等专业人才以及文秘、数据输入、文字处理等辅助人员。

---

[30] 参见《公务员法》第2条。
[31] 如《行政诉讼法》第2条第1款规定:"公民、法人或者其他组织认为行政机关和行政机关工作人员的行政行为侵犯其合法权益,有权依照本法向人民法院提起诉讼。"
[32] 《公务员法》第112条规定:"法律、法规授权的具有公共事务管理职能的事业单位中除工勤人员以外的工作人员,经批准参照本法进行管理。"

(二) 国家公务员任职条件

并非任何人都可以担任国家公务员。法律规定国家公务员的任职条件,旨在通过组建具有较高素质的国家公务员团队,为依法行政提供人的保障。[33]

依照《公务员法》的规定,国家公务员的任职条件是:(1)具有中华人民共和国国籍。担任国家公务员是公民一项公法上的政治权利,因此,只有中国公民才有资格担任国家公务员。(2)年满18周岁。此条件与《宪法》第34条的规定一致。[34] (3)拥护中华人民共和国宪法,拥护中国共产党领导和社会主义制度。宪法是"国家的根本法,具有最高的法律效力"。作为代表国家行使行政职权的国家公务员,首先必须接受宪法的约束,在宪法规定的范围内行使行政职权。拥护宪法包含了"拥护中国共产党领导和社会主义制度"内容。(4)具有良好的政治素质和道德品行。这一条件的认定方法,在现行制度上主要有"政审""考察"等,它主要侧重于思想、道德方面的评价,具有较强的主观性。(5)具有正常履行职责的身体条件和心理素质。"正常履行职责"的认定,实务中主要采用医学上的体检标准。在国家公务员录取过程中,因这个条件的认定已经引发了多起行政诉讼案件。如蒋某诉中国人民银行成都分行录用行员要求身高条件案、[35]张某著诉安徽省芜湖市人事局录用公务员拒绝乙肝病毒携带者案等[36]判断公民"具有正常履行职责的身体条件"涉及其政治权利的保障问题,在医学上给出的标准必须科学、严谨。"心理素质"是一个人整体素质的重要组成部分,它与个人能力之间具有密切关系。强调"心理素质"对于优化国家公务员履行能力具有十分重要的意义。(6)具有符合职位要求的文化程度和工作能力。判断"文化程度"较为客观的且能为一般人所接受的标准是学历文凭。虽然它与"工作能力"之间没有必然关系,但是,除非有特殊情形,用它来评价"工作能力"可能是引起争议最少的标准。文化程度和工作能力之间不对应关系,要求录用国家公务员时需要全面考察,不可唯学历文凭为上。(7)法律规定的其他条件。这里的"法律"应作狭义解释,即全国人大及其常委会制定的规范性文件,只有法律才能增加国家公务员的任职条件。[37] 实务中招录国家公务员设置性别、户籍甚至毕业学校、地区等限制性条件,这一做法往往引起合法性争议。

---

[33] 德国的"联邦宪法法院在一个判决中,特别强调了行政人员的效率,对职业公务员的作用作了如下描述:'职业公务员队伍是根据专业知识、专业能力和职业忠诚建立起来的制度,应当成为公共行政稳定的保障者,成为一个相对于塑造国家生活的政治力量的平衡因素。'"参见[德]汉斯·J.沃尔夫、[德]奥托·巴霍夫、[德]罗尔夫·施托贝尔:《行政法》(第1卷),高家伟译,商务印书馆2002年版,第45页。

[34] 《宪法》第34条规定:"中华人民共和国年满十八周岁的公民,不分民族、种族、性别、职业、家庭出身、宗教信仰、教育程度、财产状况、居住期限,都有选举权和被选举权;但是依照法律被剥夺政治权利的人除外"。但是,有的国家公务员在年龄上还有特别要求,如《宪法》第79条第2款规定:"有选举权和被选举权的年满四十五周岁的中华人民共和国公民可以被选为中华人民共和国主席、副主席。"

[35] 参见四川省成都市武侯区人民法院行政裁定书[(2002)武侯行初字第3号]。

[36] 参见安徽省芜湖市新芜区人民法院行政判决书[(2003)新行初字第11号]。

[37] 如《法官法》第12条规定:"担任法官必须具备下列条件:(一)具有中华人民共和国国籍;(二)拥护中华人民共和国宪法,拥护中国共产党领导和社会主义制度;(三)具有良好的政治、业务素质和道德品行;(四)具有正常履行职责的身体条件;(五)具备普通高等学校法学类本科学历并获得学士以上学位;或者普通高等学校非法学类本科以上学历并获得法律硕士、法学硕士以上学位;或者普通高等学校非法学类本科以上学历,获得其他相应学位,并具有法律专业知识;(六)从事法律工作满五年。其中获得法律硕士、法学硕士学位,或者获得法学博士学位的,从事法律工作的年限可以分别放宽至四年、三年;(七)初任法官应当通过国家统一法律职业资格考试取得法律职业资格。适用前款第五项规定的学历条件确有困难的地方,经最高人民法院审核确定,在一定期限内,可以将担任法官的学历条件放宽为高等学校本科毕业。"

二、国家公务员的法律地位

(一)国家公务员义务

国家公务员的身份决定了其履行法定义务是第一位的,所以,《公务员法》首先规定了国家公务员必须履行的义务。依照《公务员法》第14条的规定,国家公务员的义务有:(1)忠于宪法,模范遵守、自觉维护宪法和法律,自觉接受中国共产党领导。国家公务员的基本职责是依法行政,因此,列此项为国家公务员的首条义务,十分妥当。(2)忠于国家,维护国家的安全、荣誉和利益。国家的安全、荣誉和利益是国家安全和社会稳定的前提,没有这个前提,人民的利益也得不到有力的保障。国家公务员在执行公务时必须恪守这一职责。(3)忠于人民,全心全意为人民服务,接受人民监督。国家公务员是人民用纳税招聘来的看家"仆人",理当全心全意为"主人"服务,并接受"主人"的监督,不可反仆为主。(4)忠于职守,勤勉尽责,服从和执行上级依法作出的决定和命令,按照规定的权限和程序履行职责,努力提高工作质量和效率。这是依法行政的进一步要求,公务员在自己的职位上,必须认真做好本职工作。为了保证行政一体性和上下级之间政令畅通,公务员必须服从和执行上级依法作出的决定和命令。[38] (5)保守国家秘密和工作秘密。国家公务员在履行职责过程中,比较容易接触到国家秘密和工作秘密。为此,公务员负有保守这些秘密的义务。(6)带头践行社会主义核心价值观,坚守法治,遵守纪律,恪守职业道德,模范遵守社会公德、家庭美德。国家公务员代表国家行使行政职权,不仅需要模范地遵守宪法和法律,而且还需要在社会公德、伦理方面给社会一个正面的导向,促进社会健康发展。(7)清正廉洁,公道正派。它要求公务员合法、正当地行使行政职权,不得以权谋私,假公济私,在道义上成为社会的楷模。(8)法律规定的其他义务。

(二)国家公务员权利

国家公务员的权利是与公务员身份相联的权利,旨在保障国家公务员依法履行行政职权。依照《公务员法》第15条的规定,国家公务员的权利有:(1)获得履行职责应当具有的工作条件。"工作条件"包括办公设施、文传通讯工具、外出交通工具等。国家有义务为其提供上述基本条件。(2)非因法定事由、非经法定程序,不被免职、降职、辞退或者处分。为了确保公务员依法履行职责,国家必须为公务员提供职位保障制度,使其尽心尽职为公众服务。这种职位保障制度的核心在于,只要公务员依法履行职责,他的职位将获得终身法律保障。(3)获得工资报酬,享受福利、保险待遇。工资、福利和待遇是国家支付或者分配给公务员个人及其家庭生活所需要的货币、实物(如住房),是公务员应当获取的劳动回报。这部分权利是否能够获得有效的保障,直接影响到公务员履行职责的积极性、有效率性。(4)参加培训。获得培训是公务员可以更好履职的一个重要条件。为此,国家设立党校、行政学院等公务员培训机构,以满足公务员培训的需要。(5)对机关工作和领导人员提出批评和建议。国家公务员在履行职责过程中可以就机关工作和领导人员存在的问题,通过合适的方式和程序提出批评和建议。(6)提出申诉和控告。对涉及自身合法权益的处理决定不服,国家公务员可以依照法定程序提出申诉与控告,有关国家机关应当公正处理。(7)申请辞职。国家公务员因主、客观原因不

---

[38] 《公务员法》第60条规定:"公务员执行公务时,认为上级的决定或者命令有错误的,可以向上级提出改正或者撤销该决定或者命令的意见;上级不改变该决定或者命令,或者要求立即执行的,公务员应当执行该决定或者命令,执行的后果由上级负责,公务员不承担责任;但是,公务员执行明显违法的决定或者命令的,应当依法承担相应的责任。"

愿意或者不能继续担任国家公务员时,可以申请辞去国家公务员职务。(8)法律规定的其他权利。

三、国家公务员的职位关系

(一)职位关系概念

职位关系是国家与国家公务员之间的基础法律关系,也是国家公务员的身份关系。职位关系是国家公务员履行职责的合法性基础,也是国家公务员享受权利承担义务的前提。

(二)职位关系形成、内容与消灭

1.职位关系的形成。国家公务员职位关系通过下列方式形成:(1)考任。即以考试方式录用国家公务员。国家公务员考试源于中国古代的科举制度,其优点是不问出身,平等参考,择优录用。考试适用于录用担任主任科员以下及其他相当职务层次的非领导职务国家公务员。(2)选任。即通过法定程序选举的国家公务员,它适用于部分领导职务的国家公务员。(3)聘任。即通过合同方式任用国家公务员,它适用于需要专业知识和专业技能的国家公务员,前者如法律、金融人才,后者如速记等文秘人员。(4)调任。即从非行政机关的企事业单位、团体中调入国家公务员。上述四种情形是国家公务员职位关系形成的主要事由。

2.职位关系的内容。国家公务员职位关系主要有下列内容:(1)人事。它包括:第一,考核。考核是对国家公务员德、才、能等进行考查、审核,以确定国家公务员是否胜任现职,是否给予任用等。考核的结果分为优秀、称职、基本称职和不称职。它是国家公务员调整职务、级别、工资等的依据。第二,奖惩。对工作表现突出的国家公务员,可以给予嘉奖、记功等奖励,并给予一次性奖励或者其他待遇;对于违反法律、纪律的国家公务员,可以给予警告、记过直到开除的行政处分。第三,晋升。即依照一定的条件和原则提升国家公务员的职务。提升国家公务员应当实行任职前公示制和任职试用期制度。第四,回避。即为保障国家公务员公正履行职责,在法定情形下对国家公务员的职务作出的一种安排。回避分为公务回避、任职回避和地域回避。(2)待遇。它包括:第一,工资。工资是国家支付给国家公务员在任期间的货币。它由基本工资、津贴、补贴和奖金四部分组成。第二,福利。福利是国家公务员工资之外由国家提供的以货币、实物等形式所享受的待遇。如节假日加班的补贴、出差补贴、经济适用房分配等。第三,保险。为保障国家公务员在退休、工伤、患病、生育、致残、病故、因公殉职等情况下其本人或者家庭人员获得正常生活来源,国家为此建立国家公务员保险制度。

3.职位关系的消灭。国家公务员职位关系以下列方式消灭:(1)退休。当国家公务员达到法定退休年龄或者丧失工作能力时,应当离开国家公务员职位。不符合法定退休条件的,但本人自愿提出申请,且符合工作年满30年等条件的,经任免机关批准,也可以提前退休。(2)辞职。国家公务员提出辞职申请,经任免机关批准之后,与国家之间的职位关系随即消灭。(3)辞退。基于法定情形,由国家公务员所在机关单方面终止职位关系。(4)死亡。因国家公务员死亡,其与国家之间的职位关系自然终止。(5)开除。开除的法效果是强制国家公务员退出其职位,终止其与国家之间的职位关系。

四、国家公务员的权利救济

凡有权利,必有救济。某项权利以何种方式救济,取决于国家法律规定的制度安排。国家公务员基于职位关系所享有的权利,只有在相应的制度性保障下,它才是实际享有的权利。

(一) 行政申诉

1. 申诉范围。申诉是国家公务员的一种非诉讼权利救济制度。《宪法》第 41 条规定申诉为公民基本权利之一,国家公务员也同样可以享有。尽管国家公务员因与国家之间存在职位关系,有着不同于一般公民的法律地位,但对国家公务员在宪法上的基本权利仍然应当加以制度性保障。

国家公务员对下列人事处理不服的,有权提起申诉:(1) 处分;(2) 辞退或者取消录用;(3) 降职;(4) 定期考核定为不称职;(5) 免职;(6) 申请辞职、提前退休未予批准;(7) 未按规定确定或者扣减工资、福利、保险待遇;(8) 法律、法规规定可以申诉的其他情形。

2. 复核程序。国家公务员不服人事处理决定,可以自知道该人事处理决定之日起 30 日内向原处理机关申请复核;原处理机关应当自接到复核申请书后的 30 日内作出复核决定,并以书面形式告知申请人。复核程序不是提起申诉的前置程序,是否经过复核程序,由国家公务员自己选择。

3. 申诉程序。申诉程序分为:(1) 申诉的一般程序:国家公务员对复核结果不服的,可以自接到复核决定之日起 15 日内,按照规定向同级国家公务员主管部门或者作出该人事处理的机关的上一级机关提出申诉;或者可以不经复核,国家公务员自知道该人事处理之日起 30 日内直接提出申诉。(2) 申诉的特别程序:对省级以下机关作出的申诉处理决定不服的,可以向作出处理决定的上一级机关提出再申诉。受理国家公务员申诉的机关应当自受理之日起 60 日内作出处理决定;案情复杂的,可以适当延长,但是延长时间不得超过 30 日。复核、申诉期间不停止人事处理的执行。此"不停止执行"原则有时可能导致国家公务员在申诉成功之后权利不可恢复,如降职之后,原职位已被行政机关任命的其他国家公务员在岗,因此,如同行政诉讼上的"权利暂时性保护"制度也十分必要。

对于申诉决定,法院不提供行政诉讼救济。如在张某新诉北京市人力资源和社会保障局行政答复案中,法院认为:

> 公民、法人或者其他组织向人民法院提起行政诉讼,应当符合法定的起诉条件,不符合法定起诉条件的,已经立案的,应当裁定驳回起诉。本案中,北京市公务员申诉公正委员会是中共北京市委组织部、北京市人力资源和社会保障局组建的公务员申诉处理机构,该机构作出的行为不属于人民法院行政诉讼的审判权限范围,张某新针对北京市公务员申诉公正委员会所作答复提起诉讼,不符合法定起诉条件,故对张某新的起诉,应予驳回。[39]

(二) 特别权力关系

传统行政法上的特别权力关系理论源于 19 世纪的德国。在当时德国政制下,君主为了维护对官员及军队的统治权,使作为君主支柱的军队及官僚系统不受法治主义的支配,以便排除军人、官员在受到公权力处分时,可以向普通法院提起诉讼的权利。后来,这一理论又逐步拓展到学校、监狱等其他行政领域。特别权力关系的功能在于排除一般法律适用于特定对象。[40] 在实务中,因受特别权力关系理论的影响,有时被法院作为不属于民事诉讼范围的理由。如在马某诉广西壮族自治区高速公路管理局等追偿权纠纷案中,法院认为:

---

[39] 参见北京市第二中级人民法院行政裁定书[(2016)京 02 行终 1915 号]。

[40] "'特别权力关系',系与'一般权力关系'相对待之概念。依传统之行政法理论,所谓之'特别权力关系'(besonderes Gewaltverhältnis),指在特定之行政领域内,为达成行政目的,而由人民与国家所建立,并加强人民对国家从属性之关系。在特别权力关系中,人民被吸收进入行政内部,不再适用在一般情形所具有之基本权利、法律保留以及权利保护等,形成'无法之空间'(rechtsfreier Raum),构成'法治国家之漏洞'(Lückeim Rechtssta-at)。"参见陈敏:《行政法总论》(第 10 版),台北,新学林出版有限公司 2019 年版,第 225 页。

《国家赔偿法》第7条第1款规定:"行政机关及其工作人员行使行政职权侵犯公民、法人和其他组织的合法权益造成损害的,该行政机关为赔偿义务机关。法律、法规授权的组织在行使授予的行政权力时侵犯公民、法人和其他组织的合法权益造成损害的,被授权的组织为赔偿义务机关。"《国家赔偿法》第16条规定:"赔偿义务机关赔偿损失后,应当责令有故意或者重大过失的工作人员或者受委托的组织或者个人承担部分或者全部赔偿费用。对有故意或者重大过失的责任人员,有关机关应当依法给予处分;构成犯罪的,应当依法追究刑事责任。"《国家赔偿法》第16条规定的追偿责任依赖于国家赔偿责任而存在,其理论基础是国家与被追偿者之间的特别权力关系,因而属于内部行政责任形式,在法律上不具备民事责任的性质,也不是行政处分,而是一种独立的责任。而且其追偿的方式、范围以及追偿金的支付和缴纳与民法上的追偿权并不相同。叶某新、马某作为受广西壮族自治区交通厅委托代表国家机关行使高速公路管理职权的广西高速公路管理局从事公务的人员,该二人在履行职责的过程中,为了阻止被查车辆逃避检查,而采取在高速路上逆行拦截的不当方式,没有考虑到后方车辆可能会撞上被拦截车辆的严重后果,该二人的行为造成3死4伤的严重后果。广西高速公路管理局向案外人赔偿后向在执行公务过程中有重大过失的叶某新和马某追偿,属于行政机关内部关系,与民法意义上的追偿权不同,不属于人民法院受理民事诉讼的范围。[41]

《行政诉讼法》第13条第3项规定"行政机关对行政机关工作人员的奖惩、任免等决定",不属于行政诉讼的受案范围。在1989年制定《行政诉讼法》过程中,当时行政法教科书上尚未有所谓的"特别权力关系"之说,但《行政诉讼法》上述这一规定却与"特别权力关系"理论有暗合之意。这一立法理由是什么至今难以考证,似乎已经成了一桩"历史悬案"。在域外国家或者地区行政法理论和实践中"特别权力关系"日益软化的当下,给国家公务员提供基本权利保护已经是一种法治国家发展的趋势,所以,《行政诉讼法》第13条第3项确有重新检讨之必要。

---

[41] 参见广西壮族自治区南宁市中级人民法院民事裁定书[(2015)南市民二终字第579号]。

第六章 行政行为原理

第一节 引 言

一、行政行为的概念

行政行为,简言之,是行政机关对外作出的行为的总称。行政机关的内部行为如公文传递、日常事务分配、召开办公会议、委派公务员因公出差参加会议等,因为没有涉及行政相对人的权利,所以不在传统行政法的调整范围之内。行政机关对外作出的行政行为所依据的法规范是公法抑或私法,这里暂且不论。需要指出的是,行政机关如采购办公用品、兴建办公大楼、聘用安保人员之类的行为的依据是私法规范,但这类行为与私人之间的民事活动并不相同,前者受公共财政支付规则的约束,有时还需要考虑公共利益——如以招标方式兴建公共设施并不当然适用最低价者中标原则,后者则是一种纯私益的行为,以不违反法律、行政法规的强制性规定,不违背公序良俗为限,由当事人之间意思自治确定。不可否认的是,互联网、人工智能以及通信传播技术的发达,将会改变行政机关作出行政行为的方式,并衍生出更多新类型的行为方式,如自动化行政等。

传统行政法限于把行政机关依职权作出的行政行为作为它的调整范围,这可能与"行政法是控权法"的法观念有关。如在谈到行政法律关系内容时,早年主流行政法教科书总是基于"权力—权利"的关联框架来展开对行政法律关系主体、客体等问题的讨论,并把行政权进一步细分为形成权、命令权、处罚权和管理权。[1] 20世纪80年代之后随着国家改革开放的不断深入,行政任务的范围不断地被拓展,在行政领域中出现了许多以前没有的新类型的行政行为,如行政指导、行政协议、行政规划、行政调解等。这种新类型的行政行为扩大了现代行政法调整的范围,这就需要现代行政法修正传统行政法的某些相关制度,并创设传统行政法中没有的制度。现代行政法的关注点在不移开传统行政法对行政行为进行司法审查的同时,扩展到了行政行为的形成过程,行政程序、行政决策、公众参与、协商行政、政府信息公开等制度随之兴起,更为上游的行政立法也成为现代行政法的重要组成部分。在现代行政法中,行政行为已经不再限于行政机关的职权行为,但是,基于行政职权作出的行政行为仍然是现代行政法的规范重心。传统行政法理论体系中的绝大部分内容仍然为现代行政法所继受,但现代行政法必须发展出适应社会变迁的行政法理论体系,其中行政行为原理是具有决定性的。

二、行政行为的演变

20世纪50年代开始实施的社会主义计划经济体制,是新中国在特定历史条件下为快速

---

[1] 参见王珉灿主编:《行政法概要》,法律出版社1983年版,第4页;杨达、同典泰、方彦、朱维究编写:《行政法概要》(校内用书),北京政法学院国家法教研室1982年版,第2页。

恢复国民经济、推进工业化进程、巩固新生人民政权而采取的经济模式。这一体制在当时发挥了集中力量办大事的优势，有效推动了国家经济建设和社会发展，为后续的改革开放奠定了重要物质基础。中国的社会主义制度与封建帝制时代的集权体制有着本质区别，其核心是人民当家作主，实行民主集中制，既充分保障人民的主体地位和各项权利，又通过科学的集中统一领导实现国家治理的整体性和有效性。

20世纪80年代开启的社会主义市场经济体制逐步取代了原有的计划经济体制，国家本位理论开始动摇，行政法逐渐开始兼顾社会、个人的利益诉求，并接受权力要受法律制约的法治理念。由国家单方面意志依法管理的模式不太适应经济与社会发展的需要——市场经济就是法治经济，相应地，以"服务""协商""合作"为特征的新型行政治理模式观念应运而生，并逐渐为行政机关所接受。由此对行政法的影响是，传统行政法以行政决定为核心发展出来的行政法体系，必须兼容其他新的行政行为，才能满足现代社会发展的需要。现代行政法的理念逐渐获得认可，它的理论体系也不断地获得了更新。

（一）传统行政法中的行政行为

虽然在计划经济体制下是否存在行政法尚有争议，但是行政法规范、行政机关、行政行为、行政救济等行政法现象却是客观存在的。[2] 不同于早期西方国家市场经济体制下的消极控权的行政法，中国计划经济体制下的行政法——如果我们承认有的话——不是消极地设置行政权界线，而是积极地对个人进行全面控制。这种控制进路具体而言是，国家通过创设户籍管理制度将"乡下人"控制在农村集体土地之上，使之一旦离开集体土地便无法生存，将"城里人"控制在单位之中，使之一旦离开单位就失去生活来源。在这样的户籍管理制度下，国家从"乡下人"手中收取粮食，定额供应给"城里人"，从"城里人"手中取得生活日用品卖给"乡下人"，以维护社会正常运转。这种通过控制个人流动维持社会秩序的手段，行政法的关注点不是它的合法性，而是实效性。因此，行政内容比较单一，行政法规范也并不多。当然，新的行政类型也是有的，如在农业社会中由于环境污染问题并不突出，所以环境行政直到20世纪80年代才出现。为此，国家制定环境保障方面的法律、法规，设置了负责环境保护的行政机关。[3] 传统行政法中的行政行为在内容上主要有以下几个方面。

1. 维护国家安全。早在20世纪50年代，国家制定的有关维护国家安全方面的行政法就有：《禁止国家货币出入国境办法》（1951，已失效）、《保守国家机密暂行条例》（1951，已失效）、《海港管理暂行条例》（1954，已失效）、《外国侨民旅行暂行办法》（1954）、《海关对进出国境旅客行李物品监督办法》（1956）等。到了20世纪80年代，这方面的行政法有：《外国人入境出境管理法》（1985，已失效）、《保守国家秘密法》（1988，已被修改）等。由于1949年之后特定的国际形势与利益格局，国家安全一直是国家与社会发展的基本保障，因此，国家颁布了许多有关这方面的法律、法规，为行政机关实施维护国家安全的行政行为提供了合法依据。

2. 维护社会秩序。因社会秩序是通过战争的方式重建的，治安管理就成为政府的首要任务。在20世纪50年代初，《治安保卫委员会暂行组织条例》（1952）、《公安派出所组织条例》（1954，已失效）的公布实施，为治安管理提供了组织保障。《严禁鸦片毒品》（1950）、《枪支管理暂行办法》（1951）、《治安管理处罚条例》（1957，已失效）、《国务院关于劳动教养问题的决

---

[2] 如1950年原政务院公布的《税务复议委员会组织通则》是国家最早有关行政救济的行政法规。
[3] 1982年5月，第五届全国人大常委会第二十三次会议决定，将国家建委、国家城建总局、建工总局、国家测绘局、国务院环境保护领导小组办公室合并，组建城乡建设环境保护部，内设环境保护局。

定》(1957,已失效)、《户口登记条例》(1958)的公布实施,为公安机关实施治安管理行为提供了法律依据。到了20世纪80年代因改革开放产生的推动力,国家进入了一个重大的转型期,经济与社会关系发生了重大变迁。因利益主体多元化导致的利益冲突,引发了众多的社会矛盾。在"稳定压倒一切"的社会控制政策下,就维护社会秩序方面,国家颁布的法律、法规有:《关于劳动教养的补充规定》(1979,已失效)、《治安管理处罚条例》(1987,已失效)、《信访条例》(1995,已失效)、《居民身份证条例》(1985,已失效)等。这些法律、法规构建了一个以治安管理为核心的维护社会秩序的组织体系,并延伸到了司法、民政、财政金融、教育、文化出版、交通运输、工商、环保等各个行政领域。

3. 税收征管。税收是国家治理的物质保障,因此在传统行政法中,征税是一项重要的行政行为。20世纪50年代,在《全国税政实施要则》(1950,已失效)基础上,到1951年年底,国家先后就工商业税、契税、农业税、货物税、屠宰税、印花税、利息所得税、特种消费行为税、城市房地产税、车船使用牌照税、商品流通税、文化娱乐税等制定了相关的条例。到了20世纪80年代,国家又制定了《个人所得税法》(1980,已被修改)、《城市维护建设税暂行条例》(1985,已失效)、《房产税暂行条例》(1986,已被修改)以及20世纪90年代之后的《企业所得税暂行条例》(1993,已失效)等。因对外开放的需要,国家制定了《中外合资经营企业所得税法》(1980,已失效)。上述法律、法规建构了一个较为完整的税赋征收法律体系,它在传统行政法中占据着极为重要的地位。

(二)现代行政法上的行政行为

应该说,1989年《行政诉讼法》是中国行政法从传统转向现代的一个重要标志。从20世纪90年代开始,行政机关一方面继续保留并日益强化传统行政法上的行政行为,控制社会与个人的行为,为经济和社会发展提供一个稳定的社会秩序;另一方面针对市场经济发展出现的各种外部性问题,发展出了适应市场经济需要的新型行政行为,旨在促进社会和个人的全面发展。

1. 给付行政。在中国,类似于给付行政的行为并非没有,如遇到水灾时政府针对特困人群发放的救济款(物)等,但在观念上基本停留在国家"恩惠"思想观念上,因为国家是否发放,个人对此没有法定请求权。直到2004年修宪加入"国家尊重和保障人权"条款,才完全改变了这种观念。《国家人权行动计划(2009—2010年)》提出了"继续采取有效措施,促进城乡居民特别是中低收入居民收入的逐步增长,完善最低生活保障等制度,努力维护城乡居民获得基本生活水准的权利。"这种基本生活水准权的内容包括供水、供电、供气以及向部分人群提供保障性住房等,构成了现代行政法中国家面向个人"生存照顾"的法定职责。这些与个人生存、发展相关的条件,已经完全超出了个人通过主观努力可以达到的能力,因而必须由国家通过给付行政来提供。从计划经济体制延续而来的农村"五保户"供养制度,在市场经济体制下因理念变革而转换为给付行政内容之一,《农村五保供养工作条例》的制定正是国家面向这种观念变更作出的一种回应。为了保障公民在年老、疾病、工伤、失业、生育等情况下依法从国家和社会获得物质帮助的权利,国家制定了《社会保险法》《工伤保险条例》等,旨在落实宪法规定的基本人权。另外,在文化教育领域中国家创设的"国家助学金""补助金"等制度也属于给付行政内容之一。

2. 规划行政。规划行政是指为了在特定期限内实现某一个特定行政任务,行政机关作出的一种面向未来布置与安排的行政行为。因人类可以利用的资源有限,通过规划行政可以提高资源的有效利用率,因此,规划行政也是现代行政法中行政行为的重要内容之一。在过去的国家立法中,《城市规划法》(1989,已失效)是第一部全面规范城市规划的法律,在其他一些单行的法律中,如《公路法》(2004,已被修改)第二章规定了"公路规划",《土地管理法》(2004,已被修改)第三章规定了"土地利用总体规划",这些法律分别在本行政领域中规定了规划行政的内容。规划行政本质上是一种资源调整、配置行为,具有公共性,但部分规划行政也对特定个人的权利和义务产生实际影响,因此,"规划诉讼"将成为现代行政法中的一项重要课题。

3. 风险行政。因现代科学技术的迅速发展以及人类行为对自然不断产生的影响等因素,现代社会在21世纪初全面进入了一个风险社会。在风险社会中,各种不确定的因素严重威胁着人类的生存与发展,为此,在社会治理中行政机关发展出了一系列的"风险预防"行政行为,旨在为社会和个人的生产、生活提供一种有效的风险预防机制,将可能遇到的风险降到最低限度。如《国境卫生检疫法》第29条规定:"海关总署应当根据境外传染病监测情况,对境外传染病疫情风险进行评估,并及时发布相关风险提示信息。"这里的"风险提示信息"为个人是否决定出境提供了重要依据。在国家立法中,较早规定"风险评估""风险预警"的立法如《进出口商品检验法实施条例》(2022修订,已被修改),该条例第14条第1款规定:"海关总署建立进出口商品风险预警机制,通过收集进出口商品检验方面的信息,进行风险评估,确定风险的类型,采取相应的风险预警措施及快速反应措施。"又如,《职业病防治法》第12条第2款规定:"国务院卫生行政部门应当组织开展重点职业病监测和专项调查,对职业健康风险进行评估,为制定职业卫生标准和职业病防治政策提供科学依据。"风险行政是在未来的不确定性条件下实施的一种行政行为,为了减轻风险行政可能产生的消极后果,信息公开、专家评估、公众参与等都是风险行政程序中不可或缺的程序性制度装置。

4. 数字行政。数字行政的成因源于本世纪以来互联网、大数据、云计算和人工智能等数字技术的发展及其在行政过程中广泛使用的事实。数字行政代替了传统行政法上很多由公务员实施的人工行政,直接影响或者改变了原有的行政方式,由此,一种不同于传统行政法中所规范的行政——数字行政应运而生。数字是一种技术,有它自身运用的逻辑,而行政则是应当受到法规范的一种行为,具有公共性。数字技术可以改变行政的方式,但它不能改变行政的价值,因此,数字技术的理性逻辑无法也不可以替代行政的法治逻辑。自动化行政是数字行政中引人注目的行为。由于自动化行政是基于数字技术预设的系统程序借助于算法"自动"作出的,受其影响的行政相对人无法参与其过程,因此,自动化行政系统的责任归属问题应当明确界定,行政不得借口数字技术而脱离法律的规范。自动化行政并不是万能的,在有的行政中,如果能够借助于裁量基准提高数字技术的可适用性,那么它可以依照技术逻辑作出;但在有的行政中,若遇有不确定法律概念需要在价值判断基础上作出解释,那么数字技术可能难有作为空间。

数字行政需要以政府广泛使用数字技术事实为前提,否则,数字行政只是一种理论构造。传统行政中的"法定工作日""属地管理"等,在数字技术加持下的数字行政中都可以被"删除",因为,在数字行政的时空中,可以没有公务员的上下班时间概念,也可以没有地域管辖的边界,如实务中"一网通办"、"一站式服务"、"无人审批"或者"跨域通办"等数字行政,都对传统行政法提出了有力的挑战。在数字行政中,个人信息权利保护具有基础性的法律地位。一方面,政府拥有包括个人信息在内的海量公共数据,当公共数据通过"脱敏"加工成为一种可以交易的资产时,个人信息权利就面临被侵害的风险;另一方面,个人信息权利是一种应当被列入宪法保护的基本权利,它具有限制数字行政权的法治意义。行政对政治、经济和社会发展的需求最为敏感,政治、经济和社会发展的需求总是会引起行政的观念、结构和方式的变革。现代行政法在面向数字行政所带来的上述问题时,应当全方位、整体性地应对数字行政的挑战,在个案中发展出新规则,在经验中提炼出新原理,实现自身体系性的嬗变。

第二节　行政行为的基本功能

一、法规范内容的具体化

在"法制定—法适用"关联框架中,行政行为(除制定行政规范行为外)是行政机关在个案中依法作出的各种行为。作出行政行为的过程就是行政机关对法规范解释和适用的过程。这个过程表现为行政机关基于特定的法律事实,将法规范中抽象的构成要件和一般化的法效果在个案中加以具体化。由此,行政机关通过行政行为这一中介完成了"规范→个案"具体化的过程。行政行为可以"浓缩"行政机关作出的各种样态的行为,又能在行政行为谱系中"分解"出多种类别行为,使之各就各位。行政行为中不同类别的行为,有各自不同的构成要件,且这些不同的构成要件又分别连接不同的法规范。在法规范借助于行政行为在个案中具体化的过程中,具有单方发生法效力且拘束行政相对人的行政决定尤其引人注目。一方面,行政决定在行政行为中占比度高,也就是说,行政机关对外作出的绝大多数行政行为都是行政决定,与行政相对人合法权益关系极大;另一方面,作为以控制行政权为中心的行政法,从传统行政法到现代行政法都是以行政决定为基础性概念展开的。因此,在法规范内容具体化过程中,行政决定具有十分重要的地位。

二、行政救济对象的特定化

为了保护公民、法人或者其他组织的合法权益,国家通过《行政复议法》、《行政诉讼法》和《国家赔偿法》创设了三大行政救济制度。行政机关对外作出的行政行为并不都对特定的公民、法人或者其他组织的合法权益产生实际影响,如行政机关制定行政规范行为,它需要借助于其他行政行为"执行",才可能对公民、法人或者其他组织的合法权益产生实际影响。因此,只有将行政机关针对特定的公民、法人或者其他组织作出的行政行为纳入行政救济范围,才能确保行政救济的有效性;同时,公民、法人或者其他组织提起行政救济请求必须要有特定的行政机关,否则,法院也就找不到裁判义务的履行者。因此,在"法适用—法裁判"关联框架中,当行政行为影响公民、法人或者其他组织的合法权益时,公民、法人或者其他组织可以把行政行为作为行政救济的客体,启动行政救济程序,以维护自己的合法权益。如《行政诉讼法》第2条第1款规定:"公民、法人或者其他组织认为行政机关和行政机关工作人员的行政行为侵犯其合法权益,有权依照本法向人民法院提起诉讼。"在此基础上,《行政诉讼法》第12条和第13条分别列举了可诉和不可诉的行政行为,将行政救济对象进一步特定化。

三、行政法构造的体系化

将行政行为这一基础性概念作为行政行为类型化作业的工具,并通过类型化的行政行为连结行政机关与行政相对人之间的关系,从而展开行政法构造的体系化,这是现代行政法延续传统行政法的基本进路。现代行政中各种新式的行为方式越来越多,以行政行为为核心进行行政法构造的体系化,可以避免各种行政行为(作为、不作为)碎片化。虽然"行政过程论""行政法律关系论"欲撬动行政行为的理论根基,但是,以行政行为为核心展开的行政法构造的体系化思考仍然是一种主导性方法论,无论是学理研究还是实务处理,"行政过程论""行政法律关系论"的替代性偶尔可见,但终究只是讨论某些特定问题时的一种方法论补充。行政法以规范行政行为合法性为要旨,目的是确保行政法律关系产生、变更或者消灭的合法性。"行政法律关系论"试图用行政法律关系替代行政行为作为重构行政法体系的方法,具有将作为公法的行政法带向"私法化"意图,所以它有追求行政机关和行政相对人"平等性"的价值目标。行政机关用行政行为的"不平等性"构造了正常的行政秩序,行政行为的"不平等性"有时的确会让行政机关变得"专断",但这是维护正常行政秩序所必需的。行政程序以行政相对人为中心,通过听取意见等方式,淡化甚至可以消解这种"不平等性",在这一点上,行政行为与"行政法律关系论"具有殊途同归的功效。"行政过程论"本意是行政法不应将全部重心落在行政过程的结果——行政行为之上,更要关注行政行为的形成过程。其实,行政程序以及行政程序法典化的兴起,为行政机关提供了从程序开始到实体行为作出的一个标准化行政过程,客观上弥补了行政行为欠缺关注行政过程的不足。由此,作为方法论的行政行为,以行政行为为核心对现代行政法构造作体系化的思考,仍是一种"行政过程论""行政法律关系论"不可替代的方法论。

第三节 行政行为的分类

一、分类标准与内容

(一)分类标准

行政机关具有公、私法上的双重法律身份,身份不同实施的行为的性质也不同。行政法是公法,它所规范的对象是行政机关依据公法作出的行政行为。在这里,公法可以被界定为与行政职权有关的法。所谓行政法是"控权法",也是在这一命题下推出的结论之一。因此,以公、私法作为行政行为分类的基础性标准是行政法学上较为公认的观点。

行政机关依据私法作出的行为,如行政机关将多余的办公用房出租、购买办公用品以及政府发行债券等。[4] 它们受私法调整,行政机关与私人具有相同的法律地位,发生争议后也由法院依照民事诉讼程序审理。行政机关这类纯粹私法意义的行为,由私法加以调整也没有多大的争议。但是,行政机关作出这类纯粹私法意义上的行为在支付费用时,不取决于意思自治,而是要受到公共财政支付规则的限制,这使得这种私法行为有了公法意义。在传统行政法中,从这个视角看行政机关的私法行为被忽视了。当然,这并不意味着这类私法行为引起的争议一定要纳入行政诉讼受案范围,在这里,只是提示我们要注意它不同于私人之间的民事争议罢了。对于法院来说,审查这类争议时需要考虑公共财政这个因素,或者公共财政支付规则对意思自治的某种限制。行政机关有时以私法方式执行行政任务,使得这种私法行为具有了"公益性",故被称为行政私法行为。如国有建设用地出让合同纠纷诉讼,早在20世纪末最高人民法院就有了相关的行政判例。[5] 2014年修改的《行政诉讼法》将行政协议纳入行政诉讼受案范围,从此,国有建设用地出让合同等作为行政协议正式成为行政诉讼客体。

需要指出的是,供水、供电、供气、城市公共交通、邮政等公共服务,自国家实施计划经济体制以来一直由国家经营。后来,在市场经济体制下,民营企业被允许有限分担部分公共服

---

[4] 财政部《2009年地方政府债券预算管理办法》(财预[2009]21号,已失效)。
[5] 参见最高人民法院行政判决书[(1997)行终字第2号]。

务的职能,如邮政快递、水务民营化等。在公共服务关系中,提供者与使用者是私法关系,行政机关与提供者、使用者是公法关系。对于这部分公共服务的提供,行政机关的职责是监管。[6]如审查准入资格、接受使用者投诉等;有时基于监管的便利性,国家也通过法律、法规或者规章授予这类企业部分的行政职权。如《城市供水条例》第32条第1款规定:"禁止擅自将自建设施供水管网系统与城市公共供水管网系统连接;因特殊情况确需连接的,必须经城市自来水供水企业同意,并在管道连接处采取必要的防护措施。"这里的"同意权"是行政法规授予城市自来水企业的一项行政职权。虽然提供公共服务不具有行政职权要素,但是它具有公共性,若通过以意思自治为基础的私法来调整,具有相当大的局限性,更为重要的是,公共服务的连续性未必能够获得保障。

(二)分类内容

行政行为如何分类,是现代行政法中的一个基础性问题。一方面我们要考虑本国的法律制度与法律实践,另一方面也要关注比较法上域外国家和地区相对成熟的法理。中国行政法中的行政行为具有极强的"管理性"基因,也没有公、私两分法的传统。20世纪90年代之后,随着继受外国法的广度与深度不断增加,行政行为中的"管理性"特质逐渐变弱,公、私两分法理论也慢慢被接受。在行政行为分类上,以公、私法作为第一层次分类标准,将行政行为分为公法行为和私法行为,在此基础上,对公法行为和私法行为再根据不同标准作第二层次、第三层次的分类,如图6-1所示。

```
行政行为
├─ 私法行为
│   ├─ 辅助行为
│   ├─ 经营行为
│   └─ 行政私法行为
└─ 公法行为
    ├─ 事实行为
    │   ├─ 行政指导
    │   ├─ 受理行为
    │   ├─ 行政强制执行
    │   ├─ 行政调解
    │   └─ ……
    ├─ 法律行为:行政决定
    │   ├─ 行政处罚决定
    │   ├─ 行政许可决定
    │   ├─ 征收、征用决定
    │   ├─ 行政强制措施
    │   └─ ……
    └─ 制定行政规范行为
        ├─ 行政法规
        ├─ 行政规章
        └─ 行政规定
```

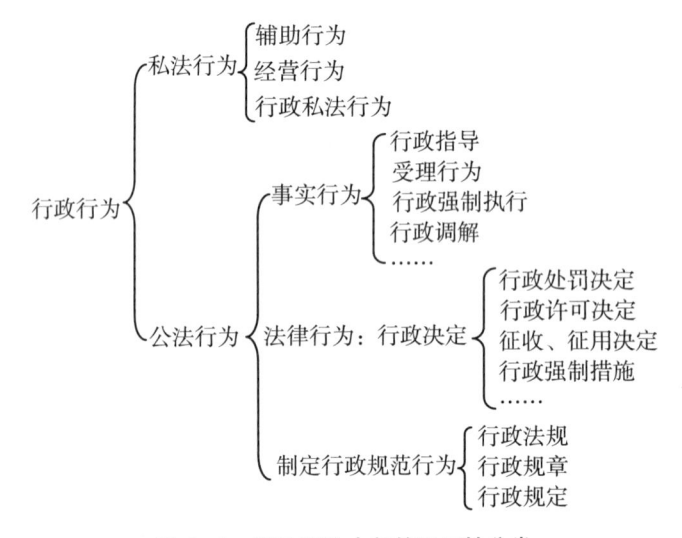

图6-1 行政行为内部的展开性分类

---

[6] 如在温某建诉荣县水务局不履行城市供水管理职责案中,2003年6月,荣县双石镇正强自来水厂以自来水管网陈旧,需要维护为由,要求温某建等自来水用户交纳管网维护费。温某建认为管网维护应是自来水厂的职责,拒绝交纳。同月30日,自来水厂未经批准,对温某建等用户停止供水,温某建书面申请荣县水务局对自来水厂的违法停水行为进行查处。2003年7月1日,原告温某建认为书面申请后24小时仍未恢复供水,以荣县水务局不履行供水管理职责为由向荣县人民法院提起行政诉讼,请求人民法院判决被告荣县水务局履行法定职责,作出具体行政行为,对荣县双石镇正强自来水厂擅自停水行为进行查处,恢复供水,以保护原告的合法权益。温某建与荣县双石镇正强自来水厂之间的法律关系是私法性质的,当双方发生争议时,温某建则通过请求荣县水务局以履行法定职责的方式保护自己的合法权益。参见最高人民法院行政审判庭编:《行政执法与行政审判》(总第10集),法律出版社2004年版,第145页。

二、公、私法行为

(一) 公法行为

公法行为是传统行政法的核心。传统行政法是以公法上的行政行为为中心展开的一个法体系,行政机关与行政相对人之间的"不对等性"是行政法律关系的基本特征,[7] 在行为方式上表现为对行政相对人活动的干预,如行政处罚、行政强制等。行政相对人必须服从行政机关作出的行政行为,即使不服,在20世纪80年代之前也没有向法院寻求司法救济的权利。在现代行政法中,公法行为仍然保持着它在行政法体系中的核心地位,但因行政程序中的听取意见、防止偏见、信息公开和理由说明等制度的作用,行政法律关系中的"不对等性"逐渐淡化,协商行政、合作行政等行政行为方式应运而出。在给付行政中,公法行为是一种不可替代的行政行为,如救济金给付决定、保障性住房资格审查决定等。公法行为(除制定行政规范行为)直接影响行政相对人的合法权益,即使是给予行政相对人利益的行政行为,也存在影响行政相对人合法权益的可能性。如行政相对人申请救济金500元,行政机关经审查之后准予给付300元。在这个行政决定中,给付300元救济金是给予利益,但减少200元救济金则是不利益的。公法行为必须要有明确的法依据,在以此为核心展开的现代行政法体系中,依法行政构成了行政法的基本原理。

行政决定与制定行政规范行为是两种具有法效力的行政行为。在行政决定作出时,它指向的行政相对人范围在客观上是封闭的,如行政处罚决定、行政许可决定等。制定行政规范行为所指向的行政相对人范围客观上是开放的,只要符合它预设的法定条件都可以适用。如《促进个体工商户发展条例》适用于所有的"个体工商户",包括已经登记的和将来登记的个体工商户。在适用对象上,行政规范通常表述为"公民、法人或者其他组织",在行政规范效力存续期间,符合条件的"公民、法人或者其他组织"都是它的适用对象。事实行为和行政决定在适用对象封闭性这一点上是相同的,它们之间的根本不同点在于事实行为没有法效力。有的事实行为对行政相对人权利义务不产生实际影响,如行政指导、受理行为等,有的事实行为对行政相对人权利义务产生实际影响,如行政强制执行等。

在传统行政法中,行政决定占据重要地位,它是传统行政法体系中的基础性概念,所有行政法上的制度都是围绕行政决定展开的。在制定行政规范的过程中,除制定行政规定外,制定行政法规、行政规章都是法律明确的立法性行政行为,即行政机关依照立法程序作出的行政行为。虽然制定行政规定不是《立法法》调整的范围,但它也具有规范性,与行政法规、行政规章一样都可以成为行政行为合法性的依据。

(二) 私法行为

相对于公法行为而言,私法行为是私人之间基于意思自治的行为,它没有如公法行为那样具有公共性,与公共利益也没有关系。"私法的关键命题在于:提供对等主体间自由而无须强制说理所为决定的框架秩序。"[8] 但是,行政法上的私法行为与纯粹私人之间的私法行为有所不同,行政法上的私法行为是行政机关基于与私人在民法上相同的地位所实施的法行为,它具有公共性,一定程度上也与公共利益有关,或者说,即使行政机关实施所谓的私法行为,也不是纯粹私人之间的法行为,都是与公共利益有关的。因此,有时需要有不同于民事法

---

[7] 参见罗豪才主编:《行政法学》,中国政法大学出版社1989年版,第15~16页。
[8] [德]施密特·阿斯曼:《行政法总论作为秩序理念——行政法体系建构的基础与任务》,林明锵等译,台北,元照出版有限公司2009年版,第311页。

规范的公法规范加以调整。对于私法行为在行政法中的地位以及如何控制的问题,德国行政法学上已经有较为成熟的理论可资我们借鉴。[9] 在传统行政法上,私法行为是没有地位的,现代行政法则必须认真对待行政机关的私法行为。

1. 由私法调整的私法行为:辅助行为和经营行为。辅助行为是指行政机关为辅助实施公法行为而作出的私法行为。如行政机关与建筑公司以合同方式建造办公大楼;行政机关将办公大楼的物业管理承包给物业公司以及聘用保安;公安机关为测量驾驶员是否酒驾而购买检测设备等。经营行为是指行政机关代表国家参与经济活动,实现增加财政收入、国有资产保值或者其他经济目的。它可以分为两类:(1)行政机关直接从事经营行为,如发行国债等;(2)行政机关通过设立国有公司从事经营行为,如"中石油""中石化"等。如同私人一样,无论是行政机关还是它所设立的国有公司都必须遵守市场交易的基本规则。这类私法行为引起的法律争议,由法院依照民事诉讼程序裁决。与私人从事的经营行为不同的是,行政机关直接或者间接从事经营行为时,兼有执行公共政策的功能,如平抑物价、调节市场流通等,同时,还需要遵守宪法上如"国家尊重和保障人权"等条款。行政机关不能把自己定位为纯粹的私人,以利益最大化为经营行为的目的。所以,现代行政法有必要把上述两类行为也纳入其调整范围。[10]

2. 由公法调整的私法行为:行政私法行为。行政私法行为是行政机关以私法方式完成行政任务的行为。之所以称为"行政私法行为",是因为行政机关在实施行政私法行为过程中私法也有相当的适用空间。在现代行政中,一些私法方式被引入行政领域,取代了行政机关"命令—服从"的行为方式,行政方式呈现多样化。行政机关采用私法的方式完成行政任务,出现了由公法介入调整的私法行为,如订立国有建设用地有偿出让合同、中小学教师定向委托协议的行为;以合同方式向企业或者个人提供水、电、气、热等公共服务的行为;政府基于公共目的而给予企业补贴、贷款支持其技术创新的行为;政府为特定个人向社会购买居家养老服务的行为等。行政机关选择以私法方式完成行政任务,应当以没有法律禁止性规定为前提。这类行为引起的纠纷应属于行政争议,可纳入行政诉讼受案范围。如国有建设用地有偿出让合同、中小学教师定向委托培养合同等,《行政诉讼法》已经将其纳入受案范围。如在张某兰诉漳平市教育局不履行教育行政合同案中,法院认为:

漳平市教育局依据1997年省、市下达给漳平市委培生的指标,具备和张某兰签订委培合同的主体资格。从双方当事人签订的合同的条款看,按当时的实际情况也符合有关规定,并未超越职权,且双方意思表示一致,应为合法有效的行政合同。张某兰按照委培合同的约定履行义务后要求漳平市教育局履行委培协议中规定的义务即为张某兰分配任教是合法、正当的,本院予以支持。漳平市教育局虽举出国务院振兴教育计划的通知及省政府的实施意见,省政府办公厅转发的关于做好2000年中等师范毕业生就业工作意见的通知,但这些规范性文件并无明确规定委培生需要择优录用。漳平市教育局在无明确政策法律规定的情况下,仅凭不具有法律约束力的漳平市政府[2001]23号"市教育工作专题会议纪要"及"2000年届师范委培(捐资)毕业生录用测试工作方案",单方变更合同约定的分配方式显然是违反法律的规定,漳平市教育局单方变更合同约定的行为应属无效。张某兰报名参加择优考试并不意味着接受要约,同意被上诉人变更合同,因为行政合同有别于经济合同,行政相对人与行政机关的地位并不平等,况且漳平市教育局测试方案中并无明确参加择优考试,即为放弃原委培协议的分配形式的

---

[9] 参见[德]哈特穆特·毛雷尔:《行政法学总论》,高家伟译,法律出版社2000年版,第33页以下。
[10] "由于公共行政中的处理不像'商务'那样以营利为主要目的,不存在亏本的风险,因此,即使存在营利的目的,仍然属于'公务',而不属于'商务'。"参见[德]汉斯·J.沃尔夫、[德]奥托·巴霍夫、[德]罗尔夫·施托贝尔:《行政法》(第1卷),高家伟译,商务印书馆2002年版,第25页。

意思表示,原判以张某兰报名参加考试未被录用,应视为张某兰同意变更委培合同内容的承诺是错误的。故张某兰要求漳平市教育局履行委培合同的请求成立。《中华人民共和国教师法》第 13 条、第 17 条并不适用本案,原审法院认为符合该两条规定属曲解法律。特别需要指出的是原审仅凭漳平市教育局所述,在没有证据证明以及张某兰否认的情况下,认定漳平市教育局派专人通知张某兰报名以及在测试前宣读了录用测试工作方案的全部内容,属认定事实错误。[11]

该案中,法院根据上述理由,判令被上诉人漳平市教育局在 2003 年 1 月 31 日前履行 1997 年 10 月 20 日与上诉人签订的委培合同。在行政私法行为中,行政行为的内容是不能完全依照双方的"意思自治"来决定的,它应当遵守行政法基本原则,但要防止行政机关利用私法规避行政法的约束。公法调整的私法行为已经脱离私法体系而成为现代行政法调整的对象。在公法行为之外承认部分私法行为作为现代行政法体系的内容之一,可以弥补公法行为在完成行政法任务过程中欠缺柔软性、协调性等不足,为行政机关在有效完成行政任务的方式上增加多种选项,以应因不同的行政情境。

有时,行政机关可以将公法行为与私法行为结合起来实施,以满足完成行政任务的不同需要,这种方式在行政法学理上称为"双阶理论"。[12] 如国家经济适用房分配中,确定申请人是否具有购买经济适用房资格的是公法行为(行政决定),在申请人获得资格后与国家订立购房合同是私法行为。这种行为一旦引起争议,可以分别采用公、私法不同方式救济。在实务中,如在杭州焦家村加油站有限公司诉杭州市国土资源局萧山分局土地争议案中,上诉人在上诉理由中认为:"根据行政双阶理论,被上诉人无权单方终止双方的行政合同。从合同要约与承诺的民事法律关系看,在 27 日下午竞买开始时,全部竞买人已经取得《浙江省商务厅关于萧山区江东加油站土地使用权招拍挂的预核准意见》。因此,被上诉人在既没一次性告知上诉人所有的义务,也没有给予上诉人补正的机会或对上诉人等已经取得竞买资格预核准的事实予以调查,更没有在作出终止函前组织行政相对人举行听证会,听取相对人的意见的情况下,即作出终止本次土地挂牌活动的决定,属于程序违法、适用法律错误。"对此,被上诉人反驳称:"上诉人在上诉状中引用很多民事、行政理论,且不说上诉人引用的双阶理论基础本身是德国颇具争议的一个学术观点,在我国并未达到共识,上诉人在此已经完全将行政行为概念与民事行为概念混淆了。"[13]法院对此争议点没有作出回应。可见,这是一个值得研究的问题。

三、相关问题的展开

(一)公、私法的划分

公、私法划分理论源于大陆法系,在学理上迄今为止并无统一标准,仅学说现存多达十余种。[14] 尽管如此,在绝大多数情况下,公、私法划分作为一个理论分析框架,在许多法学问题上仍然具有较强的解释力。在计划经济体制下,我们并不承认这种法的分类理论。[15] 但到了 20 世纪 90 年代之后,一些学者"把公法与私法的区分作为建立社会主义市场经济法律体

---

[11] 福建省龙岩市中级人民法院行政判决书[(2002)岩行终字第 68 号]。
[12] "在特定领域辅以一个法律关系的双阶形成为之,即结合一个公法上的保护机制与私法上的形成方式,但释义学上则以区隔两行为的方式来行使。这种双阶理论特别是用在行政提供给付的过程中,如补贴法、公共设施法,以及在后阶段以私人参与之合作方式来履行的给付程式。"参见[德]施密特·阿斯曼:《行政法总论作为秩序理念——行政法体系建构的基础与任务》,林明锵等译,台北,元照出版有限公司 2009 年版,第 316 页。
[13] 浙江省杭州市中级人民法院行政判决书[(2015)浙杭行终字第 367 号]。
[14] 参见蔡志方:《行政救济与行政法学》(2),台北,三民书局 1993 年版,第 18 页以下。
[15] 参见王珉灿主编:《行政法概要》,法律出版社 1983 年版,第 10 页。

系的前提"[16],并获得了越来越多的人的共识。在这样的学术背景下,有关"公法"的学术刊物、研究所和论著等也应运而生,公法成为一个包括宪法、行政法等在内的学理概念,与包括民法、商法等在内的私法相对应,构成了解释中国法现象的一对基础性概念。

行政法属于公法,行政行为属于公法上的行为,是行政法规范的对象。这些命题在传统行政法上没有异议。但是,如前所述,在现代行政法上出现了行政机关依照私法作出行政行为,并使之作为完成行政任务的一种手段时,如何规范这类行政行为便成了现代行政法重要议题之一。通过引入公、私法基础性分类作为划分行政行为的标准,使所有的行政行为都能获得公法或者私法的"关照",即调整行政行为的法规范,不是公法,便是私法,成为解决这一问题的可选方案。当然,在学理上公、私法之间的界线无论多少清晰,最终起决定作用的都应当是法院裁判。

(二) 私法行为与行政法体系内容

当下主流的行政法教材对行政机关的私法行为并无着墨,这是传统行政法的主要特征。当行政机关的私法行为中存在"公益",且私法调整方法产生了不可克服的困难时,将这部分私法行为纳入行政法调整的范围,便是现代行政法区别于传统行政法的要点之一。如行政机关为了公共利益单方作出的解除行政协议行为,若依照私法加以调整,则公共利益就可能难以得到保障。

当然,一旦行政法体系接纳了行政机关的部分私法行为,由此产生的法律问题我们也应当正视:(1)公法规范在私法中是否存在适用的空间?如果有,空间可以有多大?如在行政协议中,私法规范是行政协议的基础性法律规范,在形式上,公法规范的介入仅在"协议"前面加上"行政",但实质上却改变了私法规范的适用范围,甚至可能会将某些私法规范挤出调整行政协议规范的范围。(2)"意思自治"要受到依法行政原理的约束,因此,"意思自治"规则需要收缩它的效力范围,那么,收缩的法域界线在哪里?在行政机关的私法行为中,只要涉及公共利益"意思自治",是否都要让位于依法行政原理?(3)如何防止行政机关为避开公法责任而采用"遁入私法"的策略?公法责任不得通过私法方式转移,如行政机关借助于行政协议的约定,推卸行政赔偿或者补偿责任。上述三个课题,有必要进行更为深入的研究。

(三) 内部行为与效力外部化

行政机关内部行为因为没有行政相对人的权利因素,所以不属于传统行政法调整的范围。在前述"分类内容"图表中,没有列出内部行为,但并不是说它不重要。在相当程度上,内部行为具有担保行政机关对外作出行政行为合法性的功能,故学理上有"内部行政法"之说,并使之成为现代行政法体系的一部分。

内部行为追求的价值是行政的效率性、统一性,如行政机关内部机构的设置、行政机关之间的联席会议、行政机关内部或者行政机关之间的公文传递、会签等。但是,如果内部行为涉及行政相对人的权利义务,则产生了效力外部化的现象。这种效力外部化的内部行为,也属于现代行政法的调整范围。如在延安宏盛建筑工程有限责任公司诉陕西省延安市安全生产监督管理局生产责任事故批复案中,法院认为:

按照《行政诉讼法》的规定,作为内部行政行为的批复不可诉,但内部行政行为通过行政机关职权行为外化后,则可以纳入行政诉讼的受案范围。[17]

---

[16] 张文显主编:《法理学》,高等教育出版社、北京大学出版社1999年版,第57页。
[17] 最高人民法院行政审判庭编:《中国行政审判指导案例》(第1卷)第1号案例,中国法制出版社2010年版,第1页以下。

在这里,"通过行政机关职权行为"的要件十分重要,若无此要件,那么内部行政仍在"内部"之中,未对外部相对人权利义务产生实际影响,不可能成为行政诉讼客体。又如,在魏某高、陈某志诉来安县人民政府收回土地使用权批复案(指导案例第 22 号)中,其裁判要点是:

> 地方人民政府对其所属行政管理部门的请示作出的批复,一般属于内部行政行为,不可对此提起诉讼。但行政管理部门直接将该批复付诸实施并对行政相对人的权利义务产生了实际影响,行政相对人对该批复不服提起诉讼的,人民法院应当依法受理。

在该案中,最高人民法院提出了判断内部行为效力外化的两个要件:(1)直接将该批复付诸实施;(2)对行政相对人的权利义务产生了实际影响。与延安宏盛建筑工程有限责任公司诉陕西省延安市安全生产监督管理局生产责任事故批复案相比,要件(1)可以作为"通过行政机关职权行为"的同义表述,要件(2)显然是新增设的。可见,判例也在不断地发展内部行为效力外部化的理论。

(四)国家行为

国家行为,或称统治行为、行政机关在宪法上的行为等,它不是行政行为。作为一个法律概念,国家行为最早出现在《行政诉讼法》(1989)第 12 条。该条规定"国防、外交等国家行为"不属于行政诉讼的受案范围。《行诉解释》第 2 条规定,国家行为"是指国务院、中央军事委员会、国防部、外交部等根据宪法和法律的授权,以国家的名义实施的有关国防和外交事务的行为,以及经宪法和法律授权的国家机关宣布紧急状态等行为"。依照这一解释,国家行为对外具有主权性,对内具有最高性,且具有高度政治性,因此,学理上把国家行为划归宪法调整是妥当的,[18]《行政诉讼法》将它排除在行政诉讼受案范围之外也是正当的。当然,一些涉及行政相对人的权利,且政治性程度不高的国防、外交行为,基于权利保护的充分性原则,仍然应当划入行政行为的范围,如国防征兵、颁发出国护照等。行政相对人对这类行政行为不服,可以提起行政诉讼。[19]

---

[18] 《香港特别行政区基本法》第 19 条第 3 款规定:"香港特别行政区法院对国防、外交等国家行为无管辖权。香港特别行政区法院在审理案件中遇有涉及国防、外交等国家行为的事实问题,应取得行政长官就该等问题发出的证明文件,上述文件对法院有约束力。行政长官在发出证明文件前,须取得中央人民政府的证明书。"
[19] 游某平不服龙岩市人民政府征兵办公室行政处罚案,福建省龙岩市中级人民法院行政判决书[(1992)龙法行字第 8 号];马某兴不服南通市公安局出入境管理行政处理案,江苏省南通市中级人民法院行政判决书[(1999)通行终字第 30 号]。

第七章 行政行为：行政决定

第一节 行政决定的一般理论

一、行政决定的概念

法规范中抽象的内容只有转化为个别性的权利和义务，法规范的调整功能才能实在化。如《反不正当竞争法》第10条规定："经营者进行有奖销售不得存在下列情形：（一）所设奖的种类、兑奖条件、奖金金额或者奖品等有奖销售信息不明确，影响兑奖；（二）采用谎称有奖或者故意让内定人员中奖的欺骗方式进行有奖销售；（三）抽奖式的有奖销售，最高奖的金额超过五万元。"该法第22条规定："经营者违反本法第十条规定进行有奖销售的，由监督检查部门责令停止违法行为，处五万元以上五十万元以下的罚款。"假设经营者A进行抽奖式的有奖销售，最高奖的金额超过5万元，经查A的违法行为属实，市场监管部门决定对A处以5万元的罚款。在这里，将法规范抽象的内容转接到个案的法技术，就是作为行政决定种类之一的行政处罚决定；没有这一行政处罚决定，《反不正当竞争法》第10条、第22条就永远是抽象的，不能发挥其法规范的调整功能。所以，行政决定具有将法规范中抽象内容具体化的功能。

行政决定是行政机关依照法定职权对可确定的行政相对人作出的，旨在形成个别性的权利和义务关系的单方行为。[1] 行政决定的主体结构模式可以分为两类：(1)直线型。其模型为"A→B"。在这里，A代表行政机关，B代表行政对象人。这一类型作文字可以表述为，行政机关(A)作出的行政决定直接指向公民、法人或者组织(B)时，B即为行政对象人。如因闯红灯被交警处罚的驾驶员就是行政处罚决定的行政对象人。(2)三角型。这是一种由ABC三个法律主体构成的三角型结构模式。在这里，A代表行政机关，B代表行政对象人，C代表与A向B作出的行政决定有利害关系的行政相关人。如B和C分别向A申请颁发有限额的许可证，A作出行政许可决定，将许可证颁发给B，C就是与行政许可决定有利害关系的行政相关人。进一步明确如下几个问题，有助于我们加深对行政决定的认识。

1. 行政决定具有如同法规范一样的存续效力，法的安定性由此获得保障。行政决定具有稳定、明确行政机关和行政相对人之间法律关系的功能；行政决定没有这一功能，法规范就不可能对行政相对人产生预期的法效果，法规范的目的也就不可能实现。从这个意义上说，行政决定是连结法的此岸(法规范)到彼岸(个案)之间的"桥梁"。通过这个"桥梁"，法规范中的法效力被运送到个案之中。这里的"桥梁"除了行政处罚决定，还有行政许可决定、行政强

---

[1] 关于行政决定的定义，德国《联邦行政程序法》第35条规定："行政处分，系指官署为处理公法上之具体案件，所为之处分、决定或其他公权力之处置，而对外直接发生法律效果者而言。"《行诉若干意见》第1条规定："'具体行政行为'是指国家行政机关和行政机关工作人员、法律法规授权的组织、行政机关委托的组织或者个人在行政管理活动中行使行政职权，针对特定的公民、法人或者其他组织，就特定的具体事项，作出的有关该公民、法人或者其他组织权利义务的单方行为。"

制决定和征收、征用决定等其他行政决定。

2. 行政法律体系以其开放性的势态,接纳了行政决定以外的其他行政行为,由此,行政行为呈现多样性的特征。但是,行政行为的多样性并没有从根本上动摇行政决定在现代行政法体系中的核心地位,它仍然是一个以行政决定为核心展开的法律体系。[2] 虽然这个法律体系架构在某些方面可能发生了若干变化,增添了不少从未有过的新内容,但是,在未来可预期之内,行政决定仍然是现代行政法体系的核心。

3. 行政决定是行政实体法、行政程序法和行政诉讼法通用的基础性概念,也正是这个基础性概念,将行政实体法、行政程序法与行政诉讼法串联成了一个整体性法框架,因此,行政决定具有促进行政法体系化的功能。在行政实体法中,行政决定是法规范内容在个案中具体化的工具,具有法安定性功能;在行政程序法中,作为规范行政权过程的行政程序始终是以行政决定的作成为目标的,行政决定的作出意味着一个行政程序的终结;在行政诉讼中,行政决定是行政诉讼客体,是司法审查的对象,行政诉讼受案范围、判决方式等制度主要是围绕行政决定确定的。

4. 公民、法人和其他组织都必须尊重和服从行政决定。行政相对人必须履行行政决定为其设定的义务,除非它有法定无效情形,[3]否则,即使行政相对人提起行政诉讼,原则上也不停止执行被诉的行政决定。行政相对人不履行行政决定为其设定的义务,行政机关可以依照法律规定强制执行或者申请法院强制执行。[4]

二、行政决定的要素

(一)行政机关

行政决定是行政机关对外作出的一种行政行为。行政机关是代表本级人民政府在法定管辖权范围内行使法定职权,并具有独立法律地位的组织。如《环境保护法》第62条规定:"违反本法规定,重点排污单位不公开或者不如实公开环境信息的,由县级以上地方人民政府环境保护主管部门责令公开,处以罚款,并予以公告。"中央和地方各级人民政府也是行政机关。如《国有土地上房屋征收与补偿条例》第26条第1款规定:"房屋征收部门与被征收人在征收补偿方案确定的签约期限内达不成补偿协议,或者被征收房屋所有权人不明确的,由房屋征收部门报请作出房屋征收决定的市、县级人民政府依照本条例的规定,按照征收补偿方案作出补偿决定,并在房屋征收范围内予以公告。"

行政机关之外的组织和个人,在获得法律、法规或者规章授权时也具有与行政机关相同的法律地位,有权依法作出行政决定。如《行政处罚法》第19条规定:"法律、法规授权的具有管理公共事务职能的组织可以在法定授权范围内实施行政处罚。"如在溆浦县中医院诉溆浦县邮电局不履行法定职责案中,法院认为:

长期以来,我国对邮电部门实行政企合一的管理模式。邮电部门既具有邮电行政主管机关的职权,又参与邮电市场经营。经过改革,目前虽然邮政和电信初步分离,一些电信部门逐渐成为企业法人,

---

[2] "行政行为的多样性"是指在行政决定之外,现代行政法发展出了如行政指导、行政协议、行政规划、公开政府信息等行政行为。

[3] 《行政处罚法》第70条规定:"行政机关及其执法人员当场收缴罚款的,必须向当事人出具国务院财政部门或者省、自治区、直辖市人民政府财政部门统一制发的专用票据;不出具财政部门统一制发的专用票据的,当事人有权拒绝缴纳罚款。"

[4] 《行政强制法》第34条规定:"行政机关依法作出行政决定后,当事人在行政机关决定的期限内不履行义务的,具有行政强制执行权的行政机关依照本章规定强制执行。"

但是由于电信行业的特殊性,我国电信市场并未全面放开,国有电信企业仍然是有线通信市场的单一主体,国家对电信方面的行政管理工作,仍然要通过国有电信企业实施。这些国有电信企业沿袭过去的作法行使行政管理职权时,应视为《中华人民共和国行政诉讼法》第25条第4款所指的"由法律、法规授权的组织"综上所述,被上诉人溆浦县邮电局在接到上诉人溆浦县中医院的申请后拒不开通"120"急救电话,是不履行职责的错误行政行为,应当纠正。溆浦县邮电局为推卸责任而提出的溆浦县中医院申办不符合文件规定、自己已经履行了开通"120"急救电话的义务、不具备行政诉讼被告资格等辩解理由,均不能成立。[5]

在政府信息公开中,公共企事业单位也可以作出行政决定。《政府信息公开条例》第55条规定:"教育、卫生健康、供水、供电、供气、供热、环境保护、公共交通等与人民群众利益密切相关的公共企事业单位,公开在提供社会公共服务过程中制作、获取的信息,依照相关法律、法规和国务院有关主管部门或者机构的规定执行。全国政府信息公开工作主管部门根据实际需要可以制定专门的规定。前款规定的公共企事业单位未依照相关法律、法规和国务院有关主管部门或者机构的规定公开在提供社会公共服务过程中制作、获取的信息,公民、法人或者其他组织可以向有关主管部门或者机构申诉,接受申诉的部门或者机构应当及时调查处理并将处理结果告知申诉人。"对照该条例第54条的规定,依照体系解释方法,第55条中的"公共企事业单位"不是第54条中的"法律、法规授权的具有管理公共事务职能的组织",[6]但它是实质意义上的行政机关。

行政机关依照宪法作出的具有高度政治性的决定不是行政决定,如国务院决定在省、自治区、直辖市的范围内对部分地区进行戒严。人民代表大会、监察委员会、法院和检察院以及军事机关都不是作出行政决定的主体,虽然它们作出的某些行为外观具有行政决定的形式,如人大常委会作出不准许公民旁听会议申请的决定,军事机关批准现役军人转业的决定等,它们不属于行政法调整的对象。

(二)法定职权

作为行政决定要素之一的法定职权,它有以下几点内容:(1)职权源于法律、法规或者规章的设定。在法律、法规或者规章未设定职权的情形下,有时宪法可以"出场"补充法律、法规和规章的缺位。行政规定在不抵触法律、法规或者规章的情形下也可以设定相应职权。[7]指导性案例、惯例、法的原则、公共政策等行政法不成文法源在一定条件下可以作为职权来源的补充性规定。(2)职权是基于国家强制的一种支配力,它具有在不取得行政相对人同意的前提下,支配其人身、财产等合法权益的强制力,如公安机关强制驱散违法的游行示威人群。[8] 职权具有维护秩序的功能,但也有侵犯行政相对人的合法权益或者损害公共利益的可能性。(3)职权是一种不可放弃的权利。就行政相对人而言,权利是可以放弃的,放弃权利不会承担法律责任,但是,对于行政机关来说,职权还包含义务,因此,只要符合法定条件,行政机关必须履行法定职权,否则,应当依法承担责任。

---

[5] 参见《最高人民法院公报》2000年第1期。
[6] 《政府信息公开条例》第54条规定:"法律、法规授权的具有管理公共事务职能的组织公开政府信息的活动,适用本条例。"
[7] 《浙江省行政程序办法》第9条第1款规定:"行政机关的职权依照法律、法规、规章以及县级以上人民政府依法制定的行政规范性文件确定。"
[8] 《集会游行示威法》(2009修订)第27条第2款规定:"有前款所列情形之一,不听制止的,人民警察现场负责人有权命令解散;拒不解散的,人民警察现场负责人有权依照国家有关规定采取必要手段强行驱散,并对拒不服从的人员强行带离现场或者立即予以拘留。"

法定职权中的"法"不仅是公法,还包括私法。如公法中关于"法人"的成立要件,行政机关要依照《民法典》第 57 条规定加以判断。又如,关于不动产登记机关的法定职权,《民法典》第 212 条规定:"登记机构应当履行下列职责:(一)查验申请人提供的权属证明和其他必要材料;(二)就有关登记事项询问申请人;(三)如实、及时登记有关事项;(四)法律、行政法规规定的其他职责。申请登记的不动产的有关情况需要进一步证明的,登记机构可以要求申请人补充材料,必要时可以实地查看。"当然,换一个角度,将本条看作藏匿在《民法典》中的公法规范也是妥当的。

在行政决定的合法性面向上,法定职权是行政决定的合法要件之一。但是,这里作为行政决定要素的"法定职权",其功能是试图在行政决定与行政机关的私法行为之间划出一条界线。如政府采购不是行政机关依照法定职权作出的强制购买行为,而是一种依照《民法典》的规定从事的民事活动。[9] 因此,否认法定职权是行政决定的要素之一并不妥当。

(三) 可确定的对象

行政决定所指向的对象必须是可确定的。所谓"可确定"是指行政决定在它的生效时间点上所影响的行政相对人在外围上具有封闭性,在行政决定效力存续期间的范围不可变动性。这是行政决定具有的将法规范进行具体化功能最本质的特征。在《行诉若干意见》第 1 条中,"特定"是最高人民法院界定"具体行政行为"的一个核心概念。[10] 在这里,它与"可确定"的含义是相当的。

"可确定"可以分为两种情形:(1)从行政决定内容中可以直接确定行政相对人——有名有姓,身份特定,如行政处罚决定中的受处罚人、行政许可决定中的申请人等。在实务中,这种情形没有争议,不会涉及"可确定"之辩。(2)从行政决定内容中可以确定某一类人,且在行政决定生效时,这类人的数量已经确定,范围已经封闭。如在方某燕等 688 名个体出租汽车经营户诉杭州市人民政府征收出租汽车经营权有偿使用费、核定经营权使用期限行政争议案中,被告在《杭州日报》上发布一则通告,主要内容是"对市区(不含萧山、余杭区)原行政审批取得经营权,但至今尚未缴纳经营权有偿使用费的小型客运出租汽车,按每辆 3 万元标准对其一次性征收经营权有偿使用费"[11]。由于自 1992 年以来杭州市人民政府不再新增行政审批出租汽车经营权,因此,该通告所针对的小型客运出租汽车经营者是可确定的,因为,在通告发布之后,通过行政审批获得经营权有偿使用费的小型客运出租汽车经营者不可能再增加,所以,该通告尽管没有直接明确每一位小型客运出租汽车经营户的经营者身份,也没有给每一位小型客运出租汽车的经营者送达通告,但通告是一个行政决定。又如,在重庆市垫江县桂溪镇北苑小区董某华等 108 户被拆迁户诉重庆市人民政府行政复议决定案中,对重庆市垫江县人民政府作出的垫府发[1998]2 号文件——《关于认真做好北苑小区旧城改造房屋拆迁补偿安置工作的通知》的性质,最高人民法院认为:

垫江县人民政府作出的垫府发[1998]2 号通知中有关拆迁补偿安置的标准、办法以及未按通知执行的法律后果等内容涉及当事人权利义务,上述内容针对的对象是特定的,即北苑小区的全部被拆迁单位和被拆迁户。上述内容的效力只适用于北苑小区旧城改造范围的被拆迁单位和被拆迁户,其效力

---

[9] 《政府采购法》第 43 条第 1 款规定:"政府采购合同适用合同法。采购人和供应商之间的权利和义务,应当按照平等、自愿的原则以合同方式约定。"

[10] 《行诉若干意见》第 1 条规定:"'具体行政行为'是指国家行政机关和行政机关工作人员、法律法规授权的组织、行政机关委托的组织或者个人在行政管理活动中行使行政职权,针对特定的公民、法人或者其他组织,就特定的具体事项,作出的有关该公民、法人或者其他组织权利义务的单方行为。"

[11] 浙江省高级人民法院行政判决书[(2001)浙行终字第 26 号]。

不及于其他对象,不能反复使用,一旦北苑小区的拆迁工作完成,该通知即失去其效力。[12]

行政机关对物作出的行政决定,是行政决定的一种特殊形式。虽然这种行政决定表面上以物为对象,但实际上它仍然有可确定的行政相对人。当行政相对人与该物"接触"时就要受到行政决定对该物设定的规范约束。如根据国务院《关于核定并公布第六批全国重点文物保护单位的通知》(国发〔2006〕19号)的规定,浙江大学的之江大学旧址(Ⅴ-78)被列为近现代重要史迹及代表性建筑。在这个对物作出的行政决定中,它的行政相对人是该旧址的使用人浙江大学。在这里,我们需要区分行政决定和法律关系之间的不同。法律关系需要人介入之后才能具体化,但行政决定未必,而且行政决定本身就是行政法律关系产生、变更和消灭的依据之一。所以,不能将"对人或者对物"理解为行政法律关系的另一方,毋宁说它是行政法律关系的内容。

如果行政相对人不可确定的话,那么,行政机关作出的行政行为就不是行政决定。但是,在实务中,有时因为事件要素——它本身可以分为确定和不确定——的介入,从而增加了认定行政行为是否属于行政决定的难度:

实例1:综合行政执法局要求临街水果经营户李四随时清除"门前三包"区域内的垃圾杂物。此"要求"中,行政相对人是特定的,但事件是不特定的。在这个"要求"存续期间,只要在李四"门前三包"区域内有垃圾杂物,他都负有清除的义务。在这里,"垃圾杂物"不是特定的,而是将来可能产生的、不知何种性质的垃圾杂物。由于此一"要求"适用对象的行政相对人可确定,因此可以划入行政决定。

实例2:市政府发布公告称:禁止今年春节在城市规划区内燃放烟花爆竹。此"公告"中,事件是特定的,但行政相对人不确定,所以,在适用对象上,这个"公告"与行政机关制定发布的行政规范相同。但由于"今年春节"的限定,使该"公告"适用的事件确定,但适用的对象是不确定的,所以,该"公告"不是行政决定。

在实务中,行政机关发布通告称,因某大楼住户中一居民感染"新冠",决定依法隔离本大楼,禁止任何人出入本大楼。这类行政决定在大陆法系国家行政法上被称为"一般行政决定"。[13]它是行政决定的一种特例。关于交通信号、标志是否属于行政决定,在实务中争议较大。(1)交通信号,即交警手势或者人工、自动信号灯。交通信号适用于特定的道路区域,其法效力限于进入该区域的行人、车辆。在交通信号转换的每一个时间段,行人、车辆都是可以确定的,但它又不同于前述可确定对象的第二种情形。在交通信号规制的道路区域内,可以确定在场的行人、车辆,故交通信号可以归入"一般行政决定"。(2)交通标志,即内容固定不变的交通指示牌,如限速标志、禁止停放车辆标志等。在学理上,交通标志被认为是法律规范的重述。[14]它针对特定区域、时间,但行政相对人是不确定的,且具有面向未来的开放性,所以,交通标志不是行政决定。

(四)单方行为

行政决定的蓝本是法院的裁判。[15] 在行政机关作出行政决定的自由度上,它不同于民

---

[12] 参见最高人民法院行政判决书〔(2001)行终字第14号〕。在易某广诉湖南省株洲县人民政府送电线路建设工程征地拆偿安置决定案中,法院认为,株洲县人民政府制定下发县政办发〔2007〕9号《长衡500KV送电线路工程株洲县建设工程征地拆偿安置办法》是一个"行政决定",具有可诉性。另参见最高人民法院行政审判庭编:《中国行政审判案例》(第2卷)第44号案例,中国法制出版社2011年版,第22页以下。

[13] 德国《联邦行政程序法》第35条规定:"一般处分(Allgemeinverfügung)系对由一般性特征而确定其范围之人所为,或有关物之公法性质以及其共同使用之行政处分。"

[14] 参见陈敏:《行政法总论》(第10版),台北,新学林出版有限公司2019年版,第345页。

[15] 参见[德]奥托·迈耶:《德国行政法》,刘飞译,商务印书馆2002年版,第98页。

事法律行为。在不违反法律、行政法规的强制性规定的前提下,民事法律行为的内容可以由双方当事人协商确定,即意思自治。但是,因行政决定的内容涉及公共利益,事先都是法定的。也就是说,行政决定的内容不能由双方协商确定,只能由行政机关单方决定,即依法作出行政决定。有时,行政机关在作出决定之前会听取行政相对人的意见,但这不是与行政相对人协商行政决定的内容,而是给行政相对人提供一个表达意见的机会,旨在提高行政决定的可接受性。听取意见有利于行政机关全面查清事实,作出合法、适当的行政决定,因此,它构成了行政决定不可或缺的程序要素。

单方行为这一要素为行政机关保留了单方面的且不需要征得行政相对人同意即可以作出行政决定的法理基础。也就是说,行政机关是否作出行政决定,以及如何作出行政决定,取决于行政机关认定与裁量;即使是依申请的行政决定,如颁发营业执照决定,行政相对人的申请也不意味着他同意行政机关作出行政决定,而是行政机关作出依申请行政决定的前提条件。行政决定的单方性特征,是将行政机关订立行政协议划出行政决定范围的依据。在干预行政中,强调行政决定的单方性尤为重要,因为行政决定若没有这种单方性,行政机关就难以维持正常社会发展所需要的秩序。秩序依赖于权力,无权力即无秩序。

(五)意思表示

以行政机关作出行政行为时主观上是否有实现某种法效果的目的的意思表示为标准,可以把行政决定与其他行政行为区分开来。这一划分标准源于德国行政法。[16] 德国行政法上的"意思表示"理论源于民法,并为中国行政法所继受。民法中的"意思表示"蕴含意思自治原则,它的法律价值在于对抗国家权力对民事法律活动的干预。与民法不同的是,行政法上的意思表示内容是法定的,且它能使行政决定产生法效力。与行政决定不同的是,行政事实行为仅在客观上产生一种"事实"效果,并因法规范的规定使这一事实具有法律意义。由于行政事实行为是一种复杂的行政法现象,所以,它的行为方式也十分庞杂。需要指出的是,在行政决定中,如行政相对人申请行为中的意思表示,在行政合同等行政法律行为中,行政机关和行政相对人的意思表示,它们不产生与行政决定相同的法效果,在学理上称为"单纯行政法意思表示"。[17] 在送达等程序性行为中,行政机关的意思表示没有产生限制、剥夺行政相对人合法权益的法效果仅是一种观念上的表示行为,是行政事实行为的一种。

(六)直接对外发生法效果

行政决定一经作出,它直接引起行政法律关系发生、变更或者消灭。"直接"意味着它不需要转换中介,即可以产生限制、剥夺行政相对人合法权益的法效果。行政事实行为并非没有法效果,而是由法确定的,如行政机关送达行为可以产生确认行政相对人收到行政决定且开始计算起诉期限的法效果,行政机关受理行为可以产生行政程序开始且计算行政机关作出行政决定期限的法效果。

内部行为的法效果只限于行政机关内部,与外部行政相对人无涉,一般不属于行政法规范的对象。但是,内部行为法效果一旦"外溢",则进入了行政法调整的范围,此所谓"内部行为效力外部化"。如在魏某高、陈某志诉来安县人民政府收回土地使用权批复案中,来安县人民政府作出收回国有土地使用权批复之后,来安县原国土资源局应当根据该批复对该国有土地使用权人作出收回国有土地使用权决定,但是,来安县原国土资源局将该批复直接交来安县土地储备中心根据该批复实施拆迁补偿安置行为,由此引起行政争议。对此,法院认为:

---

[16] 参见[德]哈特穆特·毛雷尔:《行政法学总论》,高家伟译,法律出版社2000年版,第183页。
[17] 参见陈敏:《行政法总论》(第10版),台北,新学林出版有限公司2019年版,第845页。

根据《土地储备管理办法》和《安徽省国有土地储备办法》以收回方式储备国有土地的程序规定,来安县国土资源行政主管部门在来安县人民政府作出批准收回国有土地使用权方案批复后,应当向原土地使用权人送达对外发生法律效力的收回国有土地使用权通知。来安县人民政府的批复属于内部行政行为,不向相对人送达,对相对人的权利义务尚未产生实际影响,一般不属于行政诉讼的受案范围。但本案中,来安县人民政府作出批复后,来安县国土资源行政主管部门没有制作并送达对外发生效力的法律文书,即直接交来安县土地储备中心根据该批复实施拆迁补偿安置行为,对原土地使用权人的权利义务产生了实际影响;原土地使用权人也通过申请政府信息公开知道了该批复的内容,并对批复提起了行政复议,复议机关作出复议决定时也告知了诉权,该批复已实际执行并外化为对外发生法律效力的具体行政行为。[18]

在多阶段行政决定中,其他行政机关或者上级行政机关的参与行为不是行政决定。所谓多阶段行政决定,是指凡依法必须事先经不相隶属的其他行政机关或者上级行政机关参与表示意见、同意或核准才能作出的行政决定。在这里,"其他行政机关或者上级行政机关参与表示意见、同意或核准"属于参与行为,不构成对行政相对人的直接法效果,所以它不是行政决定。

复合行政决定也是由若干个阶段性行为组成的,与多阶段行政决定不同的是,复合行政决定中的阶段性行为是由同一行政机关作出的,多阶段行政决定是由其他机关或者上级机关参与作出的。复合行政决定中阶段性行为是否属于行政决定,需要在个案中作具体判断。如在陈某霞诉福建省泉州市鲤城区人民政府搬离公告案中,法院认为:

上诉人认为,若采取统一搬离的措施,本案《搬离公告》是最终行政行为——强制搬迁之前的阶段性行政行为,对相对人不产生独立的、最终的行政法律效力,不属于行政诉讼受案范围。本院认为,行政机关为完成特定行政任务,作出由一系列阶段性行政行为所组成的复合行政行为时,阶段性行政行为是否可诉,一要看该阶段性行政行为是否对特定当事人的权益产生影响,二要判断前阶段行政行为与后阶段行政行为之间的内在联系。如果前阶段行政行为的法律效力不能完全被后阶段行政行为所吸收,则对前阶段行政行为有独立的诉讼利益。本案中,上诉人设立的鲤城区分指挥部作出的《搬离公告》,针对江滨北路鲤城段范围内的防洪堤空厢租户这一特定对象,要求承租户在规定期限内签订腾空协议,并自行腾空、搬离其承租的空厢,还告知,逾期未搬离的,建设单位将统一进行搬离。因此,《搬离公告》对特定当事人设定义务,影响其权益。并且,上诉人在二审中自认最终行政行为(强制搬迁)不是由其作出,故是否存在上诉人所述"最终行政行为"并不能确定,亦不能确定《搬离公告》的法律效力被"最终行政行为"完全吸收。因此,上诉人关于本案被诉行政行为属阶段性行政行为,不具有可诉性的主张不能成立。[19]

三、行政决定的分类

(一)内容标准

1.命令性行政决定,即命令行政相对人作特定的作为、不作为或者容忍义务的行政决定。《海关法》第87条规定:"海关准予从事有关业务的企业,违反本法有关规定的,由海关责令改正,可以给予警告,暂停其从事有关业务,直至撤销注册。"本条中的"责令改正"是命令违法相对人履行特定作为的义务。《反不正当竞争法》第18条第1款规定:"经营者违反本法第六条规定实施混淆行为的,由监督检查部门责令停止违法行为,没收违法商品。违法经营额五万元以上的,可以并处违法经营额五倍以下的罚款;没有违法经营额或者违法经营额不足五

---

[18] 参见最高人民法院指导案例22号(2013年)。
[19] 参见福建省高级人民法院行政判决书[(2017)闽行终513号]。

万元的,可以并处二十五万元以下的罚款。情节严重的,吊销营业执照。"本条中的"停止违法行为"是命令违法相对人负不作为的义务。《水污染防治法》第21条第1款第1句规定:"直接或者间接向水体排放工业废水和医疗污水以及其他按照规定应当取得排污许可证方可排放的废水、污水的企业事业单位和其他生产经营者,应当取得排污许可证;城镇污水集中处理设施的运营单位,也应当取得排污许可证。"根据该条规定,某企业依法取得排污许可证后,该企业周围的个人和单位有容忍该企业排放符合规定标准污水的义务。

命令性行政决定具有可执行性,如行政相对人不履行命令性行政决定,行政机关有权强制执行或者申请法院强制执行。

2. 形成性行政决定,即能够产生、变更或者消灭行政法律关系的行政决定。行政许可是一种典型的形成性行政决定。所谓行政许可,即经行政相对人申请,行政机关作出"准予其从事特定活动"的行政决定。如《城乡规划法》第41条第1款规定:"在乡、村庄规划区内进行乡镇企业、乡村公共设施和公益事业建设的,建设单位或者个人应当向乡、镇人民政府提出申请,由乡、镇人民政府报城市、县人民政府城乡规划主管部门核发乡村建设规划许可证。"通过申领乡村建设规划许可证,建设单位或者个人获得了从事乡镇企业、乡村公共设施和公益事业建设的合法权利,或者说,他们的这一权利获得了国家认可并依法加以保护。形成性行政决定不需要强制执行,因为,形成性行政决定一旦作出,就直接产生行政法律关系发生、变更和消灭的法效果。

3. 确认性行政决定,即对法律关系或者事实加以确认,使之具有法律意义的行政决定。行政机关对法律关系的确认,如股权登记便是一例。如在北京世纪星碟文化传播有限公司诉北京市工商行政管理局朝阳分局行政撤销案中,法院认为:

依照《中华人民共和国公司法》的规定,公司应当将股东的姓名或者名称及其出资额向公司登记机关登记;登记事项发生变更的,应当办理变更登记。未经登记或者变更登记的,不得对抗第三人。据此,公司股东转让股权的民事法律行为,经股东会议决议表决通过即发生民事法律效力,登记机关的核准登记并非该民事法律行为的生效要件,不经登记机关办理变更登记只是不产生对抗第三人的效力,登记机关的登记行为不具有赋权性,仅具有对社会公示的法律效力。[20]

又如,《户口登记条例》第7条第1款规定:"婴儿出生后一个月以内,由户主、亲属、抚养人或者邻居向婴儿常住地户口登记机关申报出生登记。"根据这一规定,户口登记是行政机关对婴儿出生这一事实在法律上加以确认,使之具有法律意义。如户口登记是确定适龄儿童接受义务教育学区划分的依据。[21]

(二)结果标准

1. 有利行政决定,即给予、增加行政相对人权益的行政决定。如发放最低生活保障费决定、发放抚恤金决定和核发许可决定等。行政机关撤回有利行政决定时,必须考虑补偿行政相对人财产损失或者保护其信赖利益。如《行政许可法》第8条第2款规定:"行政许可所依据的法律、法规、规章修改或者废止,或者准予行政许可所依据的客观情况发生重大变化的,为了公共利益的需要,行政机关可以依法变更或者撤回已经生效的行政许可。由此给公民、法人或者其他组织造成财产损失的,行政机关应当依法给予补偿。"在周口市益民燃气有限公司(以下简称益民公司)诉周口市人民政府、周口市原发展计划委员会侵犯专营权案中,即使

---

[20] 参见北京市朝阳区人民法院行政判决书[(2006)朝行初字第258号]。
[21] 《义务教育法》第12条第1款规定:"适龄儿童、少年免试入学。地方各级人民政府应当保障适龄儿童、少年在户籍所在地学校就近入学。"

该案发生在《行政许可法》实施之前,法院在审查此案时也已经充分注意到了这一点。最高人民法院认为:

> 市政府却在未对周地建城[2000]10号文进行任何处理的情况下,径行作出授予中标人亿星公司城市天然气管网项目经营权的54号文,既违反了法定程序,又损害了益民公司的信赖利益。[22]

该案中,益民公司在案发前已经依法取得了周口市城市管道燃气专营权,但是,被告在未撤回对益民公司的专营许可之前,又将周口市城市管道燃气专营许可给了亿星公司,损害了益民公司的信赖利益。对此,法院判决责令被告对益民公司的合法投入予以合理弥补。

2. 不利行政决定,即限制、剥夺行政相对人权益或者为行政相对人设定、增加义务的行政决定。常见的有行政处罚决定、行政强制措施决定和撤销行政许可决定等。在不利行政决定作出过程中,听证或者陈述意见机会作为一个不可省去的程序受到行政法的特别关注。关于是否以及如何撤销违法不利行政决定的问题,基于有错必纠原则,行政机关有较为宽泛的裁量权。但是,在作出撤销违法不利行政决定时,行政机关必须在依法行政和法的安定性之间找到一个平衡点。

3. 混合行政决定,即对同一行政相对人产生有利、不利两种法效果并存的行政决定。《戒毒条例》第25条第1款规定:"吸毒成瘾人员有《中华人民共和国禁毒法》第三十八条第一款所列情形之一的,由县级、设区的市级人民政府公安机关作出强制隔离戒毒的决定。"强制隔离戒毒决定既有限制人身自由的不利效果,也有给予治疗的有利效果。混合行政决定的法效果集中于同一行政相对人,所以,它不同于具有对第三人法效果的行政决定,后者如颁发规划许可证决定对第三人产生相邻关系上的不利影响。

除了上述三种行政决定分类外,还有其他如裁量行政决定和羁束行政决定、依申请行政决定和依职权行政决定、要式行政决定和非要式行政决定等。

第二节 行政决定的合法要件

基于依法行政原理的要求,行政机关作出行政决定必须满足若干合法要件。行政决定合法要件是行政复议、行政诉讼或者其他行政监督程序中评判行政决定是否合法的基准。

一、职权要件

职权要件,是指行政机关作出行政决定必须有权能和权限。行政机关能够做什么事,称为"行政权能";行政机关能在多大范围内做事,称为"行政权限"。行政职权是由行政权能和行政权限两部分组合而成的。以市场监管局为例,《食品安全法》第6条第2款规定:"县级以上地方人民政府依照本法和国务院的规定,确定本级食品安全监督管理、卫生行政部门和其他有关部门的职责。有关部门在各自职责范围内负责本行政区域的食品安全监督管理工作。"根据这一规定,市场监管局有权对违反食品安全管理行为的行政相对人作出行政处罚决定。这是市场监管局在食品安全监管中具有的行政处罚权能,它涉及市场监管局与其他行政机关、非行政的国家机关之间的分工关系。《食品安全法》第134条规定:"食品生产经营者在

---

[22] 参见最高人民法院行政判决书[(2004)行终字第6号]。

一年内累计三次因违反本法规定受到责令停产停业、吊销许可证以外处罚的,由食品安全监督管理部门责令停产停业,直至吊销许可证。"根据这一规定,市场监管局有权作出责令停产停业,直至吊销许可证的行政处罚决定。这是市场监管局在食品安全管理中具有的行政处罚权限,它既涉及与其他市场监管局的关系,即行政管辖权分配,也涉及该条规定中市场监管局作出行政处罚的种类、幅度,即行政裁量权的范围。基于职权法定原则,行政机关的职权必须依法确定,没有法定职权,行政机关不得作出行政决定。职权要件的法律价值在于,它确保每一项行政事务都有一个法定的行政机关来管辖(权能),每一个行政机关都有各自法定的行政事务范围(权限)。为此,法规范对各个行政机关的行政职权必须作出明确、具体的规定,并为解决管辖权冲突提供法定程序。

　　行政机关是否有权能,实务中常以编制委员会依法制定的"三定方案"为准,权限则是依法而定。在司法审查中,法院通常将此要件称为"职权依据",这是法院在合法性审查中要查明的第一个合法要件。职权要件不具备,即构成"无职权"或者"超越职权"。在一个判例中,考试机构的内设机构作出"确认考试成绩无效"的处理决定,[23]这种情形即为无权能。一个市的交通警察支队机动大队因为它职权上的"机动"性,法院认可它的权限范围可及于全市所有行政区域。如在李某和诉广州市公安局交通警察支队机动大队交通行政处罚纠纷案中,法院认为:

　　至于上诉人认为被上诉人对该地段无管辖权的问题,根据《广州市公安局交通警察支队职能配置、内设机构和人员编制规定》,机动大队负责对市区道路交通秩序进行机动性巡逻管理。故被上诉人有权对上诉人在上述路段的违法行为进行处罚。[24]

　　有时,因法律、法规或者规章没有明确规定,法院基于相关法律、法规或者规章的"立法原意",也能认定行政机关是否具有"职权依据"。如在夏某荣诉徐州市原建设局行政证明纠纷案中,法院认为:

　　国务院《城市房地产开发经营管理条例》第17条规定:"房地产开发项目竣工,经验收合格后,方可交付使用;未经验收或者验收不合格的,不得交付使用。房地产开发项目竣工后,房地产开发企业应当向项目所在地的县级以上地方人民政府房地产开发主管部门提出竣工验收申请。房地产开发主管部门应当自收到竣工验收申请之日起30日内,对涉及公共安全的内容,组织工程质量监督、规划、消防、人防等有关部门或者单位进行验收。"建设部《城市住宅小区竣工综合验收管理办法》第3条第3款规定:"城市人民政府建设行政主管部门负责组织实施本行政区域内城市住宅小区竣工综合验收工作。"现行法律、法规和规章虽然规定建设行政主管部门负责本行政区域内城市住宅小区的组织竣工综合验收工作,但建设行政主管部门对建设在集体土地上的住宅小区组织竣工综合验收,也不违背"房地产开发项目竣工,经验收合格后,方可交付使用"的立法原意。无论世纪花园住宅小区所在的土地是国有还是集体所有,原审被上诉人徐州市建设局都必须依其享有的行政职权,才能对该住宅小区组织竣工综合验收。[25]

　　该案中,正如原审被上诉人徐州市建设局所说,作为徐州市的建设行政主管部门,徐州市建设局只是本行政区域内城市住宅小区竣工综合验收工作的组织者。世纪花园使用的是集体土地,对在集体土地上建设的住宅小区,法律没有规定必须由建设行政主管部门进行竣工

---

[23] 参见陈某杰诉浙江省教育考试院教育行政处理案,载最高人民法院行政审判庭编:《中国行政审判指导案例》(第1卷)第21号案例,中国法制出版社2010年版,第105页以下。
[24] 参见广东省广州市中级人民法院行政判决书[(2010)穗中法行初字第604号]。
[25] 参见《最高人民法院公报》2006年第9期。

综合验收。为了保护旧村改造过程中拆迁安置户的利益,避免出现不同的交付标准,根据广大拆迁安置户的要求,并应原审第三人恒信房产公司申请,徐州市建设局才对世纪花园进行了竣工综合验收。对此,法院则以"竣工综合验收"不违背立法原意为由,认可徐州市建设局有权对在集体土地上建设的住宅小区作出竣工综合验收的行政决定。

二、事实要件

事实要件,是指行政机关作出的行政决定必须具有足以支持其合法性的法律事实,且所依据的法律事实必须由以合法方式获得的证据加以证实。行政决定所依据的事实是一种法律事实,即已经为合法证据所证实的客观事实。为此,行政机关必须通过合法手段收集证据以证实与案件有关的事实,并以符合法律规定的形式记载于行政案卷之中。这个行政程序过程在法律上具有"封冻"事实的功能,即行政机关收集证据的过程是一个不可逆转的时间上的"过去"。依法行政原理要求行政机关只有在足够的法律事实基础上才能作出行政决定,由此导出一个程序规则:先取证,后裁决。

事实要件是由行政证据制度加以支持的。因国家至今未制定"行政程序法",独立的行政证据制度尚未确立,但有关行政证据的相关规定在单行法律、法规或者规章中并不少见。如《公安机关办理行政案件程序规定》第26条第1款规定:"可以用于证明案件事实的材料,都是证据。公安机关办理行政案件的证据包括:(一)物证;(二)书证;(三)被侵害人陈述和其他证人证言;(四)违法嫌疑人的陈述和申辩;(五)鉴定意见;(六)勘验、检查、辨认笔录,现场笔录;(七)视听资料、电子数据。"又如,《市场监督管理行政处罚程序规定》第24条规定:"收集、调取的书证、物证应当是原件、原物。调取原件、原物有困难的,可以提取复制件、影印件或者抄录件,也可以拍摄或者制作足以反映原件、原物外形或者内容的照片、录像。复制件、影印件、抄录件和照片、录像由证据提供人核对无误后注明与原件、原物一致,并注明出证日期、证据出处,同时签名或者盖章。"法律、法规或者规章等有关行政证据的规定都是认定行政决定事实要件的依据。如在陈某方、王某珍诉宜昌市公安局平湖分局处罚案中,法院认为:

《中华人民共和国行政处罚法》第30条规定,公民、法人或者其他组织违反行政管理秩序的行为,依法应当给予行政处罚的,行政机关必须查明事实;违法事实不清的,不得给予行政处罚。《治安管理处罚法》第93条规定,公安机关查处治安案件,对没有本人陈述,但其他证据能够证明案件事实的,可以作出治安管理处罚决定。但是,只有本人陈述,没有其他证据证明的,不能作出治安管理处罚决定。第95条第1、2项规定,治安案件调查结束后,公安机关应当根据不同情况,分别作出以下处理:(1)确有依法应当给予治安管理处罚的违法行为的,根据情节轻重及具体情况,作出处罚决定;(2)依法不予处罚的,或者违法事实不能成立的,作出不予处罚决定。被上诉人向原审法院提交了其民警对证人赵某、曹某、曾某、马某、梁某等人的询问笔录,其中赵某、曾某、马某、梁某等人的证言均不能证实江某对王某珍进行殴打并损坏其财物,现场唯一的目击证人曹某陈述王某珍用扫帚打了江某并用石头将门砸了一个洞;被上诉人提交的治安案件调解书、接处警登记表、受案登记表、受案回执、照片等证据显示江某与王某珍是互殴,双方均有损伤;被上诉人提交的出警经过显示,王某珍开始陈述其被赵某殴打,后又称是赵某叫江某殴打的。根据上述证据,被上诉人认为除王某珍本人陈述外,没有其他证据证明江某对其进行殴打并毁坏其财物,王某珍所指控的违法事实不成立,根据《中华人民共和国治安管理处罚法》第95条第2项的规定,决定对江某不予行政处罚,认定事实清楚,证据充分,适用法律正确。[26]

因原告对行政决定不服提起行政诉讼,行政决定就必须接受法院的合法性审查,因此,行

---

[26] 参见湖北省宜昌市中级人民法院行政判决书[(2016)鄂05行终194号]。

政机关在行政决定中对事实的认定应当尽可能接近行政诉讼证据的基本要求。但是,由于行政机关中从事行政执法的公务员系统受过法学教育的比例并不高,他们的法律职业思维能力不强,不太会运用法律适用技术,所以,他们对行政决定依据的事实所作出的判断,在行政诉讼中可能会被法官否定,因此,在行政机关内部设置法制审核程序十分必要。对此,《公务员法》第25条第2款规定:"国家对行政机关中初次从事行政处罚决定审核、行政复议、行政裁决、法律顾问的公务员实行统一法律职业资格考试制度,由国务院司法行政部门商有关部门组织实施。"

行政具有专业性且需要效率,所以,在事实要件审查中,应当确立如下规则:(1)基本事实清楚,即只要行政决定所依据的基本事实清楚,就应当认定已经满足事实要件合法性的要求。(2)尊重行政机关对事实的专业判断,即在事实认定上,只要行政决定的主要证据没有缺陷,就应当认可行政机关对事实认定的判断。对于具有高度专业性的事实认定,应当作为判断余地由行政机关作出判断。

三、依据要件

依据要件,是指行政机关作出的行政决定必须具有合法的依据。在行政法的法源中,"依据"分为成文法源和不成文法源。从主体的角度看,行政机关作出行政决定的依据可以分为立法机关制定的依据(法律、地方性法规)、行政机关制定的依据(行政法规、行政规章和行政规定)[27]和司法机关制定的依据(指导性案例、司法解释)。从法的属性角度看,可以分为属于法范畴的依据和不属于法范畴的依据。前者如法律、法规和规章,后者如行政规定、指导性案例等。对于法范畴的依据,行政机关必须依照《立法法》所确定的规则适用,而对于不属于法范畴的行政规定等,行政机关负有"合法性判断"义务,即需要就其合法性先行作出判断,才能决定是否可以将其作为依据。

依据要件的满足在适用技术上分为三个阶次:(1)找到正确的依据。如因依据的多层次性,法规范竞合难以避免,行政机关应当运用法规范竞合规则找到正确的依据。《产品质量法》第2条第2款规定:"本法所称产品是指经过加工、制作,用于销售的产品。"药品、农产品属于产品,本应受《产品质量法》的调整,但因另有《药品管理法》《农产品质量安全法》,根据《立法法》第103条的规定,它们应分别受《药品管理法》《农产品质量安全法》调整。(2)作出正确的解释。有时,"依据"需要结合个案事实解释之后才能适用。关于法律解释的方法,在"行政法的适用"一章中已经详细论述,这里不再重述。(3)进行适当的裁量。如果法规范授予了行政机关裁量权,那么行政机关应当作出妥当的裁量。关于行政裁量,在"行政法的适用"一章中也已经详细论述,这里再引一例,如在郭某军诉诸暨市原国土资源局土地行政处罚案中,法院认为:

> 被上诉人在《浙江省实施〈中华人民共和国土地管理法〉办法》第40条规定的补办手续与《中华人民共和国土地管理法》第77条第1款规定的拆除选择中,应当考虑上述特定的基本情况,首先选择最小侵害的方式,在此方式不具备条件时,可再考虑更严厉的制裁措施。也就是说,农村村民宅基地原拆原建,不改变土地利用性质,不扩大土地利用面积,不违反城市规划、村庄和集镇规划,虽未经审批,但其违

---

[27]《法治政府建设实施纲要(2021—2025年)》提出要建立"行政执法案例指导制度"。2024年3月国家市场监管总局《关于食品安全行政执法案例指导工作的规定》第3条第2款规定:"各级市场监管部门参照指导性案例办理类似案件,可以引述指导性案例进行说理,但不能作为案件处理决定的直接法律依据。"行政执法指导案例是行政决定的间接依据,具有强化行政决定依据合法性的功能。

法行为的事实、性质、情节以及社会危害程度相比于其他未经审批非法占地行为相对轻微处理方式,应有所区别。否则行政裁量不符合比例原则。因此,被上诉人适用《中华人民共和国土地管理法》第77条规定对上诉人作出的行政处罚决定属于适用法律错误。[28]

该案中,法院引用比例原则为依据,审查了被告作出的行政处罚决定裁量是否符合法律规定。法院认为,原告虽然未经批准建房,但属于宅基地上"原拆原建",与未经批建违法占地建房不可相提并论。但被告没有考虑这种差别,仍然选择拆除违建房屋的行政处罚决定,属于适用法律错误。

四、程序要件

程序要件,是指行政机关作出行政决定必须遵循预设的行为过程。程序要件要求行政机关在作出行政决定时,程序的步骤不得颠倒、跳越,方式不得省略、增减,期限不得延宕,形式不得改变。行政程序具有驱使行政机关合法行使行政职权的工具功能,同时它也具有本身的独立价值,如吸收行政相对人的不满,使行政相对人认同对其不利的行政决定等。

程序要件由法设定,称为"法定程序"。法定程序应由国家层面统一的"行政程序法"加以规定,但这一国家立法项目尚未动工。在地方,已有《江苏省行政程序条例》一个地方性法规和《湖南省行政程序规定》等10个地方政府规章对行政程序作出较为统一的规定。除此之外,大量散见于法律、法规或者规章中的程序性规定也属于"法定程序"。在没有法定程序的情况下,法院通常引入"正当程序"原则,为行政相对人提供一个"最低限度"的程序正义保护,行政机关必须遵守这个要求。如在张某银诉徐州市人民政府房屋登记行政复议决定案中,法院认为:

> 行政复议法虽然没有明确规定行政复议机关必须通知第三人参加复议,但根据正当程序的要求,行政机关在可能作出对他人不利的行政决定时,应当专门听取利害关系人的意见。本案中,复议机关审查的对象是颁发鼓房字第1741号房屋所有权证行为,复议的决定结果与现持证人张某银有着直接的利害关系,故复议机关在行政复议时应正式通知张某银参加复议。本案中,徐州市人民政府虽声明曾采取了电话的方式口头通知张某银参加行政复议,但却无法予以证明,而利害关系人持有异议的,应认定其没有采取适当的方式正式通知当事人参加行政复议,故徐州市人民政府认定张某银自动放弃参加行政复议的理由欠妥。在此情形下,徐州市人民政府未听取利害关系人的意见即作出于其不利的行政复议决定,构成严重违反法定程序。[29]

该案中,行政复议客体是徐州市房管局颁发给张某银的鼓房字第1741号房屋所有权证行为。曹某芳等对该房屋所有权证申请行政复议后,被告徐州市人民政府在未通知第三人张某银参加行政复议的情况下作出行政复议决定。关于是否需要通知第三人参加行政复议,《行政复议法》(1999)并没有作出明确规定,但法院引入了正当程序原则,认定被告作出的行政复议决定严重违反法定程序。

但是,在注重实体正义的传统法律文化的影响下,程序要件的重要性相对而言要次于前

---

[28] 参见浙江省绍兴市中级人民法院行政判决书[(2008)绍中行终字第37号];另参见王某萍诉河南省中牟县交通局交通行政赔偿案,载最高人民法院行政审判庭编:《中国行政审判指导案例》(第1卷)第18号案例,中国法制出版社2010年版,第89页以下。

[29] 参见《最高人民法院公报》2005年第3期。另参见田某诉北京科技大学拒绝颁发毕业证、学位证案,最高人民法院指导案例38号(2014年);彭某华诉浙江省宁波市北仑区人民政府工伤行政复议案,载最高人民法院行政审判庭编:《中国行政审判指导案例》(第1卷)第20号案例,中国法制出版社2010年版,第99页以下。

三个要件,这一点在行政诉讼中极为明显。如在"法定程序"项下判例发展出的主要程序和次要程序的两分法,把司法审查的重心倾注到了"主要程序"之上,并以是否影响行政相对人合法权利作为判断被诉行政行为合法性的标准。[30] 如在徐某荣诉衢州市人民政府、衢州市原国土资源局土地行政登记案中,法院认为:

> 被上诉人衢州国土资源局对该发生于2001年4月17日的批准注销行为,直至2005年9月21日才以函件的形式正式通知有关当事人,不仅不符合行政行为的规范化要求,不利于行政相对人依法行使其在行政程序中所应享有的陈述、申辩的权利,也有碍于行政效率。鉴于该程序上的不合理并不影响被上诉人衢州市人民政府批准注销行为的合法性,原审判决就此予以指正正确。上诉人徐某荣就案件事实认定等所提出的上诉理由,因缺乏相应证据支持,本院不予采信。[31]

该案中,被告的一个"批准注销行为"在时隔4年之久后才通知当事人,尽管法院指出被告这一行政决定对原告的合法权益产生影响,但仍认定为属于"程序上的不合理",进而判定这不影响"批准注销行为"的合法性。程序要件是否应当与其他要件等量齐观,在法律价值上是不难回答的问题,但是,在我们这样一个法治后发性国家中,程序要件在与行政效率和权利保护两者的权衡中往往被挤到一边。2014年修改的《行政诉讼法》否定了上述判例形成的主要程序和次要程序的处理规则,"行政行为程序轻微违法,但对原告权利不产生实际影响",法院也可以确认违法。[32]

第三节 行政决定的效力

行政决定的效力是法规范效力在行政决定中的延伸,是法规范效力作用于社会的基本方式。基于法秩序安定性的要求,行政决定一经作出原则上即产生效力。此为行政实体法中行政效力推定原则的当然结论。讨论行政决定的效力应从行政决定生效开始。

一、行政决定的生效

行政决定是基于行政机关对外作出意思表示而发生法效力的行政行为,所以,行政决定生效的时间节点是行政机关的意志表示依法到达行政相对人之时,或者依照法规范的规定将意思表示置于行政相对人客观上应当能够知道的状态之时,除非法有特别规定或者行政决定附有生效条件或者期限。

判断行政决定是否"到达"行政相对人,可以考虑以下几个要素是否齐备:(1)送达机关。送达应当由作出行政决定的行政机关为之,其他任何机关或者个人未经该行政机关委托,即使有"送达"的事实,也不能够产生送达的法效果。行政相对人通过其他途径,如从行政机关

---

[30] 参见章剑生:《对违反法定程序的司法审查——以最高人民法院公布的典型案例(1985—2008)为例》,载《法学研究》2009年第2期。

[31] 浙江省高级人民法院行政判决书[(2006)浙行终字第15号];另参见在茂名市京茂联有限公司诉茂名市知识产权局专利行政处理案中,法院认为:"国家知识产权局颁布的《专利行政执法办法》第十三条第二款规定:'处理决定书应当由案件承办人员署名,并加盖管理专利工作的部门的公章。'被诉处理决定虽未由案件承办人署名,存在形式上的瑕疵,但其加盖了单位的公章,不影响被诉处理决定的法律效力。"广东省高级人民法院行政判决书[(2005)粤高法行终字第94号]。

[32] 参见《行政诉讼法》第74条第1款第2项。

内部文印人员知道该行政决定的内容,也不发生送达的法效果。(2)受送达人。接受送达的人是行政相对人。行政相对人也可以委托他人代其收受送达,其法效果如同本人亲自收受。行政决定如涉及利害关系人,但行政机关仅送达行政相对人而没有送达利害关系人,基于行政效率的要求,该行政决定仍然产生法效力,补救办法是通过设置起诉期限的最长保护期,承认利害关系人的诉权。(3)送达地址。行政相对人的"住所地"是法定送达地址。"住所地"可以由行政相对人向行政机关事先声明,如记载于行政许可申请书之中,也可以由行政机关依照职权查实确定。如无法查实行政相对人"住所地",且穷尽其他所有送达方式仍然无法送达,行政机关可以采用公告方式送达。(4)送达方式。原则上,行政决定生效采用"到达主义",即行政决定被送达行政相对人法定住所地之日起生效。这里的"到达"是指行政机关采用法定送达方式,如直接交付、邮寄、委托等。但如果以公告方式送达,则需要经过法定时间之后,才能推定行政相对人知道行政决定而生效。行政机关以口头方式作出行政决定,以行政相对人知道内容之日起生效。特殊情况下不用送达方式但行政相对人知道行政决定内容,也可以产生送达的法效果。如在一个行政案件中,上一级行政机关将一个《关于纠正企业名称的通知》发给下一级行政机关,要求其执行该通知,在下一级行政机关执行时,该企业知道了该通知内容,则该知道时间节点为通知的生效时间。[33]

实务中,关于行政机关以违法方式送达行政决定是否产生法效力,没有一致的共识。在以下的四个判例中,法院的态度并不相同。在兰州常德物资开发部(以下简称常德开发部)不服兰州市人民政府收回土地使用权批复案中,法院认为:

> 在被上诉人市政府收回上诉人常德开发部的土地使用权之前,市政府的土地管理部门事实上已经将同一宗土地使用权又出让给华欧公司。兰政地字〔1997〕第43号批复的内容,涉及华欧公司和常德开发部双方的利益,市政府至今未给常德开发部送达兰政地字〔1997〕第43号批复。这些具体行政行为,都违反了法定程序。[34]

在王某华诉武汉市江岸区城市管理执法局(以下简称江岸区城管局)城建行政强制纠纷上诉案中,被告采用留置送达时邀请江岸保安公司工作人员作为见证人,送达方式是否合法,法院认为:

> 上诉人江岸区城管局在采用留置送达时邀请江岸保安公司工作人员作为见证人在送达回证上签名,并不违反法律规定。虽然上诉人江岸区城管局在作出该行为的整个程序中存在一定的瑕疵,但该瑕疵并不足以导致被诉具体行政行为被撤销。[35]

在广西建工集团第二建筑工程有限责任公司诉宾阳县原质量技术监督局质量技术监督行政处罚纠纷案中,法院认为:

> 虽然被上诉人作出的《行政处罚告知书》没有依法送达上诉人的法定代表人或有权签收的其他人员签收,但上诉人在其工作人员代签收《行政处罚告知书》的次日即以自己的名义提交了《申辩书》,说明上诉人已收到了该《行政处罚告知书》,已知道被上诉人作出行政处罚决定的事实、理由及依据,且其亦已行使了陈述、申辩的权利。被上诉人在送达该告知书的程序上虽有瑕疵,但不影响上诉人行使陈述、申辩及申请听证的权利。[36]

---

[33] 参见四川省泸州市龙马潭区人民法院行政判决书〔(2003)龙马行初字第14号〕。
[34] 参见《最高人民法院公报》2000年第4期。
[35] 参见湖北省武汉市中级人民法院行政判决书〔(2010)武行终字第132号〕。
[36] 参见广西壮族自治区南宁市中级人民法院行政判决书〔(2009)南市行终字第95号〕。

在李某和诉广州市公安局交通警察支队机动大队交通行政处罚纠纷上诉案中,关于通过交通技术监控设备记录作出的处罚决定的送达期限,没有明确的法律、法规规定,且被告也没有在合理期限内送达,对此,法院认为:

> 由于现有的法律、法规并未明确规定通过交通技术监控设备记录作出的处罚决定的送达期限,故应当在合理的期限内送达。被上诉人在上诉人车辆年审时才向上诉人送达,超过了合理的期限。但考虑到本案的处罚决定事实清楚,证据充分,且处罚决定的送达并不直接影响处罚决定的合法性,故上诉人以此为由请求撤销该处罚决定,本院不予支持。[37]

上述 4 个判例,除第 1 个外,对于其他 3 个,法院是把送达违法当作一个程序违法问题来处理的,并把是否影响行政相对人合法权益作为撤销行政决定的基准。

在对送达合法性有异议的情况下,只要行政决定到达行政相对人,送达违法就不能阻却行政决定生效。行政相对人不服收到的行政决定,若要求撤销该行政决定,可以依法申请行政复议或者提起行政诉讼,把送达违法作为撤销行政决定的理由附随提出。

二、行政决定效力的内容

基于法的安定性要求,行政决定作出之后无论是否合法,原则上都产生法效力,除非有法定情形,行政决定才归于无效。[38] 这是基于行政效率和维护社会秩序需要所作出的制度安排。更重要的法律价值在于,行政决定应当如同法院裁判一样,可以使社会秩序变得可预期、可计算。行政决定效力的内容分别是存续力、构成要件效力、跨程序效力、确认效力和执行力。其中,存续力发生在行政机关与行政相对人之间,构成要件效力和确认效力存在于行政机关与其他国家机关之间,跨程序效力存在于同一行政机关前后两个不同程序之中,执行力存在于具有可执行内容的行政决定之中。

(一)存续力

存续力,是指行政决定到达行政相对人后,即有持续存在的法效力。因行政决定是法规范的具体化,基于法的安定性要求,行政机关作出的行政决定,除法定无效情形外,行政相对人不得随意、随时提起行政救济,行政机关也不得随意、随时撤销、撤回。为此,必须赋予行政决定一种存在的、延续性的法效力——一种源于法规范持续存在而获得的法效力。法的安定性是存续力所赖以存在的法观念。

法的安定性是法治国家一个极其重要的基础性法观念。在司法实务中,法的安定性在判例中也不少见。如在杜某蓉诉四川省社会保险管理局不履行法定职责案中,法院认为:

> 关于行政程序的重开问题。一般而言,行政机关在作出行政行为后,若发现相应依据确有足以改变行为结果的重大错误,行政机关应依法予以纠正。当行政行为具备形式上的存续力后,行政机关亦并非不得再改变原行为,而应当结合当事人提供的证据材料及事实进行考量,对确实影响当事人合法权益的,行政机关可对行政程序予以重开。但行政程序重开的条件应受到严格限制。本院认为,就本案而言,杜某蓉所提交的证据材料尚不足以达到行政程序重新开启的程度。[39]

又如,在江苏双林海洋生物药业有限公司(以下简称双林公司)诉启东市行政审批局(以

---

[37] 参见广东省广州市中级人民法院行政判决书[(2010)穗中法行初字第604号]。
[38] 《行政处罚法》第38条第2款规定:"违反法定程序构成重大且明显违法的,行政处罚无效。"《湖南省行政程序规定》第161条第1款规定:"具有下列情形之一的,行政执法行为无效:(一)不具有法定行政执法主体资格的;(二)没有法定依据的;(三)法律、法规、规章规定的其他无效情形。"
[39] 参见四川省成都市中级人民法院行政裁定书[(2021)川01行终375号]。

下简称启东市审批局)行政登记案中,就前置许可对后续许可的法效力问题,法院认为:

在前后延续的行政许可审批过程中,从维护市场主体信赖利益、交易安全以及行政管理活动稳定性等方面考虑,只要在先行政许可未被有权部门撤销或者确认无效,行政机关作出在后行政许可,即应当遵循在先行政许可存续力,受其行政行为效力拘束,而在后行政机关显然不得做出与在先行政许可内容相反的行政许可。因此,本案在双林公司已经取得"甲壳素有机水溶肥料"项目备案审批的前提下,双林公司申请取得对"甲壳素水溶肥料生产"的企业经营范围变更登记,即属于对前续行政许可的后续行政许可申请审批,在该项目备案审批效力存续范围内,启东市审批局作出变更或者不予变更登记,应当保持与备案审批内容前后的连续性、一致性,而启东市审批局仅以双林公司经营地址不位于化工园区而不予变更登记,该行为内容与启东市经信委在备案审批中批准的"甲壳素有机水溶肥料"项目地址不相一致,依法亦应予以纠正。[40]

在上述两案中,法院在裁判理由中直接引用"存续力"概念。在有些判例中,尽管在裁判理由中没有出现"存续力"概念,但是,裁判理由体现的"存续力"观念却十分明显。如在焦某刚诉和平公安分局治安管理处罚决定行政纠纷案中,法院认为:

这个处罚决定事实清楚、证据确凿,处罚在法律规定的幅度内,且执法程序合法,是合法的行政处罚决定,并已发生法律效力。依法作出的行政处罚决定一旦生效,其法律效力不仅及于行政相对人,也及于行政机关,不能随意被撤销。已经生效的行政处罚决定如果随意被撤销,也就意味着行政处罚行为本身带有随意性,不利于社会秩序的恢复和稳定。[41]

存续力作为行政决定的一种法效力,依照其所影响的主体、内容和结果的不同,可以分为形式存续力和实质存续力。

1. 形式存续力,也称不可争执力,它是指行政决定因行政相对人提起行政诉讼被驳回,或者行政决定因行政相对人在法定期限内没有提起行政诉讼而产生的法效力。在该行政决定被消灭之前,行政相对人不能否定它持续存在的法效力。行政程序第三人如事后经过一段时间才知道该行政决定,只要仍在法定起诉期限的最长保护期之内,他就有权提起行政诉讼。形式存续力是针对行政相对人的一种法效力。行政相对人在行政决定具有形式存续力之后,再也不得通过行政诉讼挑战它的合法性。所以,就本质而言,形式存续力是为了确保法的安定性而对行政相对人行使诉权的一种限制或者拘束。

2. 实质存续力,也称不可变更力,它是指行政机关对已经产生法效力的行政决定不得依职权变更、消灭。与形式存续力不同的是,实质存续力是一种针对行政机关产生的法效力,即限制或者取消行政机关变更、消灭已经生效的行政决定的职权。实质存续力的法理基础除了法的安定性之外,还要保护行政相对人对行政决定所产生的信赖利益。由此,在一定程度上,实质存续力限制了依法行政原理的适用空间,"有错必纠"的界限得以确立。[42]

在法定条件下,行政机关可以依职权或者依申诉重新启动行政程序,对具有存续力的行政决定进行变更、消灭。此为存续力的一个例外。在实务中,行政相对人通过信访等程序提出的投诉请求,有时可能会引起行政程序的重开。《行政许可法》第 69 条关于因利害关系人请求,行政机关有权撤销已经作出的行政许可之规定,为制定法中的一例。现行制定法在这个问题上的不足之处是没有"除斥期间"的规定,客观上使具有存续力的行政决定一直处于可

---

[40] 参见江苏省南通市经济技术开发区人民法院行政判决书[(2019)苏0691行初856号]。
[41] 参见《最高人民法院公报》2006年第10期。
[42] 参见章剑生:《"有错必纠"的界限》,载《中国法学》2013年第2期;章剑生:《"有错必纠"的界限:被解除的婚姻关系具有不可逆转性》,载《华东政法大学学报》2023年第5期。

能被否定的状态。由于行政程序重开同样也会影响到法的安定性,所以,对于行政程序重开的条件必须法定化,其情形必须从严解释。

(二) 构成要件效力

构成要件效力,是指其他行政机关、法院等国家机关应当把行政决定当作一个既定的构成要件,在其作出行政决定或者裁判时,予以承认、尊重,除非该行政决定具有"重大且明显"的无效情形。行政决定之所以具有构成要件效力,需要从两个不同的面向给予解释,就其他行政机关而言,主要是基于维持行政机关之间管辖权的分工,以及专业判断上的互相尊重。因为,如果允许行政机关之间互相质疑,或者否定其他行政机关作出的行政决定,那么上述因管辖权分工而形成的行政机关之间的一致性将难以维持,行政机关的行政一体性、统一性功能将难以发挥。就法院而言,主要是基于行政、司法的分权原则,即行政、司法各司其职,互相不可逾越,共同完成国家任务。

在司法实务中,不审查具有构成要件效力的行政决定是一种较为普遍的做法。如在沈某伯诉宁波市房产管理局、第三人宁波市镇海区城市土地储备中心房屋拆迁行政裁决案中,法院认为:

> 具体行政行为一经作出即具有先定力、拘束力和执行力,参照建设部《城市房屋拆迁行政裁决工作规程》第8条之规定,"有下列情形之一的,房屋拆迁管理部门不予受理行政裁决申请:(一)对拆迁许可证合法性提出行政裁决的……"被告作出房屋拆迁行政裁决时,强调的是有无用地批准文件、房屋拆迁许可证等前置行为的作出,并未对拆迁许可证等前置行政行为进行合法性审查,拆许字[2006]第24号浙江省城市房屋拆迁许可证经被告宁波市房产管理局于2006年7月15日颁发,并于2008年6月26日经依法批准延期至2009年6月30日,被告颁发房屋拆迁许可证及其延期行为,在未经法定程序撤销前应认定为合法有效,原告沈某伯就此所提出的异议,本院不予采纳。[43]

该案以拆迁行政裁决为诉讼客体,"用地批准文件""房屋拆迁许可证"等是被告作出拆迁行政裁决的构成要件。在该案中,被告没有对这些构成要件进行合法性审查的做法受到法院的认可。对此,若法院能作出"上述构成要件并无重大且明显违法之情形"的认定,其裁判理由将更为精彩。又如,在袁某良诉杭州市国土资源局拆迁行政裁决案中,法院认为:

> 桃源指挥部作为杭土资拆许字[2008]第084号《房屋拆迁许可证》确定的拆迁人,向杭州市国土资源局提出案涉拆迁行政裁决申请,主体适格。被诉拆迁行政裁决相关的拆迁行政许可行为现行有效,亦不存在重大明显的违法而导致该证书不具备合法性的情况。根据与被诉拆迁行政裁决相关的房屋拆迁许可及建设用地规划许可资料,可以确定上诉人在案涉拆迁许可确定的拆迁范围内。[44]

与前案不同的是,该案中,法院并没有直接点明作为拆迁行政裁决要件之一的拆迁行政许可行为具有构成要件效力,而是说它不存在重大明显的违法。但是,法院将拆迁行政许可行为作为拆迁行政裁决的证据的做法显然不妥。因为,作为一个行政决定的构成要件,它的基本特征是法定性、不可替代性,与证据完全不同,所以,行政决定的构成要件效力不同于作为书证的行政决定。如在孟某诉新乡学院颁发毕业证纠纷案中,法院认为:

> 上诉人新乡学院作出新平学[2007]6号《关于对孟某同学开除学籍的决定》所使用的主要证据之一,即新乡市公安局红旗分局新红公(洪)决字[2006]第0538号对孟某行政拘留10日的行政处罚决定,而该决定于2009年9月30日被新乡市公安局红旗分局作出的《关于撤销孟某行政拘留及案件的决

---

[43] 参见浙江省宁波市镇海区人民法院行政判决书[(2009)甬镇行初字第4号]。
[44] 参见浙江省杭州市中级人民法院行政判决书[(2013)浙杭行终字第316号]。

定》予以撤销,故上诉人新乡学院作出的《关于对孟某同学开除学籍的决定》主要证据不足。[45]

该案中,公安机关对孟某作出行政拘留10日的行政处罚决定,不是被告作出的《关于对孟某同学开除学籍的决定》的构成要件,而是认定事实的证据。因为,该案中有关开除学籍决定的事实,即使没有公安机关的行政处罚决定,学校也可以通过其他证据予以查实。

(三)跨程序效力

与构成要件效力不同的是,行政决定跨程序效力是行政机关作出的行政决定对它以后作出的另一个行政决定具有拘束力。对于作出行政决定的行政机关而言,该行政决定是它后续作出另一个行政决定的基础,以确保行政机关就同一事实的处理具有一致性。一般情况下,跨程序效力发生在行政程序之中,但在特殊情况下,也有可能跨行政、刑事诉讼两种不同的程序。如公安机关因具有行政机关、刑事侦查机关双重身份,其在治安处罚程序中作出行政处罚决定后,行政案件转为刑事案件,此时,该行政处罚决定对公安机关在刑事诉讼程序中对该案件作出的决定是否具有跨程序效力,值得讨论。跨程序效力原本限于行政程序,对刑事诉讼程序是否产生跨程序效力,至今学理上并无说法。从避免行政相对人无所适从和国家机关决定的一致性要求角度,承认跨程序效力扩张到刑事诉讼程序也是有必要的。

(四)确认效力

确认效力是行政决定的"理由"对其他国家机关的拘束力。与构成要件效力不同的是,确认效力源于行政决定的"理由",而构成要件效力则是行政决定的"主文"。由于行政程序不如诉讼程序严密,所以,赋予在行政程序中形成的"理由"可以拘束司法机关的裁判可能并不妥当。[46]如确有必要,应当以法律有明文规定为限。但对于其他行政机关来说,为确保行政一体化,原则上应当承认行政决定的"理由"有拘束力,如有例外,宜以有法律明文规定为妥。

(五)执行力

行政决定的执行力,是指在行政相对人不履行行政决定所设定的义务(作为或者不作为)时,行政机关依照法律规定强制行政相对人履行的法效力。形成性行政决定、确认性行政决定没有可执行的内容,如行政许可、行政登记等。执行力是否可以成为行政决定的一种独立的法效力,在学理上是有讨论空间的。

行政决定的执行力由谁来实现,涉及行政强制执行权的分配问题。一般来说,对行政相对人权益有重大影响的行政决定,如果容许行政机关基于行政效率而自己执行——如同私法上允许当事人自力救济,那么要求行政机关必须有强制执行权的法律依据是不过分的。对此,《行政强制法》第13条规定:"行政强制执行由法律设定。法律没有规定行政机关强制执行的,作出行政决定的行政机关应当申请人民法院强制执行。"根据这一规定,原则上,行政机关对作出的行政决定没有行政强制执行权,除非有法律明确规定。[47] 这里的"申请法院强制执行"是行政机关借助司法权实现行政决定的执行力。这是行政机关强制行政相对人履行的法效力向司法机关的一种延伸,司法机关没有法定依据不得拒绝行政机关的申请。

---

[45] 参见河南省新乡市中级人民法院行政判决书[(2010)新行终字第25号]。

[46] 诉讼中认定的事实,原则上是可以作为定案依据的。如《行诉证据规定》第70条规定:"生效的人民法院裁判文书或者仲裁机构裁决文书确认的事实,可以作为定案依据。但是如果发现裁判文书或者裁决文书认定的事实有重大问题的,应当中止诉讼,通过法定程序予以纠正后恢复诉讼。"

[47] 《行诉若干解释》第87条规定:"法律、法规没有赋予行政机关强制执行权,行政机关申请人民法院强制执行的,人民法院应当依法受理。法律、法规规定既可以由行政机关依法强制执行,也可以申请人民法院强制执行,行政机关申请人民法院强制执行的,人民法院可以依法受理。"此解释因《行政强制法》实施而失效。

三、行政决定效力的变动

行政决定产生法效力之后,基于法定原因,在行政决定存续过程中其法效力可能会发生某种变动,这种变动主要是行政决定效力中止与终止、延后与回溯。

(一)中止与终止

1. 行政决定效力中止。因行政相对人不服行政决定提起行政诉讼之后,如符合法定情形,被诉行政决定应当停止执行。《行政诉讼法》第56条第1款规定:"诉讼期间,不停止行政行为的执行。但有下列情形之一的,裁定停止执行:(一)被告认为需要停止执行的;(二)原告或者利害关系人申请停止执行,人民法院认为该行政行为的执行会造成难以弥补的损失,并且停止执行不损害国家利益、社会公共利益的;(三)人民法院认为该行政行为的执行会给国家利益、社会公共利益造成重大损害的;(四)法律、法规规定停止执行的。"根据这一规定,行政决定中止效力的内容仅是执行力。行政决定效力中止情形消除后是否即时恢复效力,法律并无明确规定。如在刘某全诉綦江县公安局治安行政执行案中,法院认为:

> 本案中被上诉人在上诉人不服行政处罚决定提起诉讼期间,决定暂缓对上诉人执行处罚决定并无不妥。目前法律并无关于恢复执行已经暂缓执行的行政处罚决定的期限规定,故被上诉人在诉讼结束一段时间后才对上诉人执行拘留决定也与法不悖。[48]

2. 行政决定效力终止。行政决定效力因行政决定消灭而终止。在行政程序中,行政决定消灭有撤销和撤回两种情形,具体内容可以阅读本章第五节。在行政复议或者行政诉讼中,行政复议决定(如撤销决定)和法院的判决(如撤销判决)可以导致行政决定效力终止。另外,主体资格丧失、附期限的行政决定到期等情形,也可以引起行政决定效力终止。

(二)延后与回溯

1. 行政决定效力延后。原则上行政决定到达行政相对人或行政相对人知道或者应当知道行政决定内容后产生法效力。但是,行政机关可以根据具体情况附加期限或条件,使行政决定在作出之后延后一段时间再发生效力,如附生效时间的许可证。

2. 行政决定效力回溯。一般来说,确认性行政决定的效力可以回溯既往,如房屋登记效力,它可以回溯到购买房屋法律关系成立之时。但命令性、形成性行政决定效力原则上不得回溯既往,除非是为撤回一个行政决定而作出另一个与它衔接的行政决定。行政处罚是对已发生的事实作出的一种处理,所以,它不产生行政决定效力的回溯。

第四节 行政决定的变更

一、行政决定变更的概念

行政决定变更,是指行政机关依职权或者依申请改变已经作出的行政决定内容的一种行政决定。行政机关可以在行政程序、行政复议或者行政诉讼中改变行政决定内容,但是,本节所讲的行政决定变更有两个限制性条件:一是限于行政程序,二是限于合法的行政决定,因此,行政机关在行政复议或者行政诉讼中改变违法或者不当行政决定内容的情形,不属于本

---

[48] 参见重庆市第五中级人民法院行政判决书[(2008)渝五中行终字第188号]。

节所讲的行政决定变更。

二、行政决定变更的类型

(一) 依申请变更

依申请变更,是指行政相对人基于客观情况的变化请求变更行政决定内容,经审查行政机关同意其请求而变更行政决定内容。如《行政许可法》第49条规定:"被许可人要求变更行政许可事项的,应当向作出行政许可决定的行政机关提出申请;符合法定条件、标准的,行政机关应当依法办理变更手续。"有的依申请变更还有法定期限的要求,如《市场主体登记管理条例》第26条第1句规定:"市场主体变更经营范围,属于依法须经批准的项目的,应当自批准之日起30日内申请变更登记。"行政决定变更若涉及第三人合法权益,行政机关应当在听取第三人的意见之后,再考虑是否作出行政变更决定。

若行政决定依法应当由行政相对人申请,行政机关才能作出行政变更决定,但行政机关依职权变更或者行政相对人以外的人提出申请,这种依职权或者依申请作出的行政变更决定不具有合法性。如在响水县机械加工培训中心诉响水县原建设局城建行政许可纠纷案中,法院认为:

行政许可的变更,是指根据被许可人的请求,行政机关对许可事项的具体内容在许可被批准后加以变更的行为。许可证具有确定力,无论是对持证人还是对许可机关,许可证一经颁发,非经法定程序不得随意变更。就是合法变更也不得损害任何一方利益。被告对200436号设计图纸原设计通道进行变更,属行政许可变更,应按法律规定进行。被告没有提供第三人申请变更行政许可事项的证据即行变更,不符合许可法的规定,同时,被告也没有提供依职权变更行政许可事项的法律依据,故被告变更通道的行政行为,不能认定为合法。因此原告的主张应予支持。被告以案外人在建设工程规划许可证许可后提出通道申请及航测图证明原告购买前纺织机械厂有西门、北门为由进行许可后通道变更。没有提供相应法律规定,变更的理由不够充分。[49]

该案中,对建设工程规划许可中的200436号设计图纸原设计通道进行变更,依法属于依申请的变更,且申请人应是原许可的行政相对人。但是,被告却依案外人申请作出了行政许可变更决定,且无法提供依职权或者案外人申请也可以进行变更的法律依据,法院据此认定被告作出行政许可变更"理由不够充分"。

(二) 依职权变更

基于客观情况或者法律、政策等因素导致行政决定内容必须变更的,行政机关可以依职权依法作出变更。如《保守国家秘密法实施条例》第15条规定:"定密责任人在职责范围内承担国家秘密确定、变更和解除工作,指导、监督职责范围内的定密工作。具体职责是:(一)审核批准承办人拟定的国家秘密的密级、保密期限和知悉范围;(二)对本机关、本单位确定的尚在保密期限内的国家秘密进行审核,作出是否变更或者解除的决定……"因法的修改、废止等也是行政机关作出行政决定变更的情形。如在黄某祥与佛山市公安局交通警察支队机动车变更登记行为纠纷上诉案中,法院认为:

当国家有关部门对已经公布机动车技术参数进行了修正之后,公安机关交通管理部门也应当依照公布的技术参数对已登记注册的机动车进行变更登记。由于2004年10月11日和2005年1月28日,国家发展和改革委员会分别发布了2004年第60号和2005年第4号《公告》,对东风牌EQ1050T2型载

---

[49] 参见江苏省响水县人民法院行政判决书[(2005)响行初字第1号]。

货汽车的核定载质量和整备质量进行了两次技术参数的修正,因此被上诉人分别于 2004 年 12 月 9 日和 2005 年 5 月 19 日,对上诉人所有的牌号为粤 XA3412 的东风 EQ1050T2 型货车的注册登记核定载质量和总质量进行了两次变更登记,即第一次由核定载质量 1990kg、总质量 4950kg 变更为核定载质量 4800kg、总质量 7605kg,第二次由核定载质量 4800kg、总质量 7605kg 变更为核定载质量 2990kg、总质量 6490kg。被上诉人的上述两次机动车登记变更行为具有法律依据和事实依据,并无不当。[50]

该案涉及有关行政规章修改而引起的行政机关依职权作出的变更决定。依职权作出的行政决定变更如使行政相对人合法财产受到损失,该行政相对人可以依法申请行政补偿,有时合理性也是行政决定变更的理由之一。如在中国信达资产管理公司海口办事处诉三亚市规划局拆除"鹿园度假村"五十二幢别墅行政处罚纠纷案审理过程中,被告三亚市规划局于 2002 年 1 月 14 日作出市规罚字〔2002〕01 号——《关于改变市规罚字〔2001〕07 号行政处罚决定的决定》,决定将拆除"鹿园度假村"五十二幢别墅的行政处罚变更为由被告以公开的方式代为法院拍卖,转让给新的开发商,所得价款扣除拍卖佣金和相关税费后返还原告。原告的诉讼请求因被告改变行政处罚决定而满足,据此,原告向法院提出撤诉请求。经审查,法院认为:

被告于 2002 年 1 月 14 日作出市规罚字〔2002〕01 号——《关于改变市规罚字〔2001〕07 号行政处罚决定的决定》后,原告向法院提出撤诉请求,该请求符合有关法律规定。[51]

行政决定作出时所依据的事实发生变化,行政机关也可以作出行政决定变更,如《农药管理条例》第 43 条第 2 款规定:"发现已登记农药对农业、林业、人畜安全、农产品质量安全、生态环境等有严重危害或者较大风险的,国务院农业主管部门应当组织农药登记评审委员会进行评审,根据评审结果撤销、变更相应的农药登记证,必要时应当决定禁用或者限制使用并予以公告。"如在刘某某诉北京市门头沟区人力资源和社会保障局(以下简称门头沟人社局)认定工伤决定案中,法院认为:

根据《北京市工伤认定办法》第 34 条的规定,工伤职工认为因工伤或者职业病直接导致其他疾病的,并提交了具有三级以上资质的工伤医疗机构出具的工伤或职业病直接导致疾病的医疗诊断证明。区、县社会保险行政部门未作出《工伤认定决定书》的,应在《工伤认定决定书》中对因工伤或者职业病直接导致其他疾病的情形予以明确。已经作出《工伤认定决定书》的,应当对《工伤认定决定书》进行变更。本案中,门头沟人社局在收到北京京煤集团有限责任公司门头沟企业管理中心申请及诊断证明等材料后,向作出诊断证明的北京京煤集团总医院进行核实,该医院系三级以上资质的工伤医疗机构,其通过对刘某某伤情的诊治,认为刘某某颈 3～4 椎间盘脱出,颈 4～7 椎间盘突出,部分神经根受压,椎管狭窄为工伤直接导致,据此作出疾病诊断书。门头沟人社局在刘某某的伤情已经被认定工伤的情况下,根据前述符合资质要求的医疗机构出具的疾病诊断书对刘某某作出工伤部位变更决定,具有事实依据和法律依据,本院对此不持异议。[52]

行政决定变更如使行政相对人合法财产受到损失是否可以请求行政补偿,目前尚未有制定法明文规定。如果依申请变更导致合法财产受到的损失,尚在申请人可预期范围之内,那么依职权变更导致合法财产受到的损失,应是行政相对人的"意外",行政机关是否应当承担行政补偿责任,并非没有讨论空间。

---

[50] 参见广东省佛山市中级人民法院行政判决书[(2006)佛中法行终字第 71 号]。
[51] 参见海南省三亚市中级人民法院行政裁定书[(2002)三亚行初字第 2 号]。
[52] 参见北京市高级人民法院行政裁定书[(2024)京行申 346 号]。

三、行政决定变更的规则、方式与效力

(一)行政决定变更规则

原则上,对有利于行政相对人的行政决定变更若产生不利后果,需要引入信赖利益保护原则加以考量;对于不利于行政相对人的行政决定变更若产生更为不利的后果,需要确立更为严格的规则加以限制,如履行正当程序;[53]对于具有第三人效力的行政决定变更,应当遵循充分保护第三人合法权益原则。

(二)行政决定变更方式

行政决定变更的方式有:(1)添加变更,即在原有行政决定基础上直接添加变更的内容,不再作出新的行政决定。(2)补充变更,即用一个新的行政决定变更原有行政决定中的某项内容,保留原来的行政决定。(3)替换变更,即用一个新的行政决定变更原有行政决定的内容,废止原来的行政决定。如在上述中国信达资产管理公司海口办事处诉三亚市规划局拆除"鹿园度假村"五十二幢别墅行政处罚纠纷案中,行政机关用一个《关于改变市规罚字〔2001〕07号行政处罚决定的决定》变更之前作出的行政处罚决定书。

实务中,许可证、登记证等换证行为不是重新发证,而是行政决定的一种形式变更,性质上是一种程序性行政行为,它不涉及行政决定的内容变更,对行政相对人权利义务不产生实际影响,如根据国家要求统一换发土地使用权证。但是,如果换证行为导致行政决定内容发生变化,那不是"换证",而是一个新的行政决定,如第二代身份证换发中重新设定有效期限。

(三)行政决定变更的相关问题

行政决定作出之后,关于对行政决定作变更有如下两个问题需要考虑:(1)一个已经进入行政强制执行程序或者已经被执行完毕的行政决定,若发生变更可能对行政强制执行产生影响。对此,《行政强制法》第41条规定:"在执行中或者执行完毕后,据以执行的行政决定被撤销、变更,或者执行错误的,应当恢复原状或者退还财物;不能恢复原状或者退还财物的,依法给予赔偿。"(2)如果行政决定已为法院终审判决所拘束,那么行政决定是否不得变更?我们知道,既判力所针对的是当事人不能就终审判决所拘束的诉讼标的及其基本理由再行争议,或者在其他提起的诉讼中提出相反的主张;后诉法院也不能对此作出相反或矛盾的裁判,因此,行政决定的变更不在法院裁判既判力的拘束范围之内。比照法院裁判的既判力,当行政决定为行政复议决定的法效力所拘束时,同样应当承认行政决定变更不在其法效力的拘束范围之内。

第五节 行政决定的消灭

一、行政决定消灭的概念

行政决定消灭是指行政机关依照法定职权和程序消灭行政决定法效力的一种行为。根

---

[53] 参见邱某吉等不服厦门市规划局规划行政许可案,载最高人民法院行政审判庭编:《中国行政审判案例》(第3卷)第105号案例,中国法制出版社2013年版,第122页以下。

据被消灭的行政决定是否违法,行政决定消灭可以分为行政决定撤销和行政决定撤回,[54]针对合法行政决定的消灭是撤回,针对违法行政决定的消灭是撤销。行政决定无效因其自始不存在法效力,故不存在行政决定的消灭问题,由有权机关依法予以确认即可。在行政复议或者行政诉讼中,行政复议机关或者法院撤销行政决定,虽然也是消灭行政决定的法效力,但它不属于本节所称的"行政决定消灭",因为无论在程序上还是相关制度上,两者都有质的不同。

行政决定产生法效力之后,即在行政机关与行政相对人之间产生了行政法律关系,或者变更、消灭了原有的行政法律关系,从而形成了一种新的法律关系。在行政决定存在期间,由于各种主、客观原因的作用,已经产生存续力的行政决定必须加以消灭,才能满足依法行政原理的要求。但基于法的安定性,行政决定必须存续,才能产生可预期的、稳定的法秩序,因此行政决定消灭不是绝对的,它必须受到来自法的安定性需求的限制。关于行政决定消灭制度的基本理论框架,如图7-1所示。

```
                    ┌ 行政决定撤销 ┬ 有利行政决定撤销
                    │  （违法）   ├ 不利行政决定撤销
行政决定消灭 ┤              └ 复效行政决定撤销
                    └ 行政决定撤回
                       （合法）
```

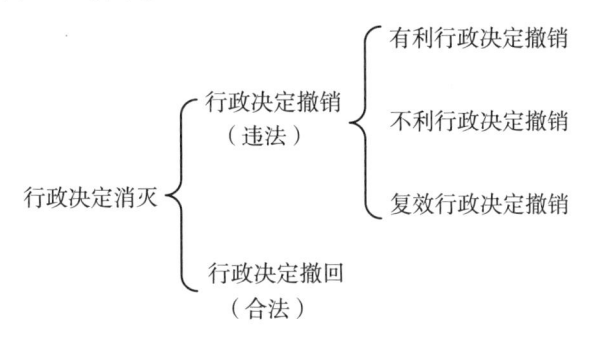

图7-1 行政决定消灭的分类

行政决定注销不是行政决定撤销,而是行政决定消灭后的一种程序性行为。行政决定注销在制定法上并不少见,[55]它的功能在于提示第三人或者其他不特定的人不因误解等原因,对已经被消灭的行政决定产生信赖,或者防止行政相对人利用已经被消灭的行政决定(如许可证照)谋取非法利益,行政机关在承载行政决定内容的书面文件上加以明示否定并公示于众。[56]在实务中,行政决定注销常被行政机关误用。如在陈某伟诉福州海关吊销报关员资格案中,被告福州海关作出"关于收回陈某伟报关员资格证书注销其报关员资格的通知",对此,法院认为:

> 注销报关员资格证就是终止或剥夺行政相对人继续从事许可证所允许的资格,就其性质而言应属于《中华人民共和国行政处罚法》第8条第5项中的"暂扣或者吊销许可证"情形,按该法41条、第42条的规定,在作出行政处罚前应当告知原告陈某伟享有陈述权、申辩权,对行政处罚不服的有权依法申请行政复议或者提起行政诉讼。[57]

---

[54] 学理上存在"行政决定废止"之说,但从制定法用语看,废止的对象是法律、法规和规章等规范性文件。如《行政许可法》第8条第2款规定:"行政许可所依据的法律、法规、规章修改或者废止,或者准予行政许可所依据的客观情况发生重大变化的,为了公共利益的需要,行政机关可以依法变更或者撤回已经生效的行政许可。由此给公民、法人或者其他组织造成财产损失的,行政机关应当依法给予补偿。"又如,《立法法》第2条第1款规定:"法律、行政法规、地方性法规、自治条例和单行条例的制定、修改和废止,适用本法。"

[55] 《行政许可法》第70条。

[56] 《农作物种子质量检验机构考核管理办法》(2022修订)第35条规定:"在合格证书有效期内,种子检验机构不再从事检验范围内的种子检验服务或者自愿申请终止的,应当向考核机关申请办理合格证书注销手续。"第36条规定:"合格证书有效期届满,未申请延续或依法不予延续批准的,考核机关应当予以注销。"

[57] 参见福建省福州市中级人民法院行政判决书[(2004)榕行初字第4号]。

该案中,虽然被告作出的是注销报关员资格证的决定,但是,法院从性质上认定此注销为行政处罚。既然是行政处罚,被告必须依照《行政处罚法》的规定作出。但是,该案被告没有依照《行政处罚法》的规定作出行政处罚决定,因此,法院依法作出撤销"关于收回陈某伟报关员资格证书注销其报关员资格的通知"的判决。

二、行政决定撤销

(一)行政决定撤销的概念

已经作出的行政决定在经过法定救济期限之后,行政机关依照法定职权并通过法定程序消灭该行政决定,即行政决定撤销。行政决定撤销适用对象是违法行政决定。行政决定撤销制度主要是限制行政机关在行政决定产生实质存续力之后随意行使撤销权,当然,在法定救济期限内行政机关可以行使行政决定的撤销权。

基于依法行政原理,若行政机关认为其作出的行政决定违法,那么它就可以行使撤销权,消灭违法的行政决定。根据行政决定违法的具体情况,行政机关可以撤销行政决定的部分内容,也可以撤销全部行政决定内容。需要讨论的问题是,行政机关行使撤销权是否需要有具体的法依据,学理上一直是有争议的。最高人民法院曾在一个批复中称:"你院《关于首长机电设备贸易(香港)有限公司不服柳州市房产局注销抵押登记、吊销(1997)柳房他证字第0410号房屋他项权证并要求发还0410号房屋他项权证上诉一案的请示》收悉。经研究答复如下:房地产管理机关可以撤销错误的注销抵押登记行为。"[58]根据这一批复可知,最高人民法院的态度是,即使没有具体的法依据,行政机关也可以依职权撤销"错误"的行政决定。这个批复的支撑点是"有错必纠"的原则,若涉及第三人合法权益,行政机关没有具体的法依据行使撤销权是否妥当,尚有讨论余地。

(二)行政决定撤销的限制

尽管被撤销的行政决定是违法的,但它在被撤销之前是有法效力的。对已经存续较长时间的行政决定来说,它所形成的社会关系(秩序)较为稳定。为维护法的安定性,同时调和与依法行政原理之间的紧张关系,行政决定撤销应当有如下若干限制:

1. 原则限制:信赖利益保护。在行政法上,信赖利益保护的基本内容是,已经为受益的行政相对人所信赖的行政决定违法,虽然行政机关可以撤销,但若信赖利益保护需求明显大于撤销行政决定所要实现的公共利益,且受益的行政相对人有值得保护的信赖利益情形,那么行政机关不得撤销该违法行政决定。在大陆法系国家如德国行政法学理上,信赖利益保护可以分为存续性保障和财产上价值保障。存续性保障是行政相对人信赖的行政决定应当一直存在下去,行政相对人对行政决定信赖产生的利益加以保护;财产上价值保障是将保护对象由信赖的行政决定转移到该行政决定所保护的财产价值。前者不足之处在于行政机关要么不撤销行政决定,要么撤销行政决定,没有一个缓和的中间选择,欠缺适度的灵活性;后者则放弃对行政决定是否存续的关注,转而关注对财产价值的补偿,只要行政相对人接受合理的补偿,那么行政决定是否需要撤销由行政机关裁量决定。

---

[58] 最高人民法院答复广西壮族自治区高级人民法院的《关于房地产管理机关能否撤销错误的注销抵押登记行为问题的批复》(法释[2003]17号)。另外,最高人民法院在答复贵州省高级人民法院的《关于复议机关是否有权改变复议决定请示的答复》([2004]行他字第5号)中也称:"你院[2004]黔高行终字第02号《关于吴睿韡诉贵阳市人民政府撤销复议决定一案适用法律的请示》收悉。经研究认为:行政复议机关认为自己作出的已经发生法律效力的复议决定有错误,有权自行改变。因行政机关改变或者撤销其原行政行为给当事人造成损害的,行政机关应该承担相应的责任。"

判断信赖利益是否存在,取决于如下要件是否成立:(1)行政相对人确信行政决定存在。也就是说,行政相对人确实知道在客观上存在着一个给其带来利益的行政决定,并根据这一行政决定安排了自己的生产计划和生活方式。至于行政相对人是否知道这个行政决定违法,则不影响这个要件的成立。如行政相对人依照出租汽车营运许可证的年限更新了车辆;行政相对人用政府发给的最低生活保障费支付了儿子课外补习班的费用;行政相对人将领取房屋产权证的房屋赠送给他人等。如果行政相对人没有上述情形中的行为,则本要件不成立。(2)行政相对人的信赖利益值得保护。信赖利益是否值得保护,取决于行政相对人在参与行政机关作出行政决定过程中主观上是否有过错,如是否有以欺诈、胁迫或者贿赂方法以及故意不提供正确的资料或者不完整的陈述等事实,致使行政机关作出使其受益的违法行政决定;[59]是否有证据可以证明行政相对人在有利行政决定存续期间知道该行政决定将可能被撤销的事实。如果存在上述情形,那么行政相对人的信赖利益就不值得保护。(3)经权衡,与撤销违法行政决定所获得的公共利益相比,该行政相对人的信赖利益更值得保护。这是一个复杂的法律评价过程——利益衡量。无论行政机关如何衡量以及作出撤销与否的决定,都必须提供充分理由以支持它的决定的合法性。行政机关在衡量时必须认真考虑以下若干因素:违法的严重程度、违法行政决定已经存续的时间长短以及撤销后对公共利益或者第三人可能产生的影响等。

以信赖利益保护为由限制行政决定的撤销,与依法行政原理之间是有冲突的。依照传统行政法理论,行政机关随时可以自由地依职权撤销作出的违法行政决定,以回应依法行政的要求。因为,依法行政要求应当撤销违法行政决定,但信赖利益保护要求保护行政相对人对该违法行政决定所产生的信赖利益,故不能至少不能在没有限制条件的情况下,行政机关可以一概撤销违法行政决定,同时还必须考虑法的安定性要求,为此,行政机关必须作出权衡。对于违法的行政决定,行政机关固然可以依职权加以撤销,但对于有利的行政决定,则必须充分考虑是否存在公共利益受损害的可能性,或者行政相对人是否存在信赖利益。行政相对人对有利的行政决定如没有信赖利益存在,那么行政机关应当依职权撤销;反之,行政机关可以依职权决定是否撤销,即如果行政相对人的信赖利益大于公共利益,则不得撤销。有关行政决定撤销中信赖利益保护的规定,当推《行政许可法》第69条第2~4款规定,即"被许可人以欺骗、贿赂等不正当手段取得行政许可的,应当予以撤销。依照前两款的规定撤销行政许可,可能对公共利益造成重大损害的,不予撤销。依照本条第一款的规定撤销行政许可,被许可人的合法权益受到损害的,行政机关应当依法给予赔偿。依照本条第二款的规定撤销行政许可的,被许可人基于行政许可取得的利益不受保护"。

信赖利益保护无论是作为一种法治理念还是原则,都已经为司法实务所接受。如在益民公司诉河南省周口市政府、周口市原发展计划委员会及原审第三人亿星公司管网燃气行政许可案中,[60]最高人民法院首次引入了信赖利益保护理论。又如,在温州星泰房地产开发有限公司垫江分公司(以下简称星泰公司)诉垫江县原国土资源和房屋管理局(以下简称垫江县原国土房管局)不履行土地使用权变更登记发证法定职责纠纷案中,法院依照信赖利益保护理论,否定撤销有违法的行政决定,而且还责令被告履行法定职责,保护原告的信赖利益。法院认为:

> 垫江县政府以招商引资的方式开发建设渝东食品批发市场,研究同意将讼争土地使用权转让于原

---

[59] 参见德国《联邦行政程序法》第48条。
[60] 参见最高人民法院行政判决书[(2004)行终字第6号]。

告方,应当恪守诚实信用原则;被告垫江县国土房管局作为垫江县政府的职能部门,应当依法执行垫江县政府以招商引资方式开发建设渝东食品批发市场的相关决定并对自己的行为和承诺诚实守信,不得随意变更和反复无常,在对行政相对人的授益性行为作出后,即使发现对政府不利,只要不是该行为重大、明显违法导致行为无效或因为相对人的过错造成的,一般不得改变。本案中,原告星泰公司垫江分公司对垫江县政府的招商引资行为和垫江县国土房管局的变更登记内部审批行为存在合理信赖,并基于这种信赖交纳了转让费且对该建设项目作了大量的前期准备工作,投入了不少人力、财力,相较于本案中的瑕疵和其他利益而言,相对人的信赖利益更值得保护。[61]

该案中,法院在裁判理由论证中引用了信赖利益保护理论。其认为"在对行政相对人的授益性行为作出后,即使发现对政府不利,只要不是该行为重大、明显违法导致行为无效或因为相对人的过错造成的,一般不得改变"。以这一理论为前提,法院认为原告对被告的"招商引资行为"和"变更登记内部审批行为"有合理信赖,并实施了"交纳了转让费"、"作了前期准备工作"和"投入了不少人力、财力"等信赖行为,在比较了撤销所能达成的其他利益之后,认为"相对人的信赖利益更值得保护",故判决"被告垫江县国土资源和房屋管理局在本判决生效后三十个工作日内,对原告温州星泰房地产开发有限公司垫江分公司申请变更登记位于垫江县桂溪镇桂东大道南段南侧33,741平方米的国有土地使用权,履行变更登记发证职责"。

在征收补偿中,经常会遇到违法建筑是否应当给予补偿的争议。如果在个案中撤销违法建筑补偿内容,有时可能会引发其他被征收人对违法建筑补偿产生的信赖利益保护问题。对此,在王某义等诉新沂市人民政府等征收案中,最高人民法院认为:

《国有土地上房屋征收与补偿条例》第24条第2款规定,对认定为违法建筑和超过批准期限的临时建筑的,不予补偿。新沂市政府在《补偿方案修正稿》中亦规定,违法建筑由新沂市规划局依法界定、公示且不予补偿。本案中,上诉人建造的涉案房屋未依法取得国有土地使用证、建设工程规划许可证和房屋所有权证,故涉案房屋应当被认定为违法建筑。新沂市政府在其作出的《房屋征收决定》中将包括涉案房屋在内的违法建筑纳入征收范围并予以补偿,于法不合。但依据《行政诉讼法》第74条第1款第1项之规定,该《房屋征收决定》不宜被撤销。具体理由分述如下:第一,涉案房屋的征收符合公共利益,因补偿不合法撤销征收决定可能损害公共利益;第二,涉案土地范围内的违法建筑已经拆除且除上诉人外的其他相对人已经获得补偿,撤销征收决定可能对其他相对人的信赖利益造成损害;第三,根据禁止不利变更原则,人民法院在审理行政案件中不能对上诉人作出相对原补偿标准更为不利的判决;第四,涉案土地上违法建筑多系历史原因形成,在实际征收过程中酌情予以补偿,有利于保障上诉人基本生活的权利。[62]

该案中,法院基于涉案其他行政相对人的信赖利益,否定了撤销征收决定的合法性。在有的判例中,当事人"获得许可多年"成为适用信赖利益保护原则的事实依据,以限制行政机关撤销该行政许可决定。如在龙门县南昆山中科电站(以下简称中科电站)诉广东省原林业厅林业行政许可案中,最高人民法院认为:

广东省林业厅粤林地许准[2008]163号《使用林地审核同意书》一经作出,即具有公定力、确定力,对于行政机关和相对人都产生约束力。对于行政机关而言,其自我纠错将会受到严格限制,只有符合法定情形的,行政机关才有权予以撤销或变更。根据《行政许可法》第8条之规定,行政机关不得擅自改变已经生效的行政许可。行政许可所依据的法律、法规、规章修改或者废止,或者准予行政许可所依据的客观情况发生重大变化的,为了公共利益的需要,行政机关可以依法变更或者撤回已经生效的行

---

[61] 参见重庆市武隆县人民法院行政判决书[(2008)武法行初字第1号]。
[62] 参见最高人民法院行政裁定书[(2016)最高法行申2745号]。

政许可。对于相对人而言,中科电站在接受超审批范围使用林地的行政处罚后,对超审批范围使用的林地逐级层报广东省林业厅提出申请,并获得了使用林地许可。广东省林业厅未考虑中科电站已获得许可多年的实际情况,于2014年作出被诉撤销行政许可决定,有违信赖利益保护原则。[63]

2. 时间限制:除斥期间。为避免行政法律关系一直处于可能变动的状态之中,给行政相对人提供一个稳定的法律关系,应当在时间上对违法行政决定撤销给予限定,即除斥期间。除斥期间是指行政机关可以行使职权的法定期间,若行政机关在此法定期间内不行使职权,则在该法定期间届满时该职权归于消灭。除斥期间从何时起算,学理上认为是行政机关应当知道"撤销原因"之时。迄今为止,法律、法规或者规章对行政决定撤销权的除斥期间尚未有过规定,致使违法行政决定即使过了十年八载,行政机关也可能在"有错必纠"原则之下加以撤销,严重影响法的安定性。因此,在将来制定的"行政程序法"中应对除斥期间作出明确规定。

行政决定的撤销涉及多种利益冲突与多种价值权衡,依法行政并不意味着所有违法行政决定都必须撤销。在郴州饭垄堆矿业有限公司(以下简称饭垄堆公司)诉中华人民共和国原国土资源部国土资源行政复议决定案中,最高人民法院对此作了十分精彩的论述:

> 对本案而言,颁发采矿许可证属于典型的许可类授益性行政行为,撤销采矿许可必须考虑被许可人的信赖利益保护,衡量撤销许可对国家、他人和权利人造成的利益损失大小问题。确需撤销的,还应当坚持比例原则,衡量全部撤销与部分撤销的关系问题。同时,被复议撤销的2011年《采矿许可证》有效期自2011年至2014年9月;国土资源部2014年7月14日作出被诉复议决定时,该《采矿许可证》的有效期已经临近届满。在许可期限即将届满,双方均已经因整合需要停产且不存在安全生产问题的情况下,被诉复议决定也未能说明撤销的紧迫性和必要性,反而使饭垄堆公司在可能的整合中处于明显不利地位,加大整合并购的难度。坚持依法行政和有错必纠是法治的基本要求,但法治并不要求硬性地、概无例外地撤销已经存续的、存在瑕疵甚至是违法情形的行政行为,而是要求根据不同情况作出不同处理。《行政复议法》第28条第1款第3项规定,复议机关对违法的行政行为,可以作出撤销、变更或者确认违法等行政复议决定。因此,复议机关应当审慎选择适用复议决定的种类,权衡撤销对法秩序的维护与撤销对权利人合法权益造成损害的程度以及采取补救措施的成本等诸相关因素;认为撤销存在不符合公共利益等情形时,可以决定不予撤销而选择确认违法等复议结果;确需撤销的,还需指明因撤销许可而给被许可人造成的损失如何给予以及给予何种程度的补偿或者赔偿问题。如此,方能构成一个合法的撤销决定。[64]

(三)行政决定撤销的内容

1. 有利的行政决定撤销。有利的行政决定是指行政决定生效后,行政相对人获得了某种权利或者法律地位,如取得营业执照、领取最低生活保障费等。原则上,基于行政相对人的信赖利益,即使有利的行政决定违法,行政机关也不得随意撤销。但是,有利的行政决定违法具有如下情形的,行政机关可以撤销:(1)有利的行政决定违法不撤销,将对公共利益产生重大不利影响的,如违法颁发的卫生许可证、药品生产许可证,不撤销将可能导致其生产的食品、药品对不特定公众的生命、健康产生重大危害,或者给不符合法定条件的人颁发驾驶执照,不撤销将可能发生交通事故。(2)有利的行政决定违法没有产生行政相对人的信赖利益,如行政相对人根本不知道行政机关作出了有利的行政决定,就不可能对该有利的行政决定产生信赖利益。关于行政相对人因行政决定违法而获得的利益,在该行政决定被撤销之后如何处理

---

[63] 参见最高人民法院行政判决书[(2016)最高法行再104号]。
[64] 参见最高人民法院行政判决书[(2018)最高法行再6号]。

的问题,一般的处理方法是利益返还。行政相对人因有利的行政决定违法获得的利益,构成如私法上的"不当得利"应当返还国家。如实物存在,则应当返还实物,例如违法购买的经济适用房;如是金钱,则返还等额金钱。

2. 不利的行政决定撤销。不利的行政决定是指行政决定生效后,限制或者剥夺了行政相对人的利益,或者使行政相对人处于不利的法律地位,如暂扣驾驶执照3个月、罚款1万元等。不利的行政决定即使违法也没有给予行政相对人利益,所以,不存在信赖利益保护问题。对于不利的行政决定,行政机关原则上应当撤销。但是,基于法的安定性考虑或者行政决定撤销涉及重大公共利益的,应当尽可能维持现状,稳定既成的行政法律关系。

对于不利的行政决定,行政机关可以依职权撤销,在法定救济期限届满之后,行政相对人也可以请求行政机关撤销不利的行政决定。行政机关对不利的行政决定是否予以撤销,应当酌情考虑各种因素,尤其要考虑"法的安定性"原则的价值,不能因为撤销不利的行政决定而解构它的价值。

3. 复效性行政决定撤销。虽然行政决定可以分为有利和不利两类,但是,有的行政决定兼有不利、有利两种法效果,学理上称为"复效性行政决定"。对于复效性行政决定撤销,需要在进一步分类的基础上作分析。首先,依照有利和不利是否指向同一行政相对人为标准,分为"具有混合效力的行政决定"和"具有第三人效力的行政决定"。对于"具有混合效力的行政决定"的撤销,可以依照有利和不利是否可以作分离来处理。如果两者是不可分离的,则依有利的行政决定原则处理。对"具有第三人效力的行政决定"的撤销,因行政决定法效力不仅拘束行政相对人,也涉及利害关系人,如A申请开办加油站,行政机关许可其申请,则该许可对加油站周边居民将产生噪声、气味等不利影响,行政机关不许可其申请,则周边居民可以免受噪声、气味之苦。对于前一种情况,由于行政许可是针对申请人的权利作出的,此时行政决定的性质应当是由对申请人影响的内容来决定。既然行政许可对申请人来说是一种利益的获得,那么这种行政决定应视为有利的行政决定,对第三人的不利影响并不能改变这种行政决定的性质。对于后一种情况,德国行政法上的通说认为,此处第三人所受利益之性质,仅属于反射利益,亦即第三人并不是由处分内容直接获得权利,纯粹是事实上效果。既然处分所依据的法规内容着重的是相对人权益的创设变更,在涉及撤销与否的问题时,理应以相对人之利益保护为主,适用关于负担处分之撤销规定为宜。应该说,此说是可行且合理的。

(四)行政决定撤销的法效果

1. 被撤销行政决定的法效力。原则上,行政决定撤销一经作出,被撤销的行政决定法效力即消灭,且追溯到被撤销的行政决定作出之日。但是,基于正当事由,行政机关也可以另行确定被撤销的行政决定法效力的消灭时间。

2. 撤销行政决定被撤销的法效力。当一个撤销行政决定的行政决定被撤销之后,原来被撤销的行政决定是否自动恢复法效力,在制定法上有采用"当然恢复说"。如《市场主体登记管理条例》第42条规定:"登记机关或者其上级机关认定撤销市场主体登记决定错误的,可以撤销该决定,恢复原登记状态,并通过国家企业信用信息公示系统公示。""当然恢复说"的优点是,行政相对人可及时获得权利保护,不足之处在于没有考虑行政相对人此时是否符合法定条件的情形。因此,采用"有限恢复说"似乎更为妥当,即从保护行政相对人合法权益目的看,原则上应当恢复它的法效力,但是,如行政机关发现行政相对人自身条件或者法律规定已经发生变动,致使恢复它的法效力不具有合法性,则行政机关应当依法撤回已经恢复的原行政决定。比如,撤销驾驶执照决定被撤销之后,该驾驶执照效力自动恢复,但如果持照人已经丧失了行为能力,那么公安机关应当撤回该驾驶执照许可或者明确效力不自动恢复。

3.行政决定撤销的法效力不及于法院裁判。如果行政决定内容如认定的事实、法律的解释以及结论等已经为产生既判力的法院裁判所确认,那么,即使该行政决定被撤销,行政相对人也不能以此理由来对抗法院裁判的既判力。

三、行政决定撤回
(一) 行政决定撤回的概念

行政决定生效后,因其所依据的客观事由或者法规范发生变化,致使该行政决定缺少事实或者法规范的支持,如不撤回将可能不利于公共利益或者损害他人合法权益时,行政机关依照法定程序使其面向未来失去法效力,即行政决定撤回。行政决定撤回对象是合法行政决定,撤回的前提是存在一个可以消灭的行政法律关系。撤回一个撤销企业登记决定没有意义,也没有必要,因为因企业登记而形成的行政法律关系一经撤销在法律上已经不存在了。企业想再获得登记,可以重新向市场监管机关提出申请,撤回撤销企业登记决定,并不能够自动恢复该企业的登记。

行政决定撤回在制定法上并不少见。如《行政许可法》第8条第2款规定:"行政许可所依据的法律、法规、规章修改或者废止,或者准予行政许可所依据的客观情况发生重大变化的,为了公共利益的需要,行政机关可以依法变更或者撤回已经生效的行政许可。由此给公民、法人或者其他组织造成财产损失的,行政机关应当依法给予补偿。"司法实务中,如在广州市建筑置业有限公司诉广州市海珠区人民政府等履行法定职责纠纷案中,法院认为:

> 原告广州市建筑置业有限公司经广州市原国土资源和房屋管理局批准同意办理用地手续,后因该项目用地闲置,广州市原国土资源和房屋管理局报经广州市人民政府批准后,作出对涉案的项目用地予以收回的决定。广州市原国土资源和房屋管理局的行为属于撤回已经生效的行政决定,依法应当给予适当的补偿。[65]

该案中,经广州市原国土资源和房屋管理局"批准同意办理用地手续",原告因此获得了该土地的使用权,但之后被告批准收回该地的使用权。此为撤回行政决定,符合《行政许可法》第8条规定。又如,在北京市石景山区金梦圆老年乐园(以下简称金梦圆老年乐园)诉北京市石景山区民政局许可决定案中,法院认为:

> 《行政许可法》第8条第2款规定,行政许可所依据的法律、法规、规章修改或者废止,或者准予行政许可所依据的客观情况发生重大变化的,为了公共利益的需要,行政机关可以依法变更或者撤回已经生效的行政许可。《养老机构设立许可办法》*第6条对设立养老机构应当符合的条件作出了具体规定,其中第1项、第2项规定,设立养老机构应当有名称、住所、机构章程和管理制度;有符合养老机构的相关规范和技术标准,符合国家环境保护、消防安全、卫生防疫等要求的基本生活用房、设施设备和活动场地。本案中,石景山区民政局向金梦圆老年乐园核发涉案许可证时,金梦圆老年乐园基于其与宏润公司之间的租赁协议及其补充协议,对石景山区八大处路35号的土地房屋享有使用权。后该处纳入永引南路道路工程项目用地范围内。金梦圆老年乐园与宏润公司的租赁合同亦被法院判决予以解除。金梦圆老年乐园已丧失上述合同项下的土地、房屋使用权。石景山区民政局颁发上述许可所依据的客观情况已经发生重大变化,其作出被诉决定,撤回该许可符合《行政许可法》第8条第2款的规定。[66]

因统一的行政决定撤回的程序性制度尚未建立,所以,有关行政决定撤回的法规范都是

---
[65] 参见广东省广州市中级人民法院行政判决书[(2010)穗中法行初字第8号]。
* 现已失效。
[66] 参见北京市第一中级人民法院行政判决书[(2017)京01行终623号]。

分散于相关的法律、法规或者规章之中的。如《进出境非食用动物产品检验检疫监督管理办法》第51条规定:"注册登记的出境生产加工企业发生下列情况之一,准予注册登记所依据的客观情况发生重大变化,达不到注册登记条件要求的,由直属海关撤回其注册登记:(一)注册登记内容发生变更,未办理变更手续的;(二)年审不合格的;(三)所依据的客观情况发生其他重大变化的。"对于行政决定的撤回,因涉及行政相对人的合法权益以及公共利益,撤回原因应当由法明确加以规定,不宜由行政机关裁量决定。一般来说,撤回原因有:(1)法的规定;(2)法的变更;(3)客观事实发生变化。

(二)行政决定撤回的限制

原则上,法的安定性否定了行政机关有权撤回行政决定,但是,基于公共利益等需要,行政机关应该有行政决定的撤回权。因行政决定撤回权与行政相对人对行政决定的信赖利益之间可能会发生冲突,若以制定法列明行政机关可以撤回的情形,则可能是缓解两者紧张关系的较好策略。另外,基于法的安定性原则,对行政决定撤回权也需要设置一个除斥期间,以保护行政法律关系的稳定性。

(三)行政决定撤回的内容

被撤回的行政决定对行政相对人的合法权益并不相同,因此,在撤回规则上需要区别考虑:(1)有利的行政决定撤回。行政相对人因有利的行政决定而获得合法权益的,一旦该有利的行政决定被撤回,行政相对人的合法权益因没有合法依据而丧失。基于信赖利益保护原则,对于有利的行政决定撤回应当审慎。如有利的行政决定必须撤回,应当给予行政相对人合理补偿。已经执行完毕的有利的行政决定不存在行政决定撤回问题。(2)不利的行政决定撤回。因不利的行政决定对行政相对人具有不利益性,所以,撤回情形一旦成就,行政机关可以随时撤回,除非基于法的安定性考虑或者第三人合法权益的保护需要,行政机关可以延期撤回或者不予撤回。但是,法的安定性要求不得对抗公共利益的需要,当两个原则发生冲突时,应当优先满足公共利益的需要。不利的行政决定如已执行完毕,也不存在行政决定撤回问题。

(四)行政决定撤回的法效果

行政决定撤回使被撤回行政决定在撤回决定作出后面向未来失去法效力,原则上不得溯及既往。在有利的行政决定中,受益人没有履行义务而获利的,则所获利益应当返还,在此情况下,行政决定撤回具有溯及既往的法效力。在某些情况下,有利的行政决定撤回并非基于行政相对人的原因,而是因公共利益需要或者法规定发生变更等情况,国家应当承担补偿责任。不利的行政决定撤回后,行政相对人因该行政决定所承担的义务随即消灭。

第六节 行政决定的补正和转换

一、行政决定补正

行政决定补正,是指行政机关对欠缺程序合法要件的行政决定进行事后补充,使之法效力继续存续。欠缺程序合法要件的行政决定之所以可不撤销,允许行政机关自己对其补正,其法理基础是,如果撤销欠缺程序合法要件的行政决定,那么行政机关在补充程序之后作出与原行政决定实体内容相同的行政决定,从结果看并无必要。如果程序违法影响行政决定的实体内容或者第三人权益,那么行政决定不能补正。在欠缺程序合法要件的行政决定进入行政复议、行政诉讼之后,可能会被行政复议机关、法院确认违法。[67] 关于行政决定补正的规定,在法律、法规或者规章中并不多见,如《湖南省行政程序规定》第164条第1款规定:"具有下列情形之一的,行政执法行为应当予以补正或者更正:(一)未说明理由且事后补充说明理由,当事人、利害关系人没有异议的;(二)文字表述错误或者计算错误的;(三)未载明决定作出日期的;(四)程序上存在其他轻微瑕疵或者遗漏,未侵犯公民、法人或者其他组织合法权利的。"有时,行政规定中也有这样的规定,如江苏省民政厅《关于进一步明确婚姻登记工作有关事项的通知》(苏民事〔2013〕2号)规定:"婚姻登记机关在登记后自主发现登记瑕疵时,应及时采取补正、更正确认无效等方式予以纠正,同时将纠正内容存入或记录在婚姻档案中,并告知婚姻当事人纠正事项和内容。"在比较法上,如德国行政法上,行政决定补正也限于有关违反程序与方式。[68] 实务中,关于行政决定补正也不多见,以下两个虽然不是行政决定补正的判例,但可以拓展我们对行政决定补正的思考。

1. 行政协议补正。行政协议不是行政决定,但在实务中它也存在补正问题。如在濮阳市华龙区华隆天然气有限公司(以下简称华隆公司)诉河南省濮阳市城市管理局(以下简称濮阳市城管局)、河南省濮阳市人民政府确认行政协议无效再审案中,法院认为:

对行政协议效力的审查,一方面要严格按照法律与司法解释的相关规定,另一方面,基于行政协议的订立是为了进行行政管理和提供公共服务,从维护国家利益和社会公共利益的角度出发,对行政协议无效的认定要采取谨慎的态度,如果可以通过瑕疵补正,应当尽可能减少无效行政协议的认定,以推动协议各方主体继续履行义务。本案中,濮阳市城管局通过与华润公司签订补充协议明确四至,以及华隆公司、华润公司各自按照实际经营区域办理燃气特许经营许可证,都可以说明市场秩序已经稳定。[69]

该案中,基于"市场秩序已经稳定"的客观事实,如果确认《濮阳市城市管道燃气特许经营协议》无效,那么,将严重影响已经稳定的燃气供应市场。因此,法院认为,"如果可以通过瑕疵补正,应当尽可能减少无效行政协议的认定"。在行政协议中,是否可以引入补正制度有很大的讨论空间。

2. 行政决定"更替"证据。行政决定补正是补充行政机关作出行政决定过程中未经过的程序,而不是补充"证据"。在实务中,行政机关作出行政决定后,因客观情况发生变化导致该行政决定合法性事实基础欠缺,是否可以通过补充"证据"解决合法性问题呢?如在谢某等诉苏州工业园区国土环保局环评行政许可案中,法院认为:

程序及方式之规定,旨在促使行政机关能作出内容正确之决定,其本身尚非目的。如果榭雨变环境影响补充分析报告可以促进或改善涉案环境行政许可的正确性,基于法律关系稳定等要求,应当允许其作为本案涉诉行政行为合法性的事实依据。此外,涉案环评行政许可作出后,建设项目拟建址向西平移约20米,为保证建设项目的环境合法性,苏州供电公司应当进行环境影响补充分析,且该许可项

---

[67] 参见《行政复议法》第65条第1款第2项、《行政诉讼法》第74条第1款第2项。
[68] 德国《联邦行政程序法》第45条规定:"1.违反有关程序与方式之规定者,除该行政处分依第四十四条之规定而无效者外,因下列情形而视为补正:(1)为行政处分所必要之声请,事后已提出者。(2)必须说明之理由,已于事后说明者。(3)对于当事人必要之听证,已补办者。(4)作成行政处分时必须参与之委员会之决议,已于事后作成者。(5)必须参与之其他官署,已于事后参与者。2.前项第二款至第五款之(补正)行为,只得于诉讼程序终结前补正之,如无诉愿程序时,只得于向行政法院起诉前为之。3.行政处分因未说明应说明之理由,或未举行作成行政处分前应举行之当事人之听证,致无法于法定期间对其请撤销者,所迟延之法律救济期间,视为无过失责任。依第三十二条第二项所定回复原状期间,自其所迟延方式瑕疵之效力。"
[69] 参见《最高人民法院公报》2022年第5期。

目的建址变动情况,未构成《环境影响评价法》第 24 条第 1 款规定的"重大变动",无须重新报批环评文件。故本案环评行政许可的内容应由《榭雨变环境影响报告表》《榭雨变环评批复》《榭雨变环境影响补充分析报告》等文件组成,原审判决对行政行为合法性的审查主要针对已由《榭雨变环境影响补充分析报告》更替相应内容后的《榭雨变环境影响报告表》,并无不当。[70]

该案中,涉案环评行政许可作出后,申请人的建设项目拟建址向西平移约 20 米,该环评行政许可的事实要件欠缺,申请人用《榭雨变环境影响补充分析报告》替代了环评行政许可所依据的《榭雨变环境影响报告表》,得到了法院支持。尽管法院用了"更替",但本质上是一种"证据"追补。因此,行政决定补正是否限于欠缺程序合法要件,也不是一个不可以讨论的问题。

二、行政决定转换

行政决定转换,是指行政机关将欠缺合法要件的行政决定转换为与原行政决定有关联性的新行政决定。与行政决定补正不同的是,行政决定转换不是补正行政决定欠缺的程序要件,而是通过转换为新行政决定,从而消除原行政决定的违法情形。行政决定转换是形成一个新行政决定,如果行政决定能以补正方式消除违法情形,那么行政决定转换必要性就不再存在。从行政经济与效率要求看,行政决定转换是有实益的,法的安定性、法的明确性都是支撑行政决定转换的法理。

行政决定转换的条件是:(1)具有相同的目的。也就是说,转换后行政机关作出的新行政决定可以达到与原行政决定相同的目的。如果目的不同,则不能转换。如根据《社会保险法》第 43 规定作出的停止享受工伤保险待遇决定,不能换转为第 88 条规定的责令退回骗取的社会保险金决定,因为,享受工伤保险待遇决定和责令退回骗取的社会保险金决定是两个目的完全不同的行政决定。(2)具有相同的事实基础。在原行政决定认定事实基础上,可以作出新的行政决定,不需要行政机关先撤销或者确认无效后,重新作新的行政决定。如行政机关责令当事人立即拆除违法建筑,但客观上当事人至少需要 10 天时间才能拆除。这一在客观上当事人无法履行义务的行政决定,可以认定为无效行政决定。但是,由于事实基础相同,行政机关通过将"立即拆除"改为"限期 10 天拆除",转换为一个新行政决定。(3)具有相同的当事人。原行政决定和新行政决定必须是同一个当事人,不同当事人之间的行政决定转换,缺少相同的事实基础。

在行政决定转换中,行政机关应当履行听取当事人意见的程序。行政决定转换的法效力,原则上溯及原行政决定作出之日,若有公共利益和当事人、利害关系人合法权益保护的需要,新行政决定可以另行确定生效时间。行政决定转换之后,原行政决定因被新行政决定替代而不再存在,若行政相对人不服,应当对新行政决定提起行政救济。

第七节 定型化的行政决定

一、行政处罚

(一)行政处罚的概念

行政处罚是指行政机关依法对违反行政管理秩序的公民、法人或者其他组织,以减损权

---

[70] 参见江苏省苏州市中级人民法院行政判决书[(2016)苏 05 行终 285 号]。

益或者增加义务的方式予以惩戒的行为。"违反行政管理秩序"包括如下内容：首先，行政相对人负有遵守行政管理秩序的法定义务。其次，法定义务并非都能从行政相对人的法定权利中推导出来，因为，行政相对人公法上的义务有的是国家基于公共利益需要为其设定的，并不当然同时赋予其对应的权利，如《道路交通安全法》第47条第1款规定："机动车行经人行横道时，应当减速行驶；遇行人正在通过人行横道，应当停车让行。"根据这一规定，机动车遇行人正在通过人行横道时，负有"应当停车让行"的法定义务，但从这一法定义务中得不出机动车对行人有对应的法定权利。最后，法定义务有作为、不作为和容忍三种行为状态。

行政处罚与刑事处罚之间具有紧密关系。这种关系表现为两者之间存在一种关联性，即当应受行政处罚行为符合犯罪构成要件时，即为应受刑事处罚的犯罪行为。《行政处罚法》第8条第2款规定："违法行为构成犯罪，应当依法追究刑事责任的，不得以行政处罚代替刑事处罚。"行政处罚具有惩戒性，这是行政处罚与其他行政决定的显著不同。如《行政处罚法》第28条第1款规定："行政机关实施行政处罚时，应当责令当事人改正或者限期改正违法行为。"这里的"责令改正""责令限期改正"因不具有惩戒性，不是行政处罚。又如，对机动车驾驶员违反道路交通安全行为的记分，具有警示性，是否属于一种预防性行政处罚，值得讨论。

《行政处罚法》于1996年10日1日实施，2021年7月15日修订的《行政处罚法》施行。《行政处罚法》是有关行政处罚的基本法律，对行政处罚设定、实施与程序等作出了统一的基本规定，旨在统一部门行政法中行政处罚的设定、实施与程序。

（二）过罚相当原则

《行政处罚法》第5条第2款规定："设定和实施行政处罚必须以事实为依据，与违法行为的事实、性质、情节以及社会危害程度相当。"此为过罚相当原则的法律依据。过罚相当是行政处罚公正原则的具体化，它有两个方面的内容。

1. 设定行政处罚，即法律、法规或者规章设定行政处罚时，给予行政处罚的种类、幅度应当与违法行为事实、性质、情节以及社会危害程度相当。如《食品安全法》第134条规定："食品生产经营者在一年内累计三次因违反本法规定受到责令停产停业、吊销许可证以外处罚的，由食品安全监督管理部门责令停产停业，直至吊销许可证。"因为"一年内累计三次因违反本法规定受到责令停产停业、吊销许可证以外处罚"的违法行为，足以说明食品生产经营者无论是主观恶劣程度还是客观社会危害性都是相当大的，对此，《食品安全法》设定了"责令停产停业，直至吊销许可证"的处罚，符合过罚相当原则。但是，对于因吸食、注射毒品曾被强制戒毒或者因卖淫、嫖娼曾被处以行政拘留的公民，设定无期限禁止其开办娱乐场所或者在娱乐场所内从业的行政处罚，[71]是否有违过罚相当原则，并非没有讨论空间。针对某一违法行为设定何种行政处罚，立法机关应当要有立法事实、理由支撑，不可臆断、随性，避免立法裁量滥用。

2. 实施行政处罚，即行政机关对违反行政管理秩序的公民、法人或者其他组织作出行政处罚时，给予处罚的种类、幅度要与违法行为的事实、性质、情节以及社会危害程度相当。行政机关实施行政处罚时，法律、法规或者规章通常赋予其行政处罚裁量权。过罚相当原则要求行政机关在作出行政处罚时，应当考虑的因素必须考虑，不应当考虑的因素不得考虑，否则可能会构成裁量不当。如在文昌盈海清澜水务有限公司（以下简称盈海公司）诉海南省文昌市生态环境局（以下简称文昌市环境局）等行政处罚及行政复议案中，盈海公司建设运营的清澜污水处理厂经政府允许，为通过环保验收进行污水处理和监测的试运营，属于"未验先试"，

---

[71] 参见《娱乐场所管理条例》第5条。

不属于"未验先投",不构成擅自投入使用。导致盈海公司未按期取得环保竣工验收的原因,系因为进水量和进水浓度"两低",而"两低"的原因系因为政府污水收集配套管网建设不足,相关责任应当由政府相关部门承担。但是,文昌市环境局仍然对其作出了行政处罚。对此,最高人民法院认为:

"法律不强人所难"。盈海公司虽然客观上存在"未验收先运营"的违法行为,但并不存在主观过错,对其再次处罚既不符合善意文明执法理念,也不符合海南自由贸易港建设的法治要求。文昌市环境局作出被诉处罚决定时,未能全面考虑污水处理厂"未验收先运营"违法行为的特殊性,未全面考虑违法行为客观原因、危害后果、主观过错以及事后的补救完善等因素,裁量结果明显不当,应予撤销。[72]

(三)行政处罚的种类和设定

1. 行政处罚的种类。根据《行政处罚法》第9条的规定,行政处罚的种类有:(1)警告、通报批评;(2)罚款、没收违法所得、没收非法财物;(3)暂扣许可证件、降低资质等级、吊销许可证件;(4)限制开展生产经营活动、责令停产停业、责令关闭、限制从业;(5)行政拘留;(6)法律、行政法规规定的其他行政处罚。在上述行政处罚种类中,"暂扣许可证件"有时也可以作为行政强制措施适用。如《道路交通安全法》第110条第1款规定:"执行职务的交通警察认为应当对道路交通违法行为人给予暂扣或者吊销机动车驾驶证处罚的,可以先予扣留机动车驾驶证,并在二十四小时内将案件移交公安机关交通管理部门处理。"这里的"先予扣留"不是行政处罚,而是一种暂扣的行政强制措施。"撤销"有时也被当作一种行政处罚适用。如《反垄断法》第56条第4款规定:"行业协会违反本法规定,组织本行业的经营者达成垄断协议的,由反垄断执法机构责令改正,可以处三百万元以下的罚款;情节严重的,社会团体登记管理机关可以依法撤销登记。"这里的"撤销"属于"法律、行政法规规定的其他行政处罚"。地方性法规、规章"创设"新的行政处罚种类,不符合《行政处罚法》的规定。如《房地产经纪管理办法》第35条规定:"违反本办法第二十二条,房地产经纪机构擅自对外发布房源信息的,由县级以上地方人民政府建设(房地产)主管部门责令限期改正,记入信用档案,取消网上签约资格,并处以1万元以上3万元以下罚款。"这里的"取消网上签约资格"具有惩戒性,属于行政处罚,但它由部门规章创设,违反《行政处罚法》第9条的规定。

2. 行政处罚的设定和规定。"设定"即行政处罚"从无到有",如"法律可以设定各种行政处罚"[73]。法律、行政法规只规定"禁止""不准""不得"公民、法人或者组织从事某种活动,但是,对公民、法人或者组织违反这类规定的行为,没有设定相应的行政处罚。在《行政处罚法》(1996)中,这一立法规定被解释为一种宣示性规定,法律、行政法规并无要给予行政处罚的意图,所以,下位法不得对此设定行政处罚。2021年修订的《行政处罚法》否定了上述解释,增加了行政处罚"补充设定权"[74]。

"规定"即行政处罚"从粗到细",它是把上位法已经设定的处罚行为、种类和幅度予以具体化。如"法律对违法行为已经作出行政处罚规定,行政法规需要作出具体规定的,必须在法律规定的给予行政处罚的行为、种类和幅度的范围内规定。"[75]但是,对行政处罚作出"具体规定",不得与上位法抵触,否则,在行政诉讼中将被法院否定。如在鲁潍(福建)盐业进出口

---

[72] 参见《最高人民法院公报》2023年第10期。
[73] 《行政处罚法》第10条第1款。
[74] 《行政处罚法》第11条第3款、第12条第3款。
[75] 《行政处罚法》第11条第2款。

有限公司苏州分公司诉江苏省苏州市盐务管理局盐业行政处罚案中,法院认为:

根据《行政处罚法》第13条的规定,在已经制定行政法规的情况下,地方政府规章只能在行政法规规定的给予行政处罚的行为、种类和幅度内作出具体规定,《盐业管理条例》*对盐业公司之外的其他企业经营盐的批发业务没有设定行政处罚,地方政府规章不能对该行为设定行政处罚。[76]

行政处罚"规定"应当要有上位法的依据,它是对上位法规定的具体化。如《道路交通安全法》第89条规定:"行人、乘车人、非机动车驾驶人违反道路交通安全法律、法规关于道路通行规定的,处警告或者五元以上五十元以下罚款;非机动车驾驶人拒绝接受罚款处罚的,可以扣留其非机动车。"《浙江省实施〈中华人民共和国道路交通安全法〉办法》第72条对此作出具体的"规定":"行人、乘车人有下列行为之一的,处十元罚款:(一)在机动车道内行走、滞留的;(二)跨越、倚坐道路隔离设施的;(三)乘坐两轮摩托车未正向骑坐的。行人、乘车人有下列行为之一的,处五十元罚款:(一)在车行道上拦车、带路或者从事兜售、发送物品等妨碍交通安全活动的;(二)机动车在高速公路上行驶,乘车人不按规定使用安全带的;(三)扒车、跳车、追车或者抛物击车的。"需要指出的是,下位法收尽上位法给予行政机关裁量空间的"规定"是否合法,值得讨论。

(四)实施行政处罚的主体

行政处罚主体分为法定主体和授权主体。行政处罚由具有行政处罚权的行政机关在法定职权范围内实施。[77] 如《环境保护法》第60条规定:"企业事业单位和其他生产经营者超过污染物排放标准或者超过重点污染物排放总量控制指标排放污染物的,县级以上人民政府环境保护主管部门可以责令其采取限制生产、停产整治等措施;情节严重的,报经有批准权的人民政府批准,责令停业、关闭。"该条中,"环境保护主管部门"是行政处罚的法定主体。

行政机关可以依照法律、法规、规章的规定,在其法定权限内书面委托依法成立的组织实施行政处罚。[78] 行政机关对委托实施行政处罚的后果承担法律责任。但是,受委托组织超越委托范围实施行政处罚或者其他行为,由受委托组织自己承担法律责任。

在特别情况下,法律、法规授权的具有管理公共事务职能的组织可以在法定授权范围内实施行政处罚。[79] 经法律、法规授权的组织实施行政处罚时,具有与行政机关相同的法律地位,即授权主体。如《气象法》第36条规定:"违反本法规定,使用不符合技术要求的气象专用技术装备,造成危害的,由有关气象主管机构按照权限责令改正,给予警告,可以并处五万元以下的罚款。"在该条中,"气象主管机构"是事业单位,依照该规定它有实施行政处罚的主体资格。

(五)行政处罚的适用

1.责令改正。《行政处罚法》第28条第1款规定:"行政机关实施行政处罚时,应当责令当事人改正或者限期改正违法行为。"责令改正是责令性行为,它是为当事人设定义务的一种行政决定。关于"责令改正"的适用,立法例上有3种情形:(1)单独使用。如《建设工程质量管理条例》第71条规定:"违反本条例规定,供水、供电、供气、公安消防等部门或者单位明示或者暗示建设单位或者施工单位购买其指定的生产供应单位的建筑材料、建筑构配件和设备

---

* 现已失效。
[76] 参见最高人民法院指导案例5号(2012年)。
[77] 参见《行政处罚法》第17条。
[78] 参见《行政处罚法》第20条。
[79] 参见《行政处罚法》第19条。

的,责令改正。"根据这一规定,行政机关作出责令改正之后,当事人如不改正违法行为,没有设定相应的法律责任。但是,行政机关可以依照《行政强制法》的相关规定强制执行或者申请法院强制执行。(2)作为行政处罚的前提条件。如《浙江省动物防疫条例》第 31 条规定:"违反本条例第六条第二款规定,经营者未按照规定将动物防疫相关信息录入省动物防疫数字系统的,由县级以上人民政府农业农村主管部门责令改正;拒不改正的,处一千元以上一万元以下罚款。"根据这一规定,若行政机关要作出"处一千元以上一万元以下罚款"行政处罚决定,必须有:①已经作出了责令改正决定,②当事人拒不改正。责令改正是行政机关作出行政处罚决定的前提条件之一。(3)与行政处罚决定并用。如《水污染防治法》第 89 条第 1 款规定:"船舶未配置相应的防污染设备和器材,或者未持有合法有效的防止水域环境污染的证书与文书的,由海事管理机构、渔业主管部门按照职责分工责令限期改正,处二千元以上二万元以下的罚款;逾期不改正的,责令船舶临时停航。"根据这一规定,行政机关作出责令改正决定的同时,可以"处二千元以上二万元以下的罚款"。在上述 3 种情形之外,法律、法规或者规章规定中,若只有行政处罚没有责令改正,但客观上当事人有需要改正且也能够改正的违法行为,行政机关必须依照《行政处罚法》第 28 条第 1 款规定作出责令改正决定。

责令改正与行政处罚并用是否违反"一事不再罚原则",这个问题在个案中是有争议的。如在汕头市茂佳经贸有限公司(以下简称茂佳公司)诉中华人民共和国汕头海关处罚纠纷案中,法院认为:

上诉人茂佳公司于 2014 年 2 月 25 日向被上诉人汕头海关申报进口品名为"残极甑炭块"的货物 226.23 吨,汕头海关经委托深圳出入境检验检疫局和中国环境科学研究院固体废物污染控制技术研究所对茂佳公司进口的货物进行鉴定,鉴定意见为:该批货物属于国家禁止进口的固体废物。汕头海关遂根据《中华人民共和国固体废物污染环境防治法》第 78 条第 1 款和《中华人民共和国海关行政处罚实施条例》第 13 条的规定,对上诉人茂佳公司作出罚款 50 万元的行政处罚决定。在作出处罚决定之前,汕头海关向上诉人送达《行政处罚告知单》,依法告知拟作出的行政处罚内容及其认定的事实、理由、依据以及上诉人享有的申辩、陈述、听证等权利,其后又根据上诉人的申请举行了听证会,程序合法。原审判决驳回上诉人茂佳公司的诉讼请求正确,本院依法应予以维持。上述法律与行政法规都规定了对于进口国家禁止进出口的固体废物的,责令退运,并处以 100 万元以下的罚款,因此,汕头海关于 2014 年 8 月 5 日对上诉人茂佳公司作出汕关缉查退字[2014]1 号《责令退运决定书》后,又于 2015 年 1 月 9 日作出汕关缉违[2015]14 号《行政处罚决定书》,符合《中华人民共和国固体废物污染环境防治法》第 78 条第 1 款和《中华人民共和国海关行政处罚实施条例》第 13 条的规定,并未违反"一事不再罚"的原则。[80]

责令改正是责令性行为的一种,责令性行为是否属于行政处罚,需要区分不同情况。如"责令限期拆除"不是行政处罚,[81] 但"责令停产停业""责令关闭"是行政处罚,[82] 两者之间的区别是,若责令的内容是当事人合法从事的活动,那么它是行政处罚,若责令的内容是纠正违法行为,那么它是非行政处罚。

2. 违法所得退赔与没收。《行政处罚法》第 28 条第 2 款规定:"当事人有违法所得,除依法应当退赔的外,应当予以没收。违法所得是指实施违法行为所取得的款项。法律、行政法规、部门规章对违法所得的计算另有规定的,从其规定。"该款涉及以下 4 个问题:(1)违法所

---

[80] 参见广东省高级人民法院行政判决书[(2016)粤行终 1811 号]。
[81] 参见国务院法制办公室《〈关于"责令限期拆除"是否属于行政处罚行为的请示〉的复函》(国法秘研函[2012]665 号)。
[82] 参见《行政处罚法》第 9 条第 4 项。

得优先退赔给受害人。关于退赔程序,《行政处罚法》没有作出进一步的规定。《价格违法行为行政处罚规定》第16条规定:"本规定第四条至第十三条规定中的违法所得,属于价格法第四十一条规定的消费者或者其他经营者多付价款的,责令经营者限期退还。难以查找多付价款的消费者或者其他经营者的,责令公告查找。经营者拒不按照前款规定退还消费者或者其他经营者多付的价款,以及期限届满没有退还消费者或者其他经营者多付的价款,由政府价格主管部门予以没收,消费者或者其他经营者要求退还时,由经营者依法承担民事责任。"在没有统一立法作出规定之前,该条规定的退赔程序可以为其他行政执法领域中的行政机关参照适用。(2)违法所得的计算方式原则上采用"总额制"。关于违法所得计算通常有两种方式:一是"总额说",即违法所得是当事人因违法行为所获得的全部收入;二是"净额说",即违法所得是当事人因违法行为获得的、扣除投入成本后的收入。《行政处罚法》采用"总额说",但法律、行政法规、部门规章规定采用"净额说"等其他计算方式的,从其规定。(3)款项。该条中的"款项",意指违法所得仅限于金钱,不包括其他财物。(4)一般性授权条款。法律、法规对违法所得设定没收违法所得处罚的,从其规定;没有设定没收违法所得处罚的,行政机关可以直接依据该款规定作出没收违法所得的处罚决定。规章可以针对违法行为设定警告、通报批评或者一定数量的罚款,不得设定没收违法所得处罚种类,若当事人因违法行为有违法所得,行政机关也可以直接依据该款规定作出没收违法所得的处罚决定。

3. 一事不得处两次以上罚款。《行政处罚法》第29条规定:"对当事人的同一个违法行为,不得给予两次以上罚款的行政处罚。同一个违法行为违反多个法律规范应当给予罚款处罚的,按照罚款数额高的规定处罚。"相较于1996年《行政处罚法》第24条的规定,前者新增加了一句"同一个违法行为违反多个法律规范应当给予罚款处罚的,按照罚款数额高的规定处罚"。该条是一事不得处两次以上罚款适用规则的法规范依据。一事不得处两次以上罚款适用规则可以分为如下4种情形:(1)基本模式:同一个违法行为违反同一个法律规范。对一个违法行为违反一个法律规范,不得以同一事实和同一依据先后多次罚款。这是常理,一般人都能够理解,行政机关此类违法处罚已经十分少见。在刘某询诉海南省文昌市工商行政管理局等处罚及行政复议决定案中,最高人民法院十分明确地表示:

> 对当事人的同一个违法行为,不得给予两次以上罚款的行政处罚。该条规定就是通常所说的"一事不再罚"原则,即对违法行为人的同一个违法行为,不得以同一事实和同一依据给予两个以上的处罚。设计该制度的目的在于防止法律规范设定冲突,保护当事人的合法权益。[83]

(2)法条竞合:同一个违法行为违反多个不同法律规范。判断法律规范之间是否发生法条竞合,其依据是多个法律规范中构成要件是否重合或者包含。重合模式是A法的构成要件是X,B法的构成要件也是X;包含模式是A法的构成要件是X,B法的构成要件是Y,但Y为X所包含。如果多个法律规范之间是异位法关系,则适用上位法优于下位法的规则确定;如果多个法律规范之间是同位法关系,若构成要件具有重合性,适用新法优于旧法规则;若构成要件具有包含性,适用特别法优于一般法规则。与法条竞合相关的情形是,同一个违法行为违反多个不同法律规范,但多个不同法律规范之间不构成法条竞合。在这种情形下,可以由不同的行政机关或者同一行政机关依法作出行政处罚,即使是两次以上的罚款,也不违反一事不得两次以上罚款规则,不同行政机关之间遵循分罚规则,同一行政机关遵循并罚规则。(3)同种想象竞合:同一个违法行为多次违反同一法律规范。同一个违法行为多次违反同一法律

---

[83] 参见最高人民法院第一巡回法庭行政裁定书[(2017)最高法行申6517号]。

规范,如果每次按一个违法行为处罚,有违过罚相当原则,如连续冲闯三个红灯、持续不间断地超速驾驶等,因此,由法律将其拟制为同一个行政违法行为,称为"连续行为"或者"继续行为"。它适用"一行为一罚"规则。(4)异种想象竞合:同一个违法行为违反多个不同法律规范。虽然法条竞合也是同一个违法行为违反多个不同法律规范,但它与异种想象竞合不同的是,法条之间的包容与交叉关系,不需要借助具体案件事实的联结,而是通过对构成要件的解释就可以发现。换言之,法条竞合是逻辑关系,而不是事实关系。异种想象竞合则是行为触犯了数个法条,是具体案件事实使得数个法条被触犯,而被触犯的数个法条之间不一定具有包容与交叉关系。在异种想象竞合情形下,同一个违法行为违反多个法律规范,因各个法律规范的目的不同,所要保护的法益有异,如果依照各个法律规范或者依次数分别处罚,就可能产生处罚过重的结果,有违过罚相当原则,故适用"择一重罚"规则。如上海鑫晶山建材开发有限公司诉上海市金山区原环境保护局环境行政处罚案中,原告堆放、处理固体废物分别违反了《大气污染防治法》《固体废物污染环境防治法》,构成了异种想象竞合。因《大气污染防治法》设定的罚款数额高于《固体废物污染环境防治法》,故原环境保护局依据《大气污染防治法》第99条第2项的规定,决定对原告罚款25万元。法院认为:

> 本案核心争议焦点在于被告适用《大气污染防治法》对原告涉案行为进行处罚是否正确。其中涉及《固体废物污染环境防治法》第68条第1款第7项、第2款及《大气污染防治法》第99条第2项之间的选择适用问题。前者规定,未采取相应防范措施,造成工业固体废物扬散、流失、渗漏或者造成其他环境污染的,处1万元以上10万元以下的罚款;后者规定,超过大气污染物排放标准或者超过重点大气污染物排放总量控制指标排放大气污染物的,由县级以上人民政府环境保护主管部门责令改正或者限制生产、停产整治,并处10万元以上100万元以下的罚款;情节严重的,报经有批准权的人民政府批准,责令停业、关闭。前者规制的是未采取防范措施造成工业固体废物污染环境的行为,后者规制的是超标排放大气污染物的行为;前者有未采取防范措施的行为并具备一定环境污染后果即可构成,后者排污单位排放大气污染物必须超过排放标准或者重点大气污染物排放总量控制指标才可构成。本案并无证据可证实臭气是否来源于任何工业固体废物,且被告接到群众有关原告排放臭气的投诉后进行执法检查,检查、监测对象是原告排放大气污染物的情况,适用对象方面与《大气污染防治法》更为匹配;《监测报告》显示臭气浓度超过大气污染物排放标准,行为后果方面适用《大气污染防治法》第99条第2项规定更为准确,故被诉行政处罚决定适用法律并无不当。[84]

对非罚款的行政处罚是否可以适用"一事不再罚"规则,在王某生与黑龙江省哈尔滨市人民政府等劳动教养并行政复议案中,最高人民法院认为:

> 《中华人民共和国行政处罚法》第24条规定,对当事人的同一个违法行为,不得给予两次以上罚款的行政处罚。这是"一事不再罚"原则的法定含义,并非指同一违法行为,不同的行政机关不能给予两次以上的行政处罚。即便按照一般法律适用规则理解,"一事不再罚"也应当是指同一违法行为不能给予两次以上的相同或者类似性质的行政处罚。本案中,虽然南岗分局对王某生曾作出过第997号处罚决定,但在112号劳教决定作出前,已经撤销第997号处罚决定,并明确王某生已被先期执行的行政拘留,执行一日折抵劳动教养一日。因此,不存在违反"一事不再罚"的事实。112号劳教决定认定主要事实清楚,适用法律、法规正确,亦不存在王某生主张的行政机关擅自改变处罚种类、加重处罚的情形。王某生以此为由申请再审,理由不能成立。[85]

该案不涉及罚款,但最高人民法院基于《行政处罚法》(1996)第24条的立法原意,导出

---

[84] 参见最高人民法院指导案例139号(2019年)。
[85] 参见最高人民法院行政裁定书[(2017)最高法行申1242号]。

"一事不再罚"原则,即"同一违法行为不能给予两次以上的相同或者类似性质的行政处罚",将"一事不再罚"原则适用范围扩大到所有行政处罚种类。该案中,公安机关先给予当事人行政拘留,后又处以劳动教养,且先期执行的行政拘留已经折抵劳动教养日期,所以不违反"一事不再罚"原则。

4. 主观过错。在应受行政处罚行为的构成要件上,有的是需要有主观过错的,如《突发事件应对法》第97条规定:"违反本法规定,编造并传播有关突发事件的虚假信息,或者明知是有关突发事件的虚假信息而进行传播的,责令改正,给予警告;造成严重后果的,依法暂停其业务活动或者吊销其许可证件;负有直接责任的人员是公职人员的,还应当依法给予处分。"根据这一规定,传播有关突发事件的虚假信息,必须是当事人主观上明知是虚假信息,才构成应受行政处罚行为。有的是不需要有主观过错的,如《道路交通安全法》第97条规定:"非法安装警报器、标志灯具的,由公安机关交通管理部门强制拆除,予以收缴,并处二百元以上二千元以下罚款。"根据该条规定,只要有非法安装警报器、标志灯具的事实,不问当事人主观是否有故意或者过失,都构成应受行政处罚行为。

对于没有主观过错的应受行政处罚行为,如果一概给予行政处罚,由于当事人没有主观过错心理状态,所以给予行政处罚不仅没有惩戒、教育意义,还会引起当事人的不服。因此,《行政处罚法》第33条第2款规定:"当事人有证据足以证明没有主观过错的,不予行政处罚。法律、行政法规另有规定的,从其规定。"这一规定有以下几个方面的内容。

(1)对于不需要有主观过错构成要件的应受行政处罚行为,当事人有证据足以证明没有主观过错的,不予行政处罚。此为过错推定规则,即如果当事人举出足以证明没有主观过错的证据,行政机关不予行政处罚。如《食品安全法》第136条规定:"食品经营者履行了本法规定的进货查验等义务,有充分证据证明其不知道所采购的食品不符合食品安全标准,并能如实说明其进货来源的,可以免予处罚,但应当依法没收其不符合食品安全标准的食品;造成人身、财产或者其他损害的,依法承担赔偿责任。"如何判断当事人有主观过错,需要结合具体案情作综合判断。如在珠海市华利燃料有限公司(以下简称华利燃料公司)诉珠海市斗门区原安全生产监督管理局安全生产监督管理行政处罚案中,法院认为:

> 华利燃料公司对案涉违法行为负有过错。鉴于危险化学品的安全管理涉及人民群众的生命财产安全,国家有较为严格的管理机制,诸如危险化学品单位应当建立和健全安全管理规章制度和岗位安全责任制度,并对从业人员进行安全教育和岗位技术培训。据此,长期从事过石化工作的刘某,作为华利燃料公司实际负责人,不仅应当知悉经营涉燃料油是否涉及危险化学品,而且应当对储存案涉危险化学品承担安全责任。故华利燃料公司关于不知情不构成违法的观点,本院予以驳回。[86]

该案中,华利燃料公司主观上是否有过错,法院通过认定作为华利燃料公司实际负责人的刘某"应当知道"相关业务,进而认定其负有注意义务,又基于他的"不作为"认定其有主观过错,否定其"不知情"的辩解。该条中的"足以证明"作为一个不确定的法律概念,如同"尽到充分合理的查找、检索义务"[87]"充分证据证明"[88]一样,应当是一个低于刑事诉讼的"排

---

[86] 参见广东省珠海市中级人民法院行政判决书[(2018)粤04行终22号]。
[87] "在政府信息公开案件中,被告以政府信息不存在为由答复原告的,人民法院应审查被告是否已经尽到充分合理的查找、检索义务。原告提交了该政府信息系由被告制作或者保存的相关线索等初步证据后,若被告不能提供相反证据,并举证证明已尽到充分合理的查找、检索义务的,人民法院不予支持被告有关政府信息不存在的主张。"最高人民法院指导案例101号(2018年)。
[88] 《食品安全法》第136条。

除合理怀疑"又高于民事诉讼的"高度盖然性"的证明标准。"足以证明"作为证明标准应该在"排除合理怀疑"——"高度盖然性"之间基于个案情况具体确定具体内容。

(2)对于需要有主观过错构成要件的应受行政处罚行为,当事人是否有主观过错应当由行政机关依职权调查取证加以证明,不得适用推定过错规则,故《行政处罚法》第33条第2款第2句规定:"法律、行政法规另有规定的,从其规定。"

5.追溯期限。《行政处罚法》36条第1款规定:"违法行为在二年内未被发现的,不再给予行政处罚;涉及公民生命健康安全、金融安全且有危害后果的,上述期限延长至五年。法律另有规定的除外。"此为行政处罚追溯期限的法律规定。"未被发现"适用于违法行为发生后未查实当事人的情形,若被查实的当事人逃逸,则将终身受到追溯。关于追溯期限一般违法行为是两年,涉及公民生命健康安全、金融安全且有危害后果的违法行为是5年。关于追溯期限的起算点,通常情况下从违法行为发生之日起计算,如违法行为有连续或者继续状态,从行为终了之日起计算。

(1)违法行为的连续状态是指当事人基于同一个故意,连续地实施数次同一性质的行为。如在刘某与山东省人社厅劳动监察行为违法、人力资源和社会保障部行政复议案中,法院认为:

> 所谓"连续状态",是指当事人基于同一个违法故意,连续实施数个独立的行政违法行为,并触犯同一个行政处罚规定的情形。但现行的行政法律、法规并未明确规定数个独立的行政违法行为之间是否可以存在时间间隔以及时间间隔的长短,这就导致了行政机关在认定行政违法行为是否处于连续状态时,在法律适用方面存在困惑。对于上述问题,本院认为,建立行政违法行为追究时效制度的价值标准,在于寻求提高行政效率与维护社会稳定之间的平衡,通过给予违法者自我纠错的时间(经过法定的时间,不再实施违法行为,即不再追究),敦促行政机关及时履行行政执法权,防止权利和权力的"沉睡"。因此,假设处于"连续状态"的违法行为中的数个独立的违法行为间隔时间过短,表明违法者并无"自我纠错"的主观故意,但却客观上规避了行政处罚的追诉时效,既不利于实现追究时效制度的价值目标,又有纵容违法行为之嫌。因此,在认定违法行为是否处于连续状态时,应当允许独立的违法行为之间存在适当的时间间隔,且间隔时间不宜过短。那么,行政机关在对违法行为是否处于连续状态进行认定的过程中,应当如何把握独立的违法行为之间的时间间隔的长短?本院认为,《中华人民共和国刑法》第89条规定:"追诉期限从犯罪之日起计算;犯罪行为有连续或者继续状态的,从犯罪行为终了之日起计算。在追诉期限以内又犯罪的,前罪追诉的期限从犯后罪之日起计算。"虽然上述刑事追责的法条不适用于行政追责领域,但刑事追究时效制度的立法思路可以为行政审判中对违法行为连续状态的认定提供有益的思考路径,即行为人在前一违法行为的责任追究期内又做出新的违法行为的,前一违法行为的追究期限从后一违法行为做出之日起计算。结合《行政处罚法》第29条规定的2年追究时效,本院认为,当事人基于同一个违法故意,触犯同一个行政处罚规定,实施的数个独立的行政违法行为之间的时间间隔,可以考虑不超过2年,否则不能认定为违法行为处于连续状态,法律另有规定的除外。本案中,山东分公司基于未足额缴纳社会保险费的违法故意,在2002年5月至2014年4月间,实施数个独立的违法行为,触犯了应该按月足额缴纳社会保险费的一个法律规定。虽然山东分公司曾于2006年4月至7月期间为刘某缴纳社会保险费,但山东分公司在2002年5月至2006年3月连续实施未按月足额缴纳社会保险费的违法行为后,未经过2年的追究时效,在违法行为中断3个月后,于2006年7月开始,再次连续实施未按月足额缴纳社会保险费的违法行为,中断前和中断后的违法行为应认定为处于连续状态。又因山东分公司的违法行为终了日至刘某投诉,并未超过《行政处罚法》第29条和《劳动保障监察条例》第20条规定的2年追究时效,因此,山东省人社厅应当对山东分公司自2002年5月至2014年4月的违法行为一并追究法律责任。综上,山东省人社厅因山东分公司在2006年4月至7月期间为刘某缴纳了社会保险费,数个独立的违法行为之间有3个月间隔,即认为违法行为不再"连续",属适用法律、法规错误,相应答复依

法应予撤销。[89]

(2)违法行为的继续状态是指当事人实施违法行为后,其违法所形成的状态(不是后果)在时间上处于一种延续状态的行为。上述两种情形法律拟制为一个应受行政处罚行为。如最高人民法院行政审判庭的[1997]法行字第26号答复:"对非法占用土地的违法行为,在未恢复原状之前,应视为具有继续状态,其行政处罚的追溯时效,应根据行政处罚法第二十九条第二款的规定,从违法行为终了之日起计算。"据此,非法占用土地在未恢复原状之前属于"继续状态"的违法行为。但是,违法建房行为则不是一个连续或者继续违法状态。[90] 又如,"违反规划许可、工程建设强制性标准进行建设、设计、施工,因其带来的建设工程质量安全隐患和违反城乡规划的事实始终存在,应当认定其行为有继续状态,根据《行政处罚法》第二十九条规定,行政处罚追诉时效应当自行为终了之日起计算"[91]。

实务中,有的违法行为是否属于连续或者继续状态其认定是比较复杂的。如淫秽物品被出售之后,该淫秽物品在社会上流传是否属于一种违法行为的连续或继续状态,最高人民法院行政审判庭在《关于出售淫秽物品如何计算追溯期限问题的电话答复》中称:"行为人'将淫秽物品出售他人后',应当视为其违法行为已经终了。'致使淫秽物品接连不断地在社会上转卖、复制、传播',只能作为其违法行为的情节(即所造成的后果)来考虑,而不能视为连续或继续状态。"一个相关的问题是,经责令限期改正但当事人未在限期内改正的,应当按何种违法行为状态计算追溯期限,实务中并非没有争议。责令限期改正是否可以截断违法行为继续或者连续状态,需要从责令改正的功能角度加以分析。对于经责令限期改正但当事人未在限期内改正的状态,与其作为一个新的违法行为,不如把它作为一个从重处罚情节来考虑更加适当。当事人收到责令改正的命令后不予改正,是拒不执行行政决定的行为,与从重处罚情节性质一致。

(六)行政处罚的程序

1.简易程序。简易程序是行政处罚程序的一个特殊程序,它适用于违法事实确凿并有法定依据,对公民处以200元以下、对法人或者其他组织处以3000元以下罚款或者警告的行政处罚案件。法律另有规定的,从其规定。它有以下几个步骤:(1)表明身份。由行政机关执法人员出示行政执法证件,用于表明自己的执法身份;即使身着制服的行政执法人员,在简易程序中也必须出示执法身份证件。(2)听取受处罚人的陈述和申辩;(3)说明处罚的理由;(4)制作当场处罚决定书;(5)行政处罚决定交当事人当场签收。当事人拒绝签收的,行政执法人员应当在行政处罚决定书上注明。(6)备案。行政执法人员当场作出的行政处罚决定,应当报所属行政机关备案。

2.一般程序。一般处罚程序是行政处罚的基本程序。除非有法的特别规定,行政机关作出行政处罚决定必须适用一般处罚程序。一般程序步骤为:(1)立案。(2)调查。(3)听证。如行政处罚不属于法定听证范围,或者当事人放弃听证,行政机关可以不经过听证程序作出行政处罚决定。[92] 对于不属于法定听证范围的行政处罚,行政机关应当根据《行政处罚法》

---

[89] 参见北京市第二中级人民法院行政判决书[(2016)京02行终1664号]。
[90] 徐某娟诉黑龙江省大庆市林甸县住房和城乡建设局行政处罚案,载最高人民法院行政审判庭编:《中国行政审判案例》(第4卷)第134号案例,中国法制出版社2012年版,第74页以下。
[91] 参见全国人大常委会法工委《对关于违反规划许可、工程建设强制性标准建设、设计违法行为追诉时效有关问题的意见》(法工办发[2012]20号)。
[92] 行政机关在告知听证的申请期限未满且相对人未放弃听证权的情况下,直接作出处罚决定,属于违反法定程序。参见毛某将诉山东省东营市公安局交通警察支队道路行政处罚案,载最高人民法院行政审判庭编:《中国行政审判指导案例》(第1卷)第15号案例,中国法制出版社2010年版,第75页以下。

第 7 条的规定,给予当事人一个陈述、申辩的权利。(4)法制审核。(5)行政机关负责人集体讨论。(6)作出行政处罚决定。(7)送达。行政处罚决定书应当在宣告后当场交付当事人;当事人不在场的,行政机关应当在 7 天内依照《民事诉讼法》的有关规定将行政处罚决定书送达当事人。

二、行政许可

(一)行政许可的概念

行政许可,是指行政机关根据公民、法人或者其他组织的申请,经依法审查,准予其从事特定活动的行为。行政许可是政府调控经济与社会发展的一种预防性监管工具,因此,行政许可数量多少与公民、法人或者其他组织自主空间大小呈比例关系。在性质上,行政许可有的是"自由的恢复",如食品生产许可,有的是"权利的赋予",如采矿许可。申请人从事某些有益于社会和他人的活动的同时,可能也会产生一定的危害性,不利于经济与社会发展。对此,政府可以采用预防性监管方式,如行政许可,也可以采用追惩性监管,如行政处罚,但两者相比,预防性监管优于追惩性监管。

与行政许可相似的一个概念是行政审批。在一份官方文件中,行政审批是指行政审批机关(包括有行政审批权的其他组织)根据自然人、法人或者其他组织依法提出的申请,经依法审查,准予其从事特定活动、认可其资格资质、确认特定民事关系或者特定民事权利能力和行为能力的行为。[93] 与行政许可比对,行政审批多出了"认可其资格资质、确认特定民事关系或者特定民事权利能力和行为能力"的内容。这部分内容在行政法学上称为"行政认可"[94]或者"行政确认",它们不属于《行政许可法》的调整范围。

《行政许可法》于 2004 年 7 月 1 日正式实施,2019 年作过一次修正。《行政许可法》对行政许可的设定、实施、程序和费用等内容作出了基本规定,旨在统一部门行政法中行政许可的适用,同时也回应国家历时多年的行政审批制度改革的要求。

(二)行政许可的设定和规定

行政许可事关公民、法人或者其他组织的自由程度,而自由程度大小又与国家、社会的发展快慢有关,所以,并非每一个事项都由行政机关用行政许可方式进行监管就能促进经济与社会的发展;但是,如果纳入行政许可的事项范围过小,那也不利于经济发展与社会的稳定。将行政许可事项范围的边界划定在何处是《行政许可法》立法的一个难点。《行政许可法》把事关国家安全等特定活动、有限自然资源开发利用等、特定职业和行业的资格与资质要求、事关公共安全等设施运转是否达到规范要求和产品等是否符合标准以及某些主体资格的事项等,纳入了行政许可的事项,[95]同时,公民、法人或者其他组织能够自主决定的、市场竞争机制能够有效调节的、行业组织能够自律管理的事项可以不设行政许可。[96] 从经济与社会发展的状况和需求看,这个行政许可事项范围的划定基本上是妥当的。当然,这个范围并不是固定不变的,它是可以通过"法律、行政法规规定可以设定行政许可的其他事项"[97]加以调

---

[93] 参见国务院行政审批制度改革工作领导小组《关于印发〈关于贯彻行政审批制度改革的五项原则需要把握的几个问题〉的通知》(国审改发〔2001〕1 号)。

[94] 《海洋渔业船员发证规定》(已失效)第 19 条规定,"具备本规定要求,并经渔港监督机构认可的船员海上资历"是申请适任证书考试的条件之一。

[95] 参见《行政许可法》第 12 条。

[96] 参见《行政许可法》第 13 条。

[97] 《行政许可法》第 12 条第 6 项。

整的。

与行政处罚一样,行政许可也有"设定"和"规定"两种制度。针对可以设定行政许可的事项,对法律来说总是不受限制的,它可以根据需要设定各种行政许可。除了部门规章外,行政法规、地方性法规和地方政府规章在法定条件下也有部分行政许可设定权。在行政许可的规定上,除了法律外,法规、规章也都有部分的规定权限。但是,在上位法已经设定行政许可的情况下,下位法不得增设行政许可;[98] 在对行政许可条件作出具体规定时,下位法不得增设违反上位法的其他条件。在实务中,违反《行政许可法》规定行政许可条件的个案并不少见,如国务院办公厅转发的一个文件规定:"自2006年6月1日起,凡新审批、新开工的商品住房建设,套型建筑面积90平方米以下住房(含经济适用住房)面积所占比重,必须达到开发建设总面积的70%以上。"[99] 这个"文件"充其量只是国务院的"法规性文件",但它在《城市规划法》(已失效)规定的"建设用地规划许可证"法定要件外,增设了一个新的许可要件,即"套型建筑面积90平方米以下住房(含经济适用住房)面积所占比重,必须达到开发建设总面积的70%以上",应属违法增设许可条件。关于这一点,最高人民法院的态度一直是十分明确的。在鲁潍(福建)盐业进出口有限公司苏州分公司诉江苏省苏州市盐务管理局盐业行政处罚案中,法院认为:

> 根据《行政许可法》第15条第1款、第16条第3款的规定,在已经制定法律、行政法规的情况下,地方政府规章只能在法律、行政法规设定的行政许可事项范围内对实施该行政许可作出具体规定,不能设定新的行政许可。法律及《盐业管理条例》没有设定工业盐准运证这一行政许可,地方政府规章不能设定工业盐准运证制度。[100]

(三)行政许可的实施

1. 许可机关。行政机关和法律、法规授权的组织应当在法定职权或者授权范围内实施行政许可。行政机关可以委托其他行政机关实施行政许可,非行政机关不得接受委托实施行政许可。若无行政许可权的行政机关实施类似于许可的"备案"之类的行为,不产生许可的法效力。如在安徽国祯泉星天然气开发有限公司(以下简称泉星公司)诉临泉县人民政府燃气经营行政许可案中,法院认为:

> 临泉县发展和改革委并非燃气特许经营行政主管部门,依法不具有实施燃气经营行政许可的权限,故其对泉星公司报送的燃气加气站及释放站项目备案行为,并非燃气经营权行政许可行为,泉星公司亦不能据此合法取得临泉县燃气特许经营权。[101]

在该案中,临泉县发展和改革委是行政机关,但燃气经营权许可不是它的法定职权,所以,它不得实施行政许可。所谓"项目备案"不是行政许可。

2. 申请与受理。行政许可是依申请的行政决定,因此,它以公民、法人或者其他组织申请为程序启动要件,与申请对应的程序行为是行政机关的受理。尽管如此,申请要件仍然应当

---

[98] 《城乡个体工商户管理暂行条例》(已失效)第3条规定:"个体工商户可以在国家法律和政策允许的范围内,经营工业、手工业、建筑业、交通运输业、商业、饮食业、服务业、修理业及其他行业。"尹某才经营的"营利性医疗机构"属于上述条例中的"服务业"范畴,原卫生部的行政规章仅将该"营利性医疗机构"纳入工商登记范围内,是对行政法规的具体施行,并没有新设定行政许可,没有违反《行政许可法》的相关规定。参见尹某才诉韶关市翁源县原工商行政管理局行政处罚案,载最高人民法院行政审判庭编:《中国行政审判案例》(第4卷)第140号案例,中国法制出版社2012年版,第107~108页。

[99] 国务院办公厅转发建设部等《关于调整住房供应结构稳定住房价格意见的通知》(国办发[2006]37号)。

[100] 参见最高人民法院指导案例5号(2012年)。

[101] 参见安徽省高级人民法院行政裁定书[(2011)皖行终字第00017号]。

以便利于申请人提出申请为要旨,有条件的行政机关可以为申请人提供通过"电子数据交换和电子邮件"等方式提出申请的服务。为了确保申请人有效地行使行政许可救济权,《行政许可法》第32条第2款规定:"行政机关受理或者不予受理行政许可申请,应当出具加盖本行政机关专用印章和注明日期的书面凭证。"此条规定旨在否定行政机关长期以来不给申请人"收条"的行政陋习,同时,"书面凭证"也是申请人提起不履行法定职责之诉的证据。

3. 审查与决定。行政机关对申请人提交的材料是否真实、合法,原则上采用形式审查标准。申请人必须对提交的申请材料的真实性、合法性负责,[102] 否则,行政机关可以事后对行政许可行使撤销权。[103] 对于需要有特定空间、条件的行政许可申请,如被准予从事的活动有使用房屋面积、卫生条件的,行政机关应当采用实质审查标准。[104] 凡符合听证条件的行政许可,行政机关必须举行听证会,听取申请人、利害关系人的意见。[105] 听证可以分为:(1)主动听证。它分为法律、法规和规章规定听证与行政机关认为需要听证两种。(2)申请听证,如行政机关认为许可直接涉及申请人与他人之间重大利益关系的,应当告知申请人、利害关系人有权要求听证。经过听证之后,行政机关必须在法定期限内作出是否许可的决定。如果行政许可是经过听证的,那么听证笔录是行政机关作出许可决定的根据。[106]

(四)行政许可的转让和延续

1. 许可转让。与自然资源、公共资源等开发利用有关的许可,申请人在遵守法定条件和程序的前提下可以转让他人。但是,与申请人的特定身份、条件有关联性的许可,如驾驶执照、营业执照、出国护照、卫生许可证、律师执业证等,不得转让他人使用。

2. 许可延续。允许许可延续可以减轻申请人重新申请的负担,从便民角度设置许可延续制度,同样还可以减少不必要的行政事务。为了给行政机关必要的审查时间,延续许可的申请应当在有效期届满30天之前提出。有时,行政机关可能会怠于履行对申请人延续许可申请的审查职责,为确保申请人的合法权益,《行政许可法》第50条第2款规定:"行政机关应当根据被许可人的申请,在该行政许可有效期届满前作出是否准予延续的决定;逾期未作决定的,视为准予延续。""视为准予延续"性质上是一种拟制的行政许可,这一许可制度有利于申请人继续从事原来所许可的事项。因"视为准予延续"是一种拟制的行政许可,所以,将行政机关"逾期未作决定"认定为不作为违法,并不妥当。如在垫江县原水利农机局与朱某华不履行采砂行政许可法定职责纠纷上诉案中,法院认为:

> 上诉人垫江县原水利农机局是负责本行政区域内河道采砂管理工作的行政管理部门,颁发给被上诉人朱某华的重庆市河道采砂许可证的有效期为2001年10月18日至2005年12月31日。经原审法院生效判决确认,上诉人于2005年11月25日收到被上诉人的河道采砂许可延续申请后在该许可证有效期届满前未对申请作出是否准予延续决定的不作为行为违法。[107]

但是,如果申请人现有状况已经不符合许可条件,却因行政机关在有效期届满前未作出

---

[102] 参见《行政许可法》第31条。
[103] 参见《行政许可法》第69条。
[104] 参见《行政许可法》第34条第3款。
[105] 行政机关作出撤销、变更行政许可决定的,依照正当程序原则要求应当听取申请人和利害关系人的意见。参见赵某诉平邑县人民政府土地行政复议案,载最高人民法院行政审判庭编:《中国行政审判案例》(第3卷)第104号案例,中国法制出版社2013年版,第118页以下;邱某吉等不服厦门市规划局规划行政许可案,载最高人民法院行政审判庭编:《中国行政审判案例》(第3卷)第105号案例,中国法制出版社2013年版,第122页以下。
[106] 参见《行政许可法》第48条第2款。
[107] 参见重庆市第三中级人民法院行政判决书[(2007)渝三中法行终字第40号]。

是否准予延续决定而被拟制为准予延续,有时可能有危害公共利益或者他人利益之嫌。因此,《行政许可法》如果再作一些区分,将诸如对卫生许可证、危险品准运证的延续申请,在行政机关逾期未作决定的情况下"视为不予延续",或许更为妥当。

(五)行政许可的撤销和注销

1. 许可撤销。行政机关作出许可决定后,若有《行政许可法》第69条规定情形之一,作出行政许可决定的行政机关或者其上级行政机关,根据利害关系人的请求或者依职权,可以作出撤销许可决定。许可撤销属于行政许可决定,《行政许可法》没有规定许可撤销的法定程序,对此,行政机关应当遵守正当程序。如在龙门县南昆山中科电站诉广东省原林业厅林业行政许可行政纠纷案中,法院认为:

> 撤销行政许可亦属于实施行政许可。广东省原林业厅在已经核准中科电站使用涉案林地且未事先告知中科电站的情况下,作出不利于中科电站的撤销行政许可决定,剥夺了中科电站依法享有的陈述权、申辩权,违反了公开原则和基本的正当程序原则。[108]

2. 许可注销。行政机关作出许可决定后,若有《行政许可法》第70条规定的情形之一,行政机关应当依法办理有关行政许可的注销手续。如行政许可有效期届满未延续,该行政许可失效。但是,申请人可能会利用失效的行政许可继续从事相关活动,损害公共利益和第三人利益,故对于符合法定注销情形的行政许可应当注销。许可注销决定涉及申请人、利害关系人的合法权益,不能因为《行政许可法》没有规定相应的程序,行政机关就可以不履行正当程序。如在射阳县红旗文工团诉射阳县原文化广电新闻出版局程序不正当注销文化行政许可纠纷案中,法院认为:

> 国务院《营业性演出管理条例》第5条第2款规定,县级以上地方人民政府文化主管部门负责本行政区域内营业性演出的监督管理工作。据此,上诉人射阳县文化广电新闻出版局具有监督管理本行政区域内的营业性演出工作的法定职责。射阳县文化广电新闻出版局于2013年5月13日作出"射文广新注告字〔2013〕1号行政许可注销公告",对被上诉人射阳县红旗文工团依法取得的"射民演01号营业性演出许可证"予以注销,之前未告知被上诉人依法享有陈述、申辩权,之后又未向被上诉人送达该注销决定,程序严重违法,故原审法院依法判决撤销上诉人于2013年5月13日作出的"射文广新注告字〔2013〕1号行政许可注销公告"并无不当。[109]

三、行政强制

(一)行政强制的概念

行政强制是行政强制措施和行政强制执行的总称。行政强制措施是指行政机关在行政管理过程中,为制止违法行为、防止证据损毁、避免危害发生、控制危险扩大等情形,依法对公民的人身自由实施暂时性限制,或者对公民、法人或者其他组织的财物实施暂时性控制的行为。行政强制执行是指行政机关或者行政机关申请人民法院,对不履行行政决定的公民、法人或者其他组织,依法强制其履行义务的行为。[110] 行政强制执行包括行政机关和司法机关的强制执行。

在《行政强制法》的框架下,与行政处罚、行政许可相比,行政强制不是一个与它们可以相提并论的行政决定。因行政强制执行包括作为事实行为的行政机关强制执行和申请法院强

---

[108] 参见最高人民法院行政裁定书〔(2016)最高法行申2471号〕。
[109] 参见《最高人民法院公报》2018年第8期。
[110] 参见《行政强制法》第2条。

制执行的非诉申请行为,与行政处罚、行政许可处于同一位阶的法概念是行政强制措施。根据《行政强制法》的规定,行政强制的分类如图7-2所示。

```
              ┌─ 行政强制措施
行政强制 ─────┤
              │                  ┌─ 行政机关强制执行
              └─ 行政强制执行 ───┤
                                 └─ 申请法院强制执行
```

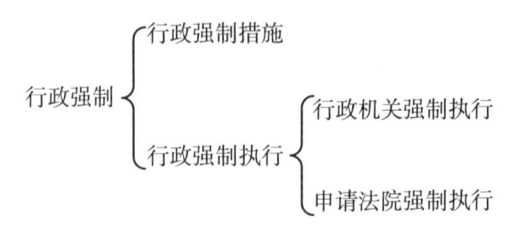

图7-2 行政强制的分类

行政强制不同于行政处罚之处在于,前者一经作出客观上直接影响了行政相对人的人身与财产(申请法院强制执行除外),因此,法律对行政强制的控制严于行政处罚、行政许可。如禁止行政机关委托他人实施行政强制措施,只有法律才能设定行政机关强制执行权等。《行政强制法》中的"行政强制措施"概念采用了与《行政诉讼法》《行政复议法》一致的表述,但未将对行为的强制纳入其中,这是一种立法疏漏。如强制履行服兵役义务,性质上应是对行为采取的一种行政强制措施。[111] 因不能置于《行政强制法》的框架之内,如强制履行兵役义务之类对行为的强制,宜单列为一种命令性行政决定。"应急措施或者临时措施"是否属于"即时强制",[112] 尚有存疑,毋宁当作一种紧急情况下行政强制措施的特例。行政机关申请法院强制执行在性质上属于非诉申请程序,将其放置于《行政诉讼法》框架内规定更为妥当,将此内容纳入《行政强制法》,挤破了通说上的"行政强制"概念。

《行政强制法》于2012年1月1日实施。《行政强制法》核心内容是规定行政强制措施和行政机关强制执行的程序,尤其是具体种类和方式如何适用的程序。行政强制种类和设定、规定与《行政处罚法》《行政许可法》一样,一如既往地体现了现代行政法的"控权"理念。

(二)行政强制的种类

1. 行政强制措施的种类。行政强制措施的客体是公民、法人或者组织的人身自由、财产。有关限制人身自由,冻结存款、汇款的行政强制措施设定,由法律加以垄断。行政法规、地方性法规可以有条件地设定查封、扣押财产等行政强制措施。规章和行政规定不得设定任何行政强制措施,否则,在行政诉讼中将被法院否定。如在某房地产公司诉文山市住房和城乡建设局行政强制措施案中,法院认为:

被告冻结原告网签备案系统,该行为系被告在房地产管理过程中,为制止违法行为发生、避免国有资产流失,从而对原告财物实施暂时性控制的行为,具有行政强制措施的特征,故被告冻结原告网签备案系统应遵守《中华人民共和国行政强制法》的相关规定。本案的争议焦点为:被告是否具有冻结原告的网签备案系统的权限。结合本案,按照中华人民共和国住房和城乡建设部出台的《房屋交易合同网签备案业务规范》(试行)的相关规定,网签备案系统的行政管理主体为各地房产主管部门,也明确了不得进行房屋网签备案的情形,但目前现行的法律、行政法规及部门规章均未对网签备案系统冻结相关

---

[111]《兵役法》第57条第1款规定:"有服兵役义务的公民有下列行为之一的,由县级人民政府责令限期改正;逾期不改正的,由县级人民政府强制其履行兵役义务,并处以罚款:(一)拒绝、逃避兵役登记的;(二)应征公民拒绝、逃避征集服现役的;(三)预备役人员拒绝、逃避参加军事训练、担负战备勤务、执行非战争军事行动任务和征召的。"

[112]《行政强制法》第3条第2款规定:"发生或者即将发生自然灾害、事故灾难、公共卫生事件或者社会安全事件等突发事件,行政机关采取应急措施或者临时措施,依照有关法律、行政法规的规定执行。"

事项作出法律规定,也未就该冻结事项予以明确授权于房地产主管部门。被告依据文山市不动产登记中心的协助函,认定原告未缴纳外挂资金以及出售承诺抵押的商铺从而锁定原告开发的楼盘,冻结网签备案系统,该行政强制措施没有相关法律、法规的规定及授权,于法无据,属于超越职权的行政行为,该冻结行政行为违法,依法应当予以撤销。[113]

2. 行政强制执行的方式。行政强制执行的方式有加处罚款或者滞纳金;划拨存款、汇款;拍卖或者依法处理查封、扣押的场所、设施或者财物;排除妨碍、恢复原状和代履行等。为了控制行政强制执行权不被滥用,尤其是不得让行政机关行政强制执行自我"授权",行政强制执行的设定一律由法律加以垄断。若法律没有授予行政机关行政强制执行权,行政机关只能申请法院强制执行。[114]

(三)行政强制的实施程序

1. 行政强制措施。原则上,行政强制措施由行政机关在法定职权范围内实施,且不得委托他人实施。依据《行政处罚法》的规定行使相对集中行政处罚权的行政机关,可以实施法律、法规规定的与行政处罚权有关的行政强制措施。法律、行政法规授权的具有管理公共事务职能的组织在法定授权范围内,可以自己的名义实施行政强制。与《行政处罚法》《行政许可法》不同的是,《行政强制法》限于法律、行政法规授权的组织,不包括地方性法规授权的组织。因行政强制措施极容易滥用伤人损财,《行政强制法》设置了一套严密的法律程序,并在此基础上对限制人身自由的行政强制措施又作出了若干特别规定,彰显了该法律的"控权"理念。但是,如"没有明显社会危害性"[115]"情况紧急"[116]等法定程序要件如何理解与执行,需要在个案中作进一步解释。

2. 行政机关强制执行。为了提高行政效率,减轻与当事人心理上对立的情绪,法律要求行政机关在强制执行之前,必须履行催告程序。在听取当事人陈述与申辩之后,才能作出行政强制执行决定。行政强制执行过程中的中止和终结情形,执行协议和"日落条款"的规定,[117]无不体现着行政强制执行中"尊重和保障人权"的宪法精神,把行政强制执行的目的降到了相对次要的位置。

3. 申请法院强制执行。在无法律明确授予行政机关有强制执行权的情形下,行政机关必须在法定期限内申请法院强制执行。行政机关提出申请之前,必须履行催告程序。对于行政机关申请执行的行政决定,法院以它是否达到行政决定无效为审查标准。[118] 如法院裁定不予受理或者不予执行被申请的行政决定,行政机关可以在法定期限内向上一级法院申请复议。上一级法院的裁定是终局裁定。

(四)行政强制的适用

1. 比例原则。《行政强制法》第5条规定:"行政强制的设定和实施,应当适当。采用非强

---

[113] 参见云南省文山市人民法院行政判决书[(2021)云2601行初8号]。
[114] 《行政诉讼法》第97条规定:"公民、法人或者其他组织对行政行为在法定期限内不提起诉讼又不履行的,行政机关可以申请人民法院强制执行,或者依法强制执行。"
[115] 参见《行政强制法》第16条第2款。
[116] 参见《行政强制法》第20条第1款第2项。
[117] 《行政强制法》第43条规定:"行政机关不得在夜间或者法定节假日实施行政强制执行。但是,情况紧急的除外。行政机关不得对居民生活采取停止供水、供电、供热、供燃气等方式迫使当事人履行相关行政决定。"
[118] 《行政强制法》第58条第1款规定:"人民法院发现有下列情形之一的,在作出裁定前可以听取被执行人和行政机关的意见:(一)明显缺乏事实根据的;(二)明显缺乏法律、法规依据的;(三)其他明显违法并损害被执行人合法权益的。"

制手段可以达到行政管理目的的,不得设定和实施行政强制。"根据这一规定,行政强制设定、实施应当适当,如扣押财产可以达到目的,就不要采取查封场所的行政强制措施;采用非强制手段可以达到行政管理目的的,就不要设定、实施行政强制。实务中,如能够通过当事人的亲朋好友做工作可以达到行政强制目的,就不必非要采取行政强制。

2. 情况紧急下的强制执行。《行政强制法》第19条规定:"情况紧急,需要当场实施行政强制措施的,行政执法人员应当在二十四小时内向行政机关负责人报告,并补办批准手续。行政机关负责人认为不应当采取行政强制措施的,应当立即解除。"根据这一规定,行政机关可以在处置紧急情况时实施行政强制,因此,对"情况紧急"要件的正确判定、解释十分重要。一旦行政强制措施或者行政强制决定成为行政诉讼客体,行政机关便负有论证"情况紧急"存在的义务。

3. 利益衡量。利益衡量是一种法适用的方法。在行政强制过程中,经常会遇有多种不同利益交织在一起的情形,因此,需要行政机关在利益衡量的基础上作出正确的行政决定。如朱某臣诉青岛市市北区原新闻出版管理办公室、青岛市公安局市北分局、青岛工商局市北分局行政强制及行政赔偿案中,法院认为:

> 行政检查中的强制行为,对行政相对人权益的影响,不以行政相对人的同意作为前提,因此,对这种行为进行法律控制和实施监督是完全必要的。三被上诉人分别提供了各自行使行政检查权的规范依据,但是,法规、规章中所规定的行政检查权是否包括强制检查权,应当考虑两点:一是行政相对人的权利及法律对这种权利的保护程度。我国宪法明确规定禁止非法搜查公民身体、住宅和通信秘密,而对于搜查经营场所未作规定。二是社会公益与公民权利的平衡。经营场所与公民身体、住宅和通信秘密的不同之处在于,经营场所是为社会生产产品或提供服务的场所,与社会公益直接相关;而公民身体、住宅和通信秘密则带有更多的个人性质。所以,经营户对于行政机关不应享有营业秘密;而行政机关为了社会公益的需要,对于经营户则应当具有较大的行政检查权。基于上述两点考虑,三被上诉人依法享有的对于经营场所的检查权,应当包括强制检查权。三被上诉人根据新闻报道和群众举报,并在倩文书店营业员逃避检查的情况下,对该店实施强制检查,是正当行使强制检查权的行为。而上诉人以其住宅为经营场所,应视为已经放弃法律给予公民住宅的特殊保护,因为行政机关对上诉人的经营场所强制检查,无法避免对其住宅的影响。[119]

该案中,法院认为被上诉人对上诉人行使强制检查权是经过社会公益与公民权利的平衡之后作出的决定。为了社会公益的需要,必须降低法律对作为经营场所的公民住宅的特殊保护的强度,所以,被诉的"强制检查"行为符合法律规定。虽然该案发生在《行政强制法》实施之前,但对于理解把握"利益衡量"在行政强制过程中的适用是有指导意义的。

---

[119] 参见山东省青岛市中级人民法院行政判决书[(2001)青行终字第2号]。

第八章 行政行为:非行政决定行为

第一节 引 言

一、行政行为的多样化

现代社会复杂、多变,行政机关需要有更加多样、灵活的行政行为去应对,才能满足现代社会发展的需要。由此,行政行为呈现出了多样化倾向,即在行政决定之外,行政行为发展出了多种非行政决定行为,如行政指导、行政协议以及其他无名行政行为,如消费警示[1]、质量状况公告[2]、信用记录[3]、风险评估[4]、信息提供[5]和约谈[6]等。当然,这并不是说,在传统行政法上没有如事实行为、制定行政规范等非行政决定行为,这类非行政决定行为在现代行政法上仍然具有重要的地位。

用"非行政决定行为"来概称行政决定之外的其他行政行为,在方法论上是有实益的。在现代社会中,面对这样一个多样化的行政行为状况,现代行政法体系应当加以包容,改变传统行政法对行政行为结果取向的关注,在从单一关注司法救济转向同时关注行政过程的基础上建构现代行政法体系。因为,许多非行政决定行为因不具有可诉性而无法进入司法救济,若局限于面向司法的行政法,这些非行政决定行为就可能无法纳入现代行政法体系,更遑论加以规范。

除上述非行政决定行为外,我们还需要关注行政机关在私法上的行为和在宪法上的行为,前者如政府采购,[7]后者如政府向人大提交议案。[8] 这类行为尚未进入现代行政法体系之中,但它们与现代行政法所调整的行政行为之间有着密切的关联性。如政府采购中引发的质疑与投诉,就涉及相关行政主管部门进行行政处理的合法性问题。所以,现代行政法应当扩大视野,对这类行为作行政法的关联性思考。

二、非行政决定行为体系的开放性

非行政决定行为的图谱不是如同门捷列夫化学元素周期表那样,我们尚不能确定未来它究竟还有多少种行为样式,毋宁把非行政决定行为看作一个具有面向未来开放性的学理分析框架。未来有可能出现新类型的行政行为,如不能纳入行政决定体系,则非行政决定行为体

---

[1] 参见《"十四五"市场监管现代化规划》(国发〔2021〕30号)。
[2] 参见《产品质量法》第24条。
[3] 参见《反不正当竞争法》第26条。
[4] 参见《国有土地上房屋征收与补偿条例》第12条。
[5] 参见《政府信息公开条例》第19条。
[6] 参见《网络安全法》第56条。
[7] 参见《政府采购法》第43条。
[8] 参见《宪法》第89条第2项。

系可以接纳之,并为其独立门户,各就各位,发挥各自的作用。

非行政决定行为体系的开放性可以回应复杂、多变的现代行政。在人类未知世界范围不断地缩小的过程中,行政决定作为现代行政法的核心地位固然不可动摇,但是,非行政决定行为样式层出不穷将是一个不争的事实。一个开放性的非行政决定行为体系,将为更多无名的行政行为式样提供其存在的合法性制度基础。

三、非行政决定行为的法控制

无论是何种样式的非行政决定行为,它们与行政职权之间都有着不可分割的关系,或者本身就是行政职权活动,因此,它们仍然需要受到行政法的控制。如制定行政规范行为是行政机关为自己行使职权提供合法性依据,则更不能偏离现代行政法"控权"的理念。所谓通过良法促进善治,也可以佐证对制定行政规范行为进行合法性控制的重要性。

需要指出的是,私法是一种平等主体之间自由且无须强制而形成法律关系的一种框架秩序,所以如能够通过私法调整的秩序,行政法应当谦抑。试图将私法调整的行政机关的某些私法行为纳入现代行政法调整的争论,反映了这类行政行为在私法调整中可能存在某些"不足之处"。但是,这些"不足之处"是否足以成为这些行政行为能够改由现代行政法调控的理由,并非没有疑问,如经营行为、辅助行为等。这是一个可以展开讨论的问题。

第二节 制定行政规范行为

一、引言

(一)制定行政规范行为的概念

制定行政规范行为,简言之,是行政机关依照法定程序制定具有普遍约束力规范的行政行为。行政规范分为行政法规、行政规章和行政规定三类。行政规范"三分法"并不考虑职权来源(职权、授权)、效力指向(对内、对外)、内容性质(执行性、解释性、程序性、创设性等)等区分标准,但这些分类标准在讨论行政法规、行政规章和行政规定制定、适用时是有意义的。

在传统宪法理论中,行政机关依法行政中的"法"应当是由民意机关提供的法律,行政机关不可以自我创制行政行为的法依据,故有"依法律行政"之说。但是,在现代宪法理论上,这个命题已经被修正了。因为作为民意机关的人大及其常务委员会在客观上没有"能力"为行政机关依法行政提供足够的法依据,那就只好授权行政机关通过法定程序为自己的行政行为制定法依据,"依法律行政"就被改写为"依法行政"。在今天,授予行政机关"立法性行政权"已经没有合宪性疑问,尤其是如我们这样的一个大国中,在全国人大及其常委会垄断国家立法权的前提下,授权行政机关来制定行政规范是符合国情的。

行政机关为自己制定行政行为的法依据,在法价值上通常会比较偏向于行政权能够有效、便利行使,较少关注公民、法人或者组织合法权利的保障,法的工具性较为明显,且民意基础也不如人大立法。所以,在行政机关制定行政规范的程序中,公众参与作为一种增加立法民主性的补救方式获得了社会共识。[9] 或者设置一个人大常委会审查、批准行政规范的生效程序。事后监督程序必不可少,如人大常委会的备案审查。法院在行政诉讼中"参照规章"也

---

[9] 参见《行政法规制定程序条例》第22条、《规章制定程序条例》第15条。

是事后司法对行政机关制定规章的一种合法性监督,只不过这种监督限于法院在个案中排除某一规章的适用,不能直接宣布该规章无效或者判决撤销该规章,如任某国不服劳动教养复查决定案。[10] 该案中,法院认定山西省人民政府《关于保护企业厂长、经理依法执行职务的规定》第 8 条第 2 项,扩大了劳动教养的适用范围,与国务院有关劳动教养的行政法规相抵触,所以宣布排除适用该规章。但是,若山西省人民政府不通过法定程序废除该规章,它仍然具有普遍性法效力,该案的既判效力仅限于该案。除了"参照规章"外,在行政复议、行政诉讼中,公民、法人或者其他组织可以在申请行政复议或者提起行政诉讼时,一并要求审查行政规定的合法性。[11]

(二)制定行政规范行为的依据

制定行政规范行为是立法权与行政权的临界点。行政本身并无"立法"内容,所以,制定行政规范行为是一种"立法性行政权"。基于法律产生行政原理,制定行政规范行为的权源依据应当是人大的授权,这是可以从《宪法》第 58 条规定中推导出来的结论。[12]

凡是宪法明确规定为公民的基本权利,行政机关不得通过制定行政规范加以限制或者剥夺,至于是否存在所谓的"未列举的宪法基本权利",学理上并非已定一尊。但是,对于宪法没有明确规定为"基本权利"的权利,经法律授权由行政机关通过制定行政规范加以限制或者剥夺,并非不可。当然,为了更好地保护行政相对人的权利,法律在授权时对行政机关制定行政法规、行政规章与行政规定作一定的区别是必要的。如法律可以授权行政机关制定行政规章,对法律作程序性、技术性的补充规定;除生命权与自由权外,法律可以授权行政机关通过制定行政法规对公民的其他权利加以限制或者剥夺。但是,法律不得以签署"空白支票"的方法授权行政机关制定行政规范。[13]

行政机关制定行政规范必须要有法律、地方性法规的依据,且不能涉及《立法法》第 11 条规定的立法事项。由于行政法规、行政规章和行政规定法的位阶不同,因此,在制定依据上也有所不同。如全国人大及其常委会可以将《立法法》第 11 条规定的部分事项授权给国务院制定行政法规;根据《行政处罚法》《行政许可法》的相关规定,行政法规、行政规章可以设定部分行政处罚种类、临时性许可;地方性法规可以授权行政机关制定执行性的地方政府规章或者行政规定等。

有时,上级行政机关将制定法规范实施细则的权力授予给下级行政机关,如住房和城乡建设部《建筑工程施工许可管理办法》第 19 条规定:"省、自治区、直辖市人民政府住房城乡建设主管部门可以根据本办法制定实施细则。"《建筑工程施工许可管理办法》是住房和城乡建设部依据《建筑法》制定的部门规章,它授权省、自治区、直辖市人民政府建设行政主管部门可以根据该办法制定实施细则。依照授予权力不得转授予原则,这种转授权似乎应当否定。但是,就中国具体情况而言,承认这种转授权的同时强化事前审查和事后监督,或许是一种更为务实的做法。另外,在制定行政规划中,如制定城市总体规划、土地利用总体规划等具有与制定行政规范相同的法效果,它们都是行政机关作出行政行为的依据,所以,制定行政规划可以适用制定行政规范的相关法理。

(三)制定行政规范行为的合法要件

合法要件是有权机关审查行政机关制定行政规范行为是否具有合法性的一种法律技术。

---

[10] 参见《最高人民法院公报》1993 年第 3 期。
[11] 参见《行政复议法》第 13 条、《行政诉讼法》第 53 条。
[12] 《宪法》第 58 条规定:"全国人民代表大会和全国人民代表大会常务委员会行使国家立法权。"
[13] 参见《立法法》第 13 条。

虽然监督行政机关制定行政规范相关的法律、法规并不缺少,但是,由于审查行政机关制定行政规范是否合法主要是内部监督,如本级人大和上一级行政机关的备案审查;行政复议、行政诉讼中一并审查是外部监督,但相关个案不多见。因缺少足够的实证材料,这种状况影响了行政法学理论对它的实践经验提炼。一般来说,制定行政规范行为的合法要件有以下几点。

1. 行政机关有法定职权。也就是说,行政机关有制定行政规范的职权依据。如果行政机关在自己职权范围外行使制定行政规范职权,则"越权无效"原理同样适用。在实务中,法院在个案中也适用此原理审查行政机关制定行政规范的合法性。如在北京市通州区漷县镇后尖平村村民委员会诉北京市通州区漷县镇人民政府履行追缴公章法定职责案中,法院认为:

> 被告向法庭提交了《印章工作意见》,市委组织部、市委农工委、市民政局《关于充分发挥村党支部领导核心作用,进一步推进村民自治的意见》《通州区村级组织规范化管理实施细则》等规范性文件作为其具有追缴公章的法定职权,原告对此亦表示同意。但上述3份规范性文件不属于法律规定的确定行政机关职权范围的法律规范,不能作为法院审查被诉具体行政行为合法性的标准,且《中华人民共和国村民委员会组织法》第5条第1款规定"乡、民族乡、镇的人民政府对村民委员会的工作给予指导、支持和帮助,但是不得干预依法属于村民自治范围内的事项"。故追缴村委会公章之事项不属于被告的法定职责。[14]

该案中,被告引用的3份规范性文件涉及追缴村民委员会公章的法定职责,但村民委员会公章如何管理属于村民委员会自治范围内的事项,该案中3份规范性文件的制定机关超越了发文机关的法定职权范围,因此,法院认为这3份规范性文件在该案中都"不能作为法院审查被诉具体行政行为合法性的标准"。

2. 有上位法的依据。法律是所有行政机关制定行政规范的上位法;地方性法规是地方政府规章、地方政府及其部门制定行政规定的上位法;上级行政机关的行政规范是下级行政机关制定行政规范的上位法。为了确保法体系内部的统一性,行政机关制定行政规范必须要有上位法的依据。如《道路交通安全法》第24条第2款规定:"对遵守道路交通安全法律、法规,在一年内无累积记分的机动车驾驶人,可以延长机动车驾驶证的审验期。具体办法由国务院公安部门规定。"又如,《行政处罚法》第13条第2款规定:"尚未制定法律、行政法规的,国务院部门规章对违反行政管理秩序的行为,可以设定警告、通报批评或者一定数量罚款的行政处罚。罚款的限额由国务院规定。"这两个法条授权都是行政机关制定行政规范的上位法依据。实务中,如在呼图壁县金昌农农资有限责任公司诉昌吉州农业局农药行政处罚纠纷案中,法院认为:

> 规章在法律、法规调整出现空白时,才可以设定警告和罚款,而作为行政法规仅规定了对于过期农药需要经过一定的行政检验程序后可进行销售,并未对未履行行政检验程序而擅自销售过期农药这种事项进行规定,这也就是行政法规对此类事项规定出现空白,而此类规章的行政处罚有限设定权恰当地弥补了此项空白。对于未经检验而擅自销售的这一事项规定行政处罚,是完全符合现行法律规定及相关行政法理论的,是合法设定,具有绝对的法律效力。故原告认为规章规定处罚违反上位法规定的理由,纯属对行政处罚之设定权的错误理解,是完全不能成立的。[15]

该案涉及《农药管理条例实施办法》(已失效)中设定的处罚是否违反上位法《农药管理条例》的争议。法院经审查后认为,《农药管理条例实施办法》对于未经检验而擅自销售这一事项规定行政处罚,完全符合现行法律规定及相关行政法理论,是合法设定,具有绝对的法律

---

[14] 参见北京市通州区人民法院行政判决书[(2008)通行初字第27号]。
[15] 参见新疆维吾尔自治区昌吉市人民法院行政判决书[(2008)昌行初字第0003号]。

效力。又如,在张某诉北京市公安局交通管理局朝阳交通支队呼家楼大队交通管理行政处罚案中,法院认为:

> 对于本案法律适用的问题。《北京市实施〈中华人民共和国道路交通安全法〉办法》第91条第4项规定,驾驶机动车违反限制通行规定的,处100元罚款。39号《通告》是北京市人民政府根据《道路交通安全法》和《北京市实施〈中华人民共和国大气污染防治法〉办法》*的有关规定制定的,目的在于减少机动车尾气排放对空气质量的影响,保持交通基本顺畅的规范性文件。按照该39号《通告》和北京市公安局公安交通管理局于2008年12月24日发布的《公告》的规定,在2009年1月5日至2009年2月1日期间,车牌尾号为9的小客车限行范围为五环路以内道路(含五环路),限行时间为每周二6时至21时。原告无正当理由于2009年1月13日(当日为星期二)16时17分许驾驶车牌号为京FH1259的小客车在本市朝阳区东三环内环主路行驶,违反了上述关于机动车限行范围和限行时间的规定,因此,被告依据《北京市实施〈中华人民共和国道路交通安全法〉办法》第94条第4项的规定,对原告处以100元罚款,并无不当。[16]

该案中,"39号《通告》"和"北京市公安局公安交通管理局《通告》的规定"是根据《道路交通安全法》和《北京市实施〈中华人民共和国大气污染防治法〉办法》的规定制定的,经法院审查后认为,上述两个《通告》符合上位法的规定,因此得到了法院的支持。

从制定行政规范"有上位法的依据"作为积极性合法要件中,我们可以反推出一个消极性要件,即"不得与上位法相抵触"。《立法法》第107条规定,"下位法违反上位法规定的",由有关机关依照《立法法》第108条规定的权限予以改变或者撤销。在行政诉讼中,法院可以选择适用上位法或者否定下位法在该案中的适用。如在甘某不服暨南大学开除学籍决定案中,法院认为:

> 《暨南大学学生管理暂行规定》第53条第5项规定,剽窃、抄袭他人研究成果,情节严重的,可给予开除学籍处分。《暨南大学学生违纪处分实施细则》第25条规定,剽窃、抄袭他人研究成果,视情节轻重,给予留校察看或开除学籍处分。暨南大学的上述规定系依据《普通高等学校学生管理规定》第54条第5项的规定制定,因此不能违背《普通高等学校学生管理规定》相应条文的立法本意。《普通高等学校学生管理规定》第54条列举了7种可以给予学生开除学籍处分的情形,其中第4项和第5项分别列举了因考试违纪可以开除学籍和因剽窃、抄袭他人研究成果可以开除学生学籍的情形,并对相应的违纪情节作了明确规定。其中第5项所称的"剽窃、抄袭他人研究成果",系指高等学校学生在毕业论文、学位论文或者公开发表的学术文章、著作,以及所承担科研课题的研究成果中,存在剽窃、抄袭他人研究成果的情形。所谓"情节严重",系指剽窃、抄袭行为具有非法使用他人研究成果数量多、在全部成果中所占的地位重要、比例大、手段恶劣,或者社会影响大、对学校声誉造成不良影响等情形。甘某作为在校研究生提交课程论文,属于课程考核的一种形式,即使其中存在抄袭行为,也不属于该项规定的情形。因此,暨南大学开除学籍决定援引《暨南大学学生管理暂行规定》第53条第5项和《暨南大学学生违纪处分实施细则》第25条规定,属于适用法律错误,应予撤销。[17]

该案中,《暨南大学学生管理暂行规定》和《暨南大学学生违纪处分实施细则》是依据《普通高等学校学生管理规定》制定的。"高等学校学生提交课程论文是课程考试的一种方式,其抄袭行为属考试作弊,是违反考试纪律的行为,应当受到处罚。但高等学校不能将此种抄袭列为《普通高等学校学生管理规定》第54条第5项所规定的因剽窃、抄袭他人研究成果可以

---

* 现已失效。
[16] 参见北京市第二中级人民法院行政判决书[(2009)二中行终字第677号]。
[17] 参见最高人民法院行政判决书[(2011)行提字第12号]。

开除学生学籍的情形"[18]。据此，最高人民法院认定暨南大学这两项规定违反了《普通高等学校学生管理规定》，否定其在该案中的适用。

3.符合法定目的。制定行政规范必须符合法定目的，背离法定目的不具有合法性。(1)全国人大及其常委会授权立法。《立法法》第13条第1款规定："授权决定应当明确授权的目的、事项、范围、期限以及被授权机关实施授权决定应当遵循的原则等。"此为《立法法》对全国人大及其常委会授权国务院制定行政法规必须符合授权目的的规定。也就是说，行政法规若不符合授权决定目的，则不具有合法性。(2)法律、地方性法规就特定事项授权制定行政规范。如《道路交通安全法》第41条规定："有关道路通行的其他具体规定，由国务院规定。"国务院制定此项行政法规时，必须符合《道路交通安全法》的立法目的。(3)为执行上位法行政机关制定行政规范。如《杭州市不动产登记若干规定》第1条规定："为规范不动产登记行为，方便群众申请登记，保护权利人合法权益，优化营商环境，根据《中华人民共和国民法典》《不动产登记暂行条例》《优化营商环境条例》《浙江省保障'最多跑一次'改革规定》等法律、法规，结合本市实际，制定本规定。"该条所列的法律、法规都是《杭州市不动产登记若干规定》的上位法，必须符合所列上位法的法定目的。

4.符合法定程序。行政规范行为如同其他行政行为一样，遵守法定程序是合法性要件之一。《立法法》《行政法规制定程序条例》和《规章制定程序条例》对行政机关制定行政法规、规章程序作出明确规定。《立法法》第107条第5项将"违背法定程序"作为撤销或者改变行政法规、规章的法定理由之一，提升了"法定程序"在对行政法规、行政规章作合法性审查中的地位。《规章制定程序条例》第36条规定："依法不具有规章制定权的县级以上地方人民政府制定、发布具有普遍约束力的决定、命令，参照本条例规定的程序执行。"该条规定要求不具有规章制定权的县级以上地方人民政府制定、发布具有普遍约束力的决定、命令时参照规章制定程序执行。这里的"具有普遍约束力的决定、命令"即行政规定。关于制定行政规定的法定程序，不少地方政府都制定了相应的规章。如《贵州省行政规范性文件制定和监督管理规定》(2023)、《兰州市行政规范性文件制定和备案规定》(2023)和《苏州市行政规范性文件制定和监督管理规定》(2019)等。

二、制定行政法规

(一)行政法规的概念

行政法规是指国务院制定的，以国务院令的形式并由总理签署发布的一种行政规范。"行政法规"作为一个法律概念，首次出现于1982年《宪法》。《宪法》第89条第1项规定，国务院有权"根据宪法和法律，规定行政措施，制定行政法规，发布决定和命令"。作为最高国家行政机关的国务院，在《宪法》第58条规定之下，国务院制定行政法规权来自宪法和法律的授权。在这个问题上，学理上曾有一种所谓的"职权立法"说。这种观点认为，国务院有其固有的"立法权"，即国务院在没有全国人大及其常委会授权的情况下可以根据职权制定行政法规。这种观点是否妥当可以讨论。从《宪法》第89条第1项规定看，国务院制定行政法规要受到"宪法和法律"的约束。"根据宪法和法律规定"显然不是"职权性"的，而是"授权性"的，所以，我们难以从依法行政原理中导出所谓的"职权立法"说。当然，在现实中的确存在国务院"职权立法"的事实，这可能与国家立法机关的立法"供不应求"有关。这种做法或许还有体制、历史等原因，在一时难以改观的状况下，我们可以通过立法确定一个"职权立法"的保

---

[18] 最高人民法院行政审判庭编：《中国行政审判案例》(第3卷)，中国法制出版社2013年版，第59页。

留期,由国务院逐步修改、废除通过"职权立法"制定的行政法规;超过保留期不修改、废除的,可视为自动废除。

在实务中,对国务院或者国务院办公厅发布的"决定、命令",官方称为"法规性文件",前者如国务院《关于进一步规范和监督罚款设定与实施的指导意见》(国发〔2024〕5号),后者如国务院办公厅《加快构建碳排放双控制度体系工作方案》(国办发〔2024〕39号)。在行政诉讼中,这类行政规范是受到法院尊重并加以执行的。如国务院办公厅的《国家质量监督检验检疫总局及国家认证认可监督管理委员会、国家标准化管理委员会职能配置内设机构和人员编制规定》(国办发〔2001〕56号)和《国家工商行政管理总局职能配置内设机构和人员编制规定》(国办发〔2001〕57号文)的法效力。如在扬州隋唐酒业有限公司诉扬州市质量技术监督局产品质量监督管理行政处罚案中,法院的态度是相当明确的。法院认为:

> 根据《产品质量法》的授权,国务院对质量技术监督部门和工商行政管理部门的职权范围进行了划分、调整,将由质量技术监督部门负责的流通领域商品质量监督管理的职能划归工商行政管理部门,该文件虽以国务院办公厅名义下发,但经过国务院批准,应当视为国务院对质量技术监督部门和工商行政管理部门的职能调整,该职权范围的规定是经法律授权的,应当予以执行。[19]

(二)制定依据

《宪法》第58条规定:"全国人民代表大会和全国人民代表大会常务委员会行使国家立法权。"依照这一规定,国家立法权归属于最高国家权力机关,行政机关没有立法权。《宪法》第89条第1项规定:国务院"根据宪法和法律,规定行政措施,制定行政法规,发布决定和命令"。依照体系解释的方法,国务院制定行政法规的权力应当源于最高国家权力机关的授权,它没有固有(或者与生俱来)的立法权;如果承认国务院有所谓的"职权立法",那么《宪法》第89条第1项与第58条之间就会发生冲突。国务院有权制定行政法规,此为制定行政法规的权能,《宪法》第89条第1项对此已作规定。但是,国务院在制定某一个行政法规时,它还要有权限才是构成一个完整的行政法规制定权。在现有法律框架内,国务院制定行政法规的权限有以下几点。

1.法案授权。法案授权是指全国人大及其常委会以法案形式授予国务院制定行政法规的权力。《立法法》第72条第3款规定:"应当由全国人民代表大会及其常务委员会制定法律的事项,国务院根据全国人民代表大会及其常务委员会的授权决定先制定的行政法规,经过实践检验,制定法律的条件成熟时,国务院应当及时提请全国人民代表大会及其常务委员会制定法律。"[20]为了避免全国人大及其常委会空泛授权,规范国务院的授权立法,《立法法》第13条还要求法案授权必须遵守明确性原则,即明确授权立法的目的、内容、条件和范围等要求。国务院不得转让被授予的行政法规制定权。

2.法条授权。国务院以全国人大及其常委会的法律某一授权条款为依据,制定行政法规。如《城市房地产管理法》第6条规定:"为了公共利益的需要,国家可以征收国有土地上单位和个人的房屋,并依法给予拆迁补偿,维护被征收人的合法权益;征收个人住宅的,还应当保障被征收人的居住条件。具体办法由国务院规定。"据此,国务院制定颁布了《国有土地上

---

[19] 参见江苏省扬州市中级人民法院行政判决书[(2003)扬行终字第040号]。
[20] 在《立法法》之前,全国人大常委会已经有过多次的法案授权国务院立法。它们分别是:1983年全国人大常委会《关于授权国务院对职工退休退职办法进行部分修改和补充的决定》、1984年全国人大常委会《关于授权国务院改革工商税制发布有关税收条例草案试行的决定》(已失效)和1985年全国人大常委会《关于授权国务院在经济体制改革和对外开放方面可以制定暂行的规定或者条例的决定》。

房屋征收与补偿条例》，作为细化这一法律规定的"具体办法"。法条授权制定行政法规，应当遵守《立法法》第13条的规定。在这一点上，目前的法条授权是需要改进的。

3. 执行法律事项。《立法法》第72条第2款第1项规定，"为执行法律的规定需要制定行政法规的事项"，国务院可以制定行政法规。如国务院为了执行《道路交通安全法》制定了《道路交通安全法实施条例》。为执行法律制定的行政法规，主要是对法律规定的具体化，便于法律执行。

4. 国务院行政管理职权事项。《立法法》第72条第2款第2项规定，"宪法第八十九条规定的国务院行政管理职权的事项"，国务院可以制定行政法规。这一规定本质上就是前述提到的"职权立法"。如此宽泛授权，如同一张"空白支票"，因此，国务院就"行政管理职权事项"制定行政法规应受《立法法》第13条规定的约束，《立法法》应当在第72条中作出明确规定，否则应当删除第2项的规定。

(三) 制定程序

制定行政法规的程序由立项、起草、审查、决定、公布和备案组成。与过去所持的法观念不同的是，制定行政法规已经不再是国务院的内部事务，而是涉及公民、法人和其他组织合法权益的行政行为。如"国务院年度立法工作计划"对外公布已经成为常例；[21] 在起草过程中，起草部门可以根据需要征求公民意见。[22] 在审查过程中，因公众参与、专家论证使得审查程序有了"外部化"的效果。[23] 制定行政法规程序因开放而获得的民主性，提升了行政法规内容的可行性。若国务院在立法理由说明等程序方面进一步加以改善，必将提升行政法规的科学性、可接受性。

三、制定行政规章

(一) 行政规章的概念

行政规章是指国务院部门和省、自治区、直辖市、设区的市人民政府制定的并以行政首长令形式发布的一种行政规范，前者称为部门规章，后者则为地方政府规章。《宪法》规定制定部门规章的主体是"各部、各委员会"[24]，《立法法》的规定则是"各部、委员会、中国人民银行、审计署和具有行政管理职能的直属机构以及法律规定的机构"[25]。与《宪法》相比，《立法法》扩大了部门规章制定主体的范围。在行政法学理上曾经有过"部委规章"之说，在《行政诉讼法》(1989)[26]、《行政处罚法》(1996)[27]、《行政复议法》(1999)[28] 等法律中一直有"部委规章"的规定。1990年国务院《法规规章备案规定》开始使用"部门规章"的概念，把制定规章主体规定为"国务院各部门"。在《宪法》中，无"地方政府规章"的宪法地位，它规定在

---

[21] 如《国务院2023年度立法工作计划》(国办发[2023]18号)。
[22] 参见《行政法规制定程序条例》第13条。
[23] 《行政法规制定程序条例》第22条规定："行政法规送审稿涉及重大利益调整的，国务院法制机构应当进行论证咨询，广泛听取有关方面的意见。论证咨询可以采取座谈会、论证会、听证会、委托研究等多种形式。行政法规送审稿涉及重大利益调整或者存在重大意见分歧，对公民、法人或者其他组织的权利义务有较大影响，人民群众普遍关注的，国务院法制机构可以举行听证会，听取有关机关、组织和公民的意见。"
[24] 参见《宪法》第90条第2款。
[25] 参见《立法法》第91条。
[26] 参见《行政诉讼法》(1989)第53条。
[27] 参见《行政处罚法》(1996)第12条。
[28] 参见《行政复议法》(1999)第7条第2款。

《地方各级人民代表大会和地方各级人民政府组织法》[29]和《立法法》[30]之中。早年,因《行政诉讼法》(1989)中有关"参照规章"的规定引发了"规章是不是法"的争论,使得行政规章的法律地位受人质疑。《立法法》(2000)全面肯定了行政规章具有"法"的地位,这场学理争论终于尘埃落定。

(二)制定依据

在行政规章的制定依据上,宪法学、行政法学上一直没有所谓的"职权立法"之说。《宪法》第90条第2款、《地方各级人民代表大会和地方各级人民政府组织法》第74条和《立法法》第91条、第93条的规定,赋予了有关行政机关制定行政规章的权能,但它的权限仍然需要有上位法的授权。

1. 部门规章。部门规章的上位法是法律、行政法规。关于制定部门规章的权限有:(1)法条授权。也就是说,根据法律、行政法规中的法条授权制定部门规章。如《畜牧法》第39条第3款规定:"畜禽养殖场的规模标准和备案管理办法,由国务院农业农村主管部门制定。"又如《易制毒化学品管理条例》第29条第1款规定:"国家对易制毒化学品的进口、出口实行国际核查制度。易制毒化学品国际核查目录及核查的具体办法,由国务院商务主管部门会同国务院公安部门规定、公布。"(2)执行性立法。《立法法》第91条第2款第1句规定:"部门规章规定的事项应当属于执行法律或者国务院的行政法规、决定、命令的事项。"根据这一规定,国务院部门有权为执行法律或者国务院的行政法规、决定、命令制定部门规章。相较于法条授权而言,它是一种特殊授权。如公安部等制定的《网络暴力信息治理规定》第1条规定:"为了治理网络暴力信息,营造良好网络生态,保障公民合法权益,维护社会公共利益,根据《中华人民共和国网络安全法》、《中华人民共和国个人信息保护法》、《中华人民共和国治安管理处罚法》、《互联网信息服务管理办法》等法律、行政法规,制定本规定。"

与制定部门规章相关的问题有:(1)国务院的决定、命令。国务院的决定、命令不是行政法规,但它也是部门规章制定的依据,这是有《宪法》依据的。但是,国务院的决定、命令不是《立法法》认可的"法",把它列为制定部门规章的依据或有不妥。也就是说,国务院的"决定、命令"不是法,但它却是作为法的部门规章的制定依据。从规范部门规章制定依据的角度看,《立法法》应当给予国务院决定、命令一个"法"的地位。(2)实质性限制。没有法律或者国务院的行政法规、决定、命令为依据,部门规章不得设定减损公民、法人和其他组织权利或者增加其义务的规范,不得增加本部门的权力或者减少本部门的法定职责。相较于行政法规来说,部门规章"自己立法,自己执法"的特点更加显著,因此,对部门规章设置这一实质性限制十分必要。

2. 地方政府规章。地方政府规章的上位法是法律、行政法规和地方性法规。关于制定地方政府规章的权限有:(1)法条授权。如《道路交通安全法》第55条第1款规定:"高速公路、大中城市中心城区内的道路,禁止拖拉机通行。其他禁止拖拉机通行的道路,由省、自治区、直辖市人民政府根据当地实际情况规定。"又如《农村五保供养工作条例》第11条第1款规定:"农村五保供养资金,在地方人民政府财政预算中安排。有农村集体经营等收入的地方,可以从农村集体经营等收入中安排资金,用于补助和改善农村五保供养对象的生活。农村五保供养对象将承包土地交由他人代耕的,其收益归该农村五保供养对象所有。具体办法由省、自治区、直辖市人民政府规定。"(2)执行性立法。《立法法》第93条第2款第1项规定,地

---

[29] 参见《地方各级人民代表大会和地方各级人民政府组织法》第74条。
[30] 参见《立法法》第93条。

方政府规章可以"为执行法律、行政法规、地方性法规的规定需要制定规章的事项"作出规定。如《浙江省种畜禽管理办法》第1条规定:"为了加强畜禽遗传资源保护和种畜禽生产经营管理,提高种畜禽质量,促进畜牧业持续健康发展,根据《中华人民共和国畜牧法》等法律、法规,结合本省实际,制定本办法。"(3)自主性立法。《立法法》第93条第2款第2项规定,地方政府规章可以就"本行政区域的具体行政管理事项"作出规定。如《广州市南沙区市场主体登记确认制实施办法》《成都市公共场所外语标识管理规定》等。

与制定地方政府规章相关的问题有:(1)设区的市政府制定地方政府规章的限制。地方政府规章分为省级政府规章和设区的市政府规章。设区的市政府制定地方政府规章,限于城乡建设与管理、生态文明建设、历史文化保护、基层治理等方面的事项。(2)地方政府规章先行制定权。应当制定地方性法规但条件尚不成熟的,因行政管理的迫切需要,可以先制定地方政府规章。规章实施满两年需要继续实施规章所规定的行政措施的,应当提请本级人民代表大会或者其常务委员会制定地方性法规。(3)实质性限制。没有法律、行政法规、地方性法规的依据,地方政府规章不得设定减损公民、法人和其他组织权利或者增加其义务的规范。与部门规章相比,其少了"不得增加本部门的权力或者减少本部门的法定职责"的规定。就此而言,地方政府规章的立法权限大于部门规章。

在特别情况下,地方政府规章也有法案授权,如1992年全国人大常委会《关于授权深圳市人民代表大会及其常务委员会和深圳市人民政府分别制定法规和规章在深圳经济特区实施的决定》、1994年全国人大常委会《关于授权厦门市人民代表大会及其常务委员会和厦门市人民政府分别制定法规和规章在厦门经济特区实施的决定》和1996年全国人大常委会《关于授权汕头市和珠海市人民代表大会及其常务委员会、人民政府分别制定法规和规章在各自的经济特区实施的决定》,这三个决定授权四个经济特区的市人民政府可以"根据具体情况和实际需要,遵循宪法的规定以及法律和行政法规的基本原则"制定地方政府规章。

(三)制定程序

制定行政规章程序由立项、起草、审查、决定、公布和备案组成。如同制定行政法规的程序一样,制定行政规章程序也对公众开放,鼓励公众参与。在立法听证方面与制定行政法规程序有所不同的是,《规章制定程序条例》对起草单位举行听证会的程序作了更为具体化的规定,如要求起草单位"应当说明对听证会意见的处理情况及其理由。"[31]这种"处理情况及其理由"义务法定化,可以防止立法听证"走过场",以提升规章的立法质量。

四、制定行政规定

(一)行政规定的概念

行政规定是指行政机关制定和发布的,对外具有普遍约束力的一种行政规范。行政规定的别名有"其他规范性文件"[32]"具有普通约束力的决定、命令"[33]"规范性文件"[34]等,民间百姓又称之为"红头文件"。作为行政机关行使职权的依据之一,行政规定大量存在于行政实践中,其数量远远多于法律、法规和规章,因此,在现代行政法中,尽管行政规定不是规范意义上的法,但它在行政行为的依据中具有重要地位。没有行政规定作为行政权的依据,行政

---

[31] 参见《规章制定程序条例》第16条第2款第4项。
[32] 参见《行政处罚法》第16条。
[33] 参见《行政诉讼法》第13条第2项。
[34] 参见《行政复议法》第13条、《行政诉讼法》第53条。

机关尤其是县(市、区)、乡镇(街道)行政机关有时在行政管理中可能会无"法"可依。

行政规定在《立法法》中没有"法"的地位,因此,制定行政规定不属于"立法性行政权"性质的行政行为。行政规定不是"法",但它是行政机关作出行政行为的依据之一,在行政诉讼中,它可以被法院的裁判文书所引用。[35]因此,它具有事实上的法效力——实质意义的法。如在梁某某诉徐州市云龙区民政局离婚登记行政确认案中,法院认为:

> 云龙区民政局不具备涉案离婚登记的行政主体资格,其于2015年8月10日作出的离婚登记行为属于超越职权行为,该行政行为无效。如通过人民法院纠正该离婚登记行为,人民法院可能会撤销该离婚登记行为。但在婚姻登记过程中,行政机关自行纠正违法行政行为时可否采取上述撤销方式,并无明确规定。从《婚姻法》*、《婚姻登记条例》、民政部《婚姻登记工作规范》、江苏省民政厅《江苏省婚姻登记工作规范》**等对撤销婚姻登记的规定来看,可撤销的婚姻登记仅限于因胁迫进行的结婚登记。对于自行纠错时可采取的处理方式,江苏省民政厅《婚姻登记工作事项通知》在第四部分关于"完善行政执法监督管理机制"中规定,婚姻登记机关在登记事后自主发现登记瑕疵时,应及时采取补正、更正、确认无效等方式予以纠正,同时将纠正内容存入或记录在婚姻档案中,并告知婚姻当事人纠正事项和内容。因此,在有规范性文件明确规定的情况下,云龙区民政局以确认无效方式纠正原违法离婚登记行为并无不当。[36]

该案中,民政部《婚姻登记工作规范》、江苏省民政厅《江苏省婚姻登记工作规范》和江苏省民政厅《婚姻登记工作事项通知》都是行政规定。国务院的决定、命令不是行政法规,在《立法法》中也没有"法"地位,因此可以划入行政规定范畴一并讨论。但是,在《宪法》《立法法》上,它是制定部门规章的依据,是部门规章的"上位法"。由此,在《宪法》《立法法》未作修改之前,可以把它作为一个特别问题讨论。

(二)制定依据

《宪法》和《地方各级人民代表大会和地方各级人民政府组织法》赋予省级以下各级人民政府的工作部门之外的行政机关"发布决定和命令"的职权。[37]实务中,省级以下各级人民政府的工作部门也在"发布决定和命令",它们的职权一般来自省级政府的规章。如《天津市行政规范性文件管理规定》第6条第1款规定:"下列行政机关(以下统称制定机关)可以制发行政规范性文件:(一)市和区人民政府;(二)市和区人民政府部门;(三)市和区人民政府部门管理机构;(四)乡镇人民政府、街道办事处;(五)法律、法规、规章授权的具有管理公共事务职能的组织。"由省级政府规章赋予省级以下各级人民政府的工作部门制定行政规定的职权,与《宪法》和《地方各级人民代表大会和地方各级人民政府组织法》是否冲突,值得讨论。在制定行政规定的权限上,坚持法条授权原则是必要的,如《食品生产许可管理办法》第59条规定:"各省、自治区、直辖市市场监督管理部门可以根据本行政区域实际情况,制定有关食品生产许可管理的具体实施办法。"没有法条授权,行政机关不得制定行政规定。

在法条授权原则支配下,若没有法条授权,行政机关所制定的行政规定不得对外产生法效力;同时,这一原则也意味着行政机关没有制定"原创性"行政规定的职权。例如《湖南省

---

[35] 《行诉解释》第100条第2款规定:"人民法院审理行政案件,可以在裁判文书中引用合法有效的规章及其他规范性文件。"

* 现已失效。

** 现已失效。

[36] 参见《最高人民法院公报》2022年第1期。

[37] 参见《宪法》第89条第1项、第90条第2款、第107条和《地方各级人民代表大会和地方各级人民政府组织法》第59条和第61条。

行政程序规定》第 47 条第 2 款规定:"规范性文件对实施法律、法规、规章作出的具体规定,不得与所依据的规定相抵触;没有法律、法规、规章依据,规范性文件不得作出限制或者剥夺公民、法人或者其他组织合法权利或者增加公民、法人和其他组织义务的规定。"这一规定体现了法条授权原则的精神。实务中,行政规定涉及影响行政相对人合法权益但没有上位法依据的,在行政诉讼中会被法院否定。如在陈某华诉南京市江宁区住房和城乡建设局不履行房屋登记法定职责案中,法院认为:

《联合通知》是由司法部和建设部联合发布的政府性规范文件,不属于法律、行政法规、地方性法规或规章的范畴,其规范的内容不得与《物权法》*《继承法》**《房屋登记办法》***等法律法规相抵触。行政机关行使行政职能时必须符合法律规定,行使法律赋予的行政权力,其不能在有关法律法规规定之外创设新的权力来限制或剥夺行政相对人的合法权利。行政机构以此为由干涉行政相对人的合法权利,要求其履行非依法赋予的责任义务,法院不予支持。故,被告依据《联合通知》的规定要求原告必须出示遗嘱公证书才能办理房屋转移登记的行为与法律法规相抵触,对该涉案房屋不予办理房屋所有权转移登记的具体行政行为违法。[38]

(三)制定程序

至少到目前为止,除了部分国务院部门、省市级政府有规范"行政规定制定程序"的规范性文件外,全国尚无统一的制定行政规定的程序。《规章制定程序条例》第 36 条规定:"依法不具有规章制定权的县级以上地方人民政府制定、发布具有普遍约束力的决定、命令,参照本条例规定的程序执行。"根据这一规定,县级以上人民政府制定行政规定,应当参照执行规章制定程序。另外,国务院在它发布的一个重要决定中,也对制定规范性文件提出了具体要求:"制定对公民、法人或者其他组织的权利义务产生直接影响的规范性文件,要公开征求意见,由法制机构进行合法性审查,并经政府常务会议或者部门领导班子会议集体讨论决定;未经公开征求意见、合法性审查、集体讨论,不得发布施行。"[39]虽然这是原则性的要求,但它的规范意义不可忽视。在 2015 年中共中央、国务院发布的一个文件中,对行政规定的制定程序又提出了一些新要求:"完善规范性文件制定程序,落实合法性审查、集体讨论决定等制度,实行制定机关对规范性文件统一登记、统一编号、统一印发制度。……涉及公民、法人和其他组织权利义务的规范性文件,应当按照法定要求和程序予以公布,未经公布的不得作为行政管理依据。"[40]上述文件的规定都是行政机关制定行政规定必须遵守的程序。

五、对制定行政规范行为的监督

(一)人大监督

基于政府产生于人大并受人大监督的宪法原理,人大及其常委会有权监督本级政府制定行政规范行为,已为当然之理。人大监督的方式主要有以下几种。

1.撤销,即在法律上消灭行政规范的普遍约束效力。凡本级政府制定的行政规范有如下情形之一的,人大常委会有权予以撤销:(1)超越法定权限,限制或者剥夺公民、法人和其他组织的合法权利,或者增加公民、法人和其他组织的义务的;(2)同法律、法规规定相抵触的;

---

* 已失效。

** 已失效。

*** 已失效。

[38] 参见《最高人民法院公报》2014 年第 8 期。

[39] 国务院《关于加强法治政府建设的意见》(国发〔2010〕33 号)。

[40] 《法治政府建设实施纲要(2015—2020 年)》。

（3）有其他不适当的情形，应当予以撤销的。[41] 实务中，撤销行政规范的个案稀少或者未对外公布，审查程序、撤销方式和审查标准等也没有法律、法规明确规定，这需要今后立法加以完善。

2. 备案，即事后告知以备审查。根据不同性质的行政规范，《立法法》设置了不同的备案机关，如行政法规的备案机关是全国人大常委会。[42] 备案属于内部监督程序，人大常委会定期公布备案审查行政规范的情况并不多见。备案作为一种立法监督，它的实际效果不可高估。2023年第十四届全国人民代表大会常务委员会第七次会议通过《全国人民代表大会常务委员会关于完善和加强备案审查制度的决定》，该决定第22条规定："县级以上地方各级人民代表大会常务委员会应当加强规范性文件备案审查制度和能力建设，依法开展备案审查工作。省、自治区、直辖市的人民代表大会常务委员会根据有关法律，参照本决定制定本地区有关规范性文件备案审查的规定。"这一规定旨在进一步加强人大对行政机关制定行政规范的备案审查工作。

（二）行政监督

行政监督属于行政机关内部的自我监督机制。虽然自我监督的实效经常令人质疑，但因这种监督具有效率性、彻底性等方面的优势，在法律上一直受到行政机关的重视。行政监督的主要方式有以下几种。

1. 改变或者撤销。改变，即改变行政规范中的违法部分，其他合法部分继续保留。因属于同性质机关之间的监督，基于专业上的相同性等因素，改变作为一种行政监督的方式被法律所确认。撤销的法效力与立法监督相同，如国务院有权改变或者撤销不适当的部门规章和地方政府规章。[43]

2. 裁决。当两个行政规范在适用中发生冲突时，适用哪个行政规范由法定行政机关以裁决的方式决定，此为行政监督中的"裁决"。如《立法法》第106条第1款第3项规定："部门规章之间、部门规章与地方政府规章之间对同一事项的规定不一致时，由国务院裁决。"

3. 附带审查。在行政复议中，当行政规定成为被申请复议行政行为的依据时，申请人认为它不合法的，可以一并要求行政复议机关审查。[44] 此种行政监督方式只存在于行政复议程序之中。

4. 备案。备案是为了监督机关了解、掌握行政机关制定行政规范的情况，以便可以从中发现存在的问题，及时加以纠正。如《行政法规制定程序条例》第30条规定："行政法规在公布后的30日内由国务院办公厅报全国人民代表大会常务委员会备案。""备案"中是否包含"事后撤销权"，未见有明确的解释。一般而言，"备案"并没有所谓的"事后撤销权"，只有事后备案的意思；如果在备案中发现有撤销情形之一，应当启动行政规范的监督程序。

（三）司法监督

在行政规范尚未成为行政诉讼客体之前，法院对行政规范的监督限于个案中的合法性审查，没有进入行政诉讼的个案若涉及行政规范，法院不能对其作合法性审查。司法监督的主要方式有以下几种。

1. 参照规章。通说认为，"参照规章"赋予法院有权审查个案中的规章合法性。从立法本

---

[41] 参见《各级人民代表大会常务委员会监督法》第39条。
[42] 参见《立法法》第109条。
[43] 参见《宪法》第89条第14项。
[44] 参见《行政复议法》第13条。

意看,这个通说应该是可以成立的。"参照规章"的大意是,经审查,如法院认为被诉行政行为所依据的规章不合法,可以宣布该规章在该案中不予适用,但它不影响该规章的法效力,除非有权机关宣布撤销或者改变该规章。最高人民法院指导案例5号的裁判摘要中使用了"不予适用"的概念,隐含了"参照规章"从"个案拒绝适用说"转向"普遍拒绝适用说"的意图。

2. 一并请求审查。行政诉讼中的原告认为被诉行政行为所依据的行政规定不合法,在对行政行为提起诉讼时,可以一并请求法院对该行政规定进行合法性审查。[45] 行政规定本身不是行政诉讼客体,只能与被诉行政行为一并提出。若法院认为被诉行政行为所依据的行政规定不合法,应当排除其在该案的适用。

3. 司法处理建议。当法院在审理行政案件过程中认为涉及的行政规定存在不合法情形时,应当向制定的行政机关提出司法处理建议,但不能直接宣布违法、判决撤销或者改变该行政规定。[46] 司法处理建议是一种软性司法监督,它并不要求被建议的行政机关必须执行,它的效果取决于被建议的行政机关采纳与否。当然,如果行政机关拒绝司法处理建议,在以后类似案件中,法院仍然将排除该不合法的行政规定在个案中的适用。

第三节 行政双方行为

一、行政双方行为的一般理论

在行政决定之外,存在一种以合意方式成立的行政行为,即行政双方行为。在以行政决定为核心展开的传统行政法体系中,行政双方行为是难以想象的,也是不可能被接受的。但是,在现代行政法体系中,行政双方行为却是客观存在的,并正在不断地扩展着它的影响力和适用范围。行政双方行为的样式分为两类:一是行政机关和行政相对人的行政协议,二是行政机关之间的区域合作协议。

行政双方行为是基于双方意思表示一致而成立的行政行为。这一点区别于同为行政行为概念框架下的行政决定,因为后者是否作出取决于行政机关单方意思的表示,即所谓行政决定的"单方性"。行政双方行为需要双方的"意思表示一致",所以,它也不同于同为行政行为概念框架下的事实行为,如行政强制执行、行政指导、政府信息提供等,因为后者的法效果不是取决于"意思表示一致"而是法定。

在现代行政法体系中,行政双方行为具有不可轻视的地位。在功能上,它是行政决定的一种补充或者替代;在适用上,它是单方行政行为的一种例外。20世纪90年代,法院就有行政协议的判例,行政机关也有行政协议的实践,如治安承包合同、师资委培合同和"门前三包"协议等。逻辑应当服从于经验,经验才是法理之源。从行政到司法的实务中,行政双方行为所显示的法作用,让我们应当放弃为否定它的存在而编写出来的各种理由,接纳它成为现代行政法体系中不可或缺的内容。在2014年修改的《行政诉讼法》中,行政协议被纳入了行政诉讼受案范围,这是国家立法机关对现代行政有效实现行政任务的一种积极回应。

---

[45] 参见《行政诉讼法》第53条。
[46] 参见《行政诉讼法》第64条。

二、行政协议

(一)行政协议的概念

行政协议,又称行政合同或者行政契约,是行政机关为了实现行政管理或者公共服务目标,与公民、法人或者其他组织协商订立的具有行政法上权利义务内容的一种行政行为。

传统行政法体系是基于行政法律关系中行政机关和行政相对人双方地位不对等性来展开的。这种不对等性决定了若"合意"要素在行政过程中没有存在的空间,行政协议也就没有法理基础。传统行政法理论对依法行政原理作过度刚性的诠释,导致其与民法上的"意思自治"原则之间的关系如同水火;同时,"民法帝国主义"的扩张政策也跻尽了行政协议在现代行政法体系中的成长空间。[47] 传统行政法一直否定在不对等行政法律关系中订立行政协议或者行政机关用行政协议来完成行政任务的可能性,主要还是深受私法合同原理影响之故。20世纪以来尤其是"二战"之后,世界范围内的民主、人权与法治思想观念获得进一步发展,行政协议在法治发达的西方国家行政法上获得了认可。[48] 行政协议的宪法意义在于:行政相对人不是行政客体,而是可以成为行政伙伴,与行政机关一起共同完成现代行政任务。

自20世纪90年代以来,我国行政法理论也受到了这股浪潮的影响,行政法律关系中的不对等性逐渐被现代行政法理论所弱化,为行政协议的生长腾出了法理空间。行政机关与行政相对人之间在法律上的确存在不对等性,但是,这种不对等性不是否定行政协议的充足理由。基于实现行政任务的需要,行政机关在一定条件下应当具有行政行为方式上的选择权。"随着行政管理方式的多样化和行政管理理念的变革,行政机关常常通过与行政相对人签订合同的方式,履行行政管理职能,形成大量的如国有土地出让、国有资产租赁等独具特色的行政合同。这种以实现行政管理为目的的合同,不同于平等主体之间订立的以设定民事权利义务关系为目的的民事合同。"[49] 其实,在2014年《行政诉讼法》修改之前,行政协议(当时称为行政合同)不仅在制定法上被确认,而且在司法实务中已经有了不少判例。[50] 如在1997年,最高人民法院审理的大连华运产业房屋开发公司诉大连市原房地产开发管理领导小组办公室废止标中标通知案中,首次引入行政协议原理裁判行政案件。[51] 这是一个标志性的行政

---

[47] 如《政府采购法》第43条第1款规定:"政府采购合同适用合同法。采购人和供应商之间的权利和义务,应当按照平等、自愿的原则以合同方式约定。"

[48] 如德国《联邦行政程序法》第54条规定:"公法上之法律关系,得以契约设定、变更或废弃之(公法契约),但法规另有相反之规定者,不在此限。官署尤其得于欲对之为行政处分之相对人订立公法契约,以代替行政处分。"

[49] 时任最高人民法院副院长李国光在全国法院行政审判工作会议上的讲话(2003),载最高人民法院行政审判庭编:《行政执行与行政审判》2003年第1辑,法律出版社2003年版,第29页。

[50]《浙江省人口与计划生育条例》(2021修正)第13条规定:"乡镇人民政府、街道办事处、村(居)民委员会、有关单位在人口与计划生育工作中可以采用村规民约、合同、协议等方式进行管理。"河北省计划生育委员会印发《〈关于进一步推行和规范计划生育合同管理的意见〉的通知》(冀育政字[2002]5号)第1点规定:"计划生育合同是基层人民政府、基层计划生育机构、计划生育技术服务机构或村(居)民委员会与公民、法人或者其他组织关于计划生育方面的约定(包括合同、协议、责任书等)。"https://www.ehs.cn/law/44298.html(2025年6月3日访问)。相关的计划生育行政合同的个案,如杜某兰与佛山市高明区人和镇人民政府不履行行政合同纠纷上诉案,广东省佛山市中级人民法院行政裁定书[(2003)佛中法行终字第17号];池某台、池某菊诉临海市汇溪镇人民政府计划生育征收违约金行政争议案,浙江省台州市中级人民法院行政判决书[(2004)台行终字第205号]。

[51] 参见最高人民法院行政判决书[(1997)行终字第2号];又如,2002年在武汉兴松房地产开发有限公司诉湖北省武汉市原国土资源管理局收回国有土地使用权上诉案中,最高人民法院再次运用行政合同原理审理此案,最高人民法院行政判决书[(2002)行终字第7号]。

判例。也是在这一年,最高人民法院在审理申某诉河南省中牟县教育委员会(以下简称中牟县教委)行政纠纷案中认为:

> 中牟县教育局于1996年1月23日制作的《中牟县教育局局长办公会议纪要》,系教育行政主管部门为解决电器化学校举办人之间的纠纷拟定的处理意见,《会议纪要》中的部分条款设定了教育行政管理部门行使职权的内容,且该纪要条款以举办人各方签名同意为生效条件,应视为中牟县教委与电器化学校的两名举办人三方签订的行政协议。被上诉人申某在中牟县教委不履行协议中确定的义务条款时,以被上诉人中牟县教委不履行义务提起行政诉讼,属于人民法院的受案范围。该协议对办学经费使用分配以及该经费由教育行政主管部门保管并审批使用的约定,与国家教育委员会(86)教高三字016号《关于社会力量办学的若干暂行规定》第16条关于"社会力量举办学校的全部收入以及固定资产,归学校所有"、《河南省社会力量办学管理办法》*第14条关于"学校的全部收入及固定资产归学校所有"等规定不相符合,故该协议中有关电器化学校教育经费用于校外投资另行举办学校的条款应属无效,因而,对被上诉人申某诉请中牟县教委全面履行协议的请求不予支持。[52]

最高人民法院有关行政协议的判例对地方各级法院行政审判具有一定的影响力。或许受到最高人民法院判例的影响,一些地方法院也裁判了不少行政协议的案件,如在张某兰诉漳平市教育局不履行教育行政合同案中,法院认为:

> 漳平市教育局依据1997年省、市下达给漳平市委培生的指标,具备和张某兰签订委培合同的主体资格。从双方当事人签订的合同的条款看,按当时的实际情况也符合有关规定,并未超越职权,且双方意思表示一致,应为合法有效的行政合同。张某兰按照委培合同的约定履行义务后要求漳平市教育局履行委培协议中规定的义务即为张某兰分配任教是合法、正当的,本院予以支持。漳平市教育局虽举出国务院振兴教育计划的通知及省政府的实施意见、省政府办公厅转发的关于做好2000年中等师范毕业生就业工作意见的通知,但这些规范性文件并无明确规定委培生需要择优录用。漳平市教育局在无明确政策法律规定的情况下,仅凭不具有法律约束力的漳平市政府[2001]23号"市教育工作专题会议纪要"及"2000年届师范委培(捐资)毕业生录用测试工作方案",单方变更合同约定的分配方式显然是违反法律的规定,漳平市教育局单方变更合同约定的行为应属无效。张某兰报名参加择优考试并不意味着接受要约,同意被上诉人变更合同,因为行政合同有别于经济合同,行政相对人与行政机关的地位并不平等,况且漳平市教育局测试方案中并无明确参加择优考试,即为放弃原委培协议的分配形式的意思表示,原判以张某兰报名参加考试未被录用,应视为张某兰同意变更委培合同内容的承诺是错误的。故张某兰要求漳平市教育局履行委培合同的请求成立。[53]

或许因为没有制定法的明确依据,在实务中,一些地方法院也有否定行政协议存在的判例,与最高人民法院的判例要旨相悖。如在孙某峰诉泌阳县原国土资源局土地行政撤销纠纷上诉案中,法院认为:

> 2006年泌阳县国土资源局与孙某峰签订泌国土出[2006]49号国有土地使用权出让合同后,2008年11月7日,泌阳县国土资源局又作出泌国土[2008]183号《关于撤销孙某峰国有土地使用权出让合同的通知》,撤销孙某峰持有的泌国土出[2006]49号国有土地使用权出让合同。经庭审,泌阳县国土资源局未能

---

* 现已失效。

[52] 参见最高人民法院行政判决书[(1997)行终字第14号]。

[53] 参见福建省龙岩市中级人民法院行政判决书[(2002)岩行终字第68号]。相关的案件还有胡某诉重庆市巴南区人民政府履行行政合同纠纷案,重庆市第五中级人民法院行政裁定书[(2009)渝五中法行初字第8号];许昌市某某公司诉许昌市某局确认行政行为违法及行政赔偿纠纷案,河南省许昌市魏都区人民法院行政判决书[(2010)魏行初字第20号];成都市成华区青龙乡回龙村第一居民小组与成都市原国土资源局成华分局土地行政合同纠纷上诉案,四川省成都市中级人民法院行政判决书[(2007)成行终字第150号]等。

提供其有职权撤销土地使用权出让合同的法律依据。因为,国土资源部门提供的《城镇国有土地使用权出让和转让暂行条例》第6条,也未明确规定国土资源部门享有撤销国有土地使用权出让合同的职权。根据2005年最高人民法院《关于审理涉及国有土地使用权合同纠纷案件适用法律问题的解释》及2008年最高人民法院规定施行的《民事案件案由规定》*,将土地出让合同纠纷规定为民事纠纷,属于民事诉讼法调整的范围。因此,泌阳县国土资源局认为签订的土地出让合同有问题,可以通过民事诉讼解决,而自行一方将签订的土地出让合同撤销,法律依据不足,其作出的行政行为,本院不予支持。[54]

该案中,法院根据2005年最高人民法院《关于审理涉及国有土地使用权合同纠纷案件适用法律问题的解释》及2008年最高人民法院规定施行的《民事案件案由规定》,将该案定性为民事纠纷,与最高人民法院的判例不一致。[55] 或许在地方法院看来,最高人民法院的判例不如它的司法解释,所以选择了司法解释作为裁判依据。但上述有关行政协议的司法实践,给后来《行政诉讼法》修改提供了丰富的实践智慧。

(二)行政协议要素

行政协议不同于行政决定,它有自己的构成要素。这些构成要素对于行政协议来说,既要区别于行政决定,也要能划清与民事合同之间的界限。

1.实现行政管理或者公共服务目标。签订行政协议是行政机关为了在其行政职责范围内实现行政管理目标,这是它与民事合同的最大区别点。如在韩某文诉黑龙江省肇源县人民政府行政协议案中,最高人民法院认为:

> 行政机关与上访人签订的息诉罢访协议,实质上是行政机关维护社会和谐稳定、公共利益和实现行政管理职能的需要,根据属地主义原则在其职责权限范围内,与上访人达成的有关政府出钱或者是给予其他好处、上访人息诉罢访等具有行政法上权利义务内容的协议,属于可诉的行政协议范畴。本案被诉的《协议书》,就是一份典型的息诉罢访协议,该协议主体一方是一级人民政府——肇源县政府;协议的目的是终结韩某文上访行为,实现社会和谐稳定,既包含公共利益,也是为了履行肇源县政府的法定职责;协议事项是解决韩某文上访问题,属于肇源县政府的法定职责范围;协议内容包含了肇源县政府出钱、韩某文息诉罢访等内容,属于非平等主体之间的行政法上的权利义务;协议履行过程中肇源县政府可以依法行使解除、变更协议的行政职权,只是本案中肇源县政府已经履行完支付补偿款的义务,没有机会单方行使上述行政权力。综合以上分析,本案被诉《协议书》符合行政协议的法定要件,属于行政协议,协议为韩某文确立了新的权利义务关系,对其权利义务产生了新的实际影响,属于可诉的行政行为。肇源县政府认为该协议不属于行政协议的主张,本院不予支持。[56]

行政管理目标需要结合协议内容加以判断,如果不是以行政管理者身份与他方订立协议,难说有行政管理目标的内容。如在昆明云宇乡土树园艺有限公司(以下简称云宇公司)与昆明市嵩明县人民政府滇源街道办事处土地租赁合同纠纷案中,最高人民法院认为:

> 关于第一个焦点问题,滇源街道办事处为完成昆明市委、市政府下达的行政任务,采取将涉案土地对外承包的方式,用于林业生态及苗木基地建设。滇源街道办事处虽为行政管理机关,其与云宇公司的《嵩明县滇源镇冷水河林业生态及苗木基地建设土地承包合同》,并不是为实现行政管理目的而订立,而是约定由云宇公司负责承包涉案土地的林业生态及苗木基地投资建设,并交纳相应土地租金,同时获取相应收益。可以看出,双方在合同中确立的权利义务是对等的。且滇源街道办事处在合同中也

---

* 已失效。
[54] 参见河南省驻马店市中级人民法院行政判决书[(2011)驻法行终字第64号]。
[55] 参见最高人民法院行政判决书[(1997)行终字第2号][(1997)行终字第14号]。
[56] 参见最高人民法院行政裁定书[(2016)最高法行申45号]。

不是以行政管理者的身份作为签约一方,而是与云宇公司完全平等的合同主体。故该合同应认定为平等主体之间订立的民事合同,而非行政合同。[57]

该案中,最高人民法院认为,"为完成昆明市委、市政府下达的行政任务,采取将涉案土地对外承包的方式,用于林业生态及苗木基地建设"。这不是行政管理目标的内容,所以,该案不是行政协议争议。在《行政诉讼法》修改之前,法院在判断是否属于行政协议时,"行政管理目标"已是其中要素之一。如在常某强诉延津县人民政府等行政合同纠纷上诉案中,法院认为:

> 本案目标责任书是延津县人民政府及其职能部门为了实现对企业的行政管理目标,所采取的一种行政管理行为。1990~1992年延津县化肥厂管理不善,为了促使该企业摆脱困境,转亏为盈,延津县人民政府采取了多种行政管理行为,该目标责任书就是其中的一个主要行政管理行为,它直接反映了行政机关与相对人之间的一种行政管理关系。双方在实现该管理行为中产生了争议。根据最高人民法院《关于执行〈中华人民共和国行政诉讼法〉若干问题的解释》第1条第1款的规定,"公民、法人或者其他组织对具有国家行政职权的机关和组织及其工作人员的行政行为不服,依法提起诉讼的,属于人民法院行政诉讼的受案范围"。因此,一审原告常某强对该行政管理行为提起诉讼,法院作为行政诉讼案件受理符合行政诉讼法受案规定。[58]

该案所涉的诉讼客体是以"目标责任书"的形式表现出来的行政合同。根据该目标责任书的内容,"实现对企业的行政管理"是该行政合同的目的,这一目的体现了作为被告的延津县人民政府及其职能部门所要完成的行政任务。这与民事合同为了实现民事主体私法的利益是完全不同的。

2. 协商订立。旨在设定、变更和终止行政法律关系的行政协议,并非因它具有行政性而失去了民事合同固有的"协商"特征。协商意味着行政相对人可以在没有外在压力的前提下与行政机关就协议内容进行"讨价还价",没有协商也就无所谓的"协议"。有的行政行为需要行政相对人的参与,这种参与具有协助行政机关履行法定职责的功能,但行政机关如何或者是否作出行政行为,仍然取决于行政机关的单方决定,如制定行政规范程序中听取意见等,这些参与不是行政协议上的"协商"。

有的行政行为是行政机关履行事先向行政相对人作出的承诺。这种行政行为不是行政协议,而是行政机关应当履行的法定职责。如《天津国际贸易与航运服务中心管理办法》第13条第1款规定:"在服务中心设专门窗口受理业务申请人提出的业务预约,对符合条件的预约申请,有关行政部门应当按照有关规定和承诺予以办理。"在实务中,法院以"行政允诺"作为案由受理行政案件,而不是行政协议争议,如在天津市河北区某某园诉天津市某甲局、天津市某乙局行政允诺案中,法院认为:

> 本案各方当事人所依据的《管理办法》系天津市教育委员会、天津市财政局为鼓励扩大普惠性学前教育资源,以实现《民办教育促进法实施条例》第52条第2款、《天津市民办教育促进条例》第34条规定的扶持民办教育发展的政府职能和公共利益为目的,承诺由自己所属的职能部门向各区教育局认定的普惠性民办幼儿园拨付生均经费补助的行政允诺,不存在各方协商、合议的意思要素,上诉人关于本案属于行政协议的主张缺乏事实及法律依据,本院不予采纳。[59]

---

[57] 参见最高人民法院民事裁定书[(2014)民申字第2192号]。
[58] 参见河南省高级人民法院行政判决书[(2008)豫法行终字第00109号]。
[59] 参见天津市第二中级人民法院行政判决书[(2024)津02行终280号]。黄某友、张某明诉湖北省大冶市人民政府、大冶市保安镇人民政府行政允诺案,载最高人民法院行政审判庭编:《中国行政审判指导案例》(第1卷)第22号案例,中国法制出版社2010年版,第108页以下。

该案中,因行政允诺"不存在各方协商、合议的意思要素",具有单方性,所以,法院认为它不是行政协议。

3. 具有行政法上权利义务内容。行政机关与行政相对人协商订立行政协议所涉事项,必须属于行政机关法定职责的范围。从法定职责这一要素导出行政协议内容必须"具有行政法上权利义务内容",否则,所订立的协议不属于行政协议。如在临河区国鑫建筑材料厂(以下简称国鑫厂)诉内蒙古自治区巴彦淖尔市司法局赔偿不履行租赁合同纠纷案中,国鑫厂负责人李某柱认为其与巴彦淖尔市司法局租赁合同从2006年1月至2011年12月31日租期6年,国鑫厂履行租赁合同两年后,巴彦淖尔市司法局于2008年2月又将砖厂非法承包给他人,并向法院起诉,要求解除与国鑫厂的租赁合同。巴彦淖尔市司法局的行为符合"不依法履行、未按照约定履行协议或者单方变更、解除协议违法"的规定。对此,最高人民法院认为:

> 根据最高人民法院《关于适用〈中华人民共和国行政诉讼法〉若干问题的解释》第11条第1款的规定,行政协议是指行政机关为实现公共利益或者行政管理目标,在法定职责范围内,与公民、法人或者其他组织协商订立的具有行政法上权利义务内容的协议。本案中,巴彦淖尔市司法局就其所有的砖厂与国鑫厂负责人李某柱签订租赁合同的行为,不在其法定职责范围内,该租赁合同也不具有行政法上权利义务的内容,不符合上述司法解释关于行政协议的规定,该租赁合同属于平等主体之间的民事合同。[60]

之后,最高人民法院在四川省大英县人民政府诉大英县永佳纸业有限公司等不履行行政协议纠纷案中,对"具有行政法上权利义务内容"作出了更加明确、具体的解释:

> 行政法上的权利义务可以从以下三方面进行判断:一是是否行使行政职权、履行行政职责;二是是否为实现公共利益或者行政管理目标;三是在协议里或者法律上是否规定了行政机关的优益权。其中,行使行政职权、履行行政职责及行政机关具有优益权构成了行政协议的标的及内容,而是否属于上述标的及内容无法判断时,还可以结合"实现公共利益或者行政管理目标"这一目的要素进行判断。从所起的作用看,是否行使行政职权、履行行政职责为本质要素,只要符合该要素,所涉协议即行政协议,而实现公共利益或者行政管理目标及行政机关的优益权这两个要素为判断是否行使行政职权的辅助要素。[61]

(三)行政协议类型

1. 双务协议,即行政机关和行政相对人基于互相履行义务以实现行政管理或者公共服务目标而达成的合意。双务协议具有如下要件:(1)互相履行的义务之间具有正当的关联性。若行政机关通过承诺免除行政相对人某一法定义务以换取行政相对人撤回行政诉讼,此为不当联结,不是行政协议。(2)互相履行义务之间具有内容的对等性。这种对等性在功能上表现为一方的义务履行可以抵消另一方所主张的权利。录用某类公务员采用"命令"方式,由此建立的职位关系不是行政协议,但是,对特殊岗位的公务员任用采用聘任合同方式,确定互相对等履行义务的内容,这种职位关系是行政协议。双务协议是行政协议的常态,具有普遍适用性。

2. 和解协议,即行政机关和行政相对人就发生的行政争议协商达成和解的合意。它的类型有:(1)执法和解协议。执法和解协议是指当事实和法律状态处于不明,且行政机关查明此事实和法律状态需要付出更多行政成本或者难以查明时,行政机关和行政相对人通过协商结束行政争议的合意。执法和解协议具有如下要件:其一,涉案事实和法律状态不明;其二,难以查明或者查明的行政成本过高。设定上述要件,旨在防止行政机关借用执法和解协议规避应当履行的法定义务。如中国证券监督管理委员会颁布的《行政和解试点实施办法》(已失

---

[60] 参见最高人民法院行政裁定书[(2015)行监字第1625号]。
[61] 参见最高人民法院第五巡回法庭行政裁定书[(2017)最高法行申195号]。

效)第2条规定:"本办法所称行政和解,是指中国证券监督管理委员会(以下简称中国证监会)在对公民、法人或者其他组织(以下简称行政相对人)涉嫌违反证券期货法律、行政法规和相关监管规定行为进行调查执法过程中,根据行政相对人的申请,与其就改正涉嫌违法行为,消除涉嫌违法行为不良后果,交纳行政和解金补偿投资者损失等进行协商达成行政和解协议,并据此终止调查执法程序的行为。"(2)执行和解协议。执行和解协议是指在行政强制执行过程中行政机关与行政相对人就如何执行协商达成和解的合意。执行和解协议具有如下要件:其一,行政相对人有不能及时履行义务的客观事由;其二,和解不损害公共利益和第三人利益。如《行政强制法》第42条第1款规定:"实施行政强制执行,行政机关可以在不损害公共利益和他人合法权益的情况下,与当事人达成执行协议。执行协议可以约定分阶段履行;当事人采取补救措施的,可以减免加处的罚款或者滞纳金。"

(四)行政协议的适用

原则上,订立、履行行政协议可以参照《民法典》的有关规定,同时应当考虑依法行政原则的约束,处理情势变更、基于公共利益解除协议、行政相对人补偿、行政协议无效、行政机关执行行政协议方式等问题都需要兼顾公、私法的相关规定。

1. 行政协议的订立依据。行政机关订立行政协议是否需要法的依据,在学理上主要有两种学说:(1)法的依据说,即行政机关订立行政协议以法有明文规定为限,即原则上禁止,例外允许。(2)法不禁止说,即凡是法不禁止的事项,行政机关都可以裁量决定是否用订立行政协议代替其他行政行为。相比这两种学说,与其原则上禁止行政协议,不如在采用"法不禁止说"的同时,强化对行政协议订立、履行过程的程序控制。在复杂多变的现代社会中,"法不禁止"模式可能更适应现代行政的需要。在制定法上,法定行政协议并非少见,如政府特许经营协议、征收补偿协议和国有建设用地使用权出让合同等,订立上述行政协议都是有法律依据的。

2. 行政协议的订立方式。除招标(政府特许经营)、拍卖(国有土地使用权出让)外,行政协议的订立方式还有:(1)协商。经双方协商一致而成立行政协议。如《农村五保供养工作条例》第17条第1款规定:"乡、民族乡、镇人民政府应当与村民委员会或者农村五保供养服务机构签订供养服务协议,保证农村五保供养对象享受符合要求的供养。"该条中,行政协议的行政相对人是法定的,行政机关不可选择,在这样的行政法律关系中,通过协商订立行政协议是适宜的。(2)选择缔约人。如果行政机关选择的缔约人之间有竞争关系,应当事先公告相关资格要件等,在作出缔约决定之前,听取未被选中的其他竞争人的意见,以维护其他竞争人的合法权益。

3. 行政机关的单方变更、解除权。基于公共利益的需要,行政机关有单方变更、解除协议的权力。这是行政协议不同于民事合同的主要特点。如在昌江黎族自治县人民政府(以下简称昌江县政府)等与昌江棋子湾琼昌旅游开发有限公司(以下简称琼昌公司)旅游项目开发行政协议纠纷案中,法院认为:

> 琼昌公司起诉请求撤销昌江县政府的1号通知、1期纪要以及昌化镇政府的撤离通知、8号通知,实质是要求撤销两级政府单方解除昌化镇政府与琼昌公司签订的开发棋子湾《协议书》的行为。该《协议书》是政府与企业签订的综合开发利用土地和旅游资源的行政合同。行政合同履行过程中,政府享有单方解除合同的权力。但是,必须依照法律或合同约定的条件解除,不得随意单方解除。根据昌化镇政府与琼昌公司签订的《协议书》第2条第3款的规定,政府只有在棋子湾旅游整体规划制定后,超过规定期限琼昌公司不按照规划的要求进行改建和经营的情况下,有权单方解除合同,吸引其他投资者建设该项目。根据上述约定,只有同时具备两个基本条件,政府才有权单方解除合同,一是棋子湾的整体规划出台;二是琼昌公司逾期不按规划的要求改建和经营。从本案的事实看,显然是两个条件均不具

备。第一个条件是棋子湾的整体规划,至今没有证据证明存在有关棋子湾的详细整体规划。《海南省旅游总体规划》确实对棋子湾的总体规划提出了原则要求,但这种要求并非棋子湾的整体规划,昌江县政府应当会同相关部门按照总体规划的要求,依法及时制定棋子湾旅游整体规划。待棋子湾整体规划出台后,再依照整体规划和协议规定,要求琼昌公司改建和经营。第二个条件是逾期不改建,既然整体规划没有出台,当然也就不存在琼昌公司不按期改建或不按照规划要求经营的事实。解除合同的两个条件都不存在,昌江县政府和昌化镇政府即依据协议第2条第3款的规定作出若干被诉决定,单方解除合同,违背政府诚信原则,应当予以撤销。[62]

该案中,法院认可在行政协议履行过程中,行政机关有单方解除协议权,但是,法院同时也认为,行政机关行使单方解除协议权,必须有法律依据或者协议约定的解除条件成立。这是为了控制行政协议履行过程中行政机关单方解除协议权,以保护协议另一方的合法权益。但该案中,法院认为上述两个条件都不存在,所以,被诉决定应当予以撤销。需要指出的是,行政机关单方变更、解除行政协议是行政决定。又如,在朱某山与海门市海永乡人民政府行政补偿、不履行法定职责案中,法院认为:

所谓行政合同,是指行政主体为履行行政管理职能,与公民、法人或其他组织之间设立、变更、终止行政法上的权利义务关系的协议。行政合同有别于普通民事合同之处在于行政机关享有行政优益权以及合同目的是实现行政管理。行政优益权通常包括:(1)对合同相对人的选择权;(2)对合同履行的指导权和监督权;(3)单方变更或者解除合同权;(4)制裁权;(5)强制执行权。本案所涉行政优益权主要表现在行政机关单方变更或者解除合同权。所谓单方变更或者解除合同权,一般是指行政主体基于维护公共利益之目的或者情势变更等事由,为维护公共利益、保障行政管理目的的实现,在合同履行过程中有权选择单方变更合同或者解除合同。这表明,行政机关单方变更或者解除合同权的实现要以维护公共利益的目的或者基于情势变更之需要为前提。依法行政是行政执法的一项基本原则,行政机关在行政合同的签订、履行、变更、解除过程中,同样应当坚持。因此,在对行政合同中的行政行为的合法性进行审查时,应当以相关的行政法律规范为依据。但现行行政法律规范对于行政合同的规定过于原则,人民法院应当根据被诉行政合同的具体内容,依照相关的法律原理和法律规范的基本原则,对行政合同案件中的行政行为的合法性作出评判。[63]

4. 行政协议的执行。行政相对人不履行行政协议所约定的义务,行政机关没有当然的"自力救济"权,也不能向法院提起行政诉讼,请求法院判令行政相对人履行义务。在《行政诉讼法》框架下,行政机关若不依法履行、未按照约定履行协议,行政相对人可以提起行政诉讼寻求权利保护。但是,如果行政相对人不履行行政协议,《行政诉讼法》没有规定行政机关"救济"的程序。较为妥当的做法是,行政机关依照行政协议的相关条款作出行政决定,责令行政相对人履行行政协议义务,若行政相对人不履行该行政决定,行政机关可以依照《行政强制法》申请法院强制执行。

三、区域合作协议

(一)区域合作协议的概念

区域合作协议是不同行政区域的行政机关之间为实现行政管理或者公共服务目标经协商一致达成合意的一种行政行为。与行政协议不同的是,它是在行政机关之间经"协商一致"而订立的协议。区域合作协议的主体是行政机关,它可以发生在具有上下级隶属关系和不具

---

[62] 参见海南省高级人民法院行政判决书[(2005)琼行终字第35号]。
[63] 参见江苏省南通市港闸区人民法院行政判决书[(2015)港行初字第00198号]。

有隶属关系的行政机关之间,前者如"三亚大东海景区环境卫生责任状"[64]"广州市城市管理目标责任状"[65]等,后者如山东省与河南省2021年5月签订《黄河流域(豫鲁段)横向生态保护补偿协议》、浙江省义乌与东阳两市水权转让合同[66]、长三角食用农产品标准化互认(合作)协议[67]等。区域合作协议是现代社会经济与社会发展产生的一种行政法现象,在现代行政法体系中应当为其留出成长的空间,尤其是区域合作协议涉及行政相对人合法权益时,应当作为行政协议效力"外部化"问题加以考虑。

(二)区域合作协议的适用

由于观念上我们一直把区域合作协议当作行政机关内部事务看待,所以相关的制定法也不尽发达。实务中,签订区域合作协议是否需要法的依据,因没有行政相对人介入等原因,也就不成为一个行政法关注的"问题"。通常认为,区域合作协议是否签订及如何订立由行政机关根据行政事务需要裁量决定。

至少到目前为止,如果因执行区域合作协议发生纠纷,尚无明确法律规定究竟是提起行政抑或民事诉讼。如《江苏盛泽和浙江王江泾边界水域水污染联合防止方案》第2条第2款规定:"……每日直接排入联防区域水域的最高污水排放量,盛泽镇工业企业不得超过10万吨,王江泾镇工业企业不得超过2万吨,两镇热电企业的冷却水中不得混入任何其他工业废水,其废水排放必须用专用管道。"[68]一旦两镇在执行此条规定的义务时发生争议,应当通过何种诉讼途径解决,在此方案中未有明确规定。在行政法上,这种区域性争议解决机制最有可能发展的方向是行政诉讼的"机关诉讼"。[69]

第四节 行政事实行为

一、行政事实行为的一般理论

(一)行政事实行为的概念

在传统行政法体系中,除了行政机关作出的行政决定外,其他行政行为并不那么引人关注,它们仅被作为一种附带的行政现象加以简述,更遑论发展出一套如行政决定那样的行政法理论体系。20世纪之后,随着社会与经济的变迁引发了行政行为方式的不断翻新,亦即在行政决定之外出现了大量"无名"的行政行为。行政机关借用这些行政行为积极、主动地处理各种新的行政法问题,回应来自社会与经济发展过程中产生的不同需求,提升行政规制的实效,软化原有比较生硬的行政法律关系。由于这类行政行为不具有如同行政决定那样的"意思表示"要件,所以,行政法学借用民法中"事实行为"给它们冠以一个统一的称谓:行政事实行为。

---

[64] 参见《海南日报》2010年3月18日。
[65] 《广州市城市管理目标责任状考评奖惩规定》(以穗府[1994]98号)。
[66] 参见《中国水利报》2001年2月21日报道,水资源缺乏的义乌市斥资2亿元,一次性买断东阳市横锦水库每年5000万立方米的永久使用权。
[67] 参见《上海标准化》2003年第11期。
[68] 何渊:《区域性行政协议研究》,法律出版社2009年版,第88页。
[69] 机关诉讼是日本行政诉讼类型之一。参见[日]盐野宏:《行政救济法》,杨建顺译,北京大学出版社2008年版,第187页。

行政事实行为是行政机关实施的、影响或者改变行政相对人法律状态的行政行为。有时,行政机关实施的行政行为没有影响或者改变行政相对人的法律状态,或者没有特定行政相对人,虽然它仍然可以被称为行政事实行为,如告知行为、送达行为等,有的甚至可以排除在行政事实行为范围之外,如行政机关捕杀进入公园的野猪、清除公路上的落石等。行政事实行为不产生"法效力",此为行政法学理论上的通说。依照行政决定理论的解释,"法效力"是行政机关因意思表示而产生的一种法的拘束效力。与私法不同的是,行政机关意思表示所产生的法效力,并非以行政相对人"合意"为要件,而是取决于行政机关的单方意思。虽然行政机关实施行政事实行为时没有主观上的意思表示,但在客观上对行政相对人的权利和义务也产生了影响,只不过这种影响是法定的。

(二)行政事实行为合法要件

1. 有法定管辖权。行政机关必须在法定管辖范围内实施行政事实行为,超越法定管辖权的行政事实行为同样构成行政违法。这是依法行政原理导出的当然结论。在实务中,如交通运输局销毁运输过程中的假冒伪劣产品,公安局组织实施强制拆除违法建筑物等,这些行政事实行为都已经超越了该行政机关的法定管辖权范围。

2. 有实体法依据。行政事实行为影响行政相对人的合法权益,必须要有实体法上的依据。此处的"法",与行政法法源的范围相当。没有实体法依据的行政事实行为,不具有合法性。如在余某斌与湘阴县公安局交通警察大队(以下简称县交警大队)违法扣押车辆及行政赔偿纠纷案中,法院认为:

> 被上诉人县交警大队的工作人员在现场处理交通事故时,掌握了事故车辆钥匙,上诉人余某斌已不能控制车辆。在上诉人没有预付医疗费的情况下,只有被上诉人可以暂扣交通事故车辆,并在指定的地点妥善保管,同时有义务制止任何违法扣车的行为。第三人的亲属和当地群众围住事故车辆,并不意味着其对车辆已经进行了有效控制。县交警大队的工作人员虽然采取了一些措施阻止第三人的亲属,但最终做出让步,在第三人的亲属作出书面保证后,同意将事故车辆交由其保管,导致事故车辆被违法扣留至今。第三人的亲属是经被上诉人工作人员同意并从其手中接管车辆钥匙并最终控制车辆的,被上诉人县交警大队虽然没有开出暂扣凭证,产生的后果也并非出于被上诉人的本意,但其实施的上述行为对上诉人权利产生了实际影响,符合行政事实行为的特征。因此,被上诉人暂扣事故车辆并将车辆交由第三人保管的行政事实行为成立,该事实行为违反了法律、法规对交通事故处理的规定,构成违法。[70]

该案中,交警将被扣车辆的钥匙交给该案第三人的行为是行政事实行为,它直接导致了该车辆被第三人实际控制的"事实效果",影响该车辆所有人的合法权益。所以,法院认为该案中交警的这一行为没有实体法依据,构成违法。有时,在个案中如没有制定法的具体规范,法院也要求行政机关实施行政事实行为应当符合法的原则、目的。如在黄某棠诉衢州市衢江区高家镇人民政府土地整理及行政赔偿案中,法院认为:

> 高家镇人民政府于2006年3月15日向上诉人所在的林家村各农户发出公告,告知农户施工时间,要求在指定时间将桔树等农作物搬迁完毕,同时也告知如有困难递交书面申请,说明理由,逾期则作为放弃移栽处理。由于经过沟通与协商,大部分农户已领取了迁移费,且在施工前,高家镇人民政府未收到任何书面申请。基于此种情况,高家镇人民政府在土地整理时,对未搬迁的包括上诉人在内的农户的桔树用挖掘机整棵挖移,其行为并无不当。同时,高家镇人民政府也尽了合理注意义务,即将施工时间选择在春季,考虑了适宜移植的时间,尽可能兼顾公共利益和私人利益,在保障标准化农田建设政策

---

[70] 参见湖南省高级人民法院行政判决书[(2005)湘高法行终字第9号]。

落实的同时,尽可能地使私人的合法利益不受损害或少受损害。故被上诉人高家镇人民政府实施的上述一系列行为符合法律原则、精神和政策。[71]

该案中,被上诉人高家镇人民政府在土地整理时能否用挖掘机整棵挖移桔树、在哪一个季节进行土地整理等,在制定法上并无明确规定。虽然在移植上诉人所有的桔树时不能达到100%的成活率,但是,法院认为被上诉人的行为符合法的原则、精神和政策,所以,驳回了上诉人要求行政赔偿的请求。

3. 符合法定程序。程序合法是行政事实行为合法性不可或缺的要件之一,制定法上相关的规定也并不少见。如《行政强制法》第50条规定:"行政机关依法作出要求当事人履行排除妨碍、恢复原状等义务的行政决定,当事人逾期不履行,经催告仍不履行,其后果已经或者将危害交通安全、造成环境污染或者破坏自然资源的,行政机关可以代履行,或者委托没有利害关系的第三人代履行。"在这里,"催告"是行政机关作出"代履行"的法定程序之一。在实务中,对行政事实行为这一程序合法要件,法院也没有忽视。如在贾某旺等诉范县民政局行政纠纷案中,法院认为:

范县民政局虽为殡葬管理的执法主体,但是并无有效证据证实其工作人员2002年7月3日上午询问贾某臣、许某花夫妇时出示了执法证件,表明了执法身份。特别是下午追问贾某臣、许某花夫妇贾某旺尸体所埋下落,并要求火化,否则就逮人,而且将殡仪车开到现场,引起众多群众围观,造成贾某臣、许某花犯病,严重违背了执法程序。事实行为指的是行政机关工作人员自觉或不自觉地作出的虽然不创设新的行政法律关系但与执行职务有密切关系的行为。因此,具体行政行为包括事实行为。被告工作人员虽然未出具书面通知或决定,但口头要求原告履行尸体火化义务,就是一种事实行为,当然属于具体行政行为。[72]

该案中,法院首先将"追问贾某臣、许某花夫妇贾某旺尸体所埋下落,并要求火化,否则就逮人,而且将殡仪车开到现场"一系列行为认定为"严重违背了执法程序",然后,又将其中的"未出具书面通知或决定,但口头要求原告履行尸体火化义务"认定为一种事实行为,其结论是该事实行为不符合法定程序。

(三) 行政事实行为分类

行政事实行为品种繁多,故这里放弃对行政事实行为作类型化处理的努力,转而从错综复杂的各种行政事实行为中,在功能意义上归纳出一个开放性的行政事实行为分类体系。行政事实行为可以分为:

1. 执行性事实行为,它是行政机关为了执行一个已经作出的行政决定内容而实施的行为。因它借用了物理上"实力"达到行政目的,在行政法学理上又称为物理性行为,与观念性行为(如告知、送达、说明等)相对应。执行性事实行为通常以物理上"实力"强制行政相对人履行义务,因此,此种"执行性"要受到严格的法律控制。行政强制执行是一种典型的执行性事实行为,因此受到了《行政强制法》的严格控制。在实务中,如在西安景圆工贸有限责任公司诉西安市原国土资源局(以下简称原市国土局)等强制违法案中,法院认为:

至于拆除涉案的厂房的行为,二被告在实施拆除时亦应依照《中华人民共和国行政强制法》的规定程序依法拆除。被告市国土局作为没有强制执行权的行政机关在实施被诉强制执行行为前,未依法履行作出强制执行决定书的义务,未履行发出书面催告、公告的义务,亦未向人民法院申请强制执行,仅

---

[71] 参见浙江省衢州市中级人民法院行政判决书[(2006)衢中行终字第17号]。
[72] 参见河南省范县人民法院行政判决书[(2002)范法行初字第3号]。

张贴了《关于拆除违法建筑的通告》，便实施拆除行为，其行为明显违反了《中华人民共和国行政强制法》的有关规定，但因强制拆除行为属事实行为，不具有可撤销的内容，依法应当确认违法。被告五星街办虽然有权依据《中华人民共和国城乡规划法》的授权对违反本法第65条之规定的建设行为进行整治（责令停止建设、限期整改、拆除），但是其仍应依据《中华人民共和国行政强制法》的规定，履行认定、催告、听取陈述申辩、决定、公告等法定必经程序，但其仅张贴了《关于拆除违法建筑的通告》，便实施拆除行为，其行为亦明显违反了《中华人民共和国行政强制法》的有关规定，但亦因强制拆除行为属事实行为，不具有可撤销的内容，依法应当确认违法。[73]

执行性事实行为旨在落实行政决定的内容，不改变行政决定设定的法律关系的状态，所以它不增减行政相对人权利和义务的内容。这一点在上海彭浦电器开关厂诉上海市闸北区人民政府确认侵占行为违法纠纷案中，法院有十分明确的结论：

因原告未在原闸北区规划局闸规查[2009]第（011）号限期拆除违法建筑的决定规定的期限内，自行拆除违法建筑，闸北区人民政府根据该局的申请，依法组织相关部门实施强制拆除，该强制拆除行为是对限期拆除违法建筑决定的执行行为，并没有设定原告新的权利和义务。[74]

2. 说明性事实行为，即行政机关对行政相关事项作出阐明、解释的行为。它有意思表示，但这种意思表示没有法效力，故它与前述具有物理性的"执行性事实行为"不同，说明性事实行为是"观念性"的。如在广东省深圳安贸危险物品储运公司（以下简称安贸公司）诉劳动部通报上诉案中，1993年8月5日，安贸公司使用的深圳市清水河化学危险品仓库发生特大爆炸火灾事故。劳动部组织调查组对此次事故进行了调查，根据调查结果，于1993年11月22日向各省、自治区直辖市人民政府、国务院有关部门发出了内部《关于深圳"8·5"特大爆炸火灾事故的通报》（以下简称通报），该通报认定安贸公司对火灾事故负有重大责任，该公司认为与事实不符。北京市高级人民法院经审查后认为：

起诉人安贸公司所诉劳动部1993年11月22日作出的通报，不具有具体行政行为的特征，不符合《中华人民共和国行政诉讼法》第41条第4项规定的起诉条件。依照《中华人民共和国行政诉讼法》第42条之规定裁定如下：对深圳安贸危险物品储运公司的起诉，本院不予受理。[75]

说明性事实行为不产生法效力，它不属于"具体行政行为"（行政决定）。该案中，法院以通报"不具有具体行政行为的特征"为由，认定起诉人因起诉不符起诉条件而不予受理是妥当的。说明性事实行为目的在于使行政相对人更好地了解行政决定等行政行为内容，其方式采便宜性原则，既可以是口头的，也可以是书面的。实务中，行政机关应拆迁户的要求，给他们解释相关的拆迁政策，回复他们的疑问等，都属于说明性事实行为。由于说明性事实行为内容正确与否影响行政相对人生产、生活计划的安排，因此，说明的内容应当合法、准确。如《行政许可法》第30条规定："行政机关应当将法律、法规、规章规定的有关行政许可的事项、依据、条件、数量、程序、期限以及需要提交的全部材料的目录和申请书示范文本等在办公场所公示。申请人要求行政机关对公示内容予以说明、解释的，行政机关应当说明、解释，提供准确、可靠的信息。"若说明性事实行为内容不准确，行政相对人因此而产生的信赖利益，行政机关应当承担赔偿责任。

3. 告知性事实行为，即行政机关告知行政相对人有关事项的行为。与说明性事实行为一

---

[73] 参见西安铁路运输法院行政判决书[（2017）陕7102行初1061号]。
[74] 参见上海市第二中级人民法院行政判决书[（2009）沪二中行初字第28号]。
[75] 参见北京市高级人民法院行政裁定书[（1995）高行审字第1号]。最高人民法院在此案的上诉裁定中，驳回了上诉人的上诉，最高人民法院行政裁定书[（1995）行终字第1号]。

样,它也是"观念性"的。告知可以分为:(1)对不特定人的"公告"。《国家行政机关公文处理办法》(已失效)对公告的使用表述为"适用于向国内外宣布重要事项或者法定事项"。在实务中,公告被作"公开告知"的解释,为行政机关广泛使用,如《土地管理法》中的征地公告。[76]《价格违法行为行政处罚规定》第22条规定:"任何单位和个人有本规定所列价格违法行为,情节严重,拒不改正的,政府价格主管部门除依照本规定给予处罚外,可以公告其价格违法行为,直至其改正。"这种公告具有"意思表示"内容,宜归入行政决定。(2)对特定人的"通知"或者"送达"。如行政处罚程序中的听证通知等。《行政许可规定》第3条规定:"公民、法人或者其他组织仅就行政许可过程中的告知补正申请材料、听证等通知行为提起行政诉讼的,人民法院不予受理,但导致许可程序对上述主体事实上终止的除外。"原则上,行政许可过程中的告知不属于行政诉讼客体,但导致终止行政许可程序的告知,则具有行政决定性质,属于行政诉讼受案范围。这个规则在其他行政程序中也可适用,如在江某炎等与福州市人民政府等不履行复议法定职责纠纷上诉案中,法院认为:

> 福州市住房保障和房产管理局(原福州市房地产管理局)于2009年5月15日作出的《政府信息公开申请告知书》,其内容是告知江某炎、黄某华应待前案行政诉讼判决后再依法处理江九、江十地块的拆迁许可政府信息公开事宜。该告知书是政府信息公开程序中的一个通知行为,并非拒绝公开政府信息的最终行为,没有导致政府信息公开程序被终止。因此,该行为并非独立的、可诉的具体行政行为,对当事人的权利义务并未产生实际影响。[77]

有时,对"通知"不能依照行为的名称直接认定其性质,而是需要从内容上加以分析,才能作出正确的判断。如在马某俊诉湖北省武汉市蔡甸区人民政府侏儒街道办事处等地矿行政决定案中,侏儒街道办事处等五被告共同制发了《关于停止蔡甸区国有洪北林场森林地带石材开采行为的通知》,经审查法院认定该"通知"不是行政事实行为,而是一个行政决定。对此,最高人民法院给出的裁判要旨是:

> 通知是否属于具体行政行为因内容而异。若通知的内容为单纯告知此前作出的行政决定内容,或重复引述行政合同条款,对外不产生实际影响,不属于具体行政行为。若通知同时具有针对特定相对人独立产生实际影响的内容,则应属具体行政行为。[78]

在上述三类行政事实行为之外,还有相对比较定型的若干行政事实行为,如行政指导、信息提供等;执行性事实行为中的行政强制执行因其"物理性"的作用,客观上可能会产生损害行政相对人合法权益的结果。以下将进一步分述这三种行政事实行为。

二、行政指导

(一)行政指导概念

要精准理解行政指导,应先从日本法读起。[79] 1993年日本《行政程序法》第2条第6项

---

[76] 参见《土地管理法》第47条。
[77] 参见福建省高级人民法院行政判决书[(2011)闽行终字第1号]。
[78] 参见最高人民法院行政审判庭编:《中国行政审判案例》(第3卷)第81号案例,中国法制出版社2013年版,第1页以下。
[79] "第二次世界大战后,在美军占领时期,总司令部(GHQ)常常利用间接统治的手段向日本政府提交备忘录、书信,发布指示、警告,提出劝告、建议等。这些手段虽然在形式上是温和宽松的,但其实质上却是命令,不容违反。日本政府或许是从这种行为的有效性中得到了启发,在媾和条约生效后,行政指导得以广泛应用,渗透到了各个领域。"参见[日]南博方:《行政法》(第6版),杨建顺译,中国人民大学出版社2009年版,第84页。

规定:"行政指导是指行政机关在其职权或所管事务的范围内,为实现一定的行政目的,要求特定人为一定的作为或不作为的指导、劝告、建议以及其他的不属于处分的行为。"它的要件构成是:(1)在"行政机关在其职权或所管事务的范围内"作出行政指导;(2)通过行政相对人与行政机关的自愿合作来"实现一定的行政目的"。我国行政法上的行政指导制度构造大致也是如此。行政指导是行政机关依职权作出的,旨在引导特定的行政相对人自愿采取一定的作为或者不作为,以实现行政管理目的的一种行政行为。这里的"特定人"意味着广告式的"悬赏""奖励"等不属于行政指导,具有普遍适用性的"意见""规定"等也不是行政指导。[80]另外,行政机关内部上下级之间也不存在行政指导。如在陈某柱与驻马店市民政局工伤认定纠纷上诉案中,法院显然误解了行政指导的含义:

> 被上诉人驻马店市民政局2009年5月11日作出的驻民函[2009]1号复函,是针对西平县民政局的请示作出的,该复函明确答复由西平县民政局根据政策和意见处理陈某柱评残事宜,没有对上诉人陈某柱的伤残等作出明确的认定和评定意见,因此,该复函属行政机关上下级之间的行政指导行为,不具有强制性。[81]

在行政法上,行政指导只存在于行政机关与行政相对人之间。该案中,被上诉人的"复函"是因下一级行政机关的请示作出的答复,如果把它理解为行政机关内部上级对下级的一种工作业务的指导,似乎更为妥当。

行政机关作出的行政指导不与行政相对人形成行政法律关系,也不产生对行政相对人的法效力。但是,行政指导对行政相对人的行动可能有影响,有时行政相对人基于自己利益的考虑,可能会听从行政机关的行政指导,所以,在外表上看行政相对人是"自愿"接受行政指导。如福建省泉州市一些地方私人加油站无序现象一时泛滥,扰乱了市场,也造成了安全隐患,德化县工商局浔中工商所高度重视,启动违法疏导预案,通过说服、教育等规制性指导方式,使辖区内7家无照经营加油站主动停止经营活动;同时,该工商所施以建议、引导等助成性指导方式,辅导其中5家加油站办理了证照,引导2家不具备条件的加油站自行拆除了加油机并转行经营,取得了良好的效果。[82]

虽然行政指导对行政相对人没有法效力,但事实上的"压力"有时还是有的。在实务中,行政机关主张自己的行为是"行政指导",但法院认为是一个行政决定。如在点头隆胜石材厂不服福鼎市人民政府行政扶优扶强措施案中,法院认为:

> 福鼎市的玄武岩石材企业,其生产用原料都由第三人福建玄武石材有限公司供应,而且供应数量有限。在此情况下,被告福鼎市人民政府以鼎政办[2001]14号文件,批准下发了工业领导小组办公室《关于2001年玄武岩石板材加工企业扶优扶强的意见》。该文件虽未给原告点头隆胜石材厂确定权利与义务,但却通过强制干预福建玄武石材有限公司的销售的办法,直接影响到点头隆胜石材厂的经营权利。因此对点头隆胜石材厂来说,该文件具有了《行政诉讼法》第11条第1款第3项规定的"认为行政机关侵犯法律规定的经营自主权的"情形,是《行政诉讼法》第2条规定的具体行政行为,属于人民法院行政诉讼的受案范围,点头隆胜石材厂有权提起行政诉讼。人民法院受理此案,符合最高人民法院《关于〈中华人民共和国行政诉讼法〉若干问题的解释》第1条第1款关于"公民、法人或者其他组织对

---

[80] 如黑龙江省大庆市工商行政管理局《关于支持全民创业促进个体私营经济加快发展的若干意见》(庆工商发〔2010〕57号)第30条规定:"强化对个体私营企业行政指导服务。在日常监管中,可采取说服、教育、示范、引导、扶持、鼓励、帮助、宣传、调解、劝告、建议等非强制手段和方法,通过口头告知、书面告示、电话通知、邮寄送达、短信发送、网络和媒体发布、召集座谈、组织培训等方式,适时、适地、适机地实施各种指导行为。"

[81] 参见河南省驻马店市中级人民法院行政裁定书[(2010)驻法行终字第11号]。

[82] 参见王明杰:《行政指导:从"权力本位"到"责任本位"》,载《福建日报》2005年11月16日,第9版。

具有国家行政职权的机关和组织及其工作人员的行政行为不服,依法提起诉讼的,属于人民法院行政诉讼的受案范围"的规定。福鼎市人民政府认为鼎政办[2001]14号文件是行政指导性文件,没有强制性,不是具体行政行为,不是行政诉讼可诉对象的理由,不能成立。[83]

反之,在实务中法院也有把行政决定当作行政指导行为来处理的情况,如在冼某来诉佛山市南海区罗村镇人民政府整改通知书纠纷案中,法院认为:

根据《佛山市人民政府安全生产委员会工作制度》总则第2项的规定,佛山市南海区罗村镇人民政府安全生产委员会属于被上诉人内部设立的非常设议事协调机构,不代替政府职能部门的安全生产监督管理职责。主要任务是统筹、指导、督促安全生产工作,研究安全生产重大政策和措施,协调解决安全生产中的重大问题。因此,该安全生产委员会针对上诉人冼某来出租屋存在的安全隐患,作出的《劳动安全卫生限期整改通知书》是不具有行政强制执行力的指导性行为。上诉人的出租屋被停止出租是因为南海区公安局罗村分局作出的[2002]字第1号《治安整改通知书》所致;而上诉人的出租屋被停水、停电分别是由供水、供电部门的行为引起,与被上诉人所属安全委员会的行为并无关系,上诉人对以上部门的行为不服,可另行起诉。故原审裁定以被上诉人的行为属不具有强制力的行政指导行为而驳回上诉人的起诉正确,本院予以维持。[84]

该案中,法院认定《劳动安全卫生限期整改通知书》是不具有行政强制执行力的指导性行为,这是值得商榷的。罗村镇人民政府安全生产委员会的性质和任务不是判定它作出《劳动安全卫生限期整改通知书》性质的依据,从该通知中的"限期整改"表述,可以判断它应当是一个行政决定。在一些个案中,也有把告知性事实行为当作行政指导来认定,并排除在行政救济范围之外的情况,如在张某安诉郑州市金水区人民政府等拆除行为违法、行政赔偿纠纷案中,法院认为:

本案中,被告区政府成立十二里屯村改造指挥部,发布拆迁公告,公示过渡费、奖励费标准,强调整体工作要在区政府统一领导下,组织专业队伍进行拆迁等,均属于区政府履行组织实施本辖区城中村改造整体工作的行政指导行为。[85]

该案中,"发布拆迁公告,公示过渡费、奖励费标准"性质上属于告知性事实行为,虽然行政指导也是一种行政事实行为,但告知性事实行为不是行政指导,所以,法院的这一认定并不妥当。

(二)行政指导依据

行政机关作出行政指导应当恪守依法行政原理,自不多言。但是,行政指导毕竟不同于行政处罚、行政强制等具有干预性质的行政决定,它的"非权力"性足以使它区别于干涉性行政行为。虽然在学理上并不要求行政机关作出行政指导要有行为依据,即某一特定行政指导的具体法规范,但是,行政指导仍然要遵守如下规则:(1)它必须在行政机关管辖权范围内;[86](2)有关行政行为的一般法原则对行政指导仍然具有相同的约束力。行政机关在实施行政指导时,不得脱离一般法原则的约束,尤其是如诚实信用原则、行政自我拘束原则、明确

---

[83] 参见《最高人民法院公报》2001年第6期。在吉某仁等诉盐城市人民政府行政决定案中,被告也有这样的主张,但法院明确予以否认:"所谓行政指导行为,是指行政机关在进行行政管理的过程中,所作出的具有咨询、建议、训导等性质的行为,不具有行政强制执行力。而被上诉人盐城市人民政府《会议纪要》中有关公交车辆在规划区免交费用的规定,是明确要求必须执行的,因此,盐城市人民政府认为该行为属行政指导行为没有法律依据。"《最高人民法院公报》2003年第4期。
[84] 参见广东省佛山市中级人民法院行政裁定书[(2003)佛中法行终字第24号]。
[85] 参见郑州市金水区人民法院行政判决书[(2007)金行初字第51号]。
[86] 如日本《行政程序法》第32条规定:"行政指导时,行政指导实施者必须注意不得超越行政机关的任务或者所管事务范围和行政指导内容只有在相对人的协助下才得以实现。"

性原则等,更应当被行政机关高度关注。为了规范行政指导,在实务中,行政机关事先制定发布有关行政指导的行政规定并不少见,如福建省泉州市《关于在全市工商行政管理机关全面推行行政指导的决定》(泉工商〔2005〕282号)、原国家工商行政管理总局《关于工商行政管理机关全面推进行政指导工作的意见》(工商法字〔2009〕230号)等。这些行政规定为工商行政机关实施行政指导提供了依据。

三、信息提供

(一)信息提供的概念

信息提供是行政机关依法公开政府信息的行为。信息提供是现代行政法上公众参与行政过程的一个重要前提条件,也是公民实现知情权的保障。在现代社会中,政府在履行法定职责过程中获取并保存了大量与公众生产、生活有关的信息,政府公开这些信息,可以帮助公众作出正确的"决策",也有利于公众更好地理解行政机关行使行政职权,消除不必要的误解、疑虑。有关规范政府信息提供行为的行政法规是2008年5月1日实施的、2019年修订的《政府信息公开条例》,在此之前,一些国务院部门和地方政府制定并实施了有关政府信息公开的行政规章和行政规定,法院也审理了不少与政府信息公开有关的行政案件。

(二)信息提供的方式

1. 依职责提供,又称主动提供,即行政机关依照《政府信息公开条例》第19条至第26条的规定,通过政府公报、政府网站、新闻发布会以及报刊、广播、电视等便于公众知晓的方式公开政府信息的行政行为。依职责提供的对象是不特定公众。也就是说,行政机关依职责提供,其核心在于它是否有公开的法定职责。在郑某惠诉陕西省咸阳市人民政府政府信息公开、陕西省人民政府行政复议案中,最高人民法院认为:

> 关于再审被申请人咸阳市政府对再审申请人的第1项政府信息公开申请所作答复是否合法。依照《政府信息公开条例》第10条第1项的规定,规范性文件系县级以上各级人民政府及其部门应当在各自职责范围内主动公开的政府信息。由于是在各自职责范围内主动公开,故规范性文件的制作机关应当承担主动公开义务。在规范性文件的制作机关未主动公开的情况下,公民、法人或者其他组织可以依照《政府信息公开条例》第13条的规定向其申请公开,以及对其答复或者逾期不予答复不服,依照最高人民法院《关于审理政府信息公开行政案件若干问题的规定》第3条的规定向人民法院提起行政诉讼。尽管《政府信息公开条例》第17条规定保存政府信息的行政机关也负有公开义务,也不排除规范性文件制作机关以外的其他机关因工作原因获取、保存了规范性文件,但对于公民、法人或者其他组织获取政府信息而言,向规范性文件制作机关以外的其他机关申请政府信息公开无疑是舍近求远,且在随后提起的行政诉讼中,其对其他机关保存了规范性文件应承担更高的证明责任。本案中,对于再审申请人申请公开的上级人民政府规范性文件,再审被申请人咸阳市政府不负有主动公开义务,且咸阳市政府办公室于2010年5月25日就成立咸阳市招生委员会及咸阳市招生委员会办公室所作17号通知亦未援引任何上级人民政府的规范性文件。再审申请人向一、二审法院及本院提交的教育部2010年工作规定、陕西省招生委员会2013年实施办法等证据既难以证明再审被申请人咸阳市政府成立咸阳市招生委员会及咸阳市招生委员会办公室确实以某种上级人民政府规范性文件为据,又难以证明再审被申请人咸阳市政府确实保存了其所申请公开的上级人民政府规范性文件,故再审被申请人咸阳市政府告知再审申请人"不属于本机构的公开范围",建议其"向上一级政府相关部门咨询"不违反《政府信息公开条例》第21条第3项的规定。[87]

---

[87] 参见最高人民法院行政裁定书〔(2016)最高法行申3977号〕。

该案中,法院认为,咸阳市政府对上级人民政府规范性文件不负有主动公开职责。因为,规范性文件是由制定机关在各自职责范围内主动公开,故规范性文件的制作机关应当承担主动公开职责。咸阳市政府不是案涉规范性文件的制定机关,没有主动公开的职责。

2. 依申请提供,又称被动提供,即行政机关依照《政府信息公开条例》第 27 条至第 45 条规定向申请人提供信息的行政行为。依申请提供的对象是申请人,有时还可能会涉及第三人。需要指出的是,如果行政机关对于申请人的申请作出"不予公开"、"不予提供"或者"政府信息不存在"等答复,因这类"答复"具有否决性的"意思表示",对申请人申请具有法效力,所以它不是事实行为,而是行政决定。

四、行政强制执行

(一) 行政强制执行的概念

行政强制执行是指行政机关对在行政机关决定的期限内不履行行政决定的行政相对人,依法强制其履行义务的行政行为。行政强制执行的前提条件是存在一个为行政相对人设定义务的行政决定,且该行政相对人在行政机关决定期限内无正当理由不履行该义务,行政机关自己依照法律规定强制其履行该义务。这里的行政强制执行不包括行政机关申请法院强制执行的情形。[88]

在理想的法治状态中,当事人之间的"自力救济"当为法律所禁止,司法是国家为当事人提供的合法救济手段。无论是行政机关还是行政相对人在对方不履行法定义务时,应当请求法院强制执行。但是,这样的制度安排可能会使行政机关失去应有的行政效率,难以及时完成行政任务,所以,赋予行政机关在限定条件下"自力救济"具有正当性。《行政强制法》第 13 条规定:"行政强制执行由法律设定。法律没有规定行政机关强制执行的,作出行政决定的行政机关应当申请人民法院强制执行。"由此可知,在《行政强制法》的框架下,只有法律才能赋予行政机关强制执行权。

在当事人自愿腾空房屋的情况下,行政机关组织人员拆除房屋的行为,不属于行政强制执行。这类争议出现的原因往往是当事人事后认为行政机关未能满足自己补偿的要求等,但法院一般不予支持,如在张乙诉如皋市人民政府某街道办事处(以下简称某街道办)行政强制执行案中,法院认为:

张甲于 2019 年 11 月 30 日签订《搬迁补偿安置协议》《搬迁交房验收合格证》等材料并于 12 月 5 日交房,张乙作为该户成员同时腾空房屋。张甲、张乙腾空房屋交房,自愿、主动履行协议约定的搬迁义务,而某街道办基于被搬迁人事实上的交付行为,结合搬迁地块整体实施拆除的实际需要,分期分批对房屋门窗及主体部分组织实施拆除,并不违反上述法律规定。张乙在某街道办已拆除房屋门窗之后,又将床铺、桌椅等简易生活用品搬入空房,依法不能改变房屋依交付所有权已经转移的事实,而张乙希望通过这一方式阻止拆除和增加补偿,亦违背禁止反言原则,依法不值得提倡。一审法院在适用法律时,未关注到张乙搬入少数简易生活用品之前案涉房屋已经腾房交付和某街道办已对房屋实施部分拆除的事实,径行认定某街道办实施拆除房屋行为违法,属适用法律错误。因此,对张乙一审起诉请求确认该拆除行为违法的诉讼请求,应予驳回。[89]

(二) 行政强制执行的实施

行政强制执行方式主要有:(1)加处罚款或者滞纳金;(2)划拨存款、汇款;(3)拍卖或者

---

[88] 参见《行政强制法》第 2 条第 3 款。
[89] 参见江苏省南通市中级人民法院行政判决书[(2021)苏 06 行终 541 号]。

依法处理查封、扣押的场所、设施或者财物；(4)排除妨碍、恢复原状；(5)代履行。行政机关实施行政强制执行需要先履行一个催告程序，并随时注意是否出现可能导致执行中止或者终结的情形。经催告，行政相对人仍然不履行，行政机关可以作出强制执行的决定。为了减轻强制执行对行政相对人产生的压力，在执行过程中，行政机关可以在不损害公共利益和他人合法权益的情况下，与当事人达成执行和解协议。如在余某林诉丽水市莲都区人民政府城建行政协议案中，法院认为：

> 《中华人民共和国行政强制法》第42条规定："实施行政强制执行，行政机关可以在不损害公共利益和他人合法权益的情况下，与当事人达成执行协议。执行协议可以约定分阶段履行；当事人采取补救措施的，可以减免加处的罚款或者滞纳金。执行协议应当履行。当事人不履行执行协议的，行政机关应当恢复强制执行。"本案中，2014年8月19日，莲都区政府作出莲政房补决〔2014〕2号房屋征收补偿决定，因该户未按该补偿决定告知在法定期限内申请复议或提起行政诉讼，也未在补偿决定规定的期限内搬迁，莲都区政府向一审法院申请强制执行。在非诉审查中双方于2015年8月4日签订了产权调换协议书，对双方的权利义务关系进行的约定系双方真实意思表示，并不违反法律规定，且补偿标准超过征收补偿决定的补偿标准，其他款项均已由余某林领取。[90]

该案中，余某林与丽水市莲都区政府在强制执行过程中达成执行和解协议，经法院审查符合法律规定，故依法裁定驳回其申诉。另外，除情况紧急外，行政机关不得在夜间或者法定休假日实施行政强制执行。行政机关不得对居民生活采取停止供水、供电、供热、供燃气等方式迫使当事人履行相关行政决定。[91] 关于行政强制执行的具体执行方法，主要有以下两种。

1. 金钱给付义务的执行，即行政机关依法作出金钱给付义务的行政决定，当事人逾期不履行，行政机关可以依法加处罚款或者滞纳金。[92] 加处罚款或者滞纳金的标准应当告知当事人，但加处罚款或者滞纳金的数额不得超出金钱给付义务的数额。加处罚款或者滞纳金超过30日，经行政机关催告当事人仍不履行，具有行政强制执行权的行政机关可以启动强制执行程序。[93] 划拨存款、汇款和拍卖财物是两种基本的金钱给付义务的执行方式。如在珠海市昌安假日酒店诉原珠海市拱北地方税务局行政强制执行案中，法院认为：

> 社会保险费滞纳金应从欠缴之日起算。《中华人民共和国行政强制法》第45条第1款规定："行政机关依法作出金钱给付义务的行政决定，当事人逾期不履行的，行政机关可以依法加处罚款或者滞纳金。加处罚款或者滞纳金的标准应当告知当事人。"金钱给付义务包括税收、行政事业性收费、罚款等以给付金钱为义务内容的义务，欠税、欠费逾期滞纳金的征缴，在其行政领域有特别法的，应以特别法的规定为准。本案中，被执行人珠海市昌安假日酒店未按时足额缴纳社会保险费，珠海市拱北地方税务局依据《中华人民共和国社会保险法》第86条的规定，自欠缴之日起对珠海市昌安假日酒店按日加收万分之五的滞纳金，适用法律并无不当。珠海市拱北地方税务局作出的珠拱地税费处字〔2015〕001

---

[90] 参见最高人民法院第三巡回法庭行政裁定书〔(2017)最高法行申4285号〕。

[91] 《浙江省水污染防治条例》第51条规定："排污单位拒不履行县级以上人民政府或者生态环境主管部门作出的责令停产、停业、关闭或者停产整顿决定，继续违法生产的，县级以上人民政府可以作出停止或者限制向排污单位供水、供电的决定。"

[92] 《水法》第70条规定："拒不缴纳、拖延缴纳或者拖欠水资源费的，由县级以上人民政府水行政主管部门或者流域管理机构依职权，责令限期缴纳；逾期不缴纳的，从滞纳之日起按日加收滞纳部分千分之二的滞纳金，并处应缴或者补缴水资源费一倍以上五倍以下的罚款。"

[93] 《税收征收管理法》第38条第2款规定："纳税人在前款规定的限期内缴纳税款的，税务机关必须立即解除税收保全措施；限期期满仍未缴纳税款的，经县以上税务局（分局）局长批准，税务机关可以书面通知纳税人开户银行或者其他金融机构从其冻结的存款中扣缴税款，或者依法拍卖或者变卖所扣押、查封的商品、货物或者其他财产，以拍卖或者变卖所得抵缴税款。"

号社会保险费事项处理决定有事实和法律依据,程序合法,具有可强制执行内容,符合《中华人民共和国行政强制法》第53条、第55条以及最高人民法院《关于执行〈中华人民共和国行政诉讼法〉若干问题的解释》第86条规定的强制执行条件,应准予强制执行。[94]

2. 代履行。行政机关依法作出要求当事人履行排除妨碍、恢复原状等义务的行政决定,当事人逾期不履行,经行政机关催告仍不履行,其后果已经或者将危害交通安全、造成环境污染或者破坏自然资源的,行政机关可以代履行,或者委托没有利害关系的第三人代履行。行政机关实施代履行,必须制作"代履行决定书",并在代履行实施的3天前催告当事人;若当事人自己开始履行义务,代履行程序应立即停止进行。实施代履行时,作出代履行决定的行政机关应当派员到场监督,并做好执行文书的记录等工作。代履行费用按照成本合理确定,由当事人承担,但法律另有规定的除外。[95] 如在镇江金钛软件有限公司(以下简称金钛公司)诉江苏省高速公路管理局强制案中,法院认为:

> 本案中,省高速公路管理局作出《违法行为通知书》向金钛公司送达,在听取金钛公司的陈述、申辩后,作出6号《责令限期拆除决定书》,金钛公司对6号《责令限期拆除决定书》未提起行政诉讼。省高速公路管理局依据《行政强制法》的规定进行催告,在金钛公司仍未主动履行拆除涉案广告设施的情况下,作出6号《强制执行决定书》和6号《代履行决定书》并依法送达,行政程序合法。涉案广告设施体积和重量均很大,拆除时不仅需要专业人员,还需要专业设备,省高速公路管理局没有能力自行拆除,故其制作6号《代履行决定书》,委托没有利害关系的南京翰飞广告设计中心代为拆除涉案广告设施符合《行政强制法》第50条的规定。南京翰飞广告设计中心代为拆除涉案广告设施后,省高速公路管理局作出6号《行政强制拆除残余物领取通知书》,通知金钛公司7日内领取涉案广告设施拆除后的残余物。需要说明的是,根据《行政强制法》第51条第1款第2项的规定,代履行3日前,应再次催告当事人主动履行。省高速公路管理局主张其多次电话催告但无人接听,但省高速公路管理局应在电话催告但无人接听后采取其他途径催告。鉴于省高速公路管理局在作出6号《强制执行决定书》前已进行催告,且6号《代履行决定书》中已明确告知金钛公司强制拆除的时间,故省高速公路管理局在代履行3日前未依法催告虽然不当,但该行政程序上的瑕疵对金钛公司的实体权利不产生实际影响。省高速公路管理局在以后的工作中应加以改进。综上,省高速公路管理局拆除涉案广告设施的程序基本符合《行政强制法》的有关规定。[96]

代履行是当事人不履行行政决定的义务时,由行政机关或者行政机关委托的第三人代履行,因此,代履行不同于其他行政强制执行方式,它有自己适用的法定范围。如在邓某诉某市城市管理局行政强制执行及行政赔偿案中,法院认为:

> 代履行通常不具有强制性,只有在当事人怠于履行应负义务的情形下,行政机关才可以选择代履行的方式,且应当以当事人不履行义务可能会导致迫在眉睫的危害为前提。同时,对建筑物、构筑物、设施的强制拆除,应当遵守《中华人民共和国行政强制法》第44条的特别规定,不得随意突破。如果行政机关不加区分地适用《中华人民共和国行政强制法》第50条实施代履行,将导致第44条所确立的特别规则被架空。因此,代履行这一执行方式,不适用于对当事人违法建设的建筑物、构筑物、设施的强制拆除。本案中,某市城市管理局对案涉亭棚以代履行方式实施拆除,不符合法律规定。[97]

---

[94] 参见广东省珠海市中级人民法院行政裁定书[(2016)粤04行审复1号]。
[95] 《道路交通安全法》第93条第2款规定:"机动车驾驶人不在现场或者虽在现场但拒绝立即驶离,妨碍其他车辆、行人通行的,处二十元以上二百元以下罚款,并可以将该机动车拖移至不妨碍交通的地点或者公安机关交通管理部门指定的地点停放。公安机关交通管理部门拖车不得向当事人收取费用,并应当及时告知当事人停放地点。"
[96] 参见江苏省高级人民法院行政判决书[(2015)苏行终字第00316号]。
[97] 参见江苏省南通市中级人民法院行政判决书[(2021)苏06行终124号]。

另外,在特殊情况下需要立即清除道路、河道、航道或者公共场所的遗撒物、障碍物或者污染物,当事人不能清除的,行政机关可以决定立即实施代履行;当事人不在场的,行政机关应当在事后立即通知当事人,并依法作出费用承担等相关处理。

第九章 行政程序的原理

第一节 行政程序的一般理论

一、行政程序

(一) 程序

程序是行为的过程,它由步骤、方式和时空三个要素构成。所谓步骤,即行为的阶段性"单元"。它有先后之分,所以,步骤必须依顺序进行,不可颠倒,也不可跳跃,否则会导致作出的行为在内容上发生实质性的改变。[1] 所谓方式,亦可称之为形式,即行为所表现出来的载体。如《行政许可法》第38条第1款规定:"申请人的申请符合法定条件、标准的,行政机关应当依法作出准予行政许可的书面决定。"根据这一规定,行政许可决定内容的载体是"书面"方式。所谓时空,即行为的起止时间点与行为作出的空间点。任何行为都发生在一个特定的时间和空间之中,离开了特定的时空,也就不可能有行为的存在。在时间点上,如行政处罚决定作出期限的规定;[2] 在空间点上,如行政法律文书送达收领人的"收发部门"地址。[3]

与程序相对的是实体。实体所要回答的问题是"是什么",它关心的是行为内容;程序则回答"怎么办",它关心的是行为过程。行为过程、步骤、方式和时空不同,最终形成的行为内容也可能会不同。如煮面条可以先烧水然后下面条,也可以先下面条再放水,还可以面条和水同时下锅,依照我们日常生活经验,这三种做法(程序)可能会得到不同味道、状态的煮面(实体)。程序的重要性大致也是如此。

(二) 行政程序

行政程序是行政机关作出行政行为时所应当遵循的步骤、方式、时空等要素构成的一个连续过程。行政诉讼程序是由法院主导的诉讼程序,不是行政程序。行政程序若为统一行政程序法所规定,为一般行政程序,即所有行政行为都应当遵守的基本程序,[4] 它适用于各个

---

[1] 《公安机关办理行政案件程序规定》第38条规定:"当场处罚,应当按照下列程序实施:(一)向违法行为人表明执法身份;(二)收集证据;(三)口头告知违法行为人拟作出行政处罚决定的事实、理由和依据,并告知违法行为人依法享有的陈述权和申辩权;(四)充分听取违法行为人的陈述和申辩。违法行为人提出的事实、理由或者证据成立的,应当采纳;(五)填写当场处罚决定书并当场交付被处罚人;(六)当场收缴罚款的,同时填写罚款收据,交付被处罚人;未当场收缴罚款的,应当告知被处罚人在规定期限内到指定的银行缴纳罚款。"此规定为公安机关作出当场处罚的四个步骤,在顺序上不可颠倒,否则构成违反法定程序。

[2] 《行政处罚法》第36条第1款规定:"违法行为在二年内未被发现的,不再给予行政处罚;涉及公民生命健康安全、金融安全且有危害后果的,上述期限延长至五年。法律另有规定的除外。"

[3] 《盐业行政执法办法》第26条第3款规定:"受送达人拒绝签收的,送达人应当邀请有关人员到场,说明情况,在送达回证上记明拒收事由和日期。由送达人、见证人签名或者盖章,把《盐业违法案件行政处罚决定书》留在受送达人的住处或者收发部门,即视为送达。"

[4] 针对类型化的行政决定所规定的行政程序,如行政处罚程序、行政许可程序和行政强制程序,相对于部门行政法中的行政程序,也可称之为一般行政程序。

部门行政法中的行政行为;在部门行政法中,也有规定行政程序的法律、法规和规章,为特别行政程序,如《国家安全机关行政执法程序规定》《烟草专卖行政处罚程序规定》等。行政程序以行政机关作出行政行为的时间点为界址,可以分为事先程序和事后程序。事先程序是指作出行政行为的程序,如行政处罚程序、行政许可程序等;事后程序主要是指行政强制执行程序和行政赔偿先行处理程序等。事先程序是行政程序法所规范的主要内容,事后程序通常由单行立法加以规范,如《行政强制法》《国家赔偿法》等。

行政程序的本质不是形式,而是过程。以此过程为基础,行政机关和行政相对人有一个意见互动的"法空间"。行政程序的价值与内涵可以在国家、社会和个人之间的互动关系中加以观察,并将行政程序理解为一种"交涉"过程,[5]而不是国家治理过程中可舍可取的一种法制工具。从这种"交涉"的过程中,我们还可以导出足以影响现代行政法理论发展方向的若干基础性概念,如合作行政、诱导行政、协商行政、共识达成、可接受性和反思性合法等。

在现代社会中,立法机关已经不能垄断所有法规范的创制权,司法机关也不能裁断所有的法争议,因此,行政机关通过法律授权获得了两项权力:立法性行政权和司法性行政权。与原有的执行性行政权相结合,行政机关拥有了可以决定每个人"生老病死"全过程的绝大多数权力,因此,行政也就成为现代国家的权力中心。为了充分保障个人权利,以权利制约权力,必须让个人参与到行政机关行使权力的过程中去,确保这个过程的公正、透明,最大限度地减少行政权对个人合法权利的侵害,且越是重要的权利,相应的行政程序应当越严密,或者说越接近于诉讼程序的规范要求。这个法原理同样适用于行政实体法不能高密度加以规范的行政领域,如行政判断余地、行政裁量余地等。从这个意义或者功能上说,行政程序在现代行政法中的地位的确是其他法制度所无法取代的。在实务中,若行政机关作出的行政行为不遵守行政程序,它的合法性将会在司法审查中被否定。如在宋某莉诉宿迁市原建设局房屋拆迁补偿安置裁决案中,法院认为:

> 万兴公司的中贸百货商场建设项目经行政主管部门依照法定程序审批,并取得了对被告宋某莉在幸福中路房产的拆迁许可,万兴公司在与被拆迁方无法达成拆迁协议的情况下,依法申请宿迁市建设局对需拆迁房屋强制拆迁,并无不当,宿迁市建设局根据《城市房屋拆迁管理条例》*的规定,在本案的行政裁决第1项中决定限期对宋某莉的房产予以拆迁,符合有关行政法规的规定,依法应予维持。但宿迁市建设局在裁决被拆迁房屋补偿款时,仅以万兴公司单方委托的方元公司的评估结论为依据,违反了《江苏省城市房屋拆迁管理条例》**的规定。本案被拆迁房屋的评估,系万兴公司单方面委托方元公司所为,未经被拆迁人宋某莉的同意。在万兴公司与宋某莉无法对房屋拆迁事宜达成一致意见时,宿迁市建设局在行政裁决中以拆迁单位单方面委托的评估公司的评估报告为依据,而不是依照规定在符合条件的评估机构中抽签确定评估单位,对万兴公司与宋某莉的房屋拆迁纠纷作出裁决不当,应认定为裁决的主要证据不足,程序违法。依照最高人民法院《关于行政诉讼证据若干问题的规定》第62条第2项的规定,对被告在行政程序中采纳的鉴定结论,原告或者第三人提出证据证明鉴定程序严重违法的,人民法院不予采纳。由于宿迁市建设局没有提供证据证实采纳该评估结论的操作程序合法,故应依法对宿迁市建设局裁决中的第2项予以撤销。[6]

与司法程序、立法程序不同的是,在行政程序中行政机关处于"球员兼裁判"的地位。如何在两者之间作适度的屏蔽是行政程序设计者最为关注的问题。一般来说,程序的对抗性与

---

[5] 参见季卫东:《法律程序的意义》(增订版),中国法制出版社2012年版,第33页。
　* 现已失效。
　** 现已失效。
[6] 参见《最高人民法院公报》2004年第8期。

它的过程公正性是成正比的,但与它的效率成反比。所以,为兼顾行政效率,行政程序不可能具有诉讼程序那么高的对抗性,即使行政行为涉及人身自由及重大财产权时也是如此。我们还可以看到,尽管分权理论框架已经动摇,甚至出现了不少致命的"裂缝",但在这个分权理论框架中,行政的本质依然是执行性的。在依法行政原理之下,行政合法性基础依然不可动摇。"合法性"在这里具有两个面向:实体合法和程序合法。程序合法即"通过程序获得合法性"。在现代行政法中,程序合法的重要性日趋显著,因为,在合法程序下产生的行政行为,当事人更容易接受;行政行为的目的是否得以实现,在相当程度上取决于行政行为能否为当事人接受以及可接受性程度。

(三)法定程序与正当程序

法定程序是法律、法规和规章规定的行政程序,若行政规定不与法律、法规和规章相抵触,那么它规定的行政程序通常也被作为法定程序对待,如《嘉峪关市行政程序规定》(2014)。在没有法定程序的情况下,行政机关行使行政权必须遵守一种最低限度的程序正义要求,即正当程序。"程序正当"已经成为依法行政的基本要求之一,[7]它也被规定在一些法律、法规或者规章之中,如《国有土地上房屋征收与补偿条例》第3条规定:"房屋征收与补偿应当遵循决策民主、程序正当、结果公开的原则。"在实务中,不少法院已经开始引用正当程序理论对被诉行政行为进行合法性审查。如在张某银诉徐州市人民政府房屋登记行政复议决定案中,法院认为:

《行政复议法》虽然没有明确规定行政复议机关必须通知第三人参加复议,但根据正当程序的要求,行政机关在可能作出对他人不利的行政决定时,应当专门听取利害关系人的意见。本案中,复议机关审查的对象是颁发鼓房字第1741号房屋所有权证行为,复议的决定结果与现持证人张某银有着直接的利害关系,故复议机关在行政复议时应正式通知张某银参加复议。本案中,徐州市人民政府虽声明曾采取了电话的方式口头通知张某银参加行政复议,但无法予以证明,而利害关系人持有异议的,应认定其没有采取适当的方式正式通知当事人参加行政复议,故徐州市人民政府认定张某银自动放弃参加行政复议的理由欠妥。在此情形下,徐州市人民政府未听取利害关系人的意见即作出于其不利的行政复议决定,构成严重违反法定程序。[8]

该案中,《行政复议法》对该案发生的情形没有作出明确的规定,但复议机关的复议结果与张某银有直接的利害关系,影响张某银的合法权益,复议机关应当在作出复议决定之前听取张某银的意见。但是,复议机关没有为张某银提供一个陈述意见的机会之前即作出复议决定,法院以正当程序的要求作为依据,认定复议机关作出的复议决定"构成严重违反法定程序"。

二、行政程序法

(一)行政程序法的概念

行政程序法所要规范的是行政机关如何行使权力,即行政机关怎么做。但是,何谓行政程序法,至少有以下两种说法。

1.规范上的行政程序法,即立法创制的行政程序法。国家统一的"行政程序法"尚未制定,但是,单行的"行政程序法"并不少见,它们存在于法律、法规或者规章之中,如《行政处罚法》《重大行政决策程序暂行条例》《工业和信息化行政处罚程序规定》等。在地方立法层面,

---

[7] 参见国务院《全面推进依法行政实施纲要》。
[8] 参见《最高人民法院公报》2005年第3期。

2008年开始实施的《湖南省行政程序规定》是第一部统一的行政程序地方政府规章,之后,广东省汕头市和山东省等10多个省、市人民政府也完成了行政程序的立法。2022年实施的《江苏省行政程序条例》是第一部统一的行政程序地方性法规。

2. 学理上的行政程序法,即学者界定的行政程序法。在学理上,行政程序法是一部关于行政程序的法。然而,我们发现在现存绝大多数名为"行政程序法"的法典中,所规范的内容并不完全都是纯粹的"行政程序",其中也有大量的行政实体法规范,如《湖南行政程序规定》中"裁量权基准""行政执法行为的无效和撤销"等。其实,现在流行的"行政程序法"之名,当是"行政法通则"或者"行政法总则"之实。在比较法上,这种现象也是存在的,如德国等。本章所述的"行政程序法"乃是纯粹的程序性规范。

在现代行政法上,由无数不确定法律概念与广泛的行政裁量权构成了行政过程的浓浓底色。行政实体法对这种"底色"的横溢有时无能为力,而行政程序法则可以担当规范这种"底色"任意蔓延的重任。行政程序法的功能是在行政机关和行政相对人的交涉过程中规范行政机关对"构成要件"的判定和"法律效果"的选择;在这个交涉过程中,行政相对人的意见表达是核心。如《行政处罚法》第52条第1款规定:"执法人员当场作出行政处罚决定的,应当向当事人出示执法证件,填写预定格式、编有号码的行政处罚决定书,并当场交付当事人。当事人拒绝签收的,应当在行政处罚决定书上注明。"在这个法律规范中,"向当事人出示执法身份证件""填写""当场交付当事人"等程序要素,构成了一个行政机关和受处罚人之间的交涉过程,行政机关作出当场处罚决定必须经过这几个步骤。由此,"法定程序"构成了行政行为合法要件之一。

(二) 行政程序的法典化

自20世纪中叶开始世界范围内兴起行政程序法典化运动以来,美国、德国、日本等国家都完成了行政程序立法的任务,中国台湾地区、澳门特别行政区在20世纪末也先后顺势颁布施行了"行政程序法"。至今,在世界范围内有十多个国家或者地区都颁布实施了统一的行政程序法。

在现有国家或者地区的"行政程序法"中,或多或少都有一些行政实体规范。这种立法现象反映了现代行政法的一个特殊现象:行政法因调整对象的复杂性导致了它不能建立实体规范和程序规范的对应关系,从而形成了统一程序规范和分散实体规范的共存状态。由此,我们可以发现,以下两种一般与特殊关系正是行政程序可以统一法典化的充足理由。

1. 一般程序规范可以适用于不同领域的实体规范。如行政听证作为一种程序规范可以适用于公安、交通、市场监管等不同领域中的行政处罚、行政许可等,从而使某些行政程序的适应性具有了一般化的特征。如《湖南行政程序规定》第四章中"行政执法程序",可适用于"行政许可、行政处罚、行政强制、行政给付、行政征收、行政确认等影响公民、法人或者其他组织权利和义务的具体行政行为"。[9]

2. 一般实体规范也可以适用于不同领域的行政行为。如行政决定的构成要件、行政决定的无效与撤销等规定,既可以适用环境行政法中的行政许可,也可以适用于税务行政法中的行政处罚等,如《江苏省行政程序条例》第七节"行政行为效力"的规定。

上述实体规范与程序规范之间的一般与特殊的关系,构成了"不纯粹"的行政程序法得以法典化的基础。在行政程序法典化过程中,我们可以将行政实体法的共性内容加以整理、抽象,并借行政程序之名使之法典化,或者干脆称之为行政法"通则"或者"总则"。

---

[9] 参见《湖南行政程序规定》第54条。

第二节 正 当 程 序

一、引言

作为一个法概念,正当程序是舶来品。

1215年英国《大宪章》第39条规定:"凡自由民除经其贵族依法判决或遵照国内法律之规定外,不得加以扣留、监禁、没收财产、剥夺其法律保护权、或加以放逐、伤害、搜索或逮捕。"[10]法史学理论上一般以此为正当程序思想的肇始点。1791年美国《宪法》修正案第5条规定:"未经正当法律程序不得剥夺任何人的生命、自由或财产。"至此,正当程序的法理念在美国通过成文宪法条文表达出来。后来,美国联邦最高法院又发展出了"程序性正当程序"和"实体性正当程序"理论,后者涉及法院审查法律的内容,如法律是否具有合法目的、是否符合比例等。这种法理念在20世纪中叶又通过美国《联邦行政程序法》加以广泛传播,推动了世界范围的行政程序法典化运动。

1949年以来的30多年中,我国行政法中有关"法定程序"的规定是极为简陋的。至1980年年初,如《中外合资经营企业法》中才出现有关许可证的审批程序。1985年《居民身份证条例》第13条第2款规定:"执行任务的公安人员在查验公民的居民身份证时,应当出示自己的工作证件。"这是行政程序法上"表明身份"的程序性规定。在1987年修改颁布的《治安管理处罚条例》中,它的程序性规定引起人们对行政程序的关注。同年,国务院颁布了《行政法规制定程序暂行条例》,对国务院制定行政法规作出了较为系统的程序性规定。在1989年《集会游行示威法》中,行政行为说明理由制度获得了立法确认,它可以被看作"正当程序"在中国获得立法认可的标志。[11] 1996年《行政处罚法》首次规定了"听证"程序,可以当作中国全面接受"正当程序"的一个立法界碑。之后,正当程序开始出现在官方文件和法院的裁判文书之中,成为阐述依法行政原理时不可或缺的一个关键词。[12]

正当程序功能有以下两点:(1)补充制定法中法定程序的疏漏。凡制定法都有漏洞,这是一个不争的事实。因制定法尤其是统一的"行政程序法"尚未颁行,法定程序并未涵盖所有的行政行为,所以,在田某诉北京科技大学拒绝颁发毕业证、学位证行政诉讼案、[13]宋某莉诉宿迁市建设局房屋拆迁补偿安置裁决案、[14]张某银诉徐州市人民政府房屋登记行政复议决定案[15]和陆某佐诉上海市闸北区房屋土地管理局房屋拆迁行政裁决纠纷案[16]等最高人民法院公布的判例中,法院在制定法空缺的情况下,引入了正当程序作为裁判依据。我们没有正当程序的法律传统,无论在观念上还是在实务中,轻视法律程序的价值现象十分普遍,由此导

---

[10] [日]木下太郎编:《九国宪法选介》,康树华译,群众出版社1981年版,第17页。
[11] 《集会游行示威法》第9条第1款规定:"主管机关接到集会、游行、示威申请书后,应当在申请举行日期的二日前,将许可或者不许可的决定书面通知其负责人。不许可的,应当说明理由。逾期不通知的,视为许可。"
[12] 最高人民法院《关于办理申请人民法院强制执行国有土地上房屋征收补偿决定案件若干问题的规定》第6条规定,征收补偿决定"严重违反法定程序或者正当程序"的,人民法院应当裁定不准予执行。
[13] 参见《最高人民法院公报》1999年第4期。
[14] 参见《最高人民法院公报》2004年第8期。
[15] 参见《最高人民法院公报》2005年第3期。
[16] 参见《最高人民法院公报》2007年第8期。

致了有的法院比较机械地解释法律条款,使行政相对人的合法权益难以受到程序性保护。如在胡某法诉禹州市建设委员会撤销建设工程规划许可证案中,法院认为:

> 原告所称,撤销许可证,应当举行听证、申辩、陈述。根据《中华人民共和国行政处罚法》和《中华人民共和国行政许可法》的规定,并没有明确规定撤销行政许可必须举行听证。原告所述被告撤证应用决定而不是通知,亦于法无据。所以被告依据《中华人民共和国行政许可法》第 69 条的规定,依职权撤销为被告颁发的建设工程规划许可证,事实清楚,程序合法,适用法律、法规正确。[17]

该案中,"撤销许可证"是实施行政许可的一种行政决定。《行政许可法》第 7 条规定:"公民、法人或者其他组织对行政机关实施行政许可,享有陈述权、申辩权;有权依法申请行政复议或者提起行政诉讼;其合法权益因行政机关违法实施行政许可受到损害的,有权依法要求赔偿。"即使"撤销许可证"不属于实施行政许可,但因它将影响行政相对人的合法权益,法院也完全可以参考最高人民法院公布的上述判例,以正当程序作为裁判依据,撤销被告作出的撤销许可的决定。但该案中,法院却以"没有明确规定撤销行政许可必须举行听证"为由判决被告胜诉,确实不当。行政许可注销如同行政许可撤销一样,《行政许可法》也没有规定行政许可注销必须听证,对此,《最高人民法院公报》公布的射阳县红旗文工团诉射阳县文化广电新闻出版局程序不正当注销文化行政许可纠纷案中,虽然法院未用"正当程序",但其裁判理由中正当程序的思想赫然可见。法院认为:

> 国务院《营业性演出管理条例》第 5 条第 2 款规定,县级以上地方人民政府文化主管部门负责本行政区域内营业性演出的监督管理工作。据此,上诉人射阳县文化广电新闻出版局具有监督管理本行政区域内的营业性演出工作的法定职责。射阳县文化广电新闻出版局于 2013 年 5 月 13 日作出"射文广新注告字〔2013〕1 号行政许可注销公告",对被上诉人射阳县红旗文工团依法取得的"射民演 01 号营业性演出许可证"予以注销,之前未告知被上诉人依法享有陈述、申辩权,之后又未向被上诉人送达该注销决定,程序严重违法,故原审法院依法判决撤销上诉人于 2013 年 5 月 13 日作出的"射文广新注告字〔2013〕1 号行政许可注销公告"并无不当。射阳县文化广电新闻出版局的主要上诉理由不能成立,法院不予支持。[18]

(2)判断法定程序的品质。有时即使有法定程序,但法院基于个案的特殊性也会引入正当程序否定法定程序,排除"恶法"在本案中的适用。从《行政诉讼法》关于司法审查权限的规定看,法院这一做法似乎有点"逾越"了法定权限,但从实质法治的角度看也并非不妥。如在张某亚诉杭州市下城区司法局公证申诉处理决定行政争议案中,法院认为:

> 本院注意到杭下司申决字〔2004〕第 1 号《行政申诉决定书》中"没有拿到该公证书并不影响公证书的生效"的这一主张,虽然《公证程序规则》中规定"公证书从审批人批准之日起生效",但针对张某亚系盲人的特殊公证当事人,公证书的及时送达可以使其充分了解公证的内容,从而行使自己的权利。[19]

该案中,"公证书从审批人批准之日起生效"这一制定法的程序规范,被法院基于当事人系盲人这一特殊情况所否定,目的在于保护这位特殊公证当事人的合法权益。虽然裁判理由中未见"正当程序",但是,"公证书的及时送达可以使其充分了解公证的内容,从而行使自己的权利"的表述,可以说与田某诉北京科技大学拒绝颁发毕业证、学位证行政诉讼案中的"按退学处理,涉及被处理者的受教育权利,从充分保障当事人权益的原则出发,作出处理决定的

---

[17] 参见河南省许昌市中级人民法院行政判决书〔(2008)许行终字第 70 号〕。
[18] 参见《最高人民法院公报》2018 年第 8 期。
[19] 参见浙江省杭州市中级人民法院行政判决书〔(2004)杭行终字第 124 号〕。

单位应当将该处理决定直接向被处理者本人宣布、送达,允许被处理者本人提出申辩意见"的裁判精神十分契合,正当程序的理念在此案中十分明显。

正当程序的本质是对权力的限制,即当行政机关作出一个影响行政相对人合法权益的行政行为时,正当程序要求行政机关必须遵守最低限度的程序正义底线。这个最低限度的程序正义底线是听取意见、防止偏见和信息公开。

二、听取意见

(一) 听取意见的概念

听取意见是行政机关在作出影响行政相对人合法权益的行政行为之前,由行政机关告知听证权利和理由,行政相对人陈述意见、提供证据以及行政机关听取意见、接纳证据等程序所构成的一种法律制度。听取意见原则上应当公开进行,因为,"当政府全力对付一个个人时,公众注意是对专断和不正义的一个有效制约"。[20]

就行政相对人而言,听取意见具有维护个人实体性权利不受侵犯的功能,同时,它作为一种独立的程序性权利,国家有义务保障它的实现。由此,可以推导出听取意见的两种不同价值观:工具性程序和独立性程序,后者是不依赖于实体性权利而独立存在的一种程序性权利,如制定行政法规中的听证,参与者不是为了自己的实体性权利,而是作为国家权力主体参与行政过程,监督行政机关依法行政。就行政机关而言,听取意见是一种探明事实真相的特别调查手段,对于行政相对人来说,它是实现自己实体性权利的一种程序性保障机制。这种程序性保障机制的反射效果,有助于行政机关全面收集为作出行政行为所需的证据,正确适用法依据。

听取意见可以分为正式听证和非正式听证。前者是以召开听证会的方式听取意见,如《行政处罚法》第 63 条、《行政许可法》第 46 条至第 48 条的规定;后者是通过书面或者其他方式听取意见,如《公安机关办理行政案件程序规定》第 38 条第 3 项。正式听证接近于司法程序模式,实施起来行政成本较高且效率较低,所以在行政程序法上,听取意见原则上采用非正式听证,正式听证以法定为限。对于非正式听证如何听取意见,法律一般不作具体规定,它的步骤、方式与时空要素可以由行政机关裁量确定。但是,给行政相对人一个陈述意见的机会,且这个机会在步骤、方式与时空要素方面应当有一般人可以接受的合理性。在紧急情况下,为了确保行政效率,行政机关可以省去意见陈述直接作出行政行为。基于功能互补原理,一个经过正式听证作出的行政行为,可以适度简化事后监督的法律程序。[21]

(二) 听取意见的法理

基于《宪法》"国家尊重和保障人权"的规定,我们可以导出个人在行政程序中有要求行政机关在作出影响自己合法权益的行政行为之前听取意见的权利。在"人权条款"下,个人不再是行政权可以任意支配的客体,行政机关不得以"突然袭击"的方式作出不利于个人的行政行为,否则,个人履行服从行政行为的义务就没有任何心理基础。如果行政机关能够向个人出示将要作出的行政行为所依据的事实和法律,让个人有一个合理时间进行准备,有机会提出自己的不同意见,这样的程序既可以提高行政机关作出行政行为的正确率,也可以提高行政相对人对该行政行为的可接受性程度。从这个意义上说,个人也是形成行政行为的一方力

---

[20] [美]迈克尔·D. 贝勒斯:《程序正义——向个人的分配》,邓海平译,高等教育出版社 2005 年版,第 21 页。
[21] 我国台湾地区"行政程序法"第 109 条规定,对经听证作出的行政处分不服的,"其行政救济程序,免除诉愿及其先行程序"。

量,而正是有这股力量的加入,社会才能获得持久的稳定。

(三) 匹配规则

1. 确定参加人。听取意见可以分为个人权利保护型和公众参与型。前者适用于保护特定人的权利,如行政处罚、行政许可中的听证;后者适用于满足公众知情权、参与权、表达权和监督权的需要,如制定行政法规、行政规章和行政规定以及重大行政决策中的听证会、座谈会和论证会等。在确定参加人的规则上,个人权利保护型采用"利害关系"的判断标准。公众参与型如以正式听证的方式听取意见,确定参加人可以采用报名、抽签等规则;如采用非正式听证,即公布拟定的"草案"征求公众意见,原则上不得限定参加人的范围,即凡是愿意参加者都可以规定方式陈述自己对"草案"的意见。

2. 告知。告知是行政机关把拟作出行政行为的事实、依据和理由以及行政相对人依法享有的程序性权利以书面方式送达行政相对人的程序性行为。行政机关听取意见必须是真诚的,不是应付式的,所以,告知内容必须符合明确性、完整性和可理解性的要求,不可以出现如"有关规定""相关证据"等模糊用词。同时,应当为行政相对人留出"合理时间",以便他有充分的时间阅读材料、准备陈述、申辩意见。不履行告知即作出行政行为构成行政行为违法。如在长沙岳麓山某某有限公司(以下简称岳麓山某某公司)诉长沙市人力资源和社会保障局(以下简称市社保局)工伤认定纠纷案中,法院认为:

> 岳麓山某某公司在劳动关系仲裁程序中已对杨某某受伤不属工伤范围提出异议,并提供了相关证据,市社保局在知晓岳麓山某某公司对杨某某受伤不属工伤范围提出异议后,未告知岳麓山某某公司应提交除劳动关系外的是否构成工伤的其他证据材料,对杨某某提供的与岳麓山某某公司辩称相互矛盾的证据未组织岳麓山某某公司进行质证,仅以杨某某提供的包含有不具有证据合法性的证人证言等证明材料认定杨某某受伤构成工伤,市社保局工伤认定程序不符《工伤认定办法》第14条的规定以及工伤认定程序对证据的采信规则,亦不符合行政程序中行政机关实施行政行为,行政机关应当告知公民、法人和其他组织享有陈述意见的权利,并为公民、法人和其他组织提供陈述事实、表达意见机会的正当程序原则。[22]

该案中,被告未履行告知义务,使原告失去了提供证据材料的机会,是变相地剥夺了原告的听证权,在这样的情况下被告作出的行政行为不具有合法性。可见,行政机关的告知义务与行政相对人的听证权利之间具有不可分割的关联性。又如,在范某诉鲁山县人民政府行政房屋登记复议行政纠纷案中,法院认为:

> 杨某斌与范某之间存在权属争议,范某对不予登记决定提起行政复议,鲁山县人民政府应当通知杨某斌作为第三人参加而未通知,与正当程序原则相悖,属于程序违法。基于上述理由,原审法院判决撤销被诉的行政复议决定于法有据,并无不当。[23]

在实务中,行政机关履行的告知义务方式上欠缺合法性,但尚未影响行政相对人行使陈述、申辩权利的,可以认定行政机关作出的行政行为仍具有合法性。如在浙江省职业培训学校诉杭州市公安局上城分局行政处罚决定行政争议案中,法院认为:

> 虽然送达的举行听证通知书未加盖公章,存在瑕疵,但并未影响原告听证权利的行使,故被告的具体行政行为,符合法定程序。[24]

---

[22] 参见湖南省长沙市芙蓉区人民法院行政判决书[(2011)芙行初字第6号]。
[23] 参见最高人民法院行政裁定书[(2016)最高法行申140号]。
[24] 参见浙江省杭州市上城区人民法院行政判决书[(2002)上行初字第23号]。

该案中,被告发出的听证通知书上只有机关名称落款,没有加盖公章,但原告收到该通知书后仍然依照通知的时间参加了听证会。对此,法院以"并未影响原告听证权利的行使"为由,认为被诉行政行为符合法定程序。行政机关对外作出的法律文书若未加盖公章,原则上可以认定为无效,但对于程序性通知行为,若没有引起行政相对人的误解,且行政相对人依照通知事项行使了法定权利,在司法审查中作这样的处理也是妥当的,当然,作出确认行政行为违法判决也未尝不可。经行政机关告知后,若当事人明确放弃陈述、申辩权利,那么在经过了法定期限(申请听证的犹豫期)之后,行政机关作出的行政行为是符合法定程序的;行政相对人申请听证,但无正当理由不参加听证,行政机关作出行政行为不违反法定程序。如在孙某东诉成都市交通委员会行政执法总队(以下简称交通执法总队)交通行政处罚纠纷案中,法院认为:

> 被告交通执法总队在行政执法中,现场将正在从事非法运营的原告孙某东查获,并依法询问了相关证人、向孙某东送达了《交通违法行为通知书》、告知了孙某东听证的权利,依法举行了听证(由于孙某东无正当理由不参加听证,致使终止听证),最后被告交通执法总队依照《成都市客运出租汽车管理条例》第 29 条第 1 项的规定,作出"罚字:〔2008〕5101932008110304 号《交通行政处罚决定书》",对原告孙某东处以 25,000 元罚款。该行政处罚决定事实清楚,证据充分,适用法律法规正确,程序合法,处罚适当,依法应予维持。……综上,原告孙某东请求撤销被告作出的"罚字:〔2008〕5101932008110304 号《交通行政处罚决定书》"的诉讼请求不能成立,本院不予支持。[25]

该案中,被告向原告送达了《交通违法行为通知书》,告知原告听证的权利,原告没有否认收到了被告的告知内容,但是原告没有依照通知的时间、地点参加听证会,且无正当理由。对于原告这一行为,行政机关可以推定他放弃了听证权,故不影响被告未经听证程序作出行政处罚决定的合法性。

3. 卷宗阅览。卷宗是行政机关作出行政行为所依据的事实、依据等案卷材料的总称。这里的"案卷"不是行政案件结案之后为固定、保存案卷材料的归档案卷。行政相对人卷宗阅览权可以从《宪法》"人权保障"条款中解释出来,也可以从"正当程序"中推导出来。卷宗阅览是行政相对人行使陈述、申辩权的前提条件,具有确保程序"武器平等"的功能。卷宗阅览的时间节点原则上应当限定在陈述、申辩之前,之后如有特别需要,也可以准许行政相对人进行卷宗阅览。凡与权利主张有关的案卷材料都属于可以阅览的范围,但涉及国家秘密、商业秘密和他人个人隐私的除外。在这里,"有关"应当从宽解释,"除外"应当从严解释。对于后者,行政机关应当要有一般人听起来是"说得过去的理由",而不能以一些空洞的、装腔作势的"理由"限制行政相对人的卷宗阅览权。卷宗阅览的地点原则上是行政机关办公地点,如行政相对人有行动不便等正当理由,行政机关应当以便利方式满足行政相对人的要求。有条件的行政机关可以网上阅卷,减轻行政相对人来往行政机关办公地点的负担。在卷宗阅览时,行政机关应当允许行政相对人复制、抄录卷宗内容,但由此产生的合理费用,可以由行政相对人自己承担。

行政机关向行政相对人出示卷宗并让其阅览,可以消除行政相对人心理上的对立、紧张情绪,以及可能存在的误解,为后续程序中开展双向沟通提供良好的认知基础。因此,在听证告知程序中,行政机关应当一并告知行政相对人卷宗阅览权,它的程序法价值是十分显著的。如上海市民办缪斯长宁小学与上海市长宁区教育局行政处罚决定上诉案中,法院确认"长宁区教育局于 2003 年 5 月 7 日发出长教〔2003〕85 号《整改通知书》,缪斯长宁小学于 2003 年 5

---

[25] 参见四川省成都市武侯区人民法院行政判决书〔(2009)武侯行初字第 1 号〕。

月 12 日向长宁区教育局提交书面整改意见。长宁区教育局于 2003 年 5 月 20 日对缪斯长宁小学进行立案调查,并分别于同年 7 月 2 日、7 日、10 日向缪斯长宁小学发出《听证告知书》、《听证通知书》、如期听证及查阅复印材料的《通知书》,于同年 7 月 14 日召开听证会"。据此,法院认为:

> 上诉人认为被上诉人未在听证程序及一审程序出示查证报告和补充查证报告的所有附件供其质证,因被上诉人认定上诉人违规事实依据的是查证报告和补充报告中的结论而非附件,且所有附件是上诉人的账册、会计凭证和报表,上诉人对查证报告和补充报告有异议应提出重新鉴定而非对附件进行质证,被上诉人在听证前也已告知上诉人可查阅复印相关凭证,但上诉人未进行查阅、复印。所以,上诉人对查证报告和补充查证报告合法性及证据效力的质疑意见,本院不予支持。[26]

该案中,"被上诉人在听证前也已告知上诉人可查阅复印相关凭证,但上诉人未进行查阅、复印",这意味着上诉人放弃了程序法上的"查阅、复印"的权利。所以,在之后的行政诉讼中,上诉人质疑相关证据的意见得不到法院的支持。

4. 专家意见。专家意见是有专业知识、技能的人员对行政程序中的专业性问题,经行政机关或者行政相对人的征询所发表的专业判断。行政程序中处于超然地位的专家提供的意见,对行政程序的各方应该具有较高的说服力。专家是否能够保持中立地位直接影响不利一方当事人能否认可专家意见,因此,专家保持中立地位十分重要。有时,征询专家意见是行政机关的一项法定义务。如《古生物化石保护条例》第 13 条规定:"省、自治区、直辖市人民政府自然资源主管部门受理古生物化石发掘申请的,应当依照本条例第十二条第二款规定的期限和要求进行审查、批准,并听取古生物专家的意见。"在这一法定程序中,征询专家意见是作出行政许可决定的合法要件之一。当然,行政相对人为了增强自己观点的说服力,也可以聘请专家出具专业意见提交给行政机关,当然,是否采纳由行政机关决定。实务中,利用专家意见增强自己观点说服力的一方通常是行政机关,行政相对人往往是专家意见的说服对象。如在联合利华(中国)有限公司诉上海市原工商行政管理局卢湾分局行政处罚案中,法院认为:

> 被上诉人在对上诉人"力士焕然新生"系列洗护发化妆品广告用语调查后认为,该广告用语描述的功效已经超越了化妆品领域而归入医学领域,所以其提供的"上海市医学会专家纪要"及相关医院、药品管理部门的工作记录和医学书籍的记载,证明了发质受损不可逆转的客观事实,进而进一步证明上诉人广告含有虚假内容,被上诉人作出的行政处罚决定合法。[27]

该案中,"上海市医学会专家纪要"属于专家意见,它是基于与案件没有利害关系的上海市医学会所发表的专业判断。专家意见可以在听证程序中交给行政相对人质疑,以提高它的证明力。如在周某云诉上海市原规划和国土资源管理局建设工程规划许可纠纷案中,法院认为:

> 《保护规划》中对该规划需要局部调整的方式及程序作了规定,即经过历史文化风貌区规划管理特别论证制度,报市规划局批准。《保护规划》同时对历史文化风貌区规划管理特别论证制度的方式等内容予以明确。本案中,被上诉人对《保护规划》中确定的建筑密度进行调整,启动了历史文化风貌区管理特别论证制度,征询了专家意见并形成了最终的特别论证意见,符合《保护规划》的要求。上诉人以被上诉人未提供相关专家签名的意见为由否定最终的特别论证意见,依据尚不充分。[28]

---

[26] 参见上海市第一中级人民法院行政判决书[(2004)沪一中行终字第 17 号]。
[27] 参见上海市第一中级人民法院行政判决书[(2008)沪一中行终字第 325 号]。
[28] 参见上海市第二中级人民法院行政判决书[(2009)沪二中行终字第 115 号]。

5. 对席辩论。在正式听证中,行政机关应当组织一个如同法庭一样的对席辩论程序。对席辩论为行政相对人提供了一个公开质疑行政机关出示的证据、依据和理由的机会,同时,行政机关也可以就相关问题向行政相对人作出解释。在对席辩论中,行政机关不再是"居高临下"的管理者,毋宁说此时它是法律程序中与行政相对人平起平坐的另一方当事人。由于听证主持人并不是具有相对超然地位的法官,通常他或许就是与该案有关的行政机关工作人员,这种关系容易使参加对席辩论的行政相对人失去对听证、听证主持人的信心与信任。行政机关剥夺或者限制行政相对人对席辩论机会是极不明智的,这不仅会使行政机关丧失一个"自我纠错"的机会,而且即使作出行政行为,它在行政救济程序中也将会被法院判定违法。如在岳麓山某某公司诉市社保局工伤认定纠纷案中,法院认为:

> 本案中岳麓山某某公司在劳动关系仲裁程序中已对杨某某受伤不属工伤范围提出异议,并提供了相关证据……对杨某某提供的与岳麓山某某公司辩称相互矛盾的证据未组织岳麓山某某公司进行质证,仅以杨某某提供的包含有不具有证据合法性的证人证言等证明材料认定杨某某受伤构成工伤,市社保局工伤认定程序不符《工伤认定办法》第14条的规定以及工伤认定程序对证据的采信规则。[29]

没有对席辩论的听证,其实已经质变为没有法律意义的"走过场"。但是,在有些判例中,因法院尚未意识到对席辩论的法律程序价值,把一个没有对席辩论的行政处罚决定轻描淡写为"听证过程中存在瑕疵",实在令人费解。如在河南省畅神制药有限公司诉仙桃市原工商行政管理局工商行政处罚纠纷案中,法院认为:

> 上诉人上诉称被上诉人作出行政处罚时违反法定程序,经审理认为,被上诉人在作出行政处罚前,依法履行了告知义务,并按上诉人申请举行了听证。其后,被上诉人依法作出了行政处罚决定,并送达给上诉人,其处罚程序符合法律规定。至于上诉人提出的被上诉人在听证过程中非法剥夺其对证据质证权利的上诉理由,虽然听证笔录中没有上诉人对证据质证过程的记载,但在行政复议听证及法院审理的过程中,被上诉人提供的证据足以证明上诉人违法行为的存在,即便听证过程中存在瑕疵,亦不足以认定被上诉人对上诉人的行政处罚违法。故上诉人提出的被上诉人处罚程序违法的上诉理由不能成立,亦不予支持。[30]

在"听证笔录中没有上诉人对证据质证过程的记载",基于听证笔录的证据效力,可以得出被上诉人未给予上诉人对席辩论的机会。该案中,法院以"在行政复议听证及法院审理的过程中,被上诉人提供的证据足以证明上诉人违法行为的存在,即便听证过程中存在瑕疵,亦不足以认定被上诉人对上诉人的行政处罚违法"为由,认为被上诉人作出的行政处罚决定不足以认定为违法,实在是对听证中对席辩论法律程序价值的藐视。

6. 听证笔录。笔录是听证过程的书面记录。它形成于听证过程之中,在听证结束后,应当把它交给参加听证的各方阅读、补正并签名,使之成为有法律意义的记录。非正式听证中也有听证笔录,虽然在形式上可能有差异,有时表现为一份调查报告,但它的法律意义应当与正式听证笔录相当。实务中,没有签名或者盖章的听证笔录是否影响据此作出的行政行为的合法性,法院的观点是否定的。如在王某怀诉永城市原国土资源局土地行政处罚案中,法院认为:

> 一审被告永城市国土资源局依照《中华人民共和国土地管理法》的规定享有作出被诉具体行政行为的职权。在本案中,涉案争议土地系上诉人王某怀的农业用地,被上诉人永城市永盛面粉厂在涉案

---

[29] 参见湖南省长沙市芙蓉区人民法院行政判决书[(2011)芙行初字第6号]。
[30] 参见湖北省汉江中级人民法院行政判决书[(2010)汉行终字第1号]。

土地上进行非农业建设时应当依法经过有批准权的人民政府批准方可进行非农业建设。虽然永城市国土资源局曾对涉案面粉厂建设颁发了临时建设用地批准书,但该临时建设用地批准书备注中明确告知了被上诉人不得修建永久性建筑物或构筑物,因此,被上诉人在农业用地上进行非农业建设未经有权机关批准,属于违法占用土地的事实是清楚的,一审被告据此对被上诉人作出行政处罚认定事实清楚,适用法律正确。一审被告作出被诉具体行政行为前向被上诉人交代了权利,并依被上诉人的申请举行了听证,一审法院仅以听证笔录没有签字的瑕疵而撤销被诉具体行政行为不当。上诉人认为被上诉人违法占地事实清楚的上诉理由成立,对其上诉请求本院予以支持,一审被告作出被诉具体行政行为认定事实清楚,适用法律正确,依法应予维持。因此,一审法院以听证笔录没有签字为由判决撤销被诉具体行政行为,属适用法律错误,依法应当予以撤销。[31]

听证笔录没有当事人签字,在法律上应当认定笔录内容未得到当事人认可。但是,该案中二审法院不同意一审法院的观点,认为即使听证笔录没有当事人签名或者盖章,也不影响行政机关作出的行政处罚决定的效力。这个结论值得讨论。

行政机关是否应当根据听证笔录作出行政行为,《行政许可法》作出了肯定性规定,该法第 48 条第 2 款规定:"行政机关应当根据听证笔录,作出行政许可决定。"《行政处罚法》(1996)第 43 条规定:"听证结束后,行政机关依照本法第三十八条的规定,作出决定。"这一规定未提到听证笔录。2021 年修订的《行政处罚法》第 65 条规定:"听证结束后,行政机关应当根据听证笔录,依照本法第五十七条的规定,作出决定。"这一规定与《行政许可法》第 48 条第 2 款规定保持一致。上述两法的规定,赋予了听证笔录具有约束行政机关作出行政行为的法效力。为了防止行政机关把听证程序当作一种"走过场",这样的规定是必要的、妥当的。

7. 说明理由。针对行政相对人提出有利于自己的意见,行政机关在作出的行政行为中不予采纳但未说明理由,那么听证就是行政机关捉弄行政相对人的一种"把戏"。说明理由至少有如下 3 个功能:(1)行政机关更加谨慎地作出行政行为;(2)行政相对人更加容易理解行政行为,并确定进行行政救济的理由;(3)法院等更加容易监督行政机关合法、适当行使权力。说明理由不仅是行政机关的一种程序性的责任,更重要的它是一种实体性的责任,因此,法院在司法审查中若只关注行政机关是否给了行政相对人听证的机会,没有审查行政机关在作出行政行为的理由中是否回应了行政相对人提出的意见,应属未尽到审查之职。在一个因驳回颁发普通护照处分的理由附记发生争议的案件中,日本最高法院在判决中指出:"必须使申请人从记载内容本身就能够知晓被驳回普通护照颁发申请是基于什么事实关系,适用了什么法律规范。当(行政厅)只是单纯地指出了驳回处分所根据规定时,除非这种方式也可以理所当然地使人能够知道适用该规定所依存的事实关系,否则必须指出其并没有充分地作出护照法所要求的理由附记。"[32]此言甚明。

说明理由的内容应包括事实、依据以及裁量理由。说明理由作为一个程序法制度,最早出现在《集会游行示威法》之中,该法第 9 条规定:"主管机关接到集会、游行、示威申请书后,应当在申请举行日期的二日前,将许可或者不许可的决定书面通知其负责人。不许可的,应当说明理由。逾期不通知的,视为许可。"之后,许多法律、法规或者规章都要求行政机关在作出不利于行政相对人的行政行为时必须说明理由。在郴州饭垄堆矿业有限公司诉原国土资源部行政复议决定案中,最高人民法院认为:

---

[31] 参见河南省商丘市中级人民法院行政判决书[(2009)商行终字第 73 号]。
[32] [日]室井力等编著:《日本行政程序法逐条注释》,朱芒译,上海三联书店 2009 年版,第 99 页。

国务院《全面推进依法行政实施纲要》规定,行政机关行使自由裁量权的,应当在行政决定中说明理由。行政复议决定是复议机关居中行使准司法权进行的裁决,且行使着上级行政机关专业判断权,人民法院对行政复议决定判断与裁量及理由说明,应当给予充分尊重。与此相对应,行政复议决定和复议卷宗也应当依法说明理由,以此表明复议机关已经全面客观地查清了事实,综合衡量了与案情相关的全部因素,而非轻率或者武断地作出决定。因为只有借助书面决定和卷宗记载的理由说明,人民法院才能知晓决定考虑了哪些相关因素以及是否考虑了不相关因素,才能有效地审查和评价决定的合法性。不说明裁量过程和没有充分说明理由的决定,既不能说服行政相对人,也难以有效控制行政裁量权,还会给嗣后司法审查带来障碍。[33]

原则上,行政机关不得事后补充理由,比如补充行政相对人新的违法事实,以支持可能因事实不清而被撤销的行政处罚决定。说明理由具有不可逆转的过程性,若进入行政复议、行政诉讼阶段之后行政机关再补充说明理由,不仅难以保证行政机关在作出行政行为之前,能够慎重、全面地考虑案件的全部事实和依据,也会使行政相对人提起行政救济的理由不能击中行政行为的"要害"。即使事后行政相对人同意行政机关补充说明理由,从公益(制约行政权)角度看,也不能说明理由违法已经或者可以被治愈。理由替换应当被禁止,但可以允许行政机关进行理由补强。所谓理由补强是指行政机关可以让行政行为的理由变得更有说服力一些,或者加"厚"原来的理由。从平衡各方利益角度,理由补强规则需要进一步细化。

法律、法规或者规章没有明确要求行政机关说明理由,是否可以免除说明理由的义务,答案是否定的。说明理由是一个不证自明的公理,是正当程序要求之一,若法律、法规或者规章有明确规定,也只是一种强调、提示而已,并不是行政机关说明理由义务的制定法源。例外情况下允许行政机关事后说明理由,不仅是为了让行政机关论证该行政行为合法性,更是为行政相对人提供行政救济的便利。超过合理期间没有说明理由的,可以考虑把它作为认定行政行为违法的事由之一。说明理由违法总是会引起行政相对人否定该行政行为的合法性,所以,把它作为一个撤销理由也并不过分。在某些说明理由违法的行政案件中,"程序违法但不影响当事人合法权益"的观点应该是有适用空间的,但应当从严解释。

8.补充听证。在维护公共利益或者时间紧迫需要行政机关立即作出行政行为的情形下,行政相对人听取意见的权利是可以被忽略的,这样的制度安排也是正当的。补救方式是事后给行政相对人一个表达意见的机会,除非他自愿放弃。虽然补充听证的法律价值不如事先,但行政相对人表达出来的意见,可以成为行政机关对已经作出的行政行为是否合法进行理性反思的基础。如果行政相对人表达的意见足以否定行政机关之前作出的行政行为,那么行政机关可以重开行政程序撤销该行政行为。补充听证不同于第二次听证。第二次听证是指这样一种情形:经过听证之后,行政机关作出内容不同于听证前拟作出的行政行为,对行政相对人更为不利,或者行政机关有新证据足以改变行政机关原来拟作出行政行为的内容时,行政机关应当进行第二次听证。

三、防止偏见

(一)防止偏见的概念

防止偏见,是指行政机关工作人员在行使职权过程中,因与所处理的行政事务有利害关系,为保证实体处理结果和程序进展的公正性,根据当事人申请或行政机关工作人员请求,有权机关依法终止其职务的行使并由他人代理的一种法律制度。自己做自己案件的法官,是正

---

[33] 参见最高人民法院行政裁定书[(2018)最高法行再6号]。

当程序最不能容忍的恶习。防止偏见旨在避免行政行为的内容被行政机关恣意决定,或者行政行为的内容偏向于某人或者某组织的特定利益,从而损害行政相对人的合法权益。在现代行政权基本上是裁量权的状况下,防止偏见的重要性尤为突出。防止偏见在制定法上称之为"回避"。法定回避有地域回避、任职回避和公务回避之分,在回避的方式上有自行回避和申请回避两种。

防止偏见的内容主要有:(1)先入为主,即行政机关工作人员在事务未处理之前或者正在处理过程中就先有了结论。比如,想当然地认为进城务工的农民工都是见利忘义之人,所以,他们提供的证言不可靠,或者把一个神志不清的人想当然地认为是精神病,排除了他的证言,或者对正在处理的行政事务,曾在另一个行政程序中参与作出过决定。实务中,原办案人员不得担任重新处理案件的经办人,是防止偏见规则的具体要求。如在阿波罗素株式会社诉原国家工商行政管理总局商标评审委员会商标行政纠纷案中,法院认为:

> 行政机关根据法院的生效判决重新作出具体行政行为的,应当重新组成合议庭进行评审,以防止在先审查人员对案件形成先入为主的观念,从而影响行政执法的公正性,此为行政程序正当原则的内在要求之一。本案中,第58号裁定是在第110号行政判决生效后对第0064号裁定涉及的异议复审案件重新进行的审查。对此,北京市高级人民法院已经生效的第490号裁定明确指出,在第0064号裁定被撤销后,商标评审委员会应另行组成合议组,针对佳慧公司提出复审的事实、理由和证据等,依据一定的程序重新进行评审,并依法作出裁定。但是,商标评审委员会在作出第58号裁定时,并未另行组成新的合议组对佳慧公司提起的异议复审申请进行评审,其程序构成违法,法院依法应予撤销。[34]

该案中,被告依法重新作出商标评审裁定时,必须另行组成合议组,否则不符合正当程序的要求。对此,法院在裁判理由中明确指出。

(2)利益冲突,即事务处理的结果与作出处理的行政机关或者行政机关工作人员之间有利害关系,如可能导致金钱、名誉、友情、亲情等增加或减损。如一位当时的铁道部副部长(彭开宙)被任命为"7·23"温州动车事故调查组的副组长,与调查事务及处理结果之间有利害关系。《生产安全事故报告和调查处理条例》第23条规定:"事故调查组成员应当具有事故调查所需要的知识和专长,并与所调查的事故没有直接利害关系。"根据这一规定,这位铁道部副部长应不得参加该调查组从事的调查工作。[35] 为了确保程序公正,一个更为严格的要求是,有利益冲突的行政机关工作人员除了本人不参与行政程序外,还不得对个案处理施加影响,以左右处理结论朝有利于自己的方向发展。实务中,对于违反防止偏见规则的情形,法院会作出否定性评价。如在王某庆诉大连市人民政府行政批准纠纷案中,最高人民法院认为:

> 《生产安全事故报告和调查处理条例》第22条第2款规定:"根据事故的具体情况,事故调查组由有关人民政府、安全生产监督管理部门、负有安全生产监督管理职责的有关部门、监察机关、公安机关以及工会派人组成,并应当邀请人民检察院派人参加。"第23条规定:"事故调查组成员应当具有事故调查所需要的知识和专长,并与所调查的事故没有直接利害关系。"2004年3月22日国务院发布的国发〔2004〕10号——《全面推进依法行政实施纲要》规定:"行政机关工作人员履行职责,与行政管理相对人存在利害关系时,应当回避。"根据上述规定,事故发生地的安全生产监督管理部门应当委派工作

---

[34] 参见北京市第一中级人民法院行政判决书〔(2010)一中知行初字第116号〕。

[35] 2011年7月28日国务院"7·23"铁路交通事故调查组全体会议召开,公布"7·23"甬温线特别重大铁路交通事故调查组组成人员名单(https://www.gov.cn/gzdt/2011-07/28/content_1915933.htm,2024年8月12日最后访问)。2011年8月10日召开的国务院常务会议决定,调整、充实国务院"7·23"甬温线特别重大铁路交通事故调查组和专家组,铁道部副部长(彭开宙)不再担任调查组副组长(https://www.gov.cn/jrzg/2011-08/10/content_1923279.htm,2024年8月12日最后访问)。

人员作为事故调查组的成员,参与事故调查活动。但是,如果地方安全生产监督管理部门的工作人员对所调查事故本身负有责任,应当依法受到处理,则该工作人员属于《生产安全事故报告和调查处理条例》第 23 条和《全面推进依法行政实施纲要》规定的"与所调查的事故有直接利害关系"应当回避的人员。本案中,宋某敏、于某、王某明系大连市安全生产监督管理局工作人员,但是,《事故调查报告》的建议中认为,三人分别负有"领导责任"、"监督不力、监管执法不严"的责任以及"执法不严"的责任,应当给予相应的行政处分。宋某敏等三人参与应当给予自己行政处分的事故调查活动,"作自己案件的法官",显然违反了法定程序和程序正当原则。一审、二审判决认为宋某敏等三人与事故发生不存在直接利害关系,不属于《生产安全事故报告和调查处理条例》第 23 条规定的应当回避的人员,系对法律规定的错误理解,本院予以纠正。[36]

　　实务中,防止偏见远不如听取意见那么受到重视。其实,关于防止偏见的立法并不少见,但真正能够在行政程序中得以落实的却并不多见。但是,最高人民法院在司法审查中关于防止偏见的态度始终如一。如在上海笛爱建筑材料有限公司(以下简称笛爱公司)诉上海市浦东新区人民政府事故调查报告批复案中,最高人民法院认为:

　　　　原浦东安监局接受被告浦东新区政府的委托对"11·19"事故组织调查组进行调查,该局在委托事项范围内作出的行为应当被视为被告浦东新区政府的行为,并由被告承担相应的法律后果。根据《生产安全事故报告和调查处理条例》第 28 条的规定,事故调查组成员在事故调查工作中应当诚信公正、恪尽职守,遵守事故调查组纪律,保守事故调查秘密。对此,本院认为,公正不仅包括实体公正,还包括程序公正。本案涉案工程的建设方为张江镇政府,根据《安全生产法》以及《建设工程安全生产管理条例》的相关规定,张江镇政府就涉案工地的安全生产也具有相应的安全生产责任,应当属于被调查的对象。但是,本案中,张江镇政府派员参加事故调查组对"11·19"车辆伤害死亡事故进行调查,对事故的原因和责任进行认定,违背了正当程序原则。原告笛爱公司认为张江镇政府应当回避的主张,本院予以采纳。被告浦东新区政府认为,根据《生产安全事故报告和调查处理条例》第 22 条的规定,张江镇政府作为属地人民政府参与事故调查组,符合相关规定。对此,本院认为,《生产安全事故报告和调查处理条例》第 22 条规定,根据事故的具体情况,事故调查组由有关人民政府、安全生产监督管理部门、负有安全生产监督管理职责的有关部门、监察机关、公安机关以及工会派人组成,并应当邀请人民检察院派人参加。该条规定并未明确规定由哪一级地方人民政府参与事故调查组,且根据该条规定,事故调查组的组成应当根据事故的具体情况决定。本案中,张江镇政府作为涉案工程的建设方,就涉案工地的安全生产也具有相应的安全生产责任,应当属于被调查的对象,被告不应当要求、认可或者接受张江镇政府派员参加事故调查组。本院对于被告的上述主张不予认可。被告应当依照《安全生产法》《生产安全事故报告和调查处理条例》等相关规定重新组织事故调查组认定本案事实并适用法律作出责任认定,履行相关法定职责。[37]

　　有时,在个案中出现是否违反防止偏见规则争议时,案涉法院会轻易放过,不在裁判理由中作出回应,从而失去了发展正当程序的机会。如在连云港市德和电子系统工程有限公司诉连云港市原质量技术监督局行政处罚案中,法院所采取的就是这样的态度:

　　　　2002 年 4 月 23 日,原、被告签订一份"安装工程施工合同"。在原告施工过程中,其中用于工程的"AVAYA"超五类线、面板、模块、24 口配线架因涉嫌假冒,被告进行抽样并委托法定机构进行检验,结论为假冒伪劣产品。据此,被告对原告作出了没收违法所得并处罚款的行政处罚决定。原告认为,《行政处罚法》第 37 条第 3 款规定:"执法人员与当事人有直接利害关系的,应当回避。"但被告认为,《行政处罚法》的规定仅适用于执法人员,不适用执法单位。虽然法院以事实不清为由撤销了被告的行政处

---

[36] 参见最高人民法院行政裁定书[(2015)行监字第 730 号]。
[37] 参见《最高人民法院公报》2022 年第 7 期。

罚决定,但对此争议焦点,法院没有表明态度。[38]

该案中,作为被告的原质量技术监督局是"安装工程施工合同"的一方当事人,但在行政法上它是作出行政处罚决定的行政机关,由它来判断原告使用在质量技术监督局办公大楼上的装修材料是否为假冒产品,利害关系相当明显。但是,当原告提出这样的争点之后,法院并没有在裁判中作出回应。有的法院适用回避情形时死抠法律条文,凡是没有法律明文规定的,当事人的主张一概不支持。如在徐某娇诉丽水市原建设局房屋拆迁补偿安置行政争议案中,法院认为:

> 现行的国务院《城市房屋拆迁管理条例》仅规定"房屋拆迁管理部门是被拆迁人的,由同级人民政府裁决",未规定其他应当回避的事由。程序公正的原则确需要严格的回避制度来贯彻,但回避的事由亦应由法律加以明确的规定。在统一的行政程序法尚未制定,回避制度仍不完善的情况下,上诉人提出本案裁决人与拆迁人的法定代表人为同一人,故拆迁裁决程序违法的理由并不充分。[39]

其实,基于正当程序原则,该案中"裁决人与拆迁人的法定代表人为同一人"的做法已经跌破了最低限度的程序正义,违背了"自己不得做自己案件的法官"的程序规则。法院虽然提到了"程序公正",但它未能将"程序公正"适用于该案,反而以没有"法律加以明确的规定"为由,拒绝适用正当程序原则。

(二)防止偏见的法理

防止偏见源于人类对应受公平对待的自然本性。人之所以为人,在于他有要求受到公平对待这一与生俱来的期待,这种期待构成了人性尊严的一部分。程序公正的第一要义是,程序主导者与程序结果应当没有任何利害关系,否则,程序主导者可能会利用自己在程序中的优势地位,促使程序结果向有利于他的方向发展。控制程序的过程就可以控制程序的结果。防止偏见的法律价值在于确保法律程序的公正性,而法律程序的公正性可以树立起利益冲突的双方当事人——在行政程序中尤其是行政相对人——寻求通过法律程序来解决争议的信心,客观上有助于产生社会稳定发展的正向力量。

(三)匹配规则

1. 举证责任。当行政机关依法告知行政相对人处理其行政事务的行政机关工作人员姓名之后,行政相对人认为他有法定回避情形的,有权申请其回避;该行政机关工作人员认为自己有法定回避情形的,也可以主动申请回避。这里的举证责任是指主张回避的行政相对人或者行政机关工作人员应当就自己的回避事由提供证据,并向有权决定的行政机关作出合理说明。当决定机关认定回避事实客观上确已存在,应当作出回避决定;反之,驳回申请或者请求。如《烟草专卖行政处罚程序规定》第23条第3款规定:"当事人提出回避申请的,烟草专卖局应当依法审查。执法人员的回避,由本烟草专卖局负责人决定;烟草专卖局负责人的回避,由上一级烟草专卖局决定。决定作出之前,不停止调查。"举证责任可以避免申请人和行政机关工作人员随意提出回避申请或请求,影响行政效率。

2. 职务替代。职务替代是指处理行政事务的行政机关工作人员回避事由成立之后,应当由其他行政机关工作人员替代他继续行使职权,确保行政事务处理的连续性。实务中,行政机关工作人员 AB 角制度是职务替代的一种保障机制。

3. 单方接触之禁止,即行政机关工作人员不得背着一方当事人与另一方当事人商谈案

---

[38] 参见江苏省连云港市新浦区人民法院行政判决书[(2002)新行初字第23号]。
[39] 参见浙江省丽水市中级人民法院行政判决书[(2002)丽中行终字第19号]。

情,影响行政机关工作人员听取意见的全面性。如《招标投标法》第 44 条第 2 款规定:"评标委员会成员不得私下接触投标人,不得收受投标人的财物或者其他好处。"《证券法》第 21 条第 3 款规定:"依照前两款规定参与证券发行申请注册的人员,不得与发行申请人有利害关系,不得直接或者间接接受发行申请人的馈赠,不得持有所注册的发行申请的证券,不得私下与发行申请人进行接触。"如果单方接触不可避免,行政机关工作人员应当将"谈话"记录在案,以备另一方当事人查询、了解。当然,单方接触之禁止是一种十分理想的场景,但在听证程序中,当行政机关工作人员与案件调查人都是同一机关工作人员时,这个规则可能没有多大意义。也正因如此,有时,行政机关即使自以为作了一个天下最公正的行政行为,仍然会被行政相对人贴上一个"官官相护"的标签,拒绝认同。

4. 审裁分离,即行政机关审查案件和裁决案件的职能应当分别由其不同的机构或行政机关工作人员来行使。在行政程序中,如果审查案件的行政机关工作人员同时又具有对案件作裁决的权力,那么,行政相对人的合法权益就难以获得公正保障。审查案件的行政机关工作人员参与裁决案件,必然是以他调查和审查案件时所获得的证据为基础的。这种先入为主的认知可能妨碍他全面听取行政相对人提出的不同意见,他也难以超然的法律地位来行使对案件的裁决权。审裁分离可以分为:(1)内部审裁分离,即在同一行政机关内部由不同的机构、行政机关工作人员分别行使案件调查、审查权与裁决权的一种制度。如《行政处罚法》第 64 条第 4 项规定:"听证由行政机关指定的非本案调查人员主持。"(2)外部审裁分离,即行政案件的调查、审查权与裁决权,分别交给两个相互完全独立的机关来行使的一种制度。外部审裁分离是一种司法色彩浓重的分权模式,如美国联邦行政程序法中的行政法官。审裁分离的功能主要在于,它至少从外观上把行政机关塑成了一个程序公正的形象,并因此取得当事人及第三人的信赖,更大的意义在于使当事人或者第三人心服口服地接受事后作出的对其不利的行政行为。

5. 专家回避。专家在参与行政程序时,如处理结论与自己或者自己所代表的组织利益有关,应当主动提出回避。如《建设项目职业病防护设施"三同时"监督管理办法》第 7 条第 3 款规定:"专家库专家实行回避制度,参加监督检查的专家库专家不得参与该建设项目职业病防护设施'三同时'的评审及验收等相应工作,不得与该建设项目建设单位、评价单位、设计单位、施工单位或者监理单位等相关单位存在直接利害关系。"行政相对人知道专家有回避情形的,也有权向行政机关提出要求专家回避的请求。

四、信息公开

(一)信息公开的概念

信息公开是行政机关依据职权或者依行政相对人申请,将履行行政管理职能过程中制作或者获取的,以一定形式记录、保存的信息对外或者对行政相对人公开,允许查阅、摘抄和复制的一种法律制度。这里的"记录"包括笔录、书信、书籍、图片、刻印、照片、微缩影片、录音带,可以机器读出的记录和其他非具有固定形式或特征的文件资料及记录影印或复制的各种信息。

行政过程本质上是行政机关和行政相对人的一种交涉过程。基于自身利益的考虑,行政机关在行政过程中总是追求最大范围内信息不公开,而行政相对人和公众则要求最大范围内公开信息。信息公开的功能在于保障行政相对人知晓行政行为的内容,并能够依照常理、生活经验等作出接近于正确的理解,从而明确自己的权利和义务,提升行政过程的透明度。同时,也有助于行政行为获得公众的支持,缓解行政过程中来自行政相对人一方的阻力。信息公开在相当程度上可以塑造成一种"玻璃窗行政",[40]使站在"玻璃窗"外的行政相对人能够清楚地看到行政过程的全部内容。

(二)信息公开的法理

在现代行政法上,正当程序之所以要有信息公开,是因为从"国家尊重和保障人权"的《宪法》条款中可以推导出公民的知情权。作为国家权力主体的公民有权知道行政机关所掌握的信息,一方面是为了满足其对行政机关"知情"的需要,即作为国家权力主体的一种满足感与主体意识的需要;另一方面借助于信息可以为自己的生产、生活等作出正确的决策。同时,与知情权相关的参与权、监督权,也要求行政机关开放行政权行使的过程,让公民参与其中,一方面可以对行政机关作出的行政行为发表自己的意见,另一方面可以在与自己利益有关的个案中有效地维护自己的合法权益。

(三)匹配规则

1. 反信息公开。行政机关利用它的优势地位掌握了大量涉及个人隐私的信息,有的信息即使与个人隐私没有直接关联,行政机关也可以利用"拼图"技术,集成一个特定人完整的个人隐私信息。行政机关不仅自己主动收集个人隐私信息,它还以"公共利益"的名义要求公民、法人或者其他组织向行政机关输送个人隐私信息,如个人入住宾馆的登记信息,通过互联网传输到行政机关,供行政机关履行职责所用。涉及个人隐私的信息一旦被公开,将严重损害个人合法权益。相同的情形也可能出现在商业秘密的保护制度之中。所以,凡是有政府信息公开制度,必设反信息公开的规则。《政府信息公开条例》第15条规定:"涉及商业秘密、个人隐私等公开会对第三方合法权益造成损害的政府信息,行政机关不得公开。但是,第三方同意公开或者行政机关认为不公开会对公共利益造成重大影响的,予以公开。"第32条规定:"依申请公开的政府信息公开会损害第三方合法权益的,行政机关应当书面征求第三方的意见。第三方应当自收到征求意见书之日起15个工作日内提出意见。第三方逾期未提出意见的,由行政机关依照本条例的规定决定是否公开。第三方不同意公开且有合理理由的,行政机关不予公开。行政机关认为不公开可能对公共利益造成重大影响的,可以决定予以公开,并将决定公开的政府信息内容和理由书面告知第三方。"本条采用"同意则无损害"原则,即设置一个事先征询意见规则,凡涉及商业秘密和个人隐私的信息是否公开,取决于权利人是否同意,而不是行政机关的决定。如在杨某诉原崇明县住房保障和房屋管理局政府信息公开决定纠纷案中,法院认为:

> 被上诉人具有受理上诉人的政府信息公开申请并作出答复的法定职权。上诉人向被上诉人申请公开"育麟酒店"建设项目拆迁基地第002号《房屋拆迁补偿安置协议书》,被上诉人认为该协议系沈某某与拆迁人所签,内容涉及沈某某的个人隐私,遂向沈某某发出《权利人意见征询单》,征询权利人是否同意向申请人公开的意见,因沈某某未作答复,被上诉人视为其不同意公开,并答复上诉人对其要求获取的政府信息不予公开,符合《上海市政府信息公开规定》第12条之规定,并无不当。被上诉人提交的《权利人意见征询单》及邮寄凭证,能够证明其向沈某某发出征询单的事实。因上诉人对该事实提出异议,原审法院依职权对沈某某进行了调查,所作调查笔录能够印证被上诉人曾发函向沈某某征询意见,原审审理程序合法,判决正确。[41]

有时,尽管第三方有权决定是否同意行政机关公开涉及商业秘密、个人隐私的信息,但

---

[40] 参见[日]室井力、[日]芝池义一、[日]浜川清主编:《日本行政程序法逐条注释》,朱芒译,上海三联书店2009年版,第3页。

[41] 参见上海市第二中级人民法院行政判决书[(2010)沪二中行终字第287号]。

是,在公共利益面前,征询意见规则必须让位于公共利益的需要。也就是说,即使第三人不同意,基于公共利益的需要,行政机关仍然可以公开有关商业秘密、个人隐私的信息。如在杨某权诉山东省肥城市房产管理局案中,法院认为:

《廉租住房保障办法》《经济适用住房管理办法》均确立了保障性住房分配的公示制度,肥城市民政局、房产管理局《关于经济适用住房、廉租住房和公共租赁住房申报的联合公告》亦规定,"社区(单位),对每位申请保障性住房人的家庭收入和实际生活状况进行调查核实并张榜公示,接受群众监督,时间不少于5日"。申请人据此申请保障性住房,应视为已经同意公开其前述个人信息。与此相关的政府信息的公开应适用《政府信息公开条例》第14条第4款经权利人同意公开的涉及个人隐私的政府信息可以予以公开的规定。另,申请人申报的户籍、家庭人均收入、家庭人均住房面积等情况均是其能否享受保障性住房的基本条件,其必然要向主管部门提供符合相应条件的个人信息,以接受审核。当涉及公众利益的知情权和监督权与保障性住房申请人一定范围内的个人隐私相冲突时,应首先考量保障性住房的公共属性,使获得这一公共资源的公民让渡部分个人信息,既符合比例原则,又利于社会的监督和住房保障制度的良性发展。[42]

有的信息涉及个人隐私,但《政府信息公开条例》将其列入主动公开范围,不需要事先征询权利人的意见。如在朱某如诉南通市崇川区钟秀街道办事处案中,法院认为:

根据《政府信息公开条例》第9条的规定,行政机关对于涉及公民、法人或者其他组织切身利益,需要社会公众广泛知晓或者参与的政府信息应当主动公开。拆迁利益事关被拆迁户的生存权和居住权,征收、征用、拆迁也需要社会公众广泛监督和参与,属于行政机关应当主动公开的政府信息。基于此,《政府信息公开条例》第12条规定,乡(镇)人民政府在其职责范围内确定主动公开的政府信息的具体内容,并重点公开征收或者征用土地、房屋拆迁及其补偿、补助费用的发放、使用情况。对于主动公开的信息,《政府信息公开条例》已经考虑了私权利的保护与公众知情权之间的利益平衡,故并没有作出需要征求第三方意见的规定。[43]

2. 可以不予公开的信息。某些信息是否公开,由行政机关裁量决定,法律不作"应当"公开的要求。之所以作这样的规定,一方面是为了最大限度地保护公民的知情权,另一方面也给行政机关一个决定权,以便平衡各方利益。可以公开的信息主要有以下几种。

(1) 内部事务信息,即与行政机关内部事务有关的信息。由于这类信息十分繁杂,如果不作一些明确的限定,可能会被过度扩张解释,损害公民、法人或者其他组织的知情权。因此,《政府信息公开条例》第16条第1款规定:"行政机关的内部事务信息,包括人事管理、后勤管理、内部工作流程等方面的信息,可以不予公开。"根据这一规定,内部事务信息限于人事管理、后勤管理、内部工作流程三类,这里的"等"应当作限缩性解释,不可引入"对公民、法人或者其他组织合法权益不产生实际影响"的判断标准。

(2) 过程性信息、行政执法案卷信息。过程性信息,即在行政过程中产生的信息。因行政过程中产生的信息在行政过程未结束之前其内容往往处于不确定状态,不符合公开信息的要求。行政执法案卷信息,即行政执法相关材料的汇总。它可以从两个方面来理解:一是行政执法过程中相关材料的总称,它与过程性信息相类似;二是行政执法过程终结后的材料归档,此时它不属于过程性信息。对此,《政府信息公开条例》第16条第2款规定:"行政机关在履行行政管理职能过程中形成的讨论记录、过程稿、磋商信函、请示报告等过程性信息以及行政执法案卷信息,可以不予公开。法律、法规、规章规定上述信息应当公开的,从其规定。"实务

---

[42] 参见最高人民法院公布《全国法院政府信息公开十大案例》之四(2014)。
[43] 参见江苏省南通市中级人民法院行政判决书[(2017)苏06行终390号]。

中,若决定不公开行政执法案卷信息,行政机关当如何说理,在刘某诉某市人力资源和社会保障局(以下简称某市人社局)、某省人力资源和社会保障厅政府信息公开及行政复议案中,法院认为:

> 行政执法案卷信息属于相对不公开事项,行政机关决定不公开行政执法案卷信息的,应当说明理由。某市人社局以所涉信息属于行政执法案卷信息不予公开,但没有说明不公开的实质性理由,难以令人信服。基于对公民知情权的无漏洞保护,通过执法案卷查阅方式获取政府信息,一般仅限于行政程序尚在进行这一特定阶段,行政程序终结后,当事人已经以政府信息公开方式申请获取相应执法案卷信息的,行政机关应当根据《政府信息公开条例》有关依申请公开的规定办理。某市人社局接刘某投诉后,对某公司立案调查并作出《劳动保障监察限期改正指令书》,之后未对外作出其他行政行为,该指令书属于对当事人权利义务产生影响的、成熟的行政行为,刘某作为有利害关系的投诉人,可以通过政府信息公开方式申请获取。某市人社局要求刘某通过查阅行政执法案卷材料的方式,重新提出申请,将会进一步增加刘某的信息获取成本和某市人社局的信息公开成本;而如果某市人社局认为刘某所申请公开的信息涉及国家秘密、商业秘密和个人隐私等不宜公开情形,则可以在政府信息公开程序中作出答复并予以说明。因此,无论从知情权的正当性来源,还是从行政机关执法成本和实际后果考虑,都应当承认刘某有权通过政府信息公开方式申请获取所涉劳动保障监察执法信息。考虑到《劳动保障监察限期改正指令书》涉及与补缴职工保险相关的个人身份信息等个人隐私事项,对该有关内容是否以及如何公开,仍应由某市人社局结合其内容作出具体判断。[44]

该案中,对于相对不公开信息,若行政机关决定不予公开的话,法院在此创设了说明理由规则。作为复议代理人申请公开行政复议卷宗信息,这已经不属于信息公开问题。如在罗某诉工业和信息化部(以下简称工信部)政府信息公开案中,最高人民法院认为:

> 根据原审法院查明的事实,罗某向工信部申请公开的内容,实质上是行政复议卷宗中的相关信息。罗某作为案涉复议案件申请人的委托代理人,应通过查阅行政复议卷宗的途径获取涉案信息。事实上,根据原审法院查明的事实,罗某已经以代理人的身份申请过查阅案涉复议卷宗,工信部亦答复其可以查阅。[45]

3. 信息分离。有时,一些信息中可能包含了部分法定不得公开的内容,如企业登记中的商业秘密。如果不得公开的内容完全可以从信息中分离出来,那么行政机关应当采用"可分离规则",公开其中可以公开部分的信息。《政府信息公开条例》第37条规定:"申请公开的信息中含有不应当公开或者不属于政府信息的内容,但是能够作区分处理的,行政机关应当向申请人提供可以公开的政府信息内容,并对不予公开的内容说明理由。"如在齐某某诉上海市松江区人民政府等政府信息公开、行政复议案中,法院认为:

> 《信息公开条例》第23条规定的"征求第三方的意见",一般是指,申请公开的信息全部或主要内容涉及商业秘密、个人隐私,公开后可能损害第三方合法权益的情形。鉴于行政机关既要保障政府信息公开申请人的知情权,也要保护第三方的合法权益。因此,被申请公开的信息是否应予公开,行政机关应征求第三方意见。如果政府信息公开申请人申请的政府信息只有一部分或非主要内容涉及商业秘密或者个人隐私,行政机关可以根据《信息公开条例》第22条的规定,作出区分处理后,径行作出告知,而无须征求第三方意见后再予答复。如此,既能够保障政府信息公开申请人在最短时间内获取有效信息,又有效保护了第三方合法权益,还节约了行政资源。本案中,松江区政府将涉案信息直接作区分处

---

[44] 参见江苏省南通市中级人民法院行政判决书[(2022)苏06行终37号]。
[45] 参见最高人民法院行政裁定书[(2019)最高法行申7259号]。

理后公开,并不违反相关规定。[46]

如果行政机关认定被要求公开的信息不适用"可分离规则",应当有令人信服的理由说明。在"可分离规则"之下,分离信息的目的在于收缩不予公开的范围,如果反之,则违背本规则的目的,在行政诉讼中将得不到法院的支持。[47]

4. 保密审查。事先经法定程序确定为国家秘密的信息绝对不得公开,此为一项法定原则。如根据《教育工作中国家秘密及其密级具体范围的规定》的规定,经过评阅的高考试卷属于国家秘密。[48] 对于涉及此类信息公开的个案,行政机关无保密审查的必要。但是,当行政机关对某项信息不能确定是否涉密时,应当依照法律、法规和国家有关规定报有关主管部门或者同级保密工作部门确定,即保密审查。《政府信息公开条例》第17条第2款规定:"行政机关应当依照《中华人民共和国保守国家秘密法》以及其他法律、法规和国家有关规定对拟公开的政府信息进行审查。"一旦经保密审查认定为该信息涉密的,行政机关负有不得公开的义务。

5. 迅速提供。一旦认定行政相对人有权获得他所申请的信息,且该信息属于可以公开范围,行政机关必须以最妥当的方式迅速提供,以避免耽误行政相对人正当使用该信息。在法定答复时间15个工作日内通过邮寄的方式寄送申请人所需要的信息,即使申请人没有在15个工作日内收到该信息,也符合迅速提供规则。如果行政机关给行政相对人指明可以迅速找到所需要信息的方法、路径,也应当认定为符合迅速提供的要求。如在张某琴诉郑州市原国土资源局政府信息公开纠纷上诉案中,法院认为:

本案中针对上诉人的信息公开申请,被上诉人已告知其获取所需信息的方式和途径,且依据被上诉人告知的方式和途径可以查询到相关信息,故被上诉人应属于已经履行了政府信息公开的义务。[49]

6. 风险评估。有的信息不属于国家秘密、商业秘密和个人隐私,但一旦公开可能会产生不利于国家和社会正常发展的消极后果。对此,《政府信息公开条例》第14条规定:"依法确定为国家秘密的政府信息,法律、行政法规禁止公开的政府信息,以及公开后可能危及国家安全、公共安全、经济安全、社会稳定的政府信息,不予公开。"这一规定是妥当的,但行政机关适用这一规定若没有客观化的规则,那么行政机关可能会滥用这一规定所赋予的权力。比如,如何判断信息公开可能影响"社会稳定",若行政机关没有可操作性的客观标准或者规则,那么,这一规定就可能沦为全凭行政机关主观恣意判断的合法依据。如在王某庭诉上海市虹口区人民政府政府信息公开申请纠纷案中,法院认为:

根据《上海市政府信息公开规定》第14条之规定,被告虹口区政府负有对原告王某庭要求政府信息公开申请作出答复的义务。原告向被告提出要求公开7号文的申请,被告经审查后,认为该文系虹口区旧区改造领导小组办公室向原上海市房屋土地资源管理局的请示,该文属于行政机关(机构)调查、讨论、处理过程中的信息,其内容尚不确定,公开后可能影响社会稳定。据此,被告答复原告其要求公开的上述文件不属于公开范围。该答复符合《上海市政府信息公开规定》第10条第1款的规定,并无不当。[50]

---

[46] 参见最高人民法院行政裁定书[(2017)最高法行申305号]。
[47] 参见李广宇:《政府信息公开司法解释读本》,法律出版社2011年版,第310页。
[48] 参见谷某诉北京教育考试院不服不公开高考试卷案,载最高人民法院行政审判庭编:《中国行政审判案例》(第3卷)第97号案例,中国法制出版社2013年版,第79页以下。
[49] 参见河南省郑州市中级人民法院行政判决书[(2010)郑行终字第129号]。
[50] 参见上海市第二中级人民法院行政判决书[(2009)沪二中行初字第1号]。

该案中,所谓"公开后可能影响社会稳定"之说,被告并无具体依据,法院也没有进一步探问就支持了被告的主张,实属不妥。的确,所谓"国家安全、公共安全、经济安全和社会稳定"的内容,如同一片"沼泽地",进去容易出来难。该案中的法院知难而退,完全听从了被告的解释,如此裁判有违政府信息公开立法目的。在实务中,我们也看到了有勇气闯入这片"沼泽地"的法院,并十分智慧地从里面走了出来。如在周某倩诉上海市人力资源和社会保障局政府信息公开纠纷案中,法院认为:

被上诉人申请公开的是对其2008年职称评定申请进行评审的卫生系列高评委组成人员,因被上诉人申请公开时2008年度的卫生系列高级职称评定工作已经结束,故向被上诉人公开2008年度相关高评委专家名单对2008年评审工作已无影响;《实施细则》明确规定高评委成员对于投票情况、评审意见不得向任何人泄露,故参评人员知晓评委名单不等同于知晓评委的投票情况和评审意见。上诉人关于公开评委名单可能引发打击报复的上诉理由缺乏依据,本院不予采信。况且,即使在下两个年度评审过程中发生有被评审人通过非正当手段达到其目的的情况,亦不足以提升到影响"社会稳定"层面。故上诉人适用《政府信息公开条例》第8条、《上海市政府信息公开规定》第6条的规定,以公开可能危及社会稳定为由,拒绝向被上诉人公开"对申请人职称评定申请进行评审的高评委组成人员"的政府信息,依据不足。[51]

如果我们朝着具有可操作性的方向努力,那么导入一种危害检测的"风险评估"机制是一个较好的选择,即行政机关在信息公开中若涉及"国家安全、公共安全、经济安全和社会稳定"等情形,可以依照有关规定对一旦公开后是否会影响"国家安全、公共安全、经济安全和社会稳定"进行风险评估。[52] 相关信息是否可以公开,以风险评估结论为准。若被告没有经过风险评估,即得出信息公开可能危及"国家安全、公共安全、经济安全和社会稳定"的结论,法院可以认定其为主要证据不足。如在上海某公司诉浙江省建德市人民政府政府信息公开案中,法院认为:

中共浙江省委办公厅、浙江省人民政府办公厅《关于印发〈浙江省县级重大事项社会稳定风险评估办法(试行)〉的通知》(浙委办〔2009〕29号)和杭州市委办公厅、市政府办公厅《关于印发〈杭州市重大事项稳定风险评估暂行办法〉的通知》(市委发〔2009〕105号)对重大事项社会稳定风险评估的范围、原则、内容、责任主体、评估程序等都作了具体规定。在省、市均制定了评估办法的情况下,被告如认为公开案涉《合作备忘录》有可能危及社会稳定,应按照《浙江省县级重大事项社会稳定风险评估办法(试行)》及《杭州市重大事项稳定风险评估暂行办法》的规定对可能存在的社会稳定风险进行评估,根据评估结论作出信息公开答复。本案中,被告并未提供证据证明已按照上述规定对公开《合作备忘录》的社会稳定风险进行过评估,径行以《合作备忘录》"内容涉及社会稳定,公开该信息不符合《中华人民共和国政府信息公开条例》第8条之规定"为由,认定原告申请公开的信息属于不予公开的范围,主要证据不足。[53]

7. 信息不存在认定。《政府信息公开条例》第36条第4项规定:"经检索没有所申请公开信息的,告知申请人该政府信息不存在。"信息"不存在"的认定是信息公开中的一个难题。当行政机关作出信息"不存在"认定时,没有证据可以证明该信息客观上的确不存在,因此,举证责任的重点应当转移到行政机关是否尽到"检索"义务。对此,在罗某昌诉重庆市彭水苗族

---

[51] 参见上海市第二中级人民法院行政判决书〔(2010)沪二中行终字第189号〕。
[52] 《杭州市重大事项稳定风险评估暂行办法》第2条规定:"重大事项稳定风险评估是事先防范不稳定因素的一项重要措施,是对重大事项决策实施过程中可能影响稳定的各种因素进行分析,对事项实施存在的风险进行管理,确认适合的实施策略,采取切实可行的措施,防范、降低或消除影响稳定风险的工作机制。"
[53] 参见浙江省杭州市中级人民法院行政判决书〔(2011)杭行终字第82号〕。

土家族自治县地方海事处政府信息公开案中,最高人民法院以发布"裁判要点"的方式创设了信息"不存在"的审查规则:

> 在政府信息公开案件中,被告以政府信息不存在为由答复原告的,人民法院应审查被告是否已经尽到充分合理的查找、检索义务。原告提交了该政府信息系由被告制作或者保存的相关线索等初步证据后,若被告不能提供相反证据,并举证证明已尽到充分合理的查找、检索义务的,人民法院不予支持被告有关政府信息不存在的主张。[54]

8.历史信息。在2008年5月1日《政府信息公开条例》实施之前,行政机关已经获取并保存的信息是否属于《政府信息公开条例》调整的范围,实务中有否定性意见。如在毛某坤诉南召县城郊乡人民政府计划生育政府信息公开纠纷案中,法院认为:

> 本案中被上诉人南召县城郊乡人民政府对本辖区内自2008年5月1日至2009年12月31日的一、二胎生育证的办理及社会抚养费的征收、上缴方面的政府信息都是掌握并保存的,被上诉人有义务依法主动公开,而被上诉人没有证据证明其已公开了相应的政府信息。一审以二胎生育证的发放及社会抚养费征收不属于乡级人民政府的职责为由驳回一审原告的相应诉讼请求不当,上诉人诉求公开2008年5月1日以前的相关政府信息无法律、法规依据,依法不予支持。[55]

该案结论属少数意见。《政府信息公开条例》对"历史信息"没有作出明确的排除规定,为了充分保障行政相对人的知情权,行政机关之前获取的且在2008年5月1日之后保存在本机关的信息,都属于《政府信息公开条例》调整的范围。[56]

9.敏感性信息。敏感性信息可以解释为一旦公开可能会引起公众情绪波动或者猜疑,从而影响行政机关正常行政管理和社会稳定的信息。《政府信息公开条例》没有"敏感性信息"不予公开的规定,它是判例创造的一个法概念。在李某林诉安阳市人民政府信息公开案中,最高人民法院认为:

> 本案中,再审申请人李某林申请公开的政府信息内容是,安阳市食药局关于李某林举报反映认定生产制售假药大案向市委、市政府督查室调查汇报材料四份,领导批示、会议纪要,处理意见、结论。正如再审申请人所言,依法公开行政处罚案件信息,是建设现代政府,提高政府公信力和保障公众知情权、参与权、监督权的重要举措。为了促进严格规范公正文明执法,保障和监督行政机关有效履行职责,维护人民群众合法权益,国务院办公厅已经部署开展推行行政执法公示制度的试点工作。但是,按照国务院办公厅印发的《推行行政执法公示制度执法全过程记录制度重大执法决定法制审核制度试点工作方案》(国办发〔2017〕14号)的规定,应当向社会公开的行政执法信息,主要包括:行政执法主体、人员、职责、权限、随机抽查事项清单、依据、程序、监督方式和救济渠道等一般性执法信息,对于个案来讲,只要求在事中出示能够证明执法资格的执法证件和有关执法文书,在事后公开行政执法决定。具体行政执法活动中有关执法调查方法、机密信息来源、内部研究意见等敏感信息,通常不应公开,否则将有可能妨碍行政执法活动的正常进行。《政府信息公开条例》虽然没有明确将行政执法中的敏感信息规定为可以不予公开的情形,但这类信息一般都具有"内部性"或"非最终极性"的特点,如果行政机关援引国务院办公厅《关于做好政府信息依申请公开工作的意见》(国办发〔2010〕5号)第2条关于"行政机关在日常工作中制作或者获取的内部管理信息以及处于讨论、研究或者审查中的过程性信息,一般不属于《条例》所指应公开的政府信息"的规定不予公开,人民法院经权衡认为不公开更有利于保证行政执

---

[54] 参见最高人民法院指导案例101号(2018年)。
[55] 参见河南省南阳市中级人民法院行政判决书〔(2010)南行终字第124号〕。
[56] 参见国务院办公厅《关于做好施行〈中华人民共和国政府信息公开条例〉准备工作的通知》(国办发〔2007〕54号,已失效)。

法活动(包括今后的行政执法活动)正常进行的,应当予以支持。[57]

第三节 程序制度

一、行政管辖

行政管辖是行政机关之间就某一行政事务首次处理权所作的权限划分。它主要发生在同一性质的行政机关纵向(上下级)和横向(同级)之间的权限配置。对于行政机关来说,它明确了某一行政事务应当由哪一个行政机关行使首次处理权的问题;对于行政相对人来说,它可以确定对某一行政事务具有首次处理权的行政机关,行使行政法上的请求权。超越行政管辖权范围实施的行政行为构成行政违法。

(一)级别管辖

规范同一性质行政机关上下级之间行政事务首次处理权的分配,为级别管辖。根据宪法、法律的规定,行政机关分设为中央、省(自治区、直辖市)、省辖市(设区、县)、县(不设区、县级市)和乡镇五级。有关级别管辖的规定,制定法上是依照这一行政机关体系作出分配的,制定法不明确时,可能会发生级别管辖争议。如《幼儿园管理条例》第27条规定:"违反本条例,具有下列情形之一的幼儿园,由教育行政部门视情节轻重,给予限期整顿、停止招生、停止办园的行政处罚:(一)未经登记注册,擅自招收幼儿的;(二)园舍、设施不符合国家卫生标准、安全标准,妨害幼儿身体健康或者威胁幼儿生命安全的;(三)教育内容和方法违背幼儿教育规律,损害幼儿身心健康的。"该条中,"教育行政部门"是哪一级,该条例没有明确规定,级别管辖争议难免发生。基于便利性原则,在级别管辖中,应当确立行政事务首次处理权原则上由县(区)级人民政府行政主管部门行使,若没有制定法的明确规定的,可以照此原则确定行政级别管辖。

(二)地域管辖

规范同一性质行政机关平级之间行政事务首次处理权的分配,为地域管辖。同一性质平级行政机关分别管辖不同的行政区域,它的辖区边界十分清楚,可以做到"各人自扫门前雪",如北京市东城区公安机关管辖本区域内的治安管理事务,西城区公安机关则管辖它的区域内的治安管理事务,客观上不会出现地域管辖重叠现象。《行政处罚法》第22条规定:"行政处罚由违法行为发生地的行政机关管辖。法律、行政法规、部门规章另有规定的,从其规定。"针对"违法行为发生地"理解和适用,有的制定法对"违法行为发生地"作了解释性规定。如《公安机关办理行政案件程序规定》第10条第2款规定:"违法行为地包括违法行为发生地和违法结果发生地。违法行为发生地,包括违法行为的实施地以及开始地、途经地、结束地等与违法行为有关的地点;违法行为有连续、持续或者继续状态的,违法行为连续、持续或者继续实施的地方都属于违法行为发生地。违法结果发生地,包括违法对象被侵害地、违法所得的实际取得地、藏匿地、转移地、使用地、销售地。"在实务中,《行政处罚法》第22条中的"违法行为发生地"有时需要结合个案具体情况加以确定。如在安徽新锦丰企业投资集团有限公司诉长沙市质量技术监督局行政处罚纠纷案中,法院认为:

---

[57] 参见最高人民法院行政裁定书[(2017)最高法行申4750号]。

《行政处罚法》第20条明确规定:"行政处罚由违法行为发生地的县级以上地方人民政府具有行政处罚权的行政机关管辖。"长沙佳一商贸有限公司是原告在长沙、株洲、湘潭地区的销售总代理,其销售价格、销售模式受原告的控制,该公司的行为是原告的销售行为的延续,故本案的违法行为发生地应认定为长沙,被告具有管辖权。[58]

有时,在行政机关与行政相对人之间因对"违法行为发生地"不同理解引起争议,法院通常会在裁判理由中作出界定。如在临沂市兴田化肥有限公司诉徐州市工商行政管理局贾汪分局扣押财产行政强制措施案中,因当事人流动性和行为跨区域性所产生的法律适用问题,法院认为:

《中华人民共和国行政处罚法》第20条亦规定:"行政处罚由违法行为发生地的县级以上地方人民政府具有行政处罚权的行政机关管辖。""违法行为发生地"应包括着手地、经过地、实施地、危害后果发生地。原告的化肥在运输时经过贾汪区,贾汪区应视为违法行为发生地,故被告对其具有管辖权。[59]

有时,在违法行为发生地与查获地不一致的情况下,有的法规、规章采用"谁查获谁处理"原则,确定行政机关之间地域管辖权。如在姚某诉广东省渔政总队闸坡大队(以下简称渔政闸坡大队)行政处罚纠纷案中,最高人民法院认为:

根据《农业行政处罚程序规定》第9条的规定,渔业行政处罚违法行为发生地与查获地不一致的,适用"谁查获谁处理"的原则。姚某认为本案行政机关无管辖权的理由,实际上是指本案未查获渔获物,故不存在查获地,或者违法电鱼行为即使存在,其实施地也是在广西北部湾海域,不属于渔政闸坡大队所管辖的海域,故渔政闸坡大队不是查获地,因此不能适用"谁查获谁处理"的原则来确定渔政闸坡大队的管辖权。此种理解是将查获地限定在违法所得渔获物查获地或者违法行为实施地,并非对查获地的全面理解。"查获地"可以指对违法行为进行调查并认定的执法机构所在地,也应包括对实施违法行为所使用的工具的查获地。故渔政闸坡大队作为在其管辖海域查处本案违法行为的海洋与渔业执法机构,有权按照"谁查获谁处理"的原则对本案违法行为行使管辖权。[60]

有时,如果当事人居住地行政机关管辖更为便利,也可以由当事人居住地的行政机关管辖。如在盛某丽诉武汉市江汉区公安分局处罚案中,法院认为:

本案中,被申请人江汉区公安分局向原审法院提供的案件查获经过、对再审申请人盛某丽的询问笔录、湖北省委、省政府及武汉市驻京办的情况说明等证据,能够证明盛某丽因个人诉求曾多次到天安门广场周边地区非法上访,扰乱了公共场所秩序。《公安机关办理行政案件程序规定》第9条第1款规定:"行政案件由违法行为地的公安机关管辖。由违法行为人居住地公安机关管辖更为适宜的,可以由违法行为人居住地公安机关管辖,但是涉及卖淫、嫖娼、赌博、毒品的案件除外。"因此,江汉区公安分局对盛某丽进京上访,涉嫌扰乱公共场所秩序的治安案件具有管辖权。江汉区公安分局对盛某丽作出的汉公(兴)行决字[2016]2263号行政处罚决定,认定事实清楚,适用法律法规正确,程序合法。[61]

(三)事务管辖

规范同一行政区域中不同性质的平级行政机关之间行政事务首次处理权的分配,为事务管辖。如经十二届全国人大一次会议批准的《国务院机构改革和职能转变方案》规定,国家食品药品监督管理局的职责、国家质量监督检验检疫总局的生产环节食品安全监督管理职责、国家工商行政管理总局的流通环节食品安全监督管理职责都整合到新组建的国家食品药品

---

[58] 参见湖南省长沙市岳麓区人民法院行政判决书[(2009)岳行初字第38号]。
[59] 参见江苏省徐州市贾汪区人民法院行政判决书[(2002)贾行初字第49号]。
[60] 参见最高人民法院行政裁定书[(2015)行监字第1459号]。
[61] 参见湖北省高级人民法院行政裁定书[(2017)鄂行申637号]。

监督管理总局,这一事务管辖重新调整也适用于地方政府的相关部门。事务管辖应当遵循"无缝对接"原则,即每一项行政事务都应当归口到某一行政机关事务管辖之中,避免某项行政事务没有行政机关管辖,或者几个行政机关争夺管辖。在特殊情况下,事务管辖还涉及行政机关与司法机关之间的管辖权问题。如《行政处罚法》第27条第1款规定:"违法行为涉嫌犯罪的,行政机关应当及时将案件移送司法机关,依法追究刑事责任。对依法不需要追究刑事责任或者免予刑事处罚,但应当给予行政处罚的,司法机关应当及时将案件移送有关行政机关。"

(四)特别管辖

特别管辖是级别管辖、地域管辖和事务管辖的一种例外。在实务中,如果严格遵循级别管辖、地域管辖和事务管辖原则确定行政管辖权,有时无法解决行政管辖中出现的某些特殊问题。为此,在行政程序法上确立了如下特别管辖。

1. 共同管辖。共同管辖是指两个以上的行政机关对同一行政事务都有行政管辖权。共同管辖可以分为两种情况:(1)不同性质的行政机关对同一行政事务有共同管辖权;(2)同样性质的行政机关对同一行政事务有共同管辖权。在共同管辖之下,行政机关作出的行政行为应当共同署名。如《勘察设计注册土木工程师(道路工程)制度暂行规定》第15条第1、2款规定:"省、自治区、直辖市人民政府建设行政主管部门自受理之日起20个工作日内,按规定条件和程序完成申报材料的审查工作,并将申报材料和审查意见送建设部、交通部审批。建设部、交通部自受理申报人员材料之日起45个工作日内共同作出是否批准的决定。对作出不予批准决定的,应当书面说明理由,并告知申请人享有依法申请行政复议或提起行政诉讼的权利。在规定的期限内不能作出批准决定的,应当将延长的期限和理由告知申请人。"对于某些共同管辖情形,以某种规则确定其中一个行政机关行使管辖权,也是十分必要的。如《生态环境行政处罚办法》第14条第1款规定:"两个以上生态环境主管部门都有管辖权的,由最先立案的生态环境主管部门管辖。"也就是所谓"优先管辖"规则。

2. 移送管辖。移送管辖是指已经受理行政事务的行政机关因没有法定管辖权,依法将此行政事务移送到有管辖权的行政机关处理。若受理的行政机关不依法移送,其所作出的行政行为可能构成行政违法。从便利于行政相对人申请的角度,制定法先规定某一个行政机关受理申请,在确定法定管辖机关后再移送管辖。如《社会救助暂行办法》第60条第1款规定:"申请社会救助,应当按照本办法的规定提出;申请人难以确定社会救助管理部门的,可以先向社会救助经办机构或者县级人民政府民政部门求助。社会救助经办机构或者县级人民政府民政部门接到求助后,应当及时办理或者转交其他社会救助管理部门办理。"移送管辖是对无管辖权的行政机关已经受理的行政事务作出的一种管辖权处置,符合法律规定的移送管辖,在行政诉讼中将得到法院支持。如在张某劳等诉陕西省某厅不履行行政处理职责案中,法院认为:

> 根据陕西省某厅制发的《立案查处自然资源违法行为工作规范》的规定:"立案管辖范围。自然资源违法案件管辖以属地管辖为原则。省厅管辖全省范围内重大、复杂和法律法规规定应当管辖的案件,具体包括:1. 自然资源部和省委、省政府要求省厅管辖的自然资源违法案件;2. 法律法规规定应当由省厅管辖的自然资源违法案件;3. 跨市级行政区域的自然资源违法案件;4. 省厅认为应当由其管辖的自然资源违法案件。其中,省厅认为应当由其管辖的自然资源违法案件,是指市级自然资源主管部门上报、省级相关部门移送以及执法督察工作中发现严重损害群众权益的重大、典型违法行为,经厅批准立案查处的案件。"该案中,原告申请查处事项涉及商洛市商州区征地拆迁的相关线索,并非上述规范性文件规定的省某厅应当查处的事项。被告作为省级土地行政管理部门,其根据属地管辖及级别管辖原

则,将原告递交的申请书移送至商洛市自然资源局办理,后商洛市自然资源部门也将调查结果告知原告,被告的移送转办行为符合《土地管理法》关于非法占用土地由县级以上人民政府自然资源主管部门处理及《自然资源违法行为立案查处工作规程》关于级别管辖和移送管辖的规定。[62]

3. 指定管辖。指定管辖是指上级行政机关将某一行政事务依法指定给某一行政机关管辖。指定管辖分为两种情况:(1)某一行政事务在无行政机关管辖或者有管辖权的行政机关因客观原因不能行使管辖权时,由上级行政机关指定某一行政机关行使管辖权;(2)两个以上的行政机关对同一行政事务都主张有管辖权或者都主张没有管辖权时,由上级行政机关指定某一行政机关行使管辖权。如《行政处罚法》第25条第2款规定:"对管辖发生争议的,应当协商解决,协商不成的,报请共同的上一级行政机关指定管辖;也可以直接由共同的上一级行政机关指定管辖。"实务中,如在山西省襄汾县陶寺乡半山里三号铁矿诉武汉市原工商行政管理局江岸分局(以下简称原江岸工商分局)行政处罚决定案中,法院认定1999年7月上诉人经其所属上级公司同意,在未按规定办理含金物种准运证及相关手续的情况下,私自将累积提炼的23块黄金、5袋金粉匿于桑塔纳轿车后箱轮胎仓和车后座板下,驱车运往广东佛山。当该车途经武汉市公安局张家湾检查站时,被该局巡警查获。7月30日,武汉市公安局以涉嫌刑事犯罪证据不足,但明显触犯《金银管理条例》为由,将此案及其扣押的黄金一并移送武汉市工商行政管理部门。就该案管辖权争议,法院认为:

> 根据《中华人民共和国金银管理条例》的规定,工商行政管理机关有权依照该条例对自行销售、交换和留用黄金的违法行为实施行政处罚。武汉市公安局在本地发现并查证半山里三号铁矿的违法行为后,将此案移送工商部门,江岸工商分局根据武汉市工商局的指定处理此案,不违背《中华人民共和国行政处罚法》关于"行政处罚由违法行为发生地的县级以上地方人民政府具有行政处罚权的行政机关管辖"的规定,且江岸工商分局处理此案,实际上得到国家、省工商局的认可,故该分局享有对该案的行政处罚管辖权。[63]

(五)行政管辖权争议与解决

行政管辖权冲突可以分为积极冲突和消极冲突。前者是两个以上行政机关都主张自己有管辖权,后者则都主张自己无管辖权。虽然行政管辖权冲突是行政机关内部的事,但它影响外部行政相对人的合法权益。因此,对行政管辖权冲突必须通过管辖权争议裁决程序及时解决。管辖权冲突双方共同的政府或者上一级行政机关是裁决管辖权冲突的法定机关。如《药品检查管理办法》第56条规定:"检查过程中发现责任认定尚不清晰的,联合检查组应当立即先行共同开展调查、取证工作,受托方所在地省级药品监督管理部门应当就近提供行政执法和技术支撑,待责任认定清楚后移送相应省级药品监督管理部门组织处理。对存在管辖权争议的问题,报请国家药监局指定管辖。对跨省检查发现具有系统性、区域性风险等重大问题的,及时报国家药监局。"管辖权裁决采用书面方式,且一裁终局,争议双方都必须服从管辖权裁决。

二、行政调查

一种针对个别案件或者特定事项进行寻访、取证、了解案情的行政行为,称之为行政调查。行政调查的目的是获得证明行政相对人违法行为的证据,或者查明特定事项的真相,因此,在立法中常见的表述是"调查取证"。如《公安机关办理行政案件程序规定》第52条第1

---

[62] 参见西安铁路运输法院行政裁定书[(2023)陕7102行初3376号]。
[63] 参见湖北省高级人民法院行政判决书[(2000)鄂行终字第64号]。

款规定:"公安机关进行询问、辨认、检查、勘验,实施行政强制措施等调查取证工作时,人民警察不得少于二人,并表明执法身份。"行政调查分为两种式样:(1)个案调查。如《生态环境行政处罚办法》第21条规定:"生态环境主管部门对登记立案的生态环境违法行为,应当指定专人负责,全面、客观、公正地调查,收集有关证据。"(2)特定事项调查。如《非物质文化遗产法》第11条规定:"县级以上人民政府根据非物质文化遗产保护、保存工作需要,组织非物质文化遗产调查。非物质文化遗产调查由文化主管部门负责进行。县级以上人民政府其他有关部门可以对其工作领域内的非物质文化遗产进行调查。"在调查方法上,法律通常赋予行政机关充分的裁量权。如《反倾销条例》第20条规定:"商务部可以采用问卷、抽样、听证会、现场核查等方式向利害关系方了解情况,进行调查。商务部应当为有关利害关系方提供陈述意见和论据的机会。商务部认为必要时,可以派出工作人员赴有关国家(地区)进行调查;但是,有关国家(地区)提出异议的除外。"

作为一种行政程序制度,行政相对人有权参与行政调查。在参与调查过程中,一方面就涉及自己利益的事项有表达意见的机会,另一方面行政相对人有协助行政机关查明事实的义务。如《药品管理法》第99条第1款规定:"药品监督管理部门应当依照法律、法规的规定对药品研制、生产、经营和药品使用单位使用药品等活动进行监督检查,必要时可以对为药品研制、生产、经营、使用提供产品或者服务的单位和个人进行延伸检查,有关单位和个人应当予以配合,不得拒绝和隐瞒。"在地方立法中,有关当事人协助行政机关调查义务的规定也并不少见。如《湖南省行政程序规定》第67条规定:"当事人应当配合行政机关调查,并提供与调查有关的材料与信息。知晓有关情况的公民、法人或者其他组织应当协助行政机关的调查。公民协助行政机关调查,其所在单位不得扣减工资;没有工作单位的,因协助调查造成的误工损失,由行政机关按当地上年度职工日平均工资给予补助。因协助调查产生的其他合理费用由行政机关承担。"

与行政调查不同的是,行政检查是一种不针对个别案件或者特定事实的了解、收集情况的行政行为。行政检查是行政机关的一项常规性的法定职责,它具有预防、发现违法行为的功能。如《中国人民银行执法检查程序规定》第3条规定:"本规定所称执法检查,是指中国人民银行及其分支机构根据履行职责需要,通过进入被检查人现场、查阅相关材料、询问相关人员、访问计算机信息系统等方式,监督被检查人执行有关金融管理规定情况的行政执法活动。"在行政检查中,行政机关如发现违法行为需要追究法律责任,则由有管辖权的行政机关立案后进入调查程序。有时,立法并不严格区分调查和检查。如《行政处罚法》(2021修订)第55条规定:"执法人员在调查或者进行检查时,应当主动向当事人或者有关人员出示执法证件。当事人或者有关人员有权要求执法人员出示执法证件。执法人员不出示执法证件的,当事人或者有关人员有权拒绝接受调查或者检查。"今后,随着国家立法的规范化程度的提升,这种用语的混同现象应该逐渐减少。

行政调查(包括行政检查)是国家寻找、发现事实真相的一种强制性手段。在实施行政调查过程中,行政机关与行政相对人之间可能会发生利益冲突,因此,立法需要处理好行政机关最大限度地获得证据材料与最大限度地保护行政相对人利益之间的关系。如调查开始前行政机关调查人员"出示证件"是一种平衡两者之间关系的程序性制度。

三、行政证据

没有证据,就没有法律程序。行政程序的启动、进展和终结都是证据的作用。关于行政程序证据的种类,如《公安机关办理行政案件程序规定》第26条第1款规定:"可以用于证明案件事实的材料,都是证据。公安机关办理行政案件的证据包括:(一)物证;(二)书证;(三)被侵害人陈述和其他证人证言;(四)违法嫌疑人的陈述和申辩;(五)鉴定意见;(六)勘验、检查、辨认笔录,现场笔录;(七)视听资料、电子数据。"这里列举的证据与诉讼法规定大致相同。由于存在事后程序中的司法审查,因此,在行政程序中各类证据收集、审查、运用等要求,应当与《行政诉讼法》的规定基本一致。如关于证人证言,《行诉证据规定》第13条要求:"(一)写明证人的姓名、年龄、性别、职业、住址等基本情况;(二)有证人的签名,不能签名的,应当以盖章等方式证明;(三)注明出具日期;(四)附有居民身份证复印件等证明证人身份的文件。"行政机关向法院提供的证人证言如不符合这一要求,法院可能不予采信。另外,有关证明标准、违法证据的认定与排除等,行政机关也要一并关注《行诉证据规定》和判例中阐发的观点,规范行政执法中的证据运用。

在实务中,有的法院已经考虑到了行政程序与诉讼程序的差别,审查行政机关的证据采用一种"实质审查"的标准。如在周某宗诉吉安市原工商行政管理局行政处罚纠纷案中,法院认为:

> 从听证笔录的内容来看,被告的案件调查人员在听证程序中对行政处罚所采用的相关证据已经进行了陈述,虽然这些证据并未逐一向原告出示,但作为本案被告实施行政处罚的主要证据,徐州市产品质量监督检验所出具的检验报告已在听证前送达给原告,原告在听证程序中也就该检验报告及相关问题充分陈述了自己的申辩意见,被告的听证程序基本符合《中华人民共和国行政处罚法》第42条及《工商行政管理机关行政处罚案件听证规则》* 的规定,程序合法。[64]

该案中,行政机关这一做法获得了法院的支持,但是,在行政诉讼中一审法院若这样审查证据,那么在二审或者再审程序中一审裁判十有八九可能被撤销。究竟是否应当承认行政程序证据和诉讼证据的差别,值得讨论。

举证责任分配是行政证据制度中的一项重要内容。在行政程序中,举证责任分配大致分为:(1)依职权作出行政行为,由行政机关承担举证责任,如案件事实处于真伪不明的状态时,原则上行政机关不得作出行政行为或者作出有利于行政相对人的行政行为。如《价格违法行为行政处罚规定》第18条规定:"本规定中以违法所得计算罚款数额的,违法所得无法确定时,按照没有违法所得的规定处罚。"该条中,"违法所得无法确定"属于"案件事实处于真伪不明"的状态,因有特别规定,行政机关应当依照"没有违法所得的"事实作出有利于行政相对人的处罚决定。(2)依申请作出行政行为,由申请人对申请作出的行政行为构成要件承担举证责任,如事实处于真伪不明状态时,行政机关应作出不利于申请人的行政行为。如果行政机关不准予申请,应当承担举证责任。在特别情况下,如与第三人相比申请人处于弱势地位,那么第三人反对申请人提出的主张应当承担举证责任,否则,第三人将承担不利的实体法后果。如《工伤认定办法》第17条规定:"职工或者其近亲属认为是工伤,用人单位不认为是工伤,由该用人单位承担举证责任。用人单位拒不举证的,社会保险行政部门可以根据受伤害职工提供的证据或者调查取得的证据,依法作出工伤认定决定。"

四、行政期间

依照诉讼法上的通说,期间是指法院、当事人和其他诉讼参与人进行诉讼行为的期限和期日。期限,是自某一特定时间起至某一特定时间止的一段时间。期日,指特定活动的时间。

---

* 现已失效。
[64] 参见江西省吉安市吉州区人民法院行政判决书[(2009)吉行初字第22号]。

上述诉讼法上的概念可以用于行政程序法。

在行政程序上,关于期间,如《行政许可法》第 42 条第 1 款规定:"除可以当场作出行政许可决定的外,行政机关应当自受理行政许可申请之日起二十日内作出行政许可决定。二十日内不能作出决定的,经本行政机关负责人批准,可以延长十日,并应当将延长期限的理由告知申请人。但是,法律、法规另有规定的,依照其规定。"这是行政许可作出的"期限"规定。关于期日,如《行政许可法》第 48 条第 1 款第 1 项规定:"行政机关应当于举行听证的七日前将举行听证的时间、地点通知申请人、利害关系人,必要时予以公告。"这里的"听证的时间"为期日。关于期间计算,如《公安机关办理行政案件程序规定》第 35 条规定:"期间以时、日、月、年计算,期间开始之时或者日不计算在内。法律文书送达的期间不包括路途上的时间。期间的最后一日是节假日的,以节假日后的第一日为期满日期,但违法行为人被限制人身自由的期间,应当至期满之日为止,不得因节假日而延长。"这一规定与《民事诉讼法》基本相同。关于期间的扣除情形,在行政程序上也有规定。如《行政许可法》第 45 条规定:"行政机关作出行政许可决定,依法需要听证、招标、拍卖、检验、检测、检疫、鉴定和专家评审的,所需时间不计算在本节规定的期限内。行政机关应当将所需时间书面告知申请人。"

在法定期限内,行政机关应当尽快作出行政行为。这不仅涉及保护行政相对人合法权益的实效性——因为行政相对人对于期间经常有着某种期待,这种期待是一种利益,应当受到现代行政法的保护——而且从行政效率角度看也具有正当性。对行政机关未在法定期间、期日中作出行政行为,法律为行政相对人设置了履行法定职责之诉或者确认违法之诉的行政救济方式;如果行政机关因在法定期限内不作为而导致行政相对人合法权益受损害,行政相对人还可以提起行政赔偿之诉。

与行政期间相关联的一个概念是行政时效。行政时效是指法律规定的某种事实状态经过法定时间之后产生一定法律后果的一种程序法律制度。如《行政处罚法》第 36 条规定:"违法行为在二年内未被发现的,不再给予行政处罚;涉及公民生命健康安全、金融安全且有危害后果的,上述期限延长至五年。法律另有规定的除外。前款规定的期限,从违法行为发生之日起计算;违法行为有连续或者继续状态的,从行为终了之日起计算。"行政决定撤销制度中的除斥期间也是一种行政时效。行政时效在法定事由发生时产生中止或中断的法效力,在法定事由消失之后恢复(停摆的时钟继续走动)或者重新计算(时钟回到零点重新走动)。如在靖某全诉陕西省西安市劳动和社会保障局社会保障行政确认案中,法院认为:

《工伤保险条例》第 17 条第 2 款规定的 1 年申请期是时效概念,可以适用中止、中断的情形。该条款虽未明确规定申请时效的中止和中断,但是 2005 年 2 月 1 日国务院法制办公室在国法秘函〔2005〕39 号"《关于对〈工伤保险条例〉第 17 条、第 64 条关于工伤认定申请时限问题的请示》的复函"中指出工伤认定申请时限应扣除因不可抗力耽误的时间,这说明 1 年申请时效非不变期间,而是一种可变期间。虽然该复函仅明确了不可抗力可以构成 1 年申请时效中止的法定事由,而没有表明是否还具有其他类似中止、中断的情形,但是从保护工伤职工利益的立法原则和关怀弱势群体的立法精神上看,并结合该复函的精神,应当认为《工伤保险条例》第 17 条第 2 款规定的 1 年的申请时效可以适用时效的中止、中断等规定。本案中,原一运司的法律顾问戴某纯证明靖某全长年向其反映靖某群的工伤事宜,其亦向单位汇报过。戴某纯作为一运司的法律顾问,也曾参与了一运司与靖某全之间因交通事故引发的人身损害赔偿案的诉讼,靖某全向其反映工伤事宜,可以视为向单位主张权利,故本案中存在 1 年工伤申请时效中断的情形,靖某全于同年 11 月申请工伤认定,不应视为其申请超过 1 年的申请时效。市劳动局接到靖某全的申请材料后,应当对上述中断情形予以审查、确认,随后依据案件的具体情况作出靖某群是否为工伤的判定。[65]

五、行政送达

送达是指行政机关按照法定方式,将法律文书交付给法定收受人或者其他程序参与人的一种程序性行为。送达采用职权送达主义。送达除了向行政相对人明确行政行为的内容外,还有将行政行为内容客观化的功能,消除日后可能引起的争议。在制定法上,迄今为止关于行政程序上的送达没有法律统一规定。《行政处罚法》第61条第1款规定:"行政处罚决定书应当在宣告后当场交付当事人;当事人不在场的,行政机关应当在七日内依照《中华人民共和国民事诉讼法》的有关规定,将行政处罚决定书送达当事人。"据此,行政处罚决定书的送达准用《民事诉讼法》有关送达的规定。但是,《行政强制法》的规定有所不同,该法第38条规定:"催告书、行政强制执行决定书应当直接送达当事人。当事人拒绝接收或者无法直接送达当事人的,应当依照《中华人民共和国民事诉讼法》的有关规定送达。"可见,在《行政强制法》中,催告书、行政强制执行决定书只有在当事人拒绝接收或者无法直接送达当事人时,才能依照《民事诉讼法》的规定送达。依照《民事诉讼法》的规定,行政送达的方式有直接送达、邮寄送达、委托送达、留置送达和公告送达等。行政机关选择何种程序送达法律文书,需要查询相关法律的规定,不可一概而论。

一些地方行政程序立法出于行政效率的考虑,在不违反上位法规定的前提下,对行政送达作出具有可操作性的规定,在一定程度上弥补了法律、行政法规规定的不足。如《浙江省行政程序办法》第67条第2、3款规定:"受送达人拒绝签收行政执法文书,行政机关采取下列措施之一,并把行政执法文书留在受送达人的住所的,视为送达:(一)采用拍照、录像、录音等方式记录送达过程;(二)邀请有关基层组织或者所在单位的代表到场,说明情况,在送达回证上记明拒收事由和日期,由送达人、见证人签名或者盖章;(三)邀请公证机构见证送达过程。行政机关工作人员应当在送达回证上注明送达情况并签名。"第70条规定:"除行政执法决定文书外,行政机关经受送达人同意,可以通过传真、电子邮件等方式送达行政执法文书。向受送达人确认的电子邮箱送达行政执法文书的,自电子邮件进入受送达人特定系统的日期为送达日期。"

如何认定送达的事实,在实务中因送达方式不同而有所差异。在邮寄送达中,只要有送达回执、邮件寄退日戳等,就可以认定行政相对人已经收到。如在俞某渊诉上海市人民政府行政复议纠纷案中,法院认为:

被上诉人于2009年9月21日作出行政复议决定,并于同年9月29日按照上诉人预留的地址以挂号信的方式将行政复议决定书寄送其本人,并无不当。邮件寄退日戳记载的"2009.09.30.16"系邮局将信件投至送达地址后退回双挂回执的时间,且邮件回执收件人处加盖了"中创大厦赠阅"章,由此可以认定2009年9月30日行政复议决定书已送达上诉人。[66]

在直接送达中,当行政相对人拒绝签收时,法律要求行政机关邀请第三方到场作证,若行政机关未邀请第三方到场作证,则构成送达程序违法。如在河南省天杰古建园林有限公司不服武陟县原安全生产监督管理局安全生产监督管理行政处罚案中,法院认为:

本案被告在实施行政处罚过程中向原告送达行政处罚告知书、听证告知书时,因原告拒签,被告在

---

[65] 参见最高人民法院行政审判庭编:《中国行政审判指导案例》(第1卷)第36号案例,中国法制出版社2010年版,第192页以下。

[66] 参见上海市高级人民法院行政裁定书[(2010)沪高行终字第24号]。

送达回证上只有两名工作人员签字,该送达程序不符合民事诉讼法有关送达的要求,程序违法。[67]

如在其他送达方式不能达到送达目的时,公告送达是最后一种送达方式的情况。如果行政机关未尝试其他送达方式而径行通过公告送达行政决定,视为未送达。[68] 若有可能存在第三人,如建筑许可、房屋过户登记等,行政机关应当履行公告送达义务,但不必送达"副本"。公告送达内容必须明确,比如公告送达的受领人,否则不产生送达的效果。如南宁市敬强房地产有限责任公司不服南宁市原工商局工商行政处罚案中,法院认为:

> 上诉人市原工商局采取在《南宁日报》刊登公告的形式,送达《吊销企业营业执照公告》和作出行政处罚决定的公告,但是,上诉人于2007年2月8日在《南宁日报》刊登的公告,没有载明被上诉人南宁市敬强房地产有限责任公司的企业名称,该公告被处罚的主体不明确,也没有明确其已针对被上诉人作出了南工商企处吊字[2007]0000531号《行政处罚决定书》。由于该公告对被处罚的主体及是否已针对被上诉人作出了行政处罚决定没有明确,因而不能视为公告当天上诉人已向被上诉人送达了其对被上诉人作出的南工商企处吊字[2007]0000531号《行政处罚决定书》。[69]

为了准确、及时地送达行政法律文书,行政相对人负有告知行政机关送达地址的义务,行政机关也有查清行政相对人接收行政法律文书地址的法定职责。如身份证上的地址与行政相对人现居住地有时并不一致,行政机关在送达之前应当加以核实。送达对行政程序的作用并不一致,有的送达导致行政程序的终结,如行政处罚决定书的送达;有的送达引起一个新的行政程序开始,如听证通知的送达。送达法律文书必须有送达回证,由受送达人在送达回证上记明收到日期、签名或者盖章。受送达人在送达回证上的签收日期为送达日期。这个送达日期通常是行政相对人行使行政救济权期限的起算之日。如《行政诉讼法》第46条第1款规定:"公民、法人或者其他组织直接向人民法院提起诉讼的,应当自知道或者应当知道作出行政行为之日起六个月内提出。法律另有规定的除外。"送达日期也是行政相对人履行义务期限的起算之日,如《行政处罚法》第67条第3款规定:"当事人应当自收到行政处罚决定书之日起十五日内,到指定的银行或者通过电子支付系统缴纳罚款。银行应当收受罚款,并将罚款直接上缴国库。"有时,虽然行政机关没有采用合法送达方式将行政法律文书送达行政相对人,但行政机关通过其他文书告知其行政行为内容,自行政相对人知道该行政行为内容之时发生法效力。如在梁某某诉徐州市云龙区民政局离婚登记行政确认案中,云龙区民政局婚姻登记处作出案涉《离婚登记情况说明》,没有送达当事人,但告知了获取的途径,对此,法院认为:

> 本案中,案涉《离婚登记情况说明》作出前,云龙区民政局婚姻登记处袁某明主任电话告知了原告梁某某拟作出的行政行为及相应的事实依据,梁某某在通话过程中也发表了自己的意见。后,梁某某又与他人至袁某明处获取了相关的婚姻登记规范文件。云龙区民政局婚姻登记处作出案涉《离婚登记情况说明》后虽未向梁某某送达,但告知了获取途径,梁某某通过该途径也实际取得了记载行政行为的书面材料。云龙区民政局确认原离婚登记行为无效后,收回了黄某某持有的离婚证,也通过一定的方式告知收回向梁某某颁发的离婚证,梁某某虽未上缴其持有的离婚证,但不影响云龙区民政局依规定将纠正内容存入婚姻档案。云龙区民政局自发现涉案离婚登记错误后,自行纠正、纠正内容存档、告知涉案离婚双方当事人纠正内容及办理涉外离婚登记合法的行政机关,并无不当。因此,云龙区民政局作出案涉《离婚登记情况说明》并不违背正当程序原则。[70]

---

[67] 参见河南省武陟县人民法院行政判决书[(2009)武行初字第8号]。
[68] 参见河北省任丘市城内公共汽车有限公司诉任丘市原工商行政管理局工商行政处罚案,载最高人民法院行政审判庭编:《中国行政审判案例》(第3卷)第89号案例,中国法制出版社2013年版,第38页。
[69] 参见广西壮族自治区南宁市中级人民法院行政判决书[(2008)南市行终字第27号]。
[70] 参见《最高人民法院公报》2022年第1期。

第十章 行政程序的类型

第一节 普通程序

一、程序开始

以程序开始的起因为标准,行政程序可以分为依职权的行政行为和依申请的行政行为。由此,一个行政程序是否开始,由行政机关依职权或者依申请而定。行政程序开始之日,是期间计算的起点,行政相对人的权利义务开始受到影响,因此,明确行政程序何时开始具有十分重要的程序法意义。

(一)依职权的程序开始

1. 初步证据材料的取得。在日常的行政监管中,行政机关通过行政检查、新闻媒体报道、公众投诉和其他国家机关的转送等方式,取得大量行政信息材料。通过对这些信息材料的分析、比对,行政机关发现有应当由本机关依法处理的行政事务,如认为有违反行政管理秩序行为需要给予行政处罚,就应当依职权启动行政程序。例如,《行政处罚法》第54条第1款规定:"除本法第五十一条规定的可以当场作出的行政处罚外,行政机关发现公民、法人或者其他组织有依法应当给予行政处罚的行为的,必须全面、客观、公正地调查,收集有关证据;必要时,依照法律、法规的规定,可以进行检查。"

在实务中,行政相对人的"求助"、"投诉"和"举报"等都是行政机关获取初步证据材料的来源途径。前者如《人民警察法》第21条第1款规定:"人民警察遇到公民人身、财产安全受到侵犯或者处于其他危难情形,应当立即救助;对公民提出解决纠纷的要求,应当给予帮助;对公民的报警案件,应当及时查处。"后者如在彭某纯诉上海市原工商局不履行法定职责纠纷案中,经法院查实,"彭某纯于2000年12月向被告工商局投诉称,因为看了该节目,他妻子于2000年8月21日住进了411医院进行治疗,29天后死亡。彭某纯认为该节目系违法医疗广告,故要求工商局进行查处"。[1]

2. 立案。立案标志程序的开始,是起算期限的时间节点。行政机关基于初步证据材料认为有需要依法处理的行政事务时,应当从以下几个方面进行审查:(1)有无相关法律、法规或者规章规定的要件事实;(2)是否在法定处理期限之内,如行政违法行为是否还在追溯期限内;(3)本机关是否有管辖权。如果上述条件一并具备,行政机关可以依法立案。行政机关在立案条件成立后何时立案,《行政处罚法》第54条第2款规定:"符合立案标准的,行政机关应当及时立案。"至于何为"及时",由行政机关裁量确定。不过,部门行政法中也有具体立案时间的规定。例如,《兽药管理条例》第46条第1款规定:"兽医行政管理部门依法进行监督检查时,对有证据证明可能是假、劣兽药的,应当采取查封、扣押的行政强制措施,并自采取行政

---

[1] 参见彭某纯诉上海市原工商局不履行法定职责纠纷案,载《最高人民法院公报》2003年第5期。

强制措施之日起 7 个工作日内作出是否立案的决定;需要检验的,应当自检验报告书发出之日起 15 个工作日内作出是否立案的决定;不符合立案条件的,应当解除行政强制措施;需要暂停生产的,由国务院兽医行政管理部门或者省、自治区、直辖市人民政府兽医行政管理部门按照权限作出决定;需要暂停经营、使用的,由县级以上人民政府兽医行政管理部门按照权限作出决定。"立案事由与举报内容不一致,并不影响立案的合法性。例如,在成都市攀丰漆业有限公司(以下简称攀丰漆业公司)诉成都市金牛区原工商行政管理局工商行政处罚纠纷上诉案中,法院认为:

> 被上诉人在接到攀丰漆业公司无证经营的举报电话后,虽经调查证实举报内容不实,但在调查中发现攀丰漆业公司有将危险化学品硝基磁漆和硝基漆稀释剂销售给未取得危险化学品经营许可证的华渝公司的事实,遂根据《工商行政管理机关行政处罚程序暂行规定》第 14 条的规定,对上诉人涉嫌向未取得危险化学品经营许可证的企业销售危险化学品一案予以立案调查,其立案程序合法。[2]

在立案条件成立时是否立案,原则上属于行政机关裁量范围。例如,《反补贴条例》第 18 条规定:"在特殊情形下,商务部没有收到反补贴调查的书面申请,但有充分证据认为存在补贴和损害以及二者之间有因果关系的,可以决定立案调查。"但行政机关如果没有裁量权,就应当作出立案决定。又如,《对外贸易壁垒调查规则》第 12 条第 1 款规定:"如果申请人提交的申请材料符合本规则第六条和第七条的规定,并且不存在本规则第十六条第(一)、(三)和(四)项规定的情形,商务部应当决定立案调查并发布公告。"该条规定中的"应当立案",意味着行政机关在是否立案问题上没有裁量权。

3. 立案告知。立案的初步证据材料源自特定人投诉、举报的,行政机关应当及时告知投诉、举报人立案情况。例如,《社会保险基金监督举报工作管理办法》第 22 条规定:"人力资源社会保障行政部门应当自接收举报事项之日起 10 个工作日内,将受理(不予受理)决定通过纸质通知或者电子邮件、短信等形式告知有告知要求的实名举报人。"不予立案的,应当说明理由。立案告知是对投诉、举报人请求的回应,是行政机关应当履行的一种程序性义务,也是满足投诉、举报人知情权的需要。

(二)依申请的程序开始

1. 申请。申请是指行政相对人请求行政机关履行法定职责的意思表示。对于申请的法效力,行政机关应当审查申请是否属于行政相对人的真实意思表示,不必过分在意它的表示形式,除非它违反法定形式,否则应当承认其申请的法效力。实务中,如行政相对人以信访形式申请行政复议,行政机关应当将其作为行政复议申请转入行政复议程序;如行政相对人将行政机关主要负责人作为行政许可申请收件人,行政机关主要负责人应将此申请转给相关部门依法受理。又如,在李某诉南通市原城建局政府信息公开案中,法院认为:

> 关于李某向南通市原城建局法定代表人马某明提起复议的行为能否视为向南通市原城建局提起复议的问题。行政主体的法定代表人是依法代表行政主体的,不仅具有"法定性",还具有"代表性",代表行政机关从事行政活动和诉讼活动。其与行政主体是同一法律人格,而不是双重人格。因此,2012 年《民事诉讼法》第 85 条第 1 款亦规定,送达诉讼文书,应当直接送交受送达人。受送达人是公民的,本人不在交他的同住成年家属签收;受送达人是法人或者其他组织的,应当由法人的法定代表人、其他组织的主要负责人或者该法人、组织负责收件的人签收;受送达人有诉讼代理人的,可以送交其代理人签收;受送达人已向人民法院指定代收人的,送交代收人签收。本案中,李某邮寄行政复议申请书的收

---

[2] 四川省成都市中级人民法院行政判决书[(2005)成行终字第 128 号]。

件人为"马某明",地址为"南通城建局",由于马某明作为局长身份的特殊性,李某邮寄的行政复议申请书应当首先视为向南通城建局的邮寄行为,而非向马某明个人的邮寄行为,对南通市原城建局认为马某明收取李某信件的行为系个人行为的理由,本院不予采信。[3]

当行政相对人的申请到达后,行政机关应当作形式审查,判断申请是否符合法定条件。行政机关若发现申请不符合法定条件但尚可补正,不得直接驳回,应当告知行政相对人限期补正。这里的申请"到达"方式如有法定的,则依照法定方式;如无法定的,应当采用"简便主义"原则,不可苛求行政相对人申请必须采用特定的"到达"方式。实务中,传真、电子邮件等方式都可以被解释为一种可以被认可的简便"到达"方式。[4] 行政相对人未依照法定程序提出申请,应当视为没有申请。例如,在林某珍诉厦门市同安区原建设局等不履行行政许可法定职责纠纷案中,法院认为:

> 本案中,原告申请新建住宅,未按照上述规定,持农村村民住宅用地与建设申请表一式5份、户口簿及家庭成年成员的身份证影印件等材料先向村委会提出住宅建设用地申请,而是通过互联网向被告厦门市同安区建设局、同安区祥平街道办事处提交申请建房报告。原告提出的建房申请,不符合法定条件,应视为未提出申请。[5]

原则上,申请应当以书面方式提出,但紧急情况、现场请求等情形下可以口头提出申请。如行政相对人请求警察准许其通过警戒线接送上学的小孩。对于申请所依据的材料,行政相对人负有内容真实性的保障义务,否则应当承担相应的法律后果。申请内容是否"合法"不属于本阶段的审查范围。

2. 受理。经行政机关形式审查后,认为申请符合法定条件,应当作出受理决定;审查期限届满,行政机关未作出不予受理决定,视为受理;[6]认为申请不符合条件,应当作出不予受理的决定,并说明理由;行政机关若认为自己无职权作出不予受理决定,亦同。例如,在江某兴诉重庆市大渡口区原卫生局卫生行政确认纠纷案中,法院认为:

> 根据《临床医学专业技术资格考试暂行规定》(卫人发[2000]462号)第4条第1款关于"临床医学专业初、中级资格实行全国统一考试制度。全国实行统一考试后,各地、各部门不再进行相应临床医学专业技术资格的评审"之规定。2009年重庆市大渡口区原卫生局无权受理申请人关于临床医学专业技术资格评审的申请。本案上诉人于2009年1月1日向重庆市大渡口区原卫生局提出医学专业技术职务任职资格申请,重庆市大渡口区原卫生局回复上诉人,对其申请不予受理并无不当。[7]

行政机关不得以申请不合法为由拒绝受理。只有在受理之后经过审查认为不符合申请条件,才可以作出不予受理决定。行政机关认为申请材料不全或者不符合法定形式,应当告知申请人限期补充(正)。申请人没有在指定期间补充(正),行政机关是作出不予受理决定还是视为没有申请,应当从两个角度加以考虑:从申请人提起行政救济的角度看,应作不予受理决定;但如果从"一事不再理"原则考虑,视为没有申请可能对申请人更为有利。若是后者,申请人所交纳的相关费用应当予以退还。

受理是行政程序法定期限的起算点,从有利于申请人权利救济角度看,记明受理时间的

---

[3] 江苏省南通市中级人民法院行政判决书[(2015)通中行终字第00163号]。
[4] 《行政许可法》第29条3款规定:"行政许可申请可以通过信函、电报、电传、传真、电子数据交换和电子邮件等方式提出。"
[5] 福建省厦门市同安区人民法院行政判决书[(2010)同行初字第4号]。
[6] 《行政复议法》第30条第3款。
[7] 重庆市第五中级人民法院行政判决书[(2009)渝五中法行终字第398号]。

通知应当依法送达申请人。对行政机关而言,它在这个法定期限内应当对申请人的申请作一个结论性的意见,逾期不作,原则上视为同意申请。例如,在大德广告公司诉徐州市城市管理委员会不依法履行法定职责附带行政赔偿案中,法院认为:

> 根据《江苏省户外广告管理办法》第15条的规定:工商、城建、市容、公安等部门审批户外广告,必须简化手续、提高效率。各审批部门在接到经营者或者发布者符合要求的申请文件和资料后,应当在10日内作出书面决定,逾期视为同意。据此,被告在上述时限内未作出书面决定,其行为违法。同时根据规定,原告的申请已被视为同意,因此,法院再判决责令被告履行职责已无实际意义。[8]

既然视为同意申请,那么在法律上申请人可以从事他所申请的行为,行政机关不得以申请人行为违法为由查处。例如,在上海太平洋广告装潢有限公司诉上海市南汇区原市政管理委员会办公室行政处罚决定案中,法院认为:

> 《上海市户外广告设置规划和管理办法》第15条规定:市或者区、县工商局和市或者区、县规划局以及市或者区、县市政委办公室应当自受理户外广告设施设置申请或者接受申请材料之日起10日内办妥有关审核手续。逾期不提出审核意见的,视为同意。上诉人向原审提供的上海市户外广告设施设置申请审批表上城市规划管理局和市政委办公室均未提出审核意见,诉讼中上诉人仅向法庭陈述有关申请未获有关部门审核同意,而未提供有关部门在法定期限内明确表示不予同意的证据材料,故上诉人认定被诉行政处罚决定所指的户外广告设施未完成合法审批程序亦缺乏事实依据。[9]

但是,若申请人所申请的事项涉及公共利益、第三人利益,在行政机关逾期仍不作出决定时,应当视为不同意申请,如危险品的运输许可申请,视为同意不利于公共利益或者第三人权利的保护。《行政许可法》第50条第2款规定:"行政机关应当根据被许可人的申请,在该行政许可有效期届满前作出是否准予延续的决定;逾期未作决定的,视为准予延续。"该条规定不分情形,一律视为准予延续,可能会损害公共利益或者第三人权利,今后修法时需要作出一些例外规定。"视为同意"是为了防止行政机关怠于行使职权,若"视为同意"可能影响公共利益或者第三人合法权益,应当作"视为不同意"处理。

3. 受理的存废。在行政法学理上,行政程序是否需要一个如同诉讼程序那样的一个"受理"程序,并非没有异议。日本《行政程序法》第7条排除了"受理"的观念,目的在于确保行政机关对申请迅速且公正地作出处理。也就是说,只要申请到达行政机关办公场所,那么行政机关就有进行审查并作出处理决定的义务。[10] 我国也有这样的立法例,如《政府信息公开条例》第33条规定:"行政机关收到政府信息公开申请,能够当场答复的,应当当场予以答复。行政机关不能当场答复的,应当自收到申请之日起20个工作日内予以答复;需要延长答复期限的,应当经政府信息公开工作机构负责人同意并告知申请人,延长的期限最长不得超过20个工作日。行政机关征求第三方和其他机关意见所需时间不计算在前款规定的期限内。"这条规定确立了"收到即为受理"规则,不存在一个"犹豫期"的问题。但是,更多的法律、法规或者规章有"受理"的规定,如《行政复议法》第30条第3款规定,"行政复议申请的审查期限届满,行政复议机关未作出不予受理决定的,审查期限届满之日起视为受理"。因为我国制定法上普遍设有"受理"程序,所以在行政程序法上恐怕一时难以废弃"受理"程序的规定。

4. 举证责任。在依申请程序中,申请人对自己的主张承担举证责任。例如,《政府采购质疑和投诉办法》第25条规定:"应当由投诉人承担举证责任的投诉事项,投诉人未提供相关证

---

[8] 江苏省徐州市云龙区人民法院行政判决书[(2000)云行初字第28号]。
[9] 上海市第一中级人民法院行政判决书[(2004)沪一中行终字第61号]。
[10] 参见[日]室井力等编著:《日本行政程序法逐条注释》,朱芒译,上海三联书店2009年版,第94页。

据、依据和其他有关材料的,视为该诉事项不成立;被投诉人未按照投诉答复通知书要求提交相关证据、依据和其他有关材料的,视同其放弃说明权利,依法承担不利后果。"在依职权程序中,行政机关对自己作出的行政行为合法性承担举证责任,在有第三人参与的行政程序中,举证责任分担原则上采用"谁主张,谁举证"。在特别情况下为了保护弱势一方行政相对人的合法权益,可以采用倒置方式分配举证责任。[11]

5. 回复义务。针对行政相对人的请求或者申请,行政机关负有就该请求或者申请处理结果的告知义务。对于行政相对人请求或者申请,若法律有回复义务的明确规定,则没有异议。实务中,对于没有法律明确规定的情形,行政机关是否也负有回复义务,并非没有争议。若答案是肯定的,可能会减损行政效率,反之,则可能影响行政相对人的权利,因此,行政机关需要权衡这两者之间的关系,不可偏于一隅。若进入行政诉讼,法院必须在个案中作出权衡,如在庞某聚等诉河南省人民政府行政复议案中,法院认为:

> 河南省人民政府督查室对庞某聚等人提交的督查申请未予回复,不构成不履行法定职责。上诉人提交的督查申请事项不属于河南省人民政府督查室职责范围,对于该督查申请是否受理及处理结果等情况,法律法规未设定其负有法定的、强制性的回复义务,上诉人主张的对督查申请未予回复构成不履行法定职责的上诉理由不能成立。[12]

二、程序进行

无论是依职权还是依申请启动程序之后,行政机关都需要通过调查、听证、审查等程序性行为推进行政程序,公正、高效地终结行政程序。

(一)调查

行政机关依法需要核查行政相对人申请材料的,或者对行政相对人作出行政处罚、行政强制等行政行为需要查明事实的,应当合法、全面、客观、公正、及时进行调查。

1. 职权调查原则。所谓职权调查,即调查事实的种类、范围、证据材料取舍以及何时、何地、对何人进行调查等都由行政机关依照法定职权确定,不受行政相对人申请或者投诉、举报范围的限制。凡是属于行政行为构成要件和裁量所需要的事实都属于调查范围。行政机关调查必须遵循合法、全面、客观、公正、及时原则,对行政相对人不利和有利两个方面的事实都要进行调查,不可偏废。例如,《湖南省行政程序规定》第68条规定:"行政机关应当采取合法的手段和依照法定的程序,客观、全面收集证据,不得仅收集对当事人不利的证据。"《行政处罚法》第54条规定,行政机关必须全面、客观、公正地调查,收集有关证据。[13] 在实务中,如在邱某诉国家知识产权局专利复审委员会专利权无效行政纠纷案中,法院认为:

> 对于专利复审委员会主动核实证据2.4的真实性问题。专利复审委员会在无效程序中不但遵循请求原则,而且须执行依职权调查原则。即使对于请求人未提及的理由,专利复审委员会认为有必要即可依职权进行审查,也享有调查事实和引入公知常识的权利,因此,在本案中主动从另一无效案中核实申请人提交的一份证据的真实性,既属于专利复审委员会主动履行职务的正当行为,又避免了对同一证据出现不同甚至相反的认定,因此,专利复审委员会主动核实证据2.4的真实性的行为并无不当。[14]

---

[11] 合肥同达电力科贸股份合作公司诉安徽省合肥市劳动和社会保障局社会保障行政确认案,载最高人民法院行政审判庭编:《中国行政审判指导案例》(第1卷)第38号案例,中国法制出版社2010年版,第206页以下。
[12] 河南省高级人民法院行政判决书[(2013)豫法行终字第50号]。
[13] 我国台湾地区"行政程序法"第36条规定:"行政机关应依职权调查证据,不受当事人主张之拘束,对当事人有利及不利事项一律注意。"
[14] 北京市高级人民法院行政判决书》[(2006)高行终字第90号]。

2. 调查方法。调查必须由两个以上的行政机关执法人员进行,并出示可以证明其合法身份的有关证件。行政机关可以采取提取书证、制作当事人陈述、实施技术鉴定、勘验等方法,查明事实真相。必要时,行政机关也可以请求其他国家机关协助调查。任何个人或者组织都有配合行政机关调查的义务。例如,《浙江省行政程序办法》第50条第1款规定:"行政机关依法开展调查,可以根据需要采取下列措施:(一)口头或者书面通知有关公民、法人和其他组织对调查事项作出解释和说明;(二)要求公民、法人和其他组织提供与调查事项有关的文件、资料,并进行复制;(三)对有关公民、法人和其他组织的工作场所、经营场所等进行现场检查、勘验;(四)自行或者委托法定鉴定、检验机构对有关事实进行鉴定、检验;(五)法律、法规和规章规定的其他措施。"

在调查方法中,证据先行登记保存是《行政处罚法》在调查程序中设置的一种保存证据的方式,性质上属于行政强制措施。[15]《行政处罚法》第56条规定:"行政机关在收集证据时,可以采取抽样取证的方法;在证据可能灭失或者以后难以取得的情况下,经行政机关负责人批准,可以先行登记保存,并应当在七日内及时作出处理决定,在此期间,当事人或者有关人员不得销毁或者转移证据。"证据先行登记保存的核心内容是"登记",即行政机关登记造册,事后有记录可查。"保存"应当作由行政相对人或者有关人员"保管"的解释,否则证据先行登记保存可能质变为查封、扣押财产的行政强制措施。实务中,有法院将"异地保存"作合法认定,与《行政处罚法》立法目的相悖。当然,如果"异地保存"不违反证据先行登记保存立法目的,那么"异地保存"也可以被认定合法,但行政机关负有理由说明义务。例如,在熊某林诉长沙市广播电视局行政处罚决定案中,法院认为:

> 在法庭调查中,原告称被告在执法过程中存在违法办案的事实,其所指的是证据先行登记保存时,不应将原告等人所进行宣传的工具予以收缴。对这一事实,被告辩称,不是收缴,而是异地保存。异地保存的理由是,执法人员在进行证据登记时,遭受当事人的围攻和阻挠,执法人员无法开展工作,后在公安人员的协助下,才将当事人的证物登记造册。鉴于当事人熊某林在行政执法过程中,采取了暴力抗法的手段,且被公安机关刑事拘留,长沙市广播电视局如不对证物采取异地保存措施,有可能导致证据的转移和毁灭。被告这一行为,从客观事实上看,没有违反法律程序,是符合证据先行登记保存的立法精神的。因此,一审法院对被告采取的证据异地保存的合法性予以确定。[16]

行政相对人对证据先行登记保存不服的,可以在对行政机关作出最终决定不服而提起行政救济时将其作为支持自己诉讼请求的一个理由,质疑最终决定的合法性。但若证据先行登记保存实质性地终结了调查程序,那么该证据先行登记保存行为可以成为提起行政救济的客体。例如,在卢某亚诉上海市闵行区文化广播电视管理局文化行政强制措施案中,原告诉称,被告至银都坤久市场8-5号香烛店内,将原告散存店内的各类碟片一扫而光,出具证据先行登记保存清单交原告签名,但被告至今未作出处理决定,既不归还,也未没收。所以,原告请求法院确认被告对证据先行登记保存后7日内不处理系程序违法。法院受理此案并作出了判决。[17] 又如,在谭某传诉烟台市人民政府、烟台经济技术开发区城市管理执法大队行政复议案中,法院认为:

---

[15] 《行政强制法》第2条第2款规定:"行政强制措施,是指行政机关在行政管理过程中,为制止违法行为、防止证据损毁、避免危害发生、控制危险扩大等情形,依法对公民的人身自由实施暂时性限制,或者对公民、法人或者其他组织的财物实施暂时性控制的行为。"
[16] 湖南省长沙市中级人民法院行政判决书[(2000)长中行终字第98号]。
[17] 上海市闵行区人民法院行政判决书[(2004)闵行初字第67号]。

城管执法大队在执法过程中,由于谭某传情绪激动,不予配合,如不采取证据登记保存措施,用于违法经营的工具有可能转移,为之后的调查取证带来困难,烟台市人民政府由此认定城管执法大队对车辆及其物品采取证据先行登记保存不违反上述规定,并无不当。城管执法大队应当在证据先行登记保存7日内作出处理决定,但却在期限届满后未依法向谭某传返还保存车辆,直到2014年12月12日才通知谭某传提车,烟台市人民政府认定该行为没有法律依据,损害了谭某传的合法权益,最终确认城管执法大队在证据登记保存期满后继续扣押车辆行为违法,认定事实清楚、适用法律正确。[18]

3. 行政协助义务。行政机关进行调查时,行政相对人及其他案外的公民、法人或者其他组织都有协助的义务。值得讨论的是,对于不利于行政相对人的事实调查,该行政相对人是否有协助义务,在学理上向来是有争议的。在制定法上,持肯定意见的明文规定并不少见,如《生态环境行政处罚办法》第23条第2款规定:"当事人或者有关人员应当如实回答询问,并协助调查或者检查,不得拒绝、阻挠或者在接受检查时弄虚作假。询问或者检查应当制作笔录。"对由他人协助而收集的证据材料,行政机关负有全面审查的义务。行政机关委托其他行政机关收集证据材料,应当出具委托函。如果行政相对人自身原因导致行政机关无法收集有利于行政相对人的证据材料,行政相对人不得在行政救济中把它作为一个对抗被诉行政行为合法性的理由。行政相对人基于维护自身权利的需要,可以申请行政机关调取自己无法收集的相关证据材料,查清对其有利的事实。

4. 调查中止、终止。在行政程序中,如果调查需要花费大量的行政成本才能达到"事实清楚",行政机关可以依法中止调查,并以行政协议或者其他法定方式与行政相对人达成和解。如果和解涉及公共利益和第三人利益,应当以不损害公共利益和第三人利益为限。中止情形消失之后,行政机关可以继续调查。在有制定法特别规定的情形下,行政机关还可以终止调查。例如,《反垄断法》第53条第1、2款规定:"对反垄断执法机构调查的涉嫌垄断行为,被调查的经营者承诺在反垄断执法机构认可的期限内采取具体措施消除该行为后果的,反垄断执法机构可以决定中止调查。中止调查的决定应当载明被调查的经营者承诺的具体内容。反垄断执法机构决定中止调查的,应当对经营者履行承诺的情况进行监督。经营者履行承诺的,反垄断执法机构可以决定终止调查。"调查终止后,若有法定情形出现,行政机关可以根据新的情况重新立案、调查。

(二) 听证

听证是以举行听证会的方式听取行政相对人的意见,它是行政程序中的一个特别调查程序。原则上,行政机关作出对行政相对人不利决定之前,以非听证会的方式听取意见,[19]只有在法定情形下才举行听证会。[20] 采用以非听证会方式听取意见的调查程序,行政机关只要确保行政相对人有一个陈述意见的机会,就符合听证要求。这里仅叙明以听证会方式听取意见的调查程序。

1. 听证告知。在调查的基础上,行政机关拟定作出的行政行为如属于法定听证范围,应当把拟定作出的行政行为事实、依据和理由以及听证权利等内容,以书面形式告知行政相对人。有的地方政府明文规定了更高的听证告知要求,听证告知内容还应当包括"行政裁量"中种类、标准等,如不告知此项内容,行政机关所作出的行政行为不成立。例如,在马某勇诉河南省中原油田公安局直属分局行政处罚案中,法院认为:

---

[18] 山东省高级人民法院行政判决书[(2016)鲁行终349号]。
[19] 参见《行政强制法》第36条。
[20] 参见《行政处罚法》第63条。

河南省人民政府《关于规范行政处罚裁量权的若干意见》（豫政〔2008〕57号）规定，"县级以上行政执法部门制作的《行政处罚事先告知书》，凡涉及行政处罚裁量的，应当向当事人告知本机关拟选择的处罚种类、处罚标准或者限制人身自由时间的事实、理由和依据；未履行行政处罚裁量告知义务的，行政处罚决定不能成立"。上诉人在作出中油直（交管）决字〔2010〕第158号行政处罚决定之前，未向马某勇告知本机关拟选择的处罚种类、处罚标准的事实、理由和依据，该行政处罚决定不能成立，一审法院判决撤销适当。[21]

本案中，河南省人民政府根据《行政处罚法》（1996年）第41条等规定有权制定《河南省人民政府关于规范行政处罚裁量权的若干意见》，因此，有关行政处罚裁量的规定合法性没有异议。但是，法院既然认定"该处罚决定不能成立"，那么不能作出"一审法院判决撤销适当"的结论。因为，行政处罚决定不能成立的，依照当时最高人民法院相关司法解释的规定，法院应当作出确认判决。[22] 当然，未履行行政处罚裁量种类、标准等告知义务，是否构成行政处罚决定不成立，值得讨论。另外，当事人接到行政机关发出的告知通知书之后要求听证的，应当在法定期限内向行政机关提出，如《行政处罚法》第64条第1项规定，当事人要求听证的，应当在行政机关告知后5天内提出。如行政机关在该法定期限内作出行政行为，构成违反法定程序。例如，在汪某社诉歙县交通局交通运输管理行政处罚附带行政赔偿案中，法院认为：

> 被告以交通违法行为通知书形式告知原告享有陈述权、申辩权、申请听证权，但被告所举证据不能证明交通违法行为通知书在处罚之前已经送达原告。即便如被告所述交通违法行为通知书是在2003年8月1日送达原告，那么原告在同年8月4日前均可以行使权利，被告却在同年8月4日即作出行政处罚，已经限制了原告听证权利的正当行使。因此，被告处罚违反法定程序。[23]

行政相对人逾期提出听证要求，行政机关可以不予准许，如行政相对人以此为由对行政机关作出的行政行为提起行政诉讼，其诉讼请求得不到法院的支持。例如，在高某贵诉防城港市原国土资源局行政处罚决定案中，被告立案受理原告非法占用土地案，并于2010年1月5日向原告送达行政处罚告知书，责令原告退还非法占用的3100平方米土地，限期拆除在非法占用土地上新建的房屋和其他设施。同年1月8日，被告向原告送达了行政处罚听证告知书，告知原告在接到听证告知书之日起5日内享有向被告提出陈述、申辩和听证等权利。此后，原告于2010年1月26日书面申请要求举行听证会，被告不采纳。法院认为：

> 原告在茅岭乡沙塝村海麻角组禾蛇岭老李角土地兴建建筑物前，未向有关部门申请批准，至今没有办理合法用地手续，其建房行为是违法的，也不符合我国土地管理法相关规定。原告诉称被告违反法定程序未告知其享有的权利，剥夺其陈述、申辩和听证等权利与事实不符，本院不予采信。[24]

2. 听证通知。行政机关应当在一个合理时间之前，将举行听证的时间、地点通知当事人。这里的"合理时间"是留给当事人参加听证的准备时间，如《行政处罚法》规定这个"合理时间"至少是7天。[25] 法律之所以要作出这样的规定，是因为这个"合理时间"直接影响当事人能否有效地行使陈述、申辩权。听证公告是十分必要的，它是行政公开原则的具体体现。与本案无关的公众，可以通过听证公告的指引参与听证会，客观上有助于行政机关依法举行听证会，提升其作出行政行为的社会认可度。

---

[21] 河南省濮阳市中级人民法院行政判决书〔（2010）濮中法行终字第45号〕。
[22] 参见《行诉若干解释》第57条。
[23] 安徽省歙县人民法院行政判决书〔（2004）歙行初字第16号〕。
[24] 广西壮族自治区防城港市港口区人民法院行政判决书〔（2010）港行初字第9号〕。
[25] 参见《行政处罚法》第64条第2项。

3. 听证前准备。依照审裁内部分离的规则,行政机关在听证前应当指定非本案调查人员为听证主持人。被指定的听证主持人如认为自己与听证事务有直接利害关系等符合回避情形的,应当向本机关提出回避请求,是否回避由本机关负责人决定。对涉及国家秘密、商业秘密和个人隐私的行政案件,行政机关应当决定不予公开听证。在听证会举行之前,当事人有权申请查阅卷宗材料,如委托代理人参加听证,应当将办妥的委托手续送交行政机关备查。听证会是否需要在主持人以外再设听证员,法律有不同规定,如《行政处罚法》只规定"听证由行政机关指定的非本案调查人员主持",未提到听证员,[26]但《行政复议法》规定听证由一名行政复议人员任主持人,两名以上行政复议人员任听证员。[27] 由于听证是一种特别调查程序,不需要以少数服从多数的方式对案件作出实质性处理决定,从行政效率角度考虑,在主持人以外再设立听证员实无必要。

4. 听证进行。由记录人宣布听证纪律之后,听证从主持人宣布案由开始。在告知听证主持人及记录人姓名之后,应询问当事人是否需要申请回避。在调查阶段,先由行政机关调查人员陈述事实、依据和理由以及拟定作出行政行为的内容,如果证据、依据比较简要,可以一并展示,但以不构成当事人理解上的困难为限。之后,听证进入当事人陈述、申辩阶段。如果在此阶段行政机关调查人员提出新的事实、依据和理由,听证主持人应当征询当事人是否同意继续听证。如果当事人不同意,听证主持人应当中止听证程序,确定一个合理准备时间继续听证。在听证过程中,当事人有就事实、依据和理由等方面进行陈述、申辩的权利,提出证据的权利和对调查人员发问等权利。如果当事人与第三人具有对抗性利益关系,当事人应当有权向第三人发问。根据各方陈述、质辩的状况,听证主持人可以决定终止听证。听证应当制作笔录,并交当事人审核无误后签名或者盖章。

5. 第二次听证。听证结束之后,行政机关认为有必要可以再行调查,如取得的新证据足以改变拟定作出行政行为的主要事实认定、法律条文引用和法律效果选择,行政机关应当就这一部分证据举行第二次听证,听取当事人的陈述、申辩。

(三)释明义务

1. 释明义务的内容。在行政程序中,行政相对人对法律规范能否正确理解是影响程序能否顺利进展的重要因素,为此,行政机关工作人员如同法官一样负有向其作法律规范释明的义务。如在行政相对人申请材料不符合法律规范要求时,受理机关的工作人员应当向申请人释明相关法律规范的具体要求。如果行政相对人的申请材料不符合要求导致重大不利后果,行政机关必须给予明确的提示。释明不是简单地重复法律规范的规定,或者告知行政相对人可以去查阅某个法律规范的具体条文,而是用"可理解"的语言向行政相对人作出解释,引导行政相对人作出正确的、慎重的选择。实务中,尽管没有法律规范明确的规定,但法院从个案事实中解释出行政机关负有释明义务。又如,在日照市港口石油有限公司诉日照市岚山区社会劳动保险事业处劳动和社会保障行政管理案中,法院认为:

对于死亡原因导致用人单位停保,无论对该原因日照市岚山区社会劳动保险事业处是否在当时已经知道或者后来才知道,都不影响死亡情形和原因出现的客观真实性。出于该种情形和原因,港口石油公司在按月缴费时进行了减少职工林某应缴费数额的操作;征缴社会保险费的行政部门未能及时告知减少职工死亡当月保费,将会导致不能享受工伤保险待遇的后果。对此,相关行政部门应当对减少

---

[26] 参见《行政处罚法》第64条第4项。
[27] 参见《行政复议法》第50条第3款。

缴费的原因尽到相应的审慎核查义务,也应当负有对个别特殊情况给予相对人释明义务。[28]

2. 释明义务的请求权。在行政程序中,行政相对人对法律规范理解有困难时,有要求行政机关给予释明的程序请求权。例如,《行政许可法》第30条规定:"行政机关应当将法律、法规、规章规定的有关行政许可的事项、依据、条件、数量、程序、期限以及需要提交的全部材料的目录和申请书示范文本等在办公场所公示。申请人要求行政机关对公示内容予以说明、解释的,行政机关应当说明、解释,提供准确、可靠的信息。"对于一些有特殊状况的行政相对人,如智障人、外国人等,行政机关尤其需要尽职释明,悉心指点。行政机关尽到释明义务之后,若行政相对人仍未能满足法律规范要求,其作出的行政行为合法性会得到法院支持。例如,在万某平诉自然资源部信息公开案中,法院认为:

> 万某平提交的信息公开申请仅有"重庆市大渡口区八桥镇公民七社的全部集体土地"的查询特征描述。我国政府信息分层、分级管理,根据该线索,自然资源部无法通过智能审批系统等渠道进行有效检索,进而确定是否存在万某平申请公开的政府信息。在此情况下,自然资源部要求万某平提供所涉地块相关的建设用地批复文件名、批复文号、建设项目名称、征地公告或其他特征性信息,并建议万某平向当地(县、区级)自然资源主管部门了解,已尽指导和释明义务,亦符合政府信息公开条例的上述规定。但是,万某平在补正材料中仍未明确信息的名称、文号或提供其他详尽、准确的特征描述,自然资源部无法根据其申请进行查找和检索。在此情况下,自然资源部作出被诉告知,答复万某平无法提供政府信息,履行了法定告知义务,并无不当。[29]

3. 释明义务的履行要求。释明是为行政相对人理解法律规范而提供的一种官方帮助,应当有助于行政相对人权利的实现和义务的履行。若行政机关不经释明直接作出不利于行政相对人的行政行为,其合法性在行政诉讼中可能被法院否定。例如,在曹某蕊诉青岛市原国土资源和房屋管理局崂山国土资源分局登记职责案中,法院认为:

> 上诉人原向被上诉人提交的申请更正登记材料已包含张某敬于2014年9月15日作出的书面声明,被上诉人经审查认为该声明不足以证明涉案房屋登记簿记载错误,应当依上述规定告知其是否需要补正以及补正的具体内容,在未行使该释明义务时直接作出不予更正的告知行为,显属不当履行法定职责,而且造成申请人行使更正权的障碍。[30]

行政机关不得利用释明诱导行政相对人作出不利于自己的选择,如提出不利于自己的证据,放弃应有的法定权利等。行政机关错误释明导致行政相对人合法权益遭受损失的,行政机关应当依法承担赔偿责任。因为提出行政赔偿请求需要行政相对人承担部分证明责任,所以释明方式与证据固定之间有着十分紧密的关系。从有利于行政相对人提出证据的角度看,行政相对人要求书面释明的,行政机关应当尽可能满足其要求。

(四)审查

1. 合法性审查。行政行为合法性的标准是由法律规范规定的,所以行政机关在行政程序中对行政行为合法性审查应当采用司法或者接近于司法审查的标准,否则,行政机关作出的行政行为难以通过法院的司法审查。当然,行政机关有自己的任务和目的,与法院的司法审查要求不同的是,在依法行政原理之下,行政机关有自己创制的合法性审查标准,法院对于行政机关基于行政的特殊性确立的合法性审查标准,应当给予充分尊重。但是,这些标准与司

---

[28] 山东省日照市岚山区人民法院行政判决书[(2017)鲁1103行初20号]。
[29] 北京市高级人民法院行政判决书[(2024)京行终2604号]。
[30] 山东省青岛市中级人民法院行政判决书[(2016)鲁02行终779号]。

法审查要求之间差异不能过大,否则可能导致司法审查标准被虚置。

2. 审查方式。在依申请作出的行政行为程序中,申请人提供的材料在数量、形式等方面满足法定条件之后,行政机关即可以作出行政行为,此种审查方式是形式审查;如果在此基础上法律规范还要求行政机关查明申请人提供的材料内容符合法律规范规定之后,才能作出行政行为,此种审查方式是实质审查。例如,《行政许可法》第34条第2款规定:"申请人提交的申请材料齐全、符合法定形式,行政机关能够当场作出决定的,应当当场作出书面的行政许可决定。"此为形式审查。该条第3款规定:"根据法定条件和程序,需要对申请材料的实质内容进行核实的,行政机关应当指派两名以上工作人员进行核查。"此为实质审查。《行政许可法》确立的两种审查方式,也可以适用到其他行政程序之中。如果只有法定形式审查权,行政机关就不得行使实质审查权,否则,其作出的行政行为合法性将被法院否定。例如,在罗某婷诉中山市人力资源和社会保障局工伤行政确认案中,法院认为:

> 在工伤行政确认范围内,职业病诊断证明书是工伤认定的法定证明文书,依照《工伤保险条例》第19条"……职业病诊断和诊断争议的鉴定,依照职业病防治法的有关规定执行。对依法取得职业病诊断证明书或者职业病诊断鉴定书的,劳动保障行政部门不再进行调查核实"之规定,劳动保障行政部门仅对"职业病诊断证明书或者职业病诊断鉴定书"进行形式审查,即限于审查相关诊断书、鉴定书是否依法取得,而不能再就相关事实、因果关系进行审查,更不能超越职权,启动相关调查程序。参照《职业病诊断与鉴定管理办法》第13条"职业病诊断机构依法独立行使诊断权,并对其作出的职业病诊断结论负责"之规定,除形式严重违反法律规定外,依法取得的职业病诊断证明书不是人力资源和社会保障行政机关可以推翻和否定的文书。[31]

3. 裁量基准。其是一种由行政机关自己制定的约束其裁量权的规则体系。裁量基准应当公布,可以使行政相对人在行政程序中有一个可预期的判断。在实务中,作为行政自我约束裁量权的基本方式,行政机关十分重视制定和发布裁量基准。行政机关在行政程序中如行使行政裁量权,应当遵守事先公开发布的裁量基准。如果在个案中行政机关认为偏离公布的裁量基准作出行政行为更为合理,应当就"偏离"作出理由说明。例如,《浙江省行政程序办法》第43条第2款规定:"行政机关实施行政执法行为应当遵循行政执法裁量基准,但适用裁量基准将导致某一行政执法行为明显不当的,行政机关可以在不与法律、法规和规章相抵触的情况下,变通适用裁量基准,但必须经行政机关负责人集体讨论决定,并充分说明理由。"对于这样"偏离"裁量基准的行政行为,法院应当从所涉行政相对人权利性质、公益目的以及社会民众的一般认知加以综合判断,寻找是否存在裁量滥用的情形,不可一概否定。

4. 内心确信。在全面收集证据的基础上,行政机关应当依照伦理、经验法则与良知判断事实真假,尤其是在行政处罚程序中,因案涉事实在时间上已经成为不可逆转的"过去",所以行政机关要如同法官秉持的"自由心证"那样,对案件事实作一种内心确信的判断。内心确信并非主观臆断的同义词,它需要遵循如经验法则等规则。行政机关工作人员品行良好同样也是内心确信的重要条件之一。内心确信是一种基于逻辑、常识作出的一种事实判断,行政机关工作人员在无内心偏私的情况下,内心确信之下的事实判断往往更接近于事实真相。例如,在赵某杰诉西安市某派出所行政处罚案中,法院认为:

> 在对行政相对人作出行政处罚时,应当在查明案件基本事实的情况下,结合行政相对人违法行为的不同情节和程度,依法给予合理、合法的行政处罚。在作出行政处罚过程中,也须对收集的证据进行

---

[31] 广东省中山市中级人民法院行政判决书[(2024)粤20行终367号]。

判断与权衡,要全面调查,形成一定的"内心确信",对当事人权益影响大小等因素适用"排除合理怀疑标准",进而为认定事实、作出决定提供标准。首先,本案违法行为发生的起因为原告作为涉案工地项目的保安,因第三人车辆出入问题发生争吵,原告是为了履行保安出入管理制度的职责,自身并无伤害第三人的主观故意。其次,在被告对师某某、吴某某、杨某某的询问笔录中,均提到原告有挥动手臂的动作,但是具体打没打到均没看到。再次,事发当日根据第三人在医院的初步诊断记录,并无手臂有损伤的初步诊断记录。第三人住院5天后出院时,诊断显示右前臂软组织损伤。在事发当日第一时间没有诊断出来,5天之后出院诊断出有损伤,这明显不符合正常的生活经验,无法排除在医院是否受到其他外力的伤害以及第三人的受伤与原告是否存在因果关系。最后,事发当日第三人头戴安全帽,在原告未有殴打第三人头部的情况下,第三人在医院初诊记录显示为:闭合性颅脑损伤轻型、闭合性腹部损伤、左肾结石。上述伤害不能确定是否与原告挥手臂动作存在因果关系。本案违法行为发生的起因、过程、造成的结果以及社会危害性,必须与违法行为的事实、性质、情节以及社会危害程度相当。同时应当坚持处罚与教育相结合,教育公民自觉守法。被告作出的行政处罚决定书未查清第三人的受伤是否与原告当日殴打存在的因果关系,属于事实不清,明显不当,应予以撤销〔32〕。

5. 加速程序。其是指行政机关基于某种法定事由简化程序步骤、方式,缩短时间作出行政行为。例如,《社会救助暂行办法》第48条规定:"申请临时救助的,应当向乡镇人民政府、街道办事处提出,经审核、公示后,由县级人民政府民政部门审批;救助金额较小的,县级人民政府民政部门可以委托乡镇人民政府、街道办事处审批。情况紧急的,可以按照规定简化审批手续。"又如,《行政处罚法》第49条规定:"发生重大传染病疫情等突发事件,为了控制、减轻和消除突发事件引起的社会危害,行政机关对违反突发事件应对措施的行为,依法快速、从重处罚。"适用加速程序时,若涉及多方利益冲突,行政机关必须加以权衡,尤其是利益反向方的诉求,妥善作出行政行为。加快程序是一种特别行政程序,有自己特定的法律目的,因此,需要由法规范明确规定。当然,从是否有利于行政相对人角度看,对加速程序的法律规范保留程度应当有所差别。如在利用大数据分析基础上,不需要行政相对人提出申请,行政机关直接将补助或者救济款项打进其账户。从"尊重和保障人权"角度看,这种行政方式是否恰当,值得讨论。

(五)程序中止

在行政程序进行中,如遇有下列情形之一的,行政机关可以中止行政程序:(1)存在需要另一个程序解决的"先决问题"而未解决的;(2)地震、台风等自然灾害导致行政相对人不能继续参加程序的;(3)听证主持人因回避理由成立需要确定新的人选的;(4)行政相对人发生丧失或者限制行为能力情形需要作进一步确定的;(5)作为行政相对人的法人或者其他组织终止、公民死亡尚未确定权利义务承受人的。在程序中止障碍消除之后,行政机关应当在法定期限内决定继续程序的时间,并通知行政相对人和其他相关人员。

三、程序终结

行政程序以行政机关作出行政行为而终结。有下列情形之一的,行政机关也可以终结程序:(1)参加程序的行政相对人死亡或者丧失行为能力的,或者作为行政相对人的法人或者其他组织终止,没有权利义务承受人的。在行政处罚程序中,当事人死亡的,依法不再给予行政处罚;在具有财产内容的行政强制执行程序中,被执行人死亡的,等待确定继承人或者义务承受人之后恢复行政强制执行程序。(2)依申请程序中行政相对人撤回申请的。如申请颁发驾

---

〔32〕 西安铁路运输法院行政判决书〔(2023)陕7102行初2885号〕。

驶执照的行政相对人撤回申请,可以终结驾驶执照的颁发申领程序;依职权程序中,如行政相对人撤回投诉、举报等,并不当然产生终结程序的法效力。因为,依职权程序还具有兼及保护他人合法利益或者公共利益的功能,如果行政相对人撤回投诉、举报等一律产生程序终结的法效力,则可能危及上述受法律保护的利益。

四、程序延续

(一)批准程序

批准程序是指终结程序的行政行为在作成之后尚未送达或者公布之前,如依法尚需要本级人民政府或者上级机关批准的,作出该行政行为的行政机关应当履行的一种报批程序。这里的"批准"应当扩大到"同意""认可""批复""审批"等,不宜作严格的字面解释。批准程序是一种程序合法性保障机制,在制定法上,批准程序并不少见。例如,《土地管理法》第61条规定:"乡(镇)村公共设施、公益事业建设,需要使用土地的,经乡(镇)人民政府审核,向县级以上地方人民政府自然资源主管部门提出申请,按照省、自治区、直辖市规定的批准权限,由县级以上地方人民政府批准;其中,涉及占用农用地的,依照本法第四十四条的规定办理审批手续。"

就性质而言,批准程序属于内部程序,是行政机关上下级之间的一种监督机制。但是,由于"批准"内容常常与行政相对人的合法权益有关,所以它又具有外部化的法效力,尤其是批准机关在对外发生法效力的文书上署名的情形,它的外部法效力更为显著。[33] 由此,可能会导出行政相对人能否参加批准程序并表达自己意见的难题。目前,制定法上未见有这样的规定,从程序公正原则出发,若把涉及行政相对人权益的批准程序作为一个内部程序,由行政机关内部处理确实不妥。在实务中,依法需要批准的行政行为在尚未批准之前送达行政相对人,该行政行为的性质及法效力如何确定,也是一个学理上不好解决的问题。例如,在赖某安诉重庆市人民政府不予复议行政纠纷案中,最高人民法院认为:

> 重庆市教育委员会重教函[1999]21号报告从形式上看属于行政机关内部公文,但在抄送赖某安本人后,即已具有具体行政行为的性质;由于该报告需待上级主管部门审批,其内容尚未最终确定,对赖某安的权利义务并未产生实际影响,故该行为属不成熟的行政行为,不具有可诉性,重庆市人民政府裁定不予受理赖某安的提议申请,其结论是正确的。[34]

最高人民法院在此案中表达的判决理由并非没有商榷空间。因为,如果把重庆市教育委员会作出的重教函[1999]21号报告,当作未履行批准程序即送达行政相对人属于构成违反法定程序情形,那么在行政法理论上也是成立的。又如,行政机关将一个内部程序"批复"直接付诸实施,法院则认定"该批复已实际执行并外化为对外发生法律效力的具体行政行为"。例如,在魏某高、陈某志诉来安县人民政府收回土地使用权批复案中,法院认为:

> 根据《土地储备管理办法》和《安徽省国有土地储备办法》以收回方式储备国有土地的程序规定,来安县国土资源行政主管部门在来安县人民政府作出批准收回国有土地使用权方案批复后,应当向原土地使用权人送达对外发生法律效力的收回国有土地使用权通知。来安县人民政府的批复属于内部行政行为,不向相对人送达,对相对人的权利义务尚未产生实际影响,一般不属于行政诉讼的受案范围。但本案中,来安县人民政府作出批复后,来安县国土资源行政主管部门没有制作并送达对外发生效力

---

[33] 《行诉若干解释》第19条规定:"当事人不服经上级行政机关批准的具体行政行为,向人民法院提起诉讼的,应当以在对外发生法律效力的文书上署名的机关为被告。"
[34] 最高人民法院行政判决书[(1998)行终字第10号]。

的法律文书,即直接交来安县土地储备中心根据该批复实施拆迁补偿安置行为,对原土地使用权人的权利义务产生了实际影响;原土地使用权人也通过申请政府信息公开知道了该批复的内容,并对批复提起了行政复议,复议机关作出复议决定时也告知了诉权,该批复已实际执行并外化为对外发生法律效力的具体行政行为。因此,对该批复不服提起行政诉讼的,人民法院应当依法受理。[35]

批准程序作为行政机关内部上下级之间的监督程序,属于内部行政法调整的范围。有的批准程序涉及行政相对人权利义务,因此,在批准程序中给行政相对人一个表达意见的机会,是完善批准程序的重点和难点。

(二) 备案程序

行政机关将作出的行政行为上报本级政府或者上级机关待查,即为备案。例如,《博物馆管理办法》第 12 条规定:"省级文物行政部门应当自收到博物馆设立申请材料之日起 30 个工作日内出具审核意见。审核同意的,应报国务院文物行政部门备案。审核不同意的,应当书面说明理由。"该条规定中,"审查同意"是行政机关作出许可的一种方式,在作出了行政许可之后,行政机关应当向国务院文物行政部门报备。又如,《行政处罚法》第 52 条第 3 款规定:"执法人员当场作出的行政处罚决定,应当报所属行政机关备案。"这种"执法人员→所属行政机关"备案模式,可以使本行政机关能够及时掌握它的行政执法人员当场作出行政处罚决定的情况,同时也为事后监督提供了条件。这是一种特殊的备案程序,仅适于当场处罚程序。

下列情形不是备案程序:(1)变相许可的"备案"。某些制定法通过文字的差异将许可装进"备案"概念之中,规避《行政许可法》的约束。例如,《出口食品生产企业备案管理规定》(已失效)第 6 条规定:"出口食品生产企业未依法履行备案法定义务或者经备案审查不符合要求的,其产品不予出口。"此为部门规章为了规避《行政许可法》关于行政许可设定的规定而违法设定的行政许可,不属于这里所述的"备案"。在实务中,法院通常从备案的实质内容来判断它的性质。例如,在安徽国祯泉星天然气开发有限公司(以下简称泉星公司)诉临泉县人民政府燃气经营行政许可案中,法院认为:

> 临泉县发展改革委并非燃气特许经营行政主管部门,依法不具有实施燃气经营行政许可的权限,故其对泉星公司报送的燃气加气站及释放站项目备案行为,并非燃气经营权行政许可行为,泉星公司亦不能据此合法取得临泉县燃气特许经营权。[36]

(2)作为行政管理的手段,即行政相对人将自己从事的某些特定活动,依法告知行政机关以备日后监督检查。例如,《商业特许经营备案管理办法》第 7 条规定:"特许人应当在与中国境内的被特许人首次订立特许经营合同之日起 15 日内向备案机关申请备案。"又如,《娱乐场所治安管理办法》第 4 条规定:"娱乐场所领取营业执照后,应当在 15 日内向所在地县(市)公安局、城市公安分局治安部门备案;县(市)公安局、城市公安分局治安部门受理备案后,应当在 5 日内将备案资料通报娱乐场所所在辖区公安派出所。县(市)公安局、城市公安分局治安部门对备案的娱乐场所应当统一建立管理档案。"这类备案均是行政相对人履行报备义务,目的是为行政机关日后监管提供依据。

---

[35] 最高人民法院指导案例 22 号。
[36] 安徽省高级人民法院行政裁定书[(2011)皖行终字第 00017 号]。

第二节 特 别 程 序

一、行政规范制定程序

(一)适用范围

行政规范依其制定机关、权限等不同标准,可以分为行政法规、行政规章和行政规定。制定行政法规、行政规章分别适用《立法法》《行政法规制定程序条例》《规章制定程序条例》规定的程序。一些省、设区的市也有关于地方政府规章制定程序的补充性规定。《规章制定程序条例》第 36 条规定:"依法不具有规章制定权的县级以上地方人民政府制定、发布具有普遍约束力的决定、命令,参照本条例规定的程序执行。"依此,行政机关制定行政规定可以参照规章制定程序。在这里,所谓"参照",中文大意为"参考仿照"而已,只要有说得过去的理由,并不需要不折不扣地执行全部内容。所以,若有行政机关另行制定"行政规定制定程序"也不应为《规章制定程序条例》第 36 条规定所否定,如浙江省(2000 年)、安徽省(2003 年)、江西省(2004 年)和山西省(2006 年)等都已经制定了具有地方政府规章效力的"规范性文件制定程序规定"。关于制定行政规定程序,在国家立法层面上至今没有较为完整的规定,统一的制定行政规定程序立法十分必要。

(二)程序内容

1. 立项。制定行政规范通常有年度工作计划,立项是编制年度立法工作计划的前提,如国务院有关部门向国务院报请行政法规立项;国务院部门内设机构或者其他机构向本部门报请部门规章立项。立项可以提升制定行政规范的计划性、协调性,通常是制定行政规范程序的开始。

2. 起草。其是指有关部门拟定行政规范具体条文的活动。它的要求是:(1)拟定的条文必须先确定它的上位法,在内容上不得与上位法的规定相抵触;(2)应当整理、编写支持条文的立法理由,包括调查事实、上位法依据、政策考虑、外国立法例和学理观点等;(3)必要时,起草部门应当采用座谈会、论证会和听证会等方式听取各方的意见。起草程序结束时,起草部门应当提出一个可以进入审查阶段的行政规范送审稿。

3. 审查。对行政规范送审稿的审查由制定机关的法制机构负责。审查的重点内容是送审稿的合法性、可行性,以及与其他相关立法的协调、衔接。就行政规范送审稿所涉及的重大、疑难问题,审查机构可以通过座谈会、论证会和听证会等方式听取意见,重要的行政规范送审稿还可以向社会公开征求意见。审查程序结束时,应当有一个行政规范草案以及与草案有关的审查说明。若经审查认为行政规范送审稿不符合条件,可以退回起草部门修改或者暂缓审议。

4. 决定与公布。草案由法定制定机关以法定形式审议(审批),如行政法规草案由国务院常务会议审议或者由国务院审批,部门规章由部务会议审议决定。经审议通过之后,草案由制定机关的行政首长或者部门首长签署并以"令"的方式公布。长期以来,因行政规定(红头文件)的公布程序比较混乱,有的地方政府创设了"三统一"制度加以规范。例如,《湖南省行政程序规定》第 49 条规定:"实行规范性文件登记制度。对县级以上人民政府及其工作部门制定的规范性文件,实行统一登记、统一编号、统一公布……"2010 年国务院《关于加强法治政府建设的意见》(国发〔2010〕33 号,现已失效)要求,"县级以上地方人民政府对本级政府及其部门的规范性文件,要逐步实行统一登记、统一编号、统一发布。探索建立规范性文件有效期制度"。浙江省人民政府于 2013 年起全面实施行政规定的"三统一"制度。[37] 未经"三统一"规范的,行政规定不能作为行政执法依据。

(三)相关问题

1. 备案,即报备待查。例如,行政法规自公布之日起 30 日内,由国务院办公厅报全国人民代表大会常务委员会备案。规章自公布之日起 30 日内,由制定机关的法制机构依照《立法法》和《法规规章备案条例》的规定向有关机关备案。需要指出的是,行政规范是否备案,与它生效与否没有关系。因为国家对行政规范合法性审查的监督机制并不完善,现行的备案审查不公开过程,也不作备案审查决定,所以强化备案或许可以起到一些补充性的监督效果。

2. 生效时间。原则上,行政法规、行政规章自公布之日起 30 日后施行。这主要是为了给公民、法人或者其他组织一个合理的行为调整期,减少他们对行政法规、行政规章实施的对抗力量,或者及时调整自己生活、生产计划,减少不必要的财产损失。但是,涉及国家安全、外汇汇率、货币政策的规定以及公布后不立即施行将有碍行政法规、行政规章施行的,可以自公布之日起施行。行政规定的生效时间可以按照此规则执行。

二、重大行政决策程序

(一)重大行政决策的概念

重大行政决策是指县级以上人民政府作出的涉及本地区经济社会发展全局、社会涉及面广、专业性强、与人民群众利益密切相关的行政决策事项。2005 年国内第一个规范地方政府重大行政决策程序的规章即《重庆市政府重大决策程序规定》公布实施。2008 年《湖南省行政程序规定》第三章第一节也专门规定了重大行政决策及其程序。2019 年,国务院《重大行政决策程序暂行条例》公布实施。虽然重大行政决策一直被认为是行政机关"内部"事务,但它与经济、社会发展和民生关系十分密切,所以,将行政程序加以规范化的必要性也可以从依法行政原理中导出。

(二)程序内容

1. 决策方案拟定。决策方案拟定部门应当在充分调研的基础上,向本级人民政府提出一个合法、可行、明确的决策方案。决策内容有重大分歧意见的,拟定部门应当提供两个以上的决策备选方案,供审议时选用。

2. 公众参与。与公众利益密切相关的决策方案,可以采用报刊、互联网站、广播电视等媒介公布或者采取座谈会、听证会、论证会等方式,充分听取公众意见。例如,《重大行政决策程序暂行条例》第 15 条第 1 款规定:"决策事项向社会公开征求意见的,决策承办单位应当通过政府网站、政务新媒体以及报刊、广播、电视等便于社会公众知晓的途径,公布决策草案及其说明等材料,明确提出意见的方式和期限。公开征求意见的期限一般不少于 30 日;因情况紧急等原因需要缩短期限的,公开征求意见时应当予以说明。"与行政处罚、行政许可程序听取意见不同,重大行政决策不是针对特定行政相对人作出的行政行为,因此参加重大行政决策听证会,或者以其他方式表达意见的公众,与重大行政决策之间没有特定的利益关系。因此,不服重大行政决策的,不能对之申请行政复议或者提起行政诉讼。

3. 专家论证。重大行政决策涉及专业性问题时,决策承办单位组织专家论证,可以采取

---

[37] 参见《浙江省人民政府关于推行行政规范性文件"三统一"制度的意见》(浙政发[2012]100 号)。

论证会、书面咨询、委托咨询论证等方式。选择专家、专业机构参与论证,应当坚持专业性、代表性和中立性,注重选择持不同意见的专家、专业机构,不得选择与决策事项有直接利害关系的专家、专业机构。专家参加论证会原则上应当提交书面意见。为确定专家意见的公正性、中立性,必要时,行政机关可以公布专家名单,接受社会公众监督。

4. 风险评估。重大行政决策的实施可能对社会稳定、公共安全等方面造成不利影响,需要依法进行风险评估。风险评估结果应当作为重大行政决策的重要依据。决策机关认为风险可控的,可以作出决策,但应当有具体的风险防控预案;认为风险不可控的,在采取调整决策草案等措施确保风险可控后,可以作出决策,否则,不得作出决策。风险评估机构必须具有法定资格,并对风险评估结果负责。

5. 合法性审查。决策草案提交决策机关讨论前,应当由负责合法性审查的部门进行合法性审查。有时,决策草案可能事先征求过合法性审查部门意见,但不得以征求意见等方式代替合法性审查。决策草案未经合法性审查或者经审查不合法的,不得提交决策机关讨论。对国家尚无明确规定的探索性改革决策事项,合法性审查部门不可轻易否定,可以明示法律风险,提交决策机关讨论,是否作出决策,则由决策机关最终决定。

6. 审议决定。通过政府常务会议或者全体会议审议是决策方案必经的法定程序。行政首长可以对审议的决策方案作出同意、不同意、修改、搁置及再次审议的决定。基于行政首长负责制,行政首长一般应当根据多数人的意见作出决定,但也可以根据少数人的意见或综合判断作出决定,此时应当说明采纳少数意见的理由。

7. 决策执行。决策执行机构应当在各自的职责范围内执行政府重大行政决策。公民、法人或者其他组织认为政府重大行政决策应当停止执行或修正的,可以提出建议或者要求,决策机关或决策执行机构必须认真考虑并及时作出答复。决策执行机构在执行过程中发现政府重大行政决策所依赖的客观条件发生变化,导致决策目标全部或部分不能实现时,可以向决策机关提出停止执行、暂缓执行或修正决策的建议。重大行政决策是否停止、暂缓执行或者修正,由行政首长决定。

(三) 相关问题

1. 重大行政决策评估。决策机关应当就决策执行效果进行事后评估,以决定该决策是否需要停止、暂缓执行或者修正。评估程序应当公正、透明,不得背离程序正义的基本要求。评估结果应当以适当方式向社会公布。

2. 暂缓执行重大行政决策。凡是被列入暂缓执行的重大行政决策,经过一个规定的时间仍然不能启动执行程序的,决策机关可以作出废止决定。

三、行政裁决程序

(一) 行政裁决的概念

行政裁决是指行政机关根据法定授权,处理公民、法人或者其他组织之间发生的,与其行政职权密切相关的民事纠纷的一种行政行为。行政裁决是一种司法性行政行为,如同法院一样,行政机关在法定授权的情况下居于中立地位,利用行政优势资源解决一部分与行政管理密切相关的民事争议。行政机关没有当然的行政裁决权,所以它必须依法获得法律授权。基于分权原理,这里的"法"应解释为"法律"。但是,在制定法上,法规甚至规章也在授权行政机关行使行政裁决权,其中行政法规、规章的规定有"行政自我授权"之嫌,尤其应当限制甚至否定。例如,《企业名称登记管理规定实施办法》第42条规定:"企业登记机关经审查,认为当事人构成侵犯他人企业名称合法权益的,应当制作企业名称争议行政裁决书,送达双方当事人,并责令侵权人停止使用被争议企业名称;争议理由不成立的,依法驳回争议申请。"

(二)程序内容

1. 申请。行政裁决程序以当事人申请为起始,当事人申请行政裁决可以书面申请,也可以口头申请。基于便民原则,当事人口头提出申请的,行政机关应当记录申请人的基本情况、行政裁决请求、申请行政裁决的主要事实、理由和时间。在申请人签名或者盖章后,视为具有与书面申请一样的法效力。

2. 对申请的处理。行政机关收到申请后,应当在法定期限内进行审查,并根据下列情况分别作出处理:(1)申请事项属于本机关管辖范围内的,应当受理,并在规定的时间内将申请书副本或者申请笔录复印件发送给被申请人,由被申请人提出答辩和相关证据;(2)申请事项不属于本机关管辖范围内的,应当告知申请人向有关行政机关提出;(3)申请事项依法不能适用行政裁决程序的,决定不予受理,并告知申请人其他救济途径。

被申请人应当自收到申请书副本或者申请笔录复印件之日起的法定期限内,向行政机关提交书面答复及相关证据材料。行政机关应当在收到被申请人提交的书面答复之日起的规定时间内,将书面答复副本送达申请人。申请人、被申请人可以到行政机关查阅、复制、摘抄案卷材料。

3. 审理。行政机关审理行政裁决案件,应当由符合法定人数的行政机关工作人员参加。双方当事人对主要事实没有争议的,行政机关可以采取书面审查的方式审理。双方当事人对主要事实有争议的,行政机关应当开庭审理,充分听取双方当事人的质辩意见。行政机关认为必要时,可以实地调查核实证据。对于行政裁决案件,行政机关可以先行调解,经调解不成的,再依法作出裁决。

4. 作出裁决。行政机关应当在法定期限内作出裁决,情况复杂的,经本行政机关主要负责人批准,可以延长期限作出裁决,并应当将延长期限告知双方当事人。裁决应作出裁决书,并依照《民事诉讼法》的规定送达各方当事人。

(三)相关问题

1. 另类"裁决"。在制定法上还存在另外两种性质不同的"裁决":(1)法律适用冲突中的裁决。例如,《立法法》第105条第2款规定:"行政法规之间对同一事项的新的一般规定与旧的特别规定不一致,不能确定如何适用时,由国务院裁决。"这类裁决不是由行政相对人提起的,也不具有可诉性。(2)行政复议中的"裁决"。例如,《行政复议法》第26条规定:"对省、自治区、直辖市人民政府依照本法第二十四条第二款的规定、国务院部门依照本法第二十五条第一项的规定作出的行政复议决定不服的,可以向人民法院提起行政诉讼;也可以向国务院申请裁决,国务院依照本法的规定作出最终裁决。"这类裁决是一种特殊的行政复议决定,适用于法定的特别情形。(3)名为裁决的"单方决定"。例如,《电力监管条例》第26条规定:"发电厂与电网并网、电网与电网互联,并网双方或者互联双方达不成协议,影响电力交易正常进行的,电力监管机构应当进行协调;经协调仍不能达成协议的,由电力监管机构作出裁决。"这里的"裁决"不存在一方当事人的申请。从该条例的立法目的看,在性质上它属于电力监督机构的单方行政决定。

2. 仲裁。仲裁是当事人依照法律规定,自愿将其争议提交法定机构仲裁员组成的仲裁庭进行裁判,并受该裁判约束的一种制度。它不是行政裁决,也不是《仲裁法》《劳动争议调解仲裁法》规定的民商事和劳动关系的仲裁。在制定法上,这类带有行政性质的仲裁主要有:(1)农村土地承包仲裁。例如,《农村土地承包法》第55条规定:"因土地承包经营发生纠纷的,双方当事人可以通过协商解决,也可以请求村民委员会、乡(镇)人民政府等调解解决。当事人不愿协商、调解或者协商、调解不成的,可以向农村土地承包仲裁机构申请仲裁,也可以直接向人民法院起诉。"此适用程序由《农村土地承包经营纠纷调解仲裁法》规定。(2)人事争议仲裁。例如,《公务员法》(2018年修订)第105条第2款规定:"省级以上公务员主管部门根据需要设立人事争议仲裁委员会,受理仲裁申请。人事争议仲裁委员会由公务员主管部门的代表、聘用机关的代表、聘任制公务员的代表以及法律专家组成。"它适用于聘任制公务员与所在机关之间因履行聘任合同发生的争议。

四、行政简易程序

(一)适用范围

对事实简单、当场可以查实、有法定依据且对行政相对人合法权益影响较小的行政事务,行政机关可以适用简易程序作出行政决定。它的适用范围主要是行政处罚和行政许可。前者如《道路交通安全法》第107条第1款规定:"对道路交通违法行为人予以警告、二百元以下罚款,交通警察可以当场作出行政处罚决定,并出具行政处罚决定书。"后者如《行政许可法》第34条第2款规定:"申请人提交的申请材料齐全、符合法定形式,行政机关能够当场作出决定的,应当当场作出书面的行政许可决定。"不同于普通程序,设置简易程序的法律意义在于,基于行政管理效率的要求,如在行政处罚中对一些不需要立案调查且影响不大的、在其被发现后即可认定事实的行政违法行为直接给予处罚,从而确保行政管理的高效率性。在行政许可中,简易程序之下的"立等可取"还具有较高的便民性。

(二)程序内容

1. 表明身份。配发制服是表明身份的一种方式,但制服只能作为公务员身份的其中一个标志,不能表明身着制服的公务员一定都是正在执行公务,况且并非所有公务员都能配发制服。比较可行的方案是出示有关执法证件(在20世纪80年代之前,工作证或者介绍信通常可作为表明执法身份的一种凭证)。例如,《行政处罚法》第52条第1款规定:"执法人员当场作出行政处罚决定的,应当向当事人出示执法证件,填写预定格式、编有号码的行政处罚决定书,并当场交付当事人。当事人拒绝签收的,应当在行政处罚决定书上注明。"对不表明身份的执法人员实施的行政处罚,当事人有权拒绝。之所以赋予当事人拒绝权,是因为执法人员不表明身份作出的行政处罚决定,因"重大且明显"违法可以构成无效行政决定。

2. 告知。如在行政处罚的简易程序中,行政机关在作出处罚决定前,应当口头告知当事人违法行为的基本事实、拟定作出的行政处罚、依据及其依法享有的权利,听取当事人的当场申辩。执法人员应当充分斟酌、慎思受处罚人的辩解,不得视其辩解为态度不好而加以从重处罚;当事人提出的事实、理由或者证据成立的,行政机关应当采纳。当事人对事实认定有异议的,应当转入普通程序。例如,在庄某生诉北京市公安局公安交通管理局海淀交通支队黄庄队(以下简称海淀交通支队黄庄队)公安交通管理处罚案中,法院认为:

> 海淀交通支队黄庄队的执法民警在发现庄某生违反交通法规后,对其进行处罚的行政行为事实清楚,主要证据确凿。虽然海淀交通支队黄庄队对庄某生处以30元罚款的数额属于《行政处罚法》规定的当场处罚的范围,但因庄某生有异议,海淀交通支队黄庄队对庄某生适用行政处罚的一般程序不违法,符合《道路交通管理条例》和《行政处罚法》的相关规定。[38]

3. 制作决定书。原则上,行政机关作出的行政决定书应当当场制作,并交付当事人。例

---

[38] 北京市第一中级人民法院行政判决书[(2003)一中行终字第309号]。

如,《行政许可法》第34条第2款规定:"申请人提交的申请材料齐全、符合法定形式,行政机关能够当场作出决定的,应当当场作出书面的行政许可决定。"在行政处罚的简易程序中,执法人员应当填写预定格式、编有号码的行政处罚决定书并当场交付当事人。行政处罚决定书应当载明当事人的违法行为、行政处罚依据、罚款数额、时间、地点以及行政机关名称,并由执法人员签名或者盖章。当事人拒绝签名的,执法人员应当在处罚决定书上注明,不影响行政处罚决定书的效力。例如,在鹿邑县公安局诉吴某峰公安行政处罚案中,法院认为:

2007年12月7日,上诉人鹿邑县公安局在城郊派出所内当场对被上诉人吴某峰作出被诉鹿公〔2007〕决字第072251号公安行政处罚决定,吴某峰拒签,办案民警郭某玉、王某峰在附卷的决定书和送达回执上进行了注明,符合《公安机关办理行政案件程序规定》第29条"(二)除本款第一项规定外,公安机关作出行政处罚决定和其他行政处理决定,应当在宣告后将决定书当场交付被处理人,并由被处理人在附卷的决定书上签名或者盖章,即为送达;被处理人拒绝签名和盖章的,由办案人民警察在附卷的决定书上注明"之规定,应视为已向被上诉人吴某峰送达。[39]

在部门行政法中,一些相对《行政处罚法》而言的特别法,有时会对行政处罚决定书的内容作出更为详细的规定。例如,《道路交通安全法》第107条第2款规定:"行政处罚决定书应当载明当事人的违法事实、行政处罚的依据、处罚内容、时间、地点以及处罚机关名称,并由执法人员签名或者盖章。"《道路交通安全违法行为处理程序规定》第45条规定:"简易程序处罚决定书应当载明被处罚人的基本情况、车辆牌号、车辆类型、违法事实、处罚的依据、处罚的内容、履行方式、期限、处罚机关名称及被处罚人依法享有的行政复议、行政诉讼权利等内容。"在道路交通安全的行政处罚程序中,应当优先适用这些特别规定。

(三)相关问题

1."当场"与简易程序。如在行政处罚程序中,行政机关不在案发"当场",但只要案件符合《行政处罚法》第51条规定,也可以适用简易程序作出行政处罚决定。因此,不能将简易程序中的行政处罚决定理解为只能"当场"作出。实务中,如对被交通技术监控设备采集的交通违法行为的行政处罚,不可能都能"当场"作出,而异地处理道路交通违法行为的行政处罚决定,也都是在非"当场"情况下作出的。最高人民法院在一个答复中认为,行政处罚行为作出时间是在违法行为发生后将近一年,地点并不在违法行为发生地,不是当场处罚。[40] 这个观点值得讨论。

2.依职权适用。某一行政案件是否可以适用简易程序,由行政机关依职权决定。对于符合简易程序的行政案件,必要时,行政机关也可以适用普通程序办理。如前述庄某生诉海淀交通支队黄庄队公安交通管理处罚案中,因庄某生有异议,故转入普通程序处理。

---

[39] 河南省周口市中级人民法院行政裁定书〔(2010)周行终字第16号〕。
[40] 最高人民法院《关于交通警察支队的下属大队能否作为行政处罚主体等问题的答复》(〔2009〕行他字第9号)。

第十一章　行政违法与行政责任

第一节　引　　言

一、行政违法的概念

行政机关作出的行政行为欠缺合法性要件,构成行政违法。行政行为是法规范具体化的一种方式,通过行政行为这个中介,法规范效力在个案中得以延伸,法规范调整功能得以发挥。依法行政原理要求行政机关依法行政,行政不依法,行政机关作出的行政行为将受到否定性评价,只有这样,统一、安定的法秩序才能得以持续、稳定。

行政违法不包括行政相对人违反行政管理秩序的行为,如生产、销售假冒伪劣产品,或者违反规定在公共场所乱扔瓜皮。行政相对人违反行政管理秩序行为的要件、法律责任追究等属于《行政处罚法》等法律、法规或者规章调整的范围,与这里所叙述的行政机关行政违法之间有质的差异性,分属两套不同的法律责任系统。公务员以私人身份实施的违法行为与行政职权无关,归入行政相对人违反行政管理秩序行为的范畴,如公务员下班途中驾车违反交通规则的行为。但是,公务员若以公务身份实施行政职权或者与行政职权相关的违法行为,归属其所属的行政机关行政违法,如交警在执勤时殴打不服从指令的行人。

对非行政决定的行政行为作违法判定的法律价值在于,行政机关是否需要承担行政赔偿责任;对行政决定作违法判定的法律价值在于,除了确定行政机关是否需要承担行政赔偿责任之外,还要确定行政决定法效力的状况。因为,行政决定一经作出即具有存续力、执行力等法效力,但这种法效力毕竟是基于行政秩序(法的安定性)的需要推定成立的,并非当然的、终局的。当行政相对人提起行政救济时,就需要对行政决定是否合法作出判断,然后再确定它的法效力是否可以继续存续下去。因此,行政违法的判断基准、情形、无效等都是行政救济中不可或缺的内容,同时它们也适用于行政机关体系内部的自我纠错程序中对行政违法的判断。

行政违法与责任(行政赔偿)之间是否具有必然的关系,在学理上是有争议的。如果行政赔偿归责原则是"不法",即侵权责任法上的一种主观过错状态,那么在行政机关有行政行为违法但没有"不法"的情况下,应该没有行政赔偿责任可究。如行政机关穷尽了审查义务之后仍然没有发现许可要件之一的公证书是伪造的,那么事后撤销许可也就没有行政赔偿责任可言。但是,在行政法上,行政机关主观上是否有过错,与作出的行政行为是否违法之间并没有必然的联系,因此,在是否需要承担行政赔偿责任时,也无须考虑这个主观"不法"的要件。例如,在杨某群诉四川省泸州市规划建设局房屋行政登记案中,法院认为:

> 申请房屋抵押权登记的当事人向被告提供了符合《城市房地产抵押管理办法》和《城市房屋权属登记管理办法》要求的文件、资料;被告按照法定程序和法定职责,审查后予以登记并颁证,尽到了合法、合理、审慎的注意义务,其登记行为合法。由于申请房屋抵押权登记的当事人提供的文件、资料中"杨某群"处的签字和印捺的手印不具有真实性,应属申报不实。根据《城市房屋权属登记管理办法》第25

条的规定,对申报不实的,房屋登记机构有权注销房屋抵押权登记。因此,被告应当履行注销房屋抵押登记的法定职责。[1]

该案中,法院认为因被告"尽到了合法、合理、审慎的注意义务,其登记行为合法",但因原告申报不实,所以被告有履行注销房屋抵押登记的法定职责。二审法院则认为:

> 登记机关已尽到审查注意义务只能证明其自身无过错,但不等于登记行为必然合法。一审判决认为登记机关"已尽到了合法、合理、审慎的注意义务,其登记行为合法"的理由不当,依法予以纠正。一审判决认定事实清楚,适用法律、法规正确,虽然理由有所不妥,但结论并无不当。上诉人请求依法改判的上诉理由不能成立,本院不予支持。[2]

该案中,法院认为"登记机关已尽到审查注意义务只能证明其自身无过错,但不等于登记行为必然合法"。此裁判理由是妥当的。"尽到审查注意义务"只能证明登记机关主观上没有"不法"状态,当《国家赔偿法》以"违法"作为划定行政赔偿范围标准时,我们可以推定立法者已经把"不法"排除在行政赔偿归责要件之外。[3] 因此,在制定法上行政赔偿责任是一种"客观归责"的法律责任,有行政违法行为,即可能有行政赔偿责任。但是,从充分保障公民、法人或者其他组织合法权益角度出发,"由于法律、法规尚不健全,实际上应该赔偿的,采用其他原则却无法实现违法判断,又不适合进行结果归责,那么就应该采用过错归责"。[4] 例如,在中国银行江西分行诉南昌市房管局违法办理抵押登记案中,法院认为:

> 根据《中华人民共和国城市房地产管理法》和《中华人民共和国担保法》的有关规定,办理房地产抵押登记是抵押合同生效的前提条件。南昌市房管局作为负责办理房产抵押登记的行政主管部门,在办理房产抵押登记过程中,对当事人的申请应当以高度负责的态度认真履行必要的注意义务,对于抵押房产及其权属证书的真伪有条件地加以核对与识别。然而,南昌市房管局在本案中违反职业规范,未尽必要的注意义务,为持有假房产证实施诈骗的天龙公司办理抵押登记手续,并明示信托公司可以办理贷款。信托公司基于对房产登记机关所办抵押登记行为的信赖,为天龙公司发放贷款,致使信托公司遭受了财产损失。虽然本案贷款人天龙公司是造成信托公司财产损失的直接责任人,但是南昌市房管局的违法行为客观上为天龙公司骗取贷款提供了条件,其违法出具他项权利证明的行为与信托公司财产损失之间存在法律上的利害关系和因果关系。根据《中华人民共和国国家赔偿法》第4条第4项、第7条第4款、第28条第7项和《最高人民法院关于审理行政赔偿案件若干问题的规定》第29条的规定,南昌市房管局对其违法办理抵押登记而酿成信托公司财产损失的后果,在天龙公司无法偿还贷款的情况下,应当承担相应的过失赔偿责任。一审判决认定南昌市房管局应当承担补充赔偿责任不当,应予纠正。[5]

行政违法包括不作为违法。行政机关依法应当以积极行为行使职权,没有作出积极行为的,即构成不作为违法。如行政机关依法应当在法定期限内回复行政相对人的申请,但行政机关"不予答复",即不作为违法。若行政机关作出了一个不合法的"答复",那是行政作为违

---

[1] 四川省泸州市江阳区人民法院行政判决书[(2008)江阳行初字第09号]。
[2] 四川省泸州市中级人民法院行政判决书[(2008)泸行终字第31号]。另参见赵某斌不服黑龙江省大庆市工商行政管理局萨尔图分局企业法人工商行政登记案,载最高人民法院行政审判庭编:《中国行政审判指导案例》(第1卷)第10号案例,中国法制出版社2010年版,第48页以下。
[3] 《国家赔偿法》第3条、第4条。
[4] 在行政赔偿中是否需要引入"过错归责原则",司法观点是"过错归责原则主要适用于无法实现违法判断,又不适用结果责任的情形"。江必新主编:《最高人民法院国家赔偿最新司法解释理解与适用》(2011卷),中国法制出版社2012年版,第247页。
[5] 《最高人民法院公报》2004年第2期。

法。当然,在行政法学理上也有认为这种"答复"属于不作为违法中的"内容不作为"。这种观点值得商榷,因为若此观点成立,那么所有"没有依法"的行政行为都可以认定为"不作为违法"。这种观点的错误在于把不作为本身状态与是否合法放置于同一平面上加以考虑,而不是递进式的逻辑思考,即先判断行为是否属于不作为,若属于不作为,再判定它是否合法。违背上述逻辑得出的结论必然是不作为即不合法。这种观点在《最高人民法院公报》早年公布的判例中也是存在的。例如,在汤某诉当涂县劳动局不履行保护人身权、财产权法定职责案中,法院认为:

> 当涂县劳动局把要求查处违法行为的来信批转无处理权的物资局去处理,自己既不履行监督检查的职责,也不向物资局了解监督的结果如何,并且不给来信人答复,不能认为其已履行了法定职责。如果允许行政机关对自己主管业务范围内收到的公民来信,只要批出后就可了事,就可以认为履行了职责,再不必检查、落实和给来信人作出答复,那么法律赋予公民的检举、控告权利就会形同虚设[6]。

该案中,法院裁判逻辑的错误就是如此。正确的做法是,法院应当先判断当涂县劳动局的"来信批转"是作为还是不作为,若是不作为,再审查"来信批转"是否合法,而不是因"来信批转"违法而认定"不履行法定职责"。因为,当涂县劳动局"来信批转"本身是履职行为(积极作为),只有在涂县劳动局将"来信"搁在手中,且也不回复来信人时,才构成不作为违法。

二、行政违法的认定机关

(一)法院

《行政诉讼法》第4条第2款规定:"人民法院设行政审判庭,审理行政案件。"根据该条规定,法院是行政违法的认定主体。行政审判庭是审判组织,不具有独立审判权,因此它不是认定行政违法的主体。《行政诉讼法》第18条第2款规定:"经最高人民法院批准,高级人民法院可以根据审判工作的实际情况,确定若干人民法院跨行政区域管辖行政案件。"根据这一规定,铁路运输法院、互联网法院、知识产权法院和金融法院等专门人民法院也有权审理行政案件,是行政违法认定机关。

(二)行政机关

1.复议机关。《行政复议法》第4条第1款规定:"县级以上各级人民政府以及其他依照本法履行行政复议职责的行政机关是行政复议机关。"根据该条规定,复议机关是认定行政违法的主体。《行政复议法》第4条第2款规定:"行政复议机关办理行政复议事项的机构是行政复议机构。行政复议机构同时组织办理行政复议机关的行政应诉事项。"根据这条规定,行政复议机构是行政复议机关具体办理行政复议事项的行政机构,不是认定行政违法的主体。

2.非复议行政机关。在非复议行政机关中,行政违法认定机关有两种情形:(1)横向关系中,本级政府→所属工作部门;(2)纵向关系中,上级行政机关→下级行政机关。在行政执法监督程序中,非复议行政机关依法有权认定行政违法。例如,《四川省行政执法监督条例》第3条第2款规定:"本条例所称行政执法监督,是指上级人民政府对下级人民政府、县级以上地方人民政府对所属工作部门、上级工作部门对下级工作部门行政执法活动的监督。"又如,《广东省行政执法监督条例》第4条规定:"县级以上人民政府对其所属行政执法部门、法律法规授权的组织以及下级人民政府,上级行政执法部门对下级行政执法部门的行政执法实施监督。县级以上人民政府对本行政区域内实行省以下垂直管理的行政机关和组织的行政执法

---

[6] 《最高人民法院公报》1996年第4期。

实施监督。"根据上述规定，凡实施行政执法监督的行政机关都是认定行政违法的主体。有关行政执法监督的地方性法规、地方政府规章已在许多省、市颁布实施。实务中，行政执法监督机关通常以作出"行政执法监督决定书"的方式行使职权。例如，在鹿邑县盈骏纺织有限公司（以下简称盈骏公司）诉河南省人民政府行政复议案中，最高人民法院认为：

> 根据一审、二审法院查明的事实，鹿邑县人社局于2015年5月15日作出9号认定工伤决定，认定王某奇、王某醒的母亲张某为工伤。鹿邑县人民政府于2017年1月24日作出1号监督决定，撤销了9号认定工伤决定。王某奇、王某醒对1号监督决定不服，申请行政复议。河南省人民政府于2018年1月2日作出被诉复议决定，撤销了1号监督决定。盈骏公司不服被诉复议决定，提起本案诉讼，请求撤销被诉复议决定，维持1号监督决定。本案中，王某奇、王某醒作为盈骏公司死亡职工张某的子女，与鹿邑县人民政府作出的撤销认定张某为工伤的1号监督决定有利害关系，具有提起行政复议和作为本案第三人的主体资格。鹿邑县人社局作出的9号认定工伤决定，虽然在程序上存在诸如"不符合工伤认定程序'中止'的法定情形""《工伤认定申请受理决定书》等材料缺失"等瑕疵，但该程序上的瑕疵并不影响工伤认定结果的正确性，不足以作为撤销该9号认定工伤决定的依据。河南省人民政府在查清事实的基础上，作出被诉复议决定，撤销了鹿邑县人民政府作出的1号监督决定，符合法律规定。故一审、二审法院对盈骏公司的诉讼请求不予支持，并无不当。[7]

三、违法判断基准时

（一）违法判断基准时的概念

行政机关作出的行政行为在受到是否违法判断时，是基于行政机关作出行政行为时所依据的事实和法律状态还是认定机关判断时客观上的事实和法律状态，即为违法判断基准时。前者称为"当时基准时"，后者称为"当下基准时"。究竟采用何种基准时，制定法没有统一的规定。例如，在石某跃等19人诉湖北省武汉市客运出租汽车管理处要求履行义务上诉案中，法院认为：

> 在本案二审审理期间，国务院办公厅于1999年11月23日，下发了国办发[1999]94号文件，转发建设部、交通部、财政部、国家计委、公安部《关于清理整顿城市出租汽车等公共客运交通意见的通知》，要求对出租汽车经营权有偿出让和转让进行清理整顿，武汉市对出租汽车经营权的有偿出让和转让应依据该通知的要求进一步规范。而一审法院按照当时有效的地方性法规判决维持被上诉人招标收费行为并无不当。[8]

该案中，一审所采用的违法判断基准时是被告作出"收费行为"时的地方性法规规定，即"当时基准时"。在该案二审过程中，国务院办公厅下发了国办发[1999]94号文件，改变了被告作出"收费行为"时的法律状况，但国办发[1999]94号文件并没有被二审法院作为裁判的依据。从该案中我们可以看到，针对同一个行政行为，若采用不同的违法判断基准时，其判断结果可能是完全不同的。由此，我们需要进一步讨论违法判断基准时的适用问题。

（二）违法判断基准时的适用

1. 行政决定效力面向未来的，原则上采用"当下基准时"，如行政许可决定；行政决定效力面向过去的，原则上采用"当时基准时"，如行政确认、行政处罚、行政强制执行等。例如，在陈某晓、张某斌诉浙江省杭州市人民政府行政赔偿案中，最高人民法院认为：

> 行政行为作出、被诉请人民法院审查、人民法院对其合法性作出裁判，必然存在时间间隔，以上述

---

[7] 最高人民法院行政裁定书[(2020)最高法行申2321号]。
[8] 最高人民法院行政判决书[(1999)行终字第16号]。

不同时间作为裁判基准时,将可能对行政行为合法性得出不同结论。一般而言,行政行为是行政机关根据作出时的事实、证据和法律作出的,对行政行为合法性的评价,一般也只能以该作出时的事实、证据和法律为标准,而不能以所依据的事实、证据或法律发生变更为由,认定原行政行为合法或违法。否则,将不利于法律秩序的稳定,有损行政行为的公定力。对此,《中华人民共和国行政诉讼法》第34条第1款、第40条,《最高人民法院关于执行〈中华人民共和国行政诉讼法〉若干问题的解释》第30条第1项规定,被告对作出的行政行为负有举证责任,被告提供的作出该行政行为的证据和所依据的规范性文件,一般仅限于该行政行为作出时形成的证据和依据。当然,行政行为根据其性质不同,行政诉讼的裁判基准时也相应有所不同。但是,对行政行为的效力内容已于行为作出时确定并实现的,该行政行为的合法性要件就仅与处分时的事实、证据和法律有关,而不能以行政机关当时无法预见的事实、证据和法律,作为认定原行政行为违法的依据。本案中,根据原浙江省杭州市房产管理局杭房拆许字〔2006〕第037号房屋拆迁许可证,案涉房屋已被列入拆迁范围,因拆迁双方未达成补偿安置协议,原浙江省杭州市房产管理局作出24号裁决书,杭州市人民政府后据此作出8号决定书,符合相关法律、法规规定,且8号决定书作出后,案涉房屋也已于2008年5月22日被强制拆除。因此,对8号决定书是否合法,只能根据该决定书作出当时的情形作出判断,即便此后24号裁决书被依法撤销,也不能仅以该撤销的事实,否定杭州市人民政府当时作出8号决定书的合法性。因此,再审申请人陈某晓、张某斌认为24号裁决书被撤销将导致8号决定书违法,于法无据。[9]

又如,在清远市清新区太平镇沙塘村赖家村民小组等诉清远市清新区人民政府(以下简称清新区政府)登记案中,最高人民法院认为:

清新区政府1995年的土地登记行为,实际上是土地的初始登记。由于我国土地政策的不断调整,法律、法规也在不断变化,根据法律适用的规定,应适用当时有效的法律法规来判断该行为的合法性。1989年《土地登记规则》第12条规定:土地登记申请者申请土地使用权、所有权和他项权利登记,必须向土地管理部门提交下列文件资料:(1)土地登记申请书;(2)土地登记申请者的法人代表证明、个人身份证明或户籍证明;(3)土地权属来源证明;(4)地上附着物权属证明。本案中,黄某森在申请土地登记时,提交土地登记申请、个人身份证明以及《断卖土地合约》等材料,清新区政府依法核实上述材料的真实性、合法性,其中最主要的是对于《断卖土地合约》能否作为证明土地合法来源的审查。根据1988年的《中华人民共和国土地管理法》第2条第3款规定,国有土地和集体所有的土地的使用权可以依法转让。黄某金与赖家村民小组村民签订的《断卖土地合约》,系双方真实意思表示。虽然当时转让行为发生在不同村民小组的村民之间,但黄某金与赖家村民小组同属一个村,其转让行为并未给国家、集体利益造成损失,也不违背法律的强制性规定。清新区政府依据《断卖土地合约》作为土地权属来源,向黄某森发放集体土地建设用地使用证,符合当时的法律规定。[10]

再如,在广东恒古集团有限公司诉广州市城市管理综合执法支队海珠大队行政处罚决定案中,法院认为:

根据2001年《广州市违法建设查处条例》第2条第2、3款的规定,建筑物、构筑物未经规划验收且有违法建设情形,给社会造成的直接危害仍然存在的,属于违法建设的继续状态;条例施行前已建成的建筑物、构筑物,是否属于违法建设,依照当时的法律、法规、规章、政策予以认定。本案中,上诉人所有的涉案91号地块中有部分建筑没有办理报建手续。在上诉人非该地块建筑物的建设者,而原使用者广州制药厂又已宣告破产的情况下,被上诉人根据规划航测图、报建图,认定违法建设的建筑物分别建于1975年9月前、1980年后、1991年后,主要证据充分,本院予以支持。上诉人在被上诉人处理及诉讼期间,均未能举证推翻被上诉人对建筑时间的认定,其提出涉案处罚决定证据不足的主张,本院不予采

---

[9] 最高人民法院行政裁定书〔(2017)最高法行申121号〕。
[10] 最高人民法院行政裁定书〔(2017)最高法行申2540号〕。

纳。关于法律适用问题，由于该部分建筑均建于前述条例施行前，故对其处理应依照当时的法律或政策规定。被上诉人在处罚决定中依照涉案建筑物建设当时实施的《关于加强城市建筑管理制止违章私建的通告》及《中华人民共和国城市规划法》的规定，认定91号地块中3处未经报建批准的建筑物构成违法建设，依据明确，符合前述法规的规定。[11]

在第三人提起撤销行政许可决定的行政诉讼或者申请行政复议中，若该行政许可决定作出时某一构成要件欠缺法律依据，但在判断时因新的制定法规定不再需要该要件，此时判断该行政许可决定是否违法，应当采用"当下基准时"，与当下法秩序保持一致。行政事实行为没有法效力，不涉及法效力面向未来的问题，因此，行政事实行为是否违法的判断，应当适用"当时基准时"。

2. 不作为的违法判断，原则上采用"当下基准时"。基于行政相对人的请求，认定机关判断行政机关不作为是否违法，涉及是否应当满足当下行政相对人的请求权问题，采用"当下基准时"更有利于保护行政相对人的合法权益，也与当下法秩序保持一致。因为"不作为的违法确认诉讼是以排除行政厅的置之不理为目的的制度，所以，违法判断的基准时间应该采取判决时的观点。因此，在诉讼期间，只要行政厅对申请作出某种应答，诉的利益便告消灭，将不被受理"[12]。判断行政机关是否具有行政相对人所申请履行的法定职责，应以其收到行政相对人申请之时为时间节点，此后行政机关发生的职责变动不能成为其不作为的合法理由。例如，在任某成等诉上海市公安局宝山分局大华新村派出所不履行设置道路标牌法定职责案中，法院认为：

根据1998年12月10日发布的《上海市门弄号管理办法》第8条的规定，门弄号牌的安装，由公安派出机构组织实施。因此，被告于2009年4月7日收到原告等居民要求安装弄号标牌的信访件时，具有为原告所在小区安装弄号标牌的法定职责，但被告未能及时履行。此后，根据2009年5月1日起实施的《上海市门弄号管理办法》的有关规定，虽然安装门弄号标牌的法定职责改由乡镇人民政府、街道办事处具体实施，但被告在已经发现原告所住小区无弄号标牌，且未能在2009年5月1日前履行相应法定职责的情况下，应当及时与当地镇政府联系，将相关职责移交给当地镇政府履行，并给予原告答复。但被告既未自行履行法定职责，也未在新的规章实施后将相关法定职责移交给当地镇政府，又未给予原告任何答复，故其行为违法。鉴于目前被告已经不再具有安装弄号标牌的法定职责，故依照《最高人民法院关于执行〈中华人民共和国行政诉讼法〉若干问题的解释》第57条第2款第1项的规定，判决确认被告上海市公安局宝山分局大华新村派出所在收到2009年3月30日行知路356弄部分居民要求为其居住的小区安装弄号标牌的信访件后未履行相应法定职责的行为违法。[13]

(三) 相关区别

1. "情势变更"之下行政行为撤回。以情势变更为由，行政机关撤回已经作出的行政决定，并非为制定法所禁止。例如，《行政许可法》第8条第2款规定："行政许可所依据的法律、法规、规章修改或者废止，或者准予行政许可所依据的客观情况发生重大变化的，为了公共利益的需要，行政机关可以依法变更或者撤回已经生效的行政许可。由此给公民、法人或者其他组织造成财产损失的，行政机关应当依法给予补偿。"该条与违法判断基准时不同的是，它涉及作出的行政许可在情势发生变更之后，行政机关是否有撤回它的义务以及行政相对人的权益在行政许可决定被撤回之后如何保障的问题。

---

[11] 广东省广州市中级人民法院行政判决书[(2006)穗中法行终字第321号]。
[12] [日]盐野宏：《行政救济法》，杨建顺译，北京大学出版社2008年版，第158页。
[13] 最高人民法院行政审判庭编：《中国行政审判案例》(第4卷) 第149号案例，中国法制出版社2013年版，第152页。

2.法适用中的时间效力。在法适用中,原则上行政机关应当依照当下的"法律状态"作出行政行为,与当下的法秩序保持一致,只有在特殊情况下才能适用"实体从旧、程序从新"的规则。例如,《立法法》第104条规定:"法律、行政法规、地方性法规、自治条例和单行条例、规章不溯及既往,但为了更好地保护公民、法人和其他组织的权利和利益而作的特别规定除外。"又如,《行政处罚法》第37条规定:"实施行政处罚,适用违法行为发生时的法律、法规、规章的规定。但是,作出行政处罚决定时,法律、法规、规章已被修改或者废止,且新的规定处罚较轻或者不认为是违法的,适用新的规定。"上述两条规定与违法判断基准时不同的是,在行政法上,法适用中的时间效力是行政机关对行政事务作出处理时应当依据何种法的问题,而不是认定主体在"复审"行政机关已经作出的行政行为时违法判断基准的选择问题。例如,在赤峰市蔬菜购销公司综合经理部诉房产管理处注销房屋所有权证案中,法院认为:

原、被告对房屋存在的事实,发证时间经过均无异议。被告认为原告房屋在确权发证前为临时建筑,发证后性质不变,仍为临时建筑。被告上述主张没有当时的法律、法规、政策做依据。根据当时的有关政策,为原告颁发的产权证是合法有效的。被告依据建设部1997年《城市房屋权属登记管理办法》第23条规定注销原告持有的第011C06037号房屋所有权证属适用法律法规错误。[14]

该案中,关于原告的房屋性质是否是临时建筑的争议,被告依照发证时的有关政策认为原告的申请符合规定,故向其颁发了房屋产权证,之后,被告以该房屋属临时建筑为由注销了房屋产权证。法院以被告的主张没有当时的法律、法规、政策依据为由,否定了它的注销行为的合法性。此所谓"实体从旧"的法适用规则。在法院审查此案时,关于临时建筑有不同于旧规定的新规定,这就产生了对"注销房屋产权证"的行为是否违法选择判断基准时的问题。

第二节 行政违法的认定

行政违法的认定涉及行政行为的主体、事实、依据和程序等内容。一个行政行为违法并不需要同时具备这四项内容都违法;只要其中某一项内容被认定违法,即可判定该行政行为违法。这四项内容并非一个平面上的四个点,而是主体、事实、依据和程序在一条直线上的依次排列,从而构成了一个判定行政违法的递进式逻辑体系。在这个递进式逻辑体系中,只有在前一项内容不被认定违法时,才有必要再去审查后一项内容是否合法;一旦后一项内容被认定违法,则前面所有内容的合法性判定都归于零。也就是说,只要这四项内容中有一项被认定为违法,即可认定该行政行为违法。

一、主体资格违法

行政机关能否对外作出行政行为,首先取决于它是否有行政权能,即能不能作出行政行为;其次,有行政权能的行政机关能在多大范围内对外作出行政行为,取决于它的行政权限,两者齐全者称为有作出行政行为的主体资格,即有独立对外行使行政职权的资格。有权能未必有权限,但有权限必然有权能。实务中,法院经常把"职权依据"作为一个独立的审查要点,要求被告明示它作出被诉行政行为的职权依据,以备审查。"职权依据"在内容上等同于"主

---

[14] 内蒙古自治区赤峰市红山区人民法院行政判决书[(2000)红行初字第17号]。

体资格"。主体资格违法主要有如下两种情形。

(一) 无权能

1. 内设机构或者派出机构。行政机关的内设机构或者派出机构是行政机关的组成部分,如公安局的治安科、市场监管局的法制处等,它们没有行政权能,不能对外作出行政行为。例如,在张某国等12人诉浙江省人民政府土地行政复议案中,法院认为:

> 浙江省人民政府的被诉具体行政行为,所认定的事实不清,证据不足,且由其法制办公室的内设部门"复议应诉处"作出不予受理复议申请的决定,亦不符合《行政复议法》的有关规定,依法应予撤销。但鉴于浙江省人民政府法制办公室已于2006年3月30日决定受理张某国等人的行政复议申请,故法院再予撤销原被诉具体行政行为,已无实际意义。[15]

该案中的"复议应诉处"是行政复议机构的一个内设机构,专司复议应诉事务,不具有对外行使行政复议权的权能。它以自己的名义对复议申请人作出"不予受理复议申请的决定",属于主体资格违法。又如,在朱某诉上海市浦东新区社会发展局(以下简称浦东社发局)要求撤销答复案中,法院认为:

> 在无当事人申请要求浦东社发局履行立案处罚法定职责的情况下,浦东社发局卫生处对信访人反映情况进行调查后,在将调查结果予以告知的书面答复中,直接表态"……事件发生于2006年4月,已超过法律的追溯期,故不予立案处罚",超越了信访内容及应答复范围。是否予以立案处罚作为对当事人设定权利义务的行政行为,应当由职权机关根据法定职责作出决定,在没有法律、法规或者规章授权的情况下,浦东社发局卫生处作为浦东社发局的内设机构,在以自己的名义作出的信访答复中载明了设定当事人权利义务的"不予立案处罚"内容,超越了其权限,缺乏依据。[16]

该案中,"卫生处"是被告浦东社发局的一个内设机构,与前案中的"复议应诉处"一样不具有行政权能。法院认为"卫生处"作出的信访答复"超越了其权限",实为案审法院权能与权限不分之误。"卫生处"本无权能,也就无所谓"超越了其权限"之说。再如,在郭某建诉湖南省湘潭天易示范区管理委员会(以下简称天易管委会)行政强制拆除及行政赔偿案中,法院认为:

> 2015年《中华人民共和国地方各级人民代表大会和地方各级人民政府组织法》第68条第2、3款规定,县、自治县的人民政府在必要的时候,经省级人民政府批准,可以设立若干区公所,作为其派出机关。市辖区、不设区的市人民政府,经上一级人民政府批准,可以设立若干街道办事处,作为其派出机关。本案中,天易管委会不是湘潭市人民政府的派出机关,只是派出机构,不具有独立的行政主体资格。本案被诉的2014号行政强制执行决定书是湘潭县城乡规划局作出的,郭某建应以湘潭县城乡规划局为被告,向湘潭县人民法院提起诉讼。郭某建主张违法强拆是天易管委会的行政行为,天易管委会应当承担赔偿责任,其未错列被告,缺乏事实和法律依据,该主张不能成立。[17]

2. 假行政行为。由一个无行政权能的组织作出的、外观上貌似行政行为的"行政行为",称为假行政行为。实施假行政行为的组织不具有行政权能,其作出的"行政行为"引起的法律责任可能是刑事责任,也可能是民事责任。例如,在陈某有等诉儋州市新州镇人民政府房屋拆除及行政侵权赔偿案中,法院认为:

> 上诉人陈某有、陈某吉的损失是拆除房屋的行为所造成的,与被上诉人新州镇人民政府作出的"通

---

[15] 浙江省高级人民法院行政判决书[(2006)浙行终字第11号]。
[16] 上海市第一中级人民法院行政判决书[(2009)沪一中行终字第230号]。
[17] 最高人民法院行政裁定书[(2017)最高法行申2820号]。

知"的行政行为之间没有必然的因果关系,故其请求新州镇人民政府予以赔偿,没有事实依据。拆除房屋是黄玉村委会实施的行为,村委会不是行政机关,也不是法律、法规或规章授权行使行政职权的组织,其不具备实施行政行为的主体资格,其实施的行为属于民事行为,该行为是否已经构成民事侵权,上诉人陈某有、陈某吉可以通过民事诉讼程序解决,故上诉人在本诉讼中请求判决被上诉人新州镇人民政府承担该房屋被拆除的赔偿责任,没有法律依据,不予支持。[18]

该案中,黄玉村委会是基层群众性自治组织。在制定法上,拆除房屋是行政机关依法才能作出的行政行为,但是,黄玉村委会实施了拆除上诉人房屋的行为,符合假行政行为的特征。对于假行政行为,权利人的法律救济途径通常是民事诉讼程序,特别情况下对直接责任者可以追究其刑事责任。该案中,法院的裁判是妥当的。

(二) 无权限

权限,即行政管辖权的范围。若权能可以用一个点来标示,那么权限就是围着这个点的一个圈。这个"圈"是通过法规范来确定的。凡行政机关对外作出的行政行为不在这个圈内的,即为无权限。在外观上,无权限表现出来的主要是行政越权。依照主体之间的关系不同,行政越权可以分为如下几种情形。

1. 同质主体之间越权。在同一性质行政机关的体系内,上下级之间、平级之间以及行政机关与它的派出机关(机构)之间,各自都有自己的法定权限。一旦它们超出了法定权限的范围,则构成无权限。例如,最高人民法院行政审判庭《关于〔1996〕豫法行字第 6 号请示的答复》(〔1997〕法行字第 2 号)称:"县级人民政府颁发的宅基地使用证,乡人民政府认定无效或予以撤销的行为,属于超越职权的性质。"此为上下级行政机关之间的越权。又如,在王某四等诉安阳市工商行政管理局文峰分局工商行政登记案中,法院认为:

根据《工商行政管理所条例》第 8 条规定,工商所的具体行政行为是区、县工商局的具体行政行为,但有下列情况之一的,工商所可以以自己的名义作出具体行政行为:(1)对个体工商户违法行为的处罚;(2)对集市贸易中违法行为的处罚;(3)法律、法规和规章规定工商所以自己的名义作出的其他具体行政行为。宝莲寺工商所以自己的名义作出注销登记不符合上述法规规定,也不符合安阳市工商行政管理局文峰分局与宝莲寺工商所签订的委托书授权范围,故宝莲寺工商所为安阳市文峰区宝莲寺永昌彩艺凹蒙玻璃总汇注销登记的行为无效。[19]

该案中,宝莲寺工商所是安阳市工商行政管理局文峰分局的派出机构,前者经《工商行政管理所条例》授权,具有行政权能,并有若干项具体行政处罚等的行政权限。但是,宝莲寺工商所作出的注销登记行为属于安阳市工商行政管理局文峰分局的权限,法院认定宝莲寺工商所作出的注销登记行为无效是正确的。但是,该案列安阳市工商行政管理局文峰分局为被告不当,宝莲寺工商所可以是该案的被告。

2. 异质主体越权。不同性质的行政机关有不同的权限,这些权限由法规范事先分配妥当,行政机关之间不可互相逾越,否则行政的统一性、整体性将不可维系,更遑论行政秩序的整齐、稳定。不同性质的行政机关之间越权,构成无权限情形之一。例如,在刘某福诉赣州市人民政府行政复议案中,法院认为:

2014 年《中华人民共和国土地管理法实施条例》第 25 条第 3 款规定:"市、县人民政府土地行政主管部门根据经批准的征用土地方案,会同有关部门拟订征地补偿、安置方案,在被征用土地所在地的乡

---

[18] 海南省海南中级人民法院行政判决书[(2008)海南行终字第 4 号]。
[19] 河南省安阳市中级人民法院行政判决书[(2010)安行终字第 4 号]。

（镇）、村予以公告，听取被征用土地的农村集体经济组织和农民的意见。征地补偿、安置方案报市、县人民政府批准后，由市、县人民政府土地行政主管部门组织实施……"根据该规定，蟠龙镇人民政府不是实施征地补偿、安置的适格主体，而开发区分局作为赣州市国土资源局下属事业单位，不是市、县人民政府土地行政主管部门，也不具有实施征地补偿、安置的主体资格。因此，蟠龙镇人民政府和开发区分局共同作出的赣市开征补〔2016〕第1号土地征收补偿决定书超越职权，依法应予以撤销，赣州市人民政府作出的本案被诉行政复议决定撤销了上述土地征收补偿决定书正确。[20]

该案中，蟠龙镇人民政府和赣州市原国土资源局开发区分局与赣州市原国土资源局属于不同性质的行政机关，土地征收补偿决定书依法应当由市原国土资源局作出，但该案中的土地征收补偿决定书则由镇人民政府和开发区分局共同作出，法院认定为超越职权是妥当的。又如，在丰祥公司诉上海市原盐务局行政强制措施案中，法院认为：

国务院《盐业管理条例》第4条规定："轻工业部是国务院盐业行政主管部门，主管全国盐业工作。省及省级以下人民政府盐业行政主管部门，由省、自治区、直辖市人民政府确定，主管本行政区域内的盐业工作。"轻工业部《盐业行政执法办法》第7条第1款规定："各级行政主管部门，应当设立盐政执法机构，负责本辖区内的盐政执法工作。"根据以上国务院、原轻工业部的法规、规章的规定，上海市人民政府制定了《上海市盐业管理若干规定》，其中第4条第1、2款规定："上海市商业委员会是本市盐业行政主管部门。上海市盐务局（以下简称市盐务局）是市人民政府根据《食盐专营办法》授权的盐业主管机构，负责管理本市行政区域内的食盐专营工作，组织本规定的实施，并接受市商委的领导。"因此，上海市盐业行政主管部门是市商委，而非盐务局。盐务局只能负责管理食盐专营工作，并无对上海市工业盐的经营、运输进行查处的职权，不具有作出封存、扣押违法经营工业盐行政强制措施的执法主体资格。[21]

上海市原盐务局只有管理食盐专营的权限，对工业盐的经营、运输的行政管理权限属于上海市商业委员会。该案中，上海市原盐务局却对原告作出封存、扣押违法经营工业盐的行政强制措施，行使了上海市商业委员会的职权，属于异质主体之间的行政越权。再如，在李某格诉郑州市惠济区人民政府行政强制案中，法院认为：

根据2015年《城乡规划法》第65条的规定，在乡、村庄规划区内未依法取得乡村建设规划许可证或者未按照乡村建设规划许可证的规定进行建设的，由乡、镇人民政府责令停止建设、限期改正；逾期不改正的，可以拆除。本案中，长兴路办事处虽然是惠济区人民政府的派出机关，可以在其职权范围内独立承担相应的法律责任，但相关法律规范并未赋予街道办事处对违法建筑予以拆除的职权，因此，长兴路办事处对再审申请人的房屋予以强制拆除，属于超越职权。原审法院确认长兴路办事处强制拆除再审申请人房屋及附属物的行为违法正确。[22]

该案中，长兴路办事处是惠济区人民政府的派出机关，它行使了应当由乡、镇人民政府行使的法定职权，其作出的强制拆除行为属于超越职权。

3. 行政职权介入司法范围。如行政机关作出的行政决定与法院生效的判决相抵触，属于行政超越职权的特殊情形。例如，在罗边槽村一社诉重庆市人民政府林权争议复议决定案中，法院认为：

在罗边槽村一、四社已经达成调解协议，并被人民法院的生效判决认定为具有法律效力的情况下，重庆市丰都县人民政府又作出丰都府发〔1998〕157号《关于高家镇罗边槽村一、四社林权争议的处理决

---

[20] 江西省高级人民法院行政判决书〔（2017）赣行终24号〕。
[21] 《最高人民法院公报》2003年第1期。
[22] 最高人民法院行政裁定书〔（2017）最高法行申1082号〕。

定》,否定该调解协议具有法律效力,与人民法院的生效判决相抵触,属于超越职权。[23]

二、认定事实违法

行政机关若无合法取得的证据证实行政行为所认定的事实,构成认定事实违法。事实,即客观上存在的各种情况。作为法适用基础的事实,它是由证据予以证实的客观情况,即法律事实,且证据必须由行政机关合法取得;没有法律事实,也就没有法正确适用的基础。认定事实违法的主要情形有以下几个方面。

(一) 主要证据不足

主要证据不足,即有若干证据在案,尚不足以得出案件的基本事实在法律上确已成立的结论。如在一个案件中,仅有"未成年人所作的与其年龄和智力状况不相适应的证言"[24]这一孤证,公安机关即认定张三播放黄色录像事实成立,显然属于主要证据不足。由此我们也可以解释出的另一个结论,与案件基本事实不相关的次要证据不足,不属于认定事实违法的情形。

根据《行政诉讼法》第70条第1项的规定,"主要证据不足"是法院撤销或者部分撤销被诉的行政行为情形之一。《行政复议法》第64条第1款第1项规定"主要事实不清、证据不足"的,由复议机关决定撤销该行政行为。这与《行政诉讼法》的要求基本相同。何谓"主要证据",最高人民法院《关于适用〈中华人民共和国民事诉讼法〉审判监督程序若干问题的解释》第9条规定:"民事诉讼法第二百条第(五)项规定的'对审理案件需要的主要证据',是指人民法院认定案件基本事实所必须的证据。"在制定法上,与其相似的概念有"重要证据"。例如,《禁止垄断协议规定》第37条规定:"经营者达成或者组织其他经营者达成垄断协议,或者为其他经营者达成垄断协议提供实质性帮助,主动向反垄断执法机构报告有关情况并提供重要证据的,可以申请依法减轻或者免除处罚……重要证据是指反垄断执法机构尚未掌握的,能够对立案调查或者对认定垄断协议起到关键性作用的证据。"上述"主要证据""重要证据"的定义,可以为我们在理解《行政诉讼法》《行政复议法》中的"主要证据"时作参照。

无论是"主要证据不足"还是"主要事实不清",其实它们都蕴含着一个证明标准的要求,即案件事实认定只有达到"主要证据不足"或者"主要事实不清"时,被审查的行政行为才能被撤销或者确认违法。例如,在宣某成等诉浙江省衢州市原国土资源局收回国有土地使用权案中,法院认为:

被告提供的衢州市发展计划委员会[2002]35号《关于同意扩建营业用房项目建设计划的批复》、建设项目选址意见书审批表、建设银行衢州分行扩建营业用房建设用地规划红线图等有关证据,难以证明其作出的通知符合《土地管理法》第58条第1款规定的"为公共利益需要使用土地"或"为实施城市规划进行旧城区改造需要调整使用土地"的情形,主要证据不足,故被告主张其作出的通知符合《土地管理法》规定的理由不能成立。根据《中华人民共和国行政诉讼法》及其相关司法解释的规定,在行政诉讼中,被告对其作出的具体行政行为承担举证责任,被告不提供作出具体行政行为时的证据和依据的,应当认定该具体行政行为没有证据和依据。[25]

在通常情况下,相对刑事诉讼而言,行政行为一般对行政相对人合法权益的影响并不大,且基于行政效率的要求,采用较低要求的证据标准是合理的,也是可行的。但是,在涉及人身

---

[23]《最高人民法院公报》2000年第6期。
[24]《行诉证据规定》第71条第1项。
[25] 最高人民法院指导案例41号。

自由的行政案件时,提高证明标准的要求是必要的。如在宿某燕诉海南省海口市原劳动教养管理委员会劳动教养决定中,法院认为:

> 被上诉人宿某燕和其他四人在同王某1、王某2谈论合伙经商的债权债务时发生冲突,李某、王某3、邱某富、王某4在与王某1、王某2相互斗殴中,造成王某1、王某2轻伤。由于没有旁证材料证明此次事件是宿某燕纠集所为,其后果应由参与斗殴的李某、王某3等人承担。上诉人海口市劳动教养管理委员会在只有王某1、王某2的陈述而没有其他证据互相印证的情况下,仅凭宿某燕与王某1之间过去有感情上的纠葛和经济上的纷争,宿某燕是案发当天从四川飞赴海口、当晚又在现场等事实,就推断宿某燕必有纠集并伤害他人的行为,从而作出对宿某燕劳动教养3年的决定,是错误的,应予撤销。[26]

该案被诉行政行为是限制宿某燕人身自由的劳动教养决定,但被告仅有宿某燕在案发当天从四川飞赴海口、当晚又在现场等事实,就推断她必有纠集并伤害他人的行为,主要证据是不充分的。在证据法上,不同证据有不同的证明效力,如证明同一事实的数个证据中,原件、原物优于复制件、复制品。[27] 若行政机关在未取得优势证据的情况下仅凭劣势证据即认定相关的案件事实,构成主要证据不足。例如,在刘某某诉长沙市人力资源和社会保障局(以下简称长沙市社保局)工伤确认纠纷案中,法院认为:

> 关于文某某是否因工外出这一事实,经庭审举证、质证,符合行政诉讼证据规则的主要证据是刘某某在申请工伤认定时提供的潍柴公司出具的文某某系在该公司进行业务考察期间突发疾病死亡的证明,以及某某公司出具的文某某外出系非因工死亡的情况汇报。长沙市社保局在工伤认定程序中采信了某某公司提供的证据材料,作出了不予认定文某某死亡为工亡的工伤认定。被告对原告提供的与此相矛盾的证据未进行查实和评判,被告在双方证据均未形成优势证据的情况下作出不构成工伤的决定主要证据不足。综上,长沙市社保局作出的认定文某某死亡不构成工伤的决定主要证据不足、事实不清。[28]

该案中,对于文某某是否因工外出的事实,存在两份相反的证据,且没有其他证据可以加重其中任何一份证据的证明效力,该案优势证据没有形成,但被告采信了其中一方的证据作出了文某某不构成工伤的决定,属于主要证据不足。

(二)没有证据

与"主要证据不足"相比,行政行为"没有证据"的违法程度更为严重。"没有证据"主要有三种情形:

(1)因行政机关在作出行政行为时就没有证据,在行政诉讼、行政复议或者其他监督程序中也就不可能有证据可以出示。例如,在孙某伟诉濮阳市公安局行政处罚决定案中,法院认为:

> 濮阳市公安局行政卷宗显示,受案登记表记载报案时间"2010年03月01日19时10分",与报案人报案时间不一致,且其自受理案件至作出处罚决定之日已超期,程序违法。根据报案人报案称其铲车被扣押损失达32,000元,提供租车收据4000元,而被上诉人处罚决定书认定损失为3000余元,没有证据予以证明,属认定事实不清。[29]

该案中,依常理在"32,000元"和"4000元"的两个证据中,无论如何得不出损失"3000余元"的事实认定。法院认定被告作出的行政处罚决定时,在认定损失事实上"没有证据予以证

---

[26] 《最高人民法院公报》2000年第3期。
[27] 《行诉证据规定》第63条第3项。
[28] 湖南省长沙市芙蓉区人民法院行政判决书[(2011)芙行初字第34号]。
[29] 河南省濮阳市中级人民法院行政判决书[(2011)濮中法行终字第25号]。

(2) 有一些证据但不足以证明被告作出的事实认定能够成立。例如，在沈某贤等 182 人诉北京市原规划委员会颁发建设工程规划许可证纠纷案中，法院认为：

> 被告规划委员会在审批该项目的《建设工程规划许可证》时，应当审查第三人是否已取得了环境影响报告书，并根据卫生部颁布施行的《卫生系统实验动物管理暂行条例》规定，审查申报建设的实验动物室建筑是否保留至少有 20 米的卫生隔离区。但是，本案中规划委员会核准的动物实验室工程设计方案，实验室与原告的住宅楼之间的距离为 19.06 米，未达到规定的距离要求。规划委员会在诉讼中向法院提交的有关证据，不足以证明其审批行为认定事实清楚，程序正当、合法。[30]

(3) 未在法定期限提供的证据。最高人民法院《行诉证据规定》第 1 条第 1 款规定："根据行政诉讼法第三十二条和第四十三条的规定，被告对作出的具体行政行为负有举证责任，应当在收到起诉状副本之日起十日内，提供据以作出被诉具体行政行为的全部证据和所依据的规范性文件。被告不提供或者无正当理由逾期提供证据的，视为被诉具体行政行为没有相应的证据。"依照该规定，基于被告在法定期限内不向法院提供证据，法院可以推定它作出的行政行为在法律上没有证据。例如，在沈某海诉上海市奉贤区人民政府（以下简称奉贤区政府）复议决定案中，最高人民法院认为：

> 行政复议制度是纠正违法、不当行政行为，化解行政争议的重要法律制度。行政复议机关按照法定程序，审查行政行为合法性和适当性，从而实现保护公民、法人和其他组织合法权益，保障和监督行政机关依法行使职权的功能。行政复议机关应当按照行政复议法的规定，结合申请人的行政复议申请，对行政行为的合法性、适当性进行审查。公民、法人和其他组织提出复议申请后，行政复议被申请人应当依照行政复议法的规定，依法参加行政复议程序，并依法履行行政复议法规定的义务。本案中，奉贤区政府受理沈某海的行政复议申请后，向南桥镇政府发出答复通知。因南桥镇政府未提供其作出南府代拆字〔2015〕第 205 号代为拆除决定书的证据、依据和其他有关材料，故奉贤区政府认定南桥镇政府作出的代为拆除决定没有证据、依据，遂作出奉复决字〔2015〕第 42 号行政复议决定，确认南桥镇政府南府代拆字〔2015〕第 205 号代为拆除决定违法。南桥镇政府收到奉贤区政府发出的答复通知后，怠于参加行政复议程序，其应当承担相应的法律后果。[31]

该案基于法律推定规则得出了"没有证据"的结论。被告因违反程序规定，没有在法定期限内向法院提交证据，构成了"主要证据不足"的一种特殊情形。

(三) 违法证据

凡是行政机关违法取得的证据，依法不能作为认定被诉行政行为合法性的证据，此为从证据合法性要求中得出的一个当然结论。[32] 将违法证据排除在定案依据之外，符合正当程序的理念：不得以不正当、不合法的手段达到一个所谓的"崇高"目的。"偷拍、偷录、窃听等手段获取侵害他人合法权益的证据材料""利诱、欺诈、胁迫、暴力等不正当手段获取的证据材料"之所以被否定，正是因为这一法治理念。除此之外，严重违反法定程序收集的证据材料也是违法证据。例如，《行政诉讼法》第 35 条规定："在诉讼过程中，被告及其诉讼代理人不得自行向原告、第三人和证人收集证据。"违反该条规定收集证据也属于上述违法情形之一。在个案中，取证时执法人员少于两人的，属于违法取证。例如，在王某刚诉清丰县公安局行政处罚案中，法院认为：

---

[30]《最高人民法院公报》2004 年第 3 期。
[31] 最高人民法院行政裁定书〔（2016）最高法行申 3669 号〕。
[32]《行政诉讼规定》第 57 条。

清丰县公安局在处理该案过程中,部分询问笔录系一名办案民警调查取证,违反《行政处罚法》第37条"行政机关在调查或者检查时,执法人员不得少于两人"和公安部《公安机关办理行政案件程序规定》第35条"公安机关在调查取证时,人民警察不得少于两人"的规定,不能作为证据采信,该处罚决定主要证据不足,且公安机关亦未查明被上诉人具有教唆他人违法的行为,一审法院予以撤销并无不当。[33]

该案中,因调查取证的民警少于两人,可能影响询问笔录内容的真实性,属于严重违反法定程序,法院没有采信这部分的询问笔录,这是符合《行政处罚法》立法要旨的。在实务中如何判断"严重",一般来说应当以违反法定程序取证影响证据内容真实的可能性大小为标准。当然,认定机关也要结合个案中具体情况,作出正确的认定。

在行政复议过程中,复议机关依职权收集的证据不是用于证明被申请行政行为的合法性,而是用于证明其他与复议程序相关的问题,不属于违法证据。例如,在史某超等诉河南省人民政府复议案中,最高人民法院认为:

《最高人民法院关于执行〈中华人民共和国行政诉讼法〉若干问题的解释》第30条规定:"下列证据不能作为认定被诉具体行政行为合法的根据:(一)被告及其诉讼代理人在作出具体行政行为后自行收集的证据;(二)被告严重违反法定程序收集的其他证据。"第31条第1、2款规定:"未经法庭质证的证据不能作为人民法院裁判的根据。复议机关在复议过程中收集和补充的证据,不能作为人民法院维持原具体行政行为的根据。"此两条规定明确了人民法院在审查行政行为合法性时,排除被告在行政行为作出后自行收集的证据和复议机关在复议程序中收集和补充的证据作为认定行政行为合法性的根据,但并未排除不涉及行政行为合法性事项的证据采信。本案中,河南省人民政府在复议程序中收集的证据主要用来证明复议申请人的申请资格问题,与原行政行为的合法性无直接关系,因此,该收集和补充证据行为不违反上述司法解释关于"复议机关在复议过程中收集和补充的证据,不能作为人民法院维持原具体行政行为的根据"之规定,收集的证据可以作为认定复议申请人申请复议资格的合法证据。再审申请人史某超等4人关于河南省人民政府在复议程序中收集的证据不能作为合法证据使用的主张不能成立。[34]

三、适用依据违法

在查清事实的基础上,行政机关必须选择正确的法依据作出行政行为。"法依据"是一种抽象的法规范,其范围与行政法的法源相当。适用依据正确要求行政机关作出行政行为时,不仅要明确所适用的具体法依据,而且所选择适用的法依据本身必须是合法的。从这个意义上说,行政机关选择适用法依据还应当负有对其作合法性审查的义务。[35] 适用依据违法的主要情形有以下几点。

(一)法条适用错误

适用明确、具体的法条是行政机关作出行政行为时,应当履行说明理由义务的基本内容之一。当行政相对人对收到的行政行为表示不服时,若行政行为有明确、具体的法条标示,其就可以从中找出行使行政救济权要攻击的"靶心";若其认同了行政机关所适用的法条,则有助于其接受该行政行为的内容,自觉履行行政行为为其设定的义务。在实务中,法条适用错误主要有以下几个方面。

---

[33] 河南省濮阳市中级人民法院行政判决书[(2011)濮中法行终字第29号]。
[34] 最高人民法院行政裁定书[(2016)最高法行申3516号]。
[35] 参见《立法法》第五章。

1. 未引用法条。行政机关作出的行政行为没有引用或者标示具体法条,而是用一些语焉不详的词语,如"经研究决定……""根据现行政策……"等,这些情形都属于严重的适用依据违法情形。例如,在施某某等诉原崇明县文化广播影视管理局行政许可答复案中,2008年10月8日,上海绿洲娱乐有限公司向崇明县文化市场管理所提出申请,要求办理上海市文化经营许可证。同日,崇明县文化市场管理所作出答复:"根据现行政策,该场所的房屋类型属办公楼,不能办理娱乐场所的申请。"经审查后,法院认为:

> 崇明文广局在接到上海绿洲娱乐有限公司办理上海市文化经营许可证的申请后即作出答复,符合在接到申请书之日起10日内提出审批意见的要求,但以根据现行政策,办公楼不能办理娱乐场所为由作出答复,没有法律、法规或规章的依据,系适用法律、法规错误。[36]

该案中,被告在答复中使用"根据现行政策",未见表述具体政策的内容。政策虽然不属于"法",但在一定条件下可以成为行政机关作出行政行为的法律依据。然而,被告却用如此模糊不清的语言,作出对原告不利的决定,构成"未引用法条"的法条适用错误。不过,实务中,上述情形十分少见,未引用法条主要表现为行政行为只引用法的名称,但未引出具体条款数序。对于这种情形,最高人民法院早先的态度认为是合法的。例如,在赵某新诉宁夏回族自治区原国有资产管理局行政批复上诉案中,法院认为:

> 宁夏回族自治区原国有资产管理局根据《国有资产产权界定和产权纠纷处理暂行办法》,依宁夏科协的申请对成套公司国有资产进行界定,不属于对产权纠纷作出处理,其所作出的宁国资发[1997]46号批复未引用前述规定的条、款、项,不影响其行为的合法性。上诉人赵某新关于"批复作出的程序违法、批复未引用规定的条款项,一审法院判决认定批复适用法律正确是错误的"等理由不能成立。[37]

该案是20世纪末最高人民法院的一个判例,客观上对于地方各级法院审理类似案件有一定的事实上的拘束效力,至少可以成为整理裁判理由时法官内心确信的依据。不过,对于这种情形,有的地方法院把它归入"法律适用瑕疵",但不影响被诉行政行为的合法性。例如,在重庆市无线电话有限责任公司诉重庆市财政局产权界定案中,法院认为:

> 原告重庆市无线电话有限责任公司具有诉讼主体资格,可以公司名义提起行政诉讼。被告重庆市财政局根据《国有资产产权界定和产权纠纷处理暂行办法》第28条第1项之规定作出被诉具体行政行为程序合法。被告在渝财资[2000]4号通知中,所依据的"国资法规发[93]63号"文件系笔误,且已自行纠正。该通知作为界定产权的行政行为与行政处罚不同,未引用具体法律条款,属于法律适用的瑕疵,不构成撤销的法定理由。[38]

该案中,"通知作为界定产权的行政行为与行政处罚不同"之说,似乎想说明,只有行政处罚决定,才需要引用具体法律条款,这个理由显然是不成立的。2004年《最高人民法院公报》公布的宣某成等18人诉衢州市国土资源局收回土地使用权行政争议案中,最高人民法院对这个问题的认识发生了一个重大转变。法院认为:

> 本案各原告均系衢州市府山中学教工住宅楼的住户,是该楼用地的合法使用者。被告因建设银行衢州分行需要扩大营业用房,决定收回各原告住宅楼的国有土地使用权,被告在有关该决定的书面通知中,仅说明该决定是依照土地管理法及浙江省的有关规定作出的,却没有说明决定收回各原告住宅国有土地使用权的具体法律依据。被告依照土地管理法对辖区内国有土地的使用权进行管理和调整,

---

[36] 上海市第二中级人民法院行政判决书[(2010)沪二中行终字第174号]。
[37] 最高人民法院行政判决书[(1999)行终字第15号]。
[38] 重庆市高级人民法院行政判决书[(2003)渝高法行终字第18号]。

属于其行政职权的范围。但在决定收回各原告住宅国有土地使用权时,对所依据的法律条款应当予以具体说明而没有说明,属于适用法律错误。[39]

在该案的裁判摘要中,最高人民法院把裁判理由归纳为"行政机关在依法实施具体行政行为时,仅说明所依据的法律名称,没有说明依据的具体法律条款,且不能证明其具体行政行为符合法律的哪些具体规定,构成违法,应予撤销"。对于未引用法条是否构成适用依据错误,最高人民法院增加了一个要件,即"不能证明其具体行政行为符合法律的哪些具体规定"。也就是说,如果行政机关在事后的行政复议或者行政诉讼中指明某个条文适用本案,经法院审查认为是正确的,即使它在作出行政行为时没有引用该条文,也不构成适用依据错误。虽然最高人民法院这一态度有进步,但仍然值得检讨。这种有条件地判定适用依据错误,顾及了行政效率,但并不利于行政相对人及时、有效地行使行政救济权利。在之后的地方法院裁判中,似乎并没有考虑"不能证明其具体行政行为符合法律的哪些具体规定"这个要件。例如,在吴某某诉凤凰县城乡规划管理局规划行政处罚案中,法院认为:

> 行政机关作出行政处罚决定时,要做到适用法律依据正确。"适用法律依据正确"是指行政处罚适用的法律规范,应当是具体、明确的,即适用的是哪一个特定的法律、法规或规章,该法律、法规、规章的哪一条款。法律、法规或规章有条、款、项、目规定的,应当适用到最后的分类规定,不能笼统地只适用某一法律、法规或规章,更不能用"根据有关法律精神"或"根据有关规定"作为行政处罚的法律依据。本案中,被告作出废止原告规划审批单的决定时,仅说明是依据《中华人民共和国城乡规划法》《湖南省实施〈中华人民共和国城乡规划法〉办法》等法律法规规定作出的,并未引用具体的法律条款,故其作出的具体行政行为没有明确的法律依据,属于适用法律错误。因此,被告凤凰县城乡规划管理局作出的凤规废〔2017〕1号《关于废止凤古字第1203033号私人房屋建设工程规划审批单的决定书》的行政行为适用法律、法规错误,应予撤销。[40]

2. 引用法条不全。没有引用应当全部引用的法条,导致有关事实在行政机关作出行政行为时被遗漏处理,直接影响行政行为结论的正确性。例如,在胡某诉上海铁路公安局上海公安处行政处罚案中,法院认为:

> 《中华人民共和国治安管理处罚法》第52条第3项规定,伪造、变造、倒卖车票、船票、航空客票、文艺演出票、体育比赛入场券或者其他有价票证、凭证的,处10日以上15日以下拘留,可以并处1000元以下罚款;情节较轻的,处5日以上10日以下拘留,可以并处500元以下罚款;第5条第1款规定,治安管理处罚必须以事实为依据,与违反治安管理行为的性质、情节以及社会危害程度相当;第19条规定,违反治安管理情节特别轻微的,减轻处罚或者不予处罚。铁路公安机关在查处倒卖铁路客票的违法行为时,不但要适用行为认定和处罚条款,更应当注意总则性条款的适用。即使认定原告加价转让铁路客票的行为属于倒卖车票,原告的行为也是特别轻微,社会危害不大,应当减轻处罚或者不予处罚的,被告只适用《中华人民共和国治安管理处罚法》第52条第3项规定,属于适用法律错误。[41]

其实,这种现象在个案中并不少见。在实务中,对于法的总则部分,行政机关总是认为它不具有可操作性,不能作为个案处理的依据。该案中,法院认为法的总则性条款在治安行政处罚决定中更应当注意适用,这是十分精当的裁判理由。该案原告的违法行为特别轻微,社会危害不大,被告应当引用总则中有关减轻处罚或者不予处罚的条款,将其加入该案的依据之中,但被告没有引用这一条款,导致处罚结论适用法律错误。

---

[39] 《最高人民法院公报》2004年第4期,最高人民法院指导案例41号。
[40] 湖南省凤凰县人民法院行政判决书〔(2017)湘3123行初13号〕。
[41] 河南省郑州市中原区人民法院行政判决书〔(2008)中行初字第6号〕。

3. 未适用行为时的法。行政机关作出行政行为所适用的依据,原则上是行政相对人实施行为时的法,如违法占地建房认定、向行政机关申请行政许可的法规范等。在行政机关作出行政行为时,只有在行政相对人实施行为之后才生效的法规范对其更为有利,且该法有为此作出特别规定时,才可以适用新法。[42] 若行政机关未适用行政相对人行为时的规范法作出行政行为,可能导致适用依据错误。例如,在叶某生诉防城港市住房和城乡建设委员会城市规划行政处罚纠纷案中,法院认为:

> 本案原告于1995年期间,在未取得建设工程规划许可证和其他有关批准文件的情况下便在城市规划区域内建设房屋,其行为已违反了《中华人民共和国城市规划法》和《广西壮族自治区实施办法》的有关规定,基于原告违法行为发生的时间,被告可适用上述法律法规对原告作出行政处罚,然被告在其防建规罚字〔2009〕第105号行政处罚决定书中适用《中华人民共和国城乡规划法》(该法于2008年1月1日起施行)对原告作出处罚属适用法律法规错误。[43]

该案中,原告实施的违法建设房屋行为发生在1995年,当时调整城市规划区域内建设房屋行为的法律是《城市规划法》以及当地的《广西壮族自治区实施办法》。被告在2009年作出行政处罚时却适用了2008年实施的《城乡规划法》,法院认为被告的处罚决定违反2000年《立法法》第84条的规定,属于适用法律、法规错误。这种情形同样发生在徐某祥等诉林口县人民政府登记行政撤销案之中,法院认为:

> 《城市房屋权属登记管理办法》于2001年8月15日施行。2008年7月1日,《房屋登记办法》施行,同时《城市房屋权属登记管理办法》废止。本案中,根据"实体从旧、程序从新"的原则,林口县人民政府于2004年作出房屋登记行为,现林口县人民政府认为2004年登记行为有误,应适用《城市房屋权属登记管理办法》。林口县人民政府依据《房屋登记办法》作出本案被诉行为属适用法律错误。依据《中华人民共和国行政诉讼法》第70条第2项规定,行政行为适用法律、法规错误的,人民法院判决撤销或者部分撤销,并可以判决被告重新作出行政行为。林口县人民政府作出的撤销徐某祥房屋所有权证的决定适用法律错误应予撤销。[44]

4. 适用失效的法。在行政机关作出行政行为时已经失效的法规范,不得适用,此为法律常识。若没有代替性法规范,行政机关不得作出行政行为;若有代替性法规范,行政机关应当适用代替性法规范作出行政行为,否则构成适用依据错误。例如,在王某坤诉内黄县人民政府土地行政登记案中,法院认为:

> 《土地登记办法》从2008年2月1日起开始施行,内黄县人民政府在2009年作出本案被诉具体行政行为时应适用该《土地登记办法》,不应适用已经废止的《土地登记规则》。内黄县人民政府在作出本案被诉具体行政行为时仍适用《土地登记规则》,显属适用法律、法规错误。[45]

该案中,行政机关适用依据错误应该说与具体经办人不熟悉法律业务有关。《土地登记办法》是办理土地登记的"基本法",如同从事行政审判的法官与《行政诉讼法》的关系一样。办理土地登记工作的公务员平时能够稍微做点业务功课的话,这种适用依据的低级错误是可以避免的。

5. 引用依据时少字、多字或错字。虽然少字、多字或错字是一种技术性的表面错误,但

---

[42] 参见《立法法》第104条。
[43] 广西壮族自治区港口区人民法院行政判决书〔(2010)港行初字第12号〕。
[44] 黑龙江省高级人民法院行政判决书〔(2017)黑行终386号〕。
[45] 河南省安阳市中级人民法院行政判决书〔(2010)安行终字第73号〕。

是，如果这种表面错误过于离谱，也足以构成适用依据错误。例如，在南阳市汇普新型建筑建材厂诉南阳市原国土资源管理局土地行政处罚案中，法院认为：

> 法律文书中如果出现错、漏个别字词，往往是由于校对有误或者打印出错，可以看作瑕疵。本案中，如果河南省出台有关于《土地管理法》的实施条例，而被告将"条例"错打为"条理"，包括"七十六"少打一个"条"字，则都可以看作文书瑕疵。但本案中，河南省显然并未出台该"条例"，在处罚主文中出现这样的错误应视为适用法律错误。[46]

该案中，被告将"河南省实施《中华人民共和国土地管理法》条例"中的"条例"错打成了"条理"，原本这种情形可以作为一种"表面错误"进行技术处理即可，但实际情况是，河南省根本就没有制定过这样的地方性法规，这种"表面错误"就变得不可宽恕了。法院将此种情形认定为适用法律错误，十分正确。

6. 同位法适用错误。同位法是同一机关制定的法。《立法法》第103条规定："同一机关制定的法律、行政法规、地方性法规、自治条例和单行条例、规章，特别规定与一般规定不一致的，适用特别规定；新的规定与旧的规定不一致的，适用新的规定。"此为《立法法》所确立的一条同位法的法适用规则。如药品在属性上属于产品的一种，《产品质量法》和《药品管理法》都是由全国人大常委会制定的，属于同位法，那么，在药品监管上应当适用哪一部法律呢？例如，在福建省龙岩市天泉生化药业有限公司诉龙岩市人民政府药品监督管理行政复议案中，法院认为：

> 我国的《产品质量法》与《药品管理法》属于一般法与特别法的关系，按照特别法优于一般法的原则，凡是我国《药品管理法》规定的事项，均应当适用《药品管理法》，而不应当适用《产品质量法》。[47]

该案中，法院确定了《产品质量法》和《药品管理法》之间是一般法与特别法的关系，如在个案中发生具体规定不一致的情形时，应当优先适用《药品管理法》，这一认定符合《立法法》的规定。在实务中，同位法适用错误的现象也并不少见。例如，在盛某琼诉成都市劳动和社会保障局行政确认案中，法院认为：

> 成都市劳动和社会保障局主张适用的《四川省劳动和社会保障厅关于职工酒后驾车伤亡性质认定的复函》的精神，与《关于对工伤认定法律适用问题的复函》相冲突，根据适用法律、法规及规范性文件应遵循"新法优于旧法"的原则，成都市劳动和社会保障局未引用新的规定，导致认定有误。[48]

该案中，行政机关所适用的两个行政规定都是四川省劳动和社会保障厅制定的，属于同位法。虽然本案中所涉及的行政规定不属于《立法法》所调整的对象，但是《立法法》第105条所确立的法适用规则也同样可以适用于本案。

7. 异位法适用错误。异位法是不同机关制定的法。《立法法》第98条至第101条确立了异位法适用规则，即上位法优于下位法。国家立法体制采用一元多层次结构，在有效的立法监督保障机制建立之前，上下法之间的冲突并不少见，因此，此规则具有确保国家法律体系内在统一的功能。在实务中，行政机关异位法适用错误的现象也并不少见。例如，在上海东兆化工有限公司诉上海市工商行政管理局静安分局（以下简称静安工商分局）行政处罚案中，法院认为：

---

[46] 河南省南阳市卧龙区人民法院行政判决书[(2009)宛龙行初字第15号]。
[47] 福建省龙岩市中级人民法院行政判决书[(2005)岩行终字第41号]。
[48] 四川省崇州市人民法院行政判决书[(2008)崇州行初字第10号]。

《安全生产法》和《危险化学品安全管理条例》虽然都对未经批准经营危险化学品的违法行为作了处罚规定,但两者所规定的罚款幅度是不同的。《安全生产法》在《危险化学品安全管理条例》之后颁布实施,且属高位阶法律规范,应优先适用。静安工商分局辩称《安全生产法》第9条第2款赋予工商行政管理机关可以按照"其他有关法律、法规"(包括《危险化学品安全管理条例》)的规定来查处违法行为,但这里蕴含的前提应该是"其他有关法律、法规"与"本法"不存在冲突情况。故对静安工商分局的这一辩称不予采纳。[49]

该案中,《安全生产法》和《危险化学品安全管理条例》之间是上下位法之间的关系,它们对未经批准经营危险化学品的违法行为规定了不同的罚款幅度。被告选择采用下位法作出行政处罚决定,违反了《立法法》规定的异位法适用规则。因国家尚未建立宪法诉讼制度,虽然有关宪法、法律规定的立法监督制度比较齐全,但实务运用乏善可陈,在个案中由法院逐个解决异位法冲突,可能是现行法体系中的一种有效补救措施。例如,在汪某黔诉分宜县林业局、分宜县公安局林业分局行政处罚案中,法院认为:

原告汪某黔提出其在胶合板被扣押的15天内补办了木材运输证,根据《江西省木材运输管理办法》第19条规定应予以放行,并认为被告作出没收原告胶合板的处罚后又以7000元的价格卖给原告与法律相违背。本院认为《江西省木材运输管理办法》第19条的规定与《森林法实施条例》第35条、第44条相抵触,因为《江西省木材运输管理办法》是地方政府规章,《森林法实施条例》是行政法规,根据上位法优于下位法的原则,《江西省木材运输管理办法》第19条的规定应视为法定失效。[50]

该案中,法院根据上位法优于下位法的法适用规则,在裁判中直接宣布《江西省木材运输管理办法》第19条的规定"失效",在《行政诉讼法》的框架中,法院作出这样的裁判结论是有越权之嫌的。尽管法院对规章有"参照"权,但是依照通说"参照"并没有授予法院有宣布被参照的规章"失效"的职权。符合《行政诉讼法》规定的裁判方法是,法院可以宣布该规章在本案中不适用,并根据上位法的规定以适用依据错误为由撤销被诉的行政行为。

8. 未体现法律原则。法律原则是指为制定法所明确规定或者隐含的原则,前者如《行政处罚法》第5条第1款规定"行政处罚遵循公正、公开的原则";后者如《行政强制法》第5条规定:"行政强制的设定和实施,应当适当。采用非强制手段可以达到行政管理目的的,不得设定和实施行政强制。"《行政强制法》这一规定隐含了比例原则。如果行政机关在作出行政行为过程中未能体现法律原则的要求,则也属于适用依据错误。例如,在何某良诉成都市武侯区劳动局工伤认定行政行为案中,法院认为:

劳动者享有获得劳动安全卫生保护的权利,是劳动法规定的基本原则,任何用工单位或个人都应当为劳动者提供必要的劳动卫生条件,维护劳动者的基本权利。劳动者在日常工作中"上厕所"是其必要的、合理的生理需求,与劳动者的正常工作密不可分,应当受到法律的保护。被告作出的行政认定未体现劳动法中保护劳动者合法权益的基本原则,属适用法律、法规错误。[51]

9. 法条引用错误。法条引用错误是指根据案件事实应该适用A条,但行政机关作出行政行为时却引用了B条。这是一种较为低级的适用依据违法情形。例如,在何某军诉襄阳市城市公共客运管理处行政处罚案中,法院认为:

2016年《网络预约出租汽车经营服务管理暂行办法》第6条规定,申请从事网约车经营的,应当根

---

[49] 上海市静安区人民法院行政判决书[(2003)静行初字第105号]。
[50] 江西省分宜县人民法院行政判决书[(2004)分行初字第1号]。
[51] 《最高人民法院公报》2004年第9期。

据经营区域向相应的出租汽车行政主管部门提出申请,并提交以下材料:……(2)投资人、负责人身份、资信证明及其复印件,经办人的身份证明及其复印件和委托书;(3)企业法人营业执照……首次从事网约车经营的,应当向企业注册地相应出租汽车行政主管部门提出申请……;第13条规定,服务所在地出租汽车行政主管部门依车辆所有人或者网约车平台公司申请,按第12条规定的条件审核后,对符合条件并登记为预约出租客运的车辆,发放网络预约出租汽车运输证;第15条规定,服务所在地设区的市级出租汽车行政主管部门依驾驶员或者网约车平台公司申请,按第14条规定的条件核查并按规定考核后,为符合条件且考核合格的驾驶员,发放网络预约出租汽车驾驶员证。上述第6条规定的是网约车平台公司申请网约车经营许可的程序和需要提交的材料,约束和规范的对象是网约车平台公司。本案中,原告何某军及其所驾驶的鄂F××××北京现代牌小型轿车,未取得经营许可,从事网约车经营活动,系违反上述第13条、第15条规定的行为。依该两条认定的是网约车司机原告具有违法行为,处罚的对象是网约车司机原告,却在处罚决定书中适用的是规范网约车平台公司的第6条,系适用法律错误,该决定书应当予以撤销并重新作出。[52]

(二)概念解释错误

行政机关对制定法中不确定法概念解释是否得当,直接影响适用法依据的正确性。为此,行政机关必须遵守法解释方法的基本规则,在个案中正确地阐释不确定法概念的含义。实务中,概念解释错误主要情形有:

1.违背立法目的(本意)。立法目的是法规范的唯一来源,是解释不确定法概念的一种法精神或者法理念的指引,是维系法体系统一性的基础。若行政机关离开立法目的来解释不确定法概念,其所得出的结论可能不为法院所支持,法院可以用自己的解释代替行政机关的观点,从而否定行政行为的合法性。例如,在孙某兴诉天津市新技术产业园区劳动人事局(以下简称园区劳动局)社会保障行政确认案中,法院认为:

《工伤保险条例》第14条第1项规定,职工在工作时间和工作场所内,因工作原因受到事故伤害,应当认定为工伤。该规定中的"工作场所",是指与职工工作职责相关的场所,在有多个工作场所的情形下,还应包括职工来往于多个工作场所之间的合理区域。本案中,位于商业中心8楼的中力公司办公室,是孙某兴的工作场所,而其完成去机场接人的工作任务需驾驶的汽车停车处,是孙某兴的另一处工作场所。汽车停在商业中心1楼的门外,孙某兴要完成开车任务,必须从商业中心8楼下到1楼门外停车处,故从商业中心8楼到停车处是孙某兴来往于两个工作场所之间的合理区域,也应当认定为孙某兴的工作场所。园区劳动局认为孙某兴摔伤地点不属于其工作场所,系将完成工作任务的合理路线排除在工作场所之外,既不符合立法本意,也有悖生活常识。[53]

该案中,双方争议的焦点之一是何谓"工作场所"。从一个工作场所到另一个工作场所之间的必经通道是否也是"工作场所"所包含的内容,被告园区劳动局作出了否定性的解释。但是,法院认为被告对"工作场所"所作出的解释不符合立法本意,进而否定了它所作出的工伤认定合法性。又如,在北京国玉大酒店有限公司(以下简称国玉酒店公司)诉北京市朝阳区原劳动和社会保障局工伤认定案中,法院认为:

根据2003年《工伤保险条例》第14条第6项的规定,职工在上下班途中受到机动车事故伤害的,应当认定为工伤。对该规定所指的"上下班途中"应作全面、正确的理解。"上下班途中"应当理解为职工在合理时间内,为上下班而往返于住处和工作单位之间的合理路径之中。该路径可能有多种选择,不一定是固定的、一成不变的、唯一的路径。该路径既不能机械地理解为从工作单位到职工住处之间的最近路径,也不能理解为职工平时经常选择的路径,更不能以用人单位提供的路径作为职工上下班必

---

[52] 湖北省襄阳市樊城区人民法院行政判决书[(2017)鄂0606行初150号]。
[53] 最高人民法院指导案例40号。

须选择的唯一路径。根据日常社会生活的实际情况，职工为上下班而往返于住处和工作单位之间的合理路径可能有多种选择。只要在职工为了上班或者下班，在合理时间内往返于住处和工作单位之间的合理路径之中，都属于"上下班途中"。至于职工选择什么样的路线，该路线是否为最近的路线，均不影响对"上下班途中"的认定。本案中，根据行政机关的调查以及现有证据，2006年9月20日早晨，陈某东从自己的住处出发，前往上诉人国玉酒店公司上班。陈某东的住处位于北京市朝阳区大屯路南沙滩小区，国玉酒店公司位于北京市朝阳区安外慧忠里。从北京的实际地形看，陈某东的住处在国玉酒店公司的西北方向，涉案事故发生于朝阳区北辰西路安翔北路东口，在国玉酒店公司的西方，该地点虽然不在国玉酒店公司自制的从陈某东住处到国玉酒店公司的交通路线图上，但亦位于陈某东上班的合理路线之内。因此，可以认定陈某东系在上班途中因机动车事故伤害死亡，被上诉人作出的工伤认定合法，应予维持。[54]

该案中，双方争议的焦点之一是如何解释"上班途中"的概念。与前一判例相同，对何谓"上班途中"，国玉酒店公司也是在偏离立法目的的情况下作出狭窄的法律解释。法院认为，对"上班途中"的解释必须结合《工伤保险条例》立法宗旨中"保护弱者"目的，过度限制"上班途中"的空间范围不利立法目的的实现，据此，法院支持了被告北京市朝阳区劳动和社会保障局作出的工伤认定。

2. 违背经验性法概念解释中的常理。与价值性法概念不同的是，经验性概念形成于人们的日常生活之中，对于后者的解释需要借助日常生活经验和普通人的认识，才能获得正确的结论。以这样的方法解释经验性概念，可以提升一般人对法院裁判的可接受性。例如，在陈某泰诉厦门市思明区原工商行政管理局工商行政处罚案中，法院认为：

本案争议的焦点在于，被上诉人在其店堂墙上设置的"全国十佳洗涤单位""国际织物保养协会会员"等牌匾是否"存在利用广告对自己的商业信誉作引人误解或虚假的宣传和表示"。为此，本院认为，本案涉及的是商业特许经营，所谓的商业特许经营，是指特许人通过合同形式将自身拥有的注册商标、企业标志、经营模式等经营资源授权给被特许人使用。被特许人之所以能够以合同的形式使用特许人的注册商标、企业标志、经营模式等经营资源，是因为被特许人充分认知特许人企业经营资源的知名度以及商业价值。换句话说，被特许人一切重要的经营资源均依附于特许人的提供，对于自身而言，并没有值得夸耀的噱头。因此，吹嘘或宣扬特许人的企业形象和商标价值，成为被特许人推销自己、促进本公司营业收入的主要营销手段。而对于普通消费者而言，其认知的也是特许人的企业知名度和商标，经营者无非就是个"加盟者"，任何的吹嘘与宣扬均是加盟的经营者对知名企业和商标的夸耀，至于加盟的经营者是谁，通常不在意。本案中，被上诉人在其店堂墙上设置的"全国十佳洗涤单位""国际织物保养协会会员"等牌匾，虽然没有特别指明为特许人的荣誉，但其加盟企业的显著特征，已经印证了这些牌匾的实际意义。上诉人作为法律授权的工商管理、消费者权益保护的行政管理部门，依法行政固然为其法定职责，但认定被上诉人"在橱窗上设置的广告内容存在利用广告对自己的商业信誉作引人误解或虚假的宣传和表示，其行为已经违反《厦门市反不正当竞争条例》第11条第1款的规定"则缺乏依据。[55]

该案涉及对经验性法概念的理解与判断。从法院的裁判理由中可以看出，解释"引人误解或虚假"的立足点是普通消费者的认知，因此，应当以社会公众的一般认知能力作为评判依据。法院没有对工商局的解释给予尊重，而是基于日常生活经验、社会公众一般认知，用自己的判断替代行政机关的解释。

3. 违背文义。不确定法概念的解释首先必须取其文义，这是法律解释的首要规则。之所

---

[54] 《最高人民法院公报》2008年第9期。
[55] 福建省厦门中级人民法院行政判决书[(2008)厦行终字第108号]。

以必须遵守这一规则,是因为对概念进行"文义"解释最有可能使争议各方迅速达成共识,并获得一般人的认可。例如,在杨某峰诉无锡市原劳动和社会保障局工伤认定案中,法院认为:

《工伤保险条例》第17条第2款规定的"事故伤害发生之日",从字面含义上看,"事故"是对于"伤害"的修饰和限制,即这里的"伤害"是基于工伤事故而发生的,伤害结果与工伤事故之间存在因果关系。据此理解,"事故伤害发生之日"就是指伤害结果发生之日,而不是事故发生之日。上诉人还认为上述规定中的"事故伤害发生之日"应当理解为事故发生之日。其上诉理由不能成立。[56]

该案中,法院将"事故"解释为对"伤害"的修饰与限制,符合文义,所以被告把"事故伤害发生之日"作"事故发生之日"解释,未获得法院的支持。当然,从内容上看,本案中关于"事故损害发生之日"的解释,是具有目的性解释功能的文义解释,而不是纯粹的文义解释,即将文义尽可能作接近立法目的的解释。如果在行政相对人提起行政诉讼之后,行政机关对所涉不确定法律概念作限缩性解释,意图推卸应负的义务,法院不予认可。例如,在崔某书诉丰县人民政府行政允诺案中,一审判决驳回上诉人崔某书诉讼请求的主要根据是丰县发展改革委在一审期间作出的《招商引资条款解释》,该解释将"本县新增固定资产投入"定义为,仅指丰县原有企业,追加投入,扩大产能。对此,二审法院认为:

该解释不能作为认定被上诉人丰县人民政府行为合法的依据。主要理由是:(1)《招商引资条款解释》系对被上诉人已作出的招商引资文件所作的行政解释,在本案中仅作为判定行政行为是否合法的证据使用,其关联性、合法性、真实性应受到司法审查。(2)《招商引资条款解释》是在丰县人民政府收到一审法院送达的起诉状副本后自行收集的证据,根据最高人民法院《关于行政诉讼证据若干问题的规定》第60条第1项的规定,该证据不能作为认定被诉具体行政行为合法的依据。(3)我国统计指标中所称的"新增固定资产"是指通过投资活动所形成的新的固定资产价值,包括已经建成投入生产或交付使用的工程价值和达到规定资产标准的设备、工具、器具的价值及有关应摊入的费用。从文义解释上看,《23号通知》中的"本县新增固定资产投入",应当理解为新增的方式不仅包括该县原有企业的扩大投入,也包括新企业的建成投产。申言之,如《23号通知》在颁布时需对"本县新增固定资产投入"作出特别规定,则应当在制定文件之初即予以公开明示,以避免他人陷入误解。(4)诚实守信是法治政府的基本要求之一,诚信政府是构建诚信社会的基石和灵魂。《论语·为政》言明,人而无信,不知其可。本案中丰县人民政府所属工作部门丰县发展改革委,在丰县人民政府涉诉之后,再对《23号通知》中所作出的承诺进行限缩性解释,有为丰县人民政府推卸应负义务之嫌疑。丰县人民政府以此为由,拒绝履行允诺义务,在一定程度上构成了对优益权的滥用,有悖诚实信用原则。故对丰县发展改革委作出的《招商引资条款解释》,不予采信。[57]

(三) 滥用职权

行政机关违背法律授权目的、原则行使行政职权,属于滥用职权。法律目的、原则属于法律的一部分,把行政机关违反法的目的、原则实施的行政行为归入适用依据错误情形之一是妥当的。导致滥用职权的原因很多,在个案中,法院通常依照具体情况加以认定,所以行政法理论上难以有统一判断标准。如行政机关作行政裁量时,有些因素必须加以考虑,才能确保行政裁量的合法性,否则,其行政裁量将构成滥用职权而被法院否定。例如,在王某萍诉中牟县交通局行政赔偿纠纷案中,法院认为:

无论暂扣车辆的决定是否合法,被告中牟县交通局的工作人员准备执行这个决定时,都应该知道:在炎热的天气下,运输途中的生猪不宜受到挤压,更不宜在路上久留。不管这生猪归谁所有,只有及时

---

[56]《最高人民法院公报》2008年第1期。
[57]《最高人民法院公报》2017年第11期。

妥善处置后再行扣车,才能保证不因扣车而使该财产遭受损失。然而,中牟县交通局工作人员不考虑该财产的安全,甚至在王某萍请求将生猪运抵目的地后再扣车时置之不理,把两轮拖斗卸下后就驾主车离去。中牟县交通局工作人员在执行暂扣车辆决定时的这种行政行为,不符合合理、适当的要求,是滥用职权。[58]

该案中,交通局没有考虑到"在炎热的天气下,运输途中的生猪不宜受到挤压,更不宜在路上久留"等应当考虑的因素,即作出暂扣车辆的决定,导致了王某萍运输的生猪死亡,法院的判定符合滥用职权的认定标准。这种情形也存在余某江、井某香诉浙江省苍南县原计划生育局征收社会抚养费案之中,法院认为:

> 上诉人余某江、井某香夫妇未经批准,生育第二个女儿,应当缴纳社会抚养费。上诉人主张井某香怀孕后因胎盘前置,无法施行引产手术,其生育第二胎不需要缴纳社会抚养费,缺乏事实和法律依据,本院不予采纳。但是,上诉人井某香在怀孕后主动到苍南县计划生育指导站接受检查,因胎盘前置,施行引产手续有一定危险而生育第二胎,其违法的情节显然比较轻微。被上诉人苍南县计划生育局以2002年《浙江省人口与计划生育条例》第49条第1款第1项规定的最高数额对上诉人征收社会抚养费,没有考虑上述应当考虑的因素,属滥用职权。[59]

滥用职权通常是以积极作为的方式表现出来的,但不作为有时也能构成滥用职权。例如,在刘某务诉山西省太原市公安局交通警察支队晋源一大队(以下简称晋源交警一大队)道路交通管理行政强制案中,法院认为:

> 晋源交警一大队既不返还机动车,又不及时主动调查核实车辆相关来历证明,也不要求刘某务提供相应担保并解除扣留措施,以便车辆能够返回维修站整改或者返回原登记的车辆管理所在相应部位重新打刻号码并履行相应手续,而是反复要求刘某务提供客观上已无法提供的其他合法来历证明,滥用了法律法规赋予的职权。行政机关进行社会管理的过程,也是服务社会公众和保护公民权利的过程。建设服务型政府,要求行政机关既要严格执法以维护社会管理秩序,也要兼顾相对人实际情况,对虽有过错但已作出合理说明的相对人可以采用多种方式实现行政目的时,在足以实现行政目的的前提下,应尽量减少对相对人权益的损害。实施行政管理不能仅考虑行政机关单方管理需要,而应以既有利于查明事实,又不额外加重相对人负担为原则。实施扣留等暂时性控制措施,应以制止违法行为、防止证据损毁、便于查清事实等为限,不能长期扣留而不处理,给当事人造成不必要的损失。因此,晋源交警一大队扣留涉案车辆后,既不积极调查核实车辆相关来历证明,又长期扣留涉案车辆不予处理,构成滥用职权。[60]

行政机关在作出行政行为时未尽认真审查义务,产生了常人所不能接受的结果,也被法院认定属于"滥用职权",如在孙某凤诉隆回县人民政府土地行政许可案中,法院认为:

> 本案系土地行政许可案件,双方争议的焦点为原告孙某凤主体资格是否适格,被告隆回县人民政府为刘某其颁发隆政土私建字[2010]第3767号私人建房用地许可证是否合法。本案中,刘某生依据被告所颁发的私人建房用地许可证对刘某其的房屋进行翻修,与原告为邻,原告是本案的利害关系人,是本案的适格原告。被告隆回县人民政府未认真履行审查义务,为已去世的刘某其颁发隆政土私建字[2010]第3767号私人建房用地许可证,属滥用职权,应予撤销。[61]

---

[58] 《最高人民法院公报》2003年第3期。
[59] 浙江省温州市中级人民法院行政判决书[(2003)温行终字第211号]。
[60] 《最高人民法院公报》2017年第2期。
[61] 湖南省邵阳市中级人民法院行政判决书[(2016)湘05行初183号]。

四、违反法定程序

行政程序法有助于促进行政实体法实施,体现公正、公平和公开的法律价值,并展示它自身独立的法律价值——吸引行政相对人通过行政程序解决争议,吸收行政相对人对不利行政行为的不满。行政机关违反法定程序作出的行政行为,不能保证行政实体法获得公正、公平和公开的实施,损伤行政程序独立的法律价值,因此"违反法定程序"被《行政诉讼法》《行政复议法》列为撤销或者确认被诉行政行为违法的法定理由之一。违反法定程序的情形主要有以下几个方面。

(一)不遵守法定程序

不遵守法定程序是指行政机关没有依照法定步骤、方式和时空作出行政行为,它表现为步骤的跳跃、方式的偏差和时空的错位等情况。例如,在平山县劳动就业局诉税务行政处理决定案中,法院认为:

> 被告地税局作为县级以上人民政府的税务行政管理机关,有权对自己在管辖范围内发现的税务违法行为进行处罚,但是这种处罚必须依照行政处罚法的规定进行。行政机关在作出行政处罚决定前,应当依照1996年《行政处罚法》第31条规定,将作出行政处罚决定的事实、理由及法律依据告知当事人,并告知当事人依法享有陈述和申辩、申请行政复议和提起行政诉讼的权利;依照《行政处罚法》第36条的规定,收集有关证据,依照第37条的规定,制作调查笔录。这些工作,地税局都没有做。《行政处罚法》第42条规定,作出数额较大的罚款处罚决定之前,应当告知当事人有要求听证的权利。关于多少为数额较大,国家税务总局在《税务行政处罚听证程序实施办法(试行)》中作出对法人或者组织罚款1万元以上为数额较大的界定。这个实施办法于1996年10月1日起施行,地税局在对就业局作出处理决定30日以后才收到文件。在该办法下达前,法律虽然没有明确数额较大的界限,但是也没有明确9万余元的罚款不属于数额较大,地税局认为实施办法下达得晚,该处理决定不适用《行政处罚法》第42条有关听证程序规定的辩解,不予支持。依照《行政处罚法》第41条的规定,地税局违背该法规定的程序作出的行政处罚,不能成立。依照1989年《中华人民共和国行政诉讼法》第54条第2款第2项的规定,该决定应予撤销。[62]

该案中,地税局作出行政处罚决定跳跃了听证程序,构成违反法定程序。法定程序有确保行政行为内容正确的功能,但是违反法定程序作出的行政行为,它的结论在行政实体法上有时并非当然违法,因此,行政机关违反法定程序作出的行政行为是否应当被认定违法,总是需要作一些特别考虑。如法定程序可以分为主要程序与次要程序,前者与实体内容正确与否有关联性,后者则可能没有。基于行政效率的考虑,在一些判例中"不遵守法定程序"的内涵已经被收缩为"不遵守主要法定程序",即只有行政行为在违反法定程序损害到行政相对人合法权益时,才构成撤销的理由。例如,在宜昌市妇幼保健院诉宜昌市原工商行政管理局行政处罚决定案中,法院认为:

> 被上诉人作为专门的监督检查部门,在对上诉人保健院作出处罚前,进行了立案、调查取证,并送达了处罚告知书,交代了陈述和申辩权,其处罚程序符合法律规定。被告作出的处罚决定中没有具体载明据以认定保健院违法行为存在的证据名称,使其处罚决定书的内容不完备,是行政行为的轻微瑕疵。被告的这一行政瑕疵没有达到侵害行政管理相对人合法权益的程度,不影响其处决定的有效成立,因此不能认定被告的行政行为程序违法。[63]

---

[62]《最高人民法院公报》1997年第2期。
[63]《最高人民法院公报》2001年第4期。

该案是《最高人民法院公报》发布的案例，具有相当的示范性。法院创造了"轻微瑕疵"的概念，将某种程序违法情形排除在"违反法定程序"之外，具有对"违反法定程序"进行裁判精细化作业的功能。这种情形后来也出现在最高人民法院作出的行政判决中，如在李某同诉吉林省公主岭市原工商行政管理局行政处罚抗诉案中，法院认为：

> 被告作出行政处罚决定书的时间虽然与听证告知书的时间相同，不符合行政处罚法的规定，但该行政程序的瑕疵并未影响福斯特公司在行政程序中依法享有的各项权利。福斯特公司提出被诉行政行为程序违法、未依法保证其在行政程序中的听证权利的理由不能成立。[64]

在地方各级法院的判例中，这样的个案也并不少见。例如，在孔某仁等82人诉原国家环境保护总局不予受理行政复议申请决定案中，法院认为：

> 对原告提出的在被诉决定落款后盖章的原国家环境保护总局行政复议办公室是被告内设机构，无权以自己名义对外作出决定，无权在决定书上盖章的主张，鉴于被告尚未启用国务院法制办公室《关于严格执行国法函[2000]31号文件进一步提高行政复议法律文书质量的通知》中规定的行政复议专用章，行政复议办公室是其处理行政复议案件专门的机构，且被告认可被诉决定系其作出并对此承担相应的权利义务，故原告提出被诉决定用章不符合国务院有关通知要求的问题，并未对原告的实体权益产生影响。[65]

该案中，对被告未使用行政复议专用章是否合法之争点，法院以"未对原告的实体权益产生影响"的裁判理由作出回应，而未将审查目光转向主体资格的合法性，并非不可商榷。依申请才能作出的行政行为，行政机关依职权作出，是否符合法定程序？如在张某诉南汇县公安局户籍管理行政案中，法院认为：

> 法律、法规规定，公民需要变更户口登记的内容或变更居民身份证登记内容的，应当向户籍管理机关提出更改的请求。但均没有规定户籍管理机关在自行发现其向当事人发放的户口簿或居民身份证有错误的情况下应采取何种程序补正。在本案的原告认为原证内容不需要更正因而没有向被告提出变更请求的前提下，公安机关是否可以通知形式主动变更已签发的当事人身份证件的内容？本案由于有相应的证据证实所发证记载的日期确实有错，所以被告现采用通知形式更正原告的户口簿与身份证，该行政行为虽无程序方面的法律规定，但符合实事求是的法律原则，法院对此应予认可。[66]

该案中，被告在原告未提出申请的前提下主动变更了原告身份证件的内容，是否符合法定程序，对此，法院以"虽无程序方面的法律规定，但符合实事求是的法律原则"为由，支持了被告的观点。其实，该案若引入正当程序，要求被告在依职权变更原告身份证件的内容之前，听取他的意见，然后再作出变更决定，或许更加妥当。迟延告知作出的行政行为，其合法性应当如何认定？例如，在徐某荣诉衢州市人民政府、衢州市原国土资源局土地行政登记案中，法院认为：

> 被上诉人衢州市国土资源局对该发生于2001年4月17日的批准注销行为，直至2005年9月21日才以函件的形式正式通知有关当事人，不仅不符合行政行为的规范化要求，不利于行政相对人依法行使其在行政程序中所应享有的陈述、申辩的权利，也有碍行政效率。鉴于该程序上的不合理并不影响被上诉人衢州市人民政府批准注销行为的合法性，原审判决就此予以指正正确。上诉人徐某荣就案件

---

[64] 最高人民法院行政判决书[(2007)行抗字第3号]。
[65] 北京市第一中级人民法院行政判决书[(2006)一中行初字第374号]。
[66] 上海市第一中级人民法院行政判决书[(1997)沪一中行终字第108号]。

事实认定等所提出的上诉理由,因缺乏相应证据支持,法院不予采信。[67]

该案中,衢州市原国土资源局不仅在注销行为作出之前没有听取当事人的陈述、申辩,而且在衢州市人民政府批准注销行为之后4年多才正式通知当事人,被诉行政行为程序违法十分明显,法院完全可以认定被诉行政行为严重违反法定程序。但是,法院却以"该程序上的不合理并不影响被上诉人衢州市人民政府批准注销行为的合法性"为由,驳回了徐某荣的诉讼请求。如此情形我们可以再看一案,如在梁某诉北京市教育委员会学生申诉处理决定书案中,法院认为:

> 虽然中央美术学院在暂扣梁某携带的电子通信设备装置时未依上述规定出具收据,但该程序瑕疵并不影响梁某已经实施了"携带电子通信设备进入考场并组织作弊"的事实认定,故此亦不足以支持梁某的诉讼请求。[68]

在一些较为特殊的行政案件中,被诉行政行为的程序价值更多的是为实体服务的。在被诉行政行为程序违法但实体内容符合法律规定的情况下,法院作出裁判时应当充分考虑当事人之间意思表示的真实性,并以此作为判断行政行为是否违反法定程序的重要因素。例如,在祝某勇诉辽宁省西丰县陶然乡人民政府婚姻登记案中,最高人民法院的裁判要旨是:

> 婚姻登记行为是一种确认婚姻法律关系的行政行为。在不违背《婚姻法》规定的实体要件的前提下,人民法院应当在判决中指出程序违法或瑕疵,但不宜仅以此为由撤销婚姻登记。[69]

罗列上述若干情形相似的判例,旨在提示实务中可能出现的一种不良后果:若法院过多地引用"不影响当事人实体权益""不影响事实认定"等裁判理由,恐伤及行政程序的法律价值,强化行政机关的"程序虚无主义"。对于违反次要法定程序的行政行为,程序补正是一种合法性追补的方式。这种程序补正应当是义务性的,若客观上程序已经不可补正,行政机关也应当承担相应的法律责任。

2014年修改的《行政诉讼法》改变了之前法院的裁判观点,将"行政行为程序轻微违法,但对原告权利不产生实际影响"的情形纳入了确认违法判决范围。例如,在毛某香诉兴宁市人民政府强制及赔偿纠纷案中,最高人民法院认为:

> 兴宁市人民政府于2013年12月10日作出兴府行强执决字[2013]第1号行政强制执行决定书,于作出该行政强制执行决定书的次日即将毛某香的房屋拆除,而在之前作出的违法建设限期拆除通知书及催告通知书中均未告知毛某香相关申请行政复议及提起行政诉讼的权利,却在作出兴府行强执决字[2013]第1号行政强制执行决定书的第二天就强制拆除毛某香的房屋,显然不当,属程序违法。故毛某香主张兴宁市人民政府拆除其房屋违反程序的理由成立,本院予以支持。原审法院对此适用法律不当,本院予以纠正。《中华人民共和国行政诉讼法》第74条规定:"行政行为有下列情形之一的,人民法院判决确认违法,但不撤销行政行为:……(二)行政行为程序轻微违法,但对原告权利不产生实际影响的。"因兴宁市人民政府的行政行为属轻微程序违法,且毛某香的房屋已被当地政府部门认定为违章建筑,拆除行为对毛某香的权利不产生实际影响,故本院对兴宁市人民政府的强制拆除行为确认违法。[70]

---

[67] 浙江省高级人民法院行政判决书[(2006)浙行终字第15号]。
[68] 北京市第一中级人民法院行政判决书[(2008)一中行终字第351号]。
[69] 最高人民法院行政审判庭编:《中国行政审判案例》(第3卷)第110号案例,中国法制出版社2013年版,第148页以下。
[70] 最高人民法院行政判决书[(2015)行提字第28号]。

该案中，毛某香对违法建筑本身没有实体法上合法权益，但是，兴宁市人民政府在作出行政强制执行决定第二天就实施了强拆，法院认为属于"行政行为程序轻微违法，但对原告权利不产生实际影响"。也就是说，毛某香的违法建筑依法必须拆除，兴宁市人民政府只不过是提前实施了强拆行为，但这种行为也是违反法定程序，应当确认违法。显然，2014年修改的《行政诉讼法》和最高人民法院相关判例提升了行政程序在合法性审查中的地位与价值。又如，在刘某顺、刘某珍诉北京市海淀区人民政府行政复议决定案中，最高人民法院认为：

> 根据二审法院查明的事实，并综合考量与此案相关联的另案民事判决查明的事实，海淀区征收办在参加行政复议时提交的相关证据能够证明刘某顺、刘某珍于2006年对涉案房屋拆迁货币补偿协议提起确认无效的民事诉讼时，即已知道京海拆许字〔2005〕第80号房屋拆迁许可证的存在及该房屋拆迁许可证与其有关的内容。刘某顺、刘某珍怠于行使行政复议权利，且无正当理由，海淀区人民政府认定其申请超过法定期限，据此作出被诉决定驳回其行政复议申请，于法有据。一审法院判决撤销被诉决定并责令海淀区人民政府重新作出处理属于认定事实不清、适用法律错误，二审法院予以纠正并无不当。此外，海淀区人民政府重新启动行政复议程序后，于法定期限外向刘某顺、刘某珍邮寄被诉决定，行政程序存在轻微瑕疵，但因上述瑕疵对刘某顺、刘某珍的权利不产生实际影响，二审法院判决确认被诉决定违法亦无不当。刘某顺、刘某珍其他申请再审的理由也缺乏事实和法律依据，本院不予支持。[71]

该案中，海淀区人民政府于法定期限后才向刘某顺、刘某珍邮寄被诉行政决定，但没有影响刘某顺、刘某珍参加行政复议权利，因此，确认被诉行政复议决定违法亦无不当。

（二）不遵守正当程序

作为一种最低限度的程序正义，正当程序具有补充法定程序缺失的功能。20世纪末，最高人民法院承认了正当程序在司法审查中的地位，这是在中国行政法（学）史上具有里程碑意义的判例——田某诉北京科技大学拒绝颁发毕业证、学位证行政诉讼案。在这个判例，法院认为：

> 按退学处理，涉及被处理者的受教育权利，从充分保障当事人权益的原则出发，作出处理决定的单位应当将该处理决定直接向被处理者本人宣布、送达，允许被处理者本人提出申辩意见。北京科技大学没有照此原则办理，忽视当事人的申辩权利，这样的行政管理行为不具有合法性。[72]

该案中，虽然法院没有提到"正当程序"的概念，但从其裁判理由阐述中，我们可以清晰地看到了"正当程序"的法精神。之后，最高人民法院在宋某莉诉宿迁市原建设局房屋拆迁补偿安置裁决案、[73] 张某银诉徐州市人民政府房屋登记行政复议决定案、[74] 陆某佐诉上海市闸北区房屋土地管理局房屋拆迁行政裁决纠纷案、[75] 益民公司诉周口市人民政府等违法决定案等中，[76] 法院在个案中一直延续、发展着"正当程序"理念与规则。在上述几个案件中，法院更是直接使用了"根据（按照）正当程序的要求……"和"基于正当程序原理"的用语，判定被诉行政行为构成"违反法定程序"，令人耳目一新。

最高人民法院上述判例对地方各级法院所产生的影响，也在类似个案中逐步得到彰显。如在药某勇诉沈阳市城乡建设委员会等城建行政复议案中，法院认为：

---

[71] 最高人民法院行政裁定书〔（2017）最高法行申435号〕。
[72] 《最高人民法院公报》1999年第4期，最高人民法院指导案例38号。
[73] 《最高人民法院公报》2004年第8期。
[74] 《最高人民法院公报》2005年第3期。
[75] 《最高人民法院公报》2007年第8期。
[76] 最高人民法院行政判决书〔（2004）行终字第6号〕。

按照1999年《中华人民共和国行政复议法》第10条第3款的规定,同申请行政复议的具体行政行为有利害关系的其他公民、法人或者其他组织,可以作为第三人参加行政复议。虽然没有明确规定行政复议机关"必须"通知第三人参加复议,但根据正当程序的要求,行政机关在作出可能对他人不利的行政决定时,应该听取该利害关系人的意见。本案中,复议机关审查的对象是于洪城建局颁发的43150431号建设用地规划许可证和村镇建设工程规划许可证,而复议决定的结果是撤销上述二证,与持证人药某林有直接的利害关系。因此,被上诉人在未通知药某林参加复议、听取其意见的情况下即作出撤销药某林所持二证的行政复议决定,属于严重违反法定程序。[77]

该案中,法院的裁判理由明显受到了"张某银诉徐州市人民政府房屋登记行政复议决定案"的影响,也佐证了最高人民法院公布的案例对下级人民法院审查类似案件具有事实上的拘束力。这种事实上的拘束力还体现在如下行政案件中:长沙岳麓山某某有限公司诉长沙市人力资源和社会保障局工伤认定行政行为案[78]、王某法诉邓州市罗庄镇人民政府等土地确权行政管理案[79]、李某龙诉长沙市城市管理综合执法支队岳麓区大队等房屋拆迁行政强制及行政赔偿案[80]、冯某兰等诉琼海市人民政府收回土地使用权决定案[81]、王某钦诉南京师范大学教育行政决定案[82]、成都二姐大酒店诉成都市武侯区建筑工程质量监督站建设质量监督行为案[83]等。

2014年《行政诉讼法》修改之后,最高人民法院在合法性审查中继续秉持正当程序原则,以下三个判例进一步彰显了最高人民法院坚守的这一法治理念。

1. 山西省安业集团有限公司(以下简称安业公司)与山西省太原市人民政府行政命令申诉案。该案中,涉及收回国有土地使用权问题。《土地管理法》并没有具体规定收回国有土地使用权应当遵循的法定程序,但收回国有土地使用权对行政相对人财产权影响巨大,必须履行正当程序。对此,最高人民法院认为:

> 根据正当程序原则以及相关法律规定,国家行政机关在作出涉及公民、法人或者其他组织切身利益的决定前,应当告知相对人决定的事实、理由和依据,并听取当事人的陈述和申辩;作出行政决定后,应当将该决定书面送达行政相对人。太原市人民政府自始至终没有向安业公司送达收回国有土地使用权的书面决定,也没有告知收回国有土地使用权决定的任何事实、理由和依据,更没有听取安业公司的陈述和申辩,取而代之的是仅仅在太原市国土资源局网站收地专栏以通告的形式公示了收回安业公司土地的面积共计749.5平方米(具体四至范围不清)。综上,太原市人民政府的行政行为明显程序不当,属于违法行政。原审法院判决驳回安业公司的诉讼请求不当,应依法予以撤销。[84]

2. 开封市福兴乳业有限公司(以下简称福兴公司)诉河南省开封市人民政府行政批复案。该案中,案涉行政行为是开封市人民政府撤销自己作出的同意收回饮料总厂使用的涉案国有土地使用权,出让给福兴公司作为工业用地的批复,但是,撤销批复直接涉及福兴公司的重大财产权益,开封市人民政府在作出撤销批复之前,并没有给福兴公司应有的程序权保障。对此,最高人民法院认为:

---

[77] 辽宁省沈阳市中级人民法院行政判决书[(2005)沈行终字第288号]。
[78] 湖南省长沙市芙蓉区人民法院行政判决书[(2011)芙行初字第6号]。
[79] 河南省南阳市中级人民法院行政判决书[(2010)南行终字第157号]。
[80] 湖南省长沙市岳麓区人民法院行政判决书[(2009)岳行初字第15号]。
[81] 海南省海南中级人民法院行政判决书[(2008)海南行初字第1号]。
[82] 江苏省南京市鼓楼区人民法院行政判决书[(2007)鼓行初字第108号]。
[83] 四川省成都市中级人民法院行政判决书[(2006)成行终字第191号]。
[84] 最高人民法院行政裁定书[(2015)行监字第2102号]。

本案被诉行政行为是开封市人民政府于 2011 年作出的汴政土文(2011)55 号《关于撤销汴政土文(2004)8 号文的批复》(以下简称 55 号批复)。开封市人民政府于 2004 年 2 月 14 日作出的汴政土文(2004)8 号文(以下简称 8 号批复)的主要内容是开封市人民政府同意收回饮料总厂使用的涉案国有土地使用权,出让给福兴公司作为工业用地。8 号批复的基础是 2003 年 7 月 28 日饮料总厂与侯某兴签订的《整体出售、购买付款协议书》和 2003 年 8 月 30 日双方签订的《关于整体转让协议书》,协议约定将饮料总厂整体转让出售给侯某兴。后因侯某兴未履行协议约定和相关承诺,2004 年 4 月饮料总厂依约终止与侯某兴的上述两份协议并通知侯某兴。《合同法》第 93 条第 2 款规定,当事人可以约定一方解除合同的条件。解除合同的条件成就时,解除权人可以解除合同。该法第 96 条第 1 款规定,当事人一方依照本法第 93 条第 2 款、第 94 条的规定主张解除合同的,应当通知对方。合同自通知到达对方时解除。对方有异议的,可以请求人民法院或者仲裁机构确认解除合同的效力。福兴公司在 2004 年 4 月 20 日收到解除协议通知后,未就协议履行问题提起民事诉讼。因此,8 号批复将涉案土地出让给福兴公司的依据已不存在,开封市人民政府根据开封市商务局的请示,通过作出 55 号批复撤销了 8 号批复在实体上并无不当。虽然被诉批复是土地行政管理的审批环节之一,但因该环节直接涉及福兴公司的重大权益,且审批程序启动并非基于福兴公司的申请,开封市人民政府在作出被诉批复之前,应保障福兴公司的知情、参与等程序权利,通知福兴公司提供证据并听取意见,开封市人民政府未履行上述程序,径行作出被诉行为,不符合依法行政原则中程序正当的基本要求,一、二审法院以此为由确认被诉行政行为违法并无不当。[85]

3. 王某芳诉南京市溧水区人民政府等强制及行政赔偿案。行政机关依法组织实施国有土地上房屋征收的搬迁工作,可以得到法院支持。在实施搬迁过程中,涉及行政相对人财物的保管、移交等问题的,行政机关必须履行相关程序,在实现强制搬迁目的的同时,也要保护行政相对人的合法财产不受损害,但该案中案涉行政机关并未做到。对此,最高人民法院认为:

人民法院审理行政案件,实行两审终审制度。再审程序是针对生效裁判可能出现的重要错误而赋予当事人的特别救济程序。人民法院审理行政申请再审案件,虽然针对的是已经生效的二审裁判的适法性,但却并非需要全面审查二审裁判的适法性,而是要结合再审申请人的再审请求事项和再审事由进行;除原二审裁判存在显而易见的违法之处,否则对再审申请人未主张的再审请求和再审事由,人民法院不宜扩张审查,以落实两审终审原则,并维护生效裁判的稳定性。本案溧水区人民政府根据生效的国有土地上房屋征收决定,组织实施搬迁,本身并不违法。但在实施强制搬迁过程中,未逐一清点、交接有关财物,未形成相关公证、保全证据材料,违反正当程序,构成程序违法,一、二审法院判决确认该搬迁行为违法,并无不当。[86]

第三节 行政违法与效力

一、行政违法的分类

行政行为一旦被认定违法,在法律上就需要处理它的法效力或者法后果的问题。这个问题不仅仅限于行政决定,也涉及其他非行政决定行为,如行政协议、行政强制执行等。本节重点讨论行政决定违法的法效力,其他非行政决定行为的违法问题在相关部分内容中作一并

---

[85] 最高人民法院行政裁定书[(2016)最高法行申 1844 号]。
[86] 最高人民法院行政裁定书[(2017)最高法行申 26 号]。

讨论。

行政决定违法与法效力的关系,与它自身的违法程度轻重相关联。因"违法程度"是一个难以量化的标准,基于讨论上的便宜性,依照一般人的观念把它分为三类。

(一)轻微违法

轻微违法是一种不足以影响行政决定法效力的违法情形。行政决定轻微违法但不影响它的法效力,这是基于法的安定性需要而作出的一种法技术处理。若行政决定有违法情形,如同人生病不分轻重一律诊断为"绝症",归入确认无效或者应当撤销的情形,显然是不合适的。某些轻微违法情形没有伤及行政决定内容,若否定它的法效力,虽然在个案中可能实现了某种正义,但对法秩序的持续稳定来说并无益处。所以,在行政决定有轻微违法的情形之下,依旧承认它的法效力是妥当的。例如,在陈某先等诉云南省易门县人民政府等登记案中,最高人民法院认为:

陈某先、赵某与许某明、普某仙于2015年6月26日签订《易门县房地产交易合同》,约定了房屋交易相关事项,易门县房管所就该房屋交易登记的相关情况对交易双方进行了询问并制作了房屋交易登记询问笔录,并对该合同予以登记,该询问及登记是对房屋交易行为真实性的确认,亦是对合同约定双方申办房地产权属转移登记等事项的确认。从房屋登记询问笔录比房屋交易登记询问笔录仅多出第6项即"对申请登记的房屋面积是否有异议",也可以看出二者在内容上具有高度的重合性。因此,可以认定房屋交易登记询问笔录能够体现陈某先、赵某具有向许某明、普某仙转移登记案涉房屋的真实意思表示。同时,陈某先、赵某与许某明、普某仙在房屋交易登记询问笔录上均确认了向易门县房管所提交的相关资料的真实性。而房屋行政登记是对房屋所有权转移、变更等物权变动的确认,故易门县人民政府在对陈某先、赵某与许某明、普某仙进行交易登记询问后,再依许某明、普某仙的单方申报领证申请,即颁发案涉房屋所有权证书,程序上虽存在瑕疵,但尚未达到撤销该颁证行为的程度。[87]

该案中,易门县人民政府依"单方申报领证申请"颁发了房屋所有权证,可能影响对当事人真实意思表示的认定,但因为房屋交易登记询问笔录在案,可以证明当事人意思表示的真实性。因此,虽然易门县人民政府颁发房屋所有权证的行为有程序瑕疵,但法院认为还未达到要撤销的违法程度,属于轻微违法。又如,在李某军诉民航武汉天河国际机场公安局公安行政处罚案中,法院认为:

上诉人称搬运工交出工作证是自愿的而非胁迫的,并提供证人证言以证明该事实,但是其证据只能证明证人自己交出工作证是否自愿,并不能证明其他工人交出工作证是否被强迫,因此,上诉人提供的证据不能推翻被上诉人据以定案的证人证言。被上诉人在作出具体行政行为时,办案民警未在笔录上签名、审批时间滞后等问题属程序上的瑕疵,但是不影响该行政行为的效力。原审判决正确,上诉人的上诉理由不能成立。[88]

该案中,法院明确地把被诉行政决定的"程序上的瑕疵"与它的"法效力"作了关联性考虑,得出的结论基本上是妥当的。在实务中,也有法院未注意到"合法性"与"法效力"之间的关系,逻辑上显得有点混乱。例如,在汪某某诉上海市公安局普陀分局治安行政处罚案中,法院认为:

《治安管理处罚法》第49条仅有1款,被上诉人在作出被诉行政处罚决定时,在法律依据的表述

---

[87] 最高人民法院行政裁定书[(2017)最高法行申181号]。
[88] 湖北省武汉市中级人民法院行政判决书[(2008)武行终字第84号]。

上存在瑕疵,但不足以影响该行政行为的合法性。行政赔偿的前提是当事人所诉的具体行政行为违法,现被诉行政处罚决定未被确认违法,故上诉人的行政赔偿诉讼请求缺乏事实证据和法律依据。[89]

该案中,若法院把"合法性"改为"法效力",则可能更为妥当。因为行政决定引用法律依据的表述错误,属于行政违法情形之一,但行政决定的法效力如何,是依照行政违法程度差异而区别对待的。也就是说,行政决定一旦在实体上或者程序上有瑕疵就应当属于行政违法的情形,但是,这种行政违法是否影响它的法效力,是否必然导致被撤销,则需要依照不同的情形处理。在某些情况下,有瑕疵的行政决定可以被"治愈",其法效力不受影响。例如,在任某华等诉太康县人民政府登记案中,最高人民法院认为:

> 根据一审和二审法院查明的事实,再审申请人任某华于1994年2月5日与霸王台村委会签订租地协议,自1996年以后并未实际使用涉案土地,周口市中级人民法院(2012)周民终字第230号民事裁定认定,上述租地协议于2013年2月16日解除。被诉集体土地建设用地使用证系太康县人民政府于1998年向任同一颁发,彼时任某华对涉案土地仍享有使用权,故太康县人民政府的颁证行为存在瑕疵。但至任某华提起本案诉讼时,其与霸王台村委会签订的租地协议已解除,上述瑕疵已治愈。且即使撤销被诉土地使用证,亦不可能恢复任某华对涉案土地的使用权,任某华最多只能获得主张行政赔偿的权利。而如果任某华存在相应的损失,自可通过民事诉讼途径另行向租地协议的相对方主张,且通过民事诉讼途径更为便捷有利。因此,任某华提起的本案诉讼已不具有诉的利益,原审法院裁定驳回起诉并无不当。[90]

(二)严重违法

严重违法是一种足以视行政决定自始不存在的违法情形。它与轻微违法之间的关系是,若把轻微违法当作坐标横轴的左端,那么严重违法就是它的右端。如果不考虑行政决定违法情形的轻重,基于法的安定性一概承认它的法效力,那么行政相对人的合法权益难以得到周延的保护,公共利益也可能因此会受到损害。更重要的是,这与依法行政原理相冲突。所以,以立法方式统一明确列出"严重违法"情形十分必要。在行政法理论中,判断行政决定严重违法的标准有"不可能理论"、"重大明显理论"、"明显性补充要件理论"和"瑕疵理论"。在现代行政法上,"重大且明显"判断标准比较合理、可行,我国立法也采用这一标准,如《行政诉讼法》第75条规定:"行政行为有实施主体不具有行政主体资格或者没有依据等重大且明显违法情形,原告申请确认行政行为无效的,人民法院判决确认无效。"在单行立法中也是如此,如《行政处罚法》第38条第2款规定:"违反法定程序构成重大且明显违法的,行政处罚无效。"在实务中,"重大且明显"标准不仅适用于行政决定,同样也适用于非行政决定的其他行政行为,如在许某云诉金华市婺城区人民政府房屋行政强制及行政赔偿案中,最高人民法院认为:

> 通常情况下,强制拆除被征收人房屋应当依据已经生效的补偿决定,而补偿决定应当已经解决了房屋本身的补偿问题。因此,即使强制拆除行为被认定为违法,通常也仅涉及对房屋内物品损失的赔偿问题,而不应涉及房屋本身的补偿或者赔偿问题。但本案在强制拆除前,既无征收决定,也无补偿决定,许某云也未同意先行拆除房屋,且双方未达成补偿安置协议,许某云未得到任何形式补偿,强制拆除已构成重大且明显违法,应当依法赔偿。对许某云房屋损失的赔偿,不应再依据《国有土地上房屋征收与补偿条例》第19条所规定的房屋征收决定公告之日被征收房屋类似房地产的市场价格,即2014年10月26日的市场价格,为基准确定,而应按照有利于保障许某云房屋产权得到充分赔偿的原则,以婺

---

[89] 上海市第二中级人民法院行政判决书[(2009)沪二中行终字第340号]。
[90] 最高人民法院行政裁定书[(2017)最高法行申356号]。

城区人民政府在本判决生效后作出赔偿决定时点的案涉房屋类似房地产的市场价格为基准确定。同时，根据《国家赔偿法》第 36 条第 8 项有关对财产权造成其他损害的，按照直接损失给予赔偿的规定，许某云在正常征收补偿程序中依法和依据当地征收补偿政策应当得到的利益损失，属于其所受到的直接损失，也应由婺城区人民政府参照补偿方案依法予以赔偿。因此，本案存在行政赔偿项目、标准与行政补偿项目、标准相互融合的情形，一审法院判决第二项责令婺城区人民政府参照《征收补偿方案》对许某云进行赔偿；二审法院判决认为应当通过后续的征收补偿程序获得救济，并据此驳回许某云的行政赔偿请求，均属对《国家赔偿法》《国有土地上房屋征收与补偿条例》等相关规定的错误理解，应予纠正。[91]

（三）一般违法

一般违法是一种介于轻微违法和严重违法之间的违法情形。原则上，一般违法的行政决定自作出之日起即产生法效力，行政相对人若不服该行政决定，可以在法定期限内对该行政行为申请行政复议或者提起行政诉讼，请求有权机关予以撤销或者确认违法。行政相对人若逾期不提起法律救济或者寻求行政救济失败，该行政决定的法效力将一直存在下去，直到法律规定行政行为"消灭"的情形出现之时为止。针对一般违法的行政行为，撤销是消灭其法效力的常规手段。例如，在罗某昌诉重庆市彭水苗族土家族自治县地方海事处（以下简称彭水地方海事处）政府信息公开案中，法院认为：

罗某昌申请公开涉及兴运 2 号船等船舶发生事故的海事调查报告等所有事故材料的信息，根据《中华人民共和国内河交通事故调查处理规定》的相关规定，船舶在内河发生事故的调查处理属于海事管理机构的职责，其在事故调查处理过程中制作或者获取的，以一定形式记录、保存的信息属于政府信息。彭水地方海事处作为彭水自治县的海事管理机构，负有对彭水自治县行政区域内发生的内河交通事故进行立案调查处理的职责，其在事故调查处理过程中制作或者获取的，以一定形式记录、保存的信息属于政府信息。罗某昌提交了兴运 2 号船于 2008 年 5 月 18 日在彭水高谷长滩子发生整船搁浅事故以及于 2008 年 9 月 30 日在彭水高谷煤炭沟发生沉没事故的相关线索，而彭水地方海事处作出的(2015)彭海处告字第 006 号《政府信息告知书》第二项告知罗某昌申请公开的该项政府信息不存在，仅有彭水地方海事处的自述，没有提供印证证据证明其尽到了查询、翻阅和搜索的义务。故彭水地方海事处作出的(2015)彭海处告字第 006 号《政府信息告知书》违法，应当予以撤销。[92]

该案中，地方海事处作出政府信息不存在决定，但没有提供证据证明其尽到了查询、翻阅和搜索的义务，属于主要证据不足，被法院判决撤销。如违法行政决定自行政机关作出之后，要视行政相对人是否申请行政复议或者提起行政诉讼再确定是否产生法效力，必将影响行政机关稳定社会秩序的目的。所以，毋宁在制度安排上先承认它的法效力，若有一般违法情形再经法定程序将其撤销，使它自作出之日起不具有法效力——撤销溯及至行政决定作出之时。当然，也可以根据具体个案情况，确定行政决定自撤销之日起面向未来丧失法效力。

一般违法的行政决定是有法效力的，不经过有权机关依法定程序予以撤销，它的法效力是一直存在的。在实务中，这一法观念一般都能为行使撤销权的机关所接受。例如，在王某修诉柘城县洪恩乡人民政府土地使用权行政裁决纠纷案中，法院认为：

在争议处理过程中，原告王某田提交了该块争议地的集体建设用地使用权证，而被告对于该证未经法定程序审查即以发证机关不适格直接认定无效，是不符合法律规定的。行政主体不适格是一般性违法而不是严重的违法，所作出的具体行政行为是可撤销的而不是无效的具体行政行为。对于可撤销

---

[91] 《最高人民法院公报》2018 年第 6 期。
[92] 最高人民法院指导案例 101 号。

的具体行政行为必须经过法定程序由国家有权机关作出撤销决定,才能否定其法律效力。而被告未经法定程序审查,未作出撤销决定,而是直接否认其效力,是明显不妥的。[93]

该案中,法院认为与案件有关的颁发集体建设用地使用权证的"行政主体不适格"属一般违法,因此,必须由有权机关通过的一个法定程序"撤销",才能否定它的法效力。有时,基于法定事由,虽然违法行政决定符合被撤销的条件,但有权机关没有作出撤销决定,而是确认其违法,使其法效力仍然存在、延续。这也是一种处理行政决定违法与法效力之间关联性的技术方法。例如,《行政诉讼法》第74条规定,行政行为依法应当撤销,但撤销会给国家利益、社会公共利益造成重大损害的,法院判决确认违法,但不撤销行政行为。确认行政决定违法具有较为严格的适用条件,因为它涉及国家利益或者公共利益与个人利益之间的权衡,不可一味倒向前者。同时,在确认行政决定违法之后,"补救措施"和"赔偿责任"不可缺失。例如,在方某标诉屯昌县人民政府补偿案中,法院认为:

本案被诉行政行为是屯昌县人民政府对方某标作出的11号《房屋征收补偿决定》。屯昌县人民政府适用《国有土地上房屋征收与补偿条例》的规定,对方某标集体土地上的房屋、构筑物及其他设施实施征收与补偿,显属适用法规错误。但在本案审理期间,屯昌县人民政府针对方某标有关补偿安置的诉讼请求,另给予了349.92平方米的国有土地使用权和8.6335万元的安置补偿费用,并提供了250平方米的过渡安置用房供其免费居住,事实上已经改变了本案被诉的11号《房屋征收补偿决定》。方某标关于撤销11号《房屋征收补偿决定》并责令屯昌县人民政府重新作出行政行为的请求已无必要。一、二审法院依据《中华人民共和国行政诉讼法》第74条第2款第2项之规定,确认11号《房屋征收补偿决定》违法并无不当。[94]

二、行政决定无效

在国家统一行政程序法制定之前,有关法定无效的"法定"情形,除《行政诉讼法》第75条、《行政处罚法》第38条之外,尚有《海岛保护法》《土地管理法》等法律、法规或者规章的规定。[95]《湖南省行政程序规定》第161条规定:"具有下列情形之一的,行政执法行为无效:(一)不具有法定行政执法主体资格的;(二)没有法定依据的;(三)法律、法规、规章规定的其他无效情形。"这是部门行政法之外第一个地方政府规章层级的统一性规定。由于作为判断行政决定无效的"重大且明显"是一个相对比较模糊的标准,在经验上一般采用以立法明确列举若干无效情形的方法,为实务处理个案提供尽可能明确的规则。同时,为了避免挂一漏万,设置一个兜底条款加以补充,使其具有开放性,也是不可缺少的一种立法技术。例如,《行诉解释》第99条规定:"有下列情形之一的,属于行政诉讼法第七十五条规定的'重大且明显违法':(一)行政行为实施主体不具有行政主体资格;(二)减损权利或者增加义务的行政行为没有法律规范依据;(三)行政行为的内容客观上不可能实施;(四)其他重大且明显违法的情形。"在实务中,法院确认行政决定无效的个案并不少见。通过对相关判例的梳理,可以发现行政决定无效的情形主要有以下几个方面。

(一) 未列明行政相对人

行政相对人是行政决定成立要件之一,没有行政相对人作为行政决定法效力的承受对象,行政决定无法成立。例如,在杨某芝诉北京市房山区燕山交通管理处(以下简称燕山交通

---

[93] 河南省柘城县人民法院行政判决书[(2010)柘行初字第6号]。
[94] 最高人民法院行政裁定书[(2016)最高法行申3923号]。
[95] 参见《海岛保护法》第53条、《土地管理法》第79条。

管理处)撤销运营资格案中,法院认为:

> 依据1996年《中华人民共和国行政处罚法》第42条的规定,行政机关在作出吊销许可证的行政处罚之前,应当告知当事人享有听证的权利,而被告在作出被诉的处理决定前未告知原告享有听证的权利的行为,显属程序违法。同时1996年《中华人民共和国行政处罚法》第39条亦规定,行政机关作出的行政处罚决定书应当载明当事人的姓名,或者名称;违反法律、法规或者规章的事实和证据;处罚的种类和依据。而被告所作处理决定:(1)未写明被处罚的主体……[96]

该案中,燕山交通管理处在作出的行政处罚决定书中不写明行政相对人,应以无行政相对人论。没有行政相对人,该行政处罚决定的法效力就没有作用的对象。据此,法院判决确认燕山交通管理处撤销运营资格处理决定无效。在实务中,行政相对人拒绝说出自己的姓名、住址等身份事项,导致行政机关在作出行政决定时无法填写当事人姓名、住址等身份事项的现象时有发生,为此,有制定法作出了特别规定,不作为行政决定无效认定。例如,《公安机关办理行政案件程序规定》第166条规定:"违法嫌疑人不讲真实姓名、住址,身份不明,但只要违法事实清楚、证据确实充分的,可以按其自报的姓名并贴附照片作出处理决定,并在相关法律文书中注明。"

(二)加盖了已经废止的印章

行政决定必须由行政机关作出,印章通常是认定行政机关合法的主要标准。在行政决定书面文件上加盖一个已经废止的印章,可以认定不是合法的行政机关作出的行政决定,或者不是该行政机关的真实意思表示。例如,在张某营诉太康县人民政府土地行政登记案中,法院认为:

> 被上诉人张某兴自1993年经村委会同意耕种耕地二亩,且至今仍在耕种其中大部分,与被诉具体行政行为有法律上的利害关系,具备本案原告诉讼主体资格。上诉人张某营提出本案超过起诉期限,但不能提供证据证明,本院不予支持。太康县人民政府为张某营颁发的板桥集建(95)字第00059号集体土地建设用地使用证加盖"太康县人民政府土地专用章",该章在颁证时已经废止,其所颁土地证自始不具有法律效力。根据《最高人民法院关于执行〈中华人民共和国行政诉讼法〉若干问题的解释》第57条第2款第3项之规定,应当确认无效。[97]

该案中,被告使用废止的"太康县人民政府土地专用章"颁发集体土地建设用地使用证,导致颁证主体不合法,法院认定该"土地证自始不具有法律效力",故判决确认无效。

(三)构成犯罪的行政决定

在刑事诉讼中,行政机关作出行政决定被认定构成犯罪行为,是法定无效情形之一。在实务中,法院已有裁判的个案。例如,在南乐县乐园食品有限公司诉南乐县原国土资源局"通知"案中,法院认为:

> 被告所述的《土地划转协议》经本院(2002)南刑初判字第74号刑事判决书认定该行为构成犯罪,应为无效行为,被告依据该协议不受原告申请的主要证据不充分,被告于2009年3月9日给原告的通知应予撤销,被告对原告的申请应依据《土地登记办法》的有关规定进行权属审核和登记审查。[98]

行政机关作出构成犯罪行为的行政决定,已属严重违法无疑,当然不具有法效力。在比较法上,此种情形也属行政决定无效情形之一。本案中,被告提出的《土地划转协议》,其签订

---

[96] 北京市房山区人民法院行政判决书[(2004)房行初字第26号]。
[97] 河南省周口市中级人民法院行政判决书[(2010)周行终字第24号]。
[98] 河南省南乐县人民法院行政判决书[(2011)南行初字第3号]。

行为已经被法院认定为构成犯罪的行为,进而被认定为无效是十分妥当的。

(四)严重违反法定程序的行政决定

违反法定程序的行政决定并不当然被认定为无效。在"重大且明显"的标准之下,行政决定违反法定程序只有达到"严重"程度时,才不具有法效力。例如,在崔某平诉广州市国土资源和房屋管理局撤销宅基地证行政处理决定案中,法院认为:

> 由于被告至原告起诉前尚未向决定书所涉及的当事人即原告履行法定送达程序,属于严重的程序违法,故其作出撤证处理决定的具体行政行为无效。虽然被告于诉讼期间已将上述决定书向原告补充送达,但事后的补救措施并不能改变其无效行政行为的性质。因此,本院依法确认被告作出穗国房法字〔2009〕10号行政处理决定书的具体行政行为为无效行政行为。[99]

该案中,法院认定国土资源和房屋管理局在原告起诉前未向其履行法定送达程序,这一违反法定程序的行为已经达到了"严重"程度,即使在事后责令被告作程序补救,也不可能改变被诉行政决定无效的结果,故法院作出确认无效判决。其他情形如行政决定作出之前应当听证,行政机关没有举行听证;在调查取证之前应当表明身份,行政机关执法人员没有表明身份等。

(五)酌情认定无效

酌情无效是由认定机关在个案中以裁量方法确定违法行政决定是否构成无效的一种立法模式。它一般以兜底条款的方式确定,使行政决定无效情形的范围具有了开放性,从而满足实务中不断呈现的行政决定无效的新情形。例如,在卓炜置业发展(武汉)有限公司(以下简称卓炜公司)诉湖北省武汉市原土地管理局行政处罚案中,法院认为:

> 武汉市土地管理局将武圣路46号片土地批租给公房处之后,又依其申请,批准公房处将土地使用权转让给卓炜公司,且各方当事人均同意转让并已实际履行,该批准行为以不认定为无效的具体行政行为为宜。[100]

该案中,法院考虑到"各方当事人均同意转让并已实际履行"的因素,酌情未将武汉市原土地管理局土地批租行为作无效认定,甚为妥当。

除上述行政决定无效外,2014年修改的《行政诉讼法》在受案范围中增加了行政协议,但并没有认定行政协议无效的相关规定。结合《行政诉讼法》第75条规定,若行政协议一方不具有行政主体资格,该行政协议可以确认无效。例如,在查某保诉南漳县原城乡建设局土地行政管理(土地)行政纠纷案中,法院认为:

> 南漳县城乡建设局没有土地征收补偿安置的法定职责,不具有签订土地征收补偿安置协议的行政主体资格。被告主张其与第三人签订的《房屋征收补偿安置协议》符合法律规定,本院不予支持。依照《中华人民共和国行政诉讼法》第69条和第75条之规定,判决如下:(1)确认南漳县城乡建设局与钟某祖于2014年9月14日签订的房屋征收补偿安置协议无效……[101]

虽然《行政诉讼法》第75条没有明确规定,但行政协议若违反法律禁止性规定,如对违法建设的补偿约定等,法院也可以认定为无效。例如,在杨某勇诉明光市人民政府、第三人明光市人民政府明光街道办事处拆迁行政协议案中,法院认为:

---

[99] 广东省广州市萝岗区人民法院行政判决书[(2010)萝法行初字第57号]。
[100] 最高人民法院行政判决书[(2000)行终字第7号]。
[101] 湖北省南漳县人民法院行政判决书[(2015)鄂南漳行初字第9号]。

根据《土地管理法实施条例》第 25 条规定，征收土地方案被批准后，方可由市、县人民政府组织实施，并要在被征收土地所在地的乡(镇)、村公告征收土地的用途、范围等，土地行政主管部门拟订征地补偿、安置方案，在被征收土地所在地的乡(镇)、村予以公告，并听取集体经济组织和农民的意见，征地补偿方案经市、县人民政府批准后组织实施。而本案明光市人民政府违反上述规定的程序，在征收土地申报未被批复前即组织实施征收土地。本案征收土地申报已经省人民政府批复同意，该程序违法并不影响补偿安置协议中关于杨某勇合法财产所作出的补偿约定，但补偿安置协议中关于违法建设的补偿约定违反法律规定，应属无效。因此，杨某勇提出本案补偿安置协议无效，应予撤销的诉讼请求部分成立，本院予以支持。[102]

三、行政违法性继承

(一)行政违法性继承的概念和认定

行政违法性继承，是指若干个行政决定之间因存在某种法律上的关联性，其中前行政决定违法时，在一定条件下影响后行政决定的合法性。行政违法性继承是一个域外行政法学上的概念，存在于判例、学说之中，并无明确的制定法依据。行政违法性继承限定了它的作用范围，即前、后行政行为都是行政决定，在行政决定与事实行为之间，或者事实行为与事实行为之间一般不承认存在行政违法性继承的问题。在讨论行政违法性继承问题时，通常主要涉及两个方面的内容：其一，前行政决定违法是否构成后行政决定违法；其二，前行政决定违法是否必然导致后行政决定违法。[103]

通常，行政违法性继承是以存在若干个行政决定为前提，但这若干个行政决定是否应当是由同一行政机关作出，学理上并无通说，判例则没有否认，如生态环境局作出的项目环境评价违法，可能影响发展规划委员会作出批准建设项目设计任务书的合法性。若干个行政决定之间具有法律上的关联性是行政违法性继承发生的条件。这种法律上的关联性表现为程序上的联动关系、要件上的先决关系和执行上的依据关系。[104] 一般情况下，前行政决定应当具有可诉性，且它已经产生了不可再争的形式存续力，而后行政决定则在撤销审查程序中，需要确定前行政决定是否违法，进而判定后行政决定的合法性。但是，前行政决定违法是否必然导致后行政决定违法，取决于行政违法性继承是否是行政相对人维护合法权益的唯一途径。[105]

(二)行政违法性继承的判例发展

尽管行政法学界讨论行政违法性继承问题时间并不长，不过，早在 21 世纪初《最高人民法院公报》发布的判例中，我们可以发现，尽管法官或许并没有意识到此问题在学理上应该如何归属，但已经不可回避地触及了这一问题，并且自觉或不自觉地对此作出了回答。[106] 如，在沈某贤等 182 人诉北京市规划委员会颁发建设工程规划许可证纠纷案中，在环境保护行政机关尚未完成项目环境评价的情况下，计划行政机关就作出批准建设项目设计任务书的行政行为，后者影响了城市规划行政机关作出颁发建设工程规划许可证行为的合法性。[107] 又如，

---

[102] 安徽省滁州市中级人民法院行政判决书[(2015)行初字第 00014 号]。
[103] 参见[日]盐野宏：《行政法总论》，杨建顺译，北京大学出版社 2025 年版，第 124~125 页。
[104] 王贵松：《论行政行为的违法性继承》，载《中国法学》2015 年第 3 期。
[105] 参见最高人民法院行政审判庭编：《最高人民法院行政审判庭法官会议纪要》(第 1 辑)，人民法院出版社 2022 年版，第 195 页。
[106] 参见朱芒：《"行政行为违法性继承"的表现及其范围——从个案判决与成文法规范关系角度的探讨》，载《中国法学》2010 年第 3 期。
[107] 参见《最高人民法院公报》2004 年第 3 期。

在念泗三村28幢楼居民35人诉扬州市规划局行政许可行为侵权案中,《念泗二村地段控制性详细规划》是扬州市规划局核发2003076号《建设工程规划许可证》的前提条件,法院经审查后认为,《念泗二村地段控制性详细规划》是经过合法有效的批准的,因此,《建设工程规划许可证》也是合法的。[108] 再如,在张某文、陶某等诉四川省简阳市人民政府侵犯客运人力三轮车经营权案中,简阳市人民政府在1996年实施人力客运三轮车经营权许可时,未告知经营权的期限,双方当事人就是否存在有效期限、未告知经营权期限是否违法产生争议。在有效期限的事实、合法性都存疑的情况下,简阳市人民政府要求已满2年的客运三轮车经营者重新登记,并支付经营权有偿使用费不合法。[109] 在以上三个判例中,尽管法院均未使用"违法性继承"的概念,但是在裁判逻辑上却体现了"违法性继承"的思路。

2018年在郴州饭垄堆矿业有限公司与国土资源部等国土资源行政复议决定案中,最高人民法院首次使用了"违法性继承"的概念,但并未展开学理分析。最高人民法院认为:

> 2006年许可行为存在的越权情形,已经得到2011年许可行为的治愈,其越权颁证的后果已经消除,并不构成违法性继承问题。中信兴光公司有关2011年《采矿许可证》系从2006年《采矿许可证》发展而来,2006年颁证越权违法,2011年颁证亦属违法的主张,不能成立;被诉复议决定将此作为撤销湖南省国土厅颁发2011年《采矿许可证》的理由,亦不能成立。[110]

2022年,在玉门明基铜加工有限责任公司诉甘肃省自然资源厅矿产资源许可案中,最高人民法院又一次提到了"违法性继承"。最高人民法院认为:

> 由于行政行为的违法性在一定条件下具有继承性,当行政机关先后作出数个有关联的行政行为时,人民法院可基于全面审查原则对先前行政行为从证据效力的角度进行审查,当先前行政行为存在违法性并足以否定其证明效力的,则应依法确认后续行政行为亦具有违法性,以实质化解纠纷。[111]

在地方法院中,体现"违法性继承"裁判思路的判例并不少见。如作为前行政决定被确认违法、无效之后,可能会影响后行政决定的效力。如在安明昌诉蚌埠市房地产管理局房屋管理行政裁决案中,法院认为:

> 被告系房地产行政主管部门,蚌埠市人民政府将对本行政区域内的城市房屋拆迁工作实施监督管理的行政职权赋予了被告,被告对本行政区域的拆迁安置纠纷有裁决权。裁决书的主要依据蚌私字304512号《房地产权证》已被确认无效。故原告的诉讼请求成立,本院予以支持。依照《中华人民共和国行政诉讼法》第54条第1款第(2)项之规定,判决如下:撤销被告蚌埠市房地产管理局颁发给第三人安民乐的蚌房裁字(2007)第137号蚌埠市房地产管理局房屋拆迁安置裁决书。[112]

本案中,《房地产权证》是被告作出拆迁裁决书的前行政行为。在拆迁裁决作出之后,因该颁发《房地产权证》行为违法被法院的生效判决确认无效之后,拆迁裁决的合法性也因此受到该颁发《房地产权证》行为违法性继承而被法院撤销。当然,在这种情况下,如果存在"善意"第三人,为了保护其合法权益,也可以考虑此种违法性继承因第三人的"善意"而截断的可能性,所以,一概承认行政违法性继承未必妥当,需要在个案中酌定。

---

[108] 参见《最高人民法院公报》2004年第11期。
[109] 参见最高人民法院指导案例88号。
[110] 最高人民法院行政判决书[(2018)最高法行再6号]。
[111] 最高人民法院行政裁定书[(2022)最高法行申294号]。
[112] 安徽省蚌埠市蚌山区人民法院行政判决书[(2009)蚌山行初字第15号]。

第四节 行政责任

一、引言

(一) 行政责任的概念

无论行政机关行使职权合法与否,都有可能对行政相对人的合法权益产生不利影响,为此,依法行政原理要求行政机关对这种"不利影响"承担法律上的行政责任。这种行政责任基于产生的原因不同可以分为:(1)基于行政机关违法行使职权对行政相对人合法权益造成损害的,承担行政赔偿责任;(2)基于行政机关合法行使职权对行政相对人合法权益造成损失的,承担行政补偿责任。

需要说明的是,这里叙述的"行政责任"不是行政机关面向人大的法律责任,也不是具体某一行政机关或者公务员面向其上一级行政机关在"领导与服从"的法律关系中的法律责任,而是行政机关在个案中因实施行政行为而产生的、面向行政相对人的法律责任。行政机关面向人大的法律责任,由《宪法》《各级人民代表大会常务委员会监督法》等法律调整;行政机关或者公务员面向其上一级行政机关在"领导与服从"的法律关系中的法律责任,由《公务员法》等法律、法规调整,两者不可混淆——后者也属于行政法调整的范围。这里的行政责任,当然更不是行政相对人违反行政管理秩序而应承担的行政处罚等法律责任。

(二) 行政责任的类型

以行政责任作为上位概念,以产生行政责任原因的行政行为是否合法为标准,分为行政赔偿(损害)和行政补偿(损失)两种法律责任。前者如《人民警察法》第50条规定:"人民警察在执行职务中,侵犯公民或者组织的合法权益造成损害的,应当依照《中华人民共和国国家赔偿法》和其他有关法律、法规的规定给予赔偿。"这是因违法行政行为引起的损害赔偿。后者如《重大动物疫情应急条例》第33条规定:"国家对疫区、受威胁区内易感染的动物免费实施紧急免疫接种;对因采取扑杀、销毁等措施给当事人造成的已经证实的损失,给予合理补偿。紧急免疫接种和补偿所需费用,由中央财政和地方财政分担。"这是因合法行政行为引起的损失补偿。特别需要指出的是,支付金钱、赔礼道歉、消除影响、恢复名誉、产权调换等都是承担行政责任的方式,不是行政责任的内容。

二、行政赔偿

(一) 行政赔偿的概念

行政赔偿是行政机关的行政行为违法导致行政相对人合法权益受到损害,经该受害的行政相对人请求,由该行政机关作为赔偿义务机关承担赔偿的一种行政责任。作为国家赔偿之一的行政赔偿,在我国仅指因行政行为违法引起的行政责任,不包括因公有公共设施的设置、使用等引起的赔偿责任,这部分赔偿责任属于民事责任,由民事法律调整。

《宪法》第41条第3款规定:"由于国家机关和国家工作人员侵犯公民权利而受到损失的人,有依照法律规定取得赔偿的权利。"这是确立行政赔偿制度的宪法依据。1986年《民法通则》(已废止)第121条规定:"国家机关或者国家机关工作人员在执行职务中,侵犯公民、法人的合法权益造成损害的,应当承担民事责任。"这是部门法试图将宪法条款具体化的一种努力,但它把行政赔偿划入民事责任范畴并交给民法调整。1989年《行政诉讼法》第九章单列

"侵权赔偿责任",把行政赔偿定为行政法上的行政责任。1994年《国家赔偿法》列行政赔偿为国家赔偿之一,行政赔偿责任得到了进一步的体系化。至此,行政赔偿的法律性质归属尘埃落定。

(二) 行政赔偿的构成要件

1. 有行政相对人的合法权益受到损害的事实。首先,行政违法行为所损害的必须是行政相对人的合法权益,即受制定法保护的权益。不具有合法性的权益,不属于该要件的内容。例如,在林某发等诉厦门市城市管理行政执法局行政强制拆除违法建筑案中,法院认为:

> 市城监支队未依照法定程序作出相应的行政决定,强制拆除两原告违法搭建的全部7座菌菇房不具有合法性,不属于《中华人民共和国国家赔偿法》的赔偿范围,两原告的赔偿请求,于法无据,本院不予支持。[113]

该案中,林某发等违法搭建的菌菇房不属于他们的合法财产,虽然它被城市管理行政执法局违法强拆,林某发等所受到的"损害"也不属于该要件中的"合法权益"。又如,在祁县华誉纤维厂诉祁县人民政府行政赔偿案中,法院认为:

> 国家机关及其工作人员违法行使职权侵犯公民、法人和其他组织的合法权益造成损害的,受害人有取得国家赔偿的权利。但赔偿的前提必须是合法权益遭到损害。上诉人祁县华誉纤维厂工商核准登记的经营范围是生产和销售化学纤维材料,而其提供的证据证明,要求赔偿的生产设备为生产二硫化碳的设备,存货亦为二硫化碳;且其对该厂生产的产品为二硫化碳亦无异议。而根据国家《危险化学品名录》,二硫化碳属于危险化学品。又根据中华人民共和国《安全生产许可证条例》(国务院令第397号)的规定,国家对矿山企业、建筑施工企业和危险化学品、烟花爆竹、民用爆破器材生产企业实行安全生产许可制度。企业未取得安全生产许可证的,不得从事生产活动。本案中,祁县华誉纤维厂在未取得安全生产许可证的情况下,以生产化学纤维材料为名,实际生产危险化学品二硫化碳,其行为违反国家禁止性法规,因而不存在合法利益;从另一角度看,上诉人要求赔偿的生产二硫化碳的设备、存货等直接损失与其核准登记的生产销售化学纤维产品无关,因而也不能认定为祁县华誉纤维厂的损失。综上,虽然被上诉人祁县人民政府整体淘汰关闭祁县华誉纤维厂的具体行政行为已被生效判决撤销,但并不能因此当然地认定上诉人行为和利益的合法性,故其赔偿请求法院依法不能支持。[114]

其次,合法权益受到的损害必须是直接损害,即现实的或者将来必定发生的,且有证据可以证明的损害。为此,行政相对人必须提供相关的证据,以证明自己的合法权益所受到的损害事实客观存在。例如,在福建远大船业有限公司诉福建省平潭综合实验区管理委员会等强制及行政赔偿案中,法院认为:

> 《国家赔偿法》第36条第8项规定,"对财产权造成其他损害的,按照直接损失给予赔偿",国家赔偿的范围仅限于直接损失,直接财产损失仅包括现有财产权益的损害和受害人将来必然获得的财产权益损失,对于因侵权事由引发的将来可能发生的可得利益之损失不予赔偿。本案中,原告主张的国有土地使用权、海域使用权折价损失系原告已使用但其认为被浪费了的使用权的折价赔偿,该损失不属于直接损失,本院不予支持。[115]

2. 有被撤销或者确认的行政违法行为。首先,必须有行政机关作出的行政行为,该行政行为必须是行政机关的职权行为或者与职权相关的行为。所谓与职权相关的行为是指有助

---

[113] 福建省厦门市湖里区人民法院行政判决书[(2006)湖行初字第13号]。
[114] 《最高人民法院公报》2011年第4期。
[115] 福建省福州市中级人民法院行政判决书[(2014)榕行初字第91号]。

于行政机关实现行政任务的非职权行为,如行政执法人员在执法过程中殴打妨碍公务的小贩,或者砸坏小贩用于货物运输的车辆。其次,该行政行为必须是依照法定程序已经被撤销或者确认违法。撤销或者确认违法的法定程序可以是行政复议或者行政诉讼,也可以是行政申诉或者信访等其他合法程序。行政机关依照职权对自己作出的行政行为行使撤销权或者确认违法也是该要件内容之一。最后,行政不作为是否违法,要以行政机关是否具有作为的法定职责为标准进行判断,如有作为的法定职责而不作为,即构成行政不作为违法。[116] 但是,行政不作为必须是基于具体事由,针对特定行政相对人承担具体的行为义务,才能产生行政赔偿责任。例如,在王某鹏诉阜新市公安局新邱公安分局(以下简称新邱公安分局)行政赔偿案中,最高人民法院认为:

> 最高人民法院《关于公安机关不履行法定行政职责是否承担行政赔偿责任问题的批复》(以下简称《批复》)规定,"由于公安机关不履行法定行政职责,致使公民、法人和其他组织的合法权益遭受损害的,应当承担行政赔偿责任"。这里的不履行法定职责"致使"公民、法人和其他组织的合法权益遭受损害,应当是指基于具体的事由,公安机关对特定的行政相对人承担具体的作为义务,公安机关没有履行相关义务,从而造成该行政相对人人身、财产损害的情形。《批复》中所称"法定职责",不是抽象、普遍意义上的法定职责、义务。否则,公安机关负有保障全社会每一个公民人身、财产安全的法定职责,每一个受到违法犯罪行为侵害的公民,均可以公安机关没有维护好社会治安、违法犯罪频发,系不履行法定职责为由,要求公安机关承担行政赔偿责任。本案件中,即便如王某鹏所述,新邱公安分局存在"失职和纵容"刘某超犯罪的不履行法定职责行为,王某鹏受到刘某超伤害,与新邱公安分局不履行法定职责行为之间,也未形成特定的职责义务对应关系。因此,本案并不符合《批复》的适用条件。王某鹏主张,依据《批复》,新邱公安分局应当承担行政赔偿责任,理由不能成立。[117]

3. 行政违法行为与行政相对人的合法权益受损害之间有因果联系。首先,因果关系在这里可以解释为行政违法行为直接地、必然地损害了行政相对人的合法权益。实务中,法院通常以因果关系理论作为判断该要件是否成立的标准。例如,中国银行江西省分行诉江西省南昌市原房产管理局(以下简称南昌市房管局)行政赔偿案中,最高人民法院认为:

> 南昌市房管局作为负责办理房产抵押登记的行政主管部门,在办理房产抵押登记过程中,对当事人的申请应当以高度负责的态度认真履行必要的注意义务,对于抵押房产及其权属证书的真伪有条件加以核对与识别。然而,南昌市房管局在本案中违反职业规范,未尽必要的注意义务,为持有假房产证实施诈骗的天龙公司办理抵押登记手续,并明示信托公司可以办理贷款。信托公司基于对房产登记机关所办抵押登记行为的信赖,为天龙公司发放贷款,致使信托公司遭受了财产损失。虽然本案贷款人天龙公司是造成信托公司财产损失的直接责任人,但是南昌市房管局的违法行为客观上为天龙公司骗取贷款提供了条件,其违法出具他项权利证明的行为与信托公司财产损失之间存在法律上的利害关系和因果关系。[118]

该案中,南昌市房管局作出的房产抵押登记违法是天龙公司成功实施骗贷的条件,它是信托公司财产损害的原因,两者因果联系明显,故该要件成立。其次,基于行政违法行为可以推断行政相对人的合法权益将来必然受到的损害。如行政违法行为导致行政相对人腿脚伤残而安装假肢,若干年之后需要更换假肢的费用是直接的、必然的财产损害。最后,若行政违法行为只是引起行政相对人合法权益受到损害的客观条件,则它不是该要件的内容,所以,在个案

---

[116] 尹某琰诉卢氏县公安局110报警不作为行政赔偿案,载《最高人民法院公报》2003年第2期。
[117] 最高人民法院行政裁定书[(2015)行监字第81号]。
[118] 最高人民法院行政判决书[(2002)行终字第6号]。

中需要严格区分该要件中引起行政相对人合法权益受到损害的"原因"和"条件"。例如,在陈某山诉洛阳市人民政府等行政赔偿案中,法院认为:

> 造成上诉人陈某山砂厂的员工死亡是砂厂违反防汛条例规定及采砂许可证上的汛期内禁止采砂的告知事项,在汛期内连续几天降雨的情况下,砂场人员及设备未撤离,继续滞留在河道内,工人未采取安全措施及未及时救助溺水死亡等原因所造成的。宜阳县水利局行政不作为不是上诉人陈某山的员工死亡及财产损失的前置条件。[119]

该案中,因没有因果关系,即便前述两个要件都已成立,水利局的行政赔偿责任也不成立。同样的情形也发生在张某展诉淮北市原房地产管理局(以下简称淮北市房管局)房产登记行政赔偿案中,法院认为:

> 对张某展为购房支付的款项导致的损失,分析其因果关系,实质是由太阳能公司对涉案房屋两次处分所有权给不同人造成的,而与淮北市房管局的违法颁证行为无因果关系,张某展针对购房导致的损失要求行政赔偿,无事实和法律依据,对其损失应另行寻求救济途径,上诉人的赔偿请求法院不予支持。[120]

(三)行政赔偿范围

从行政赔偿的行为角度来看,《国家赔偿法》第3条、第4条作了明确规定,这些行为都与行政机关"行使职权"有关。从行政赔偿的损害结果角度来看,原则上限于受害人的人身权、财产权,在法定条件下,行政赔偿损害结果还可以包括精神损害。例如,在任某诉巫山县铜鼓镇人民政府行政赔偿案中,法院认为:

> 任某在事故中受特重型颅脑损伤致轻度智力缺损,构成八级伤残。该后果是不可逆转的。对于一个发育正常的人,因行政机关的违法行为造成伤残致智力缺损,精神上必然受到损害,其后果应属严重后果,符合《中华人民共和国国家赔偿法》第35条的规定,应予赔偿精神抚慰金,原审法院酌情判决精神抚慰金15,000元并无不当。[121]

行政相对人合法权益受到的损害,如果是与行政机关工作人员行使职权无关的个人行为或者因公民、法人和其他组织自己的行为所致,都不属于行政赔偿的范围。[122] 在实务中,行政机关的紧急救助行为对行政相对人合法权益所造成的损害,也不属于行政赔偿范围。例如,在陈某诉庄河市公安局行政赔偿纠纷案中,法院认为:

> 警方是在司机韩某被夹在发生事故的轿车驾驶室里生死不明,需要紧急抢救的情况下,决定实施强行打开驾驶室车门措施的。由于当时其他方法都不能打开已经变形的车门,为及时抢救出韩某而采取气焊切割车门的方法,实属情况紧急,迫不得已。因不及时打开车门,就无法对生死不明的韩某实施紧急救护;尽早打开车门救出韩某,就有可能挽救其生命。虽然气焊切割车门的方法会破损车门,甚至造成汽车的毁损,但及时抢救韩某的生命比破损车门或者造成汽车的毁损更为重要。因为相对人的生命而言,破损汽车车门或者汽车致他人利益损害明显较小,警方在紧急情况下作出强行打开车门抢救韩某的决定,具有充分的合理性,而且在采取措施之前,警方已经尽可能地采取了相应的防范措施。虽然气焊切割车门导致了轿车的失火,但该行为从性质上属于警方正当的抢险救助行为,没有超出交通警察依法履行职责的范围。上诉人陈某要求警方对在不得已情况下的紧急救助行为所造成的损失给

---

[119] 河南省洛阳市中级人民法院行政赔偿判决书[(2011)洛行终字第95号]。
[120] 安徽省淮北市中级人民法院行政判决书[(2006)淮行赔终字第3号]。
[121] 重庆市第二中级人民法院行政赔偿判决书[(2016)渝02行终128号]。
[122] 参见《国家赔偿法》第5条。

予行政赔偿,是没有法律依据的。[123]

(四)行政赔偿方式与计算标准

支付赔偿金是承担行政赔偿的主要方式,它具有直接弥补行政相对人合法权益所受到的损害之功能。但是,如果能够返还财产或者恢复原状,应当先返还财产或者恢复原状,此时支付赔偿金是一种行政赔偿的保底方式。行政违法行为致人精神损害的,行政机关应当在行政违法行为影响的范围内,为受害人消除影响,恢复名誉,赔礼道歉;造成严重后果的,应当支付相应的精神损害抚慰金。行政赔偿的计算标准:(1)人身权。因为人身自由和生命权具有平等性,所以对受害人应当无分"贵贱",采用同一标准,即前者为每日赔偿金按照国家上年度职工日平均工资计算,后者为死亡赔偿金、丧葬费,总额为国家上年度职工年平均工资的20倍。因身体伤害有不同程度,它的赔偿计算标准是依据是否丧失劳动能力以及丧失劳动能力不同程度而定的。另外,对死者生前扶养的无劳动能力的人,行政机关还应当支付生活费。(2)财产权。对于被违法没收、征收等的财产,应当返还;对于损坏或者灭失的财产,能够恢复原状的应当恢复,不能恢复的,应当按照损害程度给付相应的赔偿金;对于财产已经拍卖或者变卖的,给付拍卖或者变卖所得的价款,但变卖的价款明显低于财产价值的,应当支付相应的赔偿金。

在财产损失的计算标准上,尚有两个具体问题需要作进一步明确:(1)"停产停业期间必要的经常性费用开支"的计算。"停产停业期间必要的经常性费用开支"是一个模糊性的概念,在实务中经常引起争议。通常认为,凡经营者依法必须支付的费用都属于"停产停业期间必要的经常性费用开支",应当计入赔偿范围。例如,在李某和诉云县公安局涌宝派出所行政强制措施附带行政赔偿案中,法院认为:

李某和要求赔偿营运损失每天60元的请求,根据国家赔偿法只赔偿直接损失的规定,即不赔偿可得利益或可期待性利益,故该请求于法无据,不予支持。对于赔偿养路费、客货运附加费及滞纳金2780.80元的请求,因税费属于扣车期间必要的经常性费用开支,应予支持。[124]

该案中,养路费、客货运附加费及滞纳金和税费不能因为受害人被行政机关违法"停产停业"而可以不交纳,所以,法院认定这笔费用为"停产停业期间必要的经常性费用开支"是十分妥当的。

(2)"直接损失"。关于"直接损失"的含义,最高人民法院行政审判庭在一个答复中认为:"因违法的房屋抵押登记行为造成的损害,属于《中华人民共和国国家赔偿法》第二十八条第(七)项规定的'对财产权造成的其他损害',应当按照直接损失计算赔偿数额。"[125]此批复在法院审理房屋抵押登记行为引起的行政赔偿案件中可以适用。补征关税是否是已经销售进口物品的"直接损失",在上海汇兴公司(以下简称汇兴公司)诉浦江海关行政赔偿案中,法院认为:

汇兴公司在履行补缴纳税义务时是否直接造成损失,是确认浦江海关应否承担赔偿责任的前提。根据国家赔偿法的规定,如果汇兴公司认为浦江海关的补征行为造成了其直接损失,就应对自己的赔偿主张负举证责任。汇兴公司提供的有关人工草坪的出售合同、协议书及电汇凭证等证据,虽可以证明进口的人工草坪在浦江海关的补征行为之前已经销售,但由于汇兴公司出售人工草坪的单价为每平

---

[123] 《最高人民法院公报》2003年第3期。
[124] 云南省云县人民法院行政判决书[(2002)云行初字第07号]。
[125] 最高人民法院行政审判庭《关于违法的房屋抵押登记行为行政赔偿数额计算问题的电话答复》([2002]行他字第2号)。

方米 102 元至 180 元不等,收益的幅度相差较大,故浦江海关关于征税数额并非合同定价的主要因素,合同定价主要是由市场调节的主张可以成立。汇兴公司主张的销售收入减少,是指以较高的价格售出人工草坪而获得利益为前提的,而较高利益的实现在销售中是受到供求关系等各种不确定因素决定的,属于不确定的利益,故不构成直接损失。[126]

预期收益是否属于"直接损失",法院一般倾向于作否定结论。例如,在毛某洋诉庆元县人民政府征收行政强制及行政赔偿案中,法院认为:

根据《中华人民共和国国家赔偿法》第 32 条规定,国家赔偿以支付赔偿金为主要方式。能够返还财产或者恢复原状的,予以返还财产或者恢复原状。第 36 条第 8 项规定,对财产权造成其他损害的,按照直接损失给予赔偿。因案涉土地已经被征收,地上附着物被清除,故毛某洋要求恢复土地原状客观上不可能。庆元县人民政府"清表"行为发生在 2014 年,毛某洋主张对 2014 年至 2016 年的收益损失进行赔偿,属于一种未来可得利益并非直接损失,不属于国家赔偿法规定的赔偿范围。一、二审法院对该请求不予支持,并无不当。[127]

行政机关不作为导致行政违法行为损害扩大的,属于"直接损失",应当承担赔偿责任。例如,在安徽某建设公司诉蚌埠市禹会区人民政府(以下简称禹会区政府)行政赔偿案中,法院认为:

关于案涉租赁挖掘机损失计算问题。禹会区政府于 2017 年 6 月 14 日扣押案涉挖掘机,在 60 日办案期间届满后,未对安徽某建设公司作出违法认定或处罚决定,在此期间给安徽某建设公司造成的损失,依法应予赔偿。2018 年 7 月 18 日,禹会区政府向安徽某建设公司邮寄《关于处置被扣押挖掘机的函》,邮件无人签收被退回后,亦未采取其他合法有效方式通知安徽某建设公司,致使安徽某建设公司无法知晓可以领回扣押挖掘机的信息,由此造成的扩大损失系禹会区政府工作失误导致。故安徽某建设公司自 2018 年 7 月 18 日至 2019 年 5 月 21 日的租赁费用损失,亦应由禹会区政府承担。[128]

但是,基于个案的特别考虑,法院有时也会扩大"直接损失"的计算范围,以满足个案正义的需要。例如,在邱某诉某县公安局限制人身自由、赔偿行政争议案中,法院判决被告应当赔偿原告所支付的律师费。[129] 对于"中华老字号"房屋的行政赔偿范围与数额计算,需要体现特别保护的法律精神。[130] 对于违法拆迁导致房屋灭失无法重新评估的,应当按照房屋赔偿时市场价格予以确定。[131]

(五)行政赔偿主体、程序

1. 行政赔偿主体。行政赔偿责任主体是国家,因为行政机关是代表国家行使行政职权的机关,所以为了便于行政相对人申请行政赔偿,《国家赔偿法》采用"国家责任、机关赔偿"规则确定行政赔偿主体。在个案中,确定行政赔偿主体的标准是"谁行为,谁赔偿",即实施行政违法行为的行政机关是赔偿义务机关,具体情形可以依照《行政诉讼法》关于被告确定规则执行。行政违法行为经复议机关复议,最初造成侵权行为的行政机关为赔偿义务机关,但复议机关的复议决定加重损害的,复议机关对加重的部分履行赔偿义务。行政赔偿主体中的申请

---

[126] 《最高人民法院公报》2004 年第 1 期。
[127] 最高人民法院行政裁定书[(2017)最高法行申 1406 号]。
[128] 人民法院案例库,入库编号:2024 - 12 - 3 - 020 - 006。
[129] 浙江省高级人民法院行政判决书[(2001)浙行再字第 10 号]。
[130] 沈阳市甘露饺子馆诉辽宁省沈阳市铁西区人民政府、沈阳市铁西区房产局房屋拆迁行政赔偿案,载最高人民法院行政审判庭编:《中国行政审判指导案例》(第 1 卷)第 27 号案例,中国法制出版社 2010 年版,第 141 页以下。
[131] 李某巨诉黑龙江省哈尔滨市道外区政府房屋拆迁行政赔偿案,载最高人民法院行政审判庭编:《中国行政审判指导案例》(第 1 卷)第 28 号案例,中国法制出版社 2010 年版,第 147 页以下。

人、第三人资格可以依照《行政诉讼法》关于原告、第三人资格的规定确定。

2. 行政赔偿程序。行政赔偿程序可以分为：(1) 申请。对已经确认的行政违法行为，赔偿请求人要求赔偿的，赔偿请求人应当先向赔偿义务机关提出；对尚未确认的行政违法行为，赔偿请求人可以先申请有权机关确认违法，也可以在申请行政复议和提起行政诉讼时一并提出赔偿请求。赔偿请求人应当提交申请书，也可以口头申请，由赔偿义务机关记入笔录。(2) 决定。赔偿义务机关应当自收到申请之日起 2 个月内依法决定是否给予赔偿。对赔偿义务机关逾期仍不予赔偿的、赔偿请求人对赔偿数额有异议或者决定不予赔偿的，赔偿请求人有权依法申请行政复议或者提起行政诉讼。

三、行政补偿

(一) 行政补偿的概念

行政补偿是行政机关的行政合法行为导致行政相对人合法权益受到损失而给予财产上的填补。行政补偿一般适用于财产损失，在有法律特别规定的情况下，对行政相对人的人身损害也可以适用行政补偿。例如，《人民警察使用警械和武器条例》第 15 条规定："人民警察依法使用警械、武器，造成无辜人员伤亡或者财产损失的，由该人民警察所属机关参照《中华人民共和国国家赔偿法》的有关规定给予补偿。"行政补偿不同于行政补助，后者是行政机关依法给予行政相对人的一种经济资助，它不以行政机关实施行政行为为前提。例如，《水法》第 29 条第 1 款规定："国家对水工程建设移民实行开发性移民的方针，按照前期补偿、补助与后期扶持相结合的原则，妥善安排移民的生产和生活，保护移民的合法权益。"

行政机关行政合法行为对行政相对人合法权益所造成的损失，必须在"特别牺牲"——产权应当负有公共责任的思想也是支持行政补偿的一种理论——的情况下，才能产生行政补偿责任，否则行政相对人应当容忍这种"损失"。此所谓行政补偿的"特别牺牲说"。例如，政府规划兴建的高铁、机场运行后所产生的噪声符合法定标准的，居住在周边的个人对这种"损失"负有容忍的义务。在学理上，最为困难的问题是判断这种容忍的底线应在何处。行政补偿所基于的法理是，以个人的"特别牺牲"换来的公益事业，使不特定的公众成为"无偿"的受益人。基于公平原则，个人的某种"特别牺牲"必须平摊给所有公众。为此，个人有权请求行政机关以"公共财产"填补其因"特别牺牲"所致的损失。

《宪法》第 10 条第 3 款规定："国家为了公共利益的需要，可以依照法律规定对土地实行征收或者征用并给予补偿。"《宪法》第 13 条第 3 款规定："国家为了公共利益的需要，可以依照法律规定对公民的私有财产实行征收或者征用并给予补偿。"这是行政补偿的宪法依据。在制定法上，也有不少有关行政补偿的规定。例如，《行政许可法》第 8 条第 2 款规定："行政许可所依据的法律、法规、规章修改或者废止，或者准予行政许可所依据的客观情况发生重大变化的，为了公共利益的需要，行政机关可以依法变更或者撤回已经生效的行政许可。由此给公民、法人或者其他组织造成财产损失的，行政机关应当依法给予补偿。"与行政赔偿不同的是，行政补偿至今尚未有统一的国家立法，它的法依据通常是在个别的法律、法规或者规章之中，如《国有土地上房屋征收补偿条例》是一部专门规定国有土地上房屋的征收与补偿的行政法规。行政补偿采用结果归责主义，行政赔偿则采用行为归责主义。

(二) 行政补偿的构成要件

1. 行政相对人的合法权益受到损失。与行政赔偿的要件一样，"合法权益"通常是制定法所保护的权益。例如，房屋、土地等不动产通常是该要件中的"合法权益"；警察在追捕犯罪嫌疑人过程中合法使用枪械，致使行人受到伤害或者死亡，其健康权、生命权也属于这里的"合法权益"。又如,《安徽省预防接种管理条例》第 30 条第 1 款规定:"实施接种过程中或者实施接种后出现受种者死亡、严重残疾、器官组织损伤等损害,属于预防接种异常反应或者不能排除的,应当给予补偿。"这里的"受种者死亡、严重残疾、器官组织损伤等损害"也是该要件中的"合法权益"。需要明确的是,这里的"合法权益"损失必须已成为现实,并由行政相对人举证予以证实。例如,在张某忠诉宁夏回族自治区平罗县人民政府等土地行政补偿纠纷案中,法院认为:

> 虽然被上诉人平罗县人民政府在《批复》中同意批给上诉人 386.4 平方米土地,但对该土地有无合法土地使用权应根据《中华人民共和国土地管理法》的规定由县级人民政府登记造册、核发证书、确认使用权。上诉人因未取得其营业房门前、翰林大道扩路占用的东西 20 米的土地使用权,其所提出的征地补偿和垫土方等费用的要求无法律依据,法院不予支持。[132]

该案中,张某忠提出 20 米的土地使用权为他所有,应当获得补偿。但是,因为他没有这一部分土地使用权的合法证明,难说就是他的合法财产,所以他的主张没能得到法院的支持。

2. 造成行政相对人合法权益损失的原因是行政合法行为。行政合法行为是符合行政行为合法要件的行政行为。对于行政补偿来说,行政合法行为中是否具有"公共利益"的内容十分重要,因为它制约行政机关以征收、征用的方式限制或者剥夺行政相对人的财产权。但是,公共利益是一个模糊的法概念,经常需要通过个案才能加以厘清。如收回个人的国有土地使用权之后,又将其出让给商业银行建造停车场,供自己客户停车之用。这样的"收回国有土地使用权决定"显然不具有公共利益。[133] 尽管公共利益内涵不确定,但并不妨碍在立法上对于一些有共识的情形加以明确列举。[134]

3. 行政合法行为与行政相对人的合法权益受损失之间有因果联系。与行政赔偿中的要件一样,这里的因果关系是指行政合法行为直接地、必然地引起行政相对人合法权益的损失。如果涉及人身伤害,那么将来必然产生的损失也是因果关系要件的内容之一。

(三)行政补偿的原则、标准与范围

1. 补偿原则。行政补偿必须遵守补偿先行原则,即行政机关必须先给予补偿,才能取得行政相对人财产的所有权或者使用权。例如,《国有土地上房屋征收与补偿条例》第 27 条规定:"实施房屋征收应当先补偿、后搬迁。"但是,在紧急情况下,给予财产权、人身权的补偿可以相对延后,如在防洪、灭火等过程中因征用引起的行政补偿。

2. 补偿标准。因为目前没有统一的"行政补偿法",所以在制定法上有关补偿标准的规定也十分不同。在现行法律框架内,有关补偿标准大致有以下 5 种情形:(1)适当补偿。例如,《国防法》第 51 条规定:"国家根据国防动员需要,可以依法征收、征用组织和个人的设备设施、交通工具、场所和其他财产。县级以上人民政府对被征收、征用者因征收、征用所造成的直接经济损失,按照国家有关规定给予公平、合理的补偿。"实务中,也有法院采用适当补偿标准来确定补偿款。例如,在张某胜诉广饶县人民政府林业行政补偿纠纷案中,法院认为:

---

[132] 宁夏回族自治区高级人民法院行政判决书[(2010)宁行终字第 2 号]。
[133] 最高人民法院指导案例 41 号。
[134] 《国有土地上房屋征收与补偿条例》第 8 条规定:"为了保障国家安全、促进国民经济和社会发展等公共利益的需要,有下列情形之一,确需征收房屋的,由市、县级人民政府作出房屋征收决定:(一)国防和外交的需要;(二)由政府组织实施的能源、交通、水利等基础设施建设的需要;(三)由政府组织实施的科技、教育、文化、卫生、体育、环境和资源保护、防灾减灾、文物保护、社会福利、市政公用等公共事业的需要;(四)由政府组织实施的保障性安居工程建设的需要;(五)由政府依照城乡规划法有关规定组织实施的对危房集中、基础设施落后等地段进行旧城区改建的需要;(六)法律、行政法规规定的其他公共利益的需要。"

因修路而砍伐林木涉及上诉人的权益,应当给予补偿,具体补偿数额无明确的法律法规规定。该处林地是护岸林,其是以防止河岸冲刷崩塌、固定河床为主要目的的,其不是以产生经济效益为目的。再者,综合考虑种植树木的土地性质、树木的生长情况和上诉人与村委会签订的合同内容等情形,被上诉人应当给予上诉人适当补偿。上诉人已取得了5875元的补偿款(不含看护房的补偿),不应再对上诉人给予补偿,原审判决结果是正确的,应予以维持。[135]

(2)相应补偿。例如,《人民武装警察法》第39条第3款规定:"公民、法人和其他组织因协助人民武装警察部队执行任务牺牲、伤残或者遭受财产损失的,按照国家有关规定给予抚恤优待或者相应补偿。"例如,在李某辉诉新余市渝水区人民政府(以下简称渝水区政府)行政补偿案中,法院认为:

本案的争议焦点是被上诉人渝水区政府是否履行了案涉房屋的拆迁补偿职责。根据《安置方案》第8条第3款第4项的规定,户口不在拆迁村,又不在拆迁村生活和居住,而拆迁村有祖辈留下来的房屋遗产,现房屋需要拆除,按照国家有关法律规定,享有房屋继承权,但继承者需提供农村土地使用证、建房许可证和有关证件,不管是一人继承还是多人继承,只安置房屋1套,价格按360元/平方米计算。本案中,在案证据显示,案涉房屋的土地使用者系上诉人父亲李某祥。2010年7月15日,李某祥、李某辉与第三人某某公司签订了《新余市袁河抬水工程建设指挥部拆迁补偿协议书》,协议中记载:拆迁房屋为砖木结构62.69平方米,补偿款共计21,007元。协议签订后,第三人某某公司按约支付拆迁补偿款,上诉人母亲刘某英按照安置方案的规定分得2套安置房,故应视为上诉人李某辉、李某祥与第三人某某公司之间的拆迁补偿协议已经履行完毕。上诉人主张其享有分配安置房屋一套的资格。经查,案涉房屋在2010年被拆除时,上诉人父亲李某祥签订了拆迁补偿协议书,该房屋不是遗产。上诉人在西合村既没有独立房屋,也没有发生继承房屋的法律事实,上诉人的诉请没有事实及法律依据,李某辉的上诉理由不能成立,本院不予支持。原审法院认定被上诉人渝水区政府已经履行了相应补偿安置义务,并无不当,本院予以维持。[136]

(3)公平补偿。例如,《国有土地上房屋征收补偿条例》第2条规定:"为了公共利益的需要,征收国有土地上单位、个人的房屋,应当对被征收房屋所有权人(以下简称被征收人)给予公平补偿。"在实务中,有的法院还创立了一个相对具有可操作性的"损益相当"的概念,作为计算行政补偿的标准。例如,在郑州市豫都房屋开发有限公司(以下简称豫都公司)诉郑州市人民政府上诉案中,法院认为:

按照依法行政和合理行政的要求,郑州市人民政府在其许诺的政策补偿因客观情况变化而无法实现时,应当变通处理,以便及时弥补豫都公司的经济损失。按照行政补偿损益相当的原则,郑州市人民政府在通知中许诺的政策补偿,在法律上应当视为与豫都公司的实际损失相当,故一审法院判决将通知中的政策补偿等额变现于法有据,应予支持。[137]

(4)合理补偿。例如,《防沙治沙法》第35条:"因保护生态的特殊要求,将治理后的土地批准划为自然保护区或者沙化土地封禁保护区的,批准机关应当给予治理者合理的经济补偿。"合理补偿,在内容上基本等于公平补偿。又如,在合肥品得味烤鸭食品有限公司(以下简称品得味公司)诉合肥市包河区人民政府(以下简称包河区政府)不履行土地征收补偿职责案中,法院认为:

关于停产停业损失。品得味公司因案涉征地拆迁而提前终止租赁协议,若继续经营则需另寻场

---

[135] 山东省东营市中级人民法院行政判决书[(2003)东中行终字第3号]。
[136] 南昌铁路运输中级法院行政判决书[(2024)赣71行终288号]。
[137] 最高人民法院行政判决书[(2007)行终字第3号]。

地。从协议终止到在新的场地恢复生产经营,需要合理的时间,在此期间势必暂时停产停业。征收过程中的停产停业损失,系因征收行为给经营者合法开展经营活动造成临时性障碍而产生的,本质上是一种过渡性费用损失。对于集体土地征收而导致的承租人停产停业损失计算标准及计算方式,现行法律、法规尚无具体明确的规定,实践中各地做法亦不统一。通常情况下,停业期限根据企业规模大小及类似企业恢复生产经营实际所需时间确定,一般为2到6个月。停产停业损失数额可按停业之前月平均净利润乘以停业期限计算,月平均净利润以停业前1年月均实际缴纳的企业所得税推算。对于品得味公司因案涉征地拆迁而产生的停产停业损失,包河区政府应根据品得味公司提供的相应证据,结合案涉征收补偿方案及当地实际,参考实践中通常做法,依法对其予以公平合理补偿。[138]

(5)必要补偿。例如,原文化部、国家文物局《关于公共文化设施向未成年人等社会群体免费开放的通知》(文社图发〔2004〕7号)第5条规定:"各级文化、文物部门要积极争取财政部门的支持,落实公共文化设施向未成年人免费开放所需资金,落实配套设施建设和设备更新经费,对因免票或优惠所减少的收入,给予必要补偿……"在行政规定中,有关必要补偿的规定并不少见,具有相当灵活性。

3. 补偿范围。如前所述,行政补偿范围原则上限于财产权,在特别情况下,它也包括人身权。在行政补偿范围上,至少有如下几个问题需要讨论:(1)财产损失的计算。对于财产损失的计算,在实务中通常由一个处于第三方的独立评估机构以评估方式确定,且允许行政相对人对评估提出异议,复核以后再确定具体金额。在没有上述条件的情况下,通常以一个相关的价格作为财产损失计算的参照标准,也是妥当的。例如,在霍某林等诉密云县西田各庄镇人民政府不服行政补偿案中,法院认为:

> 为了预防禽流感疫情,保护原种基地的安全,被告密云县西田各庄镇人民政府根据有关文件精神,对收购范围内成规模肉鸡养殖户原告霍某林、张某龙饲养的肉鸡进行收购,理当予以补偿。原告霍某林、张某龙对被告密云县西田各庄镇人民政府的收购行为应给予理解和支持。被告密云县西田各庄镇人民政府根据市场行情等客观情况,以密云县畜牧服务中心畜牧师王某亭估算的肉鸡成本加上每只肉鸡2元的利润,即以每只肉鸡13.14元的价格对收购原告霍某林、张某龙的肉鸡进行补偿,并无不当。[139]

(2)未到使用年限的国有土地使用权。实务中,如国有土地使用权出让给行政相对人的使用年限为70年,行政相对人在使用到20年时因公共利益需要而被国家收回时,剩余的50年国有土地使用权是否属于补偿范围,法律没有明确规定。《城镇国有土地使用权出让和转让暂行条例》第4条规定:"依照本条例的规定取得土地使用权的土地使用者,其使用权在使用年限内可以转让、出租、抵押或者用于其他经济活动,合法权益受国家法律保护。"依照这一规定,国有土地使用权属于一项独立的财产权,应受法律保护。《民法典》第327条规定:"因不动产或者动产被征收、征用致使用益物权消灭或者影响用益物权行使的,用益物权人有权依据本法第二百四十三条、第二百四十五条的规定获得相应补偿。"可见,这个问题的答案在法律上应当是明确的。(3)精神损失补偿。如果在行政赔偿中承认精神赔偿,就没有理由在行政补偿中否定精神赔偿。例如,对于行政相对人几代人居住的老宅院进行征收,对其所产生的精神痛苦不应忽视,原有相邻关系的断裂对于被迁移的人来说,同样会带来精神上的失落与不安。这种情形在迁离故土的水库移民中也同样存在。如果置于"国家尊重和保障人权"的宪法条款下,则国家承担适当补偿责任是必要的。(4)财产使用功能。因行政合法行

---

[138] 安徽省高级人民法院行政判决书〔(2020)皖行终1263号〕。
[139] 北京市密云县人民法院行政判决书〔(2004)密行初字第11号〕。

为而受到损失的财产,仍然具有部分或者全部使用价值的,这部分财产不属于行政补偿范围。例如,在陈某萍诉重庆市沙坪坝区人民政府行政补偿纠纷案中,法院认为:

> 原告陈某萍开办的兴旺屠宰场,其屠宰台、凉肉轨道、鲜肉挂钩、锅炉、保温器管道、冻库、化粪池等设施、设备均属于屠宰的专门设施、设备,因取消屠宰资格而丧失部分或全部使用价值,属于被告依法应予补偿的范围。原告陈某萍开办的兴旺屠宰场,其屠宰房、养殖房等建筑物虽属于屠宰的必备设施,但并不因屠宰资格的取消而灭失或丧失使用功能,仍能发挥其作为建筑物的其他功能和作用,故原告请求的屠宰房、养殖房的建设费用不属于行政补偿范围。[140]

该案中,法院认为屠宰房、养殖房本身作为建筑物可以另作他用,被告征收并不影响它的功能和作用,所以它们没有被列入补偿范围。

(四)补偿主体和程序

1. 补偿主体。履行补偿义务的主体是行政机关和法律、法规或者规章授权的主体。请求行政补偿主体资格,可以参照《行政诉讼法》有关原告、被告和第三人的规定。承租人在所租房屋被征收之后,中断了原有的租赁关系,影响其正常生活的预期的,实务中通常也可以作为补偿主体获得补偿;没有承租关系的,则其补偿请求得不到法院支持。例如,在蒋某梅诉铜官山区土地和房屋征收中心行政补偿案中,法院认为:

> 根据职权划分,被告具有依法征地拆迁补偿安置的法定职权。本案争议的焦点为原、被告签订的《房屋征收产权调换安置协议》是否有效,根据《露采二期棚户区改建项目房屋征收补偿方案》的规定,房屋征收补偿安置对象为房屋所有人、未享受福利分房的房屋承租人。案涉公房产权人系金口岭矿业,王某林父亲基于工作关系取得承租权,但王某林与原告均非金口岭矿业的职工,王某林不具备转让该房承租权的条件,原告不能依据离婚协议而取得该房的合法承租权。现原告提交的证据材料亦不足以充分证明其与产权人之间存在承租关系,故原告非该房法律意义上的承租人,不属于房屋征收安置对象。[141]

2. 补偿程序。关于补偿程序,主要有两个问题:(1)除了《国有土地上房屋征收补偿条例》规定了一套较为具体、明确的补偿程序外,其他部门法中的行政补偿程序是残缺的。比如,行政相对人在向法院提起行政补偿诉讼之前,是否需要经过行政机关先行处理程序,制定法上并不明确。在这个问题上,倒是法院在个案中回答了这个问题。例如,在张某诉驻马店市人民政府行政补偿及履行答复职责案中,法院认为:

> 由于国家对行政补偿法律制度的立法缓慢,尚无明确的法律规定可以引用或参考,从中国其他法院现有的判例看,对行政补偿问题均以行政部门先行作出补偿确认为前提。所以,对本案原告请求的补偿责任问题也应当先由被告作出确认,法院不宜直接判决。[142]

(2)因为行政补偿仅涉及补偿数额、方式等争议,所以无论在行政补偿程序的哪个阶段,行政机关与当事人之间达成补偿和解都应当是被鼓励、允许的。例如,在泸西县大沙地电站诉泸西县人民政府不履行行政补偿义务及行政赔偿纠纷案中,法院认为:

> 经本院审查认为,本案上诉人泸西县大沙地电站与泸西县人民政府之间达成的协议是双方的真实意思表示,且该协议内容并不违反法律、法规的禁止性规定,也不损害公共利益和他人合法权益。双方的行政争议已经协议解决,并已在签订协议时履行了部分内容,本案行政争议处理应以双方于2009年

---

[140] 重庆市第一中级人民法院行政补偿判决书[(2008)渝一中法行初字第22号]。
[141] 安徽省铜陵市铜官山区人民法院行政判决书[(2015)铜官行初字第00021号]。
[142] 河南省驻马店市驿城区人民法院行政判决书[(2011)驿行初字第10号]。

3月3日所签订的《和解协议》内容为准。一审判决不再执行。[143]

该案中,法院经审查认可了二审程序中双方的《和解协议》,并认为一审判决可以不再执行。关于行政补偿和解的某些规则,如真实意思表示、协议内容合法等,如同该案中法院在裁判中所说,双方当事人都必须遵守。由于行政补偿主要涉及国家强制"收购"行政相对人的不动产,不动产所有权或者使用权被剥夺感十分强烈,在补偿程序中,行政机关应当尽可能通过协议方式商定补偿方式、数额。例如,在我国台湾地区的一个判例中,法院认为:

> 前揭"土地征收条例"第11条规定协议价购或以其他方式取得程序,即在尽温和手段以取得公共事业所需土地,避免强制剥夺人民之财产权,达成最小损害之原则。因此,需要机关于办理协议价购或以其他方式取得公共事业所需土地时,自应确实践行该条所定协议之精神,不得徒以形式上开会协议,而无实质之协议内容,否则即与正当程序有违。

(五)相关问题

与行政补偿相关的问题有:(1)特定人受益的返还。因公共财政投入而创造的利益,特定人获得了明显高于其他一般人的受益,是否应当返还部分受益或者承担部分费用。如行政机关开发公共设施、建设城市地铁、修建城市道路等,使某一特定企业进出的通道变得十分便捷,该企业是否应该承担部分建设经费。当然,这一问题因尚未在制定法中加以规范,可以讨论。(2)管制性征收(准征收),即行政机关行政合法行为导致行政相对人的财产使用权在客观上受限制或者财产价值贬损。例如,政府决定修建城市高架道路,使特定人所有的三层住房变成了"一楼",使该住房在进入市场交易时价值大受贬损;又如,因祖传私房被政府确定为"历史建筑",该私房交易受到限制。迄今为止,关于管制性征收补偿在制定法上的规定并不多见,实务中,在高某上诉新郑市人民政府等行政补偿纠纷案中,法院认为:

> 为了规范森林公园管理,保护和合理利用森林风景资源,发展森林生态旅游,促进生态文明建设,对于国家级森林公园的设立、管理与经营,我国出台了一系列行政规章制度。《国家级森林公园设立、撤销、合并、改变经营范围或者变更隶属关系审批管理办法》第3条第1款规定,森林、林木、林地的所有者和使用者,可以申请设立国家级森林公园。1994年1月22日实施的《森林公园管理办法》第5条第1款规定,森林公园经营管理机构负责森林公园的规划、建设、经营和管理。第7条第2款规定,国家级森林公园的总体规划设计,由森林公园经营管理机构组织具有规划设计资格的单位负责编制,报省级林业主管部门审批,并报林业部备案。《国家级森林公园管理办法》第6条规定,国家级森林公园总体规划是国家级森林公园建设经营和监督管理的依据。第16条规定,因国家级森林公园总体规划的实施,给国家级森林公园内的当事人造成损失的,依法应予补偿。本案中,案涉林地由高某升自1988年3月5日与所在村集体签订林场承包合同后,开始享有林地的承包经营权,从承包合同内容约定看,高某升签订合同的收益来自对果树及成材林的经营管理。但河南新郑市始祖山森林公园管理处并非案涉林木、林地的所有者和使用者,却于2005年经国家林业局批准,申请设立了始祖山国家级森林公园并进行经营管理。虽然新郑市人民政府认为案涉林地及林木的权属未发生变动,但批准成立国家级森林公园后,国家级森林公园内的经营管理由森林公园经营管理机构进行,且必须根据森林公园经营管理机构组织编制的国家级森林公园总体规划进行;对于林木的采伐,亦只能因提高森林风景资源质量或者开展森林生态旅游的需要,进行抚育和更新性质的采伐等,高某升对案涉林木承包经营受到了极大的限制,其承包经营权利的减损客观存在,新郑市人民政府作为河南新郑市始祖山森林公园管理处职权的承继者,应当对高某升的损失进行补偿,故原审法院依此认定行政机关要采用类似征收的办法,对该管

---

[143] 云南省高级人民法院行政裁定书[(2009)云高行终字第1号]。

制行为产生的损害进行补偿并无不当。[144]

(3)"利益反哺"。它是行政补偿的一种延续补偿。例如,对因修建水库的移民不作"一次性购买"式补偿,而是采用延续补偿方式,即只要水库存在并运行,对移民补偿应当一直延续下去。另外,为了保护下游水源而对上游的行政相对人所有的山林、土地使用权利用作出限制,政府应当从下游受益方收取部分利益,"反哺"上游行政相对人的损失。"利益反哺"式的补偿机制有助于经济和社会的可持续发展。(4)生态补偿。例如,《生态保护补偿条例》第2条第2款规定:"本条例所称生态保护补偿,是指通过财政纵向补偿、地区间横向补偿、市场机制补偿等机制,对按照规定或者约定开展生态保护的单位和个人予以补偿的激励性制度安排。生态保护补偿可以采取资金补偿、对口协作、产业转移、人才培训、共建园区、购买生态产品和服务等多种补偿方式。"生态补偿不是行政合法行为产生的行政法律责任,如因保护野生动物产生的补偿,属于生态补偿之一。例如,在某家庭农场诉山东省临沂市河东区自然资源局、临沂市河东区人民政府行政补偿及行政复议案中,法院认为:

《中华人民共和国野生动物保护法》(2018年修正)第19条第1款规定,因保护本法规定保护的野生动物,造成人员伤亡、农作物或者其他财产损失的,由当地人民政府给予补偿。具体办法由省、自治区、直辖市人民政府制定。本案某家庭农场种植的莲藕因绿头鸭侵食而造成损失的事实清楚,因果关系明确,某家庭农场提供的各项证据能够形成证据链条予以证实。在食物匮乏期,某家庭农场的莲藕被大量绿头鸭啃食,藕塘成为绿头鸭的"食堂"。农场的经营者知晓绿头鸭为受国家保护野生动物,在发现种植的莲藕被野生动物侵食后,选择采取驱赶、设置假人、放鞭炮等不具有伤害性的措施减少损失,并未采取违法手段,体现了其较强的野生动物保护意识,应当给予肯定和鼓励。对于某家庭农场因保护法律规定的野生动物而遭受的损害,人民政府应当给予补偿。[145]

---

[144] 《最高人民法院公报》2023年第10期。
[145] 山东省高级人民法院行政判决书[(2023)鲁厅再31号]。

第十二章 行政救济的原理

第一节 行政救济的一般理论

一、行政救济的概念

法谚道:"有权利,必有救济。"现代行政法为公民、法人或者其他组织的权利救济设置了多种行政救济制度,"以权利监督权力",是现代行政法控权观念的逻辑必然。行政救济所针对的是公民、法人或者其他组织被行政行为所侵犯的权利,所以,行政行为是引起行政救济的主因;没有行政行为,也就不存在或者不需要行政救济。行政行为是行政权的外在表现,行政权不需要行政救济,但它必须被监督。在制度层面上,对行政权的监督可以有两个面向:(1)以权力对行政权的监督,如人大通过审查工作报告对政府进行监督,法院通过行政诉讼对行政机关进行监督;(2)以权利对行政权的监督,如公民、法人或者其他组织申请行政复议或者提起行政诉讼,通过复议机关和法院对行政权进行监督。以权利监督行政权,主要是通过对公民、法人或者其他组织的权利救济得以实现。

从依法行政原理中导出一个较好的行政救济方案是,由具有独立法律地位的法院依法裁判行政争议,为公民、法人或者其他组织提供充分的、公正的权利救济。人大及其常委会有监督行政机关依法行使行政权的职责,但没有个案监督的专业能力,所以由人大及其常委会为公民、法人或者其他组织提供行政救济方案并不现实。由行政机关自己或者其上一级行政机关来判断行政行为是否合法,并决定是否给予公民、法人或者其他组织权利救济,难以避免"官官相护"——延续源于中国传统文化的一种观念——的陋习,且"自己作自己案件的法官"——违反源于正当程序的一种规则——也难以取信于民,以理服民。相对而言,在宪法规定的框架性基本制度中,法院具有独立的法律地位,将行政行为是否违法以及是否侵犯公民、法人或者其他组织权利的行政争议,由公民、法人或者其他组织自己决定是否提交到法院去裁判,是一个比较容易为各方接受的行政救济方案;即使处于社会底层的农民,也能以自己的生活经验作出正确的理性选择。例如,浙江省温州市苍南县(现为龙港市)有一个叫包某照的农民,为了维护自己的合法权利,在20世纪80年代中期向当地法院提起了全国首例"农民告县长"的行政案件,要讨一个"说法"。此案的基本案情是:

1985年8月5日,农民包某照经苍南县舴艋镇城建办批准,按规定向舴艋镇城建办缴纳713元地价款,新建3间3层楼房。1986年10月,包家在苍南县房管处办理了房产产权登记。2年后,该楼房被苍南县水利局认定为有碍防汛,属违章房屋,苍南县政府下发了《关于强行拆除包某照违章房屋的决定》。1987年7月4日,苍南县人民政府组织人员,强制拆除这栋楼房被认为有碍防汛的部分。包某照和他的儿子包某村不服,向法院提起诉讼。[1]

---

[1] 参见何海波编著:《法治的脚步声——中国行政法大事记(1978—2004)》,中国政法大学出版社2005年版,第73~75页。

就在该案发生的第二年,广东省深圳市发生了另一起有影响的行政案件,它就是"区某不服九龙海关行政处罚决定案"。1988年11月15日,广东省深圳市中级人民法院对此案作出判决,法院认为:

> 原告区某出境去香港时,携带的是国家禁止出境的文物和国家有数量限制出境的特种玉石工艺品,不是用山石刻制的工艺品,且混放于行李中,未向海关申报,在选走"绿色通道"时被查获,其行为违反了《海关法》第29第1款和第48条的规定,属于走私行为。被告九龙海关依照《海关法行政处罚实施细则》第3条第2项和第5条第2项的规定,作出没收原告携带的玉石器的复议决定,是正确的。[2]

此案是由一个名叫区某的我国香港地区居民在内地提起的一个行政诉讼案件。之所以在这里提及它,不仅因为它是自1985年以来《最高人民法院公报》公布的第一个涉外行政诉讼案例,更重要的是此案原告的身份与包某胜截然不同。但是,他们在不同的地方,在差不多的时间里为了维护自己的权利向法院提起了注定要写入中国行政诉讼法史的行政诉讼案件。尽管这两起案件的原告诉请最终并没有获得法院的支持,但对原告这种不同身份的比较,在早期行政诉讼中应该是很有意义的:在行政救济中,必定存在不以地域、文化、身份等因素为限而形成的普适价值:人权、法治和民主。

当时审理行政案件的依据是1982年《民事诉讼法(试行)》第3条第2款的规定。[3] 然而,无论如何以仅有的一款法律条文,不可能支撑起一个以法院为中心的行政救济制度。所以,《最高人民法院公布》公布的第一个行政案件,即深圳市蛇口区环境监测站与香港凯达企业有限公司环境污染案[4],则是一个"官告民"的行政诉讼案件,法院以民事诉讼方式审理了由行政机关提起的行政诉讼案件。直到1989年《行政诉讼法》颁布,中国行政诉讼制度才正式确立。该法第2条规定:"公民、法人或者其他组织认为行政机关和行政机关工作人员的具体行政行为侵犯其合法权益,有权依照本法向人民法院提起诉讼。"在此条规定中,"具体行政行为""合法权益""提起诉讼"等构成了行政诉讼制度的基础性概念,并延伸、扩展到其他行政救济制度之中。

以法院为中心的行政诉讼并不排斥其他行政救济制度。例如,为了减轻法院解决行政争议的负累,或者是出于由行政机关自己解决行政争议的便宜性,作为行政诉讼前程序的行政复议也是行政救济的重要制度之一。《行政复议条例》(已失效)、《行政复议法》在建立、完善这个救济制度上先后作了很好的努力。行政赔偿是源于行政违法行为而产生的一种法律责任。"行政违法行为"不是由公民、法人或者其他组织单方面认定的,它是法定机关在一个法定程序中借助法律和证据作出的一种权威性判断。这种"判断"在法律上表现为"撤销""确认违法"等决定或者裁判方式,它们是开启行政赔偿程序的前置条件。法律要求行政机关承担行政赔偿义务,是为了对公民、法人或者其他组织受损害的权利提供实质性的行政救济。为此,《国家赔偿法》提供了一个实现这种实质性行政救济的法律框架。

二、行政救济的功能

行政救济的主要功能在于权利保护。就世界范围而言,20世纪以来行政救济范围一直处于不断向外拓展的过程之中。促使行政救济范围拓展的因素大致是:(1)国家干预扩张导致行政领域的不断扩大;(2)权利意识强化促使行政救济制度必须作出回应。在这个过程中,权

---

[2] 《最高人民法院公报》1989年第1期。
[3] 《民事诉讼法(试行)》第3条第2款规定:"法律规定由人民法院审理的行政案件,适用本法规定。"
[4] 《最高人民法院公报》1985年第3期。

利保护一直处于中心位置。反观国内,1949年以来,长期实施的计划经济体制导致国家干预力量无处不在,法治观念十分稀薄,导致权利救济制度相当贫乏;虽然有信访等行政救济制度,但它的主要功能并不落实在权利保护之上。直到《行政诉讼法》(1989年)等法律的颁布实施,权利保护在行政救济制度中才获得了正式认可。当然,作为行政机关来说,行政救济不能仅仅保护权利,维行政效能也应当是其不可或缺的功能之一。"监督行政机关依法行使职权"[5]、"促进国家机关依法行使职权"[6]、"监督和保障行政机关依法行使职权"[7]等在制定法上能够与"权利保护"相提并论的表述,在相当程度上体现了行政救济制度还具有保护"公益"的功能。

人的权利意识与生俱来,是人自我保护的一种本能反应。人不愿意行使权利的根本原因并不是权利意识淡薄,而是国家围绕权利保护所建立的行政救济制度,不能吸引人们去向国家行使权利保护的请求权。"当事人在决定选择救济手段时,主要考虑的,恐怕不是法律对正规渠道的规定,而是能否得到救济、救济机构是否诚信公正,以及获得救济要耗费多少成本。最要紧的,不是获得法院救济的可能,而是获得救济的可能;不是获得法院救济的权利,而是获得救济的权利;不是要获得正规的正义,而是获得正义。"[8]在传统的法治观念中,个人权利的保护从来不是国家的首要职责,维持统治秩序才是国家的头等大事。人类一直处于国家权力所指向的客体地位,任由权力支配。直到2004年,"国家尊重和保障人权"才被写进《宪法》,即使到了今天,这一"人权条款"更多的还是在宪法规范层面上的一种表达或道义上的诉求,"权利保护"与实践层面之间差距还是不小的。例如,在行政诉讼中,提起符合法定条件的诉讼是否当然为法院受理,在法院受理之前一直是原告的忧虑;而对于被告来说,有时行政行为被法院撤销之后,它仍然可以通过法律程序在重新给出"正当理由"的情况下,安然地通过司法审查。此时的原告只能忍受被告重新作出的"合法"行政行为。对于法院来说,经验使它有时坚信不疑:真正能够解决原告问题的不是自己而是被告。所以,法院经常借"调解"之名规劝原告放弃自己的合法权益,接受被告提出的一些"过分"要求,以便被告有"脸面"地走出法庭,然后再来解决它的问题。在这样的现实面前,把"行政救济的主要功能在于权利保护"当作一个正在努力实现的法治目标,从建设法治国家的目标看,仍然是妥当的。

在个案中,公民、法人或者其他组织实现权利保护的目的属于个案正义。但对于不特定的多数人来说,普遍正义更为重要,而普遍正义的实现取决于整个社会是否具有"规则意识",尤其是权力能否受到规则的约束。因此,在行政诉讼中通过个案裁判确立"规则意识",应当是法院不可不担当的任务。法院应当通过针对个案的裁决,确立起可以适用今后"类似"案件的裁判规则。在这样的规则社会中,权利保护被提前到了一种预防权利被侵害的状况之中,权利救济的实效性将更为显著。例如,在田某诉北京科技大学拒绝颁发毕业证、学位证行政诉讼案中,法院认为:

> 按退学处理,涉及被处理者的受教育权利,从充分保障当事人权益的原则出发,作出处理决定的单位应当将该处理决定直接向被处理者本人宣布、送达,允许被处理者本人提出申辩意见。北京科技大学没有照此原则办理,忽视当事人的申辩权利,这样的行政管理行为不具有合法性。[9]

---

[5] 参见《行政诉讼法》第1条。
[6] 参见《国家赔偿法》第1条。
[7] 参见《行政复议法》第1条。
[8] 夏勇:《依法治国——国家与社会》,社会科学文献出版社2004年版,第310页。
[9] 参见《最高人民法院公报》1999年第4期,最高人民法院指导案例38号。

该案中,法院发展出来的"正当程序"规则,为行政机关行使行政权确立了一个程序规则。后来的事实也证明,此案发展出来的这一正当程序规则,对公民、法人或者其他组织权利的预防性保护产生了十分积极的法律意义。

在行政诉讼中,原、被告之间基于自愿、合法的"调解"并非为法律所禁止。[10] 但是,如果过度追求行政案件"调解"率,甚至倡导"逢案必调",日积月累的后果可能是,社会民众好恶不分、是非不清,规则意识淡薄。这是决策层面上国家治理的一种策略短视,一种扭曲的政绩观,对"规则治理"乃至形成法治国家都是十分不利的。如果"调解"不以事实清楚、分清是非为前提,那么强势者必获法外利益,弱势者必失法内利益;得到了以"合意"方式结束争议的结果,失去了以清晰规则形成的秩序。资本、权力压垮了规则,弱肉强食的丛林法则必然再生。必须强调的是,在化解行政争议中,调解只能是一个例外,不是原则。简单地搬用民事争议化解的调解,不考虑行政争议一方是行使行政权的行政机关,一味追求化解行政争议的调、判比率,以"说服"为核心的合意调解一定质变为以"压服"为手段的治理工具。不可否认,法院裁判必须回应政治的要求,但是,这种回应不是法院可以放弃独立审判的理由,更不等于政治可以凌驾于法律之上。依法而判,当断则断,确立规则的权威性,也是一种回应政治要求的正确方式。

第二节 行政救济的目标

一、实效性权利保护

(一)"能得好处"

在经过了行政救济程序之后,如行政行为被撤销或者确认违法,且已经损害了公民、法人或者其他组织的合法权益,那么公民、法人或者其他组织应当"能得好处"而归。此为实效性保护要义之一。凡公民、法人或者其他组织提起行政救济,总要预先支付如律师费等各种费用,花费时间和精力,如果行政行为被撤销或者确认违法,那么其不仅应当能够获得权利受损害产生的行政赔偿,而且其为救济预付的各种合理费用也应当由行政机关承担,其权利应当能够恢复到行政行为作出之前的"状态"。"能得好处"在这里应当被理解为"能得全部好处",唯有得到这样的结果,对公民、法人或者其他组织实效性权利保护的行政救济才名副其实。

但是,在行政救济中,公民、法人或者其他组织"能得部分好处"可能是一种比较现实的结果,"能得全部好处"仍属于一种理想状态。首先,制定法中有的规定不利于实效性权利保护。《行诉解释》第90条第2款规定:"人民法院以违反法定程序为由,判决撤销被诉行政行为的,行政机关重新作出行政行为不受行政诉讼法第七十一条规定的限制。"根据这一规定,违反法定程序的行政行为被法院撤销之后,行政机关在履行了正确的行政程序之后,仍然可以作出一个在实体法上与原来被撤销的行政行为内容相同的行政行为。在这样的行政案件中,公民、法人或者其他组织可能在经过了若干场行政诉讼之后铩羽而归,往往又是漫漫的涉法涉诉信访的开始,但行政机关对其行政行为违法没有承担实质性的法律责任,而公民、法人或者其他组织为此支出了律师费、交通费等各种费用,以及精力和时间成本。其次,在行政赔偿诉

---

[10] 参见《行政诉讼法》第60条。

讼中,由于《国家赔偿法》规定的赔偿范围比较有限,公民、法人或者其他组织为诉讼支付的若干费用如律师费、交通费等正常、合理的支出或者可得利益等赔偿请求主张都不能获得法院的支持,有时法院判决的赔偿费用还不能够抵付这些费用。这种救济结果也会使公民、法人或者其他组织难服其判,"信访不信法"由此而生。

如同其他制度的进步都需要时间的积淀一样,在行政救济中实现"能得好处"的救济目标,尚受许多现实因素的制约,而消解这些现实因素则需要时间。一些正当的权利救济可能因为现实因素被法律否定或者得不到法律支持,成为当下社会不稳定的重要诱因。现代行政法只能适度超前但不能越过这些现实因素而发展,否则可能会产生与我们预期相反的结果。行政诉讼、行政复议等行政救济制度如同高压锅的出气口,它的出气量大小被控制在确保高压锅不爆炸的限度,过大或者过小都是不妥当的。这样的局面可能还会持续几十年甚至更长时间,这是一个法治国家发展可能不可逾越的一个阶段。当然,在这些现实因素面前,我们并非无所作为。例如,政府信息公开诉讼中的"实体性裁判""预防性诉讼"等的规定,[11]都可以看作最高人民法院为此所作出的一种努力。

(二)"免于恐惧"

在公民、法人或者其他组织从法院那里"获得好处"回家之后,其应当有免于在以后生产、生活以及从事其他活动过程中来自行政机关的威胁,或者有预防行政机关事后报复的制度。此为实效性保护要义之二。

二、无漏洞权利保护

(一)"告状有门"

公民、法人或者其他组织"告状"的权利基础源于宪法的规定。《宪法》第41条规定:"中华人民共和国公民对于任何国家机关和国家工作人员,有提出批评和建议的权利;对于任何国家机关和国家工作人员的违法失职行为,有向有关国家机关提出申诉、控告或者检举的权利,但是不得捏造或者歪曲事实进行诬告陷害。对于公民的申诉、控告或者检举,有关国家机关必须查清事实,负责处理。任何人不得压制和打击报复。由于国家机关和国家工作人员侵犯公民权利而受到损失的人,有依照法律规定取得赔偿的权利。"凡该条规定的"申诉权"、"控告权"、"检举权"和"取得赔偿权"都属于公民的基本权利,是宪法为公民这些基本权利提供的根本法保障。因为宪法是根本法,具有最高法律效力,国家有义务以制定法的方式为公民提供更为具体的、具有可操作性的法律保障,使公民、法人或者其他组织在行使上述宪法规定的基本权利时"告状有门",即无漏洞权利保护。至于"门"设在何处,则应当由法律来决定。

《行政诉讼法》《行政复议法》采用列举方式确定受案范围,固然与现实因素有关。基于无漏洞权利保护标准的要求,若列举方式的要旨并非为了限制公民、法人或者其他组织的权利救济,而是为基层法院、行政机关作一种正确适用法律的指引,那么对于列入受案范围的事项,若遇有不确定法概念的,应当作扩张解释;反之,对于不受理事项,应当作收缩解释。《行政诉讼法》第13条第3项中的"行政机关工作人员"作"公务员"解释,《行诉解释》第1条第2款第1项中的"明确授权"应当收缩解释为《刑事诉讼法》明文规定的"权力"等,这些都可以看作最高人民法院为接近无漏洞权利保护标准的一种努力。

法治理想的状态是,凡行政争议都必须有一个权利救济之"门"为它打开。从宪法规定的

---

[11] 参见《政府信息公开若干解释》(法释〔2025〕8号)第11条、第13条。

"人权条款"中可以导出更进一步的结论是,若行政救济制度不能提供权利救济,国家有义务提供其他性质的救济制度,即凡依法不为行政诉讼、行政复议受理的行政争议,国家必须设置另外的救济之"门",不可把一个行政争议挡在权利救济之"门"之外。例如,对教师不服职称评审之争议,《教师法》第39条规定:"教师对学校或者其他教育机构侵犯其合法权益的,或者对学校或者其他教育机构作出的处理不服的,可以向教育行政部门提出申诉,教育行政部门应当在接到申诉的三十日内,作出处理。教师认为当地人民政府有关行政部门侵犯其根据本法规定享有的权利的,可以向同级人民政府或者上一级人民政府有关部门提出申诉,同级人民政府或者上一级人民政府有关部门应当作出处理。"根据这一规定,当此法律争议不能通过行政复议、行政诉讼获得权利救济时,法律为教师设置了一个行政法上的申诉程序。又如,在交通事故责任认定不能成为行政诉讼客体之后,[12]相关的规章提供了一个具有行政救济功能的"复核"程序。[13] 随着"无漏洞权利保护"的逻辑展开,宪法法院应是题中应有之义。从"有权利,必有救济"中也能推导出这个结论。因为无论如何我们都不可能否定"基本权利"是权利;对未经法律具体化的基本权利,也必须提供救济的权利。当然,具有给付功能基本权利的实现取决于公共财政、社会财富的再次分配,通过法律具体化为法律上的权利是妥当的。若涉及"基本生活水准权",直接越过法律在宪法规范上主张权利,在"国家尊重和保障人权"的条款下也应当被允许,"社会权的可裁判性"正是这种努力的一种理论主张。

(二)"容易进门"

行政救济仅仅止步于"告状有门"是不够的,更为重要的是"容易进门",即公民、法人或者其他组织比较容易开启行政救济程序,尽快实现救济的目的。这是无漏洞保护导出的另一个结论。当公民、法人或者其他组织顶着"状子"来到权利救济之门前,法院或者行政机关通常有义务在法定期限内给出一个可否进门的"说法";公民、法人或者其他组织不服的,其还可以针对这个"说法"启动第二个救济程序。这样的制度安排是有助于无漏洞权利保护标准实现的,尽管它给公民、法人或者其他组织添加了一些程序性的"麻烦"。

"容易进门"的本质是对公民、法人或者其他组织的行政救济申请权或者诉权加以高度保护。实务中,对公民、法人或者其他组织提起的行政诉讼,法院如认为不符合受理条件,应当作出不予受理的裁定,公民、法人或者其他组织若不服此裁定还可以提起上诉。但是,法院有时在接下公民、法人或者其他组织的"状子"后,不予答复、拖延答复甚至不受理不作裁定的情形,也并非个别。所以,最高人民法院曾专门下发《关于依法保护行政诉讼当事人诉权的意见》(法发〔2009〕54号)。当然,法院这样的做法是由许多现实因素决定的,其中的原因也十分复杂,但如果在现行法律框架内不能消解这些现实因素,那么行政救济之"门"仍然是不会向公民、法人或者其他组织全面敞开的。2014年修改《行政诉讼法》规定了"立案登记制",[14]可能可以缓解公民、法人或者其他组织"告状难"的困境。不过,在某些机制尚未得到根本性改变之前,"立案登记制"仍然可能被虚置,无法产生立法预期的效果。然而,无漏洞权利保护最终实现,取决于宪法诉讼的制度性保障,即在穷尽一切法律救济程序之后,公民、法人或者其他组织还有权依法提起宪法诉讼,寻求宪法保护。

---

[12] 参见《道路交通安全法》第73条。
[13] 参见《道路交通事故处理程序规定》(公安部令第146号)。
[14] 参见《行政诉讼法》第51条。

第三节　行政救济的体系

一、行政救济的多样化

因现代行政领域十分广泛,且它们之间的差异性也相当大,仅仅依赖行政诉讼、行政复议等行政救济制度,尚不能满足公民、法人或者其他组织行使行政救济权的需要。在一个正常的(无论是比较成熟还是正在步入)法治国家中,通常会有一个以行政诉讼和行政复议为中心,其他行政救济方式为补充的多样化行政救济体系,为公民、法人或者其他组织提供充分的行政救济手段。

之所以称"行政诉讼和行政复议"是行政救济体系的中心,是因为它们尤其是行政诉讼是一种正式的、相对比较能够实效性地解决行政争议的制度,且通常也是其他行政救济的前置或者后续程序。其他补充性行政救济方式,有信访、申诉、调解、行政裁决、提起法规、规章合法性审查、异议、复查、复核、复检、复验、复评、复审等,这些行政救济方式千差万别,但它们的基本功能都是对公民、法人或者其他组织提出的一个要求解决行政争议的请求,通过一个简繁不一的程序给出一个终局或者不终局的决定。对于其中不终局的决定,公民、法人或者其他组织可以依法进一步行使行政救济权。

另外需要指明的是,作为补充性行政救济方式之一的 ADR(Alternative Dispute Resolution),在学理上已经有过不少的讨论。ADR 生成于诉讼制度已经较为发达、完善的西方国家,是应对诉讼危机的一种策略,即用非诉讼机制来减轻法院日益重负的诉讼案件压力。它是否适合中国国情,尚需要作进一步观察。

二、司法最终裁判

司法最终裁判,即行政争议应以司法裁判为最终决定。行政救济的多样化本身也意味着裁决行政争议主体多种多样,但行政争议无论由何种主体来裁决,都必须在某一个程序中给予终结,否则,行政争议可能会一直处于不确定的状态之中。通过公正程序获得的结论,相对而言容易为更多的人所接受。在所有行政救济程序中,由法院主导的行政诉讼程序最为公正,尤其是它完全避开了"自己做自己案件法官"之嫌。因此,在行政救济中,原则上行政争议经过其他行政救济程序之后,公民、法人或者其他组织仍然不服的,有权向法院提起行政诉讼,寻求司法裁判救济。

例外情形也应当允许存在。《行政诉讼法》第 13 条第 4 项规定,对于"法律规定由行政机关最终裁决的行政行为",法院不予受理。如对省、自治区、直辖市政府、国务院部门作出的行政复议决定不服,行政相关人对选择向国务院申请裁决的,国务院作出的裁决为最终裁决。[15] 由非诉讼程序作出最终裁决的情形,法律应当明确加以列举,且在立法上应当给出相关理由。例如,交通事故责任认定被当作"处理交通事故的证据"之后,[16] 尽管给予公民、法人或者其他组织有申请"复核"的权利,但这种复核决定是最终的。对于这种"处理交通事故的证据",若以技术性决定为由将其排除在司法最终裁判之外,这个理由可能是说不过去的,

---

[15]　参见《行政复议法》第 26 条。
[16]　参见《道路交通安全法》第 73 条。

因为行政行为中技术性因素并不是法院不能染指的当然的、充分的理由。如同颁发学位证书的行政争议一样,虽然法官不能评价学位论文的内容对错、质量高低,但是答辩等程序性问题仍然是法院可以作出判断的法律问题。况且,交通事故责任认定直接影响公民、法人或者其他组织刑事、民事责任的分担,虽然它可以在诉讼过程中作为证据被各方质证,但与它作为行政诉讼客体受到法院合法性审查强度相比,还是有很大差别的。

三、宪法救济保障

当行政救济遇到"宪法问题"时,如果不给予公民、法人或者其他组织宪法上救济的权利,那么行政救济体系也是不完整的;有时,行政救济固有的局限性需要宪法救济才能加以克服。2019年通过的《法规、司法解释备案审查工作办法》试图通过备案审查制度,强化对法规、司法解释的合宪法、合法性监督,这在一定程度上可能缓解宪法救济之困,但实际效果如何,尚待观察。

在宪法学理上,宪法救济(合宪性审查、宪法法院、宪法诉讼等)的讨论从未中断,但实务中具有实质性的回应从未有之。这是一个重大的、根本性的国家体制问题,需要有适合的历史机遇和有历史责任感的担当者。对于权利救济体系的完整性来说,宪法救济是一个无可替换的保障性制度。

第十三章 行政救济的类型

第一节 行政诉讼

一、引言

(一)行政诉讼的概念

行政诉讼是公民、法人或者其他组织认为行政机关作出的行政行为侵犯其合法权益,依法向法院提起诉讼,法院依照法定诉讼程序对被诉的行政行为进行合法性审查,并作出裁判的一种诉讼制度。《宪法》第41条是建立行政诉讼制度的宪法依据,《行政诉讼法》是规范行政诉讼的基本法律。

行政诉讼由普通法院担当,不另外设立行政法院行使行政审判权。基于宪法规定的框架性基本制度,行政机关与法院之间无所谓尊卑之别,它们都是人民代表大会制度下的国家机关,对人大负责,受人大监督。行政的专业性不是法院拒绝介入行政争议的正当理由,在"国家尊重和保障人权"的宪法规范面前,法院适度介入行政领域以行政审判权规范行政权的合法性,与宪法的"人权条款"旨意相符。当然,由法院审查行政行为的合法性并不是说法官比行政机关的公务员更知法、懂法,而是基于为了监督行政权而产生的一种分权需要——无分权,即无监督。行政诉讼不是可以解决所有问题的权利救济制度,行政机关对内部事务所作出的一些处理决定,不属于行政诉讼客体,而是由法律另外设置特别权利救济制度,如公务员不服行政处分的申诉等。即使建立了行政诉讼制度,也排斥建立其他权利救济制度,如行政复议、行政申诉等。

在民间,行政诉讼被老百姓称为"民告官",但有时行政机关也可以作为原告提起行政诉讼,虽然这类行政案件表面上是"官告官",但此时该行政机关的法律地位不是行政诉讼被告中的"行政机关",而是行政相对人。例如,在河北省平山县劳动就业管理局诉河北省平山县地方税务局不服税务行政处理案中,"河北省平山县劳动就业管理局"是具有行政相对人地位的"行政机关"。[1] 一些公益团体在一定条件下也可以提起行政诉讼,此时,它提起行政诉讼的目的是维护特定的且与活动宗旨一致的公益。[2] 由检察机关提起的行政公益诉讼,才是

---

[1] 河北省平山县劳动就业管理局是承担部分政府行政职能的就业管理机构。从1994年1月至1996年10月,该局收取劳务管理费、劳务服务费、县内临时工管理服务费、临时工培训费和劳务市场收入等共计578,698.40元。1996年11月29日,被告地税局向就业局发出限期申报纳税通知书,12月2日和7日又两次发出限期交纳税款31,394.71元的通知,就业局均未按期履行。12月13日,地税局依据《税收征收管理法》第46条的规定,以平地税字第1号税务处理决定,对就业局作出处以应缴未缴的营业税、城建税、教育费附加31,394.71元的3倍罚款计94,184.13元,限于12月18日前入库。就业局不服,提起行政诉讼。《最高人民法院公报》1997年第2期。

[2] 如中华环保联合会诉贵州省贵阳市修文县环境保护局环境信息公开案,最高人民法院在公布此案的"裁判摘要"是"依法获取环境信息,是公民、法人和其他组织的一项重要权利,是公众参与环境保护、监督环保法律实施的一项重要手段。具有维护公众环境权益和社会监督职责的公益组织,根据其他诉讼案件的特殊需要,可以依法向环保机关申请获取环保信息。在申请内容明确具体且申请公开的信息属于公开范围的情况下,人民法院应当支持"。《最高人民法院公报》2013年第1期。

真正意义上的"官告官"。[3] "民告民"是民事诉讼,"官告民"是刑事诉讼,它们都不是行政诉讼。在比较法视野中,一些国家或者地区的规定中存在真正意义的行政诉讼"官告民"和"官告官"诉讼制度。前者如我国台湾地区"行政诉讼法"上的"给付诉讼",行政机关可以针对行政相对人不返还受领之给付提起行政诉讼;[4]后者如日本法上的"机关诉讼"。[5] 在我国大陆是否也需要创设这些行政诉讼类型,学理上也在讨论。

(二) 行政诉讼的立法目的

立法目的是指导立法者正确认识法规律、表述法规范,指导适用者正确理解法含义、适用法规范的一种法思想。《行政诉讼法》第1条规定:"为保证人民法院公正、及时审理行政案件,解决行政争议,保护公民、法人和其他组织的合法权益,监督行政机关依法行使职权,根据宪法,制定本法。"此为承载行政诉讼立法目的的基本条款。作为诉讼法的《行政诉讼法》具有确保"法院正确、及时审理行政案件"的功能,毋庸多论,但如何处理"保护权益"与"监督权力"两者的关系,我们需要认真对待。

1. 保护权益。作为行政救济制度的行政诉讼,它的核心内容应当是救济公民、法人和其他组织受行政行为侵害的权利,即"保护权益"。在公民、法人和其他组织提起行政诉讼之后,通过由法院主持行政诉讼程序审查引起争议的行政行为是否合法,定分止争,使公民、法人和其他组织的权益状态达到如同起皱的水面恢复它往日平静一样的效果。因此,《行政诉讼法》关于"保护公民、法人和其他组织的合法权益"的立法表述是合适的,其思想也与《宪法》第41条规定一致。需要说明的是,公民、法人和其他组织应当正当利用行政诉讼保护自己的权益,不可假借行政诉讼谋求法外不当利益,否则,其诉讼请求不可能得到法院的支持。例如,在陆某霞诉南通市发展和改革委员会政府信息公开答复案中,法院认为:

公民在行使权利的时候,不得损害国家的、社会的、集体的利益和其他公民的合法权利。作为权利之一的获取政府信息公开权和诉权当然也不能滥用。上诉人陆某霞的起诉源于政府信息公开申请,其起诉的理由多以被诉答复无发文机关标志、标题不完善、无发文字号、程序违法为由,反复多次提起相同或类似的诉讼请求。陆某霞不当的申请和起诉多次未获人民法院的支持,而其仍然频繁提起行政复议和行政诉讼,已经使有限的公共资源在维护个人利益与他人利益、公共利益之间有所失衡,超越了权利行使的界限,亦有违诚实信用原则,已构成诉讼权利的滥用,一审法院驳回其起诉并无不当。《条例》第13条规定:除行政机关主动公开的政府信息外,公民、法人或者其他组织还可以根据自身生产、生活、科研等特殊需要,向国务院部门、地方各级人民政府及县级以上地方人民政府部门申请获取相关政府信息。《条例》第20条规定了政府信息公开申请应当包括申请人的姓名或者名称、联系方式;申请公开的政府信息的内容描述;申请公开的政府信息的形式要求。《条例》没有规定申请人在提出政府信息公开申请时应当说明使用信息的用途、理由等,故政府信息主管部门和工作机构在实务中不得随意增设申请人的义务。但上诉人陆某霞持续、琐碎、轻率甚至带有骚扰性质的滥用获取政府信息权、滥用诉权的行为,超越了权利行使界限,应当对其设定一个限制反复的约束。一审法院从维护法律的严肃性、促进公共资源的有效利用出发,同时也为了保障诉讼权利平衡、保障陆某霞依法获取政府信息,对其今后再次申请类似信息公开、提起行政诉讼设定了一定的条件,符合《条例》的立法精神和目的。[6]

2. 监督权力。公民、法人和其他组织提起行政诉讼并不是为了"监督行政机关依法行使

---

[3] 参见《行政诉讼法》第25条第4款。吉林省白山市人民检察院诉白山市江源区卫生和计划生育局及江源区中医院行政附带民事公益诉讼案,最高人民检察院指导案例29号。
[4] 参见我国台湾地区"行政诉讼法"第8条。
[5] 参见《日本行政诉讼法》第6条。
[6] 《最高人民法院公报》2015年第11期。

职权",《行政诉讼法》也没有赋予公民、法人和其他组织有这样的权利。[7] 基于国家机关之间分权监督的宪法规律,《行政诉讼法》第 1 条把"监督权力"并列为行政诉讼立法目的之一,也是十分妥当的。在"监督权力"这一立法目的之下,《行政诉讼法》设置了如下若干具体制度,以期落实这一立法目的:(1)添加行政公益诉讼[8] (2)法院、检察院有权提起再审程序。[9] (3)确认违法判决的相关理由。[10] 在《行政诉讼法》(1989 年)中,"监督行政机关依法行使行政职权"之前并列有"维护",正是这一"维护"二字混乱了行政诉讼目的的正常逻辑,冲淡了行政诉讼"保护权益"的立法目的,使行政诉讼立法目的内部产生难以协调的紧张关系。例如,在刘某来等 4 人诉北京市朝阳区房屋管理局拆迁行政许可案中,法院认为:

> 朝阳区建委在申请人尚未取得国有土地使用权批准文件的情况下即核发了被诉拆迁许可证确有不妥。但鉴于拆迁人崇文城建开发公司目前已取得了建设用地批准书,被诉证件的合法性已得到完善,因此为稳定社会关系且从行政效率、节约诉讼成本角度考虑,法院应维护京朝拆许字(2006)第 10 号房屋拆迁许可证的稳定性和有效性。[11]

据此理由,法院判决驳回原告的诉讼请求。该案中,因法院不是从"保护权利"切入审理行政案件,而是在"稳定性和有效性"理由下作出的裁判,与行政诉讼立法目的相悖。作为被告的房屋管理局在法院"维护"下,对自己所作的违法行政行为大概不可能会长什么"记性"。事实上,若强势的行政权还需要法院的审判权来"维护",那么原本弱势的公民、法人或者其他组织在行政诉讼中将会更加弱势,尤其在法院审判权尚未真正独立的情况下,行政机关和法院一旦实现了"强强联合",如实务中"府院联席会议","保护权益"的行政诉讼目的将会被边缘化甚至不复存在。因此,行政诉讼固然有监督行政权的功能,但它仅仅是"保护权益"目的之下的一种附随或者反射效果而已。当然,在实务中,有的法院十分明确行政诉讼具有监督目的。例如,在王某正诉罗山县公安局竹竿派出所行政处罚案中,法院基于"为监督行政机关依法行政,正确履行法定职责"之目的,依照《行政诉讼法》第 54 条第 2 项第 2 目、第 3 目之规定,判决如下:(1)撤销被告罗山县公安局竹竿派出所对原告王某正作出的罗公(竹)决字[2011]第 0403 号公安行政处罚决定书;(2)被告罗山县公安局竹竿派出所于该判决生效后 30 日内对原告王某正重新作出具体行政行为;(3)驳回原告王某正的其他诉讼请求。[12]

在行政诉讼中,我们虽然对法律的实效性("案结事了")给予很大关注,但尚未从制度层面加以全方位地检讨,并细心加以落实,如审结期限的延长、中止诉讼的滥用,以及未能设计权利预先保护或者权利暂时保护等制度。由于历史、体制和观念等原因,在"国家强于社会"的国情下,从制度的具体设计细节看,行政诉讼偏重于维护权力,而保护权利在行政诉讼过程中有时仅有附带意义。在制度设计中,不承认公民、法人或者其他组织有权提起公益性诉讼、不能对行政规定单独提起行政诉讼等,都是可以作进一步检讨的问题。对于"机关诉讼"我们更陌生,并理所当然地认为它属于机关的内部事务。依照"国情特殊论"对公民宪法上的诉权加以限制,并非不可,比如采用"列举式"规定行政诉讼的受案范

---

[7] 参见《行政诉讼法》第 25 条第 1 款。
[8] 参见《行政诉讼法》第 25 条第 4 款。
[9] 参见《行政诉讼法》第 92 条、第 93 条。
[10] 参见《行政诉讼法》第 74 条第 1 款第 2 项等。
[11] 北京市朝阳区人民法院行政判决书[(2007)朝行初字第 169 号]。
[12] 河南省罗山县人民法院行政判决书([2012]罗行初字第 2 号]。

围,以及通过司法解释对《行政诉讼法》规定的受案范围再作限制,但是,这种需要限制的理由必须是正当的、充分的,当然这些理由首先应当公开。2014 年、2017 年两次修改的《行政诉讼法》,在相当程度上可以被看作对 1989 年《行政诉讼法》立法目的以及 20 多年行政诉讼实践的反思产物,尤其是在行政诉讼立法目的中删除"维护"两字,更加凸显了行政诉讼制度的权利救济性本质。

二、行政诉讼模式

(一) 混合模式

在诉讼法理论上,基于法官在庭审中的不同作用,通常将庭审模式分为当事人主义(对抗式)和职权主义(纠问式)。大致而言,民事诉讼适用当事人主义,刑事诉讼适用职权主义。行政诉讼在相当程度上是这两种诉讼模式的混合物,故可称为混合模式。这种混合模式的例证有:

1. 行政诉讼的开始、继续和结束,主要由双方当事人主导。如被告在诉讼过程中改变被诉行政行为的内容,原告若同意,则可以撤诉的方式终结诉讼程序。但是,法院对原告提出的撤诉申请有审查权,并有权裁定是否同意原告撤诉。若法院作出不同意原告撤诉的裁定,则可以继续审理此案。例如,《行政诉讼法》第 62 条对此作出规定:"人民法院对行政案件宣告判决或者裁定前,原告申请撤诉的,或者被告改变其所作的行政行为,原告同意并申请撤诉的,是否准许,由人民法院裁定。"

2. 行政诉讼各方当事人都必须在法定期限内提供证据,支持自己向法院提出的诉讼请求和主张。但是,在法定情形下,法院可以依照职权调取有关证据。例如,《行诉解释》第 37 条规定:"根据行政诉讼法第三十九条的规定,对当事人无争议,但涉及国家利益、公共利益或者他人合法权益的事实,人民法院可以责令当事人提供或者补充有关证据。"

(二) 协商模式

协商模式是偏向当事人主义的混合模式之变种。诱发在混合模式中产生这一变种诉讼模式的外因有:(1)"案结事了"的司法政策导向;(2)"协商性司法"的倡导。《行政诉讼法》(1989 年)第 50 条规定:"人民法院审理行政案件,不适用调解。"但是,这一禁止规定因上述外因的作用,在实务中被法院屡屡突破。为了给这种"好结果主义"的行政诉讼模式提供合法性支持,又不会明显与《行政诉讼法》(1989 年)第 50 规定相抵触,最高人民法院《关于行政诉讼撤诉若干问题的规定》(以下简称《撤诉规定》)第 1 条规定:"人民法院经审查认为被诉具体行政行为违法或者不当,可以在宣告判决或者裁定前,建议被告改变其所作的具体行政行为。"根据这一司法解释,在行政诉讼中,一旦认定"被诉具体行政行为违法或者不当",法院并不是首选依法裁判,而是要在宣告判决或者裁定前先"建议被告改变其所作的具体行政行为",以试图换取原告申请撤诉,从而终结诉讼程序。实务中,这个过程往往就是法院主导下当事人之间的协商过程。协商模式下的行政诉讼,据说可以消解行政相对人和行政机关之间的对立情绪,有利于社会稳定,法院也没有了因当事人可能提起上诉而承担被改判的风险。但是,这种协商模式如果不在法律框架内进行,且又不在分清是非的基础上"讨价还价",则不利于确立、强化公民的规则意识,还会淡化整个社会的道德是非观念。

《行政诉讼法》第 60 条规定:"人民法院审理行政案件,不适用调解。但是,行政赔偿、补偿以及行政机关行使法律、法规规定的自由裁量权的案件可以调解。调解应当遵循自愿、合法原则,不得损害国家利益、社会公共利益和他人合法权益。"该条规定可以看作对过去法外协商模式的一种有条件的认可,"协商模式"从此有了法律依据。

(三)圆桌模式

圆桌模式也是偏向于当事人主义的混合模式之变种。与协商模式不同的是,圆桌模式采用了完全不同于《行政诉讼法》规定的庭审模式。在中国,目前它还是一种理想型诉讼模式。圆桌模式通过公民、法人或者其他组织和行政机关平等参与,减少双方的对抗性,试图更加彻底地、实质性地化解双方的行政争议。

在圆桌模式中,法院将行政审判的法庭设置为"圆桌式"或"椭圆式",而不是通常的"三角式"。审判长与审判员的座位在国徽正下方,审判长居中,书记员的座位在法官右边;原告及其代理人、被告及其代理人的座位分别设置在法官左右两侧,第三人坐在被告旁边,证人的座位在法官对面,法警不站立,而是坐在审判庭门内侧值庭。开庭时,法官们穿着制服和各方当事人一样围坐在圆桌前主持庭审,当事人之间对抗气氛淡薄。简化开庭程序,在宣布开庭后,庭审直接进入以法庭质证、法庭认证、辩论陈述为主要内容的庭审调查交流阶段;实行对话交流式庭审,不搞抗辩式庭审。由于《行政诉讼法》中没有调解程序的规定,为了方便引入多元纠纷处理机制解决行政争议,圆桌模式规定在法庭的"最后陈述"结束后增设"协调程序"。这一"协调程序"的主要内容是:一般是征求双方当事人是否同意协调的意见,然后进入协调程序;经协调,当事人之间自愿达成和解协议的,按撤诉结案,对达不成一致协商和解意见的案件,法庭再宣布进入裁判阶段。在协调程序阶段,法官公开案件信息时当事人必须都在场,避免法官与当事人的单方接触,禁止法官通过信息不对等诱导当事人和解。双方当事人达成和解协议后要对法院进行相一致的陈述,由法院对和解协议的合法性进行公开审查,确认其效力。[13] 此种模式的灵感源于德国法上的"圆桌会议",但是,这种取其形式的"圆桌模式"引入我国的做法是否妥当,尤其是与现行法律体系之间可能发生的冲突,这一点我们应当加以关注。从中国传统文化中,我们是可以找到支持"圆桌模式"本土资源的,问题的关键是我们必须遵循一个本土化的合理进路,才可以避免画虎不成反类犬的制度设计窘境。

三、与其他诉讼的关系

(一)宪法诉讼

宪法需要诉讼,否则宪法始终只是"纸上的宪法"。凡法治成熟或者较为成熟的国家和地区,一般都有宪法诉讼或者类似的法制度。当然,行政诉讼更是一种不可或缺的法制度。在比较法上,美式宪法诉讼是普通法院在审理案件时,附带审查所适用的法律有无违宪问题;欧式宪法诉讼是通过设立宪法法院为审判机关,审理宪法争议。在我国,《行政诉讼法》(1989年)之下,法院不受理行政相对人对行政法规、行政规章和行政规定提起的诉讼,对法律、地方性法规提出的合法(宪)性异议,也不属于法院行政审判权的范围。近几年,全国人大常委会加强了对规范性文件备案审查,有强化监督法规和司法解释的意图。[14] 虽然解决上述争议的法律程序在《立法法》《各级人民代表大会常务委员会监督法》等中已有妥当性的安排,但它们都是非诉讼的,甚至是一种不为外所知的、不能公开质辩的内部程序,没有实质性的对外公开的"决定书",实效如何,有待观察。《行政诉讼法》规定了行政规定(规范性文件)一并审查制度,与美式宪法诉讼有点相似,但是否已经包含了"合宪性"审查,恐怕也没有明确的肯定答案。因此,尽早在行政诉讼之外匹配一个宪法诉讼,可以确保行政救济中实效性权利保护

---

[13] 参见郑春笋:《德州法院行政案件"圆桌审判"模式的实践与思考》,载《行政执法与行政审判》2009年第6期。
[14] 全国人大常委会《关于完善和加强备案审查制度的决定》。

和无漏洞权利保护两个目标的实现。

（二）民事诉讼

民事诉讼是涉及私法争议的诉讼，行政诉讼是涉及公法争议的诉讼，两者区分界线甚明。但是，《行政诉讼法》第101条规定："人民法院审理行政案件，关于期间、送达、财产保全、开庭审理、调解、中止诉讼、终结诉讼、简易程序、执行等，以及人民检察院对行政案件受理、审理、裁判、执行的监督，本法没有规定的，适用《中华人民共和国民事诉讼法》的相关规定。"这个法现象在比较法上也有例证。例如，德国《行政法院法》第167条规定："除本法有特别规定外，民事诉讼法第8编的规定相应适用于司法执行。"由此，行政诉讼与民事诉讼之间好像又有需要厘清的关系。

从法制史的变迁过程中可以看到，行政诉讼曾经是民事诉讼中的一个特别诉讼程序，或者法院直接依照民事诉讼程序审理行政案件。例如，上海环球生物工程公司不服药品管理行政处罚案，二审法院根据《民事诉讼法（试行）》第3条第2款、第114条关于宣判前，原告申请撤诉的，是否准许，由人民法院裁定的规定，于1989年11月13日裁定准予上诉人撤回上诉，按一审判决执行。[15]"若考虑到行政救济的本旨是用来保护受到不当公权力行使者，而不是私行为的被害人，则以行政救济仅得作为民事救济的补充，即十分妥当……"[16]从立法经济的角度看，我们可以确立或者承认一种行政诉讼法是民事诉讼法的特别法的理论，凡是行政诉讼法没有规定的，应当准用民事诉讼法的相关规定。这在我国一元司法体制下确立行政诉讼法和民事诉讼法之间为特别法和一般法的关系，也是具有可行性的。

（三）刑事诉讼

行政诉讼与刑事诉讼一样都是涉及公法争议的诉讼，但两者的"亲密度"远不如行政诉讼与民事诉讼的关系。刑事诉讼是由国家发动的诉讼程序，涉及对公民、法人或者其他组织的定罪量刑，而行政诉讼是由公民、法人或者其他组织发动的诉讼程序，涉及被诉行政行为是否合法，因此，两者的诉讼程序规则差异性很大，"参照"刑事诉讼程序审理行政案件的可行性几乎不存在。

但是，行政诉讼与刑事诉讼之间的关系仍然是存在的。例如，最高人民法院在一个答复中称："如果不能确定第三人购买的房屋是否属于善意取得，应当中止案件审理，待有权机关作出有效确认后，再恢复审理。"[17]这个答复要求在行政诉讼中发现涉嫌刑事犯罪行为的，法院应依照"先刑后行"的规则，中止行政诉讼，将有关材料移送司法机关处理。依照司法机关的处理结果，法院再恢复行政诉讼审理程序。

四、行政诉讼法

（一）行政诉讼法的概念

行政诉讼法是规定行政诉讼的法或者有关行政诉讼的法的总称。从以下三个方面分析可以进一步理解行政诉讼法的内涵：

1. 行政诉讼法的核心功能是法院通过行使行政审判权，复核行政机关对法事实构成要件的判断和法效果的选择是否合法，以及行政机关的"判断""选择"是否符合法定程序，然后法

---

[15]《最高人民法院公报》1989年第4期。
[16] 苏永钦：《寻找新民法》，北京大学出版社2012年版，第256页。
[17] 最高人民法院《关于审理房屋登记行政案件中发现涉嫌刑事犯罪问题应如何处理的答复》（〔2008〕行他字第15号）。

院以自己的认识标准对被诉行政行为是否合法作出裁判。

2.在行政争议进入法院大门之前,它有可能已经过了一个权利救济的前程序,这个前程序称为"行政复议";在行政争议因法院裁判走出法院大门之后,它有可能还会进入另一个权利救济的后程序,这个后程序称为"行政赔偿"。它们在《行政诉讼法》中有一些原则性规定,但主要内容由《行政复议法》《国家赔偿法》作出具体规定。

3.行政诉讼法是关于法院审理行政案件的程序法,是行政法的基本法律之一。不过,在《行政诉讼法》中也有一些行政实体法甚至法院组织法的规定,但它们的比例还不足以改变《行政诉讼法》的"程序法"性质。

(二)行政诉讼法的构成

作为狭义上的行政诉讼法,它仅指《行政诉讼法》,但是,仅依靠它的103个条文,行政诉讼制度还是难以顺畅运转的。因此,除了行政实体法、行政程序法外,下列内容也属于行政诉讼法的构成部分:

1.司法解释。[18] 根据最高人民法院《关于司法解释工作的规定》(法发〔2007〕12号)的规定,司法解释分为如下四种:(1)解释。解释是最高人民法院对在审判工作中如何具体应用某一法律或者对某一类案件、某一类问题如何应用法律制定的司法解释。它不涉及具体个案的处理,是一种抽象性法规则,如最高人民法院《行诉解释》《行诉证据规定》等。(2)批复。批复是最高人民法院对高级人民法院、解放军军事法院就审判工作中具体应用法律问题的请示制定的司法解释,如最高人民法院给北京市高级人民法院《关于违法的建筑物、构筑物、设施等强制拆除问题的批复》(法释〔2013〕5号)等。(3)规定。规定是最高人民法院根据立法精神对审判工作中需要制定的规范、意见等司法解释,如最高人民法院《政府信息公开若干解释》、最高人民法院《关于对与证券交易所监管职能相关的诉讼案件管辖与受理问题的规定》(法释〔2020〕20号)等。(4)决定。决定用于修改或者废止司法解释,如最高人民法院《关于废止2007年底以前发布的有关司法解释(第七批)的决定》(法释〔2008〕15号)等。

2.答复。答复是以最高人民法院行政审判庭的名义作出的一种法律适用指示,不属于最高人民法院的司法解释,如《关于农村集体土地征用后地上房屋拆迁补偿有关问题的答复》(法〔2005〕行他字第5号)。对于答复的法效力没有明文规定,但因为审级制度的原因,在实务中答复对下级人民法院审理行政案件有事实上的约束力。

3.指导性案例。凡裁判已经发生法律效力,并符合以下条件的案例,经最高人民法院审判委员会讨论决定公布后,即为指导性案例:(1)社会广泛关注的;(2)法律规定比较原则的;(3)具有典型性的;(4)疑难复杂或者新类型的;(5)其他具有指导作用的案例。指导性案例在各级人民法院审判类似案例时应当参照。[19] 如鲁潍(福建)盐业进出口有限公司苏州分公司诉江苏省苏州市盐务管理局盐业行政处罚案(指导案例5号)。因此,指导性案例也是行政诉讼法构成部分之一。

---

[18] 参见《立法法》第119条。
[19] 最高人民法院《关于案例指导工作的规定》(法发〔2010〕第51号)、最高人民法院《〈关于案例指导工作的规定〉实施细则》(法〔2015〕130号)。

第二节 行政复议

一、引言

(一)行政复议的概念

行政复议是指公民、法人或者其他组织认为行政机关的行政行为侵犯其合法权益,依法向复议机关提出复查该行政行为的请求,由复议机关依照法定程序对被申请行政行为进行合法性、适当性审查,并作出复议决定的一种法律制度。行政复议是行政救济制度之一,也是部分行政行为进入行政诉讼的一个前置程序。除了分散在法律、法规或者规章中的有关行政复议的法规范外,《行政复议法》和《行政复议法实施条例》是规定行政复议制度的主要法律、行政法规。

行政复议具有司法性质,即复议机关作为第三人(近似于法院的地位)对行政机关和公民、法人或者其他组织之间因行政行为引起的行政争议进行审查并作出裁决,为公民、法人或者其他组织提供的一种行政救济。但是,复议机关这一法律地位并不改变其作出复议决定的性质是行政性的,如申请人不服提起行政诉讼,它仍然必须接受法院的审查。同时,复议也是行政系统内部上一级政府对下一级政府、政府对所属工作部门作出的违法或者不当的行政行为进行监督和纠错的机制。

(二)行政复议的功能

1.简单、迅速、经济的行政救济。相对于行政诉讼而言,复议程序简单、过程短暂(一级复议)、行政成本低廉,不向申请人收取费用。行政复议如能够实现保护权利的立法目的,那么它的优势是不言而喻的。但是,复议机关与被申请人之间毕竟具有如同"父子"一样的亲密关系,所以除了若干种法定情形应当复议前置之外,公民、法人或者其他组织在提起行政诉讼之前是否申请复议,由其依照自己的意愿作出选择。

2.规范化的自我纠错制度。作为被申请人的行政机关,在申请人提出复议申请之后,获得了一个反思作出的行政行为是否合法、适当的机会。复议是行政自我纠错机制之一,行政机关面向与其有领导关系的复议机关审查,比较容易接受这样的反思机会,并作出自我纠错的行为选择。在一个相互熟悉的行政话语系统中,复议机关与被申请行政机关比较容易沟通,达成共识的概率较高,若被申请行政机关认识到其作出的行政行为违法或者不当,自我改正的可能性就会大大增加。当然,行政复议的负面影响可能是"官官相护",致使行政复议程序空转,保护权利的价值失落,徒增公民、法人或者其他组织的维权成本。

3.适度减轻法院的负担。虽然行政案件的数量总体上不如民事、刑事案件,但相对于行政审判的法官数量而言,少数经济比较发达的地方法院行政审判任务仍然比较重。有的行政案件通过行政复议得以解决,可以减少法院行政案件的数量;同时,有些专业性较强的,或者社会影响大的行政案件由行政复议加以过滤,可以减轻对法院的压力。

(三)与行政诉讼的关系

1.前置关系。前置关系是指公民、法人或者其他组织不服行政机关作出的行政行为时,若要对之提起行政诉讼,必须先经复议程序,否则法院不予受理。例如,《行政复议法》第23条规定,对当场作出的行政处罚决定等行政行为不服的,申请人应当先向复议机关申请复议,对复议决定不服的,可以再依法向人民法院提起行政诉讼。设计前置关系主要考虑的因素是,这部分行政行为依其性质由复议审查并作出处理决定更为妥当,如果直接交由法院审查,有时仍需要回到行政程序中处理,行政救济及时性不足。

2. 并行关系。并行关系是指公民、法人或者其他组织不服行政机关作出的行政行为时,既可以申请复议,也可以向法院提起行政诉讼。公民、法人或者其他组织对复议决定不服的,还可以提起行政诉讼或者申请法定机关裁决,对裁决不服的,不得再提起行政诉讼。例如,《行政复议法》第26条规定:"对省、自治区、直辖市人民政府依照本法第二十四条第二款的规定、国务院部门依照本法第二十五条第一项的规定作出的行政复议决定不服的,可以向人民法院提起行政诉讼;也可以向国务院申请裁决,国务院依照本法的规定作出最终裁决。"并行关系是一种法定特例。在法理上,一种法律争议若经过两个法律程序之后予以终结,并不缺乏正当性,如诉讼法上的两审终审制。这里需要指出的是,若对复议裁决不服可以再提起行政诉讼,那么国务院作为行政诉讼被告时,究竟应当由哪一级法院管辖没有明确的法律依据,故《行政复议法》作出上述规定,即复议裁决为法律规定的"最终裁决"。

3. 选择关系。选择关系是指公民、法人或者其他组织不服行政机关作出的行政行为时,既可以申请复议,也可以向法院提起行政诉讼,且对复议决定不服的,还可以提起行政诉讼。例如,《农村集体经济组织法》第63条规定:"农村集体经济组织对行政机关的行政行为不服的,可以依法申请行政复议或者提起行政诉讼。"选择关系充分尊重公民、法人或者其他组织自己的意愿,是否提起行政救济以及提起何种性质的行政救济,由公民、法人或者其他组织自己决定。

二、行政复议的主体

(一) 行政复议机关

行政复议机关是依照法律的规定,有权受理复议申请,依法对被申请的行政行为进行合法性、适当性审查并作出复议决定的行政机关。我们可从以下三个方面进一步理解复议机关:(1)复议机关是行政机关,包括政府和政府所属的职能部门,法律、法规授权的组织不能成为复议机关。(2)复议机关是有复议权的行政机关。行政机关不是都有复议权,如乡、镇人民政府等行政机关,《行政复议法》没有授予其复议权。(3)复议机关是能以自己的名义行使复议权,并对其行为后果独立承担法律责任的行政机关。复议机关办理复议事项的机构是复议机构,同时组织办理复议机关的行政应诉事项。政府的复议机构是其所属的司法行政部门,政府部门的复议机构是其所属的法制部门。

行政复议机关是县级以上地方各级人民政府。由县级人民政府作为复议机关,既便利于申请人申请行政复议,也有利于复议机关利用人民政府的法律地位及时、有效地解决行政争议。除此之外,下列行政机关也是复议机关:(1)国务院部门;(2)海关、金融、外汇管理等实行垂直领导的行政机关,税务和国家安全机关的上一级主管部门;(3)上一级司法行政部门。

(二) 申请人

申请人是指对行政机关作出的行政行为不服,依据法律、法规的规定,以自己的名义向复议机关申请复议的公民、法人或者其他组织。申请人具有如下法律特征:(1)申请人必须是行政相对人或者与行政行为有利害关系的公民、法人或者其他组织。(2)申请人是认为被行政行为侵害其合法权益的人。这里的"认为"是申请人的一种主观认识,行政行为是否确实侵犯了其合法权益,必须等到复议机关审查后才能确定。只要申请人认为行政机关的行政行为侵犯了其合法权益,即可以依法申请复议。国家机关在作为行政管理对象时,可以作为机关法人成为复议中的申请人,如生态环境局对违反环境保护法的自然资源局作出行政处罚决定,后者如不服可以申请复议。

(三)被申请人

被申请人是指其作出的行政行为被申请人认为侵犯其合法权益,并由复议机关通知参加复议的行政机关或者法律、法规、规章授权的组织。被申请人具有如下法律特征:(1)被申请人必须是行政机关和授权组织。(2)被申请人必须是作出被申请复议的行政行为的行政机关或者授权组织。在复议中,被申请人一般是作出行政行为的行政机关,授权组织需要有法律、法规或者规章特别规定。(3)被申请人是由复议机关通知参加复议程序的行政机关或者授权组织。

(四)第三人

行政复议第三人是指申请人以外的与被申请复议的行政行为或者复议案件处理结果有利害关系的公民、法人或者其他组织。他们可以作为第三人申请参加复议,或者由复议机关通知其作为第三人参加复议。第三人在复议中具有独立的法律地位。第三人与申请人和被申请人不同,其参加复议是为了维护自己的合法权益,在复议中不依附申请人或者被申请人,享有与申请人基本相同的复议权利。

三、行政复议的客体

(一)受理范围

行政复议范围是指公民、法人或者其他组织认为行政机关作出的行政行为侵犯其合法权益,依法可以向复议机关请求审查的行政行为(含不作为)的范围。复议范围实际上是要解决哪些行政行为可以成为复议客体的问题,它是复议机关的审查权、申请人的申请权和被申请人的抗辩权的交汇点。所以,复议客体是复议机关的审查权、申请人的申请权和被申请人的抗辩权共同指向的对象,即被申请的行政行为。确定复议客体的规则是:(1)凡是可以提起行政诉讼的行政行为都可以被申请复议;(2)不属于行政诉讼客体但《行政复议法》规定可以申请复议的行政行为。因此,行政复议受案范围通常大于行政诉讼受案范围。《行政复议法》第11条列举了14项行政行为属于复议客体,又用公民、法人或者其他组织"认为行政机关的其他行政行为侵犯其合法权益"可以申请复议作为兜底条款,复议受案范围获得了面向未来的开放性;不属于前14项的其他行政行为,只要侵犯公民、法人或者组织的合法权益,都属于复议受案范围。

(二)排除范围

行政复议机关自身解决纠纷的能力有限,它不可能将所有行政行为纳入受理范围,因为,有的行政行为引起的争议超出了复议机关的处理能力,如国防、外交等国家行为;有的行政行为不直接作为复议客体,但可以通过其他复议程序解决争议,如有关规范性文件的合法性之争;有的行政行为已经有了其他法律规定救济途径,如对行政机关工作人员的奖惩、任免;行政机关有时处理的事项,与行政职权没有关系,不需要通过复议程序解决,如行政机关对民事纠纷作出的调解。

(三)附带审查规范性文件

公民、法人或者其他组织认为行政行为所依据的下列规范性文件不合法,在对行政行为申请复议时,可以一并向复议机关提出对该规范性文件的审查申请:(1)国务院部门的规范性文件。根据宪法和法律的规定,国务院部门的规范性文件是指国务院的部委、直属机构根据法律、行政法规、决定、命令以及本部门规章,在其职权范围内制定和发布的规范性文件。(2)县级以上地方各级人民政府及其工作部门的规范性文件。根据宪法和法律的规定,"县级以上地方各级人民政府及其工作部门"是指省级人民政府及其职能部门、省辖市人民政府及其职能部门以及县级人民政府(包括市辖区、县级市)及其职能部门。上述各级人民政府及其职能部门制定和发布的规范性文件都属于附带审查范围。(3)乡、镇人民政府的规范性文件。根据宪法和地方人民政府组织法的规定,乡、镇人民政府为了执行本级人大的决议或者上级人民政府的决定、命令,可以在其职权范围内制定和发布规范性文件。对乡、镇人民政府发布的规范性文件,申请人也可以依法申请附带审查。(4)法律、法规、规章授权组织制定发布的规范性文件。

根据《行政复议法》第13条第2款的规定,上述规范性文件不含国务院部门规章和地方政府规章。对行政法规不服的,可以依照《立法法》相关规定向有关部门提出审查建议。[20]

四、行政复议的申请

(一)申请条件

复议申请是指公民、法人或者其他组织不服行政机关作出的行政行为向复议机关提出复议请求的行为。复议是一种依申请的行政救济行为,没有公民、法人或者其他组织的申请,复议机关不能启动受理、审查的程序。公民、法人或者其他组织申请复议,应当符合下列条件:

1. 有明确的申请人和符合《行政复议法》规定的被申请人。这里的"明确",即申请书达到复议机关之后,复议机构工作人员可以根据申请人记载的内容确定申请人和被申请人,向其通知相关事项或者送达法律文书。

2. 申请人与被申请的行政行为有利害关系。申请人主要有:(1)行政对象人,即行政行为直接指向的公民、法人或者其他组织,或称行政行为的"收件人";(2)行政相关人(利害关系人),即指不是行政行为直接所指向的人,但与行政行为有利害关系的人。

3. 有具体的复议请求和事实根据。复议请求是申请人申请复议所要达到的目的,主要有:(1)请求撤销违法的行政行为;(2)请求变更不适当的行政行为;(3)请求责成被申请人限期履行法定职责;(4)请求确认行政行为违法或责令被申请人赔偿损失等。任何一种复议请求都必须有一定的事实根据,且有初步证据能够证实。

4. 符合提出申请的法定期限。申请人应当在法定期限内申请复议,逾期申请复议的,复议机关不予受理。复议期限具有尽早稳定行政法律关系的功能,同时可以防止申请人怠于权利救济。申请人没有在法定期限内申请复议,就再也不能通过复议程序质疑行政行为的合法性。

5. 属于法定的复议范围。复议范围是复议机关行使复议权的范围,是申请人合法权益受复议保护的范围,是被申请人接受复议监督的范围。申请人提起复议,必须符合法律规定的复议范围,否则,复议机关不予受理。

6. 属于复议机关的管辖范围。复议管辖范围是法定的,申请人必须向具有法定管辖权的复议机关申请复议。对不属于自己管辖范围的复议案件,复议机关应当告知申请人向有管辖权的复议机关提出申请。

7. 符合"一事不再理"规则。申请人申请复议,必须是复议机关未受理过该申请人就同一行政行为提出的复议申请,并且法院也未受理过该申请人就同一行政行为提起行政诉讼。

(二)申请期限

1. 一般期限。申请复议的法定期限是申请人"自知道或者应当知道该行政行为之日起六

---

[20] 参见《立法法》第110条第2款。

十日内"。若法律有特别规定,从其规定。如何理解这一规定,在实务中衍生出来的问题大致有:(1)"知道"。被申请行政行为以书面方式作出的,在送达申请人之日的次日开始计算申请复议的法定期限。此种情况下判断申请人是否"知道"并非难事。但与该行政行为有利害关系的公民、法人或者其他组织不是法定的"收件人",判断其"知道"应当要有送达回证以外的其他证据证明。例如,在李某年诉东营市人民政府地权行政复议案中,法院认为:

> 从本案当事人提交的有效证据来看,在2005年4月13日垦利县人民法院就山东横店草业畜牧有限公司诉李某年民事侵权一案审理过程中,山东横店草业畜牧有限公司向法庭出示了垦利县人民政府于2003年8月向横店集团草业有限公司颁发的国有土地使用证,应当认为,本案上诉人李某年于当日知道了垦利县人民政府颁发涉案国有土地使用证的具体行政行为。上诉人于2005年8月30日就该颁证行为提起行政复议申请,已超过《中华人民共和国行政复议法》第9条规定的60日的申请期限。[21]

该案中,在民事案件的庭审中,有证据证实对方当事人在法庭上已经出示过国有土地使用权证,所以,李某年申请复议的"知道"事实已经确定。但是,李某年在"知道"该行政行为2年后才申请复议,法院认定李某年复议申请已经超过了法定期限,符合法律规定。

(2)"应当知道"。如果"知道"是指申请人实际知道行政行为,那么"应当知道"则是基于某种事实推定申请人"知道"行政行为,但实际上申请人可能真的不知道。例如,公告送达经过法定时间之后,即使申请人实际上的确没有看到、听到公告的内容,在法律上基于公告事实也可以推定申请人已经知道了行政行为。"应当知道"可能影响申请人及时行使复议申请权,因此,判断"应当知道"的证明标准应当从严。

2. 申请期限的最长保护期。设置最长保护期有利于公民、法人或者其他组织维护自己的合法权益,但不利于行政法律关系的稳定。复议申请期限的最长保护期分为两种:(1)1年。行政机关作出行政行为时,未告知公民、法人或者其他组织申请复议的权利、复议机关和申请期限,申请期限自公民、法人或者其他组织知道或者应当知道申请复议的权利、复议机关和申请期限之日起计算,但是自知道或者应当知道行政行为内容之日起最长不得超过1年。行政机关未告知"申请行政复议的权利、行政复议机关和申请期限"其中的一项内容,就可以适用1年的最长保护期。(2)20年或者5年。因不动产提出的复议申请,自行政行为作出之日起超过20年,其他行政行为自作出之日起超过5年,复议机关不予受理。行政机关未告知作出的行政行为,当然也不可能"未告知公民、法人或者其他组织申请行政复议的权利、行政复议机关和申请期限",因此,只要公民、法人或者其他组织在20年或者5年内知道行政行为内容,就有权申请复议。

3. 法定期限耽误。《行政复议法》第20条第2款规定:"因不可抗力或者其他正当理由耽误法定申请期限的,申请期限自障碍消除之日起继续计算。""不可抗力"是耽误法定期限的正当理由,如地震、洪水等,"其他正当理由"因内容的不确定性,容易引起争议。例如,在易某银、郑某碧等诉重庆市人民政府行政复议决定案中,最高人民法院认为:

> 《行政复议条例》第29条规定,公民、法人或者其他组织向有管辖权的行政机关申请复议,应当在知道具体行政行为之日起15日内提出,上诉人于2001年7月向重庆市人民政府垫江县政府垫府发[1997]73号文是1997年7月2日作出的,1997年8月6日,垫江县政府发布了《关于拆迁南内街房屋的公告》,该公告第4条规定拆迁补偿及安置政策"按垫江《关于认真做好南内街旧城改造拆迁安置工作的通知》(垫府发[1997]73号)执行"。上诉人易某银、郑某碧等人承认发出垫江县政府公告时其

---

[21] 山东省高级人民法院行政判决书[(2006)鲁行终字第14号]。

就知道了具体行政行为的内容。提起复议申请已超过《行政复议条例》规定的申请复议期限,上诉人诉称由于法律知识欠缺没能及时提起复议申请的理由不属于法律规定的因不可抗力或者其他特殊情况耽误法定申请期限的情形。[22]

该案中,"法律知识欠缺"并不是一个客观上不可改变的因素,因此,上诉人主张它是"其他特殊情况"耽误了申请复议期限,未获得法院的支持。行政机关的"过错"可以构成"其他正当理由"。例如,在陈某建诉海南省工商行政管理局工商登记案中,最高人民法院的裁判要旨是:

在没有司法解释予以明确的情况下,对于"其他正当理由"的界定应从保护公民、法人或者其他组织的合法权益这一立法原则出发,对因行政机关的过错造成申请人复议申请期限耽误的,应当认定属于《行政复议法》第 9 条规定的"其他正当理由"。[23]

(三) 复议前置

复议前置是指公民、法人或者其他组织不服行政机关作出的行政行为要提起行政诉讼时,必须先向复议机关申请复议,只有不服复议机关作出的复议决定,才能再向法院提起行政诉讼的一种程序性制度。之所以要设置复议前置,主要是因为有些行政争议涉及行政专业性的判断,由复议机关作合法性、适当性判断更为妥当,如"未履行法定职责"的行政争议,所涉及的首次判断权往往有行政专业性的问题;也有行政诉讼经济性的考量,如当场作出的行政处罚决定涉及的事项比较琐碎,罚款额也较小,直接由法院来作合法性审查,诉讼成本较高,不如先通过复议前置在复议程序中化解这部分行政争议案件。如果公民、法人或者其他组织作为第三人参加复议程序,复议机关对行政争议已经作出实体性处理,应当视为已经经过了复议前置程序。例如,在姚某诉古蔺县人民政府等行政处理及行政复议案中,法院认为:

姚某主张对涉案林地使用权及林木所有权享有权益,作为第三人参加了行政复议并提交证据材料证明其主张,复议机关亦对姚某的主张予以实体处理,行政复议前置程序已经完成,姚某作为利害关系人,对行政复议决定不服,可以依法提起行政诉讼。[24]

(四) 转送程序

在行政机关作出的行政行为中,有的因客观原因无法采用一般证据规则认定事实,如当场作出的行政处罚决定;有的具有很强的专业性、技术性,如依据电子技术监控设备记录的违法事实作出的行政处罚决定。公民、法人或者其他组织针对这部分行政行为申请复议,复议机关可能因专业能力不足等原因,影响行政争议的处理。如果让公民、法人或者其他组织向作出这部分行政行为的行政机关提出复议申请,可以给行政机关一个重新考虑作出的行政行为是否合法、适当的机会。行政机关若认为申请人申请复议理由成立,则可以直接依职权自我纠错,及时、高效化解行政争议;若认为申请人申请复议理由不成立,再将复议申请及时转送到法定的复议机关,也不影响申请人复议权。基于此,《行政复议法》第 32 条规定了复议转送程序。

---

[22] 最高人民法院行政判决书[(2001)行终字第 20 号]。
[23] 最高人民法院行政审判庭编:《中国行政审判案例》(第 3 卷) 第 103 号案例,中国法制出版社 2013 年版,第 111 页以下。行政复议机关因正当事由对行政复议申请暂不立案的,申请期限应当中止计算。贞丰县勇兴煤矿诉黔西布依族苗族自治州人民政府案,载最高人民法院行政审判庭编:《中国行政审判案例》(第 4 卷) 第 131 号案例,中国法制出版社 2013 年版,第 55 页以下。
[24] 人民法院案例库,入库编号:2024-12-3-015-003。

五、行政复议的受理

（一）审查处理

复议机关在收到复议申请后,依法应当在收到之日起5日内,对申请进行审查并作出如下处理:

1. 受理。符合复议申请条件,复议机关依法应当决定受理。复议申请审查期限届满,复议机关未作出不予受理决定的,审查期限届满之日起视为受理。创设推定受理制度,一方面有利于充分保护公民、法人或者其他组织复议申请权;另一方面可以督促复议机关积极履职。

2. 不予受理。不符合法定复议申请条件,复议机关应当在审查期限内决定不予受理并说明理由。说明理由制度有助于复议机关审慎作出不予受理决定,申请人也能够明了不予受理的原因,在后续提起行政诉讼时有明确的反驳对象;对符合法定复议申请条件,但不属于本机关管辖的复议申请,应当在不予受理决定中告知申请人向有管辖权的复议机关申请复议。

3. 申请补正。复议申请材料不齐全或者表述不清楚,无法判断复议申请是否符合法定条件的,复议机关应当自收到申请之日起5日内书面通知申请人补正。补正通知应当一次性载明需要补正的事项。申请人应当自收到补正通知之日起10日内提交补正材料。有正当理由不能按期补正的,复议机关可以延长合理的补正期限。无正当理由逾期不补正的,视为申请人放弃复议申请,复议机关记录在案。

当申请是否需要补证存有争议时,复议机关不能作出视为放弃复议申请的处理。[25] 在对复议申请进行审查时,复议机关应当正确理解复议申请法定条件,尤其在涉及不确定法概念解释时更是需要慎重。例如,在陈某菊诉莆田市公安局涵江分局收容教育案中,法院认为:

依照最高人民法院《关于执行〈中华人民共和国行政诉讼法〉若干问题的解释》第43条的规定,原告因人身自由受到限制,而且因交通事故造成伤残,无法在法定期限内向复议机关申请复议,但因人身自由受到限制未消除之前,仍不属超过期限。复议机关以原告的复议申请超过期限,作出不予受理的决定,是不当的。[26]

该案中,复议机关没有正确理解耽误法定期限的"其他正当理由",其作出不予受理决定理由没有获得法院支持。

（二）受理的法效果

1. 管辖排他。复议机关依法受理复议申请之后,申请人与被申请人之间的行政争议正式进入复议程序,受复议程序的约束,其他任何国家机关、组织不再有管辖权。

2. 被申请行政行为不停止执行。原则上,被申请行政行为不停止执行。但是,下列情况除外:(1)被申请人认为需要停止执行的。(2)复议机关认为需要停止执行的。(3)经申请人提出申请,复议机关认为其申请合理的,决定停止执行。(4)法律、法规、规章规定停止执行的其他情形。

3. 复议程序开始。如果没有法定事由阻却,复议机关必须在法定期限内以决定方式终结复议程序。如果复议机关不在法定期限内以决定方式终结复议程序,构成复议不作为。

---

[25] 潘某明等360人诉浙江省人民政府履行行政复议法定职责案,载最高人民法院行政审判庭编:《中国行政审判案例》(第2卷)第53号案例,中国法制出版社2011年版,第78页以下。

[26] 福建省莆田市涵江区人民法院行政判决书[(2002)涵行初字第029号]。

六、行政复议的审理

(一)普通程序

行政复议审理原则上采用听取意见的方式进行。因当事人原因不能听取意见,可以进行书面审查。听取意见有两种方式:(1)非正式听证,即复议机构当面或者通过互联网、电话等方式听取当事人的意见,并记录在案。非正式听证方式高效、便利,也有利于当事人参与复议程序,表达自己的意见。(2)正式听证,即涉及重大、疑难、复杂案件,复议机构应当以听证会的方式组织听证。复议机构认为其他案件有必要听证的,或者申请人请求听证的,复议机构也可以进行正式听证。正式听证如同法院的"庭审",当事人之间可以就案件的事实、依据等进行面对面的质辩,具有较强的对抗性。正式听证对查明重大、疑难、复杂的案件有较好的功效,但行政效率不高。

复议机关适用普通程序审理复议案件,应当自受理申请之日起60日内作出复议决定;但是法律规定复议期限少于60日的除外。情况复杂,不能在规定期限内作出复议决定的,经复议机构的负责人批准,可以适当延长,并书面告知当事人;但是延长期限最多不得超过30日。延长期限届满之后,不得再次批准延长期限。

(二)简易程序

下列复议案件事实清楚、权利义务关系明确、争议不大的,复议机关可以适用简易程序审理复议案件:(1)被申请行政行为是当场作出的;(2)被申请行政行为是警告或者通报批评的;(3)案件涉及款额3000元以下的;(4)政府信息公开案件。上述规定以外的复议案件,当事人各方同意适用简易程序的,复议机关也可以适用简易程序。基于行政效率的需要,复议机构可以书面审理适用简易程序的案件。适用简易程序审理的复议案件,复议机构根据案件具体情况认为不宜适用简易程序,经复议机构的负责人批准,可以转为普通程序审理。

适用简易程序审理的复议案件,复议机关应当自受理申请之日起30日内作出复议决定。简易程序不适用期限延长制度。

(三)附带审查规范性文件程序

针对被申请行政行为所依据的规范性文件,无论是申请人申请的,还是复议机关依职权的,复议机关依法有权处理的,应当在30日内依法作出处理决定;无权处理的,应当在7日内转送有权处理的行政机关作出处理决定。接受转送的行政机关、国家机关应当自收到转送之日起60日内,将处理意见回复转送的行政复议机关。

经审查,被申请行政行为所依据的规范性文件合法的,复议机关在复议决定书中一并告知;若认为相关条款超越权限或者违反上位法,有权处理的复议机关可以决定停止该条款的执行,并责令制定机关予以纠正。无权处理的复议机关应当自复议中止之日起3日内,书面通知规范性文件的制定机关就相关条款的合法性提出书面答复。制定机关应当自收到书面通知之日起10日内提交书面答复及相关材料。必要时,可以要求规范性文件的制定机关当面说明理由,制定机关应当配合。

(四)复议委员会

行政复议委员会是由相关政府部门人员、专家、学者等参与组成的,为复议机构办理复议案件提供咨询意见,并就复议工作中的重大事项和共性问题研究提出意见的组织。县级以上各级政府应当建立行政复议委员会。行政复议委员会可以弥补复议机构专业性的不足,增加复议决定的公正性和说服力,提升复议决定的可接受性。

审理复议案件涉及下列情形之一的,复议机构应当提请行政复议委员会提出咨询意见:

(1)案情重大、疑难、复杂;(2)专业性、技术性较强;(3)省、自治区、直辖市政府审理公民、法人或者其他组织对自己作出的行政行为申请复议的案件;(4)复议机构认为有必要的,提交复议委员会咨询的其他复议案件。复议机构应当将行政复议委员会出具的咨询意见作为重要的参考依据。

(五)审理依据

审理依据是复议机关用于评判被申请行政行为是否合法、适当的法规范。根据《行政复议法》第37条规定,审理依据有两种情形:(1)法律、法规、规章。(2)自治条例和单行条例。民族自治地方复议机关在审理复议案件时,同时依照自治条例和单行条例。依照《行政复议法》第13条规定一并提出规范性文件审查申请,复议机关审理后认为规范性文件合法的,也是复议机关的审理依据。根据《行政复议法》第4条第4款规定,复议机关审理的案件与国务院复议机构发布的行政复议指导性案例类似的,应当参照执行。

(六)证据制度

1. 举证责任。在复议中,被申请人对行政行为的合法性、适当性负举证责任。基于依法行政原理,行政机关作出的行政行为应当"事实清楚,证据确凿",当申请人质疑行政行为合法性、适当性时,行政机关应当有足够的条件和能力就行政行为的合法性、适当性承担举证责任。与行政诉讼不同的是,被申请人举证责任还包括行政行为的适当性。复议机构应当自复议申请受理之日起7日内,将复议申请书副本或者复议申请笔录复印件发送被申请人。被申请人应当自收到复议申请书副本或者复议申请笔录复印件之日起10日内,提出书面答复,并提交作出行政行为的证据、依据和其他有关材料。

在一定条件下,由申请人承担部分举证责任,有助于复议机关查明案件事实真相,提高复议效率。对此,《行政复议法》第44条第2款规定,有下列情形之一的,申请人应当提供证据:(1)申请人认为被申请人不履行法定职责的,需要提供曾经要求被申请人履行法定职责的证据,但是被申请人应当依职权主动履行法定职责或者申请人因正当理由不能提供证据的除外;(2)申请人提出行政赔偿请求的,需要提供受行政行为侵害而造成损害的证据,但是因被申请人原因导致申请人无法举证的,由被申请人承担举证责任;(3)法律、法规规定需要申请人提供证据的其他情形。此种情形,应当从严解释,不可无限扩大范围,加重申请人的举证责任负担。

2. 调查取证。复议机关有权向有关单位和个人调查取证,查阅、复制、调取有关文件和资料,向有关人员进行询问。调查取证时,复议人员不得少于2人,并应当出示复议工作证件。被调查取证的单位和个人应当积极配合复议人员的工作,不得拒绝或者阻挠。赋予复议机关调查取证权,是为了满足复议机关作变更决定、程序性事实认定等需要。复议机关不得为补充、强化被申请行政行为的合法性、适当性调查取证。

3. 禁止自行收集证据。复议期间,被申请人不得自行向申请人和其他有关单位或者个人收集证据,被申请人自行收集证据的,不作为认定行政行为合法性、适当性的依据。法律之所以要作这样的规定,是因为依法行政原理要求行政机关在作出行政行为时,手中已经有了可以依法作出行政行为的证据。如果在复议期间行政机关仍然可以自行收集证据,则可以反证之前作出的行政行为为"事实不清,证据不足"。例外的情形是,为了公益利益或者保护第三人利益的需要,经复议机关同意,行政机关可以收集相关证据。

4. 补充证据。复议期间,申请人或者第三人提出被申请行政行为作出时没有提出理由或者证据,经复议机关同意,被申请人可以补充证据。从程序公正角度看,申请人或者第三人没有在被申请行政行为作出时提出理由或者证据,到了复议程序中再提出来,如果禁止被申请人补充证据,则也是不符合程序公平原则的。补充证据的重点在"补充",若被申请行政行为没有证据,就不存在补充证据的问题,且补充证据必须针对申请人提出来的理由或者证据。

（七）行政复议中止

行政复议中止是因法定事由出现致使复议程序不能进行下去时,由复议机关决定中止复议,待法定事由消失之后再重启复议的一种程序性制度。复议期间有下列情形之一,影响复议案件审理的,复议机关可以中止复议程序:(1)作为申请人的公民死亡,其近亲属尚未确定是否参加复议;(2)作为申请人的公民丧失参加复议的行为能力,尚未确定法定代理人参加复议;(3)作为申请人的公民下落不明;(4)作为申请人的法人或者其他组织终止,尚未确定权利义务承受人;(5)申请人、被申请人因不可抗力或者其他正当理由,不能参加复议;(6)依法进行调解、和解,申请人和被申请人同意中止;(7)复议案件涉及的法律适用问题需要有权机关作出解释或者确认;(8)复议案件审理需要以其他案件的审理结果为依据,而其他案件尚未审结;(9)有规范性文件和法律、法规和规章合法性问题需要处理;(10)需要中止复议的其他情形。复议中止的原因消除后,应当及时恢复复议案件的审理。复议机构中止、恢复复议案件的审理,应当告知当事人。

（八）行政复议终止

行政复议终止是因法定事由的出现致使复议不能进行下去时,由复议机关决定结束复议的一种程序性制度。复议期间,有下列情形之一的,复议机关可以终止程序:(1)申请人撤回复议申请,复议机构准予撤回;(2)作为申请人的公民死亡,没有近亲属或者其近亲属放弃复议权利;(3)作为申请人的法人或者其他组织终止,没有权利义务承受人或者其权利义务承受人放弃复议权利;(4)申请人对行政拘留或者限制人身自由的行政强制措施不服申请复议后,因同一违法行为涉嫌犯罪,被采取刑事强制措施;(5)依照《行政复议法》第39条第1款第1项、第2项、第4项的规定中止复议满60日,复议中止的原因仍未消除。

七、行政复议的决定

（一）变更决定

变更决定是指复议机关直接变更被申请行政行为内容的复议决定。有下列几种情形之一的,可以适用变更决定:(1)事实清楚,证据确凿,适用依据正确,程序合法,但是内容不适当。"内容不适当"主要是如行政处罚选择种类、幅度不当,行政强制措施方式不当等。(2)事实清楚,证据确凿,程序合法,但是未正确适用依据。"未正确适用依据"主要是如适用未生效、已失效的法依据。行政机关没有正确适用依据,依据本身是否合法是撤销决定中"适用的依据不合法"问题。(3)事实不清,证据不足,经复议机关查清事实和证据。在被申请行政行为事实不清、证据不足的情况下,复议机关可以通过调查取证权,查清事实和证据,在此基础上作出变更决定。由复议机关直接作出变更被申请的行政行为,客观上有利于实质性化解行政争议。如果被申请行政行为"主要事实不清、证据不足",那么复议机关只能作出撤销决定。

关于是否需要确立禁止复议不利变更规则,应当考虑复议是行政救济还是行政自我纠错,抑或行政内部上级对下级的监督,这需要从法政策论上考察行政复议立法目的才能确定。在申请人复议请求范围内,复议机关不得作出对申请人更为不利的复议决定,从行政救济制度看,这样的规则应该说是妥当的。因此,基于刑事诉讼中"上诉不加刑"的原理,《行政复议法》确立了"禁止不利变更原则",即复议机关不得作出对申请人更为不利的变更决定,但第三人提出相反的请求除外。

(二) 撤销决定

撤销决定是指复议机关撤销或者部分撤销被申请行政行为,消灭其法效力的复议决定。有下列几种情形之一的,可以适用撤销决定:(1)主要事实不清、证据不足;(2)违反法定程序;(3)适用的依据不合法;(4)超越职权或者滥用职权。撤销决定分为全部撤销和部分撤销两种。部分撤销决定适用于被申请行政行为内容具有可分性,如一个没收违法所得和罚款的行政处罚决定,因罚款适用的依据不合法,复议机关可以作出撤销罚款部分的复议决定。

复议机关作出撤销或者部分撤销决定,同时可以责令被申请人在一定期限内重新作出行政行为。被申请人重新作出行政行为不得以同一事实和理由作出与被申请行政行为相同或者基本相同的行政行为,但复议机关以"违反法定程序"为由决定撤销或者部分撤销的除外。被申请人应当在法律、法规、规章规定的期限内重新作出行政行为;法律、法规、规章未规定期限的,复议机关可以确定重新作出行政行为的期限。

(三) 确认违法决定

确认违法决定是指被申请行政行为符合撤销法定条件,基于法定情形不予撤销但确认违法并保留其法效力的复议决定。它主要分两种适用情形:

1. 被申请行政行为有下列情形之一的,复议机关不撤销该行政行为,但确认该行政行为违法:(1)依法应予撤销,但是撤销会给国家利益、社会公共利益造成重大损害的;(2)程序轻微违法,但是对申请人权利不产生实际影响的。"不撤销"意味着被申请行政行为不能撤销,必须保留其法效力,满足保护国家利益、社会公共利益的需要。例如,一个即将在新学期投入使用的教学大楼,其建设工程规划许可违法,可以确认违法并保留其法效力。

2. 被申请行政行为有下列情形之一,不需要撤销或者责令履行的,复议机关确认该行政行为违法:(1)行政行为违法,但是不具有可撤销内容;(2)被申请人改变原违法行政行为,申请人仍要求撤销或者确认原行政行为违法;(3)被申请人不履行或者拖延履行法定职责,责令履行没有意义。"不需要撤销"意味着撤销被申请行政行为客观不可能或者没有必要,确认违法足以达到行政复议的目的,前者如未履行法定职责行为,后者如失效的行政许可。

(四) 履职决定

履行决定是指复议机关责令被申请人在一定期限内履行法定职责的复议决定。有下列几种情形之一的,复议机关可以适用履行决定:(1)行政机关不履行法定职责。"不履行"在法律上表现为被申请人针对申请人的申请或者依职权应当主动履行的事项,没有作出任何意思表示。如果被申请人明确表示"拒绝",则是履行法定职责,不属于履行决定适用的情形。例如,《行政许可法》第38条第2款规定:"行政机关依法作出不予行政许可的书面决定的,应当说明理由,并告知申请人享有依法申请行政复议或者提起行政诉讼的权利。""不予许可"即为"拒绝"。(2)行政机关拖延履行法定职责。"拖延履行"是指被申请人对申请人的申请依职权应当主动履行的事项拖而不办,并以"研究""请示"等搪塞。履行决定中责令被申请人履行法定职责的"一定期限",若没有法律、法规或者规章规定,则由复议机关裁量确定。

(五) 确认无效决定

确认无效决定是指被申请行政行为符合"重大且明显"的无效标准,应当否定其法效力的复议决定。它适用的法定情形是,实施行政行为的主体不具有行政主体资格或者行政行为没有依据等重大且明显违法情形。"重大且明显"违法情形并不限于上述两种,如《行政处罚法》第38条第2款规定,"违反法定程序构成重大且明显违法的,行政处罚无效"。行政处罚决定违反法定程序达到重大且明显的,也可以被确认违法。

(六) 维持决定

维持决定是指复议机关作出维持被申请行政行为的复议决定。复议机关经审查后认为被申请行政行为事实清楚,证据确凿,适用依据正确,程序合法,内容适当,应当依法作出维持决定。维持决定是肯定行政行为合法性、适当性的决定,对于申请人来说,维持决定意味着其复议请求被复议机关否定。维持决定与被申请行政行为在内容上"融为一体",在某种程度上,它是复议机关为被申请行政行为合法性、适当性所作出的一种法律背书。

(七) 驳回复议请求决定

驳回复议请求决定是指复议机关驳回申请人复议请求的复议决定。例如,申请人认为被申请人没有履行法定职责,请求复议机关责令被申请人履行法定责任。但是,复议机关认为被申请人没有相应法定职责或者在受理前已经履行了法定职责,可以决定驳回复议请求。被申请人没有相应的法定职责,复议机关没有作出履职决定的法规范基础;复议申请受理前已经履行法定职责,已经满足了申请人的复议请求,复议机关也就没有必要再作履职决定。但是,此时若有确认违法的必要(在诉讼中称为诉的利益),复议机关也可以作出确认违法的复议决定。

(八) 行政协议决定

行政协议决定是指被申请人有不依法订立、不依法履行、未按照约定履行或者违法变更、解除行政协议等情形,复议机关可以作出要求被申请人承担依法订立、继续履行、采取补救措施或者赔偿损失等责任的复议决定。被申请人变更、解除行政协议合法,但未依法给予补偿或者补偿明显不合理的,复议机关可以作出要求被申请人依法给予合理补偿的决定。行政协议决定具体内容如下:

1. 承担依法订立责任。申请人认为自己符合法定条件,被申请人应当与其订立行政协议,但被申请人拒绝与之订立,在申请复议之后,复议机关经审查认为申请人请求成立的,应当作出被申请人承担依法订立责任的决定。例如,申请人获得采矿许可权之后,矿产资源管理部门不与其订立矿产资源有偿使用权出让协议,复议机关可以作出矿产资源管理部门承担依法订立责任的决定。

2. 承担继续履行责任。行政协议订立之后,双方应当遵循全面履行原则履行行政协议义务。如复议机关认定被申请人不履行行政协议,可以作出承担继续履行责任的决定。被申请人不履行行政协议有两种情形:(1)单方行政行为。被申请人以行使行政优益权为由作出变更、解除行政协议决定,实质上就是不履行行政协议。复议机关认为变更、解除行政协议决定违法的,不能直接或者单独作出承担继续履行责任决定。因为,变更、解除行政协议决定是单方行政行为,其一经被申请人作出即具有法效力,如果不先在法律上消灭其法效力,那么复议机关作出承担继续履行责任的决定是有法律障碍的。在此种情形下,复议应当作出撤销变更、解除行政协议决定,并加承担继续履行责任的决定。(2)履行行为。如果被申请人以不作出单方行政行为的方式不履行行政协议,就涉及审查形成权是否成立的问题。如被申请人以情势变更为由解除行政协议,复议审查主要争点是解除权是否成立的问题。复议机关认为被申请人的解除权不成立,应当在确认解除权不成立的基础上作出承担继续履行责任的决定。

3. 承担采取补救措施责任。补救措施具有事后补充救济的功能,一方面为事后法律关系延续提供一种合法性补充,另一方面为已发生的损害事实提供一种救济。针对行政协议的"补救措施是指在行政协议有效的前提下,被申请人采取的消除争议或者缓和矛盾的措施"[27]。根据引起行政协议争议的行为性质不同,补救措施应当有所区别:(1)单方行政行为补救措施。从性质上讲,被申请人作出单方变更、解除行政协议决定也是一种违约行为,因此,必要时复议机关也可以作出承担采取补救措施责任的决定。[28] (2)履约行为补救措施。被申请人违约应当承担补救措施责任,复议机关应当根据被申请人违约所产生的后果,及时作出承担采取补救措施责任的决定,减少申请人的合法权益受损。复议机关确定的补救措施必须是有效的、直接的,能够达到申请人复议请求的目的,符合实效性救济原则。

4.承担赔偿责任。因行政协议被确认违法、无效或者被撤销而对申请人合法权益造成损害的,复议机关应当作出承担赔偿责任的决定。若致损原因是履约行为,民事赔偿中的"完全赔偿原则"和"可预见规则"可以适用于复议决定。但是,若致损原因是单方变更、解除行为,则需要进一步区分单方行政行为(行政优益权)和单方履约行为(变更解除),前者适用国家赔偿法律规范确定赔偿,后者参照适用民事法律规范确定赔偿。

5.承担补偿责任。若被申请人因国家利益、社会公共利益需要依法作出的单方行为或者不履约行为合法,导致行政协议不能继续履行,或者继续履行将对申请人增加行政协议以外的负担,复议机关应当作出承担补偿责任的决定。补偿决定内容可以是金钱补偿、返还财物、恢复原状等。

(九)行政赔偿决定

被申请行政行为违法侵犯申请人的人身权、财产权,申请人在申请复议时可以一并提出行政赔偿请求。经审查,复议机关在作出复议决定时,可以针对不同情形作出如下行政赔偿决定:

1.申请人在申请复议时一并提出行政赔偿请求,复议机关依照国家赔偿法的有关规定认为不应当予以赔偿的,在作出复议决定时,应当同时决定驳回行政赔偿请求。

2.申请人在申请复议时一并提出行政赔偿请求,复议机关经审查后认为符合《国家赔偿法》规定应予赔偿的,应当在作出撤销、变更被申请行政行为或者确认被申请行政行为违法、无效的决定时,同时作出被申请人依法给予赔偿的决定。复议机关不能自己直接作出行政赔偿决定。

3.申请人在申请复议时没有提出行政赔偿请求,复议机关在依法决定撤销或者部分撤销、变更罚款、撤销或者部分撤销违法集资、没收财物、征收财物、摊派费用以及对财产的查封、扣押、冻结等被申请行政行为时,应当同时责令被申请人返还申请人财产,解除对申请人财产的查封、扣押、冻结措施,或者赔偿相应价款的决定。

八、行政复议调解和和解

(一)行政复议调解

行政复议调解是在复议机构主持下申请人与被申请人之间达成解决争议方案的活动。复议机关可以按照自愿、合法原则对复议案件进行调解。但是,调解不得损害国家利益、社会公共利益和他人合法权益,不得违反法律、法规的强制性规定。在复议中引入调解制度,有助于化解行政争议。从行政救济的目的看,复议并不排斥调解,但如果复议机关的调解压倒了是非判断,放弃了查明事实的职权,则不利于复议监督行政目的的实现。经调解双方达成协议的,复议机关应当制作复议调解书。调解书应当载明复议请求、事实、理由和调解结果,并加盖复议机关印章。复议调解书经双方当事人签字,即具有法律效力。调解未达成协议或者

---

[27] 梁凤云:《行政协议司法解释讲义》,人民法院出版社2020年版,第199页。
[28] 《行政协议规定》第16条第3款。

调解书生效前一方反悔的,复议机关应当及时作出复议决定。

(二)行政复议和解

行政复议和解是申请人与被申请人之间达成解决争议方案的活动。与调解不同的是,和解过程中复议机构不在场。复议和解应当在复议决定作出前进行。复议和解内容不得损害国家利益、社会公共利益和他人合法权益,不得违反法律、法规的强制性规定。对于复议和解是否需要订立和解协议书,《行政复议法》没有明确规定。从复议合法性、适当性审查要求看,其程序、内容和效力等应当参照复议调解书的相关规定。当事人之间达成和解后,由申请人向复议机构撤回复议申请。复议机构准予撤回复议申请或者复议机关决定终止复议的,申请人不得再以同一事实和理由提出复议申请。但是,申请人能够证明撤回复议申请违背其真实意愿的除外。

第三节 行政申诉

一、行政申诉的概念

行政申诉是一种适用于特定范围的行政救济制度。对行政机关作出的处理决定,公民、法人或者其他组织不服的,可以向该行政机关的上一级行政机关或者法定机关提出要求复查的请求。申诉不包括《行政诉讼法》中引起再审的"申诉",它属于《宪法》第41条规定的"申诉权"。宪法上的申诉权应当解释为限于与公民自身利益有关的救济权,而控告权、检举权则基于"公益"的参与权。

在行政申诉中,申诉人与被申请人之间通常具有一种特别的法律关系,如公务员与所属的行政机关、学生与所属的学校、在押人员与看守所等。立法作此限定主要是考虑到这样的争议由行政内部通过申诉程序解决更为妥当。在制定法上,申诉被不恰当使用的情况并非少见。例如,《邮政法》第65条规定:"邮政企业和快递企业应当及时、妥善处理用户对服务质量提出的异议。用户对处理结果不满意的,可以向邮政管理部门申诉,邮政管理部门应当及时依法处理,并自接到申诉之日起三十日内作出答复。"该条中的"申诉"改为"投诉"更为妥当。又如,《计量法实施细则》第36条规定:"计量纠纷当事人对仲裁检定不服的,可以在接到仲裁检定通知书之日起15日内向上一级人民政府计量行政部门申诉。上一级人民政府计量行政部门进行的仲裁检定为终局仲裁检定。"这里的"申诉",宜改为"申请"。

二、行政申诉的程序

1. 申诉提出。申诉一般应当以书面方式提出,口头提出申诉的,由受理机关作出书面记录,此记录具有与书面方式提出相同的法效力。申诉应当在法定期限之内提出。如公务员对涉及本人的人事处理不服的,可以自知道该人事处理之日起30日内向原处理机关申请复核;对复核结果不服的,可以自接到复核决定之日起15日内,按照规定向同级公务员主管部门或者作出该人事处理的机关的上一级机关提出申诉;也可以不经复核,自知道该人事处理之日起30日内直接提出申诉。[29] 如有法定的申诉前置程序,应当在先践行前置程序之后再提出

---

[29] 参见《公务员法》第95条;另参见《普通高等学校学生管理规定》第62条第1款规定:"学生对复查决定有异议的,在接到学校复查决定书之日起15日内,可以向学校所在地省级教育行政部门提出书面申诉。"

申诉。

2. 申诉受理。申诉处理机关收到申诉之后,应当在法定期限内作出是否受理的决定,并通知申诉人。对不符合受理条件的申诉,应当作出不予受理的书面决定,并载明理由,告知申诉人救济期间和途径。原则上,申诉期间原处理决定不停止执行,但有法定情形的除外。

3. 申诉处理。申诉处理机关应当为申诉人提供最低限度的程序公正保障,如以适当的方式听取申诉人的意见,为申诉人提供质证、辩论的机会等。在制定法上,为公正处理公务员的申诉,有的行政机关还专门成立了公务员申诉公正委员会。在无法定情形之下,申诉处理机关应当在法定期限内作出处理决定,如受理公务员申诉的机关应当自受理之日起60日内作出处理决定;案情复杂的,可以适当延长,但是延长时间不得超过30日。[30]

4. 申诉处理的救济。除法律规定为最终决定外,申诉人不服申诉处理决定的,有权申请行政复议或提起行政诉讼。此为无漏洞权利保护的当然结论。例如,《教师法》第39条规定:"教师对学校或者其他教育机构侵犯其合法权益的,或者对学校或者其他教育机构作出的处理不服的,可以向教育行政部门提出申诉,教育行政部门应当在接到申诉的三十日内,作出处理。教师认为当地人民政府有关行政部门侵犯其根据本法规定享有的权利的,可以向同级人民政府或者上一级人民政府有关部门提出申诉,同级人民政府或者上一级人民政府有关部门应当作出处理。"该条中针对教师申诉权作出的处理决定不是最终决定,属于行政复议或者行政诉讼客体。例如,在吴某中诉永定县教育局不予评审中学一级教师职称案中,法院认为:

> 永定县教育局不是中学一级教师职务任职资格的法定评审推荐机构,没有承担中学一级教师职务任职资格评审推荐的法定义务。根据上述规定,只有永定县中学教师初级职务评审委员会才是中学一级教师职务(中级职务)任职资格评审推荐组织。而永定县中学教师初级职务评审委员会是临时机构,由永定县职称改革领导小组批准组建,评审委员会由县进修学校、永定一中、坎市中学等单位的14名高级、一级教师组成,与永定县教育局没有隶属关系。依前述,虽然吴某中举出其在行政程序中曾经向永定县教育局提出申请的证据,但由于永定县教育局不具备评审和推荐中学一级教师职务的法定义务,所以吴某中起诉永定县教育局,不予评审推荐其中学一级教师职务没有合法理由,原告的诉讼请求依法不予支持。[31]

该案中,虽然原告的诉讼请求未获得法院支持,但是,此行政争议属于行政诉讼客体,法院的态度是明确的。

---

[30] 参见《公务员法》第96条。
[31] 福建省永定县人民法院行政判决书[(2002)永行初字第5号]。

第十四章　行政诉讼的主体

第一节　法　　院

一、行政审判权

(一)普通人民法院行使行政审判权

《人民法院组织法》第27条第1款规定:"人民法院根据审判工作需要,可以设必要的专业审判庭。法官员额较少的中级人民法院和基层人民法院,可以设综合审判庭或者不设审判庭。"关于法院专业审判庭的设立,《人民法院组织法》不再作如刑事审判庭、民事审判庭等列举,而是授权人民法院根据审判工作的需要设立。《行政诉讼法》第4条第2款规定:"人民法院设行政审判庭,审理行政案件。"《行诉解释》第3条第1款规定:"各级人民法院行政审判庭审理行政案件和审查行政机关申请执行其行政行为的案件。"从功能上讲,上述《行政诉讼法》《行诉解释》的相关规定是对《人民法院组织法》的细化,是具有组织法性质的规定。

(二)专门人民法院的行政审判权

专门人民法院是为审理专门案件而设置的法院,如军事法院、海事法院、知识产权法院和金融法院等。早期的专门人民法院只审理与它的专门事务有关的刑事、民事案件,后来扩大到"经济案件"。在普通人民法院撤销"经济审判庭"设置之后,"经济案件"成了一个法制史上的概念。最高人民法院《关于全面深化人民法院改革的意见——人民法院第四个五年改革纲要(2014—2018)》决定将铁路运输法院改造为跨行政区划法院,审理跨行政区划案件、重大行政案件、环境资源保护、企业破产、食品药品安全等易受地方因素影响的案件、跨行政区划人民检察院提起公诉的案件和原铁路运输法院受理的刑事、民事案件。为此,《行诉解释》第3条第2款规定:"专门人民法院、人民法庭不审理行政案件,也不审查和执行行政机关申请执行其行政行为的案件。铁路运输法院等专门人民法院审理行政案件,应当执行行政诉讼法第十八条第二款的规定。"

(三)行政法院

在一些来自法学界修改《行政诉讼法》的试拟稿中,行政法院成了不可或缺的内容。在一个修改《行政诉讼法》的试拟稿中,行政法院设置方案是,行政案件由行政法院管辖,全国设立一个高等行政法院,各省、自治区、直辖市设立一个上诉行政法院和若干个行政法院。为方便公民、法人或者其他组织诉讼,高等行政法院、上诉行政法院和行政法院可以根据地域、人口分布等情况设立若干个巡回法庭。巡回法庭由所属行政法院法官组成,主要组成人员实行定期轮换。[1] 沙盘推演式的学理可以尽情展开想象,但是,是否需要设置行政法院代替普通法院审理行政案件,涉及司法体制改革很多深层次的问题,在可预期的未来,设立行政法院可能

---

[1] 参见马怀德主编:《司法改革与行政诉讼制度的完善——〈行政诉讼法〉修改建议稿及理由说明书》,中国政法大学出版社2004年版,第512页。

是一个难以实现的方案。

二、行政审判组织

(一) 审判委员会

审判委员会是人民法院内部的最高审判组织。《人民法院组织法》第 36 条规定:"各级人民法院设审判委员会。审判委员会由院长、副院长和若干资深法官组成,成员应当为单数。审判委员会会议分为全体会议和专业委员会会议。中级以上人民法院根据审判工作需要,可以按照审判委员会委员专业和工作分工,召开刑事审判、民事行政审判等专业委员会会议。"这是设置审判委员会的组织法依据。在比较法上,其他国家或地区法院体制中并无所谓的"审判委员会",相似的制度有如我国台湾地区法院内部的"庭长法官联席会议"。当然,比较法上没有的制度,我们未必不可以或者不能设置,因为法律具有"地方性"特点,差异性也就具有了存在的正当性。审判委员会的确有许多问题,影响了它的决定的可接受性,如不能保护当事人回避申请权,审判委员会没有法庭审理的亲历性,可能影响其对事实判断的正确性等。但是,这些制度性不足至少到目前为止,还不能成为否定审判委员会的理由。况且,一些地方法院针对这些问题也正尝试作制度性的改进,如告知当事人回避申请权,组织审判委员会法官旁听重大、复杂案件等。关于审判委员会讨论案件的决定及其理由,《人民法院组织法》第 39 条第 3 款规定:"审判委员会讨论案件的决定及其理由应当在裁判文书中公开,法律规定不公开的除外。"这是组织法上改善审判委员会的一种努力。

审判委员会由本级人大常委会任命的审判委员会委员组成,院长、副院长和各业务庭的庭长及个别资深法官通常都是本院审判委员会的委员。审判委员会的主要功能是总结审判经验,指导审判工作,审理疑难、复杂、重大案件等,其隐性功能还有制约合议庭审判权,防止院长和分管院长违法干预合议庭独立审判等。审判委员会讨论案件实行民主集中制。为了让各委员无压力地发表自己的意见,审判委员会委员发表意见的顺序,一般应当按照职级高的委员后发言的原则进行,主持人(通常是本院院长)最后发表意见。[2] 实务中,一个案件如果是经过审判委员会讨论决定的,应当在裁判文书中写明。例如,在刘某国等诉南昌高某技术开发区昌东镇政府不履行房屋征收安置补偿职责案中,法院认为:

> 本案属于履行安置补偿职责之诉,对上诉人具体如何安置房屋,还需被上诉人依照本判决认定的基本事实及相关指引,结合安置方案进一步作出认定。基于尊重行政机关的首次判断权,本院仅明确被上诉人应当履行房屋安置义务,但不对具体安置补偿内容直接作出裁判。依照《中华人民共和国行政诉讼法》第 72 条、第 89 条第 1 款第 2 项之规定,经本院审判委员会讨论决定,判决如下:(1)撤销南昌铁路运输法院(2024)赣 7101 行初 186 号行政判决;(2)责令被上诉人南昌高某技术开发区昌东镇人民政府自本判决生效之日起 60 日内对上诉人刘某国、张某利、刘某甲作出房屋安置决定;(3)驳回上诉人刘某国、张某利、刘某甲的其他诉讼请求。本案一、二审案件受理费各 50 元,均由被上诉人南昌高某技术开发区昌东镇人民政府负担。本判决为终审判决。[3]

该案中,法院在裁判文书中写明了"经法院审判委员会讨论决定"程序问题,但是审判委员会讨论案件的决定及其理由没有在判决书中公开。目前,这是一个普遍性的问题。

(二) 合议庭

法院审理行政案件,实行合议庭合议制。《人民法院组织法》第 29 条规定:"人民法院审

---

[2] 最高人民法院《关于改革和完善人民法院审判委员会制度的实施意见》(法发[2010]3 号)。
[3] 南昌铁路运输中级法院行政判决书[(2024)赣 71 行终 444 号]。

理案件,由合议庭或者法官一人独任审理。合议庭和法官独任审理的案件范围由法律规定。"《行政诉讼法》规定,某些事实清楚、权利义务关系明确、争议不大的第一审行政案件,可以适用简易程序,由审判员一人独立审理。[4] 此为"法律规定"的情形之一。合议庭由法官组成,或者由法官和人民陪审员组成,合议庭成员为三人以上单数。

合议庭由院长或者庭长指定审判员一人担任审判长,主持合议庭的审判活动;若院长或者庭长参加审判案件,由其担任审判长。审判长主持庭审、组织评议案件,评议案件时与合议庭其他成员权利平等。合议庭评议案件应当按照多数人的意见作出决定,少数人的意见应当记入笔录。评议案件笔录由合议庭全体组成人员签名。2000年7月,最高人民法院《人民法院审判长选任办法(试行)》实施之后,各级法院设置了"审判长"职位,相对固定了职数,在本院范围内通过一定程序公开选任审判长。

(三)法官

《法官法》第2条规定:"法官是依法行使国家审判权的审判人员,包括最高人民法院、地方各级人民法院和军事法院等专门人民法院的院长、副院长、审判委员会委员、庭长、副庭长和审判员。"初任法官按照德才兼备的标准,从通过国家统一法律职业资格考试取得资格并且具备法官条件的人员中择优提出人选,由法定机关任命。"具备法官条件"是指符合《法官法》第12条规定的条件。法官级别分为12级,最高人民法院院长为首席大法官,2至12级法官分为大法官、高级法官、法官。法官是一种法律职业资格,只有被本级人大常委会任命为审判员或者本院任命为助理审判员之后,才能从事审判活动。所以,法官与其是否直接从事审理案件活动之间没有必然联系,法官在本院可以从事非审判的工作。

最高人民法院《关于全面深化人民法院改革的意见——人民法院第四个五年改革纲要(2014—2018)》决定建立法官员额制度。根据法院辖区经济社会发展状况、人口数量(含暂住人口)、案件数量、案件类型等基础数据,结合法院审级职能、法官工作量、审判辅助人员配置、办案保障条件等因素,科学确定四级法院的法官员额。根据案件数量、人员结构的变化情况,完善法官员额的动态调节机制。科学设置法官员额制改革过渡方案,综合考虑审判业绩、业务能力、理论水平和法律工作经历等因素,确保优秀法官留在审判一线。

三、行政审判管辖

(一)级别管辖

级别管辖是确定上下级法院之间审理第一审行政案件的职权归属。级别管辖有两个预设前提:(1)上一级法院的法官水平高于下一级法院的法官,否则,上一级法院将欠缺复审下一级法院裁判的正当性。为保证这一前提得以成立,上一级法院的法官原则上应当从下一级法院的优质法官中选任。[5] (2)应当容许下一级法院法官裁判出现"错案",除非法官徇私舞弊、枉法裁判,否则不得因为"错案"追究法官的法律责任。为保证这一前提得以成立,以"上诉改判率"等作为考核法官业务水平的做法应当废除。

确定级别管辖时通常考虑如下因素:(1)案件性质,如是否具有涉外因素;(2)案件影响,如原告人数、社会影响大小等。确定级别管辖应当有利于法院公正、独立行使行政审判权。

---

[4] 参见《行政诉讼法》第82条、第83条。
[5] "健全初任法官由高级人民法院统一招录,一律在基层人民法院任职机制……建立上级法院法官原则上从下一级法院遴选产生的工作机制。"最高人民法院《关于全面深化人民法院改革的意见——人民法院第四个五年改革纲要(2014—2018)》(法发〔2015〕3号)。

根据《行政诉讼法》的规定,级别管辖的内容是:

1. 基层人民法院。原则上,第一审行政案件由基层人民法院管辖。也就是说,只要法律没有特别规定,第一审行政案件都由基层人民法院管辖。基层人民法院基于公正审理的考虑,对于自己管辖的第一审行政案件可以报请中级人民法院审理或者由中级人民法院指定本辖区内其他基层人民法院审理。中级人民法院应当根据不同情况在7日内分别作出以下处理:(1)决定自行审理;(2)指定本辖区其他基层人民法院管辖;(3)决定由报请的人民法院审理。法律作这样的规定,也有诉讼便民原则的考虑。第一审行政案件由基层人民法院管辖,这一规定客观上为县级政府及其强势的职能部门留下了干预法院独立审判法律空间。虽然《行政诉讼法》第23条第1款和第24条第2款的规定可以作为基层人民法院摆脱外部违法干预的合法通道,[6]但这样的个案并不多见。上述条款中"特殊原因"或者"认为需要"给法院留下了相当大的解释空间,但是,这个解释空间经常被来自行政机关的各种"理由"如"社会稳定""大局考虑"等所塞满,使基层人民法院动弹不得。在当下法院与同级政府的结构性制度框架中,法院很难堵住行政机关以这样堂而皇之的"理由"来占据这个法解释空间。这种现状使行政诉讼原告对基层人民法院产生的不信任感日益加剧,他们不愿意把自己的行政案件交到基层人民法院审理,总是寻找各种事实和法律依据,到中级人民法院提交行政诉状,试图提高自己行政案件的管辖级别,但成功的概率并不高。例如,在刘某等7人诉肇源县人民政府、肇源县古龙镇人民政府及肇源县古龙镇得胜村村民委员会审查政府文件案中,法院认为:

> 根据《中华人民共和国行政诉讼法》第13条第2项"人民法院不受理公民、法人或者其他组织对下列事项的诉讼:(二)行政法规、规章或者行政机关制定、发布的具有普遍约束力的决定、命令"的规定,肇源县人民政府办公室印发《关于省委巡视组"江湾地"问题整改方案(试行)》的通知,系具有普遍约束力的决定,刘某等7人请求法院审查肇源县人民政府制定的具有普遍约束力的决定不符合法律规定,故不属于人民法院行政案件受案范围。刘某等7人提出的对古龙镇政府作出的《关于董某祥诉求信访事项处理意见书》审查及其他诉讼请求,因不符合《中华人民共和国行政诉讼法》第15条"中级人民法院管辖下列第一审行政案件:(一)对国务院部门或者县级以上地方人民政府所作的行政行为提起诉讼的案件;(二)海关处理的案件;(三)本辖区重大、复杂的案件;(四)其他法律规定由中级人民法院管辖的案件"的规定,不属于中级人民法院管辖范围,对此应向有管辖权的基层人民法院提起行政诉讼。[7]

2013年1月4日,最高人民法院发布《关于开展行政案件相对集中管辖试点工作的通知》,各地法院开始行政案件相对集中管辖试点工作,即将部分基层人民法院管辖的一审行政案件,通过上级人民法院统一指定的方式,交由某个基层人民法院集中管辖的制度。行政案件相对集中管辖对行政诉讼现状客观上的确有所改善,被告的败诉率也有明显提升。所以,2014年修改《行政诉讼法》时增加第18条第2款关于"人民法院跨行政区域管辖行政案件"的特别规定,表明国家立法机关试图从法律上逐步建立一个可以隔离本地行政机关对法院审理行政案件施加压力的制度系统。在后来的具体执行过程中,将铁路运输法院改造为"集中管辖行政案件"法院的做法就是其中一项重要内容。

2. 中级人民法院。在法院系统中,中级人民法院处于审判权承上启下的位置。在"两审

---

[6] 《行政诉讼法》第23条第1款规定:"有管辖权的人民法院由于特殊原因不能行使管辖权的,由上级人民法院指定管辖。"第24条第2款规定:"下级人民法院对其管辖的第一审行政案件,认为需要由上级人民法院审理或者指定管辖的,可以报请上级人民法院决定。"

[7] 黑龙江省高级人民法院行政裁定书[(2017)黑行终381号]。

终审制"原则之下,它有复审基层人民法院第一审行政案件裁判的职权,同时也要管辖如下几种第一审行政案件:(1)对国务院部门或者县级以上地方人民政府所作的行政行为提起诉讼的案件。国务院部门不限于国务院各部委、直属机构,还包括从属于国务院的其他行政机关和法律、法规、规章授权的组织,前者如为部属局的国家烟草专卖局,后者如中国气象局等。《行政许可法》第52条规定:"国务院实施行政许可的程序,适用有关法律、行政法规的规定。"据此,若国务院因行政许可引起行政诉讼,应由何级法院管辖,至今尚无法律明确规定。(2)海关处理的案件。因为海关处理的案件通常具有涉外因素,所以由中级人民法院管辖比较妥当。较早的行政案例如"台湾'光大二号'轮船长蔡某雄不服拱北海关行政处罚上诉案"[8]、"香港昆利发展有限公司、晶泽有限公司不服湛江海关行政处罚决定案"[9]等,这类行政案件都是由中级人民法院管辖的。海关处理的案件不限于行政处罚案件,包括行政处罚在内的所有以海关名义作出行政行为的行政案件。(3)本辖区内重大、复杂的案件。这在立法技术上称为"兜底条款",其功能是保留法规范面向未来的开放性,消解立法滞后性。《行诉解释》第5条规定:"有下列情形之一的,属于行政诉讼法第十五条第三项规定的'本辖区内重大、复杂的案件':(一)社会影响重大的共同诉讼案件;(二)涉外或者涉及香港特别行政区、澳门特别行政区、台湾地区的案件;(三)其他重大、复杂案件。"其中第3项是司法解释留给法院在个案中解释的法律空间。例如,在麦某添等不服广东省肇庆市中级人民法院(2003)肇中法立行初字第1号行政裁定上诉案中,法院认为:

> 上诉人的起诉,符合《中华人民共和国行政诉讼法》第11条第1款第7、8项的规定,属于人民法院受理行政案件的范围,人民法院应予受理。本案申请的被告为肇庆市公安局、肇庆市公安局交警支队市区大队,且基层人民法院不适宜审理的行政案件,属于《中华人民共和国行政诉讼法》第14条第3项规定的"本辖区内重大、复杂的案件",肇庆市中级人民法院对本案拥有管辖权。[10]

该案中,法院基于被告是肇庆市公安局、肇庆市公安局交警支队市区大队,依照社会一般人的通常观念,它们有着与其他行政机关不同的社会"影响力",故认定该案属于"本辖区内重大、复杂的案件"。(4)其他法律规定由中级人民法院管辖的案件。这是《行政诉讼法》留给法律今后根据具体情况确定中级人民法院管辖其他行政案件的依据。[11] 另外,最高人民法院在一个司法解释中规定,与证券交易所监管职能相关的行政案件由其所在地的中级人民法院管辖。[12] 国际贸易行政案件、反倾销反补贴行政案件这类行政案件具有涉外因素,由最高人民法院以专门的司法解释确定由中级人民法院管辖。[13]

3. 高级人民法院。高级人民法院管辖本辖区内的重大、复杂的第一审行政案件。因为高级人民法院主要职能是对辖区内中级、基层人民法院的审判活动进行监督、指导,所以对"本辖区内的重大、复杂"宜从严解释。江苏省高级人民法院在2005年发布的《关于以省人民政府为被告的行政诉讼若干问题的讨论纪要》中规定,以省人民政府为被告的案件,由省高级人

---

[8] 《最高人民法院公报》1990年第1期。
[9] 《最高人民法院公报》1994年第1期。
[10] 广东省高级人民法院行政裁定书[(2003)粤高法立行终字第8号]。在上海远洋运输公司不服宁波卫生检疫所国境卫生检疫行政处罚决定案中,当时海曙区人民法院受理后,鉴于该案在宁波市影响较大,依照《行政诉讼法》第23条第2款的规定,报请宁波市中级人民法院审理。宁波市中级人民法院决定审理该案。参见《最高人民法院公报》1992年第3期。
[11] 全国人大常委会《关于设立北京金融法院的决定》。
[12] 最高人民法院《关于对与证券交易所监管职能相关的诉讼案件管辖与受理问题的规定》(法释[2020]20号)。
[13] 最高人民法院《关于审理国际贸易行政案件若干问题的规定》(法释[2002]27号)。

民法院受理。另外,如基于反垄断行政案件的专业性、技术性和法律性的特殊要求,必要时,这类行政案件也可以由高级人民法院管辖。

在实务中,各级法院对"本辖区内重大、复杂的案件"的理解并非一致,如在安徽省界首市制药厂诉安徽省界首市政府合并决定案中,安徽省高级人民法院认为不属于"本辖区内重大、复杂的案件",故裁定移送安徽省阜阳市中级人民法院审理。[14] 但最高人民法院在此案的上诉审中认为,此案为"本辖区内重大、复杂的案件",故裁定由安徽省高级人民法院继续审理。[15]

4. 最高人民法院。最高人民法院管辖全国范围内重大、复杂的第一审行政案件。最高人民法院主要承担对全国各级人民法院审判活动的监督和指导,对法律适用问题作出司法解释,发布指导性案例,对下级人民法院的请示作出批示、答复,所以,它管辖的"全国范围内重大、复杂的第一审行政案件"十分稀少。

(二)地域管辖

地域管辖是确定同级法院之间审理第一审行政案件的职权归属。地域管辖以法院所在地的行政区划为界,对发生在本行政区划内的第一审行政案件有管辖权。但特别情况下,经最高人民法院批准,经济开发区可以单独设立法院,管辖该经济开发区内包括行政案件在内的各类一审案例,如山东省菏泽市菏泽经济开发区人民法院、海南省洋浦经济开发区中级人民法院等。地域管辖的内容是:

1. 一般地域管辖。行政案件由最初作出行政行为的行政机关所在地法院管辖,即所谓的"最初行为地规则"。在实务中,行政机关"所在地"应以它成立时对外公告的办公地点为准,不是行政行为作出之地。例如,在设区的市中,市自然资源局所在地为A区,但它在位于B区的市办证中心设有不动产登记的办公场所,若因颁发不动产登记证引起的行政案件,应由市自然资源局所在地的A区人民法院管辖。经过行政复议的案件,也可以由复议机关所在地法院管辖。这里的"也可以"赋予了原告选择管辖法院的权利,原告可以在最初作出行政行为的行政机关所在地和复议机关所在地的法院之间选择一家法院提起行政诉讼。

经最高人民法院批准,高级人民法院可以根据审判工作的实际情况,确定若干人民法院跨行政区域管辖行政案件。"跨行政区域管辖"是指经过法定程序确定的法院可以受理某些不以行政区域为界的行政案件,它是一般地域管辖的例外。跨行政区域管辖主要有:一类是普通法院集中管辖,即由A设区的市下属的B县法院管辖其他同属A设区的市C、D……县(区)第一审行政案件。另一类是专门法院分类管辖,如铁路运输法院集中管辖A市、A市所辖的区(县、县级市)两级人民政府作为复议机关作共同被告,原本由其他基层人民法院管辖的一审行政诉讼案件。

2. 特殊地域管辖。在一般地域管辖之外,以法律特别规定确定第一审行政案件的地域管辖,称为特殊地域管辖。特殊地域管辖主要有:

(1)对限制人身自由的行政强制措施不服提起诉讼的行政案件,由被告所在地或原告所在地的人民法院管辖。如前所述,"被告所在地"应当以它成立时对外公告的办公地点为准,与实际办公地点不一致的,以公告为准。"原告所在地"包括原告的户籍所在地、经常居住地和被限制人身自由地。公民的实际住所地一般应当与户籍所在地相一致,但在实务中因异地

---

[14] 安徽省高级人民法院行政裁定书[(1997)皖行初字第01号]。
[15] 最高人民法院行政裁定书[(1997)行终字第16号]。

就业、求学等人口流动原因，两者不一致的情形具有一定的普遍性，因此，从诉讼便利原则出发，《行诉解释》第8条作出上述规定。如何认定"经常居住地"，《公安机关办理行政案件程序规定》第10条第3款规定："……经常居住地是指公民离开户籍所在地最后连续居住一年以上的地方，但在医院住院就医的除外。"依照体系解释方法，行政诉讼中"经常居住地"可以依照这一规定认定。

行政机关基于同一事实，既采取限制公民人身自由的行政强制措施，又采取其他行政强制措施或者行政处罚，公民不服提起行政诉讼的，由被告所在地或者原告所在地的人民法院管辖。如此规定，既是便民原则的体现，也有防止一案多判或者裁判不一致的考虑。对单一行政拘留决定不服提起行政诉讼，不适用本特殊地域管辖——共同管辖的规定。

（2）因不动产而提起的行政诉讼，由不动产所在地的法院管辖。《民事诉讼法》第34条第1项规定："因不动产纠纷提起的诉讼，由不动产所在地人民法院管辖。"此为民事诉讼专属管辖。《行政诉讼法》未明确此为专属管辖，学理上称为特殊地域管辖。早在1996年最高人民法院曾经在一个请示答复中说，土地行政确权行政案件根据1988年《土地管理法》第6条、第8条的不动产所在地或作出行政行为的行政机关所在地的法院管辖。[16] 2001年最高人民法院在一个司法解释中，对因国有资产产权界定引起的行政诉讼，就它的管辖问题作出规定："当事人因国有资产产权界定行为提起行政诉讼的，应当根据不同情况确定管辖法院。产权界定行为直接针对不动产作出的，由不动产所在地人民法院管辖。产权界定行为针对包括不动产在内的整体产权作出的，由最初作出产权界定的行政机关所在地人民法院管辖；经过复议的案件，复议机关改变原产权界定行为的，也可以由复议机关所在地人民法院管辖。"[17] 尽管如此，实务中如行政机关对违法建筑、水流污染作出的行政处罚决定、行政强制措施是否属于"因不动产提起的行政诉讼"，仍有争议。故《行诉解释》第9条明确规定："行政诉讼法第二十条规定的'因不动产提起的行政诉讼'是指因行政行为导致不动产物权变动而提起的诉讼。不动产已登记的，以不动产登记簿记载的所在地为不动产所在地；不动产未登记的，以不动产实际所在地为不动产所在地。"这一司法解释将"因不动产提起的行政诉讼"限缩为"行政行为导致不动产物权变动"。对于征地补偿安置决定是否导致不动产物权变动，有的法院持肯定意见。例如，在曹某友等诉丰都县人民政府、重庆市人民政府土地征收补偿及行政复议案中，法院认为：

原告曹某友一户六人对被告丰都县政府作出的《丰都县人民政府关于曹某友户征地补偿安置决定书》（丰都府〔2023〕19号，以下简称《征补决定》）不服，申请行政复议。被告重庆市人民政府作出渝府复〔2023〕694号《行政复议决定书》，维持该征补决定。原告不服，提起本案诉讼要求撤销上述征补决定和复议决定。根据《中华人民共和国行政诉讼法》第20条之规定，因不动产提起的行政诉讼，由不动产所在地人民法院管辖。原告起诉的《征补决定》系被告丰都县人民政府基于征收集体土地而作出的行政行为，属于因不动产提起的行政诉讼，应当由不动产所在地人民法院专属管辖。根据《最高人民法院关于适用〈中华人民共和国行政诉讼法〉的解释》第134条第3款规定，复议机关作共同被告的案件，以作出原行政行为的行政机关确定案件的级别管辖；以及《中华人民共和国行政诉讼法》第15条规定，对县级以上地方人民政府所作的行政行为提起诉讼的案件，由中级人民法院管辖第一审行政案件。本案应由原告被征收土地及房屋所在地的中级人民法院管辖，即由重庆市第三中级人民法院管辖。[18]

---

[16] 最高人民法院行政审判庭《关于对山东高院〈沙德兰诉曹县人民政府土地行政确权一案适用法律问题的请示〉的答复》（〔1996〕行他字15号）。

[17] 最高人民法院《关于国有资产产权管理行政案件管辖问题的解释》（法释〔2001〕6号）。

[18] 重庆市第五中级人民法院行政裁定书〔（2024）渝05行初232号〕。

(3)行政协议管辖。行政协议不同于其他行政行为,其内容是以协商一致为前提确定的,其中包括协议纠纷发生之后是诉讼还是仲裁的约定,如果选择诉讼,那么选择哪家法院都是可以协商确定的。对此,《行政协议规定》第 7 条规定:"当事人书面协议约定选择被告所在地、原告所在地、协议履行地、协议订立地、标的物所在地等与争议有实际联系地点的人民法院管辖的,人民法院从其约定,但违反级别管辖和专属管辖的除外。"但是,《行政协议规定》第 26 条规定:"行政协议约定仲裁条款的,人民法院应当确认该条款无效,但法律、行政法规或者我国缔结、参加的国际条约另有规定的除外。"关于行政协议的管辖如何确定,应当依照《行政协议规定》执行。

(三)管辖权冲突及其解决规则

1. 选择管辖,即同一行政案件两个以上法院都有管辖权的,原告可以选择其中一个法院提起行政诉讼。选择管辖充分尊重原告的选择权。若原告向两个以上有管辖权的法院提起行政诉讼,由最先立案的法院管辖。

2. 移送管辖,即法院若发现受理的行政案件不属于本院管辖,应当移送有管辖权的法院,受移送的法院应当受理。"应当移送"是基于裁判合法要件而作出的规定,受案法院没有是否移送的裁量权。移送管辖的前提是本院已经受理此案,且此案尚处于一审程序之中。受移送的法院认为受移送的行政案件按照规定不属于本院管辖的,应当报请上级法院指定管辖,不得再自行移送。"不得自行移送"是指即使受移送法院有异议,也不得自行决定向其他法院移送案件,它只能通过报请程序,由上级法院指定管辖。

3. 指定管辖,即上一级法院就某一行政案件指定下一级法院管辖。基于某种特殊情况,上一级人民法院有权变更下一级法院已经受理的行政案件的管辖,确保行政案件公正、及时审理。指定管辖有两种情形:

(1)不能行使管辖权。有管辖权的法院由于特殊原因不能对行政案件行使管辖权的,由上级法院指定管辖。也就是说,当"特殊原因"发生之后,有管辖权的法院应当报请上级法院,由上级法院指定管辖。但何谓"特殊原因",法律、司法解释都没有作出进一步规定,给法院在个案中保留了一个解释空间,但如"本院书记员杨某远系原告兰某华之子"不是"特殊原因"[19]。学理上有"回避导致本院不能管辖权""因自然灾害阻碍本院行使管辖权"等之说,但在实务中,对于"特殊原因"法院通常不在裁判理由中作出过多解释,有时会用"实际情况"等模糊用语充当理由,难以服人。例如,在李某爱等诉灵宝市城市管理行政执法局等不履行法定职责纠纷案中,法院认为:

原告李某爱、张某峰、刘某强、卢某合、张某、苏某超、王某渔诉灵宝市城市管理行政执法局、灵宝市建设局不履行法定职责一案,灵宝市人民法院报请本院指定管辖。本院经审查认为,根据本案实际情况,指定其他基层人民法院管辖审理为宜。依照最高人民法院《关于行政案件管辖若干问题的规定》第 4 条第 2 项规定,裁定如下:本案由陕县人民法院管辖。[20]

(2)不能确定管辖权。法院之间对行政案件管辖权发生争议,由争议双方协商解决。协商不成的,报它们的共同上级法院指定管辖。管辖权争议可以分为积极争议和消极争议。因管辖权争议不能确定管辖权,若所涉法院之间协商不成,应当报它们共同上级法院指定管辖。

4. 管辖权上移,即基于某种原因行政案件管辖权在上下级法院之间发生的变动。管辖权上移方式有如下情形:

---

[19] 内蒙古自治区林西县人民法行政裁定书[(2022)内 0424 行初 6 号]。
[20] 河南省三门峡市中级人民法院行政裁定书[(2011)三行辖字第 20 号]。

(1) 依职权上移。上级法院有权审理下级法院管辖的第一审行政案件。《行政诉讼法》第 24 条未明确规定管辖权依职权上移的法定原因,实务中,法院通常用"实际情况""本案实际"等作为裁判理由。需要指出的是,上级法院有权审判下级法院管辖的第一审行政案件中的"有权",并非指上级法院对行政案件有管辖权,而是基于上级法院对下级法院的审判监督权。《行政诉讼法》(1989 年)第 23 条第 1 款规定:"上级人民法院有权审判下级人民法院管辖的第一审行政案件,也可以把自己管辖的第一审行政案件移交下级人民法院审判。"根据这一规定,上级人民法院"也可以把自己管辖的第一审行政案件移交下级人民法院审判"。这一管辖权依职权下移的规定,与行政诉讼原告希望获得更高一级法院管辖自己行政案件的诉求发生了冲突。实务中,因管辖权向下移转,客观上降低了行政案件的一审审级,容易引起原告的不满,如刘某嘉等诉上海市闵行区人民政府行政诉讼一并提起行政赔偿案。[21] 所以,2014 年修改的《行政诉讼法》删除了"依职权下移"的规定。[22]

(2) 依报请上移。下级法院对其管辖的第一审行政案件,认为需要由上级法院审理或者指定管辖的,可以报请上级法院决定。在实务中,"需要"可能是下级法院为了排除"行政干预",也可能是基于审理行政案件的专业性要求。从公正审理行政案件的要求看,管辖由下向上转移时,"需要"可以作从宽解释。

(四) 管辖异议

当事人对受理行政案件的法院行使管辖提出不同意见,即管辖异议。法院受理案件后,被告提出管辖异议的,应当在收到起诉状副本之日起 15 日内提出。行政诉讼第三人与被诉行政行为有利害关系,也可以提出管辖异议。[23] 对当事人提出的管辖异议,法院应当进行审查。异议成立的,裁定将案件移送有管辖权的法院;异议不成立的,裁定驳回。法院对管辖异议审查后确定有管辖权的,不因当事人增加或者变更诉讼请求等改变管辖,但违反级别管辖、专属管辖规定的除外。管辖异议中有下列情形之一的,法院不予审查:(1) 法院发回重审或者按第一审程序再审的案件,当事人提出管辖异议的;(2) 当事人在第一审程序中未按照法律规定的期限和形式提出管辖异议,在第二审程序中提出的。

第二节 行政诉讼的原告

一、原告的概念

(一) 原告

原告是启动行政诉讼程序的公民、法人和其他组织。原告是一种诉讼法律地位的称谓。因

---

[21] 上海市第一中级人民法院行政裁定书[(2013)沪一中行初字第 4 号]。

[22] 在时任最高人民法院行政审判庭黄杰庭长主编的一本对《行政诉讼法》释义书中,对该条款的适用有这样的一段解释:"有的行政案件虽然按级别管辖的规定属于上级人民法院管辖,但案情比较简单,情节又不严重,责任非常分明,或者案件当事人离上级人民法院较远,且交通非常不便。在这种情况下,上级人民法院可以把自己管辖的这类第一审行政案件交给下级人民法院审判,这样规定,既能保证案件的正确办理,又方便诉讼当事人参加诉讼活动,并便于及时结案,提高办案效率。"黄杰主编:《中华人民共和国行政诉讼法诠释》,人民法院出版社 1995 年版,第 76 页。

[23] 孙某佳诉商丘市梁园区文化和旅游局文化行政许可证案,载最高人民法院行政审判庭编:《中国行政审判案例》(第 3 卷)第 90 号案例,中国法制出版社 2013 年版,第 44 页。

有相关法律、法规明确规定,认定何谓公民、法人,通常不会有多大法律争议,但"其他组织"则需要通过司法解释、判例加以界定。[24] 例如,在中海雅园管委会诉海淀区房管局不履行法定职责案中,"业主委员会"被认定为"其他组织"。[25]《行政诉讼法》第49条第1项规定:"原告是符合本法第二十五条规定的公民、法人或者其他组织。"《行政诉讼法》第25条第1款规定:"行政行为的相对人以及其他与行政行为有利害关系的公民、法人或者其他组织,有权提起诉讼。"此为《行政诉讼法》原告的原则性规定。根据上述规定,行政诉讼原告可以分为两类:(1)"行政行为的相对人";(2)"其他与行政行为有利害关系的公民、法人或者其他组织"。

原告是一个程序性要件,与法院对起诉作出受理决定或者不予受理裁定有关。也就是说,面对起诉人送进法院的一大堆起诉材料,法院首先必须解决谁是原告的问题,由法院对起诉材料以形式审查的方式作出判断。所谓形式审查,即审查起诉人符合原告法定条件是否已经齐全,是否有一目了然的错误;只要在起诉人送来的起诉材料中,法院能够找出符合原告法定条件的材料,就可认定起诉人为本案原告。该起诉材料内容是否真实,在起诉审查阶段暂且不论,只要在形式上起诉材料没有一目了然的错误即可。

原告不同于起诉人。从公民、法人和其他组织向法院提起行政诉讼到法院作出受理决定之前,原告的身份是起诉人,此时其仍在法院大门之外。如果原告的起诉材料未能通过法院起诉审查,那么其只能被法院以起诉人的身份,拦在法院大门之外——裁定不予受理。虽然《行政诉讼法》《行诉解释》没有使用起诉人概念,但在法院裁判文书中,起诉人这一概念被广泛使用。例如,在关某春等193人诉浙江省住房和城乡建设厅等复议案中,法院认为:

> 《中华人民共和国行政诉讼法》第25条第1款规定,行政行为的相对人以及其他与行政行为有利害关系的公民、法人或者其他组织,有权提起诉讼。所谓的利害关系显然系指法律上的利害关系,且由于行政诉讼乃公法上之诉讼,上述法律上的利害关系,一般也仅指公法上的利害关系。而公法(行政法)上利害关系的判断,同样较为复杂。原告主体资格问题与司法体制、法治状况和公民意识等因素密切相关,且判断是否具备原告主体资格的标准多重,并呈逐渐扩大和与时俱进态势。其中,保护规范理论或者说保护规范标准,将法律规范保护的权益与请求权基础相结合,具有较强的实践指导价值。也就是说,以行政机关作出行政行为时所依据的行政实体法和所适用的行政实体法律规范体系,是否要求行政机关考虑、尊重和保护原告诉请保护的权利或法律上的利益,作为判断是否存在公法上利害关系的重要标准。依上述理论,影响原告主体资格是否成立的因素就可分为以下两种,一是起诉人诉请保护的权益类型,二是行政实体法律规范的规定。只有当起诉人诉请保护的权益,恰好落入行政机关作出行政行为时所依据的行政实体法律规范的保护范围时,起诉人的原告主体资格才能被承认。反之,如果起诉人虽有某种权益,但并非行政机关作出行政行为时需要考虑的,或者起诉人并不具有行政机关作出行政行为时需要考虑的权益,人民法院均不宜认可其原告主体资格。同时,行政诉讼中的原告主体资格问题,既与行政实体法律规范密切相关,也与当事人诉请保护的权益类型、诉讼请求和诉讼理由密切相关。易言之,同一起诉人对同一行政行为的起诉,可能由于其所诉请保护的权益类型、诉讼请求和诉讼理由的不同,其是否具备原告主体资格的结论可能会有所不同。这也意味着,针对起诉人起诉行政机关许可其邻人建房的同一个行政许可行为,人民法院可能会由于其诉请保护土地使用权、

---

[24] 最高人民法院《关于适用〈中华人民共和国民事诉讼法〉的解释》第52条规定:"民事诉讼法第五十一条规定的其他组织是指合法成立、有一定的组织机构和财产,但又不具备法人资格的组织,包括:(一)依法登记领取营业执照的个人独资企业;(二)依法登记领取营业执照的合伙企业;(三)依法登记领取我国营业执照的中外合作经营企业、外资企业;(四)依法成立的社会团体的分支机构、代表机构;(五)依法设立并领取营业执照的法人的分支机构;(六)依法设立并领取营业执照的商业银行、政策性银行和非银行金融机构的分支机构;(七)经依法登记领取营业执照的乡镇企业、街道企业;(八)其他符合本条规定条件的组织。"
[25] 《最高人民法院公报》2004年第5期。

通风采光权、通行权或者环境权益等权益类型的不同,结合其提供的初步证据以及上述各种权益受到侵犯的可能性,分别认可或者不认可其原告主体资格。[26]

(二)原告资格

原告资格是一个裁判要件,它与法院作出的裁判有关。原告资格是能够向法院提起诉讼并获得实体性裁判的法律能力。认定原告资格的一般规则是:(1)任何一个行政行为客观上必然有公民、法人或者其他组织;(2)公民、法人或者其他组织的合法权益因该行政行为受到不利影响;(3)公民、法人或者其他组织的合法权益具有法律上的依据;(4)公民、法人或者其他组织与合法权益受到的不利影响之间有因果联系。[27] 法院作出裁判之前,必须查明原告应当是谁,这由法院在庭审程序中以实质审查方式作出判断。若原告的法定条件合法、真实和可信,原告就具有获得本案实体性裁判的资格。在不同的裁判中,提起诉讼的公民、法人或者其他组织的法律地位是不同的:因不符合《行政诉讼法》第49条第1项规定,在法院作出的不予立案、驳回起诉裁定中,提起诉讼的公民、法人或者其他组织是起诉人;因不符合《行政诉讼法》第49条第2~4项规定或者有关起诉期限、复议前置的规定,在法院作出的不予立案、驳回起诉裁定中,提起诉讼的公民、法人或者其他组织是原告;在撤销、变更或者确认违法等判决中,提起诉讼的公民、法人或者其他组织是原告且具有原告资格。

原告资格本质上是对原告法定条件的一种限制。行政诉讼起诉条件中包括了原告条件,即"利害关系",但是,这种"利害关系"是否足以使原告能够获得实体性裁判,取决于它是否具有原告资格——合法权益是否受到了被诉行政行为的实质性损害。区分原告和原告资格符合"立案从宽,裁判从严"的诉讼原则。学理上,支持限制原告条件的法理基础是司法资源的有限性和权利保护的必要性。原告资格有或无可以循着以下三条路径作进一步思考:一是原告权利保护的诉求与被诉行政行为的关系;二是原告诉求的理由是否充分、合理;三是法院的裁判是否可以使原告权利获得救济。如何把握这三个问题,又与一个国家的法治发展状况和司法政策有关。

二、原告的判断标准

(一)原告的判断标准演变

在行政诉讼法上,判断原告标准是历史性的,它是一个不断变动的标准。大致说来它可以分为如下几个阶段:

1. 民事诉讼标准。1980年《中外合资经营企业所得税法》等法律规定了合营企业可以提起行政诉讼,但当时法院审理行政案件的诉讼程序并无法律规定。1982年《民事诉讼法(试行)》第3条第2款规定,"法律规定由人民法院审理的行政案件,适用本法规定"。既然法院审理行政案件"适用本法规定",那么有关行政诉讼原告的判断标准也遵从《民事诉讼法(试行)》的规定。当时最高人民法院公布的"郑某发不服土地管理行政处罚案"[28]、"支某祥不服税务行政处罚案"[29]和"上海环球生物工程公司不服药品管理行政处罚案"[30]等几个行政案件,法院都是直接依照《民事诉讼法(试行)》进行审理和裁判的。

2. 行政相对人标准。《行政诉讼法》(1989年)实施之后,"民事诉讼标准"即为"行政相对

---

[26] 最高人民法院行政裁定书[(2017)最高法行申4361号]。
[27] 参见章剑生:《现代行政法基本理论》(第2版,下卷),法律出版社2014年版,第789页以下。
[28] 《最高人民法院公报》1989年第2期。
[29] 《最高人民法院公报》1989年第2期。
[30] 《最高人民法院公报》1989年第4期。

人标准"所更替。《行政诉讼法》(1989年)第24条第1款规定:"依照本法提起诉讼的公民、法人或者其他组织是原告。"第41条第1项规定:"原告是认为具体行政行为侵犯其合法权益的公民、法人或者其他组织。"由这两个法律条文确立的原告判断标准,在学理上称为"行政相对人标准"。因学理上将行政相对人定义为具体行政行为直接指向的公民、法人或者其他组织,较早的时候,法院一直将行政诉讼原告限定在被诉行政行为直接指向的公民、法人或者其他组织,即行政对象人,而将与被诉行政行为有利害关系的行政相关人排除在原告之外。这与《行政诉讼法》(1989年)第27条规定的第三人制度不当有关。例如,在上海市某区泰山二村19号至21号43户居民与上海市某区规划土地局行政许可纠纷案中,因为"43户居民"不是建筑自行车棚工程执照的申请人,法院用"相关人"的概念否定"43户居民"具有原告的诉讼地位:

> 1990年12月被告某区规划土地局向第三人某区某街道泰山二村第一居委会核发了临90—645建筑自行车棚工程执照,该具体行政行为违反了有关行政法规规定,以致第三人在取得工程建筑执照后违章建筑,侵犯了原告通风、采光、通道等合法权益。为此,请求法院撤销被告出具的临90—645建筑自行车棚的工程执照,恢复新村内原有的道路和空间。一审法院经审查认为,某区规划土地局与泰山二村居委会之间具有行政法律关系,原告处于该行政法律关系中相关人的地位,不符合行政诉讼法规定的受案范围。为此,裁定原告某区泰山二村19—21号大楼内43户居民的起诉不予受理。[31]

后来,随着学理研究和诉讼实践不断深入,与被诉行政行为有关的"相关人"也被纳入了原告范围,行政相对人分为如下两类:

(1)行政对象人,是指行政行为直接指向的公民、法人或者其他组织。例如,《行政处罚法》第61条规定:"行政处罚决定书应当在宣告后当场交付当事人;当事人不在场的,行政机关应当在七日内依照《中华人民共和国民事诉讼法》的有关规定,将行政处罚决定书送达当事人。当事人同意并签订确认书的,行政机关可以采用传真、电子邮件等方式,将行政处罚决定书等送达当事人。"该条中的"当事人"即为行政处罚决定直接指向的公民、法人或者其他组织,是行政处罚决定的行政对象人。

(2)行政相关人,是指不是行政行为直接所指向的,但与行政行为有利害关系的公民、法人或者其他组织。例如,《行政许可法》第36条规定:"行政机关对行政许可申请进行审查时,发现行政许可事项直接关系他人重大利益的,应当告知该利害关系人。申请人、利害关系人有权进行陈述和申辩。行政机关应当听取申请人、利害关系人的意见。"该条中,申请人是行政对象人,直接承受行政许可决定的法效力;利害关系人是行政相关人,行政许可决定是否作出,将影响其合法权益。行政对象人与行政相对人之间的关系基础是"利益关系",基于行政相关人与行政对象人之间的关系不同,行政相关人可以分为"利益一致型"和"利益对立型"两种。"利益对立型"的行政相关人并不必然可以成为原告,其需要通过解释法规范中是否存在"利害关系"才能作出判断。在实务中,如在长治市中医院康复中心诉山西省长治市城区土地管理局(以下简称长治城区土地局)行政处理决定案中,法院认为:

> 长治城区土地局《关于撤销〈关于城区按摩医院使用土地的决定〉的决定》(城土发〔1993〕2号),对康复中心的权利义务产生了实际影响,康复中心认为该决定侵犯其合法权益,依法有权提起行政诉讼。山西省长治市城区人民法院(1993)城行初字第3号行政裁定和山西省高级人民法院(1996)晋行再字第2号行政裁定以康复中心不具有本案原告主体资格为由,驳回康复中心的起诉,属认定事实不清。[32]

---

[31] [法宝引证码]CLI.C.234806。
[32] 最高人民法院行政判决书[(2001)行提字第1号]。

该案中,城区按摩医院是长治城区土地局"撤销决定"的行政对象人,康复中心是该"撤销决定"的行政相关人。一审、二审法院认为康复中心不是该案的原告,认为只有行政对象人才具有原告地位。这一观点被最高人民法院所否定。

3. 法律上利害关系标准。2000 年,《行诉若干解释》公布实施之后,原告判断标准从"行政相对人标准"转到了"法律上利害关系标准"。《行诉若干解释》第 12 条规定:"与具体行政行为有法律上利害关系的公民、法人或者其他组织对该行为不服的,可以依法提起行政诉讼。"从此,"法律上利害关系"成为判断原告的新标准。关于如何判断"法律上利害关系",学理和判例发展出了"直接关系论"和"实际影响论"两种观点。

4. 利害关系标准。2014 年修改的《行政诉讼法》第 25 条第 1 款规定:"行政行为的相对人以及其他与行政行为有利害关系的公民、法人或者其他组织,有权提起诉讼。"与最高人民法院《行诉若干解释》第 12 条规定相比,《行政诉讼法》去掉了限定"利害关系"的"法律上"。《行政诉讼法》修改之所以作这样的调整,是因为"法律上利害关系"中的"法律上"可以作不同的理解,客观上可能会限制公民的起诉权利,而若用"直接利害关系"作为标准,可能会被解释为行政诉讼原告限于行政相对人。[33]《行政诉讼法》这一修改没有采纳学理上行政对象人和行政相关人分类,导致我们在理解这一规定时有所不便。至此,能够成为原告的公民、法人或者其他组织分为两类:一是行政相对人(行政对象人);二是利害关系人(行政相关人),即其他与行政行为有利害关系的公民、法人或者其他组织。

(二) 判断利害关系的方法

在《行政诉讼法》第 25 条第 1 款的规定中,"行政行为的相对人",即行政行为直接指向的公民、法人或者其他组织,学理上称为行政行为的"收件人"。行政行为的相对人是原告,判断标准具有客观化,无论是学理还是实务并无多大争议。但在"其他与行政行为有利害关系的公民、法人或者其他组织"中,因"利害关系"这一不确定法律概念,无论是"直接关系论"还是"实际影响论"都未能较好地解决判断方法上的可操作性问题,所以争议一直不断。相对而言,源于德、日等大陆法系国家行政法上的保护规范理论,可能是缓解这个难题的良方之一。

保护规范理论,是指行政机关作出行政行为所依据的法规范是否要求其考虑保护相关公民、法人或者其他组织的权益,若是,则相关公民、法人或者其他组织有权对该行政行为提起行政诉讼。例如,《行政强制法》第 42 条第 1 款规定:"实施行政强制执行,行政机关可以在不损害公共利益和他人合法权益的情况下,与当事人达成执行协议。执行协议可以约定分阶段履行;当事人采取补救措施的,可以减免加处的罚款或者滞纳金。"根据这一规定,法律要求行政机关在与当事人订立执行协议所依据的法律规范中,要考虑对"他人合法权益"的保护。"他人"若认为执行协议侵犯其合法权益,有权提起行政诉讼。2017 年,最高人民法院通过刘某明诉张家港市人民政府行政复议案(以下简称"刘某明案")引入"保护规范理论",完成了域外法理论本土化的第一步。在此案中,最高人民法院认为:

"有利害关系的公民、法人或者其他组织",不能扩大理解为所有直接或者间接受行政行为影响的公民、法人或者其他组织;所谓"利害关系"仍应限于法律上的利害关系,不宜包括反射性利益受到影响的公民、法人或者其他组织(该案中统称当事人)。同时,行政诉讼乃公法上之诉讼中的利害关系,一般也仅指公法上的利害关系;除特殊情形或法律另有规定,一般不包括私法上的利害关系。只有主观公权利,即公法领域权利和利益,受到行政行为影响,存在受到损害的可能性的当事人,才与行政行为具有法律上的利害关系,才形成了行政法上权利义务关系,才具有原告主体资格(原告适格),才有资格提

---

[33] 参见信春鹰主编:《中华人民共和国行政诉讼法释义》,法律出版社 2015 年版,第 70 页。

起行政诉讼。公法(行政法)上利害关系的判断，同样较为复杂。原告主体资格问题与司法体制、法治状况和公民意识等因素密切相关，且判断是否具备原告主体资格的标准多重，并呈逐渐扩大和与时俱进态势。其中，保护规范理论或者说保护规范标准，将法律规范保护的权益与请求权基础相结合，具有较强的实践指导价值。也就是说，以行政机关作出行政行为时所依据的行政实体法和所适用的行政实体法律规范体系，是否要求行政机关考虑、尊重和保护原告诉请保护的权利或法律上的利益，作为判断是否存在公法上利害关系的重要标准。实践中，对行政实体法某一法条或者数个法条保护的权益范围的界定，不宜单纯以法条规定的文意为限，以免孤立、割裂地"只见树木不见森林"，而应坚持从整体进行判断，强调"适用一个法条，就是在运用整部法典"。在依据法条判断是否具有利害关系存有歧义时，可参照整个行政实体法律规范体系、行政实体法的立法宗旨以及作出被诉行政行为的目的、内容和性质进行判断，以便能够承认更多的值得保护且需要保护的利益，属于法律保护的利益，从而认可当事人与行政行为存在法律上的利害关系，并承认其原告主体资格，以更大程度地监督行政机关依法行政。但需要强调的是，个案中对法律上利害关系，尤其是行政法上利害关系或者说行政法上权利义务关系的扩张解释，仍不得不兼顾司法体制、司法能力和司法资源的限制；将行政实体规范未明确需要保护但又的确值得保护且需要保护的权益，扩张解释为法律上保护的权益，仍应限定于通过语义解释法、体系解释法、历史解释法、立法意图解释法和法理解释法等法律解释方法能够扩张的范围为宜。就本案而言，根据国务院《关于投资体制改革的决定》(国发〔2004〕20号)、《中央预算内直接投资项目管理办法》、《政府核准投资项目管理办法》、《江苏省企业投资项目备案暂行办法》等规定，发展改革部门对政府投资项目的审批行为和企业投资项目的核准和备案行为，主要是从维护经济安全、合理开发利用资源、保护生态环境、优化重大布局、保障公共利益、防止出现垄断等方面，判断某一项目是否应予审批、核准或备案(以下统称项目审批行为)。考察上述一系列规定，并无任何条文要求发展改革部门必须保护或者考量项目用地范围内的土地使用权人权益保障问题，相关立法宗旨也不可能要求必须考虑类似于刘某明等个别人的土地承包经营权的保障问题。发展改革部门在作出项目审批行为时，也就无须审查项目用地范围内的征地拆迁、补偿安置等事宜，无须考虑项目用地范围内单个土地、房屋等权利人的土地使用权和房屋所有权的保护问题。因此，项目建设涉及的土地使用权人或房屋所有权人与项目审批行为不具有利害关系，也不具有行政法上的权利义务关系，其以项目审批行为侵犯其土地使用权或者房屋所有权为由，申请行政复议或者提起行政诉讼，并不具有申请人或者原告主体资格。[34]

在该案裁判理由中，我们可以看到运用保护规范理论与法解释技术密不可分。之前，我们判断是否有"利害关系"，一直停留在"直接关系论"或者"实际影响论"，但是，由于运用"直接关系论"或者"实际影响论"欠缺法解释技术，法院的裁判常常没有支撑法解释技术的理由说明，有的甚至仅以"不予采信"断案了事，难以服人。"刘某明案"之后，最高人民法院又作出了一系列有关保护规范理论的判例，如关某春与浙江省住房和城乡建设厅城乡建设复议纠纷再审案[35]、李某勤与郑州市二七区人民政府行政复议再审案[36]、陈某东与浙江省人民政府不履行行政复议法定职责再审案[37]和北京市东城区人民政府与北京联立房地产开发有限责任公司其他复议纠纷再审案[38]。"刘某明案"之所以是具有里程碑意义的判例，核心原因在于它促成了原告资格判断基准从事实性向规范性的转向，但这也同时引出规范性要素成为原告资格的判断基准后，又如何调和规范性和事实性要素的问题。保护规范理论在我国司法裁判中

---

[34] 最高人民法院行政裁定书〔(2017)行申169号〕。
[35] 最高人民法院行政裁定书〔(2017)最高法行申4361号〕。
[36] 最高人民法院行政裁定书〔(2018)最高法行申2975号〕。
[37] 最高人民法院行政裁定书〔(2018)最高法行申6453号〕。
[38] 最高人民法院行政裁定书〔(2019)最高法行申293号〕。

的演变,并不仅仅涉及规范性与事实性的调和问题,还包括根据规范的确定、解释方法的选择、发挥功能的场域等,这些要素互相结合最终促成了保护规范理论中国式版本的初步塑成。[39]

(三) 相关概念的辩证

1. 合法权益。《行政诉讼法》第 2 条第 1 款规定:"公民、法人或者其他组织认为行政机关和行政机关工作人员的行政行为侵犯其合法权益,有权依照本法向人民法院提起诉讼。"该条是《行政诉讼法》关于诉权的宣示性条款,表达了国家通过行政诉讼保护公民、法人或者其他组织的一种法治意愿,它不是原告判断标准,但具有引领认识原告判断标准的功能。

该条中所谓"合法权益",即法保护的权利和利益合称。这里的"法"应解释为制定法,即宪法、法律、法规和规章,在制定法之外尚未为制定法所否定的"权益",可用"正当权益"称之,纳入保护范围。在判断公民、法人或者其他组织与被诉行政行为之间是否存在"利害关系"时,"权益"是连结与被诉行政行为之间的节点,是否有利害关系,本质上就是权益是否因被诉行政行为丧失、减损或者产生、增加。但是,"权益"是否合法,并不是"利害关系"的内容,而是诉的利益要讨论的问题。例如,A 未经审批违法占地建造私房两间,用于开办服装加工厂。自然资源局作出责令拆除的行政决定。A 对违法所建的两间私房没有法律上应当保护的合法权益,如果因此认定其与责令拆除行政决定之间没有利害关系,不能提起行政诉讼,显然是不对的。没有合法权益,A 的诉讼请求就得不到法院的支持,不是其没有原告的诉讼地位。"合法权益"不是判断原告的标准,毋宁是一个原告可以获得胜诉判决的要件之一。例如,在念泗三村 28 幢楼居民 35 人诉扬州市规划局行政许可行为侵权案中,[40] 规划局作出的规划许可缩短了原告原有的日照时间,依此事实,原告与被诉的规划许可之间的利害关系成立,但原告在此规划许可下获得的日照时间仍然符合国家的法定标准,所以该规划许可不构成对原告"日照权"的侵犯。在这样的前提下,经审查如认定该规划许可违法属实,但因原告没有合法权益需要保护,法院应当驳回原告诉讼请求;如认定该规划许可违法,且使原告获得的日照时间因该规划许可低于国家的法定标准,那么原告因合法权益受到减损,有资格从法院获得撤销、变更、确认违法等实体性裁判。可见,"合法权益"与原告资格有关。

在判例中,法院也有使用"合法权益"来认定"利害关系"的。例如,在王某仁等诉福建省福鼎市人民政府土地行政登记案中,法院认为,"合法权益受到潜在影响的公民、法人和其他组织,有权依照行政诉讼法的规定提起行政诉讼"。[41] 此裁判理由不甚妥当。另外,在学理上,权利为当然的"利害关系"之内容,利益也应当是它的内容之一。最高人民法院曾在一个答复中,明确了"利益"也是"利害关系"内容之一。[42] 其实,在制定法上有关"利益"的法规范并不少见,如《人口与计划生育法》第 25 条第 1 款规定:"符合法律、法规规定生育子女的夫妻,可以获得延长生育假的奖励或者其他福利待遇。"《公益事业捐赠法》第 24 条规定:"公司和其他企业依照本法的规定捐赠财产用于公益事业,依照法律、行政法规的规定享受企业所得税方面的优惠。"《就业促进法》第 52 条第 1 款规定:"各级人民政府建立健全就业援助制度,采取税费减免、贷款贴息、社会保险补贴、岗位补贴等办法,通过公益性岗位安置等途径,对就业困难人员实行优先扶持和重点帮助。"上述法律中的"待遇""优惠""优先"等即为"利

---

[39] 参见赵宏:《中国式保护规范理论的内核与扩展——以最高人民法院裁判为观察视角》,载《当代法学》2021 年第 5 期。

[40] 《最高人民法院公报》2004 年第 11 期。

[41] 最高人民法院行政审判庭编:《中国行政审判指导案例》(第 1 卷)第 2 号案例,中国法制出版社 2010 年版,第 7 页。

[42] 最高人民法院《关于土地实际使用人对行政机关出让土地的行为不服可否作为原告提起诉讼问题的答复》(〔2005〕行他字第 12 号)。

益",应当受到法律保护。

若利害关系被"截断",则公民、法人或者组织的原告地位也随之丧失。例如,被依法确认无权占有使用房屋的公民,与房屋登记行为之间没有利害关系,不具有提起行政诉讼的原告地位。[43] 在环境保护领域中,受"环评报告"所影响的合法权益的主体范围越来越不具有可确定性,因为空气质量、地下水污染等所影响的是一个外围不清晰、不确定的利益群体。这类行政诉讼将带出原告判断标准的新问题,需要从法理上对原告判断标准加以发展,以回应实务的需要。需要指出的是,产生、增加公民、法人或者其他组织合法权益或者没有减少、丧失公民、法人或者其他组织合法权益的行政行为,没有必要通过法院裁判加以保护,如果公民、法人或者其他组织对之提起行政诉讼,也与行政救济制度要旨不合。从节约诉讼资源角度来看,可以认定与之不具有"利害关系",裁定驳回起诉;从化解行政争议角度来看,也可以认定没有诉的利益,判决驳回诉讼请求。

2. 诉讼标的。公民、法人或者组织在起诉时,如在撤销之诉中,往往会提出如下一些"主张",如被诉行政行为是违法的,自己与被诉行政行为是有利害关系的,被诉行政行为侵犯其合法权益等。在这些"主张"中,它们各自的法律地位是不同的:"被诉行政行为"是诉讼客体,主张被诉行政行为的"违法性"是诉讼标的,有"利害关系"是原告的起诉条件之一,而"合法权益"则与原告资格有关。

应当把诉讼标的从起诉条件中分离出来,以便在起诉审查和裁判时作出正确的认定。诉讼标的是原告向法院提出的主张,是行政审判权直接指向的对象,并为法院判决既判力所拘束。既判力的拘束性构成了重复起诉被禁止的法理基础。可见,正确认识行政诉讼标的具有十分重要的意义。

3. 反射利益。反射利益可以表述为,法规范基于公益的目的,要求行政机关作为或不作为时,因该作为或不作为产生的法效果,个人在事实上因此享受到的利益。因为法律未赋予该个人可在裁判上主张自己此种利益的请求权,所以反射利益只是一种事实上的期待与机会而已。例如,A因居住于某优质小学附近而享有就近上学的便利,当政府决定小学迁址扩大办学场地时,A就丧失了这种"便利"。因这种"便利"不是A的"合法权益",A与政府迁址决定之间就没有"利害关系",因此A对之提起行政诉讼,法院可以裁定不予立案。又如,失业人员B获得的"最低生活保障费"惠及他所赡养人C,这种"惠及"属于反射利益。若行政机关取消B获得"最低生活保障费"资格时,对C而言也仅是一种反射利益。反射利益不是"合法权益",不属于"利害关系"的内容。在实务中,虽然反射利益的概念不一定写入法院裁判的理由,但是它的思想已为法院所接受。例如,在徐某芳等76人诉宁波市原国土资源局土地行政处罚案中,法院认为:

> 根据被上诉人举证的经省人民政府批准的姚北工业新区土地利用总体规划,本案所涉土地为"待置换用地",被上诉人余姚市姚北工业新区开发建设投资有限公司的违法占地行为并未违反土地利用总体规划。被上诉人宁波市国土资源局根据《中华人民共和国土地管理法》第77条的规定对其作出退还非法占用的43,893.87平方米土地;没收在非法占用的土地上所填的塘渣并处罚款,适用法律正确,上诉人请求将案件移交司法机关追究刑事责任的诉讼请求,与上诉人的人身权、财产权没有直接的利害关系。[44]

---

[43] 韦某诉海南省三亚市人民政府、三亚市住房和城乡建设局房屋行政确认案,载最高人民法院行政审判庭编:《中国行政审判案例》(第2卷)第48号案例,中国法制出版社2011年版,第44页以下。

[44] 浙江省宁波市中级人民法院行政判决书[(2006)甬行终字第37号]。

《行政处罚法》第 8 条第 2 款规定:"违法行为构成犯罪,应当依法追究刑事责任的,不得以行政处罚代替刑事处罚。"这一规定与上述《行政强制法》第 42 条第 1 款要旨相反,它并不是为了保护个人利益,也不是基于公共利益需要而对行政机关设置的一条禁止性条款。该案中,徐某芳等 76 人并没有可以请求国家保护的权益,法院作出如此裁判是十分精当的。又如,在邵某诉安庆市市场监督管理局食品药品安全行政处罚案中,法院认为:

> 投诉举报是公民、法人或者其他组织参与行政管理的重要途径,除了维护自身合法权益,对于监督行政机关依法行使职权、弥补行政机关执法能力不足也发挥着积极作用。公民、法人或者其他组织可以就何种事项向哪个行政机关投诉举报,取决于法律、法规或者规章的具体规定。与此相应,能否就投诉举报事项提起行政诉讼,也需要根据法律、法规或者规章对于投诉举报请求权的具体规定作出判断。根据《食品药品投诉举报管理办法》第 1 条规定,该办法的制定目的是为规范食品药品投诉举报管理工作,推动食品药品安全社会共治,加大对食品药品违法行为的惩治力度,保障公众身体健康和生命安全。第 19 条规定,投诉举报承办部门对投诉举报线索应及时调查核实,依法办理,并将办理结果以适当方式反馈投诉举报人。据此,该办法规范目的在于维护公共利益和公共秩序,而非保障投诉举报人自身的合法权益。投诉举报人即使因为行政机关的处理行为而受惠,也只是反射利益。行政机关在接到投诉举报后,启动了行政权,并将调查处理结果告知投诉举报人,就属履行了法定职责。投诉举报人并不因此具有要求行政机关针对举报事项作出某项具体决定的请求权。[45]

4. "实际影响"。《行诉解释》第 1 条第 2 款第 10 项规定,"对公民、法人或者其他组织权利义务不产生实际影响的行为",不属于行政诉讼受案范围。把"已经或将会产生实际影响"[46]当作判定是否有"利害关系"的标准,实质上混淆了原告判断标准与受案范围标准。在实务中,"利害关系"与"实际影响"经常被混为一谈,错将两者当作原因与结果的关系。例如,在田某某诉某区民政局撤销结婚登记案中,法院在判后分析时认为:

> 田某某的继承权是一种期待权,是将来可能出现的权益。田某某的继承权与某区民政局的结婚登记行为之间是一种间接的、以后可能发生的关系。某区民政局结婚登记行为仅仅确认结婚当事人双方的夫妻身份关系,该结婚登记行为确定可能对田某某以后继承遗产的份额产生影响,但是对遗产的总额并不产生影响。即使结婚登记行为对将来继承份额产生影响,也是当事人双方自由意志的体现。况且,结婚双方当事人都有权对自己个人的合权财产行使处分权。因此,国家面对结婚当事人的婚姻自主权第一位权利和结婚当事人的子女的继承权第二位权利,首先应该保护作为第一位权利的婚姻自主权,而不是作为第二位权利的继承权。从根本上而言,某区民政局的结婚登记行为只对保护作为第一位权利的婚姻自主权产生影响,而对作为第二位权利的继承权并没有产生实际影响。因此,田某某与某区民政局的结婚登记行为没有"法律上的利害关系"。[47]

该案的裁判逻辑是,先承认结婚登记行为可能对田某某以后继承遗产的份额产生影响,然后认定国家法律是对"婚姻自主权"和"子女的继承权"作梯度保护的,由此导出的结论是,田某某与某区民政局的结婚登记行为没有"法律上的利害关系"。其实,运用保护规范理论可以更加直白、清楚地解释这个问题:《婚姻登记条例》第 1 条规定:"为了规范婚姻登记工作,保障婚姻自由、一夫一妻、男女平等的婚姻制度的实施,保护婚姻当事人的合法权益,根据《中华人民共和国民法典》(以下简称民法典),制定本条例。"由此可见,在《婚姻登记条例》的立法

---

[45] 安徽省安庆市中级人民法院行政裁定书[(2020)皖 08 行终 80 号]。

[46] 最高人民法院行政审判庭编:《〈关于执行中华人民共和国行政诉讼法若干问题的解释〉释义》,中国城市出版社 2000 年版,第 27 页。

[47] 贺荣主编:《北京行政诉讼案例研究》(第 3 卷),中国检察出版社 2005 年版,第 97 页。

目的中,并不要求婚姻登记机关在办理结婚(离婚)登记时,考虑对"子女的继承权"的保护,子女与婚姻登记机关为其父母结婚(离婚)办理登记行为之间没有利害关系。因此,正确的方法是,应当将"实际影响"从"利害关系"判断中排除,将其仅仅作为判断行政行为是否具有可诉性的标准。

5."法律上值得保护的利益"。在比较法上,如日本,"法律上值得保护利益"作为行政诉讼原告判断标准是与"法律上受保护利益"相对立提出来的。因为在"法律上受保护利益"之下,个人的有些利益无法解释到法规范的个别利益保护范围之中,所以个人的这些利益只要值得保护,就应当认可其有权提起行政诉讼。[48] 但是,在我国行政诉讼实践中,"法律上值得保护的利益"是"利害关系"的一种补充判断标准,即在"利害关系"之外的一些利益,基于个案由法院认定原告有权提起行政诉讼,请求法院保护。例如,在刘某荣诉南京市秦淮区房屋征收管理办公室行政强制案中,法院认为:

> 行政诉讼的起诉人应当符合原告资格的各项要求,其合法权益受到被诉行政行为的侵害,存在公法应当给予保护的权益或者实施上公法值得保护的利益。本案中,涉案房屋的所有权人系大地集团,原告刘某荣提交的租赁协议已于2011年1月期满,原告称此后进行了口头续约并实际居住在涉案房屋内,被告将原告母亲强行拉出并扣押,但是未能提供相关证据证明,且被告不予认可。本案双方的举证期限已经届满,在案证据不能证明原告在2011年1月后对涉案房屋仍合法承租及居住,对于原告该主张,本院难以采信。据此,原告提交的证据不足以证明被告实施的拆除行为对原告的合法权益产生了明显实际影响,依法应当裁定驳回原告的起诉。[49]

将"法律上值得保护的利益"纳入"利害关系"是收缩反射利益范围或者扩张"利害关系"的结果,也是行政法试图保护个人"正当利益"的一种努力。例如,在上海市宝山区临江佳园业主委员会(以下简称临江佳园业委会)诉上海市宝山区规划和土地管理局(以下简称宝山规土局)行政规划许可案中,法院认为:

> 当事人提起行政诉讼,应当符合法定的起诉条件。《中华人民共和国行政诉讼法》第25条第1款规定,行政行为的相对人以及其他与行政行为有利害关系的公民、法人或者其他组织,有权提起诉讼。本案中,临江佳园业委会未提供充分、有效的证据证明被上诉人宝山规土局作出的被诉许可侵犯了临江佳园业委会小区业主的通风、景观权。临江佳园业委会诉称涉案建设项目的施工会影响该业委会小区房屋质量,但其也未提供相关证据予以证明。故上诉人临江佳园业委会不具有提起本行政诉讼的原告主体资格。原审法院据此裁定驳回上诉人临江佳园业委会的起诉具有法律依据,本院应予维持。上诉人临江佳园业委会的上诉请求缺乏法律依据,本院不予支持。[50]

该案中,临江佳园业委会以"通风、景观权"被侵犯为由提起行政诉讼。我们知道,"通风权"作为相邻权之一有法规范保护依据,但是"景观权"则没有。如果临江佳园业委会完成"景观权"正当性的论证而被法院采纳,那么"景观权"就是值得保护的利益。法院在判断"法律上值得保护的利益"是否存在时需要斟酌考虑以下几个因素:(1)法规范的内涵与目的;(2)个案中的客观事实;(3)滥诉预防、司法权过度扩张与行政灵活性。本质上,"法律上值得保护的利益"是抛开法规范或者没有法规范而探求事实上或者道义上的利益是否值得保护的问题。虽然它有无漏洞保护权利的功能,但也可能导致原告判断标准过于泛化,并滑向行政公益诉讼的缺陷。

---

[48] 参见王天华:《行政诉讼的构造:日本行政诉讼法研究》,法律出版社2010年版,第59页。
[49] 南京铁路运输法院行政裁定书[(2017)苏8602行初555号]。
[50] 上海市第一中级人民法院行政裁定书[(2019)沪01行终288号]。

三、原告的情形

(一) 法定情形

《行政诉讼法》第 25 条第 1 款规定:"行政行为的相对人以及其他与行政行为有利害关系的公民、法人或者其他组织,有权提起诉讼。"其中,"利害关系"的规定十分原则,为此,基于行政诉讼实务经验的提炼,《行诉解释》第 12 条归纳出了如下几种常见原告的情形:

1. 涉及相邻权的原告。相邻权是一种民事法律关系。《民法典》第 288 条规定:"不动产的相邻权利人应当按照有利生产、方便生活、团结互助、公平合理的原则,正确处理相邻关系。"有时,经行政机关行政许可,相邻一方新建的房屋可能会影响另一方的通行,因为这种"影响"是由行政许可引起的,另一方可以作为原告对该行政许可提起行政诉讼;反之,如果没有"影响",则无权对之提起行政诉讼。例如,在金某君诉浙江省嵊州市人民政府批准案中,最高人民法院认为:

> 本案再审申请阶段争议的主要问题是再审申请人金某君与被诉建房用地审批行为之间是否具有利害关系。浙江省嵊州市人民政府于 2014 年 1 月 10 日批准同意金某波"拆旧建新、占地 96 平方米"的私人建房用地申请,再审申请人认为该建房用地批准行为违反了法律、政策的规定,侵犯其建成房屋的采光、通风等相邻权,提起本案诉讼。金某波涉案房屋的建设审批,除建房用地审批外,还有建设用地规划许可和建设工程规划许可。涉案建房用地批准行为,仅涉及金某波建房用地的四至范围和用地面积等,不涉及房屋的具体建设、规划等方面,不存在影响再审申请人已经建设房屋的通风、采光可能。且金某波经批准建设的现房屋是在拆除原房屋的基础上后退 6 米所建,与金某君房屋相距至少 6 米,也不存在影响再审申请人正常通行的可能。因此,再审申请人认为被诉建房用地批准行为侵犯其房屋的采光和通风权利的诉讼理由不能成立,其在再审申请中主张的侵犯其通行权的再审申请理由亦不成立。[51]

2. 涉及公平竞争权的原告。公平竞争是发展市场经济的基本要求,因此行政机关具有维护市场经济公平竞争秩序的职责。行政机关作出行政行为时,必须符合公平竞争的要求,不得限制或者变相限制市场准入和退出,不得侵犯市场主体的公平竞争权,保障各类经营者依法平等使用生产要素、公平参与市场竞争。例如,在吉某仁等诉盐城市人民政府行政决定案中,法院认为:

> 盐城市人民政府《会议纪要》中"城市公交在规划内开通的若干线路,要保证正常营运,继续免交有关交通规费"的规定作为政府的一项行政决定,具有行政强制力,是可诉的具体行政行为。吉某仁等人作为与公交总公司所属公交车辆营运范围有重叠的经营者,有权以《会议纪要》的规定侵犯其公平竞争权为由提起行政诉讼。[52]

3. 涉及行政复议等行政程序中被追加为第三人的原告。在行政复议等行政程序中被追加的第三人,因其直接受行政决定的法效力拘束,如不服该行政决定,有权对行政决定提起行政诉讼。如果行政机关没有通知其参加行政程序,但因其与该行政决定有利害关系,其也有权对该行政决定提起行政诉讼。例如,在张某银诉徐州市人民政府房屋登记行政复议决定案中,张某银的房屋所有权证和国有土地使用权被他人申请到徐州市人民政府进行行政复议,但是,徐州市人民政府在复议过程中没有通知张某银参加行政复议,却作出了确认该房屋所有权证和国有土地使用权违法的复议决定。对此,最高人民法院认为:

---

[51] 最高人民法院行政裁定书[(2016)最高法行申 1957 号]。
[52] 《最高人民法院公报》2003 年第 4 期。

虽然行政复议法没有明确规定行政复议机关必须通知第三人参加复议，但根据正当程序的要求，行政机关在可能作出对他人不利的行政决定时，应当专门听取利害关系人的意见。本案中，复议机关审查的对象是颁发鼓房字第1741号房屋所有权证行为，复议的决定结果与现持证人张某银有着直接的利害关系，故复议机关在行政复议时应正式通知张某银参加复议。[53]

4. 涉及受害人的原告。受害人要求行政机关依法追究加害人的法律责任，若行政机关拒绝或者不予答复，是否有权提起行政诉讼，并非没有争议。1991年，《行诉若干意见》第39条规定："被侵害人认为被处罚人在同一事件中实施了两种违反治安管理的行为，公安机关只认定并处罚了一种行为，被侵害人如果要求公安机关处罚另一种行为而提起诉讼的，人民法院不予受理。"据此，在治安管理行政处罚中，受害人提起行政诉讼受到了严格的限制。实务中，除非有制定法明确规定，这种限制就可能扩大到所有行政管理领域。从充分保护公民、法人或者其他组织的合法权益角度来看，这种限制是极不合理的。《刑事诉讼法》第101条第1款规定："被害人由于被告人的犯罪行为而遭受物质损失的，在刑事诉讼过程中，有权提起附带民事诉讼。被害人死亡或者丧失行为能力的，被害人的法定代理人、近亲属有权提起附带民事诉讼。"此法理应当可以适用到行政诉讼之中。《治安管理处罚法》第102条规定："被处罚人对治安管理处罚决定不服的，可以依法申请行政复议或者提起行政诉讼。"这一规定不承认治安管理行政处罚中受害人有提起行政诉讼的权利，但实务中，这条规定在判例中被法院否定。如在席某诉西安市公安局临潼分局等处罚决定再审案中，法院认为：

《中华人民共和国治安管理处罚法》第102条虽仅赋予被处罚人有行政复议或者提起行政诉讼的权利，但并未规定被侵害人无权提起行政诉讼。根据《中华人民共和国行政诉讼法》第25条第1款规定："行政行为的相对人以及其他与行政行为有利害关系的公民、法人或者其他组织，有权提起诉讼。"《最高人民法院关于执行〈中华人民共和国行政诉讼法〉若干问题的解释》第12条规定："与具体行政行为有法律上利害关系的公民、法人或者其他组织对该行为不服的，可以依法提起行政诉讼。"第13条第3项规定，"有下列情形之一的，公民、法人或者其他组织可以依法提起行政诉讼：（三）要求主管行政机关依法追究加害人法律责任的"。根据上述规定，行政处罚程序中的受害人与行政处罚行为具有利害关系，可以依法提起行政诉讼。据此，一审裁定以席某无原告诉讼主体资格为由驳回其起诉，二审裁定予以维持，违反行政诉讼法相关规定。[54]

5. 涉及行政行为撤销、变更的原告。行政机关作出行政行为之后，原来起伏不定的行政法律关系也随之稳定下来。若行政机关撤销、变更该行政行为，就会动摇已经稳定了的行政法律关系，合法权益受到影响的公民、法人或者其他组织有权对之提起行政诉讼。作出行政许可决定的行政机关或者其上级行政机关，根据利害关系人的请求或者依据职权撤销行政许可[55]。原申请人对撤销行政许可不服的，有权提起行政诉讼。在孟某彪诉徐州市规划局变更建筑规划用途案中，法院认为：

上诉人于2013年12月16日取得的房屋所有权证所依据的材料之一即徐州市规划局于2013年10月30日向徐州市住房保障和房产管理局发出的"关于刘场花园12号楼建筑用途变更的函"。徐州市规划局于2014年7月10日又向徐州市住房保障和房产管理局发出"关于恢复刘场世纪花园12号楼1单元101、102、201、202建筑用途的函"，必然对上诉人取得的房屋所有权证合法性产生影响。因此，上诉人与被诉具体行政行为存在法律上的利害关系。综上，原审裁定认定上诉人孟某彪与被上诉人变更

---

[53] 《最高人民法院公报》2005年第3期。
[54] 陕西省高级人民法院行政裁定书[（2016）陕行申178号]。
[55] 参见《行政许可法》第69条第1款。

建筑规划用途的行为之间不具有法律上的利害关系，驳回其起诉属于适用法律错误，依法应予纠正。[56]

6. 涉及投诉的原告。为维护自身合法权益向行政机关投诉，具有处理投诉职责的行政机关作出或者未作出处理的，投诉人有权提起行政诉讼。"自身合法权益"是对"利害关系"作出的一种限定，公民、法人或者其他组织只有为了维护"自身合法权益"进行的投诉，才有权提起行政诉讼。例如，在梁某斌诉山西省人力资源和社会保障厅、山西省人民政府行政复议案中，最高人民法院认为：

> 投诉举报是公民、法人或者其他组织参与行政管理的重要途径，除了维护自身合法权益，对于监督行政机关依法行使职权、弥补行政机关执法能力不足也发挥着积极作用。公民、法人或者其他组织可以就何种事项向哪个行政机关投诉举报，取决于法律、法规或者规章的具体规定；与此相应，能否就投诉举报事项提起行政诉讼，也需要根据法律、法规或者规章对于投诉举报请求权的具体规定作出判断。通常情况下，对是否具备原告资格的判断，取决于以下方面：(1)法律、法规或者规章是否规定了投诉举报的请求权；(2)该投诉举报请求权的规范目的是否在于保障投诉举报人自身的合法权益。就本案所涉及的劳动保障领域而言，《劳动保障监察条例》分别规定了投诉与举报两种方式。关于投诉，《劳动保障监察条例》第9条第2款规定："劳动者认为用人单位侵犯其劳动保障合法权益的，有权向劳动保障行政部门投诉。"其规范目的显然在于保障劳动者自身的合法权益。如果行政机关对于劳动者的投诉不予受理或者不履行依法纠正、查处的法定职责，劳动者可以依法提起履行职责之诉。关于举报，《劳动保障监察条例》第9条第1款规定："任何组织或者个人对违反劳动保障法律、法规或者规章的行为，有权向劳动保障行政部门举报。"举报的作用并非直接保障劳动者自身的合法权益，主要是为行政机关查处违反劳动保障法律、法规或者规章的行为提供线索或者证据，因此其规范目的在于维护公共利益，而非保障举报人自身的合法权益。虽然《劳动保障监察条例》第10条第3项规定，劳动保障行政部门应当履行"受理对违反劳动保障法律、法规或者规章的行为的举报、投诉"的职责，但行政机关对于举报所作的处理，包括答复或者不答复，均与举报人自身合法权益没有直接关系，由此举报人也就不具备提起行政诉讼的原告资格。尽管劳动保障行政部门对于再审申请人的投诉履行了相应法定职责，但再审申请人仍然不满，提起行政诉讼，其核心诉求是要求作成或者加重对用人单位的处罚。这就涉及投诉举报诉讼中另一个重要问题：对行政机关受理投诉之后的调查处理结果不服，能否提起行政诉讼。通常认为，法律、法规或者规章规定的投诉请求权，在于促使行政机关对于投诉事项发动行政权。如果行政机关发动了行政权，并将调查处理结果告知投诉人，就属履行了法定职责。如果投诉人对调查处理结果不服，其提起诉讼的目的是想为第三人施加负担，如要求作成或者加重对于第三人的处罚，则应依赖法律、法规或者规章是否规定了为第三人施加负担的请求权。就《劳动保障监察条例》而言，该条例仅仅规定，劳动者认为用人单位侵犯其劳动保障合法权益，有权向劳动保障行政部门投诉，但投诉请求权并不必然包括为第三人施加负担的请求权。该条例第19条还规定："劳动保障行政部门对违反劳动保障法律、法规或者规章的行为作出行政处罚或者行政处理决定前，应当听取用人单位的陈述、申辩；作出行政处罚或者行政处理决定，应当告知用人单位依法享有申请行政复议或者提起行政诉讼的权利。"这些权利也是赋予作为投诉对象的第三人，而非投诉人。[57]

该案中，法院对投诉和举报作了严格区分，举报人针对行政机关对举报所作的处理，包括答复或者不答复，无权提起行政诉讼。当然，在实务中，有时名为"举报"，实质内容中有可能含有"投诉"，所以，行政机关就这样的"举报"作出的处理，举报人对此是否有权提起行政诉讼，法院需要判断是否有"利害关系"才能作出准确判断。例如，在罗某荣诉吉安市物价局物

---

[56] 江苏省徐州市中级人民法院行政裁定书[(2015)徐行终字第00086号]。
[57] 最高人民法院行政裁定书[(2017)最高法行申281号]。

价行政处理案中,最高人民法院认为:

关于罗某荣的原告资格问题。根据《行政诉讼法》第2条、第24条第1款及《行诉解释》第12条规定,举报人就举报处理行为提起行政诉讼,必须与该行为具有法律上的利害关系。本案中,罗某容虽然要求吉安市物价局"依法查处并没收所有电信用户首次办理手机卡被收取的卡费",但仍是基于认为吉安电信公司收取卡费行为侵害其自身合法权益,向吉安市物价局进行举报,并持有收取费用的发票作为证据。因此,罗某荣与举报处理行为具有法律上的利害关系,具有行政诉讼原告主体资格,依法可以提起行政诉讼。[58]

7. 涉及债权人的原告。《行诉解释》第13条规定:"债权人以行政机关对债务人所作的行政行为损害债权实现为由提起行政诉讼的,人民法院应当告知其就民事争议提起民事诉讼,但行政机关作出行政行为时依法应予保护或者应予考虑的除外。"根据该条规定,原则上,债权人不能以行政机关对债务人所作的行政行为损害其债权实现为由提起行政诉讼,但行政机关作出行政行为时依法应予保护或者应予考虑的情形除外。也就是说,行政机关对债务人作出行政行为的法规范要求行政机关应予保护或者应予考虑债权人合法权益的,债权人才有权提起行政诉讼。其背后的法理是通过"刘某明案"引入的保护规范理论。其实,保护规范理论作为一种法精神或者法原理,较早时已在地方法院的判例中出现,如在洪某英等诉浙江省慈溪市人民政府土地行政登记案中,法院认为:

起诉人对沈某荣夫妇享有的债权受法律保护。被告的土地使用权变更登记行为将土地使用权与房屋所有权分离,既减少了沈某荣夫妇的可供执行的财产价值,又使房屋所有权存有瑕疵,导致法院难以处分该房屋,已对四原告的债权利益产生了实际影响。故应认为本案起诉人具有行政诉讼原告资格。[59]

该案的特殊性在于,变更登记所涉的房屋已经被法院查封,所以,债权人对应的债权也有了特殊性,即债权实现得到了法院查封财物的保障。而正是这种特殊性使债权人有权对变更登记行为提起行政诉讼。该案被收入了"行政审判指导案例",最高人民法院对此写下了如下裁判要旨:

人民法院应债权人要求查封债务人房屋后,债权人的债权即不同于普通债权,而受到法律的特别保护。国土部门在此等情况下作出土地使用权变更登记导致了房地分离,妨碍了债权的实现。债权人对此登记行为不服提起行政诉讼的,具有原告资格。[60]

若行政行为影响的是无担保的普通债权,则债权人无权提起行政诉讼。例如,在江西德广投资有限公司(以下简称德广公司)诉江西省遂川县人民政府土地行政处理案中,最高人民法院认为:

《中华人民共和国行政诉讼法》第25条规定,行政行为的相对人以及其他与行政行为有利害关系的公民、法人或者其他组织,有权提起诉讼。德广公司在本案中主张的债权包括252万元经营性贷款债权和167.26万元政策性贷款债权。关于前者,虽然被诉抄告单的内容涉及遂川县百货公司为本案借款已设定抵押的房地产的处置,但并未实际履行,京庐工行出具的情况说明已表明其对该房地产所享有的抵押权已得到实现,并未造成京庐工行的财产损失。德广公司作为债权的受让人,合法权益也未受

---

[58] 最高人民法院指导案例77号。
[59] 江必新主编:《中国行政审判指导案例》(第1卷),中国法治出版社2010年版,第12页。
[60] 最高人民法院行政审判庭编:《中国行政审判指导案例》(第1卷)第3号案例,中国法制出版社2010年版,第10页。

到抄告单的侵害。德广公司主张的政策性贷款债权,系无担保的普通债权,能否实现以及实现多少与行政机关处置四里仓库的行政决定没有必然关系。因此,德广公司并不享有本案原告主体资格。[61]

8. 涉及合伙企业、个体工商户的原告。合伙企业属于"非法人组织"[62],它向法院提起诉讼,应当以核准登记的字号为原告。未依法登记领取营业执照的个人合伙,全体合伙人为共同原告;全体合伙人可以推选代表人,被推选的代表人,应当由全体合伙人出具推选书。自然人从事工商业经营,经依法登记,为个体工商户。[63] 个体工商户的法律地位是公民,不是"其他组织",所以其向法院提起诉讼,以营业执照上登记的经营者为原告。有字号的,以营业执照上登记的字号为原告,并应当注明该字号经营者的基本信息。

9. 涉及股份制企业的原告。股份制企业的股东会、董事会等认为行政机关作出的行政行为侵犯企业经营自主权的,可以企业名义提起诉讼。股份制企业的股东会、董事会都是该企业的权力机关或者权力机关的执行机构,依照《公司法》规定的法律地位,依次应当是股份制企业的股东会、董事会,因此,它们不能同时提起诉讼。在实务中,上市公司被终止上市之后,其股东是否具有原告诉讼地位,最高人民法院曾在一个复函中认为:"根据《公司法》和《证券法》的规定,证监会是依法具有行政职权的证券市场的监督管理者。证监会按照其法定职权针对特定的上市公司作出的退市决定,属于在《行政诉讼法》中可诉的具体行政行为,股东对证监会作出的退市决定提起诉讼的,人民法院应依法受理。"[64]不过,最高人民法院在一个判例中,否定了公司股东针对行政机关作出的资质延续行为提起行政诉讼的权利。最高人民法院认为:

孙某宇作为津建项目管理公司股东,如认为被诉资质延续行为侵犯了津建项目管理公司的权益,应当通过公司股东大会或者董事会形成公司意志,并以公司名义提起诉讼,但其仅以股东个人名义起诉,不具备原告主体资格。[65]

10. 涉及联营企业、中外合资或者合作企业的联营、合资、合作各方的原告。若认为联营、合资、合作企业权益或者自己一方合法权益受行政行为侵害,联营企业、中外合资或者合作企业的联营、合资、合作各方均可以自己的名义提起诉讼。例如,在香港智慧传播(武汉)有限公司诉武汉市人民法院政府批复上诉案中,法院认为:

武汉有线网络有限公司是武汉有线电视企业公司与香港智慧传播(武汉)有限公司合资经营的企业。武汉市人民政府外商投资办公室于1996年6月28日作出的武外资办(1996)184号《市外资办关于撤销武汉有线网络公司的批复》的具体行政行为直接影响到作为该合资经营企业主一方的香港智慧传播(武汉)有限公司的权益。香港智慧传播(武汉)有限公司认为该具体行政行为侵犯其合法权益,依法向人民法院提起行政诉讼,人民法院应予受理。湖北省高级人民法院于1997年6月17日作出驳回香港智慧传播(武汉)有限公司起诉的(1996)鄂行初字第27号行政裁定,法律依据不足。[66]

11. 涉及非国有企业的原告。非国有企业被行政机关注销、撤销、合并、强令兼并、出售、分立或者改变企业隶属关系,该企业或者其法定代表人可以提起诉讼。非国有企业的职工不

---

[61] 最高人民法院行政裁定书[(2017)最高法行申6119号]。
[62] 《民法典》第102条。
[63] 《民法典》第54条。
[64] 最高人民法院《关于上海水仙电器股份有限公司股票终止上市后引发的诉讼应否受理等问题的复函》([2001]民立他字第32号)。
[65] 最高人民法院行政裁定书[(2016)最高法行申167号]。
[66] 最高人民法院行政裁定书[(1997)行终字第20号]。

服上述决定的,不能作为原告提起诉讼。例如,在王某衡诉上海市闵行区人民政府行政批复案中,法院认为:

> 上海市闵行区人民政府于1998年12月23日作出的闵府研(1998)23号关于同意上海市锋利电动工具厂改制为有限责任公司的批复,涉及的对象系企业法人上海市锋利电动工具厂。故不服该具体行政行为提起诉讼是企业或者其法定代表人具有的诉讼权利能力和行为能力。王某衡原为上海市锋利电动工具厂职工,其与上海市闵行区人民政府作出的批复没有法律上的利害关系。因此,王某衡不服该批复提起行政诉讼,不具有原告主体资格。[67]

国有企业被行政机关注销、撤销、合并、强令兼并、出售、分立或者改变企业隶属关系,因国有企业性质为"国家所有",属于国家处理自己的"家产",它的职工对国有企业注销等决定不得提起行政诉讼。[68]

12. 涉及非营利法人的出资人、设立人的原告。事业单位、社会团体、基金会、社会服务机构等非营利法人的出资人、设立人认为行政行为损害法人合法权益的,可以自己的名义提起诉讼。事业单位、社会团体、基金会、社会服务机构认为行政机关作出的行政行为损害它们合法权益时,固然有权提起行政诉讼,但若它们基于某些原因不行使诉权,其出资人、设立人认为行政行为损害法人合法权益的,可以自己的名义提起行政诉讼。实务中,已经清退股金的出资人,不具有原告的诉讼地位。例如,在李某为等诉慈利县财政局、慈利县国有资产监督管理局行政决定案中,法院认为:

> 本案争议焦点为李某为等6人是否具有提起本案行政诉讼的主体资格。《中华人民共和国行政诉讼法》第25条第1款规定,行政行为的相对人以及其他与行政行为有利害关系的公民、法人或者其他组织,有权提起诉讼。本案被诉慈财决字[2019]32号行政决定,系被申请人向相对人慈利县卫生健康局作出,而非对李某为等6人作出,在被诉行政行为作出前,慈利县骨伤科医院早已清退了包括李某为、李某梅以及其父李某恕3人在内的所有私人股金和股息报酬,现再审申请人李某为、李某梅并非慈利县骨伤科医院的股东,其和再审申请人李某炎、李某1、李某2、李某锐等均为慈利县骨伤科医院的员工,与被诉行政决定没有利害关系,不符合《最高人民法院关于适用〈中华人民共和国行政诉讼法〉的解释》第17条关于"事业单位、社会团体、基金会、社会服务机构等非营利法人的出资人、设立人认为行政行为损害法人合法权益的,可以自己的名义提起诉讼"规定的情形。[69]

13. 涉及业主委员会的原告。业主委员会对于行政机关作出的涉及业主共有利益的行政行为,可以自己的名义提起诉讼。"业主共有利益"一般是指小区绿化、道路和物业用房等。若行政机关作出如规划调整、产权性质变更等行政行为,业主委员会对此有权提起行政诉讼。例如,在中海雅园管委会诉海淀区房管局不履行法定职责案中,法院认为:

> 根据本案发生时实施的建设部《城市新建住宅小区管理办法》、北京市人民政府《北京市居住小区物业管理办法》以及北京市原房屋土地管理局《关于开展居住小区物业管理委员会试点工作的通知》、《关于全面开展组建物业管理委员会工作的通知》、北京市国土资源和房屋管理局《关于物业管理委员会委员补选、改选、换届选举及变更事项的通知》、北京市人民政府办公厅《关于转发规范和加强本市居住区物业管理的若干意见》的规定,居住小区物业管理委员会是由居住小区内全体业主通过业主大会选举产生的,代表本物业区域内全体业主的合法权益,负责对区域内物业实施管理的组织。物业管理

---

[67] 上海市闵行区人民法院行政裁定书[(2000)闵行初字第5号]。
[68] 刘某生等原黄石市海观山宾馆118名职工诉湖北省黄石市人民政府批准兼并企业决定案,最高人民法院行政判决书[(2002)行终字第1号]。
[69] 湖南省高级人民法院行政裁定书[(2020)湘行申1009号]。

委员会的成立及换届选举,均须报当地区县国土房管机关登记备案。物业管理委员会的主要职责包括选聘或解聘物业管理企业、与物业管理企业签订物业管理合同以及审议物业管理企业提出的物业管理服务收费标准、年度计划、财务预算和决算、监督物业管理企业的管理服务活动等,物业管理委员会的办公场所由物业管理企业提供,日常办公经费也暂由物业管理企业从其收入中支付。据此,可以认为,物业管理委员会的产生与改选均须经行政主管机关登记,有自己的组织章程和组织机构,有独立使用的办公场所,办公经费亦有相应保障,因而具有一定的民事行为能力,虽然不具备法人的资格,但如果物业管理委员会认为房管局处理其申请换届登记予以备案的具体行政行为,侵犯了其合法权益,有权依照行政诉讼法的规定向人民法院提起诉讼。[70]

若业主委员会不行使诉权,专有部分占建筑物总面积过半数或者占总户数过半数的业主可以提起诉讼。例如,黄某成等25人诉成都市武侯区房管局划分物业管理区域行政纠纷案中,法院认为:

国务院以第379号令于2003年6月8日颁布,并于2003年9月1日施行的《物业管理条例》第5条第2款规定:"县级以上地方人民政府房地产行政主管部门负责本行政区域内物业管理活动的监督管理工作。"被告武侯区房管局是符合上述规定的行政管理部门。武侯区房管局作出的划分物业管理区域的通知,是武侯区房管局对物业管理活动行使行政管理职权的行为,具有可诉性。原告黄某成等25人作为武侯区房管局所划分物业管理区域内的业主,受划分物业管理区域行为的拘束、管理,符合行政诉讼法规定的主体资格。黄某成等25人因划分物业管理区域而与武侯区房管局发生争议,有权提起行政诉讼。[71]

14. 涉及土地使用权的原告。农村土地承包人等土地使用权人对行政机关处分其使用农村集体所有土地的行政行为不服,可以自己的名义提起行政诉讼。最高人民法院在一个请示答复中也认为:"土地的实际使用人对行政机关出让土地行为不服,可以作为原告提起行政诉讼。"[72]实务中,因农村土地使用权人为复数,有时涉及部分人同意而另一部分人反对提起行政诉讼的案件,对此,原则上应当通过投票表决的方式决定是否提起行政诉讼。另外,当村民委员会或者农村集体经济组织对涉及农村集体土地的行政行为不起诉时,过半数的村民可以以集体经济组织名义提起诉讼。农村集体经济组织成员全部转为城镇居民后,对涉及农村集体土地的行政行为不服的,过半数的原集体经济组织成员可以起诉。[73] 不符合上述条件提起行政诉讼的,法院不予受理。例如,在阮某洪等9人诉杭州市人民政府、余杭区人民政府行政批复案中,法院认为:

余杭区人民政府101号批复同意永福村撤村建社区针对的是原集体组织,有权提起诉讼的,只能是村民委员会、村集体经济组织,或者超过适当比例的村民。阮某洪等9人以101号批复导致其合法权益受损为由,坚持以个人名义提起行政诉讼,原告诉讼主体资格不成立。[74]

行政机关对村集体所有土地作出变更、转移或者征收等行政行为,村民个人是否具有原告资格,最高人民法院在付某玉等人诉西安市人民政府土地确权及行政复议案中认为:

《中华人民共和国行政诉讼法》第25条第1款规定,行政行为的相对人以及其他与行政行为有利

---

[70] 《最高人民法院公报》2004年第5期。
[71] 《最高人民法院公报》2005年第6期。
[72] 最高人民法院《关于土地实际使用人对行政机关出让土地的行为不服可否作为原告提起诉讼问题的答复》([2005]行他字第12号)。
[73] 最高人民法院《关于审理涉及农村集体土地行政案件若干问题的规定》(法释[2011]20号)。
[74] 最高人民法院行政裁定书[(2017)最高法行申125号]。

害关系的公民、法人或者其他组织,有权提起诉讼。此处有利害关系的公民、法人或者其他组织,一般是指认为行政行为侵犯其合法权益且通过诉讼能够维护此种权益的公民、法人或者其他组织。本案付某玉等人认为行政机关将农村集体土地认定为国有土地侵犯了集体土地所有权;而根据《中华人民共和国土地管理法》第10条之规定,农民集体所有的土地依法属于村农民集体所有的,由村集体经济组织或者村民委员会经营、管理;因此对因村农民集体所有的土地的变更、转移或者征收等行政行为不服,有权提起诉讼的应当是村集体经济组织或者村民委员会等,而不应当是个别村民。村民如果对相关行政行为不服且村集体经济组织或者村民委员又不主动提起诉讼,则应当依照《村民委员会组织法》规定的程序,通过村民会议和村民代表会议形成集体决定,并由村民委员会执行,以确保起诉代表整体村民的集体意志。农村集体经济组织成员全部转为城镇居民后,也可根据《最高人民法院关于审理涉及农村集体土地行政案件若干问题的规定》第3条第2款规定,由过半数的原集体经济组织成员提起诉讼。[75]

15. 涉及知情权的原告。《行政许可规定》第2条规定:"公民、法人或者其他组织认为行政机关未公开行政许可决定或者未提供行政许可监督检查记录侵犯其合法权益,提起行政诉讼的,人民法院应当依法受理。"该条司法解释涉及《行政许可法》两个条文。其一,《行政许可法》第40条规定:"行政机关作出的准予行政许可决定,应当予以公开,公众有权查阅。"其二,《行政许可法》第61条第2款规定:"行政机关依法对被许可人从事行政许可事项的活动进行监督检查时,应当将监督检查的情况和处理结果予以记录,由监督检查人员签字后归档。公众有权查阅行政机关监督检查记录。"上述两条中的"公众有权查阅"涉及公众对行政许可的知情权,只要行政机关未公开,且侵犯公众合法权益的,其就有权提起诉讼。

(二)实务中的情形

1. 涉及企业被吊销营业执照的原告。被吊销营业执照的企业具有诉讼主体地位,因为吊销营业执照仅仅是消灭了它的行为能力,决定它是否有权利能力的是工商企业登记;在工商企业登记被撤销之前,该企业具有原告诉讼地位。例如,在烟台龙睛建设开发公司诉山东省烟台市国土资源局行政处罚决定案中,法院认为:

> 长城公司于1998年12月28日被工商行政管理机关吊销营业执照,该公司由此丧失了从事经营活动的能力,但并不意味着该公司的终止,在该公司被依法注销登记之前,其认为合法权益受到侵害,有权以自己的名义提起诉讼。[76]

2. 涉及行政行为持续法效力的原告。一个具有面向未来持续法效力的行政决定,因某一法律事实的发生、变更或者消灭,使原来与该行政决定没有任何关系的公民、法人或者其他组织,因此与之发生了"利害关系",对此,实务中也有法院承认他们具有原告诉讼地位。例如,在林某忠诉贺州市公安局交警支队不予撤销机动车驾驶证案中,法院认为:

> 上诉人符合本案原告诉讼主体资格。上诉人的丈夫何某在与李某于2003年6月12日发生的交通事故中死亡。当地交警认定何某负事故的全部责任。上诉人经查李某以虚假的身份证申请换发驾驶证,并认为李某所领的驾驶证是无效的。被上诉人换发驾驶证给李某的具体行政行为是否合法,与上诉人有法律上的利害关系,即关系到该事故的责任分担,直接影响到上诉人的合法权益,因此,依照最高人民法院《关于执行〈中华人民共和国行政诉讼法〉若干问题的解释》第12条的规定,上诉人有权对

---

[75] 最高人民法院行政裁定书[(2016)最高法行申1433号]。
[76] 参见最高人民法院行政判决书[(2000)行终字第3号];北海鑫工物业发展公司、黄某平诉湖南省益阳市公安局资阳分局扣押财产、收容审查决定及行政赔偿上诉案,最高人民法院行政判决书[(2004)行终字第2号]。

被上诉人于2000年6月13日换发证号为450121650927131的驾驶证的行为,以及对被上诉人的《答复》提起行政诉讼,因此,上诉人具有本案原告的诉讼主体资格。[77]

该案中,贺州市公安局交警支队在2000年6月13日为李某换发驾驶证,该发证行为与何某没有任何利害关系。但两年之后的一场交通事故,在何某与被告为李某换发驾驶证之间形成了一个"利害关系",故法院认为何某之妻林某忠有权提起行政诉讼。又如,在安邦财产保险股份有限公司(以下简称安邦保险公司)吉林中心支公司诉吉林市公安局交通管理支队颁发驾驶证案中,法院认为:

> 1992年李某生冒用李某森的名义考取的机动车驾驶证,并非因为李某生本人不具有学习驾驶和考取驾驶证的资格。学习驾驶并考取驾驶证的本人即李某生与填报的名字不符,吉林市公安局交通管理支队审查不细,便为李某生颁发了名为李某森的驾驶证,该行为虽然不当,但并不必然引起李某生2009年发生的交通事故,更不能必然引起安邦保险公司予以理赔。故吉林市公安局交通管理支队1992年由于审查不细为李某生颁发名为李某森的驾驶证的行为不侵犯安邦保险公司的合法权益。[78]

与前案具有相同的情形都是当事人"冒用他人身份"取得的驾驶证,后因持证人驾车发生交通事故引起受害人对颁发驾驶证是否合法发生争议。在该案中,法院用实质审查的方法认定冒用人李某生本身具有驾驶机动车的能力,只因行政机关"审查不细"而错误发证。在这样的情形下发生的交通事故,该发证行为与保险公司主张的权益没有因果关系,保险公司不能作为原告提起行政诉讼。

3. 涉及行政行为介入民事法律关系的原告。行政行为若介入已经存在的民事法律关系,如通过一个会议纪要确认拍卖行为合法有效,民事法律关系的主体可以成为行政诉讼的原告。但是,民事行为介入已经存在的行政法律关系的,民事行为主体不能成为行政诉讼的原告。例如,在广州市海龙王投资发展有限公司(以下简称海龙王公司)诉广东省广州市对外贸易委员会(以下简称广州市外经委)行政处理决定纠纷案中,最高人民法院认为:

> 上诉人海龙王公司根据其与三联公司签订的协议书,付给三联公司6000万元,作为对珠江侨都项目的投资,使协议得到了部分履行。但三联公司只是侨都公司投资三方中的一方,无权决定海龙王公司参加珠江侨都项目的开发。海龙王公司与三联公司之间形成的只是民事法律关系,不能证明海龙王公司在侨都公司中占有股份。因为海龙王公司没有与珠江侨都项目的各方签订合作合同和章程,也没有按照《中华人民共和国中外合作经营企业法》的有关规定经审查批准加入珠江侨都公司,所以海龙王公司以在侨都公司占用股权为由,认为被上诉人广州市外经委针对珠江侨都公司作出的233号通知,与其有法律上的利害关系的上诉理由不能成立。[79]

该案中,海龙王公司通过协议介入了广州市外经委与三联公司、珠江侨都公司和广大投资公司之间的行政法律关系,并没有改变广州市外经委针对珠江侨都公司作出的233号通知已经形成的行政法律关系的内容,所以海龙王公司在该案中没有原告诉讼地位。

---

[77] 广西壮族自治区贺州市中级人民法院行政判决书[(2006)贺行终字第10号];三亚双泽实业有限公司诉五指山市住房保障与房产管理局案,载最高人民法院行政审判庭编:《中国行政审判案例》(第4卷)第128号案例,中国法制出版社2013年版,第36页。

[78] 最高人民法院行政审判庭编:《中国行政审判案例》(第3卷)第86号案例,中国法制出版社2013年版,第22页。

[79] 最高人民法院行政判决书[(2001)行终字第2号]。

四、原告的承继

(一) 公民

《行政诉讼法》第 25 条第 2 款规定:"有权提起诉讼的公民死亡,其近亲属可以提起诉讼。"公民死亡之后,其在法律上的人格也随之消灭[80],所以,其近亲属若要提起行政诉讼,只能以自己的名义。例如,在张某诉济南市某某局颁发房屋所有权证纠纷案中,法院认为:

> 孙某于 2010 年 3 月 30 日去世,原告张某与孙某系母女关系,有张某的户籍资料予以证明,根据上述规定,张某有提起诉讼的权利,符合原告的主体资格。[81]

最高人民法院在一个请示答复中认为:"有权起诉婚姻登记行为的婚姻关系当事人死亡的,其近亲属可以提起行政诉讼。"[82]此答复的法律依据是《行政诉讼法》(1989 年)第 24 条第 2 款的规定。婚姻登记涉及人身关系,是否也可以适用"近亲属可以提起诉讼"的规定,并非没有商榷余地,最高人民法院"答复"也未涉及。《行诉解释》第 14 条规定:"行政诉讼法第二十五条第二款规定的'近亲属',包括配偶、父母、子女、兄弟姐妹、祖父母、外祖父母、孙子女、外孙子女和其他具有扶养、赡养关系的亲属。"若众多近亲属都要求提起诉讼,应当依法推选诉讼代表人,未提起诉讼的近亲属可以被列为第三人。

公民因被限制人身自由而不能提起诉讼,其近亲属可以依其口头或者书面委托以该公民的名义提起诉讼。近亲属如果在起诉时无法与被限制人身自由的公民取得联系,则可以先行起诉,并在诉讼中补充提交委托证明。但此种情形不属于原告承继,因此近亲属不得以自己名义提起诉讼。

(二) 法人或其他组织

《行政诉讼法》第 25 条第 3 款规定:"有权提起诉讼的法人或者其他组织终止,承受其权利的法人或者其他组织可以提起诉讼。"根据权利义务一致性原则,这一诉讼制度安排是妥当的。例如,天津市橡胶技术开发服务公司(以下简称橡技公司)等诉天津市对外经济贸易委员会等行政批复案中,法院认为:

> 1993 年 6 月 16 日,曾被注销的橡技公司经其上级主管部门天津市华农进出口经销公司呈报天津市华农进出口公司批准,并经天津市工商局审核后,重新取得了营业执照,恢复了企业法人资格,并经其主管部门授权"原橡技公司的债权债务仍由重新恢复的橡技公司承担"。重新注册后的橡技公司的权利义务是经其企业上级主管机关华农进出口公司授权取得的,其认为自己的合法权益受到静政批[1999]1 号行政批复的侵犯,有权依法提起行政诉讼,因此橡技公司的原审原告主体资格是适格的。[83]

相反,如果法人或者其他组织之间不具有权利承受法律关系支撑,则不适用该规定。例如,在开封市隆发房地产有限公司(以下简称豫东公司)诉开封市人民政府行政处罚案中,法院认为:

> 汴政文[1998]9 号决定的被处罚主体是豫东公司,而豫东公司已被登记主管机关吊销企业法人营

---

[80] 《民法典》第 13 条。
[81] 山东省济南市市中区人民法院行政判决书[(2010)市行初字第 64 号]。
[82] 最高人民法院行政审判庭《关于婚姻登记行政案件原告资格及判决方式有关问题的答复》([2005]行他字第 13 号)。
[83] 天津市高级人民法院行政判决书[(2000)高行终字第 3 号]。

业执照。隆发公司不服汴政文〔1998〕9号决定提起行政诉讼,必须依法取得豫东公司003055号国有土地使用权证项下的权利并提供相应的必要根据后才能具备原告资格。"承受其权利"是法律上的后果,它应该通过一定的形式来实现。虽然隆发公司与豫东公司自主地签订了"兼并协议书",但这是公司间的无序行为,它必须在法律规范的程序下进行。事实证明,"兼并协议书"中豫东公司没有出具经营负债表和财产清单,隆发公司没有股东会同意"兼并"的决议,双方没有"兼并"交接清单。更重要的是,"兼并协议书"是在法院依法查封了豫东公司的003055号国有土地使用权证及房产后签订的,它不可能产生隆发公司承受豫东公司权利的法律后果。[84]

实务中,最高人民法院行政庭曾在一个电话答复中称:"在企业法定代表人被行政机关变更或撤换的情况下,原企业法定代表人有权提起行政诉讼。新的法定代表人提出撤诉申请,缺乏法律依据。"[85]此答复意在保护原企业法定代表人的诉讼权利,不承认企业原法定代表人提起行政诉讼的权利,其合法权益就难以通过其他途径获得法律保护。

第三节 行政诉讼的被告

一、被告的概念

(一)被告

被告是因原告起诉到法院并由法院通知应诉的行政机关。《行政诉讼法》第26条第1款规定:"公民、法人或者其他组织直接向人民法院提起诉讼的,作出行政行为的行政机关是被告。"法律、法规、规章授权组织因行使行政职权被原告起诉到法院时,具有与行政机关相同的诉讼法律地位。在行政程序中,行政机关与公民、法人或者其他组织有不对等的法律地位,但在行政诉讼中,它们的法律地位是平等的。因此,《行政诉讼法》第8条规定:"当事人在行政诉讼中的法律地位平等。"

被告是行政诉讼不可缺少的当事人之一,由原告在行政诉状上明确列出。《行政诉讼法》第49条第2项规定,原告提起行政诉讼应当"有明确的被告"。提起行政诉讼不列被告或者所列被告不明确,原告的诉讼请求在形式上就不能成立,诉讼程序也就无法开启。但是,原告所指认的是形式意义上的被告,且形式意义上的被告也只有在法院对原告起诉要件进行初步审查之后才能确定。在民间,对行政诉讼一直有"民告官"的说法,在流传过程中往往被演绎为"告县长""告市长"等。其实,行政诉讼被告只能是行政机关,县长、市长等都是该行政机关的法定代表人,也应当列明于行政诉状之中。行政诉讼被告的法定代表人出庭应诉,不是说行政机关的"法定代表人"是被告,而是为了让行政机关重视行政诉讼,积极应诉,或者平息原告的不满,使行政争议得以顺利解决。行政机关也可以在民事诉讼中作被告,但是,此时的行政机关是《民法典》中的"特别法人"。[86]行政机关参加行政诉讼,应当严格遵守《行政诉讼法》规定,不得基于不正当目的行使诉权。例如,在袁某贵等诉某县人社局工伤保险资格认定案中,法院认为:

---

[84] 最高人民法院行政裁定书〔(1999)行终字第5号〕。
[85] 最高人民法院行政审判庭《关于对在案件审理期间法定代表人被更换,新的法定代表人提出撤诉申请,法院是否准予撤诉问题的答复》(〔1998〕法行字第14号)。
[86] 《民法典》第97条。

需要特别指出的是,原审法院基于某县人社局所作出的不予工伤认定事实不清,证据不足判决予以撤销,事实上并未干涉行政机关对工伤认定的调查决定权。某县人社局在此情形下既重新作出认定工伤的决定,又对原判决坚持申请再审,有不当行使诉讼权利的嫌疑,也缺乏行政机关必要的担当[87]。

(二)被告资格

被告资格是法院裁判要件之一。只有具有被告资格的行政机关,法院才能对其作出实体性裁判。当原告指向的被告经法院审查后认为不具有被告资格时,法院将驳回原告起诉。被告资格的认定规则是:(1)一个可诉的行政行为必须在法律上确已成立;(2)行政行为的行为主体必须是一个组织;(3)该行为主体必然由一个行政机关来代表;(4)行政机关必须对作出的行政行为承担法律责任。[88]

二、被告的判断标准

被告判断标准需要根据行政诉讼客体的不同状态而定。行政行为从它的外观状态上可以分为行政作为和不作为,所以,基于行政行为与主体之间所具有的不可分割性,被告判断标准可以分为两种情形。

(一)行政作为

行政作为是行政机关以积极的行为方式作出的行政行为,如作出行政处罚决定、颁发行政许可证、实施对违法建筑的强制拆除等。行政作为的被告判断标准是以实施行政作为的行政机关为被告,或简称为"谁作为,谁被告"。例如,《行政诉讼法》第26条第1款规定:"公民、法人或者其他组织直接向人民法院提起诉讼的,作出行政行为的行政机关是被告。"这是《行政诉讼法》关于确定行政作为被告的一条原则性规定。

(二)行政不作为

行政不作为是行政机关以消极的行为方式不履行法定职责。例如,申请人向市场监管局申请颁发营业执照,市场监管局收到申请之后不予理睬,市场监管局的行为构成行政不作为。判断谁是行政不作为被告的标准是法定职责归属哪个行政机关,或简称为"谁有职责,谁被告"。也就是说,原告针对行政不作为提起行政诉讼,必须向法院提供行政机关应当履行法定职责的法规范,法院通过该法规范,才能确定原告所请求履行的法定职责应当归属哪个行政机关,进而确认谁是被告。原告请求法院判令公安机关就其申请颁发营业执照,如果原告不能提出公安机关颁发营业执照的法规范,法院就不能确定公安机关是被告,否则,原告只要在行政程序中提出一个"申请",就可以将任何一个行政机关拖进行政诉讼。例如,在李某芝诉北京市昌平区人民政府不履行法定职责案中,最高人民法院认为:

《行政诉讼法》第49条第3项规定,"提起诉讼应当符合下列条件:……(三)有具体的诉讼请求和事实根据"。本案中,李某芝要求昌平区人民政府责令他人停止非法占地、违章建楼、非法圈占公建水渠、泄洪通道等行为,并恢复土地原状。根据相关法律法规规定,再审申请人的上述请求明显不属于昌平区人民政府的法定职责。一审法院据此裁定驳回再审申请人起诉、二审法院裁定驳回其上诉,并无不当。[89]

---

[87] 河南省高级人民法院行政裁定书[(2023)豫行申2467号]。
[88] 参见章剑生:《现代行政法基本理论》(第2版,上卷),法律出版社2014年版,第803页。
[89] 最高人民法院行政裁定书[(2016)最高法行申1890号]。

三、被告的情形

(一)法定情形

1. 直接被告。《行政诉讼法》第 26 条第 1 款规定:"公民、法人或者其他组织直接向人民法院提起诉讼的,作出行政行为的行政机关是被告。"这是最常见也是最简易的确定被告的规则。何谓"作出行政行为的行政机关",在抚顺新跃化学制品有限公司等诉辽宁省抚顺市人民政府行政审批案中,最高人民法院认为:

> 《中华人民共和国行政诉讼法》第 26 条第 1 款规定,公民、法人或者其他组织直接向人民法院提起诉讼的,作出行政行为的行政机关是被告。所谓"作出行政行为的行政机关"是指实际作出被诉的对当事人权利义务产生实际影响的行政行为的行政机关,只是接受委托转达或组织实施被诉行政行为、没有行使自己行政职权进行决策活动的行政机关,不是作出被诉行政行为的行政机关。本案中,被诉行政行为是停止新建、停办行政审批手续,该行政行为的实际决策人和作出主体是抚顺市人民政府。没有抚顺市人民政府的决策行为,抚顺市人民政府的相关职能部门不可能听从新抚区人民政府或华山工业园区管委会的指令,停止办理审批手续,同时从新抚区人民政府的 2 号请示也可以看出,恢复建设和办理行政审批手续,仍需要请示抚顺市人民政府批准,这也从反面证明,停止新建、停办行政审批手续行为的决策人不是新抚区人民政府。华山工业园区管委会通知园区内企业停止新建和行政审批手续,只是接受委托转达抚顺市人民政府作出的行政决定内容的行为,在转达过程中,华山工业园区管委会和新抚区人民政府并未根据自身职责权限行使决策权自主作出任何行政行为。因此,抚顺市人民政府主张新抚区人民政府是被诉行政行为的作出主体,一、二审遗漏被告的主张不能成立,对其该项申请再审理由,本院不予支持。[90]

司法解释在某些行政领域中对直接被告作出单独规定。例如,《行政许可规定》第 4 条规定:"当事人不服行政许可决定提起诉讼的,以作出行政许可决定的机关为被告……"《政府信息公开规定》第 4 条第 2 款规定:"公民、法人或者其他组织对主动公开政府信息行政行为不服提起诉讼的,以公开该政府信息的机关为被告。"行政机关以书面形式作出行政行为,公民、法人或者其他组织可以以书面记载的行政机关名称确定被告。实务中,在强制拆除其建筑物或者其他设施中,确定被告具有一定的复杂性。对强制拆除建筑物或者其他设施不服提起诉讼的,以作出强制拆除决定的行政机关为被告;没有强制拆除决定书的,以具体实施强制拆除行为的行政机关为被告;未收到强制拆除决定书,实施强制拆除行为的主体不明确的,可以以现有证据初步证明实施强制拆除行为的行政机关为被告。[91]

2. 复议被告。经过复议后,原告提起诉讼的,需要根据复议决定结果来确定被告。若复议机关决定维持原行政行为,作出原行政行为的行政机关和复议机关是共同被告;若复议机关改变原行政行为,复议机关是被告。何谓"改变",《行诉解释》第 22 条规定,(1)复议机关改变原行政行为,是指复议机关改变原行政行为的处理结果。复议机关改变原行政行为所认定的主要事实和证据、改变原行政行为所适用的规范依据,但未改变原行政行为处理结果的,视为复议机关维持原行政行为。(2)复议机关确认原行政行为无效,属于改变原行政行为。(3)复议机关确认原行政行为违法,属于改变原行政行为,但复议机关以违反法定程序为由确认原行政行为违法的除外。也就是说,以违反法定程序为由确认原行政行为违法,由作出原行政行为的行政机关作被告。之所以作这样的规定,主要是因为以违反法定程序为由确认原

---

[90] 最高人民法院行政裁定书〔(2017)最高法行申 22 号〕。
[91] 最高人民法院《关于正确确定强制拆除行政诉讼案件被告及起诉期限的批复》(法释〔2024〕8 号)。

行政行为违法，没有改变处理结果。复议机关在法定期间内不作复议决定的，分如下两种情形确定被告：(1)对原行政行为不服提起诉讼，应当以作出原行政行为的行政机关为被告；(2)对复议机关不作为不服提起诉讼，应当以复议机关为被告。

3.共同被告。共同被告有两种情形：(1)同一行政行为的共同被告。两个以上行政机关作出同一行政行为，共同作出行政行为的行政机关是共同被告。例如，《行政许可规定》第4条规定，"行政许可依法须经上级行政机关批准，当事人对批准或者不批准行为不服一并提起诉讼的，以上级行政机关为共同被告"。(2)不同行政行为的共同被告。复议机关决定维持原行政行为，作出原行政行为的行政机关和复议机关是共同被告。维持原行政行为，包括复议机关驳回复议申请或者复议请求的情形，但以复议申请不符合受理条件为由驳回的除外。原告只起诉作出原行政行为的行政机关或者复议机关的，法院应当告知原告追加被告。原告不同意追加的，法院应当将另一机关列为共同被告。复议决定既有维持原行政行为内容，又有改变原行政行为内容或者不予受理申请内容，作出原行政行为的行政机关和复议机关为共同被告。

4.授权被告。针对由法律、法规、规章授权的组织所作的行政行为，该组织是被告。在部门行政法中，如《自然灾害救助条例》第20条规定："居民住房恢复重建补助对象由受灾人员本人申请或者由村民小组、居民小组提名。经村民委员会、居民委员会民主评议，符合救助条件的，在自然村、社区范围内公示；无异议或者经村民委员会、居民委员会民主评议异议不成立的，由村民委员会、居民委员会将评议意见和有关材料提交乡镇人民政府、街道办事处审核，报县级人民政府民政等部门审批。"该条中，"民主评议"具有行政管理职责性质，民主评议不通过的，申请人可以村民委员会或者居民委员会为被告提起行政诉讼。在现行法律框架中，其他如高等学校等事业单位以及律师协会、注册会计师协会等行业协会等组织，都可以依法成为授权被告。[92]

授权被告中尚有两个问题需要进一步说明：(1)规章授权。《行政诉讼法》第2条第2款规定："前款所称行政行为，包括法律、法规、规章授权的组织作出的行政行为。"该条规定承认规章授权的组织可以作行政诉讼被告。但是，《行政处罚法》、《行政许可法》和《行政强制法》的授权范围仍然限于法律、法规，因此，在上述三个行政领域中，不适用规章授权被告。(2)行政职权的变动。有的法律、法规或者规章规定，行政机关在一定条件下可以将一部分行政职权授予其他行政机关行使。例如，《电信设备进网管理办法》第8条第1款规定："生产企业申请电信设备进网许可，应当向工业和信息化部授权的受理机构提交下列申请材料：（一）电信设备进网许可申请表(由工业和信息化部提供格式文本)。申请表应当由生产企业法定代表人或其授权人签字并加盖公章。境外生产企业应当委托中国境内的代理机构提交申请表，并出具委托书……"对于规章这样的规定，较早时最高人民法院在一个"复函"中认为属于行政委托。[93] 但这个"复函"的规定在实务中早已经被突破了，即因行政职权变动而作出行政行为的行政机关，可以作为行政诉讼的被告。

5.委托被告。由行政机关委托的组织所作出的行政行为，遵循"谁委托，谁被告"规则，由委托的行政机关作被告。最高人民法院在一个答复中认为："商业银行受中国人民银行的委托行使行政处罚权，当事人不服商业银行行政处罚提起行政诉讼的，应当以委托商业银行行

---

[92] 参见《行诉解释》第24条。
[93] 最高人民法院《对广西壮族自治区高级人民法院〈关于覃正龙等四人不服来宾县公安局维都林场派出所林业行政处罚一案管辖问题的请示报告〉的复函》(法行函〔1991〕102号)。

使行政处罚权的中国人民银行分支机构为被告。"[94]因为委托不产生行政职权主体的转移，而仅仅是由符合法定条件的组织"代行"行政职权，其原理类似私法上的"代理"，所以受委托的组织因行使委托的行政职权所产生的法律责任，全部归于行使委托权的行政机关。

委托被告至少还有以下几个问题尚待厘清：(1)受委托组织超出委托范围作出的行政行为。如果受委托组织超出委托范围实施的行为，可以借用民法上"表见代理"之法理，由委托行政机关作被告。例如，在吴某强诉佛山市人力资源和社会保障局(以下简称佛山市人社局)、被告佛山市人民政府基本养老保险待遇认定及行政复议案中，法院认为：

> 应当指出，虽然佛山市人社局将企业职工从事特殊工种提前退休等事项委托佛山市社会保险基金管理局办理，但按照行政法的一般原理，在行政委托中，不发生行政职权和职责的转移，受委托组织根据行政委托行使职权必须以委托方的行政主体的名义，而不是以自己的名义，其行为对外的法律责任由委托的行政主体承担。本案中，佛山市人社局提供的证据只能证明其与佛山市社会保险基金管理局签订相关协议，并无提供证据证明其将企业职工从事特殊工种提前退休等事项委托禅城社保局办理，故佛山市人社局提供的由禅城社保局作出的"经佛山市人社局内部审核，认为原告的申请不符合提前退休条件"告知内容无事实和法律依据，本院予以指正。[95]

在这样的情形下，受委托组织是否应当被追加为诉讼第三人，应当以原告是否提出行政赔偿请求为条件。实务中，也有把受委托组织"越出委托范围"实施的"行政行为"作民事侵权论处的，若能够保障受害人的合法权益，此方案也并非不可。(2)行政协助。行政协助不属于"行政委托"，因协助机关本身是行政机关，协助属于其依法应当履行的法定职责。依照行政职权法定原则，它应当对协助行为承担法律责任。(3)行政机关组建并赋予行政管理职能但不具有独立承担法律责任能力的机构，以自己的名义作出行政行为，公民、法人或者其他组织不服提起诉讼的，应当以组建该机构的行政机关为被告。因该机构在法律上仅有行政机关内部机构的法律地位，它对外作出的"行政行为"应当由所属的行政机关承担，与行政法理不悖。例如，在陈某诉徐州市泉山区城市管理局行政处罚案中，法院认为：

> 因综合整治指挥部是城市管理局的内设协调机构，且2002年8月21日晚暂扣原告陈某物品行为是城市管理局工作人员实施的，该局是依法成立具有行政主体资格的行政组织，故本案中城市管理局应作为适格的被告，暂扣陈某物品行为的法律后果，应由城市管理局承担。故综合整治指挥部不具有行政诉讼的被告资格，区人民政府与本案被诉行政行为无直接的法律关系，也不应承担法律责任。[96]

(4)法律、法规或者规章授权行使行政职权的行政机关内设机构、派出机构或者其他组织，超出法定授权范围实施行政行为，公民、法人或者其他组织不服提起诉讼的，应当以实施该行为的机构或者组织为被告。在法律、法规或者规章授权的情况下，行政机关内设机构、派出机构或者其他组织已经具有了与行政机关一样的法律地位，超出法定授权范围作出行政行为，应当由其自己对外承担责任。(5)没有法律、法规或者规章规定，行政机关授权其内设机构、派出机构或者其他组织行使行政职权的，属于《行政诉讼法》第26条规定的委托。公民、法人或者其他组织提起诉讼的，应当以该行政机关为被告。此"授权"为行政委托的一种特殊情形。(6)对于征收实施单位受房屋征收部门委托，在委托范围内作出的行政行为，被征收人提起诉讼的，应当以房屋征收部门为被告。

6. 署名被告。公民、法人或者其他组织不服经上级行政机关批准的行政行为提起诉讼

---

[94] 最高人民法院《关于诉商业银行行政处罚案件的适格被告问题的答复》(〔2003〕行他字第11号)。
[95] 广东省佛山市顺德区人民法院行政判决书〔(2021)粤0606行初1357号〕。
[96] 《最高人民法院公报》2003年第6期。

的,以在对外发生法律效力的文书上署名的机关为被告。上级行政机关的"批准"通常具有"内部行为"性质,不直接对外发生法效力,只有"署名"才是对外表达意思的主体标志。遵循"谁署名,谁被告"规则,署名行政机关为被告。

7. 开发区管理机构被告。以是否经国务院、省级人民政府批准为标准,确定开发区管理机构是否可以成为被告。具体情形如下,公民、法人或者其他组织对由国务院、省级人民政府批准设立的开发区管理机构作出的行政行为不服提起诉讼的,以该开发区管理机构为被告;对由国务院、省级人民政府批准设立的开发区管理机构所属职能部门作出的行政行为不服提起诉讼的,以其职能部门为被告;对其他开发区管理机构所属职能部门作出的行政行为不服提起诉讼的,以开发区管理机构为被告;开发区管理机构没有行政主体资格的,以设立该机构的地方人民政府为被告。

8. 房屋征收部门被告。《国有土地上房屋征收与补偿条例》第4条第2款规定:"市、县级人民政府确定的房屋征收部门(以下称房屋征收部门)组织实施本行政区域的房屋征收与补偿工作。"该条中"确定"使它成为被告,之前一直不甚明确。《行诉解释》第25条第1款明确规定:"市、县级人民政府确定的房屋征收部门组织实施房屋征收与补偿工作过程中作出行政行为,被征收人不服提起诉讼的,以房屋征收部门为被告。"例如,在王某英诉湖南省张家界市永定区人民政府不履行行政协议案中,最高人民法院认为:

> 根据《国有土地上房屋征收与补偿条例》第25条关于"房屋征收部门与被征收人依照条例的规定,就补偿方式、补偿金额和支付期限、用于产权调换房屋的地点和面积、搬迁费、临时安置费或者周转用房、停产停业损失、搬迁期限、过渡方式和过渡期限等事项,订立补偿协议。补偿协议订立后,一方当事人不履行补偿协议约定的义务的,另一方当事人可以依法提起诉讼"之规定,房屋征收部门有权以自己的名义独立行使订立拆迁补偿协议的权力及承担相应法律责任的能力。本案中永定区征收办作为拆迁补偿协议订立方,具有对外独立承担法律责任的能力。因此,本案的适格被告应为永定区征收办,而不是永定区人民政府。原审法院经向王某英释明后,其仍坚持起诉永定区人民政府,原审法院驳回其起诉并无不当。[97]

在陈某生、张某平诉安徽省金寨县人民政府房屋征收补偿协议案中,最高人民法院从"合同相对性原则"和"法定主体原则"两个方面进一步论证了在行政协议诉讼中房屋证征收部门作被告的法理基础。最高人民法院认为:

> 本案系再审申请人陈某生、张某平针对其与金寨县征补办签订的房屋征收补偿协议提起诉讼。起诉以金寨县人民政府为被告。金寨县人民政府辩称,其不是协议的签订人,不是适格被告。一审法院则认定再审申请人将金寨县人民政府列为被告系主体错误,并据此裁定驳回起诉。因而,适格被告问题就成为本案的核心争议。本院经审查认为,以金寨县人民政府为被告提起本案诉讼,确系错列被告。在再审申请人拒绝更的情况下,一审法院裁定驳回起诉,符合最高人民法院《关于适用〈中华人民共和国行政诉讼法〉若干问题的解释》第3条第1款第3项的规定。理由如下:
> 一、以协议相对方以外的其他主体为被告违背了合同相对性原则。再审申请人系针对其与金寨县征补办签订的房屋征收补偿协议提起诉讼,请求人民法院判决撤销该协议,并判决被告予以补偿、赔偿根据《中华人民共和国行政诉讼法》第12条第1款第11项的规定,认为行政机关不依法履行、未按照约定履行或者违法变更、解除政府特许经营协议、土地房屋征收补偿协议等协议的,属于行政诉讼受案范围。因此本案属于行政协议之诉。尽管行政协议在性质上仍然属于一种行政行为,在主体、标的以及目标等方面与民事合同多有不同,但它的确是一种"最少公法色彩、最多私法色彩"的新型

---

[97] 最高人民法院行政裁定书[(2016)最高法行申412号]。

行政行为与民事合同类似，行政协议同样是一种合同，同样基于双方或者多方当事人的意思合意，同样具有合同当事人地位平等以及非强制性等特点。在民事合同法律规范中，合同相对性原则具有基础地位。该原则是指，合同主要在特定的合同当事人之间发生法律约束力，只有合同当事人一方才能基于合同向合同的相对方提出请求或者提起诉讼，而不能向合同相对方以外的其他主体主张。本案中，金寨县征补办系依据《国有土地上房屋征收与补偿条例》第25条与再审申请人订立房屋征收补偿协议。而该条第2款"补偿协议订立后，一方当事人不履行补偿协议约定的义务的，另一方当事人可以依法提起诉讼"的规定也正是合同相对性原则的具体体现。所以，如果再审申请人针对补偿协议提起诉讼，只能以协议的相对方金寨县征补办为被告，其以合同相对方以外的其他主体金寨县人民政府为被告提起诉讼，是对合同相对性原则的违反，也是对《国有土地上房屋征收与补偿条例》第25条第2款规定的违背。

二、法定主体原则要求谁行为谁为被告。行政协议虽以合同的面貌出现，但说到底还是一种行政行为，即以传统的行政诉讼当事人规则审视本案，金寨县人民政府也不应成为适格的被告。在行政诉讼中，确定适格被告的依据是所谓法定主体原则，即行政机关作出了被诉的那个行政行为，或者没有作出被申请的行政行为，并且该机关在此范围内能对争议的标的进行处分。《行政诉讼法》第26条第1款"公民、法人或者其他组织直接向人民法院提起诉讼的，作出行政行为的行政机关是被告"的规定就是法定主体原则的具体体现。通常情况下，法定主体原则具体包括这样两个要件：第一，谁行为，谁为被告；第二，行为者，能为处分。以行政协议之诉而言，所谓"谁行为"，就是指谁是行政协议的相对方；"能处分"，就是指该相对方有能力履行协议所约定的给付义务。本案中，金寨县征补办是房屋征收补偿协议的另一方当事人，并无争议。再审申请人所强调的是，依照《国有土地上房屋征收与补偿条例》第4条第1款的规定，"市、县级人民政府负责本行政区域的房屋征收与补偿工作"，这无疑已确定金寨县人民政府的征收补偿主体资格，签订房屋征收补偿协议只是一种具体落实。因此，其以金寨县人民政府为被告提起诉讼，完全符合条例的原意。本院认为，《国有土地上房屋征收与补偿条例》第4条第1款明确规定："市、县级人民政府负责本行政区域的房屋征收与补偿工作。"但这里所谓的"负责"，只是明确一种主体责任，并非指该行政区域房屋征收与补偿方面的所有工作都由市、县级人民政府负责。考虑到房屋征收与补偿工作量大面广，不可能都由人民政府具体实施，该条第2款紧接着规定："市、县级人民政府确定的房屋征收部门组织实施本行政区域的房屋征收与补偿工作。"房屋征收部门与市、县级人民政府在房屋征收与补偿工作中各有分工，各负其责。例如，依照该条例第25条的规定，与被征收人订立补偿协议就由房屋征收部门以自己的名义进行；达不成补偿协议的，则依照该条例第26条的规定，由房屋征收部门报请市、县级人民政府作出补偿决定。房屋征收部门虽然是由"市、县级人民政府确定"，但其职责并非由市、县级人民政府授权，也非由市、县级人民政府委托，其和市、县级人民政府一样，都是在该条例的授权之下以自己的名义履行职责。此外，金寨县征补办也有能力履行协议所约定的给付义务，从而具有诉讼实施权。依照该条例第12条第2款的规定，在金寨县人民政府因涉案建设项目而作出房屋征收决定前，征收补偿费用应当足额到位、专户存储、专款专用。即使金寨县征补办在房屋征收补偿协议诉讼中被判令承担继续履行、采取补救措施或者赔偿损失等责任，也因有充分的资金准备而具有承担法律责任的能力。[98]

9. 实质影响的被告。《行政许可法》第26条第2款规定："行政许可依法由地方人民政府两个以上部门分别实施的，本级人民政府可以确定一个部门受理行政许可申请并转告有关部门分别提出意见后统一办理，或者组织有关部门联合办理、集中办理。"为此，最高人民法院《行政许可规定》第5条规定："行政机关依据行政许可法第二十六条第二款规定统一办理行政许可的，当事人对行政许可行为不服提起诉讼，以对当事人作出具有实质影响的不利行为的机关为被告。"该条中的"统一办理"是指一个行政许可依法原由两个以上的行政机关分别

---

[98] 最高人民法院行政裁定书[(2016)最高法行申2719号]。

实施,现由本级政府确定由其中一个行政机关受理后,由受理机关转告其他行政机关并提出意见,由受理机关作出是否许可的决定。在"统一办理"程序中,凡是作出实质影响申请人不能获得许可的行政行为的行政机关是被告。例如,在征求意见时,行政机关表示了否定性意见,使申请人不能获得所申请的许可,该表示否定性意见的行政机关是被告。

(二)实务情形

1.行政规定授权的组织。在实务中,对某些新型的行政管理事务行使行政职权,一时没有相应的法定行政机关,也没有法律、法规或者规章授权的组织。一些地方政府通过行政规定授权相关的组织行使行政职权,有法院在个案中认定该组织是被告。例如,在唐某东诉莆田市人民政府住房制度改革领导小组办公室房改房上市准入及收取增益金案中,虽然法院在判决书中没有直接认定,但法官在事后对该案解析中认为:

> 从被告提供的"事业单位法人证书"说明,被告是经莆田市人民政府机构编制管理办公室批准而设立的事业法人机构,是莆田市人民政府依法授权其履行管理全市住房公积金、促进全市住房制度改革的职能,为此有权作出房改房上市准入和收取增益金的具体行政行为,是适格的被告主体。[99]

2.交警大队。交警大队是县级公安机关管辖交通安全的警种,是它的一个科级单位。但在实务中,因基于某些特殊需要,如管辖地域大或者重要性等因素,有的交警大队具有相当于"县级公安机关交通管理部门"的法律地位。《道路交通安全法实施条例》第109条第1款规定:"对道路交通安全违法行为人处以罚款或者暂扣驾驶证处罚的,由违法行为发生地的县级以上人民政府公安机关交通管理部门或者相当于同级的公安机关交通管理部门作出决定;对处以吊销机动车驾驶证处罚的,由设区的市人民政府公安机关交通管理部门或者相当于同级的公安机关交通管理部门作出决定。"对此,最高人民法院在一个请示答复中认为:"如果烟台市公安局交通警察支队下设的大队相当于县级公安机关交通管理部门,可以以自己的名义作出处罚决定。"[100]在此种情形下,交警大队可以作被告。

四、被告的承继

(一)法定情形

在行政机构改革中,被调整的行政机关并非少见,实务中,如乡镇政府改为街道办事处、县改为县级市或者市辖区等。如果行政机关在作出行政行为后被撤销或者职权变更,基于无漏洞权利保护原则,必须为公民、法人或者其他组织提起诉讼确定一个"明确的被告"。为此,《行政诉讼法》第26条第6款规定:"行政机关被撤销或者职权变更的,继续行使其职权的行政机关是被告。"例如,在王某南诉江苏省常州市武进区人民政府(以下简称武进区政府)土地行政管理案中,最高人民法院认为:

> 《中华人民共和国土地管理法》第53条规定,经批准的建设项目需要使用国有建设用地的,建设单位应当持法律、行政法规规定的有关文件,向有批准权的县级以上人民政府土地行政主管部门提出建设用地申请,经土地行政主管部门审查,报本级人民政府批准。《土地管理法实施条例》(1999年1月1日起施行)第5条规定,单位和个人依法使用的国有土地,由土地使用者向土地所在地的县级以上人民政府土地行政主管部门提出土地登记申请,由县级以上人民政府登记造册,核发国有土地使用权证书,确认使用权。本案中,武进区政府基于湖滨公司的申请于2009年12月7日颁发国有土地使用证的行

---

[99] 福建省莆田市中级人民法院行政判决书[(2002)莆中行终字第128号]。
[100] 最高人民法院《关于交通警察支队的下属大队能否作为行政处罚主体等问题的答复》([2009]行他字第9号)。

为,即属于上述规定的情形。此后,包括土地登记在内的不动产登记法律制度发生了变化。2015年3月1日起施行的《不动产登记暂行条例》第1条规定:"为整合不动产登记职责,规范登记行为,方便群众申请登记,保护权利人合法权益,根据《中华人民共和国物权法》等法律,制定本条例。"《不动产登记暂行条例》以《中华人民共和国物权法》为依据,吸收借鉴相关登记办法的内容,对不动产统一登记方面的一系列重要制度予以了明确。该条例第2条第2款规定:"本条例所称不动产,是指土地、海域以及房屋、林木等定着物。"第7条第1款规定:"不动产登记由不动产所在地的县级人民政府不动产登记机构办理;直辖市、设区的市人民政府可以确定本级不动产登记机构统一办理所辖各区的不动产登记。"基于上述规定,《不动产登记暂行条例》施行后,本案所涉单一的土地登记已经转变为不动产统一登记,原不同登记机关的职责整合到不动产登记机构。本案王某南诉请撤销武进区政府2009年12月7日颁发的武国用(2009)第1206262号国有土地使用证。土地权属证书是土地登记的载体,因此本案被诉行政行为仍是土地权属登记行为。王某南申请再审主张,其起诉的是武进区政府决定颁发国有土地使用证的行为而不是该证的登记行为,系对法律法规的误解。根据常州市相关部门制定的《常州市政府办公室关于印发常州市不动产统一登记工作实施方案的通知》《常州市编委关于整合不动产登记职责的通知》等规范性文件,从2015年10月起,常州市范围内的不动产登记的法定职责统一由常州市国土资源局承担,即原武进区政府行使的土地登记职权由常州市国土资源局承继。根据《中华人民共和国行政诉讼法》第26条第6款的规定,行政机关被撤销或者职权变更的,继续行使其职权的行政机关是被告。因此,武进区政府已不是本案的适格被告。在一审法院已释明变更被告的情况下,王某南仍拒绝变更,一、二审法院根据《最高人民法院关于适用〈中华人民共和国行政诉讼法〉若干问题的解释》第3条第1款第3项之规定,裁定驳回起诉,并无不当。[101]

但是,如果仅仅是行政区划的调整,不涉及行政职权的承继,仍然应当以作出被诉行政行为的行政机关为被告。例如,在唐某明诉唐某成土地行政登记纠纷案中,法院认为:

> 本案一审原告唐某成所诉的安阳县集建[92]字第31201号集体建设用地使用证的颁证单位是安阳县人民政府,后虽经行政区划调整该土地证所指地块改为安阳市龙安区的管辖区域,但颁证的具体行政行为完成于行政区划调整前,故安阳县人民政府仍是本案适格被告。[102]

由"继续行使其职权的行政机关"作被告,既是为了公民、法人或者其他组织状告有主,也是为了确保行政职权的连续性,稳定社会秩序。

行政机关被撤销或者职权变更,没有继续行使其职权的行政机关,以其所属的人民政府为被告。海关、国税等实行垂直领导的行政机关被撤销或者职权变更,没有继续行使其职权的行政机关,因为它们没有所属的地方人民政府,所以应当以垂直领导的上一级行政机关为被告。

(二)实务情形

1. 分立、合并的行政机关。分立的行政机关以作出被诉行政行为的职权在分立之后归属的行政机关作被告,合并的行政机关由合并后的行政机关作被告。

2. 共同的上级主管机关。当若干个下级行政机关之间因客观原因不能确定谁是被告时,由它们共同的上级主管行政机关作被告。例如,在刘某明诉北京市公安局朝阳分局拖延履行法定职责案中,法院认为:

> 考虑到本案涉及户籍登记事项跨越时间较长,公安机关内部人事、机构均有变化,刘某明最初提出迁移户口申请的接收机关与最终为其办理户口迁移手续的户籍登记机关已不一致,因此在北京市公安

---

[101] 最高人民法院行政裁定书[(2017)最高法行申137号]。
[102] 河南省安阳市中级人民法院行政判决书[(2009)安行终字第16号]。

局朝阳分局不持异议的情况下,本案被告确定为涉案派出所的共同上级主管机关北京市公安局朝阳分局具有现实性、合理性和可操作性且不违反法律规定。[103]

第四节 行政诉讼的第三人

一、第三人的概念

行政诉讼第三人是指与被提起诉讼的行政行为有利害关系,通过申请或法院通知的形式参加诉讼的公民、法人或者其他组织,特殊情况下还包括行政机关。《行政诉讼法》第29条第1款规定:"公民、法人或者其他组织同被诉行政行为有利害关系但没有提起诉讼,或者同案件处理结果有利害关系的,可以作为第三人申请参加诉讼,或者由人民法院通知参加诉讼。"据此,第三人概念可以作如下进一步解释:

1. "利害关系"。在"公民、法人或者其他组织同被诉行政行为有利害关系"和"同案件处理结果有利害关系"中,"利害关系"应当与判断原告标准作同一解释。因此,除了行政机关之外,第三人与原告具有相同的法律地位。

2. "没有提起诉讼"。其是指与已经被他人起诉的行政行为有利害关系的公民、法人或者其他组织没有提起诉讼。若没有他人提起行政诉讼,就没有第三人可言;若与他人一起提起行政诉讼,其是共同原告。

3. 参加诉讼的方式。第三人可以自己申请参加诉讼,也可以在接到法院通知后参加诉讼。第三人放弃参加诉讼的权利,并不影响法院审理行政案件的程序。

二、第三人的类型

(一)作为第三人的公民、法人或者其他组织

《行诉解释》第27条第1款规定:"必须共同进行诉讼的当事人没有参加诉讼的,人民法院应当依法通知其参加;当事人也可以向人民法院申请参加。"根据这一规定,作为公民、法人或者其他组织的第三人有两种类型:

1. 三角模式。该类型的第三人与被告、原告在利益关系上形成了一个三角模式,第三人具有存在于行政诉讼之中的独立利益。在诉讼过程中,它不受原告或者被告的主张限制,可以提出独立诉讼请求对抗原告或者被告。例如,在杨某敏诉苏州市原房产管理局房屋权属证书注销决定案中,法院认为:

被上诉人苏州市房产管理局于2005年9月30日作出苏房证销字〔2005〕019号房屋权属证书注销决定,注销苏州市平江区苏锦二村147幢402室房屋所有权证(苏房权证市区字第00168820号)的具体行政行为,是因第三人潘某珍的申请。据此应当认为,杨某敏、潘某珍都与本案具体行政行为具有利害关系。杨某敏对注销决定不服提起诉讼,根据《中华人民共和国行政诉讼法》第27条、最高人民法院《关于执行〈中华人民共和国行政诉讼法〉若干问题的解释》第24条第1款之规定,应当通知潘某珍为本案当事人参加诉讼。原审法院未通知潘某珍参加诉讼,遗漏了必须参加诉讼的当事人。[104]

该案中,潘某珍申请撤销苏房证销字〔2005〕019号房屋权属证书,杨某敏不服房产管理

---

[103] 北京市朝阳区人民法院行政判决书〔(2009)朝行初字第66号〕。
[104] 江苏省苏州市中级人民法院行政裁定书〔(2006)苏中行终字第0014号〕。

局的注销决定,三方处于利益关系对立状态之中。在杨某敏提起的行政诉讼中,潘某珍是必须参加的有独立利害关系的第三人。

2. 并列模式。该类型的第三人与被告、原告在利益上不形成三角模式,而是与原告或者被告利益诉求相一致。如行政机关对 A、B 共同共有的房屋作出强制拆除决定,A 依法提起诉讼,法院应当通知没有起诉的 B 作为第三人参加诉讼。此种情形中,B 的法律地位本质上与 A 构成共同原告,只是其没有提起诉讼,由法院通知其以第三人身份参加诉讼。

(二) 作为第三人的行政机关

《行政诉讼法》第 29 条的规定没有排除行政机关作为第三人参加行政诉讼的可能性。最高人民法院《行诉解释》第 26 条第 2 款规定:"应当追加被告而原告不同意追加的,人民法院应当通知其以第三人的身份参加诉讼,但行政复议机关作共同被告的除外。"此为行政机关以第三人的身份参加行政诉讼的依据。

行政机关作为第三人参加行政诉讼,有助于法院在认定事实的基础上作出公正的裁判。有的行政行为涉及专业知识,若不追加相关的行政机关,可能影响法院作出合法性判断。在原告不同意追加时,法院应当依职权追加其为第三人参加诉讼。例如,在刘某运等诉山东省庆云县人民政府强制及行政赔偿案中,最高人民法院认为:

> 第三人制度是《行政诉讼法》的明确规定,该法第 29 条第 1 款规定:"公民、法人或者其他组织同被诉行政行为有利害关系但没有提起诉讼,或者同案件处理结果有利害关系的,可以作为第三人申请参加诉讼,或者由人民法院通知参加诉讼。"一般认为,行政诉讼第三人制度的性质是"诉讼参加",设立这一制度不仅是对利害关系人权利的尊重和维护,也有利于增强判决的确定性和稳定性,减少诉讼周折,从而实现诉讼的最佳效益。与被诉行政行为有关的其他行政机关作为第三人参加诉讼,通常属于一种单纯辅助参加,尤其在涉及批准行为、前置行为、辅助行为、行政合同以及超越职权的案件中,允许其他行政机关作为第三人参加诉讼,对于查明案件事实、分清法律责任,更具有积极意义。本案中,作为被诉行政行为实际实施者的渤海路街道办显然与本案具有密切关系,通知其参加诉讼对于查清案件事实肯定有所帮助,所以原审法院通知其参加诉讼,不仅必要,而且合法。原审法院根据再审申请人的诉讼请求以及查明的案件事实,在不予认可其对于山东省庆云县人民政府的指控的同时,不去确定仅是单纯辅助参加而非共同被告的第三人承担何种责任,亦符合不告不理的诉讼原则。[105]

该条中,"行政复议机关作共同被告的除外"是指在行政复议机关作共同被告案件中,若原告不同意追加行政复议机关为被告,法院可以不通知行政复议机关作为第三人参加诉讼。实务中,在复议机关作被告的行政案件中,作出被申请行政行为的行政机关是否可以以第三人的身份参加诉讼,法院一直持否定态度。例如,在山西省临汾展望图片有限责任公司(以下简称展望公司)诉临汾市人民政府等撤销土地使用证复议决定案中,法院认为:

> 临汾市人民政府虽没有通知展望公司作为复议程序的第三人参加复议,但根据《行政复议法》第 10 条、第 22 条之规定,展望公司并不是必须参加复议的当事人,所以临汾市人民政府复议程序并不违法。尧都区人民政府作为核发土地证、作出行政行为的行政主体,不能作为行政诉讼第三人参加行政诉讼,上诉人认为原审法院程序违法的理由不能成立。[106]

该案中法院的态度,也出现在上海汶汇会计师事务所有限公司诉上海市人民政府工商行政复议决定案中,法院认为:

---

[105] 最高人民法院行政裁定书[(2016)最高法行申 2907 号]。
[106] 山西省高级人民法院行政判决书[(2002)晋行终字第 34 号]。

本案审理的是行政复议案件,上海市工商局作为被复议机关,基于行政服从原则,必须无条件服从作为复议机关的本案被上诉人上海市人民政府所作出的复议决定,不属于同提起诉讼的行政复议行为有利害关系者,故原审法院未通知上海市工商局作为第三人参加诉讼,审理程序并不违法。[107]

(三)第三人的上诉权、再审申请权

1. 上诉权。《行政诉讼法》第29条第2款规定:"人民法院判决第三人承担义务或者减损第三人权益的,第三人有权依法提起上诉。"也就是说,若法院裁判影响第三人权利义务,其有提起上诉的权利。此时,其与双方当事人有相同的法律地位。

2. 再审申请权。《行诉解释》第30条第3款规定:"行政诉讼法第二十九条规定的第三人,因不能归责于本人的事由未参加诉讼,但有证据证明发生法律效力的判决、裁定、调解书损害其合法权益的,可以依照行政诉讼法第九十条的规定,自知道或者应当知道其合法权益受到损害之日起六个月内,向上一级人民法院申请再审。"第三人可以放弃参加诉讼的权利,这也不能阻碍法院对行政案件的审理和裁判,这也意味着其接受法院将来作出的判决、裁定、调解书,即使这些判决、裁定、调解书对其不利也是如此。但是,在"因不能归责于本人的事由未参加诉讼,但有证据证明发生法律效力的判决、裁定、调解书损害其合法权益"时,其依法申请再审的权利。

第五节 行政诉讼的参与人

一、诉讼参与人的概念

诉讼参与人是指诉讼代理人、证人、鉴定人、勘验人、翻译人员等与案件本身无利害关系的人。诉讼参与人参与行政诉讼的目的是协助法院查明案件事实,以便法院及时对行政案件作出正确的裁判,同时,保障公民、法人或者其他组织的诉讼权利。例如,在奥某光一郎诉被告深圳市公安局宝安分局不服行政处罚决定案中,因原告是外国人,法院为原告诉讼提供翻译人员,以保障其合法、有效地行使诉讼权利。[108]

除诉讼代理人外,作为行政诉讼参与人的证人、鉴定人、勘验人、翻译人员等,他们的地位与民事诉讼相当,有关证人、鉴定人、勘验人、翻译人员等诉讼参与人的权利义务等可以参照民事诉讼法的相关规定。

二、诉讼代理人

行政诉讼代理人是指在代理权限范围内代理一方当事人,并以该当事人的名义代为进行行政诉讼活动的人。诉讼代理人诉讼活动的法律后果,都归于委托的当事人。

(一)诉讼代理人的类型

1. 法定代理人。当事人没有诉讼行为能力,依法应当由其法定代理人代为诉讼;法定代理人之间互相推诿代理责任,由法院指定其中1人代为诉讼。

2. 委托代理人。当事人、法定代理人可以委托1~2人代为诉讼。可以接受委托成为诉讼代理人的有:(1)律师、基层法律服务工作者。(2)当事人的近亲属或者工作人员。(3)当

---

[107] 上海市高级人民法院行政判决书[(2004)沪高行终字第5号]。
[108] 广东省深圳市宝安区人民法院行政判决书[(2010)深宝法行初字第65号]。

事人所在社区、单位以及有关社会团体推荐的公民。[109] 当事人委托诉讼代理人,应当向法院提交由委托人签名或者盖章的授权委托书。委托书应当载明委托事项和具体权限。公民在特殊情况下无法书面委托的,也可以由他人代书,并由自己捺印等方式确认,法院应当核实并记录在卷;被诉行政机关或者其他有义务协助的机关拒绝法院向被限制人身自由的公民核实,视为委托成立。当事人解除或者变更委托,应当书面报告法院。实务中,对于不符合法定条件的诉讼代理人委托,且委托人无正当理由拒不出庭的,法院作撤诉处理。例如,在黄某金等诉都安瑶族自治县人民政府侵犯土地承包经营权纠纷案中,最高人民法院认为:

《行政诉讼法》第 31 条规定:"当事人、法定代理人,可以委托一至二人作为诉讼代理人。下列人员可以被委托为诉讼代理人:……(2)当事人的近亲属或者工作人员;(3)当事人所在社区、单位以及有关社会团体推荐的公民。"因此,一审法院将公民代理的有关规定向黄某金释明后,黄某金仍不出庭参加诉讼,唐某富在一审庭审时也未按法律规定提交相应证明材料,故唐某富担任黄某金的诉讼代理人不适格,原审法院以黄某金无正当理由拒不到庭对黄某金的起诉按撤诉处理并无不当,并未侵犯黄某金的委托权利,黄某金的该申请理由不能成立。[110]

(二)诉讼代理人的权限

1. 作为诉讼代理人律师。代理诉讼的律师,有权按照规定查阅、复制本案有关材料,有权向有关组织和公民调查,收集与本案有关的证据。《律师法》第 38 条第 1 款规定:"律师应当保守在执业活动中知悉的国家秘密、商业秘密,不得泄露当事人的隐私。"因此,对涉及国家秘密、商业秘密和个人隐私的材料,律师应当依照法律规定保密。

2. 当事人和其他诉讼代理人。当事人和其他诉讼代理人有权按照规定查阅、复制本案庭审材料,但涉及国家秘密、商业秘密和个人隐私的内容除外。

三、行政机关负责人出庭应诉

(一)行政机关负责人的范围

《行政诉讼法》第 3 条第 3 款规定:"被诉行政机关负责人应当出庭应诉……"这里的"行政机关负责人"不限于正职,还包括副职负责人以及其他参与分管的负责人。"其他参与分管的负责人"是指副职负责人以及代表行政机关分管某项行政事务的负责人,如行政机关中纪委书记分管行政执法工作也属于"其他参与分管的负责人"。

行政机关负责人出庭应诉,可以另行委托一至二名诉讼代理人。行政机关负责人不能出庭的,应当委托行政机关相应的工作人员出庭,不得仅委托律师出庭。这里"行政机关相关的工作人员"包括该行政机关具有国家行政编制身份的工作人员以及其他依法履行公职的人员。被诉行政行为是地方人民政府作出的,地方人民政府法制工作机构的工作人员,以及被诉行政行为具体承办机关工作人员,可以视为被诉人民政府相应的工作人员。

(二)行政机关负责人应当出庭应诉的案件

《行政诉讼法》对于行政机关负责人是否出庭应诉使用"应当",是一条义务性规范,所以,《行诉解释》第 129 条第 1 款规定:"涉及重大公共利益、社会高度关注或者可能引发群体性事件等案件以及人民法院书面建议行政机关负责人出庭的案件,被诉行政机关负责人应当出庭。"这里的"应当"宜解释为"必须",即无条件的义务性规范,否则,这条司法解释就没有法律意义。

---

[109] 《行政诉讼法》第 31 条。
[110] 最高人民法院行政裁定书[(2017)最高法行申 3707 号]。

行政机关负责人和行政机关相应的工作人员均不出庭,仅委托律师出庭,或者法院书面建议行政机关负责人出庭应诉也不出庭应诉的,法院应当记录在案并在裁判文书中载明,还可以建议有关机关依法作出处理。

(三) 行政机关负责人出庭应诉的相关程序

1. 提交相关证明材料。行政机关负责人出庭应诉,应当向法院提交能够证明该行政机关负责人职务的材料。行政机关委托相应的工作人员出庭应诉的,应当向法院提交加盖行政机关印章的授权委托书,并载明工作人员的姓名、职务和代理权限。

2. 不能出庭的理由说明。行政机关负责人有正当理由不能出庭应诉的,应当向法院提交情况说明,并加盖行政机关印章或者由该机关主要负责人签字认可。行政机关拒绝说明理由,不发生阻止案件审理的效果,法院有权向监察机关、上一级行政机关提出司法建议。

第六节 检察机关

一、检察监督权

基于法律监督的必要性,国家设立独立于其他国家机关的检察院,依法行使检察监督权。宪法上并没有司法权的概念,与检察权相对应的是审判权、行政权、立法权、监察权和军事权。《宪法》第134条规定:"中华人民共和国人民检察院是国家的法律监督机关。"《人民检察院组织法》第2条也有类似规定。由此可知,检察院既不是司法机关,也不是行政机关,而是相对独立于行政机关、审判机关等国家机关的法律监督机关。

检察院作为行政诉讼主体,它的主要职能是检察监督,监督对象是行政机关和法院,前者直接提起行政公益诉讼,监督行政机关依法行政;后者直接或者间接介入行政诉讼,监督法院依法审判。

二、检察监督:行政机关

2015年7月1日,第十二届全国人大常委会授权最高人民检察院在生态环境和资源保护、国有资产保护、国有土地使用权出让、食品药品安全等领域开展提起公益诉讼试点,试点期限为两年。2017年6月27日,第十二届全国人大常委会第二十八次会议通过全国人大常委会《关于修改〈中华人民共和国民事诉讼法〉和〈中华人民共和国行政诉讼法〉的决定》,在《行政诉讼法》第25条增加第4款,即"人民检察院在履行职责中发现生态环境和资源保护、食品药品安全、国有财产保护、国有土地使用权出让等领域负有监督管理职责的行政机关违法行使职权或者不作为,致使国家利益或者社会公共利益受到侵害的,应当向行政机关提出检察建议,督促其依法履行职责。行政机关不依法履行职责的,人民检察院依法向人民法院提起诉讼"。行政公益诉讼制度由此确立。

(一) 有限的行政领域

检察机关提起行政公益诉讼,限于"生态环境和资源保护、食品药品安全、国有财产保护、国有土地使用权出让等领域"。立法机关作这样的限定,一方面因为检察机关能力有限,不可能将所有行政领域纳入其可以提起行政公益诉讼的范围;另一方面也要考虑行政效率,一旦检察机关提起行政公益诉讼,对行政机关效率而言如同机车的刹车装置,只有适可而止,才能确保机车有效、平稳前行。这里的"等"是法律为检察机关逐渐扩大行政公益诉讼范围提供的合法依据。也就是说,将来在不修改法律的前提下,检察机关是有拓宽行政公益诉讼合法空间的。在比较法上,如日本《行政案件诉讼法》第42条规定,"只限于由法律规定之场合,法律所规定者才能提起民众诉讼及机关诉讼"。可见,我国这样的规定在比较法上也是可以得到支持的,不同的是,我国行政公益诉讼的起诉权由检察机关垄断。

(二)严格的起诉条件

1. 实体上,要有致使国家利益或者社会公共利益受到侵害的结果。若行政机关违法行使职权或者不作为,没有"致使国家利益或者社会公共利益受到侵害"的结果,则提起行政公益诉讼的条件不具备。对这个条件的理解与把握,在福建省清流县人民检察院诉清流县环保局行政公益诉讼案中,法院给出了一个指引,即"判断国家和社会公共利益是否受侵害,要看违法行政行为造成国家和社会公共利益的实然侵害,发出检察建议后要看国家和社会公共利益是否脱离被侵害状态""经检察机关发出检察建议督促后,清流县环保局仍怠于依法履行职责,使社会公共利益持续处于被侵害状态,导致重大环境风险和隐患"。[111]

2. 程序上,实体条件具备之后,在程序上检察机关必须先履行一个督促程序,只有在行政机关不执行检察建议时,检察机关才能提起行政公益诉讼。之所以设置一个诉前督促程序,是因为一方面要给行政机关保留一个自我纠错的机会,减少司法、行政成本;另一方面也体现检察机关介入行政公益诉讼的谦抑性,毕竟检察机关提起行政公益诉讼,就行政诉讼制度而言,是一种补充性诉讼,应当尽可能督促行政机关积极履行,自我纠错。

三、检察监督:法院

《行政诉讼法》第11条规定:"人民检察院有权对行政诉讼实行法律监督。"基于这一规定,检察院可以通过以下几种方式依法对行政诉讼行使监督权。

(一)监督法院行政审判活动是否合法

对法院的行政审判活动,检察院没有具体法律依据可以介入其中,如出席行政案件的庭审活动等。但是,它可以接受行政诉讼当事人的申诉等方式,发送检察建议等行使检察监督权,督促法院依法行使审判权。

(二)对法院行政裁判提起抗诉

检察院发现已经发生法律效力的判决、裁定违反法律、法规规定,通过检察建议无法达到监督目的,可以依法行使抗诉权。当然,被抗诉的行政裁判是否违反法律、法规,仍应由法院依法作出最终判定;法院认为检察院抗诉没有理由的,可以驳回抗诉。例如,在贵州省桐梓县农资公司诉贵州省桐梓县技术监督局行政纠纷案中,最高人民法院认为:

> 桐梓县严厉惩处经销伪劣商品责任领导小组召集桐梓县技术监督局、桐梓县工商行政管理局、桐梓县农资公司等单位协调,确定以重新抽样检测的结论作为处理依据,再审判决依据此次鉴定结论及其他相关证据认定180吨复混肥均为劣质复混肥是正确的。桐梓县技术监督局在诉讼过程中提供的证据及规范性文件不属于该决定的主要证据和决定依据,因而不受《中华人民共和国行政诉讼法》第33条的限制,故不存在违反法定程序的问题。综上,最高人民检察院的抗诉理由不能成立。[112]

《行政诉讼法》(1989年)第33条规定:"在诉讼过程中,被告不得自行向原告和证人收集证据。"该案中,法院以"桐梓县技术监督局在诉讼过程中提供的证据及规范性文件不属于该

---

[111] 最高人民检察院指导性案例30、31号。
[112] 最高人民法院行政判决书[(1995)行再字第1号]。

决定的主要证据和决定依据"为由,认为被告在诉讼过程中提供证据及规范性文件的行为不属于上述规定的禁止行为,故不采纳最高人民检察院的抗诉理由。又如,在王某芳诉登封市人民政府颁发集体建设用地使用证纠纷案,法院认为:

涉案争议的土地是1981年王某芳之前夫张某北以其名义为第三人李某及其家属安排的宅基地,且系王某芳与张某北二人婚前所划,二人1982年至1989年婚姻存续期间已经另外划有宅基地,王某芳提供的证据不足以证明其离婚调解书第4项所称"婚中批宅基地一处,归女方使用"的宅基地系指涉案争议的土地,故王某芳与登封市人民政府为李某颁发登城集建(东关)字第1999号集体建设土地使用证没有法律上的利害关系。原审以王某芳无诉讼主体资格为由,裁定驳回起诉并无不当,依法应予维持。检察机关抗诉理由不能成立,本院不予支持。[113]

---

[113] 河南省郑州市中级人民法院行政裁定书[(2010)郑行再终字第22号]。

第十五章 行政诉讼的客体

第一节 行政诉讼客体的一般理论

一、行政诉讼客体的概念

诉讼客体是法院、诉讼参加人和参与人的诉讼活动共同所指向的对象,即行政行为。行政诉讼客体不同于行政诉讼标的。在以撤销判决为中心的行政诉讼中,诉讼标的是原告向法院提出行政行为违法性的主张,它是法院审判权所要回应的内容。行政诉讼标的与诉的合并、诉的变更、重复起诉的判断和既判力的客观范围大小等问题有不可分割的关联性。

行政诉讼客体,也可称为可诉的行政行为,与《行政诉讼法》"受案范围"中的行政行为相当。行政诉讼客体是有范围的,但这个范围是开放的,法律与社会之间的互动或多或少会反映到行政诉讼客体的范围上来。在持续的政治、经济和社会的变迁中,行政诉讼客体的范围是可以扩张或者收缩的。学理上一直有"扩大行政诉讼受案范围"的讨论,实际上也是对政治、经济和社会发展需求的回应。

行政行为是行政权的外在表现。若行政机关依法行政的负面影响较大,就需要强化对行政权的监督;若国家发展需要行政效率,就有降低对行政机关依法行政要求的可能性。因此,行政诉讼客体的范围大小与行政机关受司法审查限度之间总是呈一种正比关系。基于司法审查有限原则,法院不可能审查所有行政行为的合法性,所以,行政诉讼客体只能是一部分行政行为——涉及公民、法人或者其他组织的合法权益,且有提供行政救济之必要或者法院能够提供行政救济之可能。在范围上,行政行为总是大于可诉的行政行为。《行政诉讼法》第2章规定的"受案范围"划定了行政诉讼客体的范围。基于司法审查必要原则,通过事后的司法审查制度,可以引领、推进行政机关依法行政。法院对行政行为的合法性审查,可以让行政机关知道如何作出一个合法的行政行为,如何才能确保行政行为在行政诉讼中不被法院撤销或者确认违法、无效。一国行政诉讼客体的范围大小,在不修改制定法的情况下,取决于法院判例的拓宽,所以,在相当程度上法院肩负着用判例的方式拓宽行政诉讼客体范围的重任。

二、行政诉讼客体的演变

从历史视角观察行政诉讼客体范围的某些变化,可以增进我们对行政诉讼法规范的领悟力,也能大致看清行政诉讼制度发展的某种方向。行政诉讼客体从列举主义到列举主义加概括主义是行政诉讼制度发展的一个历史过程。自从制定法上确立了行政诉讼制度之后,行政诉讼客体发展经历了以下几个阶段。

(一)《民事诉讼法(试行)》(1982~1989年)

20世纪80年代初,因对外开放和经济发展需要,国家制定的几部法律、法规规定了法院可以受理若干行政案件。[1] 为了给法院审理行政案件提供一个诉讼程序,1982 年《民事诉讼法(试行)》第 3 条第 2 款规定:"法律规定由人民法院审理的行政案件,适用本法规定。"在《民事诉讼法(试行)》之下,行政诉讼客体是由法律"零售"出来的。之后,法律不断地规定法院可以受理的行政案件,从而扩大行政诉讼客体的范围,如《海洋环境保护法》(1982)、《海上交通安全法》(1983)、《土地管理法》(1986)和《治安管理处罚条例》(1986)等。最高人民法院发布司法解释,明确行政诉讼客体的范围只能由"法律规定",如《关于人民法院能否受理当事人因不服工商行政管理部门的行政处罚而提起的诉讼的批复》(1983 年 3 月 19 日)[2]。但是,1989 年 12 月 22 日最高人民法院行政审判庭《关于工商行政管理机关的处罚决定所依据的法规没有规定可以起诉被处罚的个体工商户不服依据〈城乡个体户管理暂行条例〉向法院起诉应否受理问题的电话答复》明确规定,根据《城乡个体工商户管理暂行条例》第 35 条,个体工商户对管理机关的违章处理复议决定不服,在法定期限内向人民法院起诉的,人民法院应予受理。这一答复将行政诉讼的客体范围从"法律规定"扩大到"法律、法规"。

(二)《行政诉讼法》(1989~2014 年)

1989 年《行政诉讼法》明列"受案范围"专章,旨在划定行政诉讼客体的范围。在经过了若干个《民事诉讼法(试行)》(1982)下的行政诉讼实践之后,关于行政诉讼的客体范围如何确定,《关于〈中华人民共和国行政诉讼法(草案)〉的说明》中的一段话是很有启发性的:"法院受理行政案件的范围,是行政诉讼法首先要解决的重要问题。对于这个问题,草案是根据以下原则规定的:第一,根据宪法和党的十三大的精神,从保障公民、法人和其他组织的合法权益出发,适当扩大人民法院现行受理行政案件的范围;第二,正确处理审判权和行政权的关系,人民法院对行政案件应当依法进行审理,但不要对行政机关在法律、法规规定范围内的行政行为进行干预,不要代替行政机关行使行政权力,以保障行政机关依法有效地进行行政管理;第三,考虑我国目前的实际情况,行政法还不完备,人民法院行政审判庭还不够健全,行政诉讼法规定'民可以告官',有观念更新问题,有不习惯、不适应的问题,也有承受力的问题,因此对受案范围现在还不宜规定太宽,而应逐步扩大,以利于行政诉讼制度的推行。"由此可见,在 1989 年《行政诉讼法》之下的行政诉讼客体至少有以下几个特点:

1. 1989 年《行政诉讼法》第 2 条规定要保护公民、法人或者其他组织的"合法权益",但是,这仅仅是一个诉权宣示性条款,并不具有实质性效力。因为,在没有特别规定的情况下,只有涉及公民、法人或者其他组织的人身权、财产权的行政行为,才能成为行政诉讼客体,其他"合法权益"并不在 1989 年《行政诉讼法》保护范围之内。这一点从 1989 年《行政诉讼法》第 11 条第 1 款第 8 项规定中可以得到佐证。[3]

2. 在 1989 年《行政诉讼法》实施之后,行政法学理上一直把"具体行政行为"和德国行政法上的"行政处分"相提并论,认为"具体行政行为"是一种基于意思表示而为的行政行为(法

---

[1] 它们是《中外合资经营企业所得税法》(1980)、《外国企业所得税法》(1981)、《经济合同法》(1981)和《国家建设征用土地条例》(1982)。

[2] 此批复(已失效)认为:"当事人不服行政机关的行政处罚而提起的诉讼,人民法院能否受理,要看行政机关据以作出行政处罚决定的法律是否有明文规定可以向人民法院起诉。凡是法律明文规定当事人不服行政机关的行政处罚决定,可以向人民法院起诉的,人民法院应予受理;凡是法律没有明文规定可以向人民法院起诉的,人民法院就不应受理,而应按照民事诉讼法(试行)第八十四条第(二)项的规定,告知原告向有关行政机关申请解决。"

[3] 《行政诉讼法》(1989)第 11 条第 1 款第 8 项规定,公民、法人或者其他组织"认为行政机关侵犯其他人身权、财产权的",有权提起行政诉讼。

律行为)。也就是说,行政诉讼客体限于法律行为。这与后来行政法学理上试图拓宽行政诉讼客体的范围的讨论受到法律障碍,以及提出要用"行政决定""行政处理"等概念来代替"具体行政行为"的学术史大致相吻合。1997年最高人民法院《行政赔偿规定》第1条规定:"《中华人民共和国国家赔偿法》第三条、第四条规定的其他违法行为,包括具体行政行为和与行政机关及其工作人员行使行政职权有关的,给公民、法人或者其他组织造成损害的,违反行政职责的行为。"其中,将"行政机关及其工作人员行使行政职权有关的,给公民、法人或者其他组织造成损害的,违反行政职责的行为"与"具体行政行为"相提并论,实质上将行政事实行为纳入了行政诉讼客体的范围。

3. 1989年《行政诉讼法》以列举方式确定行政诉讼客体,它的第11条第1款第8项也是如此。这种具有1983年《民事诉讼法(试行)》"零售"遗风的立法方式,限制了行政诉讼客体的范围拓展。但我们也必须承认,这种立法方式非常适应当时乃至今天基层人民法院在行政诉讼中所奉行的"法条主义"办案方式;同时,如此清单式地明确列举行政诉讼客体的范围,有利于基层人民法院排除行政机关干扰受理行政案件。

4. 关于1989年《行政诉讼法》施行之前的行政案件是否可以受理,最高人民法院在一个答复中认为:"开封市工商局1988年对开封市曹门经销部作出冻结划拨酒款通知书,并以'白条'为收据提走其1653件川曲酒替开封市豫川副食品联营公司冲抵货款的行为,是行政侵权行为,但案发在行政诉讼法施行之前,当时的法律没有规定法院受理此类案件,因此,人民法院不能受理。曹门经销部应向有关行政机关申请解决。"〔4〕在罗某昌等诉宜昌市房地产管理局房屋权属变更登记案中,法院的判决也遵循了这一答复〔5〕虽然这有利于行政法律关系的稳定,但考虑到有的行政行为具有面向未来持续性的法效力,若法院通过判例做一些区别性的技术处理或许会使解决问题的方案更加完美。

在《行政诉讼法》施行(1989~2014年)期间,针对行政诉讼实践中出现的问题,最高人民法院先后出台两个关于1989年《行政诉讼法》的司法解释。这两个司法解释既明确1989年《行政诉讼法》相关规定的内容,也"补充"1989年《行政诉讼法》欠缺的内容,甚至还"修改"1989年《行政诉讼法》内容。这些内容都涉及行政诉讼客体的范围。

(三)《行诉若干意见》(1991~1999年)

针对《行政诉讼法》实施之初所遇到的或者将来可能会出现的问题,最高人民法院发布了《行诉若干意见》,其中明列劳动教养、收容审查等行政决定属于行政诉讼客体。《行诉若干意见》对《行政诉讼法》受案范围的相关条文解释体现了司法解释的具体化功能,但在实务中的消极影响是:不少地方法院在决定是否受理某一行政案件时,采用了严格的"对号入座"的方法,导致在行政诉讼客体的范围具体化上,《行诉若干意见》产生了"种瓜得豆"的效果,这当然也与法院尤其是基层人民法院机械理解法条有关。如《行诉若干意见》第2条第3款规定:"公民对计划生育主管部门作出的征收超生费、罚款的行政处罚不服的,可以向人民法院提起行政诉讼。"在这一条款之下,一些地方法院把计划生育主管部门实施限制人身自由、扣押财产等行政强制措施也划出了行政诉讼客体的范围。1997年最高人民法院在一个批复中认为:"根据《中华人民共和国行政诉讼法》第十一条第一款第(二)项的规定,当事人对计划生育管理部门采取的扣押财物、限制人身自由等强制措施不服依法提起行政诉讼的,人民法

---

〔4〕 最高人民法院《关于〈行政诉讼法〉施行前法律未规定由法院受理的案件应如何处理的批复》(〔1992〕民他字第10号)。

〔5〕 参见湖北省宜昌市中级人民法院行政判决书[(2002)宜行终字第24号]。

院应予受理。"[6]这就可以很好地解释最高人民法院为什么要作这样的一个"清单式"批复了。

(四)《行诉若干解释》(2000~2018年)

在《行政诉讼法》实施近10年之时,最高人民法院发布了共计98条的《行诉若干解释》,替代《行诉若干意见》。经过多年的行政诉讼实践经验的积淀,在《国家赔偿法》《行政处罚法》《行政复议法》等法律、法规相继实施,"法治国家"被写进宪法等外在因素的影响下,最高人民法院开始采用"特洛伊木马"技术,在司法解释这件合法外衣的掩护下,把许多对行政诉讼制度具有实质性改变的条文不动声色地搬进了《行政诉讼法》的法律框架之中,在相当程度上实现了对《行政诉讼法》的"和平演变"。在国家立法机关迟迟不对滞后的《行政诉讼法》进行修改的情况,最高人民法院这一"僭越"行为具有了实质正当性。如《行诉若干解释》第1条第1款规定:"公民、法人或者其他组织对具有国家行政职权的机关和组织及其工作人员的行政行为不服,依法提起诉讼的,属于人民法院行政诉讼的受案范围。"该条用"行政行为"的概念,否定或者替换《行政诉讼法》中的"具体行政行为",这不能说仅仅是一种司法解释,不是对立法的一种修改。在行政诉讼客体上,《行诉若干解释》试图确立如下规则:凡不属于《行诉若干解释》第1条第2款规定的6种情形的,都是行政诉讼客体,公民、法人或者其他组织有权对之提起行政诉讼。因此,从《行诉若干解释》开始,《行政诉讼法》所划定的行政诉讼客体的范围已经被最高人民法院的司法解释权突破了。《行诉若干解释》的有效期跨越了2014年《行政诉讼法》,其中不少内容都被2014年《行政诉讼法》所采纳、吸收。

(五)《行政诉讼法》(2014~2017年)

2014年国家立法机关对《行政诉讼法》作了一次扩容性大修。在行政诉讼客体的范围上有以下几点内容:(1)接受《行诉若干解释》第1条的规定,将"具体行政行为"改为"行政行为",使行政诉讼客体不再限于"具体行政行政"(法律行为),拓宽了行政诉讼客体范围的解释空间。(2)将"认为行政机关侵犯其他人身权、财产权的"改为"认为行政机关侵犯其他人身权、财产权等合法权益的",删除了兜底条款中"人身权、财产权"的限制。(3)在列举情形中增加了"征收、征用决定及补偿决定"、"行政协议"和"滥用行政权排除或者限制竞争"等行政行为。由此可见,修改后的《行政诉讼法》(2014)在行政诉讼客体的范围上,与《行政诉讼法》(1989)相比已经有了很大的拓展。尽管在规定行政诉讼客体的范围上仍然保留列举方式,但从"认为行政机关侵犯其他人身权、财产权等合法权益的"这一兜底性规定来看,几乎可以说它是采用概括方式规定行政诉讼客体的范围的另一种说法。2017年国家立法机关对《行政诉讼法》作了一次小修,创设了行政公益诉讼制度,在行政诉讼客体的范围中增加了行政公益诉讼客体的范围,即"生态环境和资源保护、食品药品安全、国有财产保护、国有土地使用权出让等领域负有监督管理职责的行政机关违法行使职权或者不作为"[7]。

(六)《行诉解释》(2018年)

2018年最高人民法院结合《行政诉讼法》的修改,在《行诉若干解释》的基础上公布了《行诉解释》,共计163条。在行政诉讼客体的范围上,《行诉解释》进一步明示了概括方式。《行诉解释》第1条第1款规定:"公民、法人或者其他组织对行政机关及其工作人员的行政行为不服,依法提起诉讼的,属于人民法院行政诉讼的受案范围。"在第2款中,《行诉解释》列出

---

[6] 最高人民法院《关于不服计划生育管理部门采取的扣押财物、限制人身自由等强制措施而提起的诉讼人民法院应否受理问题的批复》(法复〔1997〕3号)。
[7] 《行政诉讼法》第25条第4款。

10种行为不属于行政诉讼客体。也就是说,除了这10种行为外,其他行政行为都(应)是行政诉讼客体。

第二节　行政决定

一、引言

(一)行政决定与诉讼客体

作为诉讼客体的行政决定是传统行政法体系得以展开的一个核心概念。尽管现代行政活动发展出不少非行政决定的行政行为,如行政协议、行政指导等,但都没有动摇行政决定在现代行政法中的核心地位,《行政处罚法》《行政许可法》《行政强制法》和《政府信息公开条例》《国有土地上房屋征收与补偿条例》等法律、法规的制定和实施,以及它们在依法行政中的地位都可以佐证这一点。在行政案件中,涉及行政处罚、行政许可、行政强制和政府信息公开、征收补偿的行政案件所占比例一直很高,所以,行政诉讼客体主要是行政决定。

中国正处于社会转型时期,干预行政具有整合脱序活动的功能,且在政府主导型的经济与社会发展局面尚未发生根本性转变的情况下,行政决定依然是政府治理社会的主要工具,非行政决定的行政行为无论如何只是对行政决定的一种功能性补充。当然,它们的补充性地位并不是我们可以忽视它们存在的理由。将行政决定列为行政诉讼客体,与行政诉讼的立法要旨相当。

(二)行政决定与"具体行政行为"

相对于"抽象行政行为"而言,"具体行政行为"是一个法律概念。《行政诉讼法》(1989)第2条规定:"公民、法人或者其他组织认为行政机关和行政机关工作人员的具体行政行为侵犯其合法权益,有权依照本法向人民法院提起诉讼。"该条开宗明义确定了行政诉讼客体是具体行政行为。何谓"具体行政行为",《行诉若干意见》第1条曾经规定:"'具体行政行为'是指国家行政机关和行政机关工作人员、法律法规授权的组织、行政机关委托的组织或者个人在行政管理活动中行使行政职权,针对特定的公民、法人或者其他组织,就特定的具体事项,作出的有关该公民、法人或者其他组织权利义务的单方行为。"这条司法解释曾经受到行政法学界的批判,尤其是"单方行为"被指责排除了如行政协议等双方行为,因而它限制了行政诉讼客体的范围。为此,《行诉若干解释》第1条第1款规定:"公民、法人或者其他组织对具有国家行政职权的机关和组织及其工作人员的行政行为不服,依法提起诉讼的,属于人民法院行政诉讼的受案范围。"该条采用的"行政行为"究竟如何解释,是否也存在广义、狭义两种解释,即广义上指一切行政机关作出的行政行为,狭义上仅指"行政决定"或者如我国台湾地区"行政法"上的"行政处分",一直也存有争议。2014年《行政诉讼法》经过修改,用"行政行为"替换了"具体行政行为"。对此,全国人大常委会法工委组织编写的《中华人民共和国行政诉讼法释义》认为,可从以下几点理解"行政行为":(1)行政行为不包括行政机关的规范性文件。(2)行政行为既包括作为,也包括不作为。(3)行政行为包括事实行为。(4)行政行为包括行政机关签订、履行协议的行为。[8] 由此可见,《行政诉讼法》中的"行政行为"采用了一种广义解释,行政决定是行政行为的种类之一。

---

[8] 参见信春鹰主编:《中华人民共和国行政诉讼法释义》,法律出版社2014年版,第8~9页。

二、法定情形

（一）行政处罚

行政处罚是指行政机关依法对违反行政管理秩序的公民、法人或者其他组织，以减损权益或者增加义务的方式予以惩戒的行为。行政机关依照《行政处罚法》规定作出的行政处罚决定都是行政诉讼客体。根据行政处罚法定原则，凡是没有法律、法规和规章的规定，行政机关不得实施行政处罚。但这并不是说，行政机关不依照《行政处罚法》作出的行政处罚决定，不属于行政诉讼客体，合法性不是判断行政处罚决定是否属于行政诉讼客体的标准。由于行政处罚严重影响公民、法人或者其他组织的合法权益，故它被《行政诉讼法》列于行政诉讼客体之首位是合适的。实务中，对于与行政处罚决定与行政诉讼客体相关的几个问题需要作进一步分析：

1. 责令改正。《行政处罚法》第28条第1款规定："行政机关实施行政处罚时，应当责令当事人改正或者限期改正违法行为。"依照体系解释方法，"责令改正"与"行政处罚"并列于同一条款时，在逻辑上不能作两者之间具有包含关系之解释，所以责令改正不属于行政处罚，否则，这一法条的基本内容就变成了"行政机关实施行政处罚时，应当作出行政处罚"。在实务中，法院也持有这样的观点。如最高人民法院公布的邵某国诉黄浦区安监局安全生产行政处罚决定案，提炼的裁判摘要是：

《安全生产法》第81条第2款所称"前款违法行为"，是指该条第1款"生产经营单位的主要负责人未履行本法规定的安全生产管理职责"的行为。这种违法行为无论是否被安全生产监管部门发现并责令限期改正，只要导致发生了生产安全事故，安全生产监管部门就有权依照《安全生产法》第81条第2款规定，直接对生产经营单位的主要负责人给予行政处罚，不必先责令限期改正后再实施行政处罚。[9]

责令改正是一种命令性行政决定，它为公民、法人或者其他组织设定了具体的法定义务，它没有惩戒性，也不具有终结行政程序的法效力。如果受责令的当事人不履行此项义务，要么是受到行政处罚，要么被强制执行。在制定法上，责令改正与行政处罚之间的搭配模式有：(1) 责令改正→行政处罚。此模式在适用时具有递进性，即行政机关应当先责令当事人立即或者限期改正违法行为，若当事人无正当理由拒不改正，再给予行政处罚。《未成年人保护法》第119条规定："学校、幼儿园、婴幼儿照护服务等机构及其教职员工违反本法第二十七条、第二十八条、第三十九条规定的，由公安、教育、卫生健康、市场监督管理等部门按照职责分工责令改正；拒不改正或者情节严重的，对直接负责的主管人员和其他直接责任人员依法给予处分。"(2) 行政处罚＋责令改正。此模式在适用时具有并用性。如《大气污染防治法》第69条规定："违反本法规定，单位燃用不符合质量标准的煤炭、石油焦的，由县级以上人民政府生态环境主管部门责令改正，处货值金额一倍以上三倍以下的罚款。"(3) 责令改正。此模式在适用时具有独立性。如果当事人不履行责令改正的命令，行政机关有权依照法律规定强制执行或者申请法院强制执行。《烈士褒扬条例》(2024修订) 第63条规定："违反本条例规定，有下列行为之一的，由县级以上人民政府退役军人工作主管部门责令改正，恢复原状、原貌；造成损失的，依法承担民事责任：（一）未经批准新建、迁建、改扩建烈士纪念设施的；（二）非法侵占烈士纪念设施保护范围内的土地、设施的；（三）破坏、污损烈士纪念设施的；

---

[9] 参见《最高人民法院公报》2006年第8期。

(四)在烈士纪念设施保护范围内进行其他工程建设的;(五)在烈士纪念设施保护范围内为烈士以外的其他人修建纪念设施、安放骨灰、埋葬遗体的。"

在制定法上,行政机关内部法律关系中,责令改正可以当作上级责令下级改正违法行为的一种"命令"。如《行政处罚法》第78条规定:"行政机关违反本法第六十七条的规定自行收缴罚款的,财政部门违反本法第七十四条的规定向行政机关返还罚款、没收的违法所得或者拍卖款项的,由上级行政机关或者有关机关责令改正,对直接负责的主管人员和其他直接责任人员依法给予处分。"此种责令改正不是行政诉讼客体。

2. 通报批评。《行政处罚法》(1996)没有明确规定"通报批评"是行政处罚种类之一,但从它的第8条第7项规定中可以解释出来,即法律、行政法规可以创设"通报批评"。通报批评与警告同属于申诫罚,只不过前者具有以通报的方式"广而告之"的功能,影响大于警告。在制定法上,如《审计法》第47条规定:"被审计单位违反本法规定,拒绝、拖延提供与审计事项有关的资料的,或者提供的资料不真实、不完整的,或者拒绝、阻碍检查、调查、核实有关情况的,由审计机关责令改正,可以通报批评,给予警告;拒不改正的,依法追究法律责任。"在实务中,有关通报批评的判例并不多见。如在某采购供应站诉蚌埠市标准计量局行政处罚案中,法院认定:

1991年5月21日,蚌埠市标准计量局认定交电批发部经销江苏省丹徒县电线厂生产的铝蕊聚氯乙烯绝缘聚氯乙烯护套平型电线,经测量属伪劣商品,依据《标准化法》第19条、第20条,《工业产品质量责任条例》第14条、第24条,国务院颁发的32号文和《安徽省查处经销伪劣商品暂行规定》第3条第2项、第7条之规定,决定对交电批发部给予下列行政处罚:(1)通报批评;(2)处以商品货值总额的12%罚款(90卷×84元/卷×12%=907.2元);(3)处以责任者2500元罚款;(4)已查封的等待处理。[10]

该案中,通报批评是一种行政处罚,且也有相关立法依据。在制定法上,通报批评作为行政处罚并不多见,更多的是作为一种行政处分出现在内部行政法律关系之中,有时与责令改正并用。如《城乡规划法》第58条规定:"对依法应当编制城乡规划而未组织编制,或者未按法定程序编制、审批、修改城乡规划的,由上级人民政府责令改正,通报批评;对有关人民政府负责人和其他直接责任人员依法给予处分。"由于内部行政法律关系不属于《行政诉讼法》调整的范围,因此,在内部行政法律关系中,行政机关使用的通报批评(包括责令改正)不是行政诉讼客体。2021年修改的《行政处罚法》增加"通报批评"为行政处罚种类之一,地方性法规也有权设定。

3. 公布违法行为。公布违法行为是行政机关在职权范围内将公民、法人或者其他组织被查实和处理的违法行为公之于众的一种行政行为。关于公布违法行为性质,学理上并未有一致的共识。从制定法规定来看,公布违法行为的性质主要有:(1)公开政府信息。如《清洁生产促进法》(2012修订)第17条规定:"省、自治区、直辖市人民政府负责清洁生产综合协调的部门、环境保护部门,根据促进清洁生产工作的需要,在本地区主要媒体上公布未达到能源消耗控制指标、重点污染物排放控制指标的企业的名单,为公众监督企业实施清洁生产提供依据。列入前款规定名单的企业,应当按照国务院清洁生产综合协调部门、环境保护部门的规定公布能源消耗或者重点污染物产生、排放情况,接受公众监督。"从该条规定来看,生态环境保护行政主管部门公布违法行为的目的是"为公众监督企业实施清洁生产提供依据",是面向公民知情权的一种行政行为,具有公开政府信息的性质。此种公布违法行为客观上具有申诫

---

[10] 参见安徽省蚌埠市中市区人民法院行政判决书[(1991)中行字第5号]。

性的反射效果,不宜纳入行政处罚。(2)规制措施。《科学技术进步法》第112条第1款规定:"违反本法规定,进行危害国家安全、损害社会公共利益、危害人体健康、违背科研诚信和科技伦理的科学技术研究开发和应用活动的,……由有关主管部门终止或者撤销相关科学技术活动,追回财政性资金,没收违法所得;情节严重的,由有关主管部门向社会公布其违法行为,依法给予行政处罚和处分,……"该条中,因"公布其违法行为"和"依法给予行政处罚和处分"相提并列,依照体系解释方法,难说"公布其违法行为"是行政处罚,毋宁归入规制措施。(3)公共警示。如《营业性演出管理条例》第49条第1款规定:"演出举办单位或者其法定代表人、主要负责人及其他直接责任人员在募捐义演中获取经济利益的,……由县级以上人民政府文化主管部门依据各自职权处违法所得3倍以上5倍以下的罚款,并由国务院文化主管部门或者省、自治区、直辖市人民政府文化主管部门向社会公布违法行为人的名称或者姓名,直至由原发证机关吊销演出举办单位的营业性演出许可证。"该条中,文化主管部门公布的不是违法行为,而是"违法行为人的名称或者姓名",但本质上与公布违法行为没有多大区别。从该条的立法目的来看,它惩戒的是"在募捐义演中获取经济利益"的违法行为,公布"违法行为人的名称或者姓名"在于向社会公众发出一种警示,提醒公众不要上当受骗。

(二)行政强制措施

《行政强制法》第2条第2款规定:"行政强制措施,是指行政机关在行政管理过程中,为制止违法行为、防止证据损毁、避免危害发生、控制危险扩大等情形,依法对公民的人身自由实施暂时性限制,或者对公民、法人或者其他组织的财物实施暂时性控制的行为。"从《行政强制法》这一规定中,可以归纳出行政强制措施具有预防性、暂时性的法律特征,不同于行政处罚的惩罚性、终局性,两者的区别十分明显。

《行政诉讼法》(1989)列举如限制人身自由、查封、扣押和冻结等行政强制措施为行政诉讼客体。但是,1997年最高人民法院曾经在一个批复中说:"当事人对计划生育管理部门采取的扣押财物、限制人身自由等强制措施不服依法提起行政诉讼的,人民法院应予受理。"[11] 对于《行政诉讼法》明确规定的行政诉讼客体,最高人民法院为什么还要重复强调呢? 因为当时的《行诉若干意见》第2条第3款规定:"公民对计划生育主管部门作出的征收超生费、罚款的行政处罚不服的,可以向人民法院提起行政诉讼。"不少地方人民法院在适用此条司法解释时,将计划生育主管部门实施的扣押财产,限制人身自由等行政强制措施以没有法律明文规定为由,不纳入行政诉讼的客体范围。最高人民法院试图通过这样的一个批复,纠正地方人民法院的错误理解。在行政强制措施中,早年最受关注与争议的"收容审查"制度现在已经废除。对于收容审查是否属于行政诉讼客体,最高人民法院一直是持肯定态度的。如陈某春不服离石县公安局收容审查决定案[12]和北海鑫工物业发展公司、黄某平诉湖南省益阳市公安局资阳分局扣押财产、收容审查决定及行政赔偿上诉案[13]等,都是《最高人民法院公报》公布案例,足见最高人民法院对这个问题的重视程度。

2014年修改的《行政处罚法》保留了原来的规定。虽然《行政强制法》规定了行政强制措施的概念,但是,行政强制措施远不如行政处罚那么清晰,如"即时强制""直接强制""间接强制"等概念都有待学理上厘清。在实务中,以下几个问题可以展开讨论:

---

[11] 最高人民法院《关于不服计划生育管理部门采取的扣押财物、限制人身自由等强制措施而提起的诉讼人民法院应否受理问题的批复》(法复〔1997〕3号)。
[12] 参见《最高人民法院公报》1992年第2期。
[13] 参见最高人民法院行政判决书[(2004)行终字第2号]。

1. 矫治教育。《刑法》第 17 条第 5 款规定:"因不满十六周岁不予刑事处罚的,责令其父母或者其他监护人加以管教;在必要的时候,依法进行专门矫治教育。"从刑法立法史可知,矫治教育的前身是收容教养。2017 年《刑法》第 17 条第 4 款规定:"因不满十六周岁不予刑事处罚的,责令他的家长或者监护人加以管教;在必要的时候,也可以由政府收容教养。"最高人民法院在一个批复中认为:"公安机关对公民作出的'少年收容教养'决定是行政行为,属于《中华人民共和国行政诉讼法》第 11 条规定的受案范围,若当事人对公安机关作出的'少年收容教养'决定不服向人民法院起诉的,人民法院应当受理。"[14]虽然收容教养出自《刑法》,但并不改变它的性质是行政决定。如在康某某诉吕梁行政公署公安处收容教养决定案中,法院认为:

上诉人吕梁行政公署公安处的少年收容教养行为,并不属于最高人民法院《关于执行〈中华人民共和国行政诉讼法〉若干问题的解释》第 1 条第 2 款所规定的不属法院行政诉讼受案范围的情形,被上诉人不服少年收容教养行为,可以向法院提起行政诉讼。[15]

该案中,法院的裁判逻辑是,只要收容教养不属于《行诉若干解释》第 1 条第 2 款规定的排除范围,就属于行政诉讼客体,被收容教养人有权对之提起行政诉讼。

在《刑法》将"收容教养"改为"矫治教育"后,"矫治教育"是否属于行政诉讼客体？根据《预防未成年人犯罪法》相关规定,未成年人实施《刑法》规定的行为,因不满法定刑事责任年龄不予刑事处罚的,经专门教育指导委员会评估同意,教育行政部门会同公安机关可以决定对未成年人进行专门矫治教育。省级人民政府应当结合本地的实际情况,至少确定一所专门学校按照分校区、分班级等方式设置专门场所进行专门矫治教育。[16] 可见,虽然矫治教育具有预防未成年人违法犯罪的作用,但"决定对其进行专门矫治教育"是终局性的,不是暂时性的,因此,它不是行政强制措施。从内容上看,矫治教育决定为当事人设定了必须接受专门矫治教育的义务,因此,它是一种命令性的行政决定,属于行政诉讼客体。

2. 证据先行登记保存。《行政处罚法》第 56 条规定:"行政机关在收集证据时,可以采取抽样取证的方法;在证据可能灭失或者以后难以取得的情况下,经行政机关负责人批准,可以先行登记保存,并应当在七日内及时作出处理决定,在此期间,当事人或者有关人员不得销毁或者转移证据。"理解证据先行登记保存应当注意:(1)由行政机关进行登记,但不移动证据;(2)由当事人或者有关人员保存,当事人或者有关人员负有不得销毁或者转移证据的法定义务。从《行政强制法》对行政强制措施所作的定义来看,证据先行登记保存具有"防止证据损毁"的作用,且有暂时性的特点,可以归入行政强制措施范畴,但它又是一种收集、保全证据的方法,不同于查封、扣押财物的行政强制措施目的。行政机关作出证据先行登记保存规定不是目的,而是为了后续作出行政行为查明事实,因此,证据先行登记保存是否属于行政诉讼客体,可以分两种情况讨论:

(1)过程性的证据先行登记保存,即证据先行登记保存是一个过程性行为,它的法效果被后续行政行为所吸收。当事人不服证据先行登记保存的,可以在对后续行政行为提起行政诉讼时一并提出。如在瓦房店五岛粉洗盐厂诉榆树市盐务管理局先行登记保存案中,法院认为:

---

[14] 最高人民法院《关于"少年收容教养"是否属于行政诉讼受案范围的答复》(〔1998〕行他字第 3 号)。
[15] 参见山西省高级人民法院行政判决书〔(2001)晋行终字第 12 号〕。
[16] 参见《预防未成年人犯罪法》第 45 条第 1、2 款。

可诉的行政行为需要具备成熟性、终结性。行政机关的程序性行为不属于可诉的行为,程序性行为的效力通常为最终的行政行为所吸收和覆盖,当事人可通过对最终行政行为的起诉获得救济。本案中,先行登记保存属于证据收集和保全措施,是为了保障或者辅助作出后续行政处罚或者其他行政行为而进行的阶段性、程序性行为。事实上,榆树盐务局对涉案盐产品作出先行登记保存后,已作出了行政查封(扣押)决定书和行政查封(扣押)物品清单并已送达。故上诉人所诉事项不属于人民法院行政诉讼受案范围。[17]

(2)终结性的证据先行登记保存,即行政机关作出证据先行登记保存决定之后,一直不作出后续的行政行为,也不撤回证据先行登记保存决定,使得证据先行登记保存产生了终结性法效果。如在大连齐澧制盐厂诉榆树市盐务管理局先行登记保存通知案中,法院认为:

《中华人民共和国行政处罚法》第37条第2款规定:"行政机关在收集证据时,可以采取抽样取证的方法;在证据可能灭失或者以后难以取得的情况下,经行政机关负责人批准,可以先行登记保存,并应当在七日内及时作出处理决定,在此期间,当事人或者有关人员不得销毁或者转移证据。"据此,先行登记保存属于证据收集和保全行为,而非行政强制措施,是一种执法手段,是行政行为中的一个环节,不是最终的处理结果,通常不具有可诉性。但法定的先行登记保存期限是7日,7日内行政机关就应当作出处理。结合行政案件查处的一般程序和案件实际情况,这种处理可能是予以返还、送交检验、检测、检疫、鉴定,也可能是采取查封、扣押措施,作出处罚没收违法物品,或者是解除先行登记保全措施。本案中,榆树市盐务局作出法定代表人处载明"张正波"的先行登记保存通知书之后,直至今日没有后续的处理行为,明显对当事人的权益产生实际影响。故大连齐澧制盐厂的起诉符合人民法院审理行政案件的受理条件。[18]

证据先行登记保存的目的是收集、保全证据,不可变相作封查、扣押财产之用。为查处出租汽车驾驶员是否有"拒载"事实,把出租汽车作为证据加以保存的做法,已涉嫌变相扣押财产。因为出租汽车本身作为一种财产,在证明出租车驾驶员是否有"拒载"违法事实时,不具有证据的证明能力。

3. 留置盘问,即人民警察将符合法定条件的违法犯罪嫌疑人带到公安机关进行盘问的一种行政行为。《人民警察法》第9条第1、2款规定:"为维护社会治安秩序,公安机关的人民警察对有违法犯罪嫌疑的人员,经出示相应证件,可以当场盘问、检查;经盘问、检查,有下列情形之一的,可以将其带至公安机关,经该公安机关批准,对其继续盘问:(一)被指控有犯罪行为的;(二)有现场作案嫌疑的;(三)有作案嫌疑身份不明的;(四)携带的物品有可能是赃物的。对被盘问人的留置时间自带至公安机关之时起不超过二十四小时,在特殊情况下,经县级以上公安机关批准,可以延长至四十八小时,并应当留有盘问记录。对于批准继续盘问的,应当立即通知其家属或者其所在单位。对于不批准继续盘问的,应当立即释放被盘问人。"因留置盘问可适用于犯罪嫌疑人,故一般人总以为它是一种刑事强制措施,当事人对留置盘问不得提起行政诉讼,其实不然。最高人民法院在一个答复中认为:"留置是公安机关行政管理职权的一种行政强制措施,属于《行政诉讼法》第十一条第一款第二项规定的人民法院行政诉讼受案范围。"[19]公安机关具有刑事、行政机关的双重身份,它在行政管理过程中对犯罪嫌疑人实施留置盘问,目的在于进一步查清相关事实真相。公安机关启动刑事立案程序所需要的

---

[17] 参见吉林省长春市中级人民法院行政裁定书[(2019)吉01行终70号]。
[18] 参见吉林省高级人民法院行政裁定书[(2020)吉行再12号]。
[19] 最高人民法院行政审判庭《关于对当事人不服公安机关采取的留置措施提起的诉讼法院能否作为行政案件受理的答复》([1997]法行字第21号)。

犯罪证据,能够通过留置盘问获取。在刑事立案程序之前的留置盘问性质上是行政性的,它属于行政诉讼客体。

(三)行政许可

《行政许可法》第2条规定:"本法所称行政许可,是指行政机关根据公民、法人或者其他组织的申请,经依法审查,准予其从事特定活动的行为。"学理上,行政许可分为两种:(1)作为"自由恢复"的行政许可,如食品生产许可、驾驶执照等;(2)作为"权利赋予"的行政许可,如采矿许可、出租车经营许可等。在行政许可类别上,依据《行政许可法》第12条,可以分为一般许可、特许、认可、核准和登记。《行政诉讼法》第12条第1款第3项规定,公民、法人或者其他组织"申请行政许可,行政机关拒绝或者在法定期限内不予答复,或者对行政机关作出的有关行政许可的其他决定不服的",有权提起行政诉讼。作为行政诉讼客体,与行政许可有关的主要包括以下3种行为:

1. 拒绝颁发,即针对申请人提出的许可申请,行政机关作出"不予许可"的意思表示。《行政许可法》第38条第2款规定:"行政机关依法作出不予行政许可的书面决定的,应当说明理由,并告知申请人享有依法申请行政复议或者提起行政诉讼的权利。"在法律上,拒绝颁发是一个作为的行政决定,即行政机关已经对申请人的许可申请作了法律上的"处理",并以书面决定终结行政许可程序。实务中,如在张某某诉宁陵县自然资源局行政答复案中,法院认为:

原宁陵县住建局以对原告张某某申请颁发建设工程规划许可证涉及的土地进行复尺丈量核实后,认为该地块四至不明确,且在此处建房对宁陵县整体规划布局及居民的日常生活、交通出行造成不利影响为由,作出的[2019]16号答复,已被生效的(2019)豫1421行初3号行政判决书以事实不清、证据不足撤销。被告宁陵县自然资源局在未提供新证据的情况下,仍以此作为对原告张某某申请颁发建设工程规划许可证不予办理的理由,法院不予支持。被告宁陵县自然资源局提供的宁政征[2019]第4号征收决定附件:《县城旧城区棚户区改造征收与补偿安置方案》第1条关于征收区域明确规定"具体以规划红线为准",被告宁陵县自然资源局未提供证据证明涉案土地在规划区域规划红线范围内,以征收决定范围涵盖涉案土地为由作出被诉答复属事实不清,证据不足。[20]

该案中的"不予办理"即原宁陵县住建局拒绝颁发建设工程规划许可证的行为,因事实不清,证据不足,该拒绝颁发行为——宁自然资[2020]88号《关于张某某申请办理建设工程规划许可的答复》被法院判决撤销。

2. 不予答复,即针对申请人提出的行政许可申请,行政机关在法定期限内不作任何意思表示。在法效果上,不予答复是行政机关对申请人的行政许可申请没有作出实体处理,致使申请人的行政许可申请一直处于不确定的法律状态之中。在行为状态上,不予许可是一种不作为,属于行政诉讼客体。

需要指出的是,如果法律规定行政机关不予答复产生"视为准予"的法效果,那么申请人在法定期限过后就可以从事所申请的行政许可活动。"视为准予"有两种情形:(1)初始许可,即申请人向行政机关提出行政许可申请,但行政机关在法定期限内未作决定,依照法律规定推定为准予许可。如《集会游行示威法》第9条第1款规定:"主管机关接到集会、游行、示威申请书后,应当在申请举行日期的二日前,将许可或者不许可的决定书面通知其负责人。不许可的,应当说明理由。逾期不通知的,视为许可。"(2)延续许可,即申请人在行政许可有效期届满之前向行政机关提出延续行政许可的申请,但行政机关逾期未作决定,依照法律规

---

[20] 参见河南省宁陵县人民法院行政判决书[(2020)豫1423行初22号]。

定推定为准予延续。如《行政许可法》第 50 条第 2 款规定:"行政机关应当根据被许可人的申请,在该行政许可有效期届满前作出是否准予延续的决定;逾期未作决定的,视为准予延续。"上述"视为许可"或者"准予延续"都是法律拟制的行政决定。这类"不予答复"行为也是行政诉讼客体。但是,就申请人而言,因申请人与这类"不予答复"行为没有诉的利益,若提起行政诉讼,法院可以判决驳回诉讼请求。

3. 行政许可的其他决定。行政许可决定不限于许可决定和不予许可决定两种。在行政许可决定作出之后,若有法定情形,行政机关还可以作出行政许可的其他决定,它们都属于行政诉讼客体。行政许可的其他决定有:(1)行政许可变更或者撤回决定。基于法定情形,行政机关对合法行政许可决定作出变更或者撤回,并补偿申请人的损失。行政许可变更决定主要是针对合法行政许可的主体、内容、期限等作出改变,行政许可撤回决定则是从法律上消灭合法行政许可决定的法效力。《行政许可法》第 8 条第 2 款规定:"行政许可所依据的法律、法规、规章修改或者废止,或者准予行政许可所依据的客观情况发生重大变化的,为了公共利益的需要,行政机关可以依法变更或者撤回已经生效的行政许可。由此给公民、法人或者其他组织造成财产损失的,行政机关应当依法给予补偿。"如在湖南立发釉彩科技有限公司诉湘潭市人民政府、湘潭市岳塘区人民政府行政补偿案中,法院认为:

> 《中华人民共和国行政许可法》第 8 条规定:"公民、法人或者其他组织依法取得的行政许可受法律保护,行政机关不得擅自改变已经生效的行政许可。行政许可所依据的法律、法规、规章修改或者废止,或者准予行政许可所依据的客观情况发生重大变化的,为了公共利益的需要,行政机关可以依法变更或者撤回已经生效的行政许可。"被告湘潭市人民政府、被告湘潭市岳塘区人民政府为治理湘江竹埠港区域重金属污染,基于社会公共利益需要和行政管理职能目标,有权对依法登记成立具备企业法人营业资格,办理了组织机构代码证和排污许可等手续且尚在有效期限内的企业实施关停退出,即可以撤回对原告的行政许可。本案中,被告湘潭市人民政府在发布的《关于实施竹埠港地区化工企业整体退出的通告》中,明确对竹埠港化工企业按照"先关停、后退出(搬迁)、再治理"的原则实施整体退出,并限定了退出的期限;被告湘潭市岳塘区人民政府与原告签订的《竹埠港地区化工企业关停退出协议》明确了原告主动关停退出期限、奖金支付规定以及双方的权利义务等。两被告以与原告签订协议的方式对原告企业进行了关停,实质上决定和实施了对原告的行政许可的撤回。可见,被告辩称除对原告所使用的国有土地及房屋进行征收外,未作出其他任何变更或撤回行政许可的行为,亦不是对生效行政许可的变更或撤回的理由不能成立,本院不予支持。[21]

(2)行政许可撤销决定。行政许可撤销决定是消灭违法行政许可法效力的决定。《行政许可法》第 69 条第 1 款规定:"下列情形之一的,作出行政许可决定的行政机关或者其上级行政机关,根据利害关系人的请求或者依据职权,可以撤销行政许可:(一)行政机关工作人员滥用职权、玩忽职守作出准予行政许可决定的;……"在特别情况下,行政许可撤销决定如有申请人信赖利益存在,行政机关应当承担赔偿责任。如在蒋某裕诉崇义县人民政府资源行政案中,法院认为:

> 《关于撤销原崇安置函[2014]86 号的决定》之前的文号为崇征迁办字[2015]86 号,后更正为崇征迁办字[2016]3 号,但该决定的内容并无变化,蒋某裕对该决定的内容已知晓。蒋某佑与蒋某红系父女关系。蒋某红因婚嫁户口迁出,2003 年因离婚再迁回上营村,2005 年单立一户。崇义县人民政府亦认可蒋某红符合安置条件,符合"一户一宅"的安置政策。但在《关于撤销原崇安置函[2014]86 号的决定》中,崇义县人民政府认为蒋某佑只申报其一人为安置人口,未申报符合安置条件的蒋某红,导致蒋

---

[21] 参见湖南省湘潭市中级人民法院行政判决书[(2016)湘 03 行初 39 号]。

某红未被列入该户安置人口安置。上述认定与事实不符。根据《拆迁补偿安置办法》第6条第2款的规定:"被征地农村集体经济组织、农村村民和其他权利人应当在公告规定期限内,持有关证明材料到公告指定单位办理征地补偿安置登记。未如期办理征地补偿安置登记的,以征地拆迁单位的调查结果为准。"因蒋某佑与蒋某红并非一个户籍,蒋某佑并不负有申报蒋某红为安置人口的义务。《拆迁补偿安置办法》第27条规定的是可列入套房安置或宅基地安置人口数的情形,没有离婚后返迁回原户口所在村组的妇女可随父母进行安置的相关内容。崇义县人民政府引用该条款认为蒋某红可随其父蒋某佑户进行安置错误。崇义县人民政府在《关于撤销原崇安置函〔2014〕86号的决定》中还认定撤销的依据是《行政许可法》第69条的规定。经查,崇义县人民政府并没有认定蒋某佑以欺骗、贿赂等不正当手段取得行政许可的相关证据,适用该条款错误。另外,崇安置函〔2014〕86号《关于办理建房手续的函》是对蒋某喜户、蒋某裕户、蒋某佑户3户的建房许可,崇义县人民政府撤销该函亦侵害他人的合法权益,亦属不当。[22]

行政许可注销是一种事实行为,不是其他许可决定。《行政许可法》第70条规定:"有下列情形之一的,行政机关应当依法办理有关行政许可的注销手续:……(四)行政许可依法被撤销、撤回,或者行政许可证件依法被吊销的;……"行政许可注销的功能在于,它可以防止申请人或者其他人利用已经被消灭的许可证,实施损害第三人利益或者危害公共利益的行为,如与他人订立合同等。行政许可注销以行政许可撤销或者撤回等法定情形成立为前提,由行政机关在行政许可证上加盖注销印章等手续,使之失去形式上的合法性。用收回许可证的方式替代注销手续同样能达注销目的,将来立法也可以采用这种注销方式。因行政许可注销影响公民、法人或者其他组织合法权益,所以,它也是行政诉讼客体。如在电白县星海湾休闲会所诉茂名市电白区卫生和计划生育局行政许可案中,法院认为:

《中华人民共和国行政许可法》第70条规定,有下列情形之一的,行政机关应当依法办理有关行政许可的注销手续:(1)行政许可有效期届满未延续的;(2)赋予公民特定资格的行政许可,该公民死亡或者丧失行为能力的;(3)法人或者其他组织依法终止的;(4)行政许可依法被撤销、撤回,或者行政许可证件依法被吊销的;(5)不可抗力导致行政许可事项无法实施的;(6)法律、法规规定的应当注销行政许可的其他情形。依据该法律规定,注销行政许可证行为主要是指在许可证到期,被许可人事实上不能继续从事许可事项的,行政许可已经被终止的情况下,行政机关将该失去效力的行政许可进行登记消灭的行为,属于行政机关监督管理的范畴,从性质上说实际上是一种程序性行为。该案中,星海湾会所存在经营场地临时规划许可证已经过期,该场地上的临时建筑物又被认定为违章建筑,并被城乡规划部门作出限期拆除的行政决定等事实,致使经营场所使用的临时建筑物将被行政机关依法拆除的特定事实已经出现,故原持有的卫生许可证将丧失继续存在的法定条件和许可事项继续实施的基础。基于该事实,电白卫计局作出了注销星海湾会所的卫生许可证的行政决定。该注销行政决定所依据的事实符合上述法律规定的情形,应属认定事实清楚,证据充分的合法行政行为,对此本院应当予以支持。[23]

该案中,法院没有否定被告作出的行政许可注销不是行政诉讼客体。在实务中,有时行政许可注销被混用为处罚性的"吊销许可证",如张某隆诉徐州市教育局注销社会办学许可证案。[24] 这种混用可能会导致行政行为适用法律、法规错误,应当加以明确区分。

行政许可是一种依申请的行政行为,但并非依申请的行政行为都是行政许可。围绕着作为行政诉讼客体的行政许可,至少有以下几个概念需要厘清:

1. 行政确认,即确认法律关系或者确认事实存在并使之产生法效果的行政行为,前者如

---

[22] 参见江西省高级人民法院行政判决书[(2017)赣行终29号]。
[23] 参见广东省茂名市中级人民法院行政判决书[(2017)粤09行终107号]。
[24] 参见江苏省高级人民法院行政判决书[(2003)苏行终字第047号]。

不动产登记,后者如户口登记。在形式上,行政确认与行政许可十分类似,尤其在绝大多数情形下是行政机关以"颁证"方式作出行政行为的形式要件。两者的区别是:申请人从事必须事先取得许可的活动但未经许可的,构成应受行政处罚的行为,如危化品运输;申请人从事需要确认的活动但未经确认的,则产生权利不受法律保护或者权利行使受到限制的法效果,如结婚登记。前者为行政许可,后者为行政确认。

2. 行政审批。严格意义上说,行政审批并不是一个行政法上的概念。不过,在判例中"行政审批"这个概念的使用并不少见,如薛某华与睢宁县劳动和社会保障局退休行政审批申请再审案[25]、赵某明诉德阳市劳动和社会保障局行政审批争议纠纷案[26]和张某宝等与博爱县人民政府等镇政府宅基地行政审批纠纷上诉案[27]等。从内容来看,行政审批有的是在社会保障中行政机关对是否同意给付申请所作的意思表示,有的是行政机关把行政审批当作行政许可一样的概念来使用。如何区分行政审批与行政许可,从《关于〈中华人民共和国行政许可法(草案)〉的说明》中或许我们可以得到一点启发:"行政许可(也就是通常所说的'行政审批'),是行政机关依法对社会、经济事务实行事前监督管理的一种重要手段,是不可缺少的,多年来实际上也起了重要的作用。"[28]这是时任国务院法制办主任杨景宇在《关于〈中华人民共和国行政许可法(草案)〉的说明》中所作的表述。在提交第九届全国人大常委会第29次会议审查的《行政许可法(草案)》中,第2条对行政许可所下的定义是:"本法所称行政许可,是指行政机关根据公民、法人或者其他组织的申请,经依法审查,准予其从事特定活动的行为、认可其资格资质或者确立其特定主体资格、特定身份的行为。"但在正式通过的《行政许可法》第2条中,立法机关删除了"认可其资格资质或者确立其特定主体资格、特定身份的行为"的内容。可见,当《关于〈中华人民共和国行政许可法(草案)〉的说明》把"行政许可"等同于"行政审批"时,《行政许可法》调整的内容其实还包括了行政确认等行政行为。如"法律职业资格证",在《行政许可法》第2条之下,难说它是一种行政许可,毋宁说是司法行政机关对申请人通过法律职业资格考试这一事实予以确认,而"律师执业证书"才是名副其实的行政许可证。因此,如果我们还要用"行政审批"这一概念,那么将行政审批定位于行政许可和行政确认的上位概念可能是恰当的。《国务院对确需保留的行政审批项目设定行政许可的决定》(中华人民共和国国务院令第412号)也可以佐证这一点。

3. 规划行政许可验收。规划行政许可实施效果的验收行为属于何种性质的行政行为,在学理上没有定论,但在实务中,法院认为属于规划行政许可的重要组成部分。如在褚某等诉南京市规划局规划行政管理案中,法院认为:

> 规划行政许可行为包括两个方面,一是发放规划建设工程许可证,二是建设单位在工程竣工后应当向原核发建设工程规划许可证副本的规划管理部门申报规划验收,规划验收是规划行政许可的重要组成部分。因此,规划验收行政行为是行政行为,属于人民法院行政案件受案范围。[29]

如果把规划行政许可验收看作行政机关准许建筑物交付使用,定性为行政许可决定也无妨。但是,"验收"在这里是否具有这样的法律意义,制定法上并没有规定,毋宁把它当作对行政许可的一种监督可能更为妥当。

---

[25] 参见江苏省徐州市中级人民法院行政裁定书[(2010)徐行监字第0019号]。
[26] 参见四川省广汉市人民法院行政判决书[(2009)广汉行初字第03号]。
[27] 参见河南省焦作市中级人民法院行政裁定书[(2009)焦行终字第44号]。
[28] 乔晓阳主编:《中华人民共和国行政许可法及解释》,中国致公出版社2003年版,第240页。
[29] 参见江苏省南京市鼓楼区人民法院行政判决书[(2007)楼行初字第92号]。

(四) 确认自然资源权属决定

确认自然资源权属决定是行政机关以第三方身份居中确定有争议的自然资源权属的行政行为。土地、矿藏、水流、森林、山岭、草原、荒地、滩涂、海域等自然资源是人类生存和发展的基础性条件。明确自然资源所有权或者使用权的归属,明确权利主体,是经济发展和社会稳定的前提。对此,《土地管理法》《矿产资源法》和《水法》等法律、法规对自然资源权属确认有明确规定。如《土地管理法》第14条第1、2款规定:"土地所有权和使用权争议,由当事人协商解决;协商不成的,由人民政府处理。单位之间的争议,由县级以上人民政府处理;个人之间、个人与单位之间的争议,由乡级人民政府或者县级以上人民政府处理。"如在欧某明等诉贺州市八步区人民政府等土地权属争议处理决定案中,最高人民法院认为:

根据《土地权属争议调查处理办法》第4条、第5条之规定,八步区政府有权对欧某明等7人与贺州市人民医院的土地权属争议作出处理决定。《确定土地所有权和使用权的若干规定》第29条规定,因原房屋拆除、改建或自然坍塌等原因,已经变更了实际土地使用者的,经依法审核批准,可将土地使用权确定给实际土地使用者;空地及房屋坍塌或拆除后两年以上仍未恢复使用的土地,由当地县级以上人民政府收回土地使用权。本案中,黄某英家位于案涉土地上的房屋于1968年被烧毁,其后并未在原地建房,而是搬迁至他处。1973年,贺县医院经原贺县革命委员会同意兴建职工宿舍,案涉土地的实际使用者已经发生变更。贺县医院于1988年领取了在案涉土地上修建房屋的房产证,1997年拆除该宿舍后在原地重建康复楼。欧某明等7人并未提供证据证明在此期间对此提出过异议。八步区政府根据查明的事实,作出1号处理决定,将争议土地使用权确认给贺州市人民医院,有事实根据和法律依据。贺州市政府在收到复议申请后,依照法定程序调查处理,并作出26号复议决定,维持八步区政府作出的1号处理决定,亦无不当。一、二审判决驳回欧某明等7人的诉讼请求,认定事实清楚,适用法律正确,应予维持。[30]

(五) 征收、征用及其补偿决定

国家为了公共利益的需要,可以依照法律规定对非国有的土地或者私有财产实行征收或者征用并给予补偿。[31]

1. 征收决定,即行政机关为了公共利益需要,依照法律规定将非国有财产收归国有的行政行为。如《国有土地上房屋征收与补偿条例》第2条规定:"为了公共利益的需要,征收国有土地上单位、个人的房屋,应当对被征收房屋所有权人(以下称被征收人)给予公平补偿。"在郭某根等诉晋中市人民政府等征收决定案中,最高人民法院认为:

根据《中华人民共和国城市房地产管理法》第6条的规定,关于国有土地上房屋征收补偿的具体办法由国务院规定。《国有土地上房屋征收与补偿条例》就是国务院制定的规范国有土地上房屋征收与补偿活动的行政法规,系审查被诉征收决定合法性的法律依据。根据原审查明事实,晋中市迎宾广场片区改造项目是晋中市人民政府为完善城市基础设施建设,改善小区群众居住条件实施的旧城区改造项目,符合土地利用规划,已列入晋中国民经济和社会发展规划和国民经济和社会发展年度计划,符合《国有土地上房屋征收与补偿条例》第8条第5项、第9条规定。晋中市人民政府在作出征收决定前,拟定了房屋征收补偿安置方案征求意见稿,征求意见日期为2014年7月10日至2014年8月10日,后晋中市人民政府房屋征收管理办公室对征求意见进行汇总分析,作出《晋中市迎宾广场片区改造项目房屋征收补偿安置方案(修订稿)》并予以公告。在充分征求公众意见的基础上,晋中市人民政府最终公告作出涉诉晋中市人民政府《关于迎宾广场片区改造项目房屋征收决定》和《晋中市迎宾广场片区改造项目房屋征收补偿方案》,程序符合《国有土地上房屋征收与补偿条例》的规定,山西省人民政府作出行政复议决

---

[30] 参见最高人民法院行政裁定书[(2017)最高法行申2812号]。
[31] 参见《宪法》第10条第3款、第13条第3款。

定予以维持并无不妥,姚某阳等44人再审请求撤销没有法律和事实依据,本院不予支持。[32]

征收的法效果是将"非国有财产"所有权强制性收归国有。征收以公告的方式作出,公告时间是被征收的"非国有财产"所有权发生转移的节点,也是"非国有财产"价值评估的节点。从行为过程来看,征收过程中还有可能产生一系列行政行为,如违法建筑认定、强制拆除、责令交出土地等,它们都是行政诉讼客体。

2. 征用决定,即行政机关为了公共利益需要,依照法律规定使用非国有财产或者劳务的行政行为。与征收本质上不同的是,征用非国有财产不改变财产的所有权,行政机关使用之后,若没有损毁,应及时归还财产所有权人。如《突发事件应对法》第12条规定:"县级以上人民政府及其部门为应对突发事件的紧急需要,可以征用单位和个人的设备、设施、场地、交通工具等财产。被征用的财产在使用完毕或者突发事件应急处置工作结束后,应及时返还。财产被征用或者征用后毁损、灭失的,应当给予公平、合理的补偿。"在紧急情况下,若需要征用非国有财产,行政机关通常是以口头形式作出征用决定,如警察征用私家车追捕人犯。征用涉及非国有财产的使用权,被征用人不服,可以提起行政诉讼。

3. 补偿决定,即行政机关征收、征用致使非国有财产所有权人或者使用权人产生财产损失或者劳务付出的,应当依法给予补偿。若协商不成,行政机关应当及时作出补偿决定。如《国有土地上房屋征收与补偿条例》第26条第1款规定:"房屋征收部门与被征收人在征收补偿方案确定的签约期限内达不成补偿协议,或者被征收房屋所有权人不明确的,由房屋征收部门报请作出房屋征收决定的市、县级人民政府依照本条例的规定,按照征收补偿方案作出补偿决定,并在房屋征收范围内予以公告。"被征收、征用人不服补偿决定,可以提起行政诉讼。如在山西省安业集团有限公司诉山西省太原市人民政府收回国有土地使用权决定案中,最高人民法院认为:

有征收必有补偿,无补偿则无征收。为了保障国家安全,促进国民经济和社会发展等公共利益的需要,国家可以依法收回国有土地使用权,也可征收国有土地上单位、个人的房屋,但必须对被征收人给予及时公平补偿,而不能只征收不补偿,也不能迟延不予补偿。通常,征收决定应当包括具体补偿内容,因评估或者双方协商以及其他特殊原因,征收决定未包括补偿内容的,征收机关应当在征收决定生效后的合理时间内,及时通过签订征收补偿协议或者作出征收补偿决定的方式解决补偿问题。征收补偿应当遵循及时补偿原则和公平补偿原则。……本案中,因实施道路建设改造工程的需要,太原市人民政府与相关职能部门可以依法收回国有土地使用权,但应当遵循法定的程序和步骤并应依法及时解决补偿问题。在本案中,太原市人民政府收回安业公司拥有使用权的749.5平方米土地时,既未听取安业公司的陈述申辩,也未对涉案土地的四至范围作出认定,尤其是至今尚未对安业公司进行任何补偿,不符合《土地管理法》第58条、《中华人民共和国物权法》第42条第3款、《中华人民共和国城市房地产管理法》第6条以及《征补条例》第8条、第13条、第27条等规定的精神,依法应予以撤销。但考虑到相关道路建设改造工程确属公共利益需要,因此根据《中华人民共和国行政诉讼法》第74条第1款第1项,对太原市人民政府以通告形式收回安业公司749.5平方米国有土地使用权的行政行为应确认违法。今后因道路建设改造实际使用安业公司相应土地,安业公司有权主张以实际使用土地时的土地市场价值为基准获得补偿;安业公司也有权要求先补偿后搬迁,在未依法解决补偿问题前,安业公司有权拒绝交出土地。[33]

(六) 不履行法定职责

职责,即与职权相随的责任,或者职权本身含有的必须履行的责任。职权不是权利,故不

---

[32] 参见最高人民法院行政裁定书[(2017)最高法行申5916号]。
[33] 参见最高人民法院行政判决书[(2016)最高法行再80号]。

能放弃。法定职责是制定法要求行政机关必须履行的职责。行政机关法定职责可以分为依申请履行和依职权履行,行政机关若不履行,都属于"不履行法定职责"。行政机关履行法定职责有的是为了特定的公民、法人或者其他组织(特定利益),因此,公民、法人或者其他组织有权请求行政机关履行法定职责——请求权;行政机关履行法定职责有的是为了不特定公众(公共利益),公民、法人或者其他组织无权请求行政机关履行法定职责。行政机关不履行法定职责无论涉及何种利益,都属于"不履行法定职责"。但是,属于"不履行法定职责"与公民、法人或者其他组织是否有权提起诉讼,这是两个不同的问题。如在顾某萍诉嘉善县人民政府政府信息公开案中,最高人民法院认为:

> 根据《中华人民共和国行政诉讼法》第12条第1款第6项,申请行政机关履行保护人身权、财产权等合法权益的法定职责,行政机关拒绝履行或者不予答复,公民、法人或者其他组织因此提起诉讼的,人民法院应当受理。此处的法定职责,系指行政机关依据法律、法规或者规章等规定,具有针对行政管理相对人申请直接进行处理,直接解决行政管理相对人诉求的职责,不应包括上级行政机关对下级行政机关、本级人民政府对所属工作部门的层级监督、内部管理职责。行政管理相对人申请履行信息公开,一般应当直接向具有管辖职权,能够直接解决具体请求的行政机关提出。行政管理相对人对具有管辖职权的行政机关的处理不满意,可以向上级行政机关或者同级人民政府投诉、举报、反映,要求上级行政机关或者同级人民政府监督、督促具有相应管辖职权的行政机关依法履行职责;上级行政机关或者同级人民政府也有权依据《中华人民共和国地方各级人民代表大会和地方各级人民政府组织法》及相关法律规定进行相应处理。但行政管理相对人对上级行政机关或者同级人民政府的处理不服,以上级行政机关或者同级人民政府为被告,要求人民法院责令上级行政机关或者同级人民政府履行保护人身权、财产权等合法权益的法定职责的,一般不属人民法院行政诉讼的监督范畴。[34]

《行政诉讼法》第12条第1款第5项规定:公民、法人或者其他组织申请行政机关履行保护人身权、财产权等合法权益的法定职责,行政机关拒绝履行或者不予答复的,有权提起行政诉讼。这里的"拒绝履行""不予答复"与行政许可作相同解释,不再赘述。《行政诉讼法》第12条第1款第5项所涉的"不履行法定职责",是以公民、法人或者组织申请为前提的。《行诉证据规定》第4条第2款规定:"在起诉被告不作为的案件中,原告应当提供其在行政程序中曾经提出申请的证据材料。但有下列情形的除外:(1)被告应当依职权主动履行法定职责的……"从这一规定中可以推出,行政机关不履行应当依职权主动履行的法定职责的行为,也属于行政诉讼客体。实务中,公民、法人或者其他组织请求上一级行政机关履行对下一级行政机关监督职责,上一级行政机关不履行的,最高人民法院在李某林诉安阳市政府不履行监督职责案中,否定了这种请求属于"不履行法定职责"。最高人民法院认为:

> 《行政诉讼法》第12条第1款第6项规定,"申请行政机关履行保护人身权、财产权等合法权益的法定职责,行政机关拒绝履行或者不予答复的",属于行政诉讼受案范围。这类诉讼在学理上通常称为请求履行法定职责之诉,有时也称为"请求应为行政处分之诉"。这两个概念本身,就比较清楚地阐明了这类诉讼的要义——所谓"请求履行法定职责",是指请求行政机关履行的,必须是法律、法规、规章等明确赋予行政机关对外行使的行政管理职责。"请求应为行政处分"则是强调,请求行政机关作出的,只能是具有外部效力的调整。那些仅限于行政内部领域的措施,例如请求上级行政机关对下级行政机关作出一个命令,对下级行政机关实施监管监督,因不具有对外性,不直接设定新的权利义务,通常不能在请求履行法定职责之诉中提出。[35]

---

[34] 参见最高人民法院行政裁定书[(2017)最高法行申5545号]。
[35] 参见最高人民法院行政裁定书[(2017)最高法行申7109号]。

不履行法定职责是一种行政行为的特例,它有不同于行政作为的特质,对行政行为合法性审查、证明责任分配和行政裁判方式等产生重要影响。关于不履行法定职责,有以下几个问题可以进一步讨论:

1. 法定职责之"法"。除法律、法规、规章之外,行政规定、行政协议、行政承诺等都可以产生行政机关的法定职责,法定职责之"法"应当与行政法的法源范围相当。如在王某民等243人诉浙江省临安市人民政府履行法定职责案中,法院认为:

临安市人民政府在(2000)47号《关于天目山自然保护区新扩区保护与开发有关问题协调会议纪要》中关于"对规划要求绝对保护的范围由市政府作适当补偿"的公开承诺合法有效,该承诺所确定的义务应视为临安市人民政府必须履行的法定职责。临安市人民政府关于法律没有明确规定临安市人民政府有对新扩区村民经济损失进行补偿的职责,王某民等诉临安市人民政府履行法定职责无法律依据的意见不能成立,本院不予支持。王某民等243人起诉要求临安市人民政府履行上述法定职责的理由成立,本院予以支持。[36]

该案中,法院认为被告作出的行政承诺合法有效,由承诺确定的义务应视为必须履行的法定职责。[37] 法院对"法"作了扩展性解释。

2. 行政不作为。在《行政诉讼法》[38]和《行诉解释》[39]中,国家立法机关和最高人民法院同时使用了"不作为"和"不履行法定职责"两个不同概念。如果说两个概念含义同一,那只能说明国家立法机关和最高人民法院使用概念上的随意性,从而引发法律适用中无意义的争论;如果两个概念含义不同,那两者有何区别?比较妥当的解释可能是:(1)不作为并不一定违法,如申请人向市场监管局申请颁发出国护照,市场监管局根本不可能有这样的法定职责,对此市场监管局不予答复。此种不予答复不宜认定为行政违法行为;而不履行法定职责则必然是行政违法行为。(2)如果把不履行法定职责之"法"限于制定法,那么,可以将违反制定法以外的行政规定、行政协议和行政承诺等不履职行为称为不作为。不过在实务中,有时这种区别并不引人在意。如在彭水县鹿角综合商店解体清算小组诉彭水苗族土家族自治县鹿角镇人民政府等移民补偿款纠纷案中,法院认为:

被告鹿角镇政府负有向辖区移民安置户支付移民拆迁补偿款的法定义务。原告清算小组于2010年6月前向被告申请支付尾数欠移民补偿款281,109.14元,被告仅支付原告移民补偿款238,289.30元,扣押42,819.84元不支付给原告,构成行政不作为。[40]

该案中,法院将被告不履行"支付移民拆迁补偿款的法定义务",直接认定为"构成行政不作为"。虽然在理解上可能不是那么顺畅,但在逻辑上并没有错误,所以,区分这两个概念实益并不明显。当然,法律应当讲究概念的精确性,才能保证法律推理的正确性。在"不履行法定职责"和"不作为"两个概念上,最高人民法院似乎也没有认真对待它们的不同。如在李某林诉安阳市人民政府监督职责案中,最高人民法院认为:

再审申请人提起本案的具体诉讼请求,并非直接要求人民法院判令安阳市政府履行对安阳市食药

---

[36] 参见浙江省高级人民法院行政判决书[(2003)浙行再字第3号]。
[37] 对行政机关作出的承诺,法院通常采用"制定法不禁止"审查规则,即承诺内容不违反制定法禁止性规定的,即具有合法性。参见谷西村委会诉洛阳市人民政府土地行政许可案,载中华人民共和国最高人民法院行政审判庭编:《中国行政审判案例》(第4卷)第142号案例,中国法制出版社2012年版,第115页。
[38] 参见《行政诉讼法》第25条第4款。
[39] 参见《行诉解释》第54条第1款第2项、第81条第3款。
[40] 参见重庆市彭水苗族土家族自治县人民法院行政判决书[(2010)彭法行初字第00085号]。

局的监督职责,而是请求人民法院确认安阳市政府不履行监督职责的行政不作为违法。这类"继续确认之诉"是被《行政诉讼法》第74条第2款第3项所明确规定的,该项规定的具体内容是,"被告不履行或者拖延履行法定职责,判决履行没有意义的","人民法院判决确认违法"。由此可知,确认不履行或者拖延履行法定职责违法,只是请求履行法定职责之诉的一个亚类或者补充,其含义是指,本来应当判决责令行政机关履行法定职责,只是因为"判决履行没有意义",才将履行判决的方式转为确认违法。正是因为确认之诉与请求履行法定职责之诉涉及的是相同的标的,所以存在相同的评判基础。如果请求行政机关履行的不是一个具有外部效力的调整,既不能责令行政机关履行,也无从确认行政机关拒绝履行这个请求违法。[41]

该案中,最高人民法院将"不履行监督职责"作为"行政不作为"的定语,引用的法律依据是《行政诉讼法》第74条第2款第3项,从中我们可以推断,在最高人民法院看来,"不履行法定职责"与"行政不作为"可能并无多大实质性区别。

3. 拖延履行法定职责。《行政诉讼法》第74条第2款第3项规定"被告不履行或者拖延履行法定职责,判决履行没有意义的",法院判决确认违法。它是《行政诉讼法》第12条第1款第3项和第6项中"不予答复"形态的一个变种。拖延履行法定职责在客观上表现为没有明示回绝申请人的申请,但也没有对该申请作出肯定或者否定的意思表示,致使申请在法律上一直处于不确定的状态之中。如在重庆利海物业有限公司(以下简称利海公司)诉重庆市土地房屋管理局不履行法定职责上诉案中,最高人民法院认为:

(利海公司)多次向重庆市土地房屋管理局请求纠正发证行为,1998年6月23日,重庆市土地房屋管理局不仅收到了利海公司向其提交的《关于请求撤销渝国用(1997)字第045号国土证的报告》,而且收到了国家土地管理局(1998)国土函字第7号函。重庆市土地房屋管理局作为土地管理的法定机关,对国家土地管理局(1998)国土函字第7号函提出的问题及建议有义务重新研究处理,对土地管理相对人利海公司的申请,亦应当在合理期间给予明确答复,但重庆市土地房屋管理局始终未对利海公司的申请作出明确答复,且没有法律所规定或认可的理由,已构成拖延履行法定职责。[42]

有时,行政机关针对申请人提出的申请作了一些回应,但没有产生终结行政程序的法效果。如告诉申请人领导正在"研究""讨论"他的申请,或者以时机不成熟为由请申请人耐心等待等,都属于拖延履行法定职责形态。

(七)侵犯经营自主权、农村土地承包经营权和土地经营权

经营自主权是公民、法人或者其他组织受到制定法保护的一项法定权利。这些权利涉及的法律、法规主要有《全民所有制工业企业法》《乡镇企业法》《合伙企业法》《个人独资企业法》《农村土地承包法》《城镇集体所有制企业条例》《集体所有制企业条例》《促进个体工商户发展条例》等。在实务中,侵犯经营自主权表现为撤销企业法定代表人,合并或者分立企业,强行使企业转让知识产权等。为此,《行政诉讼法》第12条第1款第7项规定:公民、法人或者其他"认为行政机关侵犯其经营自主权的",有权提起行政诉讼。如在刘某元不服蒲江县乡镇企业管理局侵犯财产权、经营自主权处理决定行政纠纷案中,法院认为:

成都蒲江小蘗碱厂、成都市朝阳印刷厂和成都鹤山矿泉饮料厂的建厂资金均是上诉人刘某元个人投资,分配形式、经营管理实际上是按私营企业进行的,根据《私营企业暂行条例》第7条第1款关于"独资企业是指一人投资经营的企业"的规定,上述3个企业应为私营企业,企业财产属刘某元所有。被上诉人蒲江县乡镇企业管理局作出的免去刘某元厂长职务和任命他人为厂长的决定,以及查封企业

---

[41] 参见最高人民法院行政裁定书[(2017)最高法行申7109号]。

[42] 参见最高人民法院行政判决书[(2000)行终字第2号]。

财产的行为,是于法无据的超越职权的具体行政行为。这一行为致使刘某元失去了对自身财产的实际控制,又使刘某元无法组织企业的生产经营,侵犯了刘某元的财产所有权和私营企业经营自主权。[43]

改革开放早期,受计划经济思想观念的影响,政府超越职权干涉非国家企业自主权并不少见。该案中,乡镇企业管理局发文免去刘某元厂长职务和任命他人为厂长的决定,在今天看来匪夷所思,但在当时政府则认为理所当然。又如,在龙泉市宝剑厂徐某业等26名职工诉龙泉市经济委员会任免决定案中,法院认为:

> 龙泉市宝剑厂由劳动群众集体投资于1963年9月开办。上诉人于1978年后扶持拨款9.3万元,支持该厂发展生产。为此,上诉人虽有过拨款扶持的行为,但也不能改变该厂劳动群众集体投资开办的事实。上诉人龙泉市经济委员会任命周某平为厂长的行为,违反了《城镇集体所有制企业条例》第32条第1款、《城镇集体所有制企业条例》第33条的规定,侵犯了企业经营自主权。[44]

农村土地承包经营权,即农村集体经济组织成员对依法承包的农民集体所有和国家所有依法由农民集体使用的耕地、林地、草地,以及其他依法用于农业的土地,享有使用、收益和土地承包经营权流转等权利的总称。农村土地经营权,即公民、法人或者其他组织通过他人土地承包经营权流转取得的经营土地的权利的总称。《农村土地承包法》第10条规定:"国家保护承包方依法、自愿、有偿流转土地经营权,保护土地经营权人的合法权益,任何组织和个人不得侵犯。"农村土地承包经营权和土地经营权依法受到法律保护,对于侵犯上述权利的行政行为,公民、法人或者其他组织有权提起行政诉讼。如在许某洲诉定远县人民政府等登记案中,最高人民法院认为:

> 《中华人民共和国农村土地承包经营权证管理办法》第2条第1款规定:"农村土地承包经营权证是农村土地承包合同生效后,国家依法确认承包方享有土地承包经营权的法律凭证。"第9条规定:"农村土地承包经营权证登记簿记载农村土地承包经营权的基本内容。农村土地承包经营权证、农村土地承包合同、农村土地承包经营权证登记簿记载的事项应一致。"据此,生效的农村土地承包合同是颁发农村土地承包经营权证的前提和依据。本案中,定远县人民政府2008年3月10日为许某顺户颁发的定农地承包权(2008)第M0302008号农村土地承包经营权证载明的土地承包合同编号为NO.5205020,土地承包经营权共有人为许某顺等6人,承包地总面积为14亩,而NO.5205020农村土地承包合同约定的承包土地人口为4人,承包土地面积为12亩。故定远县人民政府颁发的该农村土地承包经营权证与据以颁证的农村土地承包合同记载的承包人口数及承包土地面积不一致,且无证据证明该承包合同已作相应变更,不符合《中华人民共和国农村土地承包经营权证管理办法》第9条的规定。在此情况下,定远县人民政府根据定远县大桥镇人民政府定远县农村土地承包制度改革享受承包(租赁)耕地人口情况公布表、土地二轮承包时发包方大桥镇安子村村民委员会的证明等证据,认定二轮承包时许某顺户享有承包权的4人为许某顺、张某凤、许某洋、许某丽,据此作出定行政秘[2014]239号《关于注销许某顺户农村土地承包经营权证的决定》,对许某顺户编号为定农地承包权(2008)第M0302008号的农村土地承包经营权证依法注销,并按该户二轮土地承包事实,重新为该户颁发农村土地承包经营权证并无不当。[45]

(八)滥用行政权力排除或者限制竞争

公平竞争是市场经济的基本准则,经营者之间竞争必须符合法律、法规的规定。为此,作为市场经济秩序的维护者,行政机关应当采取措施,制止不正当竞争行为,为公平竞争创造良

---

[43] 参见《最高人民法院公报》1994年第2期。
[44] 参见浙江省丽水地区中级人民法院行政判决书[(2000)丽中行终字第27号]。
[45] 参见最高人民法院行政裁定书[(2017)最高法行申5868号]。

好的环境和条件。不仅如此,行政机关不得滥用行政权力排除或者限制竞争。如 2023 年 9 月 27 日,浙江省市场监管局依法对嘉兴市南湖区人民政府涉嫌滥用行政权力排除、限制竞争的行为进行查处:

2023 年 5 月 29 日,当事人印发《南湖区支持建筑业高质量发展的十项措施》(南政办发〔2023〕31 号),规定南湖区区级机关各部门、各镇(街道)园区、各区属国资公司,对政府投资的施工单项合同估算价在 60 万元人民币以上(含 60 万元)、400 万元人民币以下(不含 400 万元)的项目,单项合同估算价在 30 万元人民币以上(含 30 万元)、200 万元人民币以下(不含 200 万元)的重要设备、材料等货物的采购,单项合同估算价在 30 万元人民币以上(含 30 万元)、100 万元人民币以下(不含 100 万元)的勘察、设计、监理等服务的采购,应优先选择区属中小建筑业企业建设或者承接。浙江省市场监管局认为,当事人印发文件要求部分政府投资项目由区属中小建筑业企业建设或者承接,排除、限制了外地建筑业企业平等参与相关市场竞争,违反了《中华人民共和国反垄断法》第 42 条"行政机关和法律、法规授权的具有管理公共事务职能的组织不得滥用行政权力,以设定歧视性资质要求、评审标准或者不依法发布信息等方式,排斥或者限制经营者参加招标投标以及其他经营活动"和第 45 条"行政机关和法律、法规授权的具有管理公共事务职能的组织不得滥用行政权力,制定含有排除、限制竞争内容的规定"的规定,构成滥用行政权力排除、限制竞争行为。[46]

公民、法人或者其他组织对行政机关滥用行政权力排除或者限制竞争的行政行为,有权提起行政诉讼。如在南京发尔士新能源有限公司诉南京市江宁区人民政府市容环境卫生管理行政决定案中,法院认为:

《江苏省餐厨废弃物管理办法》第 19 条第 1 款规定,市、县(市)人民政府市容环境卫生主管部门应当通过招标等公平竞争的方式作出餐厨废弃物收集、运输服务许可决定;第 25 条第 1 款规定,市、县(市)人民政府市容环境卫生主管部门应当通过招标等公平竞争的方式作出餐厨废弃物处置许可决定。《中华人民共和国反垄断法》第 32 条规定,行政机关和法律、法规授权的具有管理公共事务职能的组织不得滥用行政权力,限定或者变相限定单位或者个人经营、购买、使用其指定的经营者提供的商品;第 37 条规定,行政机关不得滥用行政权力,制定含有排除、限制竞争内容的规定。本案中,被告江宁区政府采取直接指定的方式,未通过招标等公平竞争的方式,排除了其他可能的市场参与者,构成通过行政权力限制市场竞争。被告提出,因当时只有立升公司符合条件,指定只是对于当时客观事实的描述。经审查,立升公司在庭审中已经自认目前未取得餐厨废弃物收集、运输和处置的相关许可,故被告的指定行为与客观事实并不相符。即便江宁区人民政府为了加强餐厨废弃物处理市场监管,对该市场的正常运行作出必要的规范和限制,也不应在行政公文中采取明确指定某一公司的方式。396 号文的表述已经发生行政效力并实际实施,但因市场情况的变化,符合条件的经营者也会发生改变,而 396 号文固定化的表述,使得其他后续取得法定资格的经营者也会因此无法正常开展业务。行政行为限制可能的市场经营者参与竞争的,亦属违法。[47]

《制止滥用行政权力排除、限制竞争行为规定》(国家市场监督管理总局令第 64 号)是国家市场监督管理总局根据《反垄断法》制定的部门规章。该规章第 4～10 条列出数十种滥用行政权力排除或者限制竞争的行政行为,对于界定"滥用行政权力排除或者限制竞争"具有较强的可操作性。

(九)违法要求履行义务

公民、法人或者其他组织面向国家应当履行的法定义务可以分为作为义务、不作为义务

---

[46] 参见 http://zjamr.zj.gov.cn/art/2023/12/5/art_1229248167_59033231.html(2024 年 9 月 1 日最后访问)。
[47] 参见江苏省南京市中级人民法院行政判决书〔(2015)宁行初字第 16 号〕。

和容忍义务,前者如纳税、改正违法行为,中者如不准闯红灯、不得生产假冒伪劣产品,后者如警车的警笛声、强制性接种疫苗等。公民、法人或者其他组织面向国家应当履行的义务,范围由不同位阶的制定法确定,如行政机关没有制定法依据要求履行义务,公民、法人或者其他组织有权提起行政诉讼。在实务中,行政机关违法要求履行义务的情形主要是基层人民政府违法"集资""劳务摊派""收费"等。如在谢某新诉永和乡人民政府违法要求履行义务案中,法院认为:

> 被告永和乡人民政府向原告谢某新提取的村提留费、乡统筹费和社会生产性服务费,超过谢某新全家应担费用的一倍,违反了《国务院条例》和《四川省条例》规定的取之有度、总额控制、定项限额的原则,具有任意性和随意性。有的项目,如敬老院筹资,广播建网、安装费用等分别属公益金和统筹费的重复提取。生产性服务和公益性服务费用的收取,不是依自愿、互利、谁受益谁负担的规定依法行政,而是强行摊派。甚至分属林场的债务也摊派给原告负担。《国务院条例》和《四川省条例》均规定农民每年负担的义务工和劳动积累工以劳动力计算,被告则按原告全家人口承担,是不合法的。[48]

与之相似的另一起行政案件,原告多达12,688人。在裴家湾乡12,688名农民诉子洲县裴家湾乡人民政府违法要求履行义务案中,法院认为:

> 被上诉人向全乡养羊户征收20,000元农业特产税后,又在县政府下达的征收农业特产税和工商税时平摊征收的行政行为,违反了国务院《关于对农林特产收入征收农业税的若干规定》中关于农业特产税应由地方财政机关据实征收的规定,越权重复征收的20,000元农业特产税应予退还。被上诉人加收定购粮补差费63,063元和农田水利建设补偿费47,400元的行为,违反了国家收购原粮的定购粮政策,也违反了《陕西省征收农田水利建设补偿费实施办法》中关于农田水利建设补偿费由各级财政部门征收管理,专款专用,不得"搭车"摊派其他费用的规定。[49]

在农村,村道建设属于村民自治范围的事项,村民委员会按照村民自愿、民主决策、一事一议的方式组织建设,涉及农民相关费用分担的,不属于可以提起行政诉讼的"违法要求履行义务"情形。如在徐某全诉渠县丰乐镇人民政府收取公路硬化集资款行为违法案中,法院认为:

> 徐某全向人民法院起诉请求确认渠县丰乐镇人民政府2015年6月7日收取3190元公路硬化集资款的行为违法。本案诉讼中,徐某全提供的证据不能证明诉争3190元公路硬化集资款系渠县丰乐镇人民政府收取或者委托收取,起诉确认渠县丰乐镇人民政府收取3190元公路硬化集资款的行为违法没有事实根据。同时,根据当时有效的《农村公路建设管理办法》(中华人民共和国交通部令2006年第3号)第四条"农村公路建设应当由地方人民政府负责。其中,乡道由所在乡(镇)人民政府负责建设;在当地人民政府指导下,村道由村民委员会按照村民自愿、民主决策、一事一议的方式组织建设",以及国务院办公厅《关于转发农业部村民一事一议筹资筹劳管理办法的通知》(国发办[2007]4号)"乡镇人民政府负责本行政区域内筹资筹劳的监督管理工作","筹资筹劳应遵循村民自愿、直接受益、量力而行、民主决策、合理限额的原则","(1)筹资筹劳的适用范围:村内农田水利基本建设、道路修建……","(12)……村民委员会按照农民负担监督卡登记的筹资筹劳事项、标准、数额收取资金和安排出劳。同时,应当向出资人或者出劳人开具筹资筹劳专用凭证"等规定,村道建设由村民委员会按照村民自愿、民主决策的方式组织实施并负责收取资金。乡政府对筹资筹劳具有监督管理职责。根据《行政诉讼法》第49条第3项,提起诉讼应当有具体的诉讼请求和事实根据,徐某全提起的本案诉讼没有事实和法

---

[48] 参见《最高人民法院公报》1999年第1期。
[49] 参见陕西省高级人民法院行政判决书[(1999)陕行终字第11号]。

律依据,一审法院裁定驳回徐某全的起诉并无不当。[50]

(十)没有依法发放抚恤金等费用

"没有依法发放抚恤金等费用"本质上属于"不履行法定职责",但是,《行政诉讼法》却将其单列为一种独立的行政诉讼客体,原因不外是,国家对"抚恤金""最低生活保障待遇""社会保险待遇"受领人这一弱势群体的特别保护。没有依法发放抚恤金等费用中的"没有依法"可以解释出"不发放""少发放""错误发放对象"等多种情形。如在李某启诉邳州市陈楼镇人民政府不依法履行优待金给付义务案中,法院认为:

> 优待金作为对现役义务兵家属的一种社会保障制度,不仅体现为荣誉权,而且体现为财产权。对涉及公民人身权和财产权的优待金发放行为不服的,可以提起行政诉讼。依据《兵役法》第54条关于"义务兵服现役期间,其家属由当地人民政府给予优待"的规定,陈楼镇人民政府作为当地优待金发放部门,具备本案被告主体资格。被告未依据《江苏省拥军优属工作若干规定》第16条关于"农村义务兵家属优待金标准,不低于上年度当地农村人均收入的70%"的规定标准,支付原告优待金,应当补发差额。[51]

对于行政机关没有依法支付养老保险统筹项目外的待遇是否属于行政诉讼客体,从保护弱势群体合法权益的角度,这里应当从宽解释。如在杜某友等804人诉山西省临汾市人民政府不履行给付待遇案中,最高人民法院认为:

> 本案的核心争议是,行政机关没有依法支付养老保险统筹项目外待遇是否属于行政诉讼受案范围。一审法院认为:"《行政诉讼法》第十二条第一款第十项规定:'人民法院受理公民、法人或者其他组织提起的下列诉讼:……(十)认为行政机关没有依法支付抚恤金、最低生活保障待遇或者社会保险待遇的。'杜某友等804人要求临汾市政府履行政策性破产企业退休人员基本养老保险统筹项目外待遇给付义务并赔偿损失,不符合上述规定,不属于行政诉讼受案范围。"这是对《行政诉讼法》相关规定的限缩解释。《行政诉讼法》第73条规定:"人民法院经过审理,查明被告依法负有给付义务的,判决被告履行给付义务。"这是修改后的《行政诉讼法》确立的一种新的判决方式。最高人民法院《关于适用〈中华人民共和国行政诉讼法〉若干问题的解释》第68条第2项也规定,"具体的诉讼请求"包括请求判决行政机关履行给付义务。依法支付抚恤金、最低生活保障待遇或者社会保险待遇,是行政机关重要的给付义务,但绝不仅仅是给付义务的全部内容。只要公民、法人或者其他组织具有给付请求权,就可以依法向人民法院提起给付之诉。而这种给付请求权,既有可能来自法律、法规、规章的规定,来自一个行政决定或者一个行政协议的约定,也有可能来自行政机关作出的各种形式的承诺。仅当从任何角度来看,给付请求权都显然而明确地不存在,或者不可能属于原告的主观权利时,才可以否定原告诉权。[52]

关于多领取的养老金是否可以折合为抚恤金的争议是否属于"没有依法支付抚恤金、最低生活保障待遇或者社会保障待遇",法院认为这是两个法律关系,行政机关不得以申请人多领取养老金为由不发放、少发放抚恤金。如在梅某超诉武汉市汉阳社会保险管理处劳动和社会保障行政给付案中,法院认为:

> 被上诉人梅某超的妻子黄某辉被人民法院依法宣告死亡后,上诉人武汉市汉阳社会保险管理处根据遗属的申请,依照武汉市社会保险基金结算中心武劳社中(2008)9号文件《关于统一使用2007年度全市城镇单位在岗职工平均工资标准及相关问题操作办法的通知》,核定黄某辉抚恤金、丧葬费为24,915.80元,被上诉人梅某超对该核定数额表示认可。上诉人武汉市汉阳社会保险管理处在审查被

---

[50] 参见四川省达州市中级人民法院行政判决书[(2020)川17行终9号]。
[51] 参见江苏省邳州市人民法院行政判决书[(2005)邳行初字第80号]。
[52] 参见最高人民法院行政裁定书[(2017)最高法行申3461号]。

上诉人梅某超提出的申请符合条件后,应依法履行向梅某超给付抚恤金、丧葬费的职责。上诉人武汉市汉阳社会保险管理处认为按照国家有关文件规定,被上诉人梅某超应退还多领取的黄某辉基本养老金属于另一法律关系,不能作为上诉人拒绝履行给付抚恤金、丧葬费职责的理由,上诉理由不能成立。[53]

(十一) 行政协议

行政协议即行政机关为了实现行政管理或者公共服务目标,与公民、法人或者其他组织协商订立的具有行政法上权利义务内容的协议。在2014年修改《行政诉讼法》之前,1997年最高人民法院在审理的大连市华运产业房地产开发公司诉大连市房地产开发管理领导小组办公室废止中标通知案中,首次引入了行政合同原理。[54] 2002年最高人民法院在武汉兴松房地产开发有限公司(以下简称兴松公司)诉湖北省武汉市国土地资源管理局收回国有土地使用权案中,最高人民法院再次运用行政合同原理审理此案。最高人民法院认为:

> 武汉市土地局与兴松公司签订的《批租合同》合法有效,合同双方应当依照合同的约定履行合同义务。……武汉市土地局可以根据兴松公司违反合同情节的程度作出相应的处罚。收回土地使用权的处罚实际上是解除合同的行为,属于最严厉的制裁措施,应当是在一方严重违约,致使合同目的不能实现时,另一方采取的制裁措施。……鉴于武汉市土地局武土行决字〔1997〕第002号行政处罚决定已经实际执行,为维护社会公共利益,一审判决确认该决定违法,并无不当。[55]

地方各级法院受理行政合同案件也并不少见。如在张某兰诉漳平市教育局不履行教育行政合同案中,法院认为:

> 漳平市教育局依据1997年省、市下达给漳平市委培生的指标,具备和张某兰签订委培合同的主体资格。从双方当事人签订的合同的条款来看,按当时的实际情况也符合有关规定,并未超越职权,且双方意思表示一致,应为合法有效的行政合同。……漳平市教育局在无明确政策法律规定的情况下,仅凭不具有法律约束力的漳平市政府(2001)23号"市教育工作专题会议纪要"及"2000年届师范委培(捐资)毕业生录用测试工作方案",单方变更合同约定的分配方式显然违反法律的规定,漳平市教育局单方变更合同约定的行为应属无效。……故张某兰要求漳平市教育局履行委培合同的请求成立。[56]

《行政诉讼法》第12条第1款第12项规定,公民、法人或者其他组织"认为行政机关不依法履行、未按照约定履行或者违法变更、解除政府特许经营协议、土地房屋征收补偿协议等协议的",有权提起行政诉讼。《行政协议规定》第4条第1款规定:"因行政协议的订立、履行、变更、终止等发生纠纷,公民、法人或者其他组织作为原告,以行政机关为被告提起行政诉讼的,人民法院应当依法受理。"根据上述法律和司法解释的规定,与行政协议有关的诉讼客体有:

1. 不依法履行、未按照约定履行。"不依法履行"行政协议是指行政机关没有依照行政协议之外的法律、法规和规章的规定履行行政协议。如《国有土地上房屋征收与补偿条例》第27条第1款规定:"实施房屋征收应当先补偿、后搬迁。"根据这一规定,行政机关有先行履行补偿的法定义务,若违反此项法定义务,构成不依法履行行政协议。不依法履行行政协议本

---

[53] 参见湖北省武汉市中级人民法院行政判决书[(2009)武行终字第89号]。
[54] 参见最高人民法院行政判决书[(1997)行终字第2号]。
[55] 参见最高人民法院行政判决书[(2002)行终字第7号];海南南庄装饰工程有限公司诉海口市人民政府违法批转土地、不履行土地经营权交付义务以及请示行政赔偿上诉案,最高人民法院行政裁定书[(2002)行终字第8号]。
[56] 参见福建省漳平市人民法院行政判决书[(2002)漳行初字第7号];郑某(某)清诉仙游县教育局不履行教育行政委托培养合同案,福建省莆田市中级人民法院行政判决书[(2001)莆中行终字第58号]。

质上属于不履行法定职责。"未按照约定履行"是指行政机关没有按照行政协议约定的内容履行行政协议。如《城镇国有土地使用权出让和转让暂行条例》第15条规定:"出让方应当按照合同规定,提供出让的土地使用权。未按合同规定提供土地使用权的,土地使用者有权解除合同,并可请求违约赔偿。"该条中,"未按合同规定提供土地使用权"即未按照约定履行行政协议。"未按照约定履行"本质上属于违约行为。

2. 违法变更、解除,即行政机关以行政决定的方式单方面变更、解除行政协议。如《行政协议规定》第16条第1款规定:"在履行行政协议过程中,可能出现严重损害国家利益、社会公共利益的情形,被告作出变更、解除协议的行政行为后,原告请求撤销该行为,人民法院经审理认为该行为合法的,判决驳回原告诉讼请求;给原告造成损失的,判决被告予以补偿。"这是行政机关基于行政优益权作出变更、解除行政协议决定的法依据。行政机关不必通过诉讼、仲裁变更、解除行政协议,有权单方作出变更、解除决定。但若不依法行使变更、解除权,在行政诉讼中这一变更或者解除行政行为合法性将被法院否定。如在萍乡市亚鹏房地产开发有限公司(以下简称亚鹏公司)诉萍乡市国土资源局不履行行政协议案中,法院认为:

行政协议是行政机关为实现公共利益或者行政管理目标,在法定职责范围内与公民、法人或者其他组织协商订立的具有行政法上权利义务内容的协议,本案行政协议即萍乡市国土资源局代表国家与亚鹏公司签订的国有土地使用权出让合同。行政协议强调诚实信用、平等自愿,一经签订,各方当事人必须严格遵守,行政机关无正当理由不得在约定之外附加另一方当事人义务或单方变更解除。本案中,TG-0403号地块出让时对外公布的土地用途是"开发用地为商住综合用地,冷藏车间维持现状",出让合同中约定"出让宗地的用途为商住综合用地,冷藏车间维持现状"。但萍乡市国土资源局与亚鹏公司就该约定的理解产生分歧,而萍乡市规划局对原萍乡市肉类联合加工厂复函确认TG-0403号国有土地(使用权面积23,173.3平方米,含冷藏车间)的用地性质是商住综合用地。萍乡市规划局的解释与挂牌出让公告明确的用地性质一致,且该解释是萍乡市规划局在职权范围内作出的,符合法律规定和实际情况,有助于树立诚信政府形象,并无重大明显的违法情形,具有法律效力,并对萍乡市国土资源局关于土地使用性质的判断产生约束力。因此,对萍乡市国土资源局提出的冷藏车间占地为工业用地的主张不予支持。亚鹏公司要求萍乡市国土资源局对"萍国用(2006)第43750号"土地证(土地使用权面积8359.1平方米)地类更正为商住综合用地,具有正当理由,萍乡市国土资源局应予以更正。亚鹏公司作为土地受让方按约支付了全部价款,萍乡市国土资源局要求亚鹏公司如若变更土地用途则应补交土地出让金,缺乏事实依据和法律依据,且有违诚实信用原则。[57]

3. 订立、终止争议。《行政协议规定》第4条第1款规定:"因行政协议的订立、履行、变更、终止等发生纠纷,公民、法人或者其他组织作为原告,以行政机关为被告提起行政诉讼的,人民法院应当依法受理。"订立争议是指行政机关与公民、法人或者组织之间围绕行政协议是否应当订立,与谁订立,何时订立等事由产生的纠纷。如《招标拍卖挂牌出让国有建设用地使用权规定》第21条规定:"中标人、竞得人应当按照中标通知书或者成交确认书约定的时间,与出让人签订国有建设用地使用权出让合同。中标人、竞得人支付的投标、竞买保证金抵作土地出让价款;其他投标人、竞买人支付的投标、竞买保证金,出让人必须在招标拍卖挂牌活动结束后5个工作日内予以退还,不计利息。"根据这一规定,中标通知书或者成交确认书生效后,行政机关和中标人、竞得人之间具有订立行政协议的权利和义务,如果一方拒不订立,即产生订立争议。终止争议是因法定事由产生导致行政协议效力终止,从而引发行政纠纷。

---

[57] 参见最高人民法院指导案例76号。

终止的法定事由除了行政机关单方解除之外,还有如当事人无能力继续履行,法律和政策变化导致行政协议不能继续履行等。"履行、变更"是指前述不依法履行,未按照约定履行和违法变更、解除,这里不再重述。

4.行政协议。以行政协议本身作为行政诉讼客体,公民、法人或者其他组织有权提起撤销、解除行政协议,确认行政协议效力等诉讼请求。例如,最高人民法院《行政协议规定》第14条规定:"原告认为行政协议存在胁迫、欺诈、重大误解、显失公平等情形而请求撤销,人民法院经审理认为符合法律规定可撤销情形的,可以依法判决撤销该协议。"根据这一规定,公民、法人或者其他组织可以对行政协议提起撤销诉讼请求;又如,第9条第3项规定,公民、法人或者其他组织有权"请求判决确认行政协议的效力",基于此,公民、法人或者其他组织针对行政协议有权提出确认无效请求。如在濮阳市华龙区华隆天然气有限公司(以下简称华隆公司)因濮阳华润燃气有限公司诉河南省濮阳市城市管理局、河南省濮阳市人民政府确认行政协议无效案中,法院认为:

被诉协议约定了华隆公司在濮阳市特许经营管道燃气的区域、年限等内容。《城镇燃气管理条例》第5条第2款规定:"县级以上地方人民政府燃气管理部门负责本行政区域内的燃气管理工作。"《市政公用事业特许经营管理办法》第4条第3款规定:"直辖市、市、县人民政府市政公用事业主管部门依据人民政府的授权(以下简称主管部门),负责本行政区域内的市政公用事业特许经营的具体实施。"据此,濮阳市城市管理局具有负责濮阳市包括城市供气在内的市政公用事业特许经营管理工作的职权。根据建设部《关于印发〈关于加快市政公用行业市场化进程的意见〉的通知》中关于"城市市政公用行业主管部门代表城市政府与被授予特许经营权的企业签订特许经营合同"的规定,濮阳市城市管理局作为城市市政公用行业主管部门,与华隆公司签订被诉协议,具有法律依据,因此,该协议不存在"签订主体没有行政主体资格或者超越法定权限"的情形。此外,该协议中也不存在最高人民法院《关于适用〈中华人民共和国行政诉讼法〉的解释》第99条规定的"减损权利或者增加义务的行政行为没有法律规范依据","行政行为的内容客观上不可能实施"或者"其他重大且明显违法的情形"。因此,本院认为,被诉协议不存在《中华人民共和国行政诉讼法》第75条规定的无效情形。[58]

(十二)其他侵犯人身权、财产权等合法权益的行政行为

《行政诉讼法》第12条第1款第12项规定,公民、法人或者其他组织"认为行政机关侵犯其他人身权、财产权等合法权益的",有权提起行政诉讼。该款是兜底条款,表达的内容是,除了上述11种行政行为外,其他行政行为若侵犯公民、法人或者其他组织人身权、财产权等合法权益,都属于行政诉讼客体。立法机关的解释是:"人身权、财产权以外的其他合法权益,有的法律、法规已有规定,本条也没有列举,为避免遗漏,弥补列举的不足,本条保留了原法的兜底规定,并作了相应修改。"[59]因此,只要行政行为侵犯公民、法人或者其他组织合法权益,公民、法人或其他组织就有权提起行政诉讼。下列行政行为属于"其他侵犯人身权、财产权等合法权益的行政行为":

1.强制履行兵役义务。《兵役法》第57条第1款规定:"有服兵役义务的公民有下列行为之一的,由县级人民政府责令限期改正;逾期不改正的,由县级人民政府强制其履行兵役义务,并处以罚款:(一)拒绝、逃避兵役登记的;(二)应征公民拒绝、逃避征集服现役的;(三)预备役人员拒绝、逃避参加军事训练、担负战备勤务、执行非战争军事行动任务和征召的。"该条中,强制履行兵役义务是"责令限期改正"的一种补充性行政强制执行,即公民未履行限期改

---

[58] 参见《最高人民法院公报》2022年第5期。
[59] 信春鹰主编:《中华人民共和国行政诉讼法释义》,法律出版社2014年版,第44页。

正义务时,县级政府以国家强制力迫使公民履行服兵役义务的行政行为。《行政强制法》中的行政强制执行对象只限于人身、财产,未包括行为,因此,强制履行兵役义务不属于《行政诉讼法》第12条第1款第2项中的"行政强制执行"。

2. 取缔。与"强制履行兵役义务"不同的是,取缔是强制公民、法人或者其他组织履行不作为义务。如《公司法》第259条规定:"未依法登记为有限责任公司或者股份有限公司,而冒用有限责任公司或者股份有限公司名义的,或者未依法登记为有限责任公司或者股份有限公司的分公司,而冒用有限责任公司或者股份有限公司的分公司名义的,由公司登记机关责令改正或者予以取缔,可以并处十万元以下的罚款。"关于取缔行为的性质,学理上向来是有争议的。一说认为它是行政强制措施。如国家卫生部在一个批复中认为:"卫生行政部门对未经批准开办医疗机构行医或者非医师行医的违法行为进行取缔,是一种行政强制措施,不是行政处罚,不适用《行政处罚法》第42条关于听证程序的规定。"[60]另一说认为是行政强制(执行)决定。如在再胜源公司诉上海市卫生局行政强制决定案的裁判摘要中,法院认为:

根据《献血法》第8条和第18条的规定,血站是国家法定的采集、提供临床用血机构,除卫生行政部门依法定职权批准的血站外,任何单位和机构从事采集、提供临床用血的都构成违法,卫生行政部门有权依法予以取缔。[61]

该案所涉的取缔,法院认定为"行政强制决定",作为最高人民法院公报案例,该案的裁判观点对下级法院审理类似案件是有参考意义的。

3. 效力外化的内部行为。内部行为是行政机关处理内部事务的行为,它在形式上表现为会议纪要、抄告单、批复、批示、复函等,主要涉及机关内部事务和机关上下级之间的事务。由于它在行政机关内部关系中转呈,对公民、法人或者其他组织的权利义务不会产生影响,因此,它通常是内部行政法调整的范围。

如果内部行为不出行政机关"办公大楼",就不会对"办公大楼"之外的公民、法人或者其他组织权利和义务产生影响。但是,在实务中有的内部行为在一定条件下被"外化"之后,影响了公民、法人或者其他组织的权利义务。这种效力外化的内部行为是行政诉讼客体。例如,在延安宏盛建筑工程有限责任公司(以下简称宏盛公司)诉陕西省延安市安全生产监督管理局(以下简称延安市安监局)生产责任事故批复案中,法院认为:

被诉延安市监发[2008]16号《关于子长县"10·21"建筑工地塔式起重机倒塌事故调查报告的批复》虽未由上诉人延安市安监局正式给宏盛公司送达,但作为事故调查成员单位之一的子长县监察局将批复作为谈话内容告知上诉人宏盛公司,并送达了复印件,已将批复的内容外化。而该批复将宏盛公司列为责任单位,并要求给予处罚,为被上诉人设定了一定的义务,该批复与被上诉人有利害关系,且陕西省安全生产监督局复议决定亦告知宏盛公司可以提起行政诉讼。故一审法院受理被上诉人宏盛公司的起诉正确,上诉人延安市安监局称该批复属内部批复,不对被上诉人宏盛公司产生法律效力,本案不属人民法院受案范围的上诉理由不能成立。[62]

---

[60] 原卫生部《关于〈医疗机构管理条例〉执行中有关问题的批复》(卫法监发[1998]第15号)(已失效)。
[61] 参见《最高人民法院公报》2005年第1期。
[62] 参见中华人民共和国最高人民法院行政审判庭编:《中国行政审判指导案例》(第1卷)第1号案例,中国法制出版社2010年版,第1页。相关的案例还可以参阅建明食品公司诉泗洪县政府检疫行政命令纠纷案,载《最高人民法院公报》2006年第1期;吉某仁等诉盐城市人民政府行政决定案,载《最高人民法院公报》2003年第4期;申某诉河南省中牟县教育委员会不履行义务上诉案,最高人民法院行政判决书[(1997)行终字第14号]。

该案中,"将批复作为谈话内容告知被上诉人宏盛公司"是一种职权行为,通过职权行为实现内部行为效力外化,是内部行为成为行政诉讼客体的要件之一。又如,在申某忠诉河南省郑州市人民政府不予受理行政复议决定案中,最高人民法院认为:

> 法律还规定,复议机关不作为的,当事人还可以再向人民法院提起诉讼。除此之外,公民、法人或者其他组织也可以向行政机关隶属的人民政府或上一级人民政府提出申诉、控告,但与以直接救济行政相对人权利为目的的复议和诉讼制度有所不同,申诉或控告可以成为启动上下级行政机关之间内部监督的线索,不直接和必然启动内部监督程序。是否启动内部监督程序以及程序启动后如何作出处理,属于行政机关内部管理范畴,原则上不属于行政复议和行政诉讼受理范围。只有在上级行政机关撤销或者改变原行政行为以及作出新的影响当事人权利义务关系的行政行为时,这种内部监督行为才外化为可复议和诉讼的行政行为。本案中,申某忠就中牟县教育体育局改正自身社会力量办学举办人身份问题,请求中牟县人民政府保障自身人身权利,在性质上就属于向行政机关所隶属的人民政府申诉、控告。申某忠以中牟县人民政府不履行法定职责为由向郑州市人民政府申请行政复议,郑州市人民政府认为申某忠所申请事项属于行政机关上下级之间的内部管理关系,不直接对申某忠人身权、财产权等权益产生法律影响,不属于行政复议范围,并无不当。[63]

该案中,最高人民法院认为,内部监督行为外化之后,若对公民、法人或者其他组织权利义务产生影响,属于受案范围。基于这个前提,最高人民法院否定了该案申诉人的请求。再如,在李某光诉东莞市城建规划局行政确认案中,法院认为:

> 被上诉人东莞市城建规划局依职权作出的《关于李某光私房的意见》,对上诉人李某光所建的房屋进行了行政确认。该意见虽然是对下属职能部门的答复,但由于被案外人东城办事处作为认定上诉人房屋系违章建筑的依据,对上诉人李某光的财产权产生了实际影响,一审法院对该具体行政行为依法进行司法审查是正确的。被上诉人认为自身行为是对下级行政机关就工作事宜提出的咨询或请示作出的回复,属于不可诉的内部行政行为,理由不成立,不予支持。[64]

该案中,"被案外人东城办事处作为认定上诉人房屋系违章建筑的依据"是案外人行使职权的行为,满足了内部行为外化的条件。如果仅仅是一种内部上级对下级请示的说明,没有对公民、法人或者其他组织的权利义务作出"处理",即使该"说明"依职权被外化了,也不属于行政诉讼客体。如在李某镒诉青海省残疾人联合会、中国残疾人联合会不履行法定职责案中,法院认为:

> 被上诉人中国残疾人联合会组织联络部以组函字〔2003〕59号函所作的答复,既不是行使核发残疾人证行政职权的行为,亦不是上诉人李某镒上诉中所称的"批准"行为,而仅是对核发残疾人证有关问题的内部说明,并未对上诉人李某镒设定权利义务,同样不属于具体行政行为。[65]

4. 职称评审。职称评审是基于预设的标准、条件对申请人的专业水平、业务能力等所作出的一种资格认定。职称是申请人从事某种特定职业的前提条件,不是人身权、财产权,但它属于其他合法权益。在实务中,有地方法院开始尝试将职称评审纳入行政诉讼的客体范围。如在吴某中诉永定县教育局不予评审中学一级教师职称案中,法院认为:

> 永定县教育局不是中学一级教师职务任职资格的法定评审推荐机构,没有承担中学一级教师职务任职资格评审推荐的法定义务。……虽然吴某中举出其在行政程序中曾经向永定县教育局提出申请

---

[63] 参见最高人民法院行政裁定书〔(2016)最高法行申87号〕。
[64] 参见广东省高级人民法院行政判决书〔(2004)粤高法行终字第106号〕。
[65] 参见最高人民法院行政判决书〔(2004)行终字第1号〕。

的证据,但由于永定县教育局不具备评审和推荐中学一级教师职务的法定义务,所以吴某中起诉永定县教育局,不予评审推荐中学一级教师职务没有合法理由,原告的诉讼请求依法不予支持。[66]

该案中,虽然原告的诉讼请求没有获得法院支持,但"不予评审推荐"是行政诉讼客体在该案中得到了法院的肯定,只是原告因诉请没有"合法理由",法院不予支持。但是,最高人民法院否定了职称评审的可诉性。如在袁某某诉湖南省怀化市人民政府确认通知违法并撤销案中,最高人民法院认为:

《人事争议处理规定》(国人部发〔2007〕109号)第36条规定,因考核、职务任免、职称评审等发生的人事争议,按照有关规定处理。《职称评审管理暂行规定》(中华人民共和国人力资源和社会保障部令第40号)第27条规定,申报人对涉及本人的评审结果不服的,可以按照有关规定申请复查、进行投诉。本案中,袁某某诉请确认怀化市××组作出的怀职改字〔2021〕2号《关于撤销袁某某同志副主任护师职称的通知》违法并请求撤销。根据上述规定,怀化市××组撤销袁某某职称的行为实质上与职称评审行为属于同一类行为,由此引发的争议属于人事争议。袁某某对撤销其副主任护师职称不服,应当按照相关规定向有关部门申请复查或投诉,以寻求救济。一、二审法院以不属于行政诉讼的受案范围为由,分别裁定驳回其起诉和上诉,并无不当。[67]

5. 确认选举无效。行政机关确认选举无效行为涉及公民的选举权问题。选举权属于政治权利范畴,包括基层群众性自治组织中的公民选举权。如在黄某华等诉龙川县人民政府等村民委员会换届选举行政纠纷案中,法院认为:

上诉人黄某华、黄某平、黄某运、黄某杰、黄某强、黄某悦以龙川县人民政府、龙川县附城镇人民政府于2000年1月18日主持选举水贝村村民委员会的行为违法,龙川县民政局对此不作出无效选举的认定为由提起行政诉讼。其性质是村民选举委员会成员的政治权利是否受到侵犯,根据《行诉若干解释》第1条第2款规定的人民法院行政诉讼的受案范围,本案被诉的行政行为未被排除于受案范围之外,原审法院予以受理是正确的。……龙川县人民政府、附城镇人民政府组织的选举水贝村村民委员会的行政行为,没有侵犯黄某华等7上诉人的政治权利,与当时的法律法规不相违背,本院应予支持。[68]

这是2014年《行政诉讼法》修改之前的判例。该案法院借《行诉若干解释》第1条第2款之规定,推出"不作出无效选举的认定"是一种行政行为,属于行政诉讼客体。这一认定是反向解释方法运用的结果,但毋宁说是该案法院把《行诉若干解释》作为一个借口,目的是将此种"不作为"纳入行政诉讼客体的范围。

6. 行政允诺。行政允诺是一种新类型的行政行为。它由行政机关发出"要约",提示公民、法人或者组织若完成"要约"中的事务,就可以获得规定的"利益",如奖励、补贴和兑现优惠政策等。行政允诺不具有强制性,由公民、法人或者组织自愿"响应"。行政机关如能恰当采用行政允诺方式来完成行政任务,可以达到降低行政成本,融洽与公民、法人或者组织的关系之目的,形成一种新型的"行政伙伴"关系。

在没有法律、法规和规章规定的前提下,行政机关向公民、法人或者组织作出的行政允(承)诺,应当具有约束力,如行政机关不兑现行政允诺,公民、法人或者组织有权提起行政诉讼。如在崔某书诉丰县人民政府行政允诺案中,法院认为:

---

[66] 参见福建省永定县人民法院行政判决书〔(2002)永行初字第5号〕。
[67] 参见最高人民法院行政裁定书〔(2023)最高法行申2304号〕。
[68] 参见广东省高级人民法院行政判决书〔(2002)粤高法行终字第31号〕。

本案涉及的23号通知系被上诉人丰县人民政府为充分调动社会各界参与招商引资积极性,以实现政府职能和公共利益为目的向不特定相对人发出的承诺,系在相对人实施某一特定行为后,由自己或其所属职能部门给予该相对人物质奖励的单方面意思表示。根据该行为的法律特征,应当认定23号通知属于行政允诺。对于被上诉人丰县人民政府在23号通知中所作出的单方面行政允诺,只要相对人作出了相应的承诺并付诸行动,即对双方产生约束力。本案中,上诉人崔某书及其妻子李某侠响应丰县人民政府23号通知的号召,积极联系其亲属,介绍重庆康达公司与丰县建设局签订投资建设协议,以BOT模式投资建设涉案项目并投产运行至今,为丰县地方取得了良好的经济效益和社会效益。基于丰县人民政府在23号通知中明确允诺,至今未履行23号通知中允诺的相应奖励义务的现实,崔某书夫妻二人推举崔某书为代表提起本案之诉,于法有据。本案中,被上诉人丰县人民政府作出的23号通知已就丰县当地的招商引资奖励政策和具体实施作出了相应规定,该规定与现行法律规范中的强制性规定并无抵触。同时,由于当事人双方系在23号通知内容的基础上,达成有关招商引资奖励的一致意思表示,因此该文件应当是本案审查丰县人民政府是否应当兑现相关允诺的依据。依照最高人民法院《关于适用〈中华人民共和国行政诉讼法〉若干问题的解释》第14条的规定,本案的审理可以适用不违反行政法和行政诉讼法强制性规定的民事法律规范。对丰县人民政府相关行为的审查,既要审查合法性,也要审查合约性。不仅要审查丰县人民政府的行为有无违反行政法的规定,也要审查其行为有无违反准用的民事法律规范所确定的基本原则。法治政府应当是诚信政府。诚实信用原则不仅是契约法中的帝王条款,也是行政允诺各方当事人应当共同遵守的基本行为准则。在行政允诺的订立和履行过程中,基于保护公共利益的需要,赋予行政主体在解除和变更中的相应的优益权固然必要,但行政主体不能滥用优益权。行使优益权既不得与法律规定相违背,也不能与诚实信用原则相抵触。在对行政允诺关键内容的解释上,同样应当限制行政主体在无其他证据佐证的情况下,任意行使解释权。否则,将可能导致该行政行为产生的基础,即双方当事人当初的意思表示一致被动摇。[69]

该案中,法院受理行政允诺所给出的判决理由十分精当,强化了裁判结论的可接受性。其中,诚实信用原则的强调和契约观念的引入,彰显了私法对行政法的影响与价值。

(十三)法律、法规的特别规定

除上述12种行政行为之外,《行政诉讼法》第12条第2款还规定法院应当受理公民、法人或者其他组织根据法律、法规规定提起诉讼的行政案件。凡法律、法规有明确规定的,不论行政行为涉及何种权益,公民、法人或者其他组织都有权提起行政诉讼。

1.妇女权益保障。如《妇女权益保障法》第72条第2款规定:"妇女的合法权益受到侵害的,有权要求有关部门依法处理,或者依法申请调解、仲裁,或者向人民法院起诉。"这里的"起诉",应当包括有权提起行政诉讼。最高人民法院行政庭在一个答复中认为:"根据《中华人民共和国地方各级人民代表大会和地方各级人民政府组织法》第61条和《中华人民共和国妇女权益保障法》第30条规定,以及《陕西省实施〈中华人民共和国妇女权益保障法〉办法》第35条的规定,乡(镇)人民政府负有保障公民的人身权利、民主权利和其他权利及妇女合法权益的职责,杨红艳、宋竟媛、宁多莲等认为其合法权益受到侵犯,请求镇政府予以处理,符合上述规定的精神。"[70]如在中山市石岐区张溪股份合作经济联合社(以下简称张溪经联社)、中山市石岐区张溪第八股份合作经济社(以下简称第八经济社)诉中山市人民政府及第三人杨某某驳回行政复议申请案中,最高人民法院认为:

《中华人民共和国妇女权益保障法》第33条第1款规定,任何组织和个人不得以妇女未婚、结婚、

---

[69] 参见《最高人民法院公报》2017年第11期。
[70] 最高人民法院行政审判庭《关于杨红艳、宋竟媛及宁多莲诉宝鸡市渭滨区神镇人民政府有关村民待遇案适用法律的请示的答复》(〔2001〕行他字第6号)。

离婚、丧偶等为由,侵害妇女在农村集体经济组织中的各项权益。《广东省农村集体经济组织管理规定》第15条第4款规定,农村集体经济组织成员户口注销的,其成员资格随之取消。广东省委农村工作办公室、省妇女联合会、省信访局发布的粤委办〔2006〕142号《关于切实维护农村妇女土地承包和集体收益分配权益的意见》规定,农村集体经济组织成员中的妇女,因离婚、丧偶,户口仍在夫家所在地并尽义务的,享有与所在地男子平等权益。根据上述规定,离婚并非农村集体经济组织成员资格丧失的法定条件。离婚后户口未迁出,仍然在夫家所在地的,并不丧失所在村村集体组织成员的资格,只要继续尽村民的义务,就应当享有与该村村民同等的权利。村民集体经济组织制定的村规民约、规章制度、财产分配方案等,不得违反法律、法规以及有效规章和行政规范性文件规定的男女平等、村民平权等基本原则。本案中,张溪经联社、第八经济社制定的相关章程、方案规定,外地嫁入本村,户口已经迁入,离异后与外村的其他人再婚的妇女及随其生活的子女不分配股权,这违背了男女平等、村民平权的基本原则,是对离婚后再嫁其他村村民妇女的歧视,违反了上述相关法律法规、规章及规范性文件的规定。杨某平提出监督处理申请,石岐区办事处未依法行使监督权,中山市政府作出170号复议决定,撤销65号决定,并无不当。张溪经联社、第八经济社主张,二审庭审中未认可杨某平在与黄某根离婚前具有社员股东成员资格,杨某平不享有村级股东资格。但是,根据《广东省农村集体经济组织管理规定》第15条第4款,判断是否享有农村集体经济组织成员资格的主要依据是户籍,杨某平与黄某根结婚后户口迁入第八经济社,就当然具有第八经济社成员资格。依法享有第八经济社成员资格,就有平等获得集体经济组织股权的权利,不能因为已经离异外嫁其他村村民即剥夺其平等获得股权分配的权利。据此,无论张溪经联社、第八经济社是否在二审法庭上认可杨某平的股东成员资格,均不影响二审判决认定事实。以此为由申请再审,理由不能成立。张溪经联社、第八经济社还主张,即便二审认定杨某平应享受村级股东资格,也不能在章程没有任何规定的情况下推定杨某平享有其他股权或股东资格。本院认为,村集体组织依法享有自主决定自治范围内事项的权利。但是,必须符合法律、法规以及合法有效规章、规范性文件的规定,不得剥夺集体组织成员的依法应当享有的基本权利。如果村集体组织作出的决议违反法律、法规规定,侵犯村民合法权益,村民有权向基层人民政府控告、检举,请求予以监督。依照《中华人民共和国村民委员会组织法》第36条第2款的规定,基层人民政府收到村民的举报申请后,依法负有监督并责令改正的法定职责义务。本案石岐区办事处收到杨某平申请后,未依法行使监督权,中山市政府作出170号复议决定,撤销65号决定,并不违反法律规定。张溪经联社、第八经济社应当根据170号复议决定及本案二审生效判决,及时纠正相关章程、方案中的违法条款,依法维护离异外嫁妇女的合法权益。[71]

"外嫁女"在集体土地征收中的补偿权问题、公务员录用和事业单位招聘中的性别歧视问题以及各类招生中的男女分数线差别问题等,都涉及《妇女权益保障法》所保护的妇女权益,它们都受行政诉讼法的保护。

2. 未成年人权益保护。未成年人心智、体能以及在其他社会关系中都有特殊权益需要法律特别保护。《未成年人保护法》第106条规定:"未成年人合法权益受到侵犯,相关组织和个人未代为提起诉讼的,人民检察院可以督促、支持其提起诉讼;涉及公共利益的,人民检察院有权提起公益诉讼。"该条中的"提起诉讼",包括了提起行政诉讼。最高人民法院在一个答复中明确指出:"根据《教育法》第四十二条第(四)项和《未成年人保护法》第四十六条的规定,当事人不服教育行政部门对适龄儿童入学争议作出的行政处理决定,属于行政诉讼法第十一条第二款规定的受案范围,人民法院应当受理。"[72]

3. 老年人权益保障。与妇女、未成年人一样,老年人也是一个相对弱势的群体,有需要法

---

[71] 参见最高人民法院行政裁定书[(2017)最高法行申5157号]。
[72] 最高人民法院《关于当事人不服教育行政部门对适龄儿童入学争议作出的处理决定可否提起行政诉讼的答复》([1998]法行字第7号)。

律特别保护的权益。对此,《老年人权益保障法》第 73 条第 1 款规定:"老年人合法权益受到侵害的,被侵害人或者其代理人有权要求有关部门处理,或者依法向人民法院提起诉讼。"如在刘某堂、郭某花等诉枣庄市山亭区人民政府等履行法定职责案中,针对安置房层高问题,法院认为:

> 原告刘某堂、郭某花夫妇已年届七旬,被告山亭区人民政府在安置时,应注意对老年人的保护。《中华人民共和国老年人权益保障法》第 32 条规定,地方各级人民政府在实施廉租住房、公共租赁住房等住房保障制度或者进行危旧房屋改造时,应当优先照顾符合条件的老年人。将原告安置在多层楼房的高层,无疑会导致其生活出行不方便,违反了上述法律规定。[73]

第三节　非行政决定行为

一、引言

非行政决定行为不具有如行政决定那样的法效力(存续力、执行力、构成要件效力与确认效力等),但它有可能对公民、法人或者其他组织的合法权益产生影响,因此,非行政决定行为也是行政诉讼客体。非行政决定行为在类别上有行政事实行为、行政协议、制定行政规范行为等。随着现代行政任务的变迁,非行政决定行为还会不断产生新类别。

行政事实行为与行政决定最大的不同之处在于,它无具有法约束力的"意思表示"要件。行政协议是一种新型的行政行为。在给付行政中,以私法协议方式代替行政决定是现代行政的一种发展趋势,它可以作为行政诉讼客体接受法院的合法性审查。制定行政规范行为具有"法效果",但它没有在特定的行政机关与公民、法人或者其他组织之间引起权利义务的变动。在《行政诉讼法》框架中,行政法规、行政规章和行政规定只有在作为被诉行政行为依据时,才纳入法院审查范围。其中,公民、法人或者其他组织对行政规定可以一并提起合法性审查。

二、法定情形

(一)行政强制执行

《行政强制法》第 2 条第 3 款规定:"行政强制执行,是指行政机关或者行政机关申请人民法院,对不履行行政决定的公民、法人或者其他组织,依法强制履行义务的行为。"该条中,"行政机关申请人民法院"不属于这里所述的"行政强制执行"。行政强制执行的基础是行政决定,因当事人未履行该行政决定为其规定的义务,行政机关必须借助国家强制力实现行政决定的目的。行政强制执行基于对象不同可以分为:[74]

1. 涉及财产的强制执行。如《重大动物疫情应急条例》第 29 条规定:"对疫点应当采取下列措施:(一)扑杀并销毁染疫动物和易感染的动物及其产品;(二)对病死的动物、动物排泄物、被污染饲料、垫料、污水进行无害化处理;(三)对被污染的物品、用具、动物圈舍、场地进行严格消毒。"涉及财产的强制执行,在法效果上是被执行人财产所有权或者使用权的减损或者丧失。如在姜堰市新惠奶牛养殖专业合作社(以下简称新惠奶牛合作社)诉江苏省泰州市姜

---

[73] 参见山东省高级人民法院行政判决书[(2020)鲁行终 1387 号]。
[74] 根据方式不同,行政强制执行可以分为:(1)加处罚款或者滞纳金;(2)划拨存款、汇款;(3)拍卖或者依法处理查封、扣押的场所、设施或者财物;(4)排除妨碍、恢复原状;(5)代履行等。参见《行政强制法》第 12 条。

堰区人民政府行政强制案中,最高人民法院认为:

> 《江苏省口蹄疫防控应急预案》2(1)规定:"动物疫病预防控制机构接到疫情报告后,立即派出两名以上具备相关资格的防疫人员到现场进行临床诊断,符合口蹄疫典型症状的可确认为疑似病例。"本案中,姜堰区人民政府在接到疫情报告后,姜堰区疫控中心和泰州市疫控中心即派出4名具备兽医资质的兽医到现场进行临床诊断并经会诊确认新惠奶牛合作社场区内养殖的奶牛为疑似口蹄疫病例,符合上述程序规定。根据农业部《口蹄疫防控应急预案》第4.1条"在发生疑似疫情时……必要时采取封锁、扑杀等措施"的规定,只需发生疑似疫情、确有必要,即可由行政机关采取封锁、扑杀等处置措施。因此,姜堰区人民政府在疑似口蹄疫疫情发生后,作出封锁、扑杀等措施,程序合法。[75]

对于被认定为违法的建筑物、构筑物,行政机关通常先责令当事人立即或者限期自己拆除,当事人无正当理由拒不拆除的,行政机关有权依照法律规定实施强制拆除。这也是涉及财产的强制执行行为。如在高某红诉郑州市惠济区人民政府等强制拆除房屋违法案中,最高人民法院认为:

> 根据《中华人民共和国城乡规划法》第65条的规定,在乡、村庄规划区内未依法取得乡村建设规划许可证或者未按照乡村建设规划许可证的规定进行建设的,由乡、镇人民政府责令停止建设、限期改正;逾期不改正的,可以拆除。本案中,长兴路办事处虽然是惠济区人民政府的派出机关,可以在职权范围内独立承担相应的法律责任,但相关法律规范并未赋予街道办事处对违法建筑予以拆除的职权,因此,长兴路办事处对再审申请人的房屋予以强制拆除,属于超越职权。原审法院确认长兴路办事处强制拆除再审申请人房屋及附属物的行为违法正确。而对于再审申请人主张确认惠济区人民政府行为违法的问题,由于本案中实施拆除再审申请人房屋的行政主体是长兴路办事处,且没有证据表明惠济区人民政府直接参与了拆除行为,故再审申请人请求确认惠济区人民政府房屋拆除行为违法的诉讼请求没有事实依据,本院不予支持。但鉴于根据有关规定,惠济区人民政府是辖区内城中村改造的主体,负责组织实施本辖区内的城中村改造工作,既对涉案拆除行为负有监督管理的职责,又对城中村改造的拆迁补偿安置工作负责,在此情况下,出于实质解决纠纷的考虑,原审判令惠济区人民政府与长兴路办事处共同对再审申请人的损失采取补救措施并无不当。至于再审申请人提出的涉案房屋是否属于违法建筑的问题,由于本案被诉行为为强制拆除行为,而非对房屋是否属于违章建筑的认定,因此,再审申请人的这一请求超出了本案的审查范围,本院在此不予理涉,再审申请人应另寻救济途径。[76]

2. 涉及人身的强制执行。如《海警机构行政执法程序规定》第236条规定:"对被决定行政拘留的人,由作出决定的海警机构送达海警机构所在地拘留所执行。对抗拒执行的,可以使用约束性警械。对被决定行政拘留的人,在异地被抓获或者具有其他有必要在异地拘留所执行情形的,经异地拘留所主管公安机关同意,可以在异地执行。"涉及人身的强制执行,在法效果上是被执行人的人身自由被暂时限制。

行政强制执行并不增加或者减少公民、法人或者组织的权利、义务,它是行政机关通过国家强制力强制公民、法人或者组织履行或者代行公民、法人或者组织应当履行但拒绝履行的义务。如果被执行的公民、法人或者组织认为行政强制执行违法,有权针对行政强制执行提起行政诉讼。如在某煤矿诉湖南省永兴县人民政府行政强制执行及行政补偿案中,最高人民法院认为:

> 某煤矿为生产能力6万吨/年的煤与瓦斯突出矿井,属于直接关闭煤矿之列,某煤矿对此亦予以认可。永兴县人民政府作出18号关闭决定前,制定并公示了永兴县落后小煤矿关闭退出评分标准(讨论

---

[75] 参见最高人民法院行政裁定书[(2016)最高法行申1355号]。
[76] 参见最高人民法院行政裁定书[(2017)最高法行申1070号]。

稿),征求了各家煤矿的意见,某煤矿亦参加了评分标准的讨论。永兴县人民政府根据正式公布的《永兴县落后小煤矿关闭退出评分办法》及《永兴县落后小煤矿关闭退出工作实施方案》,通过对小煤矿进行评分确定某煤矿属于被关闭之列并予以公示。某煤矿并未在公示期间对结果提出异议。而后湖南省落后小煤矿关闭退出工作领导小组办公室作出《关于郴州市落后小煤矿关闭退出总体方案的复函》(湘煤关退办函〔2014〕22号),同意关闭郴州市人民政府上报的包括某煤矿在内69处煤矿;永兴县人民政府根据该复函精神,于2014年10月14日作出18号关闭决定并在该县电视台予以公示;随后,永兴县人民政府多次与某煤矿就有关补偿问题进行协商;在协商未果,催告督促无效且政策规定的关闭验收时间将至之际,永兴县人民政府根据省、市、县三级政府关于县落后小煤矿关闭退出工作实施方案中所规定的程序和方式,实施了封闭矿井行为。因此,某煤矿的整个关闭退出过程是多环节的综合过程,涉及不同主体不同行为,历经不同程序不同阶段,总体上符合国务院和湖南省人民政府相关文件的规定。某煤矿主张永兴县人民政府在整个关闭退出程序中未充分听取其陈述和申辩意见,径行关闭煤矿,造成其财产损失,但永兴县人民政府已在实施关闭行为之前与某煤矿多次协商,在协商未果的情况下,仅对矿井地下设施采取封闭措施,尚未超出必要的限度。整个关闭退出行为总体上符合法律和相关政策性文件规定的精神,不宜认定违法。[77]

(二) 具有终止程序法效果的告知

告知是行政机关作出的一种程序性行为,不属于行政诉讼客体。如公民、法人或者其他组织认为行政机关告知违法,可以在对行政机关作出的实体性行政行为提起行政诉讼时,作为一个理由提出,不得单独针对告知行为提起行政诉讼。但是,有的告知却具有终止行政程序的法效果,这种具有终止行政程序法效果的告知行为,属于行政诉讼客体。如《行政许可规定》第3条规定:"公民、法人或者其他组织仅就行政许可过程中的告知补正申请材料、听证等通知行为提起行政诉讼的,人民法院不予受理,但导致许可程序对上述主体事实上终止的除外。"有的告知行为,虽然也具有终止行政程序的法效果,但它的内容是提示公民、法人或者其他组织依法应当通过其他法律途径解决争议或者提出请求,故不属于行政诉讼客体。如最高人民法院《政府信息公开规定》第2条第4项规定,"行政程序中的当事人、利害关系人以政府信息公开名义申请查阅案卷材料,行政机关告知其应当按照相关法律、法规的规定办理的",公民、法人或者其他组织对此告知行为提起行政诉讼,法院不予受理。如在周某某等36人诉重庆市某区规资局行政许可案中,2019年9月19日,重庆市某区规资局作出渝规涪陵〔工程〕复函〔2019〕0518号《建设项目规划管理报建审查复函》其中,周某某等"报来的稻香村A、B栋增设电梯项目建设工程规划许可的申请材料收悉。在该项目公示期间,我局收到稻香路A栋4-1号业主提出的关于加装电梯将影响其房屋采光等问题的异议,根据《重庆市老旧住宅增设电梯建设管理暂行办法》第八条之规定,请你们与有异议的业主协商,待达成一致意见后,再向我局申请办理规划手续"。对此,法院认为:

> 对于复函是否可诉的问题。《最高人民法院关于审理行政许可案件若干问题的规定》第3条规定:"公民、法人或者其他组织仅就行政许可过程中的告知补正申请材料、听证等通知行为提起行政诉讼的,人民法院不予受理,但导致许可程序对上述主体事实上终止的除外。"本案被诉复函虽然是在行政许可程序中要求申请人补充异议协商材料的通知行为,但从事实上将案涉增设电梯申请停留在协商阶段,终止了行政许可程序,因此具有可诉性。[78]

(三) 提供政府信息

行政机关依职权或者依申请向公众或者特定申请人提供政府信息的行为,应当依法作

---

[77] 参见最高人民法院行政裁定书[(2020)最高法行申1472号]。
[78] 参见人民法院案例库,入库编号:2023-12-3-004-008。

出,不得损害第三人的合法权益。如《政府信息公开条例》第15条规定:"涉及商业秘密、个人隐私等公开会对第三方合法权益造成损害的政府信息,行政机关不得公开。但是,第三方同意公开或者行政机关认为不公开会对公共利益造成重大影响的,予以公开。"如公民、法人或者其他组织认为行政机关公开的政府信息损害其商业秘密、个人隐私,有权针对行政机关提供政府信息的行为提起行政诉讼。如在齐某喜诉上海市松江区人民政府、上海市人民政府政府信息公开及行政复议案中,齐某喜向上海市松江区人民政府提出申请,要求获取沪松府强拆决字(2013)第39号文件。松江区人民政府于2015年4月16日作出编号为松信公开(2015)48号政府信息公开申请告知。松江区人民政府提供给齐某喜的涉案信息中,保留当事人姓氏,隐去当事人名字,隐去当事人住所及违法建筑的具体地址(隐去具体路名及门牌号,表述为上海市松江区泗泾镇),其余内容不变。齐某喜不服,经复议后提起行政诉讼。对此,法院认为:

公民、法人和其他组织有权依法获取政府信息。对申请公开的政府信息,行政机关应根据相关规定作出答复。在公开相关信息可能侵害第三方合法权益时,行政机关应根据比例原则,作出适当处理,以取得与同样受法律保护的其他权利之间的平衡。具体到本案中,根据行政强制法的规定,强制执行决定是行政机关依法作出行政决定后,当事人在行政机关决定的期限内不履行义务的,具有行政强制执行权的机关依照行政强制法的相关规定作出的行政行为。齐某喜要求获取行政机关针对第三方作出强制执行决定的文件。首先,涉案信息所涉行政行为不涉及齐某喜,并未侵害齐某喜的个人合法权益。其次,公开涉案信息中隐去的内容,可能会给相关权利人造成潜在的损害,并且隐去部分信息,未侵害齐某喜获取政府信息的权利,亦与行政机关依法行政不存在关联性。因此,松江区人民政府把涉案信息作出区分,将涉案违法建筑地址等与相关个人存在紧密联系的部分作为个人隐私隐去,公开涉案信息其余部分,并不违反法律规定。行政机关对隐私权范围的界定与区分处理,属行政机关基于行政管理实践与行政管理相对人合法权益的综合判断,属于行政机关自由裁量权范畴,除非行政判断明显不当,否则人民法院应尊重行政机关的判断。[79]

(四)与行政职权相关的行为

与行政职权相关的行为是行政机关为了实现行政管理目的实施的一种行政行为。它不是行政职权本身的行为,而是与行政职权相关的,具有正向促进行政管理目的的实现作用的行为。如在执行公务过程中交通警察殴打不遵守交通规则的公民,在行为性质上它不属于行政职权行为本身,但与行政职权相关,警察利用它实现行政管理的目的——如维护现场交通秩序;即使警察出于假公济私、公报私仇的个人目的,也不改变它的职权性行为性质。《行政赔偿规定》第1条规定:"国家赔偿法第三条、第四条规定的'其他违法行为'包括以下情形:(一)不履行法定职责行为;(二)行政机关及其工作人员在履行行政职责过程中作出的不产生法律效果,但事实上损害公民、法人或者其他组织人身权、财产权等合法权益的行为。"这是把行政机关与行政职权相关的行为纳入行政诉讼客体的法律依据。在实务中,与职权相关的行为多种多样,难以在书面上穷尽之。如在余某斌诉湘阴县公安局交通警察大队(以下简称县交警大队)违法扣押车辆及行政赔偿案中,法院认为:

第三人的亲属和当地群众围住事故车辆,并不意味着他们对车辆已经进行了有效控制。县交警大队的工作人员虽然采取了一些措施阻止第三人的亲属,但最终做出让步,在第三人的亲属作出书面保证后,同意将事故车辆交由第三人的亲属保管,导致事故车辆被违法扣留至今。第三人的亲属是经被上诉人工作人员同意并从工作人员手中接管车辆钥匙进而最终控制车辆的,被上诉人县交警大队虽然

---

[79] 参见人民法院案例库,入库编号:2023-12-3-013-001。

没有开出暂扣凭证,产生的后果也并非出于被上诉人的本意,但上述行为对上诉人权利产生了实际影响,符合行政事实行为的特征。[80]

该案中,交警把车辆钥匙交给第三人的行为是与他处理交通事故职权相关的行为,它产生了余某斌的车辆被第三人控制的法效果,损害了余某斌对事故车辆具有的合法权益,故该行为属于行政诉讼的客体范围。

第四节 排除范围

一、引言

《行政诉讼法》第13条列出4种行为不属于行政诉讼客体,之后,最高人民法院在总结多年行政诉讼经验与判例的基础上,又在《行诉解释》第1条第2款列出10种不属于行政诉讼客体的行为。上述两个法律条文是有关行政诉讼客体排除范围的基本规定。

行政诉讼客体肯定范围采用"例示+兜底"立法模式,排除范围则采用例示立法模式,这是行政诉讼立法(司法解释)的一种进步。但无论哪一种立法模式都存在需要法院在个案中作解释的不确定法律概念,这是制定法无法克服的局限性,司法解释也是如此。基于行政诉讼的立法目的,对于不确定法律概念的解释,在肯定范围中宜作扩大解释,在排除范围中宜作收缩解释。行政诉讼发展总的趋势是,应当尽可能缩小行政诉讼客体的排除范围,尽可能清晰行政诉讼客体的排除范围边界,最大限度地扩大行政诉讼的肯定范围。

二、法定情形

(一)国防、外交等国家行为

国家行为是国家机关基于政治、外交考虑而作出的行为,具有主权性质。主权行为合法性若交由法院审查,与法院的法律地位不符,因为法院不行使国家主权,也不代言国家主权。国家行为若不合法则产生政治责任。《行诉解释》第2条第1款规定,国家行为,"是指国务院、中央军事委员会、国防部、外交部等根据宪法和法律的授权,以国家的名义实施的有关国防和外交事务的行为,以及经宪法和法律授权的国家机关宣布紧急状态等行为"。由国务院、中央军事委员会、国防部、外交部作出的国家行为,在宪法和法律上,除中央军事委员会,由国务院向全国人大负责,包括中央军事委员会在内的国家行为都不受法院合法性审查。将"国防、外交等国家行为"排除在行政诉讼客体的范围之外,主要理由是它具有的"高度政治性",涉及国家统治的根本性问题。法院审判权不宜审查政治问题,更不宜用审判权来判断政治问题的是非。

当然,与国防、外交有关的行为也有不属于国家行为的,如征兵行为、出入境管理行为等,它们都属于行政诉讼客体。如在王某川诉青岛市公安局出入境管理局行政纠纷案中,2016年12月23日,青岛市公安局城阳分局作出青城公(正)立字〔2016〕00639号立案决定书,决定对孟某某、王某川窝藏案立案侦查。后该分局提请被告作废王某川所持号码为××××的普通护照,2016年12月27日,被告宣布作废该护照。王某川不服提起行政诉讼。对此,法院

---

[80] 参见湖南省高级人民法院行政判决书[(2005)湘高法行终字第9号]。

认为：

《普通护照和出入境通行证签发管理办法》第17条第1款规定，申请人具有下列情形之一的，公安机关出入境管理机构不予签发普通护照：……(6)属于刑事案件被告人或者犯罪嫌疑人的；……第18条规定，公安机关出入境管理机构签发普通护照后，发现持照人具有本办法第17条规定情形的，可以宣布其所持普通护照作废。第19条规定，宣布公安机关出入境管理机构签发的普通护照作废，由普通护照的审批签发机关或者上级公安机关出入境管理机构作出。本案中，被上诉人在原审庭审中提交了由青岛市公安局城阳分局作出的立案决定书，证实上诉人已经于2016年12月23日因涉嫌窝藏被刑事立案侦查。被上诉人作为公安机关出入境管理机构，在接到青岛市公安局城阳分局有关上诉人涉嫌窝藏被刑事立案侦查的立案决定书后，依职权于2016年12月27日宣布上诉人所持涉案普通护照作废，符合上述法律规定。[81]

(二)制定行政规范行为

《行政诉讼法》第13条第2项规定，"行政法规、规章或者行政机关制定、发布的具有普遍约束力的决定、命令"不属于行政诉讼客体。在行政法学理上，这类行为可以概称为制定行政规范行为。何谓"具有普遍约束力的决定、命令"，《行诉解释》第2条第2款解释为"是指行政机关针对不特定对象发布的能反复适用的行政规范性文件"。

制定行政规范行为不属于行政诉讼客体，这是一个没有争议的结论。实务中，在制定行政规范行为和行政决定的交界处有一个模糊的地带，经常成为某一行政行为是否属于行政诉讼客体的争议发生地。在学理上，制定行政规范行为和行政决定之间最为根本的区别点在于，它们作出之时所要规范的公民、法人或者组织范围是否确定，如已确定，则为行政决定，反之则为制定行政规范行为。但是，由于对"确定"的理解存在分歧，且个案中的情形存在差异性，实务中仍然时有疑惑。如在宋某某诉乐东黎族自治县人民政府房屋所有权登记案中，乐东黎族自治县人民政府于2023年4月14日作出通告，该通告内容为："为妥善化解某区一平方公里范围内个人自建房分割销售不动产登记历史遗留问题，切实维护人民群众合法权益，现对该区域内个人自建房办理不动产登记工作通告如下：(1)该区域内已建成并实际分割销售尚未办理权属登记的个人自建房，按自建房性质开展不动产登记工作。该通告发布之日起，不动产登记机构不再受理新的个人自建房对外分割销售转移登记业务。(2)该区域内按自建房性质进行权属登记的房屋和该区域内原按商品房性质进行权属登记的房屋，按同一类房屋统一管理，所有权人依法享有同样的占有、使用、收益和处分权能。(3)该区域内已出让给个人但尚未开发利用的国有建设用地，需依法依规报建，建成后以栋为单元按自建房性质办理不动产登记，不再办理不动产(国有建设用地使用权及房屋所有权)分割转移登记。(4)县政府近期将组织工作专班进驻某区，定点现场办理该区域的房屋竣工验收、消防验收备案、不动产登记等工作。(5)对故意散布、传播虚假信息，煽动群众非法××、聚众闹事的，依法追究相应的法律责任；涉嫌犯罪的，移送司法机关依法处理。(6)本次办证时间截至2023年12月31日，逾期申请或者逾期未办理的，后果自负。相关政策及信息，以政府官方渠道发布为准。"法院认为：

从通告的内容来看，其是针对某区一平方公里范围内个人自建房办理不动产登记的规定，既包括已建成并实际分割销售尚未办理权属登记的个人自建房，也包括已出让给个人但尚未开发利用的国有建设用地上未来将建的个人自建房；既针对通告作出时已知的所有权人，也针对通告作出后通过买卖、赠与、继承等方式享有所有权的人。因此，通告属于行政机关针对不特定对象发布的能反复适用的规

---

[81] 参见山东省青岛市中级人民法院行政判决书[(2017)鲁02行终457号]。

范性文件。如权利人对行政机关以通告为依据作出的房屋登记行为不服的,可依据《中华人民共和国行政诉讼法》第 53 条之规定,在起诉房屋登记行为的同时,一并请求对通告进行附带审查。[82]

该案中,虽然通告是针对某区一平方公里范围内个人自建房办理不动产登记的规定,但是,这里的"个人"并不是确定的,它是面向未来开放的"个人"范围,既包括现在该区域内有房的个人,也包括将来通过购买等方式获得该区域房屋的个人。

与行政法规、规章不同的是,"行政机关制定、发布的具有普遍约束力的决定、命令",即"规范性文件",当它成为被诉行政行为依据时,公民、法人或者组织在对行政行为提起诉讼时,可以一并请求法院对该规范性文件进行审查。[83] 尽管如此,它也不是行政诉讼客体。

(三) 奖惩、任免等决定

"行政机关对行政机关工作人员的奖惩、任免等决定"这类内部人事处理决定不属于行政诉讼客体,《行政诉讼法》第 13 条第 3 款已有明确规定。《行诉解释》第 2 条第 3 款规定,"对行政机关工作人员的奖惩、任免等决定",是指行政机关作出的涉及行政机关工作人员公务员权利义务的决定。[84] 这一司法解释将"行政机关工作人员"限缩解释为"公务员",不包括行政机关中非公务员的工作人员。这一限缩性解释具有扩大行政诉讼客体范围的意义,与《行政诉讼法》立法目的一致。在实务中,最高人民法院认为监察机关对行政机关公务员作出的开除处分决定属于行政诉讼客体的排除范围,[85]但人事主管部门对企事业单位工作人员作出的开除公职的处分决定,则不在此范围。[86] 行政机关内部考核管理行为也不属于受案范围。如在黄某台诉广东省人力资源和社会保障厅行政处分备案行为案中,法院认为:

> 上诉人黄某台系广州市越秀区地方税务局工作人员,广州市越秀区地方税务局、广州市地方税务局以及广东省地方税务局作出的对上诉人 2008 年年度考核评定为不称职的处理决定的行为,包括本案被诉的被上诉人广东省人力资源和社会保障厅针对粤地税申决字(2010)第 1 号广东省地方税务局再申诉处理决定书作出的备案行为,均属于行政机关对其工作人员的考核管理行为,当然属于行政机关对行政机关工作人员的内部人事管理行为。依据《中华人民共和国行政诉讼法》第 12 条第 3 项的规定,不属于人民法院行政诉讼的受案范围,原审裁定驳回上诉人黄某台的起诉并无不当,本院依法予以维持。上诉人黄某台主张其起诉属于人民法院行政诉讼的受案范围,原审裁定应予撤销的上诉理由,缺乏事实与法律依据,本院不予采纳,黄某台上诉请求依法应予驳回。[87]

需要指出的是,曾经流行于行政法理论与实务中的"内部行为"不可诉的命题,值得商榷。内部行为"外化"属于行政诉讼客体,其他内部行为只要不属于《行政诉讼法》第 13 条和《行诉解释》第 1 条第 2 款规定情形之一,也可以成为行政诉讼客体。在实务中,如在林某诉秀屿区教育局行政处分案中,法院认为:

> 本案被告作为教育行政主管机关对其所管辖的学校依据《福建省中小学生教师队伍管理暂行规定》第 31 条"给予(教师)降级、撤职、开除的,按干部按管理权限报批的规定"。对原告因违纪行为作出行政开除处分的批复,即莆湄北教(2002)人 20 号文,是行使行政公共权力的外部行政管理行为,而且

---

[82] 参见海南省高级人民法院行政裁定书[(2024)琼行终 75 号]。
[83] 参见《行政诉讼法》第 53 条。
[84] 《公务员法》第 2 条第 1 款规定:"本法所称公务员,是指依法履行公职、纳入国家行政编制、由国家财政负担工资福利的工作人员。"
[85] 参见最高人民法院《关于监察机关作出的开除处分是否属于人民法院行政诉讼受案范围的答复》(行他〔2000〕3 号)。
[86] 参见最高人民法院行政审判庭《关于开除公职是否属于受案范围请示的答复》(〔1997〕行他字第 28 号)。
[87] 参见广东省高级人民法院行政裁定书[(2013)粤高法行终字第 556 号]。

对行政相对人的权利、义务产生实际影响,应为可诉的具体行政行为。[88]

公务员退休之后仍然具有公务员的身份,他与行政机关之间因公务员身份而发生的行政争议,不属于行政诉讼客体。如在周某文诉黑龙江省森林工业总局公务员医疗补助待遇案中,法院认为:

> 周某文退休前是黑龙江省山河屯林业地区公安局具有政法编制的公务员,诉讼请求为给付公务员医疗补助,实质是要求享受公务员医疗补助待遇。根据《中华人民共和国行政诉讼法》第 13 条"人民法院不受理公民、法人或者其他组织对下列事项提起的诉讼:……(三)行政机关对行政机关工作人员的奖惩、任免等决定"及《最高人民法院关于执行若干问题的解释》第 4 条"行政诉讼法第十二条第(三)项规定的'对行政机关工作人员的奖惩、任免等决定',是指行政机关作出的涉及该行政机关公务员权利义务的决定"的规定,公务员待遇问题属于对行政机关工作人员的奖惩任免等排除行政诉讼的事项,故周某文诉讼请求不属于行政诉讼受案范围。[89]

(四)终局的行政裁决

《行政诉讼法》第 13 条第 4 项规定"法律规定由行政机关最终裁决的行政行为",不是行政诉讼客体。行政机关的裁决的种类大致有:(1)行政复议中的裁决。如《行政复议法》第 26 条规定:"对省、自治区、直辖市人民政府依照本法第二十四条第二款的规定、国务院部门依照本法第二十五条第一项的规定作出的行政复议决定不服的,可以向人民法院提起行政诉讼;也可以向国务院申请裁决,国务院依照本法的规定作出最终裁决。"此复议裁决为法律规定的最终裁决,申请人不得提起行政诉讼。(2)法适用中的裁决。如《立法法》第 105 条第 2 款规定:"行政法规之间对同一事项的新的一般规定与旧的特别规定不一致,不能确定如何适用时,由国务院裁决。"对这类行政裁决不服如何救济,因《立法法》没有明确这类行政裁决是最终裁决,故这类行政裁决是否能够成为行政诉讼客体是可以研究的。(3)对民事争议的裁决。如《专利法》第 62 条规定:"取得实施强制许可的单位或者个人应当付给专利权人合理的使用费,或者依照中华人民共和国参加的有关国际条约的规定处理使用费问题。付给使用费的,其数额由双方协商;双方不能达成协议的,由国务院专利行政部门裁决。"此行政裁决因《专利法》没有将其规定为"最终裁决",所以,它属于行政诉讼客体。

《行诉解释》第 2 条第 4 款规定:"'法律规定由行政机关最终裁决的具体行政行为'中的'法律',是指全国人民代表大会及其常务委员会制定、通过的规范性文件。"这一限定具有扩大法院监督行政权范围的意义,即由法规、规章规定行政机关的最终裁决,仍然属于行政诉讼客体。

(五)依照刑事诉讼法明确授权实施的行为

《行诉解释》第 1 条第 2 款第 1 项规定"公安、国家安全等机关依照刑事诉讼法的明确授权实施的行为",不属于行政诉讼客体。但是,公安机关在刑事侦查活动终结后作出的没收财产的行为是可诉的。[90] 公安、国家安全机关具有行政、刑事双重主体身份。在实务中,公安机关有时利用职权介入公民、法人或者其他组织之间的民事纠纷,帮助一方催讨欠款等。在公民、法人或者其他组织提起行政诉讼之后,公安机关经常以"刑事侦查"为名对抗法院的司法审查,导致公民、法人或者其他组织的合法权益得不到有效保护。这类案件在 20 世纪 90 年代中具有一定普遍性,以至于公安部专门发文禁止公安机关非法越权干预经济纠纷。如在

---

[88] 参见福建省莆田市秀屿区人民法院行政判决书[(2002)秀行初字第 002 号]。
[89] 参见黑龙江省高级人民法院行政裁定书[(2017)黑行终 347 号]。
[90] 参见杜明星诉湖北省松滋市公安局行政处罚案,载中华人民共和国最高人民法院行政审判庭编:《中国行政审判案例》(第 4 卷)第 121 号案例,中国法制出版社 2012 年版,第 1 页。

张某华诉磐安县公安局限制人身自由、扣押财产行政案中,法院认为:

张某华与磐安县燃料公司的纠纷属经济合同纠纷,不属诈骗犯罪,事实清楚,证据确实、充分。公安部《关于公安机关不得非法越权干预经济纠纷案件处理的通知》第1条指出:"工作中,要注意划清经济犯罪和经济纠纷的界限,决不能把经济纠纷当作诈骗等经济犯罪来处理。一时难以划清的,要慎重从事,经过请示报告,研究清楚后再依法恰当处理,切不可轻易采取限制人身自由的强制措施,以致造成被动和难以挽回的后果。"该通知第2条指出:"对经济纠纷问题,应由有关企事业及其行政主管部门、仲裁机关和人民法院依法处理,公安机关不要去干预。更不允许以查处诈骗等经济犯罪为名,以收审、扣押人质等非法手段去插手经济纠纷问题。"磐安县公安局不顾公安部的通知精神,越权干预经济纠纷,以刑事侦查为名,限制原告张某华的人身自由,扣押其财产,侵犯了张某华人身权利和合法权益,属《中华人民共和国行政诉讼法》第54条第2项第4目规定的"超越职权"的行为。张某华的合法权益由于受到行政机关作出的具体行政行为的侵犯而产生损害,依照《行政诉讼法》第67条第1款的规定,对于张某华提出赔偿请求,应予支持。[91]

该案是《最高人民法院公报》发布的判例,可以供地方各级人民法院审理类似案件时参考。1999年《行诉若干解释》采用"明确授权说",即将公安、国家安全等机关未经《刑事诉讼法》明确授权的行为,全部划入行政诉讼客体的范围。《行诉解释》承继"明确授权说"。《刑事诉讼法》明确授权的行为有侦查、拘留、执行逮捕、预审、拘传、取保候审、监视居住、通缉、搜查、扣押物证书证、冻结存款汇款、保外就医等,只有上述所列的行为,才可以免受司法审查。如在张某銮诉青岛市公安局黄岛分局不履行保护财产安全职责案中,2020年12月18日,张某銮拨打电话报警称,青岛市黄岛区隐珠街道办事处石嘴子村37号房屋被强拆,要求公安到场处置。接警后,110指挥中心即指令灵海派出所出警处置。民警到达现场后找到相关人员了解情况并告知张某銮到派出所进一步调查。当日,张某銮到灵海派出所进一步反映情况,灵海派出所将该案受理为刑事案件开展调查。经审查后,黄岛分局认为没有犯罪事实发生,于2020年12月23日决定对该案不予立案,并于2020年12月26日将不予立案通知书送达张某銮,由其妻子冯某代收。张某銮不服不予立案通知书,提起行政诉讼。法院认为:

最高人民法院《关于适用〈中华人民共和国行政诉讼法〉的解释》第1条第2款第1项规定:"下列行为不属于人民法院行政诉讼的受案范围:(1)公安、国家安全等机关依照刑事诉讼法的明确授权实施的行为。"本案中,黄岛分局接到张某銮的报案后,即派民警出警处置,并于当日将该报案受理为刑事案件开展调查,是依据《中华人民共和国刑事诉讼法》规定履行的刑事司法职责,并已作出处理,属于公安机关依照刑事诉讼法的明确授权实施的行为,不属于人民法院行政诉讼的受案范围。综上,原审法院裁定认定事实清楚,适用法律正确,程序合法。张某銮的上诉理由不能成立,本院不予支持。[92]

(六)调解行为以及法律规定的仲裁行为

为了行政机关完成行政任务的需要,现代行政法发展出许多新类型的行政行为,调解、仲裁便是其中的两例。《行诉解释》第1条第2款第2项,"调解行为以及法律规定的仲裁行为"不属于行政诉讼客体的范围。

1. 调解行为。行政机关在公民、法人或者其他组织自愿的前提下,组织调解他们之间的民事争议,因调解所达成的协议对双方当事人没有约束力,所以,也不具有执行力。如《医疗纠纷预防和处理条例》第40条规定:"医患双方申请医疗纠纷行政调解的,应当参照本条例第三十一条第一款、第二款的规定向医疗纠纷发生地县级人民政府卫生主管部门提出申请。卫

---

[91] 参见《最高人民法院公报》1994年第4期。
[92] 参见济南铁路运输中级法院行政裁定书[(2021)鲁71行终339号]。

生主管部门应当自收到申请之日起5个工作日内作出是否受理的决定。当事人已经向人民法院提起诉讼并且已被受理,或者已经申请医疗纠纷人民调解委员会调解并且已被受理的,卫生主管部门不予受理;已经受理的,终止调解。卫生主管部门应当自受理之日起30个工作日内完成调解。需要鉴定的,鉴定时间不计入调解期限。超过调解期限未达成调解协议的,视为调解不成。"在实务中,对于行政调解是否属于行政诉讼客体一般少有争议;但是,对于以处理决定方式作出的调解,需要作实质性审查才能得出结论。如在潘某娟诉泸县青龙镇人民政府行政调解处理决定案中,法院认为:

> 上诉人青龙镇人民政府在其处理决定中明确表示,如被上诉人或第三人不服其处理决定,可在指定期限内就原纠纷向人民法院提起诉讼,即如当事人不服,处理决定就对当事人没有约束力,已说明上诉人青龙镇人民政府的处理决定是调解意见性质,依照最高人民法院《关于执行〈中华人民共和国行政诉讼法〉若干问题的解释》第1条第2款第3项的规定,调解行为不属人民法院的受案范围。[93]

最高人民法院研究室在一个对下级人民法院请示的答复中认为,乡(镇)人民政府在调解民间纠纷时违背当事人的意愿,强行作出决定的,该决定属于行政诉讼客体。[94] 因为有"强行"这一单方意思表示,此时的行政调解已经质变为一个"行政决定",所以,将其划入行政诉讼客体的范围也是妥当的。

2. 仲裁行为。行政机关以中立者的身份对当事人之间的民事争议作出的法律判断,即行政仲裁。仲裁裁决具有最终法效力,即使是《仲裁法》规定的仲裁裁决也不具有可诉性。依照《立法法》,仲裁基本制度属于法律保留事项。[95] 如《农村土地承包法》第55条规定:"因土地承包经营发生纠纷的,双方当事人可以通过协商解决,也可以请求村民委员会、乡(镇)人民政府等调解解决。当事人不愿协商、调解或者协商、调解不成的,可以向农村土地承包仲裁机构申请仲裁,也可以直接向人民法院起诉。"当事人若选择仲裁,对仲裁裁决不服,则不能向法院提起行政诉讼。需要明示的是,这里的"仲裁行为"限于法律规定的"仲裁行为",法规、规章或者行政规定中的"行政仲裁"属于行政诉讼客体。最高人民法院行政庭在一个对下级人民法院请示的答复中称,"人事争议仲裁是人事主管部门对当事人的人事争议进行的人事裁决,该裁决直接涉及到当事人的人身权、财产权,根据《中华人民共和国行政诉讼法》第十一章第十二条和《最高人民法院关于人民法院审理事业单位人事争议仲裁》侵犯其人身权、财产权的,可依法提起行政诉讼"。[96]

(七) 行政指导行为

行政指导是行政机关依职权作出的,旨在引导特定的行政相对人自愿采取一定的作为或者不作为,以实现行政管理目的的一种行政行为。行政指导没有行政机关单方意思表示,是否服从由公民、法人或者组织自愿选择,所以,它不属于行政诉讼客体。但是,在实务中一些行政机关所实施的行政指导,如果仅仅从形式上将它排除在行政诉讼客体之外,显然不利于保护公民、法人或者其他组织的合法权益。行政机关作出的名为行政指导但实为有强制力的"行政指导行为"属于行政诉讼客体。例如,在点头隆胜石材厂诉福鼎市人民政府行政扶优扶强措施案中,法院认为:

---

[93] 参见四川省泸州市中级人民法院行政判决书[(2003)泸行终字第56号]。
[94] 参见最高人民法院研究室《关于当事人对乡(镇)人民政府就民间纠纷作出的调处决定不服而起诉人民法院应以何种案件受理的复函》(法研〔2001〕26号)。
[95] 参见《立法法》第11条第10项。
[96] 《最高人民法院对人事争议仲裁委员会的仲裁行为是否可诉问题的答复》(〔2003〕行他字第5号)。

福鼎市的玄武岩石材企业,生产所用原料都由第三人福建玄武石材有限公司供应,而且供应数量有限。在此情况下,被告福鼎市人民政府以鼎政办(2001)14号文件,批准下发了工业领导小组办公室《关于2001年玄武岩石板材加工企业扶优扶强的意见》。该文件虽未给原告点头隆胜石材厂确定权利与义务,但通过强制干预福建玄武石材有限公司的销售办法,直接影响到点头隆胜石材厂的经营权利。福鼎市人民政府认为鼎政办(2001)14号文件是行政指导性文件,没有强制性,不是具体行政行为,不是行政诉讼可诉对象的理由,不能成立。[97]

该案中,法院在审理过程中认定被告颁发的"文件"具有强制力,被告关于该文件是"行政指导行为"的辩解不能成立。又如,在建明食品公司诉泗洪县人民政府检疫行政命令纠纷案中,法院认为:

行政指导行为,是指行政机关在行政管理过程中作出的具有示范、倡导、咨询、建议等性质的行为。被上诉人泗洪县人民政府分管副县长作出的关于"停止……检疫"的电话指示,既不具有行政示范和倡导性质,也不具有咨询、建议等作用,实质是带有强制性的行政命令。泗洪县人民政府关于该指示属于行政机关内部行政指导行为的答辩理由,不能成立。[98]

虽然行政指导不具有强制力,但随着信赖保护原则在现代行政法上的确立和发展,未来行政诉讼法将行政指导纳入行政诉讼客体的范围也并非不可能。

(八) 重复处理行为

行政机关"驳回当事人对行政行为提起申诉的重复处理行为"不属于行政诉讼客体。行政机关作出行政决定之后,公民、法人或者其他组织可以在法定期限内依法申请行政复议或者提起行政诉讼,在法定期限过后,该行政决定即产生形式上的存续力,若公民、法人或者其他组织不服,也不可再起争执。但是,中国是具有注重实体正义法传统的国家,如同古代告御状之类的申诉,今天仍然无法在人们的思维中抹去,且在有了制定法上如信访、申诉这样的制度安排后,公民、法人或者其他组织对具有形式存续力的行政决定,还会持续不断地提起申诉。行政机关为了回应公民、法人或者其他组织的申诉,也只好作出重复被申请行政决定内容的所谓"重复处理决定"。如果允许公民、法人或者其他组织对重复处理决定提起行政诉讼,那么行政决定的法效力制度将被虚置,并损及法的安定性。因此,《行诉解释》明确规定重复处理行为不可诉。最高人民法院在一个答复中针对信访处理意见是否可以提起行政诉讼,也表达了相同的态度。[99] 在实务中,如在聂某诉中国人民银行上海市分行履行法定职责案中,法院认为:

聂某就其尾号2809的账户中44笔共计3,404,184元的交易多次向中国人民银行上海分行反映某某公司1长宁支行、某某公司2的违法违规问题,虽然每次投诉举报的具体措辞不同,但本质均是认为某某公司2存在非法接收,上送,篡改支付指令,违法接收资金,某某公司1上海分行存在编造虚假订单号,非法接收,处理电子支付指令,违规扣划款项等情况。中国人民银行上海分行经调查后已通过举报答复意见书(编号:2018-7210)、举报答复意见书(编号:JB-0464、JB-0496、JB-0521、JB-0603)、来信回复[编号:JB-2377(JB2378)]等答复了聂某涉案44笔资金的交易过程、验证方式等,告知聂某根据现有证据法证明相关资金划转指令非本人作出,某某公司2、某某公司1长宁支行不存在聂某投诉举报的相关问题。被诉举报答复意见书系对聂某之前投诉举报的重复处理行为,本次答复不产生新的法

---

[97] 参见《最高人民法院公报》2001年第6期。
[98] 参见《最高人民法院公报》2006年第1期。
[99] 参见最高人民法院《关于不服信访工作机构依据〈信访条例〉处理信访事项的行为提起行政诉讼人民法院是否受理的复函》([2005]行立他字第4号)。

律效果,未改变原有的行政法律关系,未对聂某的权利义务产生新的影响,不属于行政诉讼的受理范围。原审裁定驳回聂某的起诉,符合法律规定。聂某的上诉请求不能成立,本院依法不予支持。[100]

第二次行政决定不同于重复处理决定。第二次行政决定属于重开行政程序,是行政机关作出的新行政决定,它属于行政诉讼客体。如经当事人申诉,行政机关撤销下一级行政机关作出的行政处罚决定,并责令它重新作出行政处罚决定。在这种情况下,下一级行政机关重开行政处罚程序作出一个新的处罚决定,这不是"重复处理行政决定"。它与诉讼法上经"再审"程序作出的新裁判相似。

(九)不产生外部法效力的行为

行政机关就内部事务作出的处理,如会议纪要、抄告单、批复、批示、复函等,这类处理的法效力仅限于行政机关内部,不影响公民、法人或者其他组织的合法权益。因此,这类处理不属于行政诉讼客体。如在魏某高、陈某志诉来安县人民政府收回土地使用权批复案中,法院认为:

根据《土地储备管理办法》和《安徽省国有土地储备办法》以收回方式储备国有土地的程序规定,来安县国土资源行政主管部门在来安县人民政府作出批准收回国有土地使用权方案批复后,应当向原土地使用权人送达对外发生法律效力的收回国有土地使用权通知。来安县人民政府的批复属于内部行政行为,不向相对人送达,对相对人的权利义务尚未产生实际影响,一般不属于行政诉讼的受案范围。但本案中,来安县人民政府作出批复后,来安县国土资源行政主管部门没有制作并送达对外发生效力的法律文书,即直接交来安县土地储备中心根据该批复实施拆迁补偿安置行为,对原土地使用权人的权利义务产生了实际影响;原土地使用权人也通过申请政府信息公开知道了该批复的内容,并对批复提起了行政复议,复议机关作出复议决定时也告知了诉权,该批复已实际执行并外化为对外发生法律效力的具体行政行为。因此,对该批复不服提起行政诉讼的,人民法院应当依法受理。[101]

该案中,法院明确指出,"来安县人民政府的批复属于内部行政行为,不向相对人送达,对相对人的权利义务尚未产生实际影响,一般不属于行政诉讼的受案范围"。这里的"批复"之所以成为行政诉讼客体,是因为来安县国土资源行政主管部门"直接交来安县土地储备中心根据该批复实施拆迁补偿安置行为"。也就是说,如果来安县国土资源行政主管部门不将批复交付来安县土地储备中心,或者来安县土地储备中心不根据该批复实施拆迁补偿安置行为,那么,来安县人民政府的批复就是"不产生外部法律效力的行为"。

(十)过程性行为

行政机关为作出行政行为而实施的准备、论证、研究、层报、咨询等过程性行为,不属于行政诉讼客体。因为,过程性行为未影响公民、法人或者其他组织的合法权益。与不产生外部法效力的行为有所不同的是,有的过程性行为有外部性,但它没有法效力。除了"实施的准备、论证、研究、层报、咨询"外,如送达、告知、通知等也是过程性行为(可称为"程序性行为")。[102] 在这些行为中,有行政机关的意思表示,但它是表示不是表意,不产生如行政决定

---

[100] 参见上海金融法院行政裁定书[(2024)沪74行终14号]。
[101] 参见最高人民法院指导案例22号。
[102] 从形式看上,在行政调查程序终结后作出的"撤案决定"符合程序性行为的外观,但是,它的内容对行政相对人的权利和义务产生了实际影响。在浙江梅泰克诺新型建筑板材有限公司诉上海市工商行政管理局奉贤分局撤案决定案中,法院认为这种"撤案决定"具有可诉性。参见中华人民共和国最高人民法院行政审判庭编:《中国行政审判案例》(第3卷)第82号案例,中国法制出版社2013年版,第5页。而行政机关在执法检查过程中制作的现场检查笔录是程序性行为,因它的内容没有确定当事人的权利义务,而是记录客观事实的证据,故不具有可诉性。参见封丘县电业局诉封丘县卫生局撤销检查笔录案,载中华人民共和国最高人民法院行政审判庭编:《中国行政审判案例》(第3卷)第83号案例,中国法制出版社2013年版,第15页。

中意思表示的法效力,所以,在早期行政法学上有"观念通知""准行政行为"之概念。这类行为不影响公民、法人或者其他组织的权利义务,不需要通过行政诉讼予以权利救济。但是,过程性行为如果产生终局性法效果,则属于行政诉讼客体。例如,在王某德诉乐山市人力资源和社会保障局工伤认定案中,法院认为:

> 被告作出中止通知,属于工伤认定程序中的程序性行政行为,如果该行为不涉及终局性问题,对相对人的权利义务没有实质影响,则属于不成熟的行政行为,不具有可诉性,相对人提起行政诉讼的,不属于人民法院受案范围。但如果该程序性行政行为具有终局性,对相对人权利义务产生实质影响,并且无法通过提起针对相关的实体性行政行为的诉讼获得救济,则属于可诉行政行为,相对人提起行政诉讼的,属于人民法院行政诉讼受案范围。……本案被告在第三人申请认定工伤时已经提交了相关道路交通事故证明的情况下,仍然作出中止通知,并且一直到原告起诉之日,被告仍以工伤认定处于中止状况为由,拒绝恢复对王某兵死亡是否属于工伤的认定程序。由此可见,虽然被告作出中止通知是工伤认定中的一种程序性行为,但该行为将导致原告的合法权益长期,乃至永久得不到依法救济,直接影响了原告的合法权益,对原告权利义务产生了实质影响,并且原告也无法通过对相关实体性行政行为提起诉讼以获得救济。因此,被告作出中止通知,属于可诉行政行为,人民法院应当依法受理。[103]

该案中,法院首先指出中止通知这类的行为不具有可诉性,但在该案中,中止通知产生了"终局性"法效果,因此应该纳入行政诉讼客体的范围。又如,在孙某生诉河南省开封市人民政府土地行政批复行政纠纷案中,最高人民法院认为:

> 该案的争议焦点为开封市人民政府作出的汴政土文(2007)26号批复是否属于人民法院行政诉讼的受案范围。地方人民政府对其所属土地行政管理部门作出的同意收回国有土地使用权批复,一般属于过程性行为,不可对此提起诉讼。只有在土地行政管理部门直接将该批复付诸实施并对行政相对人的权利义务产生了实际影响的情况下,行政相对人对该批复不服提起诉讼的,人民法院才依法予以受理。本案中,汴政土文(2007)26号批复涉及孙某生的内容未付诸实施,汴政土文(2007)26号批复未对孙某生的权利义务产生实际影响,原审法院依据《最高人民法院关于执行〈中华人民共和国行政诉讼法〉若干问题的解释》第1条第2款第6项关于"对公民、法人或其他组织权利义务不产生实际影响的行为不属于人民法院行政诉讼受案范围"的规定驳回孙某生的起诉并无不当。[104]

(十一)执行行为

行政机关根据法院的生效裁判和协助执行通知作出的执行行为,是法院借助行政机关的行政职权执行司法裁判的行为,本质上不属于"行政行为"。最高人民法院在2004年的一个批复中就已经明确规定:"行政机关根据人民法院的协助执行通知书实施的行为,是行政机关必须履行的法定协助义务,不属于人民法院行政诉讼受案范围。但如果当事人认为行政机关在协助执行时扩大了范围或违法采取措施造成其损害,提起行政诉讼的,人民法院应当受理。"[105]《行诉解释》第1条第2款第7项进一步明确规定,"行政机关根据人民法院的生效裁判、协助执行通知书作出的执行行为",不属于行政诉讼客体,"但行政机关扩大执行范围或者采取违法方式实施的除外"。也就是说,在例外情况下,行政机关扩大执行范围或者采取违法方式实施的行为,属于行政诉讼客体。[106] 如法院裁定拆除当事人两间违法建筑,但行政机关

---

[103] 参见最高人民法院指导案例69号。
[104] 参见最高人民法院行政裁定书[(2016)最高法行申469号]。
[105] 最高人民法院《关于行政机关根据法院的协助执行通知书实施的行政行为是否属于人民法院行政诉讼受案范围的批复》(法释〔2004〕6号)。
[106] 参见周某华、周某诉江苏省镇江市房产管理局房屋行政登记案,载中华人民共和国最高人民法院行政审判庭编:《中国行政审判案例》(第2卷)第47号案例,中国法制出版社2011年版,第40页。

实施强拆时,把当事人连接违法建筑的其他两间合法建筑也一并拆除,就属于"扩大执行范围"的情形,当事人对此可以提起行政诉讼。行政机关在协助法院执行判决后,不得自行变更已经协助执行的事项,否则,该变更行政行为具有可诉性。

(十二)内部层级监督行为

上级行政机关基于内部层级监督关系对下级行政机关作出的听取报告、执法检查、督促履责等行为,属于内部层级监督行为。层级监督关系涉及如下3个方面内容:(1)层级—隶属关系。以行政区域划分为基础,国家从中央到地方设置了一个金字塔形的行政机关组织体系,作为国家行使行政权的组织基础。其中,行政机关外部的层级关系和行政机关内部的隶属关系,构成了层级监督关系中两种最为重要的组织体系。前者如公安部—省公安厅—市公安局,后者如公安厅—法制总队—行政执法指导支队。(2)命令—服从关系。无论是层级关系还是隶属关系,其中处于领导地位的上一级行政机关对下一级行政机关或者隶属部门都有下令权,下一级行政机关或者隶属部门必须服从、执行;即使对此有异议,也应当通过法定程序提出。(3)行政一体化。前述(1)和(2)的两个法律关系,都是为了整合各行政机关以及隶属的部门,旨在形成由上一级行政机关"统一领导"[107]的行政一体化制度,即在整个国家行政机关系统内,必须保证上情下达,政令畅通,共同完成现代行政任务。由此可见,通过法律、法规等确立的内部层级监督关系一般没有保护公民、法人或者其他组织合法权益的要旨,内部层级监督行为不具有可诉性。如在崔某超诉山东省济南市人民政府不履行法定职责案中,最高人民法院认为:

人民法院对行政机关行使职权行为的监督应当依照行政诉讼法的规定进行。《国有土地上房屋征收与补偿条例》第6条第1款和第30条虽然规定了上级人民政府应当加强对下级人民政府房屋征收与补偿工作的监督,也有权对下级人民政府及房屋征收部门在房屋征收与补偿工作中的违法行为责令改正,但此种职权系基于上下级行政机关之间的层级监督关系而形成。上级人民政府不改变或者不撤销所属各工作部门及下级人民政府决定、命令的,一般并不直接设定当事人新的权利义务,当事人可以通过直接起诉所属工作部门或者下级人民政府作出的行政行为来维护自身合法权益。在存在更为有效便捷的救济方式的情况下,当事人坚持起诉人民政府不履行层级监督职责,不具有权利保护的必要性和实效性,也不利于纠纷的及时解决,且易于形成诉累。因此,济南市人民政府是否受理当事人的反映,是否启动层级监督程序,是否改变或者撤销所属各工作部门及下级人民政府的决定、命令等,不属司法监督范畴。[108]

该案的裁判逻辑是,先将在层级监督关系中产生的行为定性为内部行为,然后基于内部行为不可诉的法理,推出层级监督行为不具有可诉性。在地方法院行政审判中,这一裁判逻辑得到了普遍遵循。[109]

(十三)信访事项处理行为

在行政法上,信访是指公民、法人或者其他组织采用书信、电子邮件、传真、电话、走访等形式,向各级人民政府、县级以上人民政府工作部门反映情况,提出建议、意见或者投诉请求,依法由有关行政机关处理的活动。在这里,"依法由有关行政机关处理的活动"主要表现为行政机关针对信访事项作出的登记、受理、交办、转送、复查、复核意见等行为。在2005年一个

---

[107] 《宪法》第89条第3项、第108条、第110条第2款。
[108] 参见最高人民法院行政裁定书[(2016)最高法行申2560号]。
[109] 如在郑某喜因诉老河口市人民政府履行责令老河口市鄂阳办事处鄂南社区居民委员会公开集体资产收支信息的法定职责案中,法院认为:"另外,在本案存在更为有效便捷的救济方式的情况下,郑某喜坚持起诉老河口市人民政府不履行层级监督职责,不具有权利保护的必要性和实效性,也不利于纠纷的及时解决,且易于形成诉累。老河口市人民政府是否受理郑某喜的反映,是否启动层级监督程序,是否责令鄂南居委会公布原鄂南村的财务事项,不属司法监督范围。"参见湖北省高级人民法院行政判决书[(2016)鄂行终698号]。

答复中,最高人民法院已经把信访事项处理行为明确排除在行政诉讼客体之外。[110] 之所以如此,主要理由是信访事项处理行为"对信访人不具有强制力,对信访人的实体权利不产生实质影响"。如在郭某深诉广州市越秀区人民政府信访答复案中,最高人民法院认为:

《中华人民共和国行政诉讼法》第49条第4项规定,提起诉讼应当属于人民法院受案范围。《最高人民法院关于执行〈中华人民共和国行政诉讼法〉若干问题的解释》第1条第2款第5项规定,驳回当事人对行政行为提起申诉的重复处理行为,不属于人民法院行政诉讼的受案范围。(2005)行立他字第4号最高人民法院《关于不服县级以上人民政府信访行政管理部门、负责受理信访事项的行政管理机关以及镇(乡)人民政府作出的处理意见或者不再受理决定而提起的行政诉讼人民法院是否受理的批复》规定,对信访事项有权处理的行政机关根据《信访条例》作出的处理意见、复查意见、复核意见和不再受理决定,信访人不服提起行政诉讼的,人民法院不予受理。本案中,郭某深因其企业干部身份和在岗还是旷工问题逐级上访,在经过信访答复、复查决定、复核意见后仍不服,以同一事实和理由向越秀国资公司提出申诉信访。越秀国资公司为此作出的不再受理决定是根据《信访条例》的规定对郭某深的信访事项作出的答复,该答复为驳回郭某深对行政行为提起申诉的重复处理行为,且答复内容对郭某深的权利义务不产生实际影响。郭某深请求越秀区人民政府撤销44号复函的行为不属于人民法院行政诉讼的受案范围。一、二审裁定认定事实清楚,适用法律正确,应予维持。郭某深主张其向越秀国资公司提出的信访请求是两项新的请求,与之前经过处理、复查、复核过的请求不同。本案中,郭某深所称的两项新的请求,即在1989年郭某深是否具有国家工作人员身份问题及在1988年3月至1989年11月郭某深是在岗还是旷工的问题,在2001年10月广州市人民政府作出的复核意见中,已经作出了明确的答复。郭某深的该主张没有事实根据,本院不予支持。[111]

(十四)不产生实际影响的行为

依照《行诉解释》第1条第2款第10项,"对公民、法人或者其他组织权利义务不产生实际影响的行为",不属于行政诉讼客体。最高人民法院在一个答复中认为:"'地质矿产主管部门',所作的鉴定结论作为刑事案件中的证据,将在刑事诉讼中接受审查,对当事人不直接产生权利义务的实质影响。"[112] 需要指出的是,判断是否属于"不产生实际影响的行为",应当与认定起诉人是否有"利害关系"区别开来,不可以将这一行政诉讼客体的排除范围标准,用于判断起诉人是否具有原告地位。如公安机关对张三作出行政处罚决定,因为他殴打了住在李四隔壁的、李四也不相识的王五。这一行政处罚决定对李四的权利义务不产生实际影响,但不能由此推出该行政处罚决定不属于行政诉讼客体。对于张三、王五来说,他们如不服此行政处罚决定,当然有权对之提起行政诉讼。因此,"不产生实际影响的"这类行政行为,因尚未对公民、法人或者其他组织权利义务产生实际影响,所以不需要通过行政诉讼给予权利救济。如在蔡某凤等诉上海市黄浦区人民政府执行通知及强拆行为案中,最高人民法院认为:

本案争议的焦点是蔡某凤等人的起诉是否符合法定的起诉条件。首先,根据现已查明的事实,黄浦区人民政府作出的黄府执通(2015)005号执行通知书,主要内容是告知施某萍(户),上海市黄浦区人民法院(2015)黄浦行审字第4号行政裁定已经准许对黄房管拆(2014)0040号房屋拆迁裁决的执行,根据生效裁定,要求被通知人按照房屋拆迁裁决书执行,搬离房屋,并办理交接手续。该执行通知书仅是告知人民法院生效裁定和此前作出的行政裁决的内容,未对相对人设定新的权利义务,没有独立的

---

[110] 参见最高人民法院《关于不服县级以上人民政府信访行政管理部门、负责受理信访事项的行政管理机关以及镇(乡)人民政府作出的处理意见或者不再受理决定而提起的行政诉讼人民法院是否受理的答复意见》(〔2005〕行立他字第4号)。

[111] 参见最高人民法院行政裁定书〔(2017)最高法行申4615号〕。

[112] 最高人民法院行政审判庭《关于地质矿产主管部门作出的非法采矿及破坏性采矿鉴定结论是否属于人民法院受案范围问题的答复》(〔2004〕行他字第16号)。

决定事项。《最高人民法院关于执行〈中华人民共和国行政诉讼法〉若干问题的解释》第1条第2款第6项规定,公民、法人或者其他组织不服对其权利义务不产生实际影响的行为提起行政诉讼的,不属于人民法院行政诉讼的受案范围。[113]

(十五)其他行为

除了上述14种不属于行政诉讼客体的情形外,最高人民法院在其他司法解释中,还有如下若干种明确不属于行政诉讼客体的情形:

1. 医疗事故鉴定结论。最高人民法院在一个复函中认为:"医疗事故技术鉴定委员会所作的医疗事故鉴定结论,系卫生行政部门认定和处理医疗事故的依据。病员及其亲属如果对医疗事故鉴定结论有异议,可以向上一级医疗事故技术鉴定委员会申请重新鉴定,如因对鉴定结论有异议向人民法院起诉的,人民法院不予受理。"[114] 此复函表明,当"医疗事故鉴定结论"作为卫生行政部门认定和处理医疗事故的依据时,它仅仅是一种法定证据。实务中,这种由专业委员会提供的证据,与其他证明相比具有更高的公信力。作为证据的鉴定结论,它的合法性争议可以在法院审查证据时解决。相同的情形还有地质矿产主管部门作出的非法采矿及破坏性采矿鉴定结论,它也不属于行政诉讼客体。[115]

2. 交通事故责任认定。早在1992年,最高人民法院、公安部的一个通知就明确了交通事故责任认定不属于行政诉讼客体。[116] 虽然这种"联合通知"欠缺合法性和正当性,但是法院据此通知一直不把交通事故责任认定作为行政诉讼客体来审理。在2001年《最高人民法院公报》公布"李某芳不服交通事故责任认定案"之后,[117] 这个问题的走向改变了。此案中,没有涉及此类争议属于行政诉讼客体的裁判理由,这个理由阐释任务由一年之后最高人民法院公布的"罗某富不服交通事故责任认定案"来完成。在该案中,法院认为:

> 对道路交通事故进行责任认定,是公安机关根据行政法规的授权实施的一种行政确认行为。该行为直接关系到发生道路交通事故后,当事人是否构成犯罪以及应否被追究刑事责任,是否违法以及应否被行政处罚,是否承担民事赔偿责任或者能否得到民事赔偿的问题,因此它涉及当事人的权利和义务。……上诉人罗某富认为被上诉人交警队对交通事故作出的责任认定行为侵犯了其合法权益,向人民法院提起行政诉讼,依法属于人民法院行政诉讼的受案范围。[118]

上述两判例公布之后,地方各级人民法院开始陆续受理涉及交通事故责任认定的行政案件。2003年《道路交通安全法》实施之后,因法律明确规定交通事故责任认定是一种"证据",它又被划出了行政诉讼客体的范围。[119] 如在吴某成诉澄迈县公安局交通警察大队公安交通

---

[113] 参见最高人民法院行政裁定书[(2017)最高法行申190号]。
[114] 最高人民法院《关于对医疗事故争议案件人民法院应否受理的复函》(法[行]函[1989]63号)。
[115] 参见最高人民法院行政审判庭《关于地质矿产主管部门作出的非法采矿及破坏性采矿鉴定结论是否属于人民法院受案范围问题的答复》([2004]行他字第16号)。价格鉴定、认证也不属于行政诉讼受案范围,参见蔡某杰诉天津市河东区价格认证中心价格鉴定案,载中华人民共和国最高人民法院行政审判庭编:《中国行政审判案例》(第2卷)第40号案例,中国法制出版社2011年版,第1页。
[116] 参见最高人民法院、公安部《关于处理道路交通事故案件有关问题的通知》(法发[1992]39号)。
[117] 参见《最高人民法院公报》2001年第5期。
[118] 参见《最高人民法院公报》2002年第5期。
[119] 《道路交通安全法》第73条规定:"公安机关交通管理部门应当根据交通事故现场勘验、检查、调查情况和有关的检验、鉴定结论,及时制作交通事故认定书,作为处理交通事故的证据。交通事故认定书应当载明交通事故的基本事实、成因和当事人的责任,并送达当事人。"2008年修订后的《消防法》第51条第3款规定:"公安机关消防机构根据火灾现场勘验、调查情况和有关的检验、鉴定意见,及时制作火灾事故认定书,作为处理火灾事故的证据。"火灾事故认定也因2008年《消防法》修订而不再属于行政诉讼客体。

行政管理纠纷案中,法院认为:

> 根据《中华人民共和国道路交通安全法》第73条的规定,公安机关交通管理部门根据交通事故现场勘验、检查、调查情况和有关的检验、鉴定结论制作的交通事故认定书,作为处理交通事故的证据,也即交通事故认定书属于证据,不是具体行政行为。故上诉人吴某成对被上诉人澄迈县交通警察大队所作的2004(183)号交通事故认定书不服提起诉讼,不属于人民法院行政诉讼受案范围。[120]

对于与此相似的事故调查结论是否具有可诉性的问题,在实务中通常以事故调查结论不具有最终处理性而否定它的可诉性。但在李某飞等6人诉浙江省宁波市镇海区农业局农业行政检查案中,法院认为:

> 但行政机关依法具有对该类事故进行查处的法定职责时,如该调查结论依据不足或没有明确结论,则可能对行政相对人的权利义务产生影响,此时该调查结论具有可诉性。[121]

三、实务情形

(一)军人退役不准许行为

现役军人退役依法需要有关部门准许,若未获得准许,现役军人是否可以对之提起行政诉讼,尚无制定法的规定。在张某武诉中国人民解放军总政治部、海军政治部侵权案中,起诉人在诉状中称:

> 1995年我已任满现任职级的最低任职年限,由于本人所学专业与现任工作不对口,即向单位提出了转业申请。本单位向我收取了培训费3万元之后,总政治部最终却未批准我转业。为此,请求法院判决中国人民解放军总政治部准许我退出现役,并确认收取我的培训费是否合法。法院经审查后认为,因中国人民解放军总政治部和海军政治部属于军事机关,故张某武认为总政治部和海军政治部侵犯其合法权益而提起的诉讼,不属于人民法院主管范围。[122]

该案涉及军人张某武退役申请不准许的行为。法院认为,中国人民解放军总政治部、海军政治部不是行政机关,作出的不准许起诉人退役的行为不是行政行为,故它不属于行政诉讼客体。

(二)党组织的不作为

中共党组织虽然属于执政党的组织机构,但它的行为不具有行政性,对党组织的行为不服的,相关的个人不能通过提起行政诉讼的方法维护自己的权益。如在陈某能诉四川省委组织部侵权案中,起诉人诉称:

> 成都市中级人民法院于1980年6月18日以(80)刑申字第191号刑事判决书宣告他无罪。四川石油管理局给他办理了调离手续,户口和粮食关系转为该局,等候分配。他没有向任何单位申请照顾夫妻关系。中共四川省委组织部背着他以川委组函(1980)613号函,以照顾夫妻关系为名,用四川省华蓥劳动改造管教支队摘帽人员的身份为他重新安置工作。四川石油管理局于1981年4月3日强行将他户口和粮食关系下放到四川省华蓥市。由于在当地很难找到专业对口的工作,他被迫在外打工,以维持全家生计。直到1996年9月,他才得知川委组函(1980)613号函的全文。这是不承认法院给他平反和四川石油局党委的右派改正结论,在当地造成了极恶劣的政治影响。他多次向四川省委组织部要求

---

[120] 参见海南省海南中级人民法院行政裁定书[(2005)海南行终字第11号]。
[121] 参见中华人民共和国最高人民法院行政审判庭编:《中国行政审判案例》(第2卷)第43号案例,中国法制出版社2011年版,第17页。
[122] 参见北京市高级人民法院行政裁定书[(1996)高行审初字第7号]。在此案的上诉审中,最高人民法院驳回了起诉人张某武的上诉。参见最高人民法院行政裁定书[(1996)行终字第3号]。

解决此事,他们却以各种借口拖延,不撤销川委组函(1980)613号函,侵犯了他的人身权和财产权。法院经审查后认为,中共四川省委组织部是中国共产党四川省委员会所属的一个工作部门,不是行政机关或由法律、法规授权的行使行政职权的组织,不具有行政诉讼的被告主体资格。[123]

该案虽然以被告主体不合法为由驳回起诉人提起的诉讼,但法院在裁判理由中表达了"党组织的不作为"不属于行政诉讼客体之意。

(三)不成熟的行政行为

法院介入行政行为需要把握一个合适的时机,即所谓"成熟性"标准。法院过早介入有干预行政之嫌,过迟介入则不利于为公民、法人或者组织提供实效性行政救济。对于不成熟的行政行为,法院不予审查。如在赖某安诉重庆市人民政府不予复议行政纠纷案中,最高人民法院认为:

> 重庆市教育委员会重教函(1999)21号报告从形式上看属于行政机关内部公文,但在抄送赖某安本人后,即已具有具体行政行为的性质;由于该报告需待上级主管部门审批,内容尚未最终确定,对赖某安的权利义务并未产生实际影响,故该行为属不成熟的行政行为,不具有可诉性,重庆市人民政府裁定不予受理赖某安的提议申请,结论是正确的。关于赖某安因该报告与重庆市教育委员会产生的纠纷是否可以申请复议,国务院《行政复议条例》未作明确规定。重庆市人民政府渝府复议(1998)3号行政复议裁定关于"赖某安要求复议的事项属于教育行政机关或教育机构对教职工的内部管理行为,不属于申请复议的范围"的认定,缺乏法律依据,一审法院据此维持重庆市人民政府的复议裁定亦缺乏法律依据。但鉴于《中华人民共和国行政复议法》已经颁布实施,且明确规定此类事项不属于申请复议的范围,故判决撤销该复议裁定并判令重庆市人民政府重新作出复议裁定已无实质意义。[124]

还在行政内部程序中的行政行为,如同十月怀胎尚未分娩,还不具有法律上的"人格"。该案中所涉的"报告"未完成内部审批程序,内容未最终确定,法院认定它"不具有可诉性",十分妥当。对于履行法定职责之诉,"成熟性标准"的正确适用尤为重要。如在王某保诉宣城市人民政府行政复议决定案中,最高人民法院认为:

> 法谚云:"法律不保护权利上的睡眠者。"因此,过于迟延地请求法律救济将不受到法律的保护。但在有些情况下,过早地请求法律救济,同样不被法律所允许。就行政诉讼来说,通常都是针对一个行政处理提起的,这就存在一个起诉时机问题。按照成熟原则,行政程序必须发展到适宜由法院处理的阶段才算成熟,才能允许进行司法审查。起诉行政机关不履行法定职责就是如此。行政机关履行法定职责通常需要一个过程,因此有些法律、法规对行政机关履行职责的期限作出了专门规定。法律、法规对行政机关履行职责的期限未作专门规定的,《行政诉讼法》第47条第1款则统一设置了两个月的期限。如果行政机关超过法定期限未履行职责,公民、法人或其他组织即可以提起诉讼;反之,如果法定履行职责的期限未届满就提起诉讼,就属于起诉时机不成熟,人民法院应当不予立案或者裁定驳回起诉。当然如果行政机关在履行职责期限之内就作出拒绝决定,则不受履行职责期限的限制,公民、法人或其他组织可以即时针对拒绝决定提起诉讼。针对行政机关不履行法定职责申请行政复议,也是如此。按照《行政复议法实施条例》第16条第1款的规定,公民、法人或者其他组织申请行政机关履行法定职责,行政机关未履行的,行政复议申请期限依照下列规定计算:有履行期限规定的,自履行期限届满之日起计算;没有履行期限规定的,自行政机关收到申请满60日起计算。本案中,再审申请人王某保于2013年10月28日向宣城市城管局电话举报,要求该局履行查处违法建设的法定职责。因法律、法规并未就查处违法建设的履行职责期限作出规定,根据前述《行政复议法实施条例》第16条第1款的规定,再审申请

---

[123] 参见四川省高级人民法院行政裁定书[(1997)川行初字第2号]。在此案的上诉审中,最高人民法院驳回了起诉人陈某能的上诉。参见最高人民法院行政裁定书[(1997)行终字第12号]。

[124] 参见最高人民法院行政判决书[(1998)行终字第10号]。

人最早可在宣城市城管局接到履行职责申请满 60 日后申请复议。因此,王某保于 2013 年 11 月 8 日即以宣城市城管局不履行查处职责为由向宣城市人民政府申请行政复议,不符合行政复议的受理条件,宣城市人民政府驳回王某保的复议申请并无不当,原审法院判决驳回王某保诉讼请求亦无不当。[125]

(四)政策性行政行为

行政机关依照政策实施的某些行政行为,通常具有某种权宜性,是对某些特定问题作出的一种灵活性处置,法院要作出十分妥当的处理非常困难,因此,通常将政策性行政行为排除在行政诉讼客体的范围之外。如在王某义诉清镇市工业和信息化局履行安置补偿职责案中,法院认为:

根据《中华人民共和国行政诉讼法》第 6 条之规定,人民法院审理行政案件,对行政行为是否合法进行审查。据此,人民法院行政诉讼审理的对象是被诉行政行为的合法性,行政机关作出的政策性行为或执行政策性文件的行为原则上不属于行政诉讼的审查范围。本案中,原清镇县民政局、清镇县劳动局于 1986 年 1 月 2 日向清镇县市政企业局发出清民优字第 5 号、清劳字第 26 号《关于安置复员、退军人工作的通知》,根据国务院、中央军委、国发(1984)110 号文件精神和省政府、省军区黔府(1985)75 号《关于做好 1986 年度退伍安置工作的通知》分配的安置计划,将上诉人安置至清镇县市政企业局工作,后又转至清镇市原乡企局(清镇市工业和信息化局前身)下属企业矿产经理部。清镇市人民政府办公室于 2023 年 6 月 18 日印发清府办发〔2013〕168 号《关于将市属国有企业划转市国有资产经营某某公司管理的通知》,载明将市属国有企业整体划转给清镇市国有资产经营某某公司管理。上诉人提起本案诉讼,诉称因原乡企局整改合并,自己在未接到任何整改分流安置方案的情况下被通知在家待业,直至 2023 年仍未得到安置,且基本生活未得到保障,自己与清镇市工业和信息化局仍存在用工关系,故提起本案诉讼,诉请判令清镇市工业和信息化局依法履行对自己的安置补偿义务,并支付 20 年最低工资共计 439,009 元。上诉人的前述诉讼请求均系基于中央、省级关于退伍军人安置及国有企业改制等相关政策作出的政策性处理行为,依法不属于行政诉讼的受案范围。[126]

在中国社会转型过程中,关于制定法的滞后性所带来的行政机关政策调整行为,是否应当接受司法审查是没有定论的。该案以"行政机关作出的政策性行为或执行政策性文件的行为原则上不属于行政诉讼的审查范围"为由,把政策性行政行为排除在行政诉讼客体的范围之外是妥当的。对于这类问题,因法院对政策的把握与运用远不如行政机关,由行政机关在行政程序中"灵活"解决比较合适。当然,对于程序要件的合法性争议,法院适度介入或许是有必要的,也是可行的。

(五)涉及基层群众性自治组织的行为

基层人民政府与基层群众性自治组织之间是指导关系,后者的行为不具有行政性。因此,即使基层人民政府介入基层群众性自治组织自治行为,只要没有行政性的意志渗入其中,该介入行为也不是行政诉讼客体。如在冉某华诉北京市东城区人民政府交道口街道办事处信访答复案中,法院认为:

《北京市居民委员会选举办法》规定,居民委员会成员受居民监督,对有 10 名以上居民代表或者 1/10 的户代表联名要求罢免居民委员会成员的提议,居民委员会应当及时召开居民会议,进行投票表决。必要时,街道(地区)办事处、乡镇人民政府可以召集居民会议,进行投票表决。本案中,被告交道口街道办事处受东城区人民政府的委托,于 2001 年 2 月 8 日根据《北京市居民委员会选举办法》的有关规定,就原告于去年 12 月 25 日被方砖厂居民代表投票罢免一事,召集居民会议,由居民代表进行投票

---

[125] 参见最高人民法院行政判决书〔(2017)最高法行申字第 307 号〕。
[126] 参见贵州省贵阳市中级人民法院行政裁定书〔(2023)黔 01 行终 400 号〕。

表决,并于 6 月 18 日根据居民代表的投票表决结果形成了复查意见。该复查意见不属于行政诉讼法的受案范围,故对原告的起诉,本院应予驳回。[127]

该案所涉的"复查意见"是基于居民投票表决结果形成的,它的内容是居民代表依法行使自治权的结果,与交道口街道办事处无涉,难谓属于行政诉讼客体。

(六)涉及历史问题的行政行为

"历史问题"是一个政治性概念,它是指在 1979 年之前国家(主要是行政机关)与公民、法人或者其他组织产生的,至今仍然存在的如落实政策等争议。这些因特殊历史条件形成的争议,通常都被排除在民事、行政诉讼之外,由当事人通过申诉、信访等途径个别性解决。例如,在何某祥等诉化州市人民政府登记纠纷案中,最高人民法院认为:

根据《中华人民共和国行政诉讼法》第 49 条第 4 项的规定,提起诉讼应当属于人民法院受案范围和受诉人民法院管辖。而最高人民法院《关于房地产案件受理问题的通知》第 3 条规定:"凡不符合民事诉讼法、行政诉讼法有关起诉条件的属于历史遗留的落实政策性质的房地产纠纷,因行政指令而调整划拨、机构撤并分合等引起的房地产纠纷,因单位内部建房、分房而引起的占房、腾房等房地产纠纷,均不属于人民法院主管工作的范围,当事人为此而提起的诉讼,人民法院应依法不予受理或驳回起诉,可告知其找有关部门申请解决。"本案中,涉案土地证上的房屋原系申请人祖父何某海所有,于 1962 年整风整社期间被格塘大队没收,1970 年对换给王某德使用。王某德于 1998 年向化州市人民政府申请办理国有土地使用证。本案所诉行政行为虽系化州市人民政府的发证行为,但从起因和形成过程来看,本案可认定为历史遗留的落实政策性质的房地产纠纷,不属于人民法院主管工作的范围。一审以申请人不具有原告诉讼主体资格为由驳回起诉,适用法律不准确,二审已对此作出更正,故二审裁定驳回起诉并无不当。[128]

该案中,涉及房地产的"历史问题",最高人民法院专门下发了《关于房地产案件受理问题的通知》,可见,这是一个具有普遍性的问题。又如,在王某苓诉北京市东城区人民政府历史遗留房屋处理案中,最高人民法院认为:

涉案房屋是 1947 年购置。1950 年北京市进行房屋总登记时,当时的《北京市人民政府处理城区无主房地产暂行办法》及《北京市人民政府关于房屋公告代管的通告》,对上述特定历史时期房屋如何处理确定了相应的原则。由于涉案房屋曾受特定时期政策调整,故本案王某苓提起的确认东城区人民政府侵占涉案房屋违法的诉讼请求,本质上属于历史遗留的落实政策性质的纠纷。根据法发(1992)38 号最高人民法院《关于房地产案件受理问题的通知》的规定精神,此类纠纷不属于人民法院行政诉讼的主管范围,应通过相关部门予以解决。[129]

(七)申请法院强制执行

根据《行政强制法》第 53 条的规定,当事人不依法履行行政决定所规定的义务时,没有行政强制执行权的行政机关应当在法定期限内依法向法院申请强制执行。对于行政机关这种"申请行为"是否具有可诉性,最高人民法院持否定意见。如在何某因诉重庆市沙坪坝区人民政府确认行政行为违法案中,最高人民法院认为:

对于上述关于行政机关申请人民法院强制执行的规定,是属于行政性的还是司法性的,所产生的争议寻求何种救济途径,历来存在争议。但在实践中,当事人如认为行政机关申请人民法院强制执行不合法,目前可以有以下两种救济途径:一是在申请人民法院强制执行的非诉审查程序中提出异议。依据《中华人民共和国行政强制法》第 55 条、第 56 条、第 57 条,《最高人民法院关于执行〈中华人民共

---

[127] 参见北京市东城区人民法院行政判决书[(2001)东行初字第 46 号]。
[128] 参见最高人民法院行政裁定书[(2017)最高法行申 128 号]。
[129] 参见最高人民法院行政裁定书[(2016)最高法行申 1722 号]。

和国行政诉讼法〉若干问题的解释》第 86 条以及最高人民法院《关于办理申请人民法院强制执行国有土地上房屋征收补偿决定案件若干问题的规定》第 2 条、第 3 条的规定，人民法院对符合条件的申请人民法院强制执行案件，应当立案受理，对不符合条件的，应当裁定不予受理。故当事人可以对行政机关申请人民法院强制执行是否符合受理条件提出异议。另外，依据《中华人民共和国行政强制法》第 58 条第 1 款、最高人民法院《关于办理申请人民法院强制执行国有土地上房屋征收补偿决定案件若干问题的规定》第 5 条，人民法院在审查期间，可以根据需要调取相关证据，询问当事人，组织听证或者进行现场调查。当事人在此期间亦可依法提出异议。二是对人民法院强制执行不服的可以提出申诉。《最高人民法院对〈当事人对人民法院强制执行生效具体行政行为的案件提出申诉人民法院应如何受理和处理的请示〉的答复》（法行[1995]12 号）规定："公民、法人和其他组织认为人民法院强制执行生效的具体行政行为违法，侵犯其合法权益，向人民法院提出申诉，人民法院可以作为申诉进行审查。人民法院的全部执行活动合法，而生效具体行政行为违法的，应转送作出具体行政行为的行政机关依法处理，并通知申诉人同该行政机关直接联系；人民法院采取的强制措施等违法，造成损害的，应依照国家赔偿法的有关规定办理。"参酌上述规定，当事人认为人民法院违法受理和审查行政机关强制执行的申请并裁定执行的，可以向人民法院提出申诉，人民法院可以将此作为申诉案件进行审查并根据情况作出处理。但在本案，何某没有依法通过上述两种救济途径寻求救济，而是向一审法院提起行政诉讼，请求人民法院"依法确认沙坪坝区人民政府对站东路 200 号怡馨大厦申请强制搬迁的行为违法"。一般认为，诉的利益是指当事人起诉应当具有的人民法院对诉讼请求进行判决的必要性及实效性。它关注的重点是人民法院有无必要，是否能够通过判决解决当事人之间的纠纷。何某认为沙坪坝区人民政府的申请强制搬迁行为不合法，应在所涉非诉审查程序中提出，对该案所涉强制搬迁不服的可以提出申诉寻求救济，而无须就沙坪坝区人民政府的申请强制搬迁行为单独提起诉讼。在法律上没有明确规定可以对沙坪坝区人民政府申请强制搬迁行为违法提起行政诉讼，且存在更为有效便捷的救济方式的情况下，何某提起的本案行政诉讼有舍近求远之嫌，不具有保护自身权利的必要性及实效性，缺乏诉的利益。同时，何某的起诉也不利于纠纷的及时解决，易于形成当事人的诉累，且造成有限司法资源的浪费。故而，原审法院裁定驳回何某的起诉，并无不当。何某关于原审裁定确有错误的申请再审理由不能成立，本院不予支持。[130]

行政机关申请法院强制执行行政决定，本质上是启动非诉执行程序的程序性行为，与行政职权没有关系。如果当事人认为行政机关申请法院强制执行行为违法，那他可以向法院提出异议，法律上并非没有权利救济途径。

---

[130]　参见最高人民法院行政裁定书[（2017）最高法行申 2885 号]。

第十六章 行政诉讼行为

第一节 诉讼撤回

一、引言

诉讼撤回是原告、上诉人或者再审申请人对自己所提出的已为法院受理的诉讼请求,在法院宣告判决或者裁定之前,向法院申请撤回全部或者部分诉讼请求的一种诉讼行为。在法定情形下,原告、上诉人或者再审申请人以自己作为或者不作为的方式,产生与诉讼撤回申请相同的法效果,如不预交案件受理费、拒不到庭或者中途退庭等。诉讼撤回专属于原告、上诉人或者再审申请人,是原告、上诉人或者再审申请人处分诉权的意思表示。诉讼请求一旦为法院的生效裁判所拘束,诉讼撤回就失去了前提条件。诉讼撤回具有终结诉讼程序的法效果。

诉讼撤回是指原告、上诉人或者再审申请人收回已经向法院提出的诉讼请求,它是原告、上诉人或者再审申请人处分自己法定诉权的权利,所以,若诉讼撤回是原告、上诉人或者再审申请人的真实意思表示,那么法院应当予以充分尊重,除非撤回诉讼损害公共利益或者第三人利益。若法院裁定不准许原告、上诉人或者再审申请人诉讼撤回申请,那么诉讼应当继续进行。在实务中,法院很少作出不予撤回诉讼裁定。

在一般人看来,调解成功应该是解决纠纷的最好方式。《行政诉讼法》第60条第1款规定:"人民法院审理行政案件,不适用调解。但是,行政赔偿、补偿以及行政机关行使法律、法规规定的自由裁量权的案件可以调解。"因此,除了行政赔偿、补偿以及行政机关行使法律、法规规定的自由裁量权的案件外,法院审理行政案件原则上不得采用调解方式解决行政争议。对于不属于调解范围内的行政案件,通过诉讼撤回方式结案也是允许的。符合法定条件的诉讼撤回不会损及行政诉讼目的,因此,法院应当在对诉讼撤回原因、影响及程序等进行全面合法性审查的基础上,作出准否撤回诉讼的裁定。

二、诉讼撤回的类别

（一）申请撤回

《行政诉讼法》第62条规定:"人民法院对行政案件宣告判决或者裁定前,原告申请撤诉的,或者被告改变其所作的行政行为,原告同意并申请撤诉的,是否准许,由人民法院裁定。"《撤诉规定》第8条第1款规定:"第二审或者再审期间行政机关改变被诉具体行政行为,当事人申请撤回上诉或者再审申请的,参照本规定。"《行诉解释》第121条第1款第1项规定,再审申请人在再审期间撤回再审请求,人民法院准许的,裁定终结再审程序。根据上述规定,申请撤回可以分为两种情形：

1. 被诉行政行为未改变情况下的撤回,是指基于对诉讼结果的理性预期等原因,原告、上诉人或者再审申请人向法院申请要求撤回诉讼请求。在本情形中,"真实意思表示"是法院作出是否准予撤回诉讼请求裁定的核心要件,为此,法院必须查明与此要件相关的事实。只有在证据充分的情况下认定原告、上诉人或者再审申请人的申请确实是其"真实意思表示",法院才能作出准予撤回诉讼的裁定。当然,在具备"真实意思表示"要件的基础上,法院仍需要考虑其他一些情况,如在商丘市商海房地产开发部破产清算组诉商丘市房地产管理局房屋行政登记纠纷案中,法院准予撤回诉讼的理由是原告撤回诉讼"不损害国家、公共利益和他人的合法权益"[1]。反之,如果法院认为原告、上诉人或者再审申请人申请撤回诉讼不是出于自己真实意思表示,应当裁定不准撤诉。如在泌阳县花园乡北曹庄村委西杨庄前组诉泌阳县人民政府土地行政裁决案中,法院认为:

5个村民组在一审中以代表人的名义申请撤回起诉,但没有提供证据证明该撤诉申请是否被代表人的真实意思表示,因此,一审法院不准予撤诉,符合法律规定,上诉人泌阳县人民政府及泌阳县花园乡北曹庄村民委员会认为一审法院不准予撤诉违反法定程序,法律依据不足。[2]

在实务中,也存在原告撤回申请的理由十分可疑,但法院也照准撤诉的判例。如在范某生等诉三门峡市人民政府等土地行政侵权赔偿纠纷案中,法院裁定:

范某生等128户村民诉三门峡市人民政府、国土局、大项目办、村委会及第三人吴博公司土地行政侵权赔偿一案。本院依法受理后,范某生等128户村民认为其起诉时对大项目办的具体名称表述有误,现自愿申请撤诉。根据《中华人民共和国行政诉讼法》第51条之规定,裁定如下:准予范某生等128户村民撤回起诉。[3]

该案中,范某生等128户村民在起诉时因对大项目办的具体名称表述有误,自愿申请撤回,获得了法院准许,这个理由十分牵强。一般来说,对大项目办的具体名称表述有误,原告自行更正即可,尚不足以构成申请撤销的理由。

2. 被诉行政行为改变情况下的撤回,是指在行政诉讼程序中,基于被改变被诉行政行为,原告、上诉人或者再审申请人认为"改变"的行政行为符合自己意愿或者达到自己的诉讼目的,向法院提出诉讼撤回的申请。关于如何认定"被告改变其所作的被诉行政行为",最高人民法院在一个司法解释中规定如下若干情况:"(一)改变被诉具体行政行为所认定的主要事实和证据;(二)改变被诉具体行政行为所适用的规范依据且对定性产生影响;(三)撤销、部分撤销或者变更被诉具体行政行为处理结果。"[4] 在同一个司法解释中,最高人民法院又把下列3种情形视为"被告改变其所作出的被诉行政行为":"(一)根据原告的请求依法履行法定职责;(二)采取相应的补救、补偿等措施;(三)在行政裁决案件中,书面认可原告与第三人达成的和解。"[5]

针对被诉行政行为改变的情况下原告、上诉人或者再审申请人诉讼撤回的申请,在符合下列条件时,法院应当裁定准许:"(一)申请撤诉是当事人真实意思表示;(二)被告改变被诉具体行政行为,不违反法律、法规的禁止性规定,不超越或者放弃职权,不损害公共利益和他人合法权益;(三)被告已经改变或者决定改变被诉具体行政行为,并书面告知人民法院;(四)第三人无异议。"[6] 例如,在曹某芳诉上海市房屋土地资源管理局房地产权证行政纠纷

---

[1] 河南省商丘市梁园区人民法院行政裁定书[(2009)商梁行初字第98号]。
[2] 参见河南省驻马店市中级人民法院行政判决书[(2011)驻法行终字第12号]。
[3] 参见河南省三门峡市中级人民法院行政裁定书[(2010)三行初字第10号]。
[4] 《撤诉规定》(法释[2008]2号)第3条。
[5] 《撤诉规定》(法释[2008]2号)第4条。
[6] 《撤诉规定》(法释[2008]2号)第2条。

案中,法院裁定:

> 在审理过程中,原告曹某芳于2008年10月17日向本院递交了撤诉申请书,表示被告已撤销了被诉具体行政行为,本案纠纷已解决,要求撤回起诉。经审查,本院认为,原告以本案纠纷已解决为由申请撤回起诉,于法无悖,可予准许。[7]

该案中,被告主动撤销了被诉行政行为,原告依法原本可以请求法院确认被诉行政行为违法,但原告认为行政纠纷已经解决,诉讼目的已经达到,所以申请撤回诉讼。又如,在蒋某明诉上海市青浦区劳动和社会保障局工伤认定行政纠纷案中,法院裁定:

> 在审理过程中,原告蒋某明于2008年9月12日向本院递交了撤诉申请书,提出因与第三人达成了和解协议,向本院申请撤回起诉。经审查,本院认为,原告以与第三人达成和解协议为由申请撤回起诉,于法无悖,可予准许。[8]

工伤认定是行政机关对已经发生的民事争议作出的一种判定,直接影响双方当事人的合法权益。因为这种"判定"具有法效力,所以一方当事人不服,可以通过行政诉讼请求法院作出裁判,以维护自己的合法权益。该案中,原告与第三人之间就民事赔偿达成和解,再继续进行行政诉讼已经没有意义,故原告申请撤回诉讼。在准予撤诉裁定中,法院是否可以对被诉行政行为违法作出"宣告",发挥行政诉讼"监督行政机关依法行使职权"的功能,这个问题尚需要司法实践继续探索。

(二)视为撤回

视为撤回是原告、上诉人或者再审申请人在诉讼过程有作为或者不作为的事实,被法院推定为具有申请撤回诉讼请求的意思表示。"视为"是一种法律拟制,即一旦有查明属实的法定事实,就可以推定相应的法效果发生。[9] 在行政诉讼中,视为撤回诉讼有两种情形:

1. 拒不到庭或者中途退庭。《行政诉讼法》第58条规定:"经人民法院传票传唤,原告无正当理由拒不到庭,或者未经法庭许可中途退庭的,可以按照撤诉处理;被告无正当理由拒不到庭,或者未经法庭许可中途退庭的,可以缺席判决。"该条中的"无正当理由"是本情形成立的法定要件,由法院在个案中加以认定。在实务中,如在石某赛诉宿州市市场监督管理局、宿州市人民政府政府信息公开及行政复议案中,法院查明:

> 原告石某赛诉被告宿州市市场监督管理局、宿州市人民政府政府信息公开及行政复议一案,本院于2024年6月3日立案受理后,于2024年6月7日向原告石某赛邮寄传票,通知石某赛于2024年7月17日参加庭审,原告石某赛于2024年6月9日签收。原告石某赛经传票传唤后,未于2024年7月17日到庭参加庭审,且未提出正当理由。本院认为,原告石某赛经人民法院传票传唤,无正当理由拒不到庭,可以按照撤诉处理。综上所述,依照《中华人民共和国行政诉讼法》第58条之规定,裁定如下:本案按原告石某赛撤回起诉处理。[10]

当事人不服从法庭的指挥,拒绝参加庭审,导致法庭不能继续开庭审理的,依法可以按撤诉处理。如在滕某琴诉南京市雨花台区人民政府行政协议案中,最高人民法院认为:

> 雨花台区人民政府庭前提交了其负责人因工作原因无法出庭应诉的书面说明材料,并委托相应工

---

[7] 参见上海市青浦区人民法院行政裁定书[(2008)青行初字第22号]。

[8] 参见上海市青浦区人民法院行政裁定书[(2008)青行初字第17号]。

[9] 如《行政许可法》第50条第2款规定:"行政机关应当根据被许可人的申请,在该行政许可有效期届满前作出是否准予延续的决定;逾期未作决定的,视为准予延续。"

[10] 参见安徽省宿州市埇桥区人民法院行政裁定书[(2024)皖1302行初98号]。

作人员和律师出庭,符合《行政诉讼法》《行政诉讼应诉通知》《行政应诉工作意见》的规定。滕某琴对此提出异议,二审法院予以反复释明,告知滕某琴被诉行政机关负责人未出庭应诉不影响人民法院的开庭审理活动,但滕某琴坚决要求雨花台区人民政府负责人出庭应诉,并多次表示法院不能强迫自己参加庭审,导致庭审无法继续进行。滕某琴在二审庭审中无视法院释明,拒绝服从指挥,拒不参加庭审活动,法律后果与拒不到庭无异,应当视为主动放弃上诉权。二审法院参照《行政诉讼法》第 58 条以及《执行行政诉讼法解释》第 49 条第 1 款有关"原告或者上诉人经人民法院合法传唤,无正当理由拒不到庭或者未经法庭许可中途退庭的,可以按撤诉处理"的规定,裁定此案按撤诉处理,并不违反法律规定。[11]

2. 未交纳受理费。最高人民法院《行诉解释》第 61 条规定:"原告或者上诉人未按规定的期限预交案件受理费,又不提出缓交、减交、免交申请,或者提出申请未获批准的,按自动撤诉处理。在按撤诉处理后,原告或者上诉人在法定期限内再次起诉或者上诉,并依法解决诉讼费预交问题的,人民法院应当立案。"[12]原告提起诉讼或者上诉人提出上诉,应当依法向法院预交案件受理费。法院依法收取案件受理费,有预防原告或者上诉人滥用诉权的功能。法院不是来去自由的"超市",一旦启动诉讼程序,就需要投入一定的人力、物力与财力,如果对原告或者上诉人行使诉权不要求作财产上的适当"担保",滥用诉权可能难以避免。为了保障贫困者也能平等利用司法程序实现权利救济,国家专门设置了司法救助制度,若原告或者上诉人有经济困难,可以提出司法救助的申请,要求免交、减交或者缓交诉讼费。若原告或者上诉人不提出司法救助申请,也不在规定期限内预交案件受理费,则产生诉讼撤回的法效果。如在江某芬诉黄山市屯溪区人民政府信息公开、黄山市人民政府行政复议决定案中,法院查明:

本院在审理原告江某芬诉被告黄山市屯溪区人民政府信息公开、黄山市人民政府行政复议决定一案中,原告江某芬于 2015 年 6 月 25 日向本院申请免交案件受理费,本院于 2015 年 6 月 26 日作出同意缓交案件受理费决定,因缓交期限至案件结案前,本院据此于 2015 年 9 月 10 日再次向江某芬送达预交案件受理费通知,告知江某芬在收到该通知后 7 日内预交案件受理费,但江某芬在规定的期限内仍未向本院交纳案件受理费,也未提出未交纳受理费合法理由。江某芬没有在规定的期限内交纳案件受理费,依法应按照撤诉处理。依照《行诉若干解释》第 37 条、《诉讼费用交纳办法》第 22 条第 4 款的规定,裁定如下:本案按照撤诉处理。[13]

三、相关问题

(一)改变被诉行政行为

1. 建议改变。为了给被告一个自我纠错的机会,以缓和原告与被告之间的对抗情绪,实现"案结事了"的诉讼目的,《撤诉规定》第 1 条规定:"人民法院经审查认为被诉具体行政行为违法或者不当,可以在宣告判决或者裁定前,建议被告改变其所作的具体行政行为。"这是司法解释在被告主动改变被诉行政行为之外,创设了一个行政诉讼裁判的"等待期"。若被告采纳法院建议,改变了被诉行政行为,应当以书面方式告知法院,以便法院及时听取原告是否同意撤回诉讼的意见;若被告不接受法院的建议,法院应当依法作出裁判。

需要进一步讨论的问题是:(1)被诉行政行为无效。因行政行为无效是指在法律上自始

---

[11] 参见最高人民法院行政裁定书[(2017)最高法行申 145 号]。
[12] 《诉讼费用交纳办法》第 22 条第 4 款规定:"当事人逾期不交纳诉讼费用又未提出司法救助申请,或者申请司法救助未获批准,在人民法院指定期限内仍未交纳诉讼费用的,由人民法院依照有关规定处理。"
[13] 参见安徽省黄山市中级人民法院行政裁定书[(2015)黄中法行初字第 00011 号]。

无效,绝对无效,它没有"改变"的法律事实基础,不可能转换成为有效行政行为,所以,行政行为有无效情形的,均不属于法院的"建议"范围。(2)原告因被告允诺改变被诉行政行为申请撤回,且被告允诺为法院准予撤诉裁定所确认,但被告事后不改变被诉行政行为,致使原告再次提起行政诉讼,法院应当依法受理。

2. 视为改变。视为改变没有制定法和司法解释的依据,它是最高人民法院通过判例确立的一项规则。在张某贵诉甘肃省国土资源厅矿产行政登记案中,考虑到该案案情的复杂性,二审法院作了大量的协调工作,最终,原告与第三人就民事权益达成和解协议,上诉人(原审被告)和上诉人(原审第三人)申请撤回上诉,并要求一审判决不再执行,被上诉人(原审原告)申请撤回起诉。二审法院裁定准予撤回上诉,并在准予撤诉的裁定中作了"一审判决不再执行"的表述。综上,最高人民法院给出的裁判要旨是:

> 二审期间,当事人就民事权益达成和解协议,可视为行政机关改变被诉具体行政行为,准许撤回上诉的裁定理由中可载明一审裁判不再执行。[14]

(二)诉讼撤回的审查

赋予法院对诉讼撤回进行实质性审查,并依照审查结果作出不同裁定的职权,本质上是为了限制原告、上诉人或者再审申请人的诉讼撤回权。从功能上看,限制撤诉既是实效性权利保护的要求,也是监督行政机关依法行使职权当然的逻辑结论。在行政诉讼中,强势的被告在诉讼之外有足够的办法迫使原告放弃诉权,这是客观存在的经验性事实;撤诉一旦涉及第三人合法权益或者公共利益,法院就不可能袖手旁观,做一个抱着多一事不如少一事态度的中立者。因此,法院妥当地行使诉讼撤回审查权,是诉讼撤回制度目的得以实现的保障。因此,凡有下列两种情形的,法院不得裁定诉讼撤回:(1)当事人有违反法律行为需要依法处理。(2)诉讼撤回涉及国家利益和社会公共利益。[15]

(三)诉讼撤回裁定

诉讼撤回是一种程序性的法律争议,因此,法院应当以裁定方式作出是否准许撤诉的结论。在实务中,诉讼撤回有时也会遇到涉及实体问题需要法院作出处理的情况,如行政行为内容已经履行或者被告改变被诉行政行为内容等。为此,《撤诉规定》中就此问题作出如下规定:

1. 有履行内容的被诉行政行为。若被诉行政行为有履行内容且履行完毕,法院可以裁定准许撤诉;不能即时或者一次性履行的,法院可以裁定准许撤诉,也可以裁定中止审理。在中止审理期间,当事人应当尽快履行行政行为内容,在当事人履行行政行为内容完毕之后,法院再作准予撤诉的裁定。

2. 准予诉讼撤回的裁定内容。准许撤诉裁定可以载明被告改变被诉行政行为的主要内容及履行情况,并可以根据案件具体情况,在裁定理由中明确被诉行政行为全部或者部分不再执行。

---

[14] 参见中华人民共和国最高人民法院行政审判庭编:《中国行政审判案例》(第3卷)第112号案例,中国法制出版社2013年版,第159页。

[15] 参见最高人民法院《关于适用〈中华人民共和国行政诉讼法〉的解释》第80条第2、3款。

第二节 诉讼不停止执行

一、引言

诉讼不停止执行是指被诉行政决定的法效力,不因公民、法人或者其他组织提起行政诉讼而中止。《行政诉讼法》第 56 条第 1 款规定:"诉讼期间,不停止行政行为的执行。"行政决定的法效力若因公民、法人或者其他组织起诉而中止,可能会影响行政管理的有效性、法律秩序的稳定性,为此,在制定法中也有不少诉讼不停止执行的相关规定。例如,《核材料管制条例》第 20 条规定:"当事人对行政处罚不服的,可在接到处罚通告之日起十五日内向人民法院起诉。但是,对吊销许可证的决定应当立即执行。对处罚决定不履行逾期又不起诉的,由国家核安全局申请人民法院强制执行。"该条中,即使当事人提起诉讼,吊销许可证决定也应当立即执行。又如,《尘肺病防治条例》第 24 条规定:"当事人对处罚不服的,可在接到处罚通知之日起十五日内,向作出处理的部门的上级机关申请复议。但是,对停业整顿的决定应当立即执行。"该条中,即使当事人申请复议,停业整顿的决定也应当立即执行。尽管该条中只提到了复议,但它同样适用于诉讼。

但是,诉讼期间若被诉行政决定一律不停止执行,一旦事后行政决定因违法被法院撤销,原告因行政决定执行所受的损失便不可能恢复,如行政拘留限制的人身自由、强制拆除的房屋等,那么,行政诉讼实效性权利保护的目的就会落空。如在张某著诉芜湖市人事局公务员录用行政争议案中,法院认为:

因解放军八六医院的体检不合格结论违反《安徽省公务员录用体检实施细则(试行)》之规定,芜湖市人事局作为招录国家公务员的主管行政机关,仅依据解放军第八六医院的体检结论,认定原告张某著体格检查不合格,作为不准许原告张某著进入考核程序的具体行政行为缺乏事实证据,依照《中华人民共和国行政诉讼法》第 54 条第 2 项第 1、2 目之规定,应予撤销。但鉴于 2003 年安徽省国家公务员招考工作已结束,且张某著报考的职位已由该专业考试成绩第二名的考生进入,故该被诉具体行政行为不具有可撤销内容。依据最高人民法院《关于执行〈中华人民共和国行政诉讼法〉若干问题的解释》第 56 条第 4 项,对原告其他诉讼请求应不予支持。综上所述,依据最高人民法院《关于执行〈中华人民共和国行政诉讼法〉若干问题的解释》第 57 条第 2 款第 2 项之规定,判决如下:确认被告芜湖市人事局在 2003 年安徽省国家公务员招录过程中作出的取消原告张某著进入考核程序资格的具体行政行为主要证据不足。[16]

该案中,虽然张某著获得了胜诉判决,但是该判决除了具有间接"公益性"外,因法院未裁定停止执行被诉行政决定,所以,判决结果对于张某著本人而言,虽然胜诉,但犹如"竹篮打水",没有得到应当属于他的实质性权益——被录用为国家公务员。因此,诉讼不停止执行必须要设置例外保护情形。

《行政诉讼法》第 56 条在兼顾各方利益的基础上设置若干例外情形,弥补诉讼不停止执行给原告带来的无可挽回的权利损害。但是,《行政诉讼法》规定的诉讼不停止执行的若干例外情形,客观上仍然不能保护如张某著这样的合法权益,所以,在诉讼不停止执行之下,引入暂时性权利保护制度十分必要。当然,诉讼不停止执行并非适用于所有行政案件。如在履行

---

[16] 参见安徽省芜湖市新芜区人民法院行政判决书[(2003)新行初字第 11 号]。

法定职责案件中,"不予答复"本身没有所谓的行政决定法效力,也就无所谓诉讼不停止执行的适用空间。

二、诉讼不停止执行的情形

基于行政决定的法效力,原则上,在行政诉讼期间,被诉行政决定不停止执行。但为了兼顾符合实效性权利保护的要求,《行政诉讼法》第56条第1款规定,有下列情形之一的,法院裁定被诉行政决定停止执行。

(一)被告认为需要停止执行

行政机关为实现行政任务而作出的行政决定,在公民、法人或者其他组织对之不服而提起行政诉讼之后,是否需要停止执行,由被诉的行政机关依职权裁量决定;公民、法人或者其他组织可以向被诉行政机关提出停止执行被诉行政决定的申请,由被诉行政机关依申请裁量决定。如《公安机关办理行政案件程序规定》第223条第1、2款规定:"公安机关应当在收到被处罚人提出暂缓执行行政拘留申请之时起二十四小时内作出决定。公安机关认为暂缓执行行政拘留不致发生社会危险,且被处罚人或者其近亲属提出符合条件的担保人,或者按每日行政拘留二百元的标准交纳保证金的,应当作出暂缓执行行政拘留的决定。"如在刘某礼诉庆元县公安局及第三人刘某兴治安处罚行政争议案中,法院认为:

被上诉人庆元县公安局在庭审中承认上诉人已交纳保证金,但认为宣布处罚决定时,上诉人未表态申请复议,故行政处罚一经作出即生效并可立即执行的观点,不符合《中华人民共和国治安管理处罚条例》第40条第2款"被裁决拘留的人或者他的家属能够找到担保人或者按照规定交纳保证金的,在申诉和诉讼期间,原裁决暂缓执行"的规定。[17]

该案中,刘某礼向被告交纳保证金的行为,基于实效性权利保护的标准,应当解释为刘某礼已经向被告作出了"暂缓执行行政拘留申请"的意思表示,所以,法院支持了刘某礼的申请。如果原告提出的申请没有获得被告的同意,那么,被诉行政决定不停止执行。如在武汉市人民政府驻三亚办事处诉三亚市国土环境资源局行政强制拆迁案中,法院认为:

虽然上诉人及时向三亚市人民政府写了请示报告,要求暂缓执行,政府未予答复,但决定已经作出,能否暂缓执行,政府没有义务必须答复。上诉人主张205号决定一直没有执行,因而不发生法律效力,理由也不能成立,本院不予支持。根据《中华人民共和国行政诉讼法》第44条之规定"诉讼期间,不停止具体行政行为的执行",上诉人主张被上诉人在诉讼期间强行拆除其原享有使用权的土地上的建筑物属于违法行政,没有法律依据,本院不予支持。[18]

行政机关在裁量是否需要停止执行被诉行政决定时,公共利益当然是必须考虑的要素,但是,有利于原告的行政决定是否需要停止执行,原告的经济状态有时是一个必须考虑的重要因素。除了法律、法规规定行政决定作出后必须立即执行外,若要求行政机关在作出行政决定时附带简要说明不停止执行的理由,或许是控制裁量权的较好方法。被告在行政诉讼过程中认为需要停止执行被诉行政决定的,必须经法院作出裁定才能产生停止执行的法效力。如在王某海诉宜川县水利水土保持局行政处罚和扣押强制措施纠纷案中,法院认为:

在一审诉讼期间,上诉人宜川县水利水土保持局已于2009年6月15日给王某海发出解除扣押通知,也认为对所扣两台辆装载机需要停止执行,一审法院应当在鉴定机构对该装载机勘查后,即依据

---

[17] 参见浙江省丽水市中级人民法院行政判决书[(2001)丽中行终字第38号]。
[18] 参见海南省高级人民法院行政判决书[(2006)琼行终字第028号]。

《中华人民共和国行政诉讼法》第 44 条第 1 项"被告认为需要停止执行的",停止具体行政行为的执行的规定,裁定停止扣押行为的执行,将两台装载机解除扣押返还车主。[19]

(二)原告或者利害关系人申请停止执行

原告提起行政诉讼或者利害关系人参加行政诉讼时,可以向法院申请停止执行被诉行政决定。法院经审查后认为该被诉行政决定的执行将会造成难以弥补的损失,并且停止执行不损害国家利益、社会公共利益的,基于某些权益丧失不可逆转性的法理,应当裁定停止执行。该情形中"难以弥补的损失"应当解释为既存权益的不可逆转性,如房屋拆除、人身自由限制等。"国家利益""社会公共利益"也是一个不确定法律概念,由法院在个案中作解释,其中,"社会公共利益"可以参照《国有土地上房屋征收与补偿条例》第 8 条的规定。[20] 依体系解释要求,如果法院在法定情形之外解释"社会公共利益",那就应当给出一个说得过去的理由。

(三)法院依职权裁定停止执行

原告或者利益关系人没有申请停止执行被诉行政决定,法院认为被诉行政决定的执行会给国家利益、社会公共利益造成重大损害的,可以依职权裁定停止执行。之所以作这样的规定,是因为尽管行政诉讼的主要功能是保护公民、法人或者其他组织的合法权益,但是,它也有维护国家利益、社会公共利益的附随功能。如法院认为拆除违法建筑决定可能是违法的,但原告没有申请停止执行拆除违法建筑决定,若不停止执行拆除违法建筑决定,一旦法院撤销该拆除违法建筑决定,则可能产生行政赔偿责任。除此之外,若行政决定具有重大且明显违法情形,在法院最终确认之前也不宜执行。在这样的情况下,法院可以依职权裁定停止执行被诉行政决定。

(四)法律、法规规定的停止执行

本情形是兜底条款,它的功能是为未来立法保留扩大适用《行政诉讼法》第 56 条范围的可能性。如果法律、法规规定被诉行政决定停止执行,则不经法院裁定或者被告同意,也可以产生停止执行被诉行政决定的法效果。

三、相关问题

(一)不停止执行裁定的救济

《行诉解释》第 101 条规定"不予受理"、"驳回起诉"和"管辖异议"3 种裁定,若当事人不服上述 3 种裁定,可以提起上诉,但是,涉及停止执行或者不停止执行的裁定,不能上诉。对此,《行政诉讼法》第 56 条第 2 款规定:"当事人对停止执行或者不停止执行的裁定不服的,可以申请复议一次。"当事人应当向作出裁定的法院提出复议申请,但当事人提出复议申请和法院审查申请、作出决定的期限,《行政诉讼法》没有规定。

(二)不停止执行效力内容

《行政诉讼法》第 56 条第 1 款规定:"诉讼期间,不停止行政行为的执行。"在这里,"执行"不宜作限于"执行力"的解释。有的行政决定,如不准许报考公务员的公民进入考核程序

---

[19] 参见陕西省延安市中级人民法院行政裁定书[(2010)延中行终字第00017号]。
[20] 《国有土地上房屋征收与补偿条例》第 8 条规定:"为了保障国家安全、促进国民经济和社会发展等公共利益的需要,有下列情形之一,确需征收房屋的,由市、县级人民政府作出房屋征收决定:(一)国防和外交的需要;(二)由政府组织实施的能源、交通、水利等基础设施建设的需要;(三)由政府组织实施的科技、教育、文化、卫生、体育、环境和资源保护、防灾减灾、文物保护、社会福利、市政公用等公共事业的需要;(四)由政府组织实施的保障性安居工程建设的需要;(五)由政府依照城乡规划法有关规定组织实施的对危房集中、基础设施落后等地段进行旧城区改建的需要;(六)法律、行政法规规定的其他公共利益的需要。"

决定是具有执行力的;但有的行政决定,如建设用地规划许可证对行政机关颁发建设工程施工许可来说,具有构成要件效力,因建设用地规划许可证所形成的法律关系产生的法效力,具有保护申请人开工建造房屋权利的法效力。因此,被诉行政决定不停止执行应当区分为"执行力不停止""要件效力不停止"等不同情形,法院在裁定中应当明确案件停止执行行政决定是哪一种法效力,不宜直接抄录法律规定中的"不停止行政行为的执行"。

(三) 第三人权利保护

原告针对具有第三人法效力的行政决定提起行政诉讼的,如果被告同意或者法院裁定停止执行被诉行政决定,就存在需要保护第三人权利的必要性。基于"正当程序"的考量,被告或者法院在作出决定或者裁定被诉行政决定停止执行之前,应当履行征询第三人意见的程序。征询意见程序的法律价值在于形式上确立公正程序的外观,实质上可以发现是否存在需要保护的第三人利益。如果第三人权利保护足以对抗诉讼停止执行被诉行政决定,法院不得作出诉讼停止执行裁定,被告也不得同意停止执行被诉行政决定。

第三节 妨碍诉讼的强制措施

一、引言

在诉讼过程中,法院对故意实施妨碍诉讼正常进行的活动给予法律制裁,称为妨碍诉讼的强制措施。它不是《行政强制法》上的行政强制措施,不受《行政强制法》的调整,对此,《行政诉讼法》第59条有专门规定。

妨碍诉讼的强制措施实施主体是法院,故本质上它是一种司法强制措施。虽然如罚款、拘留等妨碍诉讼的强制措施在名称上与行政机关依照《行政处罚法》《行政强制法》实施的"罚款""拘留"有相同之处,但它们不是行政处罚或者行政强制措施。在诉讼过程中,除了诉讼参加人、参与人外,案外人如旁听人员也可以成为妨碍诉讼的强制措施适用对象,如后者实施扰乱法庭秩序,阻挠法院执行的行为,法院有权对其适用妨碍诉讼的强制措施。在主观要件上,妨碍诉讼行为必须是故意的,如当事人遗失证据导致诉讼不能正常进行,不适用妨碍诉讼的强制措施。

二、妨碍诉讼行为

(一) 无故推拖、拒绝或者妨碍执行的行为

有义务协助调查、执行的人,对法院的协助调查决定、协助执行通知书,无故推拖、拒绝或者妨碍执行的,构成妨碍诉讼行为。该行为不包括生效判决确定的应当履行义务的当事人的相关行为,因为,当事人不履行生效判决、裁定、调解书,法院可以依照《行政诉讼法》第95条、第96条采取强制执行措施。法院作出的协助调查决定、协助执行通知书必须是书面的,且必须到达有义务协助执行的人。"无故",即没有正当理由,法院有权审查有义务协助执行的人提出的不协助执行的理由,如果不协助执行的理由不成立,即可以认定构成该情形中的妨碍诉讼行为。

(二) 伪造、隐藏、毁灭证据或者提供虚假证明材料的行为

证据是法院作出正确裁判的基础。伪造、隐藏、毁灭证据可能导致法院无法查清案件事实,进而作出错误的裁判,同理,提供虚假证明材料也是如此。对于这样的妨碍诉讼行为给予

法律制裁是必要的,即使是作为被告的行政机关也不应当例外。如在吕某兵诉北京市工商行政管理局宣武分局不履行法定职责案中,法院认定:

> 鉴定结论能够证明"证据7"虚假,不能证明宣武分局在答辩状中陈述的该局于2004年4月1日对吕某兵的举报已经终止调解的事实。依据《中华人民共和国行政诉讼法》第49条第1款第2项的规定,对宣武分局提交虚假证据的行为予以训诫。[21]

(三)指使、贿买、胁迫他人作伪证或者威胁、阻止证人作证的行为

"伪证"的客观效果如同"伪造证据"一样,不让"证人作证"的结果是阻碍法院了解案件事实的真相,进而影响法院对案件事实的正确认定。在这几类妨碍诉讼行为中,"胁迫""威胁"行为最为恶劣,应当适用较重的妨碍诉讼的强制措施。

(四)隐藏、转移、变卖、毁损已被查封、扣押、冻结的财产

针对已经被法院查封、扣押、冻结的财产,相关人员实施隐藏、转移、变卖、毁损的行为,将导致法院生效裁判不能得到完全执行。担保财产被隐藏、转移、变卖、毁损的法律后果亦同。

(五)以欺骗、胁迫等非法手段使原告撤诉的行为

被告或者其他与行政案件结果有关的公民、法人或者其他组织,为了谋求有利于自己的诉讼结果,以欺骗、胁迫等非法手段使原告撤诉的,构成妨碍诉讼行为。如在实务中,行政机关通过对原告亲属施加压力,胁迫原告撤销的个案也并非少见。当然,由于行政机关有充分行政资源,即使实施了欺骗、胁迫等非法行为,有时法院也只能是"存疑"待查。如在张某跃诉河北省雄县民政局民政行政撤销纠纷案中,法院认为:

> 结合本案事实来看,虽然涉案撤诉申请书的签名与捺印确系张某跃本人,在案证据不足以证明张某跃申请撤诉受到了欺骗或胁迫而非出于自愿,且就申请撤诉的动因来看,张某跃一方解释为对方以想要领低保就得去签字撤诉为条件,雄县民政局对此予以否认,双方也无相关协议,但是,从本院调查了解的情况来看,张某跃本人作为无劳动能力、受教育程度低、完全依靠政府救济生活且存在一定智力障碍的年届七旬的村民,在委托代理人耿某英(张某跃同母异父之弟,亦是当时涉案登记车辆实际购买人、使用人)不知情的情况下,被带至法院在他人拟好的撤诉申请书上签字,作出明显不利于自身利益的诉权处分,在案证据难以证明雄县民政局、原审法院在此过程中向张某跃一方释明了低保政策执行标准和撤诉条件,故上述操作过程缺乏合理性。更为关键的是,是否符合"社会公共利益",是人民法院准许撤诉与否的重要判断标准,如果存在行政机关将本宜保留的低保待遇予以取消之情形,则不仅会对属于社会特困群体的公民个人产生严重影响,也会影响社会公共利益,是人民法院阻却撤诉申请的正当理由。原审裁定的作出,缺乏对相关事实的综合调查、分析与研判,有必要发回之重新审理。故本院虽然对于张某跃一方有关雄县民政局采取欺骗等非法手段使其撤诉的申请再审理由不予认可,但出于维护社会公共利益和保障行政相对人切身合法权益的需要,决定启动审判监督程序由原审法院进一步作出后续审查。[22]

(六)妨碍法院工作人员执行职务或者扰乱法院工作秩序的行为

这类妨碍诉讼行为可以分为两种情形:(1)以暴力、威胁或者其他方法阻碍法院工作人员执行职务。"其他方法"是一个开放性的法律概念,凡具有与"暴力、威胁"一样效果的行为皆属之。"法院工作人员"不限于审判人员,还包括在执行职务的执行人员、司法警察等。(2)以哄闹、冲击法庭等方法扰乱法院工作秩序。"工作秩序"既指法院的庭审活动,也包括其他一切法院职务活动所需要的正常秩序。

---

[21] 参见北京市第一中级人民法院行政判决书[(2006)一中行终字第1232号]。
[22] 参见河北雄安新区中级人民法院行政判决书[(2020)冀96行再1号]。

(七)恐吓、侮辱、诽谤、诬陷、殴打、围攻或者打击报复的行为

法院审判人员或者其他工作人员、诉讼参与人、协助调查和执行的人员的人格、身体健康应受法律保护。"诉讼参与人"能否顺利参加诉讼活动,将严重影响诉讼的正常进行,所以,一并将其纳入该项情形加以保护。

三、强制措施的种类与适用

(一)训诫

训诫是法院对实施妨碍诉讼行为的人给予训斥并警告其不得再犯的措施。它适用于情节轻微的妨碍诉讼行为。经合议庭合议后,训诫由审判长以口头方式作出,训诫内容应作成笔录,由被训诫人签名后存入案卷。

(二)责令具结悔过

责令具结悔过是法院责令实施妨碍诉讼行为的人提交书面悔过书,保证不再重犯的措施。责令具结悔过由合议庭决定作出,原则上当庭进行,被责令者应当庭宣读悔过书,悔过书存入案卷。

(三)罚款

罚款是法院强制实施妨碍诉讼行为的人向国家交纳一定数量的金钱以示惩戒的措施。罚款数额由法院在10,000元以下幅度内裁量确定。罚款由合议庭提出处理意见,报院长批准之后制作处罚决定书,送达被罚款人。参照《民事诉讼法》的规定,被罚款人不服罚款决定的,可以申请复议一次。[23] 复议期间,罚款决定不停止执行。

(四)拘留

拘留是法院对实施妨碍诉讼行为的人限制一定期限内人身自由的措施。拘留期限为15天以下,由法院裁量确定。拘留是最严厉的妨碍诉讼的强制措施,因此法律设置了较为严格的适用程序。拘留由合议庭提出处理意见,报院长批准之后制作拘留决定书,再由司法警察将被拘留人送交当地公安机关看守所执行。被拘留人不服拘留决定,可以申请复议一次。在执行过程中,被拘留人确有悔过表现,在具结悔过之后,经院长同意可以提前解除拘留。

第四节 财产保全与先予执行

一、财产保全

诉讼保全分为财产保全、证据保全和行为保全。《行政诉讼法》第101条规定财产保全可以适用《民事诉讼法》的规定,《行诉解释》第76条具体规定财产保全和行为保全,《行政诉讼法》第42条规定证据保全。

财产保全是法院采取的限制当事人处分财产的一种强制措施。一方当事人的行为或者其他原因,可能使被诉行政行为或者法院生效裁判不能或者难以执行,根据对方当事人的申请,法院可以裁定对其财产进行保全;当事人没有提出申请的,必要时法院也可以裁定采取财

---

[23] 参见最高人民法院《关于对因妨碍民事诉讼被罚款拘留的人不服决定申请复议的期间如何确定问题的答复》([93]法民字第7号)。

产保全措施。财产保全是一种保护性措施,可以确保胜诉一方当事人的合法权益得到充分实现。财产保全可以分为如下两种情形。

(一)依申请保全

依申请保全,即由当事人向法院提出保全申请。适用情形为:(1)一方当事人的行为或者其他原因,可能使行政行为或者法院生效裁判不能或者难以执行。(2)行政机关或者行政行为确定的权利人在申请法院强制执行之前,有充分理由认为被执行人有逃避执行的可能性。

(二)依职权保全

依职权保全,即法院必要时依职权作出保全措施。"必要时"应当解释为在涉及公共利益或者第三人利益时,法院可以依职权作出财产保全措施。基于法院中立地位的考量,原则上,财产保全应当由当事人向法院提出申请,例外才适用依职权保全。

与财产保全相关的问题分述如下:(1)不服财产保全裁定的救济。当事人不服财产保全裁定,不得提起上诉,但可以向作出裁定的法院申请复议。复议期间不停止裁定执行。(2)财产保全范围。财产保全范围限于当事人诉讼请求范围或者与案件有关的财物,不可无限扩大财产保全范围,加重被保全当事人的负担。(3)诉前保全。因情况紧急,不立即申请保全将会使自身合法权益受到难以弥补的损害时,申请人可以在提起诉讼前向被保全财产所在地、被申请人住所地法院或者对案件有管辖权的法院申请财产保全。法院收到申请后必须在48小时内作出裁定,裁定采取保全措施的,应当立即开始执行。(4)财产担保。法院采取保全措施,可以责令申请人提供担保;申请人不提供担保的,裁定驳回申请。

二、先予执行

先予执行是法院在作出裁判之前,为解决原告生活所需,根据原告申请,裁定被告给付一定数量金钱,并立即予以执行的措施。先予执行的法理基础是假定原告将会胜诉,但是,原告最终是否胜诉仍然需要由法院裁判予以确定,一旦原告败诉,就产生先予执行的返还问题。《行政诉讼法》第57条规定:"人民法院对起诉行政机关没有依法支付抚恤金、最低生活保障金和工伤、医疗社会保险金的案件,权利义务关系明确、不先予执行将严重影响原告生活的,可以根据原告的申请,裁定先予执行。当事人对先予执行裁定不服的,可以申请复议一次。复议期间不停止裁定的执行。"根据这一规定,先予执行应当具备如下法定条件。

(一)涉及没有依法支付抚恤金、最低生活保障金和工伤、医疗社会保险金的案件

先予执行是强制被告预先支付给原告一定数量的金钱,以应付生活所需,因此,先予执行仅限于支付抚恤金、最低生活保障金和工伤、医疗社会保险金3类行政案件。其他涉及金钱给付或者具有执行内容的行政案件,不适用先予执行。

(二)权利义务关系明确

权利义务关系明确主要包括两个方面的内容:(1)被告必须给付原告一定数量金钱的事实和法律依据明显成立,不需要过多的证据加以证实。(2)基于现有证据和法律依据,原告诉讼请求可以成立。

(三)不先予执行将严重影响原告生活

这3类行政案件所涉及的金钱都与原告基本生活相关。也就是说,原告依赖被告连续性金钱支付,才能正常生活。如果原告要等到诉讼程序结束之后胜诉才能得到这笔金钱,那么在诉讼期间可能因行政机关中断支付而生活陷于困境。在这里,"严重影响"提高了先予执行的要求,加重了原告证明负担。基于保护弱者原则,法院对"严重影响"宜作有利于原告的解释。

与先予执行相关的问题分述如下:(1)当事人是否可以在二审程序中提出先予执行的申请,最高人民法院《行诉解释》对此没有作出规定,法院可以参照《民事诉讼法》的规定执行。(2)先予执行之后,如原告申请撤诉,法院应当审查先予执行在原告撤诉之后是否会产生不利于公共利益或者第三人合法权益的影响。如是,则应当裁定不准许撤诉。(3)法院不得依职权主动作出先予执行。这一点不同于财产保全,因为财产保全可能涉及公共利益或者第三人权利的保护。

第五节　诉讼中止与诉讼终结

一、诉讼中止

诉讼中止是在行政诉讼过程中,出现当事人意志以外的原因导致诉讼不能正常进行下去,需要中止诉讼,待这些原因消失之后再恢复诉讼。引起诉讼中止的原因主要有两个。

(一)当事人原因

当事人一方的原因大致有:(1)原告死亡,须等待其近亲属表明是否参加诉讼。这里的"近亲属"适用《行诉解释》第14条之规定。(2)原告丧失诉讼行为能力,尚未确定法定代理人。(3)作为一方当事人的行政机关、法人或者其他组织终止,尚未确定权利义务承受人。(4)一方当事人因不可抗力的事由不能参加诉讼。如在周某赟诉铁道部政府信息公开告知案中,法院认为:

在本案审理周某赟诉铁道部政府信息公开告知一案过程中,第十二届全国人民代表大会第一次会议决定批准国务院机构改革和职能转变方案,该方案"不再保留铁道部",故根据最高人民法院《关于执行〈中华人民共和国行政诉讼法〉若干问题的解释》第51条第1款第7项之规定,裁定如下:本案中止诉讼。[24]

(二)案件所涉原因

案件本身也会产生诉讼中止的原因,这些原因主要有:(1)案件涉及法律适用问题,需要送请有权机关作出解释或者确认。在这里,"案件涉及法律适用问题"不宜作过宽的解释,应当限于《立法法》规定的必须送有关机关确认或者解释之情形,否则,它有可能成为法院随意中止诉讼的理由。(2)案件审判须以相关民事、刑事或者其他行政案件的审理结果为依据,而相关案件尚未审结。例如,《行政诉讼法》第61条第2款规定:"在行政诉讼中,人民法院认为行政案件的审理需以民事诉讼的裁判为依据的,可以裁定中止行政诉讼。"又如,《突发事件应对法》第13条规定:"因依法采取突发事件应对措施,致使诉讼、监察调查、行政复议、仲裁、国家赔偿等活动不能正常进行的,适用有关时效中止和程序中止的规定,法律另有规定的除外。"

二、诉讼终结

诉讼终结是指正在进行的行政诉讼出现了不能继续且又不能恢复,或者继续进行已经没有意义的情形时,由法院裁定结束诉讼。引起诉讼终结的情形。

---

[24] 参见北京市第一中级人民法院行政裁定书[(2013)一中行初字第192号]。

(一)放弃诉讼权利

放弃诉讼权利的情形主要有:(1)原告死亡,没有近亲属或者近亲属放弃诉讼权利。这里的"近亲属"适用《行诉解释》第14条第1款之规定。(2)作为原告的法人或者其他组织终止后,权利义务的承受人放弃诉讼权利。

(二)无人继续诉讼

在诉讼中止中,因当事人方面原因中的第(1)(2)(3)种情形,在中止诉讼满90日仍无人继续诉讼的,法院可以裁定终结诉讼,但有特殊情况的除外。

第六节 诉的合并与诉的追加

一、诉的合并

《行政诉讼法》第27条规定:"当事人一方或者双方为二人以上,因同一行政行为发生的行政案件,或者因同类行政行为发生的行政案件、人民法院认为可以合并审理并经当事人同意的,为共同诉讼。"诉的合并是基于两个因素的考虑:(1)诉讼经济;(2)既判力。[25] 诉的合并主要有两种情形。

(一)诉讼主体合并

1. 必要的共同诉讼,即当事人一方或者双方为两人以上,因同一行政行为发生行政争议。也就是说,两个以上的原告(如治安行政处罚中加害人与受害人共同起诉治安处罚决定)和两个以上的被告(如两个以上的行政机关共同作出一个行政行为),它们之间具有不可分离性,法院必须合并审理相关诉讼。如在赵某义、赵某润诉重庆市人民政府房屋管理行政复议决定案中,赵某义、赵某润对重庆市人民政府作出的同一个行政复议决定提起诉讼,但是,一审法院却分别作出(2001)高法行初字第2号行政判决书和(2001)高法行初字第4号行政判决书。对此,最高人民法院认为:

> 赵某义和赵某润不服重庆市人民政府作出的渝府复(2000)173号复议决定,向重庆市人民法院提起行政诉讼,是同一具体行政行为引起的行政诉讼,属必要的共同诉讼,人民法院必须合并审理。而重庆市人民法院将此作为两个案件立案受理,并分别作出判决,属违反法定程序。一审法院未将两个案件合并审理,并且分别作出判决,导致两案遗漏了必须参加诉讼的当事人,即(2001)渝高法行初字第2号行政判决(原告赵某义)遗漏了必须参加诉讼的当事人赵某润,(2001)渝高法行初字第4号行政判决(原告赵某润)遗漏了必须参加的当事人赵某义,还造成重庆市人民政府作出的一个复议决定——渝府复(2000)173号复议决定被撤销两次。[26]

2. 普通的共同诉讼。两个以上的行政机关依照不同的法律规定对同一公民、法人或者其他组织作出行政行为,或者行政机关基于同一事实对两个以上的公民、法人或者其他组织作出行政行为,公民、法人或者其他组织对此行政行为提起行政诉讼的,法院可以根据需要进行合并审理,称为普通的共同诉讼。

---

[25] 参见李广宇:《如何裁判行政案件》,法律出版社2018年版,第42页。
[26] 参见中华人民共和国最高人民法院行政审判庭编,李国光主编:《行政执法与行政审判参考》(2001年第2辑),法律出版社2002年版,第241~251页。

(二) 诉讼客体合并

诉讼客体合并是指若干个被诉行政行为由法院合并在同一诉讼程序中审理。有下列情形之一的,法院可以决定合并审理:(1)两个以上行政机关分别对同一事实作出行政行为,公民、法人或者其他组织不服向同一法院提起诉讼。(2)行政机关就同一事实对若干公民、法人或者其他组织分别作出行政行为,公民、法人或者其他组织不服分别向同一法院提起诉讼。(3)在诉讼过程中,被告对原告作出新的行政行为,原告不服向同一法院起诉。(4)法院认为可以合并审理的其他情形。由此可见,诉讼客体合并一般都是基于同一事实或者两个有关联的事实作出的行政行为,否则,诉讼客体不能合并。如在庄某珍诉连云港市海州区人民政府行政决定案中,法院认为:

合并审理又称诉的合并,是指人民法院把涉及行政法律关系的几个有关联的诉讼请求合并在一个诉讼程序中进行审理。《中华人民共和国行政诉讼法》第27条,本案应当适用的《最高人民法院关于执行〈中华人民共和国行政诉讼法〉若干问题的解释》第46条以及2018年2月8日施行的《最高人民法院关于适用〈中华人民共和国行政诉讼法〉的解释》第73条,均对合并审理作出相应的规定。合并审理必须符合法定情形,是否合并审理由人民法院判断。人民法院在判断几个诉是否可以合并审理时,除了要考虑多个诉讼请求是否属于同一诉讼程序,当事人不同的诉讼请求之间是否存在行政法律关系上的联系外,还需要考虑多个诉讼请求是否属于同一人民法院管辖,是否能够达到合并审理的目的。因同类行政行为发生的行政案件的合并审理,还需要当事人同意。本案中,上诉人庄某珍提起本案之诉时,强制拆除行为尚未发生,庄某珍对于自认为的被上诉人海州区人民政府组织实施了涉案房屋的强制拆除行为,亦未提供任何证据予以佐证。由此带来究竟是何主体实施了涉案房屋的强制拆除行为?该行为是否属于行政侵权?是否属于人民法院行政诉讼受案范围?管辖法院如何确定等问题。在诸多问题尚不明确的情况下,一审法院未将上诉人庄某珍新增加的诉讼请求与原诉讼请求予以合并审理,告知上诉人庄某珍对于新增加的诉讼请求可另行主张,既不违反相关法律和司法解释的规定,也没有损害上诉人庄某珍的合法权益。对于上诉人庄某珍要求将新增的诉讼请求与原诉讼请求一并审理的主张,不予支持。[27]

二、诉的追加

在被告收到起诉状副本之后,原则上不允许原告追加新的诉讼请求,以保证被告答辩权的行使。因此,《行诉解释》第70条规定:"起诉状副本送达被告后,原告提出新的诉讼请求的,人民法院不予准许,但有正当理由的除外。"《行政赔偿规定》第14条第2款规定:"原告在第一审庭审终结前提起行政赔偿诉讼,符合起诉条件的,人民法院应当依法受理;原告在第一审庭审终结后、宣判前提起行政赔偿诉讼的,是否准许由人民法院决定。"这一规定可以看作一个例外的法定情形。

第七节 材料移送与司法建议

一、材料移送

《行政诉讼法》第66条第1款规定:"人民法院在审理行政案件中,认为行政机关的主管

---

[27] 参见江苏省高级人民法院行政判决书[(2017)苏行终1230号]。

人员、直接责任人员违法违纪的,应当将有关材料移送监察机关、该行政机关或者其上一级行政机关;认为有犯罪行为的,应当将有关材料移送公安、检察机关。"根据这一规定,法院负有移送案件材料的义务。适用该条时应当注意如下几点:(1)移送原因是行政机关的主管人员、直接责任人员违反纪或者有犯罪行为。(2)所移送的是部分相关材料,而不是整个案卷。法院若认为原告的行为构成犯罪,可以主要证据不足,适用法律、法规错误或者超越法定职权等为由判决撤销被诉行政行为,也可以根据《行政诉讼法》第61条第2款,裁定诉讼中止,并建议行政机关移送司法机关处理。如在许某云诉金华市婺城区人民政府房屋行政强制及行政赔偿案中,最高人民法院认为:

《国有土地上房屋征收与补偿条例》第4条第1款、第2款规定,市、县级人民政府负责本行政区域的房屋征收与补偿工作。市、县级人民政府确定的房屋征收部门组织实施本行政区域的房屋征收与补偿工作。第5条规定,房屋征收部门可以委托房屋征收实施单位,承担房屋征收与补偿的具体工作。房屋征收实施单位不得以营利为目的。房屋征收部门对房屋征收实施单位在委托范围内实施的房屋征收与补偿行为负责监督,并对其行为后果承担法律责任。第28条第1款规定,被征收人在法定期限内不申请行政复议或者不提起行政诉讼,在补偿决定规定的期限内又不搬迁的,由作出房屋征收决定的市、县级人民政府依法申请人民法院强制执行。根据上述规定,在国有土地上房屋征收过程中,有且仅有市、县级人民政府及其确定的房屋征收部门才具有依法强制拆除合法建筑的职权,建设单位、施工单位等民事主体并无实施强制拆除他人合法房屋行为的权力。民事主体自行违法强制拆除他人合法房屋,涉嫌构成故意毁坏财物罪的,权利人可以依法请求公安机关履行相应职责;人民法院经审查认为有犯罪行为的,应当依据《行政诉讼法》第66条第1款的规定,将有关材料移送公安、检察机关。因而,除非市、县级人民政府能举证证明房屋确系在不知情的情况下由相关民事主体违法强拆,则应推定强制拆除系市、县级人民政府委托实施,人民法院可以认定市、县级人民政府为实施强制拆除的行政主体,并应承担相应的赔偿责任。[28]

二、司法建议

司法建议是法律赋予法院的一项重要职责,是依法延伸审判职能的重要途径。《行政诉讼法》第66条第2款规定:"人民法院对被告经传票传唤无正当理由拒不到庭,或者未经法庭许可中途退庭的,可以将被告拒不到庭或者中途退庭的情况予以公告,并可以向监察机关或者被告的上一级行政机关提出依法给予其主要负责人或者直接责任人员处分的司法建议。"第96条第4项规定,行政机关拒绝履行判决、裁定的,第一审人民法院可以"向监察机关或者该行政机关的上一级行政机关提出司法建议。接受司法建议的机关,根据有关规定进行处理,并将处理情况告知人民法院"。

除了上述适用司法建议的情形外,实务中还有:(1)建议行政机关实施某种活动,维持现存正常的法律秩序。如在杜某亚诉登封市人民政府等颁发集体土地使用证纠纷案中,法院认定:

河南省高级人民法院作出(2008)豫法行终字第00133号行政判决书,判决驳回上诉,维持原判,并作出司法建议书,建议郑州市人民政府作出维持登封市人民政府为杜某伟颁发00173号土地证的行为。郑州市人民政府于2008年8月5日作出郑政(复议)字[2006]063-2号行政复议决定书,认为第1218号民事判决书认定的本案争议土地上所建房产转让前系杜某乾与其妻共同财产,第三人通过买卖房产取得00173号土地证受法律保护。故被申请人根据第三人申请,注销杜某乾所持183号土地证,为第三

---

[28] 参见《最高人民法院公报》2018年第6期。

人颁发 00173 号土地证符合法律规定」[29]

(2) 建议行政机关对违法活动采取查处等行为,以维护公共利益或者其他公民、法人或者其他组织的合法权益。如在周某等诉志丹县城乡建设局规划管理办公室等许可行为及行政侵权赔偿纠纷案中,法院认为:

> 被上诉人所作出的行政许可行为认定事实清楚,遵循的程序合法,对于第三人未严格按照调整后的规划修建,在商业二楼顶西侧违规强行修建三层的问题,合议庭将按照有关规定向有关机关提出司法建议,针对违章建筑的影响程度责成有关部门依法处理或采取相应的补救措施。[30]

(3) 建议有关部门对具有特定身份的原告作出处理。如教师、医生、公务员等公民因他们具有特殊的身份,言行举止有不同于一般人的社会影响力。因此,在涉及因受到行政处罚而提起行政诉讼时,法院可以视具体情况向有关部门发送司法建议,提出处理建议。如在许某某诉济南市公安局历下分局等治安行政复议案中,法院认为:

> 关于行政处罚的目的及其他。人的行为,只有经过长期的自我约束,形成内化于心的修养,方可在社会活动中外化于行。酒精麻醉人的神经,但饮酒是行为人自己的选择,不能成为一个人酒后行为失控的借口,更不是减轻责任的理由。师者,传道授业解惑也,所谓学高为人师,身正为人范。师德是高于一般社会公众道德水准的道德准则。为人师者,不仅需要有渊博的学识作为指引学生登攀知识高峰的旗帜,更需要有高尚的修为作为引领学生提升道德境界的灯塔。一个修为不够且缺乏自省意识的人,何以为人师表?如若上诉人在事发之初即已认识错误,赔礼道歉,取得受害人的谅解,或许已为自己争取到宽大处理的机会。但是,上诉人咄咄逼人的气势,意图以矢口否认,寻找执法瑕疵等方式为自己开脱的思路,模糊了善恶美丑之标准,误解了公平正义,误读了行政审判,缺乏对法律的基本敬畏之心。法,无外乎天理国法人情。法律制裁只是手段而非目的,对违法者施以处罚,主要在于实现法律教育和救赎的目的。在释法说理之余,本院之所以强调师德作风和人情事理,是希望此次事件能够敲响警钟,提醒身为大学教师的上诉人深刻反思,引以为戒。人民法院在审理个案的同时,肩负针对案件中暴露出的问题向涉案单位、有关部门进行司法建议的职责。本院将视情决定,是否就本案与涉案单位进行沟通或向有关部门提出司法建议。[31]

司法建议对于被建议人不具有裁判那样的法效力。若行政机关依据司法建议作出行政行为,司法建议并不是支持它合法性的依据。如在任某雷诉安阳市龙安区规划建设局房产行政登记纠纷案中,法院认为:

> 2007 年 5 月 15 日龙安区规划建设局依据安阳市文峰区人民法院下达的司法建议书作出龙建(2007)16 号决定书,该决定书属越权行政行为,故应予撤销。河南省人民检察院抗诉理由成立,一、二审判决适用法律错误,故应予撤销。[32]

---

[29] 参见河南省郑州市中级人民法院行政判决书[(2010)郑行终字第 173 号]。
[30] 参见陕西省延安市中级人民法院行政判决书[(2010)延中行终字第 00024 号]。
[31] 参见山东省济南市中级人民法院行政判决书[(2020)鲁 01 行终 1034 号]。
[32] 参见河南省安阳市中级人民法院行政判决书[(2009)安行再终字第 143 号]。

第十七章　行政诉讼的证据

第一节　证据的一般理论

一、证据及其地位

(一)证据的概念

证据是可以用于证明案件事实的材料。[1] 依照体系解释的方法,《行政诉讼法》中的证据概念也应当作此解释。《行政诉讼法》第33条第2款规定:"以上证据经法庭审查属实,才能作为认定案件事实的根据。"《刑事诉讼法》第50条第3款和《民事诉讼法》第66条第2款亦有同样的规定。基于制定法的规定,证据可以分为作为"定案的根据"的证据和作为"非定案的根据"的证据。如当事人提交一份以欺骗手段获得的原始书证,可以证明案中的某一事实,但因为该证据不具有合法性,故属于"非定案的根据"。与证据相关的概念有:

1.证据材料。《行诉证据规定》第54条规定:"法庭应当对经过庭审质证的证据和无需质证的证据进行逐一审查和对全部证据综合审查,遵循法官职业道德,运用逻辑推理和生活经验,进行全面、客观和公正地分析判断,确定证据材料与案件事实之间的证明关系,排除不具有关联性的证据材料,准确认定案件事实。"依此规定,证据材料是法庭在听取当事人质证之后,作出审核认定之前的可能与案件事实有关的证据形式。它如同制造某种产品的原材料,需要通过一定的制造工艺程序才能实现从"原材料"到具有使用价值的"产品"的转变。对证据而言,这一"制造工艺程序"就是当事人的质证和法庭的审核认定。证据材料由当事人、第三人在法定期限内提交法院,若经过当事人质证但未通过法庭的审核认定,当事人提供的证据材料就不是"证据"。如在朱某彬诉桐柏县人民政府土地行政管理纠纷上诉案中,法院认为:

经对被诉的具体行政行为的合法性进行审查,桐柏县人民政府作出该被诉的具体行政行为时,没有履行告知程序,未听取行政相对人的陈述、申辩,也未告知听证和举行听证,使用的证据材料未经过行政相对人的认证、质证,违背了行政行为作出的正当程序,剥夺了行政相对人享有的合法权利,因此,被诉的具体行政行为程序违法,本院予以撤销。[2]

2.证据能力,即证据是否具有证明案件的待证事实"是否存在"的资格。它的核心内容是证据对案件事实认定的影响力,所涉及的是证据"资格"的有或无问题。如一份有关A的出租汽车上午10点停在某宾馆门前的证人证言,它没有"资格"证明A下午3:00拒载乘客B的事实。在实务中,如在沈某、刘某诉常州市天宁区综合行政执法局行政强制案中,法院认为:

沈某、刘某申请再审,主张在原审中提交了2010年常州市老住宅区提升工程——通济新村小区的

---

[1] 参见《刑事诉讼法》第50条第1款。
[2] 参见河南省南阳市中级人民法院行政判决书[(2011)南行终字第31号]。

施工总平面图,足以证明涉案房屋在规划范围内。经审查,沈某、刘某向原审法院提供该施工平面图,称该图可以证明2009年12月,相关搭建的面积大于本案被强制拆除的房屋面积,据此认为天宁区综合行政执法局认定本案被强制拆除房屋形成于2010年没有事实依据。天宁区综合行政执法局提供的证据材料证明,该局对天宁区通济新村4幢丁单元102室西侧搭建房屋涉嫌违法建设案立案查处后,调查了当地居民,并进行了现场检查,询问了当事人,查明涉案房屋是再审申请人在2010年搭建。因此,被诉强制执行决定认定事实清楚。刘某在本院审查期间也明确陈述,被强制拆除的涉案房屋,系在2010年通济新村小区提升改造过程中拆除原有搭建房屋重新搭建形成,同时主张,重新搭建是经过改造办公室同意的。沈某、刘某提供的施工总平面图没有加盖出图章,不具有证据资格,内容也不能否定被诉强制执行决定认定的事实。[3]

在英美法上,与证据能力相似的概念是"证据可采性"。它所要解决的问题是,在交陪审团裁决事实之前,法官依据关联性、合法性的标准对证据进行审查。凡通过法官审查的证据,即具有"可采性",或者称为具有证据"资格"。

3. 证据效力。凡是具有证据能力的证据必有证明效力,即它能在多大程度上证明案件待证事实"是否存在",所涉及的是证据效力大小或者强弱的问题。如《行诉证据规定》第64条规定:"以有形载体固定或者显示的电子数据交换、电子邮件以及其他数据资料,其制作情况和真实性经对方当事人确认,或者以公证等其他有效方式予以证明的,与原件具有同等的证明效力。"有时,数个证据在证明同一事实时,它们之间会有不同的证明效力。例如,在张某明诉上海市公安局浦东分局交通警察支队行政处罚案中,法院认为:

被上诉人在原审提供的证据足以证明上诉人该时间、该地点存在违法停车的事实,上诉人认为上述证据系伪造应当提供证据加以证明。上诉人在二审中提供的两份书证上均没有证明单位加盖的公章,证据在形式上存在瑕疵。同时停车记录的记载并不规范,证明力低于被上诉人在原审提交的证据,不足以推翻上诉人证据证明力,也不足以证明上诉人二审主张的事实存在。所以本院对上诉人的上述主张及认为被上诉人的证据系伪造的观点,不予采信。[4]

该案中,围绕上诉人张某明违法停车的时间、地点,双方都提交了证据,法院根据这些证据的具体情况,区分出了不同的证明效力。又如,在北京东方旭煜商贸有限公司(以下简称东方旭煜公司)诉海淀区劳动和社会保障局(以下简称海淀区劳保局)不履行送达法律文书职责案中,争议焦点是,在被告海淀区劳保局邮寄送达的函件中,是否确实放置了相关文书。经对原告东方旭煜公司提交的证据3原件,与被告提交的证据5原件比对,双方提交的详情单为同一份单据的不同联,但均有邮局打印重量30克的字样。因此,是否为空邮件袋可以通过称重对比进行判断。经当庭征得双方当事人同意,法院组织双方当事人到邮局,现场对邮件原件(已张贴详情单)进行称重。邮件中无任何物品时的重量为28克,放置一页工伤认定结论通知书后的重量为32克。邮局工作人员解释说,邮局对寄送的邮件称重时,尚未张贴详情单。因此,该案中详情单打印的30克重量,表明邮件不是空的。据此,法院认为:

经在邮局现场称重,可以看出邮件袋内放置了物品,与空邮件袋在重量上存在明显差别;根据生活经验法则判断,邮件详情单标注的30克重量,显然为放置了物品的重量,故本院推定该证据证明效力高于原告、证人证言的效力,应予以确认。[5]

该案中,法院面对双方提交的为同一份单据的不同联,但均有邮局打印重量30克字样的

---

[3] 参见江苏省高级人民法院行政裁定书[(2019)苏行申1067号]。
[4] 参见上海市第一中级人民法院行政判决书[(2008)沪一中行终字第404号]。
[5] 参见北京市海淀区人民法院行政判决书[(2007)海行初字第00129号]。

详情单,通过在现场对邮件原件(已张贴详情单)进行称重,得出了详情单的证据效力高于原告、证人证言效力的结论。再如,在戴某娣诉上海市公安局静安分局交通警察支队道路交通责任事故不予认定案中,法院认为:

> 对小客车的行驶轨迹,证人胡某章证明小客车与原告的助动车沿胶州路由北向南同向行驶至新闸路过中心线后,突然右转弯与原告的助动车相撞。从实际来看,发生此种情况的可能性很小,且此种说法也缺乏其他证据佐证,可信度不高,不予采信。而证人葛某伟、张某云证明小客车沿胶州路由南向北行驶至新闸路口左转弯时与沿胶州路由北向南直行过新闸路的原告相撞,此说法与现场图的记载相吻合,且可能性最大,相对其他证人证词和当事人陈述,具有明显优势,对此,应予采信。[6]

(二) 证据的地位

寻找和确定案件事实的真相,永远是证据的唯一任务。虽然证据服务于诉讼目的,没有自身的独立价值,但没有证据,法律适用也就没有事实基础,诉讼程序也就无法展开。权利救济是行政诉讼的终极目的,证据应当为实现这一诉讼目的服务。通过证据寻找和确定案件事实,可以使公民、法人或者其他组织获得实效性权利保障。我们有浓厚的实质正义的法律传统,发现案件事实,不仅仅是为了实现程序正义,更重要是回应来自法律传统中的那种不可轻视的实体正义的诉求。

《行政诉讼法》设有"证据"专章,共计11个条文,《行诉解释》对"证据"部分又作了14个条文的司法解释,《行诉证据规定》共计有80条的司法解释,上述制定法、司法解释的规定构成了行政诉讼证据规则的法体系。

二、证据可采性的条件

在行政诉讼中,法院不能代替行政机关认定案件事实,它只能审查行政机关已经认定的案件事实是否存在、确凿,如果该案件事实不存在、不确凿,则可以作出撤销或者确认违法、无效的判决。因此,行政诉讼本质上是法院对行政机关认定事实所进行的"复查"。司法审查有限原则内容之一在于,法院在"复查"行政机关认定事实时必须要有一个限度,在这个限度之外,不得代替行政机关作出判断,如"判断余地"中的事实问题,法院的审查权不宜介入。《行诉证据规定》第39条第1款规定:"当事人应当围绕证据的关联性、合法性和真实性,针对证据有无证明效力以及证明效力大小,进行质证。"该条规定中"关联性、合法性和真实性"直接与"证据有无证明效力以及证明效力大小"有关,它是证据理论的核心内容。能够反映案件真实情况,与待证事实相关联,来源和形式符合法律规定的证据,应当作为认定案件事实的根据。

(一) 关联性

证据的关联性是指证据与案件待证事实之间具有某种内在的联系。此种"内在联系"在客观上表现为证据能够证明案件某一事实发生的原因、发展条件以及后果等,具有一种不可推翻的"证明关系"。《行诉证据规定》第54条规定:"法庭应当对经过庭审质证的证据和无须质证的证据进行逐一审查和对全部证据综合审查,遵循法官职业道德,运用逻辑推理和生活经验,进行全面、客观和公正地分析判断,确定证据材料与案件事实之间的证明关系,排除不具有关联性的证据材料,准确认定案件事实。"该条中,"排除不具有关联性的证据材料"是证据关联性导出的一个适用规则。证据的关联性可以分为:(1)法律上的关联性,即该证据所指向的事实是诉讼中必须确认的"案件事实";(2)事实上的关联性,即该证据能够证明某一

---

[6] 参见上海市静安区人民法院行政判决书[(2002)静行初字第13号]。

"案件事实"。证据的关联性是否存在,并不是双方当事人决定的,而是需要通过法庭审查和判断。如在广东长城建设集团有限公司诉新密市人民政府土地行政登记案中,证据六即村镇规划用地许可证,第三人对该证据的真实性没有异议,对关联性有异议。第三人认为原告不具备诉讼主体资格,没有经过合法的行政变更。对此,法院认为:

  变更登记,是指因土地权利人发生改变,或者因土地权利人姓名或者名称、地址和土地用途等内容发生变更而进行的登记。而该涉案土地的权利人实质上为广州军区司令部企业管理局,只是其在因客观情况主体被撤销后权利承继的问题,不存在土地权利人发生改变或者土地权利人名称发生变更而需要变更登记的情形。因此,第三人以未经过行政变更,原告不具备诉讼主体资格等理由来否认该证据的关联性,质证意见不能成立。[7]

(二)合法性

  证据的合法性是指证据必须符合制定法的要求。《行诉证据规定》第55条规定:"法庭应当根据案件的具体情况,从以下方面审查证据的合法性:(一)证据是否符合法定形式;(二)证据的取得是否符合法律、法规、司法解释和规章的要求;(三)是否有影响证据效力的其他违法情形。"由此可知,证据的合法性可以分为:其一,符合法定形式。证据种类有书证、物证、视听资料、电子数据、证人证言、当事人陈述、鉴定结论、勘验笔录、现场笔录等。当事人向法院提交证据时,应当符合法定形式的要求。如《行诉证据规定》第13条对证人证言的法定形式作出如下规定:"(一)写明证人的姓名、年龄、性别、职业、住址等基本情况;(二)有证人的签名,不能签名的,应当以盖章等方式证明;(三)注明出具日期;(四)附有居民身份证复印件等证明证人身份的文件。"其二,取得证据程序合法。在证据的合法性上,现代证据法理论采用较为宽松的法定主义,即并非所有违反程序取得的证据都必须排除。在相当程度上,取得证据程序合法的要求有时需要服务于实体真实,若过于严苛,则可能会伤及实体正义。《行政诉讼法》第43条第3款规定:"以非法手段取得的证据,不得作为认定案件事实的根据。"《行诉解释》第43条明确"以非法手段取得的证据"有以下几种情形:(1)严重违反法定程序收集的证据材料;(2)以违反法律强制性规定的手段获取且侵害他人合法权益的证据材料;(3)以利诱、欺诈、胁迫、暴力等手段获取的证据材料。这一司法解释对取得证据程序合法具有限定意义,即并非所有以非法手段取得的证据,都不得作为认定案件事实的根据。如在松滋市网络文化企业协会(以下简称松滋网络协会)诉松滋市人力资源和社会保障局(以下简称松滋人社局)等劳动和社会保障行政认定决定案中,法院认为:

  对胡某、张某银的两份调查笔录,亦不能作为认定松滋网络协会与唐某平之间具有真实劳动关系的合法有效证据,因为:一是被告松滋人社局于2017年4月24日才受理该工伤认定案件,而执法人员在2017年2月13日就对胡某、张某银分别进行调查取证,从而制作了该两份调查笔录,属于《最高人民法院关于行政诉讼证据若干问题的规定》第57条第1项规定的"严重违反法定程序收集的证据材料,不能作为定案依据"的情形。二是胡某、张某银分别是文化执法大队的大队长、副大队长,并非松滋网络协会成员或者员工(张某银此时已卸任该协会副会长),在第三人提供证据(文化执法大队出具的胡某签名并加盖单位公章的证明),已经清楚地证实"我单位唐某平同志"的情况下,又均称"他(唐某平)是网络文化企业协会司机"。对上述前后互相矛盾的主观判断,被告松滋人社局执法人员并未依照《工伤保险条例》第19条和《工伤认定办法》第9条、第11条的规定调查核实,而且胡某、张某银也未阐明判断的事实根据及理由。三是胡某、张某银系文化执法大队的主要负责人,文化执法大队与松滋网络协会之间系监督管理与被监督管理的关系。因唐某平死亡而申请工伤认定一案,该行政执法主体文化

---

[7] 参见河南省郑州市中级人民法院行政判决书[(2017)豫01行初814号]。

执法大队与被监督管理单位松滋网络协会在确定用工单位,认定工伤决定,负担工伤保险待遇方面有明显利害关系。[8]

(三)真实性

证据的真实性是指证据必须是不以人的意志为转移的客观存在事实,证据必须以客观存在的事实为基础。《行诉证据规定》第56条规定:"法庭应当根据案件的具体情况,从以下方面审查证据的真实性:(一)证据形成的原因;(二)发现证据时的客观环境;(三)证据是否为原件、原物,复制件、复制品与原件、原物是否相符;(四)提供证据的人或者证人与当事人是否具有利害关系;(五)影响证据真实性的其他因素。"在实务中,例如,在重庆市铜梁县安居镇淘河村第五生产合作社(以下简称五社)诉重庆市人民政府不予受理行政复议通知案中,最高人民法院认为:

根据《中华人民共和国行政诉讼法》第31条关于证据的规定及证据学原理,在没有外力影响的情况下,对于一方当事人提供的证据,对方当事人没有异议的,可以认定该证据的效力;对方当事人事后反悔的,非有充分证据,法庭不予支持。上诉人五社的法定代表人在一审庭审中陈述于1996年4月知道铜府函(1994)137号文件内容,对方当事人对此无异议。在二审中,上诉人以其法定代表人年事高、听力差以及铜府函(1994)137号文未载明报送省国土局等为由,否定其法定代表人的陈述,但未提供足以否定其法定代表人陈述的相应证据,对于上诉人请求撤销一审判决的主张,本院不予支持。[9]

该案中,上诉人的法定代表人在一审陈述中表示他知道铜府函(1994)137号文件内容,是真实意思表示。但是,在二审中上诉人提出它的法定代表人"年事高、听力差",试图否定法定代表人在一审中的陈述。法院认为,虽然它的法定代表人身体状况差是事实,但这不影响法定代表人在一审中所作陈述的真实性。又如,在刘某敏诉清河城镇人民政府等林地权属争议案中,法院认为:

对原审原告提供的1号证据,经核对原件,该"证明"存在以下问题:一是:"证明"中村主任"杨某义"签字中的"杨"为繁体写法,而杨某义以前签字中的"杨"为简体写法,笔迹明显不符。二是"证明"上加盖的村委会印章上方所书写的原杨某田自留山四至与林权台账记载的四至不符,且字迹绕开印章,明显系先加盖的印章。后书写的四至内容;再加之"证明"只有纸张的下半页,而纸张的上半页虽被撕掉但保留有残缺字迹,因此不能排除本案的"证明"是在已经开具了的证明(写有其他内容)的纸张下半页空白处直接填写之可能。综合该"证明"的以上特征,该"证明"的形成与日常生活经验不符,故内容不具备真实性,不予采信。[10]

三、提交证据的要求

(一)书证

书证是指用文字、图形、符号等记载或者表达于纸页等物体上的行为或者思想,可以证明案件事实的材料。在行政诉讼中,书证有如行政处罚决定书、许可证书、不动产登记权属证书、各种票据等。书证若为原件,则为最佳证据,其他如副本、摹本等为补强证据。书证如为复印件,且对方当事人否认,则不具有证据效力。如在陈某垣诉遵义市工商行政管理局变更企业登记案中,最高人民法院认为:

本案中,何某向登记机关提交了联营合同、联营兼并协议、出资转让协议和收条,用以证明原股东

---

[8] 参见湖北省松滋市人民法院行政判决书[(2020)鄂1087行初20号]。
[9] 参见最高人民法院行政判决书[(2002)行终字第3号]。
[10] 参见辽宁省本溪市中级人民法院行政判决书[(2021)辽05行终1号]。

陈某垣、陈某将其股权全部转让给何某、余某。经查,联营合同和联营兼并协议并未提及股权转让事宜,不能作为股权转让的证明。出资转让协议虽载有股权转让内容,但系复印件,且对方当事人陈某垣一直予以否认,又无原件可供印证,真实性、有效性明显存疑。[11]

《行诉证据规定》第10条第1款规定,提供书证应当符合下列要求:"(一)提供书证的原件,原本、正本和副本均属于书证的原件。提供原件确有困难的,可以提供与原件核对无误的复印件、照片、节录本;(二)提供由有关部门保管的书证原件的复制件、影印件或者抄录件的,应当注明出处,经该部门核对无异后加盖其印章;(三)提供报表、图纸、会计帐册、专业技术资料、科技文献等书证的,应当附有说明材料;(四)被告提供的被诉具体行政行为所依据的询问、陈述、谈话类笔录,应当有行政执法人员、被询问人、陈述人、谈话人签名或者盖章。"这是对书证要求的一般性规定,如法律、法规、司法解释和规章对书证制作形式另有规定,从其规定。书证在所有证据种类中可以说是最为重要的一种证据,主要是因为它能够直接、明确地证明案件事实。如在李某堂、李所某诉驻马店市人民政府行政复议案中,最高人民法院认为:

> 书证是行政诉讼证据的一种,在各类证据中占有突出地位。一般来说,书证所证明的事实内容比较明确,具有较强的稳定性,可以作为证明待证事实的直接证据。正因如此,书证的采用通常适用"最佳证据规则"或称"原始文书规则",依此规则,证据的提供者应当提供原始材料,如果提出非原始材料,则必须提供充足理由。《最高人民法院关于行政诉讼证据若干问题的规定》第10条对于提供书证的要求,就体现了这一原则。本案中,行政复议机关决定撤销泌阳县人民政府为刘某颁发的国有土地使用权证书,是认为涉案土地使用权是刘某和李某堂、李所某共有。而支持这个共有关系的证据,是李某堂、李所某申请行政复议时提交的《国有土地使用权转让协议书》。但该协议书是复印件,复议机关未对原件进行审核;在诉讼过程中,再审申请人也仍然没有出示原件。因此,该书证就不符合"原始文书规则"。诚然,无法与原件核对无误的书证也不是均不能作为证据使用,我国法律之所以采用"原始文书规则",初衷在于确保书证本身的真实性及书证与案件的关联性。诉讼过程中,如果一方出示的书证并非原件,但各方对该书证的真实性没有异议,或是该复制件的形成年代久远,又或该证据能够与其他证据相互印证,则并非一概不予采纳。就本案而言,再审申请人提供的协议书复印件内容并未得到各方当事人认可,且与涉案国有土地使用权证档案中的其他材料不能相互印证。因此,一审和二审法院认定驻马店市人民政府作出的行政复议决定证据不足,从而判决撤销该复议决定,并无不当。再审申请人申请再审时虽提交了出让人张某玲、王某夫的证明,但张某玲出具的证明与其在原审中出具的证明内容相悖,且该两位出让人同样未提交协议原件,故该证明不足以让本院采信。[12]

(二)物证

物证是指能够证明案件事实的物品。物证品种繁多,依照案件具体情况不同而定。物证是以物的外部特征、存在状况、所处空间位置等来证明案件事实。物证的最大特点是它是一种客观存在物,没有书证、证人证言、当事人陈述等所具有的主观性、不稳定性,因此,物证更具有可靠性。如在任某炼诉李某英土地登记行政纠纷案中,法院认为:

> 政府颁证应当程序合法,丈量准确,事实清楚。本案李某英在申请划新宅基时,提出造新拆旧,李某英家造好新宅基后,由于村委换届,村委会并未将旧房屋拆除,故李某英作为房屋所有权人享有诉权;任某炼东边紧邻盖有一座房屋的客观事实与任某炼土地证上标示东边是2.5米出路的图示不符,且该证导致任某炼北边的土地出路极为狭窄(从一审现场勘验图和现场实际状况来看),使该块土地无法规划其他人正常使用。综上,政府颁证程序违法,认定事实不清,应当撤销。[13]

---

[11] 参见最高人民法院行政判决书[(2008)行终字第1号]。
[12] 参见最高人民法院行政裁定书[(2017)最高法行申7107号]。
[13] 参见河南省新乡市中级人民法院行政判决书[(2009)新行终字第82号]。

该案中,"旧房屋""任某炼东边紧邻盖有一座房屋"都属于该案的物证。这些物证充分证明,土地证上标示的图在内容上与客观实际情况不一致,法院从而得出该案事实不清的结论。《行政诉讼证据规定》第11条规定,提供物证原则上应当符合下列要求:"(一)提供原物。提供原物确有困难的,可以提供与原物核对无误的复制件或者证明该物证的照片、录像等其他证据;(二)原物为数量较多的种类物的,提供其中的一部分。"在个案中,当事人提供"一部分"物证时,必须证明它与"种类物"之间有不可分割的内在联系,否则,这"一部分"物证不具有证据能力。

(三)视听资料

视听资料是指能够证明案件事实的录音、录像等信息资料。在形式上,视听资料有录音带、录像带、电影胶卷、微型胶卷和传真资料等。视听资料可以直观再现案件事实,不同于物证的片断性、静态性。但是,视听资料有易删改、伪造的致命弱点。《行诉证据规定》第12条规定,提供视听资料应当符合下列要求:"(一)提供有关资料的原始载体。提供原始载体确有困难的,可以提供复制件;(二)注明制作方法、制作时间、制作人和证明对象等;(三)声音资料应当附有该声音内容的文字记录。"实务中,视听资料因具有较高的客观性而被广泛使用。如在陈某某诉杭州市道路运输管理局交通行政处罚案中,法院认为:

> 原审判决对证据的采信无误,上诉人认为被上诉人2010年9月16日对其所作询问笔录不具有真实性,但上诉人对被上诉人提供的现场视听资料的真实性并无异议。经查,上述询问笔录中的内容在视听资料中基本均有体现,故上诉人仅就询问笔录真实性所提异议不能成立。上诉人原审提供的杭州市滨江区长河街道江一社区居民委员会及曾某波提供的证明,与被上诉人提交的视听资料所反映的内容不尽一致,鉴于相关视听资料系事发现场制作,当事人对相关利益无暇予以充分考量,故一般而言证明效力更高。据此,原审法院对上诉人提供的上述证据不予采信并无不当。根据予以采信的证据,可以确认原审法院查明的事实存在。[14]

(四)电子数据

电子数据是指通过电子邮件、电子数据交换、网上聊天记录、博客、微博客、手机短信、电子签名、域名等形成或者存储在电子介质中的数据信息。电子数据作为诉讼证据之一,是现代科技发展的产物。2014年修改的《行政诉讼法》将电子数据单列一类,确立了电子数据在行政诉讼证据中的独立地位。由于电子数据与视听资料有重合部分,所以,存储在电子介质中的录音资料和影像资料应当适用电子数据的相关规定。《行诉证据规定》第64条规定:"以有形载体固定或者显示的电子数据交换、电子邮件以及其他数据资料,其制作情况和真实性经对方当事人确认,或者以公证等其他有效方式予以证明的,与原件具有同等的证明效力。"最高人民法院在《关于审理证券行政处罚案件证据若干问题的座谈会纪要》中,对当事人向法院提供电子数据提出了相关要求。电子数据作为诉讼证据的一种,在实务中已经广泛采用。如在刘某军诉宜宾市公安局南溪区分局交通管理大队(以下简称南溪区交管大队)行政处罚案中,法院认为:

> 根据《中华人民共和国道路交通安全法实施条例》第38条第1款"机动车信号灯和非机动车信号灯表示:(1)绿灯亮时,准许车辆通行,但转弯的车辆不得妨碍被放行的直行车辆、行人通行;(2)黄灯亮时,已越过停止线的车辆可以继续通行;(3)红灯亮时,禁止车辆通行"之规定,绿灯亮时准许通行与红灯亮时禁止通行都很明确,应当是绿灯亮起的整个时段和红灯亮起的整个时段,而不是亮起的一瞬间。"黄灯亮时,已越过停止线的车辆可以继续通行"也应当是黄灯亮起的整个时段中,只要越过了停止线

---

[14] 参见浙江省杭州市中级人民法院行政判决书[(2011)浙杭行终字第29号]。

均可以继续通行,而驾驶人是否选择通行应结合路口情况来决定。值得注意的是,虽然现行法律尚未明确禁止黄灯亮时车辆的通行,但不等于认可驾驶人"闯黄灯"行为,现行法律并不提倡"闯黄灯"行为,如果驾驶人在黄灯亮时选择通过路口仍应严格尽到谨慎观察义务,保障安全。从南溪区交管大队提供的南溪区广电局路口电警抓拍照片、监控系统电子数据说明来看,刘某军驾驶的车辆在黄灯亮起的时间内安全通过了信号灯路口,刘某军通过观察,在确保安全的情况下选择了继续通行,行为不应受到处罚。南溪区交管大队对刘某军在黄灯亮时继续通行的行为适用《中华人民共和国道路交通安全法实施条例》第38条第1款第2项,对刘某军处以罚款200元,记6分的行政处罚不当。[15]

(五)证人证言

证人证言,是指非案件的诉讼参加人就自己知道的案件事实所作的陈述。证人,即知道案件事实的个人。证人是因亲身感受而知道案件事实的人,当事人、鉴定人、到庭就专业问题作出说明的专家等都不属于这里的"证人"。在法定条件下,原告或者第三人可以要求案件相关行政执法人员作为证人出庭作证。[16] 证人对案件事实所作的陈述,通过笔录加以固定之后成为证人证言。除法定情形外,凡是知道案件事实的人都有出庭作证的义务。证人拒绝出庭作证的,影响他先前所作的"证人证言"的证据效力。证人不愿提供"证人证言"的,目前并无法律规定法院有权强制证人出庭作证。实务中,证人不愿作证有一定的普遍性,原因可能与"熟人社会"有关,且国家尚无成熟的证人安全保护制度,使证人对作证之后可能招致的不测心存余悸。

《行诉证据规定》第13条规定,提供证人证言应当符合下列要求:"(一)写明证人的姓名、年龄、性别、职业、住址等基本情况;(二)有证人的签名,不能签名的,应当以盖章等方式证明;(三)注明出具日期;(四)附有居民身份证复印件等证明证人身份的文件。"若不符合上述规定,法院可不予采信。实务中,如在韩某诉乌鲁木齐市城市客运统管办(以下简称客运统管办)行政处罚案中,法院认为:

> 被上诉人客运统管办认定上诉人韩某属非法营运的证据是证人李某(上文所称女士)的证言及韩某本人的陈述。作为主要证人的李某的身份既无身份信息记载,又无法予以核实,且李某亦无出庭;而韩某本人的陈述并未认可非法营运的事实。因此,被上诉人客运统管办在作出认定上诉人韩某非法营运的事实的证据上存在瑕疵,故作出处罚的依据不足。原审认定事实不清,处理欠妥,应予以纠正。[17]

(六)当事人陈述

当事人陈述是指原告、被告和第三人就案件事实向法院所作的陈述。在诉讼过程中,当事人陈述可以分为与案件事实有关的陈述和与案件事实无关的陈述,后者如有关案件的法适用意见、调解方案内容等,这部分陈述不属于作为证据的当事人陈述。当事人对案件事实的了解最为直接、具体,因此,当事人陈述最有助于法院了解、认定案件事实。但是,由于当事人与裁判结果之间存在着利害关系,所以当事人陈述往往有夸大或者缩小案件事实的情况,对此,法院在审查认定时不可不辨。当事人"自认"是当事人陈述的一种情形,具有补强另一方当事人陈述的证据效力,除有相反证据足以推翻外,法院可以予以直接认定。如在建明食品公司诉泗洪县人民政府检疫行政命令纠纷案中,法院认为:

> 被上诉人泗洪县人民政府曾先后批准4个定点生猪屠宰单位,但在2003年5月,只有县肉联厂和上诉人建明食品公司在从事正常的经营活动,其余两个单位因种种原因已歇业停产。分管副县长的电话指示作出后,建明食品公司向原审第三人县兽检所报请检疫时遭拒绝,县兽检所在诉讼中对这一事

---

[15] 参见四川省宜宾市中级人民法院行政判决书[(2018)川15行终104号]。
[16] 参见最高人民法院《关于适用〈中华人民共和国行政诉讼法〉的解释》第41条。
[17] 参见新疆维吾尔自治区乌鲁木齐市中级人民法院行政判决书[(2010)乌中行终字第18号]。

实明确表示认可。根据最高人民法院《关于行政诉讼证据若干问题的规定》第 65 条关于"在庭审中一方当事人或者其代理人在代理权限范围内对另一方当事人陈述的案件事实明确表示认可的,人民法院可以对该事实予以认定"的规定,一审将此认定为案件事实,并无不妥。[18]

(七)鉴定意见

鉴定意见是指鉴定机构或者具有专业知识的人对专业性问题作出的书面结论。对于鉴定意见涉及的事实认定,无论是行政机关执法人员还是法官一般都没有专业判断能力,因此,需要借助于专业知识作出判断。鉴定意见的来源有:(1)当事人在行政程序中委托鉴定机构所作的鉴定意见;(2)法院在诉讼程序中委托鉴定机构所作的鉴定意见。对于前者,须经法院审查之后才能确定它的证据效力。如在内蒙古自治区达拉特旗解放滩乡海子湾村梅令湾社诉内蒙古自治区达拉特旗人民政府土地确权抗诉案中,法院查实:

1997 年 6 月 10 日,内蒙古自治区人民检察院、伊盟中级人民法院和内蒙古自治区林业科学研究院(以下简称内蒙林科院)派员(其他当事人未参加)在梅令湾社员家中采集 5 株红柳,送内蒙林科院对红柳生长年限进行鉴定。鉴定认定:红柳已挖出多年。根系侧根发达,主根不明显,是扦插或压条无性繁殖的树木。通过解剖镜观测年轮数,树木基茎断面边材木质部腐朽处无法查实,能查到的年轮数分别是 20 年的 2 株,19 年的 2 株,17 年的 1 株。此次鉴定虽有部分红柳生长年限已满 20 年,但是采集样品时其他当事人或者代理人均未到场,既不能证明采集的红柳样品系争议地上生长的,亦不能证明红柳样品系梅令湾社所栽植,且鉴定结论并未排除送检红柳系扦插树木,如果是扦插树木,在扦插之前至少还有 1 年的生长期限,故此次鉴定亦不予采信。[19]

《行诉证据规定》第 14 条规定,提供鉴定结论应当符合下列要求:"被告向人民法院提供的在行政程序中采用的鉴定结论,应当载明委托人和委托鉴定的事项、向鉴定部门提交的相关材料、鉴定的依据和使用的科学技术手段、鉴定部门和鉴定人鉴定资格的说明,并应有鉴定人的签名和鉴定部门的盖章。通过分析获得的鉴定结论,应当说明分析过程。"在实务中,如果鉴定人资格不符合法律规定的要求,法院将不予采信。如在丰某江等人诉广东省东莞市规划局房屋拆迁行政裁决纠纷案中,法院认为:

由于作出评估报告的两位评估人员中有一位不具备法定评估资格,且评估人员既未对委托方房地产开发公司提供的资料进行审核,亦未能依法取证证明所采纳的租金标准,在程序上存在严重违法。东莞市规划局在未依法对该评估报告的上述事项进行审查的情况下,即采纳该评估报告作为行政裁决的依据,应认定裁决的证据不足,依法应予撤销。《最高人民法院关于行政诉讼证据若干问题的规定》第 62 条规定:"对被告在行政程序中采纳的鉴定结论,原告或者第三人提出证据证明有下列情形之一的,人民法院不予采纳:(1)鉴定人不具备鉴定资格;(2)鉴定程序严重违法……"据此,原审法院采纳该评估报告中的评估结论不妥,属适用法律错误;同时,原审法院以该评估报告作为认定被诉行政裁决合法的定案根据,属认定事实不清。[20]

(八)勘验笔录

勘验笔录是指行政机关对现场、物品进行勘查、检验时所制作的书面记录。如《自然资源行政处罚办法》第 25 条规定:"现场勘验一般由案件调查人员实施,也可以委托有资质的单位实施。现场勘验应当通知当事人到场,制作现场勘验笔录,必要时可以采取拍照、录像或者其他方式记录现场情况。无法找到当事人或者当事人拒不到场、当事人拒绝签名或盖章的,调

---

[18] 参见《最高人民法院公报》2006 年第 1 期。
[19] 参见最高人民法院行政判决书[(1999)行再字第 1 号]。
[20] 参见《最高人民法院公报》2004 年第 7 期。

查人员应当在笔录中注明事由,可以邀请有关基层组织的代表见证。"与视听资料不同的是,勘验笔录是一种事后的书面记录。如实记录是勘验笔录的基本要求,因而与鉴定意见不同,它排除了勘验人员的主观分析,也不需要勘验人员给出结论。有瑕疵的勘验笔录并非当然没有证据效力,法院需要结合案件具体情况加以综合判断。如在徐某乾诉沈阳市公安局棋盘山风景旅游开发区分局行政处罚案中,法院认为:

> 关于程序方面,上诉人对此不持异议,但提出询问付某伟的笔录与现场勘查笔录同是一个人制作,但笔体不一致,询问笔录是伪造的。经审查,上述笔录笔体不一致问题确实存在,但询问笔录的确是办案人员亲笔,勘验笔录也是公安人员对现场勘验情况的追记,并非故意伪造事实,属于公安机关办案有瑕疵,并未影响对违法事实的认定,尚不足以认定严重违反法定程序,进而导致撤销被诉行政处罚决定。[21]

(九)现场笔录

现场笔录是指行政机关在执法现场当场制作的能够证明案件事实的书面记录。从形式上看,它是一种特殊的书证。如《医疗保障基金飞行检查管理暂行办法》第17条规定:"现场检查应当至少有2名持有执法证件的检查人员参加。现场检查应当做好文字或者音像记录,记录应当及时、准确、完整、有效,客观真实反映现场检查情况。现场检查应当制作现场笔录,由当事人或者有关人员以逐页签名或者盖章等方式确认。对有关人员进行询问的,检查人员应当制作询问笔录,并经询问对象逐页签名或者捺印确认。"现场笔录中的"现场"是指:(1)笔录记载的内容是案件发生之时的情况;(2)笔录形成于"当场"。《行诉证据规定》第15条规定,提供现场笔录应当符合下列要求:"被告向人民法院提供的现场笔录,应当载明时间、地点和事件等内容,并由执法人员和当事人签名。当事人拒绝签名或者不能签名的,应当注明原因。有其他人在现场的,可由其他人签名。法律、法规和规章对现场笔录的制作形式另有规定的,从其规定。"当事人对现场笔录有异议的,法院应当依职权查明。如在尹某培诉深圳市场监督管理局宝安分局行政处理决定案中,法院认为:

> 关于原告主张被告在执法过程中存在执法人员假冒签名的问题,被告亦对法律文书中"张某浩"系他人签名的行为并无异议。虽然张某浩的签名系他人代签,但深圳市宝安区某街道办事处出具的证明以及被告作出的3月25日现场笔录,均证明事发当日执法人员张某浩、王某科同时在执法现场进行执法,该执法过程原告在现场笔录上签名确认,因此可以认定被告的行政执法行为系两名执法人员作出,张某浩系现场执法人员之一,该代签行为属执法程序瑕疵,并不影响行政程序的整体效力。[22]

(十)特别证据

1.域外证据。当事人向法院提供在中华人民共和国领域外形成的证据,应当说明它的来源,经所在国公证机关证明,并经中华人民共和国驻该国使领馆认证,或者履行中华人民共和国与证据所在国订立的有关条约中规定的证明手续。当事人提供的在中华人民共和国香港特别行政区、澳门特别行政区和台湾地区内形成的证据,应当具有按照有关规定办理的证明手续。实务中,域外证据没有上述法定手续的,法院不予采信。如在某某店诉某市场监督管理局行政处罚案中,法院认为:

> 生效的上海市闵行区人民法院(2014)闵民三(知)初字第1598号民事判决书,可以证实上海某公司自2014年1月1日起至2023年12月31日止拥有第302203号"EMPORIOARMANI"注册商标的独占许可使用权。而原告某某店提供的"阿玛尼公司"向中天品牌公司出具的授权书系域外证据,没有"经所在国公证机关证明,并经中华人民共和国驻该国使领馆认证,或者履行中华人民共和国与证据所

---

[21] 参见辽宁省沈阳市中级人民法院行政判决书[(2006)沈行终字第186号]。
[22] 参见广东省深圳市宝安区人民法院行政判决书[(2010)深宝法行初字第102号]。

在国订立的有关条约中规定的证明手续",不具有合法性,故不能证实某某某公司依法取得了第××号"EMPORIOARMANI"注册商标的使用权,因而中天品牌公司向相关公司层层出具的授权书,也不具有合法性。同时,"某集团有限公司""某集团股份有限公司"虽在汉语表述上不完全一致,但实为在美国注册的同一企业,且仍在存续状态,故原告某某店认为"某集团有限公司""某集团股份有限公司"尚不存在或不具备经营主体资格,以及上海某公司不享有第××号"EMPORIOARMANI"注册商标使用权的诉称理由,与事实不符。[23]

2. 外文书证。当事人向法院提供外文书证或者外国语视听资料,应当附有由具有翻译资质的机构翻译的或者其他翻译准确的中文译本,由翻译机构盖章或者翻译人员签名。如在高某青诉国家知识产权局发明专利权无效宣告行政纠纷案中,法院认为:

对比文件3为美国专利文献,公开日早于涉案申请的申请日,故公开的技术内容可以作为现有技术用于评价涉案申请的创造性。鉴于对比文件3为外文证据,故专利复审委员会在行政诉讼中提交了对比文件3的部分中文译文,其上盖有专利复审委员会行政诉讼专用章,表明译文由专利复审委员会翻译。高某青并未针对上述译文的准确性提出异议,故对比文件3公开内容以该译文文字记载内容为准。此外,高某青还主张对比文件3在第一次审查意见中没有出现,是后来添加的,违反法定程序。对此法院认为,本案中,实质审查部门在第二次审查意见通知书中提供了对比文件3,高某青具有听证的机会,高某青针对第二次审查意见通知书并未对申请文件进行修改,因此,法院认为实质审查部门将对比文件3作为驳回证据符合法定程序。综上,高某青针对对比文件3及其译文所提异议并无法律依据,故法院均不予支持。[24]

3. 保密证据。证据若涉及国家秘密、商业秘密或者个人隐私,当事人应当在证据材料上作出明确标注,并向法庭说明,法庭予以审查确认。当事人若主张因属保密证据不提供给法院,应当承担不提供证据的不利后果。保密证据仅仅是要求当事人不得在庭审时公开出示,法院有权得知并予以审查。如在肇庆外贸公司诉肇庆海关估价行政纠纷案中,法院认为:

被上诉人肇庆海关据以提出价格质疑和确定估价所引用的相同型号规格集成电路的价格资料,来源于其他企业的进口价格,事涉其他企业商业秘密。《海关审价办法》第38条规定:"海关对于买方、卖方或贸易相关方提供的属于商业秘密的资料予以保密。"最高人民法院《关于行政诉讼证据若干问题的规定》第37条规定:"涉及国家秘密、商业秘密和个人隐私或者法律规定的其他应当保密的证据,不得在开庭时公开质证。"一审对肇庆海关提交的这部分海关负有保密义务的证据不公开质证,处理正确。上诉人肇庆外贸公司、翱思科技公司认为此举违反法定程序,理由不能成立。[25]

第二节 举证责任及其分配

一、举证责任概述

(一)举证责任的概念

举证责任是指当事人就自己向法院提出的主张,有提供证据加以证明的责任。这种"责

---

[23] 参见安康铁路运输法院行政判决书[(2023)陕7101行初29号]。
[24] 参见北京知识产权法院行政判决书[(2016)京73行初850号]。
[25] 参见《最高人民法院公报》2006年第5期。

任"就其性质而言,可以用"败诉风险"[26]、"负担"、"义务"[27]甚至"权利"[28]加以诠释,这也可以说明举证责任是一个多义性的概念。举证责任是法院确定当事人胜、败诉的一种程序规则,即如果穷尽所有依职权调查手段之后,案件事实仍然处于真伪不明状态,法院就应当依照举证责任分配规则作出裁判,承担举证责任一方所提供的证据不能使案件事实真伪分明的,应当承担败诉后果。从这个意义上说,只要明确举证责任分配规则,就没有法院不能作出裁判的案件。

(二)行政诉讼中的举证责任

举证责任并非归于一方当事人,不同诉讼类型之间的差异性,影响举证责任在当事人之间的分配,并确定法院裁判当事人胜诉或败诉的基本规则。举证责任的核心内容是"谁主张,谁举证"。这在民事诉讼中是合理的,但在刑事诉讼、行政诉讼中若采用"谁主张,谁举证",那么非国家一方当事人在诉讼中可能会处于十分不利的状态,难以对抗强势的国家权力。因此,在刑事诉讼中,因为代表国家的检察机关是强者,所以应当承担举证责任,而作为被告的个人在例外情况下才需要承担举证责任,"无罪推定原则"因此得以确立;在行政诉讼中,也因为代表国家的行政机关是强者,且以它作出的行政行为为行政诉讼客体,所以在依法行政基本原理支持下,它应当承担举证责任,而作为原告的公民、法人或者其他组织在例外情况下才需要承担举证责任,"违法推定原则"因此得以确立。违法推定具有可反驳性,即被告可以尽其所能基于它已经获得的证据进行质辩、反驳,以推翻"违法推定"的结论。若在诉讼程序结束时,被告未能推翻"违法推定"的结论,则"违法推定"所得结论在法律上成立。

在行政诉讼中,法院审查支撑被诉行政行为合法性的证据,该证据原则上是被告在行政程序中已经收集的,且作为定案的证据,所以,行政诉讼的事实审查应当遵循"案卷排他主义"。由此确立的被告对被诉行政行为合法性负举证责任,体现了行政诉讼具有保护弱者,追求法律实质平等的法治精神。被告对被诉行政行为合法性负举证责任,要求行政机关遵守"先取证、后裁决"程序规则。因行政程序中行政机关与公民、法人或者其他组织地位的差异性,决定了公民、法人或者其他组织收集证据能力不强,又因政府信息公开程度低,公民、法人或者其他组织难以获取有利于自己的证据,故确立被告对被诉行政行为合法性负举证责任的规则,可以提升公民、法人或者其他组织在行政诉讼中的"诉讼能力"。

二、被告的举证责任

(一)举证对象

《行政诉讼法》第34条第1款规定:"被告对作出的行政行为负有举证责任,应当提供作出该行政行为的证据和所依据的规范性文件。"由此可知,行政诉讼中被告举证所要证明的对象是被诉行政行为。因"所依据的规范性文件"不是事实问题,故不是被告举证的对象。在行政赔偿诉讼中,被告原因导致原告无法就损害事实举证的,应当由被告就该损害事实承担举证责任。实务中,如行政机关强制拆除违法建筑时,损毁了室内原告的财物,导致原告无法就

---

[26] 《行诉证据规定》第1条第1款规定:"根据行政诉讼法第三十二条和第四十三条的规定,被告对作出的具体行政行为负有举证责任,应当在收到起诉状副本之日起十日内,提供据以作出被诉具体行政行为的全部证据和所依据的规范性文件。被告不提供或者无正当理由逾期提供证据的,视为被诉具体行政行为没有相应的证据。"

[27] 《行诉证据规定》第9条规定:"根据行政诉讼法第三十四条第一款的规定,人民法院有权要求当事人提供或者补充证据。对当事人无争议,但涉及国家利益、公共利益或者他人合法权益的事实,人民法院可以责令当事人提供或者补充有关证据。"

[28] 《行诉证据规定》第7条规定,原告"逾期提供证据的,视为放弃举证权利"。

赔偿金额提供证据,那么此时,该举证责任转移到被告一方。

(二)举证期限

《行政诉讼法》第67条第1款规定:"人民法院应当在立案之日起五日内,将起诉状副本发送被告。被告应当在收到起诉状副本之日起十五日内向人民法院提交作出行政行为的证据和所依据的规范性文件,并提出答辩状。"根据这一规定,被告举证期限为15日,即被告在收到法院送达的起诉状副本之日起15日之内,应当向法院提交答辩状和作出行政行为时的证据、依据。因没有特别规定,故举证期限15日应当包括法定休假日。被告不提出书面答辩状,不影响法院审理。

关于被告举证期限的规定,有两个问题需加说明:(1)被告对管辖权有异议的,应当在此举证期限内提出;如果异议被法院驳回,则举证期限是被告收到驳回通知书之日起15日之内。(2)对诉讼客体之外的诉讼事项争议,如原告起诉期限等,原则上应与原告样,被告举证期限应为一审庭审之前或者法院指定的交换证据清单之日。

被告举证期限应为一审庭审之前或者法院指定的交换证据清单之日。从被告作出被诉行政行为之后到原告起诉之前这段时间中,若被告取得了可以支持被诉行政行为合法性的证据,依照《行政诉讼法》和《行诉解释》规定的原则、精神,应当加以排除。但是,在实务中被告这种做法有时也会被法院认可、采纳。如在项某仙等诉余姚市房地产管理局案中,法院认为:

> 被上诉人在拆迁对象未依法取得建设用地批准文书,仅凭用地联系单进行审批,程序存在不当之处,但事后第三人已采取了补救措施,在原告起诉前已依法取得了用地批准文书,且用地批准文书与拆迁范围相一致。……因此,上诉人上诉要求撤销被上诉人的房屋拆迁许可证理由不足,本院不予支持。[29]

在特殊情况下,被告举证期限有两个例外情形:(1)延期提供,即被告在作出行政行为时已经收集到的证据,因不可抗力等正当事由不能提供,经法院准许,可以延期提供。在这个例外情形中,需要注意两个问题:第一,延期提供的证据是被告在作出行政行为时已经收集到的证据,若是作出行政行为之后收集到的证据,则不能作为延期提供的证据。第二,"正当事由"作为不确定法律概念由法院在个案中界定。为防止行政机关"先决定,后取证","正当事由"宜作从严解释,行政机关需要承担更重的理由说明负担。被告申请延期提供证据,应当在收到起诉状副本之日起15日内以书面方式向法院提出。法院准许延期提供的,被告应当在正当事由消除后15日内提供证据;逾期提供的,视为被诉行政行为没有相应的证据。(2)补充提供,即原告或者第三人提出了在行政处理程序中没有提出的理由或者证据的,经法院准许,被告可以补充证据。在这个例外中,也需要注意两个问题:第一,将补充提供证据限定在"行政处理程序"之中发生的情形,是为了防止原告或者第三人在诉讼中搞"突袭",确保被告诉讼防卫"机会均等"。第二,补充证据的对象不限于"证据",还包括"理由"。之所以将"理由"也列入补充证据的对象,是因为反驳"理由"并非只靠逻辑,有时还需要证据。

(三)举证内容

被告举证内容是作出被诉行政行为的证据。对此,《行政诉讼法》第34条第1款已有明确规定,但该条第2款规定:"被告不提供或者无正当理由逾期提供证据,视为没有相应证据。"结合该条第1款可以得出一个结论,被告不提供"所依据的规范性文件",不会承担败诉责任。也就是说,要求被告提供"所依据的规范性文件",并不是提举证内容,毋宁是法院能够

---

[29] 参见浙江省宁波市中级人民法院行政判决书[(2004)甬行终字第4号]。

正确、及时了解被诉行政诉讼"所依据的规范性文件",便利于法院进行合法性审查。

(四)未在法定期限内举证的后果

《行政诉讼法》第34条第2款规定:"被告不提供或者无正当理由逾期提供证据,视为没有相应证据。"此为法律拟制条款,即法定事实一旦出现,相应的法效果为法律所认可,当事人无须提供证据支持。如在陈某诉徐州市泉山区城市管理局行政处罚案中,法院认为:

> 被告城市管理局在收到原告起诉状副本后的法定期限内,未向法庭提交暂扣原告陈某物品的证据和依据,依照《最高人民法院关于执行〈中华人民共和国行政诉讼法〉若干问题的解释》第26条第2款,应认定该暂扣行为无证据和依据,属于违法行政行为,应予撤销。城市管理局应返还违法扣押陈某的海尔314型冰柜1台、遮阳伞1把。违法暂扣的手推车和冰柜内的食品、饮料也应予返还;但鉴于城市管理局现在已无法返还手推车和冰柜内的食品、饮料,故应予折价赔偿。[30]

该案中,因被告就暂扣原告陈某物品的合法性未在法定期限内举证,故法院明确推定被告的暂扣行为没有证据和依据。被告没有在法定举证期限内提供"所依据的规范性文件"的,《行政诉讼法》和《行诉证据规定》都没有规定不利于被告的法律后果。实务中,例如,在定陶永昌交通运输服务有限公司诉汶上县交通运输局行政处罚案中,法院认为:

> 根据《中华人民共和国行政诉讼法》第34条第1款的规定,被告对作出的行政行为具有举证责任,应当提供作出该行政行为的证据和所依据的规范性文件。第2款规定,被告不提供或者无正当理由逾期提供证据,视为没有相应证据。但是,被诉行政行为涉及第三人合法权益,第三人提供证据的除外。本案中,被告在法定期限内向本院提供了被诉行政行为的证据和行政答辩状,并在行政答辩状中说明了所依据的规范性文件,且涉诉的行政处罚决定书已明确载明了所依据的法律规定,庭审中,被告亦说明了所依据的规范性文件。原告辩解被告只向法庭提交了被诉行政行为的证据,未提交所依据的规范性文件,应认定被诉行政行为没有证据、依据的观点,与上述法律规定不符,应不予支持。[31]

又如,在罗某兰与丰都县水务局确认行政批复违法行政纠纷案中,法院认为:

> 根据《重庆市河道管理条例》第8条,被告丰都县水务局作为县级河道主管机关,具有对本行政区域河道管理范围内工程建设方案的审查职权。针对原告提交的《丰都县羊鹿沟砂石加工场涉河建设方案及洪水影响评价报告》,被告依法应当按照防洪要求进行审查,并作出批复。根据《中华人民共和国行政诉讼法》第34条"被告对作出的行政行为负有举证责任,应当提供作出该行政行为的证据和所依据的规范性文件。被告不提供或者无正当理由逾期提供证据,视为没有相应证据",被告丰都县水务局未依法提供证明批复合法的事实证据,作出的行政批复应当视为没有证据,依法应予撤销。[32]

被告没有在法定举证期限内提供"规范性文件"的,《行政诉讼法》和《行诉证据规定》都没有规定不利于被告的法律后果,故应当认为这对被诉行政行为的合法性不产生影响。在《行诉证据规定》实施之后,实务中法院也是这样处理的,如在朱某娟等诉上海市浦东新区建设和交通委员会行政拆迁案中,法院认为:

> 被上诉人未在收到起诉状副本之日起10日内提供作出具体行政行为所依据的规范性文件,确有不当,但本院注意到,被上诉人作出具体行政行为所依据的拆迁规范已在房屋拆迁裁决书上详细、明确载明,且这些拆迁规范均向社会公开,故两上诉人以此为由请求撤销被诉拆迁裁决,本院难以支持。[33]

---

[30] 参见《最高人民法院公报》2003年第6期。
[31] 参见山东省汶上县人民法院行政判决书[(2016)鲁0829行初296号]。
[32] 参见重庆市涪陵区人民法院行政判决书[(2016)渝0102行初字167号]。
[33] 参见上海市第一中级人民法院行政判决书[(2010)沪一中行终字第234号]。

《行政诉讼法》第 34 条第 2 款所确立的"视为没有相应证据"规则,如果适用时不考虑例外情况,在被诉行政行为涉及第三人合法权益时,可能会损害第三人的合法权益,因此,《行政诉讼法》第 34 条第 2 款创设了一个但书条款,即"被诉行政行为涉及第三人合法权益,第三人提供证据的除外"。在"视为没有相应证据"规则之下,被诉行政行为不涉及第三人合法权益,但可能损害国家利益、社会公共利益时,应当如何处理呢?对此,《行政诉讼法》又创设了"责令当事人提供或者补充证据"[34]和"法院依职权调取证据"[35]两项证据规则加以补充。这些证据规则在最高人民法院其他司法解释中也有体现。如《行政许可规定》第 8 条第 1 款规定:"被告不提供或者无正当理由逾期提供证据的,与被诉行政许可行为有利害关系的第三人可以向人民法院提供;第三人对无法提供的证据,可以申请人民法院调取;人民法院在当事人无争议,但涉及国家利益、公共利益或者他人合法权益的情况下,也可以依职权调取证据。"

(五)正当理由

《行政诉讼法》第 34 条第 2 款规定:"被告不提供或者无正当理由逾期提供证据,视为没有相应证据。但是,被诉行政行为涉及第三人合法权益,第三人提供证据的除外。"根据这一规定,被告若有"正当事由",可以延期提供证据,但是,被告应当向法院履行提交书面申请的义务,并获得法院的准许。如何解释"正当理由",事关上述条款立法目的的实现。在实务中,被诉行政行为所涉的卷宗被盗,导致行政机关不能在法定期限内提交证据的,可以成为"正当事由"之一。如在张某生诉启东市运输管理所交通行政强制措施案中,被告辩称,因所里违章处理办公室发生盗窃,包括原告涉嫌违法营运一案在内的部分行政执法案卷被盗,无法提供原始行政执法卷宗材料。侦查机关材料和经法院准许的补充材料等证据,可以证明原告未取得道路运输经营许可擅自从事道路运输客运经营。对此,法院认为:

> 根据最高人民法院《关于行政诉讼证据若干问题的规定》之规定,被告因行政执法案卷被盗而无法提供原始证据材料的,属客观上不能控制的正当事由。而警方对原乘车人的调查材料,以及被告经法院准许对原乘车人作的补充调查材料,均反映了事发当日,被告方工作人员曾对她们作过询问并制作了笔录,且与原告向警方自述的"经过"内容相吻合。被告虽在行政行为作出后由于客观上无法控制的原因不能向法庭提供原始的证据,但现能提供的合法证据,证明了被告在作出具体行政行为前已合法行了调查取证这一程序,同时印证了原告具有违法营运这一客观事实。[36]

但是,如下情形法院认为不属于"正当事由":(1)其他单位未移交档案。行政职权发生承继时,与承继职权相关的行政档案也应当一并移交。但是,被告如果以"其他单位未移交档案"为由,不在法定期限内向法院提交证据,在行政诉讼中不能作为"正当事由"进行抗辩。如在唐某明诉安阳县人民政府土地行政登记案中,法院认为:

> 本案一审原告唐某成所诉的安阳县集建(92)字第 31201 号集体建设用地使用证的颁证单位是安阳县人民政府,后虽经行政区划调整该土地证所指地块改为安阳市龙安区的管辖区域,但颁证的具体行政行为完成于行政区划调整前,故安阳县人民政府仍是本案适格被告。安阳县人民政府作为颁证单位对颁证依据的材料具有保管义务,其称因土地档案原由乡镇保管,行政区划调整后该地块又因划出安阳县辖区范围而未移交收到档案,因而不能在法定期限内提供证据,该理由系其内部档案管理交接

---

[34]《行政诉讼法》第 39 条。
[35]《行政诉讼法》第 40 条。
[36] 参见江苏省启东市人民法院行政判决书[(2005)启行初字第 0029 号];江苏省南通市中级人民法院行政判决书[(2005)通中行终字第 0116 号]。

问题,以此来作为不按期举证的正当事由于法无据,不予支持。[37]

(2)行政机关经办人出国。案件经办人的变动或者出国,有时可能影响被告答辩工作的交接,向法院及时提交证据的效率,但这不是被告可以在法定期限之外提交证据的"正当事由"。如在顾某诉上海市城市规划局规划建设行政许可案中,法院认为:

> 被告以经办人员出国为延期举证的正当理由,该事项不属于不可抗力或客观上不能控制的正当理由,延期举证的理由不成立。被告依法本应承担逾期举证的全部法律后果,但考虑到本案被告作出的规划建设许可行政行为的特点,其利益不但涉及本案当事人,还涉及案外的其他众多行政相关人。因此在被诉具体行政行为经审查基本合法的前提下,在责令被告承担逾期举证法律后果的同时,从平等、公正维护各方利益的角度出发,必须考虑或者尽可能避免不因被告在诉讼中的举证过失,去危及甚至损害其他行政相对人或相关人的合法权益。[38]

该案中,法院对案件所涉的被诉行政行为进行了整体性评估。若将被告作出的行政许可因未在法定期限内举证而视为没有证据予以撤销,那就有可能影响案外的其他众多行政相关人的合法权益。虽然法院最后作出了驳回原告诉讼请求判决,但法院还是确认了"行政机关的经办人员出国"不是延期举证的法定事由。

行政机关在一审、二审程序中因自身原因未在法定期限内举证,但在再审程序中以"新证据"为由提供作出被诉行政行为证据的,最高人民法院明确加以否定。如在锦州坤泰房地产开发有限公司诉辽宁省锦州市凌河区人民政府行政协议案中,最高人民法院认为:

> 凌河区人民政府申请再审时提交的证据,均系未在一、二审向法庭提交的证据。《中华人民共和国行政诉讼法》第34条第2款规定,被告不提供或者无正当理由逾期提供证据,视为没有相应证据。本案系再审审查程序,再审审查的对象是生效裁判,审判监督程序设置的目的,是救济权利义务严重失衡,严重背离法治准则的错误裁判;在保障当事人合法权益的同时,要考虑裁判既判力和司法成本,在逾期举证正当理由的标准上,要体现督促行政机关在一、二审程序中及时举证,将诉讼权利用尽的原则。根据《最高人民法院关于行政诉讼证据若干问题的规定》第51条的规定,按照审判监督程序审理的案件,对当事人依法提供的新的证据,法庭应当进行质证。根据第52条的规定,第51条中的"新的证据"是指以下证据:(1)在一审程序中应当准予延期提供而未获准许的证据;(2)当事人在一审程序中依法申请调取而未获准许或者未取得,人民法院在二审程序中调取的证据;(3)原告或者第三人提供的在举证期限届满后发现的证据。可见行政诉讼中对行政机关逾期举证的条件作出了严格限制,行政机关因自身主观原因在原一、二审中未能提交证据,不属于逾期举证正当理由成立的情形。故对凌河区人民政府提交的系"新证据"的主张,本院不予支持。[39]

(六)起诉期限的争议

被告若对原告起诉期限有异议,应当承担举证责任。之所以设置这一举证规则,是因为法律规定被告在作出行政行为时负有告知行政相对人的义务。因此,一旦发生原告起诉是否超过法定期限的争议,被告可以将履行这一义务的证据(如送达回证)提供给法院,即可以证明原告起诉是否已经超过法定期限的事实。

在行政诉讼中,要求被告在举证期限内举证,有利于法院及时审理案件,查明案件真相。若被告逾期举证,在查明案件事实方面,法院并非无所作为,如在海南灿兴实业开发有限公司诉海南省海口市人民政府土地行政处罚及行政复议案中,最高人民法院认为:

---

[37] 参见河南省安阳市中级人民法院行政判决书[(2009)安行终字第16号]。
[38] 参见上海市徐汇区人民法院行政判决书[(2003)徐行初字第13号]。
[39] 参见最高人民法院行政裁定书[(2020)最高法行申238号]。

设定被告举证期限,目的是督促被告及时履行举证义务,防止被告在法庭上搞证据突袭,影响原告质证和辩论权利的公平行使,从而更加有利于查明案件的事实真相。设定被告举证期限,绝不是要掩盖事实真相,造成人民法院事实认定黑白颠倒的结果。行政诉讼中,被告逾期举证的,人民法院必须查明是否存在被告因不可抗力或者客观上不能控制的其他正当事由逾期举证的情形。即便是行政机关工作人员的故意或重大过失导致被告逾期举证,如果案件涉及国家利益、公共利益或者他人合法权益的事实认定,或者涉及依职权追加当事人、中止诉讼、终结诉讼、回避等程序性事项,人民法院也应当依法向被告行政机关或者其他知情人员调取证据,从而查明案件事实。对于存在故意或重大过失造成逾期举证的行政机关工作人员,人民法院可以依照《中华人民共和国行政诉讼法》第59条第1款第2项以隐藏证据,妨碍人民法院审理案件为由,予以训诫、责令具结悔过或者处1万元以下的罚款、15日以下的拘留;构成犯罪的,依法追究刑事责任。[40]

三、原告的举证责任

一般情况下,原告向法院提供初步证据之后,经审查,只要满足启动行政诉讼程序的法定条件,法院就应当推定被诉行政行为违法。当起诉书副本送达被告之后,被告必须在法定期限内提供作出被诉行政行为的证据、依据,推翻这一违法推定,否则,被告应当承担败诉责任。早先学理上的认识是,既然行政机关作出行政行为要有证据、依据,那么,在原告提起行政诉讼之后,行政机关把当时收集的证据、依据交给法院,就可以证明被诉行政行为合法。也就是说,在行政诉讼中,原告不需要承担证明被诉行政行为违法性的举证责任,因此,《行政诉讼法》(1989)没有规定原告的举证责任。但在后来的行政诉讼实践中发现,对于某些案件事实争议若原告不承担举证责任,法院就难以查明,诉讼程序也无法推进,或者由被告来承担举证责任不尽合理,甚至被告客观上不可能有证据可以提交。因此,《行诉证据规定》和《行政诉讼法》规定了原告举证责任。

(一)原告举证情形

1.在起诉被告不作为的案件中,原告应当证明提出申请的事实。在起诉被告不作为之前,原告应当曾向被告提出过申请,因关于这一申请事实的相关证据都是原告自己形成的,如"申请书""寄送凭证"等,所以,由原告承担举证责任更为合理、可行。只要原告提出能够证明"申请书"已经到达被告的证据,他与被告在行政法上的权利义务关系即告成立,被告就应当针对原告的申请履行法定职责。

但是,在起诉被告不作为的案件中,下列两种情形除外:(1)被告应当依职权主动履行法定职责。在不需要申请的前提下,被告应当主动履行法定职责时,行政程序启动与否在于被告的决定,因此,对于被告依职权主动履行法定职责中的不作为,原告不承担举证责任。(2)原告因被告受理申请的登记制度不完备等正当事由,不能提供相关证据材料并能够作出合理说明。被告负有设置登记制度的义务,以备接收公民、法人或者组织的申请并出具收据。如被告无完备的登记制度,导致在原告是否已经提出申请的事实上发生争议,那么只要原告能够作出合理的说明,对是否提出了申请这一事实的争议就不承担举证责任。

2.在行政赔偿、补偿的案件中,原告应当对行政行为造成的损害提供证据。行政赔偿、行政补偿若不涉及行政行为合法性问题,可以采用"谁主张,谁举证"的证据规则。因对行政行为违法造成的损害状况,原告自己最为清楚,也最容易取得相关证据,所以,由原告对行政行为造成的损害状况提供证据,合情合理。但是,被告原因导致原告无法就行政行为的损害状

---

[40] 参见最高人民法院行政裁定书[(2019)最高法行申7705号]。

况部分提供证据的,对原告提出的合理诉求,法院应当予以支持。如在沙某保等诉马鞍山市花山区人民政府强制拆除行政赔偿案中,法院认为:

> 马鞍山市花山区人民政府组织拆除上诉人的房屋时,未依法对屋内物品登记保全,未制作物品清单并交上诉人签字确认,致使上诉人无法对物品受损情况举证,故该损失是否存在及具体损失情况等,依法应由马鞍山市花山区人民政府承担举证责任。上诉人主张的屋内物品5万元包括衣物、家具、家电、手机等,均系日常生活必需品,符合一般家庭实际情况,且被上诉人亦未提供证据证明这些物品不存在,故对上诉人主张的屋内物品种类、数量及价值应予认定。上诉人主张实木雕床价值为5万元,已超出市场正常价格范围,且上诉人不能确定该床的材质、形成时间以及与普通实木雕花床有何不同等,法院不予支持。但出于最大限度保护被侵权人的合法权益的考虑,结合目前普通实木雕花床的市场价格,按"就高不就低"的原则,综合酌定该实木雕花床价值为3万元。[41]

当原告质疑被告专业判断超过合理限度时,应当承担举证责任。在姜堰市新惠奶牛养殖专业合作社诉姜堰市人民政府行政强制案中,最高人民法院认为:

> 《江苏省口蹄疫防控应急预案》第2.1条规定:"动物疫病预防控制机构接到疫情报告后,立即派出两名以上具备相关资格的防疫人员到现场进行临床诊断,符合口蹄疫典型症状的可确认为疑似病例。"本案中,姜堰区人民政府在接到疫情报告后,姜堰区疫控中心和泰州市疫控中心即派出4名具备兽医资质的兽医到现场进行临床诊断并经会诊确认新惠奶牛合作社场区内养殖的奶牛为疑似口蹄疫病例,符合上述程序规定。根据农业部《口蹄疫防控应急预案》第4.1条"在发生疑似疫情时……必要时采取封锁、扑杀等措施"的规定,只需发生疑似疫情,确有必要时,即可由行政机关采取封锁、扑杀等处置措施。因此,姜堰区人民政府在疑似口蹄疫疫情发生后,作出封锁、扑杀等措施,程序合法。
>
> 《口蹄疫防控应急预案》第4.1条规定,"在发生疑似疫情时……必要时采取封锁、扑杀等措施",因此本案中姜堰区人民政府对奶牛全部扑杀的决定亦在规则赋予的权限范围之内。对奶牛实施全部扑杀是否确有必要,行政机关有权在疫情发生时做出专业判断。申请人未能提供被申请人将奶牛全部扑杀的行为超过了合理限度的证据。
>
> 根据《国家赔偿法》和最高人民法院《关于审理行政赔偿案件若干问题的规定》的规定,行政机关承担行政赔偿责任的前提是行政行为被确认违法。本案中,姜堰区人民政府的应急处置措施已被确认是合法的,申请人请求姜堰区人民政府就其所遭受的损失进行赔偿的诉讼请求缺乏事实依据和法律依据。[42]

在实务中,有下列行政赔偿情形的,因受害人举证不能,应当由被告承担举证:(1)受害人失去人身自由时受到伤害的;(2)受害人被行政机关带走之后失踪的。被诉行政行为程序违法,导致原告难就损害事实提供充分证据甚至无法提供证据的,在行政赔偿诉讼中,法院应当适当降低原告证明责任,以体现保护相对人合法权益的行政诉讼立法目的。[43] 被告原因致原告虽能证明受到损害但对赔偿数额无法举证时,基于公平原则,赔偿数额的确定适用举证责任倒置。[44]

证明起诉符合法定条件是否属于原告举证责任的范围,《行政诉讼法》没有作出明确的规定。《行政诉讼法》第49条第3项规定,原告提起行政诉讼要"有具体的诉讼请求和事实依

---

[41] 参见最高人民法院指导案例91号。
[42] 参见最高人民法院行政裁定书[(2016)最高法行申1355号]。
[43] 参见增城市大恒科技实业有限公司诉增城市城乡规划局行政强制拆除案,载中华人民共和国最高人民法院行政审判庭编:《中国行政审判案例》(第3卷),中国法制出版社2013年版,第48页。
[44] 参见禄某顺、邢某英诉郑州市中原区人民政府行政强制措施及行政赔偿案,载中华人民共和国最高人民法院行政审判庭编:《中国行政审判案例》(第3卷),中国法制出版社2013年版,第54页。

据"。这一规定被解释为隐含原告必须对起诉条件承担举证责任的立法本意。为此,《行诉证据规定》第 4 条第 1 款规定:"公民、法人或者其他组织向人民法院起诉时,应当提供其符合起诉条件的相应的证据材料。"这里的"相应的证据材料"并非严格意义上的证据,它与初步证明责任的要求相当。如果原告未尽初步举证责任,法院可能将驳回原告诉讼请求。如在崔某超诉济南市槐荫区人民政府拆迁行政强制案中,最高人民法院认为:

> 人民法院对是否存在被诉行政行为以及被诉行政行为是否由被诉行政机关作出等事实的认定,应当达到清楚而有说服力的标准。在相关事实无法确认的情况下,负有举证责任的当事人应当承担举证不能的法律后果。《最高人民法院关于行政诉讼证据若干问题的规定》第 4 条第 1 款规定,公民、法人或者其他组织向人民法院起诉时,应当提供其符合起诉条件的相应的证据材料。根据该规定确立的举证责任分配原则,原告在提起诉讼时,应当负有证明被诉行政行为存在以及该行为由被告作出等基本事实的义务。本案中,再审申请人提交的证据虽然说明房屋存在断水断电、屋后存在施工作业等情形,但不能证明上述行为均系由房屋征收服务中心实施。至于相关建设项目的拆迁许可证是否失效,与本案认定再审申请人所称的强迫搬迁行为的实施主体并无必然联系。因此,一审法院判决驳回再审申请人"确认槐荫区人民政府采取断水断电的方式迫使原告搬迁的行为违法,并责令槐荫区人民政府立即恢复原告房屋的供水供电,保证原告房屋的正常居住"的诉讼请求,二审法院判决予以维持,均无不当。对再审申请人的再审请求,本院不予支持。[45]

(二) 原告举证期限

《行诉解释》第 35 条第 1 款规定:"原告或者第三人应当在开庭审理前或者人民法院指定的交换证据清单之日提供证据。因正当事由申请延期提供证据的,经人民法院准许,可以在法庭调查中提供。逾期提供证据的,人民法院应当责令其说明理由;拒不说明理由或者理由不成立的,视为放弃举证权利。"该条中,"在开庭审理前"应作"一审开庭之前"解释。"在开庭审理前"不能被机械地解释为开庭当天法官当庭敲响法槌之前。虽然它仍在文义之内,但这种解释可能导致不能给予被告、第三人合理准备时间,且有"突然袭击"之嫌而与诉讼公平原则不合。因此,这里的"在开庭审理前"宜解释为开庭前,以能够给被告、第三人留有核查新证据的"合理准备时间"为宜。

原告无正当理由延期举证主要有两种情形:(1) 原告或者第三人在第一审程序中无正当事由未提供证据而在第二审程序中提供证据,不予接纳。(2) 被告有证据证明在行政程序中依照法定程序要求原告或者第三人提供证据,原告或者第三人依法应当提供而没有提供,而在诉讼程序中提供证据,一般不予采纳。在实务中,如松业石料厂诉荥阳市劳动保障局工伤认定案中,法院认为:

> 对上诉人松业石料厂未在行政程序中提交而在诉讼程序中提交的 4 个证据,被上诉人荥阳市劳动保障局和第三人李某波在一审质证时均持异议。在决定取舍这样的证据时,司法解释既然规定"一般不予采纳"而不是"一律不予采纳",就不能只从形式上看该证据是何时提交的,还应当从内容上看采纳该证据是否有利于人民法院查明案情。……从 4 个证据的内容分析,这 4 个证据完全能在行政机关调查工伤情况时形成,松业石料厂当时如果持有这 4 个证据,完全有条件向行政机关提供。松业石料厂不在工伤认定协助调查通知书指定的期间内向行政机关提交这些证据,确实违背了《行政诉讼证据规定》第 59 条的规定。一审在这些证据受到对方当事人质疑的情况下,根据《行政诉讼证据规定》第 59 条的规定,决定不采纳松业石料厂提供的有疑问证据,是正确的。[46]

---

[45] 参见最高人民法院行政裁定书[(2016)最高法行申 180 号]。
[46] 参见《最高人民法院公报》2005 年第 7 期。

四、第三人的举证责任

(一)作为第三人的公民、法人或者其他组织

作为第三人的公民、法人或者其他组织参加行政诉讼,有时谋求的利益具有独立性,有时则与原告或者被告一致。在利益关系结构上,前者称为三角模式,后者称为并列模式,但无论哪种利益模式,第三人都需为自己的主张承担举证责任。在举证时间上,应当与原告一样,在开庭审理前或者法院指定的交换证据清单之日。若有正当事由,经法院准许,可以在法庭调查中提供。在被告不提供或者无正当理由逾期提供证据的情况下,第三人可以为保护自己的利益提供证据,证明被诉行政行为的合法性。

(二)作为第三人的行政机关

行政机关作为第三人参加行政诉讼的,原本的身份应该是被告,但由于原告起诉时没有列它为被告,也不同意法院把它追加为被告,因此,为了审查案件,法院通知行政机关作为第三人参加诉讼(行政复议机关应当列为共同被告)。作为第三人的行政机关,因原本具有被告的身份,故举证应当遵守被告的举证责任规则。因此,《行政诉讼法》第34条第2款中的"第三人"应当限缩解释为"作为第三人的公民、法人或者其他组织"。

第三节 证据的提供与补充

一、证据提供与补充的限制

(一)依照法院的要求

"依照法院的要求"可以分为两种情形:(1)涉及国家利益、公共利益或者他人合法权益的证据。《行政诉讼法》第39条规定:"人民法院有权要求当事人提供或者补充证据。"法律赋予法院要求当事人提供或者补充证据的权利,有助于法院作出公正的裁判。但是,由于《行政诉讼法》《行诉证据规定》和《行诉解释》对当事人的举证规则作出了明确规定,故若对法院要求当事人提供和补充证据不作任何限制,那么在个案中法律规定的举证规则目的可能被虚置。因此,《行诉解释》第37条规定:"根据行政诉讼法第三十九条的规定,对当事人无争议,但涉及国家利益、公共利益或者他人合法权益的事实,人民法院可以责令当事人提供或者补充有关证据。"根据这一规定,"当事人无争议,但涉及国家利益、公共利益或者他人合法权益的事实"是法院要求当事人提供或者补充证据的限制条件。(2)涉及对原告或者第三人有利的证据。《行诉解释》第46条第1款规定:"原告或者第三人确有证据证明被告持有的证据对原告或者第三人有利的,可以在开庭审理前书面申请人民法院责令行政机关提交。"有的证据被告不提交,可能导致败诉风险;有的证据被告不提交,不会导致败诉风险,但对原告或者第三人不利。前者为举证责任,后者则是举证义务。被告履行举证义务,有利于原告或者第三人维护自己的合法权益,也有利于法院查明案件事实。如果被告无正当理由拒绝履行举证义务,法院可以推定原告或者第三人基于该证据主张的事实成立。

(二)依照法院的准许

《行政诉讼法》第36条第2款规定:"原告或者第三人提出了其在行政处理程序中没有提出的理由或者证据的,经人民法院准许,被告可以补充证据。"根据这一规定,行政机关在行政处理程序中必须全面、充分调查案件事实,达到案件事实清楚,证据确凿的程度。这是依法行政原理的基本要求。因此,当原告或者第三人提出了在行政处理程序中没有提出的理由或者证据时,作为被告的行政机关并不当然有补充证据的诉讼权利,它必须获得法院准许。当然,如果原告或者第三人在行政诉讼中才提交这些理由或者证据,这对行政机关来说可能是十分不利的。有些理由,若原告或者第三人不说,行政机关是无法知道的;有些证据,若原告或者第三人隐藏起来,行政机关可能根本没有办法获得。如果允许原告或者第三人的这种做法,那么原告或者第三人可以利用"诉讼技巧"置行政机关于败诉之地。因此,法院在决定是否"准许"时,应当充分考虑这个因素。在行政审理程序中,原告或者第三人应当将对自己有利的全部理由或者证据提交给行政机关,使行政机关获得一个全面、充分考虑处理结果的机会,原告或者第三人也可以因此获得公平、公正对待。

二、证据提供与补充的内容

(一)证据提供

证据提供,即在行政案件中某些待证事实没有任何证据的情况下,由当事人依照法院的要求或者准许提供证据。如在贵州天兴实业有限公司诉安顺市国家税务局稽查局等税务行政处理案中,法院认为:

《中华人民共和国行政诉讼法》第39条规定,人民法院有权要求当事人提供或补充证据。本案中,被上诉人安顺市稽查局虽未在举证期限内提交延长检查时限的证据材料,但一审法院依法有权要求被上诉人安顺市稽查局于庭前证据交换结束当日提供上述证据,被上诉人安顺市稽查局亦在一审法院指定期限内提交上述证据,且经一审庭审出示上述证据,进行庭审质证。故对于上诉人认为被上诉人安顺市稽查局未在法定举证期限内提交相关证据视为没有证据的上诉理由,不予认可[47]。

在二审程序中,法院是否有权要求被告提交证据,《行政诉讼法》和最高人民法院《行诉解释》没有明确规定。这个问题涉及对《行政诉讼法》第39条适用范围的解释。如在王某斌诉柳州市柳北区人民政府行政征收行政纠纷案中,最高人民法院认为:

为了查清王某斌未经登记的建筑面积是否经过有关部门认定和处理,依据《中华人民共和国行政诉讼法》第39条"人民法院有权要求当事人提供或者补充证据"的规定,二审法院要求柳北区人民政府提供证据。柳北区人民政府提交了证明柳北区城管执法局已对上述未经登记的建筑面积作出处罚决定的17份证据材料,而王某斌提交的证据不足以否定上述17份证据材料的证明力,故对于二审查明的柳北区城管执法局已于2013年6月27日作出柳城管柳北规划行决字(2013)第1155号行政处罚决定的事实,本院予以认可[48]。

该案中,根据《行政诉讼法》第39条,二审法院要求被告提交相关证据,最高人民法院认可了这一做法。原告或者第三人在第一审程序中无正当事由未提供而在第二审程序中提供的证据,法院不予接纳。但是,法院可以依照《行政诉讼法》第39条的规定,要求原告或者第三人提交证据。

(二)证据补充

某些证据不能单独证明案件事实,需要结合其他证据补充它的证明效力,才能作为定案证据,即证据补充。需要被补充的证据并不是没有证明效力,而是因自身存在某些瑕疵而减损了证明效力,丧失了独立证明案件事实的资格。如无法与原件、原物核对的复制件或者复

---

[47] 参见贵州省安顺市中级人民法院行政判决书[(2017)黔04行终79号]。
[48] 参见最高人民法院行政裁定书[(2016)最高法行申265号]。

制品,一旦对方当事人否认,本方当事人就必须补充证据,否则法院不予采纳。例如,在陈某垣诉贵州省遵义市工商行政管理局变更企业登记案中,法院认为:

> 出资转让协议虽载有股权转让内容,但系复印件,且对方当事人陈某垣一直予以否认,又无原件可供印证,真实性明显存疑,亦不能作为股权转让的证明。[49]

复印件可以作伪,这在现代复印技术中并不是难事。该案中,原告否认被告证明被诉行政行为合法性的"复印件",且被告又没有其他证据补充,因此法院不予采纳。又如,在罗某秀诉上杭县公安局治安管理处罚裁决案中,法院认为:

> 黄某魁的证言,就其所言仅是怀疑罗某秀、王某两人可能发生卖淫嫖娼行为;城关派出所出警人员的书面证词,仅是反映该派出所接到举报后出警至粮兴招待所口头传唤违法嫌疑人罗某秀、王某到派出所接受讯问的过程。这两份证据均不能客观真实反映本案待证事实即罗某秀的卖淫行为。罗某秀的陈述是否认自己向王某卖淫。王某2002年9月11日的陈述虽承认与罗某秀发生卖淫嫖娼行为,但该证据须适用证据补强规则才具有可采信性,在没有其他证据补强证明力的情况下,不能单独作为定案依据。[50]

该案中,罗某秀否认与王某之间有卖淫嫖娼行为。虽然王某承认有此行为,但因为其他两份证据都不具有直接证据的效力,所以,在没有其他补充证据的情况下,王某的陈述不能单独作为定案的依据。有时,原告在庭审过程中就提交的证据提出了新的论点,法院对此要求被告补充证据。如在佐某英诉重庆市武隆区公安局处罚案中,法院认为:

> 关于佐某英所称"武隆区公安局举示的相关信访材料已超过举证期限,不应作为定案依据"的再审申请理由。《中华人民共和国行政诉讼法》第39条规定:"人民法院有权要求当事人提供或者补充证据。"《最高人民法院关于行政诉讼证据若干问题的规定》第4条规定:"公民、法人或者其他组织向人民法院起诉时,应当提供其符合起诉条件的相应的证据材料。……被告认为原告起诉超过法定期限的,由被告承担举证责任。"本案中,佐某英在一审庭审过程中举示了武隆公(信访)不受字(2016)13号武隆县公安局不受理信访事项告知书,以证明于2016年2月6日才知道本案被诉行政处罚。因涉及案件起诉期限的认定问题,一审法院当庭责令武隆区公安局补充提供相关证据。武隆区公安局后向一审法院提交了佐某英的两份信访材料,以证明佐某英最迟于2015年9月9日就已经知晓武隆区公安局作出的武公(桐梓)决字(2015)第59号公安行政处罚决定书,起诉已超过法定期限。一审法院责令武隆区公安局补充证据的行为符合上述法律规定,上述证据不属于行政机关无正当事由超出举证期限提供的证据材料,佐某英于再审申请提出的上述信访材料已超过举证期限,不应作为定案证据的理由不能成立,本院依法不予支持。[51]

第四节 证据的调取与保全

一、证据调取

(一)依职权调取

依职权调取是法院的一项调查权。《行政诉讼法》第40条规定:"人民法院有权向有关行

---

[49] 参见最高人民法院行政判决书[(2009)行提字第1号]。
[50] 参见福建省龙岩市中级人民法院行政判决书[(2003)岩行终字第16号]。
[51] 参见重庆市高级人民法院行政裁定书[(2017)渝行申339号]。

政机关以及其他组织、公民调取证据。但是,不得为证明行政行为的合法性调取被告作出行政行为时未收集的证据。"在理想的诉讼状态中,保持中立的法院应当根据当事人提供的证据作出裁判,但《行政诉讼法》规定法院有权向当事人之外的组织或者个人调取证据,理由不外是:(1)为了保护当事人之外的组织或者个人的合法利益不因案件裁判而受到损害;(2)为了认定某些程序性事实以便作出程序性的裁定、决定,如是否需要追加第三人等。这样的规定在比较法上不乏其例。如《日本行政事件诉讼法》第 24 条也有规定:"法院于认为必要时,得依职权调查证据。但关于调查证据之结果,应询问当事人之意见。"中国台湾地区"行政诉讼法"第 133 条规定:"行政法院于撤销诉讼,应依职权调查证据;于其他诉讼,为维护公益者,亦同。"

法院依职权调取证据是从诉讼职权主义推导出来的一个当然结论。行政案件具有公益性,立法机关赋予法院依职权调取证据的权利,有维护公共利益需要的考虑。若基于当事人之外第三人利益需要,法院也有权调取证据。在法院独立性没有充分保障的前提下,法院依职权调取证据应当以从严限制为妥,如为证明被诉行政行为合法性,法院依职权调取被告作出被诉行政行为时未收集的证据,应当在禁止之列。

(二)依申请调取

原告或者第三人因法定原因可以申请法院调取证据,但是否调取证据由法院决定。《行政诉讼法》第 41 条规定:"与本案有关的下列证据,原告或者第三人不能自行收集的,可以申请人民法院调取:(一)由国家机关保存而须由人民法院调取的证据;(二)涉及国家秘密、商业秘密和个人隐私的证据;(三)确因客观原因不能自行收集的其他证据。"原告或者第三人取证能力一般不如被告,因此,在必要的情况下,应当赋予原告或者第三人申请法院调取证据的权利。如在夏某荣诉徐州市建设局行政证明纠纷案中,法院认为:

> 按照审判监督程序审理的行政诉讼案件,当事人应依法提供在原审举证期限届满后发现的新证据。对确因客观原因不能自行收集且提供了相关线索的证据,当事人可以申请人民法院调取,人民法院也可以依职权向行政机关、其他组织或者公民调取证据。经过对新的证据质证、认证,被诉具体行政行为所依据的主要事实不能成立的,应当改判撤销原具体行政行为。[52]

《行诉解释》第 39 条规定:"当事人申请调查收集证据,但该证据与待证事实无关联、对证明待证事实无意义或者其他无调查收集必要的,人民法院不予准许。"根据这一规定,当事人申请调查收集的证据,必须属于不在法定排除范围的证据。如在李某君诉抚顺市东洲区人民政府办公室政府信息公开纠纷案中,法院认为:

> 至于李某君主张二审法院没有依申请调取证据及对证据进行保全问题。根据《最高人民法院关于适用〈中华人民共和国行政诉讼法〉的解释》第 39 条:"当事人申请调查收集证据,但该证据与待证事实无关联、对证明待证事实无意义或者其他无调查收集必要的,人民法院不予准许。"本案审理的是李某君要求公开的政府信息是否应予公开问题,李某君申请调取抚顺市东洲区供热办李某手机接收的相关微信图片的时间、相关人员手机号码及图片等,并不符合人民法院依职权调取证据的规定,该相关微信图片等亦不符合需要进行证据保全的规定。李某君的此项请求没有依据,不予支持。[53]

被告之所以不得申请法院调取证据,是因为若被告依行政职权不能取得或者取不到证据,那被告就不得作出被诉的行政行为;若允许被告在作出被诉行政行为之后申请法院调取

---

[52] 参见《最高人民法院公报》2006 年第 9 期。
[53] 参见辽宁省高级人民法院行政裁定书[(2019)辽行申 1544 号]。

证据,那就意味着被告可以在证据不充分的情况下作出行政行为,待原告提起诉讼之后,再申请法院调取相关证据。这与依法行政原理显然不合。因此,《行诉解释》第39条规定中的"当事人"应当限缩解释为原告、第三人。

二、证据保全

（一）保全条件

证据保全是指在证据可能灭失或者难以取得的情况下,法院依据职权对证据材料采取保管、存放等方法,以保全证据证明效力的各种措施。《行政诉讼法》第42条规定:"在证据可能灭失或者以后难以取得的情况下,诉讼参加人可以向人民法院申请保全证据,人民法院也可以主动采取保全措施。"根据这一规定,证据保全的条件是,证据可能灭失或者以后难以取得。当事人向法院申请保全证据,应当在举证期限届满前以书面形式提出,并说明证据的名称和地点、保全的内容和范围、申请保全的理由等事项。对当事人的证据保全申请,法院可以要求当事人提供相应的担保。证据保全是对当事人履行举证责任的一种保护性措施,因此,证据保全申请一般应当在举证期限内提出。

（二）保全方法

法院同意当事人申请保全证据之后,可以根据具体情况,采取查封、扣押、拍照、录音、录像、复制、鉴定、勘验、制作询问笔录等措施保全证据。例如,保全书证的,应当收集原件;原件难以保存的,应当拍照、抄录。法院保全证据时,可以要求当事人或者当事人诉讼代理人到场。若当事人或者当事人诉讼代理人不到场或者经通知拒不到场,法院可以在无利害关系人见证之下,实施证据保全措施。

第五节 证据的对质与认定

一、证据对质

原则上,行政案件开庭审理是必经的法定程序。在庭审中,除涉及国家秘密、商业秘密和个人隐私的证据外,其他所有证据应当在法庭上出示并经当事人对质、辩论后,才能作为定案的依据。行政诉讼不是绝对的当事人主义模式,因为,如果原告没有聘请律师参加诉讼,在当事人主义模式下他可能会处于诉讼劣势地位;行政诉讼也不是绝对的职权主义模式,所以,各方当事人仍然被要求承担相应的举证责任。一种混合了上述两种诉讼模式的"混合主义"行政诉讼模式,或许更有利于法院查清案件事实,作出公正的判决。

（一）对质规则

1.证据应当在法庭上出示,并由当事人互相质证、辩论。这里的"证据"包括当事人提供和法院调取的证据,但涉及国家秘密、商业秘密和个人隐私的证据除外。在二审、再审程序中,当事人依法提供的"新证据",也不例外。"新证据"是指,(1)在一审程序中应当准予延期提供而未获准许的证据;(2)当事人在一审程序中依法申请调取而未获准许或者未取得,法院在第二审程序中调取的证据;(3)原告或者第三人提供的在举证期限届满后发现的证据。[54]

---

[54] 参见最高人民法院《关于行政诉讼证据若干问题的规定》第52条。

2. 未经庭审质证的证据,不能作为定案的依据。将一方当事人提交的证据公开交给与该方当事人在利益上具有对抗性的另一方当事人质证、辩论,法院可以确定证据是否具有证明能力,证明效力以及证明效力大小。若将未经质证、辩论的证据作为定案依据,法院据此作出的行政裁判将违反法定程序。如在定安县富文镇高塘村委会木水村一经济社诉定安县人民政府土地权属纠纷案中,法院认为:

> 原审判决认定争议地为荒地的主要依据是"1961 年现状版图"。卷宗材料中的 1961 年勘界图的复印件,未显示该争议地为荒地,原审卷宗有 1961 年勘界图的原件,该原件上注明判读为荒地。但在二审中,上诉人的代理人提出这份原件在一审中从未见到过,更没有进行质证,是定安县人民政府在一审法院开庭后交的。对此,被上诉人定安县人民政府当庭表示:不是他们提供的,是富文镇人民政府向原审法院提供的,原审第三人富文镇人民政府对此未发表任何意见。一审开庭笔录亦没有对该证据进行举证、质证的记录。根据最高人民法院《关于行政诉讼证据若干问题的规定》第 35 条第 1 款"证据应当在法庭上出示,并经庭审质证。未经庭审质证的证据,不能作为定案的依据"的规定,原审法院以未经质证的证据来作为定案的主要依据属程序违法,认定事实不清。[55]

(二) 对质程序

行政诉讼中的质证程序,应当依照被告、原告和第三人的顺序进行。但是,下列情形除外:(1) 在不作为行政案件中,应当由原告先出示提出申请事实的证据;(2) 在审查起诉条件时,应当由原告先出示证明起诉条件的证据;(3) 在审查行政赔偿案件损害事实时,应当由原告出示证明其受损害事实的证据。

当事人应当围绕证据的关联性、合法性和真实性,针对证据有无证明能力、证明效力以及证明效力大小进行质证。在"三性"审查顺序上,可以先就是否有关联性质证,如果证据与案件没有关联性,即没有证明能力,则当事人可以不再就证据是否具有合法性、真实性质证。经法庭准许,当事人及当事人诉讼代理人可以相互发问,也可以向到庭的证人、鉴定人或者勘验人发问。经一方当事人发问相关人员回答的内容,法庭应当询问另一方当事人意见。

当事人申请法院调取的证据,由申请调取证据的当事人在庭审中出示,并由另一方当事人质证。法院依职权调取的证据,由审判员出示并就调取该证据的情况作出说明,听取当事人意见。

(三) 依法不对质的证据

1. 当事人在庭前证据交换过程中没有争议并记录在卷的证据,经审判员在庭审中说明后,可以作为认定案件事实的依据。在庭前证据交换中,法庭已经给了双方当事人对质机会,从效率角度考虑,在庭审程序中不再进行对质具有合理性。证据是否没有争议,以庭前交换证据笔录为准。

2. 保密证据。《行政诉讼法》第 43 条第 1 款规定:"证据应当在法庭上出示,并由当事人互相质证。对涉及国家秘密、商业秘密和个人隐私的证据,不得在公开开庭时出示。"由于法庭审查公开进行,若上述证据在法庭上公开质证,国家利益、商业秘密和个人隐私相关权利人的合法权益将会受到损害,因此《行政诉讼法》作出上述规定。如在肇庆外贸公司诉肇庆海关估价行政纠纷案中,法院认为:

> 被上诉人肇庆海关据以提出价格质疑和确定估价所引用的相同型号规格集成电路的价格资料,来源于其他企业的进口价格,事涉其他企业商业秘密。《海关审价办法》第 38 条规定:"海关对于买方、卖方或贸易相关方提供的属于商业秘密的资料予以保密。"最高人民法院《关于行政诉讼证据若干问题的

---

[55] 参见海南省高级人民法院行政判决书[(2006)琼行终字第 105 号]。

规定》第37条规定:"涉及国家秘密、商业秘密和个人隐私或者法律规定的其他应当保密的证据,不得在开庭时公开质证。"一审对肇庆海关提交的这部分海关负有保密义务的证据不公开质证,处理正确。上诉人肇庆外贸公司、翱思科技公司认为此举违反法定程序,理由不能成立。[56]

保密证据依法不公开质证,推不出法院不得审查保密证据的结论。因法官负有保密义务,所以法官有权通过保密程序审查保密证据。如果对保密证据程序性审查不涉及泄密问题,那么对证明程序性事实的证据进行公开质证也是妥当的,如国家秘密的定密程序。

3.已经庭审质证的证据。在同一行政诉讼程序中,经过庭审质证的证据,在庭审其他程序阶段中,当事人不得再次要求对质、辩论。

二、证据认定

(一)认定规则

《行政诉讼法》第43条第2款规定:"人民法院应当按照法定程序,全面、客观地审查核实证据。对未采纳的证据应当在裁判文书中说明理由。"《行诉解释》第42条规定:"能够反映案件真实情况、与待证事实相关联、来源和形式符合法律规定的证据,应当作为认定案件事实的根据。"上述两个法条确立了证据认定的三大规则。

1.关联性规则。关联性规则要求审查证据与待证事实之间是否存在可证明的关系。因此,法庭应当对经过庭审质证的证据和无须质证的证据进行逐一审查,遵循法官职业道德,运用逻辑推理和生活经验,进行全面、客观和公正的分析判断,确定证据材料与案件事实之间的证明关系,排除不具有关联性的证据材料,准确认定案件事实。证据是否具有关联性,在相当程度上取决于法官的内心确信。而这种内心确信是基于逻辑推理和生活经验,并非法官不受限制的恣意。从这个意义上讲,法官恪守职业伦理,秉持良知相当重要。实务中,如在益民公司诉河南省周口市人民政府等行政行为违法案中,法院认为:

> 益民公司在二审中向本院提交的2003年6月之后直接经济损失一览表等证据,系于一审判决之后取得,在一审期间无法向法院提交,故可以向二审法院提交,但这些证据材料不能用来支持益民公司提出的由周口市人民政府和周口市计委赔偿益民公司除铺设管道等投资以外的其他直接经济损失3500万元的行政赔偿请求。益民公司提供的证据除了租赁场地、厂房协议外,均属铺设管道等投资的范畴,超出了益民公司提出的行政赔偿请求的范围,故这些证据材料与本案不具有关联性。[57]

2.合法性规则。合法性规则要求审查证据形式、取得方式等是否符合法律规定。在证据合法性规则中,取得证据方式合法尤为重要。如果允许取得证据方式可以不合法,只要能够证明案件事实,那么,行政机关可能会不择手段,如"钓鱼执法"以获取证据。因此,法庭应当从以下几个方面审查证据的合法性:(1)证据是否符合法定形式;(2)证据取得是否符合法律、法规、司法解释和规章的要求;(3)是否有影响证据效力的违法情形。在实务中,如在张某伦、高某诉武汉市汉阳区行政审批局、武汉市汉阳区人民政府撤销工商登记及行政复议案中,法院认为:

> 原告张某伦、高某主张第三人安奇汽车公司递交的申请书未加盖公司印章,不符合法律规定。但是,无论是《中华人民共和国市场主体登记管理条例》,还是《中华人民共和国市场主体登记管理条例实施细则》均未规定申请需要加盖公司印章,《中华人民共和国市场主体登记管理条例实施细则》也仅明

---

[56] 参见《最高人民法院公报》2006年第3期。
[57] 参见最高人民法院行政判决书[(2004)行终字第6号]。

确规定申请由新任法定代表人签署。《市场主体登记提交文书规范》中"公司登记(备案)申请书"的样式虽然在落款处显示"公司盖章"字样,但是该文书规范属于部门规范性文件,是对文书样式的细化规范要求,应属于业务指导性质,并不能产生突破上位法增设申请条件的效力。况且,导致第三人安奇汽车公司无法在申请书上盖章的原因在于原告高某拒不交还公司印章,拒绝配合办理变更登记。故原告张某伦、高某关于申请书未加盖公章不符合法定形式的主张,本院不予支持。[58]

3.真实性规则。真实性规则要求所审查证据必须是客观存在的事实。法庭应当从以下几个方面审查证据的真实性:(1)证据形成的原因;(2)发现证据时的客观环境;(3)证据是否为原件、原物,复制件、复制品与原件、原物是否相符;(4)提供证据的人或者证人与当事人是否具有利害关系。如在铃王公司诉无锡市劳动局工伤认定决定行政纠纷案中,法院认为:

2000年6月7日,吴某到无锡市总工会陈述了第三人郭某军所受伤害的事实,咨询对此事的处理意见,无锡市总工会留下记录。无锡市总工会记录的吴某陈述的事实内容,与郭某军在被上诉人无锡市劳动局向其调查时陈述的事实基本一致。无锡市劳动局对郭某军提供的主要证人都进行过调查,各证人对郭某军受伤经过所作证言虽然存在着矛盾,但仍有部分证人的证言与吴某、郭某军陈述的事实相符。吴某是上诉人铃王公司的工会主席,没有证据证明吴某是代表郭某新前往无锡市总工会陈述事实,咨询意见,也没有证据证明吴某在无锡市总工会陈述的事实受到了郭某军或者郭某新事前陈述的影响。综合考虑吴某的工会主席身份、受咨询机关的性质和吴某的陈述内容,应当认定:吴某是为维护职工利益,才以铃王公司工会主席身份,前往无锡市总工会咨询对郭某军所受伤害的处理意见。故无锡市总工会对吴某陈述事实所作的咨询记录具有真实性,应当确认为证据。[59]

(5)影响证据真实性的其他因素。[60] 实务中,如在湛江三星汽车企业集团公司(以下简称三星公司)诉中华人民共和国上海浦江海关行政处罚案中,法院认为:

被告浦江海关认定原告三星公司无合法进口证明,进口原装韩国产20辆12座旅行车由庭审中所举证据1至证据3所证实。原告在庭审中所举证据2因未经香港特别行政区海关确认,不能作为从香港特别行政区出口到内地的400辆车辆引擎号和底盘号目录证据材料,亦不能作为申请放行授权书的附件;证据4、证据5因部分内容作了涂改,不符合证据真实性的必备要件。据此,本院对原告所举的证据2、证据4、证据5不予采信。[61]

(二)可以直接认定的事实

1.众所周知的事实。之所以法院可以直接认定众所周知的事实,是因为它是"众所周知"的,不容置疑的事实,即在一定的时间和地域范围内,一般有日常生活知识、经验的民众都知道的事实。对于这样的事实,如北京是首都,一份证据也是多余的。实务中,如在许某诉汉中市公安局南郑分局交通警察大队行政处罚案中,法院认为:

汉中东辰外国语学校成立多年,属于寄宿制学校,在星期天中午有很多家长送学生到校属于众所周知的事实。根据《最高人民法院关于行政诉讼证据若干问题的规定》第68条第1、5项"下列事实法庭可以直接认定:(1)众所周知的事实……(5)根据日常生活经验法则推定的事实"之规定,对于众所周知的事实和根据日常生活经验法则推定的事实法院可以直接认定,不需当事人举证。故2023年4月2

---

[58] 参见湖北省武汉市汉阳区人民法院行政判决书[(2023)鄂0105行初54号]。
[59] 参见《最高人民法院公报》2007年第1期。
[60] 参见王某刚不服海林市公安局治安管理处罚案,载中华人民共和国最高人民法院行政审判庭编:《中国行政审判案例》(第4卷)第132号案例,中国法制出版社2012年版,第59页。该案给出了证言真实性审查的3条重要经验:存在合理差异的证言并不损害其真实性,而高度相同的证言则须谨慎对待;多次反复的证言应优先采信首次证言;完全相反的证言要考虑证人与当事人之间的亲疏关系等因素确定其证明力及其大小。
[61] 参见上海市第二中级人民法院行政判决书[(1999)沪二中行初字第2号]。

日(星期天)11:30~18:30属于集中上放学时段,禁止车辆在该路段由西向东通行。原告许某个人理解出现偏差并不影响其行为构成道路交通安全违法行为。原告许某认为该路段车流量少,设置单向通行不合理,且该路段现已恢复正常的双向通行。[62]

2. 自然规律及定理。自然规律及定理具有不以人的意志为转移的客观性,它不需要证据加以证明,法院可以直接认定,如水往低处流,月初夜晚无月光等自然现象,如勾股定理等公理。自然规律及公理在诉讼中具有绝对性,法院可以直接采信。如在汤某敏诉齐齐哈尔市人力资源和社会保障局更正出生日期行政核定案中,法院认为:

被告未在法定期限内提交相应证据,故应当视为被告认定原告出生于1962年1月没有证据。原告提供的"小学毕业登记表"中虽无填表时间,但已注明原告毕业时为11岁;"中学生登记表"的简历上载明原告小学毕业时间为1975年,因此可以计算出原告出生于1964年,该表中有改动痕迹的数字应该为"4";"学生登记表"中填写的1962年1月出生系在上述两表之后。另根据最高人民法院《关于行政诉讼证据若干问题的规定》第54条:"法庭应当对经过庭审质证的证据和无需质证的证据进行逐一审查和对全部证据综合审查,遵循法官职业道德,运用逻辑推理和生活经验,进行全面、客观和公正地分析判断,确定证据材料与案件事实之间的证明关系,排除不具有关联性的证据材料,准确认定案件事实。"本案中原告还提出其同父同母姐姐的出生时间为1961年9月,依自然规律及定理,原告与其姐的出生时间仅差4个月,且身份证、户籍证明均确认此为原告的出生日期,故原告提供的证据可以证实原告为1964年1月15日出生。[63]

3. 按照法律规定推定的事实。所谓"推定的事实",即凡法律规定的基础事实发生,即可以推定法律规定的另一事实成立。这里的"法律"宜作法律、法规和规章解释。关于法律规定推定的事实,立法上并不少见。如《反垄断法》第29条规定:"经营者提交的文件、资料不完备的,应当在国务院反垄断执法机构规定的期限内补交文件、资料。经营者逾期未补交文件、资料的,视为未申报。"按照法律规定推定的事实,未必是客观上发生的事实,但是,只要符合法律规定,法官必须认定这一事实。

4. 已经依法证明的事实。某一事实若在一个具有终局性法律程序中已经被认定,为保证以国家名义作出的事实认定具有同一性,当这一事实出现在另一个诉讼程序时,法院可以直接认定。如在葛某诉某区住房和城市建设委员会(以下简称区建委)不予受理拆迁裁决申请决定案中,法院认为:

对于已经依法证明的事实,法庭可以直接认定。本案中,葛某因协议书纠纷,向本院提起民事诉讼。生效的民事判决虽然驳回了葛某要求确认协议书无效的诉讼请求,但认定了协议书对葛某"不发生效力",即应视为葛某与宣福公司未就拆迁纠纷达成补偿安置协议。因此,葛某与宣福公司不存在"达成安置补偿协议后发生合同纠纷,就同一事由再次申请裁决"的情况,区建委适用"……拆迁当事人达成补偿安置协议后发生合同纠纷……当事人就同一事由再次申请裁决的"规定驳回葛某的申请,系适用法律错误。[64]

5. 根据日常生活经验法则推定的事实。与"按照法律规定推定的事实"不同,"根据日常生活经验法则推定的事实",是从一个已知的事实推出未知事实。前者是法律推定,后者是事实推定。例如,在北京东方旭煜商贸有限公司诉海淀区劳动和社会保障局不履行送达法律文书职责案中,被告以特快专递送达工伤认定结论通知书,原告称收到的特快专递是空邮件袋,

---

[62] 参见陕西省汉中市中级人民法院行政判决书[(2024)陕07行终2号]。
[63] 参见黑龙江省齐齐哈尔市龙沙区人民法院行政判决书[(2016)黑0202行初28号]。
[64] 参见北京市高级人民法院行政审判庭编:《行政诉讼案例研究》(五),中国法制出版社2009年版,第287页。

里面没有任何文件。这一事实有原告代理律师证言证实。对此,法院经依职权调查之后认为:

> 经在邮局现场称重,可以看出邮件袋内放置了物品,与空邮件袋在重量上存在明显差别;根据生活经验法则判断,标注有30克重量的邮件详情单,显然为放置了物品的重量,故本院推定该证据证明效力高于原告证人证言的效力,应予以认定。[65]

该案中,法院采用了"日常生活经验法则",对特快专递内是否没有文件作出了判断。又如,在梁某诉国家知识产权局外观设计专利权无效行政纠纷案中,最高人民法院认为:

> 当事人对自己提出的主张,有责任提供证据。当事人对自己提出的诉讼请求所依据的事实或者反驳对方诉讼请求所依据的事实,应当提供证据加以证明,但法律另有规定的除外。在作出判决前,当事人未能提供证据或者证据不足以证明自身事实主张的,由负有举证证明责任的当事人承担不利的后果。人民法院应当按照法定程序,全面、客观地审核证据,依照法律规定,运用逻辑推理和日常生活经验法则,对证据有无证明力和证明力大小进行判断,并公开判断的理由和结果。本案中,首先,设计服务合同履行过程中,基于委托方需求的进一步明晰、合同双方交流的不断深入、受托方阶段性完成的具体情况、市场情势的客观变化乃至交易成本控制的考量,设计作品需要适时进行调整和改进实属正常,上述过程均具有连贯性。且合同双方交流方式众多,可以通过线下会议、电话沟通、线上通讯软件、线上邮件等多种方式交流、交互意见,不宜仅通过线上邮件对个别事项没有提及即简单认定设计过程割裂、断档。根据在案证据可知,海南某公司分别在作品一创作前(2012年9月11日)及作品一和作品二创作时间间隔内(2012年11月1日),通过会议方式向海南灵狮公司提出了含卡扣设计变更需求在内的设计要求,而作品一和作品二的主要区别即在旋转卡扣方式的基础上增加了止档条,符合设计变更要求,可以认定作品一及作品二的设计方案具有连贯性。其次,海南灵狮公司亦出具了关于与海南某公司签订的《设计服务合同》中设计作品的归属的说明,明确表示作品一的著作权属于海南某公司。海南某公司对作品一的著作权归属已经完成举证责任,在无相反证据的情况下,根据前述分析,结合日常生活经验法则,海南某公司提交的证据已足以证明作品一与作品二之间的关联关系。梁某仅以"没有中间沟通邮件"为由否认作品一与作品二的关系,未能提出任何反证以证明自身主张,应当承担举证不能的法律后果。被诉决定及一审判决综合在案证据及日常生活经验法则,认定海南某公司享有作品一的著作权并无不当,梁某的相关上诉请求无事实基础及法律依据,本院不予支持。[66]

上述列出的5种情形,除第二种情形外,当事人有相反证据足以推翻的,法院不得直接作出事实认定。

(三)不能作为定案依据的证据

1.严重违反法定程序收集的证据材料。证据合法性要求之一是当事人收集的证据材料应当符合法定程序。如《行政处罚法》第42条第1款规定:"行政处罚应当由具有行政执法资格的执法人员实施。执法人员不得少于两人,法律另有规定的除外。"在行政处罚程序中,若只有一名执法人员收集证据材料,就不符合法定程序。但是,违反法定程序收集的证据材料只有达到"严重"程度时,法院才能将该证据从定案依据中排除出去。之所以如此,是因为如果将违反法定程序收集的证据材料一律排除,并不一定有利于公共利益、当事人合法权益的保护。过度追求形式正义,有时可能会伤及实体正义。因此,如何判断"严重"违反法定程序,需要法官在个案中进行利益平衡。实务中,如在宋某莉诉宿迁市建设局房屋拆迁补偿安置裁

---

[65] 参见北京市海淀区人民法院行政判决书[(2007)海行初字第00129号]。
[66] 参见最高人民法院行政裁定书[(2023)最高法知行终183号]。

决案中,法院认为:

本案被拆迁房屋的评估,系万兴公司单方面委托方元公司所为,未经被拆迁人宋某莉的同意。在万兴公司与宋某莉无法对房屋拆迁事宜达成一致意见时,宿迁市建设局在行政裁决中以拆迁单位单方面委托的评估公司的评估报告为依据,而不是依照规定在符合条件的评估机构中抽签确定评估单位,对万兴公司与宋某莉的房屋拆迁纠纷作出裁决不当,应认定为裁决的主要证据不足,程序违法。依照最高人民法院《关于行政诉讼证据若干问题的规定》第62条第2项,对被告在行政程序中采纳的鉴定结论,原告或者第三人提出证据证明鉴定程序严重违法的,人民法院不予采纳。[67]

2. 以违反法律强制性规定的手段获取且侵害他人合法权益的证据材料。其中以偷拍、偷录、窃听等手段获取侵害他人合法权益的证据材料最为典型。该情形构建了一个"手段—后果"的关联判断框架,即只有以"……手段且产生……后果"时,该证据才能被法院排除。"且"具有扩大采纳违法证据范围之意,从行政诉讼公益性角度,也是可以接受的。从"监督行政机关依法行使职权"这一行政诉讼立法目的来看,该情形中的"法律"宜扩大解释为法律、法规和规章。如此获取的证据之所以被排除,是因为它是以侵犯法律保护的法益为前提的,此类证据的证明资格必须否定。

3. 以利诱、欺诈、胁迫、暴力等手段获取的证据材料。利诱、欺诈、胁迫、暴力等手段往往失去公序良俗的支持,为社会一般民众良知所否定。如法院采纳此类证据定案,则裁判难以获得社会一般民众的支持,严重影响法院裁判的正当性、公正性。在制定法上,如《上海市查处车辆非法客运规定》(已失效)第11条第2款规定:"交通行政执法机构工作人员不得采用威胁、引诱、欺骗等方式收集车辆非法客运的证据。采用上述方式取得的证据,不得作为查处车辆非法客运的依据。"实务中,如在张某诉上海市闵行区城市交通行政执法大队交通行政处罚案中,被告在庭审中自认作出的行政处罚决定,采信了以利诱的不正当取证方式取得的证据。对此,法院认为:

然被告已于庭审前自行撤销了对原告张某作出的行政处罚决定,在庭审中被告亦表示:"原作出的行政处罚决定采信了以利诱的不正当取证方式取得的证据,导致认定事实错误,原先向法院提供的相关证据已不具合法性,亦无其他证明原告非法营运的合法有效证据,故不能认定原告有非法营运的事实。"鉴于被告已自行撤销对原告作出的行政处罚决定,法院根据《最高人民法院关于执行〈中华人民共和国行政诉讼法〉若干问题的解释》第50条第3款之规定,作出确认被告上海市闵行区城市交通行政执法大队2009年9月14日所作的 NO.2200902973 行政处罚决定违法的判决,并判令案件受理费由被告负担。[68]

4. 当事人无正当事由超出举证期限提供的证据材料。超过举证期限提供的证据材料,虽然符合证据关联性、合法性和客观性的要求,但是,因当事人提交证据违反了诉讼程序的规定,基于"任何人不得从自己的违法行为中获得利益"原则,此种证据材料也在违法证据排除范围之中。

5. 在中华人民共和国境外形成的未办理法定证明手续的证据材料。这类证据需要办理法定证明手续,本意是确保证据的真实性,如果没有法定证明手续,难以保证证据的真实性。在实务中,如在我国台湾地区某纸业公司诉青岛市人民政府投资企业行政许可案中,法院查明:

---

[67] 参见《最高人民法院公报》2004年第8期。
[68] 参见上海市闵行区人民法院行政判决书[(2009)闵行初字第76号]。

为了反驳被告关于原告已经注销的主张,原告提出下列证据:"台湾经济部"2003年5月6日出具的证明书,证明赖某为纸业公司董事长;纸业公司变更登记卡一份,证明该公司仍然存在;纸业公司董事监察人名单一份。这些证明材料都经我国台湾地区台中地方法院公证处和相关基金会认证,并经山东省公证协会验证。上述证据材料符合《证据规定》,为法院所采纳。[69]

6. 当事人无正当理由拒不提供或者无法提供原件、原物的证据,又无其他证据加以印证,且对方当事人不予认可复制件或者复制品。相对于复制件或者复制品来说,原件、原物为最佳证据,因此,在对方当事人否认的情况下,复制件或者复制品不能作为定案依据。[70] 实务中,如在鹿寨县鹿寨镇新胜村新胜屯第一村民小组等诉鹿寨县人民政府权属纠纷处理决定纠纷案中,法院认为:

根据上述规定,由于原审第三人提供的《畲地和山界协议》系复印件,而没有提供原件,且上诉人不予认可,故该复印件不能作为定案依据。[71]

7. 被当事人或者他人进行技术处理而无法辨明真伪的证据材料。实务中,如在鳄鱼恤有限公司诉中华人民共和国国家工商行政管理总局商标评审委员会商标行政纠纷案中,法院认为:

首先,证据1至证据5均仅涉及"CROCOLADIES""CROCOKIDS"等商标的使用情况,原告在本院庭审过程中亦已认可上述证据本身并未显示复审商标;其次,证据1至证据5中有多份证据无法辨明具体的使用时间,也无相关的证据予以佐证。据此,证据1至证据5均无法证明原告在指定的期限内对复审商标进行了实际的商业使用。[72]

8. 不能正确表达意志的证人提供的证言。证人具有正确表达意志的能力是他提供的证人证言具有真实性的基本前提,否则,该证人证言不能作为定案的依据。实务中,如在张某亚诉杭州市下城区司法局公证申诉处理决定行政争议案中,法院认为:

公证活动的核心是审查所证明的法律行为或有法律意义的文书和事实的真实性,虽然《公证程序规则》和《赠与公证细则》都没有明文规定赠与公证需两名公证人员共同办理,但公证员对赠与人与受赠人双方制作的谈话笔录实质是就当事人要求办理的公证事项的核查。本案中只有一名公证人员的自问自记且赠与人又为盲人的事实,使得谈话笔录证实本案所涉的公证事项是公证当事人真实意思表示的证明力无法得以实现。[73]

9. 不具备合法性和真实性的其他证据材料。之所以没有提及关联性,是因为不具有关联性的证据材料没有证据资格,当然不可能成为定案证据。除上述列出的情形外,与案件有关联性但又不具有合法性或者真实性的其他证据材料,不能成为定案依据。在实务中,如在萍乡市湘东区白竺乡黄岗村中村片桂花组诉萍乡市湘东区人民政府山林权属行政裁决纠纷上诉案中,法院认为:

被上诉人的调查笔录系书证,根据《行诉证据规定》第10条第1款第4项之规定,应有行政执法人员、被询问人、陈述人、谈话人的签名或者盖章。本案中,被上诉人的上述调查笔录只有被询问人的签名,没有行政调查人的签名,不符合法定形式。而朱某、何某胜的证人证言未附有证人的身份证复印件,

---

[69] 参见孔祥俊:《行政诉讼证据规则与法律适用》,人民法院出版社2005年版,第66页。
[70] 关于优势证据规则,参见《行诉证据规定》第63条。
[71] 参见广西壮族自治区柳州市中级人民法院行政判决书[(2011)柳市行终字第32号]。
[72] 参见北京市第一中级人民法院行政判决书[(2009)一中知行初字第2566号]。
[73] 参见浙江省杭州市中级人民法院行政判决书[(2004)杭行终字第124号]。

不符合《行诉证据规定》第13条规定的法定形式,故被上诉人的上述调查笔录、证人证言不具备合法性。[74]

三、其他规定

(一)原告或者第三人申请调取证据

原告或者第三人就自己的主张负举证责任,这是举证责任分配的基本规则。原告或者第三人提出自己的主张并不困难,难的是有时靠自己的力量难以获得可以支持自己主张的证据。如原告或者第三人因自身的经济、社会地位等差异,获取证据的能力是有所不同的。如果国家不提供必要的帮助,那么有的原告或者第三人因获取证据能力所限,在行政诉讼中可能会处于相当被动的境地。因此,《行政诉讼法》第41条规定原告或者第三人可以申请法院调取证据。但是,法院对原告或者第三人申请调查收集的证据,不是无条件同意的。《行诉解释》第39条规定:"当事人申请调查收集证据,但该证据与待证事实无关联、对证明待证事实无意义或者其他无调查收集必要的,人民法院不予准许。"

(二)证人如实作证义务

证人可以提供书面证言作证,也可以在诉讼中出庭作证。对于到庭作证的证人,法院应当告知其如实作证的义务以及作伪证的法律后果。最高人民法院在《关于防范和制裁虚假诉讼的指导意见》(法发〔2016〕13号)第5条指出,"要充分发挥民事诉讼法司法解释有关当事人和证人签署保证书规定的作用,探索当事人和证人宣誓制度。"证人宣誓制度也可以适用在行政诉讼之中。证人因履行出庭作证义务而支出的交通、住宿、就餐等必要费用以及误工损失,由败诉一方当事人承担。这是证人因履行出庭作证义务而应当享有的权利之一,其他诸如获得国家保护等权利,也应当通过立法加以进一步完善。

(三)行政执法人员出庭说明

行政法律关系是行政机关与公民、法人或者其他组织之间的一种法律关系,但这种法律关系实际上是行政机关通过行政机关工作人员来形成的。因此,就行政争议的真相而言,有时作为行政案件经办人的行政机关工作人员是十分清楚的。从尽可能查明案件事实真相的角度,要求行政机关工作人员出庭就相关事实作出说明是十分必要的。对此,最高人民法院《行诉解释》第41条规定:"有下列情形之一,原告或者第三人要求相关行政执法人员出庭说明的,人民法院可以准许:(一)对现场笔录的合法性或者真实性有异议的;(二)对扣押财产的品种或者数量有异议的;(三)对检验的物品取样或者保管有异议的;(四)对行政执法人员身份的合法性有异议的;(五)需要出庭说明的其他情形。"根据该条规定,原告或者第三人有请求行政执法人员出庭说明的权利,但是否准许,由法院依照个案具体情况作出决定。

(四)到庭接受询问

行政诉讼立法目的主要是保护公民、法人或者其他组织合法权益,但同时具有保护国家利益、社会公共利益的目的,因此,行政诉讼不可能完全采用当事人主义,必要时法院必须采用职权主义方式查明案件事实真相。为此,《行诉解释》建立了到庭接受询问制度,主要内容是:(1)法院认为有必要的,可以要求当事人本人或者行政机关执法人员到庭,就案件有关事实接受询问;(2)在询问之前,法院可以要求当事人签署保证书。保证书应当载明据实陈述,如有虚假陈述愿意接受处罚等内容;(3)当事人或者行政机关执法人员应当在保证书上签名或者捺指印;(4)负有举证责任的当事人拒绝到庭,拒绝接受询问或者拒绝签署保证书,待证

---

[74] 参见江西省萍乡市中级人民法院行政判决书〔(2007)萍行终字第1号〕。

事实又欠缺其他证据加以佐证的,法院对当事人主张的事实不予认定。到庭接受询问制度赋予了法院强制相关人员到庭权,法院应当正确理解和把握"有必要"的含义,合目的性地妥当行使这一强制权。

(五)责令提交证据

基于公正诉讼和实体正义要求,诉讼当事人可以不提交不利于自己的证据,但不得妨碍另一当事人通过合法途径获取不利于自己的证据。为此,《行诉解释》作出如下两点规定:(1)原告或者第三人确有证据证明被告持有的证据对原告或者第三人有利的,可以在开庭审理前书面申请法院责令行政机关提交。申请理由成立的,法院应当责令行政机关提交,因提交证据所产生的费用,由申请人预付。行政机关无正当理由拒不提交的,法院可以推定原告或者第三人基于该证据主张的事实成立。(2)持有证据的当事人以妨碍对方当事人使用为目的,毁灭有关证据或者实施其他致使证据不能使用行为的,法院可以推定对方当事人基于该证据主张的事实成立,并以妨碍行政诉讼行为依法作出处理。

第六节 证明标准

一、证明标准概述

证明标准的实质内容是要建立待证事实和已知事实之间的一种逻辑关系。当待证事实和已知事实相连接之后,法官依何种标准推断待证事实在法律上已经成立,即存在着可以作为法律适用基础的事实。

《行政诉讼法》第5条规定:"人民法院审理行政案件,以事实为根据,以法律为准绳。"这一法律规范的含义是"人民法院在审理案件时,必须查明案件的真实情况,根据法律规定,依法作出裁判"。但"真实"究竟是客观真实抑或法律真实,不甚明确。《行诉证据规定》第53条规定:"人民法院裁判行政案件,应当以证据证明的案件事实为依据。"根据这一规定,最高人民法院明确了行政诉讼所确立的证明要求为"法律真实",但在判断"法律真实"的标准上,《行诉证据规定》没有给出答案。

一般认为,刑事诉讼因涉及自由、财产的限制与生命的剥夺,故采用"排除合理怀疑标准";民事诉讼主要涉及财产权和与人身权有关的财产权争议,且财产具有执行回转的可能性,故采用"优势证据证明标准";行政诉讼由于涉及的利益十分复杂,且还需要考虑行政效率、公共利益等因素,所以,在《行政诉讼法》《行诉证据规定》没有作出明确规定的情况下,法院通过判例发展出一套多元证明标准体系。

二、多元证明标准体系

(一)优势证明标准

优势证明标准是指事实发生的可能性大于不发生的可能性。在行政诉讼中,它适用于现场执法引起的行政案件。如在廖某荣诉重庆市公安局交通管理局第二支队道路交通管理案中,法院认为:

> 陶某坤作为交警二支队派遣执行勤务的交通警察,对在辖区内发生的道路安全违法行为,有权力及时纠正。根据陶某坤陈述,2005年7月26日8时30分,原告廖某荣驾驶车牌号为渝AA4760的小轿

车,在大溪沟嘉陵江滨江路加油(气)站的道路隔离带缺口处,无视禁止左转弯交通标志违规驾驶左转弯。经查,大溪沟嘉陵江滨江路加油(气)站道路隔离带确实有一缺口,此处确实竖立着禁止左转弯的交通标志,而且2005年7月26日8时许廖某荣确实驾车途经此处。关于廖某荣是否在此处违反禁令左转弯,虽然只有陶某坤一人的陈述证实,但只要陶某坤是依法执行公务的人员,陈述的客观真实性得到证实,且没有证据证明陶某坤与廖某荣之间存在利害关系,陶某坤一人的陈述就是证明廖某荣有违反禁令左转弯行为的优势证据,应当作为认定事实的根据。

该案是《最高人民法院公报》发布的判例。根据该案的具体情况,最高人民法院在公布时写下如下裁判摘要:

依照《道路交通安全法》第87条,交通警察执行职务时,对所在辖区内发现的道路安全违法行为,有权及时纠正。交通警察对违法行为所作陈述如果没有相反证据否定其客观真实性,且没有证据证明该交通警察与违法行为人之间存在利害关系,交通警察的陈述应当作为证明违法行为存在的优势证据。[75]

基于《最高人民法院公报》发布的案例所具有的"参考"效力,该案可以成为确立行政诉讼优势证明标准的依据。其实,早在该案之前,一些地方法院在审理行政案件时已经开始适用优势证明标准认定案件事实。如在倪某宏诉杭州市公安局萧山区分局交通巡逻(特)警察大队公安处罚行政上诉案中,法院认为:

本案首先需要明确的是证明标准的问题。对于此类对行政相对人的权益影响较轻微的行政行为,根据成本—效益的原理,宜采用优势证明标准,即证据足以使法院确信其主张的案件事实更具有真实存在的可能即可。关于本案证据证明力的问题,人民警察作为公务员的一种,是从事国家公务的人员,代表国家行使职权。为了能充分履行行政管理职能,为国民提供良好的服务,满足社会公共需要,能够担任公务员者均应具有较合理的知识结构、行政能力、管理技能以及较高的职业道德素质,因此在公务员为公法上之行为时,除非有相反的证据证明,应当推定其言辞、行为具有超过常人的公信力。本案中,行政相对人在受处罚时并未就执勤交警所指认的事实明确提出异议;在诉讼中亦无证据证明执勤交警与行政相对人有超乎管理者与被管理者之外的其他关系,故仅凭行政相对人在诉讼中的陈述,尚不足以对抗执勤交警证言的证明力,即本案执勤交警的证人证言相对于上诉人所作的事实陈述,可以达到优势证明标准。[76]

(二) 排除合理怀疑证明标准

排除合理怀疑证明标准是指被告提供的证据中若有合理怀疑得不到排除,那么不利于原告的事实就不得认定。在涉及人身自由、重大财产的行政案件中,通常适用排除合理怀疑证明标准。如在谢某诉某市劳教委不服劳动教养案中,法院认为:

根据法律对于行政执法的公正性要求和行政机关所采取的法律制裁的严厉程度,市劳教委应查明该节事实,排除关键疑问。但市劳教委对该节事实没有进行实质性调查,在不能排除重要疑点又未能提交其他证据证明谢某有涉案违法行为的情况下,仅以孤立的指纹鉴定证据认定谢某实施了涉案盗窃行为,属于主要证据不足。[77]

该案涉及的限制人身自由的劳动教养决定是最为严厉的、对当事人的人身权影响最重的

---

[75] 参见《最高人民法院公报》2007年第1期。另参见郁某军诉江苏省常州市武进区公安局交通巡逻警察大队交通行政处罚案,载中华人民共和国最高人民法院行政审判庭编:《中国行政审判指导案例》(第1卷)第6号案例,中国法制出版社2010年版,第27页。
[76] 参见浙江省杭州市中级人民法院行政判决书[(2004)杭行终字第154号]。
[77] 参见上海市高级人民法院行政判决决书[(2001)沪高行再终字第3号]。

行政决定,因此,包括行政拘留在内的限制人身自由的行政处罚决定,在行政诉讼合法性审查中适用排除合理怀疑标准十分妥当。[78] 同理,行政案件涉及重大财产权益时也应当适用这一证明标准。如在陈某垣诉贵州省遵义市工商行政管理局变更企业登记案中,法院认为:

> 出资转让涉及重大民事权益变更,相应的证据必须具有高度证明力,而鉴定机构对出资转让协议复印件所作的鉴定,证明力不够充分。[79]

因原告起诉权涉及原告合法权益能否受到法院的充分保护,所以,在原告起诉是否超过法定期限争议中,被告或者第三人证明原告知道行政行为内容,应当达到排除合理怀疑标准。如在王某田诉内蒙古自治区乌兰浩特房产管理局房屋行政登记案中,法院认为:

> 据此本案中被告或者第三人应承担举证责任,由被告或者第三人证明原告知道或者应当知道房屋已办理转移登记,而本案中被告及第三人提供的证据不足以证明其主张。如果适用事实推定,王某田来到登记机关申请登记,没有正当理由不签名就离开却由王某代签,王某所称的理由又不符合常理,那么不足以推定王某田与王某一同到登记机关申请登记;即使王某田来到登记机关未签名就走了,也只能推定王某田放弃了出让房屋,不能推定王某田知道转让登记这一事实,因此应推定原告从2001年2月至2007年到被告处查阅期间不知道房屋已办理转移登记。根据最高人民法院《关于执行〈中华人民共和国行政诉讼法〉若干问题的解释》第42条第1款的规定,公民、法人或者其他组织不知道行政机关作出的具体行政行为内容的,起诉期限从知道或者应当知道该具体行政行为内容之日起计算。对涉及不动产的具体行政行为从作出之日起超过20年,其他具体行政行为从作出之日起超过5年提起诉讼的,人民法院不予受理。因此原告未超过起诉期限。

该案上述裁判理由中,没有提到排除合理怀疑标准,但是,最高人民法院发布该案时给出的裁判要旨是:

> 被告或者第三人认为原告在某一特定时间知道具体行政行为内容,但提供的证据无法排除合理怀疑且原告予以否认的,人民法院应当推定原告在该特定时间不知道具体行政行为内容。[80]

(三) 清楚且有说服力标准

除了适用上述两大证明标准的行政案件外,其他行政案件可以适用清楚且有说服力标准。它大致介于优势证明标准和排除合理怀疑证明标准两极之间。清楚且有说服力标准本身并没有确定的内容标准,由法官在个案中依照内心确信加以确定。如在曲阜市圣盟家装商行诉曲阜市市场监督管理局虚假广告行政处罚案中,法院认为:

> 本案中,被告认定原告发布虚假广告的证据主要有:(1)对孔德胜的询问笔录;(2)涉嫌广告照片5张;(3)中国质量奖提名奖证书及第三届中国质量奖获奖名单一份;(4)"广东四通""广东松发"两家公司的电脑查询结果。从证据种类上看,缺少现场检查(勘验)笔录这一必要证据,案涉广告的地理位置、形制大小、展示时长、辐射范围、可能受众等基础性资料缺失。从证据要件要求上看,案涉广告牌照片仅有原告现场负责人孔某某的签名及原告字号印章,缺少拍摄人、存储介质、时间地点、执法人员、证明对象等要素,"广东四通""广东松发"两家公司的电脑查询结果也同样缺少查询复制人、来源介质、执法人员、证明对象等要素,而被告直接予以采信作为处罚证据,缺乏基础要素支撑。从证据说服力上看,针对同一份中国质量奖提名奖证书及第三届中国质量奖获奖名单,被告在原告坚持认为从证书字面意思理

---

[78] 参见刘某恒不服河北省三河市公安局行政处罚决定案,载最高人民法院行政审判庭编:《中国行政审判案例》(第4卷)第133号案例,中国法制出版社2012年版,第65页。

[79] 参见最高人民法院行政判决书[(2009)行提字第1号]。

[80] 参见中华人民共和国最高人民法院行政审判庭编:《中国行政审判指导案例》(第1卷)第8号案例,中国法制出版社2010年版,第38页。

解，中国质量奖包括中国质量奖提名奖，且无旁证或阐释的情况下，直接认定蒙娜丽莎瓷砖荣获"中国质量提名奖"冒充"中国质量奖"，缺乏说服力。同时，上述证据也不能明确回答蒙娜丽莎瓷砖是否上市，"广东四通""广东松发"是否属于瓷砖业的上市公司等问题。综上所述，被告提交的证据未能达到清晰且有说服力的标准，属于主要证据不足。[81]

---

[81] 参见山东省邹城市人民法院行政判决书[（2020）鲁08行终204号]。

第十八章 行政诉讼的依据

第一节 引 言

一、依据的概念及分类

行政诉讼是法院运用审判权对被诉行政行为是否合法所作的司法复审,并以裁判方式作出司法复审的结论。除了认定事实是否存在的证据之外,法院作出裁判还要有判断被诉行政行为是否合法的依据。所谓依据,即为支持法院裁判的法规范。在法院作出的裁判中,根据它适用法规范所处的不同位置,可以区分为理由依据和主文依据。

(一)理由依据

法院在裁判理由中引用的依据,即理由依据。理由依据是一种论据,用于证成裁判理由的合法性。制定法、司法解释是主要的理由依据。例如,在上海罗芙仙妮化妆品有限公司诉上海市工商行政管理局金山分局工商行政处罚决定案中,法院认为:

根据《反不正当竞争法》第21条第1款的规定,经营者假冒他人的注册商标、擅自使用他人的企业名称或姓名,伪造或者冒用质量标志,对商品质量作引人误解的虚假表示的,依照《中华人民共和国商标法》和《产品质量法》的规定处罚。上诉人罗芙仙妮公司生产、销售的"罗芙仙妮"系列化妆品上标有"法国""欧莱雅"字样,而"欧莱雅"是原审第三人欧莱雅公司企业名称中的字号,同时作为国际品牌的商标也已成为我国重点保护的商标和驰名商标;上诉人生产、销售的"碧优泉"系列化妆品上有容易与欧莱雅公司代理的"碧欧泉"化妆品发生混淆和误认的品牌、商标标识;上诉人在公司招商手册中声称其品牌是"来自法国的顶级品牌",故意作引人误解的表示。基于上述事实,被上诉人金山分局根据《反不正当竞争法》第53条的规定,作出涉案行政处罚决定是正确的,应予维持。[1]

该案中,法院所适用的《反不正当竞争法》、《商标法》和《产品质量法》等法规范,都是用于论证它裁判理由合法性的依据。裁判理由是支撑裁判主文的法理基础,用于论证裁判理由依据,除依据法律法规、司法解释的规定外,法官可以运用最高人民法院发布的指导性案例;最高人民法院发布的非司法解释类审判业务规范性文件;公理、情理、经验法则、交易惯例、民间规约、职业伦理;立法说明等立法材料;采取历史、体系、比较等法律解释方法时使用的材料;法理及通行学术观点;与法律、司法解释等规范性法律文件不相冲突的其他论据。[2] 可见,理由依据的范围远远大于行政法法源范围。

(二)主文依据

法院作出裁判主文所引用的依据,即主文依据。主文依据用于支持裁判主文的合法性。主文依据要求法院写明依据的名称、条文序数,当事人可以直接、清晰地知道法院裁判的依

---

[1] 参见《最高人民法院公报》2009年第11期。
[2] 参见最高人民法院《关于加强和规范裁判文书释法说理的指导意见》(法发〔2018〕10号)第13条。

据。例如,在陆某佐诉上海市闸北区房屋土地管理局(以下简称房地局)房屋拆迁行政裁决纠纷案中,法院裁判如下:

根据《中华人民共和国行政诉讼法》第54条第(2)项、第61条第(3)项之规定,判决如下:(1)撤销上海市闸北区人民法院就本案作出的一审行政判决;(2)撤销被上诉人闸北房地局2005年6月16日作出的闸房地拆裁字〔2005〕第169号房屋拆迁裁决;(3)责令被上诉人闸北房地局对涉案被拆房屋重新作出房屋拆迁裁决。[3]

有时,最高人民法院的司法解释也可以作为裁判的主文依据。例如,在点头隆胜石材厂诉福鼎市人民政府行政扶优扶强措施案中,法院裁判如下:

根据《关于〈中华人民共和国行政诉讼法〉若干问题的解释》第50条第3款关于"被告改变原具体行政行为,原告不撤诉,人民法院经审查认为原具体行政行为违法的,应当作出确认其违法的判决"的规定,判决如下:确认被告福建省福鼎市人民政府2001年3月13日作出的鼎政办〔2001〕14号文件违法。[4]

有时,部门行政法中法律、法规或者规章也可以作为裁判的主文依据。例如,在中海雅园管委会诉海淀区国土资源和房屋管理局不履行法定职责案中,法院裁判如下:

依照《中华人民共和国行政诉讼法》第53条第1款、《最高人民法院关于执行〈中华人民共和国行政诉讼法〉若干问题的解释》第57条第2款第2项的规定,参照建设部《城市新建住宅小区管理办法》第6条、北京市人民政府《北京市居住小区物业管理办法》第5条的规定,于2003年11月20日判决:确认被告北京市海淀区国土资源和房屋管理局对原告中海雅园物业管理委员会提出的换届选举登记备案申请不履行备案职责的行为违法。[5]

二、合法性审查

合法性审查是指法院对被诉行政行为是否合法所作的一种司法复审。《行政诉讼法》第6条规定:"人民法院审理行政案件,对行政行为是否合法进行审查。"这是合法性审查的基础法规范。由此基础法规范产生若干合法性审查的具体规范,即《行政诉讼法》第63条(法律、法规、规章)、第64条(规范性文件合法性审查)和《行诉解释》第100条(司法解释和规范性文件)及《适用规范纪要》等,上述法规范构成了合法性审查的法律框架。

合法性审查与合理性审查不是并列关系。合法性审查是一种形式合法性审查,合理性审查是实质合法性审查。合理性审查对象是行政裁量,被诉行政行为滥用职权、明显不当等都是法院对行政裁量进行审查后认定的结果。所谓"不作合理性审查"并不是说法院不审查行政裁量问题,而是对不属于滥用职权、明显不当的被诉行政行为不作认定、裁判而已。

行政机关作出行政行为所适用的法规范出自"多门",且它们之间的法效力不尽相同。如果法院仅仅审查行政机关适用的法规范是否正确,而不及于其所适用的法规范本身是否"合法",那么作为行政救济基本制度的行政诉讼在实效性权利保护上将会受到限制。为此,《行政诉讼法》、《立法法》、《行诉解释》和《适用规范纪要》以及法院判例等,为法院提供了如下一个梯度式的合法性审查依据方式:

(1)适用法律;

---

[3] 参见《最高人民法院公报》2007年第8期。
[4] 参见《最高人民法院公报》2001年第6期。
[5] 参见《最高人民法院公报》2004年第5期。

(2)适用与法律不抵触的行政法规;
(3)适用与法律、行政法规不抵触的地方性法规;
(4)适用与法律、法规不抵触的规章;
(5)适用与法律、法规、规章不抵触的行政规定;
(6)适用与法律、法规、规章不抵触的不成文法。

第二节 法定依据

一、法律、法规

在宪法规定的框架性基本制度中,法院产生于人民大表大会,受人民大表大会监督,并向它报告工作。法律、地方性法规是否合法,最高人民法院对法律、高级人民法院和中级人民法院(设区的市)对地方性法规都无权审查,其他地方各级法院亦同,如民族区域自治地方的法院不能审查自治条例、单行条例。《行政诉讼法》第63条第1款规定:"人民法院审理行政案件,以法律和行政法规、地方性法规为依据。地方性法规适用于本行政区域内发生的行政案件。"该条第2款又规定:"人民法院审理民族自治地方的行政案件,并以该民族自治地方的自治条例和单行条例为依据。"基于该条规定,当法律、法规成为被诉行政行为依据时,法院仅审查行政机关适用是否正确,而对法律、法规本身是否"合法"没有合法性审查权。但是,实际情况总要比该条规定复杂得多,有以下几个问题需要继续讨论:

(一)国务院制定发布的非行政法规的规范性文件

国务院制定发布的非行政法规的规范性文件主要是指"国发"或者"国办发"文件。关于它的法效力定位,《宪法》《立法法》《行政法规制定程序条例》等都没有作出明确规定,国务院给了它一个十分模糊的名称,即"法规性文件"。虽然它师出无名,但它有时却被法院当作"依据",用于对行政行为的合法性审查。例如,在山东莱芜发电总厂诉山东省莱芜市莱城区水利水产局征收水资源费再审案中,最高人民法院认为:

《水法》第34条第3款规定:"水费和水资源费的征收办法,由国务院规定。"也就是说,水费、水资源费的征收范围、征收标准等,应由国务院规定,其他部门无权规定。但目前国务院尚未制定水费和水资源费的征收办法。根据国务院办公厅发出的国办发〔1995〕27号通知的规定,在国务院发布水资源费征收和使用办法前,各省级人民政府制定的水费和水资源费的征收办法,可以作为各所在行政区域内计收水费和水资源费的依据,但不包括对中央直属水电厂的发电用水和火电厂的循环冷却水水资源费的征收。该通知是经国务院同意,以国务院办公厅名义下发的;根据《水法》的授权,国务院有权对征收水资源费的问题作出规定;国办发〔1995〕27号通知应当作为行政机关执法和人民法院审理有关行政案件的依据。[6]

本案中,国务院应当根据《水法》的授权制定水费和水资源费的征收办法,但是,国务院一直没有制定这个办法,有关水费和水资源费只有国办发〔1995〕27号通知。最高人民法院认可了该通知是"审理有关行政案件的依据"。在广东省汕尾市汽车配件公司武汉分公司诉武汉海关行政处罚决定及行政赔偿案中,最高人民法院表达了同样的态度:

国办函〔1994〕86号文明确指出:"国办发〔1993〕55号文件是国务院批准下发的,应当作为国家行

---

[6] 参见最高人民法院行政判决书〔(1998)行再字第1号〕。

政机关的执法依据";国办函〔1997〕33号文又明确指出:"这两个文件是经国务院批准发布的,具有行政法规效力,可以作为行政机关实施行政处罚的依据"。上诉人认为国办发〔1993〕55号文件不具有法律、法规效力,海关无权查处被扣车辆的理由亦不能成立。[7]

在第一个案件中,法院以"《水法》的授权"为由,将国办发〔1995〕27号通知作为审理行政案件的依据,在第二个案件中,法院以"国务院批准"为由,认定国办发〔1993〕55号具有行政法规效力,由此可见,"法规性文件"在行政诉讼中具有"依据"的地位。

(二) 与法律、行政法规相抵触的地方性法规

早在1993年,最高人民法院就在一个给下级法院请示的复函中称:"……人民法院审理行政案件,对地方性法规的规定与法律和行政法规的规定不一致的,应当执行法律和行政法规的规定。"[8] 从内容上看,该复函已经突破了《行政诉讼法》(1989)第52条的规定,即法院不得在个案中审查地方性法规本身是否合法的争议。该复函提出的要求是符合《宪法》规定的,[9] 而最高人民法院及地方各级法院则通过该复函得到了地方性法规与法律、行政法规是否"抵触"的判断权。在福建省水电勘测设计研究院诉原省地质矿产厅行政处罚案中,这一"复函"的内容再次为最高人民法院所确认,法院认为:

> 1991年6月28日起施行的《福州市地下热水(温泉)管理办法》,是福建省第七届人民代表大会常务委员会第22次会议批准的地方性法规。其中第5条第1、2款规定:"市水行政主管部门是地下水资源的主管部门,负责对温泉的统一规划和协调,对温泉的保护工作进行指导。福州市城市建设行政主管部门是温泉开发利用的主管部门(以下简称市温泉主管部门),负责温泉的保护和开发利用的统一管理工作。"第27条规定:"本办法规定的行政处罚,由市温泉主管部门决定……"这个规定没有根据国家标准把温泉按照温度的不同区分出地热和地下水,以致将部分地热归入地下水中,由此行政主管部门对这部分地热的确定与法律、行政法规的规定不符。本案第三人城建委据此地方性法规认为自己对这部分地热有行政管理权,是不适当的。[10]

《立法法》(2000)第79条规定:"法律的效力高于行政法规、地方性法规、规章。行政法规的效力高于地方性法规、规章。"2003年《适用规范纪要》详细规定了上下位法发生冲突时的适用规则,2014年修改的《行政诉讼法》未涉及这部分内容,2015年、2023年修改的《立法法》保留了《立法法》(2000)第79条的规定。[11] 至此,地方性法规在行政诉讼中的原有地位——法院不得审查它本身的合法性——已经动摇了。当法院认为行政机关适用的地方性法规与法律、行政法规相抵触时,有权选择适用法律、行政法规作出裁判。

需要指明的是,基于宪法规定的框架性基本制度,法院如遇到上述问题,应当直接引用法律、行政法规作出裁判,不得在裁判理由中对地方性法规的法效力作出评价。但在实务中,也发生过法院对地方性法规作法效力评介的个案。例如,在酒泉地区惠宝家电制冷设备有限公司诉原酒泉地区技术监督局行政处罚案中,法院认为:

> 《中华人民共和国产品质量法》并未赋予产品质量监督管理部门对维修者的行政处罚权,上诉人对被上诉人实施行政处罚所依据的《甘肃省产品质量监督管理条例》第13条、第30条有关产品质量监督

---

[7] 参见最高人民法院行政判决书〔(1999)行终字第8号〕。
[8] 最高人民法院《关于人民法院审理行政案件对地方性法规的规定与法律和行政法规不一致的应当执行法律和行政法规的规定的复函》(法函〔1993〕16号)(已失效)。
[9] 参见《宪法》第100条。
[10] 参见《最高人民法院公报》1998年第1期。
[11] 参见《立法法》(2015)第88条、《立法法》(2023)第99条。

管理部门对维修者实施行政处罚的规定,有悖于《中华人民共和国行政处罚法》第11条第2款"法律、行政法规对违法行为已经作出行政处罚规定,地方性法规需要作出具体规定的,必须在法律、行政法规规定的给予行政处罚的行为、种类和幅度的范围内规定"的规定,不能作为实施处罚的依据。故该行政处罚超越职权。[12]

该案中,法院对所涉的地方性法规作出的"有悖于……"的法效力评价,已经超越了行政审判权的范围。所以,在该案的再审裁判中,法院认为:

一审法院在审理案件中,仅依据惠宝公司提供的维修记录单即认定送修时间亦属证据不足;酒泉地区中级人民法院(1998)酒行终字第06号行政判决虽然认定事实清楚,但在判理由部分以《甘肃省产品质量监督管理条例》第13条、第30条中有关维修质量的规定违背《行政处罚法》的规定为由,直接对地方性法规的效力加以评判是错误的。[13]

（三）地方性法规的适用范围

地方性法规适用于它的制定机关所管辖的行政区域范围,自治条例、单行条例亦同。对此,《行政诉讼法》第63条第1款、第2款规定:"……地方性法规适用于本行政区域内发生的行政案件。人民法院审理民族自治地方的行政案件,并以该民族自治地方的自治条例和单行条例为依据。"地方性法规分为省级地方性法规和设区的市地方性法规,但地方性法规发生重叠性的地域效力时如何适用,《立法法》《行政诉讼法》都没有作出明确规定。从判例看,法院可以依照"就近原则"适用地域效力范围较小的地方性法规。实务中,如在吴某宝等诉福州市房地产管理局房屋拆迁管理案中,法院认为:

1993年8月1日起施行的《福建省城市房屋拆迁管理办法》第33条第2项规定:被拆迁的区域用于商品房综合开发、职工住宅建设的,一般应实行就地或就近安置。2000年7月28日施行的《福州市城市房屋拆迁管理办法》第6条第1款规定:房屋拆迁实行货币安置或一次性房屋安置,鼓励货币安置。上述两部办法均由福建省人民代表大会常务委员会通过或批准,属同级效力。因本案发生在福州市内,应优先适用《福州市城市房屋拆迁管理办法》。[14]

（四）与法律相抵触的行政法规

《立法法》第99条第1款规定:"法律的效力高于行政法规、地方性法规、规章。"由此,当行政法规与法律发生效力冲突时,应当适用法律。《行政诉讼法》(1989)第52条原本没有这样的立法原意,后来《立法法》(2000)对《行政诉讼法》(1989)第52条作了"无形修改",这一规定一直延续在《立法法》(2015)第88条、《立法法》(2023)第99条之中。之前,一些地方法院开始对行政法规是否符合法律作合法性审查,若认为行政法规与法律相抵触,在对行政法规本身的不合法性不在裁判中作判定的前提下,直接引用法律作出裁判。例如,在上海东兆化工有限公司诉上海市工商行政管理局(以下简称工商局)静安分局行政处罚案中,法院认为:

静安工商分局对未经批准,擅自从事危险化学品经营的违法行为,具有作出行政处罚决定的执法主体资格。《安全生产法》第94条系对哪些行政主体能适用该法作出行政处罚所作的规定,除该条款明确规定的行政主体外,有关法律、行政法规对行政处罚的决定机关另有规定的,亦可适用。《危险化学品安全管理条例》作为行政法规,已明确工商行政机关对擅自从事危险化学品经营的行为具有作出行政处罚的职权。故上诉人静安工商分局认为其不能适用《安全生产法》作出行政处罚决定的理由,本

---

[12] 参见甘肃省酒泉地区中级人民法院行政判决书[(1998)酒行终字第06号]。
[13] 参见甘肃省高级人民法院行政判决书[(1999)甘行监字第29号]。
[14] 参见福建省福州市中级人民法院行政判决书[(2004)榕行终字第156号]。

院不予采信。静安工商分局认定东兆公司在从事危险化学品经营的过程中,没有违法所得,据此《安全生产法》与《危险化学品安全管理条例》规定的处以罚款的幅度不相一致,静安工商分局在作出处罚时,应适用高位阶的法律规范。原审法院据此以适用法律不当为由判决撤销行政处罚决定,并无不当。[15]

该案中,法院对《危险化学品安全管理条例》(下位法)是否抵触了《安全生产法》(上位法)进行了合法性审查,明确认定《安全生产法》与《危险化学品安全管理条例》规定的"处以罚款的幅度"不相一致(应表述为"相抵触")。

二、行政规章

规章分为部门规章、地方政府规章。《行政诉讼法》第63条第3款规定:"人民法院审理行政案件,参照规章。"由此,确立了规章在行政诉讼中的"参照"地位。尽管"规章"没有与"法律、法规"并列于《行政诉讼法》第63条第1款之中,但规章也是法院审查行政行为合法性的依据。当《行政诉讼法》在规章之前加上"参照"时,实质上是《行政诉讼法》赋予法院审查规章是否合法的权力,即规章在被作为审查行政行为合法性的依据之前,法院必须先审查该规章是否与法律、法规相抵触,若没有相抵触,则该规章如同法律、法规都是法院审查行政行为合法性的依据;若相抵触,则法院有权排除该规章在案件中的适用。

参照的文义即参考仿照。依照《行政诉讼法》(1989)的立法原旨,参照即"对符合法律、行政法规规定的规章,法院要参照审理,对不符合或不完全符合法律、行政法规原则精神的规章,法院可以有灵活处理的余地"[16]。所以,在行政诉讼中"参照规章"即赋予法院对规章合法性审查权。在参照规章之下,规章是一种附条件适用的法规范。在个案中,经法院审查,合法的规章具有法效力,它是行政审判的依据,不合法的规章不是审判依据,法院不予适用。《适用规范纪要》对"参照"的意义作了进一步明确:"在参照规章时,应当对规章的规定是否合法有效进行判断,对于合法有效的规章应当适用。"例如,在中国亚太贸易总公司诉原宝鸡市工商行政管理局处理决定案中,最高人民法院认为:

依据《机电产品进口管理暂行办法》,参照《关于加强汽车维修配件进口管理的通知》《关于国家限制进口机电产品进口零件、部件构成整机主要特征的确定原则和审批、征税的试行规定》的规定,亚太公司进口组装的该批旧奥迪轿车,属于无进口汽车证明的汽车;在该批汽车进入国内市场后,宝鸡市工商行政管理局根据《关于加强进口汽车牌证管理的通知》第2条的规定,采取封存强制措施和作出行政处罚决定是依法行使行政职权的行为,不存在超越职权代行海关监管职权的问题。[17]

该案中,依照案发当时的法律规定,被参照的两个"通知"是否属于规章尚不太明确。但是,从该案看,这里的"参照"意味着法院对这两个"通知"的合法性作了审查,并明确引用在裁判理由之中。法院在参照规章时,应当对所参照的条款是否合法作必要的论证。例如,在徐某诉昆明市官渡区人民政府吴井街道办事处不履行法定职责案中,法院认为:

《昆明市物业管理办法》第16条规定:"符合成立业主大会条件的物业管理区域,由该物业管理区域内业主总人数30%以上的业主向街道办事处、乡(镇)人民政府提出成立业主大会的书面申请。符合成立条件的,街道办事处、乡(镇)人民政府应当自收到书面申请60日内,指导和协助业主成立首次业主大会会议筹备组。筹备组由业主、街道办事处或者乡(镇)人民政府、派出所、开发建设单位等派员组

---

[15] 参见上海市第二中级人民法院行政判决书[(2004)沪二中行终字第169号]。
[16] 王汉斌:《关于〈中华人民共和国行政诉讼法(草案)〉的说明》,载《中华人民共和国最高人民法院公报》1989年第2期。
[17] 参见最高人民法院行政判决书[(1995)行终字第4号]。

成。筹备组成员人数应当为单数,其中业主所占比例不得低于筹备组总人数的50%。筹备组组长由街道办事处、乡(镇)人民政府派员担任。"该规定明确应由物业管理区域内业主总人数30%以上的业主向街道办事处、乡(镇)人民政府提出成立业主大会的书面申请。但本案中申请成立业主大会仅系上诉人一人申请,并不符合该条款的规定。上诉人主张该规定设定业主总人数30%的比例才能提出业主大会申请减损了公民、法人及其他组织的权益,对此,本院认为,成立业主大会涉及的是全体业主的共同利益并非个别业主的个人利益,故对处理涉及全体业主共同权益的事项,设定一定比例的业主人数要求以体现集体意志,具有合理性亦属必要。否则,任何业主个人都可以代表甚至挑战集体意志,必然导致集体事务处置的混乱及效率的降低。《昆明市物业管理办法》第16条的规定系对昆明市范围内业主大会成立程序的具体规定,并未违反法律、法规的禁止性规定。故上诉人认为不应当适用《昆明市物业管理办法》第16条的规定,被上诉人应当履行相关职责的主张,依法不应支持。[18]

参照规章在行政诉讼中是一个颇具争议的问题。《行政诉讼法》(1989)制定时,因规章制定主体、程序等比较混乱,因此,没有将规章与法律、法规并列于"依据"之中。尽管规章在制定主体、程序方面因《立法法》《规章制定程序条例》而得到了进一步规范,但《行政诉讼法》(2014)仍然保留"参照规章"的规定。因此,有必要进一步讨论如下"参照规章"的三个问题:

(一)排除不合法的规章在本案中的适用

规章由法定的行政机关制定、发布,并由《立法法》赋予其法效力。制定规章的行政机关同时往往有处理个案的职权,因此,对这种立法权、执行权集于一体的行政机关,在行政诉讼中增设一个"参照"监督机制是妥当的。法院在审理行政案件时,如认为被诉行政行为所适用的规章与法律、法规相抵触,应当将该规章从被诉行政行为合法性依据中排除出去。所以,如法院能够正确、妥当行使参照规章权,有助于实现行政诉讼的立法目的。例如,在任某国诉山西省吕梁行政公署劳动教养管理委员会劳动教养复查决定案中,法院认为:

国务院有关劳动教养的行政法规中,对劳动教养的适用对象已有明确的规定,山西省人民政府《关于保护企业厂长、经理依法执行职务的规定》第8条第2项,把劳动教养的适用范围作了扩大的规定。对于这样的规章,人民法院只在符合行政法规规定的范围内参照适用,即行政法规规定的劳动教养适用对象有以暴力、威胁方法阻碍厂长、经理依法执行职务的行为时,可对其实行劳动教养。如果不属于劳动教养适用对象,则不能仅参照规章对其适用劳动教养。[19]

该案中,法院以被诉劳动教养决定所适用的依据与国务院有关劳动教养的行政法规相抵触为由,否定了山西省人民政府的一个规章在该案的适用,进而撤销了被告作出的劳动教养复查决定,没有在裁判中公开宣布该规章无效。

(二)没有上位法制定依据的规章

对于没有法律、法规依据的规章,最高人民法院在一个对下级人民法院的答复中称:"国务院发布的《中华人民共和国公路管理条例》没有规定公路行政管理部门对拖缴、逃缴公路规费的单位和个人可以采取扣留驾驶证、行车证、车辆等强制措施。而辽宁省人民政府发布的《关于加强公路养路费征收稽查工作的通告》第六条'可以采取扣留驾驶证、行车证、车辆等强制措施'的规定,缺乏法律和法规依据,人民法院在审理具体案件时应适用国务院发布的《中华人民共和国公路管理条例》的有关规定。"[20]从这个答复的内容看,最高人民法院不认

---

[18] 参见云南省昆明市中级人民法院行政判决书[(2024)云01行终242号]。
[19] 参见《最高人民法院公报》1993年第3期。
[20] 最高人民法院《关于人民法院审理行政案件对缺乏法律和法规依据的规章的规定应如何参照问题的答复》(法行复字[1993]第5号)。

可没有法律、法规依据的规章可以作为审查行政行为合法性的依据。《立法法》第93条第6款规定:"没有法律、行政法规、地方性法规的依据,地方政府规章不得设定减损公民、法人和其他组织权利或者增加其义务的规范。"这一规定从法律上进一步明确了最高人民法院上述观点。

（三）规章之间的规定不一致的适用

规章之间具有相同的法位阶。规章之间的规定不一致时如何适用,《行政诉讼法》没有赋予法院有解决这个问题的权限。《立法法》第106条第1款第3项规定:"部门规章之间、部门规章与地方政府规章之间对同一事项的规定不一致时,由国务院裁决。"也就是说,法院在审理行政案件时遇到这种情形,应当依照《行诉解释》第87条第1款第5项的规定,裁定中止该案诉讼,将规章之间不一致所导致的适用问题,上报最高人民法院送请国务院裁决。待有裁决结果之后,法院再恢复该案的诉讼。

三、行政规定

《行政诉讼法》没有为适用行政规定保留一席之地,但是,法院却经常面临个案中行政机关依照行政规定作出被诉行政行为的情况。为此,《行诉解释》第100条第2款规定:"人民法院审理行政案件,可以在裁判文书中引用合法有效的规章及其他规范性文件。"根据这一司法解释,法院在"引用合法有效其他规范性文件"之前,应当对它作一个合法性判断。这个判断我们姑且称之为"参考",以示区别于规章的"参照"。例如,在赏某江诉巢湖市人民政府不履行房屋征收补偿职责案中,法院认为:

> 案涉房屋并未进行转移登记,依照《中华人民共和国物权法》第9条的规定,原告并非房屋所有权人,有关公房转让合同以及价款支付的事实也不能对抗物权法和征收补偿条例中对于不动产所有权和被征收人的规定。即使本案存在征收法律关系,原告也非被征收人,对有关公房使用人的补偿内容也不应涉及房屋调换问题,有关安置问题的解决仍然应该由被征收人即房屋所有人予以解决。况且在被告实际上未作出房屋征收决定的情况下,法律、法规及规章尚不能规制案涉公房改制及安置补偿问题,实践中考虑到单位职工实际住房问题,有关政策性文件可以作为本案的参考依据,但该类问题涉对公房等国有资产的处置,既要保护有关单位职工住房等合法权益,也应严格把握,以维护国有资产等社会公共利益。巢湖市交通运输局作出的上述处置意见中对案涉公房改制及安置补偿作出了具体规定。[21]

实务中,行政机关制定的行政规定,有时又被称为政策性文件,但这不影响法院在审查被诉行政行为合法性时参考。在甘某诉暨南大学开除学籍决定案中,高等学校制定的"校纪校规"也如行政规定一样,列入法院的参考范围,最高人民法院认为:

> 高等学校学生应当遵守《高等学校学生行为准则》《普通高等学校学生管理规定》,并遵守高等学校依法制定的校纪校规。学生在考试或者撰写论文过程中存在的抄袭行为应当受到处理,高等学校也有权依法给予相应的处分。但高等学校对学生的处分应遵守《普通高等学校学生管理规定》第55条规定,做到程序正当、证据充足、依据明确、定性准确、处分恰当。特别是在对违纪学生作出开除学籍等直接影响受教育权的处分时,应当坚持处分与教育相结合原则,做到育人为本、罚当其责,并使违纪学生得到公平对待。违纪学生针对高等学校作出的开除学籍等严重影响其受教育权利的处分决定提起诉讼的,人民法院应当予以受理。人民法院在审理此类案件时,应依据法律法规、参照规章,并可参考高等

---

[21] 参见安徽省合肥市中级人民法院行政判决书[（2019）皖01行初155号]。

学校不违反上位法且已经正式公布的校纪校规。[22]

在最近几年最高人民法院的判例中,对行政规定也作"参照"适用。这种变化使得行政规定和行政规章在行政诉讼中获得了相同的法律地位。例如,在赵某艳诉国家工商行政管理总局(以下简称国家工商总局)不履行法定职责案中,最高人民法院认为:

> 参照国家工商行政管理局《关于受理违法广告举报工作的规定》(工商广字〔1996〕第391号)第2条的规定,国家工商总局具有负责监督、指导、协调地方各级工商行政管理机关受理违法广告举报工作和调查处理有重大影响的举报两项法定职责。本案中,赵某艳先后共5次通过邮寄信件的方式要求原国家工商总局履行职责,前三次均是要求国家工商总局履行调查处理职责;最后一次是要求履行对下监督职责,第四次对上述两项职责都提出了要求。
> 关于调查处理职责。赵某艳举报的事项显然不具有重大影响,故不属于国家工商总局直接调查处理的范围。工商广字〔1996〕第391号国家工商行政管理局《关于受理违法广告举报工作的规定》第11条第1款规定:"工商行政管理机关一般应当按照对广告发布或者自行发布广告的广告主的管理权限受理举报。对不在管辖权限内的举报,应当于十日内转交有管辖权的工商行政管理机关调查处理。上级工商行政管理机关收到应当由下级工商行政管理机关管辖的举报,应当逐级在收到举报材料后十日内转交下级工商行政管理机关调查处理。"国家工商总局收到赵某艳前4次举报信后根据其举报涉嫌违法广告行为的主体、广告发布及影响范围等情况,分别转交北京市工商行政管理局和杭州市工商行政管理局,并以告知书的形式将转办情况告知赵某艳,符合法律规定。
> 关于对下监督职责。国家工商总局的对下监督职责源于上下级行政机关的行政隶属关系,属于行政机关内部的层级监督,并不能直接对当事人的权利义务产生影响,不具有司法审查的必要性和实效性,不宜纳入行政诉讼受案范围。行政管理相对人认为合法权益受到侵犯的,应通过对直接影响其权利义务的行政行为提起行政诉讼,实现其权利救济的目的,而无须通过起诉上级行政机关不履行监督管理职责的方式来维护权益。故本案中国家工商总局是否依法履行赵某艳要求的对下监督职责不属于人民法院司法审查范围,原审对此予以审查并无必要,鉴于裁判结果正确,本院对此仅予指正。[23]

由于行政规定的地位不如法律、法规和规章那么明确,地方法院对行政规定的审查方式也是"因地制宜"。以下几种处理方式具有一定的代表性。

(一) 不能作为合法性审查标准

法院将行政机关作出行政行为时适用的行政规定排除在法规范之外,进而推出它不能作为合法性审查依据。例如,在北京市通州区漷县镇后尖平村村民委员会诉北京市通州区漷县镇人民政府履行追缴公章法定职责案中,法院认为:

> 被告向法庭提交了《印章工作意见》,市委组织部、市委农工委、市民政局《关于充分发挥村党支部领导核心作用,进一步推进村民自治的意见》《通州区村级组织规范化管理实施细则》等规范性文件作为其具有追缴公章的法定职权,原告对此亦表示同意。但上述三份规范性文件不属于法律规定的确定行政机关职权范围的法律规范,不能作为法院审查被诉具体行政行为合法性的标准,且《中华人民共和国村民委员会组织法》第4条第1款规定"乡、民族乡、镇的人民政府对村民委员会的工作给予指导、支持和帮助,但是不得干预依法属于村民自治范围内的事项"。故追缴村委会公章之事项不属于被告的法定职责。现原告要求被告履行法定职责追缴公章并主持公章移交的理由,不能成立,对其诉讼请求本院不予支持。[24]

---

[22] 参见最高人民法院行政判决书〔(2011)行提字第12号〕。
[23] 参见最高人民法院行政裁定书〔(2016)最高法行申348号〕。
[24] 参见北京市通州区人民法院行政判决书〔(2008)通行初字第27号〕。

该案中,法院直接否定了被诉行政行为所适用的"三份规范性文件"的合法性。相对于参照规章而言,在参考行政规定时,法院其实可以行使更大的审查权,必要时,甚至可以在裁判文书中宣布该行政规定因违反法律、法规和规章而无效。

(二)没有当然的法效力

有时,行政机关作出行政行为所依据的是行政机关内部的一个复函。对于行政复函的法效力,从它的生成主体、时间、适用对象看,毋宁把它当作是一种来自当事人一方的"观点",当然不具有所谓的"法效力"。例如,在赖某华诉江西省劳动和社会保障厅工伤认定行政复议决定纠纷案中,法院认为:

赖某华在受伤前,用人单位不能提供为其办理保险的证据,在诉讼中也不能提供统筹地区是南昌的证明,而上诉人提供的赣劳社劳函[2002]4号函,是上级部门对下级部门请示内容的答复,没有当然的法律效力。更何况它与劳动和社会保障部2004年1月1日起实施的《工伤认定办法》内容相抵触。因此,上诉人江西省劳动和社会保障厅以"赣劳社劳函[2002]4号函"为理由,认为赣州市劳动和社会保障局超越管辖依据不足,其上诉请求本院不予支持。[25]

该案中,法院行使了对"复函"是否具有法效力的审查判断权。"没有当然的法律效力"是法院对"复函"是否可以适用于该案给出的结论。

(三)自然失效

法院在个案中明确地宣布某一行政规定"自然无效",导致该行政规定失去了普遍约束力,不仅仅限于该案的不适用。这种表述在内容上其实与"没有当然的法律效力"一样,在一定程度上反映了地方法院在个案中正在静悄悄地扩大对行政规定的审查权。例如,在无锡市塑料造粒二厂诉无锡市规划管理局城市规划行政处罚案中,法院认为:

第三人南长区中队提出的根据1988年其与公安部门联合制定的一个文件,城建中队有权审批临时性建筑,尽管《城市规划法》已于1989年颁布施行,但至今尚未见到废止该文件的规定。全国人民代表大会常务委员会制定的《城市规划法》、无锡市人民政府颁布的《无锡市城市规划管理实施细则》均明确规定:城市规划区内街道两侧所有建筑的审批权由规划主管部门负责。根据新法高于旧法,法律的效力高于行政法规,行政法规的效力高于规章,政府规章高于其他规范性文件的原则,1988年城管部门与公安部门联合制定的有关文件中与《城市规划法》《无锡市城市规划管理实施细则》冲突的部分已自然失效。[26]

四、法律解释

制定法的适用离不开法律解释。这里所说的"法律解释",是指有权机关在个案处理之外对制定法作出的解释,具有反复适用性。它不同于法官在个案中对依据的制定法所作出的解释,仅限于个案的适用。全国人民代表大会及其常务委员会制定的法律,其解释权属于全国人民代表大会常务委员会。最高人民法院、最高人民检察院有权就具体应用法律作出解释。根据全国人民代表大会常务委员会1981年《决议》的规定,不属于审判和检察工作中的其他法律如何具体应用的问题,由国务院及主管部门进行解释。凡属于地方性法规条文本身需要进一步明确界限或作补充规定的,由制定法规的省、自治区、直辖市人民代表大会常务委员会进行解释或作出规定。凡属于地方性法规如何具体应用的问题,由省、自治区、直辖市人民政府主管部门进行解释。

---

[25] 参见江西省赣州市中级人民法院行政判决书[(2008)赣中行终字第8号]。
[26] 参见江苏省无锡市中级人民法院行政判决书[(1995)锡行字第2号]。

法律解释属于被解释法规范的当然内容,且该内容一直存在于该法规范之中,其法效力等同于被解释的法规范。《行诉解释》第 100 条第 1 款规定:"人民法院审理行政案件,适用最高人民法院司法解释的,应当在裁判文书中援引。"该条仅规定最高人民法院的司法解释在裁判文书中的援引,而对其他法律解释在行政诉讼中的适用问题,未作规定。最高人民法院《关于裁判文书引用法律、法规等规范性法律文件的规定》第 5 条规定:"行政裁判文书应当引用法律、法律解释、行政法规或者司法解释。对于应当适用的地方性法规、自治条例和单行条例、国务院或者国务院授权的部门公布的行政法规解释或者行政规章,可以直接引用。"这一规定弥补了《行诉解释》第 100 条第 1 款规定的不足。

在实务中,法律解释作为行政诉讼依据并不少见,但对于法律之外的"法解释"——法规、规章如何适用作出的解释,除国务院或者国务院授权的部门公布的行政法规解释可以直接引用外,其他行政解释在行政诉讼中如何引用没有统一的规定。法院在个案中通常也会遇到这样的问题,对这类法解释作不同程度的合法性审查。例如,在张某森诉上海市卫生局卫生行政审核纠纷案中,法院认为:

卫生部《关于对浙江省卫生厅在执行〈医疗事故处理条例〉过程中有关问题的批复》(卫医发〔2004〕65 号文)第 3 项规定:"在实际工作中,可根据鉴定需要,由医患双方随机等额抽取多名专家作为候补专家,但应按抽取的顺序依次递补。"该批复系由卫生部根据实际情况作出的进一步规定,具有行政解释性质。考虑到医患双方随机抽取的正式专家均可能有两名以上无法参加鉴定会的客观实际,由医患双方随机各抽取二名候补专家,同时严格按照递补规定递补,有利于医疗事故技术鉴定的及时进行,更好地保护医患双方依法享有的合法权益,且候补专家抽取多少与医疗事故技术鉴定专家组的构成及鉴定会的召开是否合法,没有必然联系。被上诉人经对出席鉴定会的专家资格进行审查,认为符合规定,并无不当,原审判决相关认定亦属正确。[27]

该案中,经审查后,法院采纳了卫生部的一个行政解释,并把它作为裁判的理由依据之一。又如,在 B 公共汽车公司诉 A 规费征稽所征收公路建设基金纠纷案中,法院认为:

上诉人提出被上诉人所营运的车辆不享受政府财政补贴,以营利为目的,不具有社会公益性,故不属公共汽车,依据的是交通部作出的《关于请求诠释〈公路运输管理暂行条例〉调整范围的请示》(交函公路〔1995〕523 号)的行政解释;经审查,该行政解释与建设部于 1993 年 9 月 7 日颁布的行政规章,即《全民所有制城市公共交通企业转换经营机制实施办法》的规定不一,故该行政解释不能作为认定被上诉人所营运的车辆不属公共汽车的依据。[28]

该案中,交通部的一个行政解释因与建设部的一个规章"规定不一",被法院排除适用。依理,交通部的行政解释是对《公路运输管理暂行条例》(已失效)的解释,具有行政法规的法效力位阶,但在该案中的法院看来,它的法效力还不如部门规章。当然,如果该行政解释与所解释的行政法规内容不一致,那么在没有法定程序撤销行政解释之前,由法院在个案中担当监督之责,也不失为一种可选的司法之策。

---

[27] 参见上海市第二中级人民法院行政判决书[(2005)沪二中行终字第 103 号]。
[28] 参见海南省海南中级人民法院行政判决书[(2005)海南行终字第 4 号]。

第三节 非法定依据

一、宪法

法院在裁判中不直接引用宪法条款作为依据——无论是理由依据还是主文依据,这个做法通常被认为源于1955年最高人民法院《关于在刑事判决中不宜援引宪法作论罪科刑的依据的复函》(已失效)。[29] 在《行政诉讼法》明确规定法院审理行政案件,依据法律、法规,参照规章之后,在行政诉讼裁判中不直接适用宪法条文作为依据已经成为一种当然。但是,在实务中,法院引用宪法条文作为裁判的理由依据并不少见。例如,在张某顺诉东平县斑鸠店镇人民政府处理土地使用权争议案中,法院认为:

根据《土地管理法》第16条第1、2款和《土地权属争议调查处理办法》第5条第2款的规定,只要经当事人申请,东平县斑鸠店镇人民政府就应当拥有处理个人之间土地权属争议的法定职责。因此,上诉人关于《土地权属争议调查处理办法》第4条是对《土地管理法》第16条第1、2款的细化的观点,二审法院未予认定。《土地管理法》第16条第1、2款和《土地权属争议调查处理办法》第5条第2款是基于土地权属争议的特殊性而作出的安排,不仅与《宪法》第107条不抵触,而且也与《中华人民共和国行政许可法》第8、49条的规定不相冲突。因为《行政许可法》第8、49条针对的是行政许可行为,而《土地管理法》第16条第1、2款和《土地权属争议调查处理办法》第5条第2款针对的则是土地登记的确权行为,《土地管理法》第11条第2款规定,"农民集体所有的土地依法用于非农业建设的,由县级人民政府登记造册,核发证书,确认建设用地使用权",即为佐证。[30]

该案中,法院引用《宪法》第107条规定作为裁判的理由依据,论证了被诉行政行为所引用的《土地管理法》《土地权属争议调查处理办法》相关条款的合法性。又如,在林某娟诉漳州师范学院开除学籍案中,法院认为:

《中华人民共和国教育法》第42条规定:"受教育者享有下列权利……(四)对学校给予的处分不服向有关部门提出申诉,对学校、教师侵犯其人身权、财产权等合法权益,提出申诉或者依法提起诉讼……"本案上诉人对被上诉人林某娟作出开除学籍的处分决定,系剥夺了被上诉人的宪法赋予的基本权利——受教育权,且这种对公民受教育权的剥夺,实际上也包括对受教育者已投入的学费等财产权的侵犯,故该处分决定系可诉的具体行政行为,并非内部管理行为,应属于法院受理行政诉讼的受案范围。[31]

该案中,法院引用公民宪法上的基本权利——受教育权为裁判的理由依据,论证了"开除学籍处分决定"属于行政诉讼受案范围。

法院无权裁判行政行为的合宪性,所以,行政行为合宪性基本上还是一个学理上讨论的问题。个别地方法院引用宪法判断行政行为的合法性并形成裁判的理由依据,也仅仅是一种

---

[29] 该复函称:"你院(55)刑二字第336号报告收悉。中华人民共和国宪法是我国国家的根本法,也是一切法律的'母法'。刘少奇在关于中华人民共和国宪法草案的报告中指出:'它在我国国家生活的最重要的问题上,规定了什么样的事是合法的,或者法定必须执行的,又规定了什么样的事是非法的,必须禁止的。'在刑事方面,它并不规定如何论罪科刑的问题,据此,我们同意你院的意见,在刑事判决中,宪法不宜援引为论罪科刑的依据。"

[30] 参见山东省泰安市中级人民法院行政判决书[(2008)泰行终字第39号]。

[31] 参见福建省漳州市中级人民法院行政判决书[(2007)漳行终字第13号]。

偶发行为,并没有形成普遍效应。这种"静静的革命"究竟能否会产生制度层面上的突破,尚需假以时日才能看到答案。

二、不成文法

不成文法主要有指导性案例、惯例、法的原则和公共政策等。《行政诉讼法》在规定法院审理行政案件的裁判依据中,并没有为不成文法保留空间,即使在《适用规范纪要》中也没有涉及此问题。但在实务中,引用不成文法作为论证理由依据的个案并不少见。例如,在重庆某某建筑劳务有限公司诉垫江县人力资源和社会保障局等工伤保险资格或者待遇认定案中,法院认为:

> 最高人民法院指导性案例191号"刘彩丽诉广东省英德市人民政府行政复议案"裁判要点认为:"建筑施工企业违反法律、法规规定将自己承包的工程交由自然人施工,该自然人因工伤亡,社会保险行政部门参照《最高人民法院关于审理工伤保险行政案件若干问题的规定》第三条第一款有关规定认定建筑施工企业为承担工伤保险责任单位的,人民法院应予支持。"本案中,某某劳务公司违反法律、法规规定将其承包的某某镇某某村某某花椒基地产业便道硬化劳务,交由不具备用工主体资格的自然人刘某林,刘某林作为"包工头"与其聘请的工人共同施工作业。2021年6月2日,刘某林在驾驶三轮汽车拉运混凝土空车返回案涉工程现场途中,发生交通事故当场死亡。可以认为,刘某林系在工作时间、工作场所内系工作原因死亡,根据前述法律规定,应当由某某劳务公司承担刘某林工亡的用工主体责任。刘某林系案涉工程的"包工头",将"包工头"纳入工伤保险范围,由具备用工主体资格的某某劳务公司承担刘某林工亡的工伤保险责任,符合工伤保险制度的建立初衷,也符合《工伤保险条例》及相关规范性文件的立法目的,同时,本案也与最高人民法院指导性案例191号的情形相同。因此,原判有事实和法律依据。虽然某某劳务公司主张刘某林系代表丰都县某某养殖场签订协议,应由丰都县某某养殖场承担刘某林工亡的用工主体责任,但某某劳务公司并未举示证据证明其系与丰都县某某养殖场签订协议,且案涉劳务也与丰都县某某养殖场没有关联,故对其主张不予采纳。[32]

又如,在杜某群、李某琴、杜某红诉北京市公安局海淀分局龙泉寺派出所变更户口行政决定案中,法院认为:

> 国家推行计划生育的政策,法律要求每一个公民都要自觉履行这一法定义务。原告杜某群、李某琴违法超生二胎,理应受到有关部门的处理。被告为支持计划生育工作,参照有关规定,变更原告杜某群、李某琴的户籍类别的决定与政策、法律没有直接冲突,法院不持异议。原告杜某红系未成年人,在未成年独立生活之前,其户籍关系按惯例随其母亲变更,并无不当。[33]

该案中,杜某群系劳动合同制工人,1988年转为居民户口,李某琴1980年接替其母工作,同时被转为居民户口,其女杜某红1982年5月8日出生,1982年8月29日申报居民户口。1991年5月杜、李夫妇违反《北京市计划生育条例》(已失效)的规定,超计划生育二胎,被双方所在的单位开除公职。1990年11月16日,双方所在的单位根据(88)京政农93号文件的规定,针对两人违反劳动纪律、长期旷工躲生的行为,报请有关部门变更两人的户别。龙泉寺派出所1992年4月15日对两人作出了非转农的变更户别的决定,根据户籍管理中未成年子女随母的惯例,同时将杜某红的户口也作了非转农的变更。杜某群、李某琴和杜某红不服,向法院提起行政诉讼。法院依据"未成年子女户籍随母亲"之行政惯例,论证判决的理由,维持了被告作出的变更户籍类别决定的合法性。

---

[32] 参见重庆市第三中级人民法院行政判决书[(2024)渝03行终2号]。
[33] 参见北京市海淀区人民法院行政判决书[(1992)海行字第6号]。

第四节 规范性文件一并审查

一、诉讼请求要件

《行诉解释》第 68 条第 7 项明列"请求一并审查规章以下的规范性文件"是"具体的诉讼请求"之一。基于行政诉讼原理和《行政诉讼法》相关的规定,这一"具体诉讼请求"要件应当包括以下几方面。

(一)请求主体

请求主体要解决的问题是,谁有权请求法院对规范性文件进行合法性审查。如果把《行政诉讼法》第 53 条第 1 款简化为"公民、法人或者其他组织……在对行政行为提起诉讼时,可以一并请求对该规范性文件进行审查",那么这个答案就十分明确:请求主体是行政诉讼原告。那么,第三人是否可以请求法院对规范性文件进行合法性审查,《行政诉讼法》和最高人民法院《行诉解释》都没有作出明确规定。《行诉解释》第 146 条规定:"公民、法人或者其他组织请求人民法院一并审查行政诉讼法第五十三条规定的规范性文件,应当在第一审开庭审理前提出;有正当理由的,也可以在法庭调查中提出。"这是关于行政诉讼原告请求法院对规范性文件进行合法性审查时间节点的规定,相较于《行政诉讼法》第 53 条的规定,它对"在对行政行为提起诉讼时"作了扩大解释。也就是说,在"第一审开庭审理前"或者"法庭调查中"两个时间节点中,只要符合法定条件,原告仍然有权请求法院对规范性文件进行合法性审查。因在这两个时间节点中第三人已经进入了行政诉讼程序,且第三人具有相当于原告的诉讼法律地位,有独立于原告的利益需要获得诉讼保护。赋予第三人有请求法院对规范性文件进行合法性审查的权利,不悖于行政诉讼的立法目的。

(二)请求客体

请求客体要解决的问题是,法院可以审查哪些规范性文件。根据《行政诉讼法》第 53 条的规定,请求客体是"行政行为所依据的国务院部门和地方人民政府及其部门制定的规范性文件"。这里有以下几个问题需要讨论:

1. 可以被审查的规范性文件制定主体限于"国务院部门和地方人民政府及其部门"。法律、法规和规章授权组织制定、发布的规范性文件也属于请求客体,这个结论是可以从《行政诉讼法》第 2 条第 2 款推导出来的。国务院制定、发布行政法规以外的决定、命令,不属于《行政诉讼法》第 53 条规定的"规范性文件"。党委或者党委与政府联合发布的规范性文件,不宜从请求范围中排除出去。因为,一旦将这类规范性文件排除在请求客体范围之外,行政机关就可能会通过党政联合发文的方式制定作为行使行政职权依据的规范性文件,从而架空《行政诉讼法》第 53 条的规定。在 2014 年《行政诉讼法》修改之前的实务中,对行政机关作出行政行为依据的党委文件,法院对其进行合法性审查的个案并不少见。例如,在佛山市南海区狮山镇人民政府等诉欧某龙行政处理决定纠纷案中,法院经审查后认为:

上诉人还主张根据中共佛山市南海区委员会南发〔2008〕11 号文件第 4 条第 3 项的规定,被上诉人属于非婚生育的子女,不应具备农村集体经济组织成员资格。经查,由于《广东省人口与计划生育条例》第 48 条对违反计划生育的人员在农村股份合作制分红及其他福利待遇的享受方面的限制已经作出了规定,南发〔2008〕11 号文对被上诉人权益的限制超出了《广东省人口与计划生育条例》的规定,与上位法相冲突,该规范性文件在本案中不应适用。[34]

在2014年《行政诉讼法》修改之后,虽然没有明确规定党政联合发布的规范性文件作为被诉行政行为依据时法院能否审查,但是在个案中也有法院行使了审查权。例如,在章某建诉温州市鹿城区综合行政执法局违法建筑认定案中,法院认为:

> 《浙江省违法建筑处置规定》第3条规定,本规定所称违法建筑,是指未依法取得规划许可或者未按照规划许可内容建设的建筑物和构筑物,以及超过规划许可期限未拆除的临时建筑物和构筑物,包括城镇开发边界内的违法建筑(以下简称城镇违法建筑)和城镇开发边界外的违法建筑(以下简称乡村违法建筑)。设区的市人民政府或者县(市)人民政府可以根据国土空间规划法律、法规,结合本行政区域国土空间规划的实施情况,制定违法建筑的具体认定标准。据此,我省通过地方性法规授权县市人民政府可根据城乡规划法律、法规,结合地方实际就前述违法建筑的具体认定标准作出规定。因此,温州市《温州市区违法建筑认定标准(试行)》内容仅作为违法建筑认定依据,不能作为"应当认定为城乡规划法律、法规规定的无法采取改正措施消除影响"的评判标准。而《温州市区整治和查处违法建筑暂行办法》是温州市委办公室和市政府办公室的共同发文,发文字号为党的机关文号,属党内规范性文件,不能作为行政机关执法依据,对违法建筑能否采取改正措施消除对规划实施的影响,仍应按照《城乡规划法》《浙江省城乡规划条例》《浙江省违法建筑处置规定》的相关规定进行审查评判。[35]

2. 规范性文件必须是被诉行政行为的依据。即使是属于"国务院部门和地方人民政府及其部门"的规范性文件,若不是被诉行政行为依据,就不属于请求客体的范围;由此排除了公民、法人或者其他组织对规范性文件单独提起行政诉讼的可能性。基于《行政诉讼法》第53条中"在对行政行为提起诉讼时"的规定,请求客体应当是在行政机关作出行政行为时告知原告并在行政行为中引用,原告收到行政行为后即明知的规范性文件,可称之为"显性依据"。由于行政机关作出被诉行政行为不明示规范性文件并不当然导致行政行为违法,所以,在原告提起行政诉讼之后,行政机关可能还会提供其他规范性文件来证明被诉行政行为的合法性,因此,《行诉解释》第146条规定:"公民、法人或者其他组织请求人民法院一并审查行政诉讼法第五十三条规定的规范性文件,应当在第一审开庭审理前提出;有正当理由的,也可以在法庭调查中提出。"根据这一规定,针对被告在答辩或者法庭调查中提交的规范性文件,原告也有权请求法院一并审查。因这种规范性文件通常不在行政行为中引用,可称之为"隐性依据"。

3. 起诉行政行为符合法定条件。原告提起行政诉讼符合法定条件,是原告一并请求对被诉行政行为所依据的规范性文件进行审查的前提。原告针对被诉行政行为提起的行政诉讼是本诉,请求对被诉行政行为所依据的规范性文件进行审查是附诉,没有本诉,则没有附诉。例如,在一个诉北京市丰台区政府不履行法定职责行政案件中,最高人民法院认为:

> 根据《中华人民共和国义务教育法》第7条第2款的规定,县级以上人民政府教育行政部门具体负责义务教育实施工作;县级以上人民政府其他有关部门在各自的职责范围内负责义务教育实施工作。因此,被申请人丰台区人民政府没有申请人主张的为适龄儿童安排入读小学的法定职责。申请人请求附带审查的《丰台区2015年非本市户籍适龄儿童少年接受义务教育证明证件材料审核实施细则》系丰台区教育委员会出台的规范性文件。对规范性文件一并进行审查的前提是本诉成立,本案中,因申请人提起的履行法定职责之诉不能成立,故对规范性文件一并审查的请求也不能成立。本院审理过程中,相关教育行政主管部门已经多次就入学问题与宋某的法定代理人进行沟通,并就宋某入学所需具

---

[34] 参见广东省佛山市中级人民法院行政判决书[(2014)佛中法行终字第168号]。
[35] 参见浙江省温州市中级人民法院行政判决书[(2020)浙03行终633号]。

备的条件予以指导。申请人宋某及其法定代理人应根据相关规定要求,努力完善自身各项条件,及时向相关教育行政主管部门提出申请,尽快妥善解决在京就读问题。[36]

(三)请求内容

根据《行政诉讼法》第 53 条的规定,认为"不合法"是原告提起一并审查规范性文件请求的法定理由,基于此,将请求内容界定为规范性文件合法性审查符合该条立法要旨。依照通常的理解,这里的"不合法"是指规范性文件与法律、法规和规章等上位法相抵触,对此,无论是学理还是实务应该是没有争议的。

(四)请求期限

固定原告的诉讼请求是诉讼得以顺利展开的前提。也就是说,只有在原告诉讼请求被固定之后,被告才能有针对性地进行答辩,提交证据和依据,法院才有可以审判的对象。对此,法律应当规定原告提出诉讼请求的期限。这主要涉及以下几个问题。

1. 法定期限。《行政诉讼法》第 53 条规定,原告在对行政行为提起诉讼之时,认为被诉行政行为依据的规范性文件不合法时,可以一并提出对其进行合法性审查请求。"在对行政行为提起诉讼之时",应当解释为原告在提交诉状时,把规范性文件一并审查作为一个诉讼请求提出。

2. 期限延长。基于最大限度保护原告规范性文件一并审查请求权,还需要考虑诉讼开始之后赋予原告对规范性文件一并审查请求权的必要性。对此,最高人民法院通过司法解释延长了原告行使规范性文件一并审查请求权的期限。《行诉解释》第 146 条规定:"公民、法人或者其他组织请求人民法院一并审查行政诉讼法第五十三条规定的规范性文件,应当在第一审开庭审理前提出;有正当理由的,也可以在法庭调查中提出。"这一规定可以分出两种情形:(1)原告收到被告答辩材料之后,发现被告还提出了没有在行政行为作出时明示的规范性文件,若原告认为其不合法,应当在第一审开庭审理之前提出。"第一审开庭审理前"可以解释为原告在一审法院开庭之前可以与行政诉状分开提出规范性文件一并审查请求。对"第一审开庭审理前"时间节点的界定有两种方法:一种是根据《民事诉讼法》第 85 条第 2 款的"期间以时、日、月、年计算"规定,以法院开庭通知时间为准;另一种是从给被告"合理时间"答辩的角度,由法院在个案中决定"第一审开庭审理前"的时间节点。(2)原告有正当理由的,也可以在法庭调查中提出规范性文件一并审查请求。这可以分为两种情况,一种是原告有正当理由,没有在对行政行为提起诉讼之时或者在第一审开庭审理前提出的;另一种情况是被告在法庭调查中出示之前没有告知原告的规范性文件的。在这两种情况下,原告都可以在法庭调查中提出规范性文件一并审查请求。

二、合法性审查基准

法院对规范性文件审查,奉行合法性审查原则,不涉及合理性问题。这既有宪法上分权原则的支持,也有司法权不能胜任的因素。通常,法院可从以下几个方面对规范性文件进行合法性审查。

1. 主体合法。根据宪法及相关法律规定,行政机关有权在其法定职权范围内制定、发布规范性文件,这些规范性文件也是行政机关作出行政行为的依据。因法律、法规和规章授权组织具有与行政机关相同的法律地位,因此,它也是《行政诉讼法》第 53 条规定的"规范性文件"的制定、发布主体。《政府信息公开条例》第 55 条第 1 款规定:"教育、卫生健康、供水、供

---

[36] 参见最高人民法院行政裁定书[(2016)最高法行申 1677 号]。

电、供气、供热、环境保护、公共交通等与人民群众利益密切相关的公共企事业单位,公开在提供社会公共服务过程中制作、获取的信息,依照相关法律、法规和国务院有关主管部门或者机构的规定执行。全国政府信息公开工作主管部门根据实际需要可以制定专门的规定。"根据这一规定,"公共企事业单位"有权制定有关政府信息公开方面的规范性文件,在政府信息公开诉讼中,这类有关政府信息公开的规范性文件也是《行政诉讼法》第53条规定的"规范性文件"。

2. 内容合法。也就是说,规范性文件在内容上不抵触上位法的规定。没有法律、法规和规章的依据,规范性文件不得有减损公民、法人和其他组织法定权利,增加其法定义务的规定。对于规范性文件合法性审查是采用"整体审查说"还是"依据审查说",从行政诉讼制度设计以及《行政诉讼法》第53条内容看,采用"依据审查说"更为妥当。实务中也是如此,如在方某女诉淳安县公安局行政处罚案中,法院认为:

《消防执法问题批复》第5条的合法性。从内容来看,该条是对居住的出租房屋能否视为《治安管理处罚法》第39条规定的"其他供社会公众活动的场所"的解释。由于"其他供社会公众活动的场所"为不确定法律概念,其内容与范围并不固定,并且承租人具有较高的流动性,已与一般的居住房屋只关涉公民私人领域有质的区别,已经构成了与旅馆类似的具有一定开放性的公共活动场所。对于此类场所的经营管理人员,在出租牟利的同时理应承担更高的消防安全管理责任。因此,该第5条规定之内容与《中华人民共和国治安管理处罚法》第39条规定并不抵触。[37]

又如,在安徽华源医药公司诉国家工商行政管理总局商标局商标行政纠纷案中,涉及商标局《新增服务商标的通知》对《商标法》中的"同一天"的解释是否合法的争议,法院认为:

《商标法》第31条中的"同一天"指的是"同一个自然日",即从一个自然日的0时开始至该自然日的24时结束,此属于社会生活中众所周知的事实,其含义是清楚、确切的,各方当事人对此也明确表示认可。《民法通则》第154条规定,民法所称的期间按照公历年、月、日、小时计算。《商标法》对期间的规定与《民法通则》是一致的。对于《商标法》第31条规定的"同一天"指的是"同一个自然日"是众所周知的事实,若因新的情况出现需要赋予"同一天"新的特殊含义,依法应当由法定的机关作出解释。而《新增服务商标的通知》第4条关于过渡期的规定将"2013年1月1日至1月31日"31个"自然日""视为同一天"实质上是对《商标法》第31条规定的"同一天"进行了重新定义,超越了商标局所主张的对法律如何具体应用进行解释的范畴。因此,虽然商标局是《新增服务商标的通知》第4条关于过渡期的规定形式意义上的合法主体,但是,其将"2013年1月1日至1月31日""视为同一天"的规定实质上已经对公民、法人或者其他组织的权利义务进行了"设定",商标局作出该项规定已经超越了其法定权限。[38]

3. 程序合法。《规章制定程序条例》是可以作为对规范性文件程序合法审查依据的。《规章制定程序条例》第36条规定:"依法不具有规章制定权的县级以上地方人民政府制定、发布具有普遍约束力的决定、命令,参照本条例规定的程序执行。"也就是说,法院可以参照《规章制定程序条例》对规范性文件程序是否合法进行审查。《规章制定程序条例》第2条第2项规定:"违反本条例规定制定的规章无效。"法院也可以根据这一规定,对规范性文件违反程序作出法效果的判断。

经过以上三个方面的审查,法院认为规范性文件如有以下几种情形,属于《行政诉讼法》第64条规定的"规范性文件不合法":(1)超越制定机关的法定职权或者超越法律、法规、规

---

[37] 参见浙江省杭州市中级人民法院行政判决书[(2015)浙杭行终字第254号]。
[38] 参见北京知识产权法院行政判决书[(2015)京知行初字第177号]。

章的授权范围的;(2)与法律、法规、规章等上位法的规定相抵触的;(3)没有法律、法规、规章依据,违法增加公民、法人和其他组织义务或者减损公民、法人和其他组织合法权益的;(4)未履行法定批准程序、公开发布程序,严重违反制定程序的;(5)其他违反法律、法规以及规章规定的情形。

三、相关问题

(一)理由说明

如果被告同时又是制定、发布规范性文件的行政机关,那么,它可以在答辩时一并就制定、发布规范性文件的合法性向法院陈述。当制定、发布规范性文件和作出被诉行政行为主体不同时,从法院全面审查规范性文件的要求看,通知制定、发布规范性文件机关就"合法性"作出说明是十分必要的。制定机关申请出庭陈述意见的,法院应当准许。法院通过行政机关就规范性文件合法性所作出的理由说明,为其审查规范性文件合法性提供相关的资料和依据。例如,在前引方某女诉淳安县公安局行政处罚案中,法院在判决书中写道:

> 对于方某女请求对被诉处罚决定依据的相关规范性文件一并进行合法性审查问题。为明确审查的范围,本院在征求双方当事人意见的基础上,确定本案所审查的规范性文件范围是浙江省公安厅制定的《消防安全要求》第7条、第14条,《消防执法问题批复》第5条;杭州市公安局制定的《消防安全法律适用意见》第8条。由于杭州市公安局制定的《消防安全法律适用意见》第8条系重复《消防执法问题批复》第5条之内容,因此本院向浙江省公安厅发出通知,要求其对制定的上述两规范性文件相应条款的合法性作出说明。收到该通知后,浙江省公安厅及时予以回应,并作出书面说明。[39]

根据制定机关的说明,法院对"依据"的合法性可以作出逐一评判。制定、发布规范性文件的行政机关在法院指定时间内不作出理由说明,不影响法院对规范性文件的合法性审查,也不能阻止法院对规范性文件进行审查。

(二)排除适用

若法院认为被诉行政行为所依据的规范性文件不合法,则该规范性文件"不作为认定行政行为合法的依据,并在裁判理由中予以阐明"。这可以分解为两层意思:(1)排除不合法的规范性文件在本案适用。也就是说,法院一旦认定规范性文件不合法,应当在裁判文书中明确宣布该规范性文件不能作为支持被诉行政行为合法性的依据,即个案排除适用,而不能宣布规范性文件无效或者撤销规范性文件。宪法规定县级以上人大常委会有权撤销本级人民政府不适当的决定和命令,县级以上地方各级人民政府有权改变或者撤销工作部门和下级人民政府不适当的决定,这不是"人民法院不宜直接判决撤销不合法的规范性文件"的理由。因为,这里的"决定和命令"并不限于规范性文件,也包括基于个案作出的行政行为。若这种理由成立,那么法院撤销行政行为也是"不宜"的。其实,由法院直接宣布规范性文件无效或者撤销规范性文件并非(主观)不能,但现有政治框架看,《行政诉讼法》的规定或许是立法政策的一种最好选择。(2)将认定规范性文件不合法的理由在裁判理由中加以阐明。阐明理由是裁判的题中应有之义,故《行诉解释》添加了这一要求。

(三)处理建议

法院确认规范性文件不合法,就不能把它作为认定行政行为合法的依据。在这种情况下,作出生效裁判的法院应当向制定规范性文件的行政机关提出处理建议,并可以抄送制定

---

[39] 参见浙江省杭州市中级人民法院行政判决书[(2015)浙杭行终字第254号]。

机关的同级政府或者上一级行政机关。

规范性文件不合法，仅仅失去了它在被诉行政行为中的可适用性，但它的效力并没有因此而受到影响。也就是说，只要制定、发布规范性文件的行政机关自己不依职权撤销它，行政机关以后仍然可以把它作为行政行为的依据。为了整合法规范体系的一致性，法院认定规范性文件不合法的，可以在裁判生效之日起3个月内，向规范性文件制定机关提出修改或者废止该规范性文件的司法建议。规范性文件由多个部门联合制定的，法院可以向该规范性文件的主管机关或者共同上一级行政机关发送司法建议。接收司法建议的行政机关应当在收到司法建议之日起60日内作出书面答复。情况紧急的，法院可以建议制定机关或者其上一级行政机关立即停止执行该规范性文件。同时，法院应当在裁判生效后报送上一级法院进行备案。涉及国务院部门、省级行政机关制定的规范性文件，司法建议还应当分别层报高级人民法院、最高人民法院备案。

第十九章　行政诉讼的裁判

第一节　行政诉讼判决

行政诉讼裁判分为判决和裁定，前者针对实体性问题，后者适用于处理程序性问题。行政诉讼判决具有终结诉讼程序的功能，而行政诉讼裁定有的是中间性的，如财产保全裁定、中止诉讼裁定等，有的也有终结诉讼程序的功能，如终止诉讼裁定等。

大陆法系国家行政诉讼采用诉讼类型化方式，即以法律关系为基础构建诉讼类型，如形成之诉、确认之诉和给付之诉等。不同的行政诉讼类型，原告资格、举证责任分配和判决方式等都是有差异的。在学理上，我国也有学者倡导行政诉讼类型化，但未得到国家立法机关的采纳，2017年修正的《行政诉讼法》仍然保留了判决方式。《行政诉讼法》和相关司法解释针对被诉行政行为和原告诉讼请求不同，分别规定驳回诉讼请求判决、撤销判决、重作判决、履行判决、给付判决、确认违法判决、确认无效判决、变更判决、行政协议判决和行政赔偿判决等10种判决种类。不同的行政诉讼判决，有不同的法定适用条件，因此，理解和把握行政诉讼判决的适用条件，有助于正确适用行政诉讼判决。

一、驳回诉讼请求判决

（一）概念

驳回诉讼请求判决是指法院在认定原告诉讼理由不成立之后，驳回其诉讼请求的判决。"诉讼请求"是原告要求法院以判决方式裁断或者支持的诉求，它包括权利根据和权利主张。驳回诉讼请求判决所针对的是原告的诉讼请求，不是被诉行政行为，它没有对被诉行政行为合法性作出肯定或者否定结论，所以，驳回诉讼请求判决没有既判力。由此，原告有权以新的事实和理由对同一行政行为另行提起行政诉讼，被告可以依法改变或者撤销该行政行为。

（二）适用条件

《行政诉讼法》第69条规定："行政行为证据确凿，适用法律、法规正确，符合法定程序的，或者原告申请被告履行法定职责或者给付义务理由不成立的，人民法院判决驳回原告的诉讼请求。"根据这一规定，驳回诉讼请求判决适用条件可分为两种情形：

1. 行政作为。被诉行政行为证据确凿，适用法律、法规正确，符合法定程序的，法院可以判决驳回诉讼请求。(1)证据确凿，即证据确实、充分，足以证明待证事实在法律上存在，不可质疑。就证明标准而言，证据确凿在不同案件中应当采用不同标准，如涉及人身权、重大财产权的，证据确凿意味着排除一切合理怀疑，而在现场执法引起的行政案件中，证据确凿采用优势证明标准即可。

(2)适用法律、法规正确，即被诉行政行为所依据的事实充分满足了被告引用的法律、法规规定的构成要件，且被诉行政行为符合法律、法规的规定，内容适当。需要指出的是，这里的"法律、法规"应当扩大解释为所有的行政法的法源。实务中，对于本条件的把握通常是采用实质标准,如因笔误而导致适用法律、法规"错误"的,法院仍然会把它归入"适用法律、法规正确"之中,如在余某某诉重庆市长寿区公安局强制隔离戒毒决定案中,法院认为:

> 被告区公安局在该决定书中适用法律条款未详尽,确定的强制隔离戒毒时间虽明确有起止时间,但无"二年"的字样,应属行政行为的笔误瑕疵,不影响该具体行政行为的效力,也未影响该行政行为相对人的权利行使。据此,依照《中华人民共和国行政诉讼法》第54条第1项之规定,判决如下:维持被告重庆市长寿区公安局2011年4月13日制作并向原告余某某送达的长公(凤山)强戒决字〔2011〕第××号《强制隔离戒毒决定书》。[1]

（3）符合法定程序,即被诉行政行为严格遵守法定的步骤、方式、时空等程序要素。法定程序即"法"所预先规定的程序,在特别情况下,即使没有法定程序,被诉行政行为也应当遵守正当程序的基本要求,不得借口因为没有法定程序而随意作出被诉行政行为。对遵守正当程序的基本要求而作出的被诉行政行为,法院将会以"符合法定程序"为由驳回原告的诉讼请求。但有时法院也会以"程序瑕疵"为由,驳回原告的诉讼请求。例如,在李某城诉深圳市市场监督管理局南山监管局、深圳市人民政府行政处理决定和行政复议案中,法院认为:

> 关于被告南山监管局作出涉案行政处理决定的程序,在案证据显示,2022年11月10日,被告南山监管局收到原告的涉案投诉举报事项,同年12月1日,被告南山监管局经审批延长立案期限15个工作日,2023年2月2日,被告南山监管局决定立案,2023年2月7日,被告南山监管局通过短信的方式将立案决定告知原告。该程序不符合《市场监督管理行政处罚程序规定》第18条第1款规定的立案期限,但鉴于该程序瑕疵未对原告的实体权利义务造成实质影响,本院在此予以指正。[2]

该案中,被告南山监管局立案期限违反相关规定,法院本应当以"行政行为程序轻微违法,但对原告权利不产生实际影响"为由作出确认违法判决,但却以"程序瑕疵"为由,避开"程序轻微违法"作出驳回原告诉讼请求判决。这与驳回原告诉讼请求判决要旨不合。

2. 行政不作为。驳回诉讼请求判决中的行政不作为,可以分为两种情形:（1）原告申请被告履行法定职责理由不成立。原告申请被告履行法定职责,必须提供理由,因为行政机关一旦启动行政程序履行法定职责,必然要消耗公共资源,还有可能影响第三人的合法权益。要求原告提供申请理由,具有限制原告随意提起申请的功能;没有理由,法院就不可能支持原告的申请。例如,在包某某等22人诉北京市规划和自然资源委员会丰台分局(以下简称丰台规自分局)、北京市丰台区人民政府行政答复及行政复议案中,法院认为:

> 本案中,丰台规自分局在接到包某某等22人的投诉举报后,对涉案建设工程进行了现场检查,并在调查核实的基础上作出举报事项处理意见书,对包某某等22人反映的属于该局职责范围的事项进行了答复,答复内容并无不当,同时告知包某某等22人,对于检查中发现的违法建设问题,已根据《北京市禁止违法建设若干规定》的相关规定移送北京市丰台区人民政府右安门街道办事处查处,对于"佑安府"小区5某楼及6某楼改变房屋主体结构、存在安全隐患等问题,已函告北京市丰台区住房和城乡建设委员会进行处理。故,丰台规自分局针对包某某等22人的投诉举报事项,已经履行了调查核实的法定职责,并在法定期限内作出处理,程序合法,答复内容并无不当。丰台区人民政府收到包某某等22人的行政复议申请后,依法作出行政复议决定,其内容及程序均无不当,故原审法院判决驳回包某某等22人的诉讼请求正确。[3]

---

[1] 参见重庆市高级人民法院行政裁判书〔(2011)长行初字第17号〕。
[2] 参见广东省深圳市盐田区人民法院行政判决书〔(2024)粤0308行初1052号〕。
[3] 参见北京市高级人民法院行政裁定书〔(2024)京行申202号〕。

(2)给付义务理由不成立。与(1)一样,原告请求被告履行支付抚恤金等给付义务时,若没有理由也不会得到法院的支持。需要指出的是,原告申请"理由不成立",不能推出被告"不作为"是合法的。在原告申请"理由不成立"的情况下,法院不对被告"行政不作为"是否合法作出判断,可以直接作出驳回原告诉讼请求判决。

二、撤销判决

(一)概念

撤销判决是指消灭被诉行政行为全部或者部分法效力的一种否定性裁判。被诉行政行为具有可分性时,根据撤销判决主文内容,可以分为部分撤销判决和全部撤销判决。撤销判决的法效果是将原告因被诉行政行为而受到限制、剥夺的合法权益恢复到原有状态,若受到限制、剥夺的权利不具有可恢复性,原告有权提起赔偿诉讼。原则上,撤销判决具有溯及既往的法效力,即溯及被诉行政行为作出之时。但是,基于特别权益保护的必要性,撤销判决也可以确定它的时间效力。撤销判决具有恢复法秩序的功能,维护正常的社会秩序。如果被诉行政行为具有第三人法效力,那么,撤销判决的既判力将向第三人扩张。

(二)适用条件

根据《行政诉讼法》第70条规定,撤销判决的适用条件有:(1)主要证据不足。该条件强调"主要证据不足"而不是"证据不足",这应该与行政效率要求有关。如果被诉行政行为非主要证据不足,撤销判决的适用条件不成立。一般来说,与被诉行政行为基本事实有关的证据,即为"主要证据",它包括何人在何时、何地做了什么事,以及产生何种后果的证据。主要证据直接影响原告行为的性质确定、法条选择以及法效果裁量,因此,被诉行政行为欠缺其中一项证据,法院可以作出撤销判决。例如,在宣懿成等诉浙江省衢州市国土资源局收回国有土地使用权案中,法院认为:

衢州市国土资源局提供的衢州市发展计划委员会[2002]35号《关于同意扩建营业用房项目建设计划的批复》《建设项目选址意见书审批表》《建设银行衢州分行扩建营业用房建设用地规划红线图》等有关证据,难以证明其作出的通知符合《土地管理法》第58条第1款规定的"为公共利益需要使用土地"或"实施城市规划进行旧城区改造需要调整使用土地"的情形,主要证据不足,故被告主张其作出的通知符合《土地管理法》规定的理由不能成立。根据《中华人民共和国行政诉讼法》及其相关司法解释的规定,在行政诉讼中,被告对其作出的具体行政行为承担举证责任,被告不提供作出具体行政行为时的证据和依据的,应当认定该具体行政行为没有证据和依据。综上,被告作出的收回国有土地使用权具体行政行为主要证据不足,适用法律错误,应予撤销。[4]

(2)适用法律、法规错误。"法律、法规"应当扩大解释为所有行政法的法源,与驳回诉讼请求判决适用条件保持一致。适用法律、法规错误,有的可能是事实不清导致被诉行政行为适用条文错误;有的可能是事实清楚但被诉行政行为适用条文错误;有的可能是适用条文错误,如依照查明的事实应当适用第10条,但错误适用了第11条;有的可能是条文理解错误,如解释不确定法律概念错误。被诉行政行为错误引用法条,但不影响原告的合法权益,也不影响被诉行政行为的内容,法院通常不以"适用法律、法规错误"论。例如,在杨某某诉南昌市西湖区应急管理局行政罚款案中,法院认为:

需要指出的是,被告作出的(洪西)应急告[2022]某某号及(洪西)应急告[2022]004号行政处罚告

---

[4] 参见最高人民法院指导案例41号。

知书上引用的是《中华人民共和国行政处罚法》第31条、第32条的规定告知原告依法享有陈述、申辩等权利,而《中华人民共和国行政处罚法》(2021年修订)告知享有陈述、申辩等权利的应当是第44条、第45条之规定。被告当庭认可法条引用错误,称是因其直接套用了系统内的处罚模板,模板引用的是行政处罚法修订前的条款,导致出现了错误。行政处罚告知书虽存在引用法条错误,但在告知书中已经表明了可以进行陈述、申辩,或者要求听证的权利,因此,对被告知人的权利救济不产生实质影响。被告应在今后的工作中加强责任心和严谨性,杜绝此类情况再次出现。综上,被告作出的(洪西)应急罚〔2022〕某某号行政处罚决定书,认定事实清楚,程序合法,适用法律正确。原告要求撤销案涉行政处罚决定,没有事实和法律依据,本院不予支持。依照《中华人民共和国行政诉讼法》第69条的规定,判决驳回原告杨某某的诉讼请求。[5]

(3)违反法定程序。"法定程序"与驳回诉讼请求判决适用条件中"符合法定程序"中的"法定程序"作相同解释。在法律、法规或者规章没有明确规定法定程序的情况下,法院通常引用"正当程序原则"判断被诉行政行为是否"违反法定程序"。例如,在于某茹诉北京大学撤销博士学位决定案中,法院认为:

> 正当程序原则的要义在于,作出任何使他人遭受不利影响的行使权力的决定前,应当听取当事人的意见。正当程序原则是裁决争端的基本原则及最低的公正标准,其在我国行政处罚法、行政许可法等基本行政法律规范中均有体现。作为最基本的公正程序规则,只要成文法没有排除或另有特殊情形,行政机关都要遵守。即使法律中没有明确的程序规定,行政机关也不能认为自己不受程序限制,甚至连最基本的正当程序原则都可以不遵守。应当说,对于正当程序原则的适用,行政机关没有自由裁量权。只是在法律未对正当程序原则设定具体的程序性规定时,行政机关可以就履行正当程序的具体方式作出选择。本案中,北京大学作为法律、法规授权的组织,其在行使学位授予或撤销权时,亦应当遵守正当程序原则。即便相关法律、法规未对撤销学位的具体程序作出规定,其也应自觉采取适当的方式来践行上述原则,以保证其决定程序的公正性。正当程序原则保障的是相对人的程序参与权,通过相对人的陈述与申辩,使行政机关能够更加全面把握案件事实、准确适用法律,防止偏听偏信,确保程序与结果的公正。而相对人只有在充分了解案件事实、法律规定以及可能面临的不利后果之情形下,才能够有针对性地进行陈述与申辩,发表有价值的意见,从而保证其真正地参与执法程序,而不是流于形式。譬如,行政处罚法在设定处罚听证程序时就明确规定,举行听证时,调查人员提出当事人违法的事实、证据和行政处罚建议,当事人进行申辩和质证。本案中,北京大学在作出《撤销决定》前,仅由调查小组约谈过一次于某茹,约谈的内容也仅涉及《运动》一文是否涉嫌抄袭的问题。至于该问题是否足以导致于某茹的学位被撤销,北京大学并没有进行相应的提示,于某茹在未意识到其学位可能因此被撤销这一风险的情形下,也难以进行充分的陈述与申辩。因此,北京大学在作出《撤销决定》前由调查小组进行的约谈,不足以认定其已经履行正当程序。北京大学对此程序问题提出的异议理由不能成立,本院不予支持。[6]

(4)超越职权。也就是行政机关行使了依法不属于它的法定职权。它与行政机关是否具有法定职权有关,属于"主体资格违法"情形之一。这项撤销判决适用条件的理解与适用,参阅本书第11章第2节相关论述。

(5)滥用职权。也就是行政机关违背法的目的、原则而行使行政职权的一种行政行为。它与"适用法律、法规错误"有关,可以归入"适用法律、法规错误"的情形。例如,在余姚市甬

---

[5] 参见南昌铁路运输中级法院行政判决书〔(2022)赣71行终552号〕。
[6] 参见北京市中级人民法院行政判决书〔(2017)京01行终277号〕。"违反正当程序"作为撤销判决适用条件之一,始于田某诉北京科技大学拒绝颁发毕业证、学位证案(《最高人民法院公报》1999年第4期)。之后,最高人民法院和地方各级人民法院都以"违反正当程序"为由撤销被诉行政行为的判例。

兴气体分滤厂诉余姚市住房和城乡建设局(以下简称余姚市住建局)燃气经营许可纠纷案中,法院认为:

> 在上述二份不予行政许可决定分别被余姚市人民政府、余姚市人民法院撤销并责令重作后,余姚市住建局不审查申请人提出的申请是否符合法律规定的其他条件,却以城建设计公司出具的《相关情况说明》为依据,仍认定申请人不符合规划条件而作出本案被诉不予行政许可决定,明显与余姚市燃气发展规划和专项规划中"泗门镇可根据区域瓶装燃气实际供应的需要,新增液化石油气储配站1座"的要求不符。此外,城建设计公司的《相关情况说明》系根据余姚市住建局自身提供的现状实际相关数据出具,非系该公司调查研究分析的结果,并与该公司参与编制的《余姚市域燃气专项规划(2014-2030)》自相矛盾,故不能作为本案的定案依据。《余姚市域燃气专项规划(2014-2030)》系经科学调查、论证并余姚市人民政府常务会议审议通过,未经法定程序审议不得随意变更。现余姚市住建局仅凭参与该专项规划的编制单位出具的《相关情况说明》就擅自变更《余姚市域燃气专项规划(2014-2030)》中的具体规划缺乏法律依据。在法院审理期间,余姚市住建局虽然一再强调液化石油气是易燃、易爆、有毒的危化物品,直接关系公共安全和反恐防范,不能降低准入条件,必须严格按照法定条件、标准实施行政许可,且燃气经营许可后难以监管,但却未能提交申请人提出的申请不符合案涉行政许可的法定条件、标准依据以及存在安全隐患的相关证据。余姚市住建局在余姚市人民政府复议和余姚市人民法院判决撤销其不予行政许可行为的情况下,仍然以相同理由作出不予行政许可决定,严重违反了《行政诉讼法》第71条规定,浪费了有限的司法资源,增加了当事人的讼累,显系滥用职权[7]。

(6)明显不当。也就是被诉行政行为内容明显不当。有时,滥用职权会导致被诉行政行为内容明显不当,但明显不当并非都是滥用职权所致;是否构成滥用职权,取决于行政机关作出被诉行政行为时主观上是否有恶意。因此,滥用职权关注的是行政机关是否具有主观恶意,明显不当则是关注被诉行政行为的客观结果。判断被诉行政行为内容是否明显不当,可以从合目的性、结果可接受性以及利益衡量等方面进行审查。与被诉行政行为"证据确凿,适用法律、法规正确,符合法定程序"的形式合法性审查不同,明显不当涉及对被诉行政行为进行实质合法性审查。例如,在陈某诉济南市城市公共客运管理服务中心客运管理行政处罚案中,法院认为:

> 比例原则是行政法的重要原则,行政处罚应当遵循比例原则。对当事人实施行政处罚必须与其违法行为的事实、性质、情节和社会危害程度相当。网约车作为客运服务的新业态和分享经济的产物,有助于缓解客运服务的供需矛盾,满足公众多样化出行需求,符合社会发展趋势和创新需求,对其应当保持适度宽容。与此同时,这种新业态又给既有客运管理秩序带来负面影响,甚至存有安全隐患等问题,确需加强规范引导。《网络预约出租汽车经营服务管理暂行办法》的出台,也从侧面对此予以佐证。当一种新生事物在满足社会需求、促进创新创业方面起到积极推动作用时,对其所带来的社会危害的评判不仅要遵从现行法律法规的规定,亦应充分考虑是否符合社会公众感受。本案被上诉人陈某通过网络约车软件进行道路运输经营的行为,社会危害性较小符合一般社会认知。行政机关在依据现行法律法规对其进行处罚时,应当尽可能将对当事人的不利影响控制在最小范围和限度内,以达到实现行政管理目标和保护新生事物之间的平衡。另外,该行为中有几方主体受益、最终产生的车费是否已经实际支付或结算完毕,上诉人济南客运管理中心未提供证据予以证明。在上述事实尚不明确以及该行为社会危害性较小的情况下,将该行为的后果全部归于被上诉人,并对其个人作出较重处罚,有违比例原则,构成明显不当。原审法院认为处罚幅度和数额畸重,对被诉行政处罚决定予以撤销,符合法律规定。上诉人关于不存在处罚畸重情形、结算证据等不影响处罚幅度以及对被上诉人行为社会危害性较小的

---

[7] 参见《最高人民法院公报》2022年第2期。

异议等主张均不能成立。[8]

(7) 被告未在法定期限内提供证据。被告在收到起诉书副本之日起15天内无正当理由未向法院提供或者逾期提供证据的，视为被诉行政行为没有证据。此规定是对被告诉讼行为违法的一种"惩罚"，同时，它也产生了对原告有利的诉讼结果。例如，在罗某兴诉乐东黎族自治县九所镇人民政府等行政管理纠纷案中，法院认为：

在行政诉讼中，被告必须在规定的举证期限内向人民法院提供其作出具体行政行为时的证据、依据及提交答辩状，这是被告法定的举证责任。而本案被上诉人九所镇人民政府在2006年7月2日即已收到上诉人罗某兴的起诉状副本和原审法院的应诉通知书，但其直至2006年7月17日才向原审法院提供证据及提交答辩状，且其在举证期限内也未提出延期提供证据的书面申请，显然被上诉人九所镇人民政府提供的证据属无正当理由逾期提供的证据，故其所作的决定应视为没有证据和依据，依法应予撤销。[9]

(三) 相关问题

1. 撤销判决的补救。因行政决定具有公益性，有时它虽然违法，但一旦撤销被诉行政行为可能损及公益或者其他人的合法权益，如被告故意不在法定期限内举证，导致第三人合法拥有的房产证被法院依法撤销。为此，法院在判决撤销的同时，可以分别采取以下方式处理：(1) 判决被告重新作出行政行为。此项补救措施可以参阅本节中"重作判决"。(2) 向被告和有关机关提出司法建议。司法建议在于敦促行政机关自我纠正违法行为，或者建议行政机关采取其他合法方式妥当地解决已经发生的行政争议，但它没有如同裁判一样的法强制力。例如，在周某等与志丹县住房和城乡建设局规划管理办公室等许可行为及行政侵权赔偿纠纷上诉案中，法院认为：

被上诉人已基本履行了法定职责，且被上诉人的许可行为在前，第三人的违章修建在后，上诉人以第三人的违章修建行为推导被上诉人的许可行为违法无法律依据。被上诉人所作出的行政许可行为认定事实清楚，遵循的程序合法，第三人未严格按照调整后的规划修建，在商业二楼顶西侧违规强行修建的三层的问题，本合议庭将按照有关规定向有关机关提出司法建议，针对违章建筑的影响程度责成有关部门依法处理或采取相应的补救措施。[10]

2. 被诉行政行为符合撤销判决的适用条件，但又因为法定原因而不能撤销的，法院可以作出确认违法判决。例如，在龙某萍诉上海市长宁区城市规划管理局建设工程规划许可案中，法院认为：

由于在本规划行政许可案件中，被许可建设的工程项目在起诉时已建成并使用多年，是否撤销被诉具体行政行为，涉及利益衡量问题。《行诉若干解释》第58条规定，被诉具体行政行为违法，但撤销该具体行政行为将会给国家利益或者公共利益造成重大损失的，人民法院应当作出确认被诉具体行政行为违法的判决，并责令被诉行政机关采取相应的补救措施；造成损害的，依法判决承担赔偿责任。据此，《行诉若干解释》已要求法院根据案件的具体情况对是否撤销被诉具体行政行为进行裁量。原审法院鉴于云都公寓已建成多年并交付使用，而云都公寓居民目前亦只能从中宁大楼借道通行，如撤销被诉具体行政行为，将给公共利益造成重大损失的情况，从社会整体利益及本案实际情况慎做衡量，根据《行诉若干解释》第58条的规定作出确认被诉具体行政行为违法，并责令上诉人采取相应补救措施的判决并无不当。原审法院既判决确认了被诉具体行政行为的违法性，维护了法律的严肃性，同时又

---

[8] 参见《最高人民法院公报》2018年第2期。
[9] 参见海南省海南中级人民法院行政判决书[(2007)海南行终字第22号]。
[10] 参见陕西省延安市中级人民法院行政判决书[(2010)延中行终字第00024号]。

判决责令被上诉人采取相应的补救措施,兼顾了对上诉人合法权益的保护。原审判决认定事实清楚,适用法律正确,裁量亦无明显不合理,本院应予维持。[11]

此处判决在学理上被称为"情况判决",它是撤销判决中的一种特例,也是法院在裁判中进行利益衡量的结果。有关情况判决的适用参阅本节中的"确认违法判决"相关论述。

3. 撤销判决所适用的对象是行政决定。因撤销判决所消灭的是被诉行政行为在法律上的效力,所以,只有行政行为中具有法效力的行政决定才可以成为撤销判决对象,如行政处罚决定、行政许可决定等。对不具有法效力的行政行为,如具备撤销判决适用条件的行政事实行为,法院只能适用确认违法等判决种类。

4. 撤销判决不适用"严重违法"的行政决定。依照现代行政法基本原理,行政决定一经作出即产生法效力——法规范效力的延续性,即使行政决定违法,在它没有被撤销之前也不例外。但是,如果它的违法性达到了"严重"程度,符合"重大且明显"标准时,则该行政决定自始无效、当然无效,如同它从来没有在法律上存在过一样,撤销判决也就没有了适用对象。此时,合适的行政诉讼判决种类是确认无效判决,可参阅本节中的"确认无效判决"相关论述。

三、重作判决

(一) 概念

重作判决是指法院判决撤销或者部分撤销被诉行政行为的同时,要求被告重新作出行政行为的一种附带判决。《行政诉讼法》之所以在撤销判决之项下设置一个重作判决,主要是为了防止行政机关怠于履行法定职责。法院撤销被诉行政行为之后,若行政机关不再作出新的行政行为,将可能会给国家利益、公共利益或者他人合法权益造成损失,因此,法院若认为有必要,应当判令被告重新作出行政行为。重作判决具有多重价值取向,即国家利益、公共利益和他人利益应当一并加以考虑,若发生价值冲突,利益衡量可以作为一种方法论导入,由法院在权衡中取舍。

(二) 适用条件

《行政诉讼法》第70条规定:"行政行为有下列情形之一的,人民法院判决撤销或者部分撤销,并可以判决被告重新作出行政行为……"《行政诉讼法》对重作判决没有列出如驳回诉讼请求判决、撤销判决那样的适用条件。根据《行政诉讼法》相关规定,重作判决的适用条件是:(1)具备撤销判决的适用条件。因重作判决是撤销判决的附带判决,没有撤销判决,重作判决也就没有前提。(2)当被诉行政行为被撤销之后,它所涉及的行政法律关系仍然处于不确定状态,如不及时处理,可能会损害公共利益、原告、第三人或者其他人的合法权益。(3)重作判决的事项属于本案被告的法定职权范围。《行政诉讼法》第70条规定中的"可以"意味着是否判决被告重作行政行为,由法院根据具体案件裁量确定。法院以超越职权为由作出撤销判决的,不具备本适用条件。(4)依申请行政行为被法院判决撤销后,原告是否提出申请的事实是重作判决适用条件之一。没有原告提出申请的事实,法院作出重作判决不具备合法性。

(三) 相关问题

1. 重作判决的限制。为了防止被告重复作出与被撤销的行政行为相同的"重作行为",避免偏离重作判决的立法目的,《行政诉讼法》第71条规定:"人民法院判决被告重新作出行政

---

[11] 参见上海市第一中级人民法院行政判决书[(2006)沪一中行终字第184号]。

行为的,被告不得以同一的事实和理由作出与原行政行为基本相同的行政行为。"此立法原理与美国《联邦宪法修正案》第5条中"受同一犯罪处分者,不得令其遭受两次有关生命或者身体上的危险"的规定有暗合之处。何谓本条中"同一的事实和理由",《行政诉讼法》没有作出具体规定。《行诉解释》第90条第1款中只列出了一种情形,即"人民法院判决被告重新作出行政行为,被告重新作出的行政行为与原行政行为的结果相同,但主要事实或者主要理由有改变的,不属于行政诉讼法第七十一条规定的情形"。同时,《行诉解释》第90条第2款又把"以违反法定程序为由,判决撒销被诉具体行政行为的,行政机关重新作出行政行为"的情形,排除在《行政诉讼法》第71条的限制范围之外。这一排除规定显然是以保护国家利益、公共利益为导向的。所以,原告以被诉行政行为违反法定程序为由提起诉讼,获得一个撤销判决之后,若法院同时附加一个重作判决,那么原告的胜诉"收益"将归于零,若加上支付的律师费、交通费、误工费等费用,其诉讼"收益"将是负数,行政程序价值在这里被严重忽略,更可能会严重挫伤原告提起行政诉讼的信心。如此规定,值得反思。例如,在周某军诉成都市交通委员会行政执法总队行政处罚案中,法院认为:

> 根据《最高人民法院关于执行〈中华人民共和国行政诉讼法〉若干问题的解释》第五十五条的规定,人民法院以违反法定程序为由,判决撤销被告具体行政行为的,被告以同一的事实和理由作出与原具体行政行为基本相同的具体行政行为是可以的。本案中,市中院仅认定被告原具体行政行为违反法定听证程序,而对被告做出原具体行政行为的职权依据、事实依据、法律依据均予以了确认,因此被告重新做出处罚的主体合法、事实清楚、适用法律正确。在程序上,市中院判决"要求被告在判决书生效之日起15日内做具体行政行为"应理解为"被告开始实施具体行政行为的时间在判决书生效之日起15日内做出",被告收到市中院判决书后立即向原告发出《交通违法行为通知书》,这表示被告在判决生效之日起15日内已经在实施具体行政行为,而最终行政处罚的做出要按照法律规定的程序完成,被告按照法律规定的程序在听证后作出行政处罚,中间无拖延超期现象,因此被告做出处罚的程序合法。[12]

对行政机关违反《行政诉讼法》第71条规定重新作出行政行为,当事人不服提起行政诉讼的,法院应当判决撤销或者部分撤销重新作出的行政行为。

2.限定重作的期限。法院判决被告重新作出行政行为,如被告不及时作出,将会给国家利益、公共利益或者当事人合法权益造成损失,可以限定重新作出行政行为的期限。这里的"限定……期限"如何确定,在实务中,一般而言,如有法定期限,应当依照法定期限,如没有法定期限,由法院根据具体情况裁量确定。例如,在黄泽富、何伯琼、何熠诉四川省成都市金堂工商行政管理局(以下简称金堂工商局)行政处罚案中,法院认为:

> 根据《无照经营查处取缔办法》第11条第1款、第12条第1款的规定,金堂工商局于2005年6月2日对黄泽富等三人的物品进行了扣押,而作出处理决定的时间为2005年10月12日,超过了法定扣押的时间,应视为解除查封、扣押。依照《中华人民共和国行政诉讼法》第54条第2项第1目、第2目,最高人民法院《关于执行〈中华人民共和国行政诉讼法〉若干问题的解释》第59条、第60条的规定判决:(1)撤销金堂工商局于2005年10月12日作出的成工商金堂处字〔2005〕第02026号行政处罚决定。(2)金堂工商局在本判决生效之日起30日内重新作出该具体行政行为。(3)金堂工商局在本判决生效之日起15日内履行超期扣押黄泽富、何伯琼、何熠的电脑主机33台所应履行的法定职责。[13]

该案中,法院要求被告对扣押的物品重新作出行政处罚决定,因为没有法定期限,故确定

---

[12] 参见四川省成都市武侯区人民法院行政判决书〔(2009)武侯行初字第9号〕。
[13] 参见最高人民法院指导案例6号。

"重作"的期限为30日,这一限定尚属于合理期限。

3. 与履行判决的关系。重作判决与履行法定职责判决在功能上有相似之处,所以,基于行政救济实效性、经济性的原则,在裁判时机成熟时,法院可以直接判令行政机关重新作出内容明确的行政行为。例如,在尹某玲诉台州市国土资源局椒江分局土地行政批准案中,法院的判决主文是:

(1)撤销被告台州市国土资源局椒江分局于2010年11月17日对原告尹某玲作出的不予审批宅基地的答复;(2)责令被告台州市国土资源局椒江分局于判决生效后30日内,对原告尹某玲要求宅基地建房的申请予以审核同意。[14]

4. 法院在二审程序中可以附加责令重作判决。在二审程序中,如法院认为案件具备重作判决的适用条件,是否可以在撤销或者维持原判的前提下附加责令重作判决,并没有制定法的依据。实务中,如黄某成等25人诉成都市武侯区房产管理局(以下简称房管局)划分物业管理区域行政纠纷案中,法院认为:

一审认定被上诉人武侯区房管局有划分物业管理区域的职权,是正确的;但在行政机关没有提交相应证据的情况下,认定武侯区房管局在划分物业管理区域时,考虑了物业区域的配套设施,是错误的;以被诉行政行为不是对公共配套设施、设备权属的认定,因公共配套设施、设备权属发生争议可以通过其他途径解决为由,判决维持被诉行政行为不当。

基于上述裁判理由,法院依照《行政诉讼法》(1989)第54条第2项第1目、第61条第2项的规定,于2004年12月3日判决如下:(1)撤销一审判决;(2)撤销被上诉人武侯区房管局于2003年11月24日对"中央花园清水河片区"业主发出的通知;(3)责令被上诉人武侯区房管局依照法定程序重新划分"中央花园清水河片区"的物业管理区域。

该案裁判主文结构是"撤销原审判决+撤销被诉行政行为+责令重作判决"。又如,在王某峰诉原阳县人民政府土地行政管理案中,法院认为:

根据我国《土地管理法》的相关规定,土地使用权发生争议,由当事人协商解决,协商不成,由人民政府处理。原阳县人民政府决定由葛埠口乡魏店村委会根据实际和公平、公正、合理的原则依法安排争议宅基地明显违背该规定,故原判撤销原阳县人民政府原政处字[2010]第2号处理决定并无不当。原判在撤销该决定的同时未责令原阳县人民政府重新作出具体行政行为欠妥,应予纠正。[15]

基于上述裁判理由,法院依照《行政诉讼法》(1989)第54条第2项、第61条第1项之规定,判决如下:(1)维持河南省长垣县人民法院(2011)长行初字第8号行政判决;(2)责令原阳县人民政府于判决生效后60日内重新作出行政行为。该案裁判主文结构是维持原审判决+责令重作判决。该案中,法院在裁判方式上具有一定的"创造性",但总体上仍在法律规定的框架之内。对于这样的个案,虽然可以选择撤销原判后发回重审,由原审法院作出撤销+重作判决,但这样的裁判可能有损耗诉讼程序之嫌,也增加当事人诉累。对于实务中法院通过裁判形成、发展出来的规则,在不背离行政诉讼立法目的的前提下,应当给予充分尊重。最高人民法院对此也予以肯定。[16]

---

[14] 参见最高人民法院行政审判庭编:《中国行政审判案例》(第4卷)第152号案例,中国法制出版社2012年版,第165页。

[15] 参见河南省新乡市中级人民法院行政判决书[(2011)新行终字第122号]。

[16] 参见刘某兰诉兰州市人民政府工伤行政复议决定案,载最高人民法院行政审判庭编:《中国行政审判案例》(第4卷)第154号案例,中国法制出版社2012年版,第176页。

四、履行判决

(一) 概念

履行判决，即履行法定职责判决，是指法院针对被告不履行或者拖延履行法定职责的情形，责令其在一定期限内履行法定职责的判决。此判决方式欠缺行政救济的实效性，因为，履行判决并没有直接给予原告所要的权益，而是通过责令被告履行法定职责实现原告的权利救济目的。《行政诉讼法》第72条规定："人民法院经过审理，查明被告不履行法定职责的，判决被告在一定期限内履行。"此为履行判决的法律依据。正确界定履行判决的概念，关键在于该条中"不履行"概念的界定，《行政诉讼法》第74条第2款第3项规定中的"拖延履行"与履行判决有关，以下作一并解释。

1. 不履行，即行政机关对应当履行的法定职责没有作出任何意思表示。它与《行政诉讼法》第12条第1款第3、6项中"不予答复"相当。有时，行政机关针对公民、法人或者其他组织的申请作了某些回应，如"再等几天""正在讨论中"等，但这都不是"意思表示"，对申请内容并不产生"处理"的法效果。此种情形仍然可以划入"不履行"范围。例如，在王某诉某镇人民政府不履行法定职责案中，法院认为：

> 原告王某向某镇人民政府邮寄了履责申请，要求某镇人民政府履行监督职责，责令某村委会改正2019年10月17日某村委会所作收回某村棚改范围内所有未搬迁宅基地及非宅基地的村民代表会议决定。根据以上规定，某镇人民政府具有监督村民代表会议的决定是否违反法律法规相关规定的职责。某镇人民政府收到原告的履责申请后，于2020年10月16日作出《要求履行监督职责申请书处理情况》，但该《要求履行监督职责申请书处理情况》仅是对工作开展情况的说明，某镇人民政府未对村民代表会议是否经过了村民大会的授权、会议的召开是否符合法律规定以及收回决议是否符合《中华人民共和国土地管理法》第66条规定的收回条件进行审查，故某镇人民政府未完全对王某所申请事项履行监督职责，对于原告王某的诉讼请求，应予支持。[17]

2. 拖延履行，即行政机关在法定期限或者合理期限内不作出终结行政程序法效果的一种特殊行为状态。例如，在姜某庸、姜某凤、姜某媛诉衢州市文化局不履行文物保护鉴定职责行政争议案中，法院认为：

> 衢州市文化局作为主管文化、文物工作的行政部门，具有组织文物鉴定小组对涉案文物进行鉴定的职责。姜某庸、姜某凤、姜某媛于2002年6月向衢州市文化局提出对该天后街3号古建筑进行鉴定的申请，衢州市文化局接受申请后一直未组织鉴定，却于2002年8月5日作出"届时再组织市文物鉴定专家组鉴定"的衢市文函[2002]4号《关于答复姜某庸等人有关申请的函》，属拖延履行法定职责。[18]

该案中，虽然被告针对原告提出的申请作出了一个"复函"，且回复期限也尚合理，但是，此"复函"的法效果是使原告申请的事项仍然处于"未处理"的状态，"拖延履行"外观十分明显。在性质上，如果行政机关主观恶意可以认定，拖延履行可以认定为消极性滥用职权，在处理上，也可以划入履行判决的适用范围。例如，在刘某务诉山西省太原市公安局交通警察支队晋源一大队道路交通管理行政强制案中，最高人民法院认为：

> 刘某务先后提供的车辆行驶证和相关年审手续、购车手续、山西省威廉汽车租赁有限公司出具的说明、山西吕梁东风汽车技术服务站出具的三份证明，已经能够证明涉案车辆在生产厂家指定的维修

---

[17] 参见北京市第一中级人民法院行政判决书[(2022)京01行终181号]。
[18] 参见浙江省高级人民法院行政判决书[(2003)浙行再字第2号]。

站更换发动机缸体及用钢板铆钉加固车架的事实。在此情况下，晋源交警一大队既不返还机动车，又不及时主动调查核实车辆相关来历证明，也不要求刘某务提供相应担保并解除扣留措施，以便车辆能够返回维修站整改或者返回原登记的车辆管理所在相应部位重新打刻号码并履行相应手续，而是反复要求刘某务提供客观上已无法提供的其他合法来历证明，滥用了法律法规赋予的职权。行政机关进行社会管理的过程，也是服务社会公众和保护公民权利的过程。建设服务型政府，要求行政机关既要严格执法以维护社会管理秩序，也要兼顾相对人实际情况，对虽有过错但已作出合理说明的相对人可以采用多种方式实现行政目的时，在足以实现行政目的的前提下，应尽量减少对相对人权益的损害。实施行政管理不能仅考虑行政机关单方管理需要，而应以既有利于查明事实，又不额外加重相对人负担为原则。实施扣留等暂时性控制措施，应以制止违法行为、防止证据损毁、便于查清事实等为限，不能长期扣留而不处理，给当事人造成不必要的损失。因此，晋源交警一大队扣留涉案车辆后，既不积极调查核实车辆相关来历证明，又长期扣留涉案车辆不予处理，构成滥用职权。[19]

该案中，最高人民法院认定被告的行为构成滥用职权，作出的裁判主文之一是，被申请人山西省太原市公安局交通警察支队晋源一大队在判决生效后30日内将晋A2×××号车辆返还再审申请人刘某务。

行政机关在法定期限或者合理期限之外履行了法定职责，公民、法人或者其他组织不服提起行政诉讼的，法院应当适用撤销判决，并视个案情形附加重作判决。

（二）适用条件

履行判决的适用条件是：（1）依申请履行法定职责，原告应当提出申请并有证据可以证实。如在许可证颁发争议中，没有原告提出申请的事实，其诉讼请求将被法院判决驳回。实务中有一种特别情形，视为如同"提出申请"。例如，在海口市美兰区演丰镇塔市村委会大塘村民小组诉海南省海口市人民政府不履行法定职责纠纷案中，法院认为：

> 桂林洋农场与原告之间对三宗土地发生权属争议遂向被告提出土地确权申请，被告按法定程序已经通知原告进行答辩，原告亦向被告提交土地确权答辩意见和有关证据材料，并按时参加了被告组织召开的土地确权会议，签收了被告发出的指界通知等。上述事实说明被告及其所属土地行政主管部门已经受理了桂林洋农场与原告之间的土地权属争议案件，但此后在长达几年的时间里被告仍未对此土地权属争议案件作出确权决定，使该土地争议长期处于持续状态。依照《土地权属争议调查处理办法》第28条、第30条的规定，人民政府应当在相应的时间（办理期限为6个月或经批准适当延长办理期限）内对当事人提出土地确权申请作出处理。本案被告自2005年8月受理该三宗土地争议案件始，至原告提出本案诉讼时止，无正当理由超过法定的办理期限拖延至今仍未作出处理决定，应认定属于不履行法定职责，其不作为的行政行为违反法律规定。……被告启动土地权属争议案件处理程序后，原告已按要求提出答辩意见和相关的土地确权材料，主张争议土地所有权属于自己并请求政府依法确权维护自己的合法权益，这些主张和相关证据材料应视为原告"在行政程序中曾经提出申请的证据材料"，据此本案原告与桂林洋农场一样在土地确权程序中具有平等的地位和权利，对被告已经受理的土地争议案件长期拖延，迟迟不作出处理意见的行政不作为依法享有诉权，可以作为本案原告提出本案之诉，唯此认定方能符合行政诉讼法设定履行法定职责之诉的立法目的。[20]

该案形成的一条程序规则是，凡参加行政程序的公民、法人或者其他组织提出的主张和相关证据材料，应当视为"在行政程序中曾经提出申请的证据材料"，有权针对行政机关依照该程序应当履行而没有履行法定职责行为提起诉讼。依职权履行法定职责，不需要有原告提

---

[19] 参见《最高人民法院公报》2017年第2期。
[20] 参见海南省高级人民法院行政判决书[（2010）琼行终字第27号]，载最高人民法院行政审判庭编：《中国行政审判案例》（第2卷）第52号案例，中国法制出版社2011年版，第71页。

出申请的事实,法院应当查明被告是否有依职权应当履行的法定职责,若有,但被告没有依职权履行,法院可以作出履职判决。例如,在邓某涛诉武汉市武昌区人民政府行政补偿案中,法院认为:

> 本案系原告邓某涛因认为被告武昌区人民政府未依法履行安置补偿职责而提起的诉讼。案涉房屋登记产权人邓某涛享有安置补偿的权利,是本案适格原告。被告武昌区人民政府于2020年9月28日作出武昌征字〔2020〕11号《房屋征收决定》,案涉房屋位于征收范围内,被告依法具有对案涉房屋进行征收与补偿的法定职责。根据行政行为的启动机制不同,履行法定职责可区分为依职权和依申请,前者系行政机关根据法定职权应主动作出,后者则是应行政相对人的申请而作出。《中华人民共和国行政诉讼法》第38条第1款规定:"在起诉被告不履行法定职责的案件中,原告应当提供其向被告提出申请的证据。但有下列情形之一的除外:(一)被告应当依职权主动履行法定职责的;(二)原告因正当理由不能提供证据的。"该条文涉及的行政行为应当是指依申请作出的行政行为。根据《国有土地上房屋征收与补偿条例》相关规定,被告武昌区人民政府对案涉房屋进行安置补偿,应当属于依职权履行法定职责,而非依行政相对人申请而作出。故武昌区人民政府在组织实施征收补偿时,应当积极主动履行补偿义务,以使行政相对人及时获得公平补偿,在原告未能与征收部门达成补偿协议的情况下,应当及时作出补偿决定,履行安置补偿职责。[21]

(2)被告负有处理案件行政事务的法定职责。法院应当查明被告是否有管辖权,是否有处理的法依据等,对此,依申请履行法定职责中,原告应当提供请求被告履行法定职责的法规范。例如,在李某秀诉山东省人民政府不履行法定职责案中,最高人民法院认为:

> 再审申请人提起本案诉讼,诉讼请求为"责令被告依法对原告《致山东省人民政府关于现居住公房包括自管公房职工参加房改请求报告》的请求事项予以处理",因此,其所提诉讼在诉讼类型上应当属于履行职责之诉。履行职责之诉并不意味着:公民、法人或者其他组织随便向任何一个行政机关提出任何一项请求,该行政机关就有履行该项请求的义务;也不意味着只要行政机关"不作为"就可以提起"不作为之诉"。一般来讲,公民、法人或者其他组织提起履行职责之诉至少应当具备这样几个条件:第一,他向行政机关提出过申请,并且行政机关明确予以拒绝或者逾期不予答复。第二,他所申请的事项具有实体法上的请求权基础。这种请求权基础可以产生于或者基于某一法律、某一行政机关的保证以及某一行政合同。总之,要求行政机关依照其申请作出一个特定行政行为,必须具有法定的权利依据。第三,他是向一个有管辖权的行政机关提出。管辖权是行政机关活动的基础和范围,行政机关应当在执行法定任务的同时遵守管辖权的界限。这种管辖权既包括该行政机关是否主管申请人所申请的专业事务,也包括同一专业事务中不同地域、不同级别的行政机关之间对于管辖权的具体分工。向一个无管辖权的行政机关随意提出一个申请,即使该行政机关予以拒绝,也不会使申请人当然地获取诉权。第四,他申请行政机关作出的行为应当是一个具体的、特定的行政行为。要求行政机关实施没有外部效力的内部调整或者不是针对他个人的一般性调整,必须基于法律的明确规定。第五,行政机关对于原告申请的拒绝,可能侵害的必须是属于原告自己的主观权利。在原告不具备主观权利的情况下,即使行政机关的不作为有可能侵害公共利益,个体也未必具有提起行政诉讼的权利。[22]

(3)被告不予答复、拖延履行法定职责的理由不成立。在诉讼过程中,被告总是要为自己不予答复、拖延履行作辩解,如被告有时会说其没有收到原告的申请材料,不知原告请求内容,所以没有履行法定职责,但其又没有证据抗辩原告向法庭出示的邮寄凭证。如此,可以认定被告不予答复、拖延履行法定职责的理由不成立。

---

[21] 参见武汉铁路运输中级法院行政判决书〔(2023)鄂71行初200号〕。
[22] 参见最高人民法院行政裁定书〔(2016)最高法行申2864号〕。

(4) 判决责令被告履行法定职责尚未"过时"。若法院在作出裁判时,发现责成被告履行法定职责已经没有意义,或者对于原告来说没有用了,那么,可以作出确认违法判决。例如,被告拖延办理出国护照导致原告不能如期到校注册,再判令被告为原告办理出国护照,对于原告来说已经不再需要了。

(三) 相关问题

1. 法定职责中"法"的范围。制定法作为"法"没有异议,没有与上位法相抵触的行政规定也属之。实务中,行政法的法源已经纳入了不成文法,法定职责中的"法"也应当包括不成文法,如指导性案例、行政惯例、公共政策、行政承诺等。例如,在王某民等243人诉浙江省临安市人民政府履行法定职责案中,法院认为:

> 临安市人民政府在《关于天目山自然保护区新扩区保护与开发有关问题协调会议纪要》中关于"对规划要求绝对保护的范围由市政府作适当补偿"的公开承诺合法有效,该承诺所确定的义务应视为其必须履行的法定职责。临安市人民政府关于法律没有明确规定其有对新扩区村民经济损失进行补偿的职责,王某民等诉其履行法定职责无法律依据的意见不能成立,本院不予支持。王某民等243人起诉要求临安市人民政府履行上述法定职责的理由成立,本院予以支持。[23]

该案中,被告通过会议纪要的形式向原告作出了一个行政补偿的承诺。在该案再审判决中,法院认定该行政补偿的"承诺"是法定职责中的"法",因此,被告应当履行补偿的法定职责。[24] 在慈溪市华侨搪瓷厂诉浙江省慈溪市国土资源局不履行土地调查法定职责案中,被告以公告形式向原告表示在具备特定条件下履行一定的行为,若公告内容所涉事项未超出被告职权范围,那么在被告违反自己通过公告创设的积极义务时,原告可以提起行政诉讼,要求被告履行相应的职责。[25] 在栾某平诉吉林省白城市洮北区东风乡人民政府不履行法定职责案中,法律规定的"监督职责"也构成法定职责。[26]

2. 与行政不作为的关系。因《行政诉讼法》第25条第4款和《行诉解释》第81条第4款等都有"不作为"之规定,这里就有讨论它与不履行法定职责之间区别的必要。从学理和实务看,两者之间最大的区别可能在于,不履行法定职责是违法行政,但行政不作为并不一定是违法行政,如因申请不符合法定条件,行政机关不予办理。在丁某有诉长春市社会保险局要求履行法定职责纠纷案中,法院认为:

> 被告不为原告办理职工社会养老保险的行政不作为行为符合有关法律、规范性文件的规定。中华人民共和国国务院《关于切实做好企业离退休人员基本养老金按时足额发放和国有企业下岗职工基本生活保障工作的通知》第3条规定:"……城镇集体企业已参加社会保险的离退休人员和下岗职工,按规定享受社会保险待遇;未参加社会保险而又停产多年的,其退休人员和下岗职工直接纳入城市居民最低生活保障范围……"原告单位属未参加社会保险而又停产多年的集体企业,被告不为原告办理职

---

[23] 参见浙江省高级人民法院行政判决书[(2003)浙行再字第3号];郭某明诉广东省深圳市社会保险基金管理局不予行政奖励案,载最高人民法院行政审判庭编:《中国行政审判案例》(第2卷)第78号案例,中国法制出版社2011年版,第231页。

[24] 参见张某脉、裘某玲诉浙江省绍兴市人民政府不履行招商引资奖励行政职责案,载最高人民法院行政审判庭编:《中国行政审判案例》(第2卷)第56号案例,中国法制出版社2011年版,第97页。

[25] 参见最高人民法院行政审判庭编:《中国行政审判案例》(第2卷)第55号案例,中国法制出版社2011年版,第90页。

[26] 参见最高人民法院行政审判庭编:《中国行政审判指导案例》(第1卷)第24号案例,中国法制出版社2010年版,第121页。

工社会养老保险符合上述文件规定。[27]

3. 可以判决案件第三人履行协助义务，以满足被告履行法定职责所需要的法定条件。有时，被告履行法定职责需要第三人先履行协助义务，否则，即使判决被告履行法定职责，被告也无法履行。因此，法院可以在裁判主文中明确第三人协助义务的内容，并责令其必须履行。例如，在封某艳诉南京市劳动和社会保障局不依法履行法定职责案中，法院认为：

因第三人江苏省农业生产资料集团有限责任公司未及时将原告记录于失业人员名单上报社会保险经办机构备案、登记，客观上造成被告不能为原告合并计算失业保险金。故法院判决：第三人自判决生效后三日内，将原告封某红的名单及在该单位的失业情况报南京市劳动和社会保障局社会保险经办机构备案，被告在接到备案后7日内为原告办理领取24个月失业保险金的手续。[28]

4. 法院可以作出实体性履职裁判。《行政诉讼法》（1989）第54条第3项规定，被告不履行或者拖延履行法定职责的，判决其在一定期限内履行。对此，学理和实务上一般都认为，履行判决是一种程序性裁判，至于被告履职内容，法院不能确定。但是，在后来的行政诉讼实践中，实体性履行裁判并不少见，如在彭某纯诉上海市工商行政管理局不履行法定职责纠纷案中，法院裁判主文是：

被告上海市工商行政管理局应于判决生效之日起三个月内，履行对上海有线电视台戏剧频道2000年8月16日20时播出的专题报道节目是否构成违法医疗广告进行调查处理的法定职责，并将结果告知原告彭某纯。[29]

该案中，法院裁判主文对被告应当履行法定职责的内容作了具体限定，最大限度地收缩了被告履行法定职责时在实体内容上的裁量空间。在有的个案中，法院甚至将被告履行法定职责的裁量空间收尽。例如，在汤某诉当涂县劳动和社会保障局不履行保护人身权、财产权法定职责案中，法院裁判主文是：

责成被告当涂县劳动和社会保障局依法对当涂县建材公司遵守劳动法律、法规的情况进行监督检查，并在两个月内对原告汤某本人作出书面答复。[30]

上述两个判例裁判主文透露如下信息：基于行政救济的实效性、经济性的理念，在履行法定职责案件中，例外地承认法院作出的"实体性履职裁判"在实务中已经没有障碍。当然，履行法定职责案件的判决形式因案而异，对案件涉及的法律关系较为复杂，不宜在判决主文中直接判令被告履行职责特定内容时，法院可以在裁判的"本院认为"部分中通过说理，厘清或者确认法律关系，提示被告应当按照法院的法律见解履行法定职责。通过最高人民法院公布的上述两个判例，也可以看出其所持的肯定态度。

2014年修正的《行政诉讼法》第72条保留了《行政诉讼法》（1989）规定中的"判决其在一定期限内履行"，对此，《行诉解释》第91条规定："原告请求被告履行法定职责的理由成立，被告违法拒绝履行或者无正当理由逾期不予答复的，人民法院可以根据行政诉讼法第七十二条的规定，判决被告在一定期限内依法履行原告请求的法定职责；尚需被告调查或者裁量的，应当判决被告针对原告的请求重新作出处理。"根据这一规定，原则上，法院应当作出实体性履行判决——"依法履行原告请求的法定职责"，只有原告请求"尚需被告调查或者裁量的"，

---

[27] 参见吉林省长春市南关区人民法院行政判决书[(2003)南行初字第13号]。
[28] 参见江苏省南京市白下区人民法院行政判决书[(2002)白行初字第74号]。
[29] 参见《最高人民法院公报》1996年第4期。
[30] 参见《最高人民法院公报》1996年第4期。

法院才应当作出程序性履行判决。例如,在张某爱诉宣威市自然资源局不履行查处土地违法职责案中,法院认为:

> 原告在2021年2月4日起诉宣威市人民政府土地征收补偿一案中,云南省曲靖市中级人民法院已经作出生效判决,判决宣威市人民政府在一定期限内对原告履行补偿、安置的法定职责,但是,该判决书同时认定三原告是双龙街道办事处成员,有部分家庭承包地被征收。在被告没有发动行政权的情况下,被告该行政行为有可能损害原告的合法权益,故被告对原告的投诉举报事项进行调查处理是必要的,宜将调查情况如实向原告进行答复,本案三原告共同向被告邮寄了书面的投诉申请,为减少诉累,以共同原告向人民法院提起行政诉讼并无不当,原告属于行政相对人,故具备原告资格,被告请求驳回原告起诉的理由不能成立,本院不予采纳。《中华人民共和国行政诉讼法》第72条规定,人民法院经过审理,查明被告不履行法定职责的,判决被告在一定期限内履行。《最高人民法院关于适用〈中华人民共和国行政诉讼法〉的解释》第91条规定,原告请求被告履行法定职责的理由成立,被告违法拒绝履行或者无正当理由逾期不予答复的,人民法院可以根据《行政诉讼法》第72条的规定,判决被告在一定期限内依法履行原告请求的法定职责;尚需被告调查或者裁量的,应当判决被告针对原告的请求重新作出处理。具体到本案,因原告家的承包土地是否被占用事实不清,本案宜由被告对原告的请求事项进行调查后再作出答复,从而维护举报投诉人的合法权益。[31]

5. 拒绝履行不适用履行判决。《行诉解释》第91条规定中有"拒绝履行"的规定。拒绝履行是行政机关作出的一个明确否定原告请求的意思表示。拒绝履行具有约束原告请求的法效力,在如何处理原告请求上,法律上已经存在一个产生法效力的行政行为。例如,《行政许可法》第38条第2款规定:"行政机关依法作出不予行政许可的书面决定的,应当说明理由,并告知申请人享有依法申请行政复议或者提起行政诉讼的权利。"该条中,对于被告来说,"不予行政许可的书面决定"是行政机关针对原告申请许可作出的一种行政行为,对于原告来说,它是被告拒绝其申请许可的行政行为。如果此时法院作出履职判决,那么行政机关就会遇到一个法律障碍——"不予行政许可的书面决定",因为,行政机关不得作出与自己之前就同一事项作出的行政行为自相矛盾的新的行政行为。因此,法院经审查认为被诉"不予行政许可的书面决定"不合法,其判决主文结构应当是撤销判决+重作判决。例如,《政府信息公开规定》第9条第1款规定:"被告对依法应当公开的政府信息拒绝或者部分拒绝公开的,人民法院应当撤销或者部分撤销被诉不予公开决定,并判决被告在一定期限内公开。尚需被告调查、裁量的,判决其在一定期限内重新答复。"[32]要求法院"应当撤销或者部分撤销被诉不予公开决定",是为"判决被告在一定期限内公开"扫除法律障碍。

6. 与重作判决的区别。从内容看,重作判决也具有责令被告履行法定职责的功能,但是,它与履行判决不同之处在于,重作判决是责令被告"重新"履行法定职责,而履行判决则是责令被告"初次"履行法定职责。因此,后者不受《行政诉讼法》第71条规定的限制。另外,重作判决是附带于撤销判决的一个从判决,它不能单独适用,而履行判决则是一个独立判决。

7. 履行法定职责的时间节点。当行政机关收到公民、法人或者其他组织要求其履行法定职责的申请之后,若该法定职责因制定法发生变化而转移给其他行政机关,行政机关不得以制定法变化为由不履行法定职责。判断行政机关是否具有相对人申请履行的法定职责,应当以其收到申请之时为时间节点。例如,在任某成等诉上海市公安局宝山分局大华新村派出所

---

[31] 参见云南省曲靖市麒麟区人民法院行政判决书[(2024)云0302行初15号]。

[32] 《行诉解释》第91条。该条规定混同了"拒绝履行"和"不予答复"。若不撤销"拒绝履行"的法效力,法院作出履行判决是有法律障碍的。

不履行设置道路标牌法定职责案中,法院认为:

> 根据 2009 年 5 月 1 日起实施的《上海市门弄号管理办法》的有关规定,虽然安装门弄号标牌的法定职责改由乡镇人民政府、街道办事处具体实施,但被告在已经发现原告所住小区无弄号标牌,且未能在 2009 年 5 月 1 日前履行相应法定职责的情况下,应当及时与当地政府联系,将相关职责移交给当事镇政府履行,并给予原告答复。但被告既未自行履行法定职责,也未在新的规章实施后将相关法定职责移交给当地政府,又未给予原告任何答复,故其行为违法。[33]

五、给付判决

（一）概念

给付判决是指法院在查明行政机关有依法履行支付抚恤金、最低生活保障待遇或者社会保险待遇等情形下,判决其履行给付义务的判决。《行政诉讼法》第 73 条规定:"人民法院经过审理,查明被告依法负有给付义务的,判决被告履行给付义务。"给付判决是从履行判决中分离出来的一种新的判决方式,有其特定的给付内容。例如,在李某诉大庆市医疗保险局行政给付案中,法院认为:

> 《工伤保险条例》第 39 条第 1 款规定:"职工因工死亡,其近亲属按照下列规定从工伤保险基金领取丧葬补助金、供养亲属抚恤金和一次性工亡补助金……"最高人民法院《关于审理工伤保险行政案件若干问题的规定》第 8 条第 3 款规定:"职工因第三人的原因导致工伤,社会保险经办机构以职工或者其近亲属已经对第三人提起民事诉讼为由,拒绝支付工伤保险待遇的,人民法院不予支持,但第三人已经支付的医疗费用除外。"最高人民法院《关于因第三人造成工伤的职工或其亲属在获得民事赔偿后是否还可以获得工伤保险补偿问题的答复》规定,因第三人造成工伤的职工或者亲属,从第三人处获得民事赔偿后,可以按照《工伤保险条例》第 37 条的规定,向工伤保险机构申请工伤保险待遇补偿。根据上述规定,在第三人侵权造成的工伤案件中,工伤保险部门可以向第三人追偿工伤医疗费用,即第三人向工伤职工或者近亲属支付医疗费用后,工伤保险部门可以将这部分费用在工伤保险待遇中予以扣除,但其他工伤保险待遇仍应正常支付。对职工因工死亡的,发生的丧葬补助金、供养亲属抚恤金和因工死亡补助金等费用,应当从工伤保险基金中支付。本案中,李某的丈夫杨某库所在的用人单位为其办理了工伤保险,杨某库因第三人侵权死亡,同时构成工伤,李某作为杨某库家属从事故责任人处获得侵权赔偿后,有权向大庆市医疗保险局同时申请支付工伤保险待遇,故大庆市医疗保险局将李某在第三人处获得的民事赔偿在工伤待遇中予以抵扣显属不当。李某对大庆市医疗保险局核定的一次性工亡补助金和丧葬费补助金无异议,大庆市医疗保险局应予以支付两项待遇 571,254.00 元,扣除已经支付的 158,918.00 元,实际上还应支付 412,336.00 元。依据公平原则,医疗保险部门理应及时支付工伤保险待遇,但大庆市医疗保险局未及时支付,由此产生的利息亦应同时支付。二审判决适用法律错误应予撤销。一审判决适用法律正确,但未将已支付给李某的款项予以扣除不当,亦依法应予纠正。[34]

基于此,法院判令大庆市医疗保险局于判决生效之日起 10 日内支付李某工伤保险待遇 412,336.00 元及利息(利息计算方法:2015 年 2 月 16 日至付清之日止,以 412,336.00 元为基数,按照中国人民银行同类贷款利率计算)。

给付作为行政机关的义务与公民、法人或者其他组织获得给付的权利相对应,所构成的权利义务关系存在于部门行政法调整的行政法律关系之中。是否存在这一行政法律关系,是法院适用给付判决的前提。行政机关履行给付义务需要申请人先行提起请求,而这种请求由

---

[33] 参见最高人民法院行政审判庭编:《中国行政审判案例》(第 4 卷)第 149 号案例,中国法制出版社 2012 年版,第 151 页。
[34] 参见黑龙江省高级人民法院行政判决书[(2017)黑行再 14 号]。

法律、法规或者规章直接规定,不需要再经行政机关加以资格确定。例如,《烈士褒扬条例》(2024年修订)第16条规定:"烈士遗属除享受本条例第十四条规定的烈士褒扬金外,属于《军人抚恤优待条例》以及相关规定适用范围的,还享受因公牺牲一次性抚恤金;属于《工伤保险条例》以及相关规定适用范围的,还享受一次性工亡补助金以及相当于烈士本人40个月工资的烈士遗属特别补助金。不属于前款规定范围的烈士遗属,由县级人民政府退役军人事务部门发给一次性抚恤金,标准为烈士牺牲时上一年度全国城镇居民人均可支配收入的20倍加40个月的中国人民解放军排职少尉军官工资。"该条规定了政府民政主管部门与烈士遗属之间烈士褒扬金、抚恤金、烈士遗属特别补助金的给付行政法律关系,确定了双方的权利和义务的内容。

(二)适用条件

《行诉解释》第92条规定:"原告申请被告依法履行支付抚恤金、最低生活保障待遇或者社会保险待遇等给付义务的理由成立,被告依法负有给付义务而拒绝或者拖延履行义务的,人民法院可以根据行政诉讼法第七十三条的规定,判决被告在一定期限内履行相应的给付义务。"结合《行政诉讼法》第73条规定,给付判决适用条件是:

1. 原告提出给付申请。原告提起给付诉讼,应当提供其已经向被告提出过申请的证据。如果原告无法提供已经提出给付申请的证据,法院可以裁定驳回起诉。行政机关给付义务系依申请行为,不宜依职权主动履行给付义务。

2. 被告依法负有给付义务,但不予答复或者拖延履行。如前所述,被告是否依法负有给付义务是通过行政法律关系加以确认的,因此,在给付诉讼中,法院必须首先要查明、确认是否存在这一行政法律关系,进而确定原告和被告在这一行政法律关系中的权利和义务。若认为被告依法负有给付义务,那就必须进一步查明被告是否有"不予答复"或者"拖延履行"给付义务的事实。《行诉解释》第92条规定中有"拒绝"而没有"不予答复",并非妥当,"拖延"履行固然可以判令被告在一定期限内履行给付义务,但"拒绝"是否也当然如此,不无疑问。若被告已经对原告的给付申请作出了"拒绝"给付决定,在法院查明该"拒绝"给付决定违法时,应当先撤销该"拒绝"给付决定,然后责令被告重新作出给付决定。若直接判令被告在一定期限内履行给付义务,那就与被告之前作出的"拒绝"给付决定发生法效力上的冲突。这一点在履行判决中已经论述过。就此而言,《行诉解释》第92条将"拒绝"与"拖延"并列并不妥当,而遗漏"不予答复"更是失误。

(三)相关问题

1. 履行给付义务的期限。给付判决要求被告履行给付义务的内容是金钱、财物,如抚恤金、最低生活保障待遇等费用,它们与原告及其家庭的基本生活要求密切相关,因此,原则上给付判决生效后,被告应当立即履行给付义务,只有特别情形下,法院才可以为被告确定一个履行给付义务的期限。

2. 履行给付义务的内容。给付判决是要求被告直接给付一定数额的金钱、财物,行为是否可以成为给付判决的内容,《行政诉讼法》和司法解释都没有明确规定。从《行诉解释》第92条规定的内容,再结合《行政诉讼法》第12条第1款第12项规定,"行为"宜排除在给付义务内容之外为妥。政府若有提供"居家养老服务"的法定职责,给付义务的内容应当扩大到行为。

3. 先予执行。法院对起诉行政机关没有依法支付抚恤金、最低生活保障金和工伤、医疗社会保险金的行政案件,若权利义务关系明确、不先予执行将严重影响原告生活,可以根据原告的申请,裁定先予执行。

六、确认违法判决

(一)概念

确认违法判决是指法院对符合适用撤销判决条件的被诉行政行为,因存在法定情形而作出确认违法的判决。确认违法判决的对象不是行政法律关系,而是被诉行政行为。确认违法判决不具有执行力,它仅仅具有一种法律上的宣示效果。确认违法判决并不当然对应原告的诉讼请求,原告诉讼请求若是"撤销被诉行政行为",法院可以给出"确认被诉行政行为违法"判决。确认违法判决是撤销判决的一种补充性判决,因此,它的适用条件与撤销判决相同,只不过因法定情形而改用确认违法判决。但是,考虑到撤销被诉行政行为之后可能产生的情况或者被诉行政行为本身的原因等,法院通过判决方式确认被诉行政行为违法,但保留其法效力。根据《行政诉讼法》第74条规定,确认违法判决分为"不撤销"和"不需要撤销或者判决履行"两种情形,如下分述。

(二)确认违法但不撤销被诉行政行为

1.行政行为依法应当撤销,但撤销会给国家利益、社会公共利益造成重大损害。原告提起行政诉讼之后,除非诉讼停止执行,否则被诉行政行为法效力将一直存续。当法院认定被诉行政行为违法欲撤销时,"法效力存续"所涉及的国家利益、社会公共利益构成了阻却法院作出撤销判决的法定事由。于是,基于利益衡量考虑,法院可以作出确认违法判决。此在学理上被称为"情况判决"。例如,卢某标、谢某军诉浙江省人民政府土地行政批准及行政复议案中,最高人民法院认为:

> 按时到庭参加诉讼,是当事人应当履行的诉讼义务。该案再审被申请人浙江省人民政府在收到一审法院寄送的开庭传票并知晓开庭时间、地点的情况下,未到庭参加诉讼,且对此不能作出合理说明,属于"经合法传唤,无正当理由拒不到庭"的法定情形,其事后表示要求延期开庭的行为并不能否认其未到庭的事实。《中华人民共和国行政诉讼法》第58条规定,被告无正当理由拒不到庭,或者未经法庭许可中途退庭的,可以缺席判决。一审法院决定缺席判决,审判程序合法。《最高人民法院关于行政诉讼证据若干问题的规定》第36条规定:"经合法传唤,因被告无正当理由拒不到庭而需要依法缺席判决的,被告提供的证据不能作为定案的依据……"据此,浙江省人民政府经合法传唤无正当理由拒不到庭,其提供的相关证据依法不能作为定案依据,被诉行政行为应予撤销。但是,鉴于被诉土地批准行为所涉土地系用于"台州医院新院区建设项目"建设,且再审申请人卢某标、谢某军的相关土地仅是被批准征收范围内的一小部分,若撤销被诉土地批准行为,将导致作为医疗卫生公益项目的整个台州医院新院区建设无法如期开展,将对社会公共利益产生重大损害,故原审法院据此判决确认被诉行政行为违法,认定事实清楚,适用法律正确。[35]

确认违法判决适用情形之一是限于"撤销会给国家利益、社会公共利益造成重大损害"。但是,判例作了扩张性的发展,将保护善意第三人权益也作为确认违法判决适用情形之一。例如,在海南鑫铭房地产有限公司(以下简称鑫铭公司)诉海口市人民政府颁发国有土地使用证纠纷案中,最高人民法院认为:

> 对被诉行政行为作出否定性评价并不意味着该行政行为必须撤销,行政诉讼法及其司法解释明确规定了情况判决为行政诉讼裁判方式之一,即仅对被诉行政行为的合法性作否定评价却不改变该行政行为所形成的法律关系。关于情况判决的适用,根据《中华人民共和国行政诉讼法》第74条第1款第1项、《最高人民法院关于执行〈中华人民共和国行政诉讼法〉若干问题的解释》第58条之规定,在被诉行

---

[35] 参见最高人民法院行政裁定书[(2016)最高法行申1751号]。

政行为违法但撤销会给国家利益或社会公共利益造成重大损害的情况下,人民法院应当判决确认违法,而不撤销行政行为。社会公共利益为社会全部或者部分成员所享有的利益,强调利益享有者的公共性,受益范围一般是不特定多数人,应是在一定范围内带有共同性、普遍性、整体性的利益,同时还应涉及诚信、公平、秩序、稳定等基本的促进社会整体发展的因素。鑫铭公司在涉案土地上建成的大量地上建筑物无法预售,主要影响的是特定主体鑫铭公司的个体利益,不属于社会公共利益的范畴,故本案不符合损害社会公共利益的情形。鑫铭公司关于撤销土地证将损害社会公共利益的主张不能成立,本院不予支持。情况判决的适用条件中除涉及国家利益或社会公共利益外,还包括涉及善意第三人的情形。最高人民法院《关于审理房屋登记案件若干问题的规定》第11条第3款规定,被诉房屋登记行为违法,但判决撤销将给公共利益造成重大损失或者房屋已为第三人善意取得的,判决确认被诉行为违法,不撤销登记行为。该司法解释明确规定,人民法院审理房屋登记案件,可以根据《中华人民共和国物权法》等实体法律规范判断当事人是否属于善意取得,并确立了房屋登记案件中第三人善意取得可以阻却撤销登记的裁判规则。本案虽为土地登记案件,但因土地与房屋均属于不动产,按照《中华人民共和国物权法》的规定均以登记作为发生物权变动的生效要件,土地登记与房屋登记的法律后果相同,故当事人主张善意取得土地使用权的,应当参照最高人民法院《关于审理房屋登记案件若干问题的规定》进行审理。[36]

因情况判决是确认判决的一种例外情形,有时它不利于原告实现自己的诉讼请求,所以法院在适用要件上应当从严解释。情况判决之下,原告的合法权益如何保障,《行政诉讼法》第76条提供了两个救济途径:(1)责令被告采取相应的补救措施;(2)造成损害的,依法判决被告承担赔偿责任。虽然被告采取补救措施,也对原告履行了赔偿义务,但从公平的角度看,补救措施是否得当,赔偿是否合理,这都成了情况判决正当性的问题之所在。由于情况判决以国家利益或者社会公共利益优先考虑为原则,所以在宪法承认私有财产受法律保护的情况下,两者之间的紧张关系尤为突出。情况判决的核心是如何判断"国家利益或者社会公共利益"受到重大损失,而它的意义在于在维护国家利益或者公共利益的前提下尊重已经存在的事实:(1)被诉行政行为虽然具有违法情形并符合撤销判决的条件,但法院只能确认它的违法并承认它的法效力存续;(2)以赔偿而不是撤销的方式为原告提供救济,以换取原告承认或者不再对抗被诉行政行为。

在比较法上,如日本法上的情况判决是被诉行政行为符合撤销之诉的要件,但基于公益的考虑,法院在作出驳回诉讼请求判决中宣告被诉行政行为违法。[37] 而在我国行政诉讼法上,情况判决是被诉行政行为符合撤销判决适用条件,但基于对国家利益、社会公共利益的考量,法院在作出确认被诉行政行为违法判决的同时,可以责令被告采取补救措施;给原告造成合法权益损害的,可以判决被告承担行政赔偿责任。

2. 行政行为程序轻微违法,但对原告权利不产生实际影响。尽管行政行为程序与实体一样重要,但它们毕竟是有差别的。这种差别主要体现在对原告权利的影响方面。因此,若行政行为程序轻微违法,但对原告权利不产生实际影响,那么法院可以判决确认违法,不撤销被诉行政行为。在这里,"对原告权利不产生实际影响"是确认违法但不撤销被诉行政行为的条件之一。例如,在高某照诉沧州市某某交通警察支队一大队行政强制措施案中,法院认为:

原告因饮酒后驾驶机动车、未随车携带驾驶证两项违法行为被查获,未随车携带驾驶证的,公安机关交通管理部门应当扣留机动车。被告对原告采取扣留机动车的行政强制措施事实清楚、证据充分,

---

[36] 参见最高人民法院行政裁定书[(2016)最高法行再2号]。
[37] 参见《日本行政诉讼法》第31条。

但被告所作案涉行政强制措施凭证,没有交通警察和当事人的签名,被告亦未提交送达该凭证的证据,违反了相关规定,但未对原告权利义务产生实际的影响,属于程序轻微违法。[38]

该案中,法院将"行政强制措施凭证没有交通警察和当事人的签名,被告亦未提交送达该凭证的证据"作为认定"程序轻微违法"的事实依据,但没有"未对原告权利义务产生实际的影响"论证理由。又如,吴某联诉永善县某某交通警察大队、永善县人民政府行政处罚及行政复议案中,法院认为:

被告永善县某某交通警察大队在开展早高峰路面严重交通违法行为查缉工作,由民警黄某富带领数名警务辅助人员进行路检,符合规定。执法全过程有录音录像记载,事后原告吴某联陈述内容与视听资料及检测结果一致,吴某联饮酒后驾驶机动车的事实客观存在。在查处原告吴某联卡点时,民警黄某富未在现场,仅通过电话进行指挥,存在程序违法。但该检查行为只是查处交通违法行为程序的一部分,不包含整个执法过程,采样程序轻微违法,不影响案件的实体处理结果。[39]

该案中,法院将"民警黄某富未在现场,仅通过电话进行指挥"认定为程序轻微违法,但用"不影响案件的实体处理结果"作为确认违法判决的理由。以上两案其实都涉及"行政行为程序轻微违法,但对原告权利不产生实际影响"的解释问题。

《行诉解释》第96条规定:"有下列情形之一,且对原告依法享有的听证、陈述、申辩等重要程序性权利不产生实质损害的,属于行政诉讼法第七十四条第一款第二项规定的'程序轻微违法':(一)处理期限轻微违法;(二)通知、送达等程序轻微违法;(三)其他程序轻微违法的情形。"根据这一规定,最高人民法院把"对原告权利不产生实际影响"作为判定"行政行为程序轻微违法"的标准。暂且不论该条中文字表述的不同,如"重要程序性权利""实质损害"等,就该条解释而言,可能不仅与立法本意不合,而且在逻辑上也难以成立。这一解释等于排除了"行政行为程序轻微违法"对原告权利产生实际影响的可能性,将"行政行为程序轻微违法"的结果,作为判断"行政行为程序轻微违法"的标准。这样的解释未必妥当。

(三)因不需要撤销或者判决履行而确认违法

1.行政行为违法,但不具有可撤销内容。撤销判决是消灭被诉行政行为的法效力,若被诉行政行为没有法效力或者它的法效力已经"消失",那么撤销判决也就失去了适用的对象。在这种情形下,法院可以作出确认违法判决。例如,在武汉千年旺科技发展有限公司(以下简称千年旺公司)诉湖北省水利厅水利行政许可案中,法院认为:

上诉人湖北省水利厅仅根据被上诉人千年旺公司与第三人黄州区水利局签订的合同和有关材料,就认定被上诉人千年旺公司已取得在长江河道进行采砂的权利,作出了鄂准采证字〔2006〕第0001、0002、0003号《长江河道采砂许可证》。被上诉人千年旺公司称其从未就采砂许可及指定的时间、地点提出过任何申请,亦未收到上述《长江河道采砂许可证》。故上诉人湖北省水利厅所作出的行政许可行为,违反了《中华人民共和国行政许可法》的规定,其颁证的主要事实依据不足,法定程序违法。因许可期限已过,已不具有可撤销内容。[40]

据此,法院作出了维持原审法院判决确认被告湖北省水利厅颁发鄂准采证字〔2006〕第0001、0002、0003号《长江河道采砂许可证》的行为违法的判决。又如,一个旅游局指定某一会计师事务所对所管辖的旅行社进行年检审计行为,即(这部分内容记载在一个会议通知的

---

[38] 参见河北省沧州市运河区人民法院行政判决书〔(2023)冀0903行初282号〕。
[39] 参见云南省盐津县人民法院行政判决书〔(2024)云0623行初18号〕。
[40] 参见湖北省武汉市中级人民法院行政判决书〔(2010)武行终字第72号〕。

备注中)"根据省旅游局计财处要求,今年旅行社年检审计必须统一由一家事务所负责审计上网输入,我市统一在闽东益泰有限责任会计师事务所"。法院认为,"指定某一会计师事务所对所管辖的旅行社进行年检审计行为"这一被诉行政行为不具有可撤销内容。[41]

2. 被告改变原违法行政行为,原告仍要求确认原行政行为违法。在行政诉讼过程中,有时,被告认识到被诉行政行为违法时,可能会改变被诉行政行为。被告改变原行政行为——无论是变更或者撤销——的法律结果是,原行政行为在法律上曾经存在的事实是客观的,被告无论如何作为也改变不了。这种变更或者撤销决定可能满足原告提起诉讼的全部请求,被诉行政行为或者因改变而消灭,或者因改变而被新的行政行为所代替。但是,若原告不想"放过"被诉行政行为,要求法院确认其违法,经审查,法院认为原告有继续确认违法的诉的利益,可以作出确认违法判决。原告基于这个确认违法判决可以主张行政赔偿,可以主张行政机关基于被确认违法的被诉行政行为(作为构成要件)作出的其他行政行为违法等。

3. 被告不履行或者拖延履行法定职责,判决履行没有意义。有的法定职责履行期限一旦"过时",行政机关再履行这一法定职责,对申请人来说就变得没有意义。例如,A 因参加国际会议申请出国护照,行政机关对此申请"不予答复",在提起行政诉讼之后,再由法院判决被告履行颁发出国护照的法定职责,即使 A 取得了出国护照,但他所要参加的国际会议已经结束了。此时,确认被告"不予答复"违法的判决是合适的。

七、确认无效判决

(一) 概念

确认无效判决是指法院对符合撤销判决条件的被诉行政行为,因其具有重大且明显违法情形而作出确认无效的判决。《行政诉讼法》第 75 条规定:"行政行为有实施主体不具有行政主体资格或者没有依据等重大且明显违法情形,原告申请确认行政行为无效的,人民法院判决确认无效。"此为确认无效判决的法律依据。行政行为无效,即自始、当然不发生法效力。在行政诉讼中如何判断"重大且明显违法",原告和被告之间通常都会发生争议。所以,由法院加以确认十分必要。

(二) 判断行政行为无效的标准

《行政诉讼法》第 75 条规定了判断行政行为无效的标准是"重大且明显违法"。"重大且明显违法"是一个不确定法律概念,在立法技术上,通常采用例示加兜底方式规定。例示部分给适用者作了一个明确的指引,兜底条款则由适用者在个案中作出解释,以适应未来出现的新情形,有维护法律稳定性的意义。《行政诉讼法》第 75 条采用例示加"等",与例示加兜底立法技术功能相当。在这里,"等"应作"等外等"解释,充当兜底条款的功能。

1. 不具有行政主体资格。本情形是对行政行为主体资格的规范要求。根据《行政诉讼法》第 2 条规定,有作出行政行为主体资格的,除了行政机关外,还有法律、法规和规章授权的组织,其他任何组织和个人都不得作出行政行为,如行政机关工作人员、行政机关内设机构等,它们作出的行政行为都应当是无效行政行为。

2. 没有依据。依法行政原理要求行政机关作出行政行为时,必须要有充分的事实依据和正确的法依据,如果没有事实、法依据或者缺少其中之一,那么,它的违法性可以说是"一目了然"的,几乎用不着通过专业判断就可以认定它的违法性。因此,它也是无效行政行为。需要指明的是,没有依据,是指客观上的确不存在,而不是行政机关没有找到依据。

---

[41] 参见福建省宁德市蕉城区人民法院行政判决书[(2002)蕉行初字第 6 号]。

3. 其他情形。"等"中包含了其他"重大且明显违法"情形。例如，在林某炎诉北京市宣武区建设委员会颁发拆迁许可证案中，法院认为：

> 虽然被告在审查拆迁行政许可申请时，已按《城市房屋拆迁管理条例》第7条、《北京市城市房屋拆迁管理办法》第9条的规定履行了相应审查程序，但由于原告所居住的222号院位于市级文物保护单位正乙祠建设控制地带内，且原告在被告组织听证时所举北京市文物局《关于给林某炎先生的回信》(京文物〔2006〕337号)，予以保护。因此，被告在无证据证明222号院非属《中华人民共和国文物保护法》《北京历史文化名城保护条例》保护性质的前提下，忽略对拆迁范围内是否有不能或不宜拆除的房屋事实的甄别，以及对不能或不宜拆除的房屋采取何种保护措施的审查，即作出准予拆迁的决定，并以拆迁公告的形式列明222号院属拆迁范围，应当认为存在有悖于《城市房屋拆迁管理条例》、《北京历史文化名城保护条例》以及《北京市城市房屋拆迁管理办法》的相关规定之处，故其所作拆迁许可的效力不应及于222号院。[42]

据此，法院判决确认北京市宣武区建设委员会核发的京建宣拆许字〔2006〕第59号《房屋拆迁许可证》中涉及宣武区前门西河沿街222号院的拆迁许可内容无效。该案中，"所作拆迁许可的效力不应及于222号院"，构成了法院认定该被诉的拆迁许可证部分内容无效的主要理由。又如，在姜某某诉某区民政局婚姻登记行为案中，法院认为：

> 姜某冒用姜某某的身份与曹某某在向被告申请结婚姻登记时，提交了法律法规规定的内地居民申请登记结婚所需要的证件和证明材料，被告经审查确认双方出具的证件和证明材料符合法定的形式和要求，对姜某和曹某某当场予以结婚登记，并颁发结婚证，应当认定被告已尽到了法定的审查义务。由于姜某冒用姜某某的身份，在与曹某某办理结婚登记时，共同隐瞒了被告婚姻登记机关工作人员，因此对被告在这种情形下为姜某和曹某某办理结婚登记并颁发结婚证的行为，本院应纠正。[43]

据此，法院判决确认被告为姜某某办理的结婚登记并颁发结婚证的行为无效。被诉行政行为程序违法是否可以适用确认无效判决，需要审查程序违法是否达到"重大且明显违法"程度。《行政处罚法》第38条第2款规定："违反法定程序构成重大且明显违法的，行政处罚无效。"例如，在俞某诉无锡市城市管理行政执法局(以下简称市城管局)城市管理行政处罚案中，法院认为：

> 为保障行政处罚的公正合法，市城管局在作出行政处罚决定之前，应当将行政处罚的事实、理由和依据事先告知俞某，以保障俞某及时了解行政处罚的内容，可以充分行使陈述和申辩权。2009年6月25日，在当事人俞某不在现场的情况下，市城管局将《行政处罚事先告知书》采用张贴的方式进行告知，但俞某提出并未收到该告知书，市城管局未进行合法送达。市城管局提交的现场拍摄照片也不能证明其张贴地址是在何处。根据本案现有证据和法院的调查进行综合评判，不能认定在作出行政处罚决定之前，市城管局已经向被处罚人履行了法定的告知义务，《行政处罚决定书》亦未以合法方式进行有效送达。因此，市城管局作出的行政处罚决定不能成立。

最高人民法院对该案给出的裁判要旨是：

> 行政机关在送达行政处罚事先告知书与行政处罚决定书时应当依照法定方式送达，否则，不仅行政相对人陈述、申辩的权利可能被剥夺，而且行政处罚决定也未生效。在此情况下，行政处罚应以存在重大明显违法情形为由确认无效。[44]

---

[42] 参见北京市宣武区人民法院行政判决书［(2007)宣行初字第161号］。
[43] 参见王振清主编：《行政诉讼案例研究》(六)，中国法制出版社2010年版，第107页。
[44] 参见最高人民法院行政审判庭编：《中国行政审判案例》(第3卷)第113号案例，中国法制出版社2013年版，第164页。

（三）相关问题

1. 无效转撤销。原告请求确认行政行为无效，法院审查后认为行政行为违法不属于无效情形，经释明，原告转而请求撤销行政行为的，应当继续审理并依法作出相应判决；原告请求撤销行政行为但超过法定起诉期限的，裁定驳回起诉；原告拒绝变更诉讼请求的，判决驳回其诉讼请求。

2. 申请程序。原告在提起确认无效之诉前，是否应当先向行政机关提出确认行政行为无效的申请，没有法律明确规定。域外国家和地区有相关的规定，但最高人民法院否定了这一申请程序。例如，在周某生等诉汉川市人民政府确认征收土地行为无效案中，最高人民法院认为：

再审申请人的诉讼请求正是要求人民法院确认汉川市人民政府征收土地行为无效。一审法院认为，"确认无效诉讼必须先经行政机关确认是否无效，只有在行政机关在法定期限内不予答复或者未被确认无效的情况下，才能提起确认行政行为无效诉讼"。"由于周某生未先向行政机关申请确认征收土地行为无效，不具有请求确认行政行为无效的前提条件"，因而裁定驳回再审申请人的起诉。再审申请人对此质疑，认为原审法院的上述理由"实在无法无据"。对此本院认为，在一些国家和地区，的确要求当事人在提起确认行政行为无效之诉时，必须已向作出行政行为的机关请求确认行政行为无效而未被允许或未获答复。规定此一先行程序，有利于穷尽更为便捷的行政救济手段，避免滥诉。但该先行程序通常必须基于法律的明文规定。而在我国，行政诉讼法以及其他法律、法规对此并未规定。因此，一审法院的裁判理由尽管合乎法理，却没有明确的法律依据，由此驳回当事人的起诉，客观上不仅会对当事人行使诉权增设门槛，也会为行政机关附加法定之外的先行处理义务。我国实行两审终审制，再审是对已经发生法律效力的判决、裁定提出的特殊不服请求。人民法院启动再审程序，一方面要对"确有错误"的判决、裁定予以纠正，以恢复人民群众对于裁判的信赖；另一方面，也要考虑权利救济的实际需要。如果有其他途径同样能够达到目标，甚至更为便捷经济，未必一律启动再审程序。经本院了解，再审申请人在二审裁定生效后，已向再审被申请人递交《确认无效申请书》，再审被申请人对此也未作处理。在此情况下，再审申请人完全可以重新提起诉讼，即使本案不启动再审，也不影响再审申请人继续行使诉权。[45]

八、变更判决

（一）概念

变更判决是指法院变更被诉行政行为内容的判决。变更判决涉及司法权是否可以替代行政权以及替代行政权的范围应该有多大的问题，对此，学理上一直存有争议。行政、司法各有分工和专业要求，互相替代行使权力应当予以禁止。但是，在特别情形下，如同行政权可以如立法权制定具有普遍约束力的法规范，法院在行政裁量范围内行使变更权也并非不可。《行政诉讼法》第77条第1款规定："行政处罚明显不当，或者其他行政行为涉及对款额的确定、认定确有错误的，人民法院可以判决变更。"这一规定确立了法院在法定条件下可以替代行政权变更被诉行政行为内容。

（二）适用情形

1. 行政处罚明显不当。《行政诉讼法》（1989）采用"显失公正"，2014年修正的《行政诉讼法》改为"明显不当"，两者在内涵上没有多大实质性的区别。基于法解释规则，这里的"明显不当"解释与《行政诉讼法》第70条第6项相同。明显不当是一个不确定法概念，离开个案

---

[45] 参见最高人民法院行政裁定书[(2017)最高法行申1174号]。

场景时,我们往往只能确定几条审查规则,如不符合目的、结果不可接受、不符合常理等,所以,它的内容只能在个案中才能确定。

2. 其他行政行为涉及对款额的确定、认定确有错误。款额的确定、认定错误产生的原因有时是计算方法,有时是笔误,具有客观性,且行政机关对款额的确定、认定通常没有裁量空间,如征收补偿款项、抚恤金计算等。若法院认为被诉行政行为中款额的确定、认定错误但不能直接变更,那只能作撤销判决再加重作判决。这种做法徒增诉累,浪费程序资源,不足以及时保护原告的合法权益。基于此,《行政诉讼法》列其为可以变更的情形,十分妥当。其实,在2014年修正《行政诉讼法》之前,实务中已经有这样的判例。例如,在常州神力德汇房地产开发有限公司诉常州市建设局拆迁行政裁决案中,法院认为:

> 鉴于第三人对裁决内容作出明确选择的请求以及本院协调情况和补充评估新情况的出现,从尊重被拆迁人的意见和保护其合法的实体权利出发,为保障拆迁工作的顺利进行,本院将对被告裁决的第1项内容依法予以变更。变更被告常州市建设局于2007年7月10日作出的(2007)常建裁新字第20号房屋拆迁行政裁决内容的第1项,变更内容为:原告向第三人提供住宅一套常州市典雅花园(施工编号)5号楼乙单元1201室(期房)建设面积13,915平方米,按照被拆迁房屋的评估金额和产权调换的评估金额计算得出产权调换差价,由原告和第三人双方结清。[46]

该案中,法院依照案件的"实际情况",直接变更了行政裁决的内容,及时回应原告的诉讼请求。虽然这种裁判方式在《行政诉讼法》(1989)中没有依据,但在实务中却是可行的。可见,有时法院通过判例创造的规则,往往是下一次《行政诉讼法》修改的内容之一。

(三)相关问题

1. 禁止不利变更。法院作出变更判决,不得加重原告的义务或者减损原告的权益。一般认为,这与刑事诉讼"上诉不加刑"原则有关。因为,如果存在着提起行政诉讼有被加重义务的风险,那么原告在多数情况下可能会选择放弃行政诉讼;没有原告提起行政诉讼,行政诉讼的立法目的可能会空转。在利害关系人同为原告,且诉讼请求相反的情况下,变更判决不受禁止不利变更规则的约束。

2. 法院无权行使处罚权。在行政处罚诉讼中,尽管法院在法定条件下可以替代行使行政处罚变更权,但是,若法院在审查中发现有行政机关未予处罚的公民、法人或者其他组织,不得直接在行政判决中给予行政处罚。

3. 撤销判决的可适用性。《行政诉讼法》第77条第1款中的"可以判决变更",隐含着法院对行政处罚明显不当,或者其他行政行为涉及对款额的确定、认定确有错误的情形也可以判决撤销的含义。所以,变更判决也可以看作是撤销判决的一种特殊情形。如果法院认为不宜作出变更判决,也可以作出撤销判决并责令被告重新作出行政行为。

九、行政协议判决

(一)概念

行政协议判决是法院对行政机关在订立、履行、变更、终止行政协议过程中引起的争议作出的判决。与行政诉讼客体中其他行政行为不同,行政协议是双方行为,由此决定了行政机关在行政协议中两种不同的法律地位:(1)作为行政协议一方当事人,应当依法、依约履行行政协议。(2)作为行政协议的监管机关,有权单方行使行政协议的变更、解除权。由此,行政

---

[46] 参见江苏省常州市新北区人民法院行政判决书[(2007)新行初字第39号]。

协议判决也具有复杂性,即对于行政机关在行政协议订立、履行、变更、终止过程中不同的行政行为,就要有与之相适应的行政判决方式。

(二)适用情形

《行政诉讼法》第78条规定:"被告不依法履行、未按照约定履行或者违法变更、解除本法第十二条第一款第十一项规定的协议的,人民法院判决被告承担继续履行、采取补救措施或者赔偿损失等责任。被告变更、解除本法第十二条第一款第十一项规定的协议合法,但未依法给予补偿的,人民法院判决给予补偿。"根据这一规定,行政机关在履行行政协议过程中有4种行政行为可以被提起行政诉讼,即不依法履行、未按照约定履行行政协议、违法变更、解除行政协议。针对这4种行政行为,法院在审理之后可以作出继续履行、采取补救措施、赔偿和补偿损失4种不同的判决,分述如下。

1. 继续履行判决。也就是判令被告继续履行政协议义务的判决。《民法典》第577条规定:"当事人一方不履行合同义务或者履行合同义务不符合约定的,应当承担继续履行、采取补救措施或者赔偿损失等违约责任。"本判决方式借鉴于此条规定。经审查,若法院认定行政机关不依法履行、未按约定履行行政协议成立,或者变更、解除行政协议违法,可以判决其继续履行行政协议。但有下列情形之一的,法院不得作出继续履行行政协议判决:(1)原告请求解除的;(2)客观上行政协议已经不能履行;(3)继续履行行政协议不能达到预期目的。例如,在赵某某诉山东省济南市某区人民政府不履行行政协议案中,法院认为:

某区政府于2015年10月9日签订拆迁安置补偿协议时势必对赵某某的基本情况和安置资格进行了相应审查,认可了赵某某家庭成员的安置资格,协议签订后涉案房屋被拆除,其至2017年7月31日又反悔要求变更协议。因某区人民政府此次不予安置的理由已不成立,其又未能提供有效的证据或依据证明拆迁安置补偿协议依法无效或撤销,或者存在其他不应当履行的正当事由。故此,被诉拆迁安置补偿协议应认定为合法有效,某区人民政府应当按照协议约定继续履行安置补偿义务。综上,一审法院判决以某区人民政府不能举证证明拆迁安置补偿协议有效,继而认定该协议的签约行为无效,属于认定事实不清适用法律错误,应当予以纠正。赵某某的上诉理由成立,应当予以支持,对此法院判决:一、撤销济南市中级人民法院(2017)鲁01行初1016号行政判决;二、判令济南市某区人民政府继续履行与赵某某签订的《济南市某区雪山片区整合村民住宅拆迁安置补偿协议》。[47]

2. 采取补救措施判决。也就是在被告不依法履行、未按照约定履行行政协议或者违法变更、解除行政协议被确认之后,为了保护原告合法权益,防止损失进一步扩大,法院作出的责令被告采取补救措施的判决。《行政诉讼法》未明确"采取补救措施"的内容,可由法院根据个案情况裁量确定。

3. 赔偿判决。也就是判令被告赔偿因不依法履行、未按照约定履行行政协议或者违法变更、解除行政协议给原告造成损害的判决。原则上,赔偿判决适用《国家赔偿法》的相关规定,但在赔偿范围、数额计算等方面,可以参照《民法典》的相关规定。例如,在国有建设用地使用权有偿出让合同争议中,若依《国家赔偿法》仅计算直接损失,对原告来说可能是不公正的,因此,法院在个案中依据实际情况尤其是在原告没有过错的情况下,赔偿数额计算适当考虑原告的预期利益也是必要的。

4. 补偿判决。也就是在被告不依法履行、未按照约定履行行政协议或者变更、解除行政协议合法时,判令被告补偿原告因此而受到的财产损失。补偿判决适用行政补偿原理,即行

---

[47] 参见最高人民法院行政审判庭编著:《行政协议典型案例裁判规则与评析》,人民法院出版社2021年版,第66页。

政机关为了公共利益实施的行政行为致使公民、法人或者其他组织合法权益受到损失时,基于公平、合理原则,行政机关应当承担补偿责任。例如,国有建设用地使用权出让之后,因修建高铁规划的需要,行政机关作出解除该国有建设用地使用权出让合同的行政行为,若法院认定该解除行为合法,但原告有财产损失,应当判令行政机关履行补偿义务。

根据行政协议的具体实践,《行政协议规定》又增加了撤销协议判决、确认协议无效判决和履行订立协议判决等,弥补了《行政诉讼法》规定行政协议判决的不足。这类判决在适用条件上可以参照撤销判决、确认无效判决和履职判决,在法律规范适用上要注意民事法律规范的可适用性。

十、行政赔偿判决

(一)概念

赔偿判决是指因被告行使行政职权侵犯原告的人身权、财产权,法院责令被告给予财产赔偿的判决。《行政赔偿规定》第 13 条第 1 款规定:"行政行为未被确认为违法,公民、法人或者其他组织提起行政赔偿诉讼的,人民法院应当视为提起行政诉讼时一并提起行政赔偿诉讼。"原告一并提起的行政赔偿案件,因需要法院先对被诉行政行为是否合法作出判断,所以,一并提起的行政赔偿诉讼判决主文可能是:(1)撤销被诉行政行为并附带判决行政赔偿;(2)确认被诉行政行为违法或者无效并附带判决行政赔偿。这两种裁判主文都不属于行政赔偿判决的适用范围。

(二)适用条件

《行政赔偿规定》第 13 条第 2 款规定:"行政行为已被确认为违法,并符合下列条件的,公民、法人或者其他组织可以单独提起行政赔偿诉讼……"根据这一规定,赔偿判决适用条件是:(1)行政行为已被确认为违法。行政行为在一个法定程序中已经被确认违法,行政行为可以在行政诉讼、行政复议中被确认违法,也可以在行政机关自我纠错中被确认违法。(2)赔偿义务机关已经先行处理或者超过法定期限不予处理。在行政行为被确认违法之后,受害人若要提起行政赔偿诉讼,应当先向赔偿义务机关提出申请,赔偿义务机关针对受害人提出的赔偿申请,作出是否赔偿的处理决定。赔偿义务机关超过法定期限不予处理,视为已经过了先行处理程序。

(三)相关问题

1. 举证责任。《国家赔偿法》第 15 条第 1 款规定:"人民法院审理行政赔偿案件,赔偿请求人和赔偿义务机关对自己提出的主张,应当提供证据。"行政赔偿诉讼采用接近于民事诉讼的举证责任分配规则,损害事实部分的举证责任由原告承担。例如,在刘某更与郑州市中原区人民政府行政赔偿纠纷案中,法院认为:

中原区人民政府的拆迁行为已被生效裁判确认违法,中原区人民政府应赔偿其违法拆迁行为给刘某更造成的直接损失,但刘某更对其主张赔偿的损失应承担举证责任。一审中刘某更就其损失申请鉴定,一审法院予以准许。刘某更应当按照相关规定缴纳鉴定费,其无正当理由不缴纳鉴定费,导致鉴定无法进行,被拆除建筑物的价值无法确定,刘某更作为原告应承担不利后果。[48]

当然,在特别法定情形下,如受害人没有获得证据的客观条件或者主观能力等,举证责任将发生转移,以保护受害人获得赔偿的权利。例如,《国家赔偿法》第 15 条第 2 款规定:"赔偿

---

[48] 参见河南省郑州市中级人民法院行政判决书[(2010)郑行再终字第 16 号]。

义务机关采取行政拘留或者限制人身自由的强制措施期间,被限制人身自由的人死亡或者丧失行为能力的,赔偿义务机关的行为与被限制人身自由的人的死亡或者丧失行为能力是否存在因果关系,赔偿义务机关应当提供证据。"又如,《行政诉讼法》第38条第2款规定:"在行政赔偿、补偿的案件中,原告应当对行政行为造成的损害提供证据。因被告的原因导致原告无法举证的,由被告承担举证责任。"通过举证责任转移的方式,减轻受害人举证责任负担,从而获得行政赔偿。[49]

2. 违法建筑物的赔偿问题。违法建筑物不受法律保护,此为法理当然。当违法建筑物被强制拆除后,该违法建筑物所有权人提出行政赔偿请求,通常不会得到法院支持。但是,违法建筑物中的建筑材料是否属于当事人的合法财产,并非没有争议。例如,在张某胜诉沈阳市于洪区人民政府行政赔偿案中,最高人民法院认为:

> 违法建筑物、构筑物中的建筑材料,是属于当事人的合法财产。行政机关对违法建筑物、构筑物实施强制拆除,手段、方式必须科学、适中,不得以野蛮方式实施强制拆除。因强制拆除手段、方式不当,造成当事人建筑材料合法权益损失的,行政机关应当依法予以赔偿。本案中,于洪区政府组织人员使用铲车等大型机械,强行将当事人建设的彩钢房推倒,可能造成当事人对于彩钢房建筑材料合法权益的损失。一、二审判决以彩钢房系违法建筑,当事人不具有合法权益可保护为由,判决驳回原告的诉讼请求,主要事实不清。张某胜的再审申请符合《行政诉讼法》第91条第(3)项规定的情形。[50]

第二节　行政诉讼裁定

一、可以上诉的裁定

(一) 不予立案裁定

不予立案裁定是指法院作出拒绝接受起诉人提起诉讼请求的裁定。它的法效果是,法院对起诉人关上大门,拒绝提供行政救济。如果对不予立案裁定不给予起诉人提出上诉的权利,既违背两审终审的法律原则,也有行政救济不充分之嫌。因此,起诉人在收到不予立案裁定后,可以在法定期限内提起上诉。例如,在上海金港经贸总公司(以下简称金港公司)诉新疆维吾尔自治区工商行政管理局(以下简称原新疆工商局)行政处罚案中,法院认为:

> 根据《中华人民共和国行政处罚法》第31条、第39条之规定,行政机关在作出行政处罚决定前,应当告知当事人作出行政处罚决定的事实、理由及依据,并告知当事人依法享有的权利;行政机关在其作出的行政处罚决定书上亦应当载明当事人"违反法律、法规或者规章的事实和证据"、"行政处罚的种类和依据"以及"当事人不服行政处罚决定,申请行政复议或者提起行政诉讼的途径和期限"等必要内容。新疆工商局出具的罚款证明,既未告知金港公司的违法事实,亦未告知适用的法律依据,在此情况下,金港公司无从判断其行为性质及相应的法律规范。原一、二审法院以金港公司未经复议直接向人民法院起诉,不符合《投机倒把行政处罚暂行条例》第11条关于复议前置之规定为由裁定不予立案,于法无据。[51]

该案中,一审法院以起诉人未经复议前置为由,裁定不予立案。起诉人提起上诉之后,其

---

[49] 参见沙某保等诉马鞍山市花山区人民政府强制拆除行政赔偿案,最高人民法院指导案例91号。
[50] 参见最高人民法院行政裁定书[(2016)最高法行申6号]。
[51] 参见最高人民法院行政裁定书[(2005)行提字第1号]。

诉讼请求获得了二审法院的支持。不予立案裁定涉及公民、法人或者其他组织的诉权,应当受两审终审制原则的保护。

(二) 驳回起诉

法院受理原告起诉之后,经审查认为本案不符合起诉条件的,可以作出驳回起诉的裁定。《行诉解释》第69条规定了重复起诉和诉讼标的已为生效裁判或者调解书所羁束等10种驳回起诉的情形。不予立案裁定的法效果是没有让起诉人进入法院的"大门",驳回起诉裁定的法效果是把已经进入法院"大门"的原告又推了出去。驳回起诉裁定必须以受理为前提条件。在法效果上,驳回起诉对于原告来说,与不予立案的法效果相同,所以,原告对驳回起诉裁定有权在法定期限内提起上诉。例如,在汪某流诉绩溪县人民政府土地权属登记案中,法院认为:

> 根据最高人民法院《关于适用〈中华人民共和国行政诉讼法〉若干问题的解释》第3条第1款第9项的规定,"诉讼标的已为生效裁判所羁束的",应当不予立案;已经立案的,应当裁定驳回起诉。本条所称"生效裁判",既包括生效的行政裁判,也包括生效的民事裁判。生效裁判对于后诉的这种羁束效力,源于生效裁判的既判力。虽然一般认为,既判力的范围只及于相同的当事人以及相同的诉讼标的,但在有些情况下,判决遮断的范围与诉讼标的的范围可以存在错位。也就是说,尽管前后两诉的诉讼标的不同,但前诉判决遮断后诉。当前诉的诉讼标的成为后诉的先决条件,或者后诉在实质上是对前诉展开的再度争执时,就是如此。具体到本案,虽然前诉是民事诉讼,后诉是行政诉讼,前诉与后诉的诉讼标的并不相同,但前诉的诉讼标的"胡某飞的建房占用了其宅基地",恰恰是汪某流是否与后诉被诉行政行为具有"利害关系",进而是否具备原告资格的先决条件。虽然汪某流将民事诉讼转换成了行政诉讼,作为民事诉讼被告的胡某飞成了行政诉讼第三人,但在实质上仍是对于"胡某飞的建房占用了其宅基地"的再度争执。由于这一"利害关系"问题已为生效民事判决所羁束,汪某流就不具有提起行政诉讼的原告资格,按照前述司法解释的规定,本应裁定不予立案或者驳回起诉。一审法院受理案件并在实体上驳回原告诉讼请求,二审维持原判,虽然有违前述规定,但考其初衷,无非出于解决邻里争议的良苦用心。本院在审查期间,亦曾前往当地举行听证、查勘现场,并再次尝试调解,惜无结果。[52]

该案中,法院认定诉讼标的已为生效裁判所羁束,虽然认为终审判决维持不当,但也没有支持申请人的再审请求。又如,在陈某生诉安徽省金寨县人民政府房屋行政征收行政纠纷案中,最高人民法院认为:

> 本案的核心争议是,再审申请人陈某生对再审被申请人金寨县人民政府提起的案件诉讼,是否构成重复起诉。最高人民法院《关于适用〈中华人民共和国行政诉讼法〉若干问题的解释》第3条第1款第6项规定,重复起诉的,应当不予立案;已经立案的,应当裁定驳回起诉。重复起诉之所以被禁止,是因为它违反了诉讼系属、既判力和一事不再理原则。如果允许重复起诉,将造成因重复审理而带来的司法资源浪费、因矛盾判决而导致的司法秩序混乱以及因被迫进行二重应诉而对被告产生的不便。根据最高人民法院《关于适用〈中华人民共和国民事诉讼法〉的解释》第247条第1款的规定,同时符合下列条件的,构成重复起诉:后诉与前诉的当事人相同;后诉与前诉的诉讼标的相同;后诉与前诉的诉讼请求相同,或者后诉的诉讼请求实质上否定前诉裁判结果。具体到本案来说,再审申请人提起本案诉讼之前,曾经分别于2014年9月和2015年10月以金寨县人民政府为被告提起过两个诉讼,诉讼标的也是本案所针对的征收行政行为和房屋征收补偿协议。有所不同的是,针对征收行政行为的前诉,诉讼请求是撤销,后诉则是请求确认违法;针对房屋征收补偿协议的前诉,诉讼请求是撤销,后诉则是请求确认无效。再审申请人以此主张,请求不同,内容不同,因此是截然不同的两个诉讼。本院认为,构成

---

[52] 参见最高人民法院行政裁定书[(2017)最高法行申354号]。

重复起诉的要件之一是后诉与前诉的诉讼标的相同。该要件对应的是既判力。既判力是指判决确定后，无论是否违法，当事人及法院均受其拘束，不得就该判决之内容再为争执。而既判力的客观范围恰恰是诉讼标的。如果后诉与前诉的诉讼请求完全相同，如都是请求撤销同一个行政行为，属于重复起诉自不待言。值得讨论的是后诉和前诉的诉讼请求表面上看并不相同的情况下，能否产生后诉被前诉之既判力所及的效果。通说认为，撤销诉讼的诉讼标的，系由违法性与权利损害两者所构成。换句话说，行政行为的违法性是撤销判决适用条件的核心。如果行政行为构成违法，且对原告的合法权益造成损害，人民法院就应当判决撤销。反之，如果人民法院判决驳回原告要求撤销行政行为的诉讼请求，即产生被诉行政行为并非违法的既判力，当事人不得在后诉中主张行政行为违法，后诉之法院亦受不得确认该行政行为违法之拘束。故原告提起撤销诉讼，经判决驳回后，即已确认该行政行为合法，再就同一行政行为提起确认违法之诉，应为前诉之既判力所及。再审申请人在本案中的第一项诉讼请求即属这种情形，原审法院认定属于重复起诉并裁定驳回起诉，并无不当。但就前后两诉一是请求撤销（或确认违法）、一是请求确认无效而言，问题则相对复杂。这是因为两者在法评价上有本质上的差异。撤销（或确认违法），在程度上只是一般违法；确认无效，按照《中华人民共和国行政诉讼法》第75条的规定，则须达到"重大且明显违法"因而"自始无效"的程度。故此两种诉讼其中之一被判决驳回诉讼请求后，其既判力似乎并不当然地及于另一诉讼。但通说认为，自始无效本身并不是诉之适法性的前提，而是理由具备性问题。实践中，真正的无效确认之诉，主要出现于辅助请求中，或者它是遵照法院的释明采取的一种转换形式。换句话说，即使原告的请求仅是撤销，法院经审理认为达到自始无效的程度，也会判决确认无效；反之，如果原告请求的是确认无效，法院经审理认为仅仅属于一般违法，也会转而作出撤销判决。因此，无论原告的诉讼请求是确认无效，还是请求撤销（或确认违法），法院通常都会对是否违法以及违法的程度作出全面的审查和评价。在对前诉实体上判决驳回之后，后诉即因前诉已经进行了全面的合法性审查而构成重复起诉。此外，再审申请人在本案中的第二项请求还有其特殊性。他在前诉中请求撤销房屋征收补偿协议，法院裁判并非从实体上将其诉讼请求判决驳回，而是因其错列被告而作出驳回起诉的裁定。在此情况下，无论其如何改变请求，如在后诉中将诉讼请求由撤销变为确认无效，也改变不了错列被告的性质。原审法院对该项起诉亦不支持，同样符合法律规定。值得讨论的还有前诉的诉讼程序究竟应当进展到何种程度，后诉才构成重复起诉的问题。在本案中，再审申请人在提起第三个诉讼也就是本案时，此前提起的两个诉讼，一个已经作出生效裁判，另一个只是作出了一审裁判，此后才由二审法院作出生效裁判。再审申请人也主张，该案"目前正在申请再审中，因而不构成重复起诉"。本院认为，禁止重复起诉的出发点之一在于诉讼系属，而诉讼系属是从人民法院接到起诉状时开始。因此，按照最高人民法院《关于适用〈中华人民共和国民事诉讼法〉的解释》第247条第1款的规定，也许前一诉讼尚在诉讼过程中，也许前一诉讼已经作出生效裁判，总之，无论前一诉讼进展到何种程度，只要已产生诉讼系属，且符合该条款所规定的三个条件，后诉便构成重复起诉。[53]

在传统的诉讼法理论上，既判力的客观范围限于裁判主文。当事人双方就争议焦点经过充分辩论之后，法院对其作出的实质性判断是否也具有既判力，即所谓"争点效"，最高人民法院在王某学诉江苏省徐州市泉山区人民政府房屋面积认定案中作出了肯定性的意见。最高人民法院认为：

本案的争议焦点是王某学诉请审查的房屋面积认定行为的合法性，是否已为前诉生效裁判所羁束；前诉有关征收补偿决定合法的裁判，是否对房屋面积认定形成既判力。

一般认为，已经生效的前诉裁判具有既判力，后诉不得作出与前诉相反的判断；已经被前诉裁判羁束的内容，当事人不得再次诉请裁判；当事人坚持起诉的，法院应当裁定不予立案或者驳回起诉。显然，并不是前诉裁判文书记载的所有内容均具有既判力，也不意味着当事人均不得另行起诉或者均要受到

---

[53] 参见最高人民法院行政裁定书[（2016）最高法行申2720号]。

羁束。从现行裁判文书制作样式来看,裁判文书中记载的当事人诉辩主张、事实陈述和请求,不具有既判力;前诉裁判在审理查明部分所认定的一般性事实,或者说对次要事实的认定,一般也不具有既判力。而前诉裁判中的诉讼标的,则当然具有既判力,生效裁判作出后各方当事人均不得另行提起诉讼。而对前诉裁判所依据的主要事实和列为争议焦点经质证辩论后认定的事实,一般也认为具有既判力。

通常情况下,前诉生效裁判的既判力,仅限于裁判主文确定的范围,裁判主文对被诉行政行为合法性的评价构成该裁判既判力的客观范围;后诉判断同一行政行为的合法性,要受前诉生效裁判的羁束。而前诉的裁判理由,是建立在对主要法律事实和争议焦点问题判断的基础之上的,后者是前者的理由和根据,承认裁判主文的既判力,必然也要赋予裁判理由中对案件争议焦点和主要法律事实的判断以一定程度的既判力。据此,前诉裁判所列争议焦点在经过当事人充分辩论后,前诉对争议焦点所作的实质性判断即具有既判力,特别是前诉将案件的主要事实列为争议焦点时,更应如此。只要前诉已将权利发生、变更或消灭之法律效果中直接且必要的主要事实列为案件的争议焦点,并在经过当事人质证、辩论后作出了认定,那么,该直接且必要的主要事实,即发生争点效,形成既判力。该裁判的当事人及相关权利、义务的承担人不得在后诉中对前诉裁判已经查明和认定的主要法律事实和法律关系提出争议;即使前诉裁判认定有误,也只能通过再审程序改判,而不能直接作出相反的判断。

本案一、二审法院已经查明,泉山区人民政府于2014年5月23日作出5号征收决定时,已经公示了涉案房屋的调查结果和认定结果;相关评估公司于2014年5月26日作出"房屋征收估价报告"并公示,且于2014年7月9日送达,该报告对房屋面积有明确记载;泉山区政府于2014年9月12日作出158号补偿决定,载明王某学户房屋合法面积228.20平方米,房屋用途为住宅。王某学、周某娟提起行政诉讼,江苏省徐州市中级人民法院、江苏省高级人民法院分别作出(2015)徐行初字第00070号行政判决、(2015)苏行终字第00746号行政判决。在此诉讼中,当事人争议的焦点之一,即为涉案房屋面积认定是否合法的问题,一、二审法院也均将该问题作为争议焦点问题进行了审理。庭审中,与房屋面积直接有关的证据,如"被征收房屋现状测绘调查表""金山东路东延(七里沟棚改)项目住宅类房屋调查结果公示表"等,均经过当庭举证、质证,房屋面积认定方法也经各方辩论。由于涉案房屋没有房屋和用地权属证明,泉山区政府参照《江苏省城市规划管理技术规定》中关于低层居住建筑容积率规定(最高上限为1.1),以实际使用国有土地使用权面积为基数,按1.4容积率计算并确认了涉案房屋的合法建筑面积,上述一、二审判决对此认定方法和具体面积的认定,均予以支持。可见,人民法院在前诉案件中对征收补偿决定合法性审查时,已经在当事人质证辩论基础上,对房屋面积认定问题进行了审查并作出了合法性认定。因此,有关房屋面积认定的合法性问题,已经受到前诉判决羁束;王某学在前诉中有关房屋面积认定违法的主张未得到支持后,又提起本案诉讼,构成重复起诉。[54]

在诉讼法上,禁止重复起诉的理由不外是法院不可以对同一诉讼标的作出两次以上的裁判。该案中,原告撤回诉讼之后,在没有新的事实和理由的情况下再次以同一事实和理由提起行政诉讼,据此法院作出驳回起诉裁定,十分妥当。在宋某利诉浙江省杭州市滨江区人民政府西兴街道办事处、浙江省杭州市滨江区人民政府强制拆除房屋案中,对是否构成诉讼标的已为生效裁判所羁束,最高人民法院重申了已有的立场:

原审查明宋某利曾以西兴街道办为被告向浙江省杭州市滨江区人民法院起诉,请求:一、确认西兴街道办2015年11月28日对其养殖场及房屋强制拆除的行为违法;二、要求西兴街道办赔偿18,757,304.8元。该院审理后作出(2018)浙0108行初56号行政判决:一、确认西兴街道办2015年11月28日强制拆除宋某利房屋的行政行为违法;二、西兴街道办于判决生效之日起三十日内赔偿宋某利损失50万元及利息421.58元;三、驳回宋某利其他赔偿请求。宋某利不服提起上诉,浙江省杭州市中级人民法院二审作出(2019)浙01行终797号判决,驳回上诉,维持原判。宋某利现又以西兴街道办、滨

---

[54] 参见最高人民法院行政裁定书[(2017)最高法行申244号]。

江区政府为被告提起本案诉讼,再次请求判决确认拆除案涉房屋行为违法并对其赔偿或补偿。原审法院认为宋某利所诉争议已经前案审理裁判,依法应受前案生效裁判羁束的意见,具有相应的事实和法律依据。原审法院对宋某利所提案件诉讼裁定不予立案,并无不当。宋某利如果认为前案裁判确有错误,依法应当通过审判监督程序寻求救济。〔55〕

（三）管辖异议

管辖异议是指当事人认为受诉法院或受移送案件的法院对案件无管辖权时,向受诉法院或受移送案件的法院提出不服管辖的意见或主张。《行诉解释》第10条第2款规定:"对当事人提出的管辖异议,人民法院应当进行审查。异议成立的,裁定将案件移送有管辖权的人民法院;异议不成立的,裁定驳回。"对管辖异议裁定,当事人有权提起上诉。例如,在王某某农村承包经营户诉石柱土家族自治县农业农村委员会土地承包经营权登记案中,重庆市黔江区人民法院作出(2024)渝0114行初3号行政裁定,驳回石柱土家族自治县农业农村委员会对该案管辖权提出的异议。石柱土家族自治县农业农村委员会对该裁定不服提起上诉。对此,法院认为:

本案系行政机关可能将属于王某某农村承包经营户的林权证登记范围内的部分林地登记到第三人持有的土地承包经营权证上而引发的诉讼。依据重庆市高级人民法院《关于环境资源审判庭受案范围的规定》第4条的规定,与生态环境保护和自然资源开发利用有密切关联的、以相关行政机关为被告的行政诉讼案件和生态环境保护行政主管部门申请强制执行的案件,由环境资源审判庭审理。因本案系涉及林地的土地承包经营权登记案件,属于前述规定中由环境资源审判庭审理的案件范围,应按照环境资源案件集中管辖的规定,由重庆市黔江区人民法院集中管辖。综上,石柱土家族自治县农业农村委员会的上诉请求不能成立,本院不予支持。〔56〕

二、不得上诉的裁定

有的行政裁定不影响当事人的实体权利,而是对诉讼终结、中止等程序性问题的处理,不赋予当事人上诉权,也不会减损当事人的实体权利,且有时立法或者司法解释还要考虑诉讼效率的需要,据此,在参照民事诉讼相关规定的基础上,《行诉解释》第101条规定了12种不得上诉的裁定:(1)终结诉讼;(2)中止诉讼;(3)移送或者指定管辖;(4)诉讼期间停止行政行为的执行或者驳回停止执行的申请;(5)财产保全;(6)先予执行;(7)准许或者不准许撤诉;(8)补正裁判文书中的笔误;(9)中止或者终结执行;(10)提审、指令再审或者发回重审;(11)准许或者不准许执行行政机关的行政行为;(12)其他需要裁定的事项。第10种情形在实务上,如在王某平诉中牟县广播电视局不履行法定职责案中,法院认为:

电视广告作为公众获取信息资源的重要渠道,其有序规范的播放,是保障包括上诉人在内的电视受众,获得真实信息,维护生命安全和身体健康的重要途径。本案中牟县广播电视局作为中牟县电视台的行政主管机关,具有对电视广告播放活动进行监管的法定职责,当上诉人认为电视台违法播放广告的行为已对其合法权益造成损害的,有权请求被上诉人履行监管职责,故上诉人具备原告的诉讼主体资格。上诉人王某平一审起诉时,被上诉人中牟县广电局的法定履行期限尚未届满,一审本不应当受理其起诉,但鉴于在一审庭审结束前,该履行期限已经届满,即便驳回原告起诉,其仍可再次起诉,基于程序经济原则,本案不再因此而驳回上诉人的起诉。一审裁定驳回原告起诉不当,应予纠正。〔57〕

---

〔55〕 参见最高人民法院行政裁定书〔(2023)最高法行申1906号〕。
〔56〕 参见重庆市第五中级人民法院行政裁定书〔(2024)渝05行辖终4号〕。
〔57〕 参见河南省郑州市中级人民法院行政裁定书〔(2009)郑行终字第159号〕。

据此,法院依照《行诉若干解释》(已废止)第 68 条的规定,裁定如下:第一,撤销中牟县人民法院(2009)牟行初字第 8 号行政裁定;第二,指令中牟县人民法院继续审理。最后一项是兜底条款,具有开放性,法院可以在个案中据此裁量适用行政裁定。

第二十章　行政诉讼的程序

第一节　一审程序

一、起诉

起诉是指公民、法人或者其他组织认为行政机关作出的行政行为侵犯其合法权益,向法院提出要求审查该行政行为的合法性,以保护自己合法权益的诉讼活动。公民、法人或者其他组织的起诉旨在启开诉讼之门,实现自己的行政救济权利。如起诉条件设置过于苛刻,则有限制或者变相剥夺公民、法人或者其他组织诉权之嫌。对起诉条件采取形式审抑或实质审,与诉权的实效性保护有关。

起诉应当提交书面诉状,学理上称之为"诉状强制主义"。在行政诉讼中,原则上起诉应当向法院递交起诉状,并按照被告人数提出副本。书写诉状有困难的,也可以到法院口头陈述,由书记员记录"口头诉状",出具注明日期的书面凭证。它与书面诉状具有相同的法效力。允许口头方式提起行政诉讼,主要是考虑到有的公民因受教育程度不高,书面表达困难,且又难以获得他人的代书帮助。不过,在律师业发达以及公民受教育程度普遍提高的今天,在行政诉讼中"口头诉状"已经相当少见了。

起诉状的内容要素是:(1)当事人身份事项;(2)诉讼请求;(3)事实与理由;(4)签名盖章并记下年月日。对于起诉状的内容要求,法院应当采用"最低限度要求"原则,即只要符合起诉条件的最低要求,即为合法。如果起诉状内容要素缺失可以补正,法院应当告知起诉人在指定期限内补正,不得以诉状不合法为由裁定驳回起诉。起诉状应当附有的材料是:(1)原告的身份证明材料以及有效的联系方式;(2)被诉行政行为存在的材料;(3)原告与被诉行政行为具有利害关系的材料;(4)法院认为需要提交的其他材料。由法定代理人或者委托代理人代为起诉的,还应当在起诉状中写明或者在口头起诉时向法院说明法定代理人或者委托代理人的基本情况,并提交法定代理人或者委托代理人的身份证明和代理权限证明等材料。

(一)起诉的一般要件

1. 原告要件。原告是符合《行政诉讼法》第 25 条规定的公民、法人或者其他组织。原告可以分为行政相对人和利害关系人。本要件中,"公民、法人或者其他组织"不包括行政机关,但行政机关作为"特别法人"[1]时除外。例如,市场监督管理局在大院内焚烧落叶,被城市管理综合行政执法局罚款处罚,若市场监督管理局不服该行政处罚,可以提起行政诉讼。公民的"近亲属"在法定条件下也可以作为原告提起行政诉讼。原告提起行政诉讼,必须有自己的合法权益受到被诉行政行为"侵犯"(损害)的初步证据材料。

2. 被告条件。有明确的被告。"明确"即原告的起诉必须指向一个可以确定的行政机关。

---

[1] 参见《民法典》第 97 条。

若原告所指向的行政机关不明确,如"某某局"等表述,法院应当进行诉讼指导,帮助原告找到一个明确的被告。《行诉解释》第67条第1款规定:"原告提供被告的名称等信息足以使被告与其他行政机关相区别的,可以认定为行政诉讼法第四十九条第二项规定的'有明确的被告'。"原告起诉的被告是否"准确",不属于起诉条件的要求,而是法院是否驳回起诉裁定的要件。例如,在李某山诉怀远县人民政府房屋强拆案中,最高人民法院认为:

> 本案的核心争议是再审申请人李某山起诉的被告是否适格的问题。在行政诉讼中,被告适格包含两个层面的含义。一是形式上适格,即《行政诉讼法》第49条第2项规定的"有明确的被告"。"有明确的被告",是指起诉状指向了具体的、特定的被诉行政机关。但"明确"不代表"正确",因此被告适格的第二层含义则是实质性适格,也就是《行政诉讼法》第26条第1款规定的,"公民、法人或者其他组织直接向人民法院提起诉讼的,作出行政行为的行政机关是被告"。就本案而言,再审申请人以怀远县人民政府对其房屋实施了强制拆除行为为由,以怀远县政府为被告提起本次诉讼,被告虽然是明确的,但并不符合实质性适格的要求。根据原审法院查明的事实,怀远县人民政府提交的行政处罚决定书、行政执法执行决定书、执行公告等证据已证明系怀远县城市管理综合行政执法局对再审申请人的房屋具体实施了拆除行为,且怀远县城市管理综合行政执法局作为政府工作部门是独立的行政主体,亦具有为其行为独立承担法律责任的能力。再审申请人虽提供了照片、证人证言等材料,以此证明怀远县政府是实施主体,但其提供的证据均不能否定怀远县城市管理综合行政执法局作出的行政处罚决定书、行政执法执行决定书等法律文件的效力。在此情况下,再审申请人仍坚持以怀远县政府为被告进行诉讼,显然不具有《行政诉讼法》第49条第3项要求的"事实根据"。[2]

对于"有明确的被告"这一起诉要件,原告是否应当承担初步证明责任,在李某山诉怀远县人民政府房屋强拆案中,最高人民法院已有明确的态度。之后,在扬州市广陵区大桥水泥厂诉扬州市广陵区人民政府房屋等拆除行政强制案中,最高人民法院再次强调了这一点:

> 本案争议焦点在于广陵区人民政府是否为适格被告。《中华人民共和国行政诉讼法》第49条第3项规定,提起诉讼应当有具体的诉讼请求和事实根据。《最高人民法院关于行政诉讼证据若干问题的规定》第4条第1款规定,公民、法人或者其他组织向人民法院起诉时,应当提供其符合起诉条件的相应的证据材料。基于上述规定,行政案件的起诉人对其起诉符合法定条件负有初步证明责任。在强制拆除行政案件中,起诉人应当提供证据证明存在其所有的房屋被拆除、毁损的事实,以及拆除行为系被诉行政机关所为。本案中,大桥水泥厂所提交的证据及一、二审法院依职权调取的证据均不足以证明大桥水泥厂诉称的房屋及混凝土场地系广陵区人民政府强制拆除。而根据业已查明的事实,涉案地块已于2005年被征收为国有,鼎迅公司以出让方式取得国有土地使用权,之后鼎迅公司取得《房屋拆迁许可证》,并作为拆迁人委托广陵拆迁公司具体实施拆迁。涉案房屋及混凝土场地系广陵拆迁公司拆除,对此事实广陵拆迁公司和大桥水泥厂在原庭审中都予以自认。广陵拆迁公司亦陈述并未有行政机关向其下达过拆除任务。广陵区人民政府并非本案强制拆除的实施主体和责任主体。据此,一审裁定驳回大桥水泥厂对广陵区政府的起诉,二审裁定驳回上诉,符合法律规定。[3]

起诉状列写被告信息不足以认定明确的被告,法院可以告知原告补正;原告补正后仍不能确定明确的被告,法院裁定不予立案。如法院认为原告起诉的被告不准确,应当告知原告变更被告;原告不同意变更,法院应当裁定驳回起诉。

3. 有具体的诉讼请求和事实依据。"具体的诉讼请求"是指原告要求法院保护实体权利的请求必须明确、具体,如撤销被诉行政行为、要求履行何种法定职责、赔偿确定的费用等。

---

[2] 参见最高人民法院行政裁定书[(2017)最高法行申366号]。
[3] 参见最高人民法院行政裁定书[(2017)最高法行申7579号]。

与诉讼请求不同的是,行政诉讼标的(撤销之诉)是被诉行政行为的违法性,它是诉的要素之一,因事关原告诉权能否为法院所认可,所以,法院在诉讼请求是否明确、具体问题上必须综合、审慎地作出判断。例如,在王某源诉山东省青岛市市北区人民政府行政强制拆迁案中,最高人民法院认为:

> 人民法院审查诉讼请求是否明确、具体,应根据原告的起诉状等予以综合、审慎判断。有权利则有救济,不告不理是诉讼活动应当遵循的基本原则,有诉不理则系司法之失职。本案中,王某源在起诉状及庭审中均表明其诉讼请求为"请求撤销强制拆迁的具体行政行为",一、二审法院以涉案通告系实施强制拆迁行为的执行依据为由,认为王某源对强制拆迁行为不服,应当先行对市北区人民政府作出涉案通告的行为提起行政诉讼,并将涉案通告作为被诉行政行为进行审查,于法不符,遗漏了当事人的诉讼请求,且不利于实质性化解矛盾纠纷,原审裁定予以驳回显有不当,依法应当指令再审。考虑到王某源已针对涉案通告及复议决定提起诉讼,该案目前正处于诉讼程序中,山东省高级人民法院应当对此予以关注,在本案处理当中采取适当措施以与之保持协调一致。[4]

"事实依据"是由原告提供的可以支持诉讼请求的事实。这种事实只要达到初步证明诉讼请求成立,即满足本要件的要求。"初步证明",即不需要达到满足法院作出实体裁判的证明标准要求,有"说得过去"的事实依据即可。例如,在杨某奎诉天津市津南区人民政府、天津市津南区咸水沽镇人民政府行政确认案中,最高人民法院认为:

> 根据《行政诉讼法》第49条的规定,提起行政诉讼应当有"具体的诉讼请求和事实根据"。通常认为,"事实根据",是指一种"原因事实",也就是能使诉讼标的特定化或者能被识别所需的最低限度的事实。通俗地说,是指至少能够证明所争议的行政法上的权利义务关系客观存在。例如,如果请求撤销一个行政决定,就要附具该行政决定;如果起诉一个事实行为,则要初步证明是被告实施了所指控的事实行为。再审申请人提起本案诉讼,系指控再审被申请人津南区人民政府、咸水沽镇人民政府对其房屋共同实施了强制拆除的行政行为,故本案的被诉行政行为是实施强制拆除房屋的事实行为。再审申请人在再审申请理由中以咸水沽镇人民政府出具的《答复意见书》和天津市津南区集体土地房屋拆迁管理办公室对其作出的促拆告知书佐证津南区人民政府对其房屋实施了强制拆除,并称上述证据已向一、二审法院提交。经审查,咸水沽镇人民政府出具的《答复意见书》是该政府于2015年1月29日对王某娟作出的信访答复。该意见书载明,"依据刘家码头村进行土地整合,依据《咸水沽镇示范镇建设整合拆迁方案》,咸水沽镇人民政府向区集拆办报请促拆手续,批准向你户下发促拆告知书,并贴公告,最后由区人民政府下发促拆执行公告。因你户诉求过高,镇党委书记、镇长亲自与您做思想工作,主管副镇长吕某华、韩某正及负责拆迁的机关干部10余人找本人协商,最终没有达成一致。2013年7月5日对其房屋进行了促拆,整个拆迁过程有全程录像"。可见,即使该意见书所载报请批准过程属实,也不能证明津南区人民政府对涉案房屋具体实施了强制拆除。天津市津南区集体土地房屋拆迁管理办公室所作促拆告知书则是该办公室就刘家码头村委会与再审申请人之间的拆迁争议调解无果后,于2013年6月14日对再审申请人所作关于双方权利义务的告知。关于刘家码头村委会的权利,该告知书载明,"刘家码头村委会如认为被告知人杨某奎拒不搬迁的滞留行为已经严重侵犯了本村绝大多数村民的利益,既可以依照《中华人民共和国村民委员会组织法》的有关规定议决后申请有关部门予以拆除,也可以通过司法途径予以拆除"。可见,再审申请人认为该告知书的内容可以证明该办公室明确指示咸水沽镇人民政府可以拆除再审申请人房屋与事实并不相符。同时,该告知书亦不能证明天津市津南区集体土地房屋拆迁管理办公室或者津南区人民政府对涉案房屋具体实施了强制拆除。因此,再审申请人对津南区人民政府提起本案行政诉讼不具有事实根据,不符合《行政诉讼法》第49条第3项规定的起诉条件。[5]

---

[4] 参见最高人民法院行政裁定书[(2017)最高法行申587号]。
[5] 参见最高人民法院行政裁定书[(2016)最高法行申2301号]。

4. 属于法院的受案范围和受诉法院管辖。《行政诉讼法》有明确的"受案范围""管辖法院"的规定,本要件可以依照《行政诉讼法》相关规定予以确定。确定管辖法院有时与回避制度有关,而回避则事关诉讼当事人是否能够"服判",所以,法院在处理管辖问题上应当谨慎考虑,以周延公正审判的制度性保障。

(二)起诉的特别要件

1. 复议前置。也就是说,公民、法人或者其他组织对行政机关作出的行政行为不服,应当先申请复议程序,然后才能提起行政诉讼,否则法院不予受理。《行政诉讼法》第44条第2款规定:"法律、法规规定应当先向行政机关申请复议,对复议决定不服再向人民法院提起诉讼的,依照法律、法规的规定。"例如,《行政复议法》第23条第1款规定:"有下列情形之一的,申请人应当先向行政复议机关申请行政复议,对行政复议决定不服的,可以再依法向人民法院提起行政诉讼:(一)对当场作出的行政处罚决定不服;(二)对行政机关作出的侵犯其已经依法取得的自然资源的所有权或者使用权的决定不服;(三)认为行政机关存在本法第十一条规定的未履行法定职责情形;(四)申请政府信息公开,行政机关不予公开;(五)法律、行政法规规定应当先向行政复议机关申请行政复议的其他情形。"复议前置具有过滤行政案件的功能,以减轻法院负担,发挥行政复议机关解决行政争议的资源优势与专业能力。

实务中,如果公民、法人或者其他组织未经过复议前置程序,直接向法院提起行政诉讼,法院不予受理。对于复议前置的行政案件,如果申请人不合法的申请被复议机关决定驳回,则不能认定它已经经过了复议前置程序。也就是说,复议前置的本质是复议机关对行政争议进行实体上的处理。相同的情况还有,如复议机关在法定期限内不作出复议决定,公民、法人或者其他组织只能针对复议机关向法院提起履行法定职责之诉,而不能对原行政行为提起行政诉讼。原告对原行政行为提起行政诉讼的,法院不予受理。

针对复议机关的复议决定不服,申请人是否可以向复议机关的上一级行政机关再次申请复议,法律没有明确规定。在吴某让诉山东省人民政府行政复议案中,最高人民法院认为:

> 根据《行政复议法》第5条的规定,公民、法人或者其他组织对行政复议决定不服的,可依法提起行政诉讼,但法律规定行政复议决定为最终裁决的除外。因此,我国的行政复议制度实行一级复议原则。行政复议申请人对行政复议机关针对其行政复议申请作出的不予受理决定、维持、撤销或者变更决定以及驳回行政复议申请仍不服的,不能向行政复议机关的上一级机关申请复议,只能选择行政诉讼的方式来寻求救济。菏泽市人民政府作出的菏政复驳字〔2014〕18号驳回行政复议申请决定,已经明确告知吴某让可在收到决定书之日起15日内提起行政诉讼,吴某让坚持向山东省人民政府申请行政复议,不符合法律规定。山东省人民政府以不属于《中华人民共和国行政复议法》第6条规定的行政复议范围为由,作出鲁政复不字〔2014〕61号不予受理行政复议申请决定,于法有据。《最高人民法院关于适用〈中华人民共和国行政诉讼法〉若干问题的解释》第3条第1款第8项规定,行政行为对原告合法权益明显不产生实际影响的,人民法院已经立案的,应当裁定驳回起诉。因此,人民法院对吴某让提起的明显无法律依据的行政诉讼,可以直接裁定不予立案,已经立案的,可以径行裁定驳回起诉,而无须进行实体审理。[6]

2. 起诉期限。《行政诉讼法》第46条第1款规定:"公民、法人或者其他组织直接向人民法院提起诉讼的,应当自知道或者应当知道作出行政行为之日起六个月内提出。法律另有规定的除外。"此条款适用情形一般是行政机关作出书面行政行为,且告知公民、法人或者其他组织的诉权和起诉期限。"应当自知道或者应当知道作出行政行为之日"不包括"应当知

---

[6] 参见最高人民法院行政裁定书〔(2016)最高法行申3471号〕。

道或者应当知道作出行政行为违法之日"。例如,在崔某武诉乳山市人民政府土地行政征收及行政赔偿案中,最高人民法院认为:

> 本案争议的焦点在于,再审申请人起诉乳山市人民政府土地征收及行政赔偿是否超过法律规定的起诉期限。从原审法院查明的事实来看,再审申请人曾于2010年10月8日提起过民事诉讼,请求给付征地补偿款、安置费、地面附着物补偿款等,在该民事诉讼中,就已经查明乳山市国土资源局与乳山口镇人民政府签订《征用土地协议书》、2008年3月6日乳山市人民政府召开专题会议、2009年兰家村委会通知再审申请人解决虾池承包合同等一系列事实,因此再审申请人最迟至2010年,就应当知道涉案土地被征收的事实,其于2015年提起行政诉讼,已经超过了法律规定的起诉期限。行政诉讼法规定的起诉期限是从行政相对人知道或应当知道行政行为之日起开始计算,而并非知道或应当知道行政行为违法之日起开始计算。因此,再审申请人认为其于2015年4月才知道征地行为违法,起诉期限应当从此时开始计算的主张不能成立,本院不予支持。[7]

行政机关以书面方式作出行政行为的,通常记载有落款的日期,这个日期不作为起诉期限起算点。例如,在马某发诉蒙自市人民政府行政决定案中,最高人民法院认为:

> 确定是否超过起诉期限,首先要确定起诉期限的起算点,即行政行为送达相对人的日期或者行政相对人知道或者应当知道行政行为的日期。本案中,云南省高级人民法院在确定本案起诉期限的起算点时,既未查明被诉决定作出后是否送达以及何时送达给马某发,也未查明马某发知道或应当知道被诉决定的日期;在计算马某发提起本案诉讼的起诉期限时,既未查明是否存在因法院立案原因造成延迟立案情形,也未查明是否存在当事人提交起诉状日期与法院立案日期不一致的情形,而仅以被诉决定落款的日期作为起诉期限的起算点,认定马某发自1998年8月20日即知道或者应当知道被诉行政行为,并以此认定再审申请人起诉超过法定起诉期限,驳回其起诉,属于《行政诉讼法》第91条第3项规定的认定事实的主要证据不足,构成人民法院应当再审的法定事由。

《行政诉讼法》第46条第1款规定的起诉期限是一个"不变期限",但它并不排斥其他法律依照行政案件的不同性质另设起诉期限,故有"法律另有规定的除外"的规定。例如,《商标法》第34条规定:"对驳回申请、不予公告的商标,商标局应当书面通知商标注册申请人。商标注册申请人不服的,可以自收到通知之日起十五日内向商标评审委员会申请复审。商标评审委员会应当自收到申请之日起九个月内做出决定,并书面通知申请人。有特殊情况需要延长的,经国务院工商行政管理部门批准,可以延长三个月。当事人对商标评审委员会的决定不服的,可以自收到通知之日起三十日内向人民法院起诉。"这是法律例外规定的起诉期限。实务中,最高人民法院认为,如果行政机关告知起诉期限不符合法律规定,原告在行政机关告知的期限内提起诉讼,应当视为当事人在法定期限内提起诉讼。[8] 但是,如果原告主张"不知道"所依据的事实不符合常理,法院则不予支持。例如,峰峰矿区峰彭建筑石料用灰岩矿诉峰峰矿区人民政府案行政争议中,法院认为:

> 关于上诉人峰彭岩矿主张其在2009年10月被关停但并不知道实施关停主体的问题。第一,[2009]66号文是峰峰矿区人民政府在"开展改善城区大气环境综合治理"过程中采取的行动,在该文所附的名单中有多家石料生产、矿山开采等企业列入关停或整治行列。上诉人作为其中被关停企业之一,如果当时不知道实施关停行为的主体,其应有多种渠道可以获取有关方面的信息。第二,对企业关停并非仅仅是一个行为,还涉及企业被关停后的停产状态。上诉人在不知道实施关停行为主体的情形下,直到2015年才向峰峰矿区人民政府申请获取关停信息,不符合常理。第三,2009年9月,上诉人在

---

[7] 参见最高人民法院行政裁定书[(2016)最高法行申1798号]。
[8] 参见最高人民法院行政审判庭《关于税务行政案件起诉期限问题的电话答复》(1990年12月27日)(已失效)。

被关停之前已经单方委托邯郸科技事务司法鉴定中心,作出了"关于峰峰矿区峰彭建筑石料用灰岩矿停产导致损失的鉴定结论",进一步说明上诉人在被关停之前已经知道企业将被关停的事实。因此上诉人主张在 2009 年 10 月只知道关停行为,不知道关停主体的主张,本院不予支持。[9]

该案中,法院以常理否定了上诉人"不知道"起诉期限的主张。又如,在陈某花诉黄冈市人民政府征收案中,最高人民法院认为:

黄冈市人民政府于 2013 年 9 月 24 日将《征收土地方案公告》《征地补偿安置公告》发布在被征收土地所在地黄冈市黄州区路口镇路口村,原审法院据此认为再审申请人于当时即应当知道被诉行政行为的内容,于 2016 年 12 月 18 日提起本案诉讼超过《最高人民法院关于执行〈中华人民共和国行政诉讼法〉若干问题的解释》第 41 条第 1 款规定的 2 年起诉期限,从而裁定驳回其起诉,并无不当。[10]

该案中,原告作为路口村村民,基于被告已经在路口村"公告"的事实,法院认定原告"当时即应当知道"。从村民日常生活经验看,这个判断逻辑应该是成立的。公民、法人或者其他组织应当在法定期限内提起行政诉讼,逾期提起行政诉讼,法院不予受理;已经受理的,裁定驳回起诉。起诉期限具有尽早稳定行政法律关系的功能,一旦行政行为过了起诉期限,公民、法人或者其他组织再也不能通过行政诉讼质疑行政行为的合法性。起诉期限长短如何确定,属于法政策考虑的问题。关于起诉期限如何计算,除《行政诉讼法》第 46 条第 1 款之外,《行政诉讼法》和《行诉解释》还有如下特别规定。

(1)经过行政复议的起诉期限。《行政诉讼法》第 45 条规定:"公民、法人或者其他组织不服复议决定的,可以在收到复议决定书之日起十五日内向人民法院提起诉讼。复议机关逾期不作决定的,申请人可以在复议期满之日起十五日内向人民法院提起诉讼。法律另有规定的除外。"根据这一规定,经过行政复议的起诉期限可以分为几种情况:第一,复议机关作出复议决定的,公民、法人或者其他组织应当在收到复议决定书之日起 15 日内提起行政诉讼;第二,复议机关逾期不作复议决定的,公民、法人或者其他组织可以在复议期满之日起 15 日内提起行政诉讼;第三,复议机关逾期作出复议决定的,起诉期限依照第一种情况计算。

实务中,如果复议机关受理申请人逾期提出的复议申请并作出复议决定,申请人或者利害关系人对复议决定提起行政诉讼,法院应当审查申请人的申请行政复议期限是否合法。例如,在俞某华诉福建省莆田市荔城区建设局不履行职责案中,法院认为:

俞某华于 1995 年底即应知道莆田县建设局不予办理企业资质年检。根据 1991 年 1 月 1 日实施的《中华人民共和国行政复议条例》第 29 条规定,当事人应在知道被诉具体行政行为之日起 15 日内申请行政复议,但俞某华却于 2004 年才申请行政复议。根据 1991 年 7 月 11 日实施的《最高人民法院关于贯彻执行〈中华人民共和国行政诉讼法〉若干问题的意见(试行)》第 35 条规定,当事人应在知道被诉具体行政行为之日起一年零三个月内起诉,但俞某华至 2005 年才提起行政诉讼,其申请复议和提起行政诉讼均已远远超过法律规定的行政复议申请期限和行政诉讼起诉期限。行政机关的复议行为是具体行政行为,其受理当事人的复议申请不能采取意思自治原则,应受到法律规定的期限约束,其效力也应接受司法审查。虽然复议机关受理了俞某华复议申请并作出复议决定,但该复议决定不符合《中华人民共和国行政复议条例》的规定,存在明显错误。同时,俞某华的起诉也明显超过当时司法解释规定的起诉期限。因此,应当认定原审上诉人俞某华的起诉已超过法定起诉期限。[11]

---

[9] 参见河北省高级人民法院行政判决书[(2017)冀行终 306 号]。
[10] 参见最高人民法院行政裁定书[(2018)最高法行申 540 号]。
[11] 参见中华人民共和国最高人民法院行政审判庭编:《中国行政审判案例》(第 2 卷)第 51 号案例,中国法制出版社 2011 年版,第 62 页。

该案中,复议机关未依行政复议法规定的申请期限受理了俞某华的复议申请并作出复议决定,复议决定不拘束法院对行政案件起诉期限的认定。利害关系人即使在收到复议决定书之日起15日内起诉,经审查若属逾期申请复议且无正当理由,应当裁定不予立案或者驳回起诉。因为,超过法定期限提出复议申请,该被申请行政行为已经具有了形式存续力,公民、法人或者其他组织不可再起争议。

(2)起诉不履行法定职责。《行政诉讼法》第47条规定:"公民、法人或者其他组织申请行政机关履行保护其人身权、财产权等合法权益的法定职责,行政机关在接到申请之日起两个月内不履行的,公民、法人或者其他组织可以向人民法院提起诉讼。法律、法规对行政机关履行职责的期限另有规定的,从其规定。公民、法人或者其他组织在紧急情况下请求行政机关履行保护其人身权、财产权等合法权益的法定职责,行政机关不履行的,提起诉讼不受前款规定期限的限制。"该条规定适用于行政机关在接到申请之日起两个月内不履行法定职责的情形,但没有规定公民、法人或者其他组织起诉的期限。为此,《行诉解释》第66条规定:"公民、法人或者其他组织依照行政诉讼法第四十七条第一款的规定,对行政机关不履行法定职责提起诉讼的,应当在行政机关履行法定职责期限届满之日起六个月内提出。"

3.起诉期限的最长保护期。行政机关作出行政行为之后,并非所有与之有利害关系的公民、法人或者其他组织都能够知道(收到)行政行为。例如,行政机关颁发《建设工程规划许可证》,因利害关系人不是法定收件人,所以该利害关系人可能连《建设工程规划许可证》复印件也得不到。另外,也并非每一个公民、法人或者其他组织都知法、懂法,知道享有的诉权以及行使诉权的法定期限。所以,在行政机关作出行政行为时未告知公民、法人或者其他组织诉权和起诉期限,甚至公民、法人或者其他组织不知道行政行为内容时,除了《行政诉讼法》规定的6个月提起诉讼的不变期间外,有必要另设一个最长保护期,以兼顾公民、法人或者其他组织合法权利的保护与法的安定性的维护。

(1)未告知起诉期限,即行政机关仅告知公民、法人或者其他组织行政行为的内容,没有告知起诉期限。《行诉解释》第64条对此作出规定:"行政机关作出行政行为时,未告知公民、法人或者其他组织起诉期限的,起诉期限从公民、法人或者其他组织知道或者应当知道起诉期限之日起计算,但从知道或者应当知道行政行为内容之日起最长不得超过一年。复议决定未告知公民、法人或者其他组织起诉期限的,适用前款规定。"这里的"知道"是一种实然状况,如行政机关事后在接待公民、法人或者其他组织信访时明确告知起诉期限;"应当知道"是一种推定状况,需要有证据证明公民、法人或者其他组织知道起诉期限的事实。

(2)不知道行政行为内容,即行政机关作出行政行为之后,没有告知公民、法人或者其他组织行政行为的内容。《行诉解释》第65条对此作出规定:"公民、法人或者其他组织不知道行政机关作出的行政行为内容的,其起诉期限从知道或者应当知道该行政行为内容之日起计算,但最长不得超过行政诉讼法第四十六条第二款规定的起诉期限。"《行政诉讼法》第46条第2款规定:"因不动产提起诉讼的案件自行政行为作出之日起超过二十年,其他案件自行政行为作出之日起超过五年提起诉讼的,人民法院不予受理。"也就是说,本项情形的起诉期限自行政行为作出之日起,不考虑当事人主观上是否知道或者应当知道,因不动产提起诉讼的行政案件,起诉期限最长20年,其他行政案件为5年。

起诉期限的最长保护期具有稳定行政法律关系的功能,同时也尽可能顾及公民、法人或者其他组织的权利保护,因此,设计合理的起诉期限的最长保护期十分必要。在马某现、张某勤因诉汝州市人民政府土地登记案中,最高人民法院认为:

《行政诉讼法》第46条规定:"公民、法人或者其他组织直接向人民法院提起诉讼的,应当自知道或者应当知道作出行政行为之日起六个月内提出。法律另有规定的除外。因不动产提起诉讼的案件自行政行为作出之日起超过二十年,其他案件自行政行为作出之日起超过五年提起诉讼的,人民法院不予受理。"修改前的行政诉讼法规定的起诉期限只有三个月,当事人很容易因超过起诉期限而失去请求法院救济的权利,所以本条第 1 款将起诉期限延长为"自知道或者应当知道作出行政行为之日起六个月"。但是,行政行为在很多情况下只是送达直接相对人,其他因该行政行为受到不利影响的人未必能够及时得知,如果因为利害关系人无法"知道或者应当知道"行政行为而不能开始计算起诉期限,将会造成行政行为的效力随时都可能产生争议,行政法律关系无限期地处于不稳定状态。为了实现行政法律关系的尽早安定,《行政诉讼法》通过本条第 2 款增加了最长诉讼保护期限的规定,其含义是指,自行政行为作出之日起,经过一定的期间就不得提起撤销诉讼。这一期间属于客观期间,不论当事人是否知道或者应当知道行政行为的存在。本案中,再审申请人主张,"其直至 2015 年 12 月才最终取得汝州市人民政府为史某杆办证的档案材料,之后才能诉至法院,所以诉讼时效应当从 2015 年 12 月起算",这种认识是没有完整理解《行政诉讼法》第 46 条两个条款的内在联系。按照本条规定,即使再审申请人确实是在知道或者应当知道行政行为之后的六个月内提起诉讼,但也因超过了二十年的最长诉讼保护期限,从而丧失了寻求司法救济的权利。[12]

因不动产提起行政诉讼,并非与不动产有关的行政诉讼都属之,对其应当作限缩解释。对此,《行诉解释》第 9 条第 1 款已有明确规定。例如,在马某某诉自然资源部矿产资源许可案中,法院认为:

涉案采矿许可证由原国土资源部于 2014 年 8 月 20 日向某某公司颁发,马某某等 4 人于 2024 年 1 月才提起行政诉讼,显然已经超过《中华人民共和国行政诉讼法》第 46 条第 2 款规定的其他案件自行政行为作出之日起应在 5 年内提起诉讼的期限。马某某等 4 人主张矿产资源是土地的一部分,与其相关的采矿权应归属于不动产,故本案应当适用不动产案件的最长起诉期限为自行政行为作出之日起不超过二十年的规定,对此,本院认为,《最高人民法院关于适用〈中华人民共和国行政诉讼法〉的解释》第 9 条第 1 款规定,《行政诉讼法》第 20 条规定的"因不动产提起的行政诉讼"是指行政行为导致不动产物权变动而提起的诉讼。马某某等 4 人所诉的国土资源部颁发涉案采矿许可证的行为显然不属于上述规定中导致不动产物权变动的行政行为,其所持本案适用二十年起诉期限的主张不能成立。[13]

(三) 与起诉相关的问题

1. 法定期限的耽误。《行政诉讼法》第 48 条规定:"公民、法人或者其他组织因不可抗力或者其他不属于其自身的原因耽误起诉期限的,被耽误的时间不计算在起诉期限内。公民、法人或者其他组织因前款规定以外的其他特殊情况耽误起诉期限的,在障碍消除后十日内,可以申请延长期限,是否准许由人民法院决定。"何谓不可抗力,最高人民法院在一个司法文件中认为,"低温雨雪冰冻灾害"属于"不可抗力"情形,[14]但是,当事人在解除收容审查 3 年以后不断申诉的行为不构成起诉期限的耽误。[15] 实务中,"不可抗力"因素是容易判断的,但是"其他特殊情况"的认定经常会引起各方的争议。例如,在黄某渊诉兴国县公安局治安行政处罚决定纠纷案中,法院认为:

黄某渊于 2006 年 2 月 17 日收到《行政复议决定书》后已告知复议决定书中的起诉期限,如有异议,

---

[12] 参见最高人民法院行政裁定书[(2017)最高法行申 3010 号]。
[13] 参见北京市高级人民法院行政裁定书[(2024)京行终 3101 号]。
[14] 参见最高人民法院《关于印发〈关于审理与低温雨雪冰冻灾害有关的行政案件若干问题的座谈会议纪要〉的通知》(法[2008]139 号)。
[15] 参见最高人民法院行政审判庭《对湖北省高级人民法院关于全勇、廖小燕诉蒲圻市公安局收容审查、扣押财产一案有关法律适用等问题请示的答复意见》(行他[1999]16 号)。

应当在法定期间15日内即截止到同年3月4日以前向人民法院提起行政诉讼,上诉人于2006年3月10日向法院提起诉讼显然已逾期限,虽然上诉人提出,父亲生病住院,自己需要护理父亲没有时间行使诉权的逾期理由,本院认为,上诉人尽儿之道护理父亲是履行自己的义务,也是值得颂赞的美德,但却不是法律规定可以顺延的法定事由,况且上诉人在其父住院期间一直坚持正常上班,因此,上诉人提出由于父亲住院,没有时间写诉状和向法院起诉的上诉理由不能成立,本院不予支持。上诉人在法定期限内没有行使诉权,无法定事由,上诉人已放弃了法律赋予的诉权。[16]

该案中,上诉人以"护理父亲"为耽误法定期限的理由,没有为法院所采信。《行政诉讼法》第48条中"不属于起诉人自身的原因"也不是一个十分清楚的法律概念,需要在个案中作出解释。在李某、杨某诉黑龙江省绥化市人民政府、黑龙江省绥化市国土资源局土地征收并赔偿案中,最高人民法院认为:

《最高人民法院关于执行〈中华人民共和国行政诉讼法〉若干问题的解释》第41条第1款规定,行政机关作出具体行政行为时,未告知公民、法人或者其他组织诉权或者起诉期限的,起诉期限从公民、法人或者其他组织知道或者应当知道诉权或者起诉期限之日起计算,但从知道或者应当知道具体行政行为内容之日起最长不得超过2年。本案中,绥化市政府于2004年对李某、杨某使用的土地实施征收,李某、杨某自述当时即已知道绥化市政府于2004年2月28日发布1号公告,其使用的土地于2004年10月24日被强制推为平地。因此,李某、杨某于2004年即已知道本案被诉行为,2016年6月提起本案诉讼,已经超过2年的法定起诉期限。李某、杨某主张一直通过信访途径主张权利,没有超过起诉期限。根据《最高人民法院关于执行〈中华人民共和国行政诉讼法〉若干问题的解释》第43条规定,只有在"不属于起诉人自身的原因被耽误的时间"的情形下,才应当扣除相应期限。"不属于起诉人自身的原因被耽误的时间",是指基于地震、洪水等客观因素耽误的期间,或者基于对相关国家机关的信赖,等待其就相关争议事项进行处理的期间。仅仅是当事人单方向有关部门申诉信访,因申诉信访耽误的期间,没有可保护的信赖利益,属于当事人自身放弃通过法定诉讼途径解决争议耽误起诉期限的情形,不属于第43条规定应予扣除的期间。李某、杨某以此为由申请再审,理由不能成立。[17]

该案中,最高人民法院对"不属于起诉人自身的原因被耽误的时间"作了一个简要的解释,并认为因申诉信访耽误的期间,没有可以保护的信赖利益,所以,申诉人主张法院不予支持。又如,在张某民诉河南省劳动与社会保障厅退休审批案中,法院认为:

张某民2006年6月办理退休手续后,因退休工资问题,曾先后找单位反映情况,并申请仲裁,两次提起民事诉讼。在2005年11月10日收到第二次民事诉讼的裁定书后才被明确告知此案不属民法调整的范围,遂于2006年10月26日提起本案行政诉讼,其间延误的起诉时间,不属于其自身原因。[18]

该案中,法院把原告"收到第二次民事诉讼的裁定书后才被明确告知此案不属民法调整的范围"划入了"不属于起诉人自身的原因"。[19] 若法院认定公民、法人或者其他组织因不可

---

[16] 参见江西省赣州市中级人民法院行政裁定书[(2006)赣中行终字第21号]。
[17] 参见最高人民法院行政裁定书[(2017)最高法行申5746号]。
[18] 参见河南省郑州市中级人民法院行政裁定书[(2010)郑行再终字第20号]。
[19] 在束荣海诉射阳县人民政府颁发房屋所有权证侵权案中,法院认为:"民事诉讼的进行并不影响其提起行政诉讼,民事诉讼的进行也不是法定的可以逾期起诉的正当理由。"江苏省高级人民法院行政判决书[(2003)苏行终字第018号]。在眉山气雾剂厂诉眉山市人民政府、原眉山市国土资源局土地行政登记案中,裁判摘要是:"根据最高人民法院《关于执行〈中华人民共和国行政诉讼法〉若干问题的解释》第四十三条的规定,对于当事人提起的行政诉讼,人民法院应当立案而未立案,又未出具书面裁定,造成当事人向其他部门上访、申诉并继续向人民法院起诉的,不应将当事人第一次起诉被拒绝后,由于非自身原因延误的时间,计算在起诉期限内。"参见《最高人民法院公报》2005年第2期。

抗力或者其他不属于其自身的原因耽误起诉期限,就要扣除被耽误的时间,再来计算原告起诉是否超过期限。例如,在范某运、范某动诉山东省邹平县建设局规划许可证暨行政赔偿案中,法院认为:

> 关于原告的起诉是否超过起诉期限的问题。邹平村镇办向原告颁发一书一证的行为于2004年8月19日作出,原告于2007年4月9日向本院起诉,从时间上确实已超过了最高人民法院《关于执行〈中华人民共和国行政诉讼法〉若干问题解释》第41条规定的两年的起诉期限。但鉴于本案的实际情况,被告对原告作出的是授益性行政许可,自原告获得规划许可证至2005年5月17日邹平县工商行政管理局对原告作出行政处罚,原告不可能对一书一证行为提起诉讼,这段时间应当属于解释第43条规定的"不属于起诉人自身的原因超过起诉期限的"情形,应当予以扣除。自2005年5月17日至原告起诉时未超过两年,不应认定原告的起诉超过起诉期限。[20]

2. 起诉期限不适用中断或者中止。行政诉讼起诉期限不是时效制度,因此,它适用起诉期限中断或者中止。例如,在陈某利因诉安徽省五河县人民政府行政征收案中,最高人民法院认为:

> 陈某利主张本案应适用民事诉讼的时效规定,这一观点缺乏法律依据,不能成立。根据《中华人民共和国行政诉讼法》第45条、第46条、第47条、第48条的规定,行政诉讼实行的是起诉期限制度。起诉期限,是指法律规定的当事人不服某项行政行为时向法院请求司法救济、行使行政撤销权的时间限制。它是比照民法上的除斥期间和诉讼上的上诉期间进行设计和变造的,在性质上属于程序法上的法定期间,不能中断或者中止,特殊情况下才可申请延长或扣除被耽误的时间。设置起诉期限制度的目的和功能,在于维护行政行为的效力,以确保行政法律关系的尽早安定。而民法上对于诉讼时效的规定有所不同。超过诉讼时效期间,当事人自愿履行的,不受诉讼时效限制。此外,诉讼时效期间为可变期间。虽然最高人民法院《关于适用〈中华人民共和国行政诉讼法〉若干问题的解释》第12条规定,对行政机关不依法履行、未按照约定履行行政协议提起诉讼的,参照民事法律规范关于诉讼时效的规定,但这是基于行政协议的履行之诉与民法上的合同履行之诉有诸多相同点而做出的特别规定,起诉行政机关作出的单方行政行为,仍然要适用行政诉讼的起诉期限的规定。本案中,陈某利请求人民法院确认五河县政府征收其土地的行为违法,就是针对行政机关单方作出的一个征收土地行为提起的诉讼。根据原审法院查明的事实,陈某利于2012年9月底便已知道被诉土地征收行为的内容,其于2015年7月21日才提起本案诉讼,显然已经超过最高人民法院《关于执行〈中华人民共和国行政诉讼法〉若干问题的解释》第41条第1款规定的二年起诉期限。二审法院裁定驳回陈某利上诉,维持一审驳回起诉的裁定,并无不当。[21]

3. 提起确认无效诉讼的期限。《行政诉讼法》规定了确认无效判决,但对于提起确认无效诉讼是否有起诉期限没有明确规定。通说认为,提起确认无效诉讼应当没有起诉期限,否则将与提起确认违法诉讼之间没有实质性区别。在游某全诉浙江省人民政府经贸行政许可行政纠纷案中,游某全认为:2009年2月5日,再审被申请人针对临海名宜公司颁发投资者为郑某基的批准证书之事,再审申请人时任公司的法定代表人,却未收到再审被申请人及其下级单位的任何书面通知,也没有收到任何关于申辩和陈述权利以及法定的救济途径等告知内容。根据我国行政法律法规规定的行政公开原则,行政行为必须由作出该行政行为的行政主体依照法定程序履行告知义务方能对行政相对人生效。涉案的行政行为未履行告知义务,未

---

[20] 参见中华人民共和国最高人民法院行政审判庭编:《中国行政审判案例》(第1卷)第29号案例,中国法制出版社2010年版,第151页。

[21] 参见最高人民法院行政裁定书[(2016)最高法行申2645号]。

履行调查核实义务，未维护申请人陈述和申辩的权利，径直作出认定投资者为郑某基的新批准证书无疑违背了"正当程序原则"，因此涉案的行政行为因重大而且明显的违法而属于无效行政行为，依法应予确认无效。无效行政行为自始无法律效力，对其的救济不受时效的限制，拥有无期限追诉权，即做出无效行政行为的机关和其他有权机关可随时宣告或确认其无效，相对人也可随时请求有权机关宣告或确认其无效。对此，最高人民法院认为：

> 虽然《中华人民共和国行政诉讼法》第75条规定了确认行政行为无效的裁判方式，但对请求确认行政行为无效的起诉期限并无特别规定。一般认为，虽然针对一个无效的行政行为设定起诉期限在行政行为原理上难以讲通，但公民、法人或者其他组织不能因此而怠于行使诉权，否则将有违诉讼诚信并影响行政法律关系及时确定。本案被诉行政行为发生在《中华人民共和国行政诉讼法》修改之前，当时的法律并未规定无效判决的方式，对于起诉期限也未作出区别规定。因此再审申请人应当遵照当时的法律所规定的起诉期限及时寻求权利救济。《最高人民法院关于执行〈中华人民共和国行政诉讼法〉若干问题的解释》第41条第1款规定："行政机关作出具体行政行为时，未告知公民、法人或者其他组织诉权或者起诉期限的，起诉期限从公民、法人或者其他组织知道或者起诉期限之日起计算，但从知道或者应当知道具体行政行为内容之日起最长不得超过2年。"本案中，浙江省台州市中级人民法院在（2010）浙台商外初字第21号民事案件诉讼期间依职权调取了本案被诉浙江省人民政府2009年2月5日颁发的商外资浙府字〔1994〕00211号台港澳侨投资企业批准证书，再审申请人在本案一审中提交的起诉状及补充说明中均明确表示其于2011年1月18日在浙江省台州市中级人民法院就上述民事案件第一次开庭时获悉被诉批准证书。因此，可以认定再审申请人在2011年1月已经知道了被诉颁证行为，其于2015年1月向法院提起诉讼，显然已超过了2年的起诉期限。[22]

该案中，申请人游某全主张涉案行政行为无效，他的救济不受时效的限制，拥有无期限追诉权。最高人民法院在裁判理由中并没有直接明确给出结论，但从相关论述中可以看出最高人民法院的观点，即提起确认无效诉讼是有起诉期限的。而在郭某新等人诉淄博市博山区人民政府解除聘任关系案中，最高人民法院则明确提起确认无效诉讼应有起诉期限。最高人民法院认为：

> 国家设立行政诉讼制度，其宗旨是保护公民、法人或者其他组织的合法权益，但法律又同时规定，提起行政诉讼应当遵守一定的期限规定。《中华人民共和国行政诉讼法》第46条规定：公民、法人或者其他组织直接向人民法院提起诉讼的，应当自知道或者应当知道作出行政行为之日起六个月内提出。法律另有规定的除外。因不动产提起诉讼的案件自行政行为作出之日起超过二十年，其他案件自行政行为作出之日起超过五年提起诉讼的，人民法院不予受理。本案再审申请人诉称解除聘任关系的行为发生在1996年6月，而再审申请人迟至2015年7月2日才向人民法院提起诉讼，显然已经超过了法律规定的起诉期限。再审申请人主张无效的行政行为自始无效，不能适用起诉期限的规定。但是根据《中华人民共和国行政诉讼法》第75条规定，所谓无效行政行为须具备"行政行为有实施主体不具有行政主体资格或者没有依据等重大且明显违法情形"，而本案被诉行政行为的违法性显然没有达到这种程度。还须指出的是，虽然《中华人民共和国行政诉讼法》并没有明文规定请求确认行政行为无效是否适用起诉期限的规定，但根据一般诉讼原理，请求确认行政行为无效，仍须于适当期间内提起，如果时过境迁又重提旧事，则难以维持法律秩序的安定，并不无滥用诉权之嫌疑。[23]

4. 起诉时机。公民、法人或者其他组织必须在适当时机提起行政诉讼，即遵守成熟性原则。过早地针对行政行为提起行政诉讼，就公民、法人或者其他组织而言，其权利受影响尚未

---

[22] 参见最高人民法院行政裁定书〔（2016）最高法行申312号〕。
[23] 参见最高人民法院行政裁定书〔（2016）最高法行申2233号〕。

达到需要行政救济的程度;就法院而言,过早介入行政过程也不利于行政机关实现行政管理目标。例如,在王某保诉宣城市人民政府复议决定案中,最高人民法院认为:

> 法谚云:"法律不保护权利上的睡眠者。"所以,过于迟延地请求法律救济将不受法律的保护。但在有些情况下,过早地请求法律救济,同样不被法律所允许。就行政诉讼来说,通常都是针对一个行政处理提起诉讼,这就存在一个起诉时机问题。按照成熟原则,行政程序必须发展到适宜由法院处理的阶段才算成熟,才能允许进行司法审查。起诉行政机关不履行法定职责就是如此。行政机关履行法定职责通常需要一个过程,因此有些法律、法规对行政机关履行职责的期限作出了专门规定。法律、法规对行政机关履行职责的期限未作专门规定的,《中华人民共和国行政诉讼法》第47条则统一设置了两个月的期限。如果行政机关超过法定期限未履行职责,公民、法人或者其他组织即可以提起诉讼;反之,如果法定履行职责的期限未届满就提起诉讼,就属于起诉时机不成熟,人民法院应当不予立案或者裁定驳回起诉。当然,如果行政机关在履行职责期限之内就作出拒绝决定,则不受履行职责期限的限制,公民、法人或者其他组织可以即时针对拒绝决定提起诉讼。针对行政机关不履行法定职责申请行政复议,也是如此。按照《行政复议法实施条例》第16条第1款的规定,公民、法人或者其他组织申请行政机关履行法定职责,行政机关未履行的,行政复议申请期限依照下列规定计算:有履行期限规定的,自履行期限届满之日起计算;没有履行期限规定的,自行政机关收到申请满60日起计算。本案中,再审申请人王某保于2013年10月28日向宣城市城管局电话举报,要求该局履行查处违法建设的法定职责。因法律、法规并未就查处违法建设的履行职责期限作出规定,根据前述《行政复议法实施条例》第16条第1款的规定,再审申请人最早可在宣城市城管局接到其履行职责申请满60日后,方可申请复议。因此,王某保于2013年11月8日即以宣城市城管局不履行查处职责为由向宣城市政府申请行政复议,不符合行政复议的受理条件。宣城市政府驳回王某保的复议申请并无不当,原审法院判决驳回其诉讼请求亦无不当。[24]

5.诉权滥用。诉权,简言之,即当事人请求法院保护其权益的一种程序性权利。国家设置法院的目的是满足公民、法人或者其他组织行使诉权,保护其实体法权益。从最大限度地保护公民、法人或者其他组织合法权益的角度看,法院"大门"的门栓不可以太多、太密;但由于法院启动诉讼程序需要人力、财物等公共财务成本,故公民、法人或者其他组织不可以滥用诉权,把法院当作可以自由出入的超市,不正当损耗有限的公共财政资源。在陆某霞诉南通市发展和改革委员会政府信息公开答复案中,原告陆某霞依法提起行政诉讼,请求法院依法撤销被告南通市发展和改革委员会作出的通发改信复〔2013〕14号《政府信息公开申请答复书》,并责令其重新作出答复。但是,经法院查明,陆某霞及其父亲陆某国、伯母张某此前至少已有94次政府信息公开申请、39次政府信息公开行政复议和36次政府信息公开行政诉讼。对此,法院认为:

> 2012年年底上诉人陆某霞与港闸区政府产生拆迁争议,2013年开始,陆某霞三人先后提起至少94次政府信息公开申请,2014年1月2日当天就向南通市人民政府提出10件申请。其中,所提申请多有相同或类似,如重复申请市、区两级人民政府年度财政预算报告、二十余次申请城北大道相关审批手续等信息。申请公开的内容繁多、形式各异,如政府公车数量、牌照及品牌,接处警电话号码及监控录像,拘留所伙食标准等信息,且很多系以信息公开的名义进行咨询询问。陆某霞持续申请公开众多政府信息,借此表达自己不满情绪,通过重复、大量提起信息公开的方式给有关部门施压,从而达到实现拆迁补偿安置利益最大化目的。这种行为已经明显偏离了公民依法、理性、正当行使知情权和监督权的正常轨道,超过了正当行使知情权的合理限度,悖离了政府信息公开制度的初衷与立法目的,故一审法院认定陆某霞滥用获取政府信息权是适当的。公民在行使权利的时候,不得损害国家的、社会的、集体的

---

[24] 参见最高人民法院行政裁定书[(2017)最高法行申307号]。

利益和其他公民的合法权利。作为权利之一的获取政府信息公开权和诉权当然也不能滥用。上诉人陆某霞的起诉源于政府信息公开申请,其起诉的理由多以被诉答复无发文机关标志、标题不完善、无发文字号、程序违法为由,反复多次提起相同或类似的诉讼请求。陆某霞不当的申请和起诉多次未获人民法院的支持,而其仍然频繁提起行政复议和行政诉讼,已经使有限的公共资源在维护个人利益与他人利益、公共利益之间有所失衡,超越了权利行使的界限,亦有违诚实信用原则,已构成诉讼权利的滥用,一审法院驳回其起诉并无不当。[25]

6.诉权放弃。放弃诉权是原告处分自己权利的一种情形,只要出自原告真实意思的表示,国家、他人应当充分尊重。唯放弃之后原告重拾诉权再行诉讼,法院当如何处理,于法没有明确规定。是否涉嫌权利滥用,或者不符合起诉法定条件,最高人民法院有肯定性意见。例如,在张某为诉天津市人民政府拆迁行政复议案中,最高人民法院认为:

再审申请人已经自愿抛弃权利保护,仍旧提起诉讼有违诉讼诚信。诉权是公民、法人和其他组织享有的法定权利,神圣不可侵犯,但诉权却可以自愿抛弃。抛弃权利保护的方式包括单方向人民法院表示、单方向诉讼的另一方当事人表示,也包括当事人之间自愿达成合意。如果当事人在自愿抛弃权利保护之后再行实施诉权,则属出尔反尔,有违诚实信用。经原审法院查明,再审申请人在与相关单位所签安置补偿协议中已经承诺不再上访、诉讼,其后又长期多次申请行政复议及提起行政诉讼,不断违反自己所作权利抛弃承诺,这种权利保护的滥用同样构成不符合法定起诉条件的情形。[26]

二、受理

受理是指经审查法院认为起诉符合法定条件并决定立案的一种诉讼活动。起诉是受理的前提,没有起诉也就没有受理,但起诉并不必然引起受理,若起诉不符合法定条件,法院经审查后可以裁定不予立案。

受理的法律意义是:(1)标志着行政诉讼一审程序开始,如审理期限开始计算。(2)法院排他管辖,即对于法院受理的行政案件,其他任何国家机关都不得受理并作出处理决定。(3)确认诉权,即原告的诉权获得了法院确认。

(一)对起诉的处理

《行政诉讼法》第51条第1款规定:"人民法院在接到起诉状时对符合本法规定的起诉条件的,应当登记立案。"法院实行立案登记制,并不是否定行政诉讼法规定的法定立案条件。也就是说,法院不能放弃法定立案条件,应坚持有案必立、有诉必理。例如,在纪某发诉黑龙江省肇州县人民政府恢复老干部待遇、为子女安排工作、赔偿精神损失费案中,最高人民法院认为:

最高人民法院发布的《关于人民法院推行立案登记制改革的意见》第1条第3项规定:"坚持有案必立、有诉必理。对符合法律规定条件的案件,法院必须依法受理,任何单位和个人不得以任何借口阻挠法院受理案件。"也就是说,立案登记制并非指当事人起诉人民法院就必须受理。只有符合法定立案条件的案件,人民法院才应当依法受理,不符合法定立案条件的案件人民法院不应受理。《行政诉讼法》第49条第4项规定,提起诉讼应当符合属于人民法院受案范围和受诉人民法院管辖。《最高人民法院关于执行〈中华人民共和国行政诉讼法〉若干问题的解释》第44条第1款第1项、第11项规定,请求事项不属于行政审判权限范围和起诉不具备其他法定要件的,人民法院应当裁定不予受理;已经受理的,裁定驳回起诉。本案中,纪某发所诉"侵权行为"——肇州县委办公室和丰乐乡党委向其所在部

---

[25] 参见《最高人民法院公报》2015年第11期。
[26] 参见最高人民法院行政裁定书[(2016)最高法行申2385号]。

队出具外调材料的行为,不是行政行为,不属于人民法院行政诉讼的受案范围,且该项事实发生在1990年10月1日《行政诉讼法》实施之前的1960年,即便属于可诉的行政行为,根据最高人民法院《关于〈行政诉讼法〉施行前法律未规定由法院受理的案件应如何处理的批复》规定,因当时的法律法规未规定对此类行为可以提起行政诉讼,人民法院亦不应予以受理。鉴于此,原审对纪某发的起诉裁定不予立案并无不当。纪某发以人民法院实行立案登记制应当有案必立为由,主张人民法院应当受理其起诉,是对法律和司法政策有关立案登记制的错误理解,其该项申请再审理由不能成立。

在立案登记制下,符合起诉条件的,法院应当收下起诉材料后予以登记立案,不得以任何理由拒绝收案。不能登记立案或者不符合条件立案的,分别作如下处理:

1. 暂不登记立案。对当场不能判定是否符合《行政诉讼法》规定起诉条件的,应当接收起诉状,出具注明收到日期的书面凭证,并在7日内决定是否立案。

2. 裁定不予立案。对不符合起诉条件的,法院作出不予立案裁定。裁定书应当载明不予立案的理由。原告对不予立案裁定不服的,可以提起上诉。

3. 材料补正。对起诉状内容欠缺或者有其他错误的,法院应当给予指导和释明,并一次性告知当事人需要补正的内容。不得未经指导和释明即以起诉不符合条件为由不接收起诉状。只要起诉不符合条件就一律裁定不予立案,与充分、实效保护公民、法人或者其他组织权利的行政诉讼目的不相符合。所以,起诉条件可以补正或者更正的,应当指定期间给予起诉人补正或者更正的机会。实务中,如起诉所列被告不明确,可能是原告对行政组织机构不了解所致,法院应当加以释明,指示原告补正。在指定期间内起诉人无正当理由不补正或者更正,法院可以裁定不予立案。在指定期间已经补正或者更正,经审查符合起诉法定条件的,法院应当依法决定受理。因起诉状内容欠缺而责令原告补正的,审查期限从法院收到补正材料之日起计算。

行政诉讼"起诉难"形成的原因较为复杂,一直是个难以解决的问题。行政诉讼"起诉难"严重影响了《行政诉讼法》对公民、法人或者其他组织的诉权保持充分的保护,也伤害了公民、法人或者其他组织对法院的信任感,不利于解决行政争议。为此,《行政诉讼法》作了如下两个程序性规定:

1. 投诉。对于不接收起诉状或者接收起诉状后不出具书面凭证,以及不一次性告知当事人需要补正的起诉状内容的,当事人可以向上级法院投诉,上级法院应当责令改正,并对直接负责的主管人员和其他直接责任人员依法给予处分。

2. 向上一级法院起诉。受诉法院既不立案,又不作出不予立案裁定的,当事人可以向上一级法院起诉。上一级法院认为符合起诉条件的,应当立案、审理,也可以指定其他下级法院立案、审理。

(二)受理的法律效果

法院作出受理决定之后,即产生如下法效果:(1)除特殊原因外,法院必须在法定期限内作出一审裁判。(2)除了法定情形外,被诉行政行为不因为诉讼而停止执行。(3)被诉行政行为可能会因法院裁定中止执行而产生延宕效力。(4)禁止重复起诉。已经为法院受理的行政争议,排除了其他法院、国家机关对此案的管辖权,即使被告被撤并、原告居住地发生变更也不例外。

三、审理

审理是指由法院依照诉讼程序对行政案件进行处理的步骤、方式、期限等构成的过程。审理程序的公正性与当事人对裁判的可接受性成正比关系,故由一个不偏不倚的中立法院主持行政案件的审理程序是裁判公正的基本前提。

(一)开庭之前的程序

1. 送达法律文书。《行政诉讼法》第 67 条规定:"人民法院应当在立案之日起五日内,将起诉状副本发送被告。被告应当在收到起诉状副本之日起十五日内向人民法院提交作出行政行为的证据和所依据的规范性文件,并提出答辩状。人民法院应当在收到答辩状之日起五日内,将答辩状副本发送原告。被告不提出答辩状的,不影响人民法院审理。"这里的"有关材料",依照《行诉证据规定》第 1 条的规定,是"据以作出被诉具体行政行为的全部证据和所依据的规范性文件"。除了裁定驳回原告起诉或者移送管辖外,法院应当将起诉状及所附材料副本及时送达被告,被告应当在法定期间内提出答辩及提交证据和规范性文件。涉及保密材料的,依照有关规定由法官作保密审查,被告不得以"保密"为由拒绝提交到法院。被告答辩、提交证据有助于法官全面了解案情,也有利于原告了解被告作出被诉行政行为的事实、依据和理由,在行政诉讼中获得"武器平等"原则的保护。

被告在法定期间内不提交作出被诉行政行为的全部证据和规范性文件,法院可以认定该被诉行政行为没有证据。但是,因被告不提交证据致使裁判可能不利于第三人或者影响国家利益、公共利益的,法院有义务依职权调查事实,以作出公正的裁判。如有第三人申请或者法院通知其参加诉讼,法院应当将原告起诉状及所附材料副本也一并送达,第三人可以在一审庭审之前提交答辩状及证据材料。

2. 合议庭的组成。《行政诉讼法》第 68 条规定:"人民法院审理行政案件,由审判员组成合议庭,或者由审判员、陪审员组成合议庭。合议庭的成员,应当是三人以上的单数。"合议庭在审判长的主持下开展审理活动,合议庭实行平等表决制,所有成员均对所审理的行政案件负责。合议庭组成之后,应当及时以书面形式告知当事人相关事项。

3. 传唤、通知出庭人员。法院适用普通程序审理案件,应当在开庭 3 日前用传票传唤当事人。对证人、鉴定人、勘验人和翻译人员应当用通知书通知其到庭。对外地的当事人或者其他诉讼参与人,应当留有必要的在途时间。

4. 证据交换。为了固定诉讼请求,明确诉讼争点,《行诉证据规定》第 21 条规定:"对于案情比较复杂或者证据数量较多的案件,人民法院可以组织当事人在开庭前向对方出示或者交换证据,并将交换证据的情况记录在卷。"是否启动庭审前证据交换程序,由法院依照个案情况裁量决定。

5. 诉讼参加人变动。对不符合当事人条件的起诉人或者应诉人,由法院通知更换。《行诉解释》第 26 条第 1 款规定:"原告所起诉的被告不适格,人民法院应当告知原告变更被告;原告不同意变更的,裁定驳回起诉。"例如,在詹某海诉重庆市渝北区安全生产监督管理局安全生产监督管理纠纷案中,法院认为:

> 重庆市渝北区双龙湖街道办事处安全生产监督管理办公室是重庆市渝北区双龙湖街道办事处的内设机构,与重庆市渝北区安全生产监督管理局没有行政隶属关系。重庆市渝北区安全生产监督管理局没有对上诉人詹某海作出所诉的具体行政行为。上诉人詹某海在一审法院告知其变更被告的情况下坚持不予变更,上诉人的上诉理由不能成立,本院不予支持。一审法院驳回其起诉事实清楚,适用法律正确,审判程序合法,依法应予维持。[27]

必须参加诉讼的当事人未参加诉讼的,由法院通知其参加诉讼。《行诉解释》第 26 条第

---

[27] 参见重庆市第一中级人民法院行政裁定书[(2007)渝一中法行终字第 133 号]。

2款规定:"应当追加被告而原告不同意追加的,人民法院应当通知其以第三人的身份参加诉讼,但行政复议机关作共同被告的除外。"第30条第1款规定:"行政机关的同一行政行为涉及两个以上利害关系人,其中一部分利害关系人对行政行为不服提起诉讼,人民法院应当通知没有起诉的其他利害关系人作为第三人参加诉讼。"

6. 原告诉讼请求变更的处理。原告诉讼请求变更包括提出新的诉讼请求和变更已经提出的诉讼请求的内容。《行诉解释》第70条规定:"起诉状副本送达被告后,原告提出新的诉讼请求的,人民法院不予准许,但有正当理由的除外。"《行政赔偿规定》第14条第2款规定:"原告在第一审庭审终结前提起行政赔偿诉讼,符合起诉条件的,人民法院应当依法受理;原告在第一审庭审终结后、宣判前提起行政赔偿诉讼的,是否准许由人民法院决定。"应当说,《行政赔偿规定》第14条第2款规定难谓《行诉解释》第70条规定中的"有正当理由的除外",毋宁前者是一个特别规定。

在诉讼过程中,不准许原告提出新的诉讼请求是为确保诉讼当事人双方"武器平等",防止原告突然"袭击"对方当事人。如果原告有正当理由提出新的诉讼请求,且为法院所准许,法院应当给被告一个合理的答辩期。如果仅仅是作进一步明确诉讼请求,不构成"诉讼请求的变更"。例如,在苏某更等诉郑州市城市公共交通客运管理处行政答复纠纷案中,苏某更向法院提起诉讼,请求撤销州市城市公共交通客运管理处行政答复,判令被告改变行政行为。一审庭审后,苏某更以诉讼请求有误为由申请撤诉,中原区人民法院裁定准许撤诉。2009年2月11日,苏某更重新提起行政诉讼,在开庭前苏某更又书面提出变更诉讼请求申请,将诉讼请求第一项由"确认"答复违法改为"撤销"答复。法院认为:

> 关于苏某更两次起诉及改变诉讼请求问题,因行政案件诉讼请求的选择专业性较强,不易把握,作为非专业人士的苏某更及其代理人在起诉时对"确认违法"与"撤销行政行为"二者之间的区别认识模糊,诉求措词虽有反复,但诉讼目的指向明确,一审法院受理此案后程序存在瑕疵,但并未影响案件正确判决,故客运管理处上诉称一审程序违法的上诉理由,本院不予支持。[28]

7. 合并审理之决定。基于诉讼经济的考虑,法院可以将若干个案件合并审理。合并审理的案件之间需要有某种关联性,如属于不同的行政机关依据不同的法律、法规作出行政行为,若基于同一事实,即构成了合并审理所需要的关联性。对此,《行诉解释》第73条规定:"根据行政诉讼法第二十七条的规定,有下列情形之一的,人民法院可以决定合并审理:(一)两个以上行政机关分别对同一事实作出行政行为,公民、法人或者其他组织不服向同一人民法院起诉的;(二)行政机关就同一事实对若干公民、法人或者其他组织分别作出行政行为,公民、法人或者其他组织不服分别向同一人民法院起诉的;(三)在诉讼过程中,被告对原告作出新的行政行为,原告不服向同一人民法院起诉的;(四)人民法院认为可以合并审理的其他情形。"

8. 起诉期限的审查。起诉期限属于提起行政诉讼的特别条件之一,若超过起诉期限,法院将不予进行实体审查。即使被告或者第三人对原告起诉期限不提出异议,法院也要主动审查原告的起诉期限是否符合法律规定。例如,在文昌向海娱乐有限公司诉海口向海娱乐有限公司清算组等登记再审案中,最高人民法院认为:

> 《中华人民共和国行政诉讼法》第49条规定了提起行政诉讼应当符合的4项条件,即具有原告资格、明确的被告、具体的诉讼请求和事实根据、属于人民法院受案范围和受诉人民法院管辖。但是,根据

---

[28] 参见河南省郑州市中级人民法院行政判决书[(2009)郑行终字198号]。

《中华人民共和国行政诉讼法》及司法解释的规定,行政诉讼中的起诉条件还应包括起诉期限在内。行政诉讼中的起诉期限不同于民事诉讼中的诉讼时效,是法律设定的起诉条件之一,解决的是行政起诉能否进入司法实体审查的问题。行政行为具有公定力,行政行为作出后除了关系到行政相对人的权利义务,还影响到社会公众对行政机关的信赖利益。如果允许当事人超过起诉期限提起行政诉讼,则会使行政行为一直处于效力不明的状态,面临随时可能被撤销或变更的可能。一旦行政行为被撤销或变更,行政相对人、利害关系人、相关行政机关的权利义务都随之发生不确定变化,导致社会成本提高,行政机关的社会公信力降低。法律规定起诉期限的目的,就是督促当事人及时提起诉讼,尽早解决行政纠纷,使社会关系达到稳定的状态。因此,即使当事人未提出有关起诉期限问题的抗辩,人民法院也应主动进行审查,并据以判断是否立案或继续审理。[29]

(二)庭审

1. 开庭前准备。在被告提交答辩状和证据、规范性文件的法定期限届满之后,法院可以根据案件的具体情况确定开庭日期,其中,法院必须考虑原告取得被告的答辩材料之后需要的合理准备时间。除此之外,法院需要做的其他事项还有如通知诉讼参加人和诉讼参与人开庭时间,发布开庭公告等。

2. 开庭审理。《行政诉讼法》没有完全采用民事诉讼的当事人主义模式,而是采用了一种修正型的当事人主义模式。也就是说,行政诉讼所采用的是在当事人主义模式中加入了一些职权主义的诉讼模式。这种修正与行政诉讼的目的是一致的。开庭审理的程序步骤是:(1)宣布开庭;(2)法庭调查;(3)法庭辩论;(4)最后陈述;(5)评议;(6)宣判。在开庭审理中,基于正当程序的要求,法官应当当庭亲自听取双方当事人的言词辩论,然后作出裁判。开庭审理的核心内容是双方当事人围绕法庭归纳的争议焦点展开的举证、论辩,凡是第一审行政案件都必须经过庭审之后才能作出裁判,所以,言词辩论是一审程序的核心。

3. 与庭审相关的几个问题。(1)休庭。在开庭审理过程中,如果遇到不能继续开庭的事由,如原告在庭审过程中突然发病等,法庭可以决定暂时休庭,待事由消除之后,由法庭确定继续开庭的时间。(2)释明。在开庭审理过程中,对于当事人尤其是原告不能理解的法律问题,当可能影响其正确行使诉讼权利时,法庭应当给予解释、指导。(3)笔录。当事人应当在庭审之后阅读庭审笔录并签名,若其认为庭审笔录不完整或者有错误,有权补充或者修改。(4)中途退庭。在开庭审理过程中,原告中途退庭的,以撤回诉讼处理;被告中途退庭的,法院可以作缺席判决。对此,《行政诉讼法》第58条规定:"经人民法院传票传唤,原告无正当理由拒不到庭,或者未经法庭许可中途退庭的,可以按照撤诉处理;被告无正当理由拒不到庭,或者未经法庭许可中途退庭的,可以缺席判决。"(5)拒绝陈述。原告在开庭审理过程中明确拒绝陈述或者以其他方式拒绝陈述,导致庭审无法进行,经法庭释明法律后果后仍不陈述意见的,视为放弃陈述权利,由其承担不利的法律后果。

(三)审理中的制度

针对行政案件的审理过程,《行政诉讼法》规定了若干制度,以确保法院审理活动有序进行。有的制度如"诉讼不停止执行""撤诉""诉讼中止和终结""财产保全和先予执行"等已在本书第16章的"行政诉讼行为"中详述,下述审理中的几项制度,也适用于行政诉讼第二审程序、再审程序。

1. 不公开审理。《行政诉讼法》第54条规定:"人民法院公开审理行政案件,但涉及国家秘密、个人隐私和法律另有规定的除外。涉及商业秘密的案件,当事人申请不公开审理的,可

---

[29] 参见最高人民法院行政裁定书[(2017)最高法行再9号]。

以不公开审理。""国家秘密"的概念可以依照《保守国家秘密法》的相关规定界定。因"个人隐私"的概念尚无法律规定,故由法官在个案中加以确定。"法律另有规定的除外"中应当可以解释为包括了"商业秘密"。

2. 回避制度。为落实"任何人不能做自己案件的法官"的正当程序规则,确保法院裁判的公正性,《行政诉讼法》第55条规定:"当事人认为审判人员与本案有利害关系或者有其他关系可能影响公正审判,有权申请审判人员回避。审判人员认为自己与本案有利害关系或者有其他关系,应当申请回避。前两款规定,适用于书记员、翻译人员、鉴定人、勘验人。院长担任审判长时的回避,由审判委员会决定;审判人员的回避,由院长决定;其他人员的回避,由审判长决定。当事人对决定不服的,可以申请复议一次。"回避制度的实效性事关当事人息讼、服从,法院必须认真对待。

3. 调解。基于行政机关不可处分法定职权的考虑,《行政诉讼法》第60条规定:"人民法院审理行政案件,不适用调解。但是,行政赔偿、补偿以及行政机关行使法律、法规规定的自由裁量权的案件可以调解。调解应当遵循自愿、合法原则,不得损害国家利益、社会公共利益和他人合法权益。"根据这一规定,调解是行政诉讼的一个例外制度,这也是与民事诉讼的区别之一。不直接涉及行政职权行使(行政赔偿、补偿)或者行政职权的法定裁量空间的行政行为,通过调解解决行政争议,与行政诉讼立法要旨不悖。基于此,《行政诉讼法》作出了上述"但书"规定。

调解涉及多方利益的平衡,需要关注如下几个问题:(1)调解过程不公开,但当事人同意公开的除外;(2)经法院准许,第三人可以参加调解。法院认为有必要的,可以通知第三人参加调解;(3)调解协议内容不公开,但为保护国家利益、社会公共利益、他人合法权益,法院认为确有必要公开的除外;(4)当事人一方或者双方不愿调解、未达成调解协议的,法院应当及时判决;(5)当事人达成调解协议后,请求法院按照调解协议的内容制作行政判决书,法院不予准许。

4. 延期审理。如果法院在法定期限内不能审结行政案件,可以依照法定程序报上级法院批准延长审限。对此,《行政诉讼法》第81条规定:"人民法院应当在立案之日起六个月内作出第一审判决。有特殊情况需要延长的,由高级人民法院批准,高级人民法院审理第一审案件需要延长的,由最高人民法院批准。"法院及时审结行政案件,有利于有效保护原告的合法权益,也有利于行政法律关系早日稳定。因此,法律规定由较高审级的法院作出延期结案批准是妥当的。

5. 诉讼中的请示。在审理行政案件过程中,下级法院遇到难以把握的问题时,可以向上级法院请示。制定法上并没有规定"请示"制度,因为它与保护当事人上诉权要旨相冲突,但在实务中,上下级法院之间的"请示"难以禁止。为此,最高人民法院作出相应规定,以规范"请示"活动:(1)限于高级人民法院向最高人民法院的请示;(2)限于法律适用问题的请示;(3)限于书面请示;(4)中级人民法院以下的请示必须逐级报送。[30] 从趋势上看,法院上下级之间的"请示"活动最终应当完全禁止,真正落实两审终审制。

(四)简易程序

1. 适用范围。简易程序适用于两种案件:(1)事实清楚、权利义务关系明确、争议不大的案件(第一,被诉行政行为是依法当场作出的;第二,案件涉及款额2000元以下的;第三,属于政府信息公开案件的)。(2)其他一审行政案件,各方当事人同意适用简易程序的。在这里,

---

[30] 参见最高人民法院行政审判庭《关于严格执行行政审判工作请示制度的通知》(法行〔2000〕44号)。

"事实清楚"是指当事人对争议的事实陈述基本一致,并能提供相应的证据,无须法院调查收集证据即可查明事实;"权利义务关系明确"是指行政法律关系中的权利和义务能够被明确区分;"争议不大"是指当事人对行政行为的合法性、责任承担等没有实质分歧。

2. 审理组织与审限。适用简易程序审理的行政案件,由审判员一人独任审理,并应当在立案之日起45日内审结。简易程序不适用《行政诉讼法》第81条延长审限的规定。

3. 传唤、通知方式。适用简易程序审理的行政案件,法院可以用口头通知、电话、短信、传真、电子邮件等简便方式传唤当事人、通知证人、送达裁判文书以外的诉讼文书。以简便方式送达的开庭通知,未经当事人确认或者没有其他证据证明当事人已经收到的,法院不得缺席判决。

4. 举证期限。适用简易程序审理的行政案件的举证期限由法院确定,也可以由当事人协商一致并经法院准许,但不得超过15日。被告要求书面答辩,法院可以确定合理的答辩期间。法院应当将举证期限和开庭日期告知双方当事人,并向当事人说明逾期举证以及拒不到庭的法律后果,由双方当事人在笔录和开庭传票的送达回证上签名或者按指印。

5. 开庭时间。当事人双方表示同意立即开庭或者缩短举证期限、答辩期间,法院可以立即开庭审理或者确定近期开庭。

6. 审理程序转换。在审理过程中,法院发现案件不宜适用简易程序,应当在审理期限届满前作出裁定并将合议庭组成人员及相关事项书面通知双方当事人。案件转为普通程序审理,审理期限自人民法院立案之日起计算。普通程序是否可以转换为简易程序,法律没有明文规定。

(五) 复议机关作共同被告案件审理

1. 审理对象。复议机关决定维持原行政行为,法院应当在审查原行政行为合法性的同时,一并审查复议决定的合法性。

2. 举证责任。作出原行政行为的行政机关和复议机关对原行政行为合法性共同承担举证责任,在审理过程中,可以由其中一个机关实施举证行为。复议机关对复议决定的合法性承担举证责任。复议机关作为共同被告的行政案件中,复议机关在复议程序中依法收集和补充的证据,可以作为法院认定复议决定和原行政行为合法的依据。

3. 判决方式。复议机关作为共同被告的案件,判决方式有点复杂:(1) 一并判决。法院对原行政行为作出判决的同时,应当对复议决定一并作出相应判决。(2) 追加被告的判决。法院依职权追加作出原行政行为的行政机关或者复议机关为共同被告的,对原行政行为或者复议决定可以作出相应判决。(3) 撤销并责令重作行政行为判决。法院判决撤销原行政行为和复议决定,同时可以判决作出原行政行为的行政机关重作行政行为。(4) 判决履行法定职责或者给付义务的条件。法院判决作出原行政行为的行政机关履行法定职责或者给付义务,同时应当判决撤销复议决定。(5) 原行政行为合法、复议决定违法时的判决。原行政行为合法、复议决定违法的,法院可以判决撤销复议决定或者确认复议决定违法,同时判决驳回原告针对原行政行为的诉讼请求。(6) 行政赔偿判决。原行政行为被撤销、确认违法或者无效,给原告合法权益造成损失的,应当由作出原行政行为的行政机关承担赔偿责任;因复议决定加重损害的,由复议机关对加重部分承担赔偿责任。(7) 裁定驳回起诉。原行政行为不符合复议或者诉讼受案范围等受理条件,复议机关作出维持决定的,法院应当裁定一并驳回对原行政行为和复议决定的起诉。

(六) 相关民事争议案件一并审理

1. 一并审理的提出。公民、法人或者其他组织请求一并审理《行政诉讼法》第61条规定的相关民事争议,应当在第一审开庭审理前提出;有正当理由的,也可以在法庭调查中提出。这里的"第一审开庭审理前""正当理由"本身都具有不确定性,由法院在个案中解释确定。在解释上,应当尽可能作有利于公民、法人或者其他组织能够提出请求的解释为宜,因为《行政诉讼法》的立法要旨是鼓励公民、法人或者其他组织一并提出审理请求。

2. 管辖法院的确定。由于民事案件和行政案件管辖制度不同,可能导致一并审理的民、行两案不在同一个法院。对此,《行诉解释》第138条第1款规定:"人民法院决定在行政诉讼中一并审理相关民事争议,或者案件当事人一致同意相关民事争议在行政诉讼中一并解决,人民法院准许的,由受理行政案件的人民法院管辖。"

3. 民、行两案关系处理。公民、法人或者其他组织请求一并审理相关民事争议,法院经审查发现行政案件已经超过起诉期限,民事案件尚未立案的,告知当事人另行提起民事诉讼;民事案件已经立案的,由原审判组织继续审理。法院在审理行政案件中发现民事争议为解决行政争议的基础,当事人没有请求法院一并审理相关民事争议的,法院应当告知当事人依法申请一并解决民事争议。当事人就民事争议另行提起民事诉讼并已立案的,法院应当中止行政诉讼的审理。民事争议处理期间不计算在行政诉讼审理期限内。

4. 不予准许情形。有下列情形之一的,法院应当作出不予准许一并审理民事争议的决定,并告知当事人可以依法通过其他渠道主张权利:(1)法律规定应当由行政机关先行处理的;(2)违反民事诉讼法专属管辖规定或者协议管辖约定的;(3)约定仲裁或者已经提起民事诉讼的;(4)其他不宜一并审理民事争议的情形。对不予准许的决定,当事人可以申请复议一次。

5. 审理与裁判。(1)立案方式。法院在行政诉讼中一并审理相关民事争议,民事争议应当单独立案,由同一审判组织审理。法院审理行政机关对民事争议所作行政裁决的案件,可以一并审理民事争议,不另行立案。(2)法律适用。法院一并审理相关民事争议,适用民事法律规范的相关规定,法律另有规定的除外。当事人在调解中对民事权益的处分,不能作为审查被诉行政行为合法性的根据。(3)裁判方式。对行政争议和民事争议,法院应当分别裁判。(4)撤诉。行政诉讼原告在宣判前申请撤诉,是否准许由法院裁定。法院裁定准许原告对行政诉讼撤诉,但其对已经提起的一并审理相关民事争议不撤诉的,法院应当继续审理。

四、裁判

经审理,一审法院可以就程序性问题作出裁定,对实体性问题作出判决。法院作出裁判标志着一审程序的终结。

第二节 二审程序

一、上诉

(一)上诉及其法效果

当事人不服一审裁判而向二审法院提出要求复审的请求,即为上诉。与起诉权一样,上诉权是当事人的一项重要诉讼权利,应当受到法律同等保护。上诉的法效果是:(1)启动第二审程序;(2)一审裁判因当事人上诉暂不发生法效力。

(二)上诉的要件

关于上诉要件,《行政诉讼法》第85条规定:"当事人不服人民法院第一审判决的,有权在判决书送达之日起十五日内向上一级人民法院提起上诉。当事人不服人民法院第一审裁定的,有权在裁定书送达之日起十日内向上一级人民法院提起上诉。逾期不提起上诉的,人民法院的第一审判决或者裁定发生法律效力。"根据这一规定,上诉的要件是:

1. 上诉人必须是一审程序中的当事人。一审程序中的当事人即原告、被告和第三人。由于裁定通常与是否具有起诉权有关,所以,裁定的上诉人通常是一审中的原告。在对管辖权异议裁定的上诉中,被告也可以作为上诉人提起上诉。如果各方当事人都提出上诉,那么上诉各方都是上诉人。

2. 提出上诉必须符合法定期限。当事人针对判决提出上诉,应在判决书送达之日起15天内提出;针对裁定提出上诉,应在裁定书送达之日起10天内提出。当事人因不可抗力或者其他特殊情况耽误法定期限的,在障碍消除后的10天内,可以申请延长期限,是否准许由法院决定。

3. 提出上诉必须符合法定形式。上诉的形式原则上采用书面形式;如当事人到法院以口头方式提出上诉,接待法官应当把当事人提出上诉的请求、理由作成书面记录,交当事人签名或盖章后,具有与书面上诉状相同的法律效力。对于"不服"是否需要明示上诉理由,法律不甚明确。从法院审理的针对性和被上诉人答辩的明确性要求看,上诉人主张"不服"一审裁判,应当陈述不服的理由。

(三)上诉材料的报送

原审法院收到上诉状之后,应当对它作形式上的合法性审查,如是否超过上诉法定期限、被上诉人是否正确等。原审法院如认为上诉合法,应当在收到上诉状之日起5天内将上诉状副本送达被上诉人,被上诉人应当在收到上诉状副本之日起10天内提出答辩状。被上诉人不提交答辩状,不影响法院的审查。原审法院收到上诉状、答辩状之后,应当在5天内连同全部案卷和证据报送到二审法院。

(四)上诉材料的审查

二审法院收到原审法院报送的上诉材料之后,应当从以下几个方面进行审查:(1)上诉状及原审裁判文书等是否齐全。(2)上诉是否在法定期限内提出;若没有在法定期限内提出,是否提交了因不可抗力或者其他特殊情况耽误法定期限的证据材料。(3)上诉费用的交纳凭证。经审查,二审法院可以作出如下处理:(1)符合上诉条件的,应当决定受理,并及时向各方当事人发送受理通知书及权利义务告知书。(2)符合上诉条件但上诉状内容不完整的,通知上诉人限期补充;逾期不补充的,裁定不予受理。(3)不符合法定条件的,裁定不予受理。

二审法院作出受理上诉决定之后,产生如下法律效果:(1)一审判决既判力受到受理上诉决定的阻断;(2)一审案件受到二审程序的羁束;(3)二审法院应当在法定期限内作出裁判。

二、审理

原则上,二审法院审理上诉案件,适用第一审的审理程序。但是,法院对上诉案件的审理有如下几项特别规定:

(一)审理方式

法院认为上诉案件事实清楚的,可以采用书面方式审理;法院认定事实不清或者当事人对原审法院认定的事实有争议的,应当开庭审理。相对于书面方式审理而言,开庭审理更有益于各方当事人接受二审法院的裁判。因此,对于"事实清楚"要件应当采用较为严格的解释,或者将书面审理作为一种特别例外的情形。

(二)审理内容

法院对上诉案件审理的内容主要有两项:(1)原审法院作出的裁判是否合法;(2)被诉行政行为是否合法。对于这两项内容,二审法院应当作全面审查。全面审查意味着二审程序不是一审程序的当然延续,而是一个相对独立的诉讼程序。比如,二审法院可以接纳当事人依法提交的新证据或者因正当事由不能在一审中提交的证据;当事人可以在二审程序中提出行政赔偿请求等。全面审理也意味着二审法院可以不受一审法院审理范围的限制,也不受当事人上诉范围的限制。不过,从发展趋势上看,二审法院应当逐步将审理的重点,如对经过正式听证或者行政复议的行政案件收缩到法律审,提高诉讼效率。

(三)撤回上诉

上诉人基于诉权自由处分原则,可以在二审法院作出裁判之前撤回上诉。对于撤回上诉的条件与处理方式,可以参照一审程序中撤回诉讼的规定。上诉人撤回上诉,原审判决和被诉行政行为的法效力确定,并不具有当然的可逆转性。上诉人在行政机关改变被诉行政行为条件下提出的撤回上诉,原审判决因二审裁定而被撤销,被诉行政行为因被改变而消灭,上诉人与被诉行政机关之间的行政法律关系,由改变之后的行政行为确定。

(四)审理期限

法院审理上诉案件,应当在收到上诉状之日起3个月内作出终审判决。个别案件有特殊情况需要延长审限,应当报高级人民法院批准,高级人民法院审理上诉案件需要延长审限,由最高人民法院批准。

三、裁判

经审理,二审法院应当在法定期限内对上诉案件分别作出如下裁判:(1)原判决、裁定认定事实清楚,适用法律、法规正确,判决或者裁定驳回上诉,维持原判决、裁定;(2)原判决、裁定认定事实错误或者适用法律、法规错误,依法改判、撤销或者变更;(3)原判决认定基本事实不清、证据不足,发回原审人民法院重审,或者查清事实后改判;(4)原判决存在遗漏当事人或者违法缺席判决等严重违反法定程序的情形,裁定撤销原判决,发回原审法院重审;(5)认为原审法院不予立案或者驳回起诉的裁定确有错误且当事人的起诉符合起诉条件的,应当裁定撤销原审人民法院的裁定,指令原审法院依法立案或者继续审理。

在"原判决、裁定认定基本事实不清、证据不足"之情形下,由于二审程序中原则上双方当事人都不得增加证据,因此在与一审证据完全相同的情况下,二审法院作出"原判决认定基本事实不清、证据不足"的认定,有时可能纯粹是法官之间个体认知差异所致,此时发回重审确有强一审法官之难的状况。因此,在这样的情况下,由二审法院查清事实后直接改判,也是符合诉讼经济之原则。

二审法院裁判应当遵守不利变更之禁止原则,即与原审裁判相比,二审法院的裁判对当事人不得有比原审更为不利的结果。但也有例外,如双方当事人都为上诉人,或者出现了新证据,足以引起原审裁判所认定的主要事实发生变化。

第三节 再审程序

一、申请与提起

基于法的安定性原则,再审程序"重开"应当被当作一个特别例外的情形来对待,这是终局判决所产生的既判力逻辑上的当然结论。在这里,法的安定性与诉讼公正两个原则的冲突以及如何权衡,基本上决定了再审程序的设计走向。再审程序"重开",由法定主体申请或者提起,因再审具有监督行政诉讼的功能,所以,非一审、二审的当事人也可以依法提起再审。根据《行政诉讼法》有关规定,启动再审程序的主体有:

（一）当事人

《行政诉讼法》第90条规定:"当事人对已经发生法律效力的判决、裁定,认为确有错误的,可以向上一级人民法院申请再审,但判决、裁定不停止执行。"此为当事人申请再审的法律规定。它的要件有:(1)当事人所不服的判决、裁定已经产生法律效力,《行诉解释》参照民事诉讼法的规定增加了"调解书";(2)当事人申请再审的情形符合《行政诉讼法》第91条的规定;(3)当事人应当在裁判或者调解书生效后6个月内申请。若有法定情形,自知道或者应当知道之日起6个月内提出。例如,在马某发诉蒙自市人民政府行政决定案中,最高人民法院认为:

> 一般而言,认定当事人起诉是否超过法定期限,需要考虑以下4个因素:起诉期限的起算点、法律规定提起诉讼的期限、当事人向人民法院提交起诉状的时点、超过起诉期限是否存在正当理由。修改前的《中华人民共和国行政诉讼法》第39条规定,公民、法人或者其他组织直接向人民法院提起诉讼的,应当在知道作出具体行政行为之日起3个月内提出,法律另有规定的除外;1991年制定的《贯彻意见》第35条规定,行政机关作出具体行政行为时,未告知当事人的诉权或者起诉期限,致使当事人逾期向人民法院起诉的,其起诉期限从当事人实际知道诉权或者起诉期限时计算,但逾期的时间最长不得超过1年。根据上述规定,行政机关作出行政行为时未正确交代诉权和起诉期限的,当事人从知道或者应当知道行政行为之日起而非行政行为作出之日起,超过1年3个月向人民法院提起行政诉讼的,才能认定为起诉超过法定起诉期限。因此,确定是否超过起诉期限,首先要确定起诉期限的起算点,即行政行为送达相对人的日期或者行政相对人知道或者应当知道行政行为的日期。本案中,云南省高级人民法院在确定本案起诉期限的起算点时,既未查明被诉决定作出后是否送达以及何时送达给马某发,也未查明马某发知道或应当知道被诉决定的日期;在计算马某发提起本案诉讼的起诉期限时,既未查明是否存在因法院立案原因造成延迟立案情形,也未查明是否存在当事人提交起诉状日期与法院立案日期不一致的情形,而仅以被诉决定落款的日期作为起诉期限的起算点,认定马某发自1998年8月20日即知道或者应当知道被诉行政行为,并以此认定再审申请人起诉超过法定起诉期限,驳回其再诉,属于《中华人民共和国行政诉讼法》第91条第3项规定的认定事实的主要证据不足,构成人民法院应当再审的法定事由。[31]

在实务中,关于再审申请有三种特别情形:(1)最高人民法院研究室在1985年给山东省高级人民法院的一个电话答复中认为,死者近亲属针对一审判决提出的"上诉",可以作为申诉案件处理。这一答复内容也可以在行政诉讼中参照执行。(2)公民、法人或者其他组织认

---

[31] 参见最高人民法院行政裁定书[(2015)行监字第1727号]。

为法院强制执行生效的行政行为违法,侵犯其合法权益,向法院提出申诉,法院可以将其作为申诉进行审查。[32] (3)对于法院裁定依自动撤回上诉处理的案件,当事人不服一审判决申请再审的,一审法院或者其上一级法院可以依法决定再审。

(二)法院、检察院

法院、检察院不是法院裁判的一方当事人,与裁判结果也没有利害关系。但是,作为诉讼合法性的监督机关,法律赋予其再审提起的职责。

1. 作为审判监督的再审提起。主要有两种情形:(1)法院院长对本院已经发生法律效力的判决、裁定,发现有《行政诉讼法》第91条规定情形之一,或者发现调解违反自愿原则或者调解书内容违法,认为需要再审,应当提交审判委员会决定是否再审;(2)最高人民法院对地方各级法院、上级法院对下级法院已经发生法律效力的判决、裁定,发现有《行政诉讼法》第91条规定情形之一,或者发现调解违反自愿原则或者调解书内容违法,有权提审或者指令下级法院再审。

2. 作为检察监督的再审提起。主要有两种情形:(1)最高人民检察院对各级法院已经发生法律效力的判决、裁定,上级检察院对下级法院已经发生法律效力的判决、裁定,发现有《行政诉讼法》第91条规定情形之一,或者发现调解书损害国家利益、社会公共利益的,应当提出抗诉;(2)地方各级检察院对同级法院已经发生法律效力的判决、裁定,发现有《行政诉讼法》第91条规定情形之一,或者调解书损害国家利益、社会公共利益的,可以向同级法院提出检察建议,并报上级检察院备案;也可以提请上级检察院向同级法院提出抗诉。

二、审理

(一)审前程序

1. 当事人申请再审。当事人申请再审,应当向法院提交再审申请书等材料。法院认为有必要的,可以自收到再审申请书之日起5天内将再审申请书副本发送对方当事人。对方当事人应当自收到再审申请书副本之日起15天内提交书面意见。法院可以要求申请人和对方当事人补充有关材料,询问有关事项。

2. 检察院提起抗诉。对检察院按照审判监督程序提出抗诉的行政案件,法院应当再审,不得拒绝裁判。

3. 法院决定再审。上级法院决定提审或者指令下级法院再审的,应当作出裁定。裁定应当写明中止原判决执行;情况紧急的,可以将中止执行裁定口头通知负责执行的法院或者作出生效判决、裁定的法院,但应当在口头通知后10日内发出裁定书。

4. 中止执行裁定。按照审判监督程序决定再审的案件,裁定中止原判决、裁定、调解书的执行,但支付抚恤金、最低生活保障费或者社会保险待遇的案件,可以不中止执行。

(二)审理程序

1. 依照一审程序审理。法院按照审判监督程序再审的案件,发生法律效力的判决、裁定是由第一审法院作出的,按照第一审程序审理,所作的判决、裁定,当事人可以上诉。

2. 依照二审程序审理。法院按照审判监督程序再审的案件,发生法律效力的判决、裁定是由第二审法院作出的,按照第二审程序审理,所作的判决、裁定是发生法律效力的判决、裁定。

---

[32] 参见最高人民法院《对〈当事人对人民法院强制执行生效具体行政行为的案件提出申诉人民法院应如何受理和处理的请示〉的答复》(法行〔1995〕12号)。

3. 提审程序审理。上级人民法院按照审判监督程序提审的,按照第二审程序审理,所作的判决、裁定是发生法律效力的判决、裁定。

4. 检察院派员出庭。法院开庭审理检察院提起抗诉的案件时,应当通知检察院派员出庭。检察院派员"出庭"具有与当事人一样的法律地位。但是,由于检察院有权对行政诉讼实行法律监督,[33]所以,其在法庭上又具有法律监督机关的地位。

三、裁判

(一)可以发回再审的案件

1. 再审案件的判决。法院审理再审案件,认为原生效判决、裁定确有错误,在撤销原生效判决或者裁定的同时,可以对生效判决、裁定的内容作出相应的裁判,也可以裁定撤销生效判决或者裁定,发回作出生效判决、裁定的法院重新审理。

2. 再审案件的裁定。法院审理再审案件,认为原审法院受理、不予受理或者驳回起诉确有错误的,应当区分情况作如下处理:(1)一审法院作出实体判决后,二审法院认为不应当受理的,再审法院在撤销一审法院判决的同时,可以发回重审,也可以驳回起诉;(2)二审法院维持一审法院不予受理裁定错误的,再审法院应当撤销一审、二审法院裁定,指令一审法院受理;(3)二审法院维持一审法院驳回起诉裁定错误的,再审法院应当撤销一审、二审法院裁定,指令一审法院审理。

(二)应当发回再审的案件

法院审理再审案件,发现生效裁判有下列情形之一的,应当裁定发回作出生效判决、裁定的法院重新审理:(1)审理该案的审判人员、书记员应当回避而未回避的;(2)依法应当开庭审理而未经开庭即作出判决的;(3)未经合法传唤当事人而缺席判决的;(4)遗漏必须参加诉讼的当事人的;(5)对与该案有关的诉讼请求未予裁判的;(6)其他违反法定程序可能影响案件正确裁判的。

第四节 执 行 程 序

一、诉讼执行

诉讼执行是指法院执行已为法院生效判决、裁定所拘束的行政决定的活动。经过行政诉讼之后,被诉行政决定的执行力已经转移到法院作出的发生法效力的判决、裁定之上,对此,《行政诉讼法》第94条规定:"当事人必须履行人民法院发生法律效力的判决、裁定、调解书。"诉讼当事人不履行生效的判决、裁定的,由法院依照法律规定强制执行。因当事人的法律地位不同,诉讼执行分为如下两种。

(一)对公民、法人或者其他组织的执行

公民、法人或者其他组织拒绝履行判决、裁定、调解书,行政机关或者第三人可以向一审法院申请强制执行,或者由行政机关依法强制执行。申请执行的期限为两年。申请执行期限从法律文书规定的履行期间最后一日起计算;法律文书规定分期履行的,从规定的每次履行

---

[33] 参见《行政诉讼法》第11条。

期限的最后一日起计算;法律文书中没有规定履行期限的,从该法律文书送达当事人之日起计算。除有正当理由外,逾期申请的,法院不予受理。申请执行时效的中止、中断,适用法律有关规定。

发生法效力的判决书、裁定书和调解书,由第一审法院执行。受理执行申请的一审法院认为情况特殊需要由二审法院执行的,可以报请二审法院执行;第二审法院可以决定由其执行,也可以决定由一审法院执行。

(二)对行政机关的执行

对于行政机关拒绝履行发生法律效力的判决、裁定、调解书,经公民、法人或者其他组织申请,一审法院可以采取以下执行措施:(1)划拨。对应当归还的罚款或者应当给付的款额,通知银行从该行政机关的账户内划拨。(2)罚款。在规定期限内不履行的,从期满之日起,对该行政机关负责人按日处50元至100元的罚款。(3)将行政机关拒绝履行的情况予以公告。(4)向监察机关或者该行政机关的上一级行政机关提出司法建议。接受司法建议的机关,根据有关规定进行处理,并将处理情况告知法院。(5)拒不履行判决、裁定、调解书,社会影响恶劣的,可以对该行政机关直接负责的主管人员和其他直接责任人员予以拘留;情节严重,构成犯罪的,依法追究刑事责任。

二、非诉执行

非诉执行是指法院执行未经过行政诉讼裁判的行政决定的活动。《行政诉讼法》第97条规定:"公民、法人或者其他组织对行政行为在法定期限内不提起诉讼又不履行的,行政机关可以申请人民法院强制执行,或者依法强制执行。"[34]该条中,"申请人民法院强制执行"即为非诉执行。《行政强制法》第5章对"申请人民法院强制执行"程序作出具体规定。

(一)申请前提

当事人在法定期限内不申请行政复议或者提起行政诉讼,又不履行行政决定的,没有行政强制执行权的行政机关可以自期限届满之日起3个月内,申请法院强制执行。《计量法》第31条规定:"当事人对行政处罚决定不服的,可以在接到处罚通知之日起十五日内向人民法院起诉;对罚款、没收违法所得的行政处罚决定期满不起诉又不履行的,由作出行政处罚决定的机关申请人民法院强制执行。"行政机关逾期3个月提出申请的,法院不予受理。

(二)催告程序

行政机关申请法院强制执行前,应当催告当事人履行义务。催告程序的目的在于尽可能让当事人自己履行义务,通过国家暴力强制当事人履行义务是一种万不得已的备用手段。另外,从执行效果上看,当事人自己履行义务也有利于事后社会关系的稳定。

(三)申请条件

行政机关根据《行政诉讼法》第97条的规定向法院申请执行其行政决定,应当具备以下条件:(1)行政决定依法可以由法院执行;(2)行政决定已经生效并具有可以执行内容;(3)申请人是作出该行政决定的行政机关或者法律、法规、规章授权的组织;(4)被申请人是该行政决定所确定的义务人;(5)被申请人在行政决定确定的期限内或者行政机关催告期限内未履行义务;(6)申请人在法定期限内提出申请;(7)被申请执行的行政决定属于受理执行申请的

---

[34] 最高人民法院《关于违法的建筑物、构筑物、设施等强制拆除问题的批复》(法释[2013]5号)称:"根据行政强制法和城乡规划法有关规定精神,对涉及违反城乡规划法的违法建筑物、构筑物、设施等的强制拆除,法律已经授予行政机关强制执行权,人民法院不受理行政机关提出的非诉行政执行申请。"

(四)申请提起

催告书送达10天之后,[35]当事人仍未履行义务的,行政机关可以向所在地有管辖权的法院申请强制执行;执行对象是不动产的,应向不动产所在地有管辖权的法院申请强制执行。

行政机关向法院申请强制执行,应当提供下列材料:(1)强制执行申请书;(2)行政决定书及作出决定的事实、理由和依据;(3)当事人的意见及行政机关催告情况;(4)申请强制执行标的情况;(5)法律、行政法规规定的其他材料。强制执行申请书应当由行政机关负责人签名,加盖行政机关的印章,并注明日期。

(五)受理

法院接到行政机关强制执行的申请后,应当在5天内作出是否受理决定,经审查认为申请不符合条件的,应当作出不予受理裁定。行政机关对法院不予受理裁定有异议的,可以在收到裁定之日起15天内向上一级法院申请复议。上一级法院应当自收到复议申请之日起15天内作出是否受理的裁定,上一级法院作出的裁定具有最终的法效力。

(六)审查

1. 审查方式。(1)书面审查。法院对行政机关强制执行申请原则上实行书面审查。经审查,认为行政机关申请符合法定条件的,且该行政决定具备法定执行效力的,法院应当自受理之日起7日内作出执行裁定。(2)言词审查。经书面审查后,法院认为有必要听取各方意见的,可以组织言词审查。在这里,"听取意见"的意义或者功能是为行政机关和当事人提供一个当面陈述意见与申辩的机会,以降低法院执行裁定的错误率,维护当事人的合法权益。

2. 不准予执行的情形。被申请执行的行政决定有下列情形之一的,法院应当裁定不准予执行:(1)实施主体不具有行政主体资格的;(2)明显缺乏事实根据的;(3)明显缺乏法律、法规依据的;(4)其他明显违法并损害被执行人合法权益的情形。

3. 审查期限与异议程序。法院应当自受理之日起30天内作出是否执行的裁定。法院裁定不予执行的,应当说明理由,并在5天内将不予执行的裁定送达行政机关。行政机关对法院不予执行的裁定有异议的,可以自收到裁定之日起15天内向上一级法院申请复议,上一级法院应当自收到复议申请之日起30天内作出是否执行的裁定,上一级法院作出的裁定具有最终的法律效力。

(七)特别规定

因情况紧急,为保障公共安全,行政机关可以不经过催告等程序申请法院立即执行。经法院院长批准,法院应当自作出执行裁定之日起5天内执行。

---

[35] 这里的10日,是指工作日,不包括法定休假日。参见《行政强制法》第69条。

第三版后记

自2019年《现代行政法总论》（第2版）出版以来，迄今已有六年之余了。尽管时间并不算长，但中国行政法学无论是理论还是实践都有了很大的变化，因此，本书修订再版的必要性日渐突现。在过去的几年中，行政法学体系化与行政法法典化（"行政法通则"或者"行政程序法"）是学界同人的一个主要志趣与方向，在我看来，在相当程度上，这是两个密不可分的研究课题。行政法学体系化是学科成熟与否的重要标志。当一个学科若连几个基本概念都不能达成共识的情况下，难说它已经有了一个成熟的学科体系。在这一点上我们必须承认，行政法学显然要逊色于刑法学、民法学。刑法学、民法学体系的成熟度高于行政法学，原因是多样的，但应该与它们完成了法典化有关，这或许是触发行政法学界倡导、推进行政法法典化的动因之一。对于当下中国行政法学来说，既无相对成熟的学科体系，也无基本法典，虽然谈不上是"一穷二白"，但行政法学究竟往何处去，不能说我们已经有了明确的目标与方向，更遑论有体系化构建的具体设计、可行步骤以及切实可行的方法，这是令人不安与焦虑的。我曾在《现代行政法总论》（第2版）后记中写道："行政法学的体系化意味着我们承认了理性的力量，并借用逻辑规则构建行政法学的知识体系，为行政法适用提供一个稳定的、去碎片化的'法制定—法适用—法裁判'学理框架。在这样的一个学理框架中，基于逻辑、说理的方式，行政法争议各方可以最大限度地达成共识，从而维系行政秩序的稳定性、一致性。"这次修订再版本书，正是去不安和焦虑的一种个人努力。

在"个案—规范"的互动中发现行政法的思想；在"个案—规范"的分析框架中解释行政行为的合法性。这是我秉持多年的一种行政法研究方法。在我看来，无论是个案还是规范，它们都是中国行政法实践的产物，蕴含着中国行政法的理论思想，融贯着中国行政法的实践逻辑，无论是构造中国行政法学体系，还是制定中国行政法典，我们都必须从个案和规范中获取理论和逻辑的支撑。当然，作为法制后发国家对先进国家法制的承继是不可或缺的，但域外国家或者地区的任何一种法学理论及其制度实践，都是特定历史条件下的产物，受制于当地的现实条件，其普适性是有限度的。因此，对于域外国家或者地区先进的法学理论或者制度实践，必须通过某种机制转换，才能在本国落地生根，枝繁叶茂。个案和规范的形成过程便是这种转换的机制。这次修订再版本书，通过阅读新的判例，修正前版中某些不合时宜的观点，添加、增厚原有论点的理论基础，发展了若干新的论点。在这个过程中，修订了《行政法判例百选》（第2版），它为本书修订提供了十分丰厚的基础性文献资料。通过阅读新的规范，提炼规范背后的法旨意，修补行政法学体系的疏漏，整合行政法学体系的逻辑，为行政法的实践——不确定法律概念解释和裁量——提供价值指引。

修订再版一部学术著作应当要有新的内容呈现给读者，否则再版就没有多少意义。首先，在行政行为理论上，增加了"行政行为的基本功能"和"行政决定的补正、转换"。尽管行政法学界一直在讨论用行政法律关系替代行政行为，作为重构行政法学体系的基础性概念，我不反对这样的观点，但在可期的未来，行政行为仍然是一个贯通行政实体法、行政程序法和行政救济法的基础性概念,对行政法学体系来说具有"拱顶石"意义上的功能。不可否认,行政行为具有局限性,在一定程度上行政法律关系可以发挥弥补这一局限性的功能。也就是说,行政行为和行政法律关系之间的关系,可能不是替代,而是互补。其次,互联网、大数据和人工智能的发展对行政法学的理论和实践所产生的影响是客观的,它会改写行政法的某些现行规则,也会推动行政法学理论发展甚至触发创新点。因此,"数字行政""数字行政法"进入行政法学体系是必然的。面对数字行政带来的问题,我们需要从行政法学体系视角,通过调整、扩容和创新行政法学基本范畴,吸纳"数字行政",包容"数字创新",整合"数字规则"。再次,《行政处罚法》《行政复议法》的修订,给本书带来了修订的必要性和迫切性。行政处罚、行政复议是行政法的重要制度,前者关联行政许可、行政强制,后者衔接行政诉讼、行政赔偿,牵动整个行政法学体系协调、组合与优化。尤其是《行政复议法》从"监督法"转为"救济法"之后,与其相关的行政法制度都需要修改甚至重写。最后,最高人民法院和地方各级法院这几年发布了大量有意义的判例,有的修改了之前判例的观点,有的发展了之前判例的观点,当然还有创设新观点的判例,这些判例为本书修订提供了丰厚的实证材料。我曾在不同场合多次表达这样的一个观点,中国行政法学理论在相当程度上是由我们的行政法官们通过判例创造的。这是我多年来阅读、研习判例的一个很深的感悟。

黄锴是我指导的博士生,毕业后入职浙江工业大学法学院。本书的思想体系成形可以说是伴随了他从本科、硕士再到博士的全过程,因此,我请他为我这本书的第三版写个序,应该是最合适的了。从他的这个序中,呈现出从学生角度读这本书的一个模样,为解读这本书的内容提供了新的视角,感谢黄锴!在此,要感谢责编李沂蔚老师,在接手我这本书的编辑工作之后,她以最快的速度办好了出版手续,又以她专业的精神和水准,为本书内容增色添彩,对此我深表感谢!

章剑生
2024 年 12 月 25 日
杭州·良渚·锁澜坊